U0544643

清代达斡尔族档案辑录

黑龙江将军衙门达斡尔族满文档案选编

乾隆朝

8

中国第一历史档案馆
内蒙古自治区少数民族古籍征集研究室
呼伦贝尔市民族事务委员会
莫力达瓦达斡尔族自治旗人民政府
编

辽宁民族出版社

目　录

六九三　黑龙江将军衙门为布特哈正白旗达斡尔世管佐领索锡纳病故其所遗缺拣员引见补放事咨理藩院文
乾隆十七年八月二十三日……1
六九四　墨尔根副都统衙门为黑龙江各处满洲达斡尔佐领骁骑校等出缺拣员报送事咨黑龙江将军衙门文
乾隆十七年八月二十七日……8
六九五　黑龙江副都统衙门为黑龙江各处满洲达斡尔佐领骁骑校等出缺拣员报送事咨黑龙江将军衙门文
乾隆十七年八月二十八日……15
六九六　呼兰城守尉哲灵额为黑龙江各处满洲达斡尔佐领骁骑校等出缺拣员报送事呈黑龙江将军衙门文
乾隆十七年八月二十八日……20
六九七　呼兰城守尉哲灵额为齐齐哈尔镶白旗达斡尔世袭佐领定新保病故其所遗缺拣员报送事呈黑龙江将军衙门文
乾隆十七年八月二十八日……33
六九八　黑龙江将军衙门为令查明黑龙江正红旗原达斡尔佐领额勒德布家内有无选用人员事咨黑龙江副都统文
乾隆十七年九月初三日……35
六九九　黑龙江将军衙门为墨尔根镶黄旗达斡尔公中佐领扎里木休致出

缺拟选骁骑校散什图引见事咨兵部文
乾隆十七年九月二十日 ……37
七〇〇 黑龙江将军衙门为齐齐哈尔镶白旗达斡尔世管佐领定新保病故其所遗缺拣选正陪人员引见事咨兵部文
乾隆十七年九月二十日 ……41
七〇一 黑龙江将军衙门为齐齐哈尔正白旗达斡尔世管佐领科塔雅病故其所遗缺拣选正陪人员引见事咨兵部文
乾隆十七年九月二十日 ……47
七〇二 黑龙江将军衙门为委派布特哈索伦达斡尔副总管翁佳巡边事札布特哈索伦达斡尔总管鄂布希文
乾隆十七年九月二十四日 ……56
七〇三 正白满洲旗为查报曾任三等侍卫达斡尔扎木哈遗孀携子是否已抵达原籍事咨黑龙江将军衙门文
乾隆十七年十月初八日 ……58
七〇四 黑龙江将军衙门为查报曾任三等侍卫达斡尔扎木哈遗孀携子是否已抵达原籍事札布特哈索伦达斡尔总管鄂布希文
乾隆十七年十月十二日 ……64
七〇五 布特哈索伦达斡尔总管鄂布希等为查报曾任三等侍卫达斡尔扎木哈遗孀及子已抵原籍事呈黑龙江将军衙门文
乾隆十七年十一月二十日 ……70
七〇六 黑龙江将军衙门为曾任三等侍卫达斡尔扎木哈遗孀及子已抵原籍事咨正白旗满洲都统衙门文
乾隆十七年十二月初六日 ……76
七〇七 黑龙江将军衙门为造送黑龙江各处满洲达斡尔等官兵细数册事咨兵部文
乾隆十七年十二月十五日 ……82
七〇八 兵部为黑龙江正红旗达斡尔佐领巴赖出缺奉旨由骁骑校乌敦保

补授事咨黑龙江将军等文
乾隆十七年十二月二十三日 …………96
七〇九 黑龙江将军衙门为遵旨将骁骑校乌敦保补授黑龙江正红旗达斡尔佐领事咨黑龙江副都统文
乾隆十八年正月二十一日 …………98
七一〇 黑龙江将军衙门为布特哈索伦达斡尔丁数繁衍暂不增设笔帖式等情事札布特哈索伦达斡尔总管鄂布希等文
乾隆十八年二月初三日 …………99
七一一 兵部为驳回更正黑龙江正蓝旗达斡尔已故佐领登蕴所管牛录源流事咨黑龙江将军等文
乾隆十八年二月初九日 …………102
七一二 镶白满洲旗为齐齐哈尔镶白旗达斡尔世管佐领定新保出缺奉旨准其长子定特保承袭事咨黑龙江将军衙门文
乾隆十八年二月初九日 …………108
七一三 正蓝满洲旗为驳回更正黑龙江正蓝旗达斡尔已故佐领登蕴所管牛录源流事咨黑龙江将军衙门文
乾隆十八年二月初九日 …………115
七一四 黑龙江将军衙门为黑龙江各处满洲达斡尔佐领骁骑校等出缺拣员送来事咨黑龙江副都统文（附官缺单一件）
乾隆十八年二月初九日 …………121
七一五 户部为令报收缴布特哈索伦达斡尔围猎所用鸟枪线枪应折给价银事咨黑龙江将军文
乾隆十八年二月二十二日 …………125
七一六 黑龙江将军衙门为齐齐哈尔正黄旗达斡尔公中佐领塞尔齐勒图等出缺拣员拟补事咨黑龙江副都统文
乾隆十八年二月二十三日 …………131
七一七 墨尔根副都统衙门为黑龙江各处满洲达斡尔佐领骁骑校等出缺

拣员报送事咨黑龙江将军衙门文
乾隆十八年三月十一日 ……133
七一八 呼兰城守尉哲灵额为黑龙江各处满洲达斡尔佐领骁骑校等出缺拣员报送事呈黑龙江将军衙门文
乾隆十八年三月十二日 ……144
七一九 呼兰城守尉哲灵额为齐齐哈尔正黄旗达斡尔佐领塞尔齐勒图病故出缺无应选人员事呈黑龙江将军衙门文
乾隆十八年三月十二日 ……156
七二〇 黑龙江副都统衙门为黑龙江各处满洲达斡尔佐领骁骑校等出缺拣员报送事咨黑龙江将军衙门文
乾隆十八年三月十五日 ……159
七二一 黑龙江将军衙门为齐齐哈尔镶白旗达斡尔佐领额尔格内病故出缺拣选骁骑校奔多尔库引见事咨兵部文
乾隆十八年四月初四日 ……165
七二二 黑龙江将军衙门为齐齐哈尔正黄旗达斡尔佐领塞尔齐勒图病故出缺拣选正红旗骁骑校老喀引见事咨兵部文
乾隆十八年四月初四日 ……169
七二三 墨尔根副都统衙门为查报墨尔根正黄旗另户达斡尔披甲克依什保实乃头等侍卫枚赫图胞叔孙事咨黑龙江将军衙门文
乾隆十八年四月十二日 ……171
七二四 黑龙江副都统衙门为拨给因病不能当差无业另户达斡尔披甲喀什图等银两事咨黑龙江将军衙门文
乾隆十八年四月二十三日 ……175
七二五 呼兰城守尉哲灵额为造送自呼兰城选派索伦达斡尔等随进木兰围兵丁旗佐职衔册事呈黑龙江将军衙门文
乾隆十八年四月三十日 ……181
七二六 墨尔根副都统衙门为选派墨尔根正黄旗达斡尔佐领萨济图择日

启程随进木兰围事咨黑龙江将军衙门文
乾隆十八年五月初二日 ……190
七二七 黑龙江副都统衙门为造送自黑龙江选派索伦达斡尔等随进木兰围兵丁旗佐职衔册事咨黑龙江将军衙门文
乾隆十八年五月初三日 ……193
七二八 墨尔根副都统衙门为造送自墨尔根选派索伦达斡尔等随进木兰围兵丁旗佐职衔册事咨黑龙江将军衙门文
乾隆十八年五月初三日 ……195
七二九 黑龙江副都统衙门为选派黑龙江镶红旗达斡尔佐领内色图择日启程随进木兰围事咨黑龙江将军衙门文
乾隆十八年五月初九日 ……197
七三〇 正蓝满洲旗为黑龙江正蓝旗达斡尔佐领登蕴病故出缺由其弟闲散巴哈岱补授事咨黑龙江将军衙门文
乾隆十八年五月十一日 ……198
七三一 黑龙江将军衙门为解送随进木兰围善猎索伦达斡尔人等职衔名册事咨理藩院文
乾隆十八年六月初二日 ……203
七三二 镶黄满洲旗为镶黄旗四甲喇佛伦佐领下达斡尔护军奎敦布给假回籍领来家眷照例发给路票事咨黑龙江将军衙门文
乾隆十八年七月初七日 ……207
七三三 黑龙江将军衙门为令限内遣回镶黄旗达斡尔护军奎敦布并查解其履历事札布特哈索伦达斡尔总管纳木球等文
乾隆十八年七月初九日 ……211
七三四 镶黄满洲旗为镶黄旗四甲喇博勒本察佐领下达斡尔护军扎什保给假回籍领来家眷照例发给路票事咨黑龙江将军衙门文
乾隆十八年七月二十二日 ……215
七三五 黑龙江将军衙门为令限内遣回镶黄旗达斡尔护军扎什保并查解

其履历事札布特哈索伦达斡尔总管纳木球等文
乾隆十八年七月二十六日 ……218
七三六 黑龙江将军衙门为黑龙江各处满洲达斡尔佐领骁骑校等出缺拣员送来事咨黑龙江副都统文（附单一件）
乾隆十八年七月二十九日 ……222
七三七 黑龙江将军衙门为总管鄂布希等解送布特哈索伦达斡尔等贡貂事咨理藩院文
乾隆十八年八月初九日 ……226
七三八 呼兰城守尉哲灵额为黑龙江各处满洲达斡尔佐领骁骑校等出缺拣员报送事呈黑龙江将军衙门文
乾隆十八年八月二十一日 ……229
七三九 墨尔根副都统衙门为黑龙江各处满洲达斡尔佐领骁骑校等出缺拣员报送事咨黑龙江将军衙门文
乾隆十八年八月二十二日 ……237
七四〇 黑龙江将军衙门为布特哈镶黄旗骁骑校拜喇苏升任出缺请以察布都勒坐补事咨理藩院文
乾隆十八年八月二十八日 ……247
七四一 黑龙江将军衙门为墨尔根正红旗达斡尔佐领满第恩病故出缺拟定镶蓝旗骁骑校鄂齐内引见事咨兵部文
乾隆十八年九月十七日 ……254
七四二 黑龙江将军衙门为齐齐哈尔正红旗达斡尔骁骑校老喀升任出缺拣选正陪人员送部引见事咨兵部文
乾隆十八年九月十七日 ……258
七四三 黑龙江将军衙门为令选送骁勇索伦达斡尔以备随行恭迎圣驾事札布特哈索伦达斡尔总管纳木球等文
乾隆十八年十月初四日 ……262
七四四 兵部为遵旨随进木兰围索伦乌拉齐新满洲达斡尔等人留京效力

事咨黑龙江将军文
乾隆十八年十二月十五日 ……263
七四五　黑龙江将军衙门为遵旨随进木兰围索伦乌拉齐新满洲达斡尔等人留京效力事札暂护黑龙江副都统印协领穆尔德依文
乾隆十八年十二月十七日 ……266
七四六　兵部为墨尔根正红旗达斡尔佐领满第恩遗缺奉旨由骁骑校鄂齐内补授事咨黑龙江将军文
乾隆十八年十二月十九日 ……269
七四七　兵部为齐齐哈尔正红旗达斡尔骁骑校老喀升任出缺奉旨由领催阿喇鼐补授事咨黑龙江将军文
乾隆十八年十二月十九日 ……271
七四八　正红满洲旗为墨尔根正红旗达斡尔佐领满第恩遗缺奉旨由骁骑校鄂齐内补授事咨黑龙江将军衙门文
乾隆十八年十二月十九日 ……272
七四九　正红满洲旗为齐齐哈尔正红旗达斡尔骁骑校老喀升任出缺奉旨由领催阿喇鼐补授事咨黑龙江将军衙门文
乾隆十八年十二月十九日 ……274
七五〇　黑龙江将军衙门为墨尔根正红旗达斡尔佐领满第恩遗缺奉旨由骁骑校鄂齐内补授事札暂护墨尔根副都统印协领博木博呼文
乾隆十八年十二月二十日 ……276
七五一　黑龙江将军衙门为黑龙江各处满洲达斡尔佐领骁骑校等出缺拣员送来事札暂护黑龙江副都统印协领穆尔德依文（附单一件）
乾隆十九年正月二十二日 ……278
七五二　镶黄满洲旗为镶黄旗四甲喇达斡尔护军贵达勒图给假回黑龙江领来家眷照例发给路票事咨黑龙江将军衙门文
乾隆十九年正月二十八日 ……285
七五三　黑龙江将军衙门为查报黑龙江各处驻防八旗满洲索伦达斡尔等

官兵事项以备编纂会典事咨兵部文（附清册一件）
乾隆十九年二月初一日 ……288
七五四　墨尔根副都统衙门为黑龙江各处满洲达斡尔佐领骁骑校等出缺拣员报送事咨黑龙江将军衙门文
乾隆十九年二月初十日 ……330
七五五　呼兰城守尉哲灵额为黑龙江各处满洲达斡尔佐领骁骑校等出缺拣员报送事呈黑龙江将军衙门文
乾隆十九年二月初十日 ……343
七五六　暂护黑龙江副都统印协领穆尔德依为黑龙江各处满洲达斡尔佐领骁骑校等出缺拣员报送事呈黑龙江将军衙门文
乾隆十九年二月十三日 ……357
七五七　管带呼伦贝尔索伦巴尔虎官兵副都统衔总管博罗纳为黑龙江镶黄旗佐领出缺拣选正白旗达斡尔骁骑校奎苏报送事咨呈黑龙江将军衙门文
乾隆十九年二月十五日 ……367
七五八　户部为布特哈索伦达斡尔鄂伦春交纳貂皮足数不及等次照例不赏赐并免罪事咨黑龙江将军文（附抄本一件）
乾隆十九年二月十五日 ……370
七五九　黑龙江将军衙门为催解随行迎驾骁勇索伦达斡尔兵丁名单事札布特哈索伦达斡尔总管纳木球等文
乾隆十九年二月十八日 ……377
七六〇　黑龙江将军衙门为收缴布特哈索伦达斡尔等火枪应折给价银内坐扣其粮价银事咨户部文
乾隆十九年二月二十一日 ……379
七六一　黑龙江将军衙门为齐齐哈尔镶蓝旗达斡尔佐领达瓦勒图病故出缺拣选正黄旗骁骑校博伊博库引见事咨兵部文
乾隆十九年二月二十八日 ……382

七六二　黑龙江将军衙门为黑龙江镶黄旗达斡尔佐领布钟库尔因罪降级调用出缺拣员引见补放事咨兵部文
乾隆十九年二月二十八日 ……385
七六三　黑龙江将军衙门为齐齐哈尔镶黄旗达斡尔骁骑校珠保休致出缺拣选正陪人员引见事咨兵部文
乾隆十九年二月二十八日 ……390
七六四　黑龙江将军衙门为齐齐哈尔镶黄旗达斡尔骁骑校鄂博察病故出缺拣选正陪人员引见事咨兵部文
乾隆十九年二月二十八日 ……393
七六五　黑龙江将军绰尔多等题墨尔根镶蓝旗达斡尔佐领吉奔升任本城正红旗协领循例仍兼佐领本
乾隆十九年二月二十八日 ……396
七六六　黑龙江将军绰尔多等题请原达斡尔鄂布希佐领下骁骑校察布都勒坐补布特哈镶黄旗骁骑校本
乾隆十九年二月二十八日 ……398
七六七　布特哈索伦达斡尔总管纳木球等为选派骁勇索伦达斡尔以备迎驾效力事呈黑龙江将军衙门文
乾隆十九年二月三十日 ……401
七六八　布特哈索伦达斡尔总管纳木球等为布特哈索伦达斡尔等捕貂返回再行选送迎驾效力丁事呈黑龙江将军衙门文
乾隆十九年二月三十日 ……403
七六九　黑龙江将军衙门为布特哈达斡尔塞音等情愿留京效力事札布特哈索伦达斡尔总管纳木球等文
乾隆十九年三月十八日 ……406
七七〇　黑龙江将军衙门为令查报布特哈索伦达斡尔等捕貂数目事札布特哈索伦达斡尔总管纳木球等文
乾隆十九年四月初二日 ……408

七七一　黑龙江副都统衙门为选派黑龙江镶黄旗穆章阿佐领下达斡尔等官兵随进木兰围事咨黑龙江将军衙门文
乾隆十九年四月二十一日 ……410
七七二　墨尔根副都统衙门为选派随进木兰围索伦达斡尔官兵事咨黑龙江将军衙门文（附名单一件）
乾隆十九年四月二十一日 ……413
七七三　黑龙江将军衙门为报原达斡尔鄂布希佐领下骁骑校察布都勒坐补镶黄旗骁骑校事咨理藩院文
乾隆十九年四月二十四日 ……417
七七四　黑龙江将军衙门为造送随木兰围索伦达斡尔花名册事咨理藩院文
乾隆十九年五月初九日 ……421
七七五　兵部为准墨尔根正红旗协领吉奔仍兼镶蓝旗达斡尔佐领事咨黑龙江将军文
乾隆十九年五月十三日 ……425
七七六　黑龙江将军衙门为布特哈索伦达斡尔笔帖式兆里萨升任出缺请调员补授事咨吏部文
乾隆十九年五月二十八日 ……427
七七七　布特哈索伦达斡尔总管鄂布希为报本年会盟自索伦达斡尔选派官兵事呈黑龙江将军衙门文
乾隆十九年六月二十六日 ……429
七七八　黑龙江将军衙门为选派调往西北两路满洲达斡尔索伦巴尔虎等官兵事咨黑龙江副都统文（附名单一件）
乾隆十九年七月十六日 ……432
七七九　黑龙江将军衙门为选派调往西北两路满洲达斡尔索伦巴尔虎等官兵事札布特哈索伦达斡尔总管鄂布希文（附名单一件）
乾隆十九年七月十六日 ……439

七八〇　布特哈索伦达斡尔总管鄂布希为委员领取调往西北两路索伦达斡尔等官兵赏银事呈黑龙江将军衙门文
乾隆十九年八月初四日 ……445
七八一　镶白满洲旗为驳回齐齐哈尔镶白旗达斡尔散达公中佐领源流册事咨黑龙江将军衙门文
乾隆十九年八月初五日 ……449
七八二　黑龙江将军衙门为办理调往西北两路索伦达斡尔等官兵军行各项事宜事咨黑龙江副都统文
乾隆十九年八月二十七日 ……455
七八三　黑龙江将军衙门为黑龙江各处满洲达斡尔佐领骁骑校等出缺拣员送来事咨黑龙江副都统文（附官缺单一件）
乾隆十九年九月初四日 ……467
七八四　黑龙江将军衙门为办理调往西北两路索伦达斡尔等官兵军器事咨齐齐哈尔黑龙江等处文（附军器清单一件）
乾隆十九年九月初九日 ……472
七八五　黑龙江副都统衙门为请亲率两队索伦达斡尔官兵赴军营事咨黑龙江将军衙门文
乾隆十九年九月十一日 ……493
七八六　黑龙江将军衙门为令办给调往西北两路索伦达斡尔等官兵马匹事咨齐齐哈尔黑龙江等处文
乾隆十九年九月十三日 ……494
七八七　黑龙江将军衙门为咨复黑龙江地方选调索伦达斡尔官兵由黑龙江副都统带往事咨黑龙江副都统文
乾隆十九年九月十五日 ……500
七八八　黑龙江将军衙门为齐齐哈尔镶红旗达斡尔佐领尼尔济苏病故其所遗缺拣员报送事咨黑龙江副都统文
乾隆十九年九月十五日 ……502

七八九　墨尔根副都统衙门为黑龙江各处满洲达斡尔佐领骁骑校等出缺选官遣送事咨黑龙江将军衙门文
乾隆十九年九月二十三日 ……503
七九〇　黑龙江将军衙门为委员赴京解送索伦达斡尔等交纳貂皮事咨理藩院文
乾隆十九年九月二十三日 ……512
七九一　墨尔根副都统衙门为委员解送办给出征布特哈索伦达斡尔等官兵军器事咨黑龙江将军衙门文
乾隆十九年九月二十五日 ……516
七九二　墨尔根副都统衙门为齐齐哈尔镶红旗达斡尔佐领尼尔济苏出缺拟选镶红旗骁骑校拜音达尔事咨黑龙江将军衙门文
乾隆十九年九月二十七日 ……520
七九三　呼兰城守尉哲灵额为黑龙江各处满洲达斡尔佐领骁骑校等出缺拣员报送事呈黑龙江将军衙门文
乾隆十九年九月二十七日 ……522
七九四　黑龙江副都统衙门为齐齐哈尔镶红旗达斡尔佐领尼尔济苏出缺拟选正黄旗骁骑校攸勒乐图事咨黑龙江将军衙门文
乾隆十九年十月初二日 ……532
七九五　黑龙江将军衙门为查报呼伦贝尔所存军器以便发给出征索伦巴尔虎达斡尔官兵事札护理呼伦贝尔副都统衔总管关防协领呼尔齐文（附单一件）
乾隆十九年十月初五日 ……534
七九六　黑龙江将军衙门为派往西路布特哈索伦达斡尔等官兵编队启程事咨黑龙江副都统文（附名单一件）
乾隆十九年十月初五日 ……542

七九七　黑龙江将军衙门为由墨尔根仓拨给派往北路布特哈索伦达斡尔等官兵马料事咨墨尔根副都统等文
乾隆十九年十月初八日 ……545
七九八　黑龙江将军衙门为齐齐哈尔镶红旗达斡尔佐领尼尔济苏病故出缺拟选正黄旗骁骑校乌库德依引见事咨兵部文
乾隆十九年十月十二日 ……548
七九九　布特哈索伦达斡尔总管鄂布希等为请办给派往北路索伦达斡尔巴尔虎官兵马褂事呈黑龙江将军衙门文
乾隆十九年十月二十八日 ……550
八〇〇　黑龙江将军衙门为遵旨赏给派往北路军营索伦达斡尔官兵马料银事札布特哈总管等文
乾隆十九年十一月十三日 ……553
八〇一　兵部为酌定调往西北两路索伦达斡尔巴尔虎等官兵启程日期事咨黑龙江将军文（附抄折一件）
乾隆十九年十一月二十六日 ……558
八〇二　黑龙江将军衙门为报调往西北两路索伦达斡尔巴尔虎等官兵启程日期事咨兵部文
乾隆二十年正月初二日 ……567
八〇三　黑龙江将军衙门为报调往西北两路索伦达斡尔巴尔虎等官兵启程日期事咨军机处文
乾隆二十年正月初二日 ……569
八〇四　户部为遵旨办给派往北路军营布特哈索伦达斡尔官兵马料银事咨黑龙江将军文（附抄折一件）
乾隆二十年正月十七日 ……571
八〇五　黑龙江将军衙门为黑龙江各处满洲达斡尔佐领骁骑校等出缺拣员报送事咨墨尔根副都统文（附名单一件）
乾隆二十年二月初一日 ……575

八〇六　呼兰城守尉哲灵额为解送派出缉捕达斡尔跟役马达噶等逃人官兵花名册事呈黑龙江将军衙门文
乾隆二十年二月十六日 ……580
八〇七　暂理黑龙江副都统印务协领穆尔德依为黑龙江各处满洲达斡尔佐领骁骑校等出缺拣员报送事呈黑龙江将军衙门文
乾隆二十年二月二十三日 ……583
八〇八　墨尔根副都统衙门为黑龙江各处满洲达斡尔佐领骁骑校等出缺拣员报送事咨黑龙江将军衙门文
乾隆二十年二月二十三日 ……592
八〇九　呼兰城守尉哲灵额为黑龙江各处满洲达斡尔佐领骁骑校等出缺拣员报送事呈黑龙江将军衙门文
乾隆二十年二月二十三日 ……616
八一〇　户部为布特哈索伦达斡尔等贡貂足额不及等次照例减半赏赐事咨黑龙江将军文（附抄折一件）
乾隆二十年二月二十七日 ……627
八一一　黑龙江将军衙门为齐齐哈尔正黄旗达斡尔佐领博勒勒图病故出缺拣选镶红旗骁骑校华善引见事咨兵部文
乾隆二十年三月初九日 ……637
八一二　黑龙江将军衙门为黑龙江镶红旗达斡尔世管佐领内色图病故其所遗缺拟定正陪人员引见事咨兵部文
乾隆二十年三月初九日 ……640
八一三　黑龙江将军衙门为墨尔根镶蓝旗达斡尔公中佐领吉奔病故其所遗缺拣员引见补放事咨兵部文
乾隆二十年三月初九日 ……649
八一四　黑龙江将军衙门为黑龙江正蓝旗达斡尔骁骑校马齐图病故其所遗缺拟定正陪人员引见事咨兵部文
乾隆二十年三月初九日 ……654

八一五　黑龙江将军衙门为齐齐哈尔镶红旗达斡尔骁骑校塔布鼐病故其所遗缺拟定正陪人员引见事咨兵部文
乾隆二十年三月初九日 ……658

八一六　黑龙江将军衙门为齐齐哈尔正黄旗达斡尔骁骑校乌库德依升迁出缺拟定正陪人员引见事咨兵部文
乾隆二十年三月初九日 ……661

八一七　黑龙江将军衙门为黑龙江镶白旗达斡尔骁骑校厄尔齐勒图病故其所遗缺拟定正陪人员引见事咨兵部文
乾隆二十年三月初九日 ……664

八一八　黑龙江将军衙门为齐齐哈尔镶黄旗达斡尔骁骑校科塔喇病故其所遗缺拟定正陪人员引见事咨兵部文
乾隆二十年三月初九日 ……667

八一九　黑龙江将军衙门为令速定索伦达斡尔鄂伦春等会盟选貂日期地点事札署布特哈索伦达斡尔总管佛济保文
乾隆二十年三月初九日 ……670

八二〇　黑龙江将军衙门为令速行造送未出征布特哈索伦达斡尔等牲丁捕貂数目事札署布特哈索伦达斡尔总管佛济保文
乾隆二十年三月十六日 ……672

八二一　镶蓝满洲旗为墨尔根镶蓝旗达斡尔佐领吉奔出缺奉旨由其子披甲温锡保承袭事咨黑龙江将军衙门文
乾隆二十年六月初七日 ……675

八二二　黑龙江将军衙门为造送派出随进木兰围善猎索伦达斡尔等花名册事咨理藩院文
乾隆二十年六月初九日 ……678

八二三　黑龙江将军衙门为黑龙江镶红旗达斡尔世管佐领内色图出缺奉旨由闲散巴彦保承袭事咨黑龙江副都统文
乾隆二十年六月十四日 ……682

八二四　黑龙江将军衙门为黑龙江镶白旗达斡尔骁骑校出缺奉旨由领催国沁泰补授事咨黑龙江副都统文
乾隆二十年六月十四日 ……684
八二五　黑龙江将军衙门为造送布特哈索伦达斡尔等比丁册事札署布特哈索伦达斡尔总管佛济保等文
乾隆二十年七月十七日 ……686
八二六　黑龙江将军衙门为布特哈索伦达斡尔等派兵出征本年貂贡明年一并交纳事札署布特哈索伦达斡尔总管佛济保等文
乾隆二十年七月十七日 ……693
八二七　内务府为准布特哈索伦达斡尔等派兵出征本年貂贡明年一并交纳事咨黑龙江将军衙门文（附抄折一件）
乾隆二十年七月十九日 ……698
八二八　署布特哈索伦达斡尔总管佛济保等为查报布特哈索伦达斡尔等比丁情形事呈黑龙江将军衙门文
乾隆二十年八月初五日 ……704

六九三　黑龙江将军衙门为布特哈正白旗达斡尔世管佐领索锡纳病故其所遗缺拣员引见补放事咨理藩院文

乾隆十七年八月二十三日

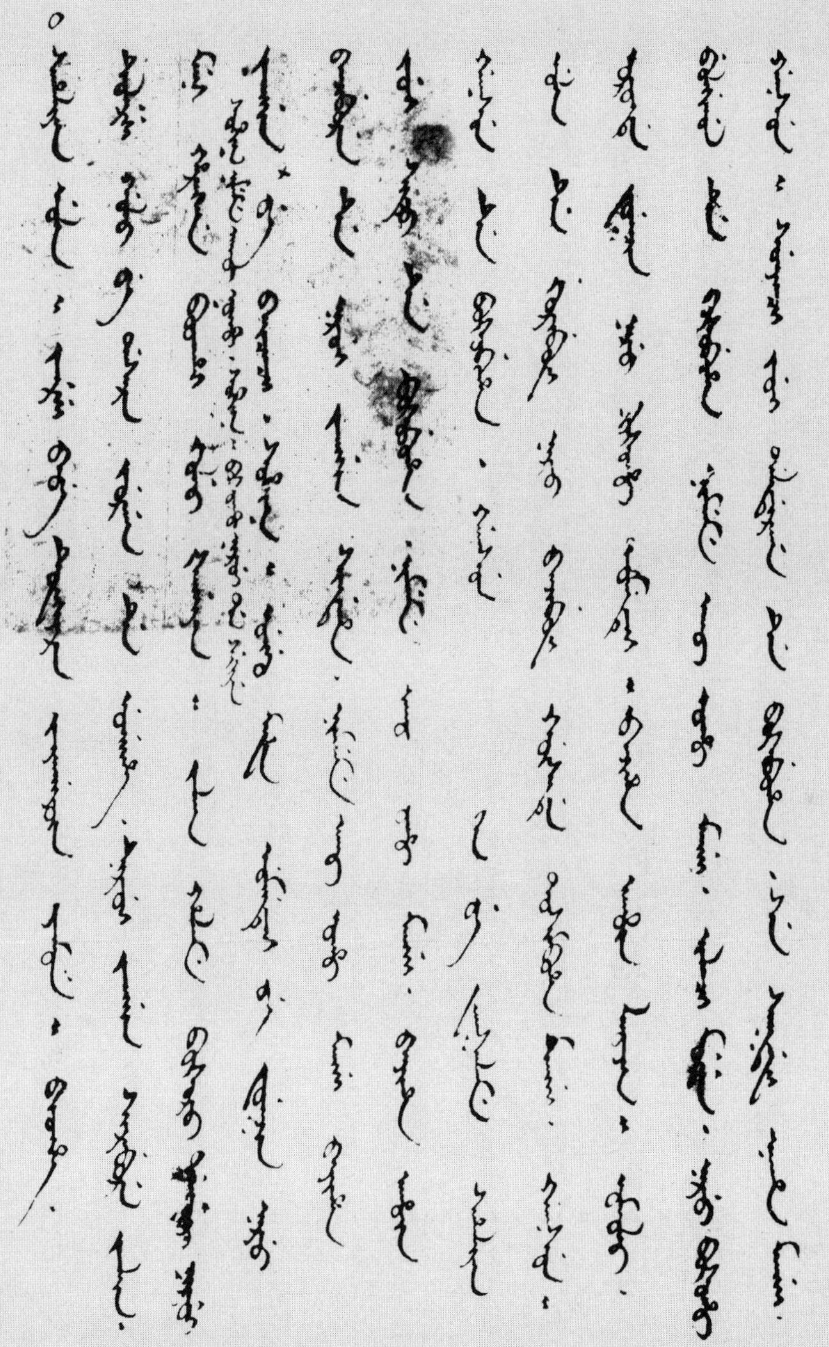

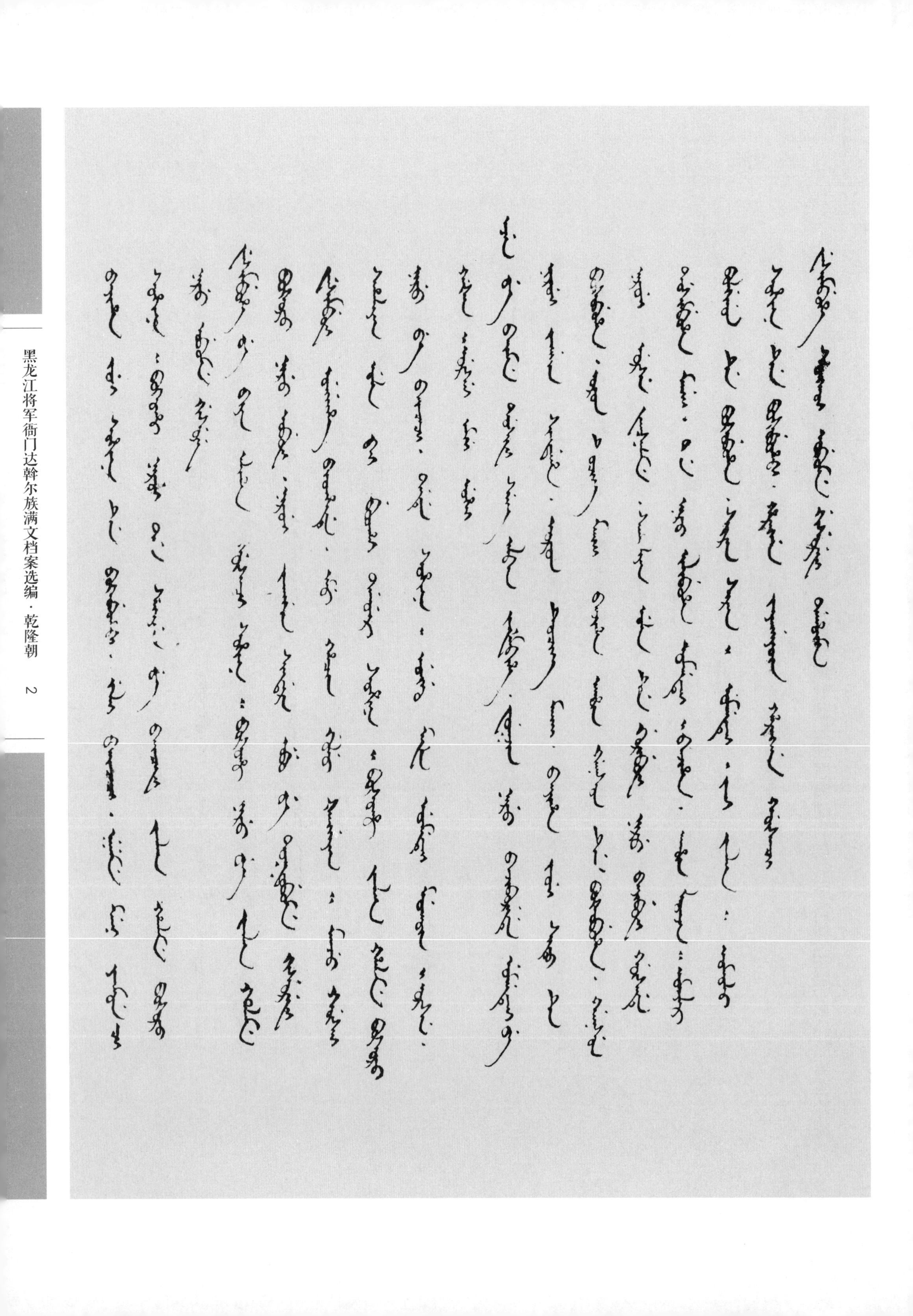

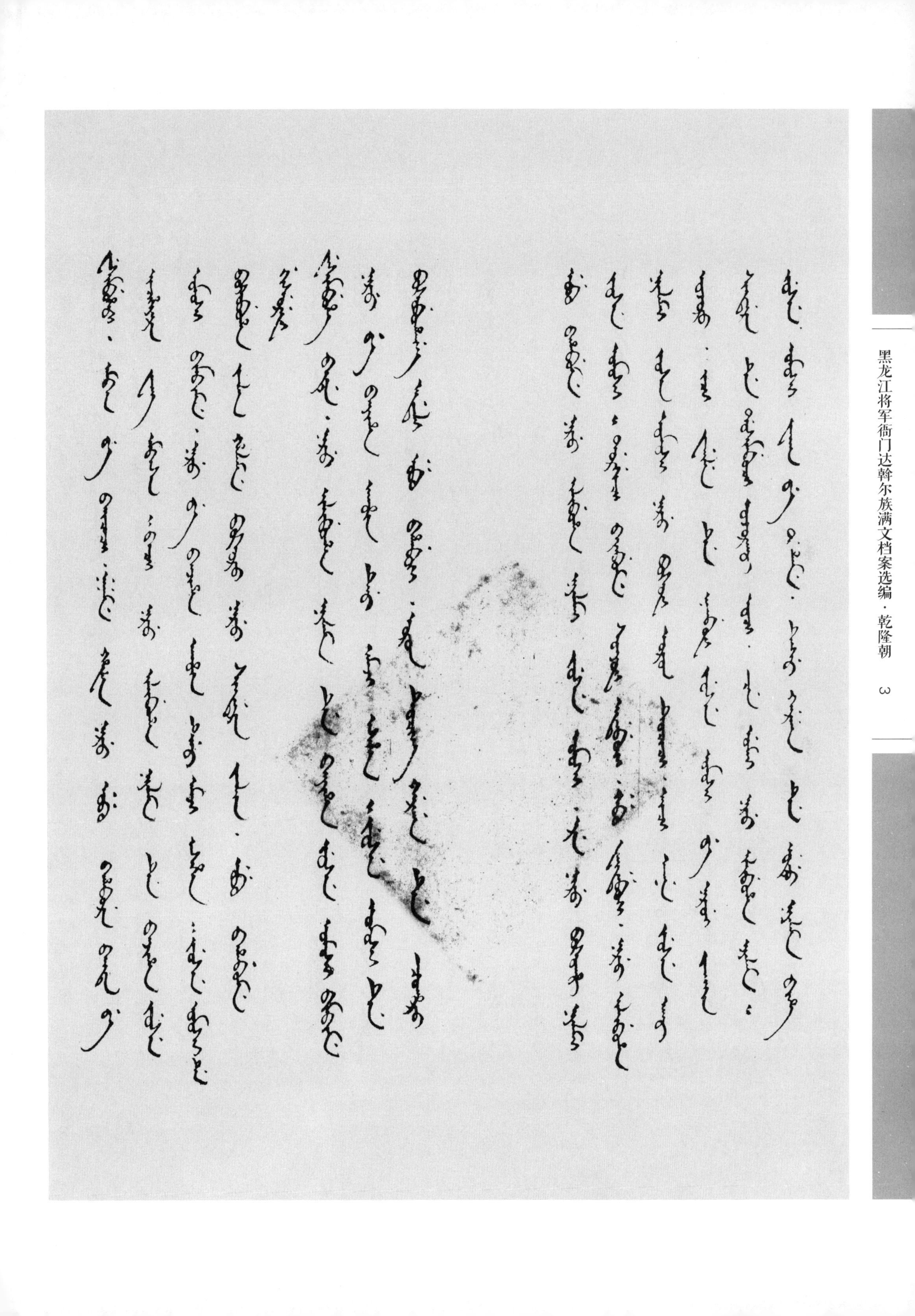

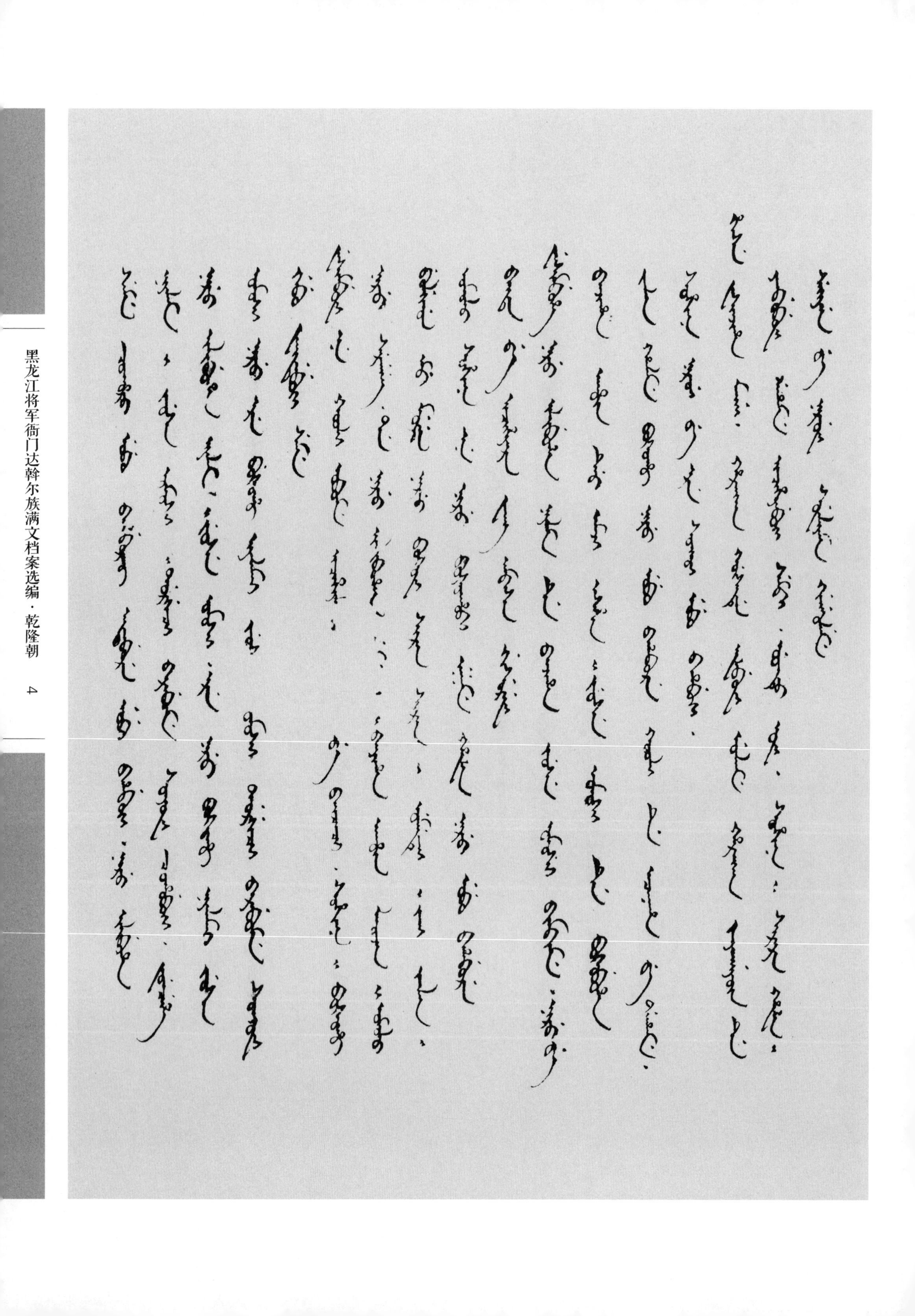

[illegible]

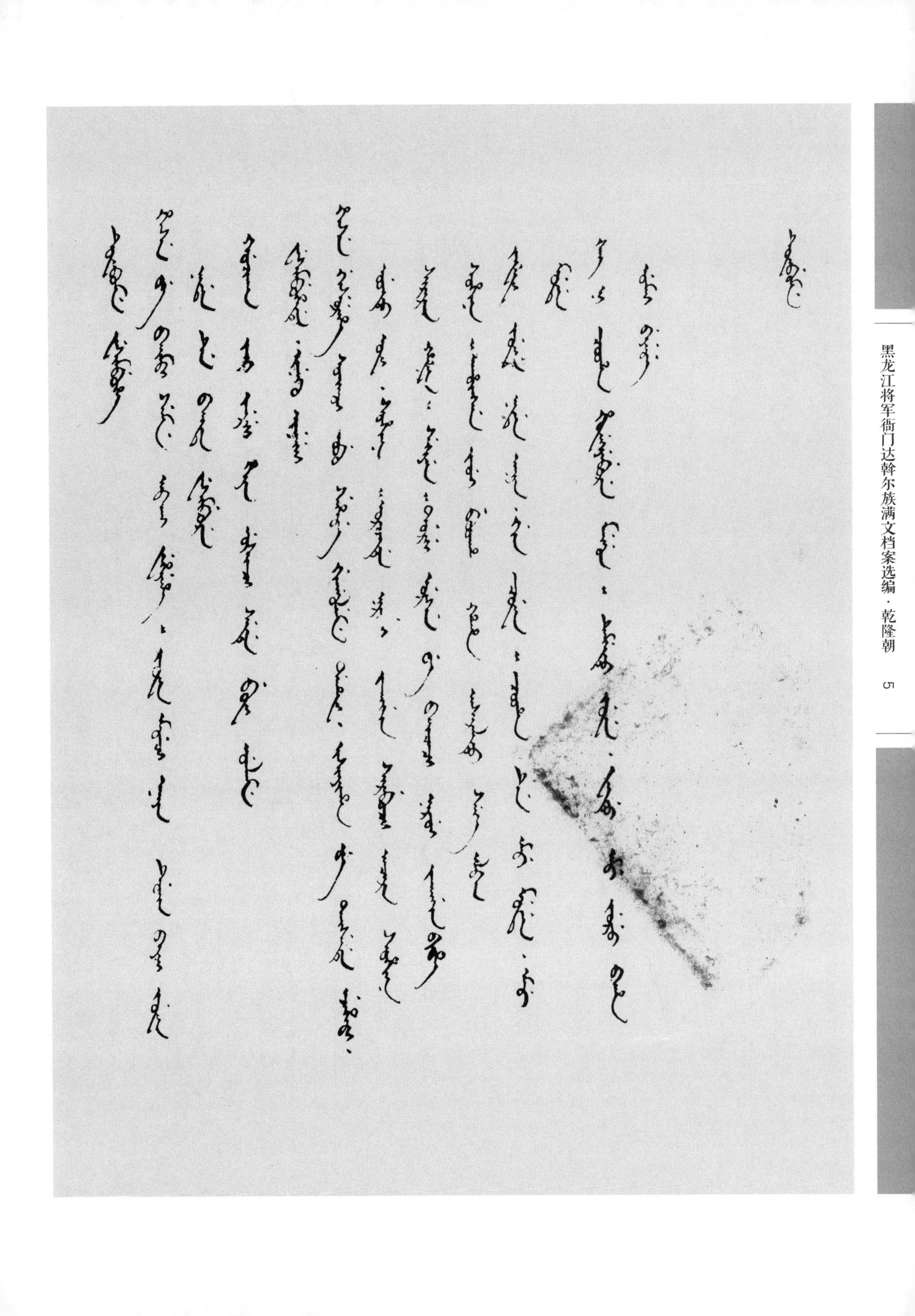

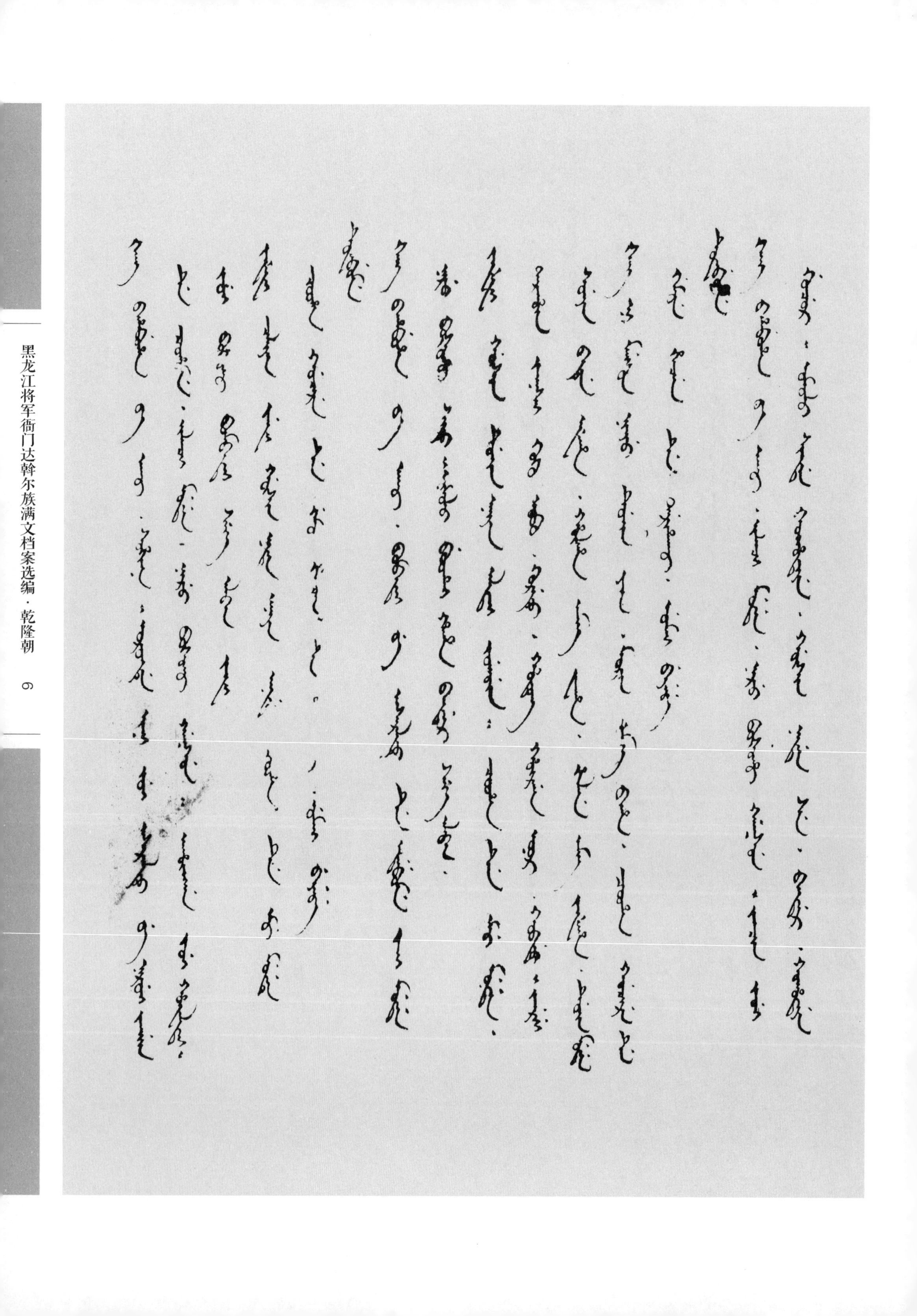

[illegible]

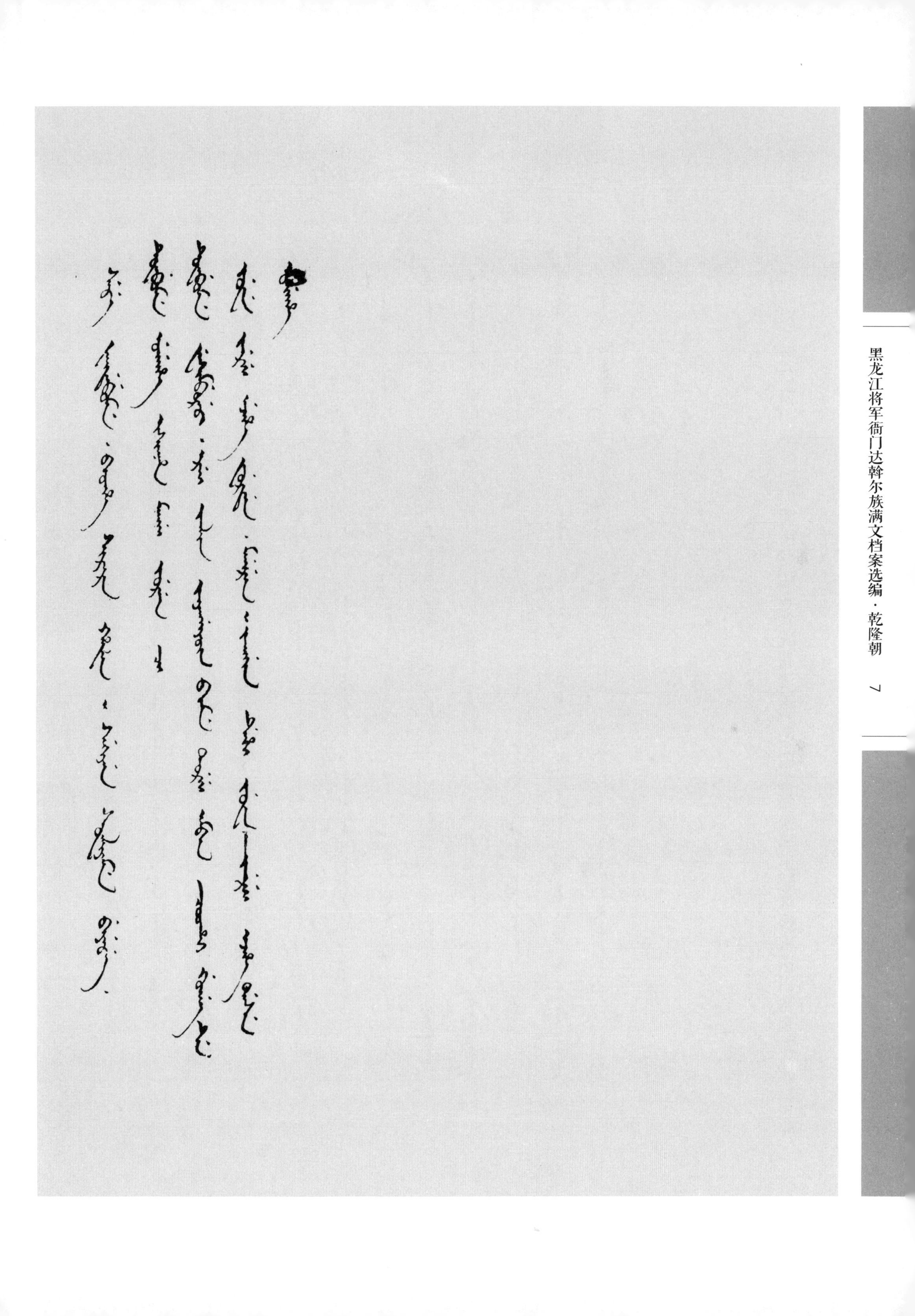

[illegible]

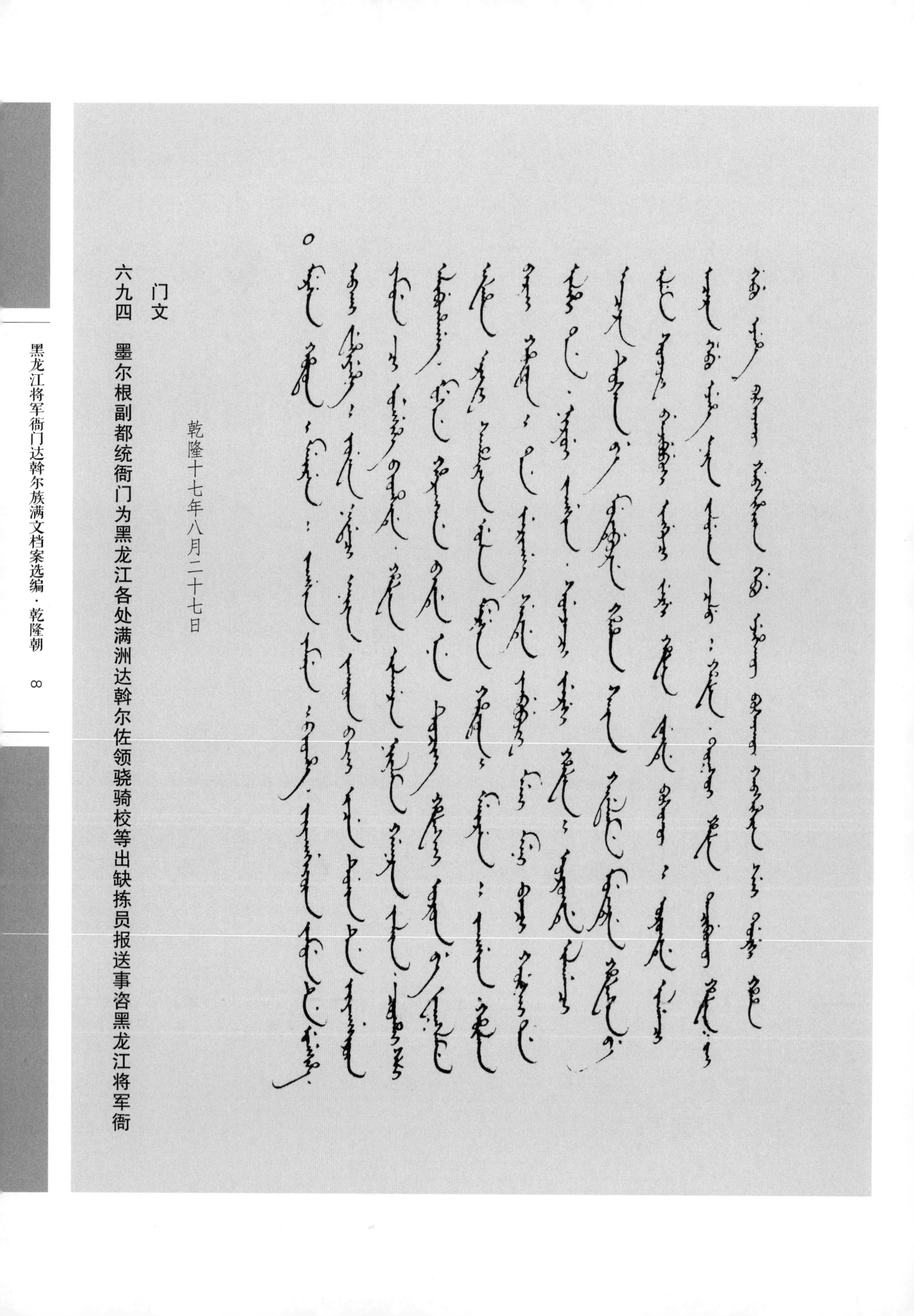

六九四 墨尔根副都统衙门为黑龙江各处满洲达斡尔佐领骁骑校等出缺拣员报送事咨黑龙江将军衙门文

乾隆十七年八月二十七日

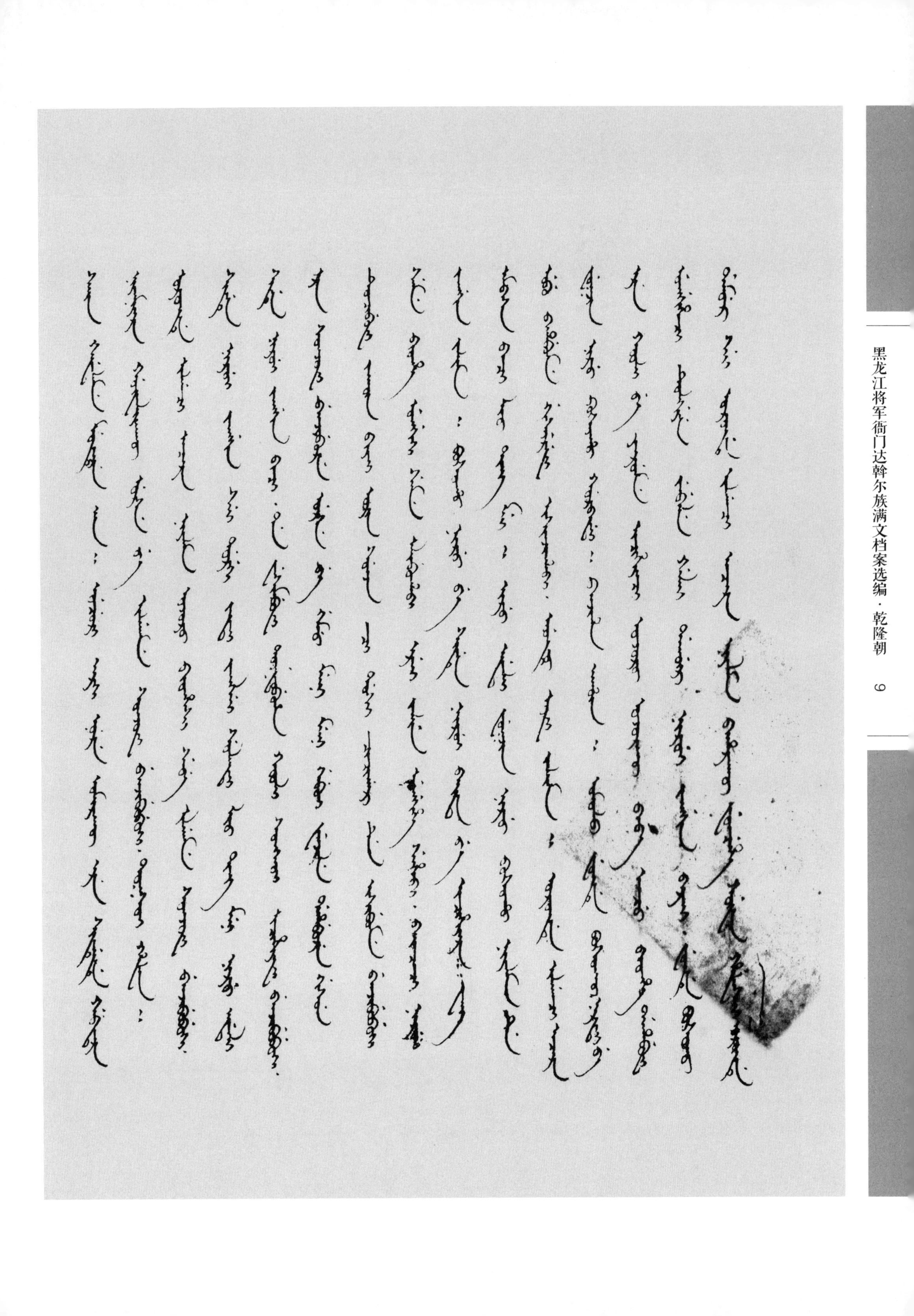

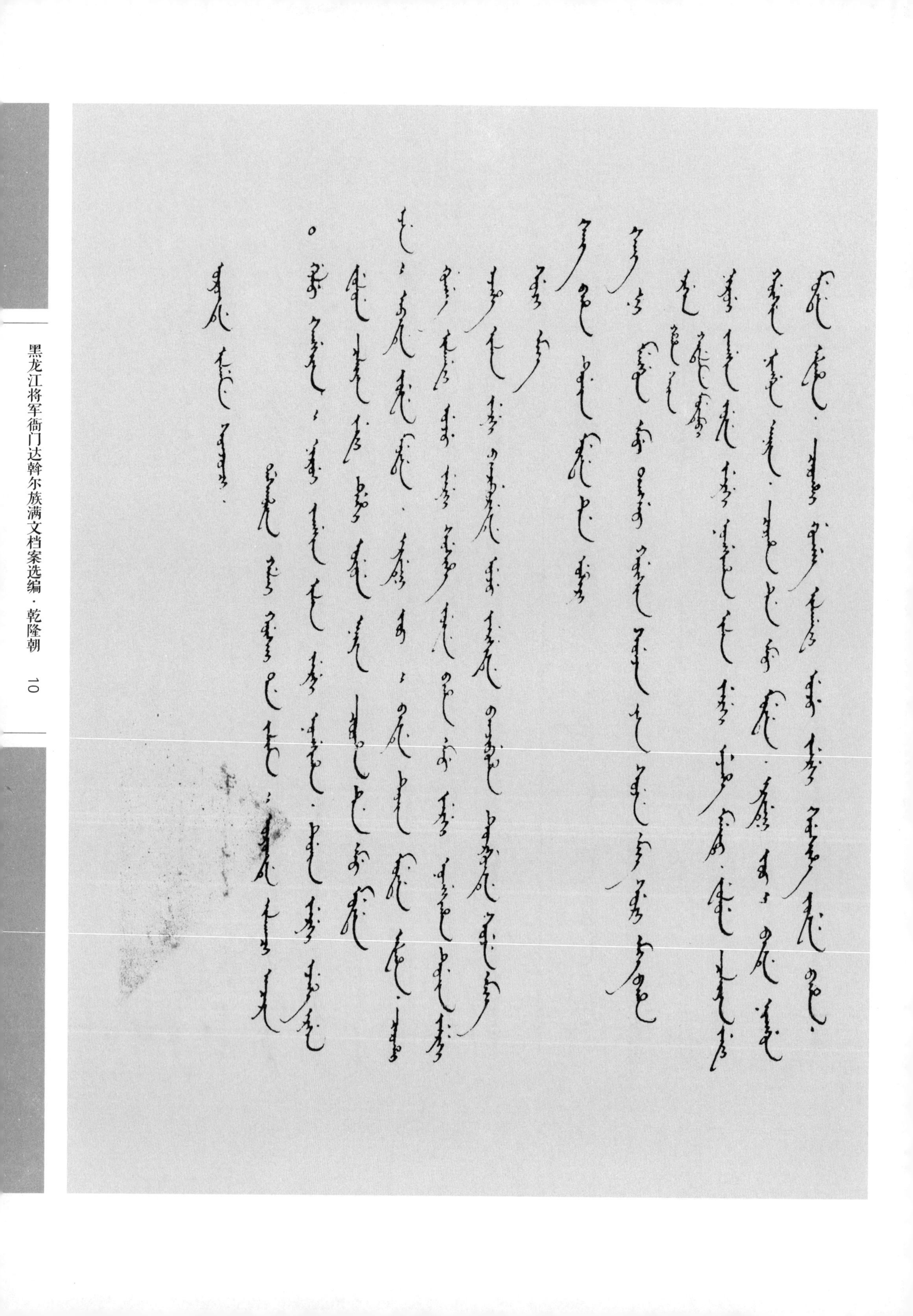

[illegible]

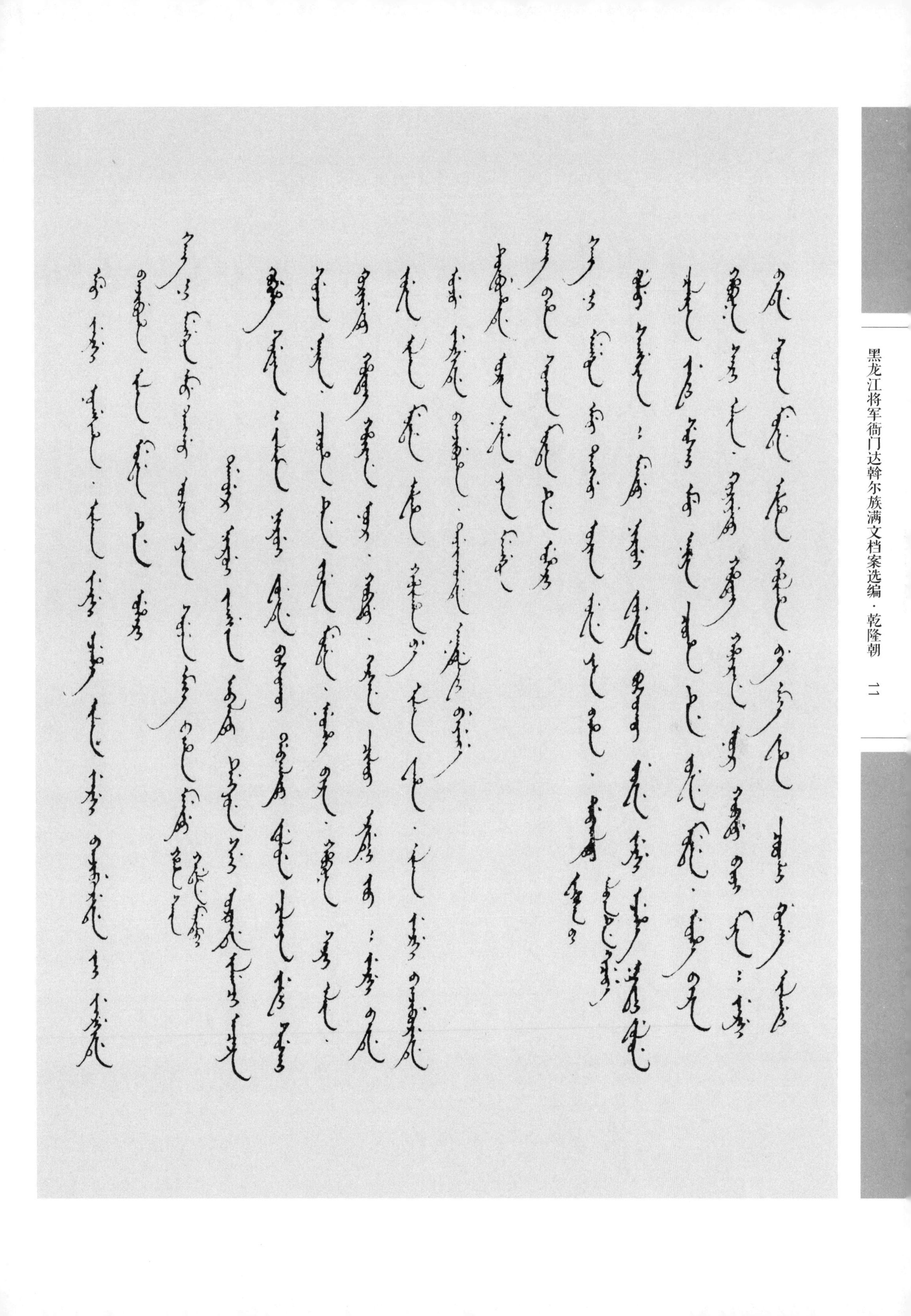

[illegible]

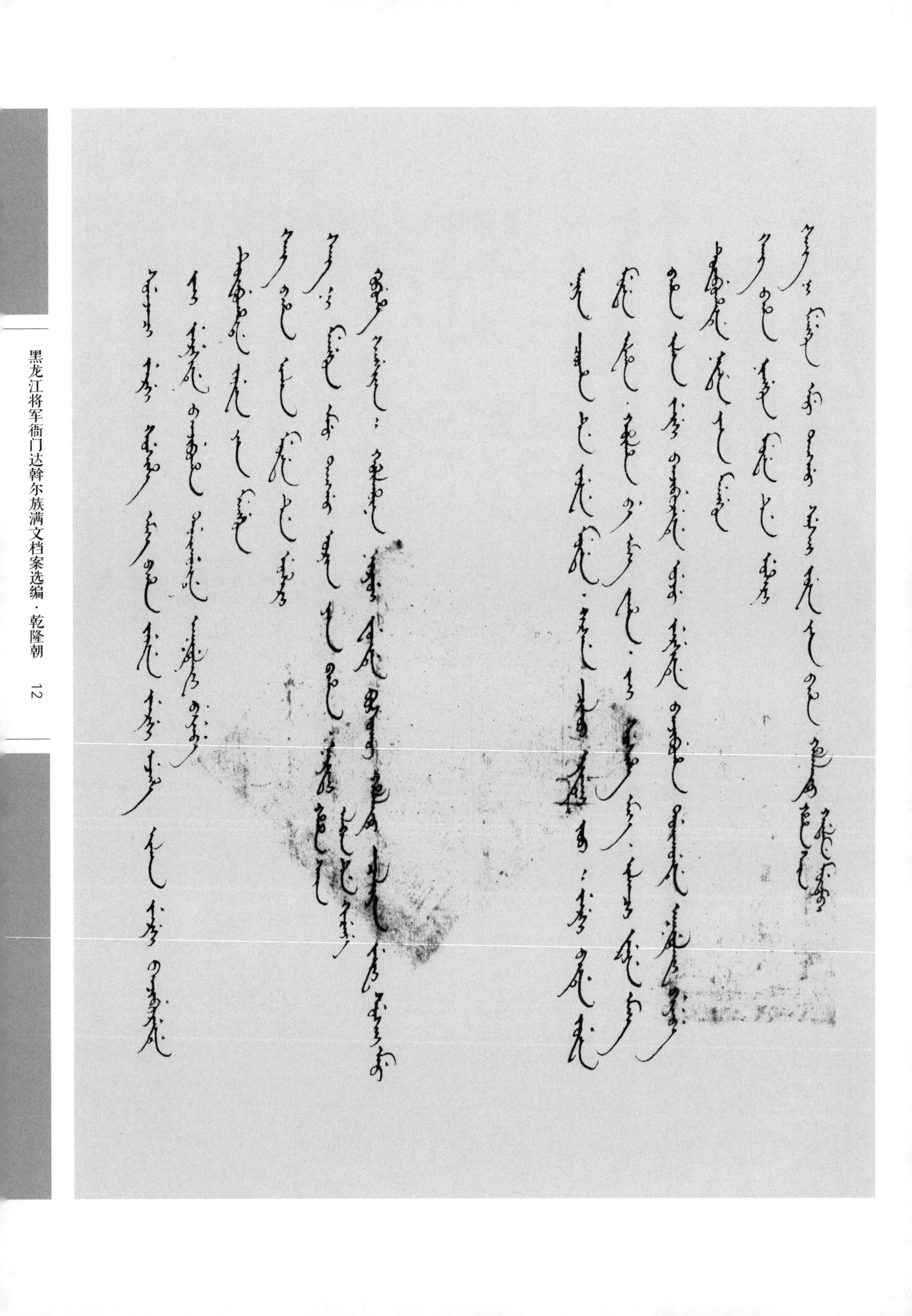

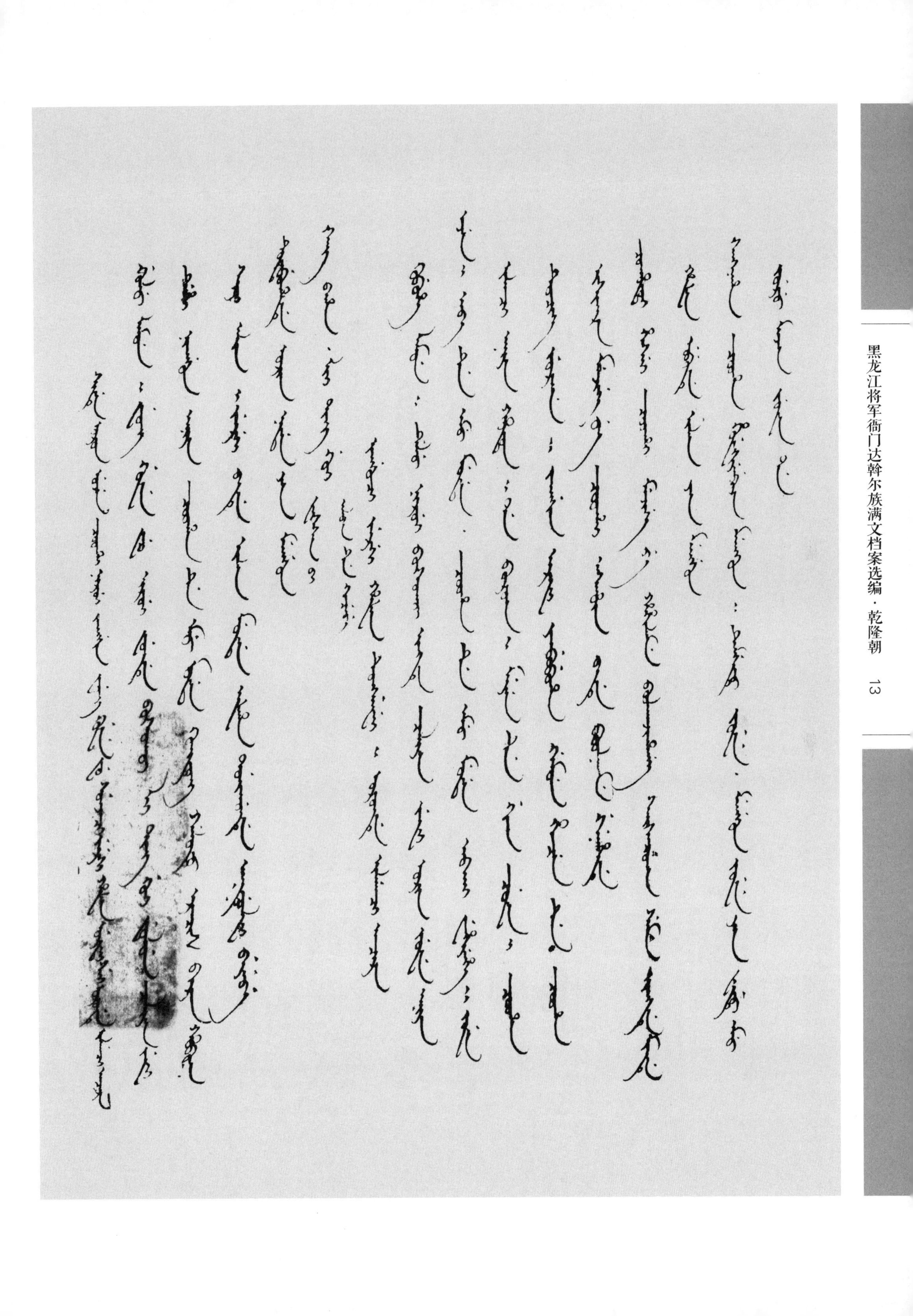

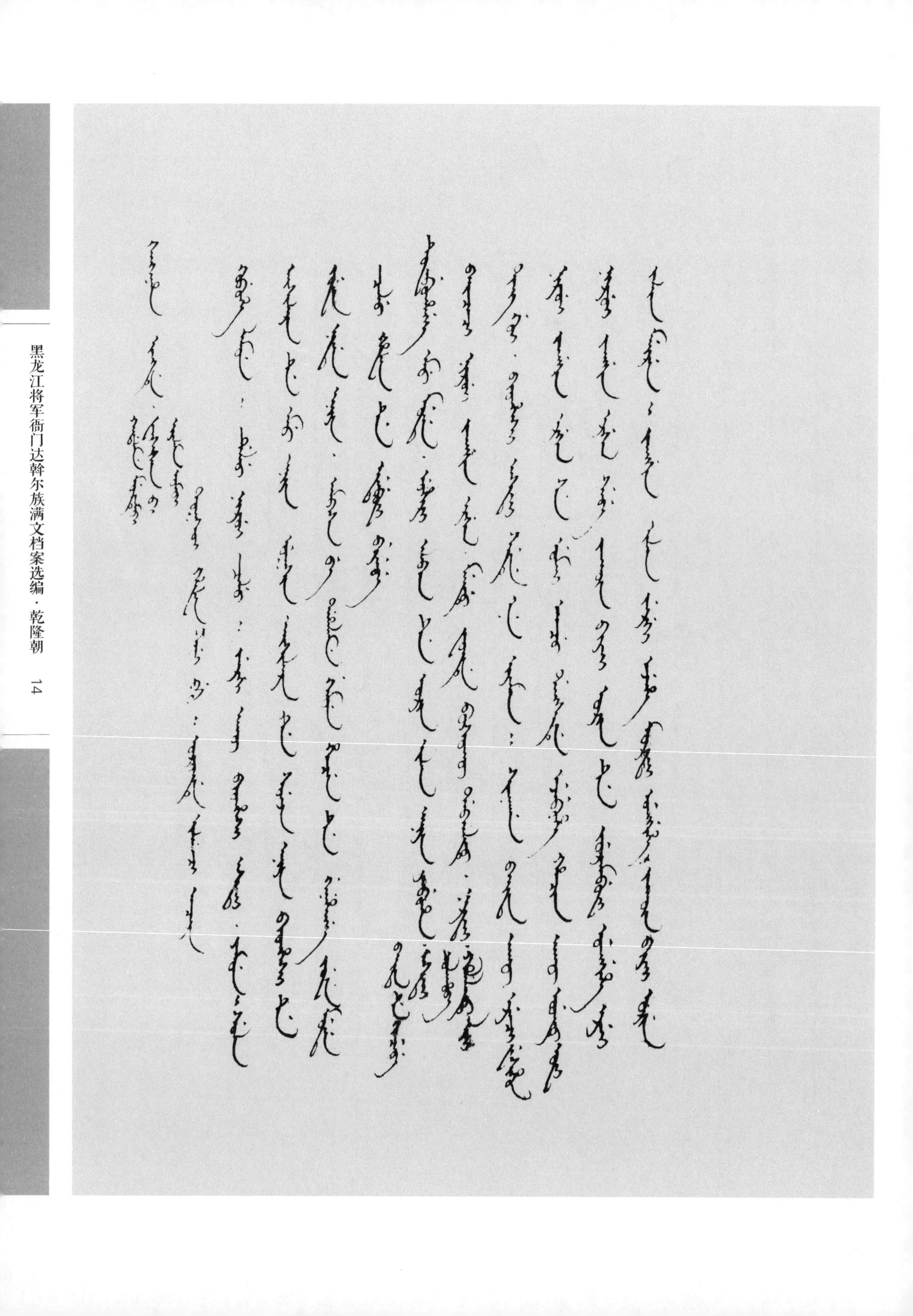

六九五 黑龙江副都统衙门为黑龙江各处满洲达斡尔佐领骁骑校等出缺拣员报送事咨黑龙江将军衙门文

乾隆十七年八月二十八日

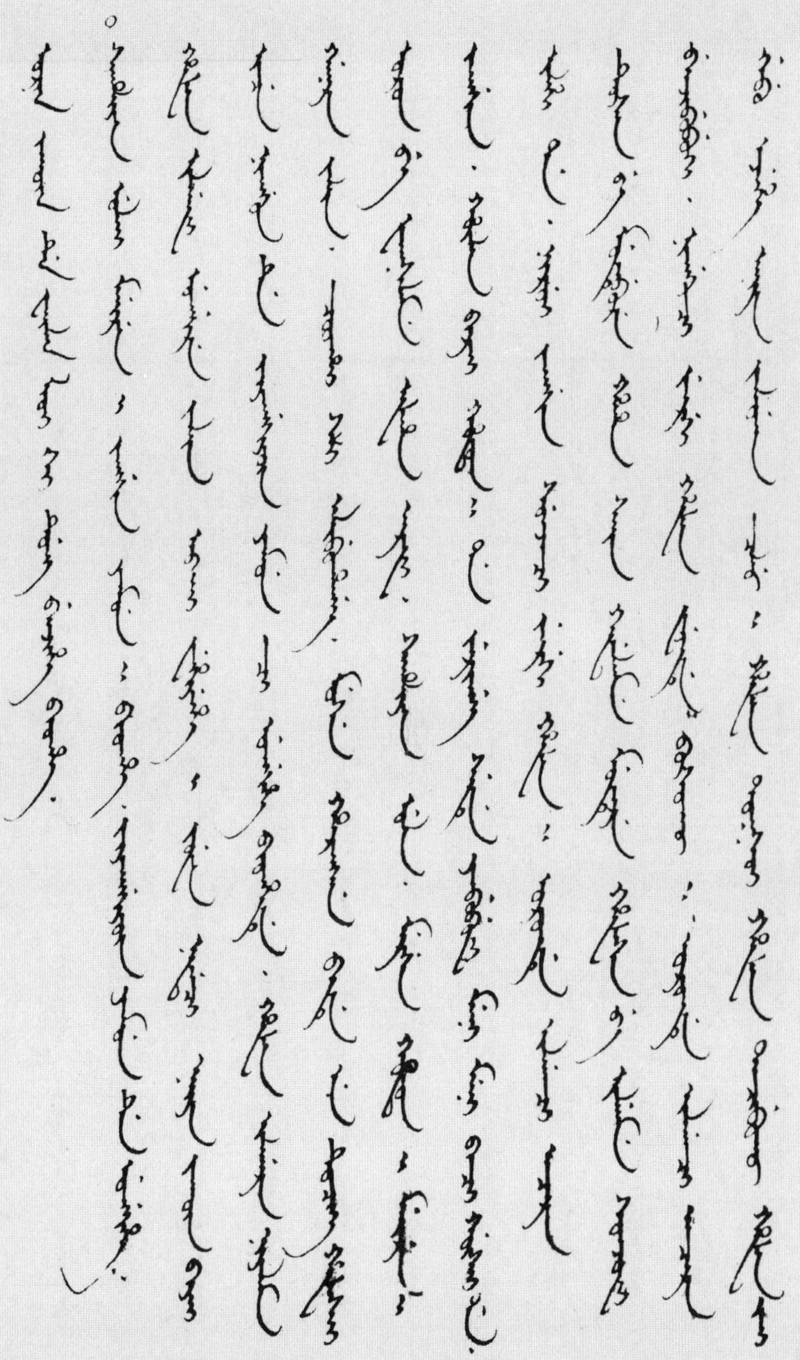

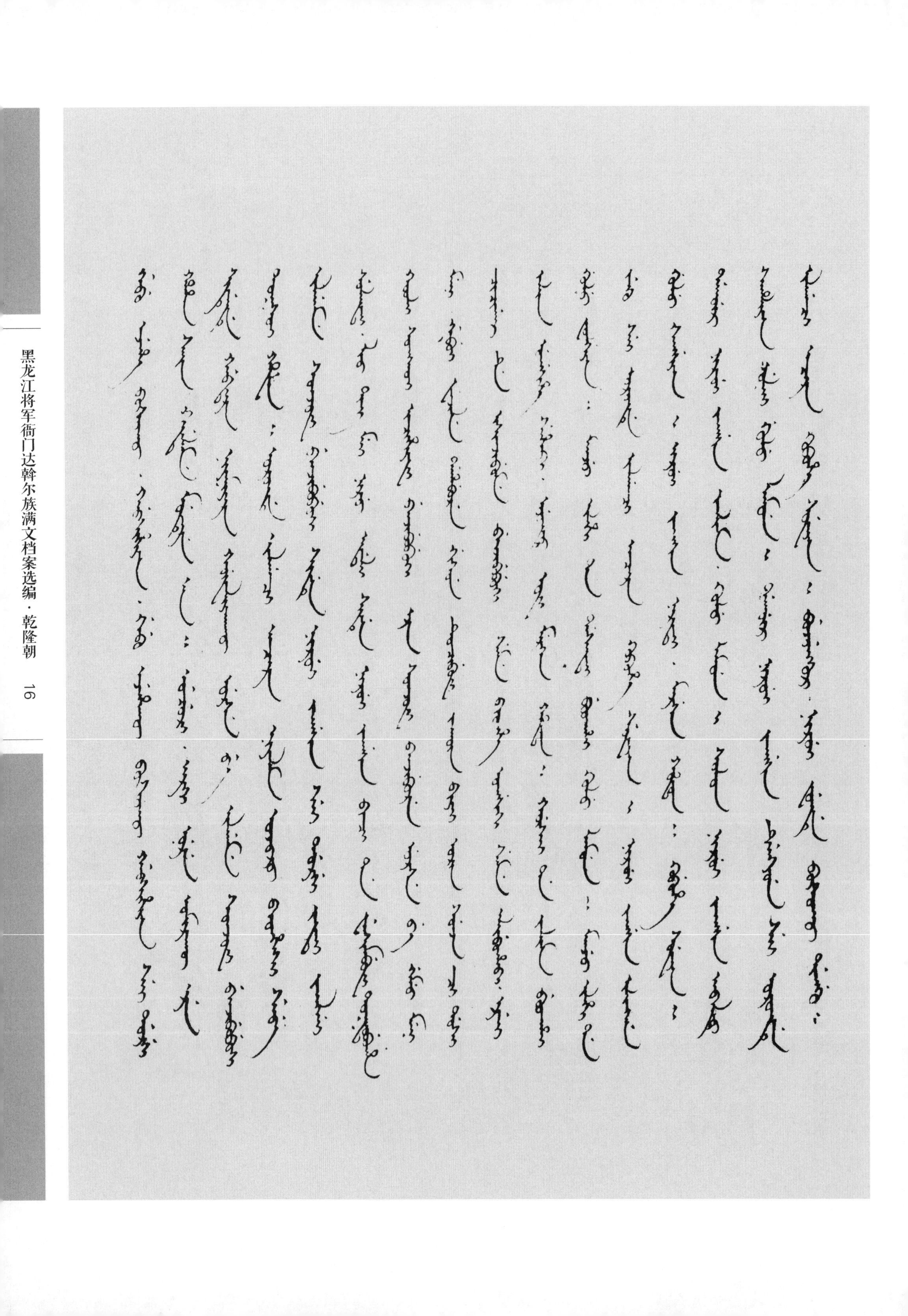

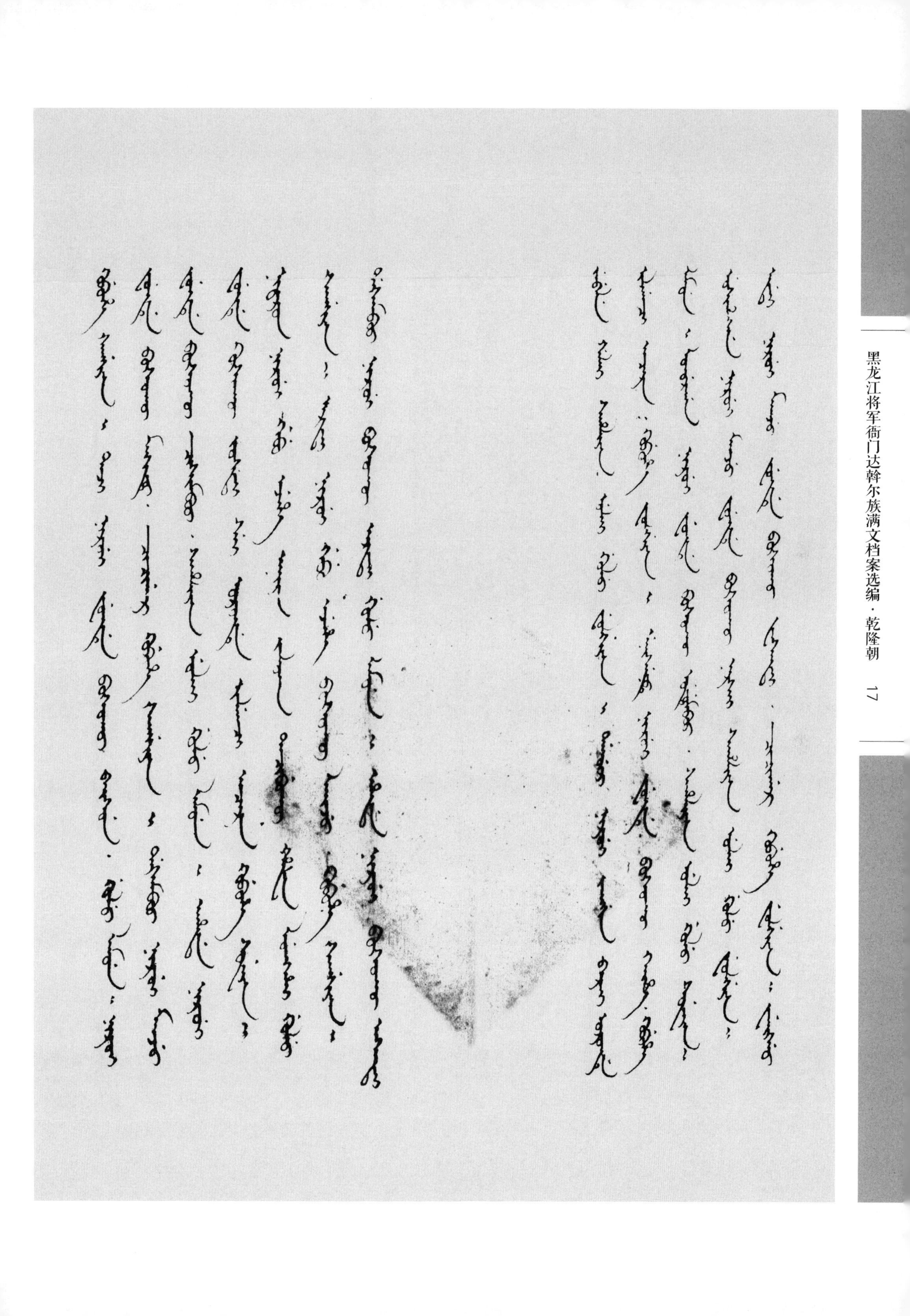

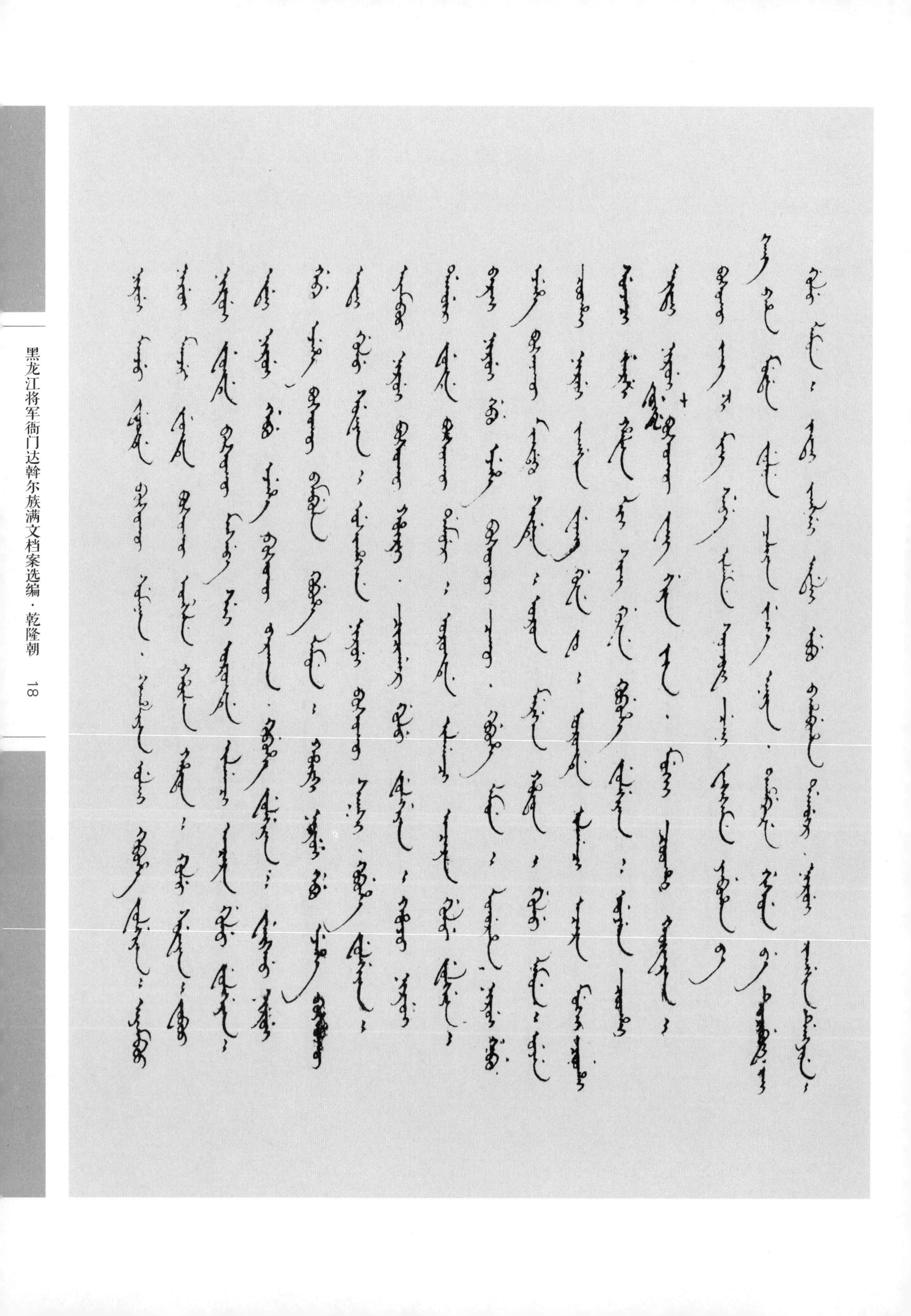

[illegible]

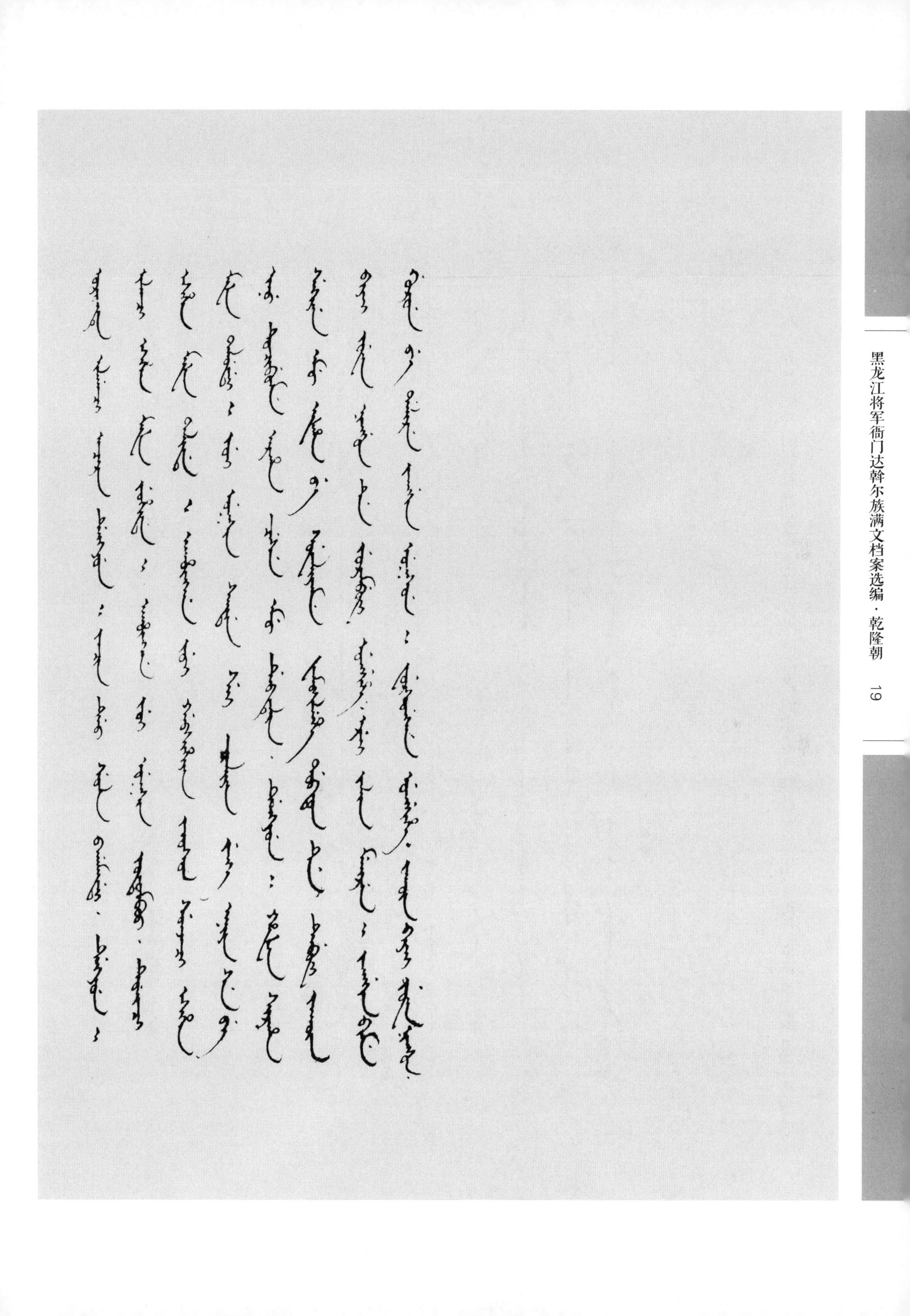

[illegible]

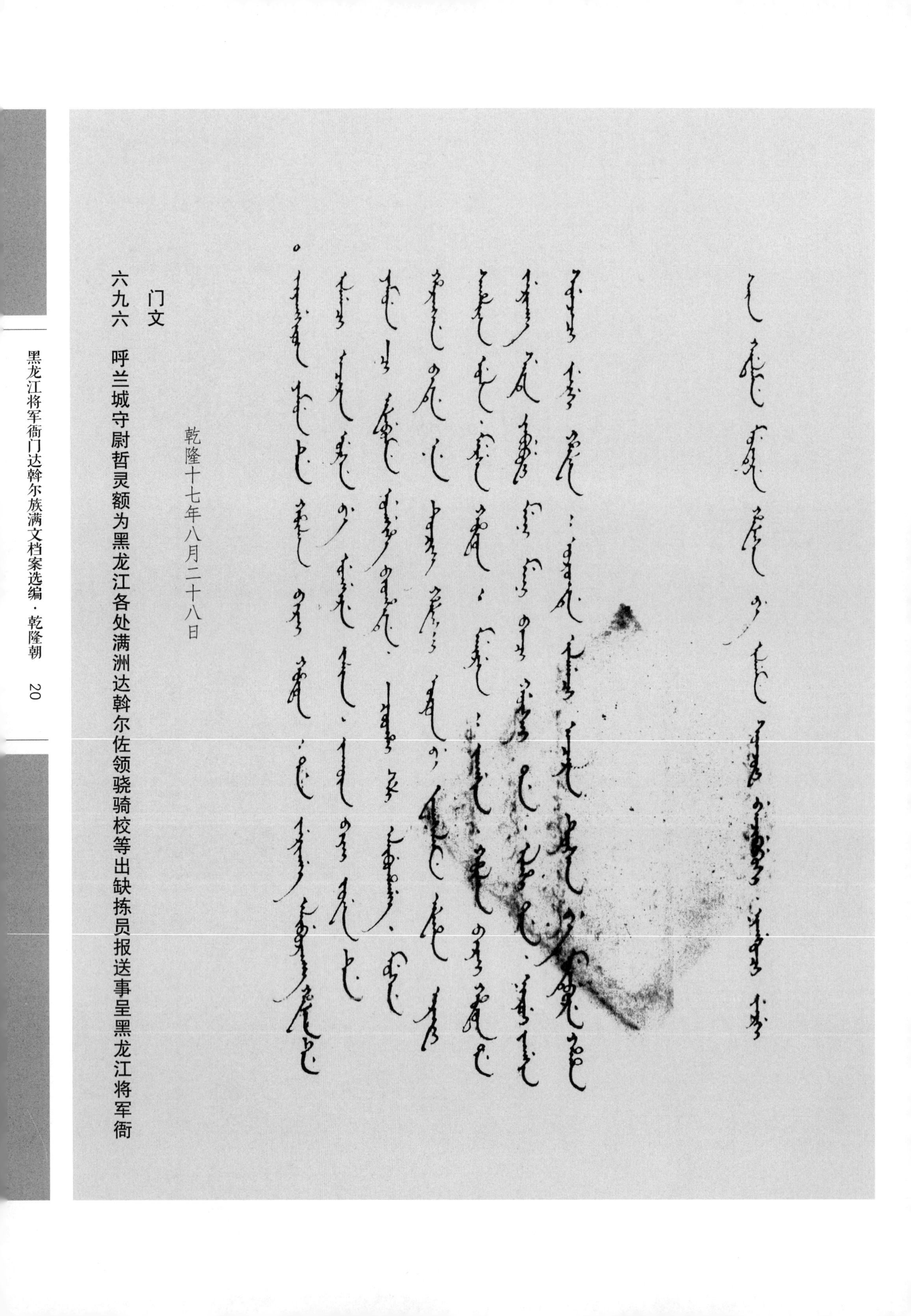

六九六 呼兰城守尉哲灵额为黑龙江各处满洲达斡尔佐领骁骑校等出缺拣员报送事呈黑龙江将军衙门文

乾隆十七年八月二十八日

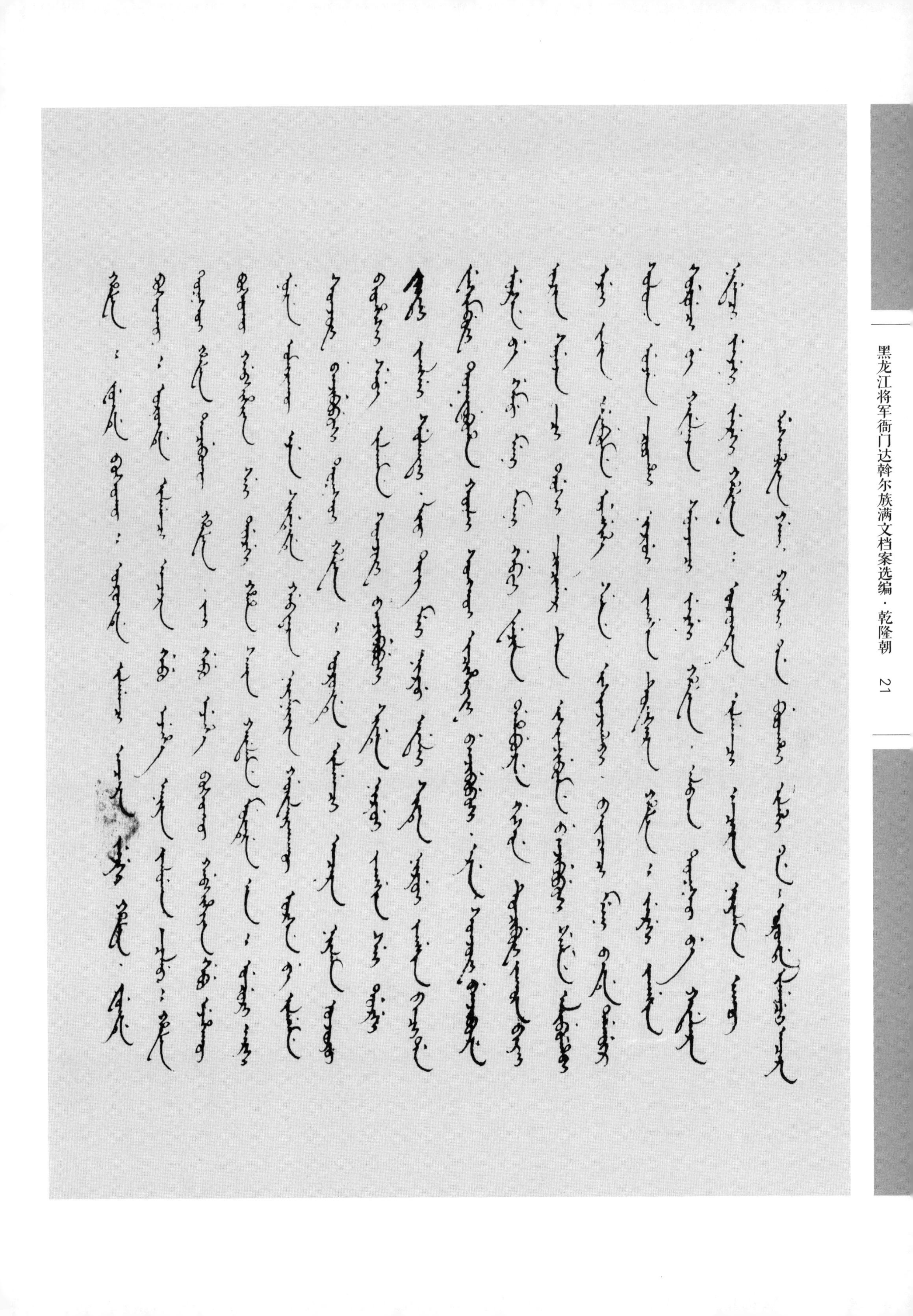

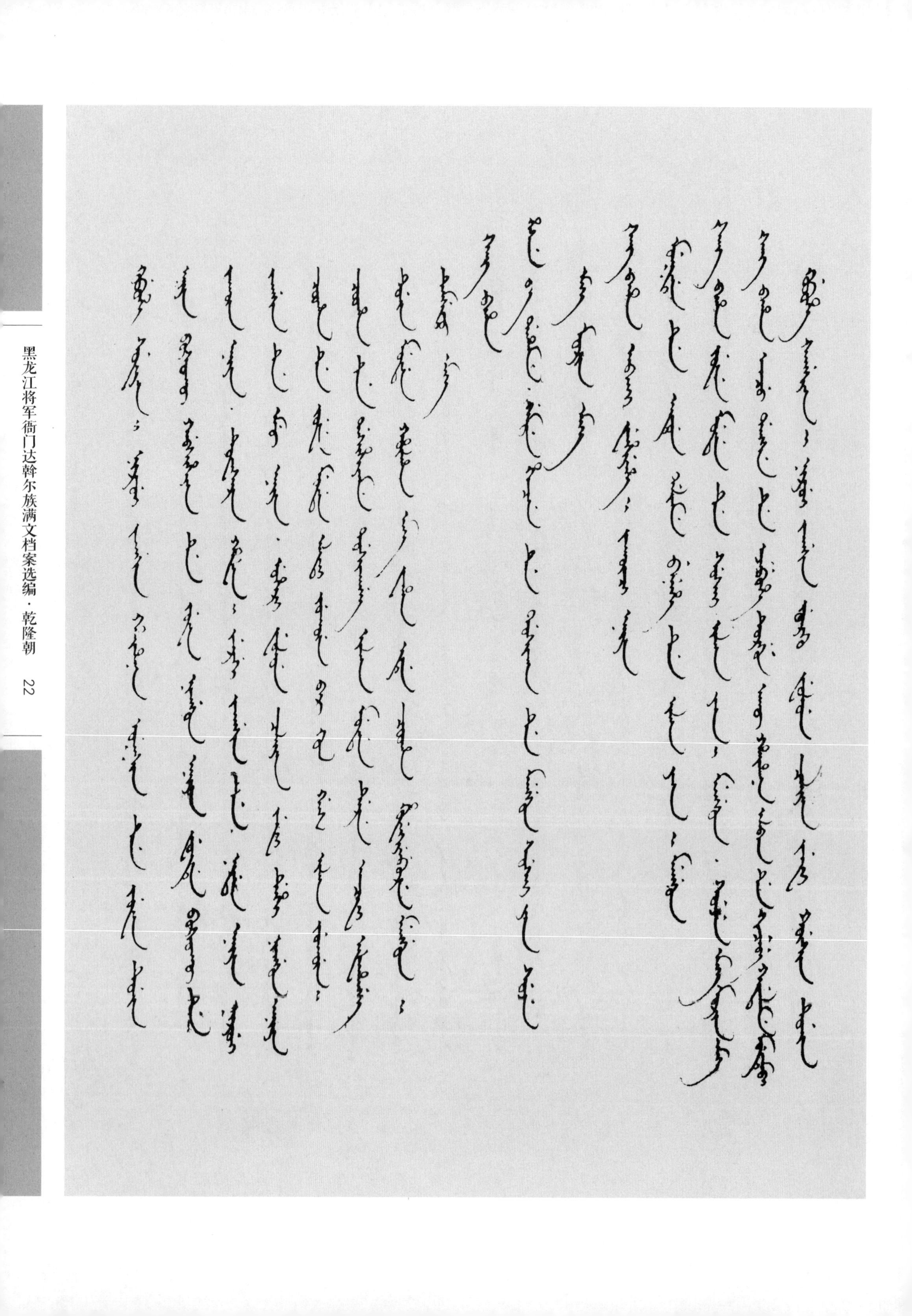

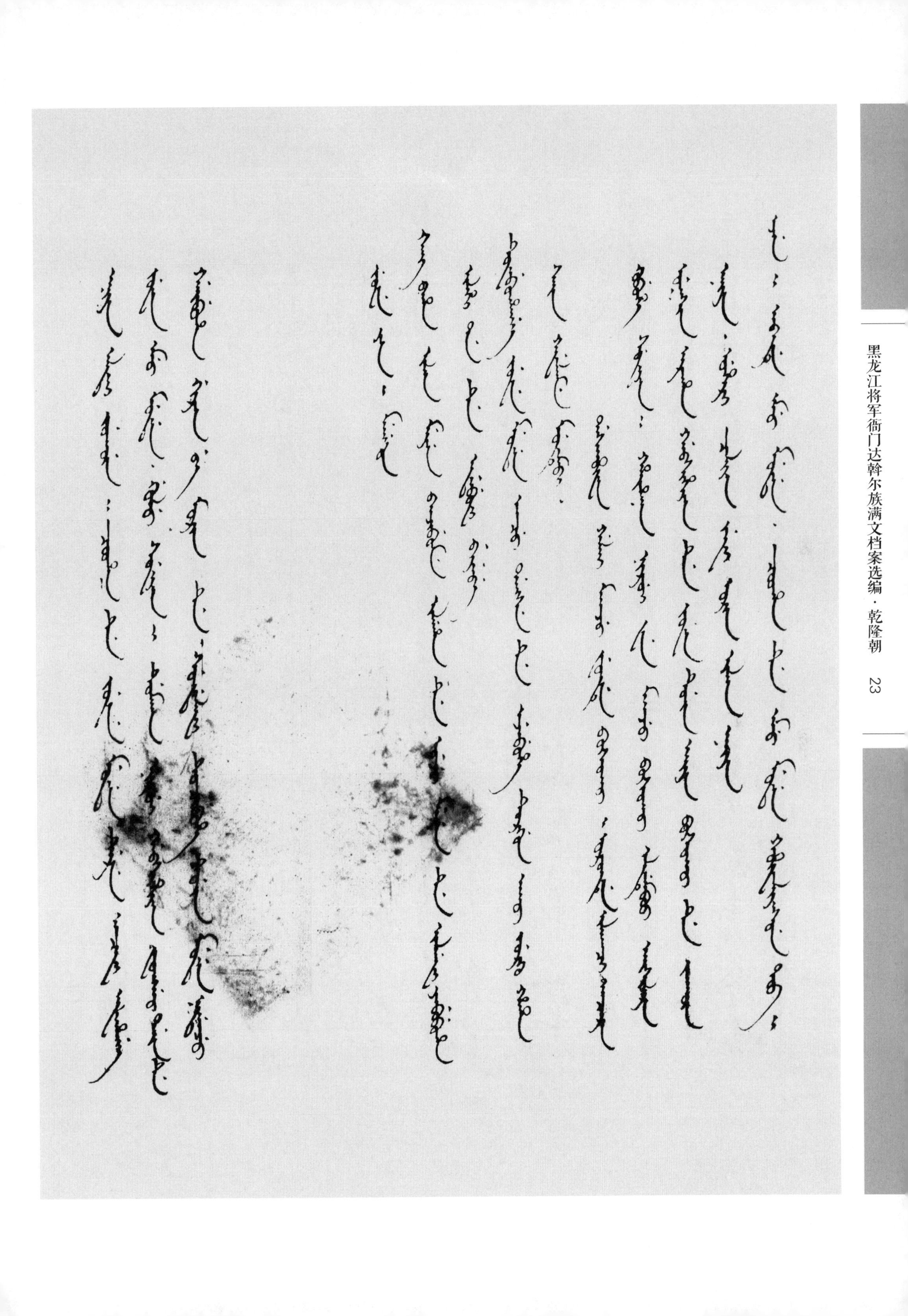

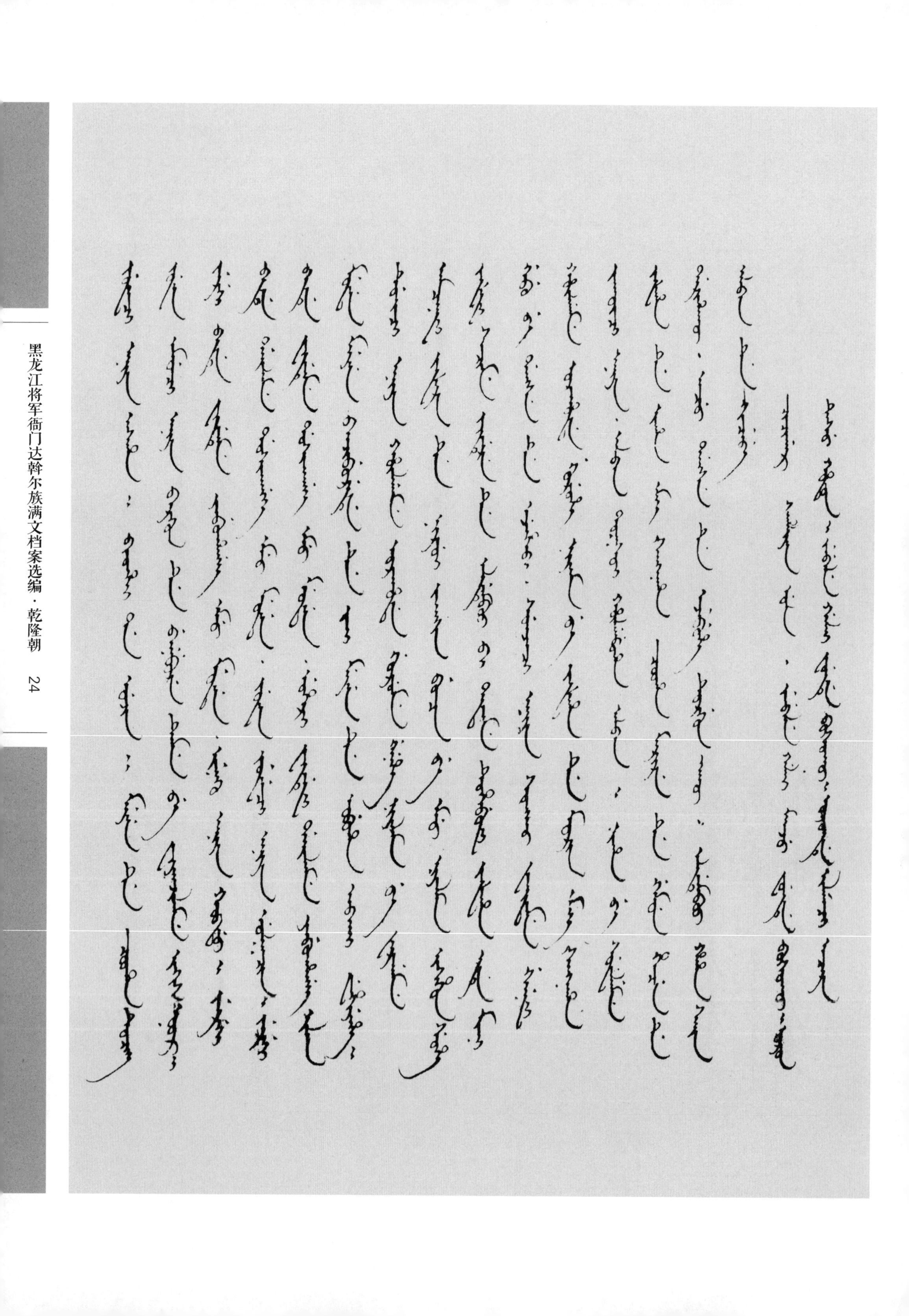

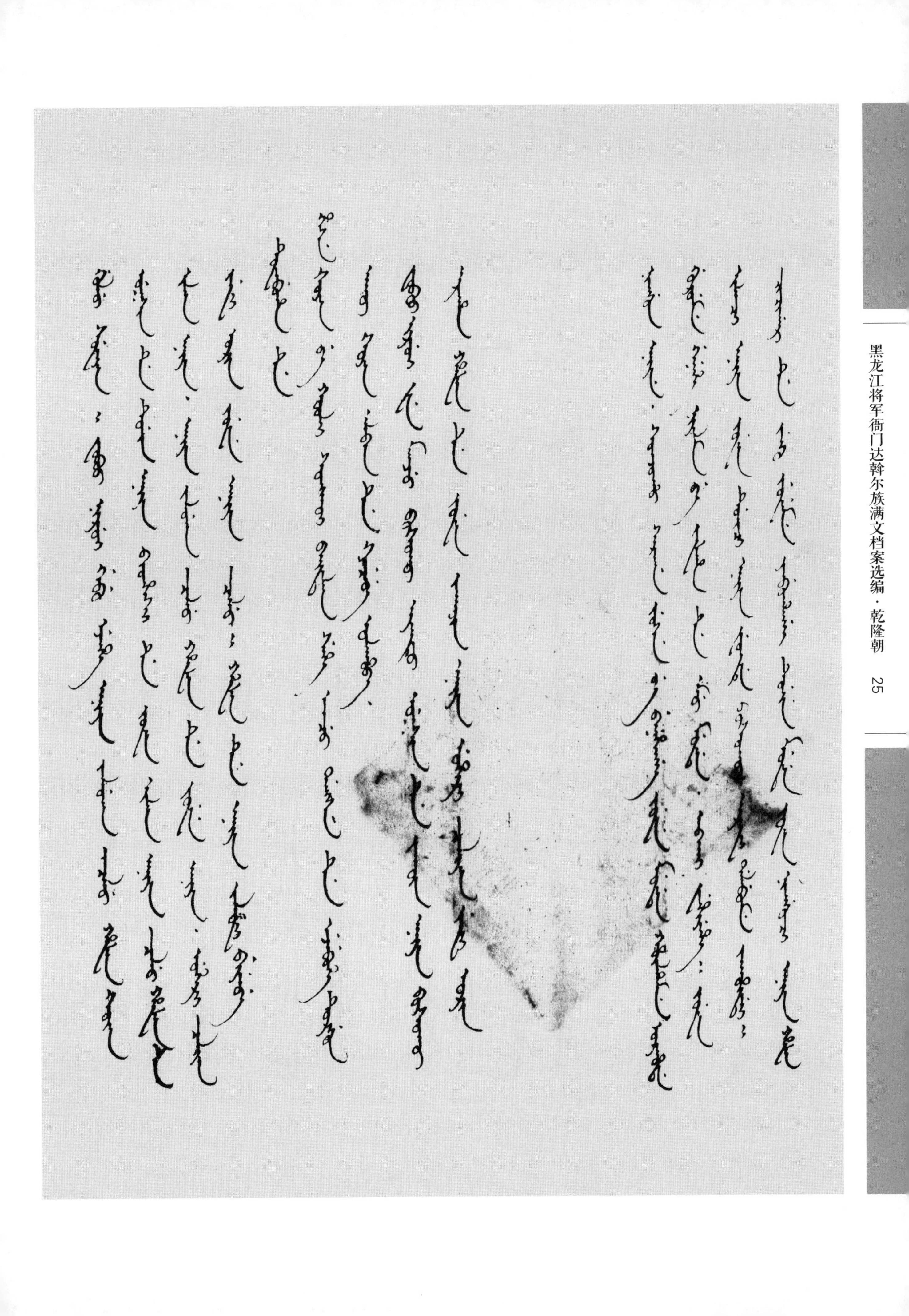

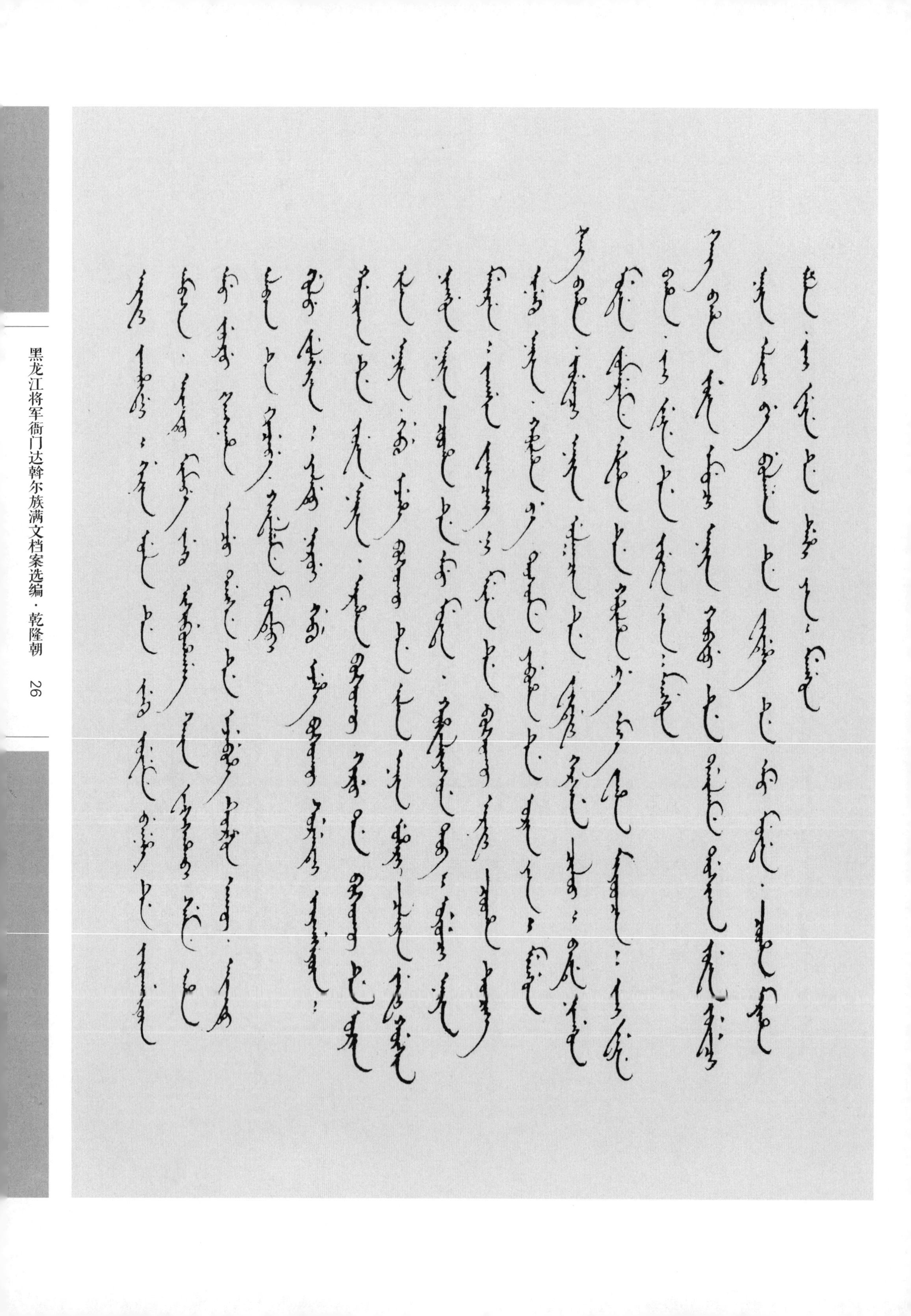

[illegible]

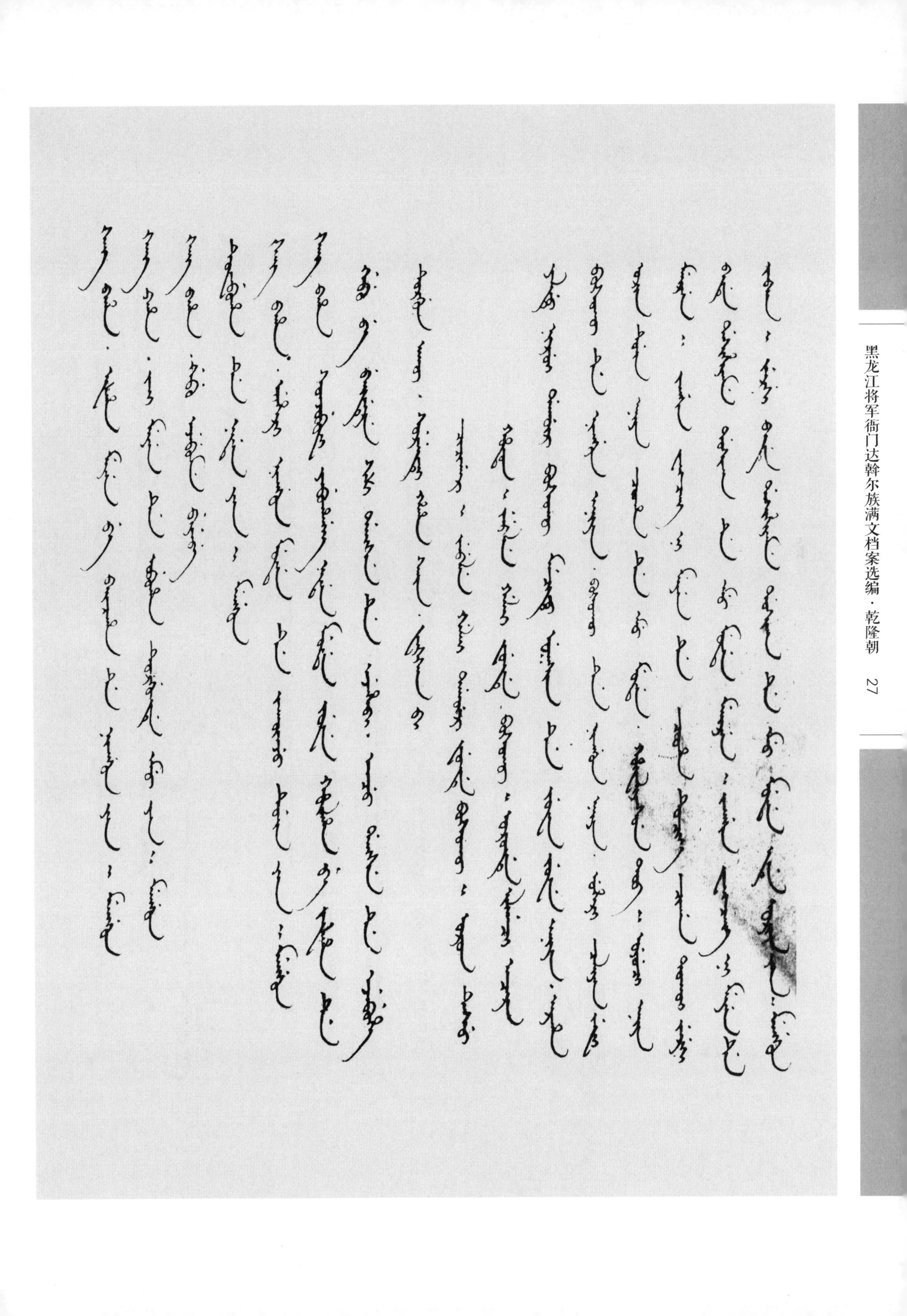

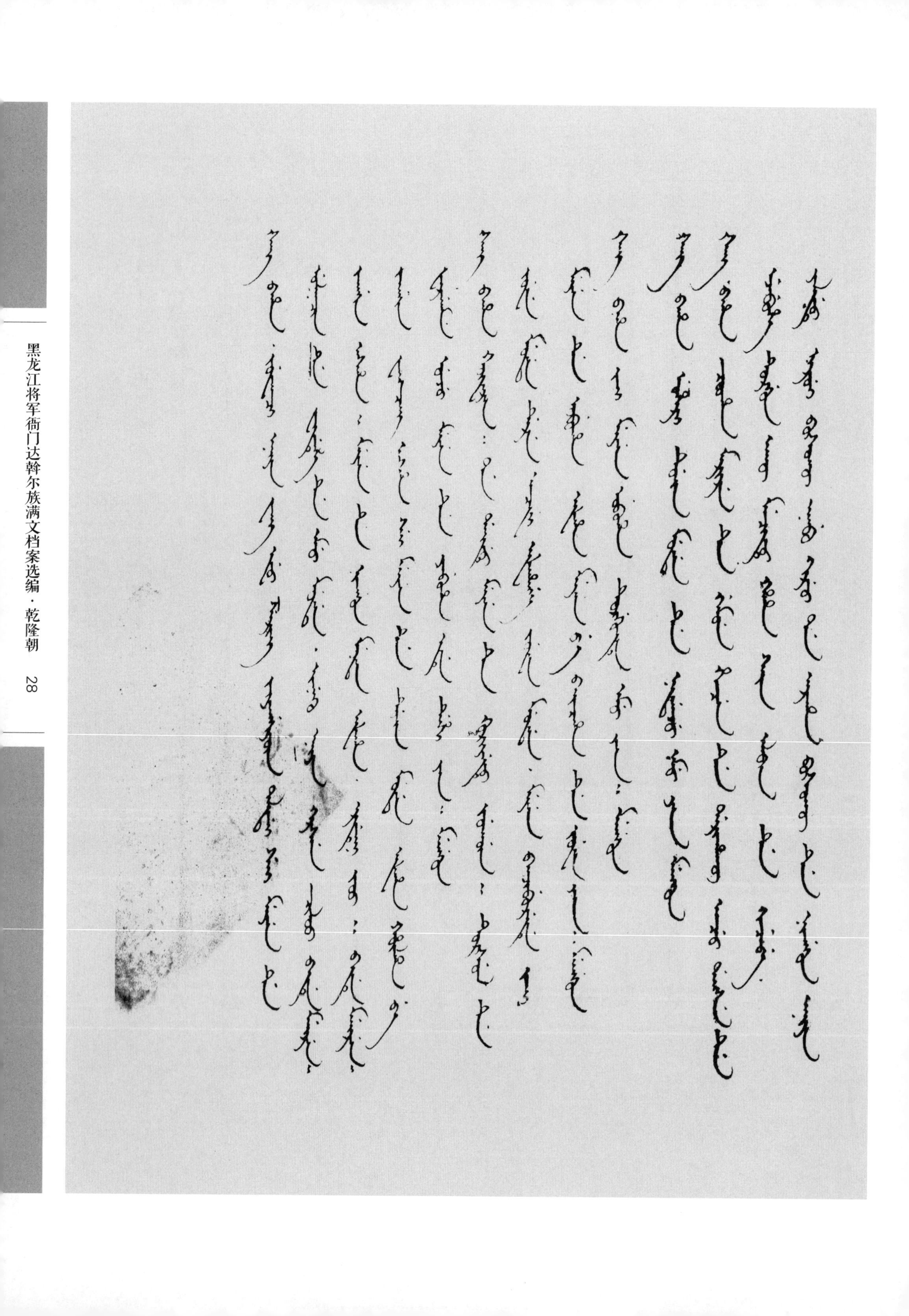

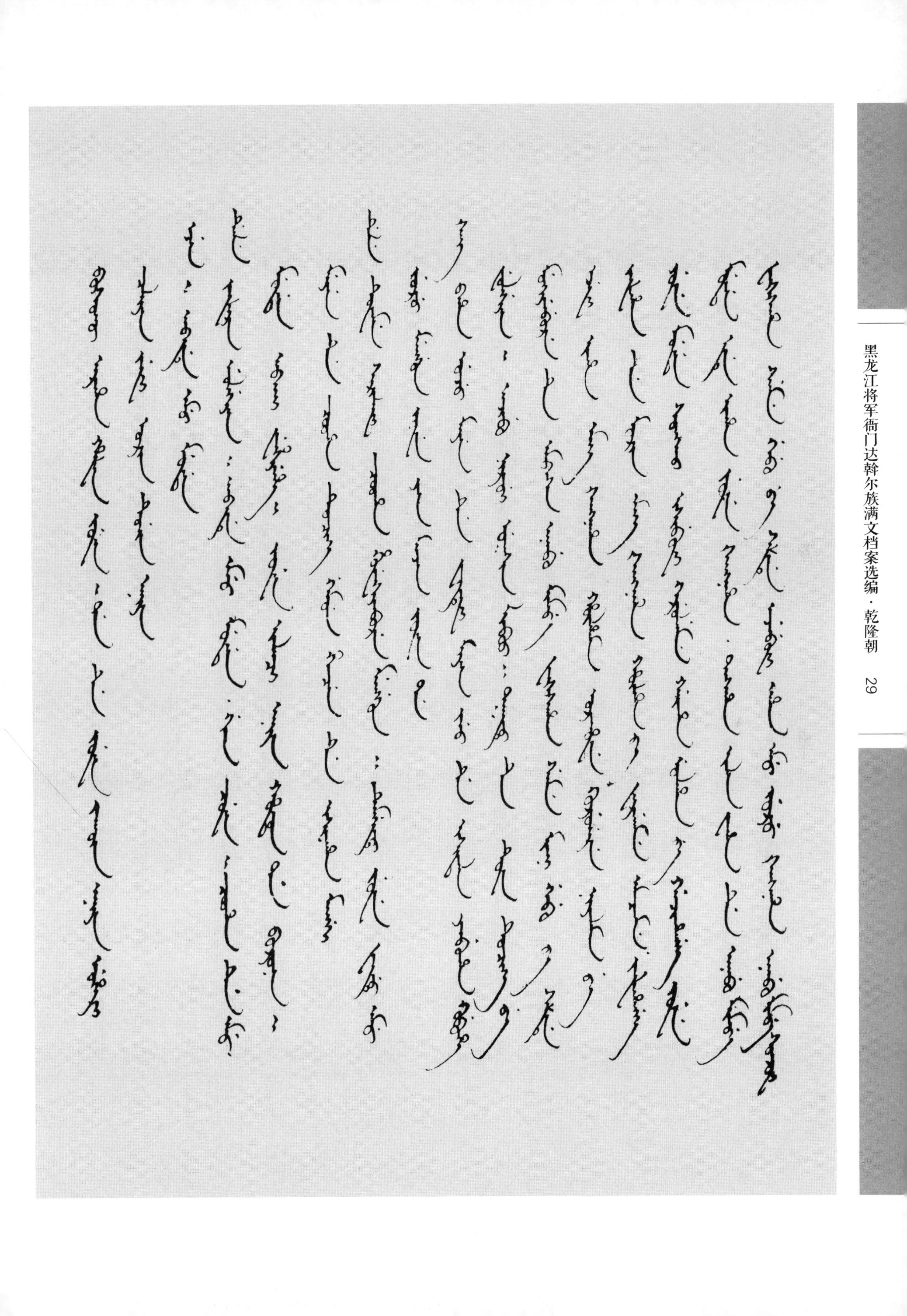

[illegible]

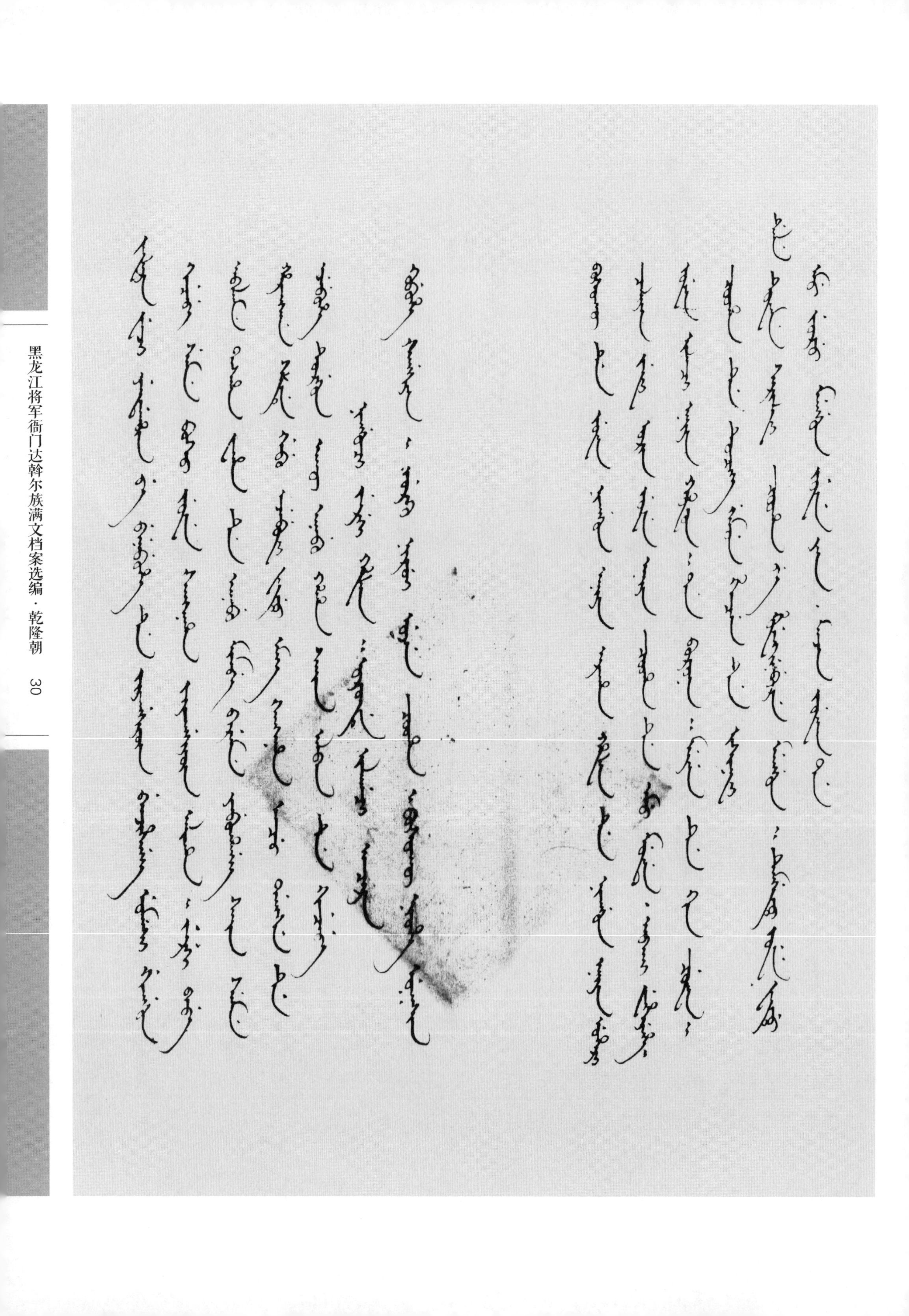

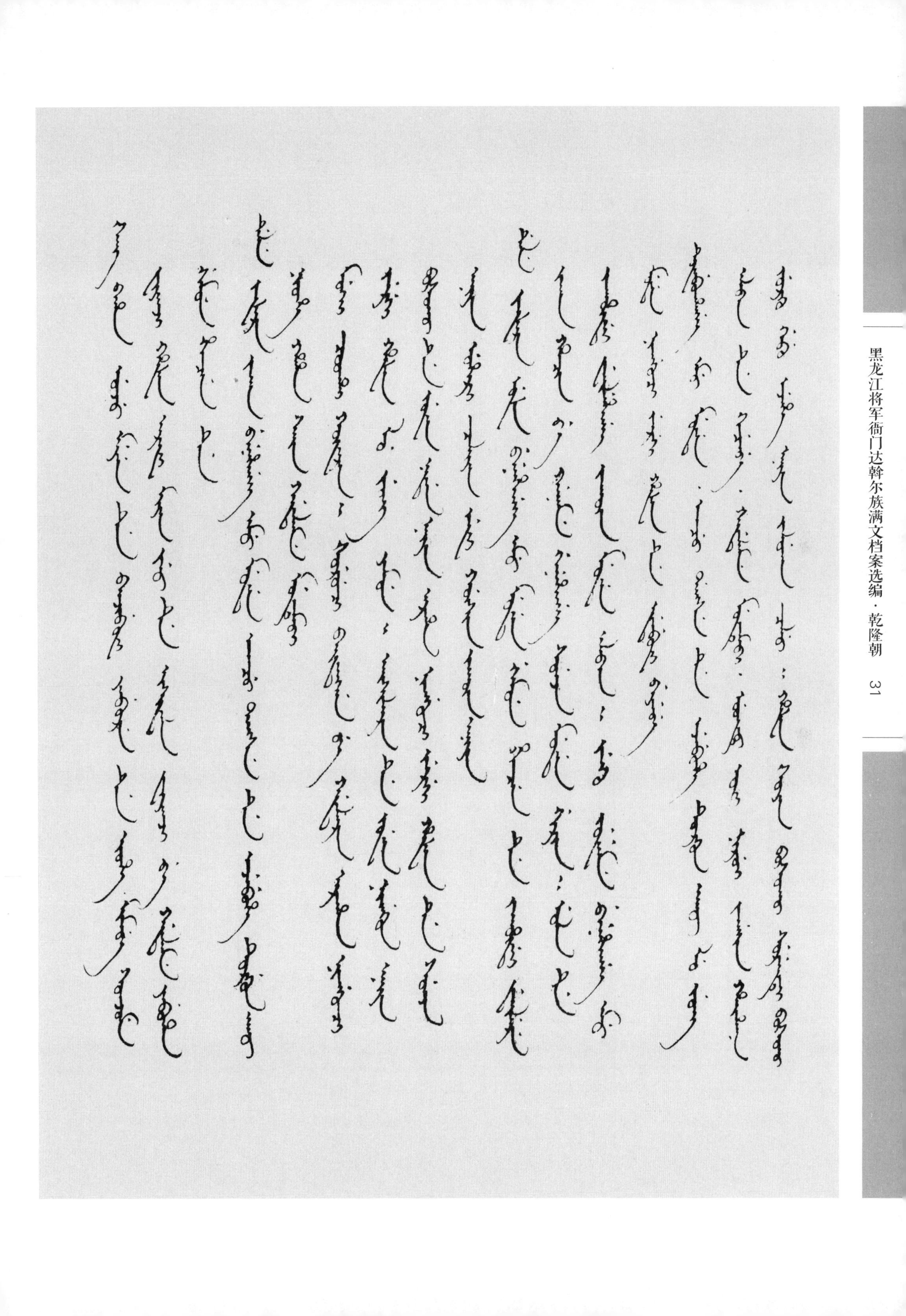

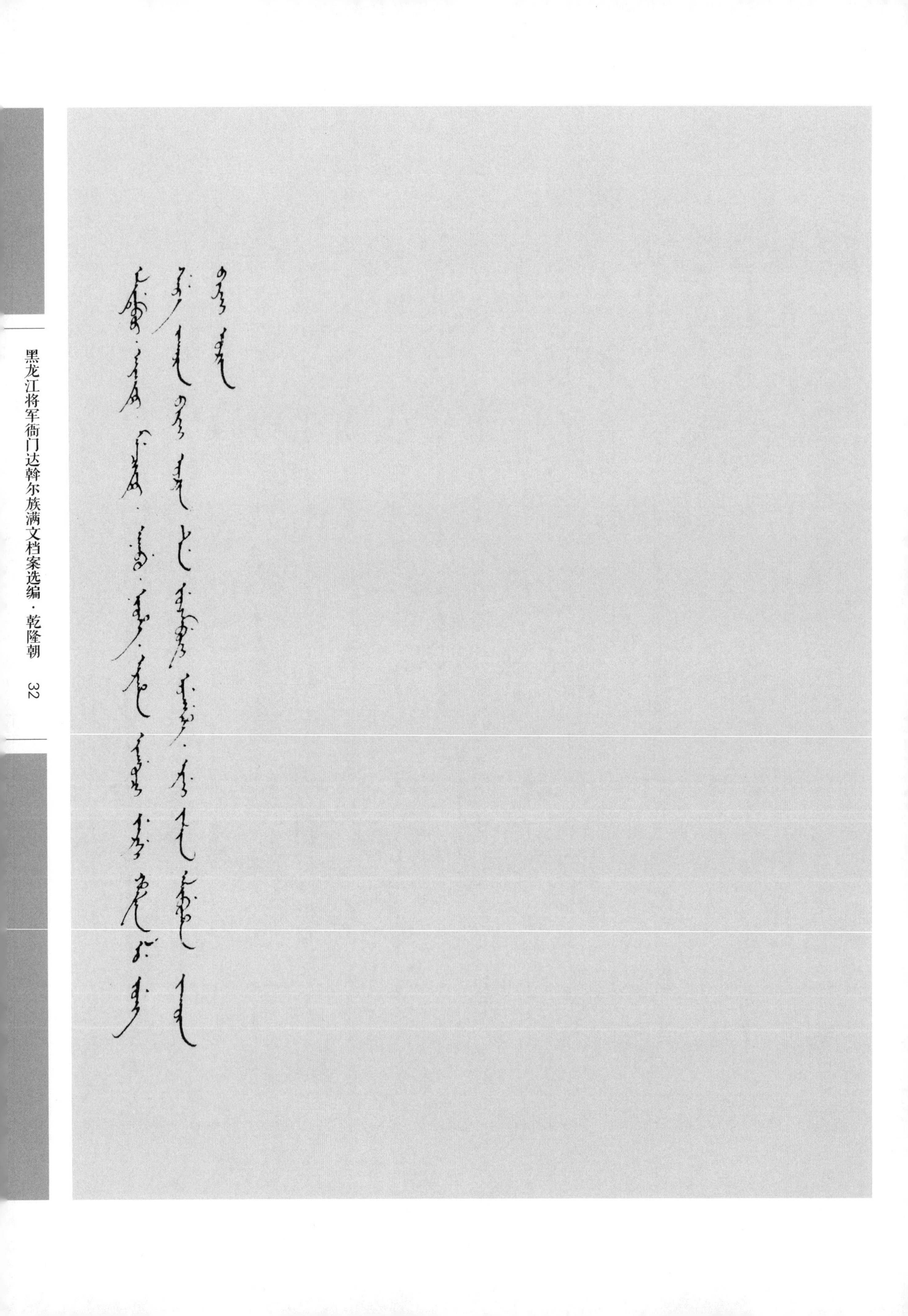

[illegible]

[illegible]

[illegible]

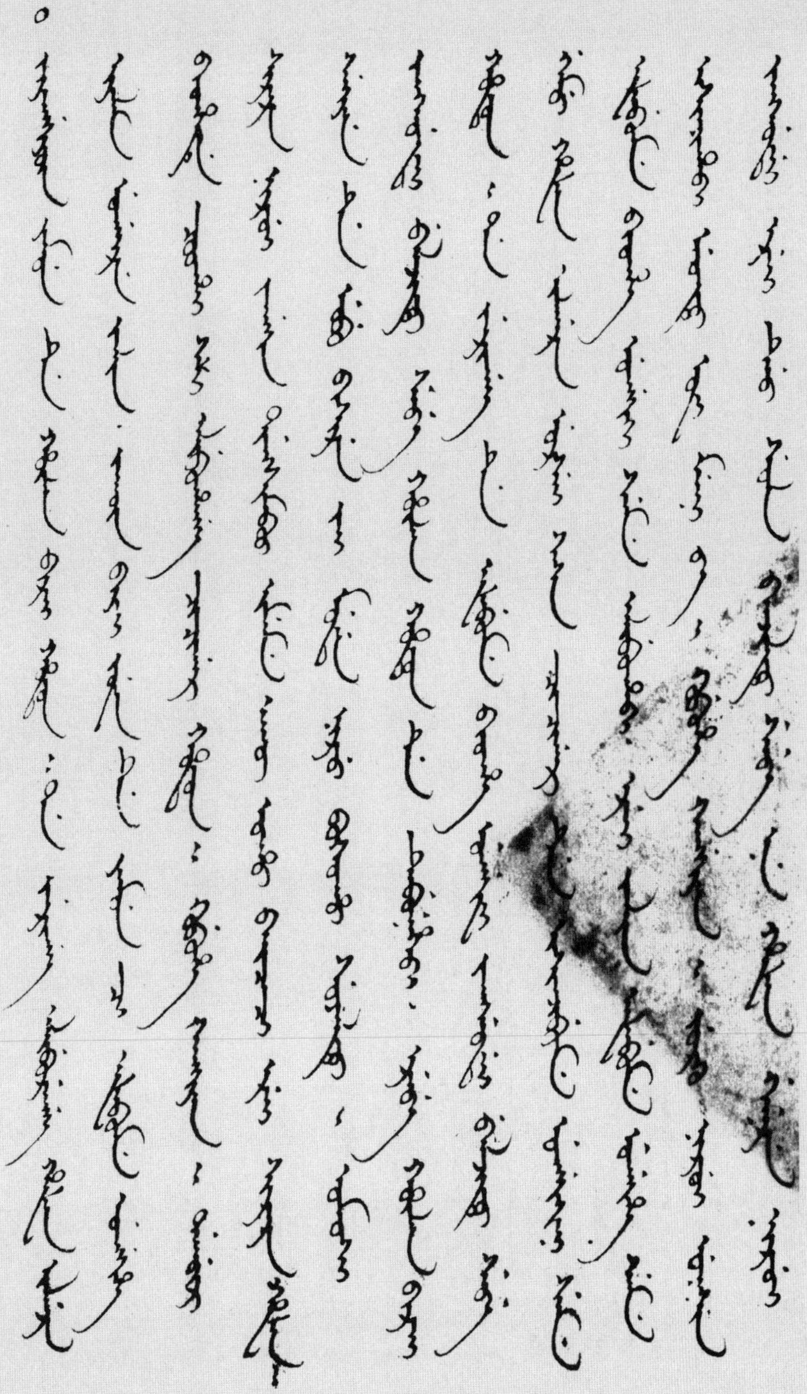

乾隆十七年八月二十八日

六九七　呼兰城守尉哲灵额为齐齐哈尔镶白旗达斡尔世袭佐领定新保病故其所遗缺拣员报送事呈黑龙江将军衙门文

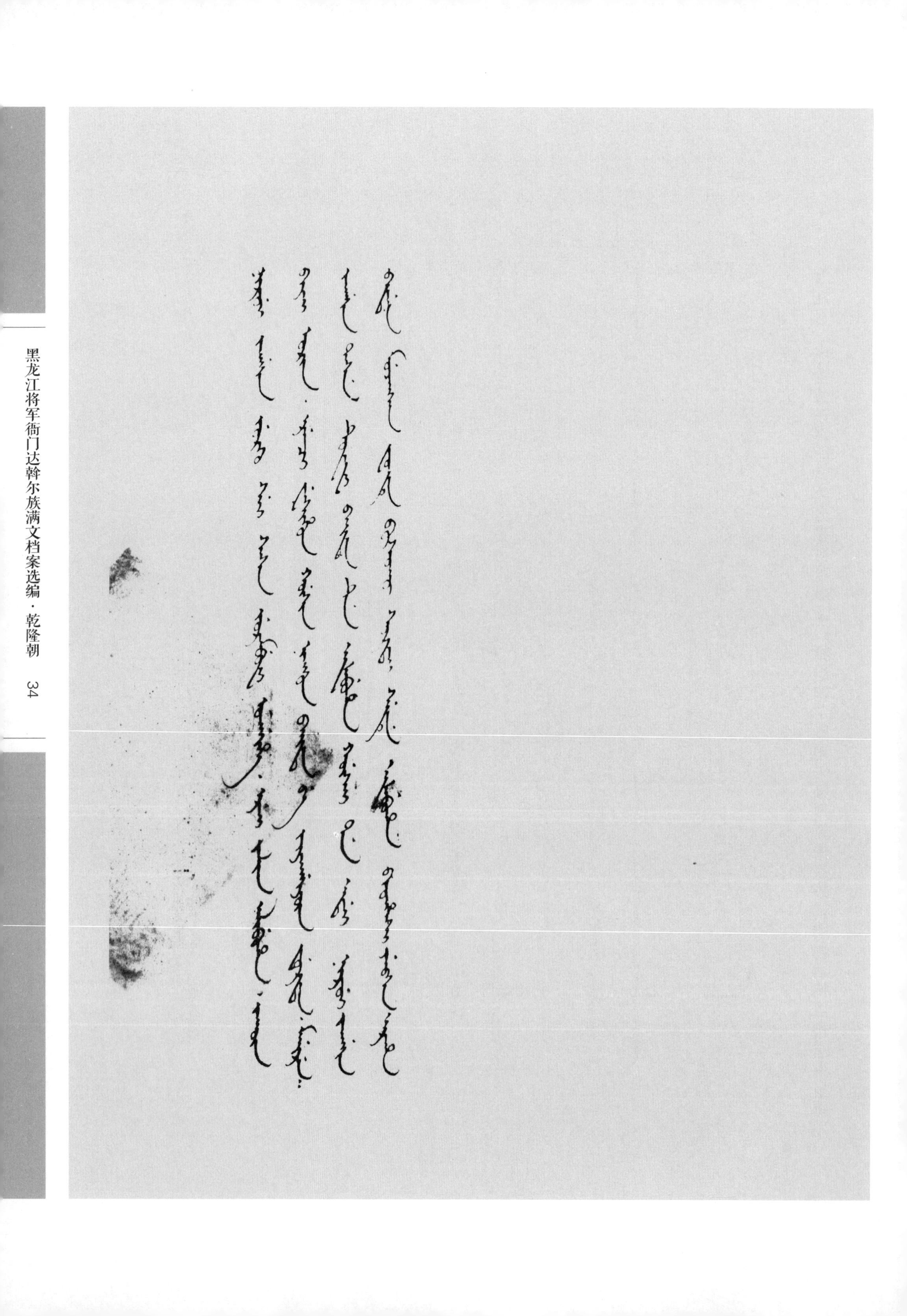

[illegible]

六九八 黑龙江将军衙门为令查明黑龙江正红旗原达斡尔佐领额勒德布家内有无选用人员事咨黑龙江副都统文

乾隆十七年九月初三日

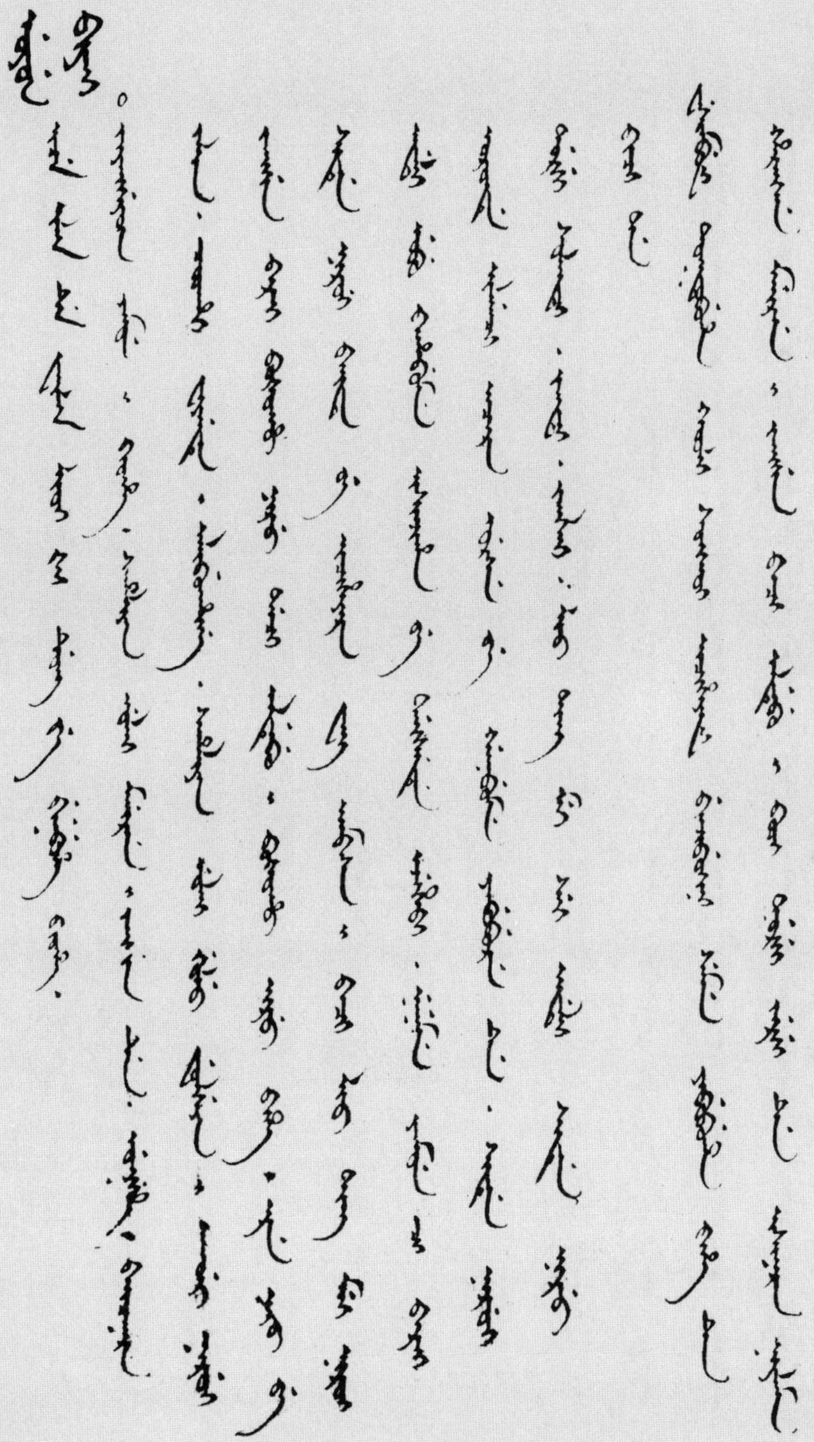

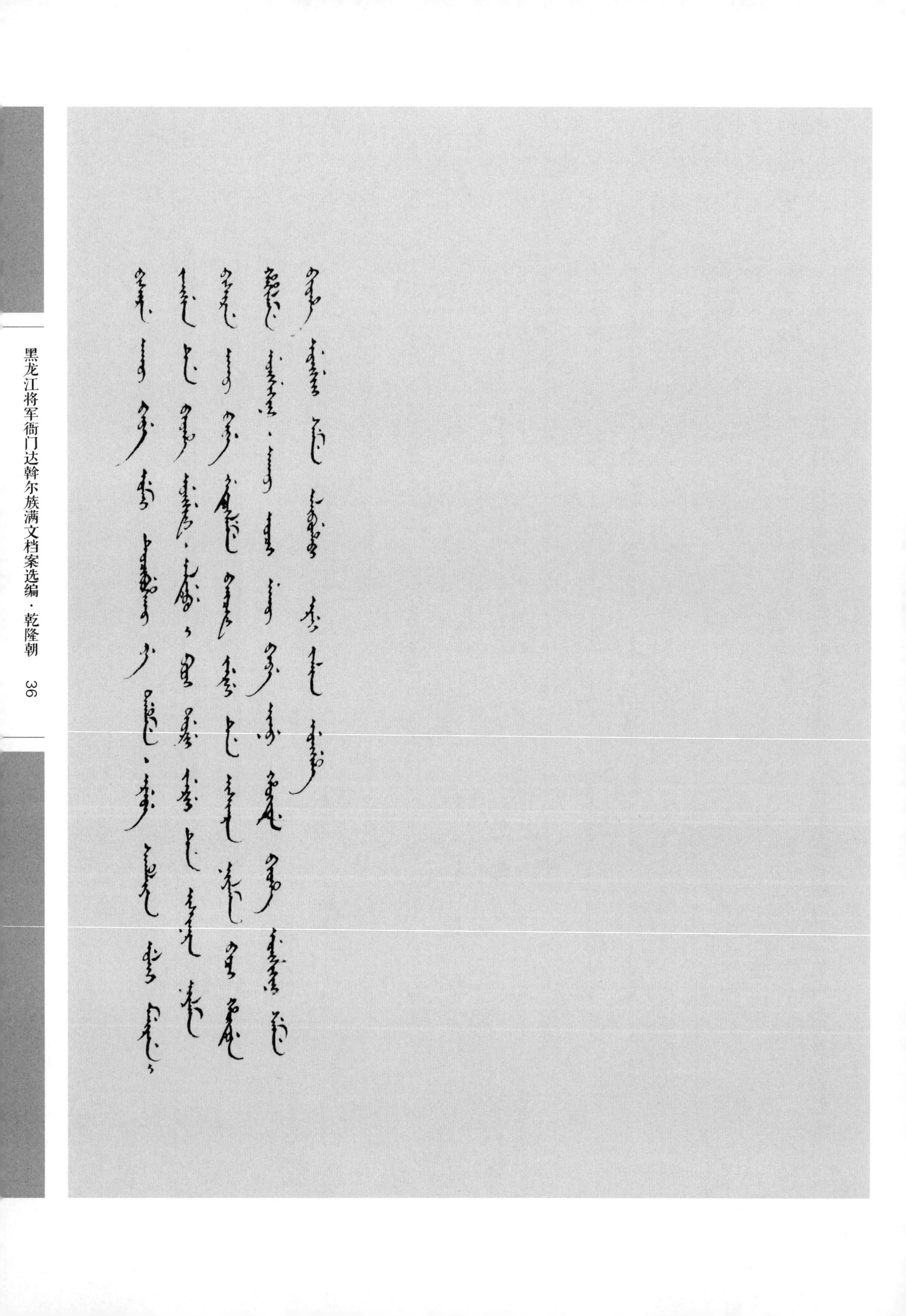

[illegible]

[illegible]

[illegible]

[illegible]

[illegible]

六九九　黑龙江将军衙门为墨尔根镶黄旗达斡尔公中佐领扎里木休致出缺拟选骁骑校散什图引见事咨

兵部文

乾隆十七年九月二十日

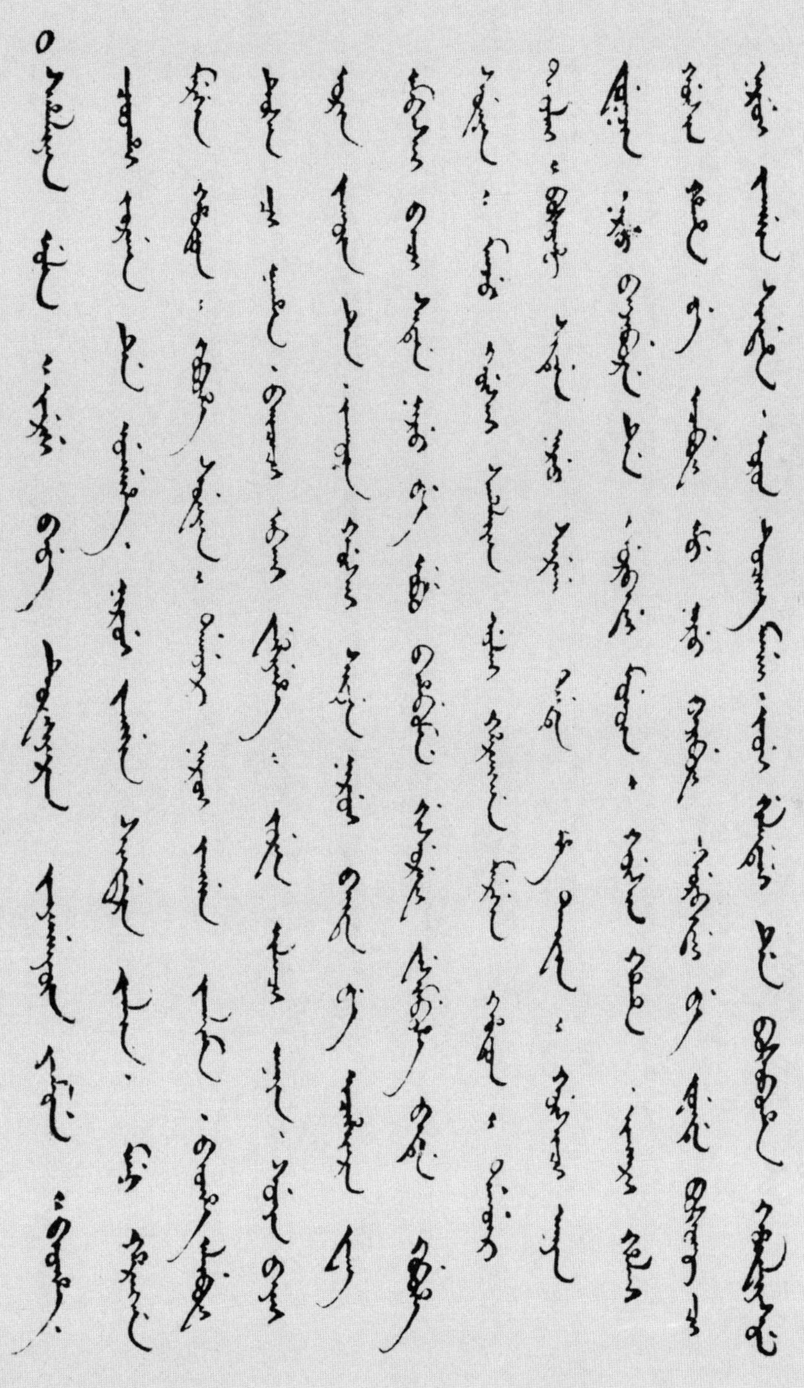

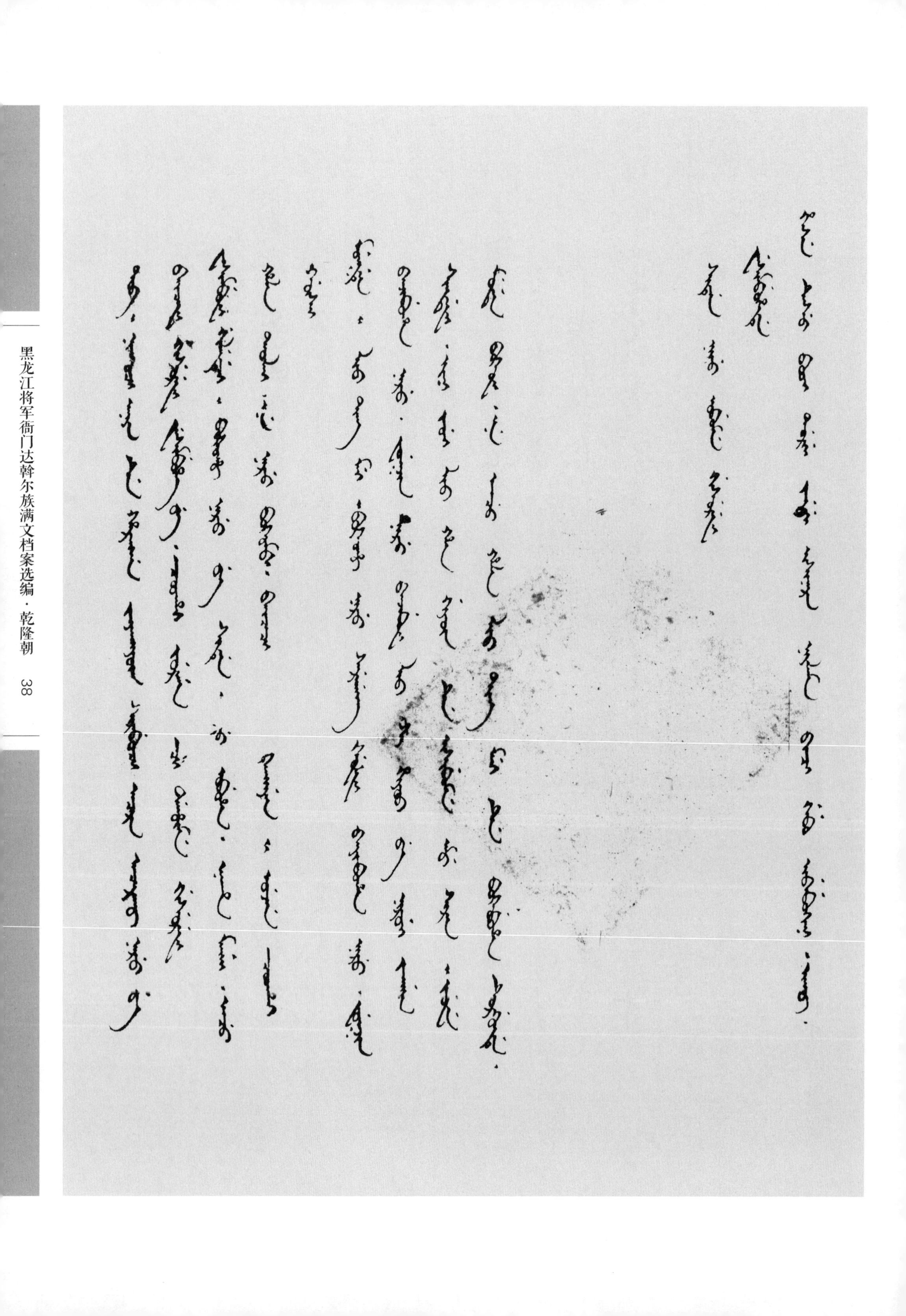

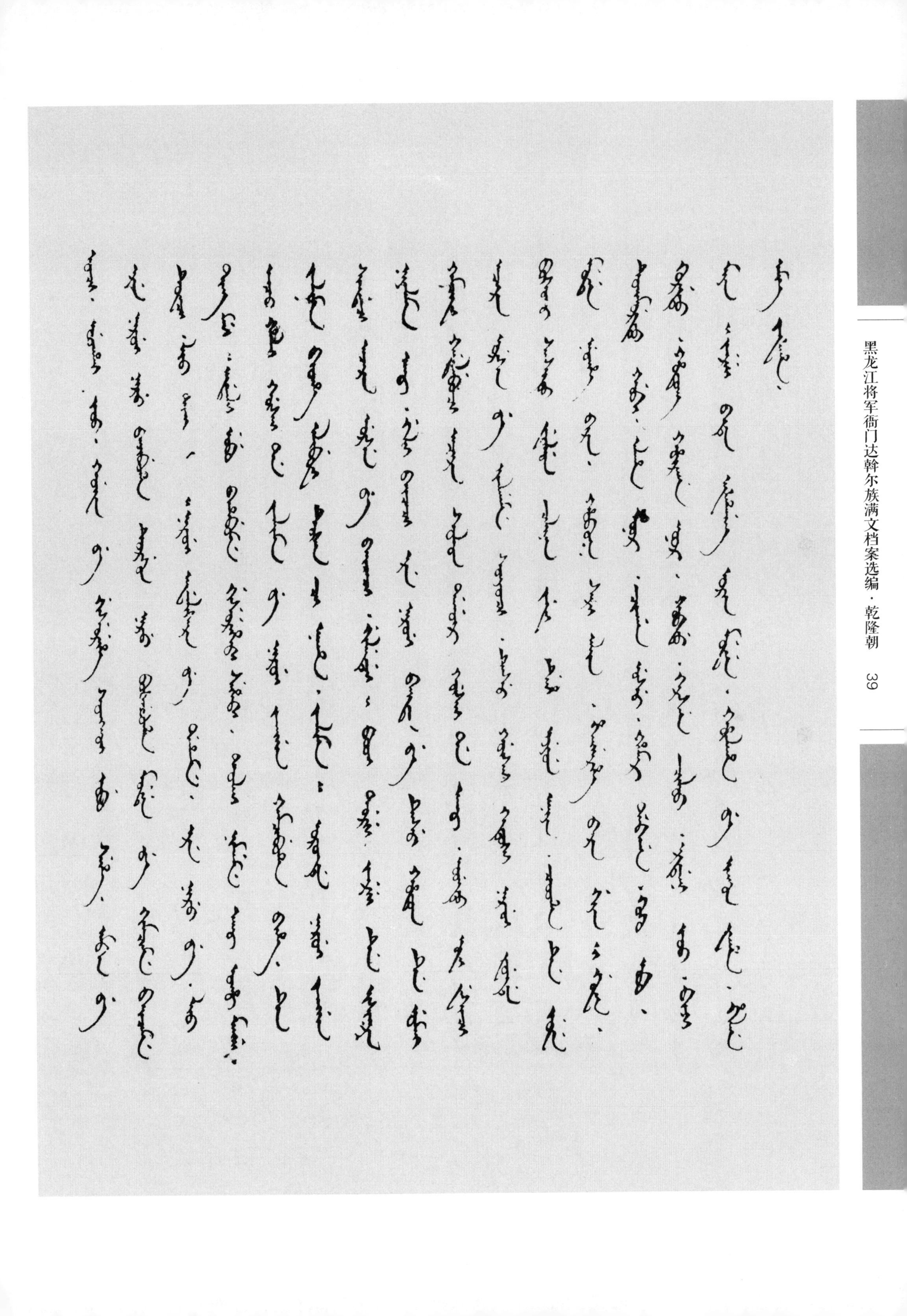

[illegible]

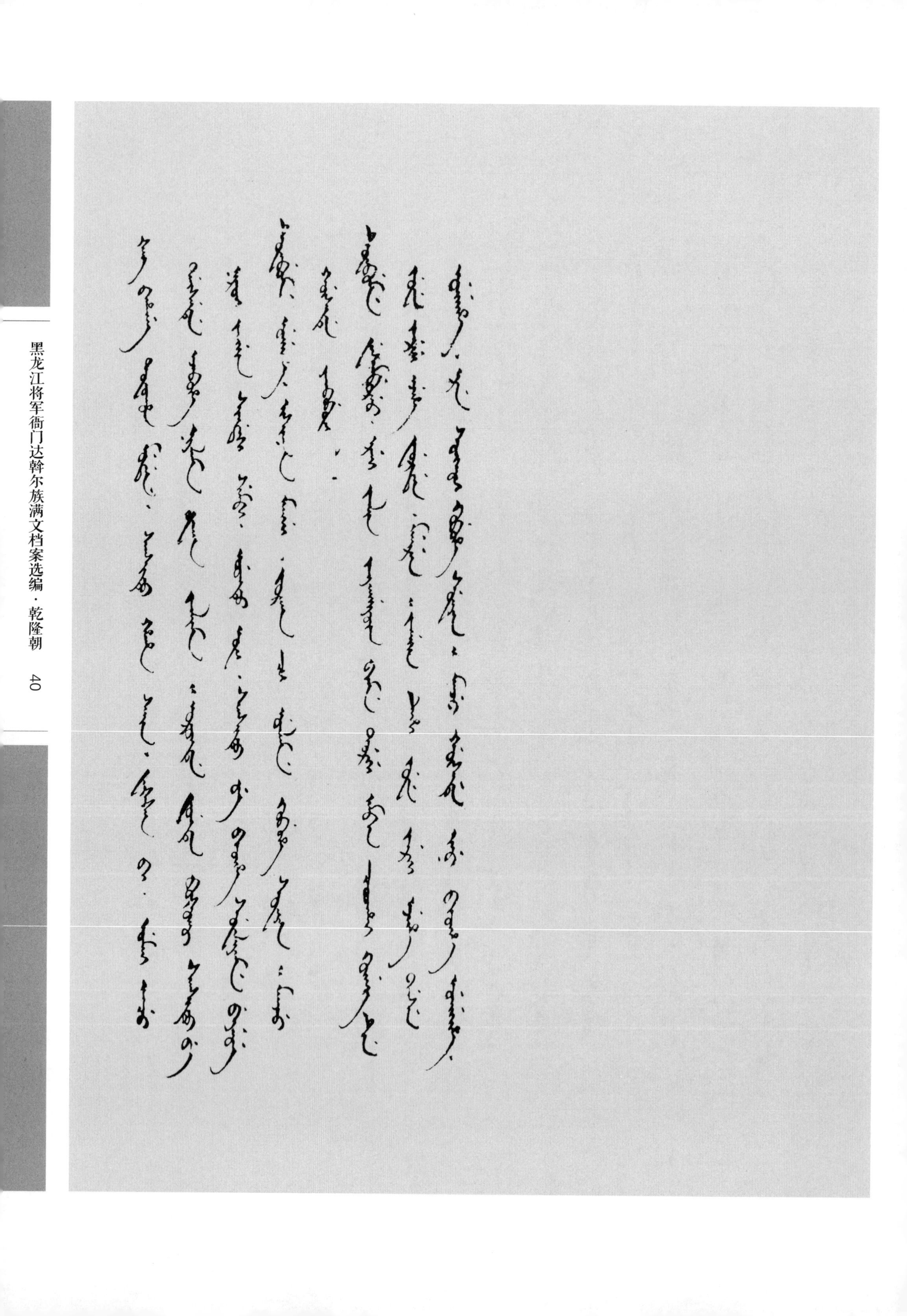

[illegible]

[illegible]

[illegible]

[illegible]

[illegible]

[illegible]

[illegible]

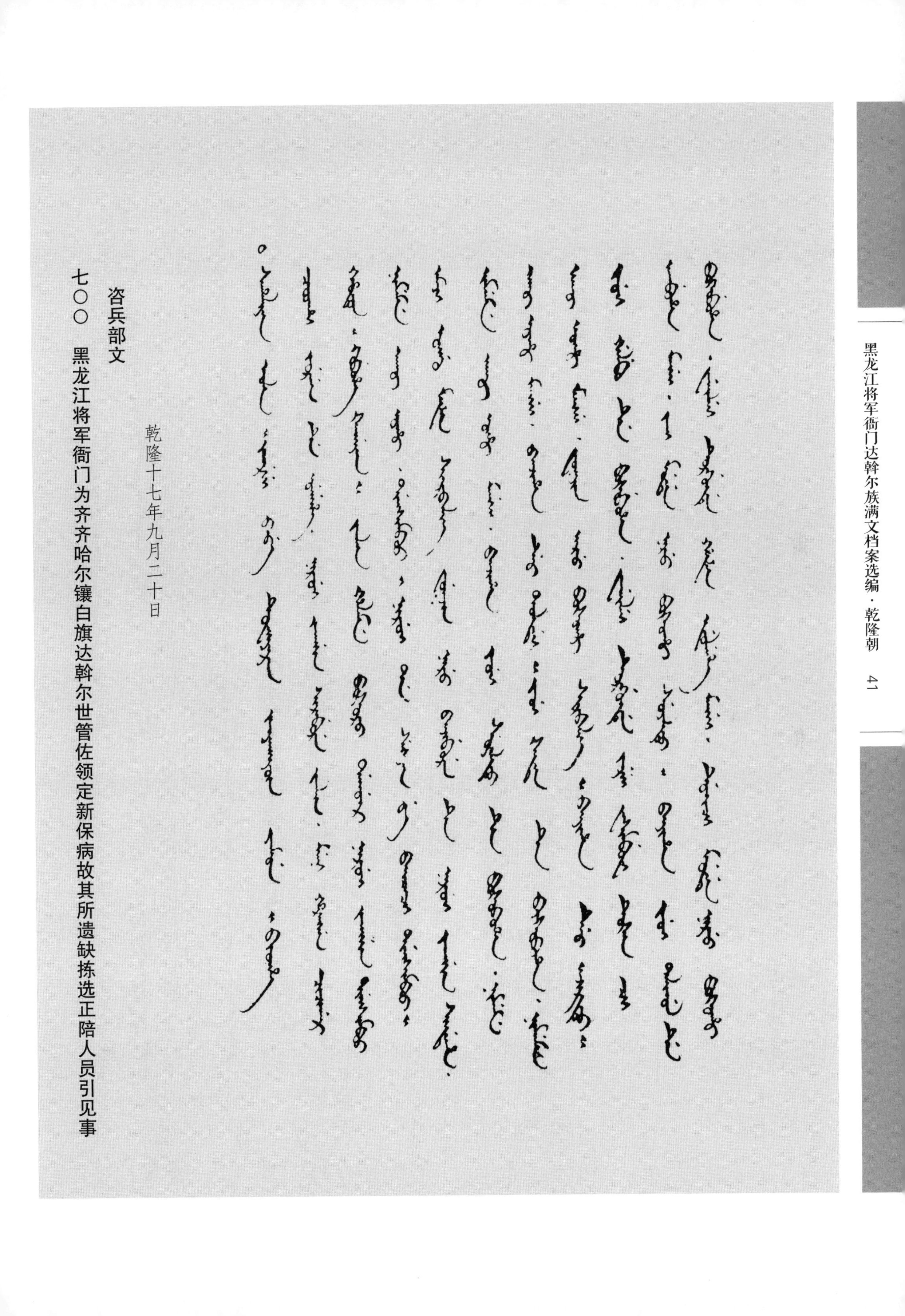

七〇〇 黑龙江将军衙门为齐齐哈尔镶白旗达斡尔世管佐领定新保病故其所遗缺拣选正陪人员引见事咨兵部文

乾隆十七年九月二十日

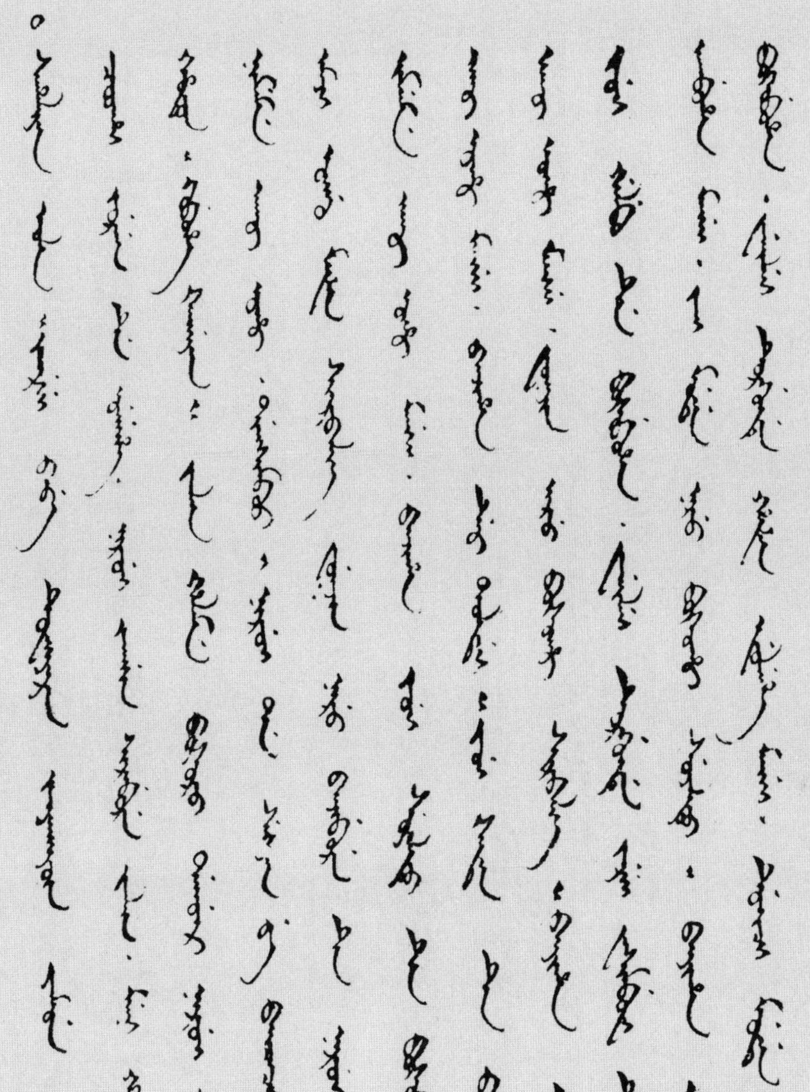

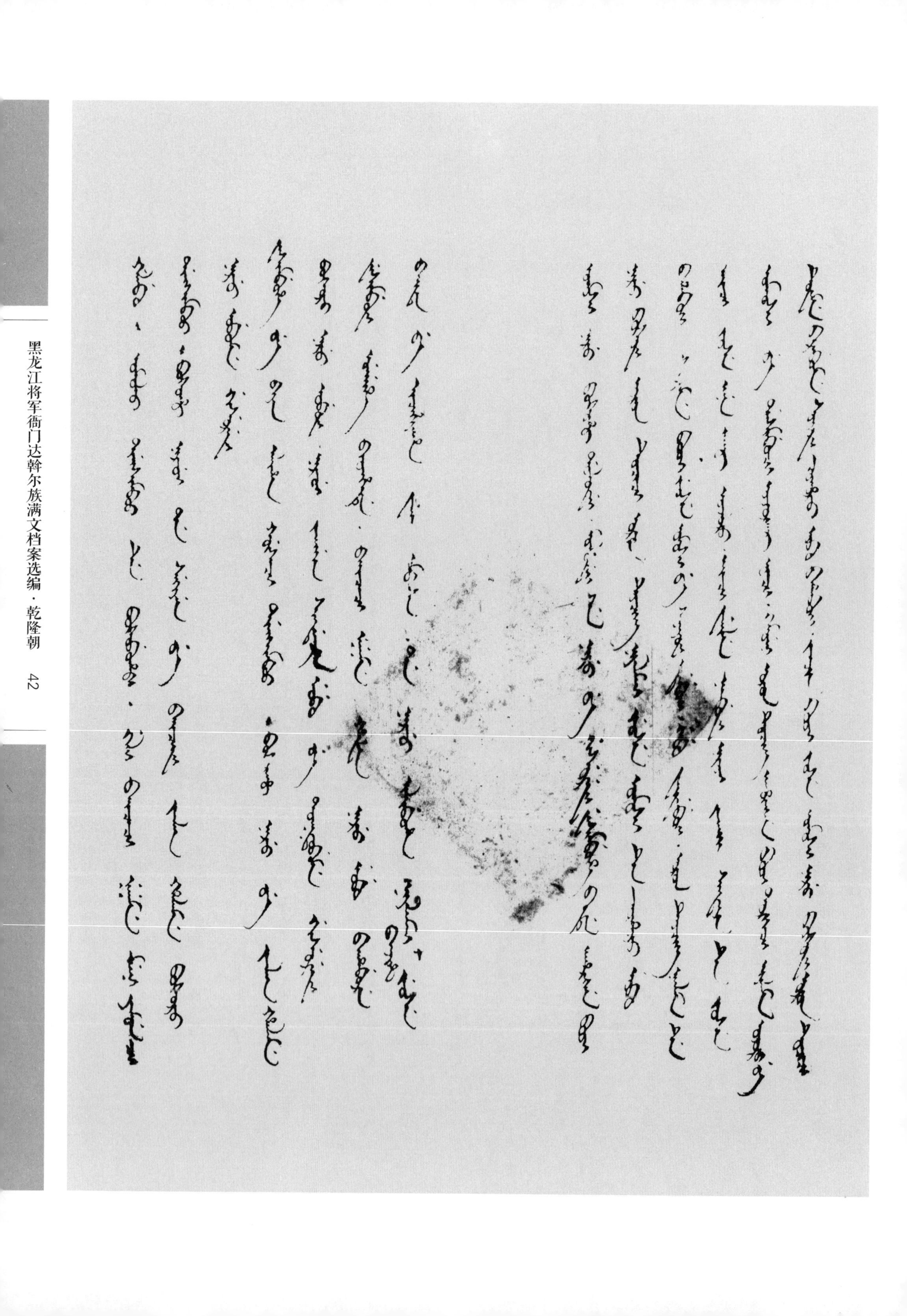

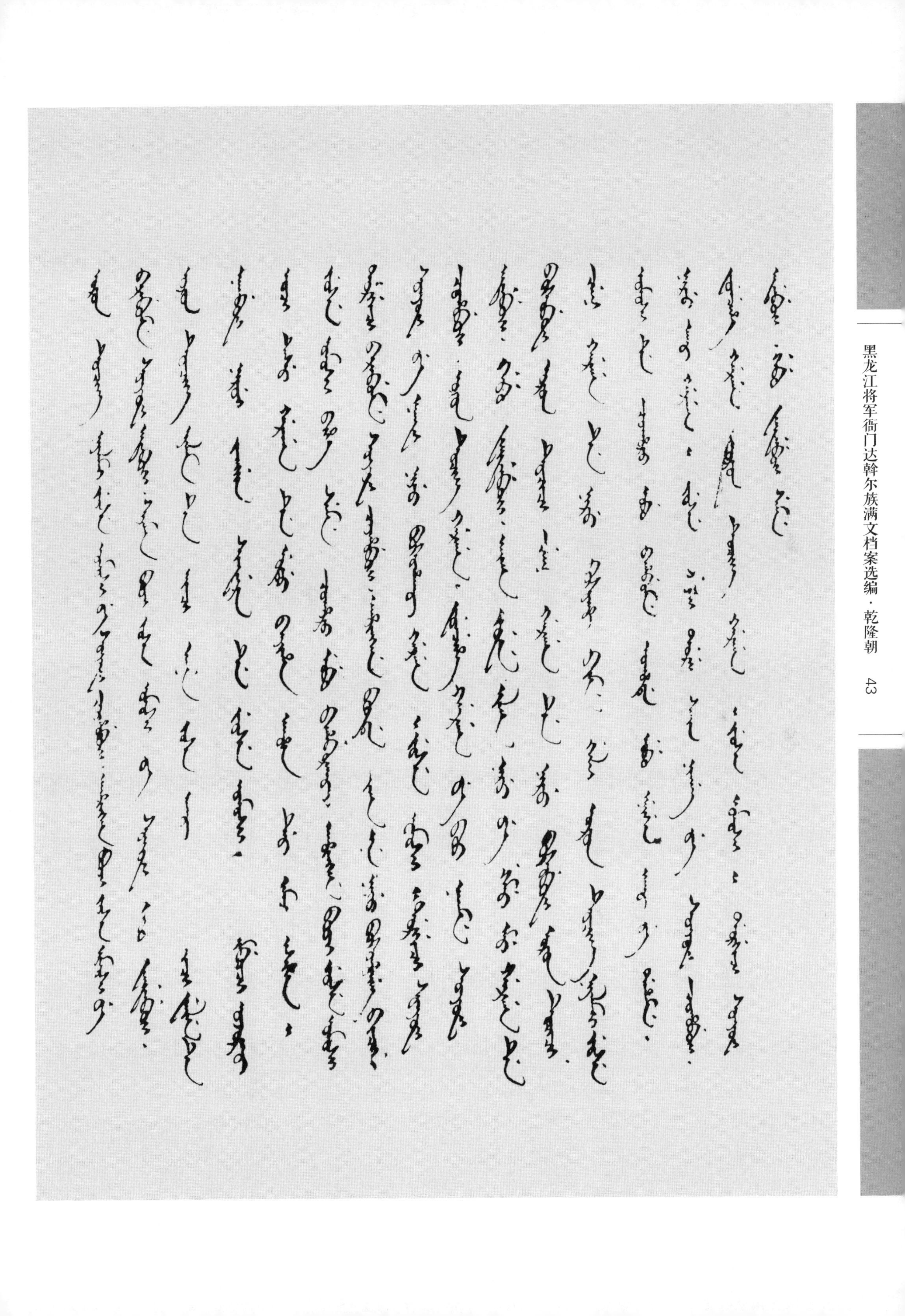

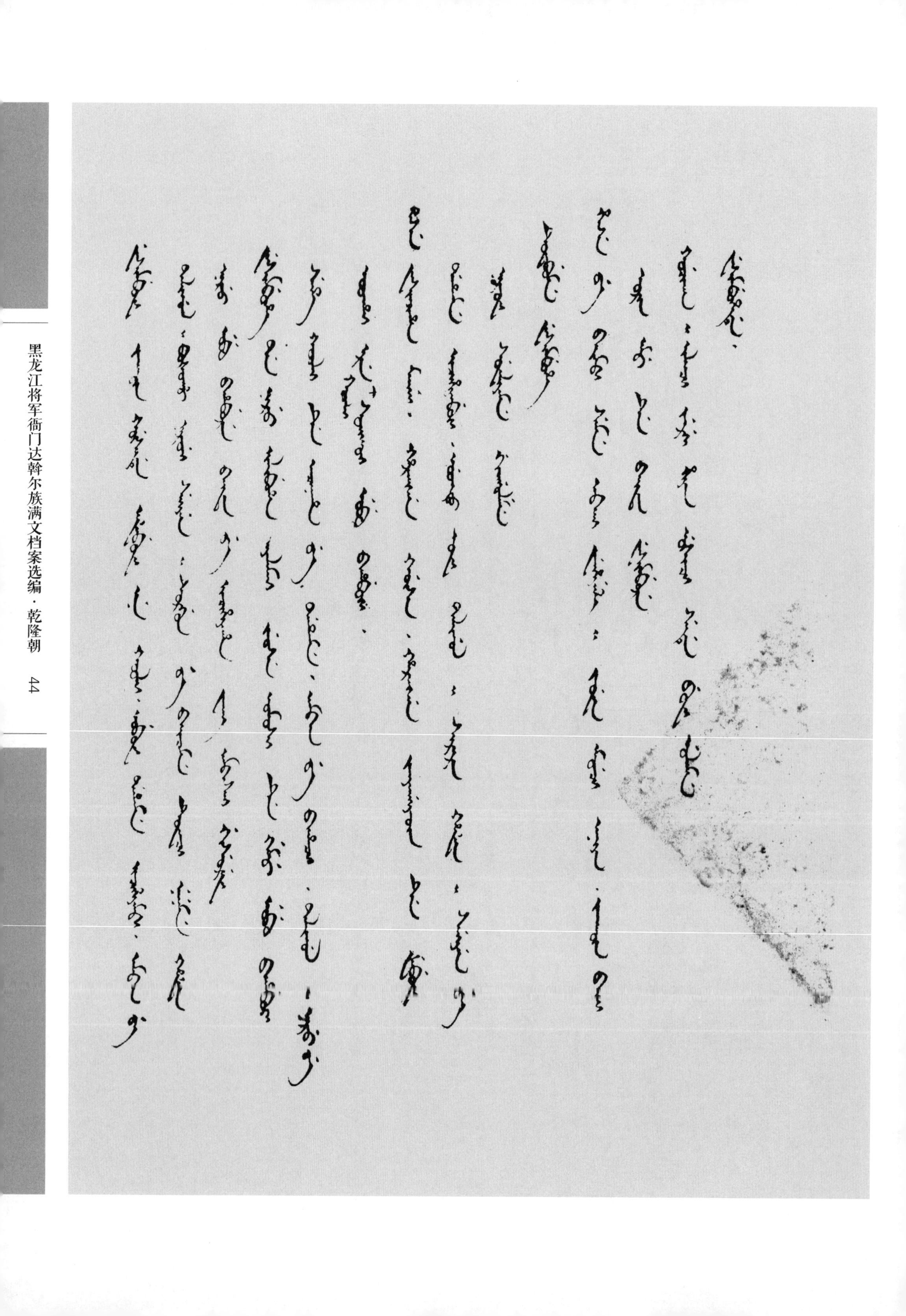

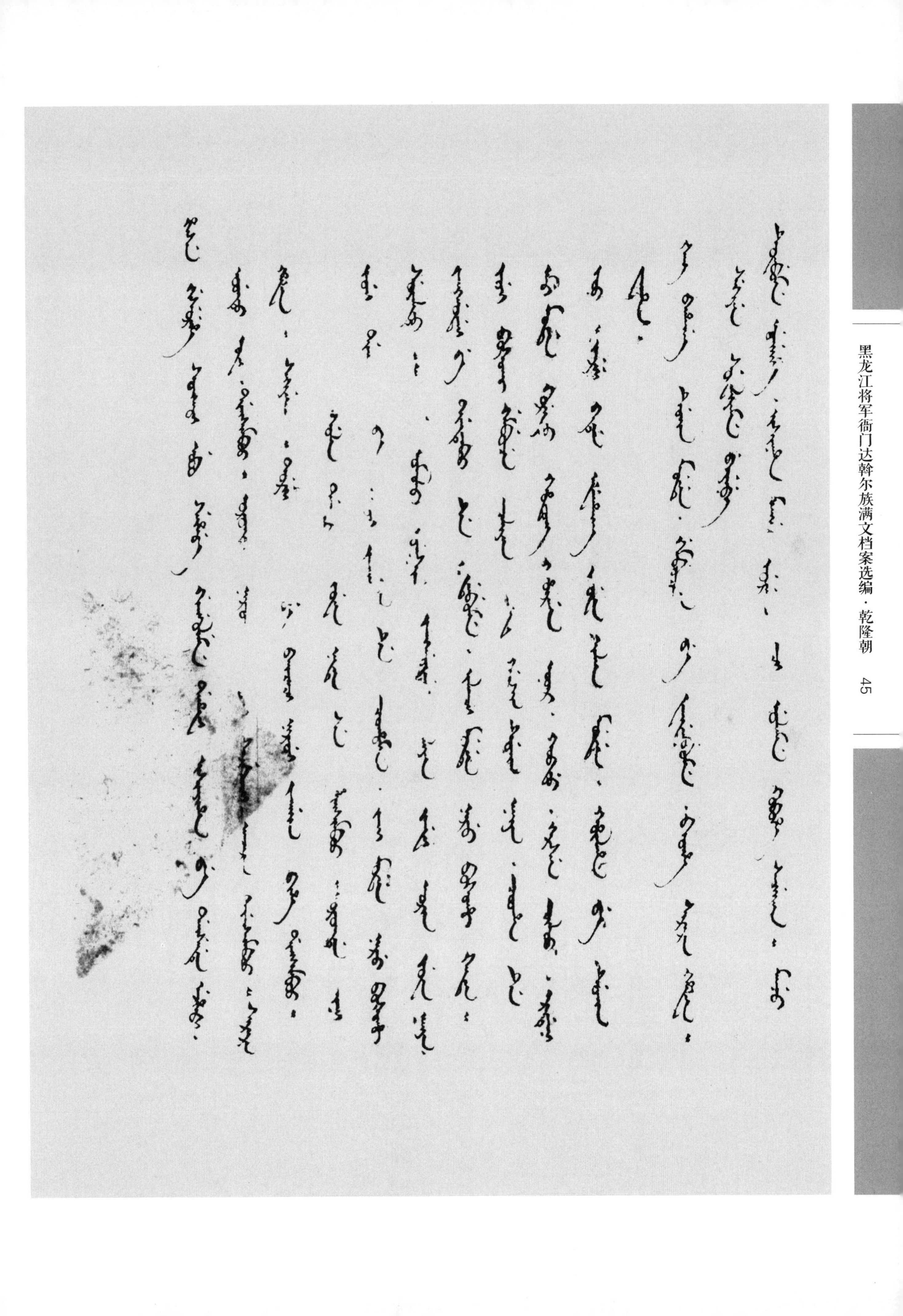

[illegible]

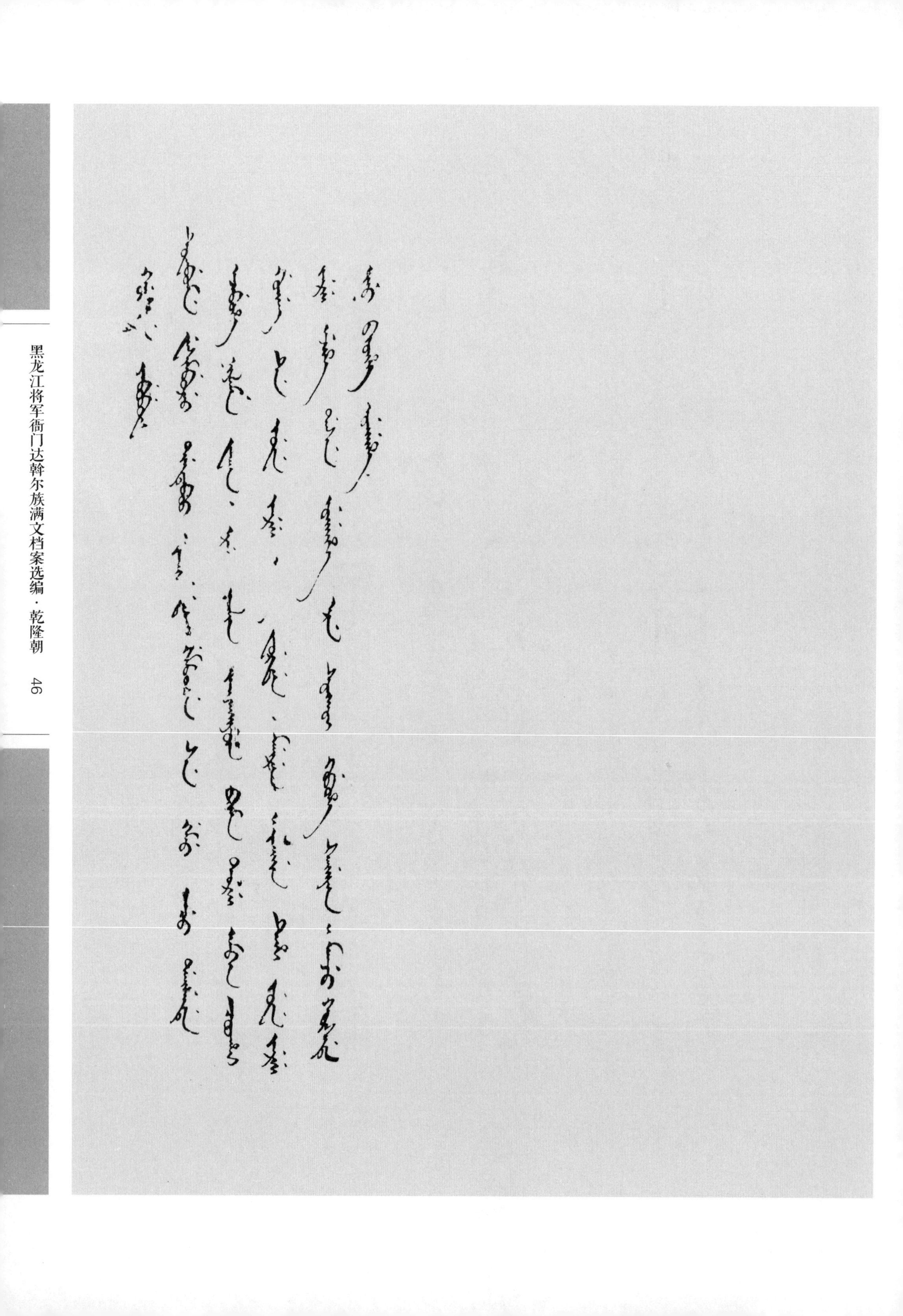

[illegible]

七〇一 黑龙江将军衙门为齐齐哈尔正白旗达斡尔世管佐领科塔雅病故其所遗缺拣选正陪人员引见事

咨兵部文

乾隆十七年九月二十日

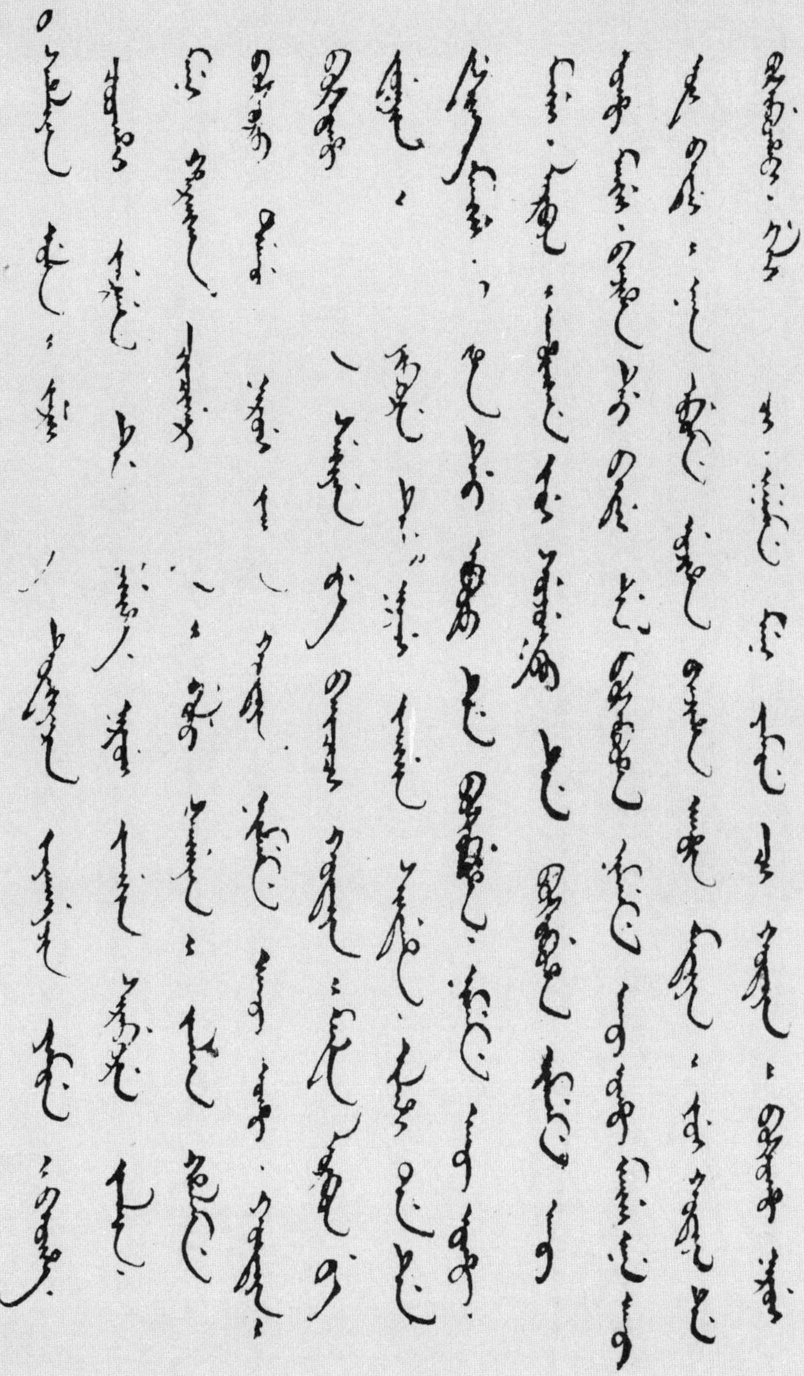

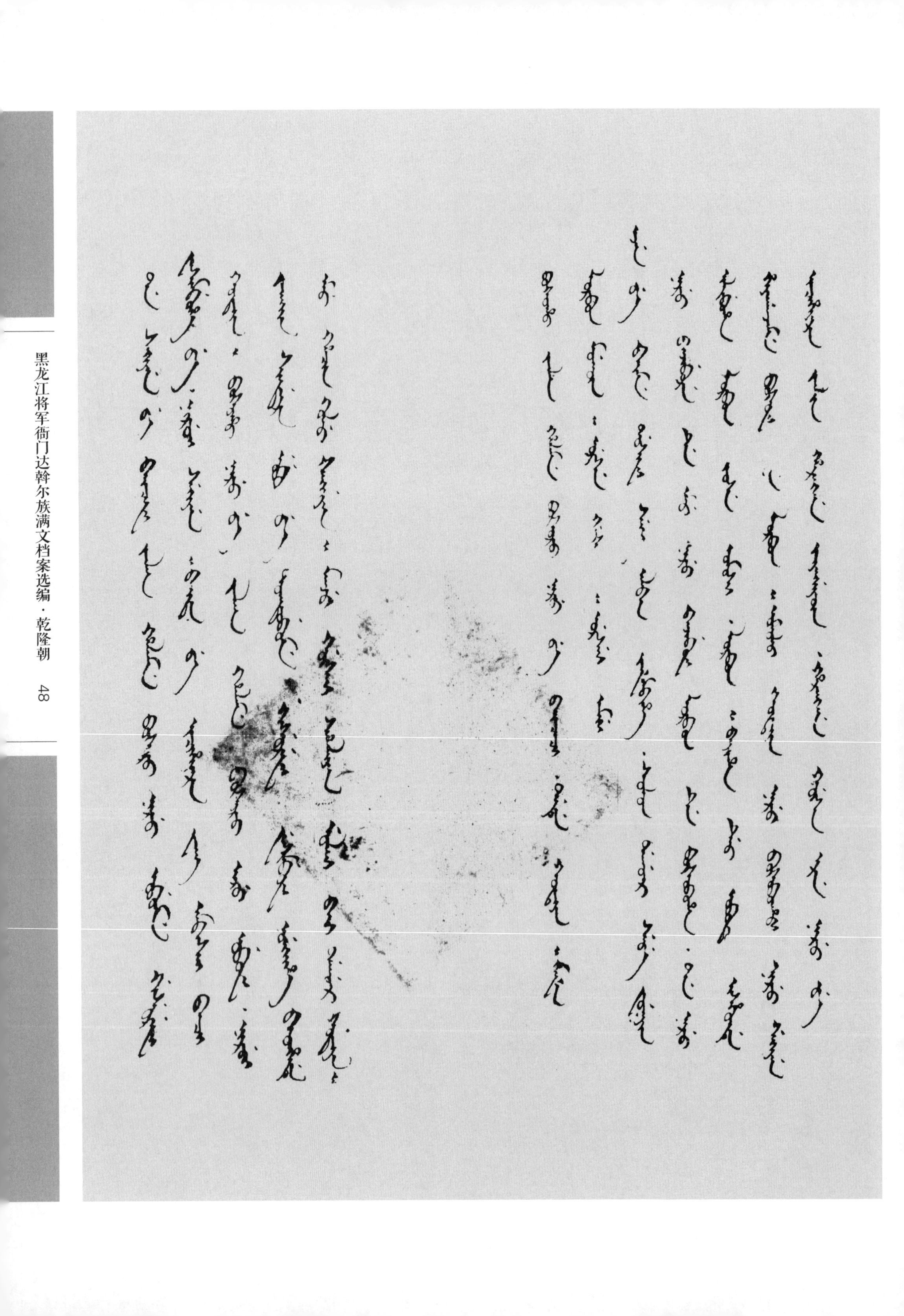

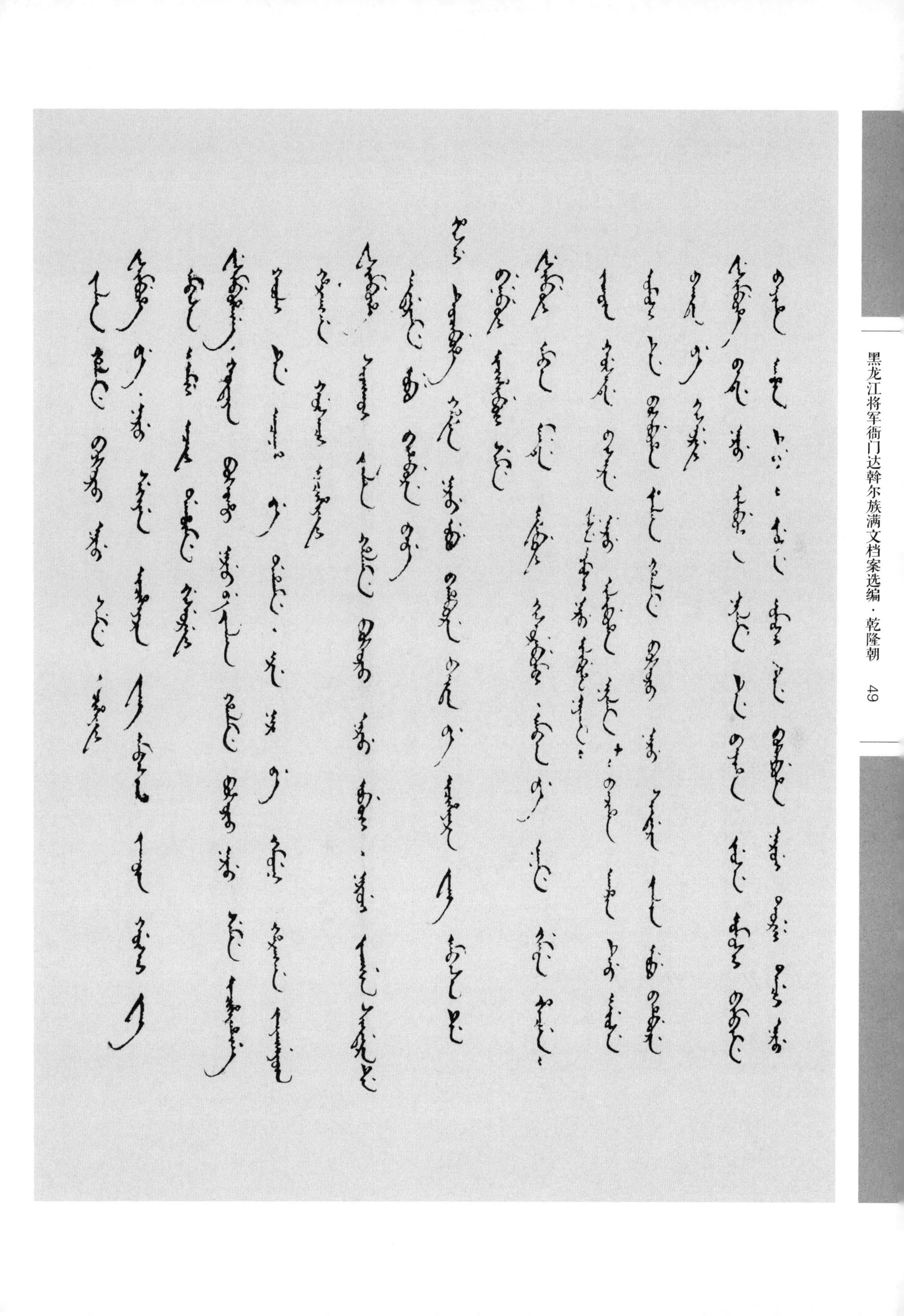

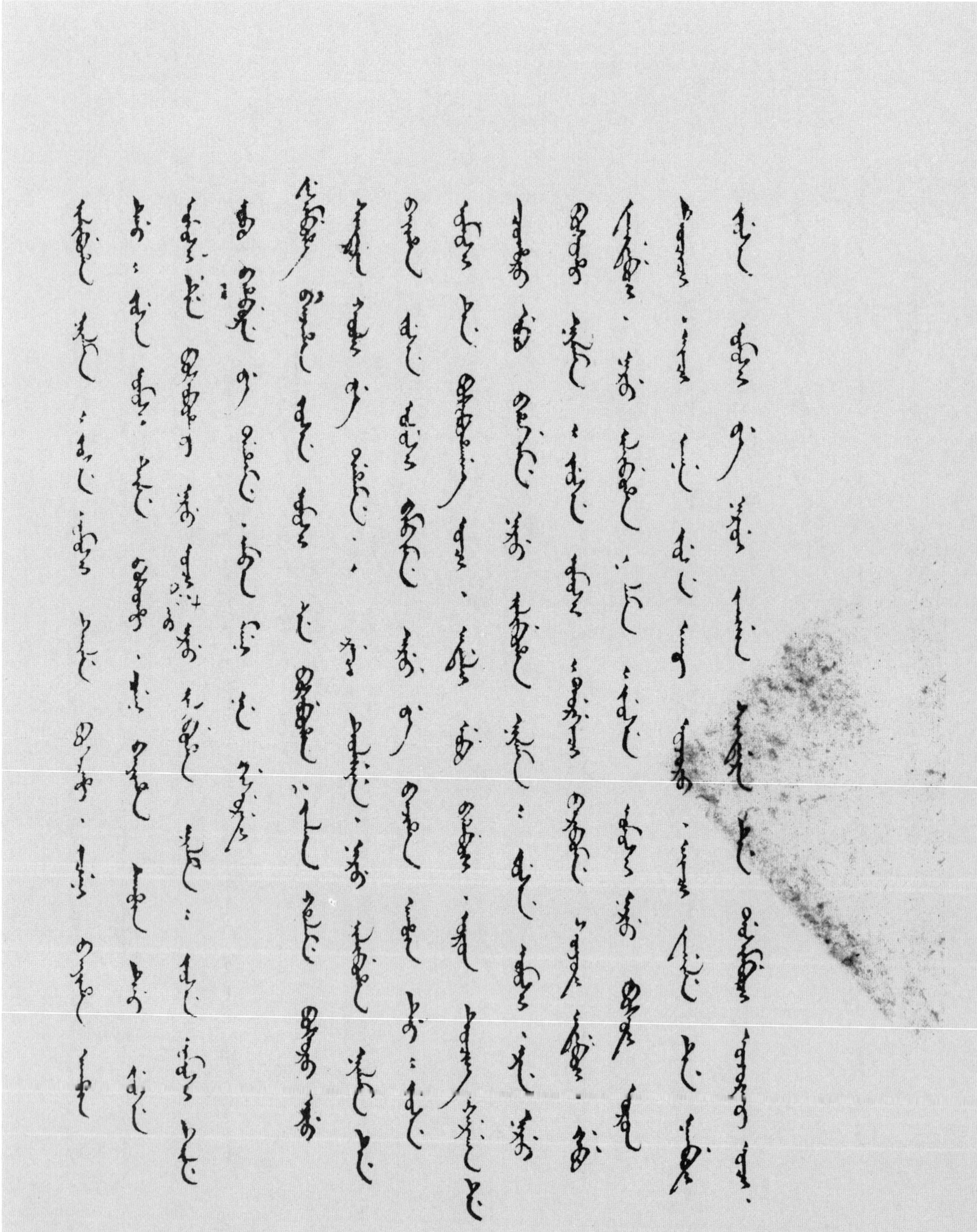

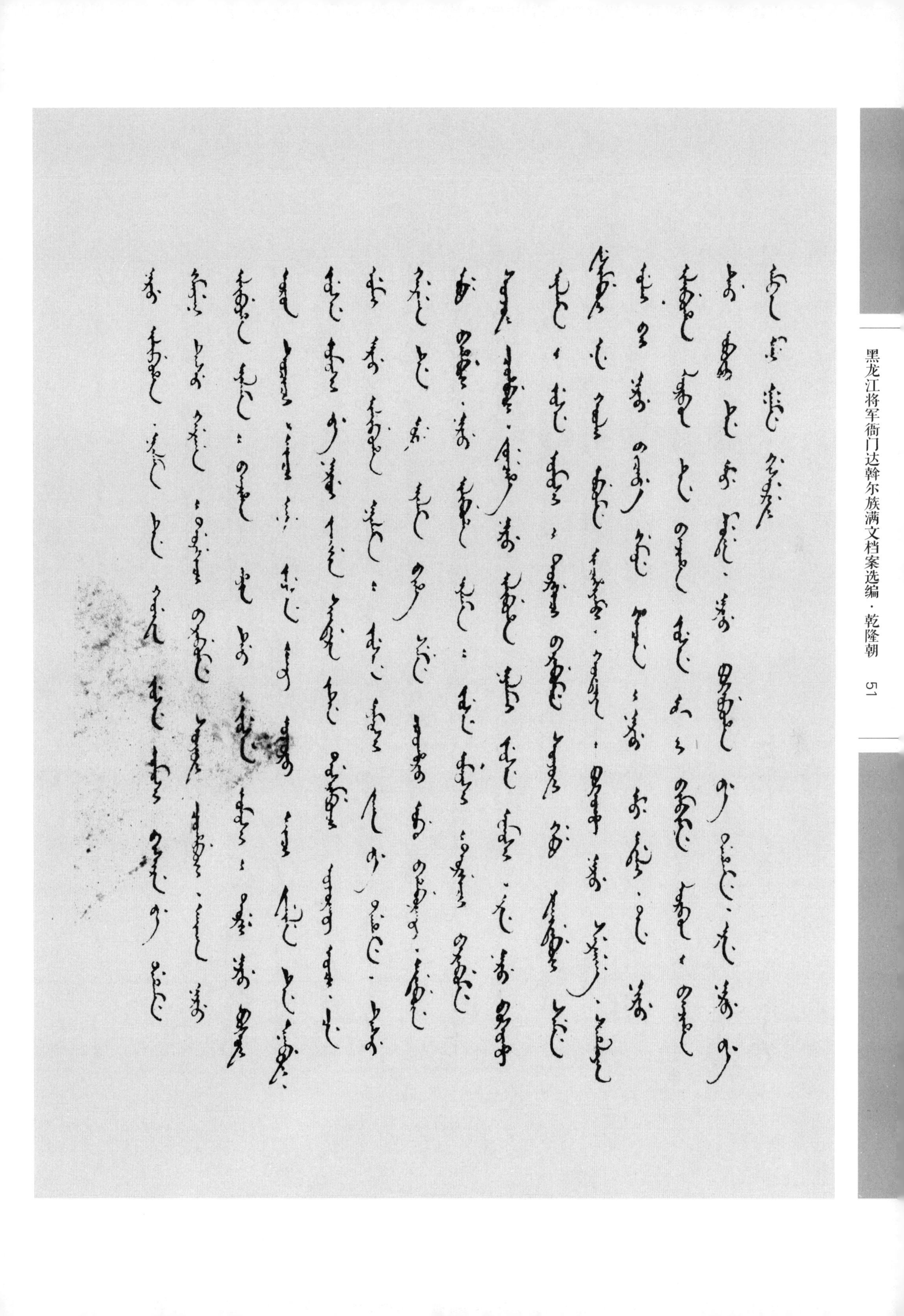

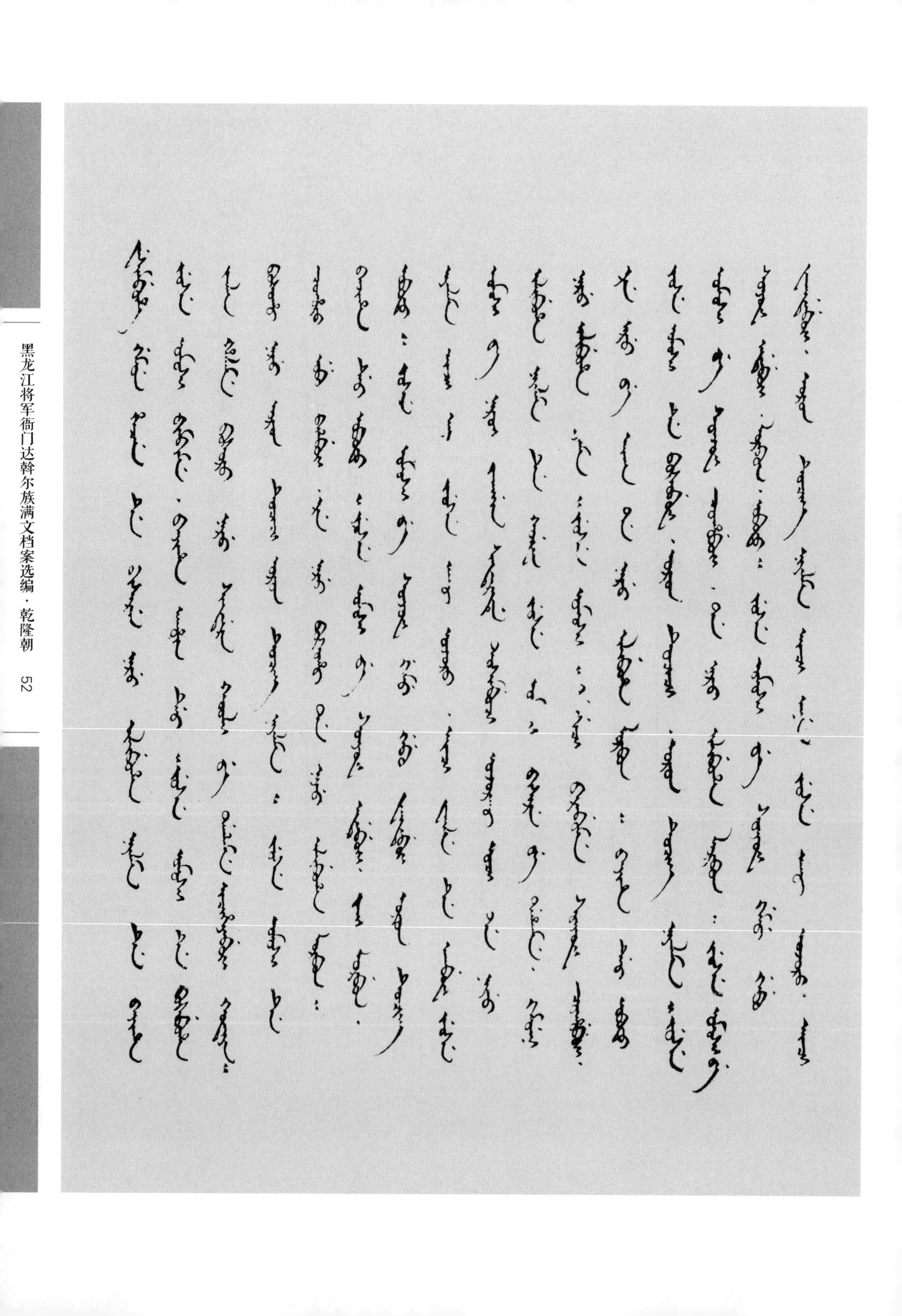

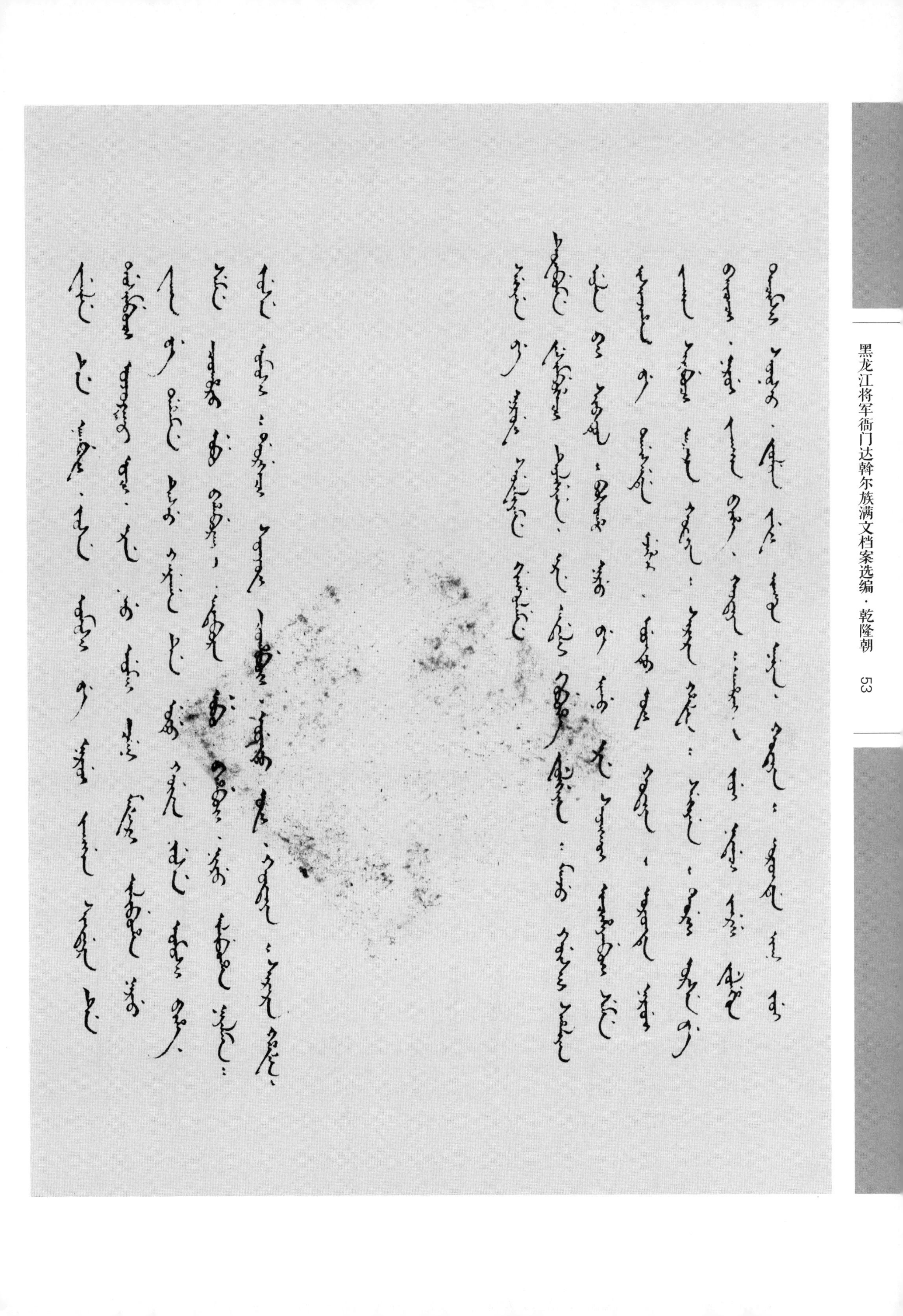

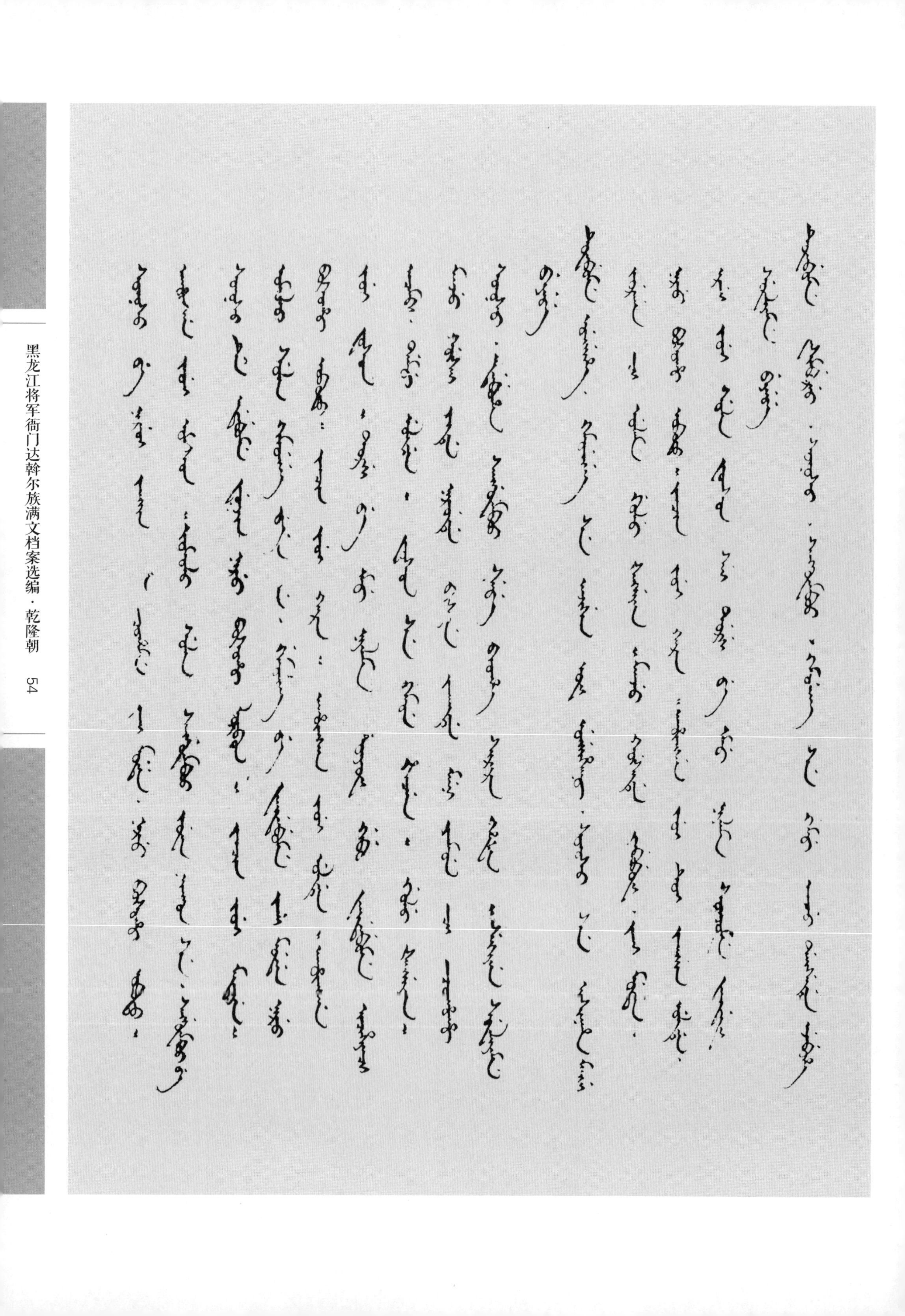

[illegible]

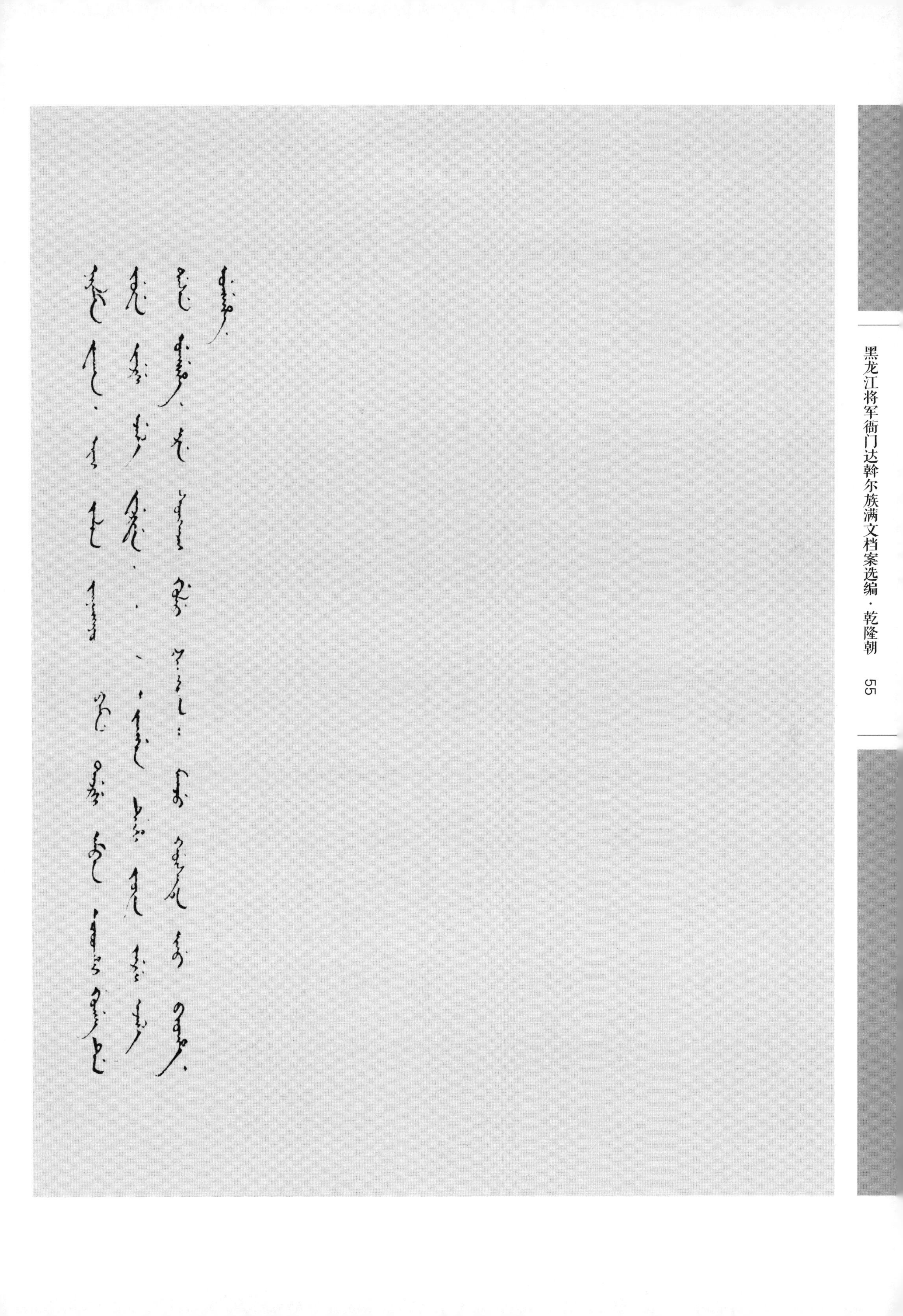

[illegible]

[illegible]

[illegible]

[illegible]

七〇二　黑龙江将军衙门为委派布特哈索伦达斡尔副总管翁佳巡边事札布特哈索伦达斡尔总管鄂布希文

乾隆十七年九月二十四日

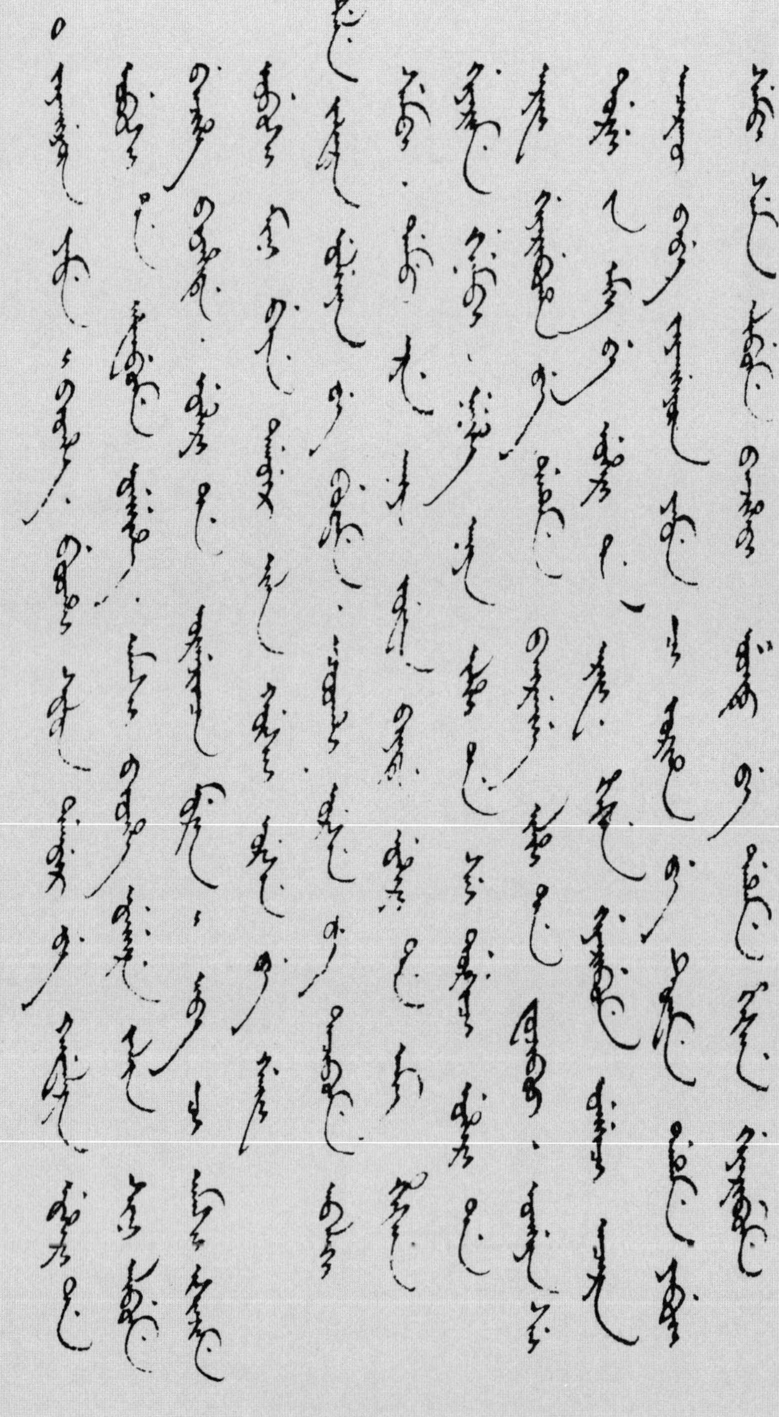

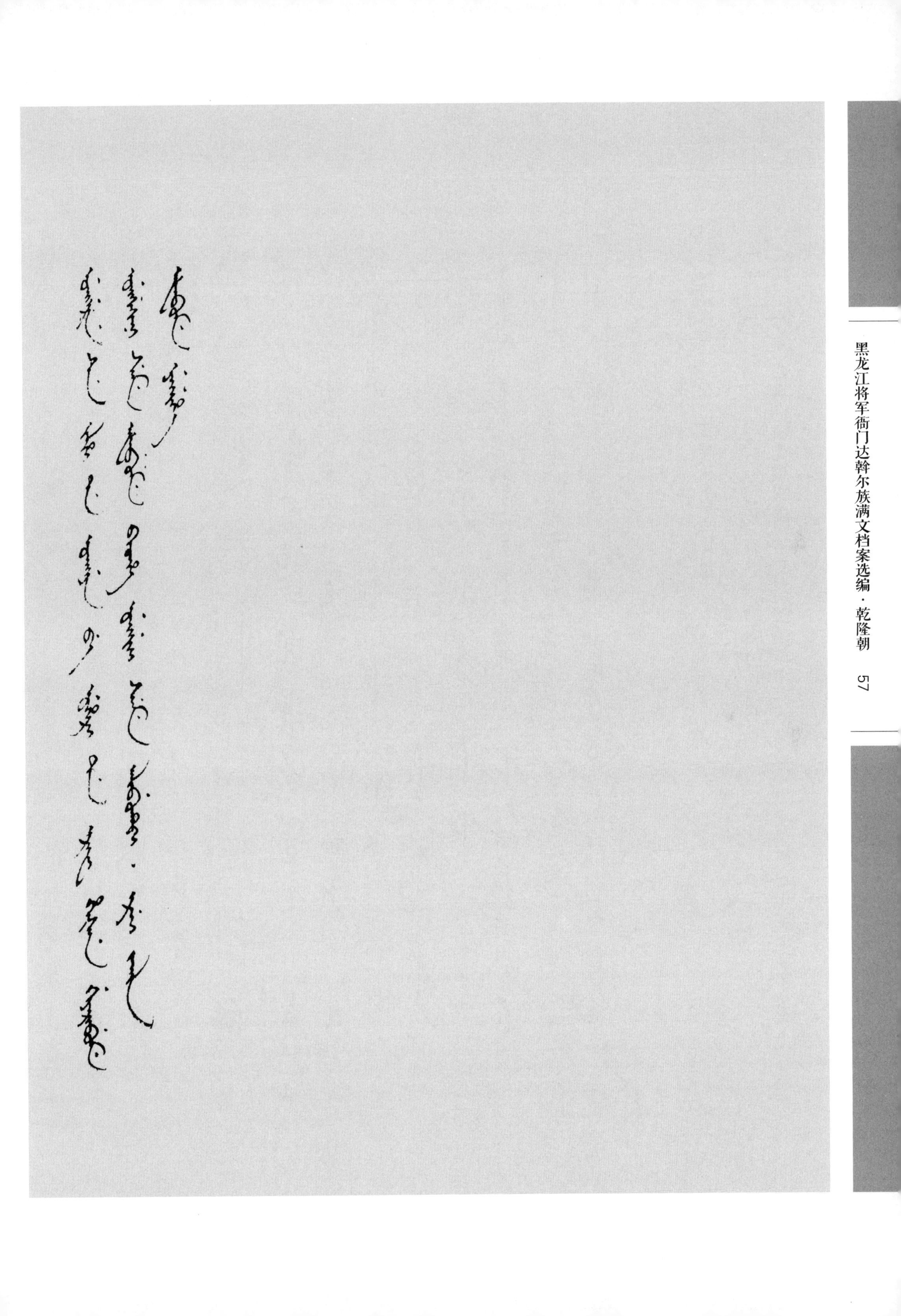

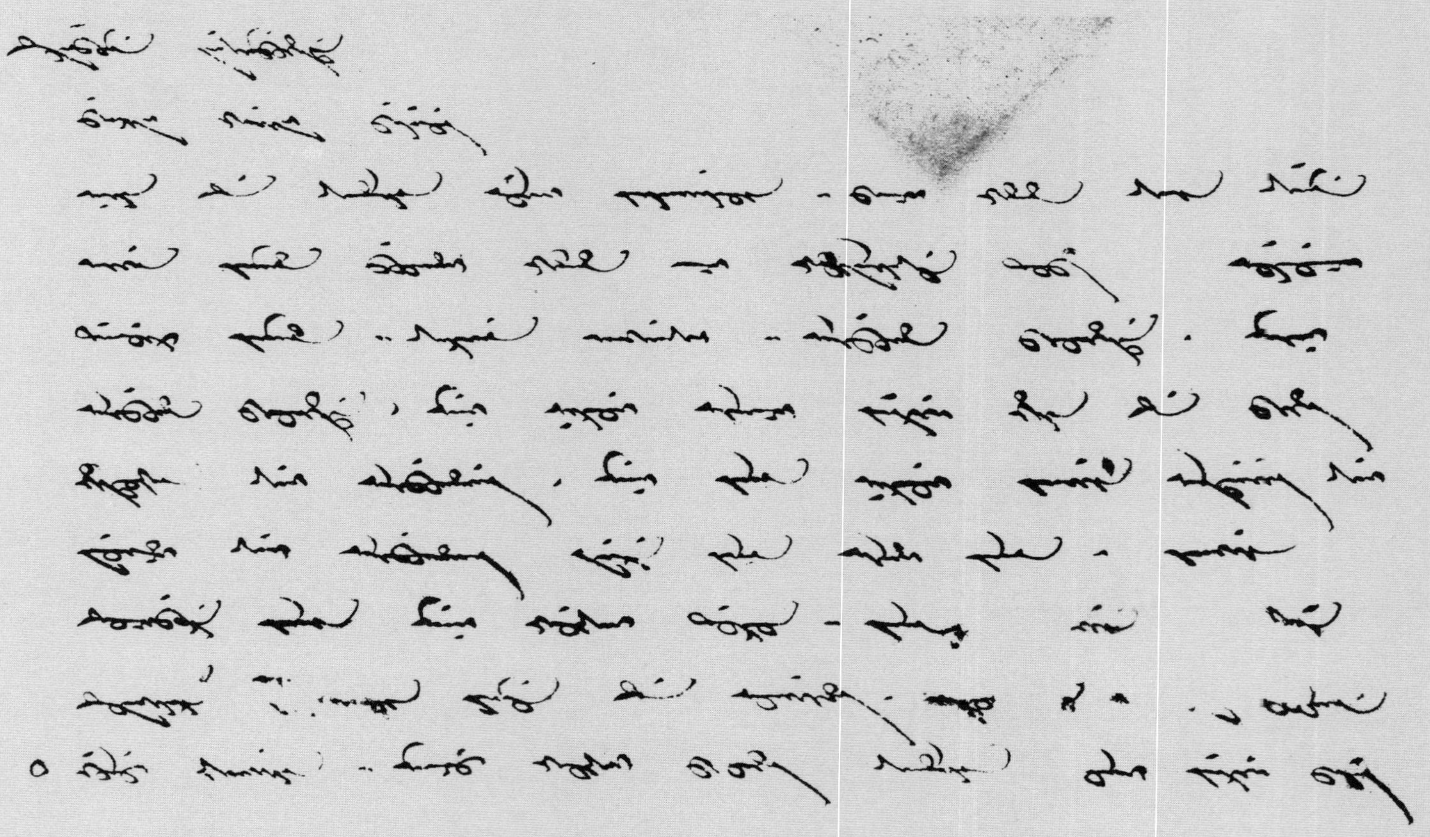

乾隆十七年十月初八日

门文

七〇三 正白满洲旗为查报曾任三等侍卫达斡尔扎木哈遗孀携子是否已抵达原籍事咨黑龙江将军衙

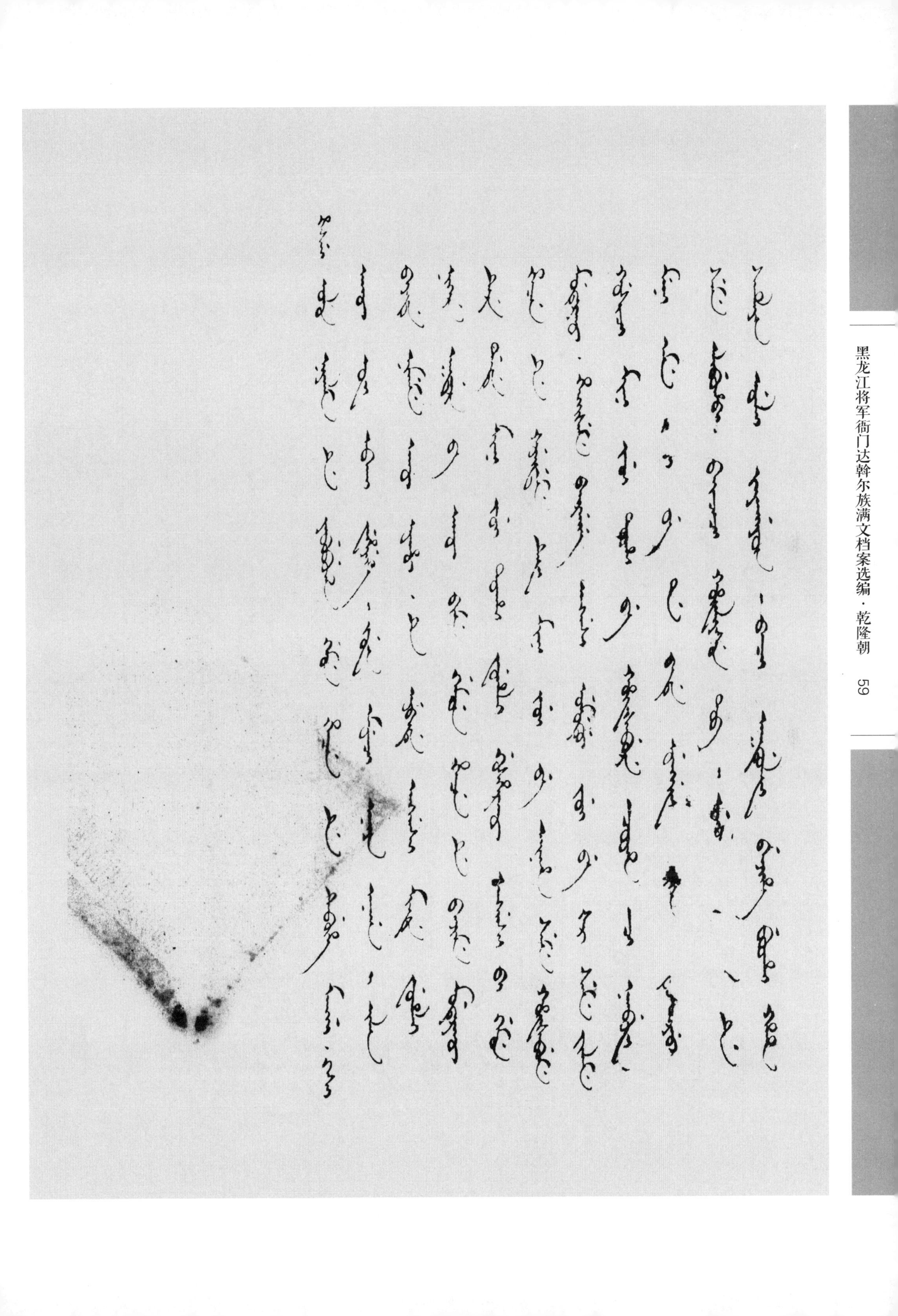

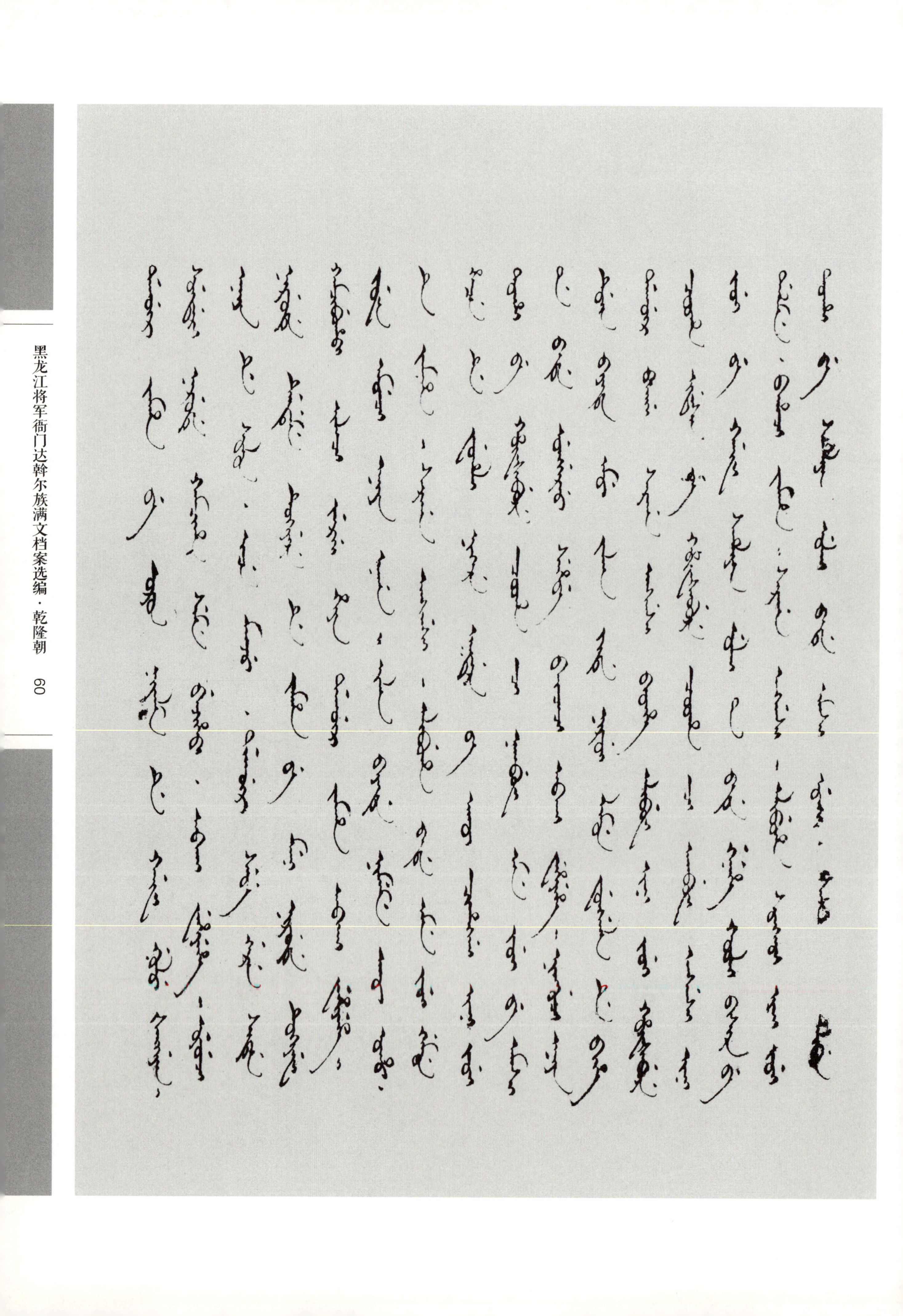

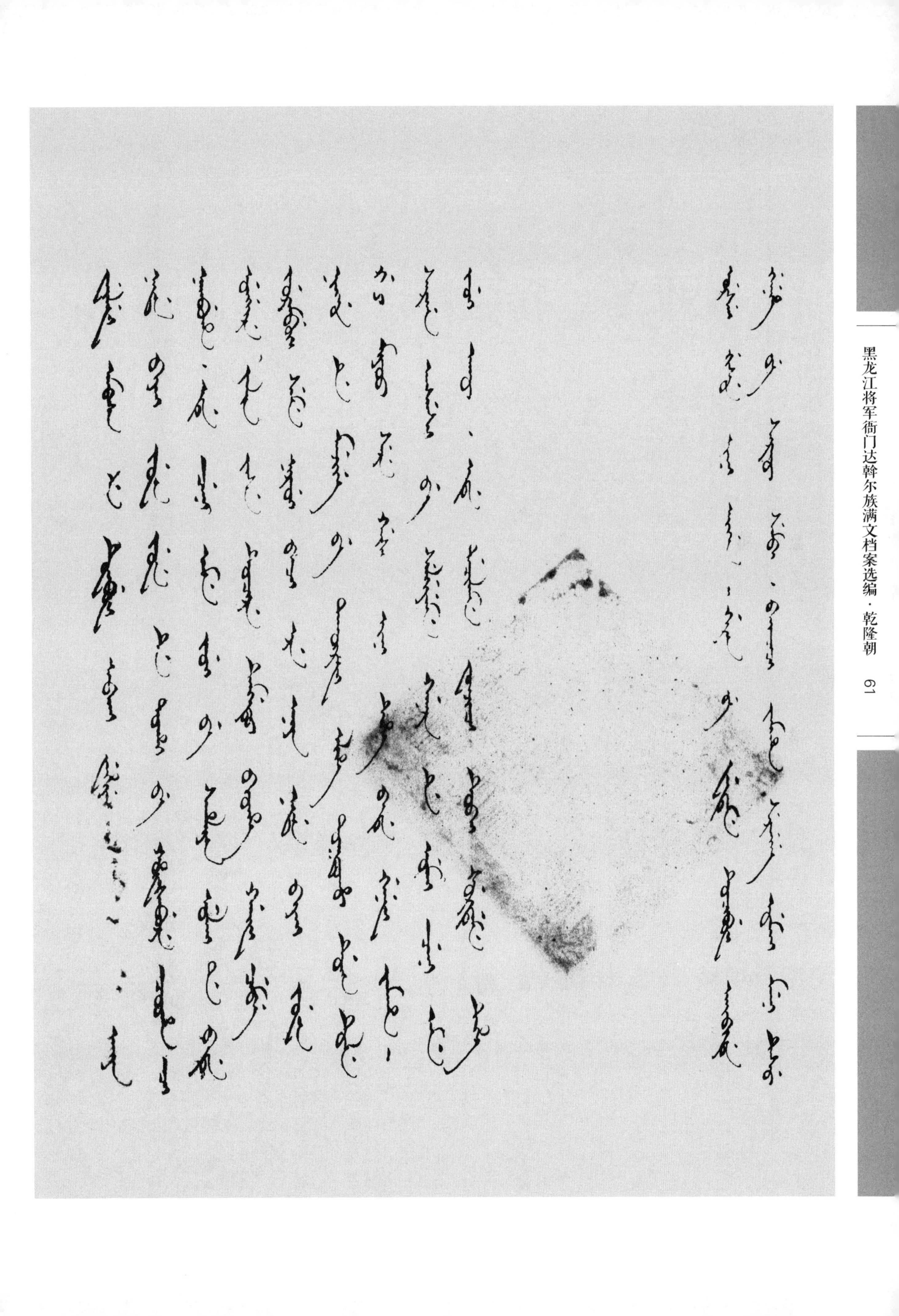

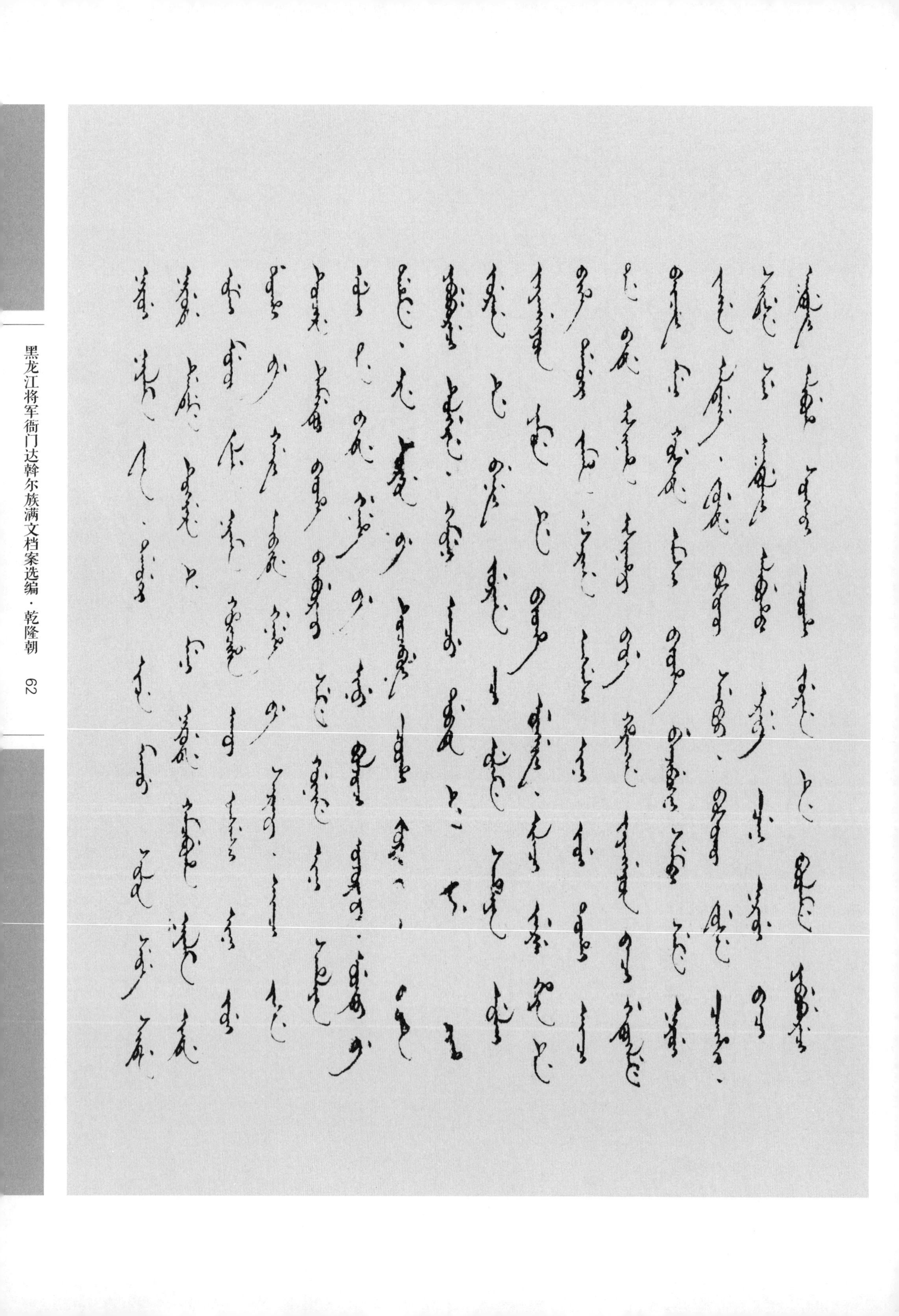

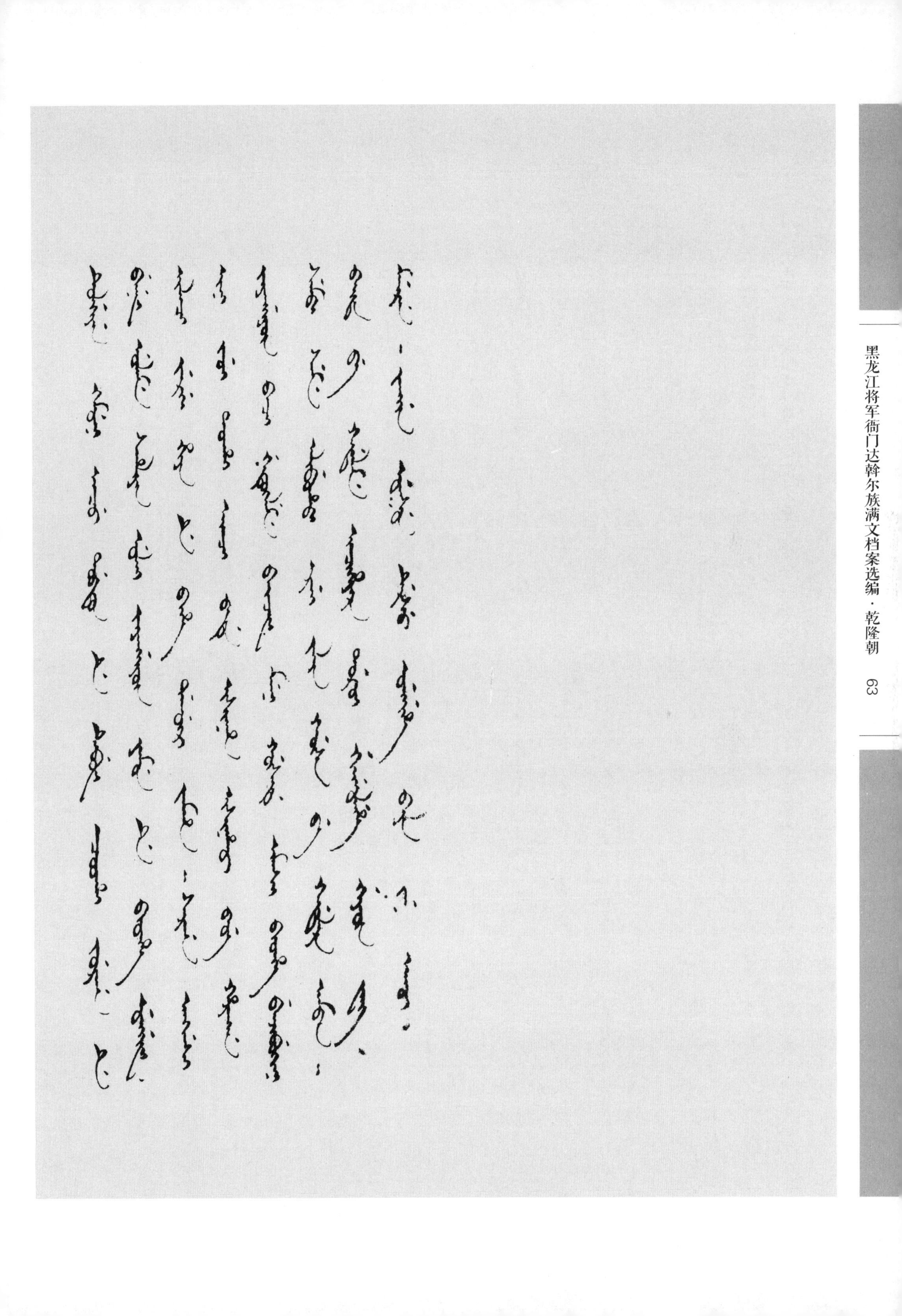

[illegible]

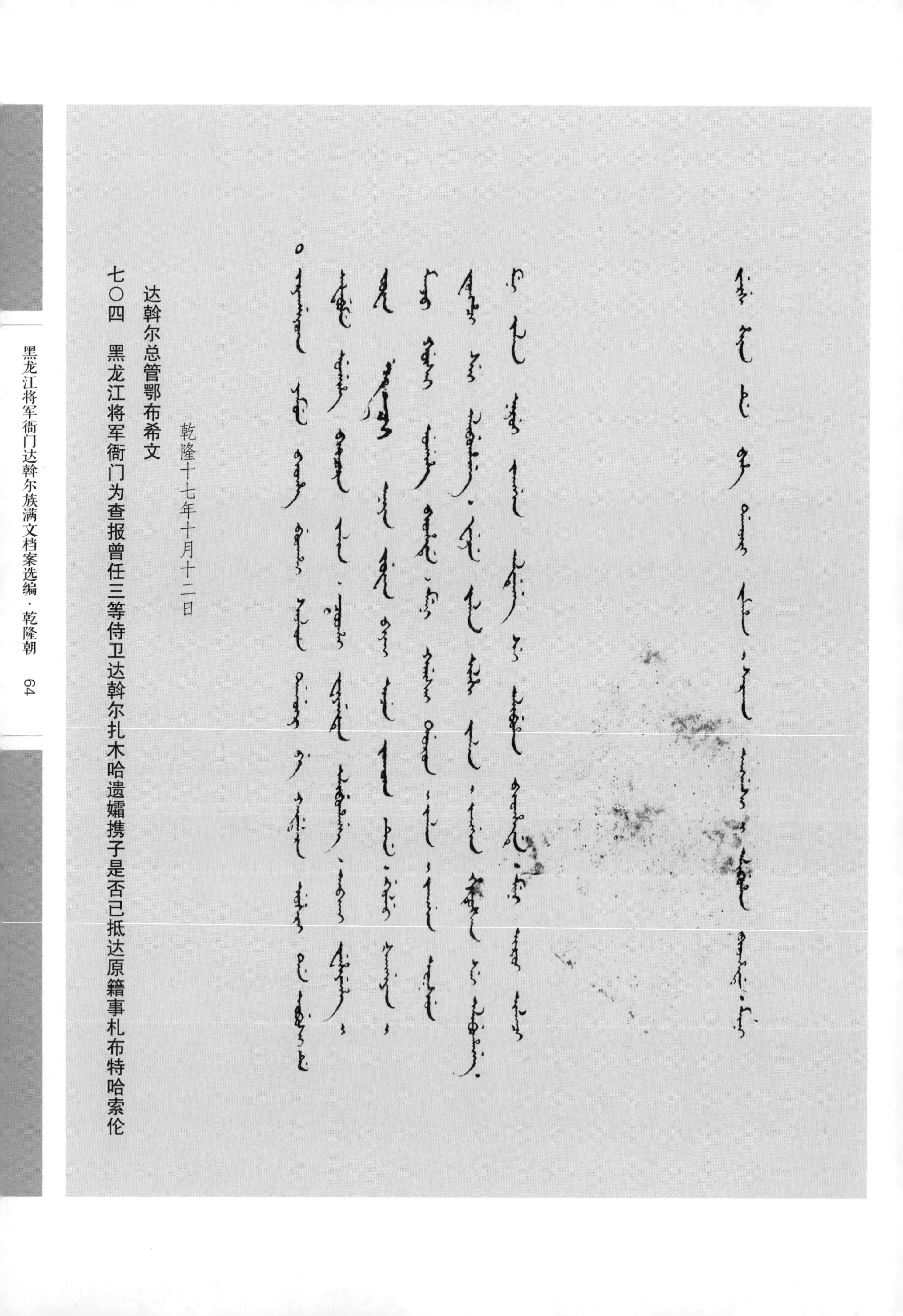

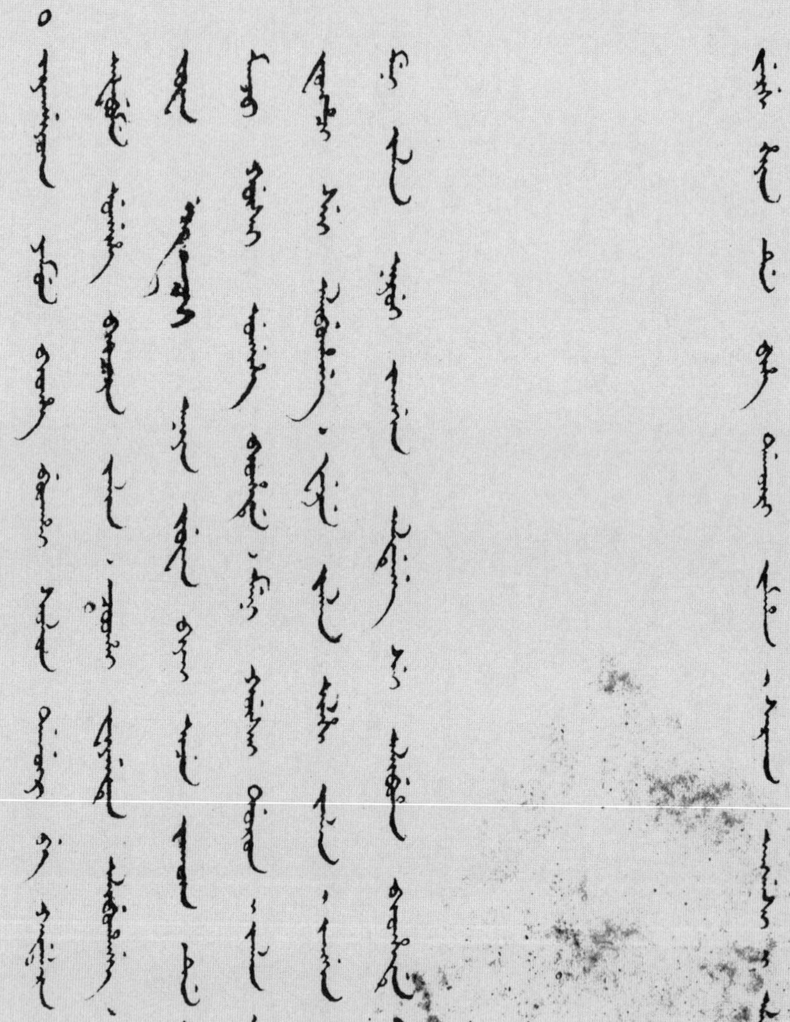

乾隆十七年十月十二日

达斡尔总管鄂布希文

七〇四 黑龙江将军衙门为查报曾任三等侍卫达斡尔扎木哈遗孀携子是否已抵达原籍事札布特哈索伦

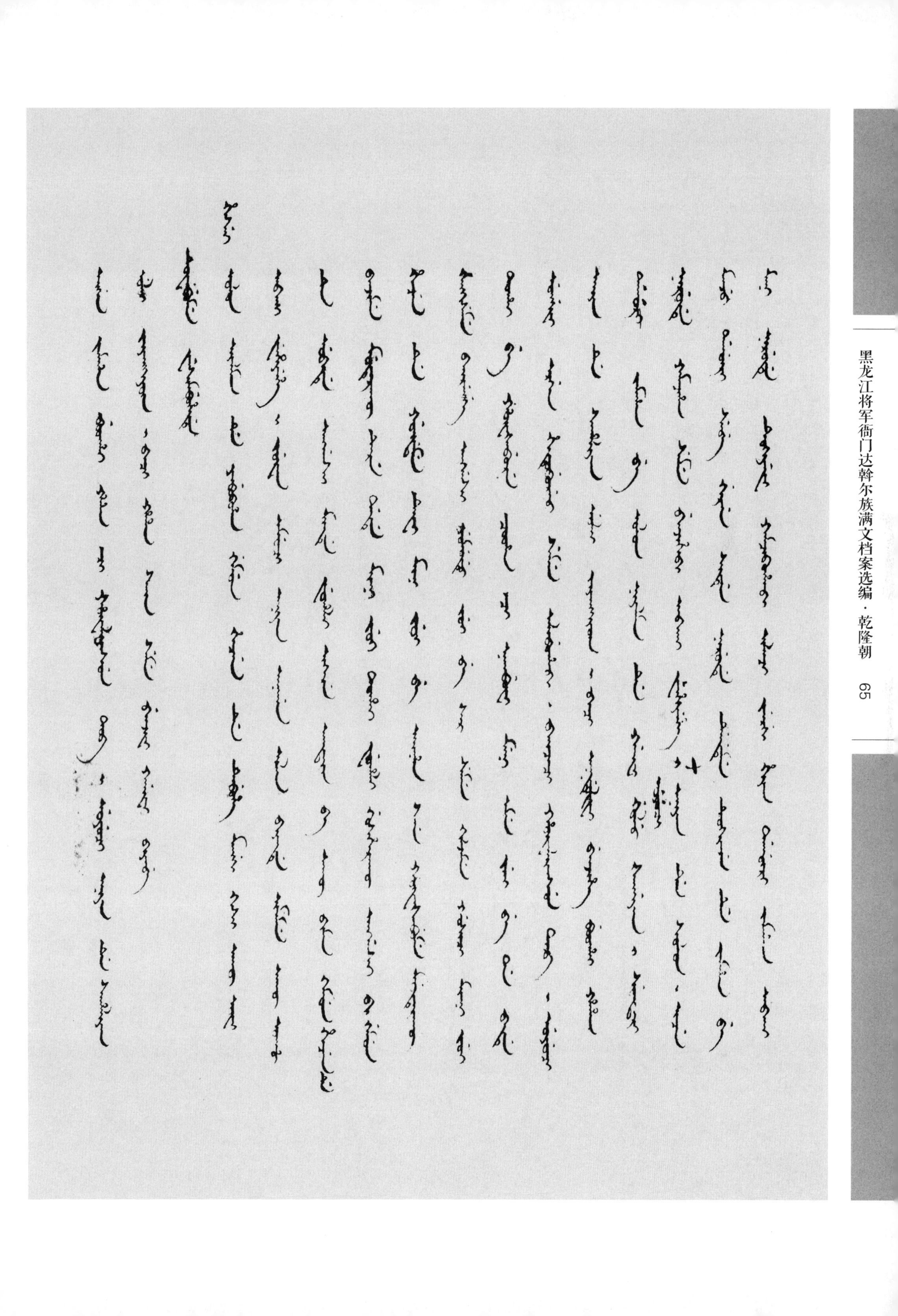

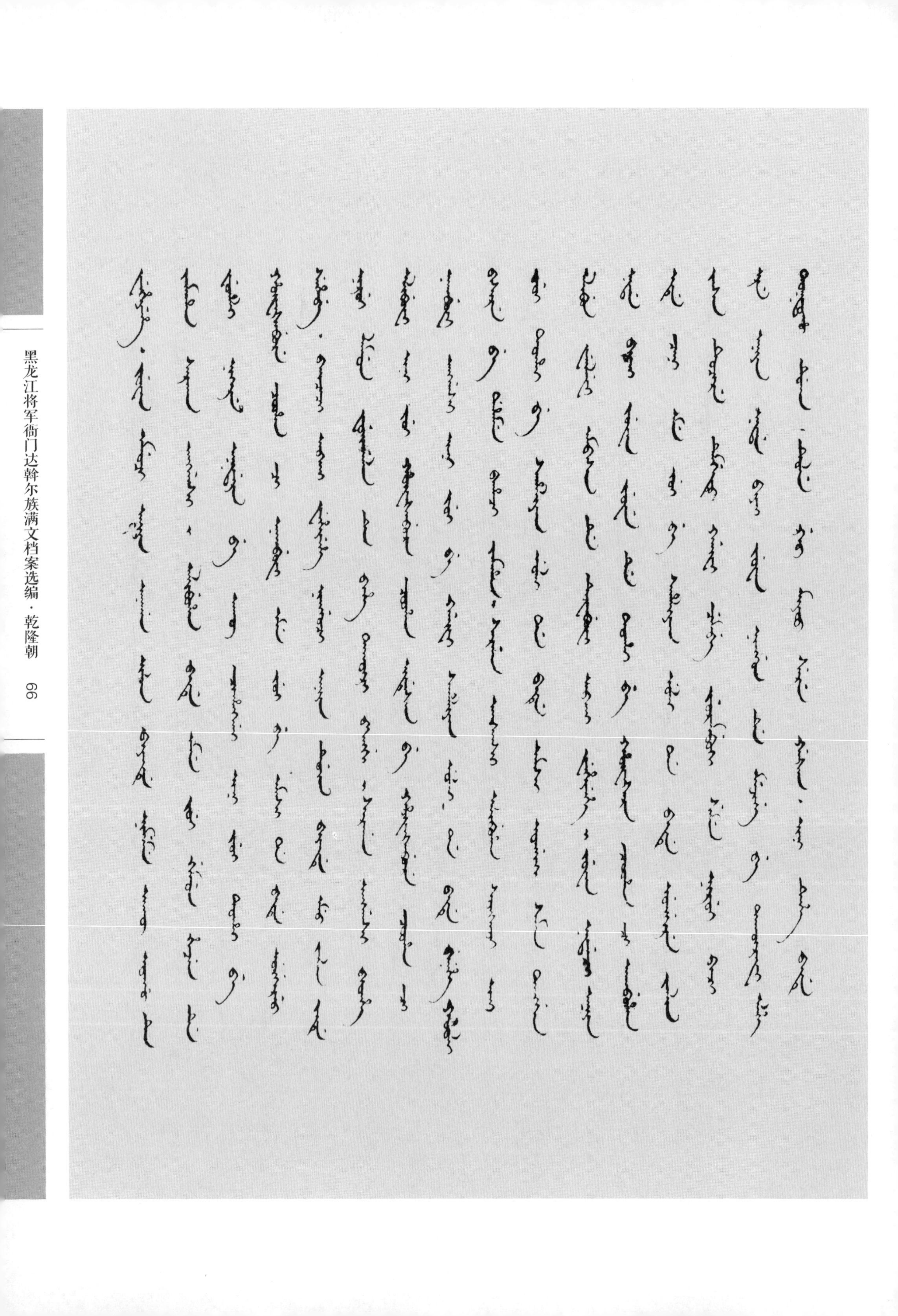

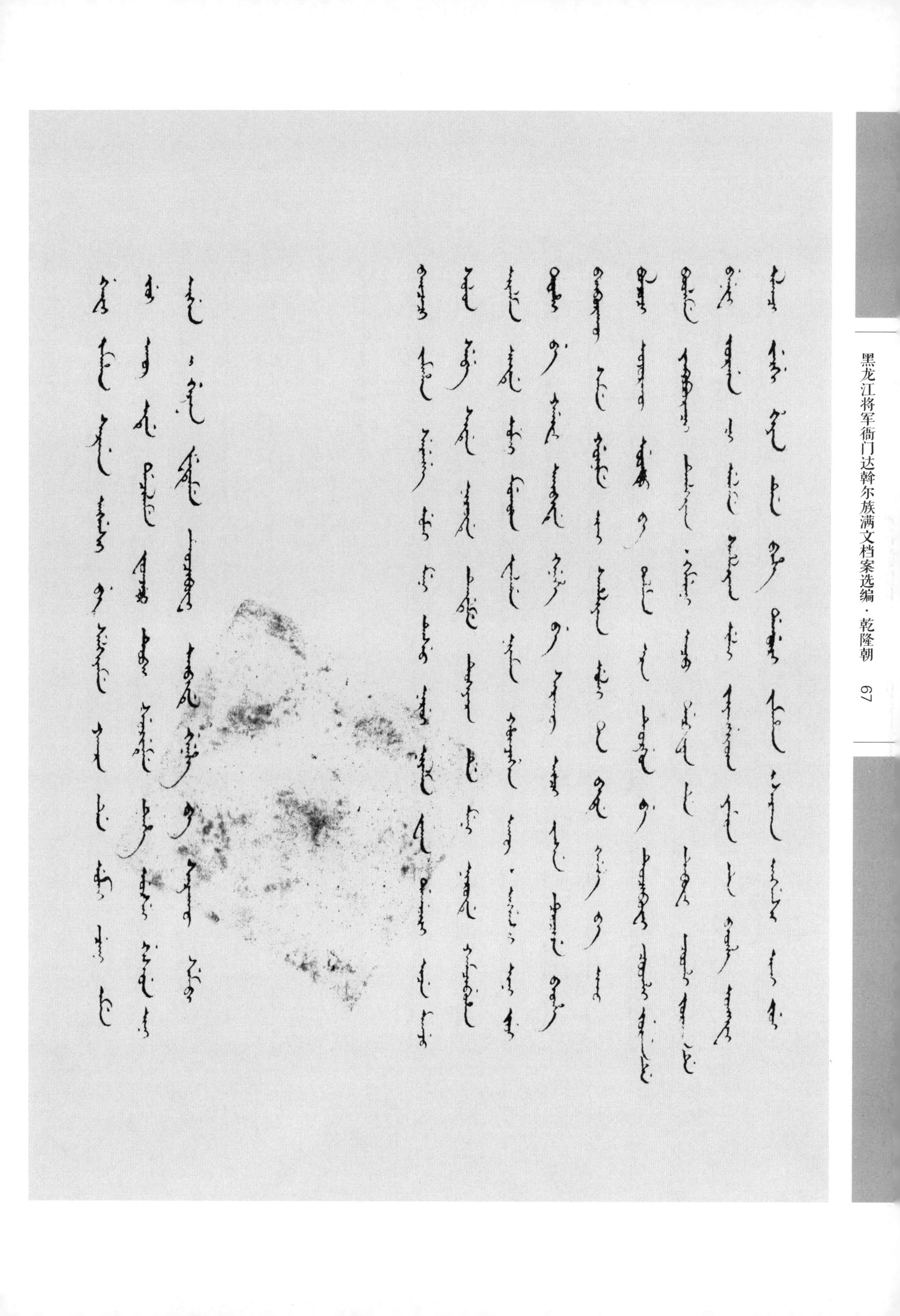

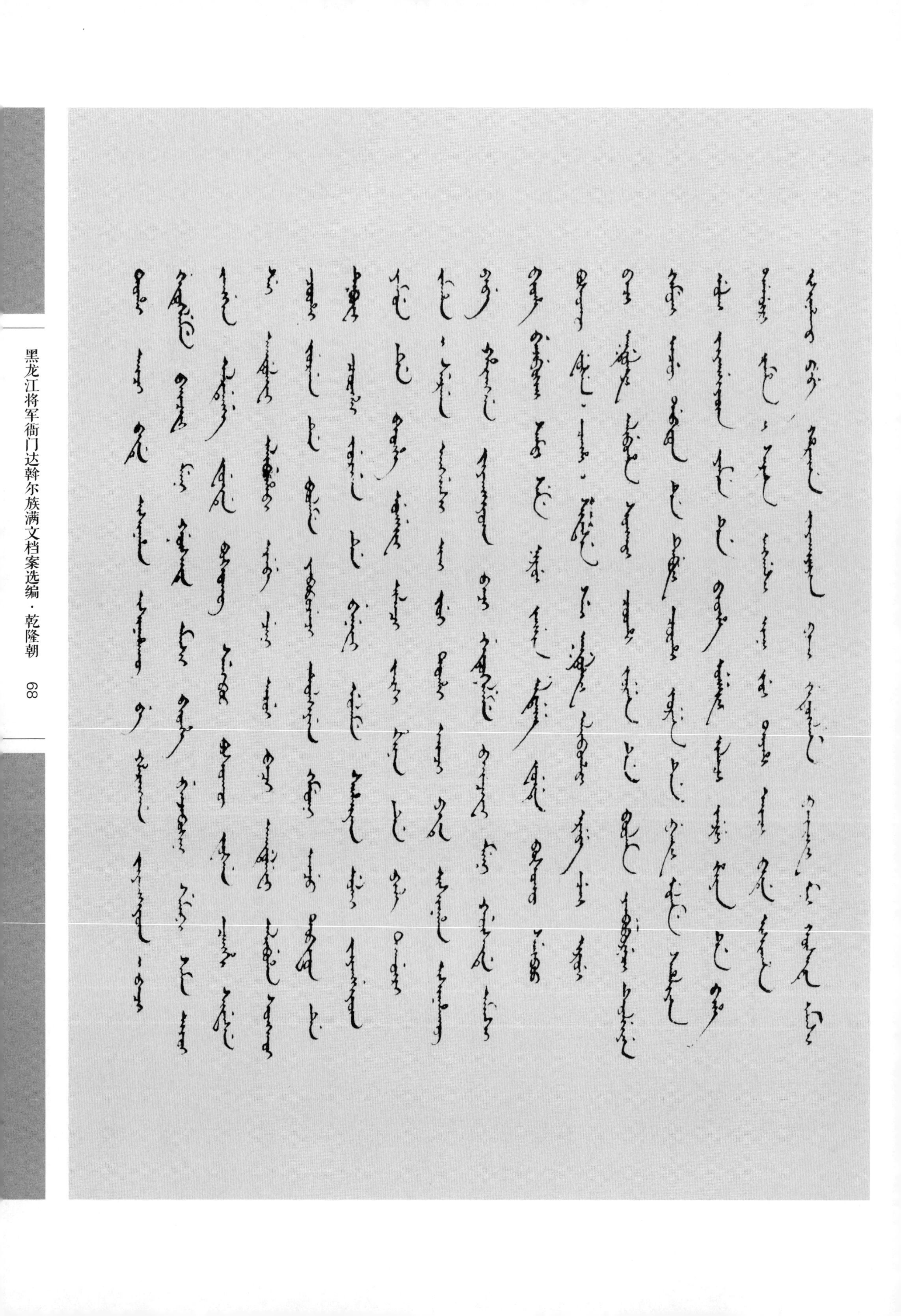

[illegible]

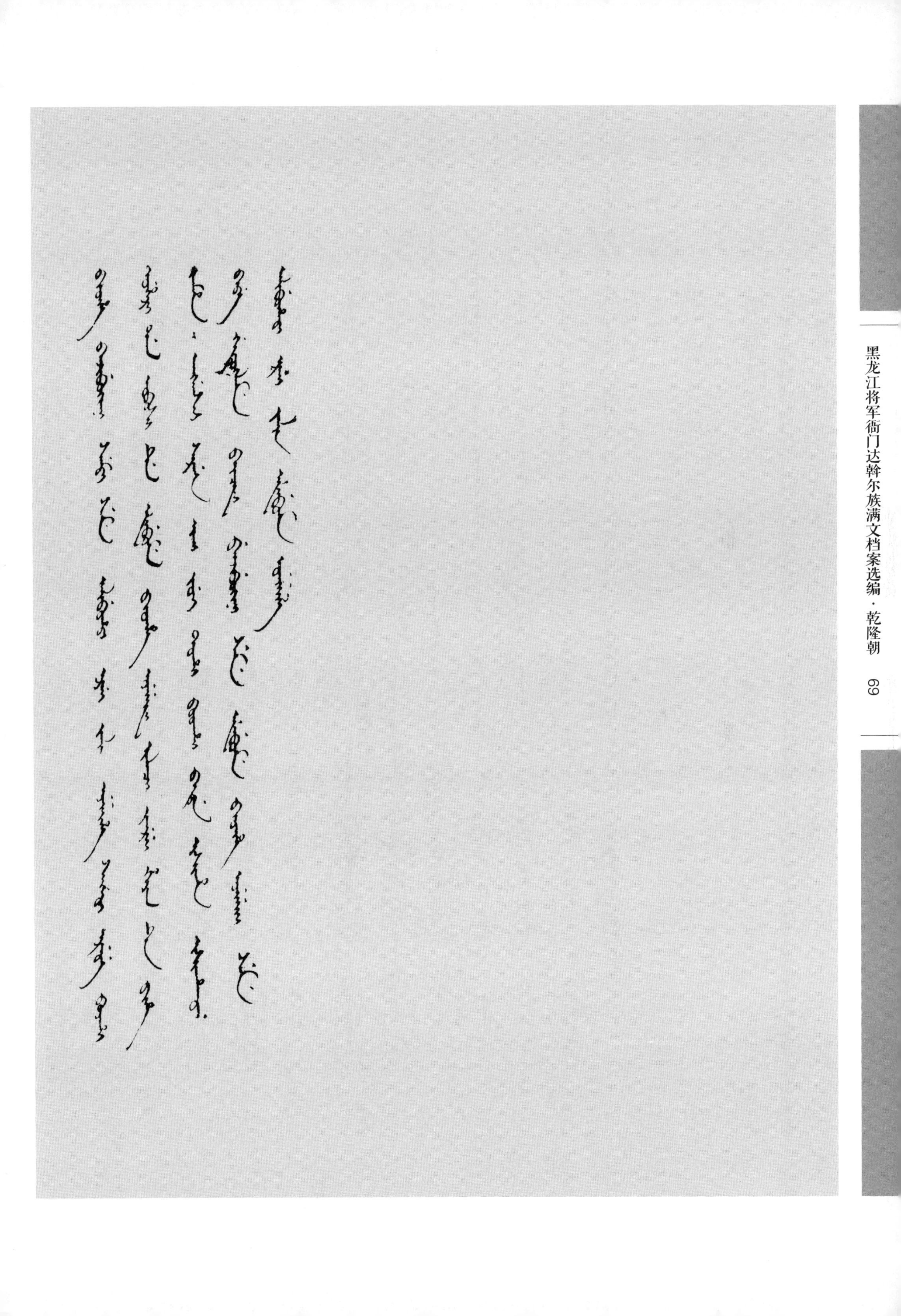

七〇五 布特哈索伦达斡尔总管鄂布希等为查报曾任三等侍卫达斡尔扎木哈遗孀及子已抵原籍事呈黑龙江将军衙门文

乾隆十七年十一月二十日

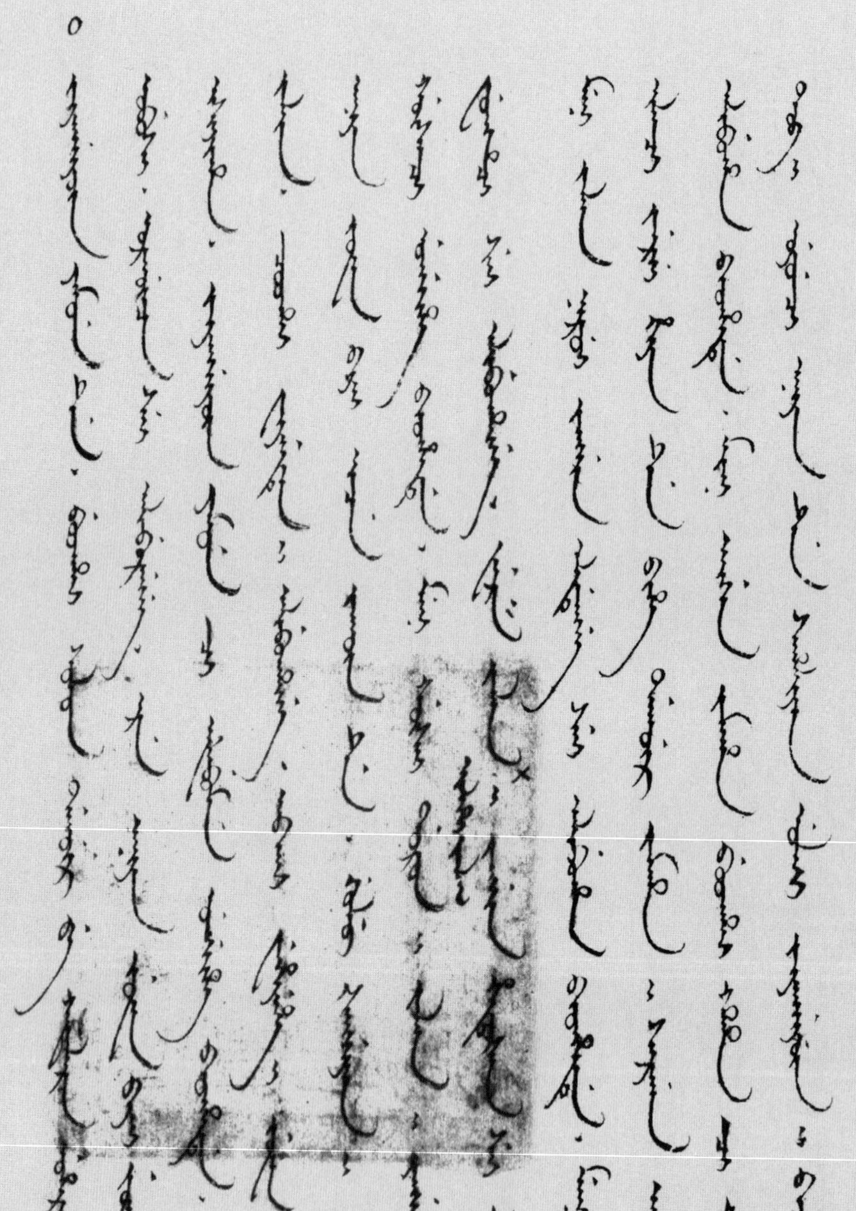

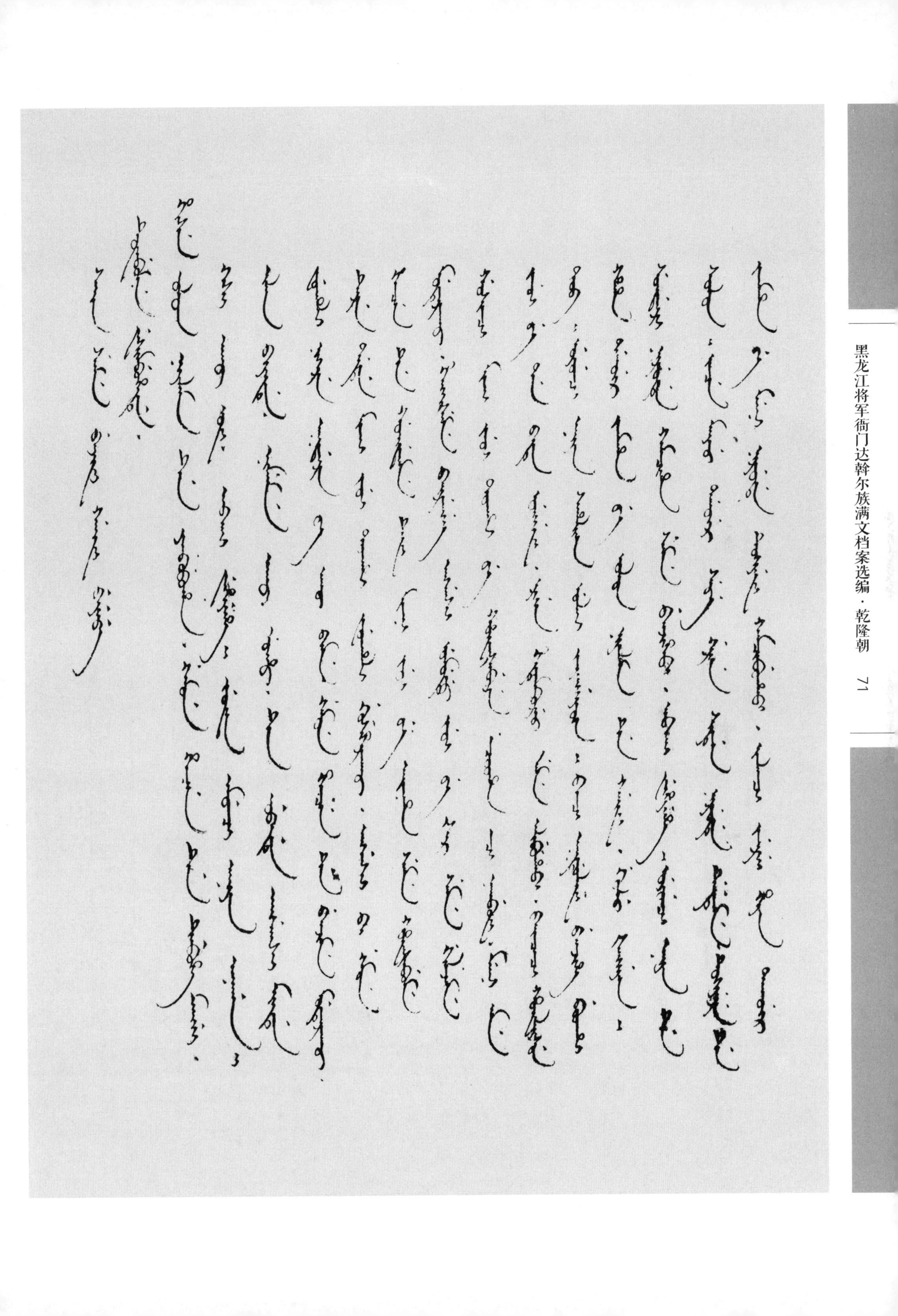

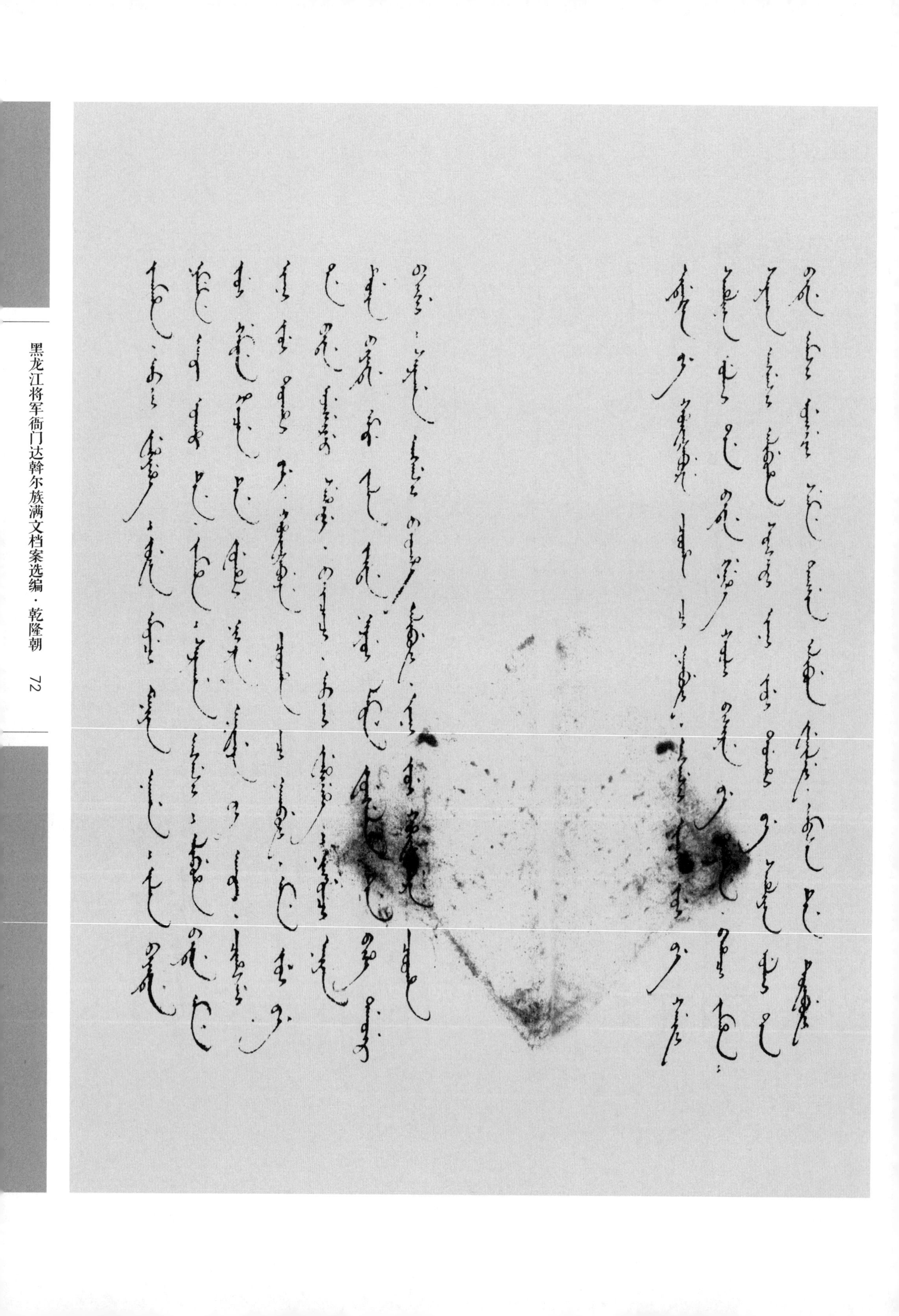

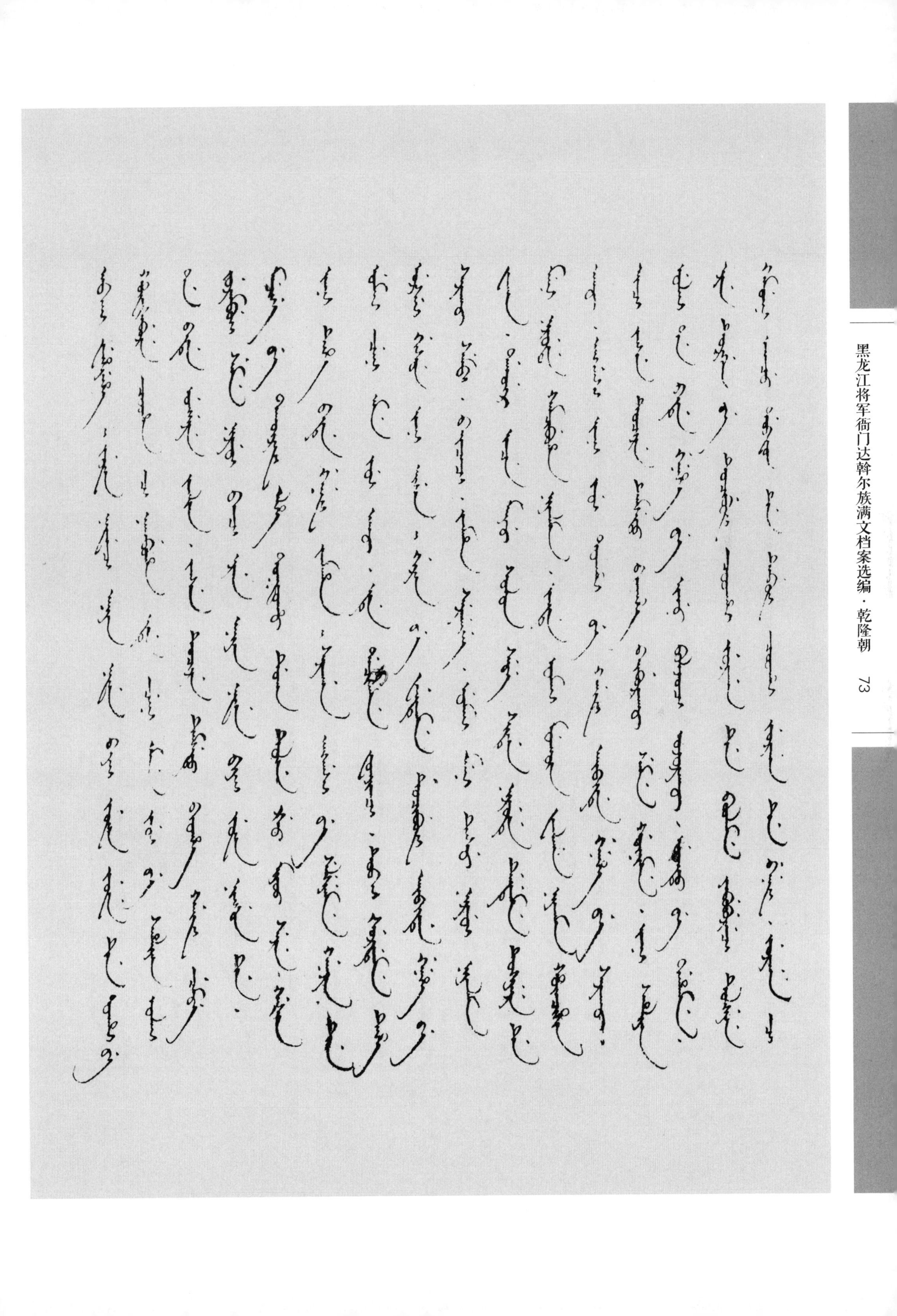

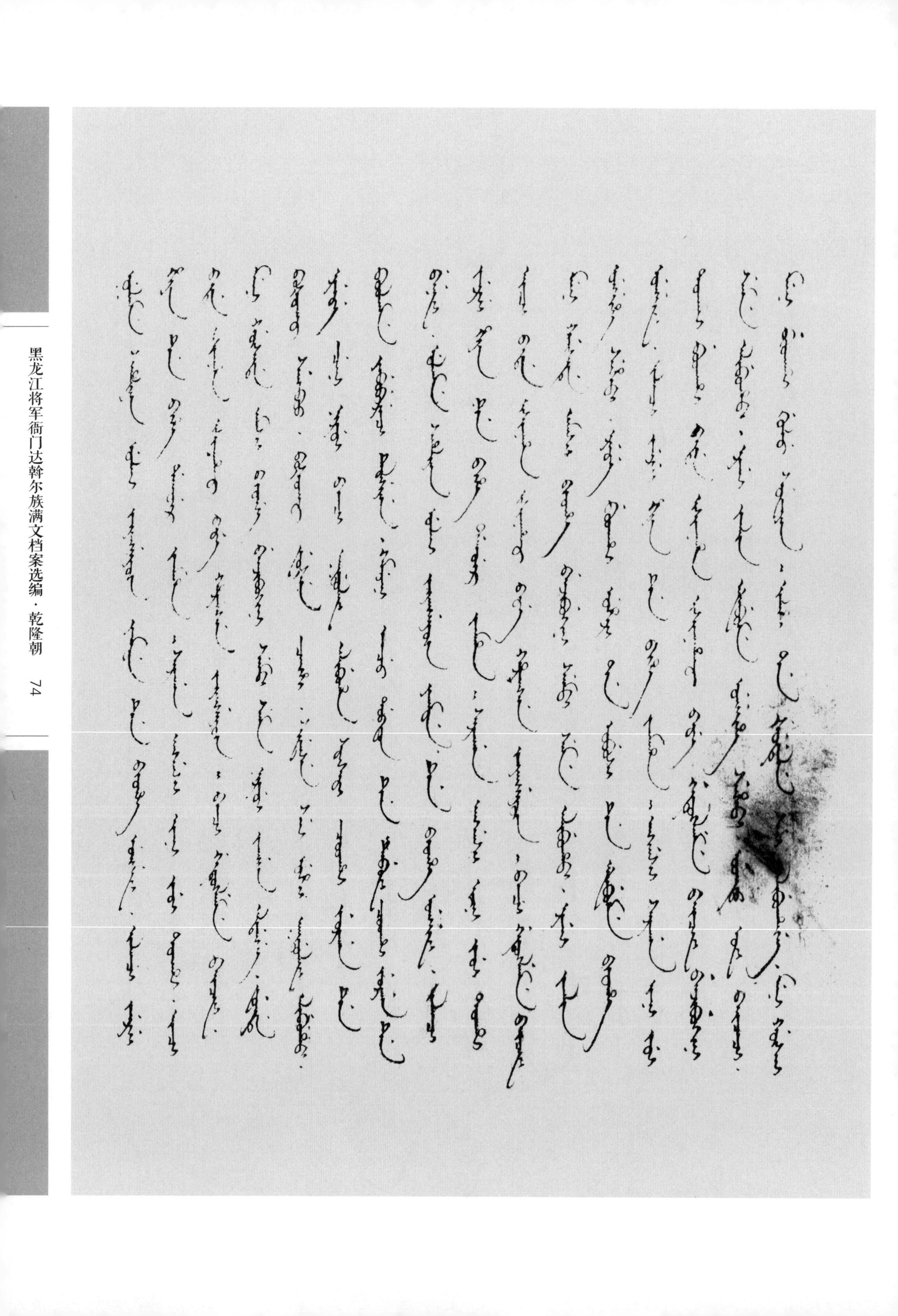

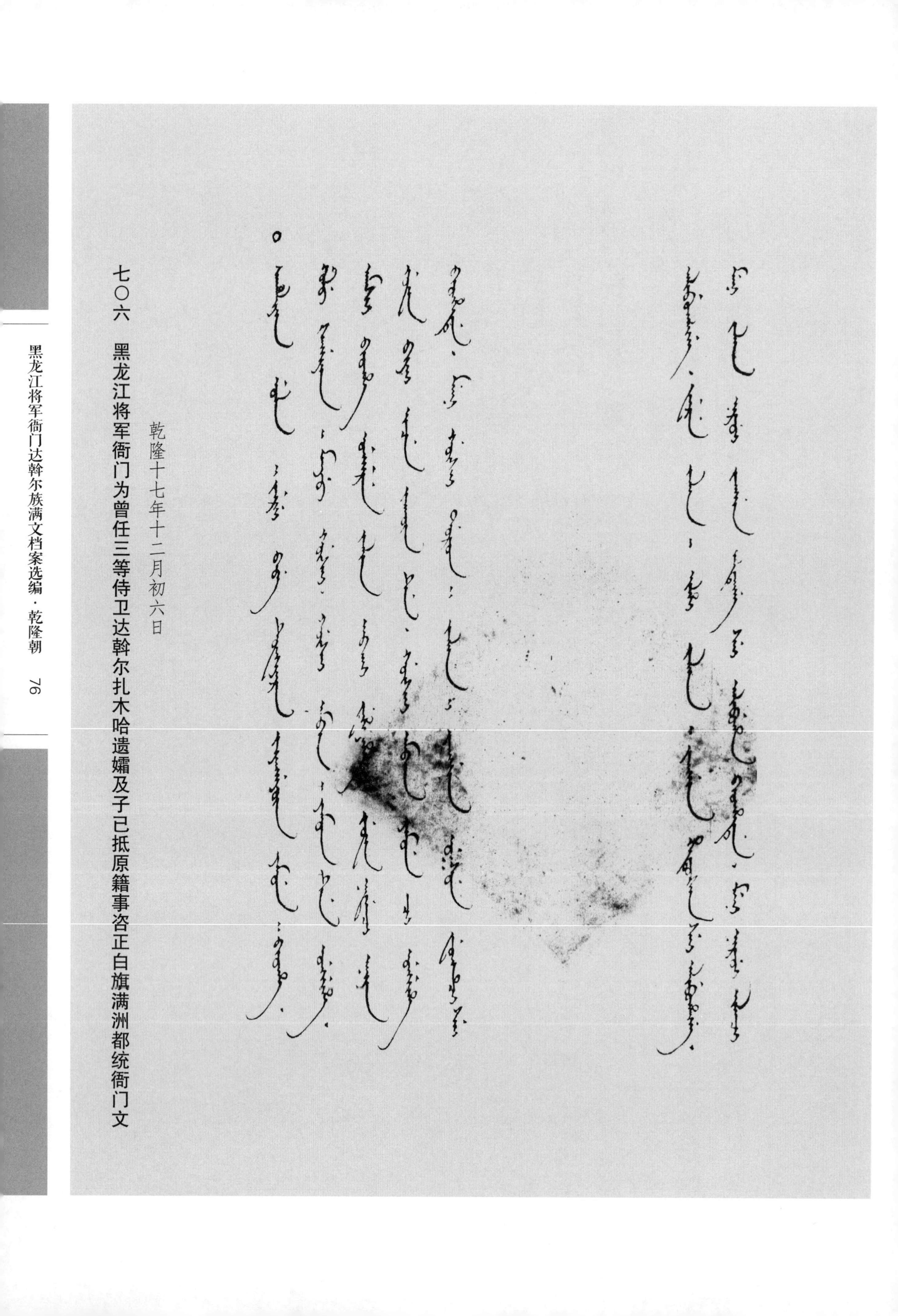

七〇六 黑龙江将军衙门为曾任三等侍卫达斡尔扎木哈遗孀及子已抵原籍事咨正白旗满洲都统衙门文

乾隆十七年十二月初六日

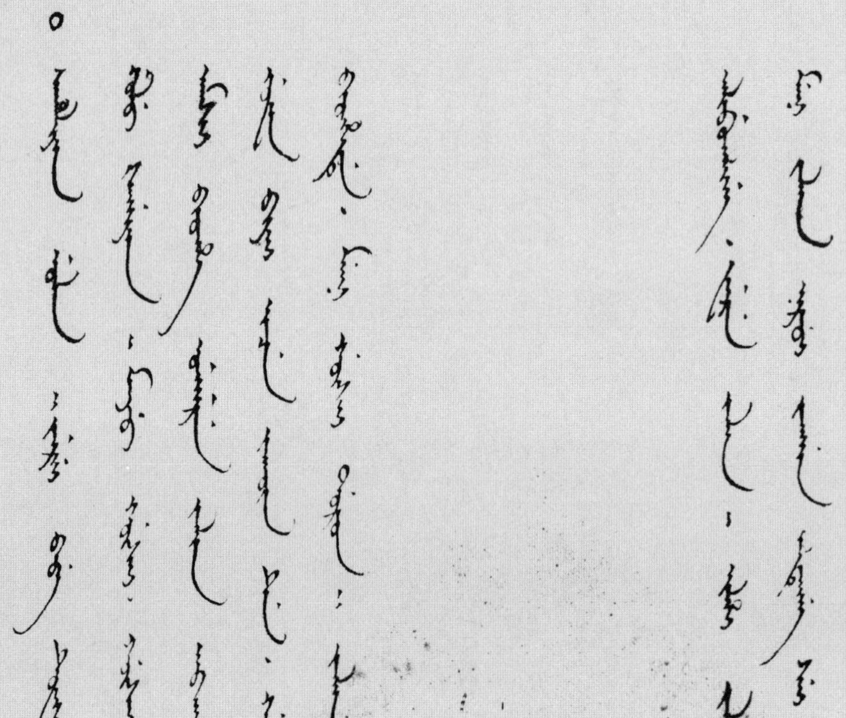

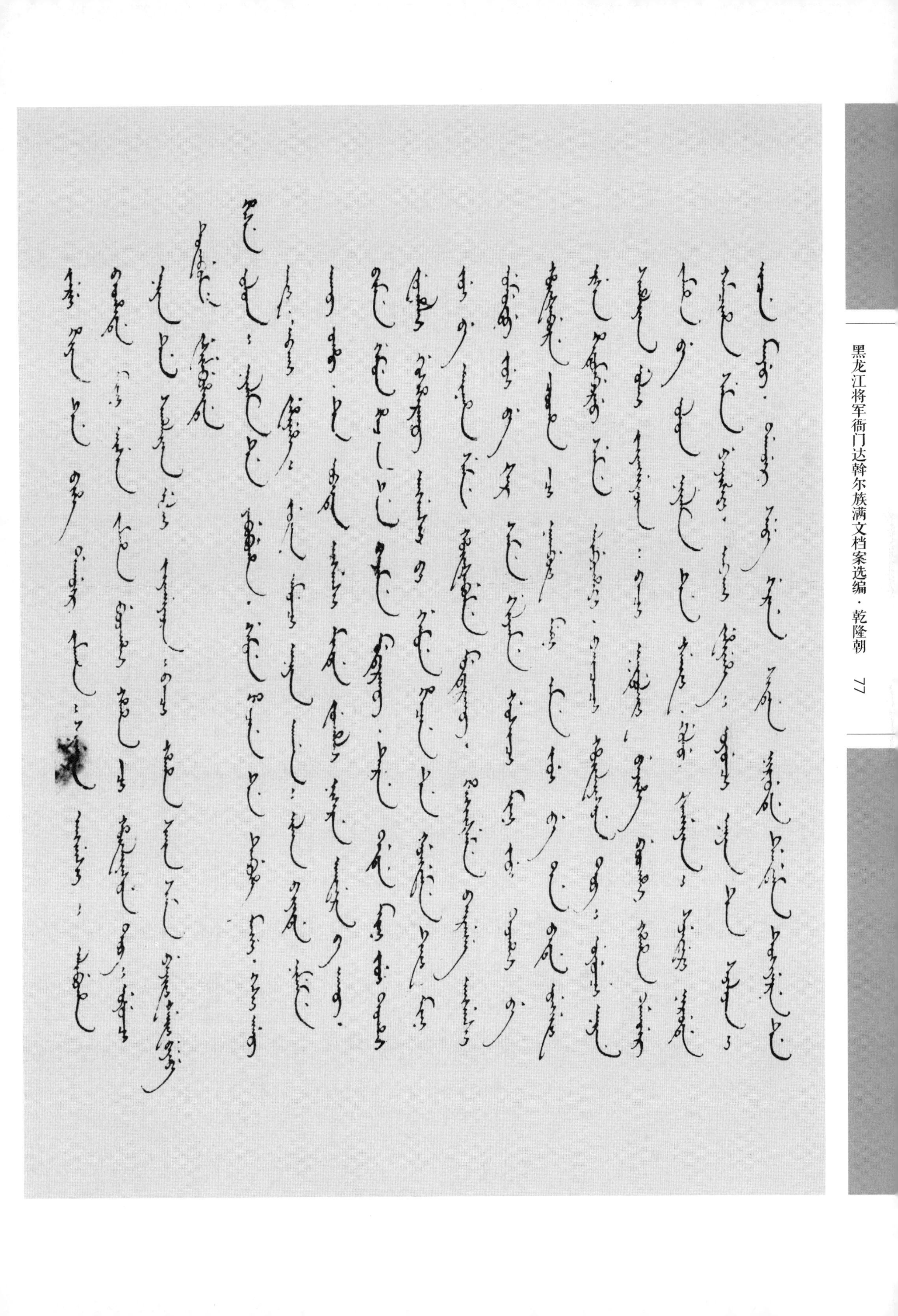

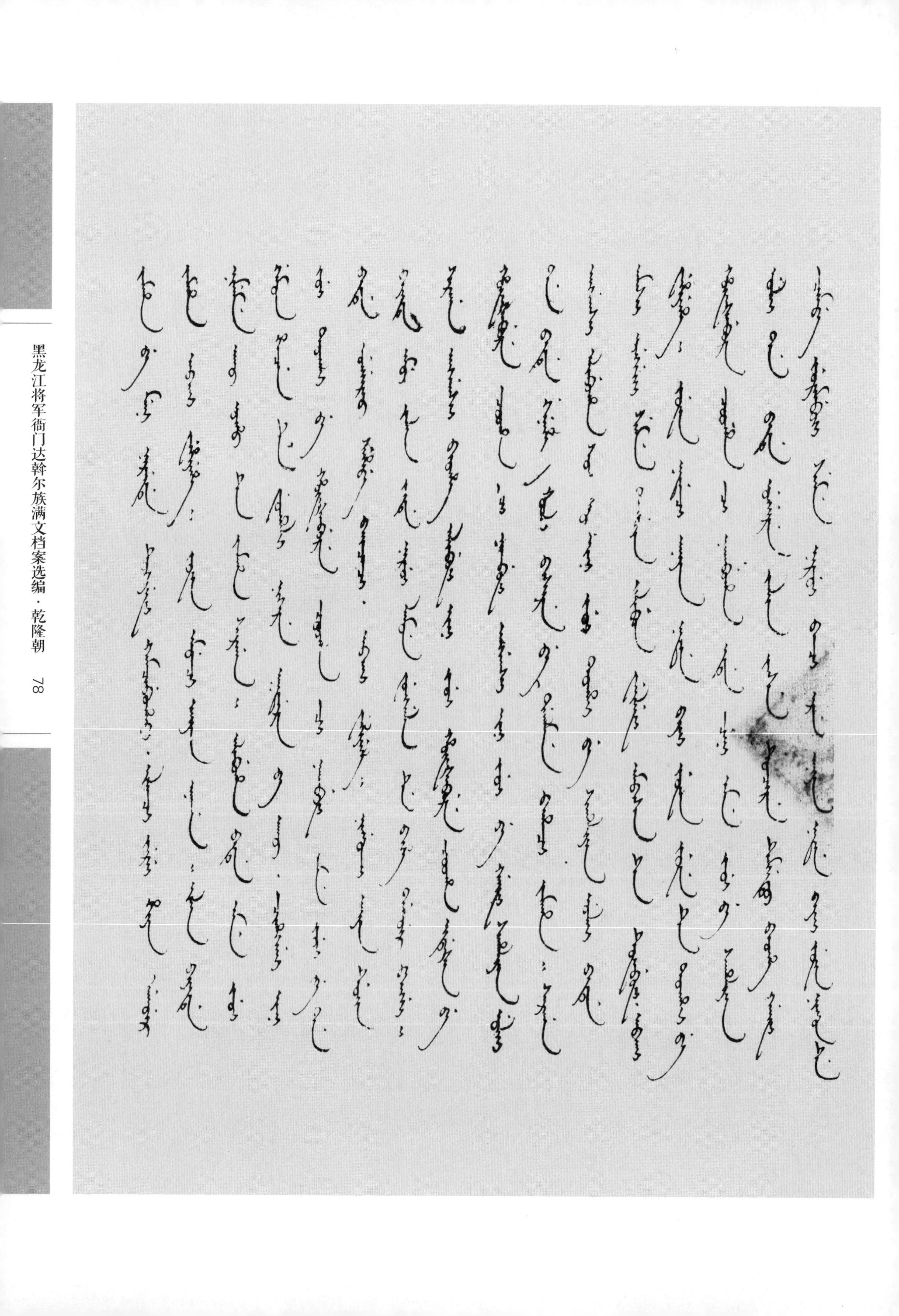

[illegible]

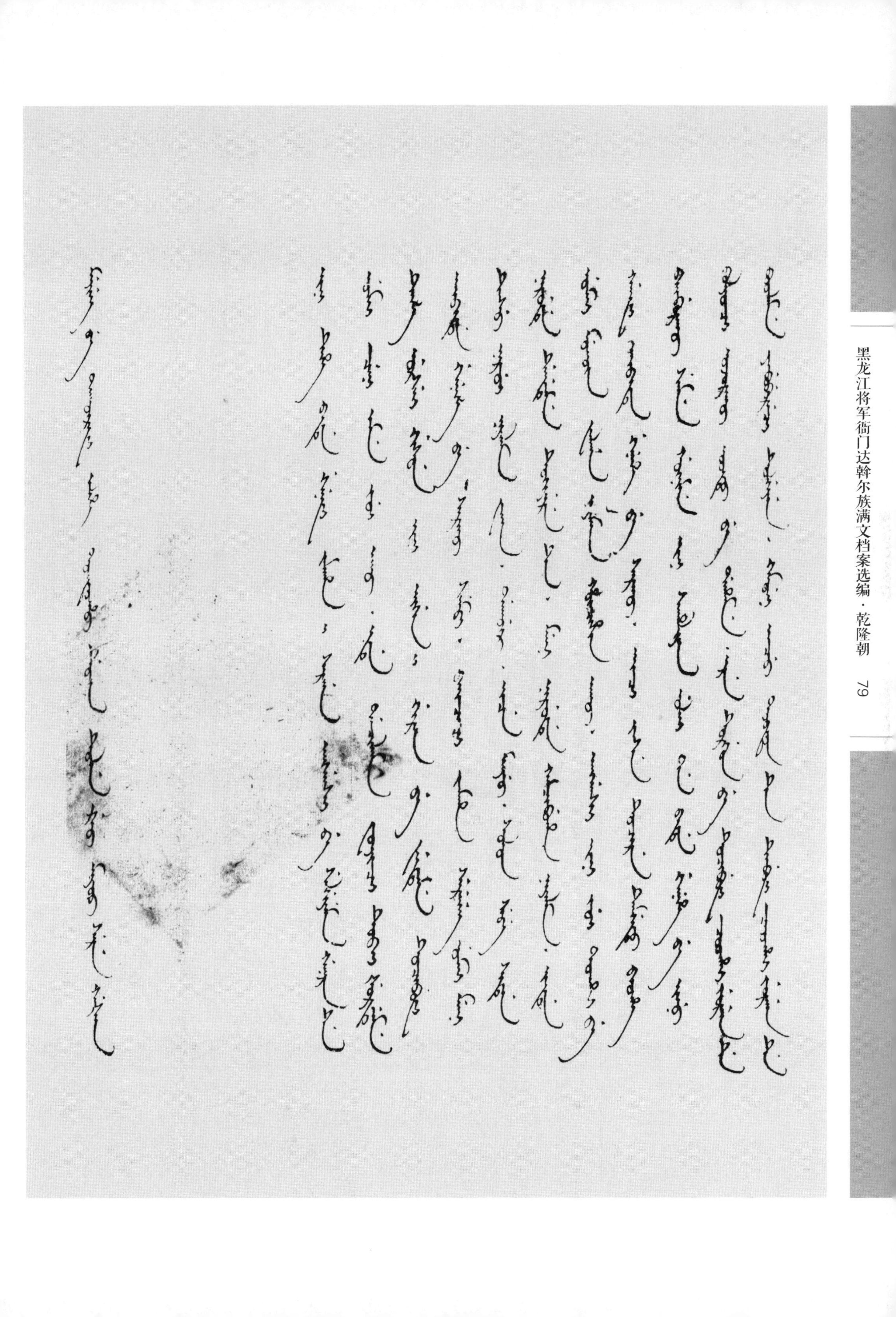

[illegible]

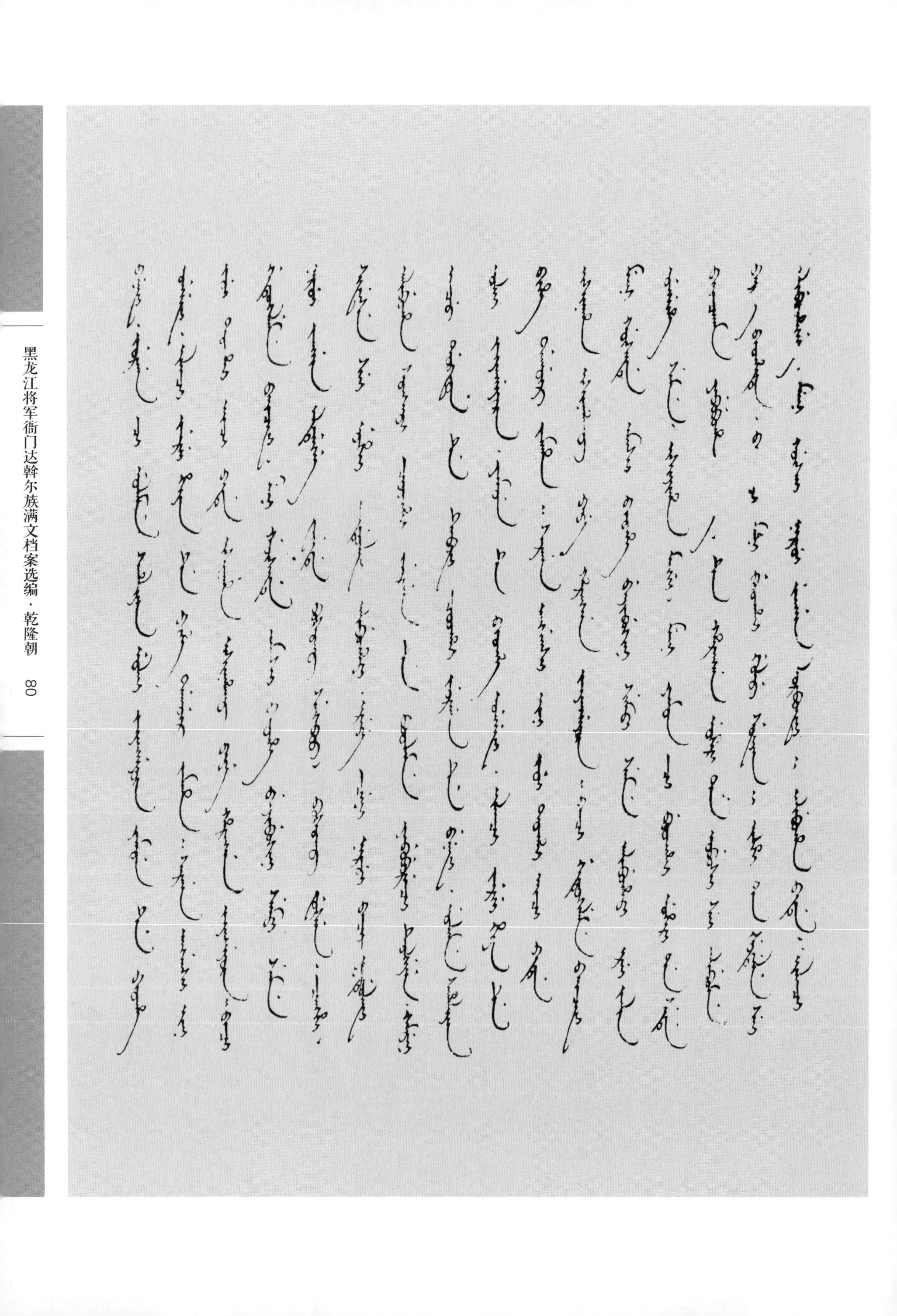

[illegible]

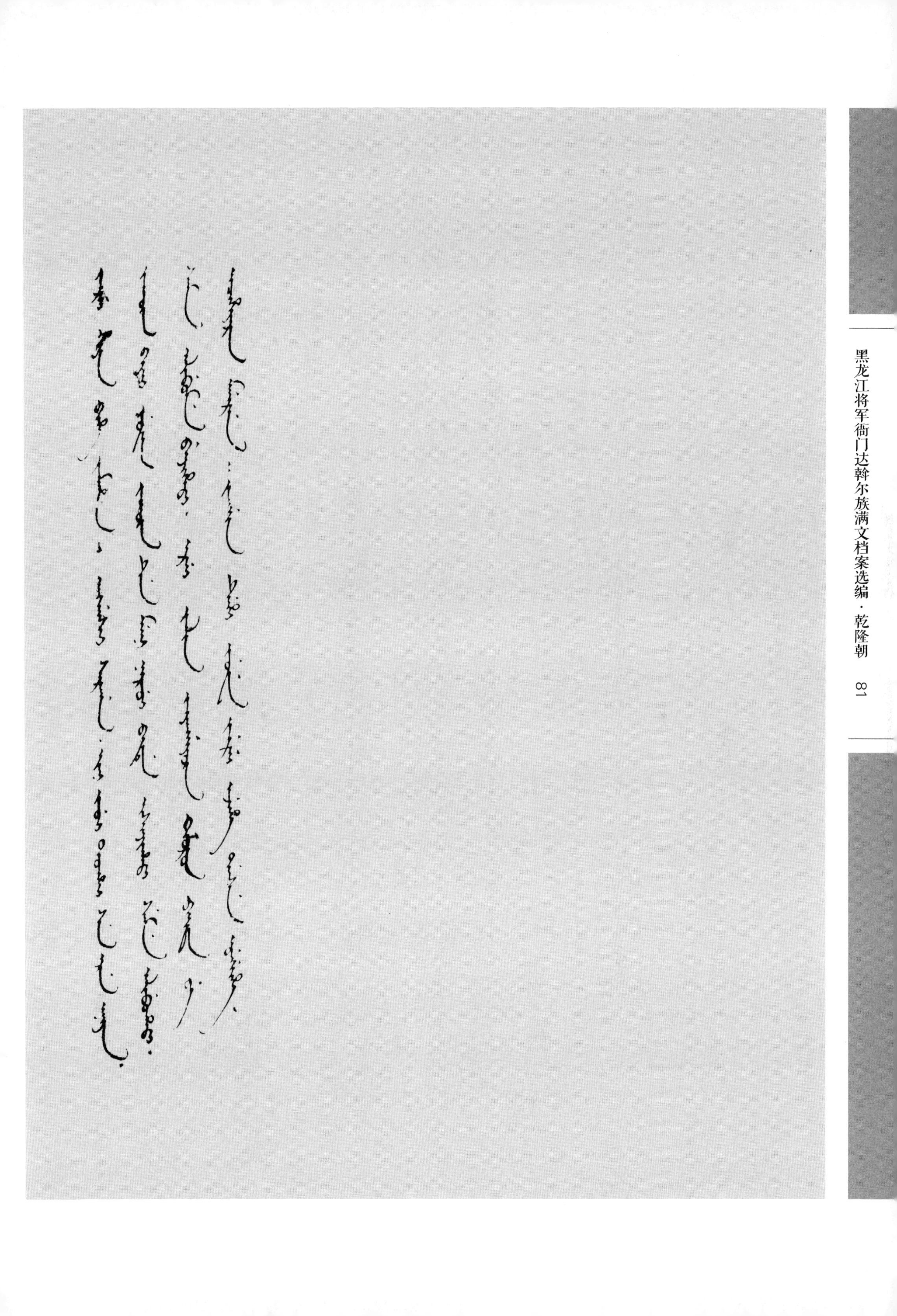

[illegible]

[illegible]

[illegible]

[illegible]

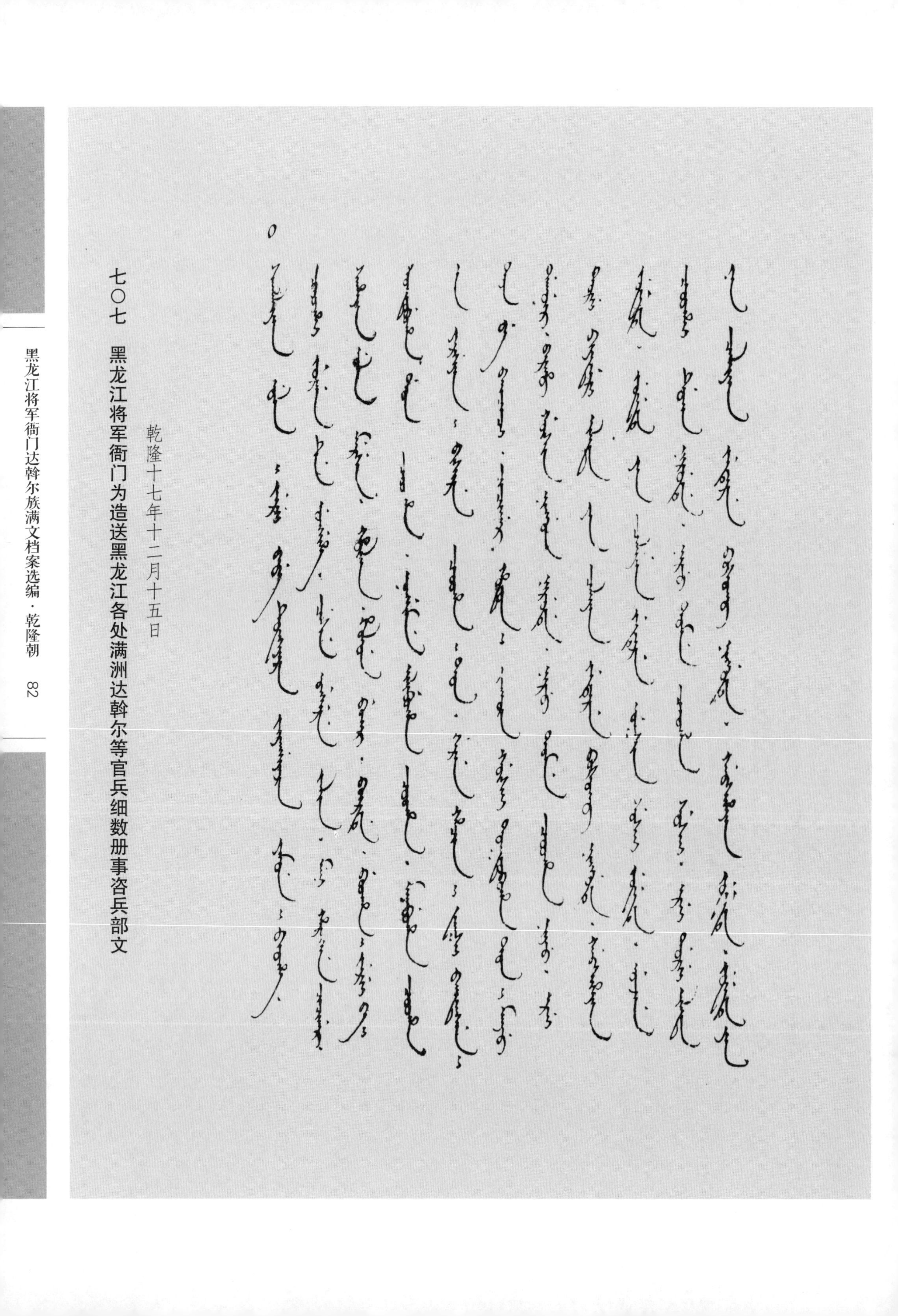

七〇七 黑龙江将军衙门为造送黑龙江各处满洲达斡尔等官兵细数册事咨兵部文

乾隆十七年十二月十五日

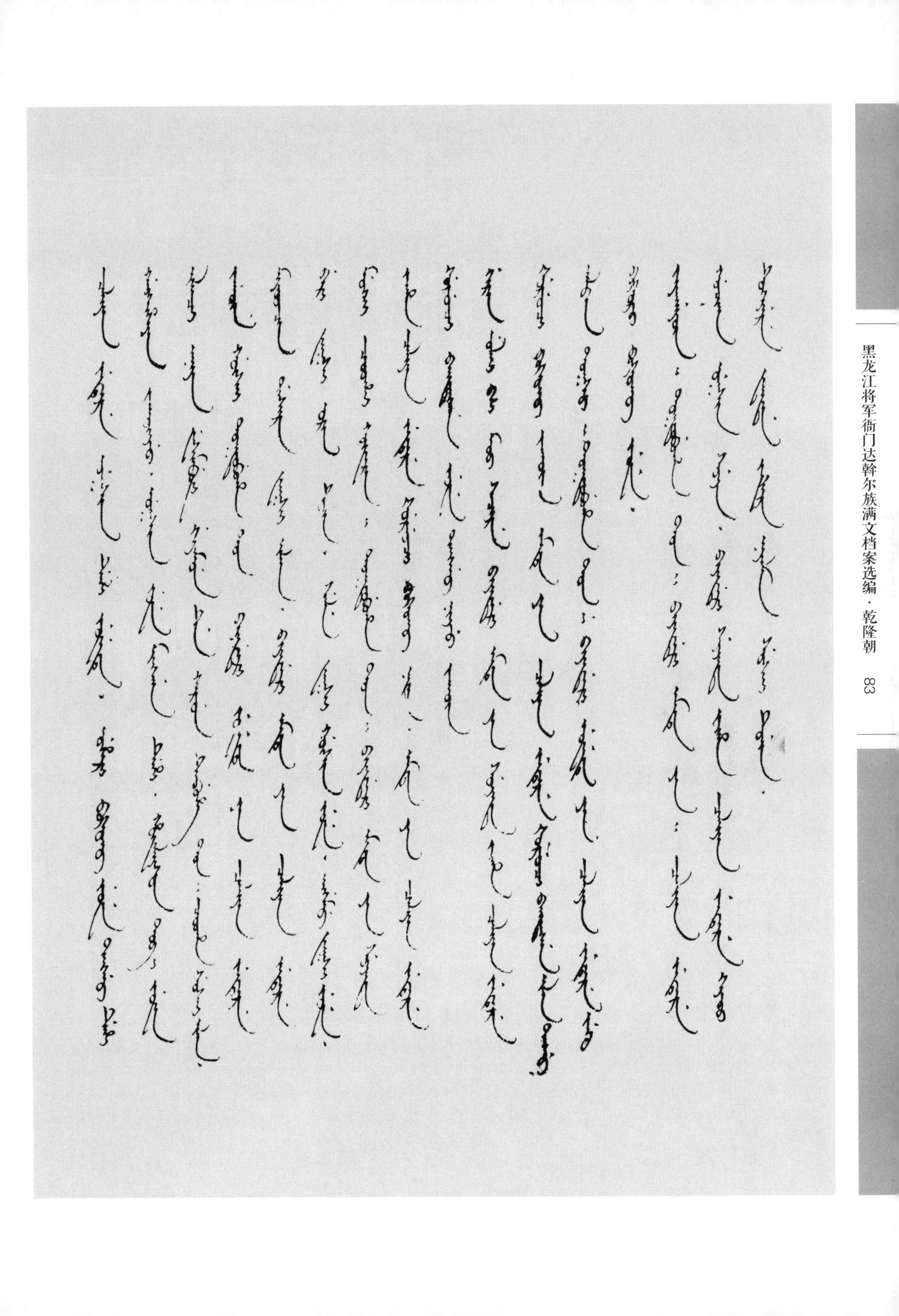

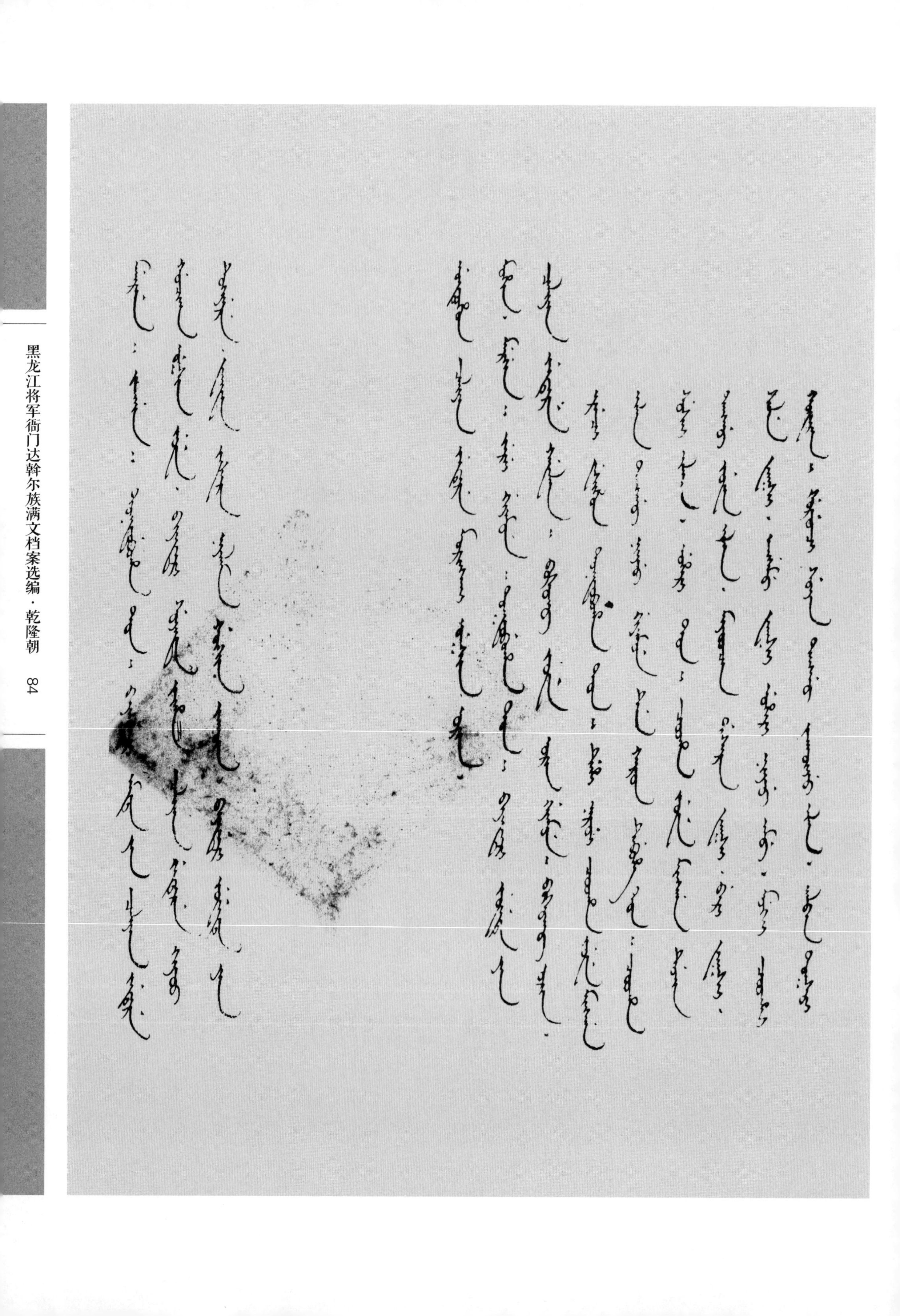

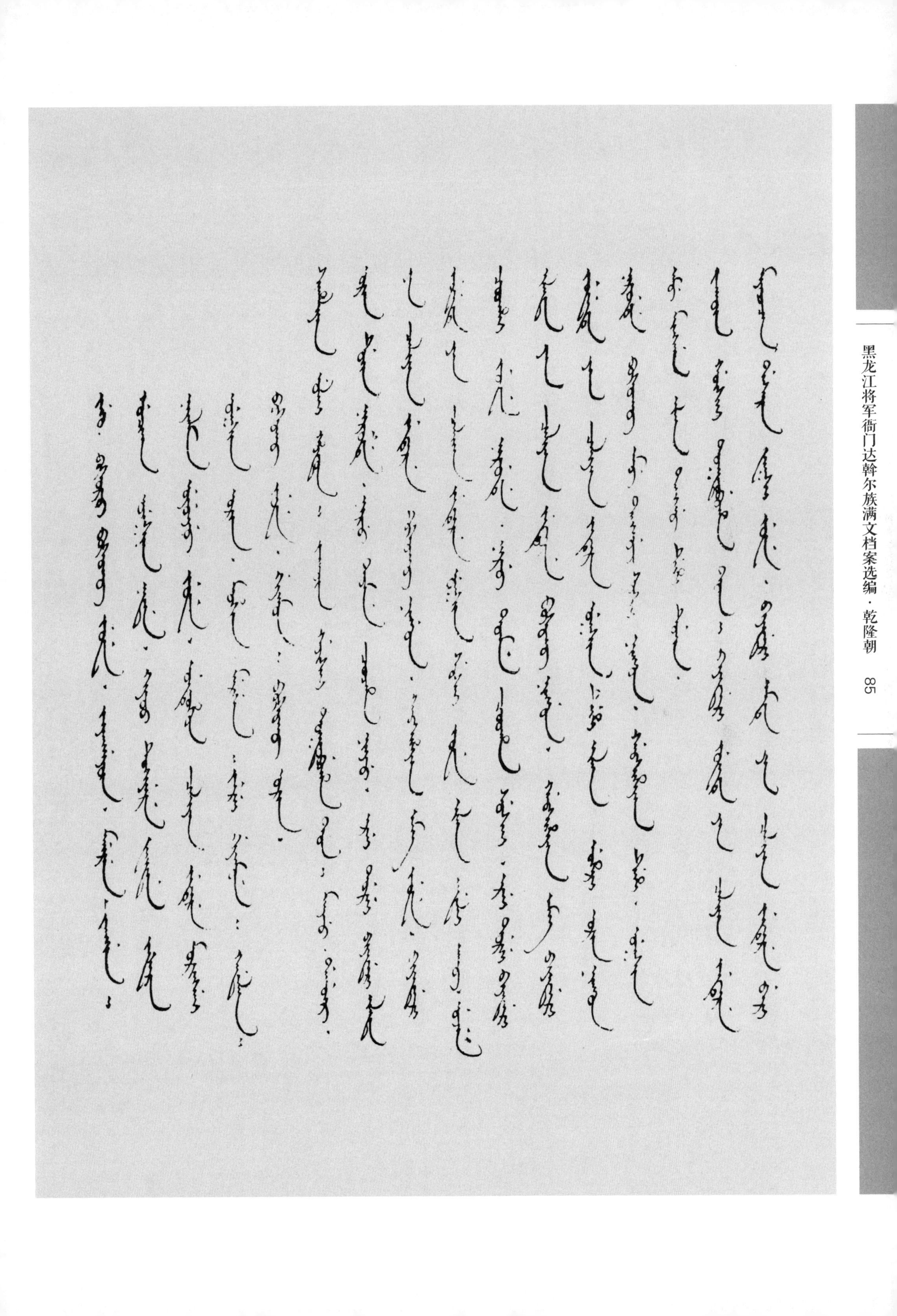

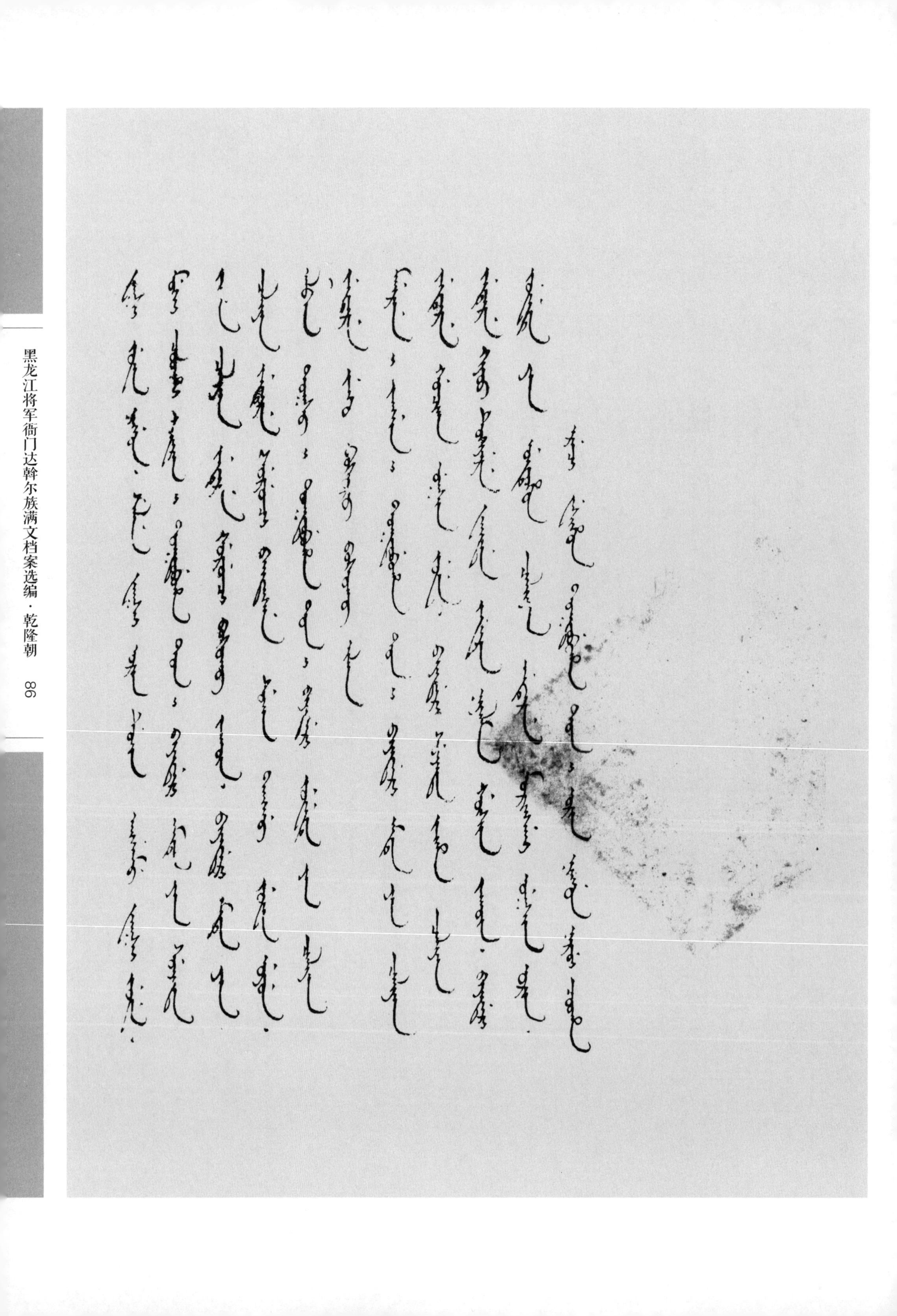

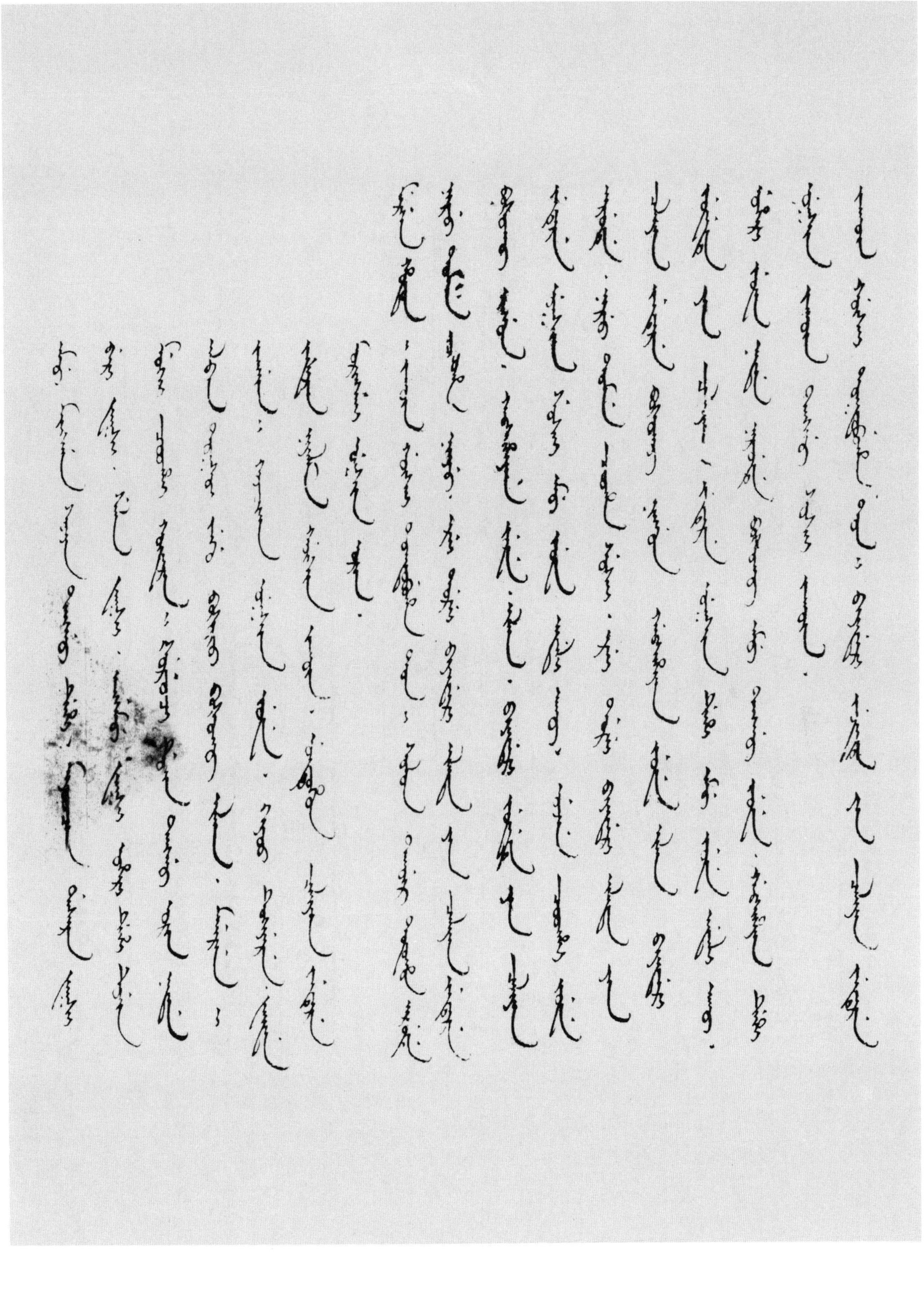

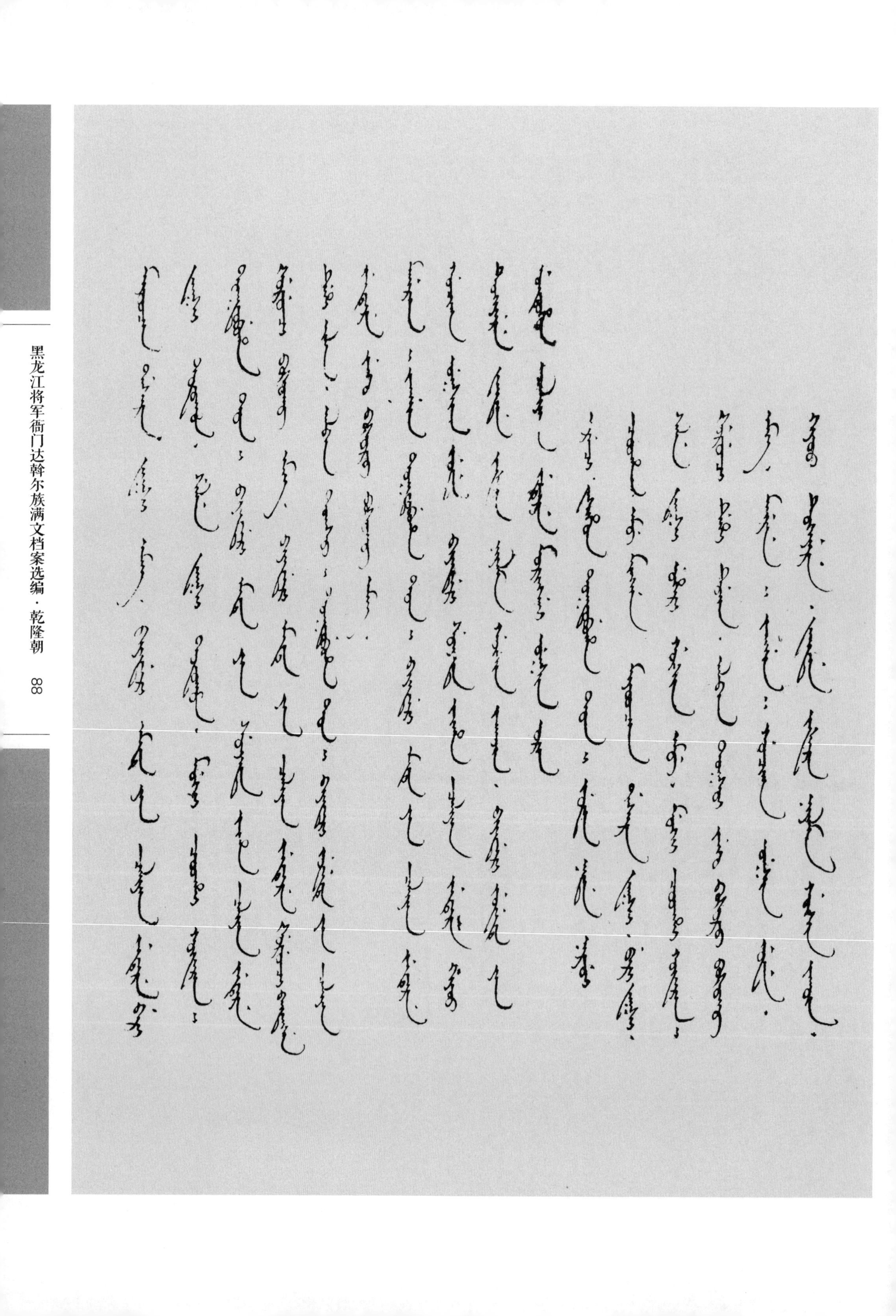

[illegible]

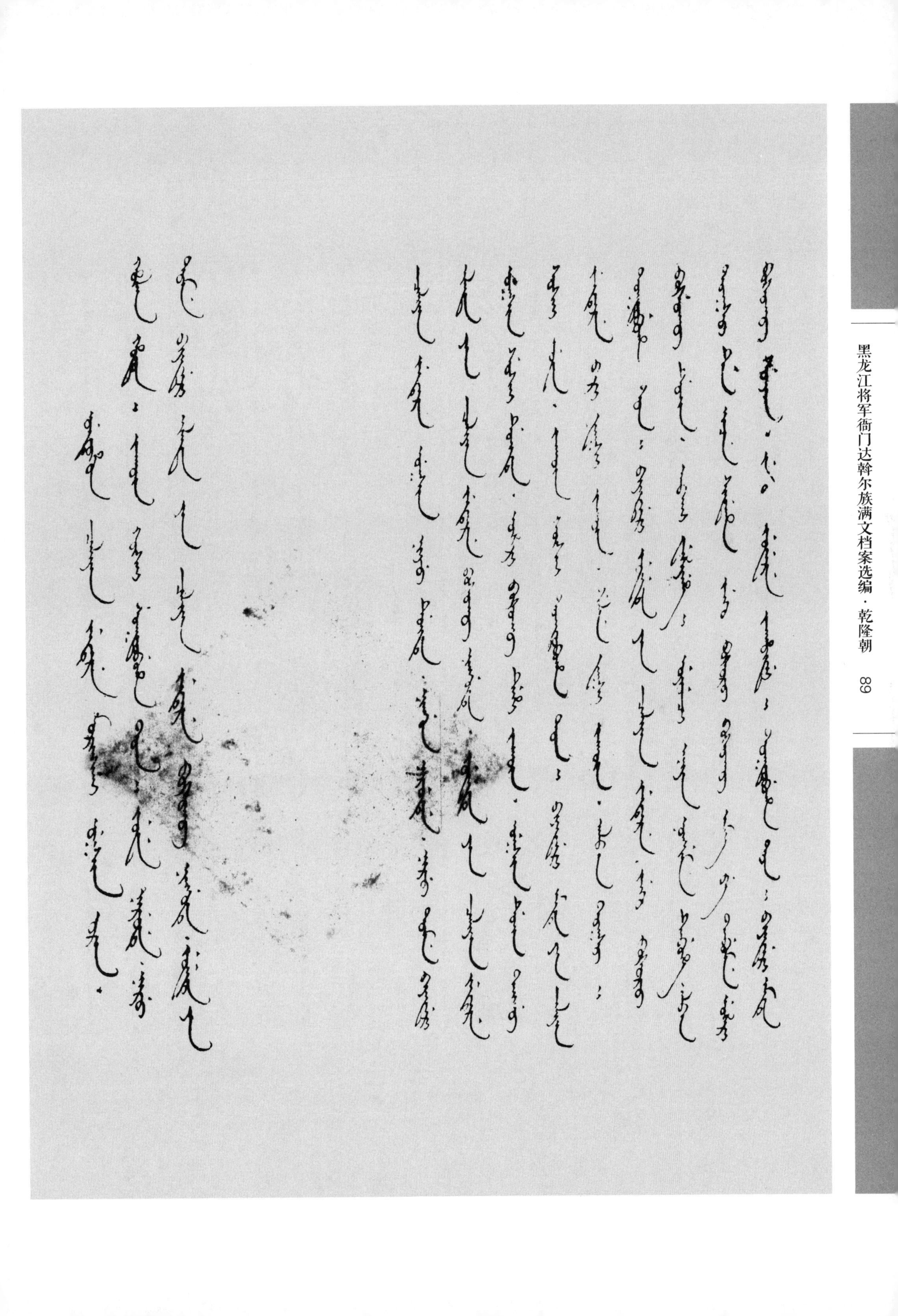

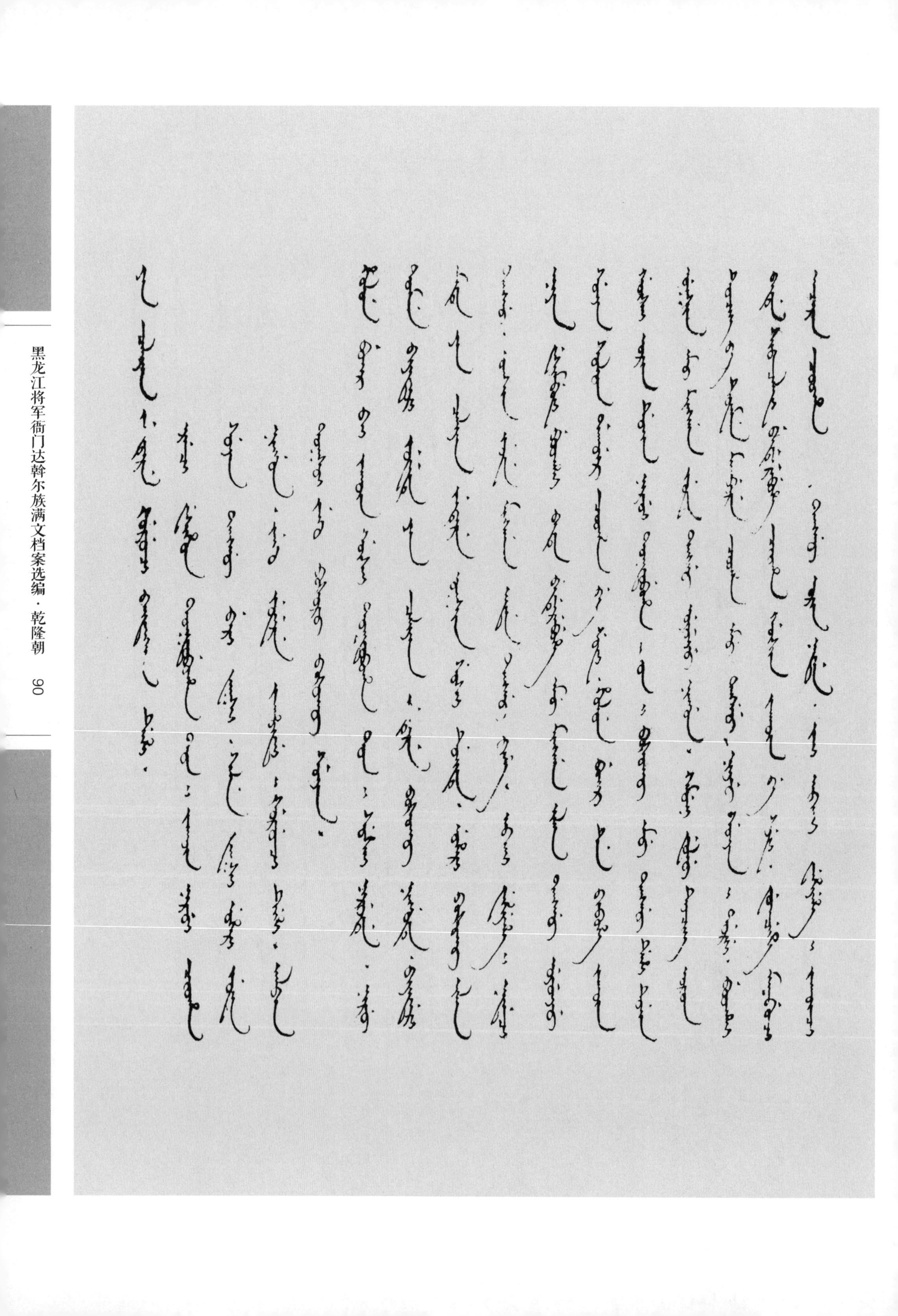

[illegible]

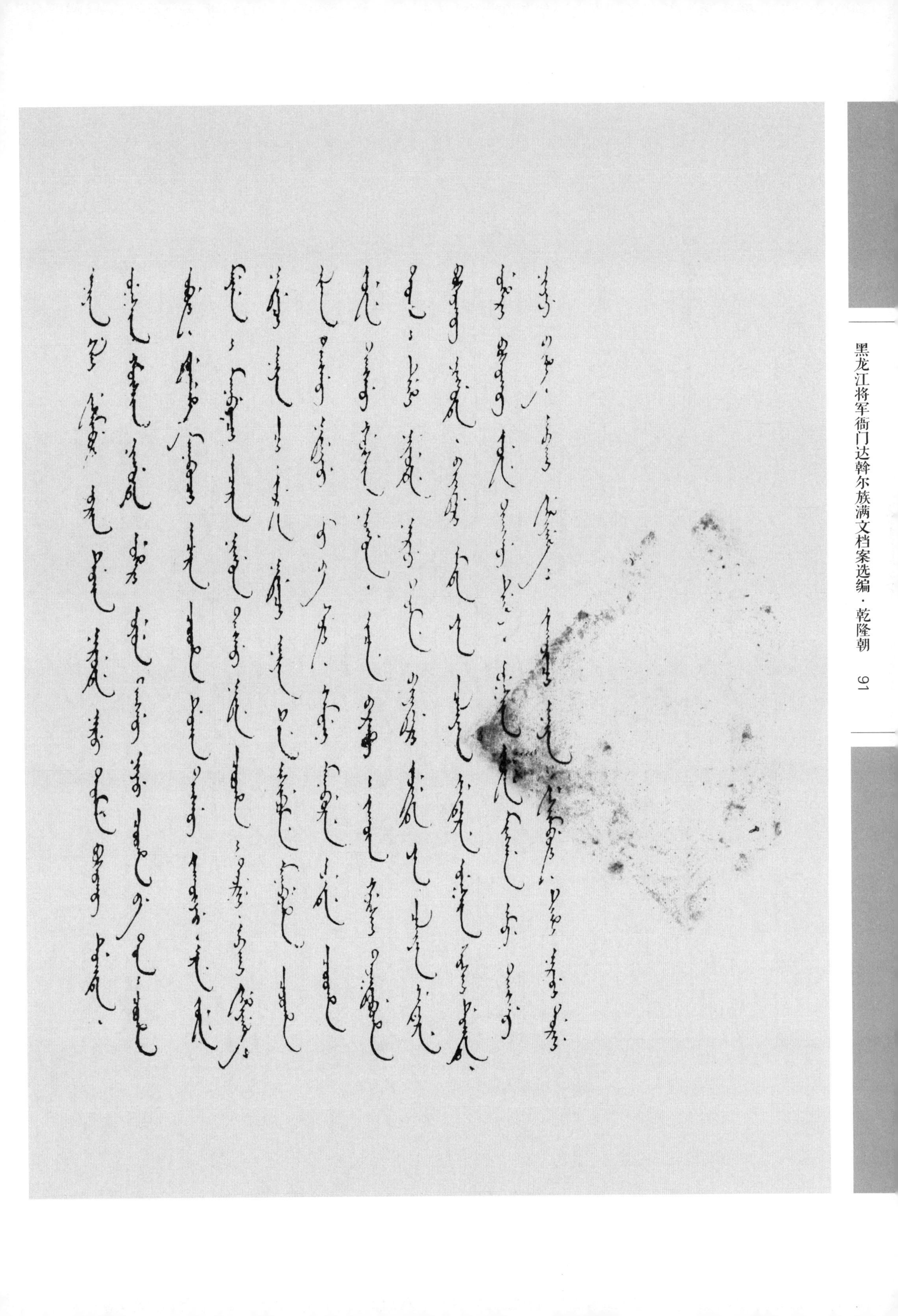

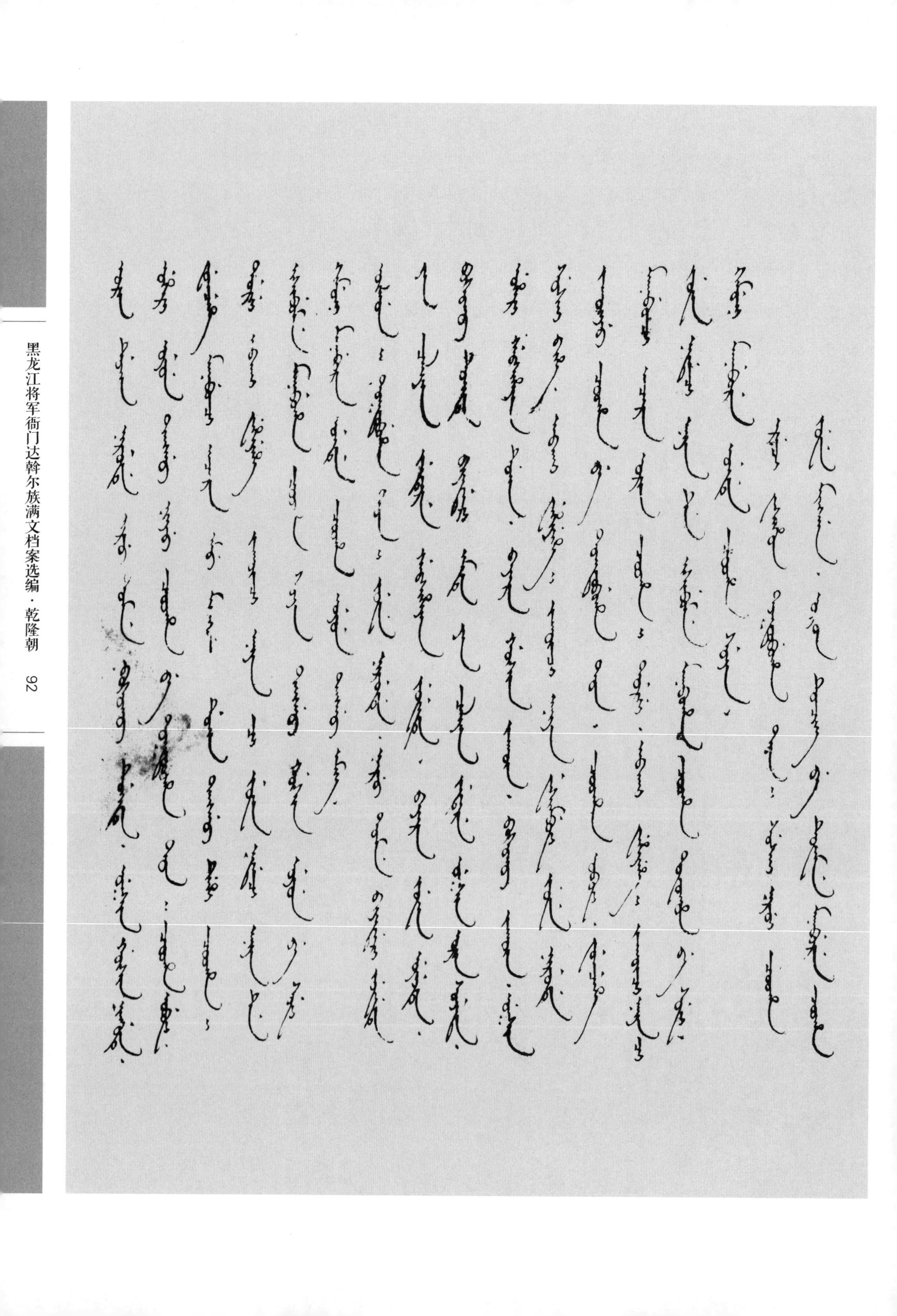

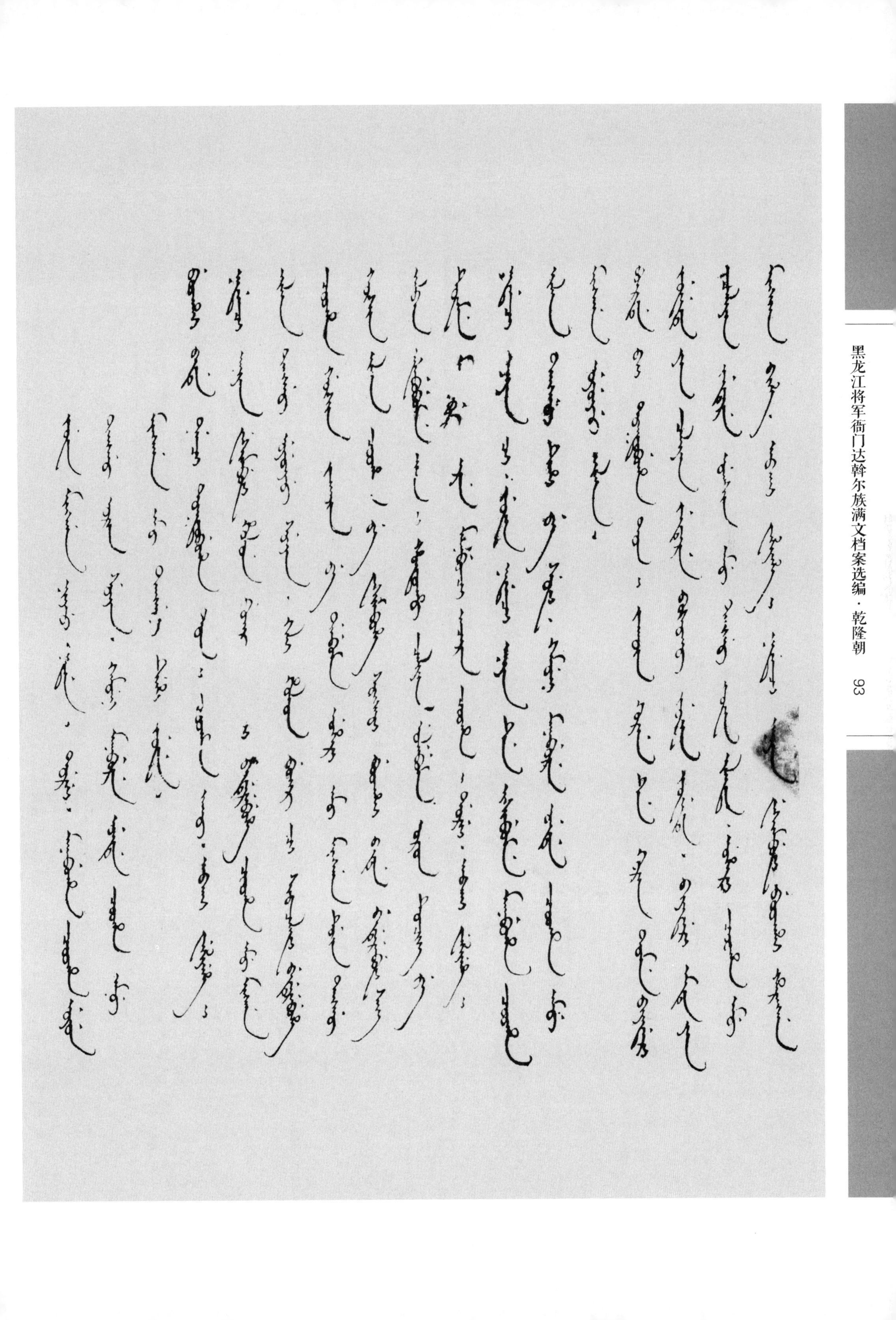

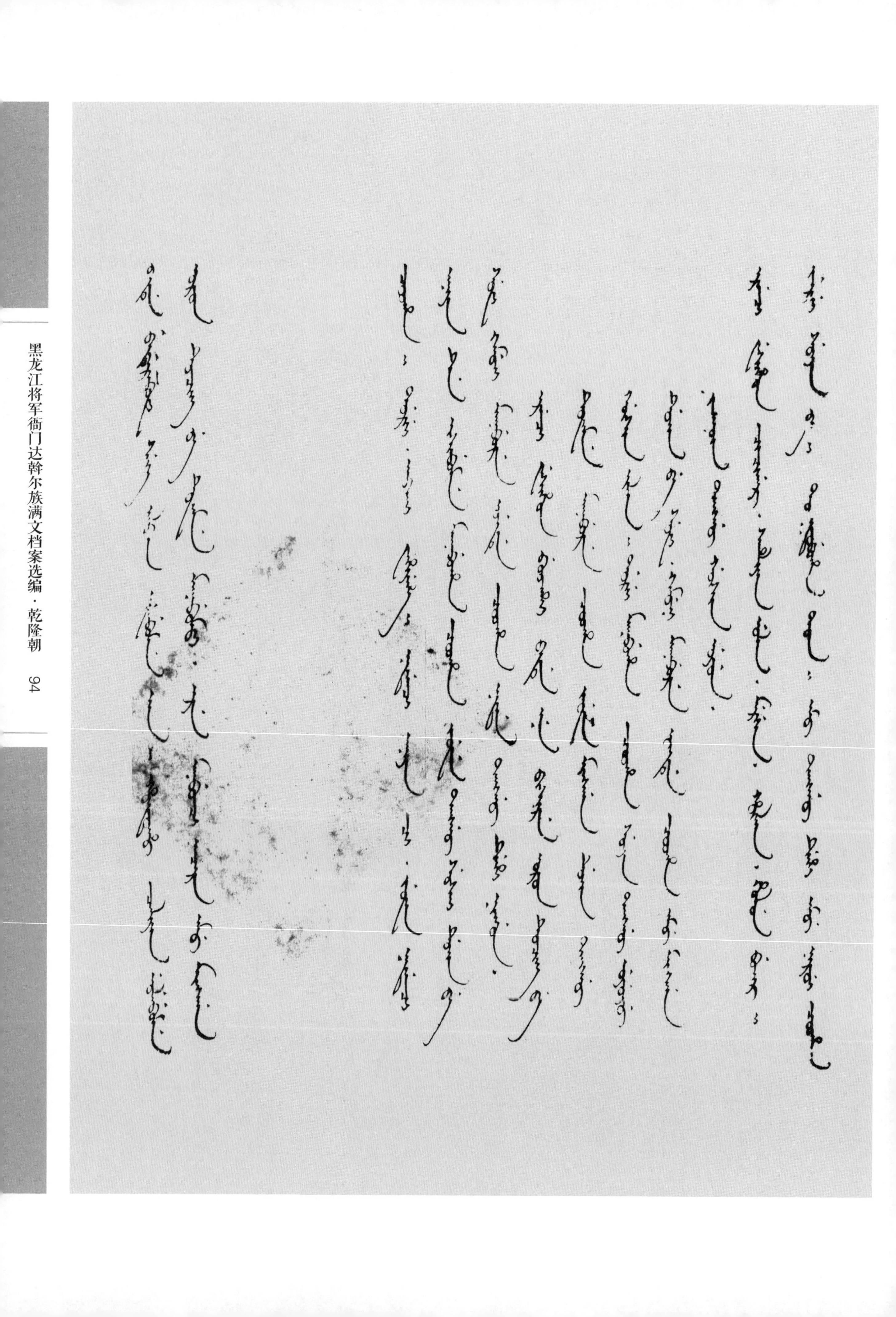

[illegible]

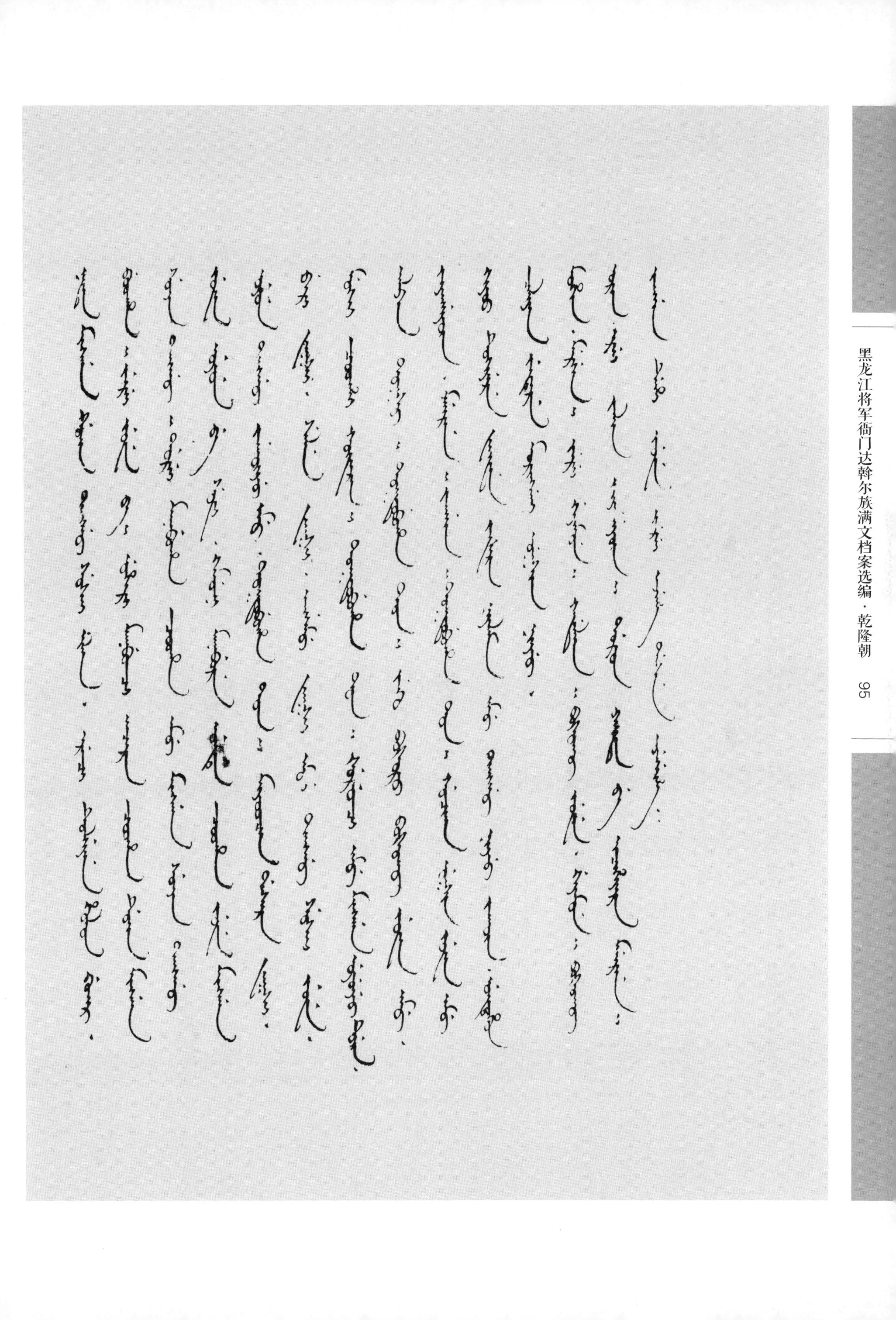

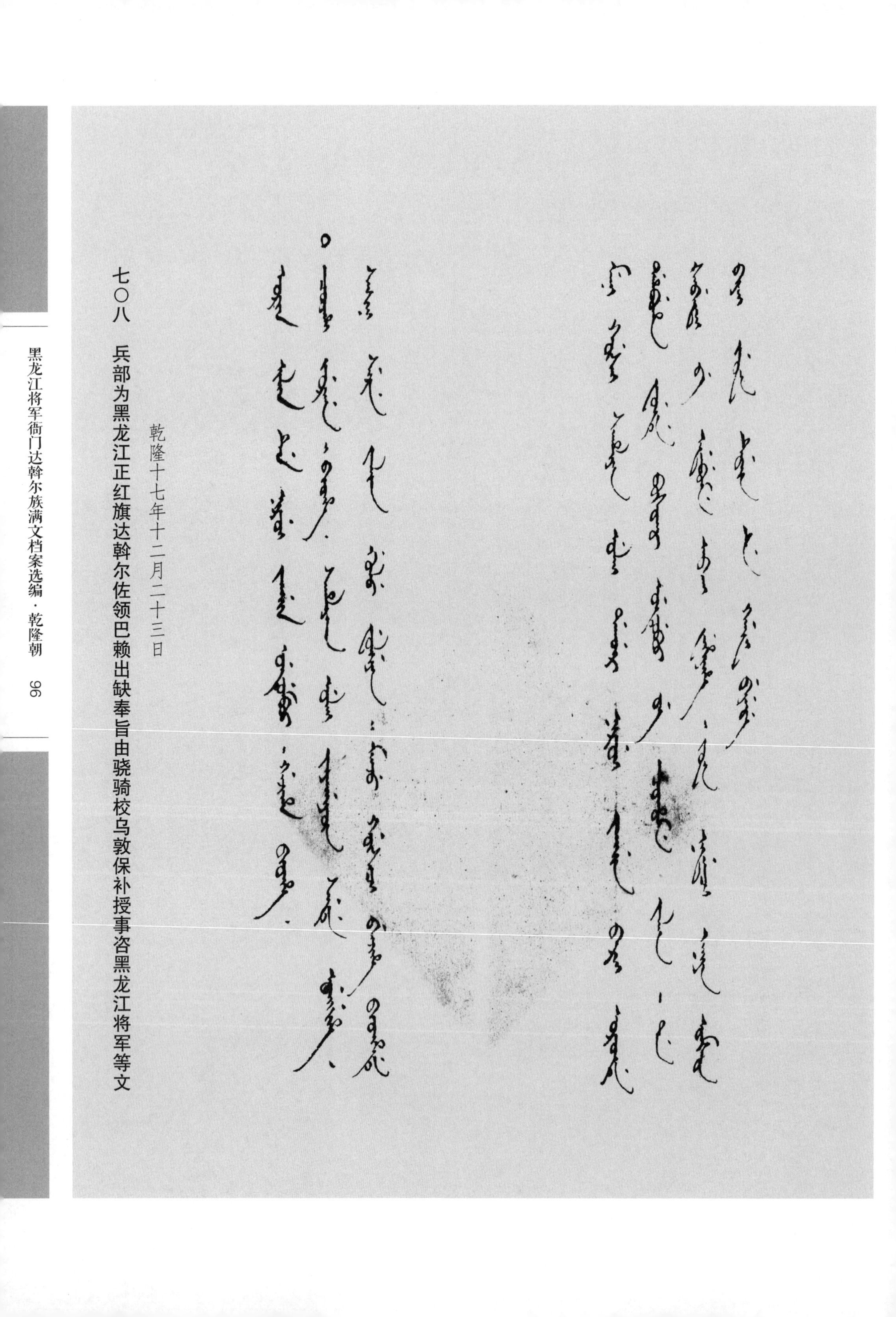

七〇八　兵部为黑龙江正红旗达斡尔佐领巴赖出缺奉旨由骁骑校乌敦保补授事咨黑龙江将军等文

乾隆十七年十二月二十三日

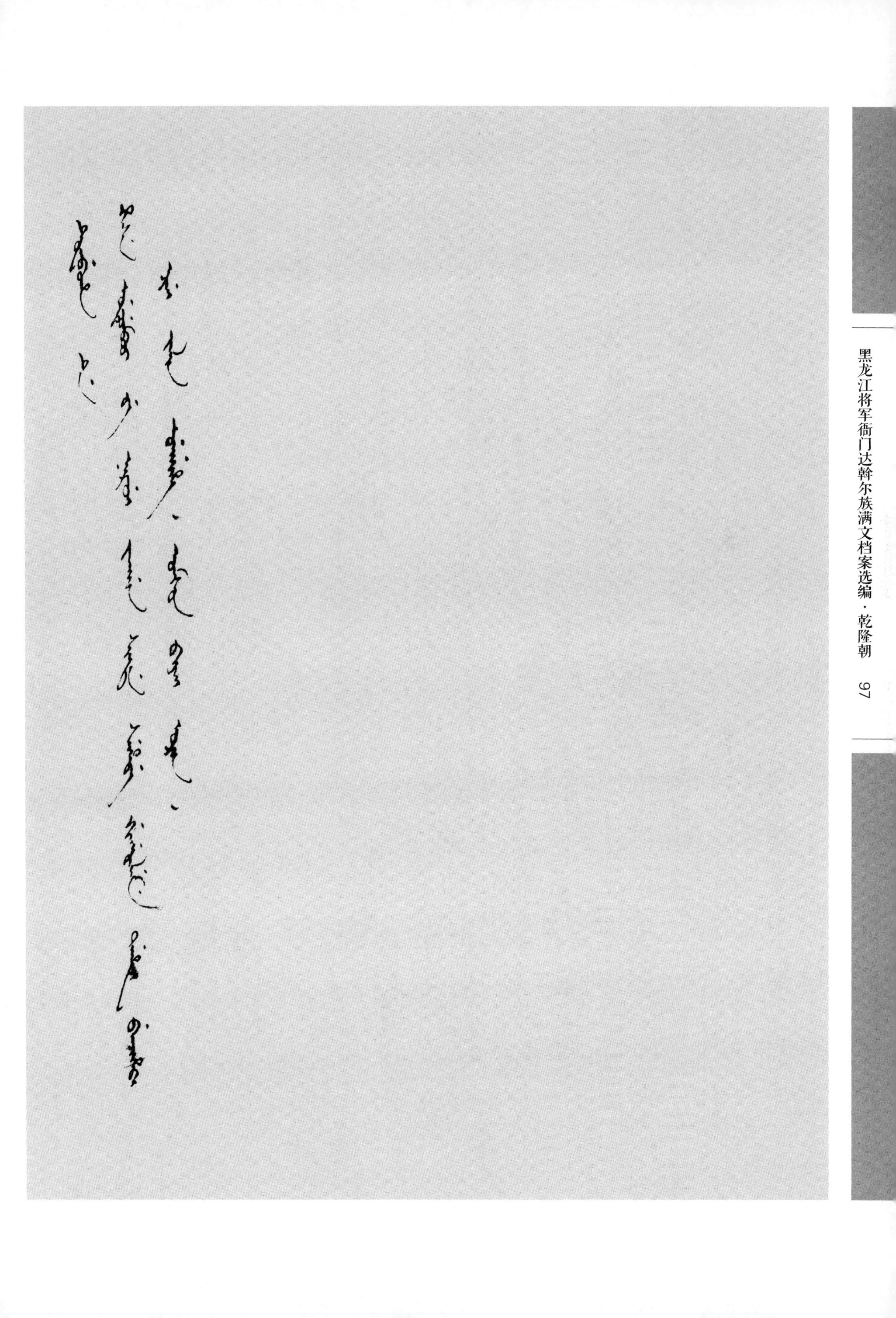

七〇九 黑龙江将军衙门为遵旨将骁骑校乌敦保补授黑龙江正红旗达斡尔佐领事咨黑龙江副都统文

乾隆十八年正月二十一日

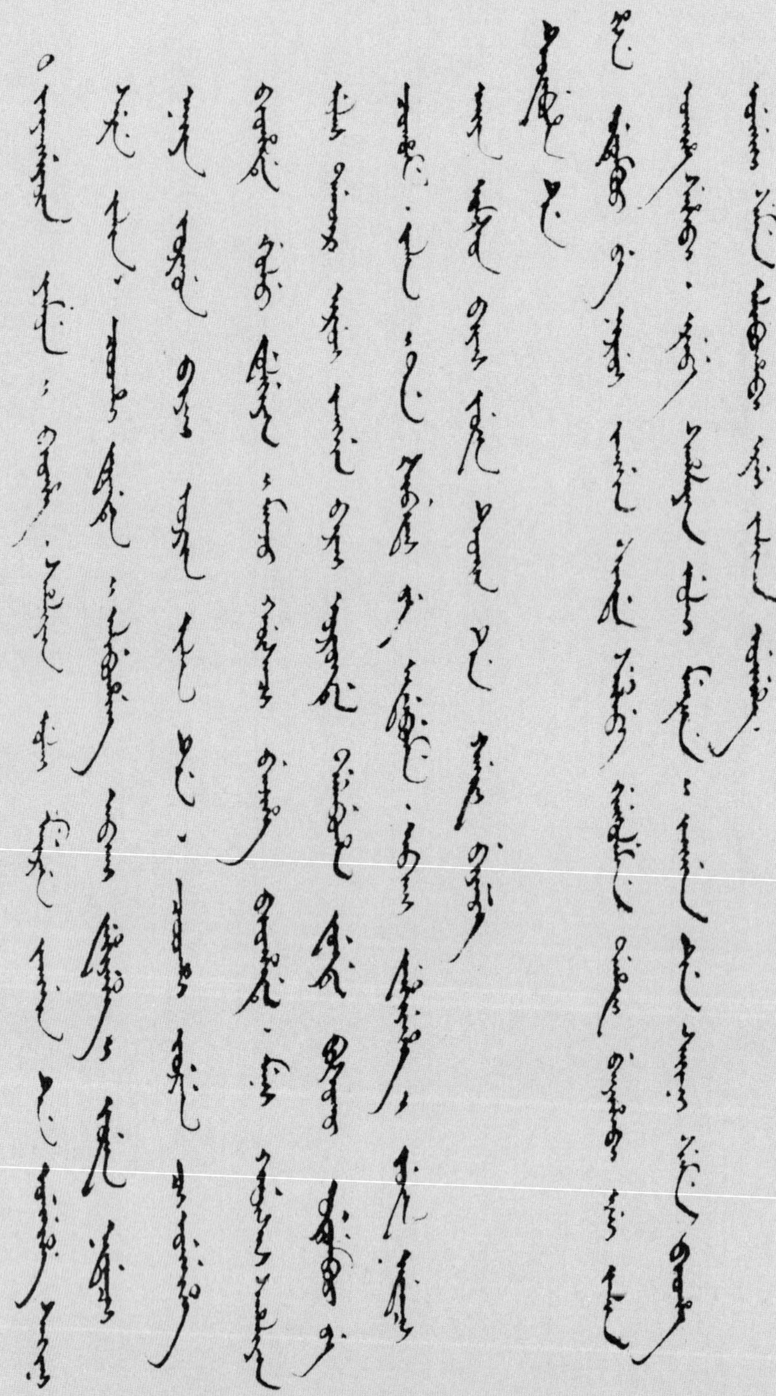

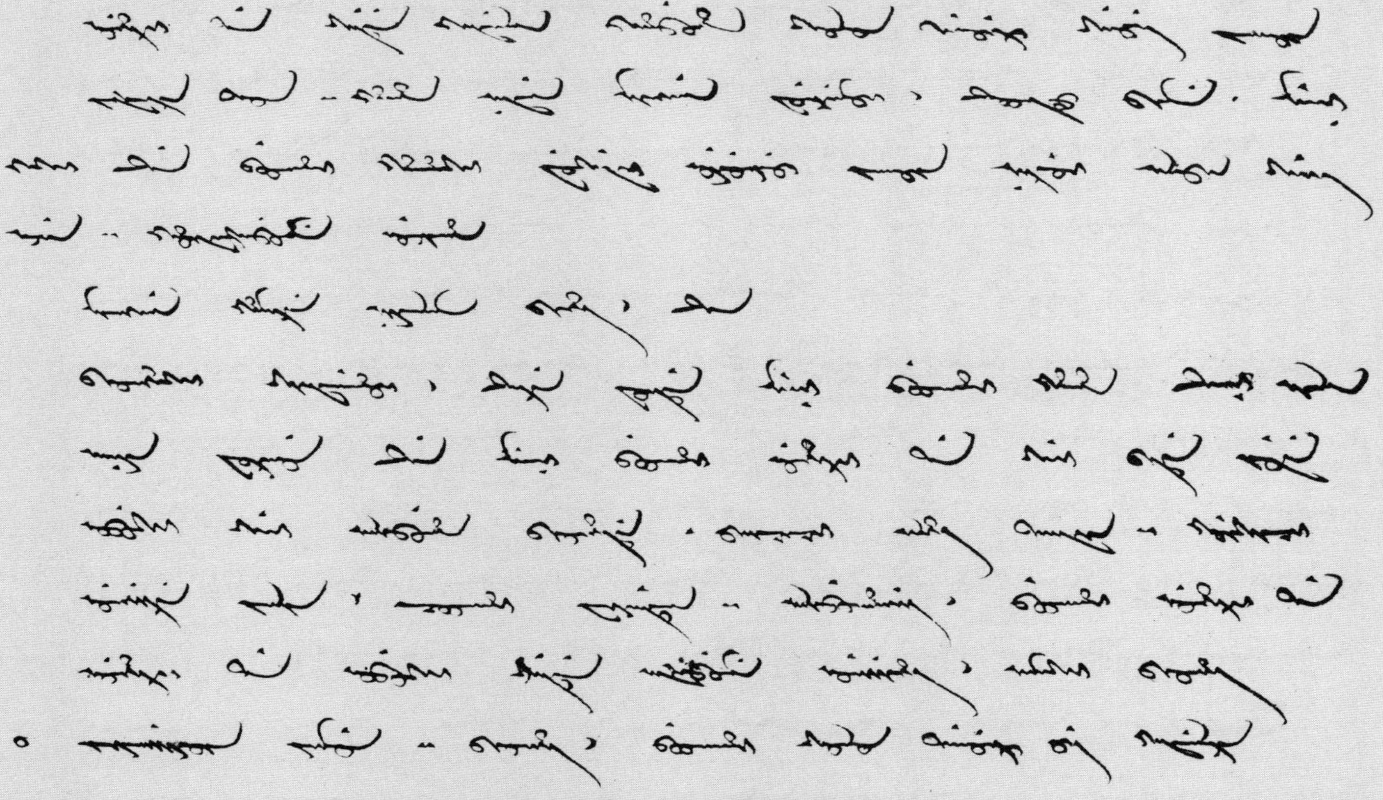

乾隆十八年二月初三日

管鄂布希等文

七一〇 黑龙江将军衙门为布特哈索伦达斡尔丁数繁衍暂不增设笔帖式等情事札布特哈索伦达斡尔总

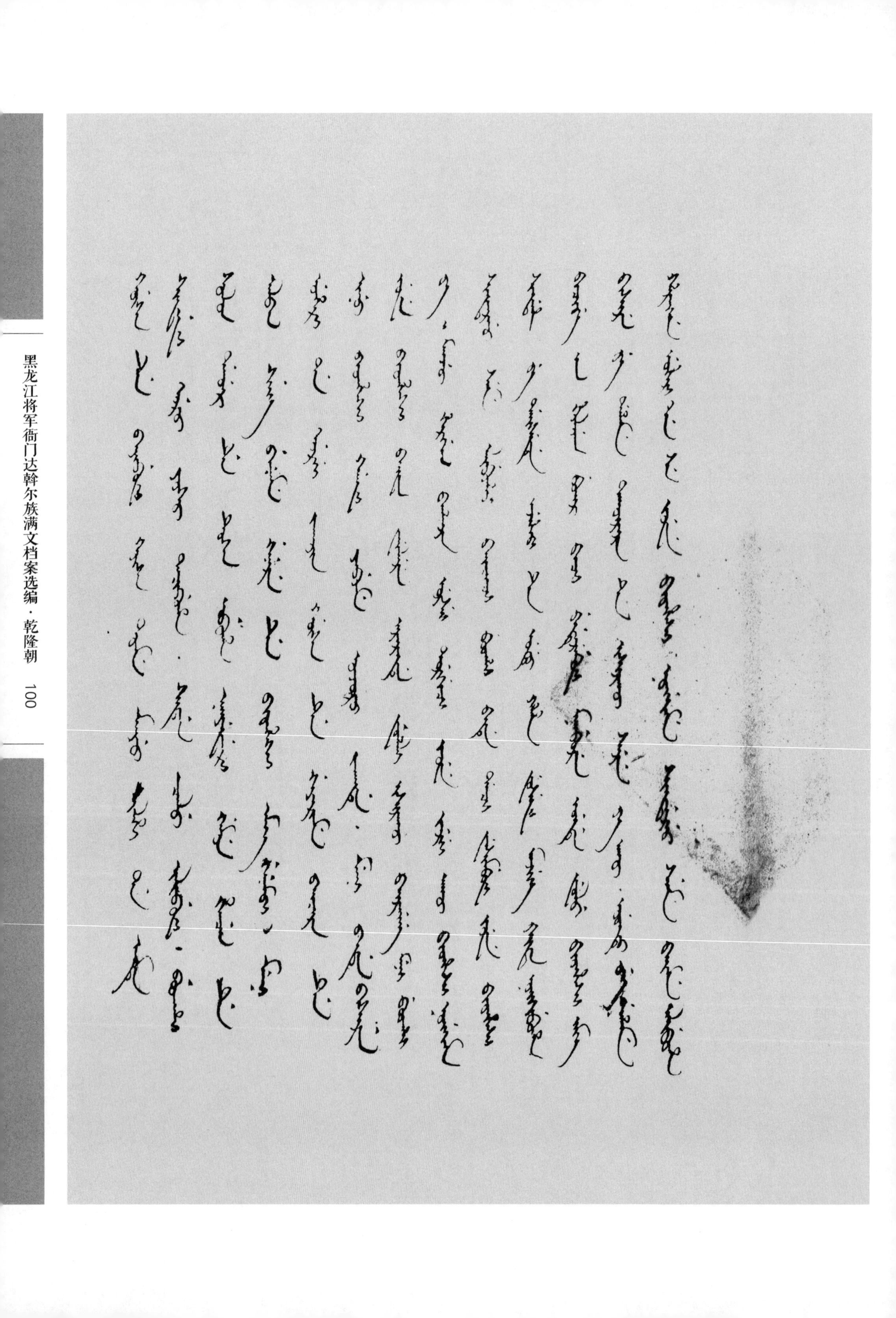

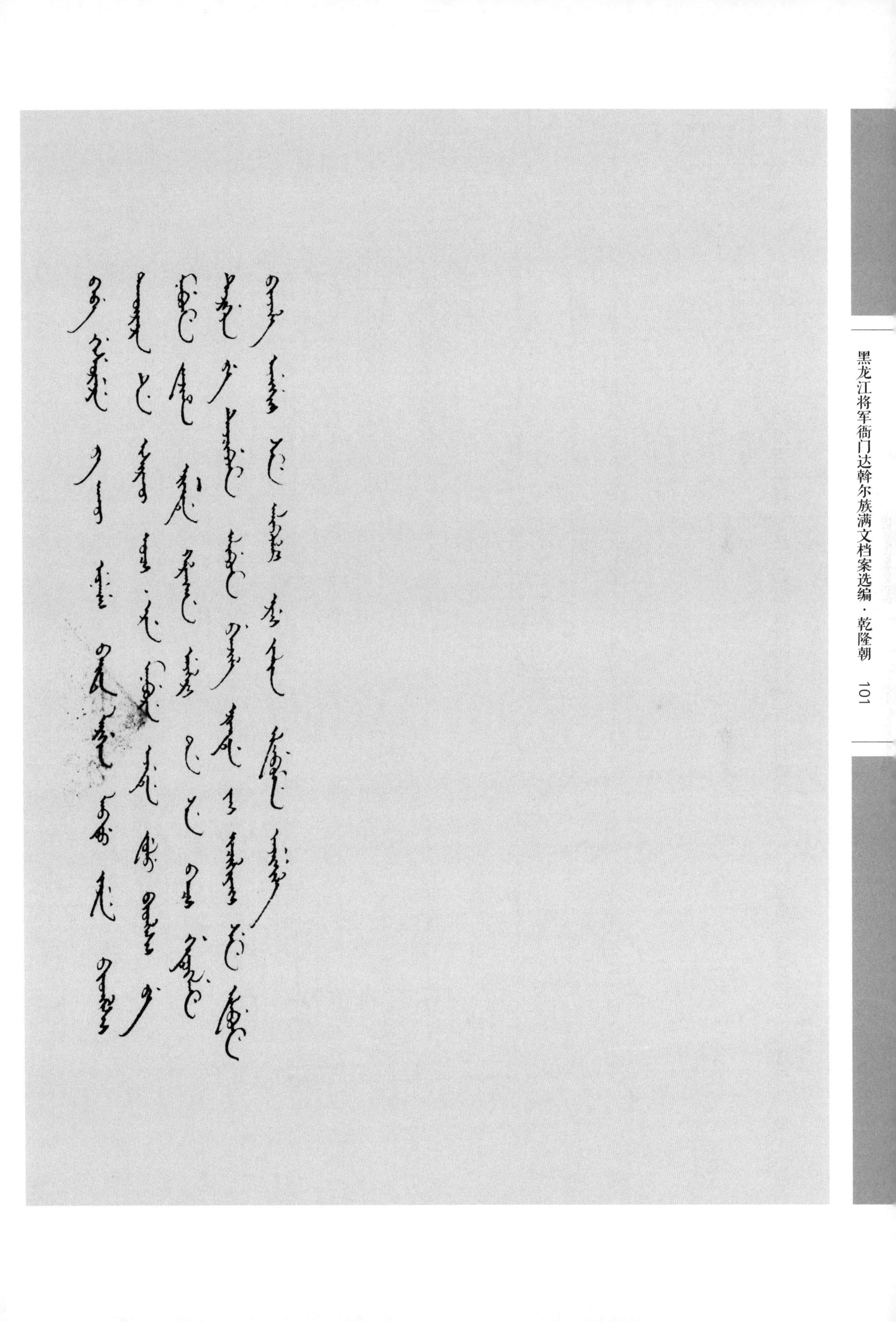

[illegible]

[illegible]

[illegible]

[illegible]

[illegible]

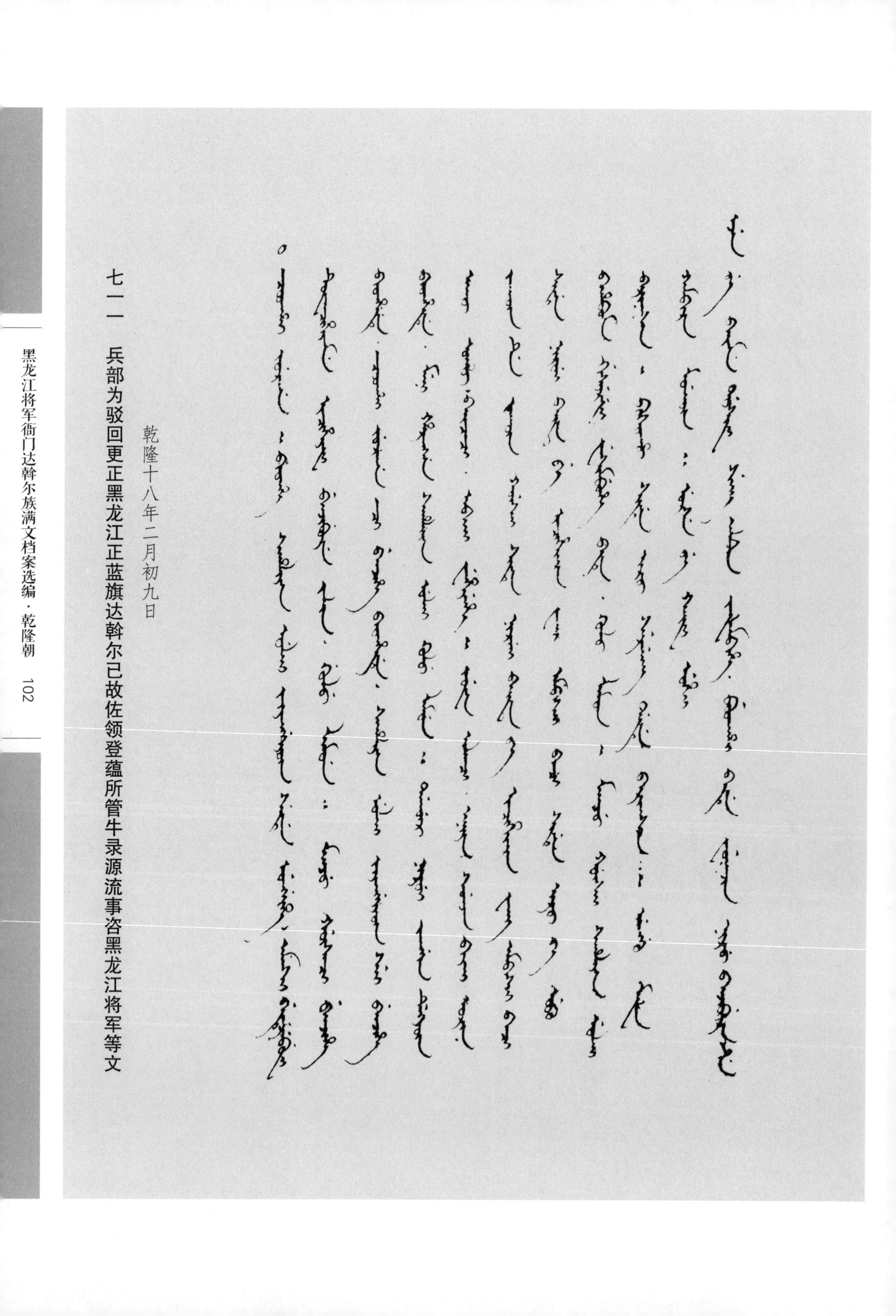

七一一　兵部为驳回更正黑龙江正蓝旗达斡尔已故佐领登蕴所管牛录源流事咨黑龙江将军等文

乾隆十八年二月初九日

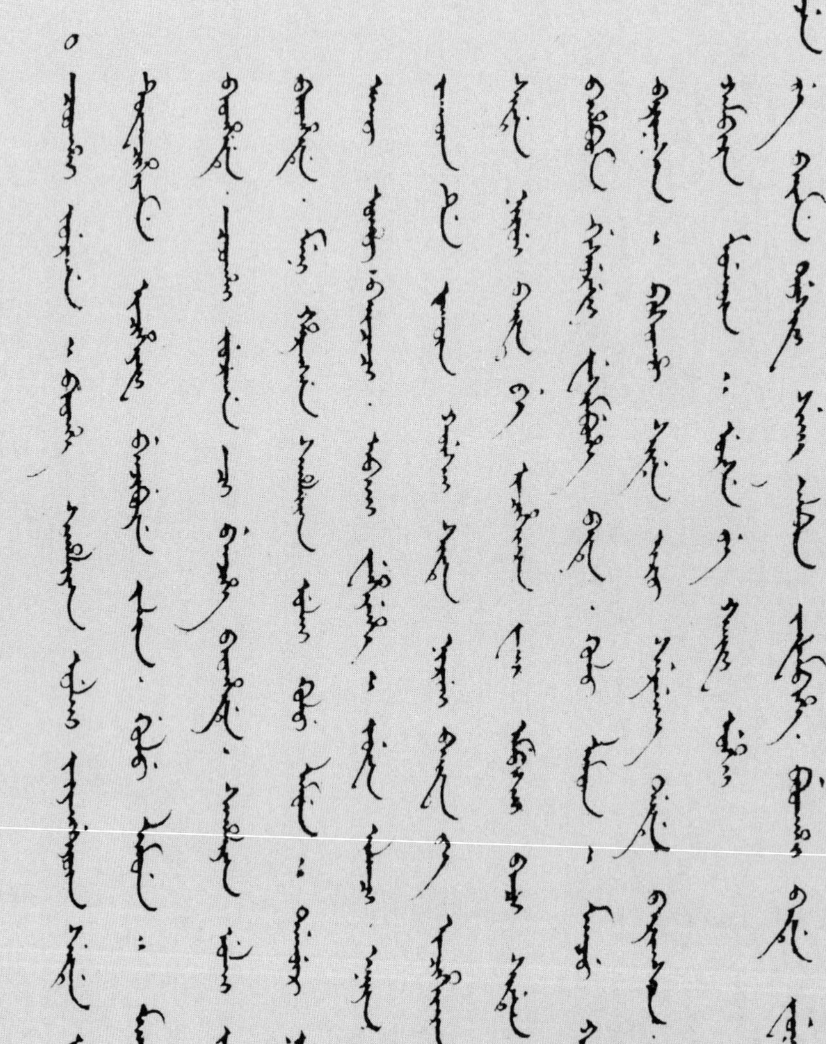

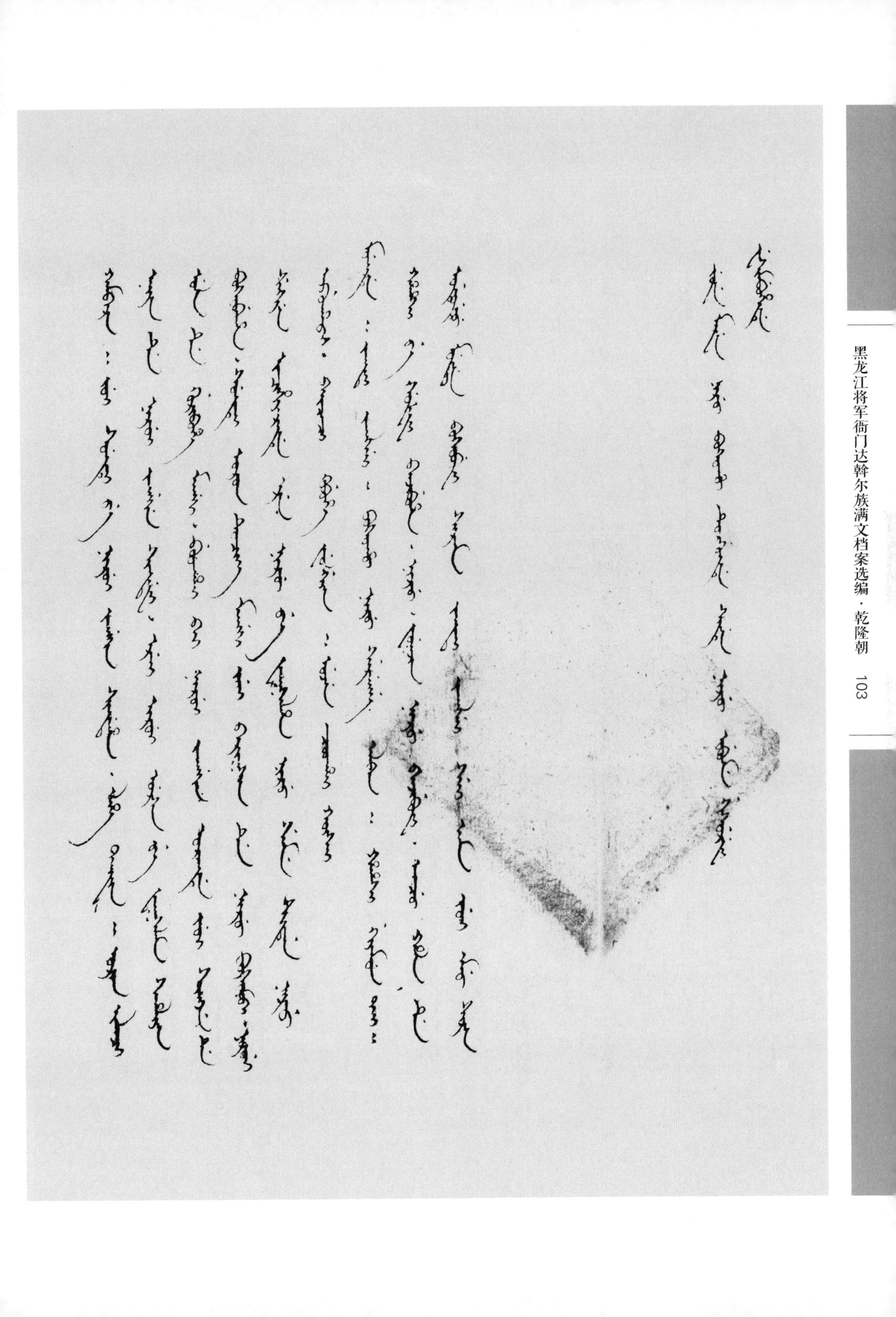

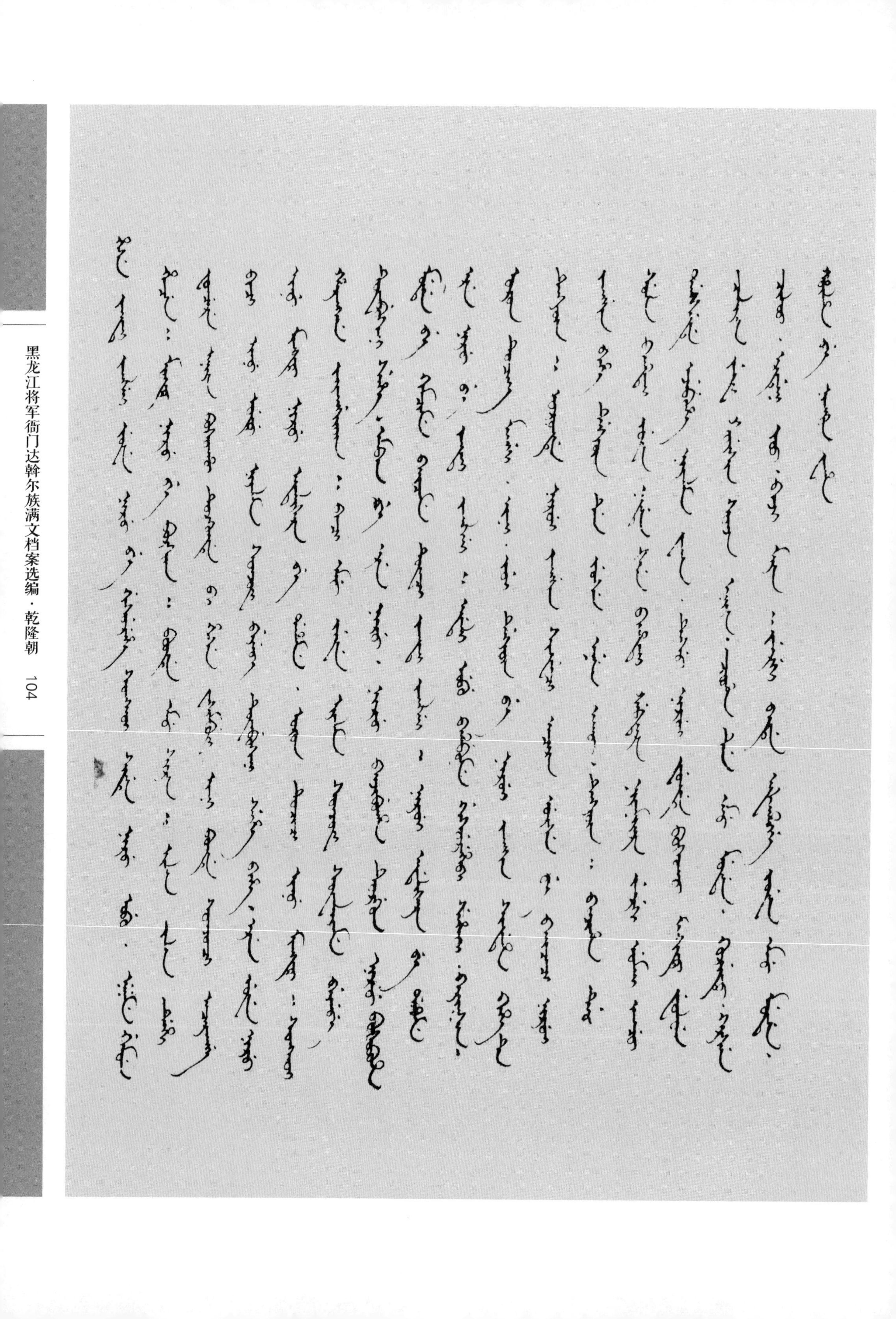

[illegible]

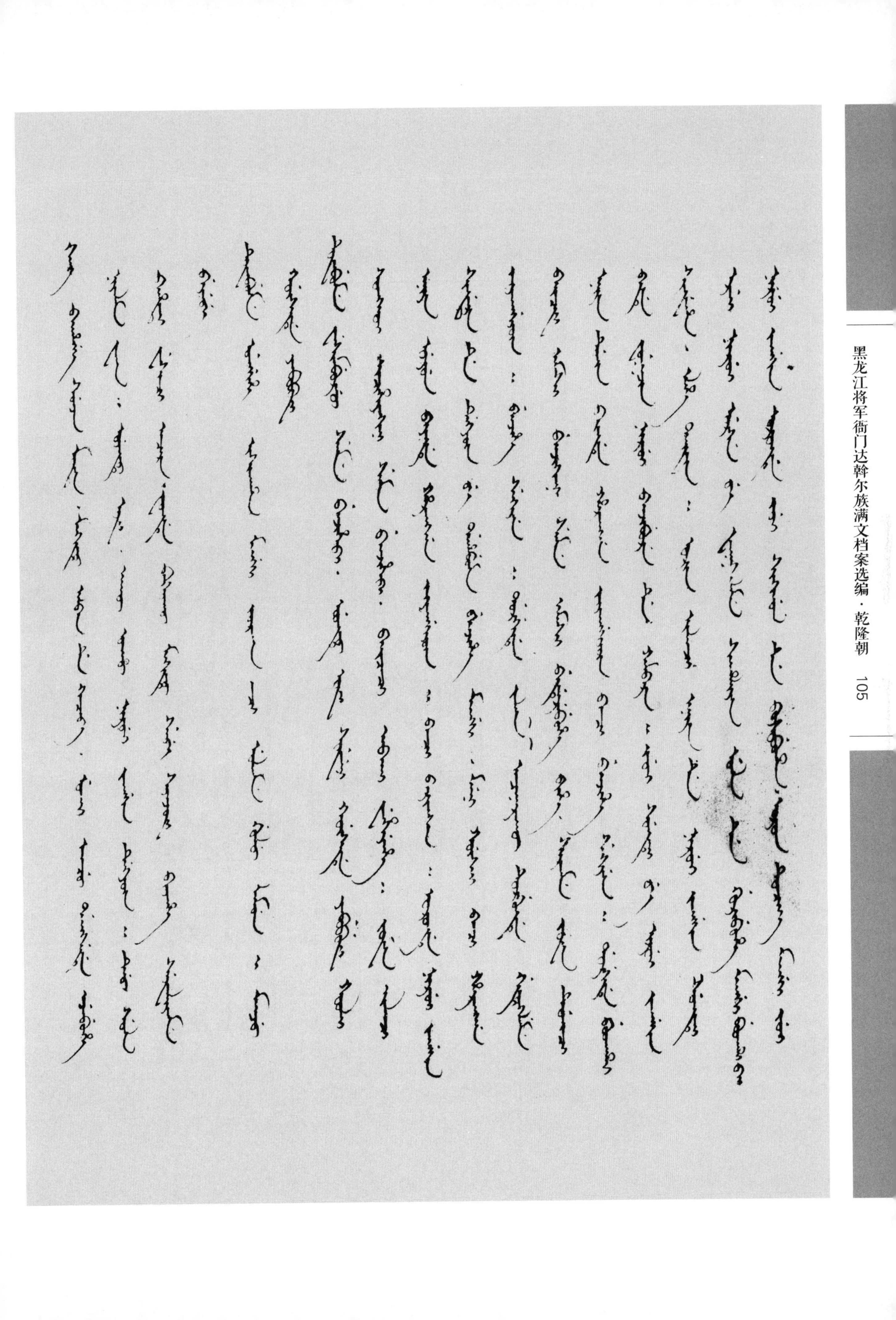

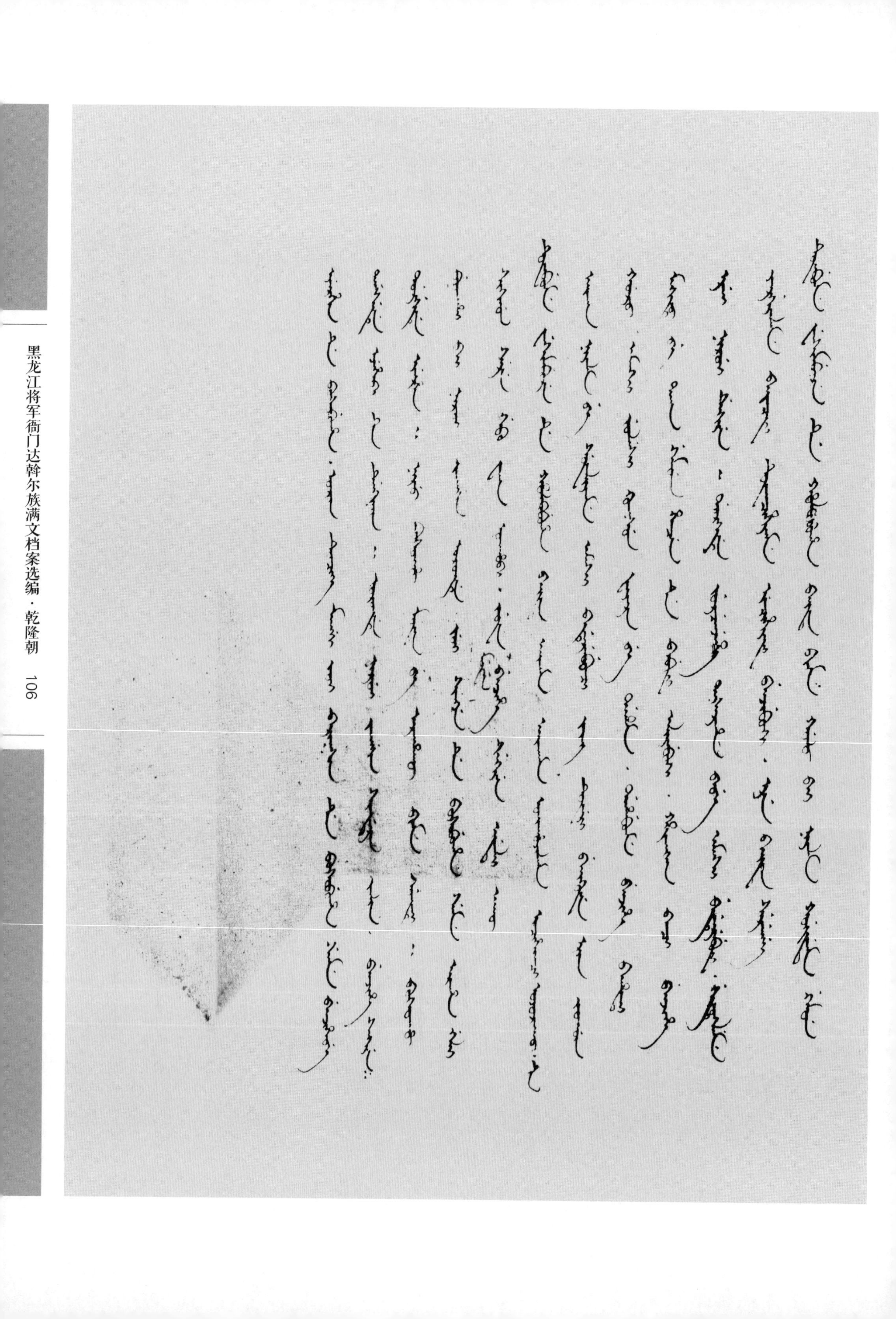

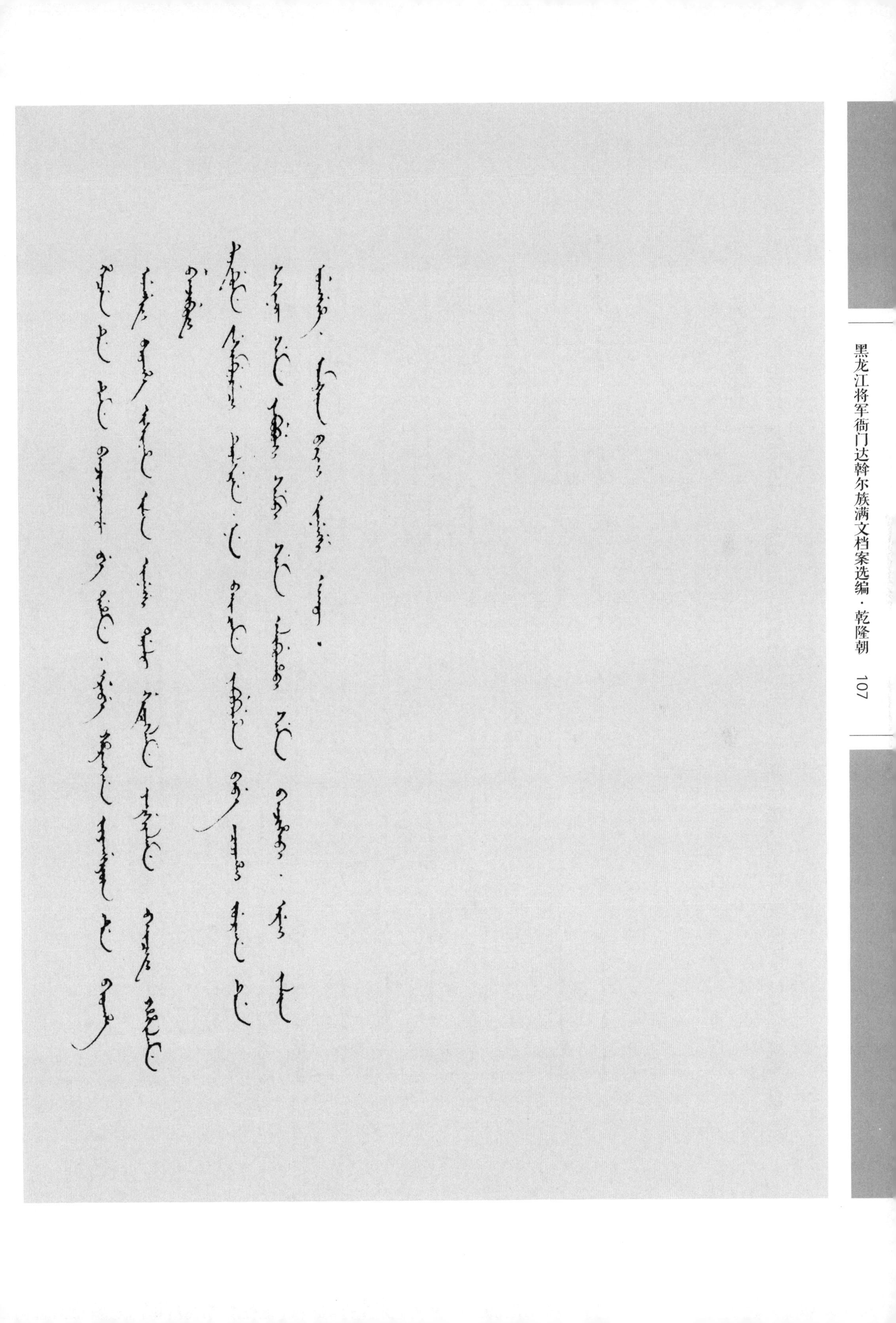

[illegible]

[illegible]

[illegible]

[illegible]

[illegible]

[illegible]

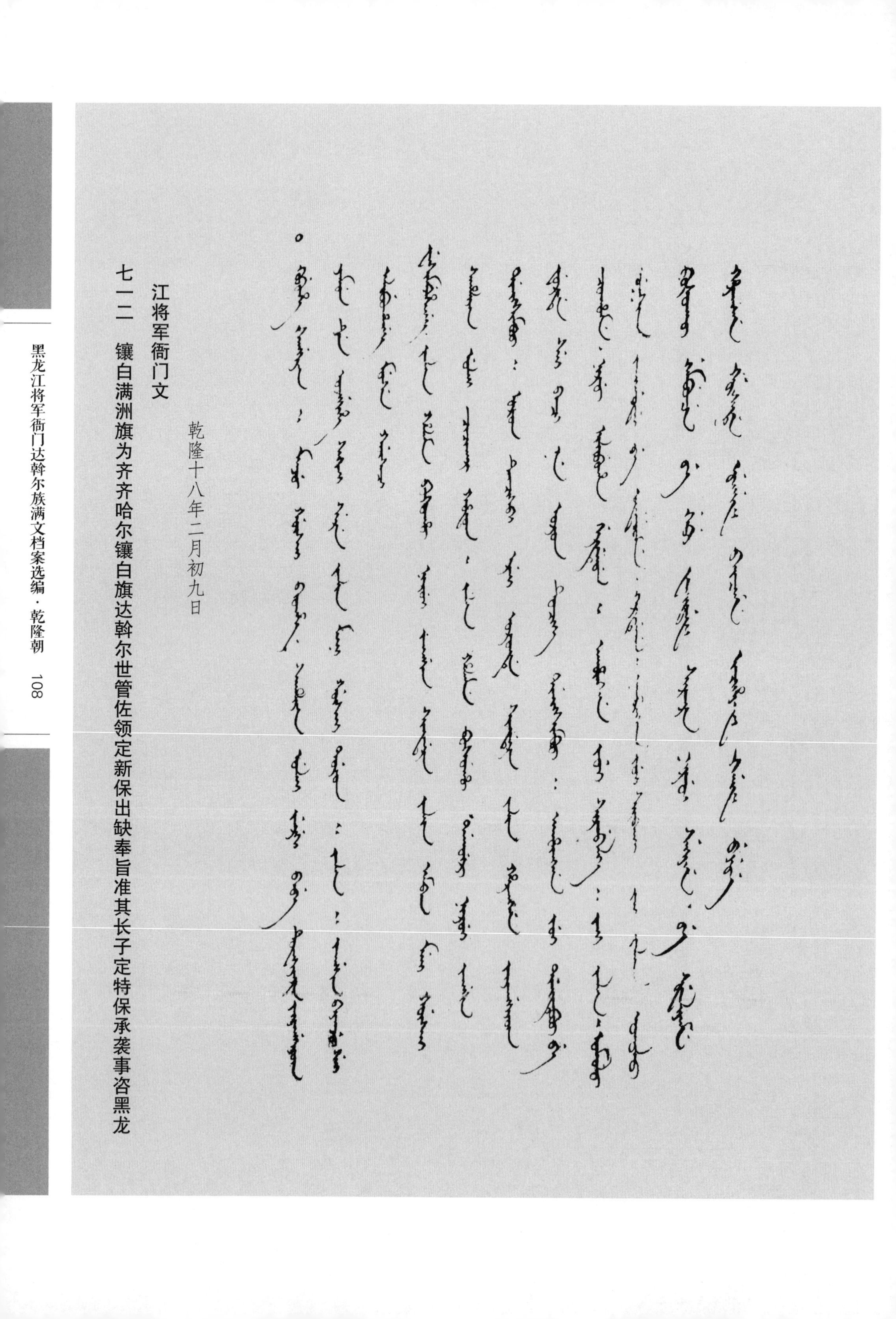

七一二 镶白满洲旗为齐齐哈尔镶白旗达斡尔世管佐领定新保出缺奉旨准其长子定特保承袭事咨黑龙江将军衙门文

乾隆十八年二月初九日

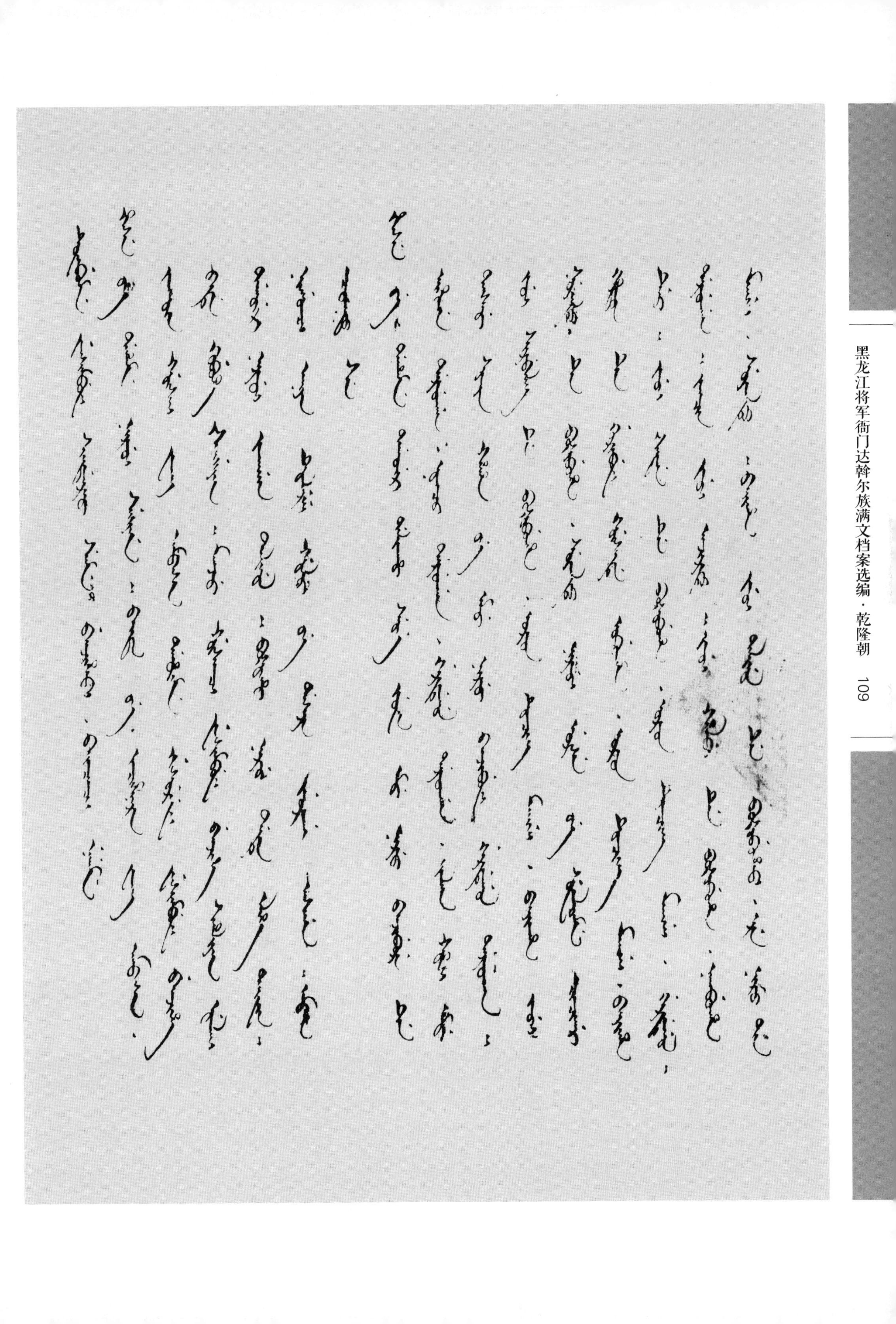

[illegible]

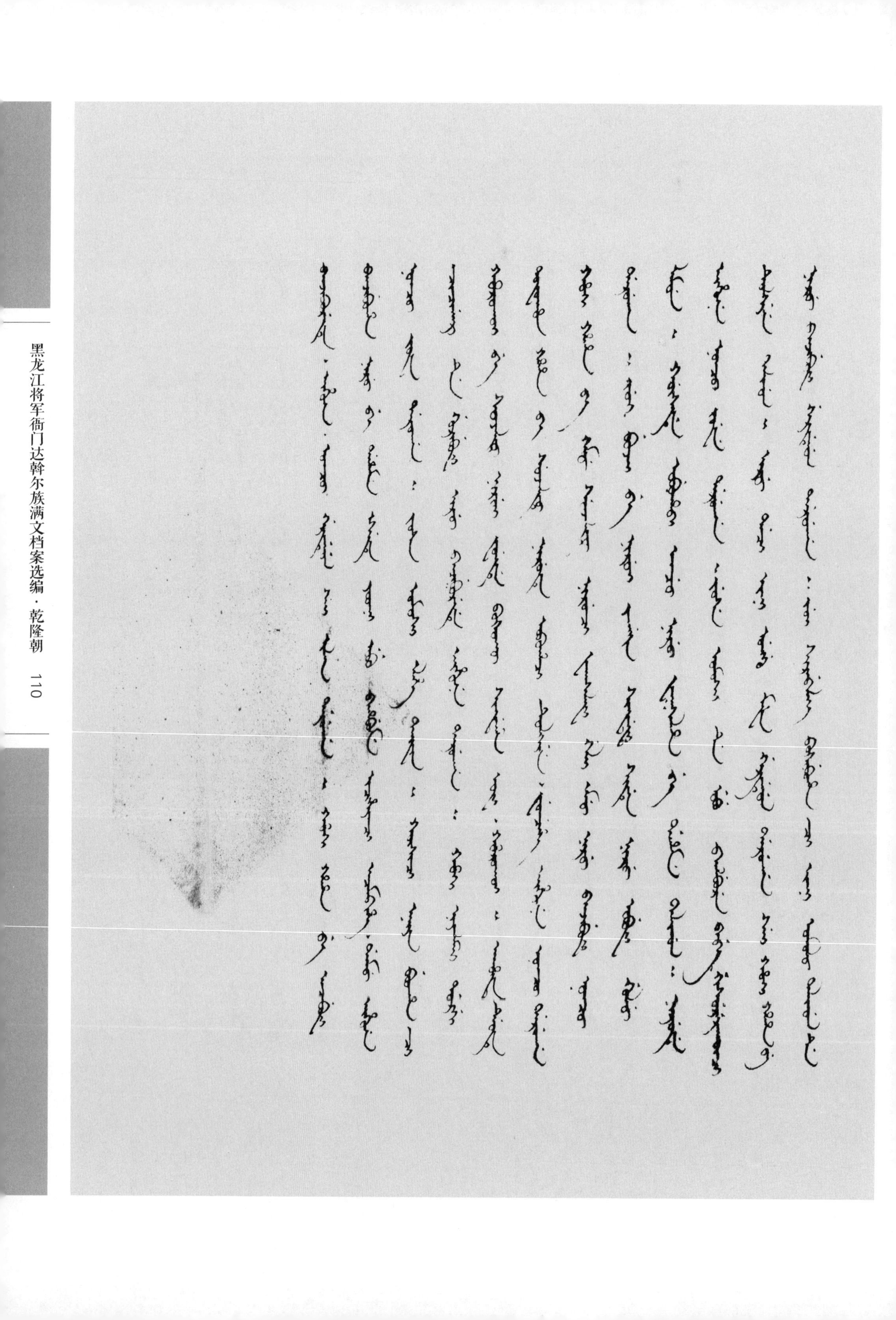

[illegible]

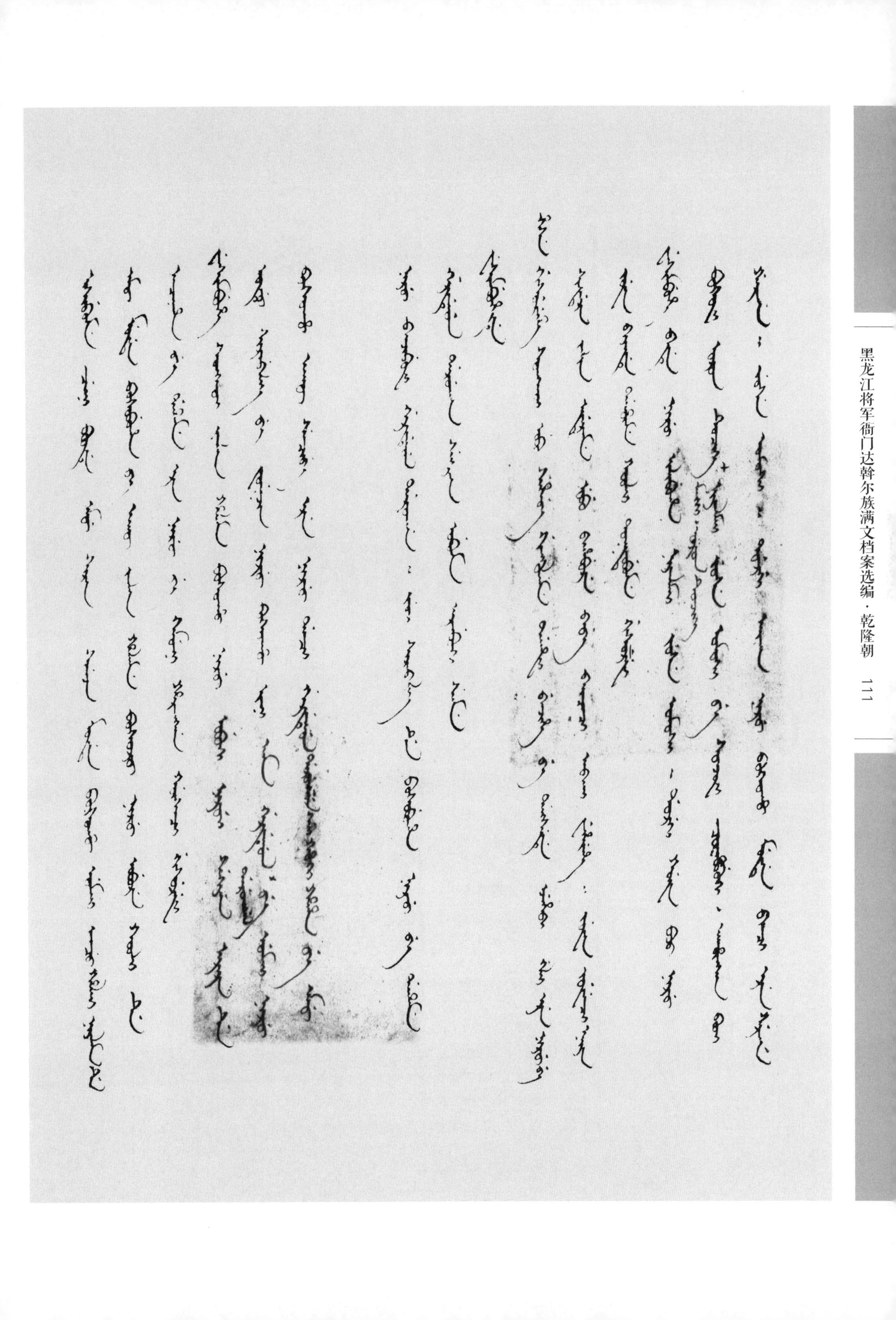

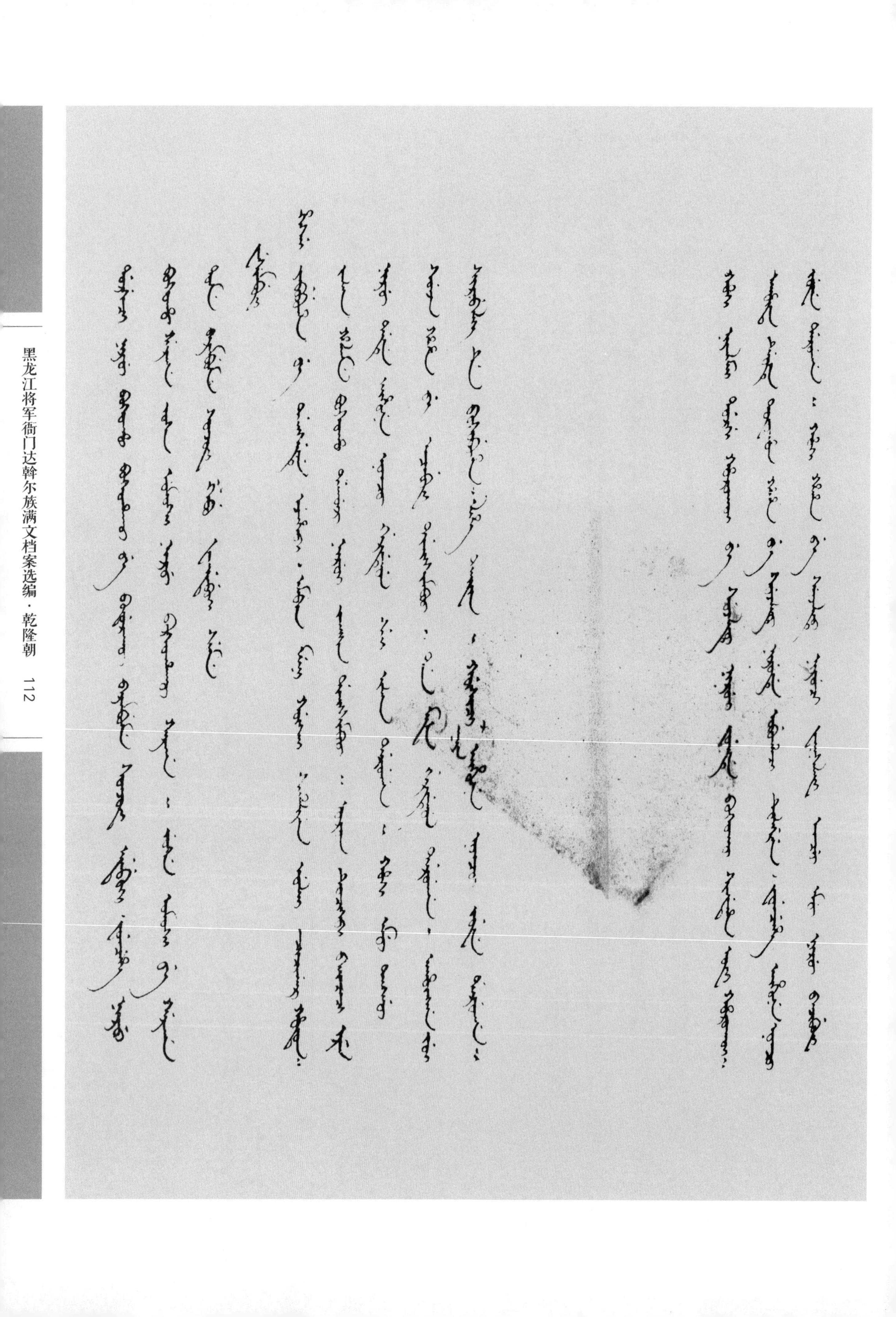

[illegible]

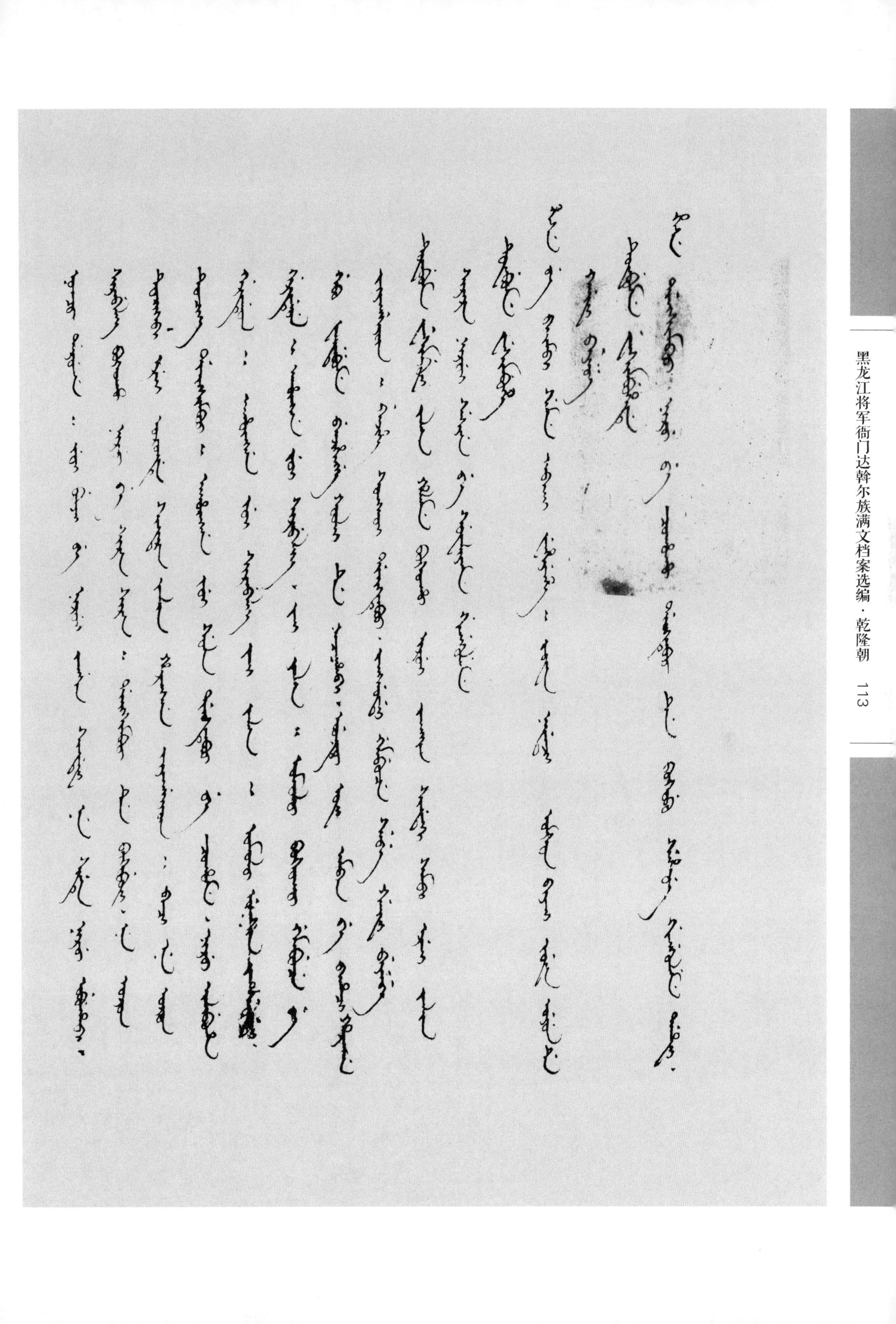

[illegible]

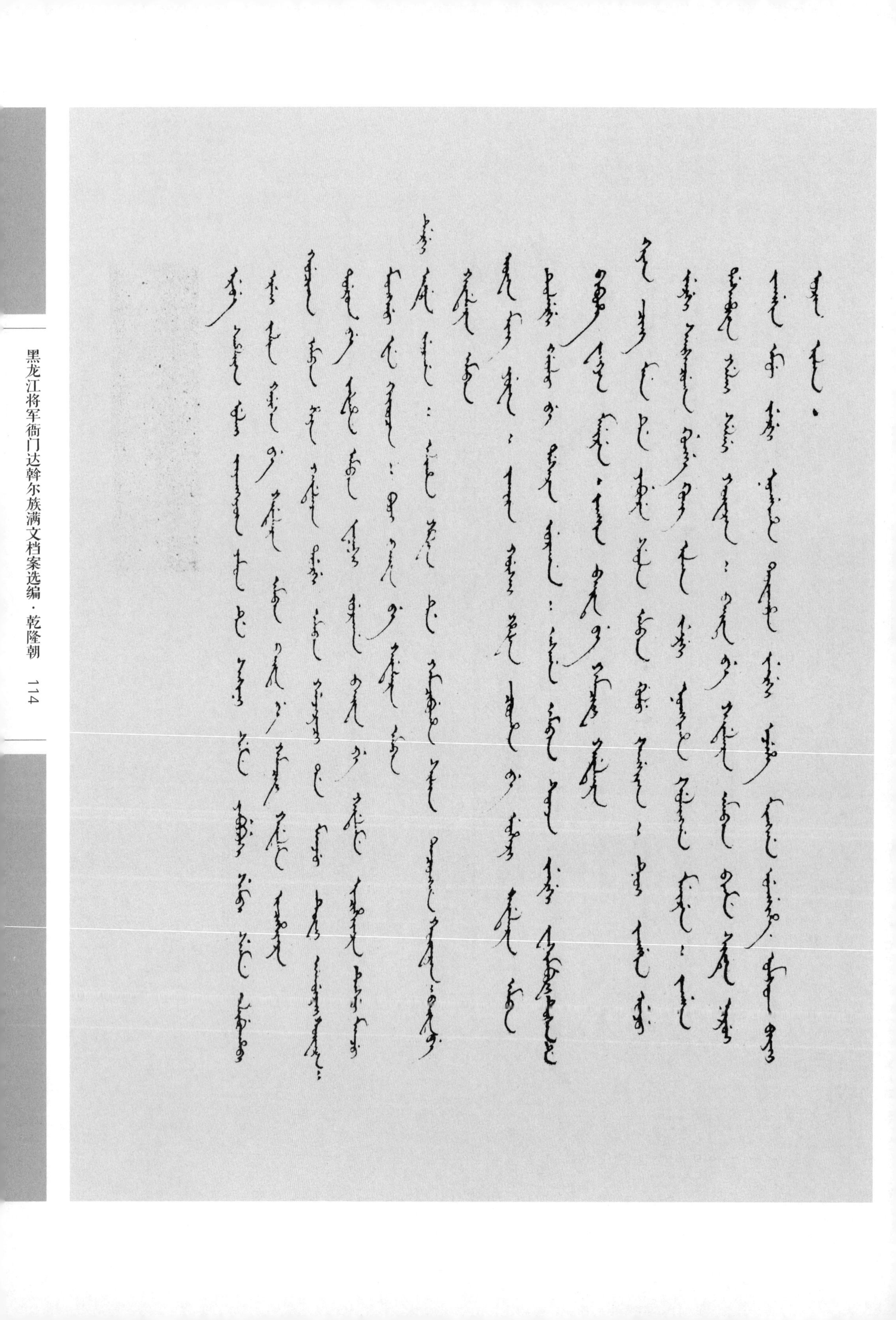

七一三 正蓝满洲旗为驳回更正黑龙江正蓝旗达斡尔已故佐领登蕴所管牛录源流事咨黑龙江将军衙门文

乾隆十八年二月初九日

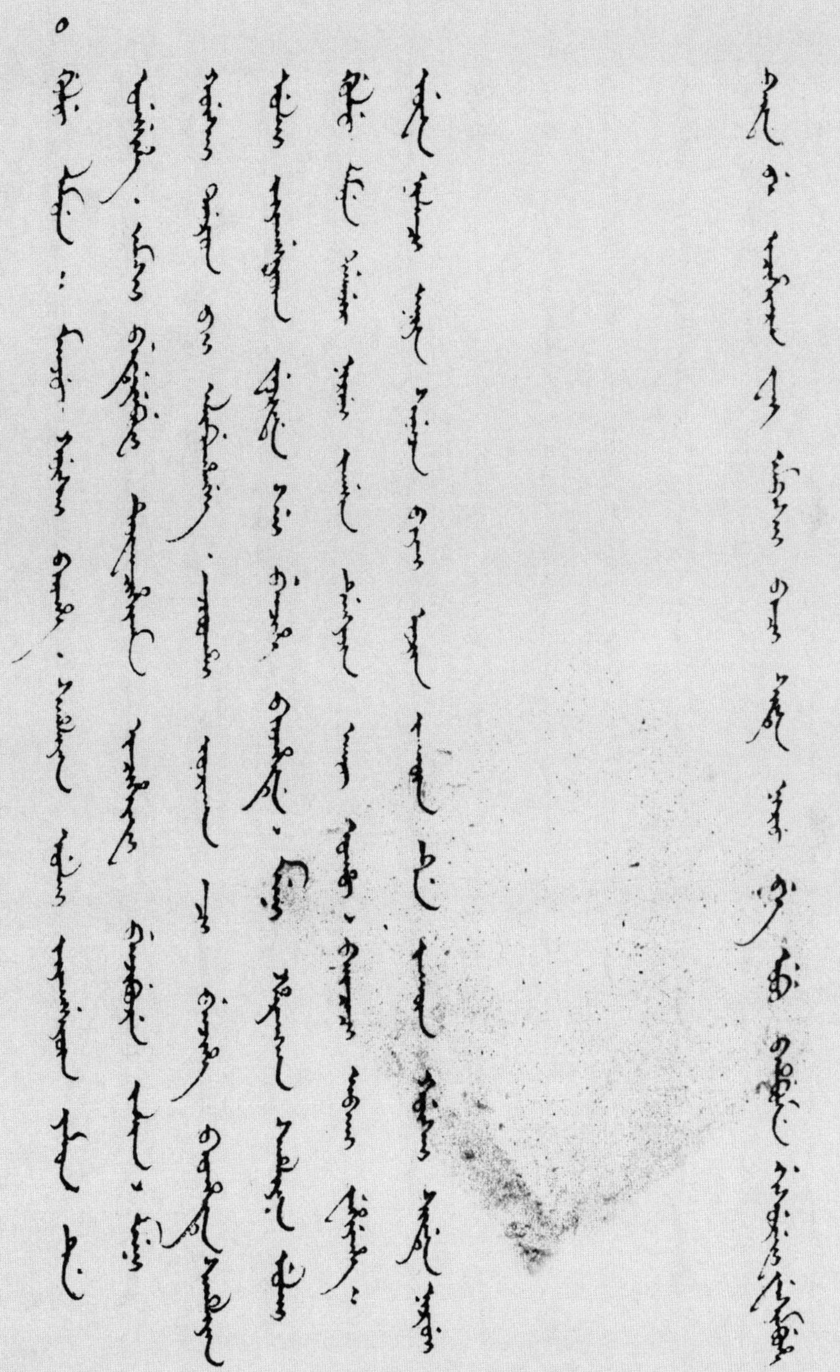

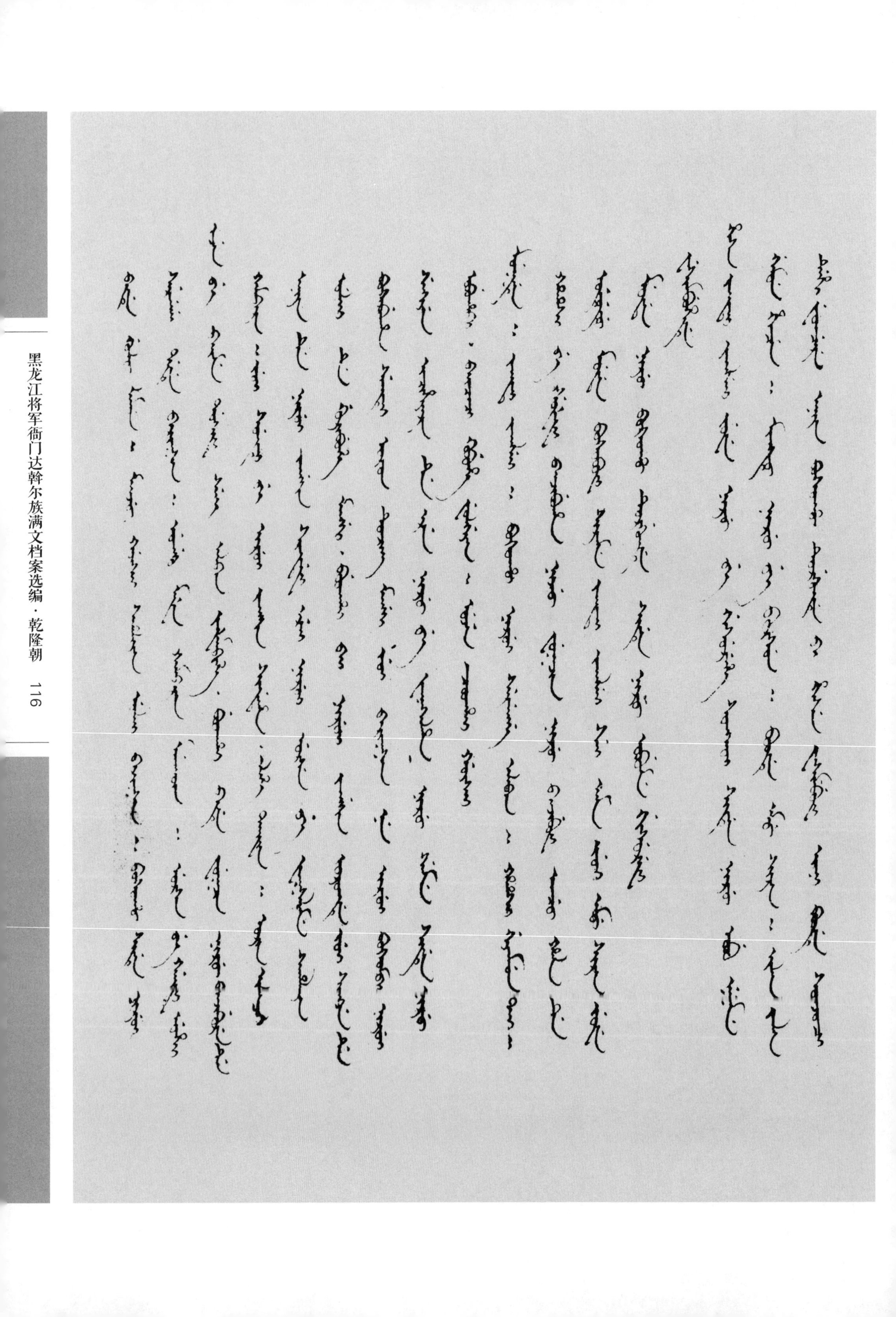

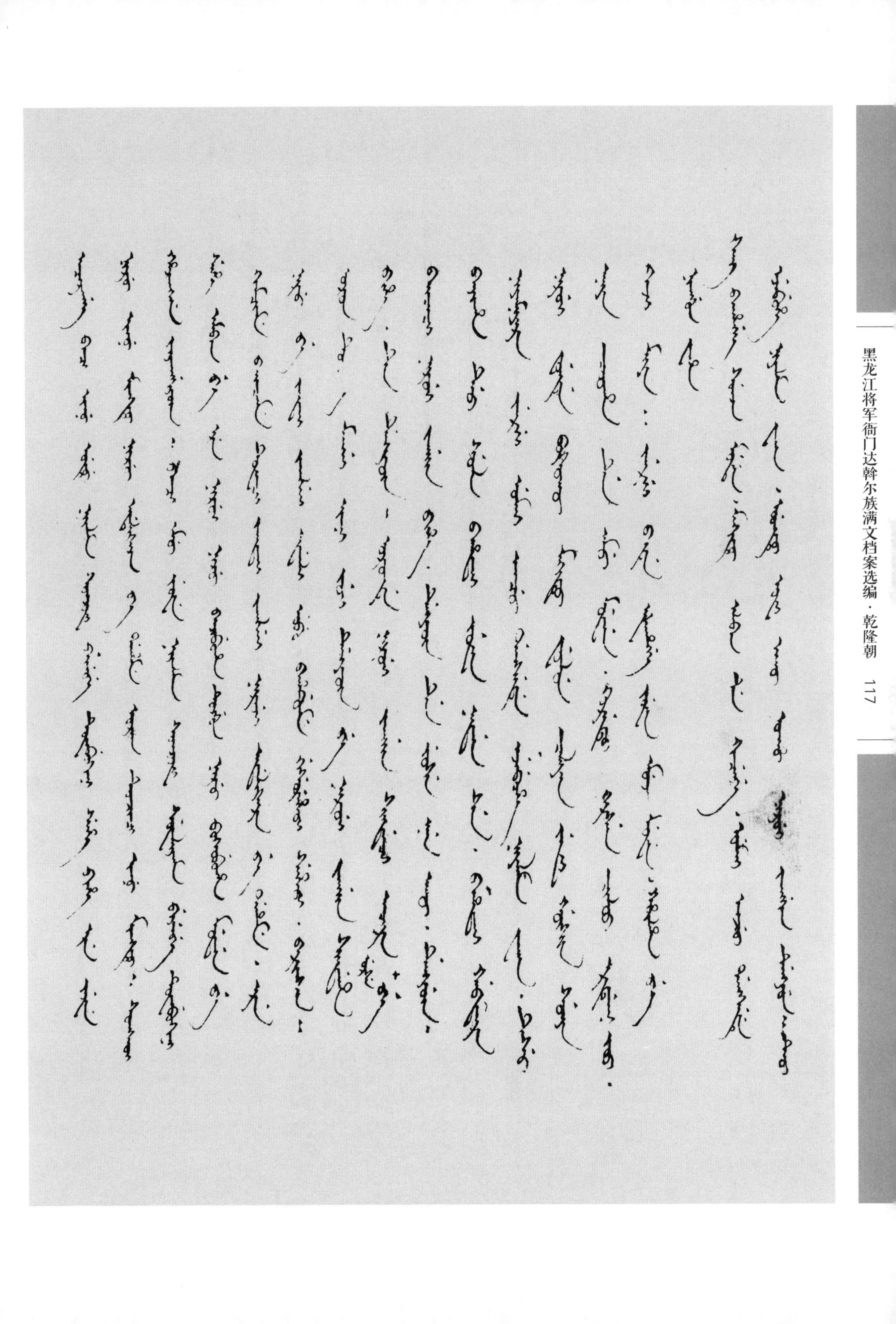

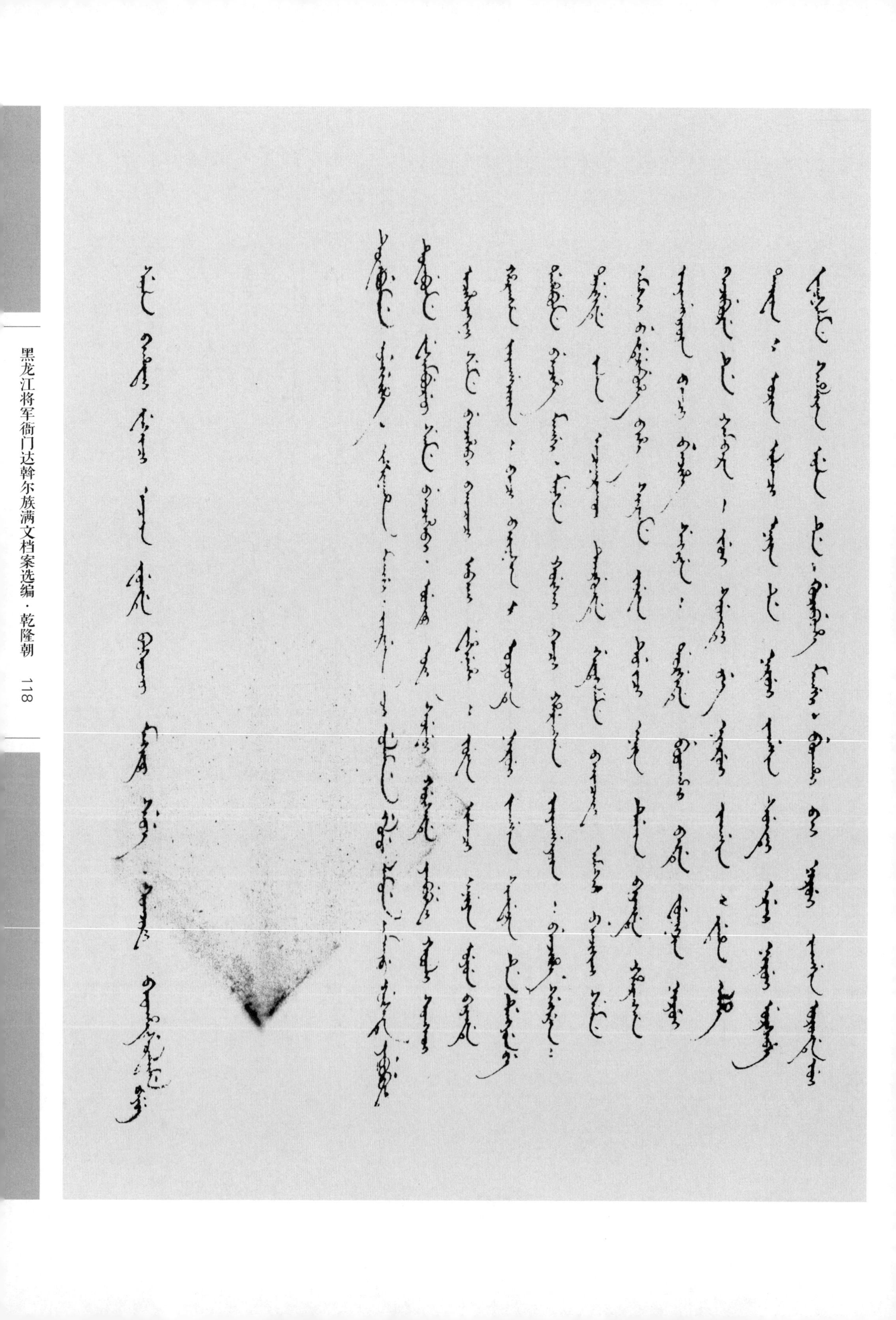

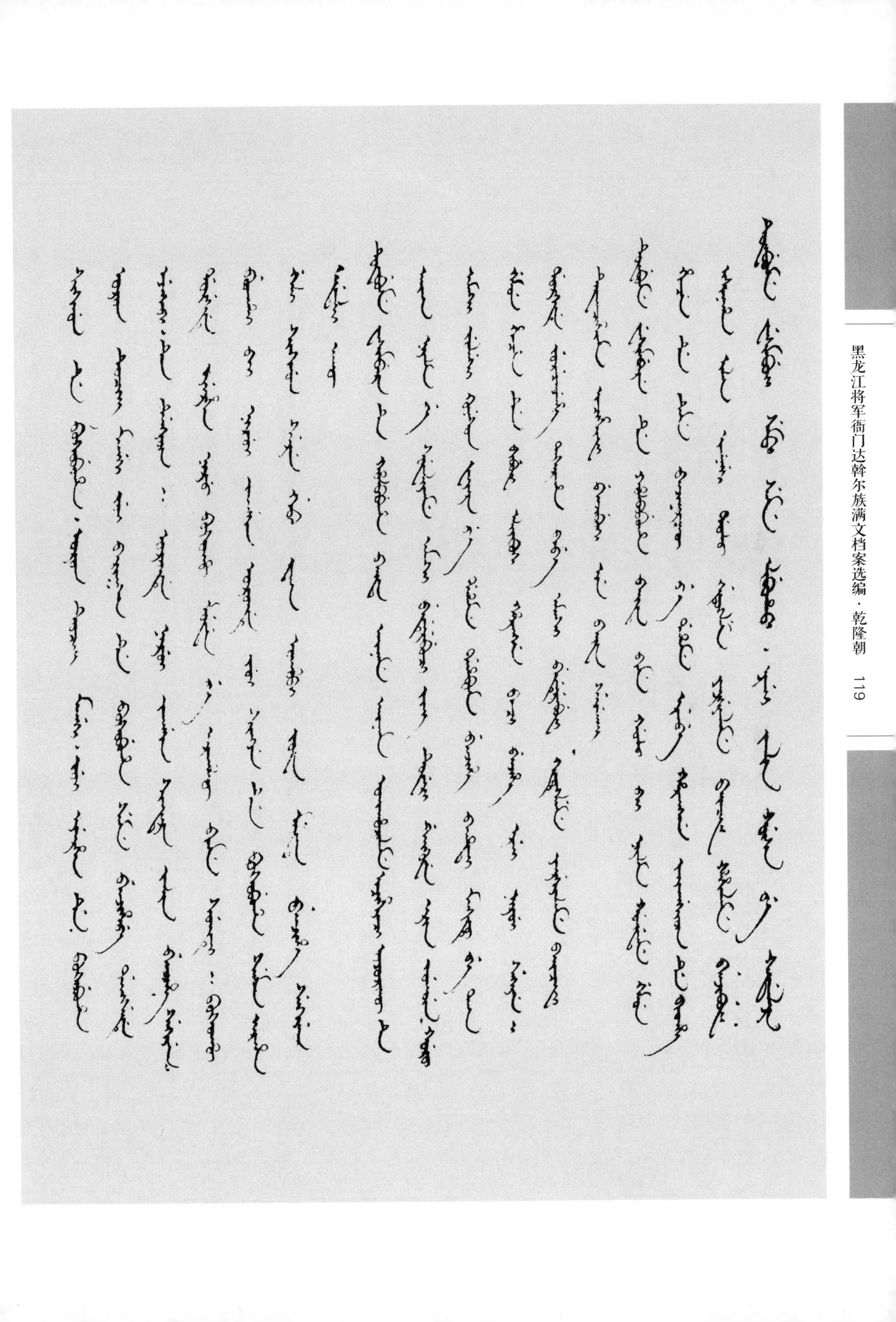

[illegible]

[illegible]

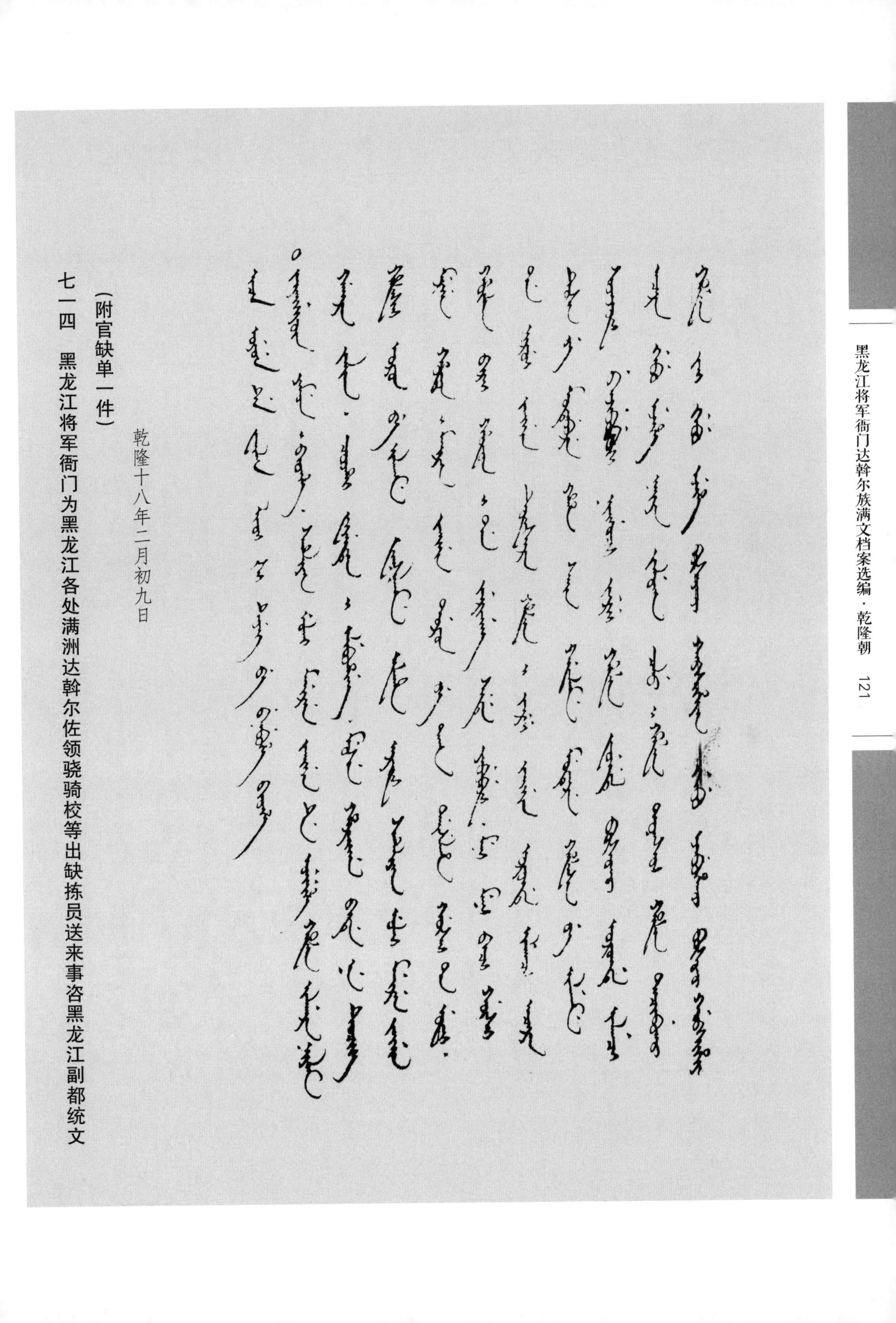

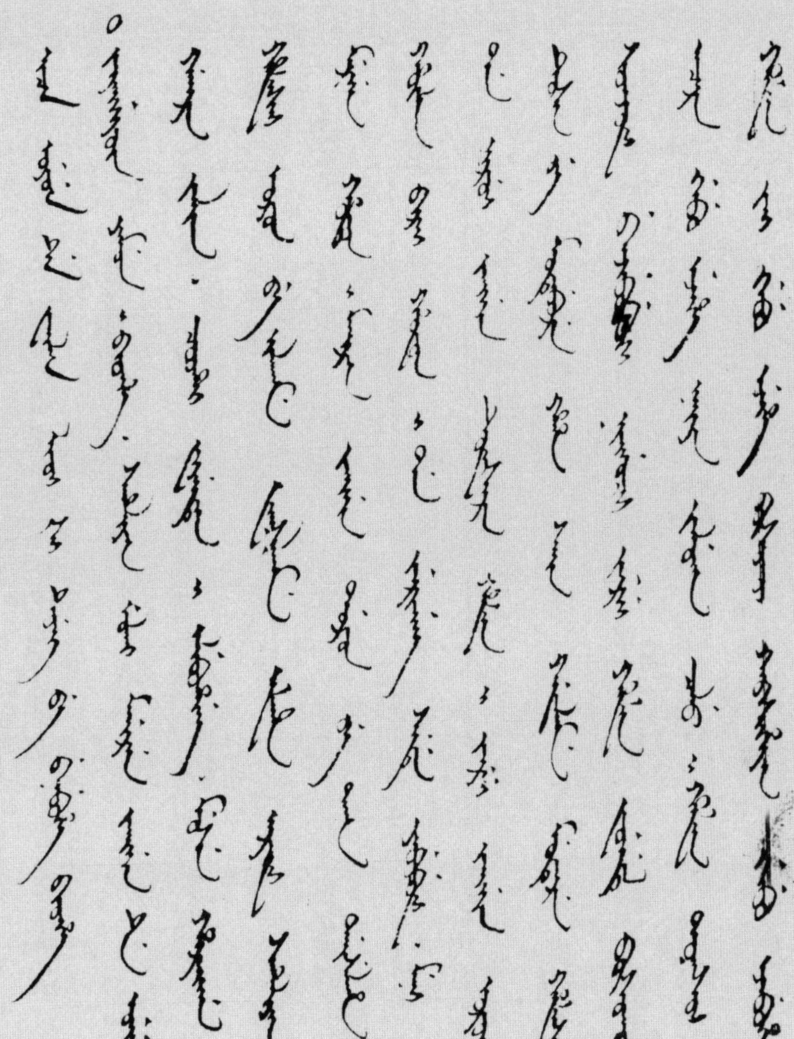

乾隆十八年二月初九日

（附官缺单一件）

七一四　黑龙江将军衙门为黑龙江各处满洲达斡尔佐领骁骑校等出缺拣员送来事咨黑龙江副都统文

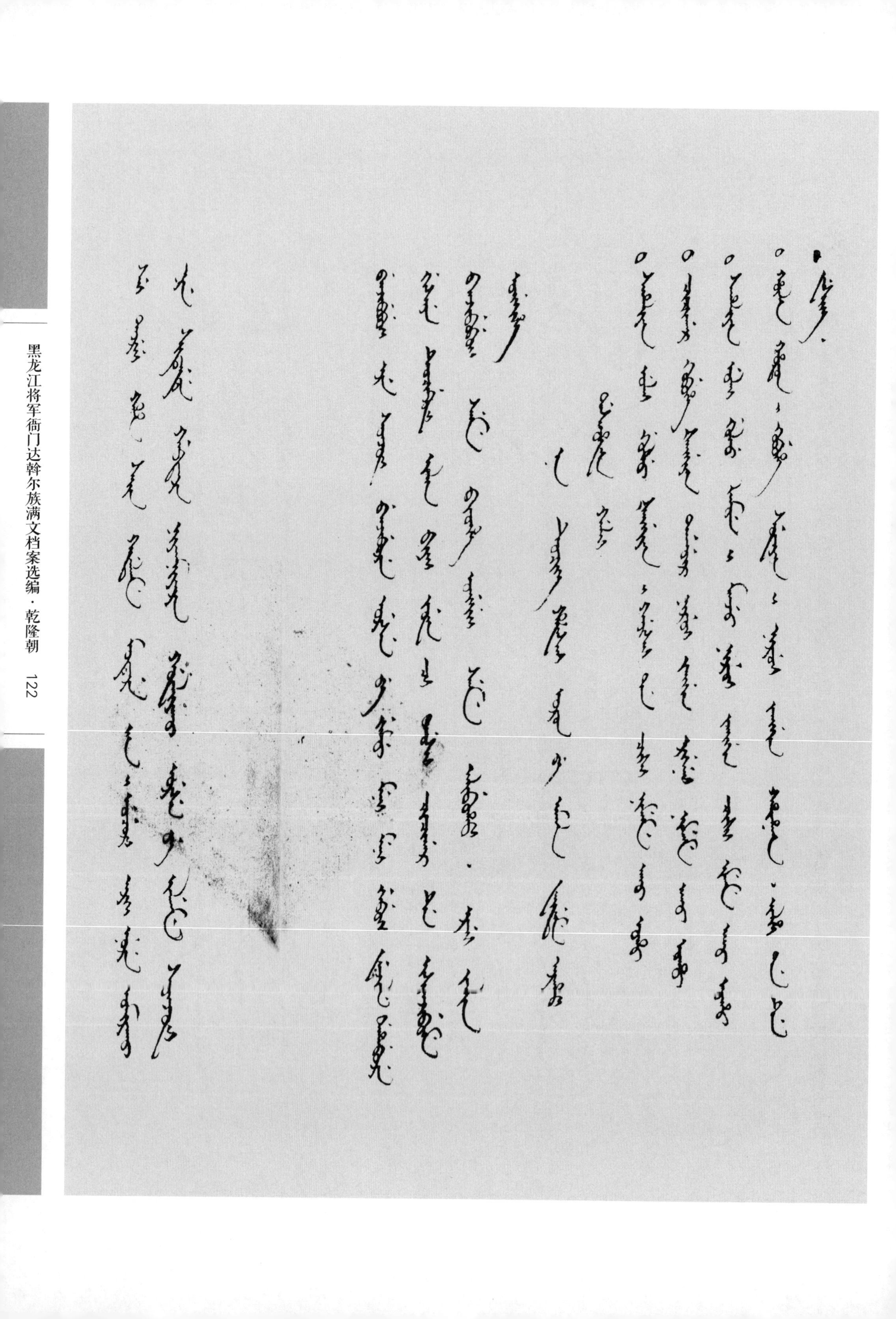

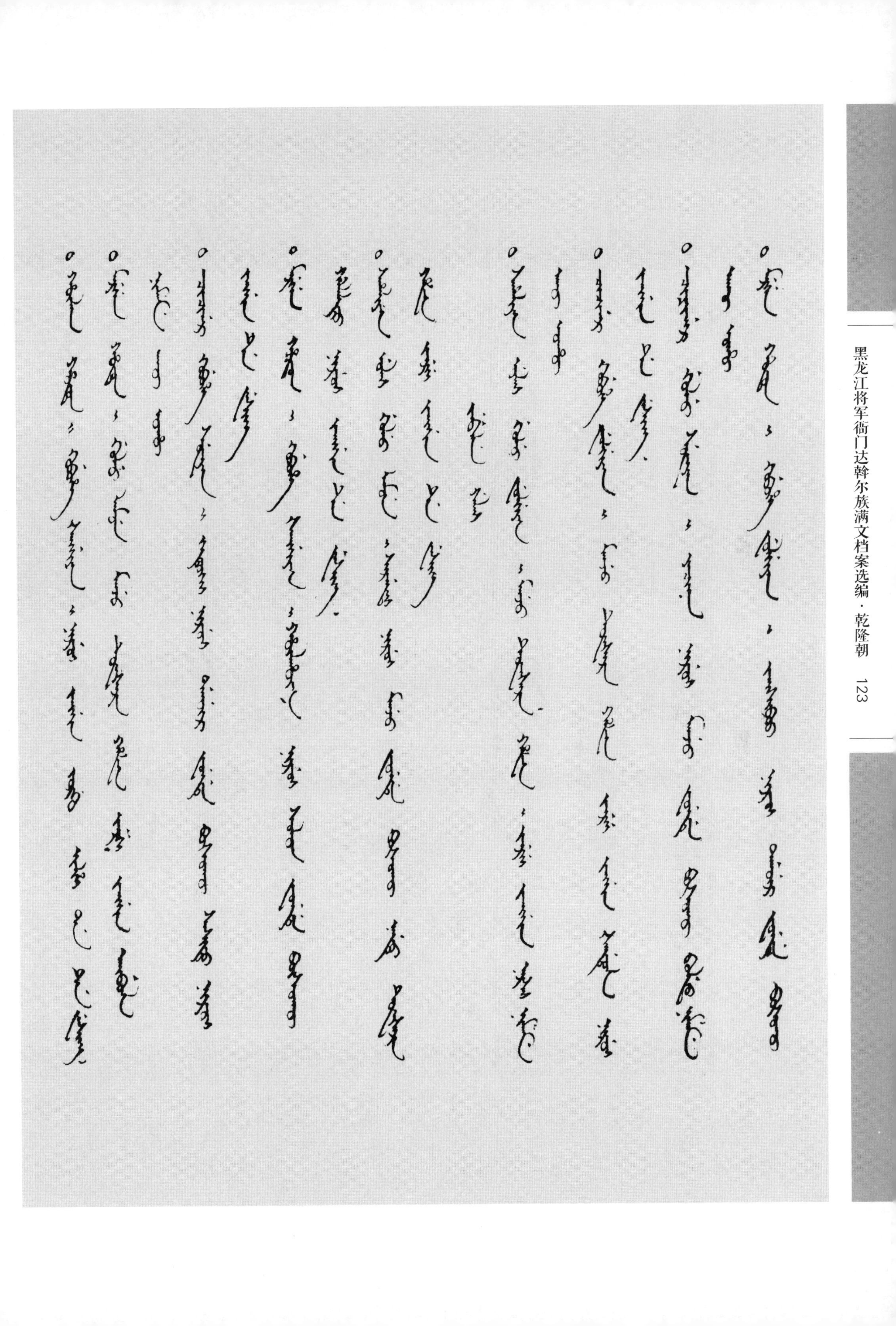

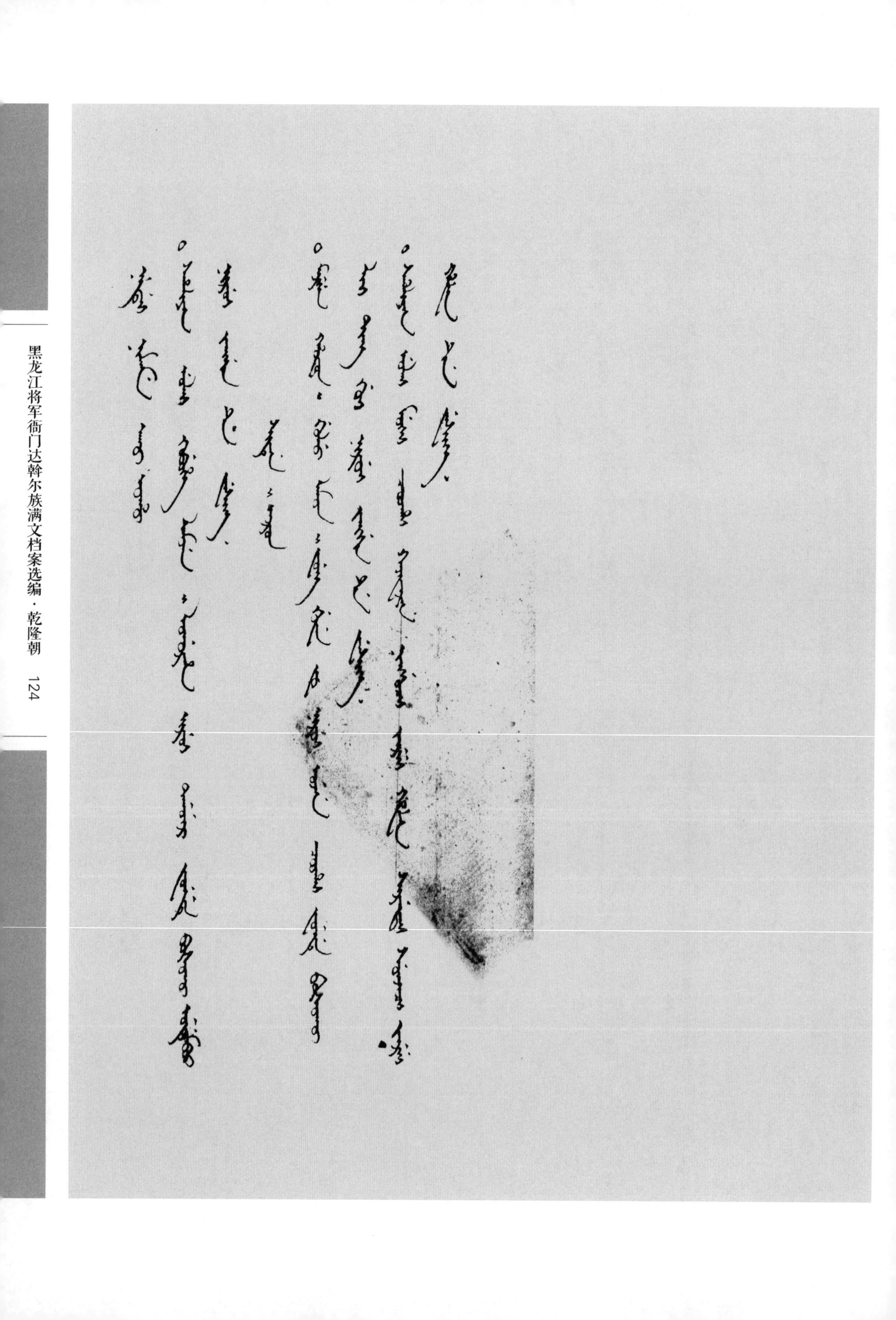

[illegible]

七一五 户部为令报收缴布特哈索伦达斡尔围猎所用鸟枪线枪应折给价银事咨黑龙江将军文

乾隆十八年二月二十二日

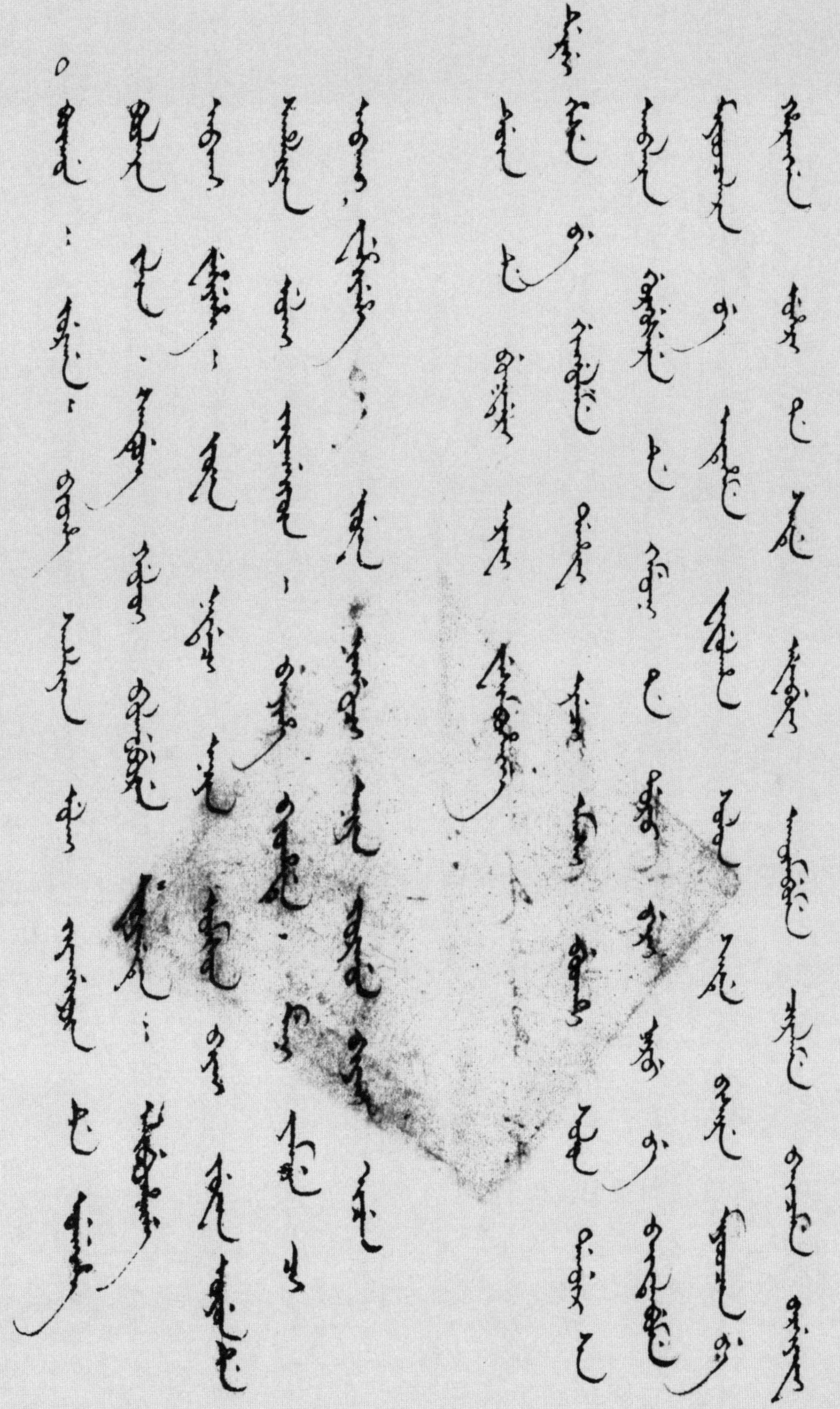

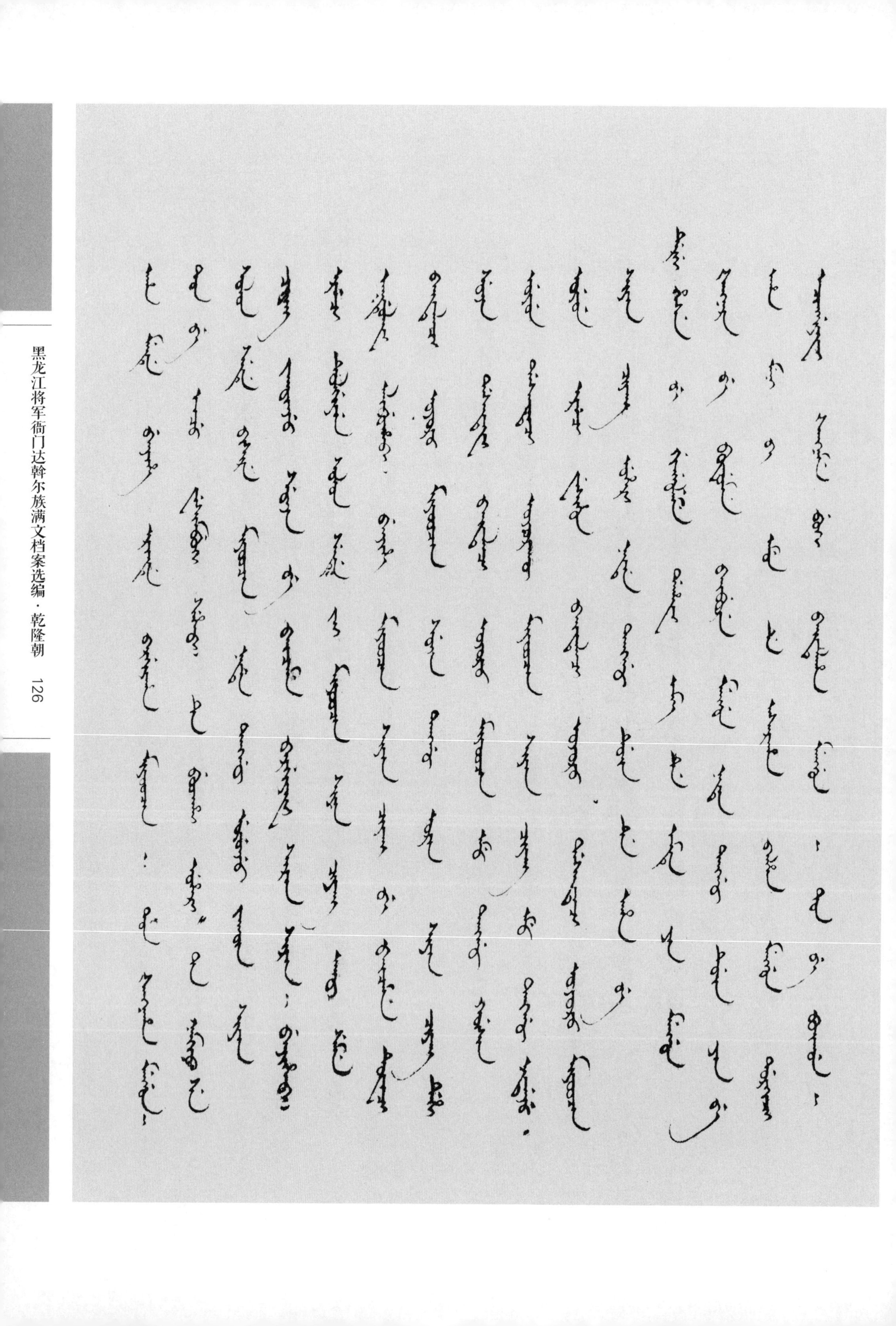

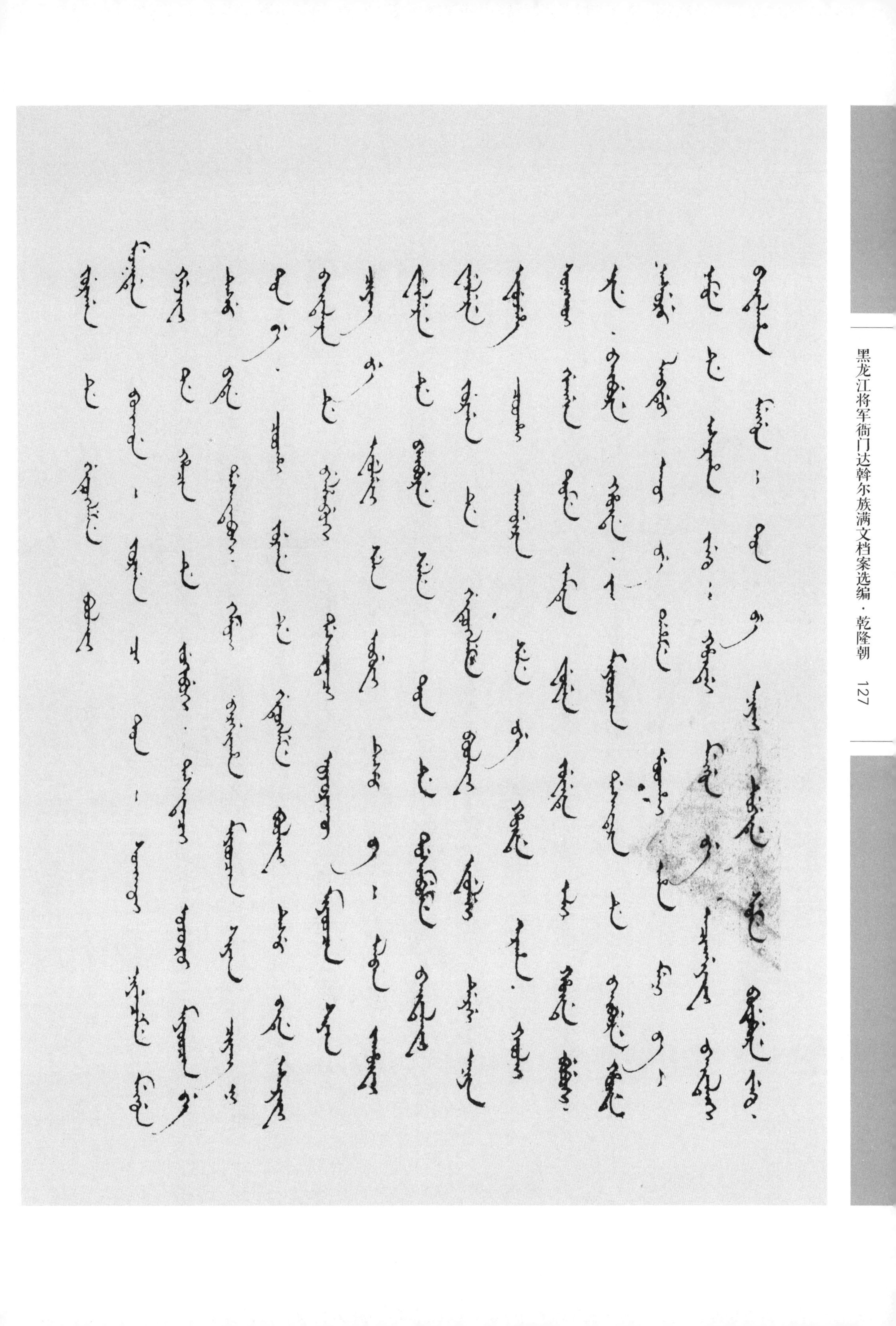

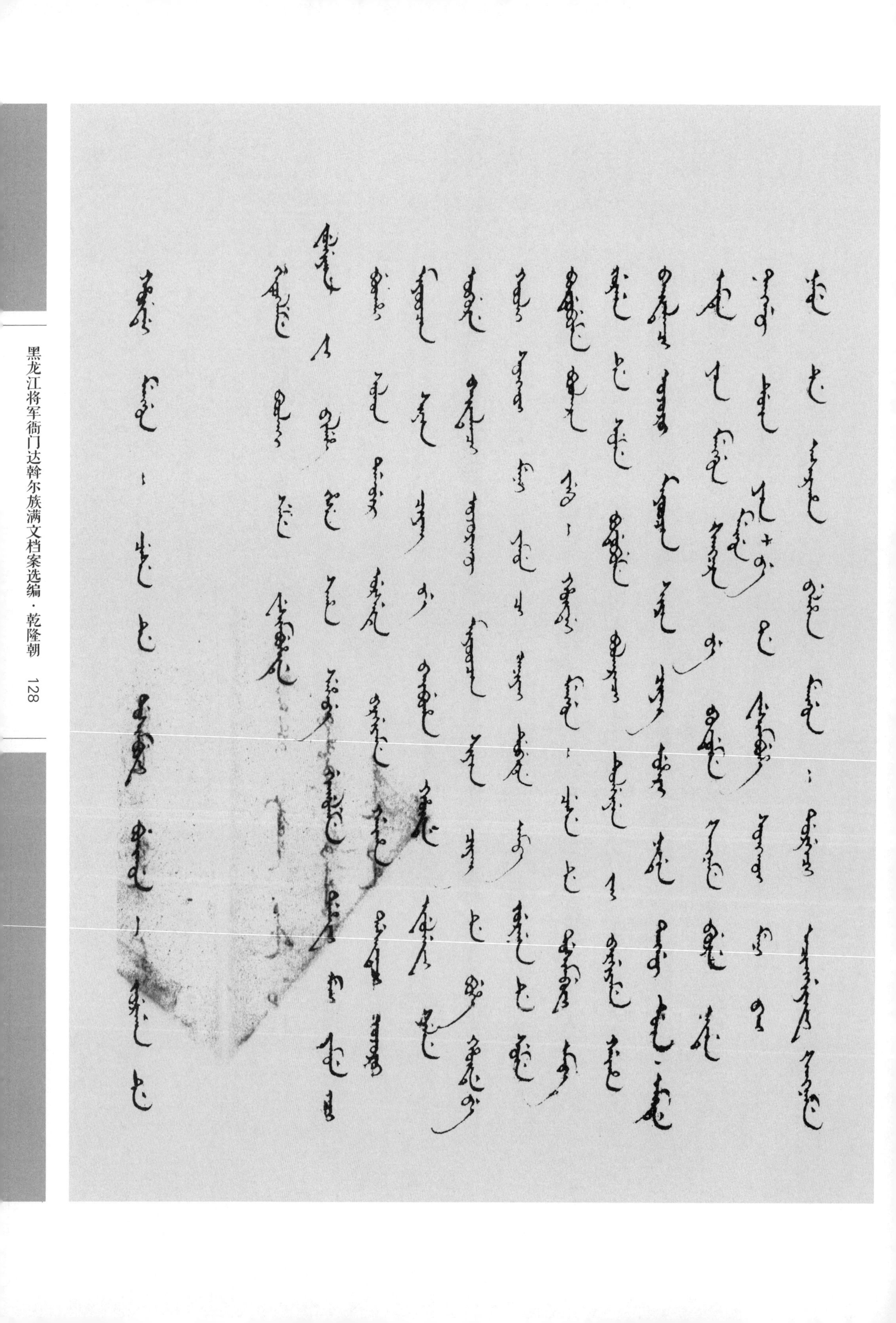

[illegible]

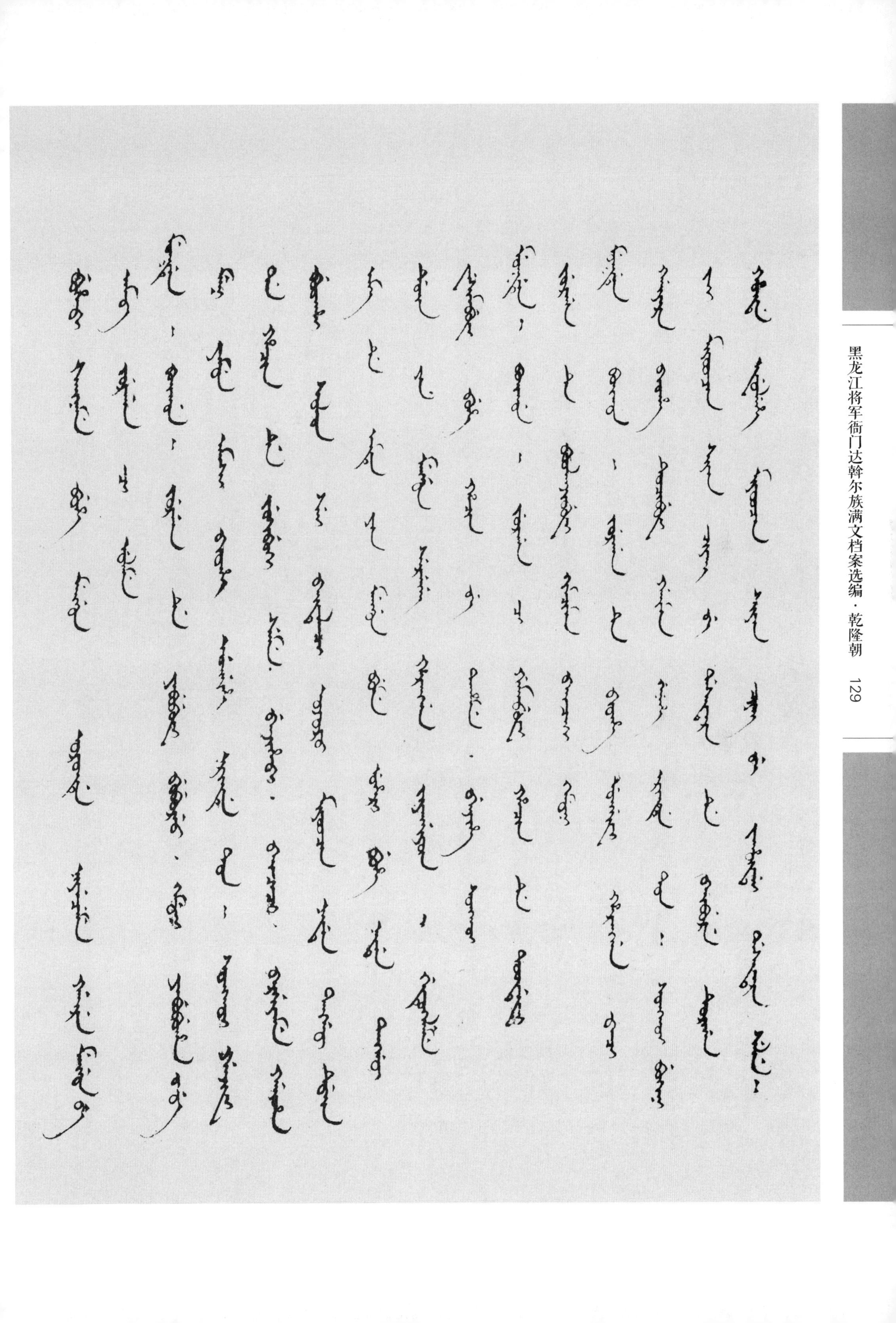

[illegible]

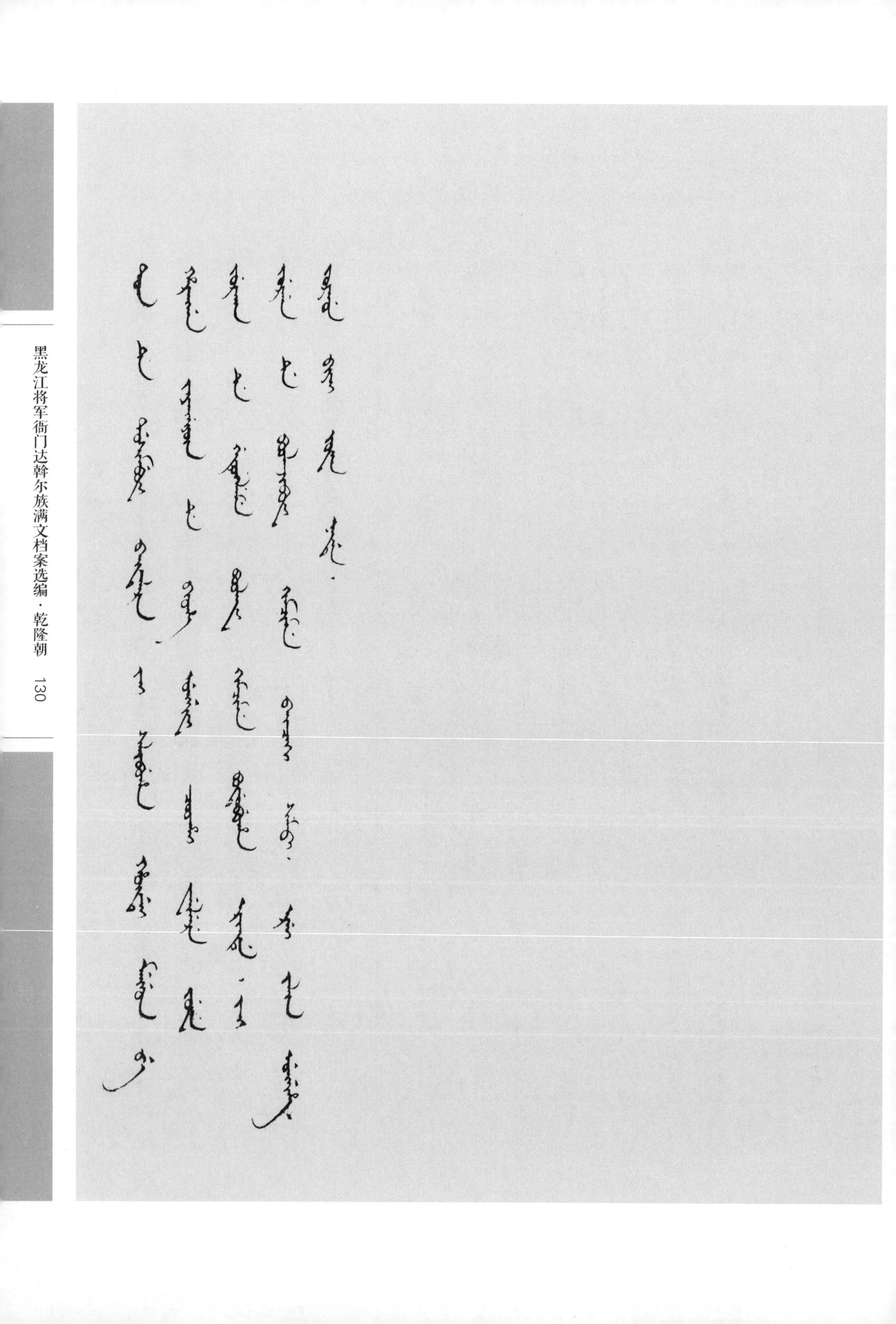

[illegible]

[illegible]

[illegible]

[illegible]

[illegible]

七一六 黑龙江将军衙门为齐齐哈尔正黄旗达斡尔公中佐领塞尔齐勒图等出缺拣员拟补事咨黑龙江副都统文

乾隆十八年二月二十三日

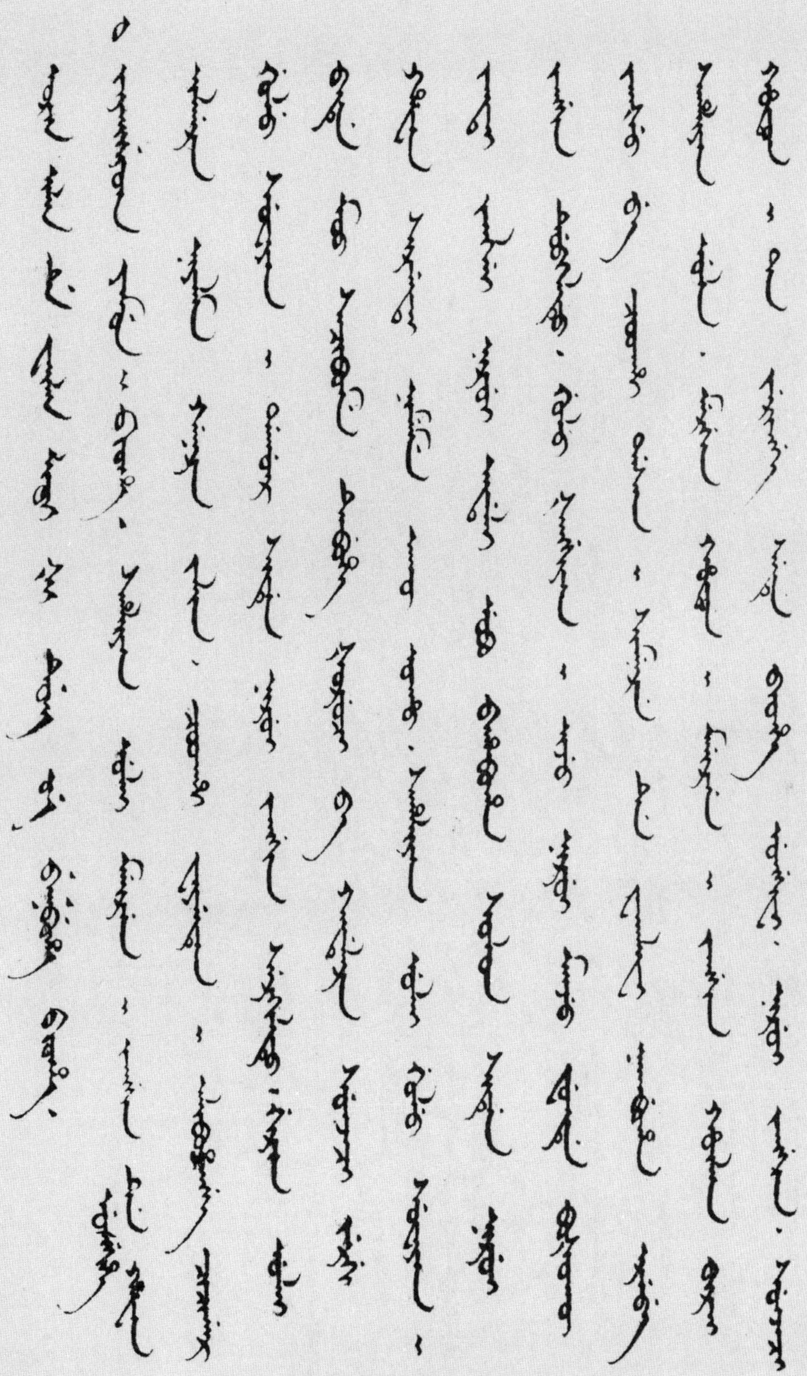

ᡨᡠᠸᠠᠨ ᠰᡝᡥᡝ᠈ ᡤᡳᠰᡠᠨ ᠰᡳᠨᡳᡴᡳ ᠰᡝᠮᡝ ᠪᡠᡥᡝ ᠪᡝ ᠪᠠᡳᠴᠠᡶᡳ᠉

ᠰᡝᡥᡝ ᠰᡳᠯᡳ ᠰᡳᡵᡤᡝ ᠪᡝᠶᡝᠨᡳ ᠰᡝᡵᡝ ᠪᡝ ᠰᡳᠯᡳᠨ ᠵᡠᠸᡝᡨᡝ ᠪᡠᡨᡥᠠᡳ᠉

ᡨᡠᠸᠠᠨ ᠪᡠᡨᡥᠠ᠈ ᠰᡳᠨᡳᡴᡳ ᠰᡝᠮᡝ ᠪᡠ ᠰᡳᠨ ᠰᠣᠨᠣᡥᠣ ᠰᡳᠨ ᠰᡝᠮᡝᠰᡠ᠈

ᠰᡝᡥᡝ ᠮᠣᠣᠯᡳᠨ ᠰᡝᡥᡝ ᠪᡠᡨᡥᠠᠮᠣ ᠰᡝᡥᡝ᠉ ᠠᠨ ᠰᡳᠪᡠ ᠰᡳᠨᡳ ᠪᡠᡨᡥᠠᠮᠣ

ᠰᡳᠪᡠᡥᡝᠨᡝ ᠰᡳᠪᡠ ᠰᡳᠪᡠᠮᠣ ᠪᡠᡨᡥᠠᠮᠣ ᠰᡳᠪᡠᡥᡝᠨᡝ ᠰᡳᠪᡠᠨ ᠰᡳᠯᡳᠨ ᠮᡝᠨᡝᠨ

ᠪᡠᡨᡥᠠᡳ᠈ ᠠᠨ ᠠᠮᠠᠨ ᠰᡳᠨᡳᠨ᠈ ᠰᡳᠪᡠᠨ ᠠᠮᠪᠠ ᠰᡳᡵᡝᠨ ᠠᠮᠠᠨ ᠪᡠᠯᡝᡴᡠ᠈

ᡨᡠᠸᠠᠨ᠈ ᠪᡝ ᠰᡳᠨᡳᡴᡳᠪᡠ ᠪᡠᡨᡥᠠᠮᠣᠨᡝ ᠮᡝᠰᡳᠪᡠ ᠮᠣᠯᠣᠨ ᠰᡳᠪᡠᠨᡳ ᠪᡠᡨᡥᠠᡳ᠈

ᡨᠠᠨ ᠪᡠᡨᡥᠠᡳ ᡨᡝᠪᡝᡳ ᠪᡝ ᠰᡳᠪᡠ ᠰᡳᠨ ᠰᡳᠨ ᠰᡳᠪᡠ ᠰᡝᠮᡝᠨᡳ ᠪᡠᠨᡳᠪᡠᡵᡝ

ᠨᡝᠮᡝ ᠪᡠᡨᡥᠠᠪᡠ ᠮᡝᠨᡳ ᠪᠠᠨᡳ ᠪᠠᡳᡨᠠ ᠰᡳ ᠪᠠᡳᡨᠠᠨ ᠰᡳᡨᡝᠨ ᠮᡝᠨᡳᠪᡠᡥᡝ

ᠪᡠᡨᡥᠠᡳᠪᡠ ᠰᡳᠨᡳ ᠪᠣᡵᡳᠮᡝ ᠰᡳᠨᡳᠮᡝ ᠰᡳᠨᡳ ᠰᡳᠨᡳᠪᡠᠨᡳ ᠰᡳᠨ ᠮᡝᠨᡳ ᠰᡳᠨᡳᠮᡝ᠉

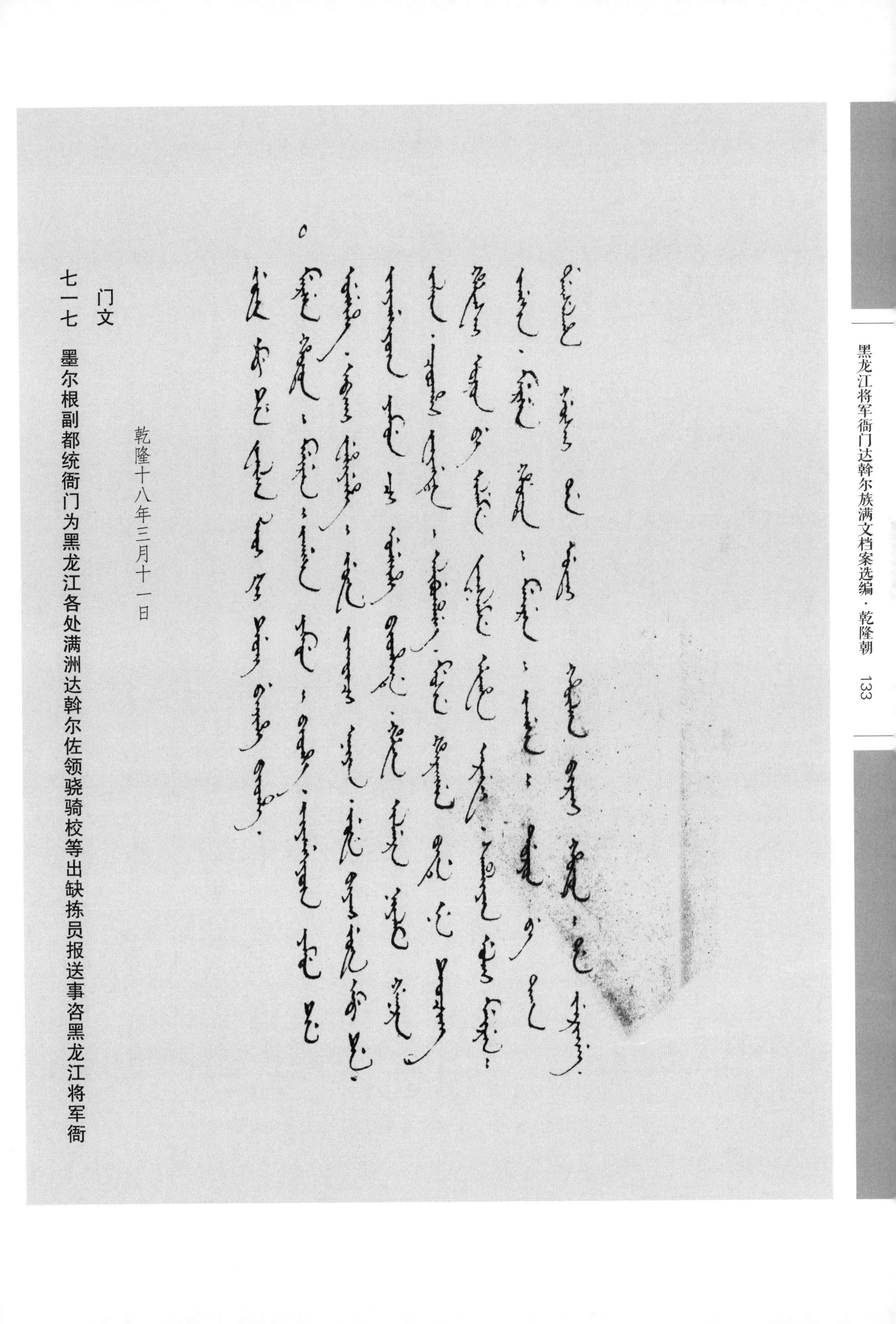

七一七 墨尔根副都统衙门为黑龙江各处满洲达斡尔佐领骁骑校等出缺拣员报送事咨黑龙江将军衙门文

乾隆十八年三月十一日

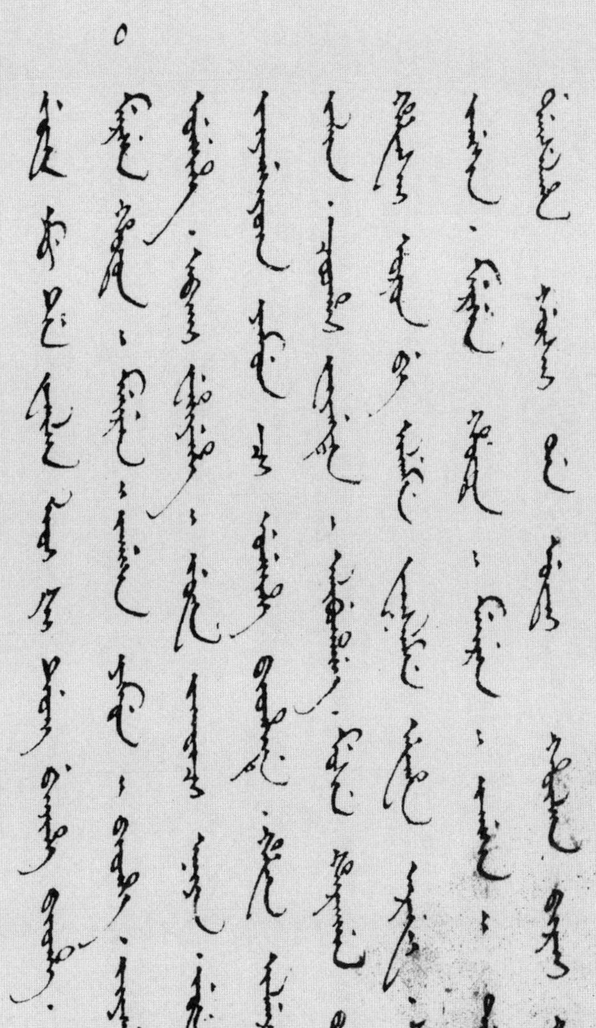

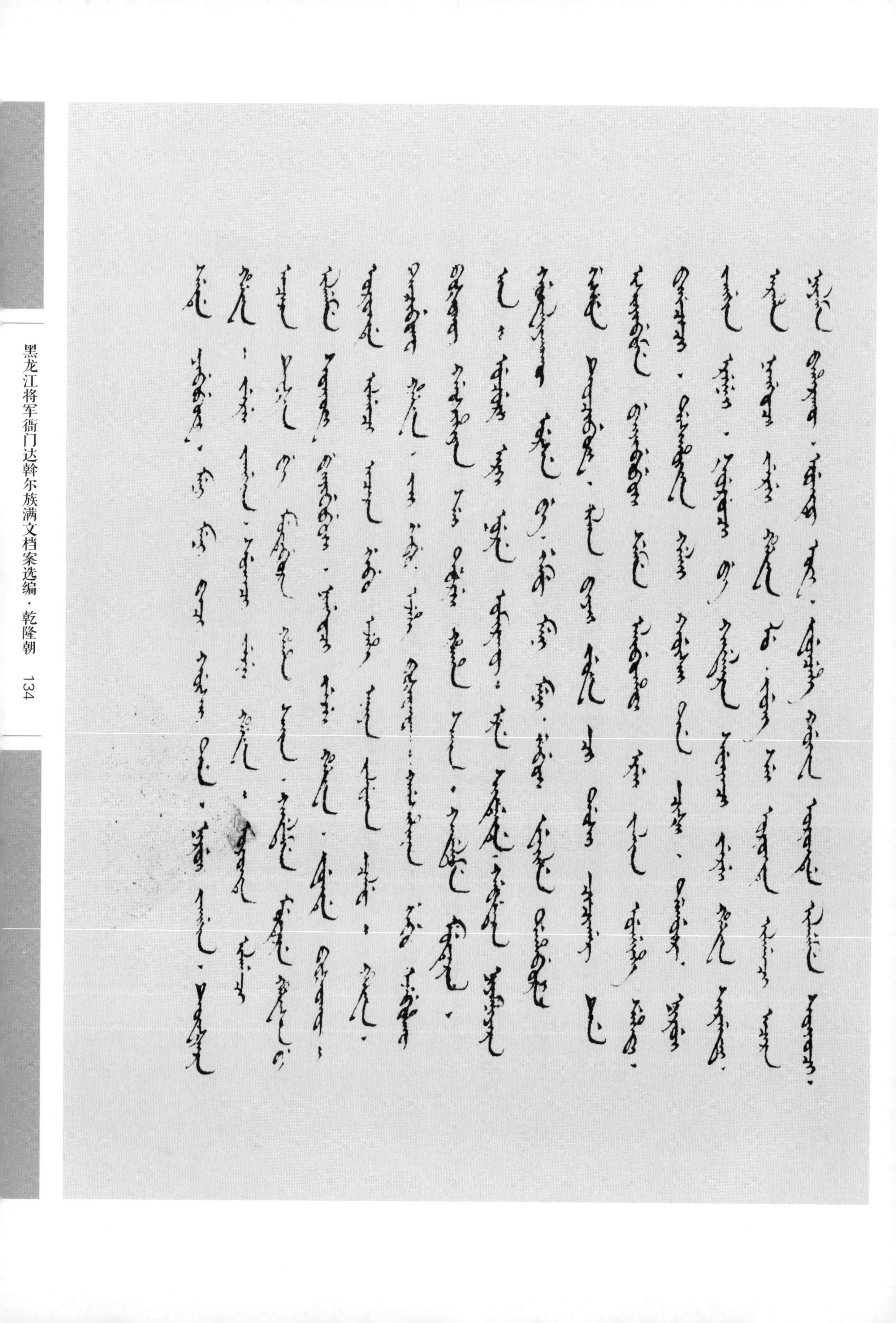

[illegible]

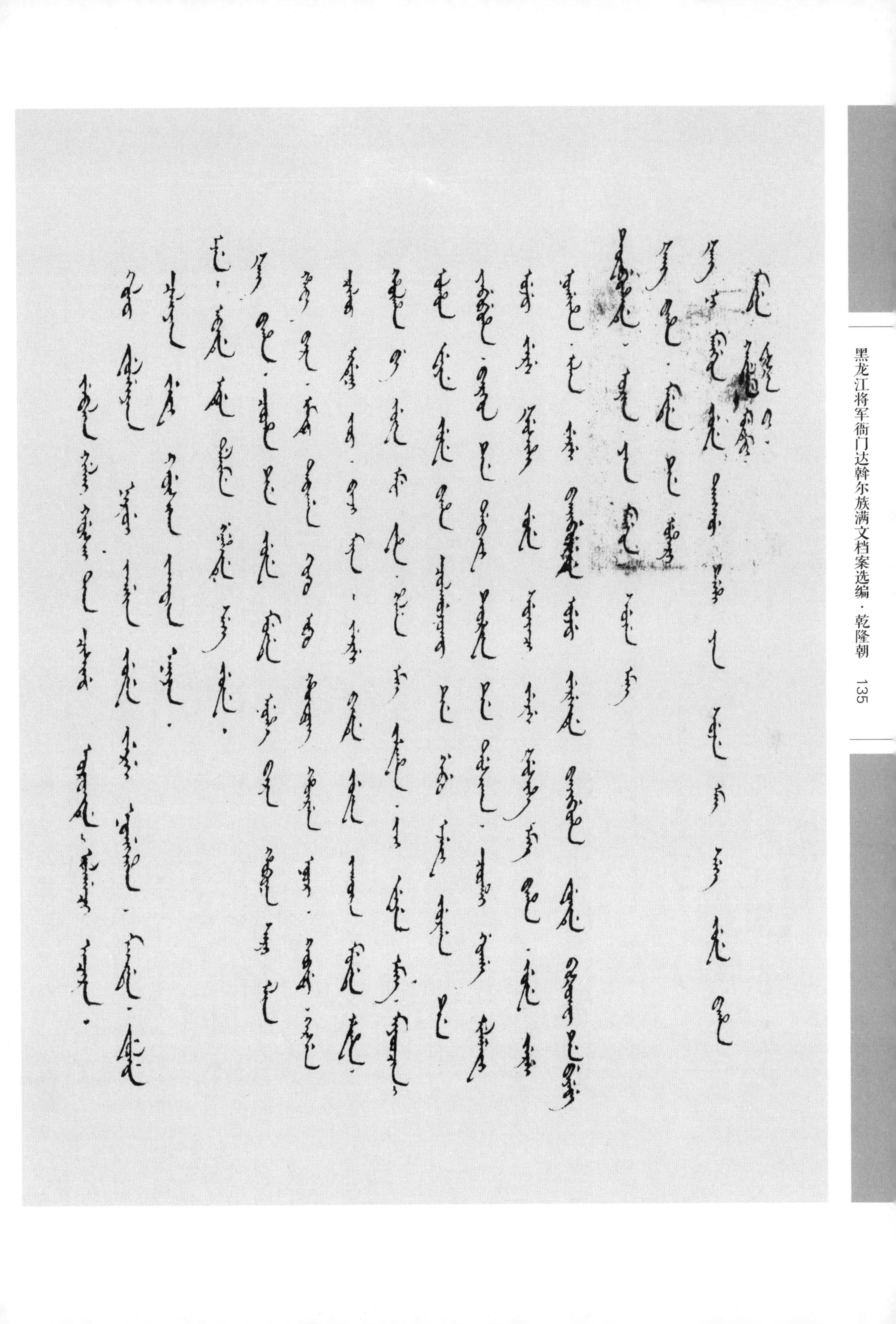

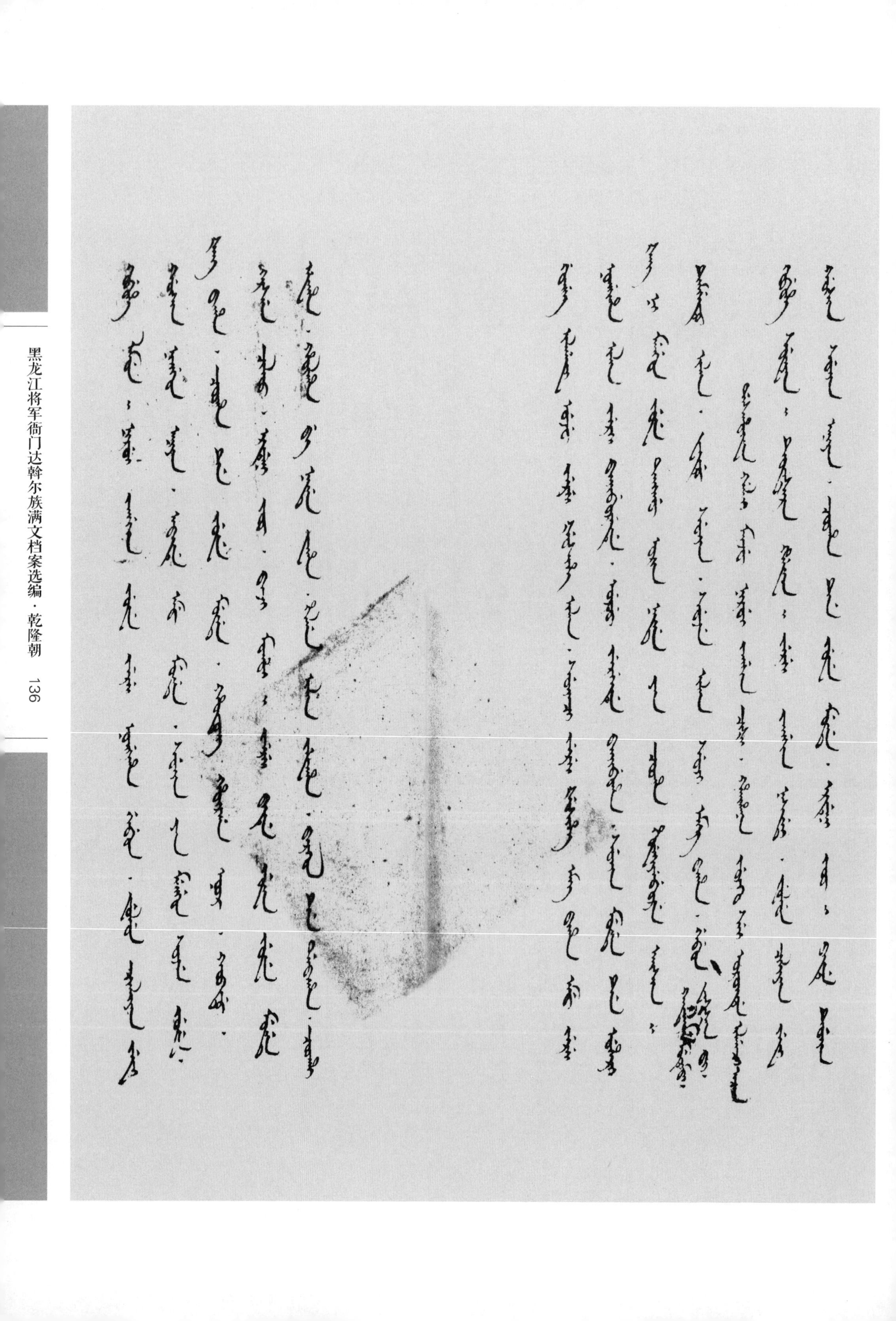

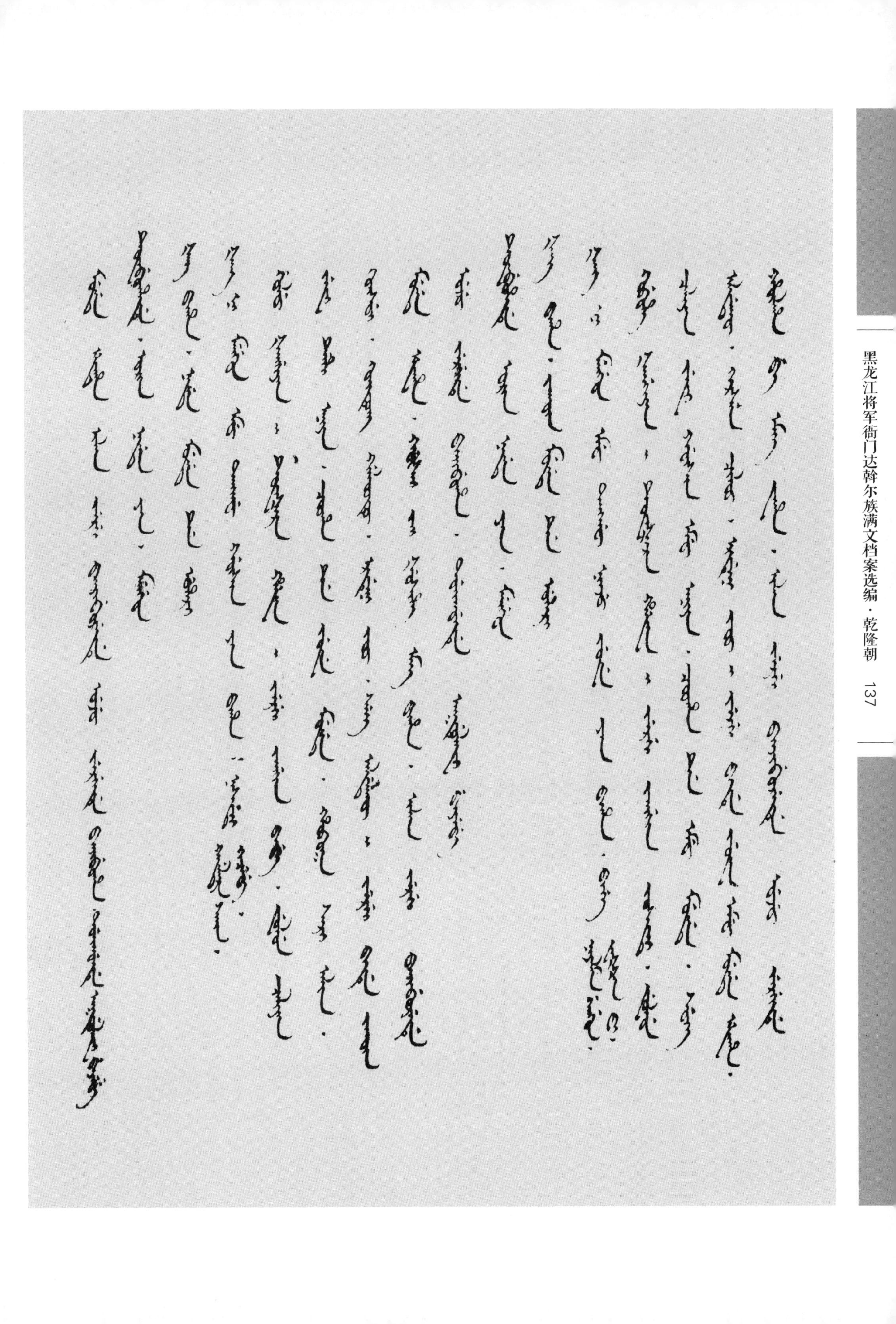

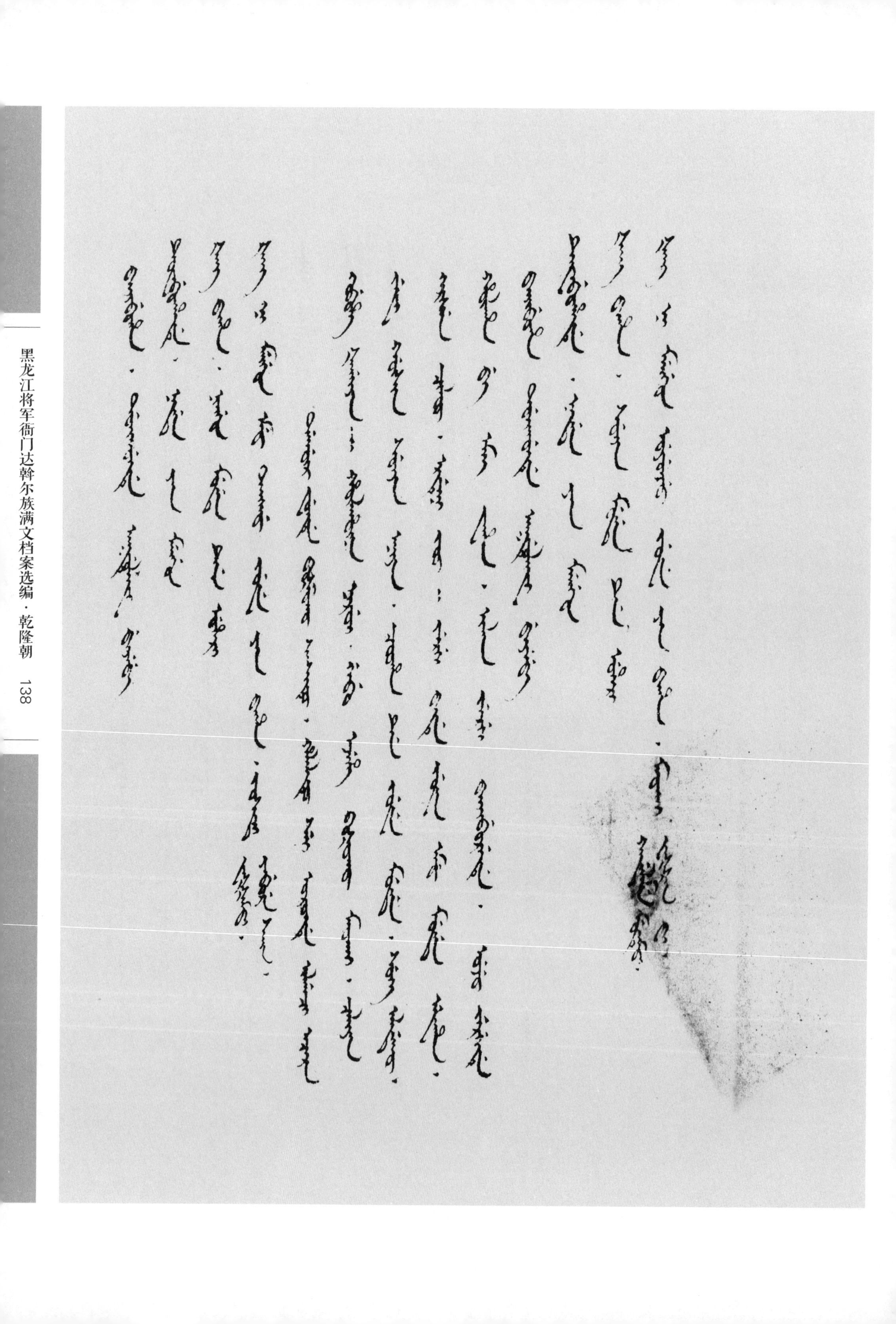

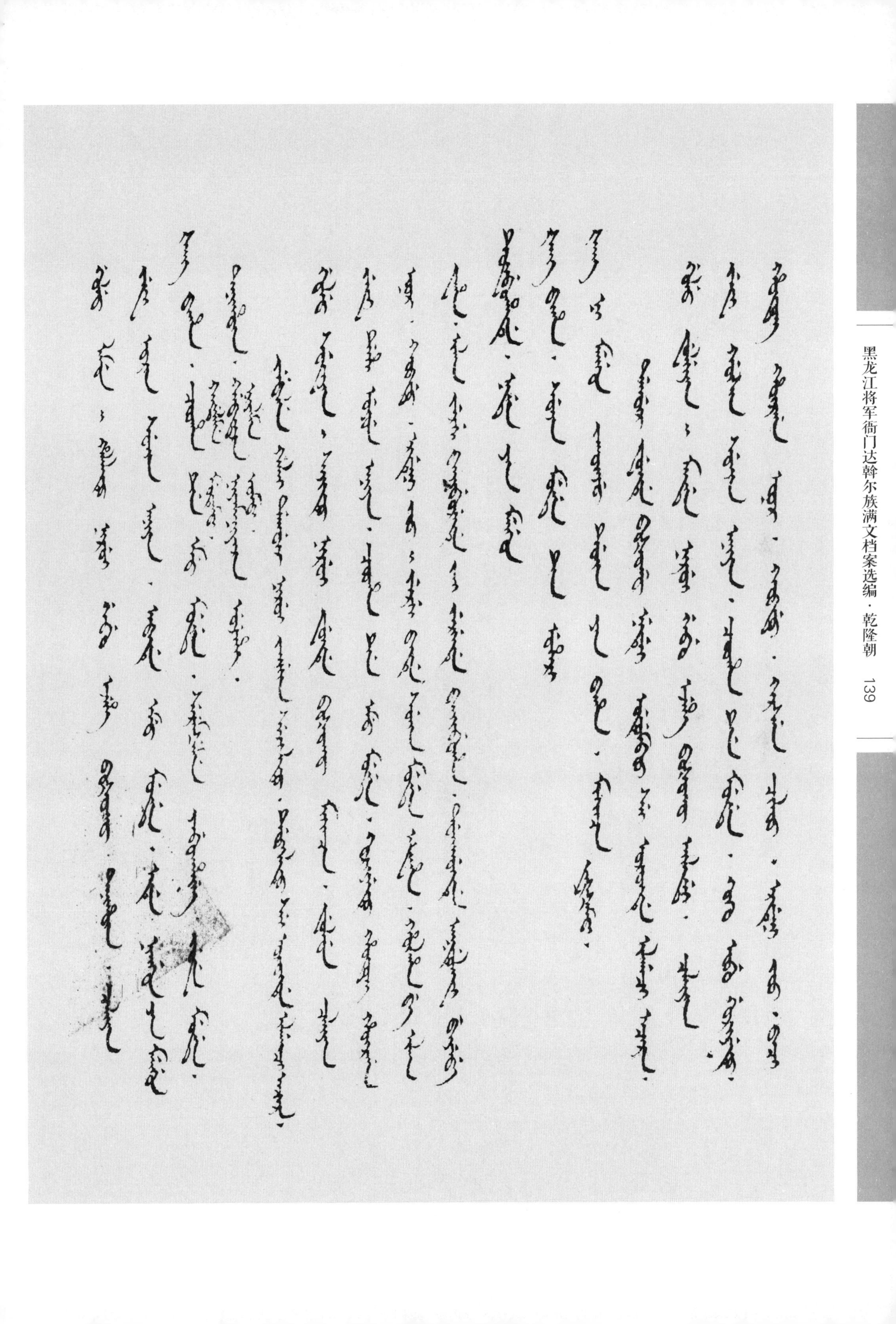

[illegible]

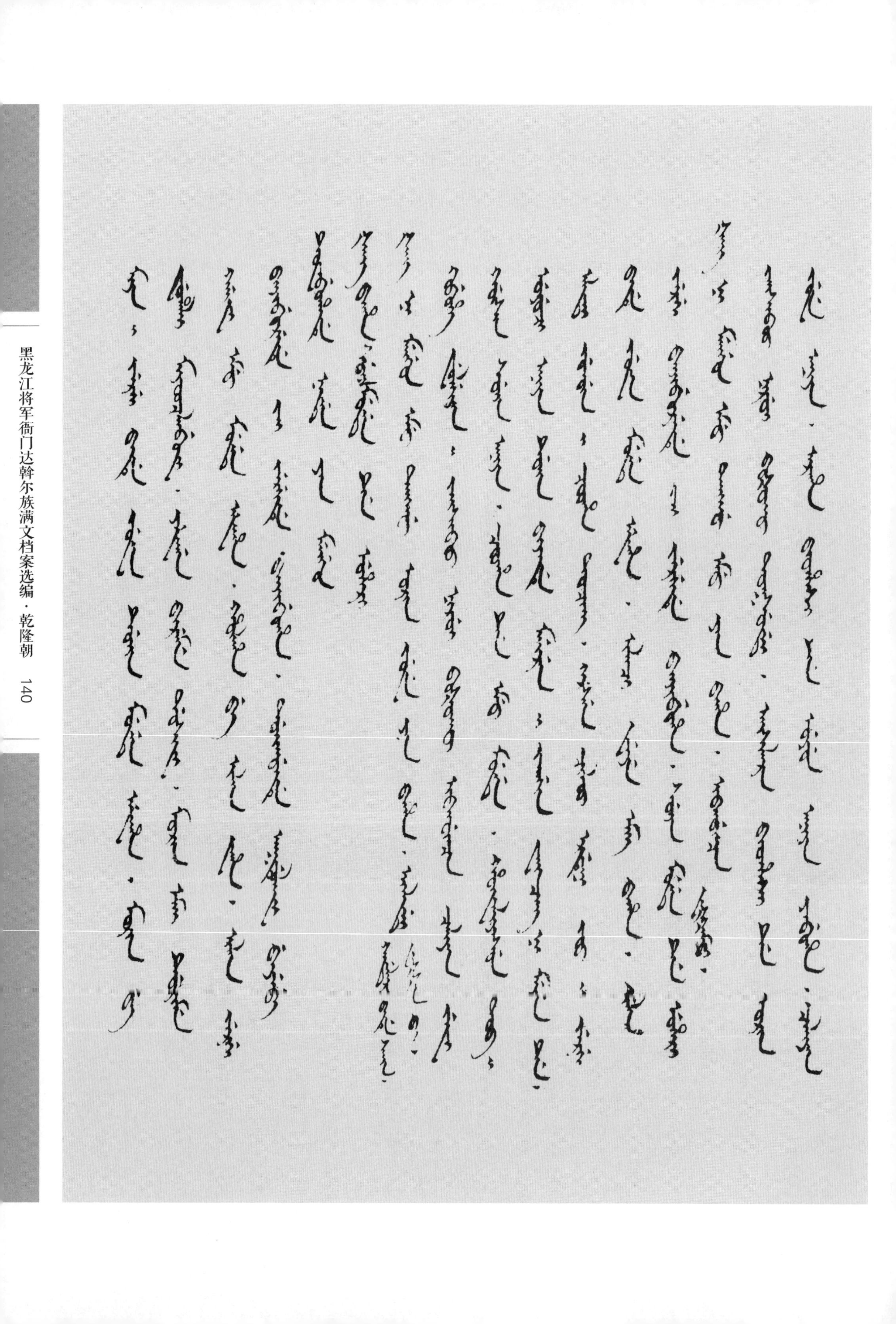

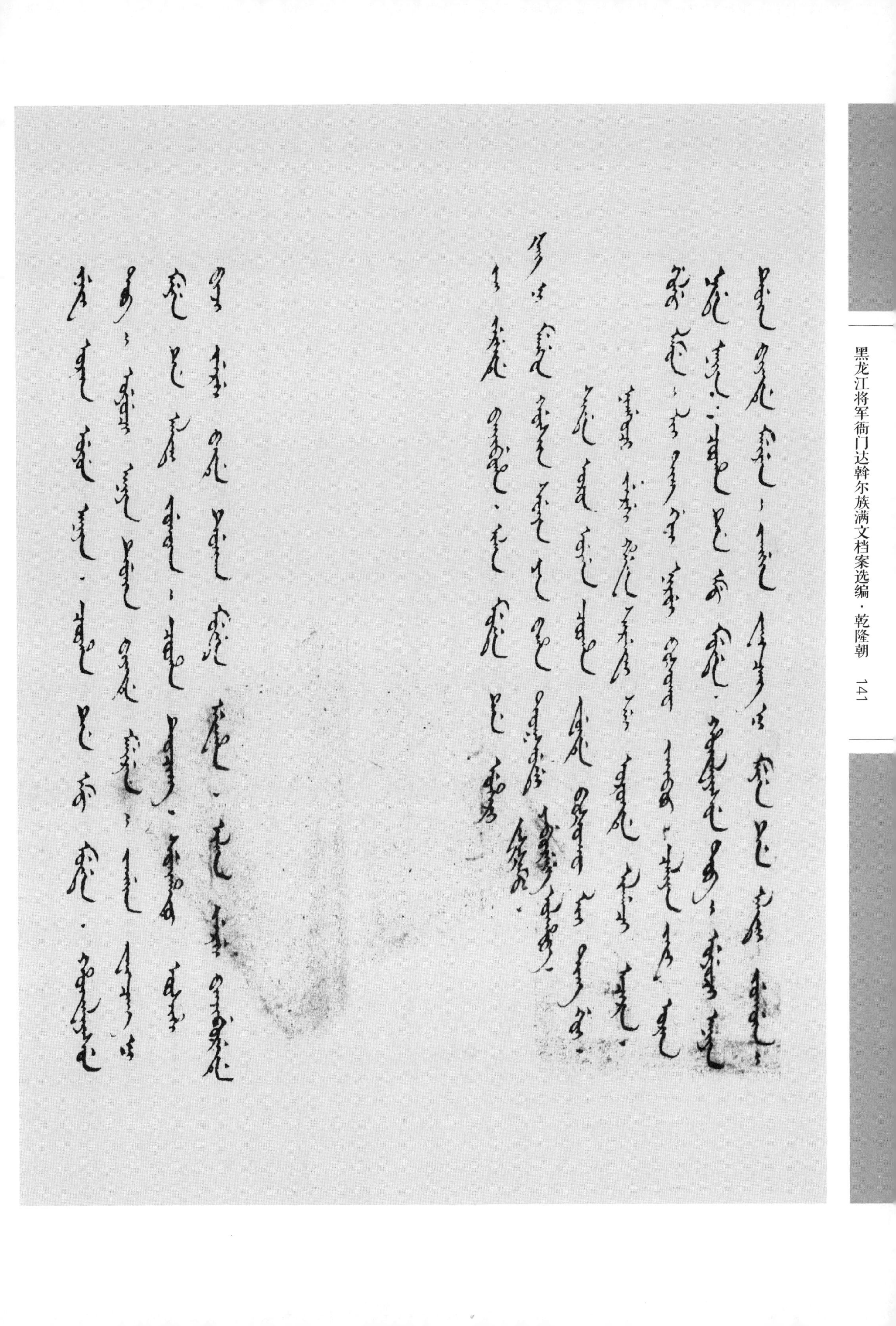

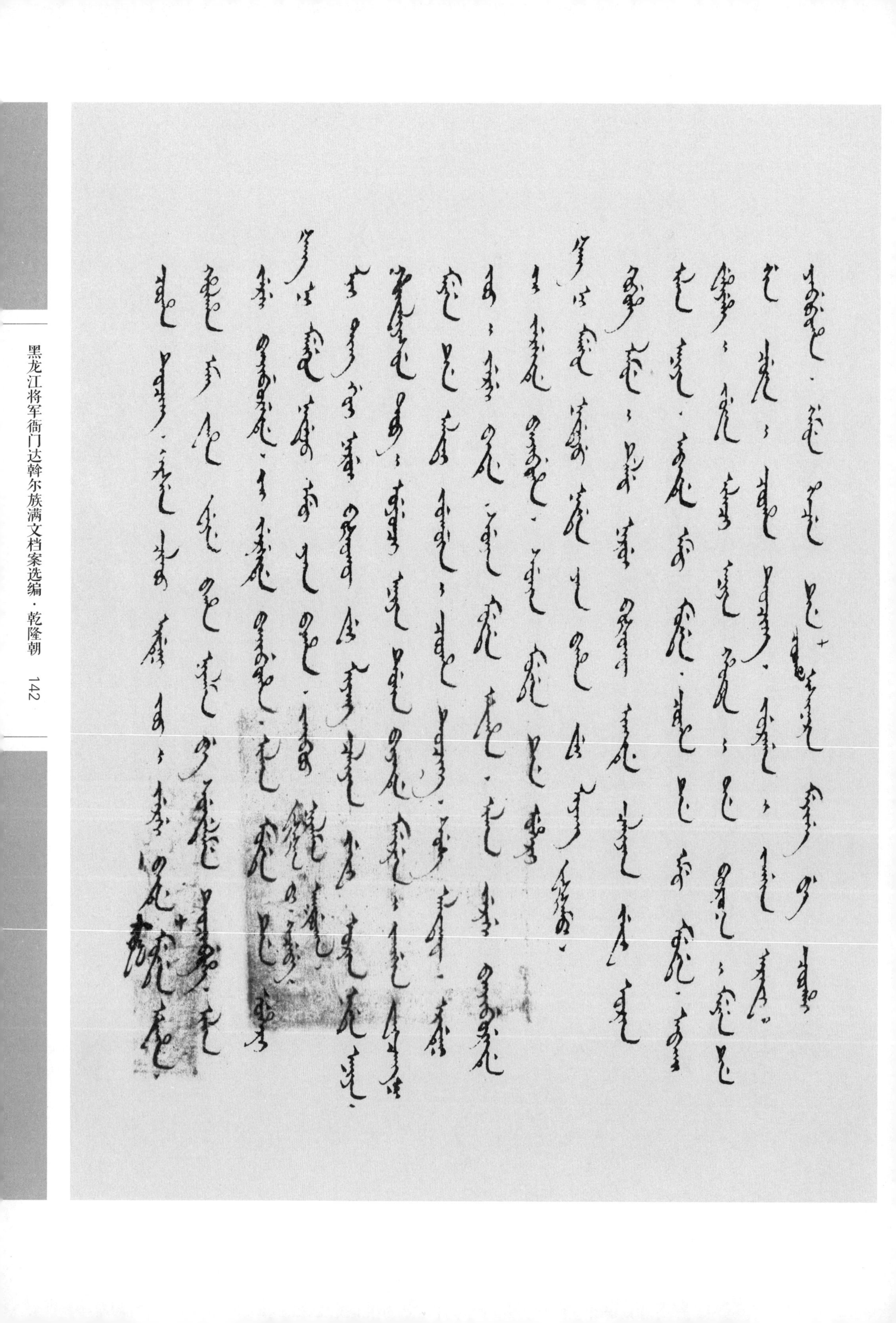

[illegible]

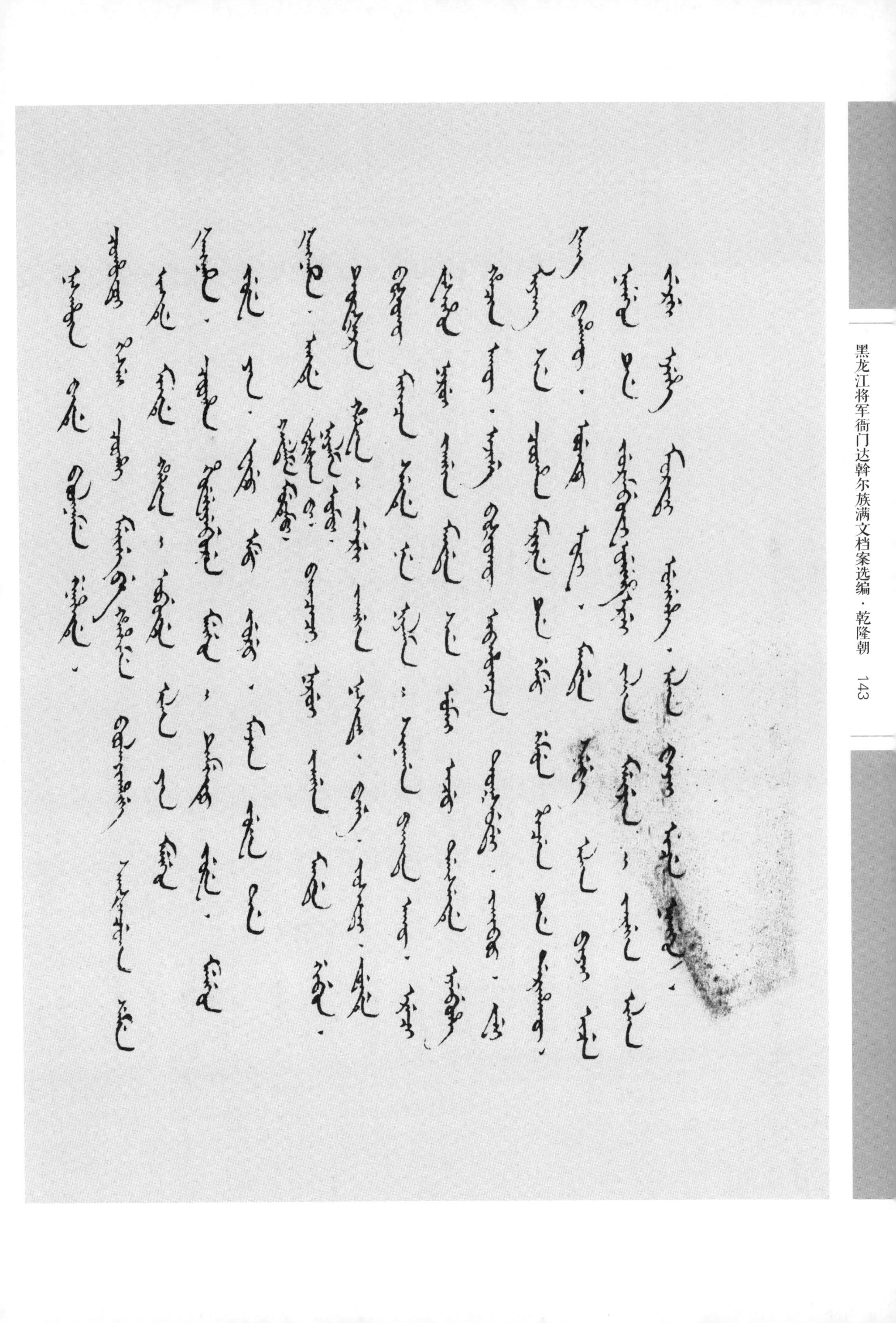

七一八 呼兰城守尉哲灵额为黑龙江各处满洲达斡尔佐领骁骑校等出缺拣员报送事呈黑龙江将军衙门文

乾隆十八年三月十二日

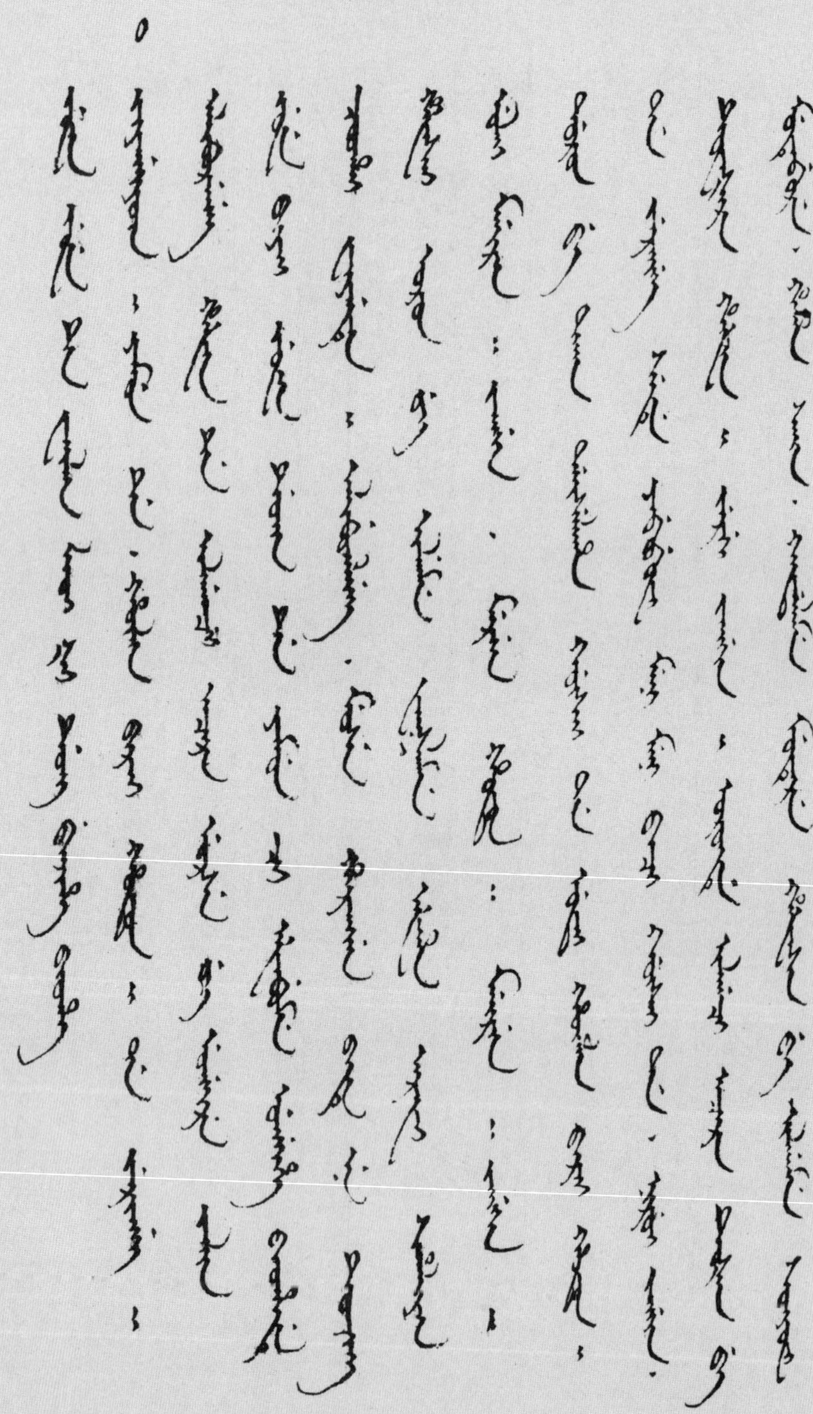

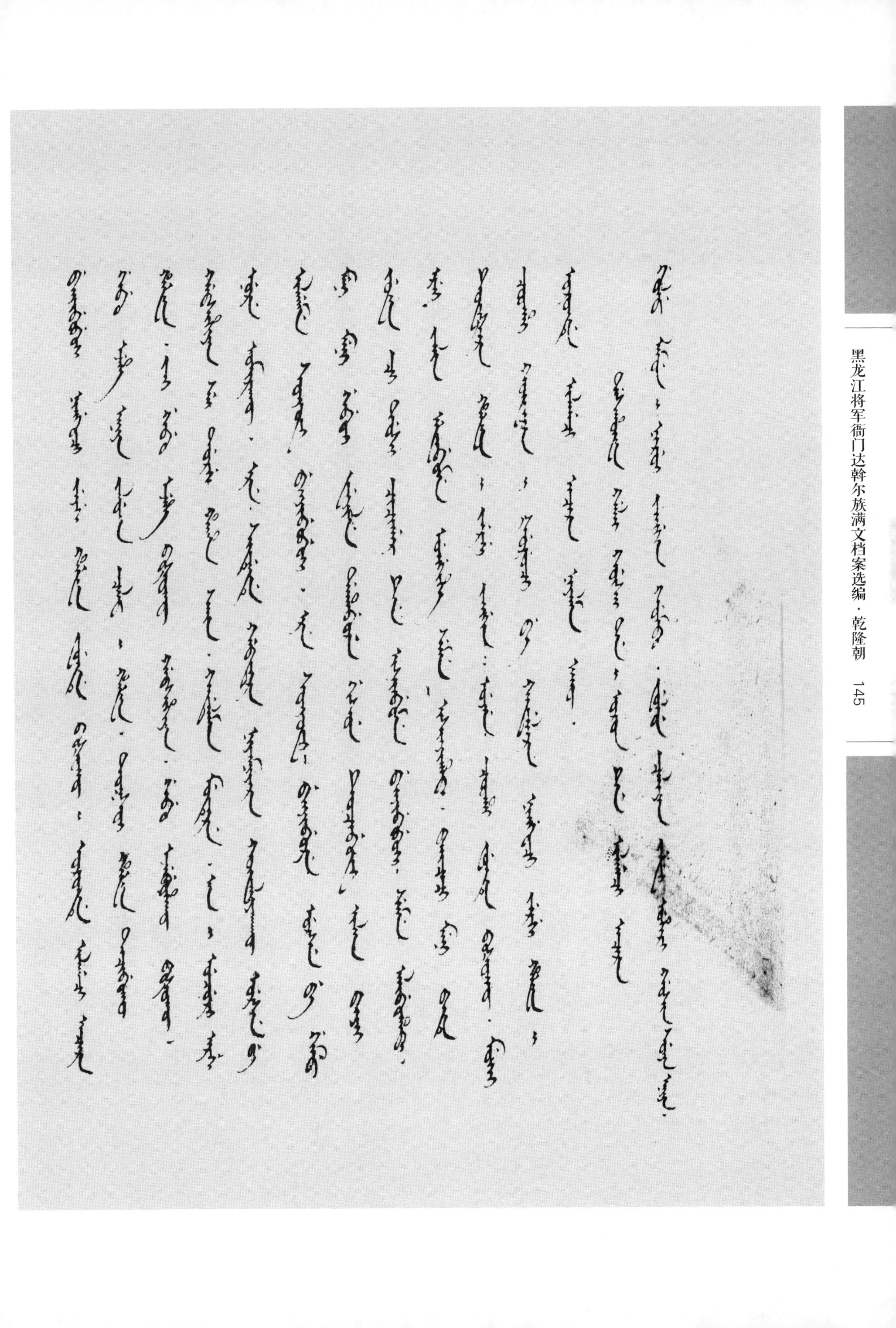

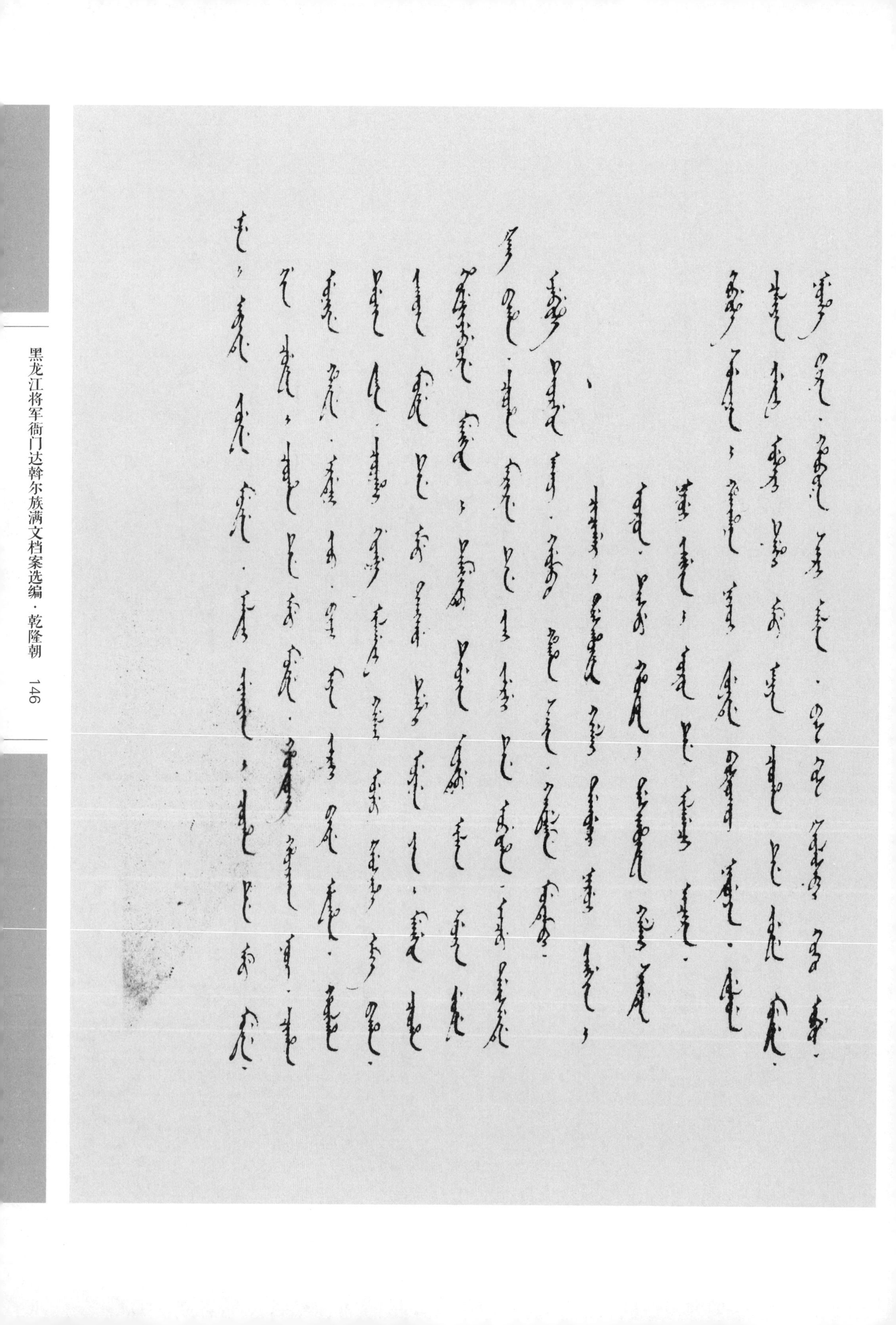

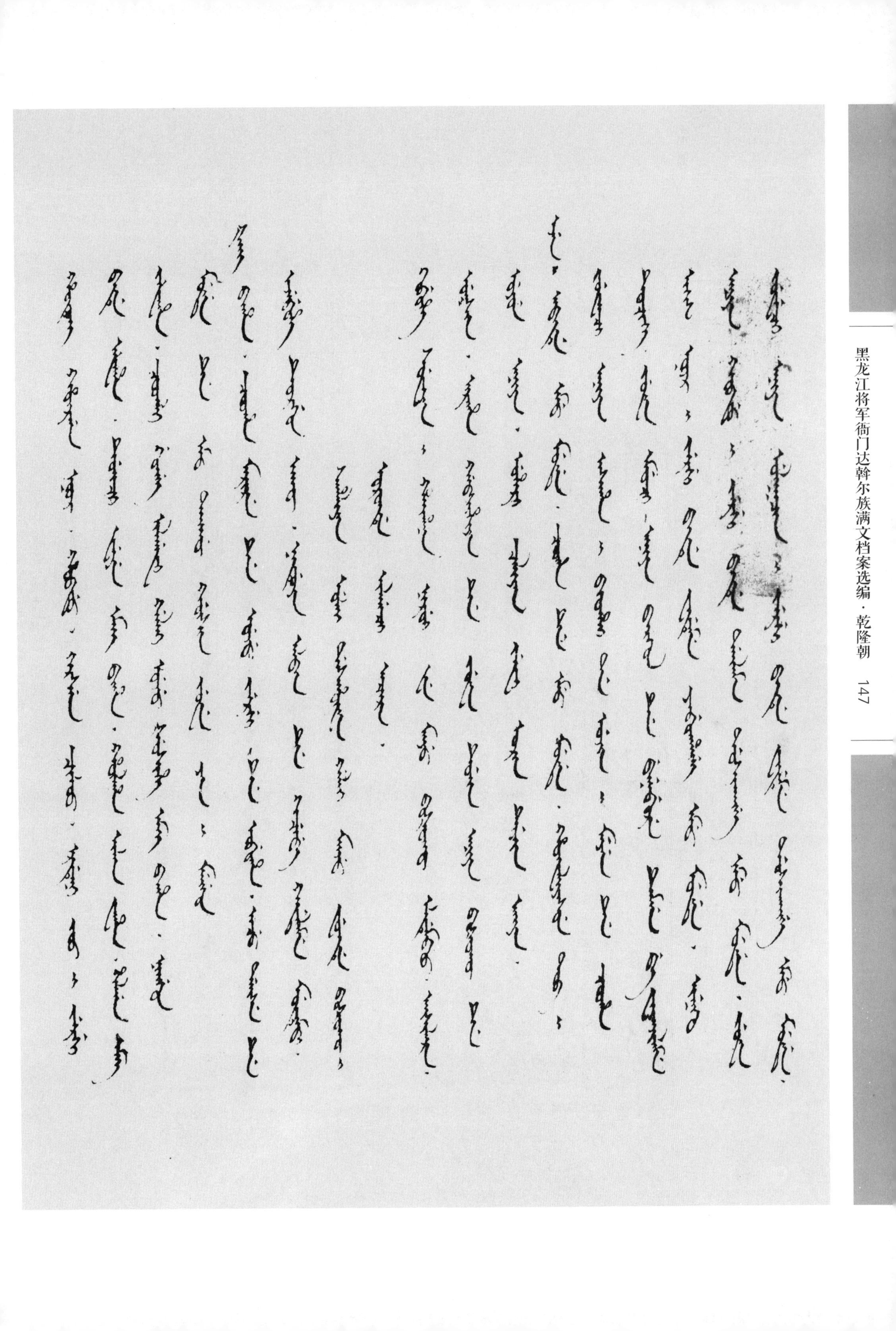

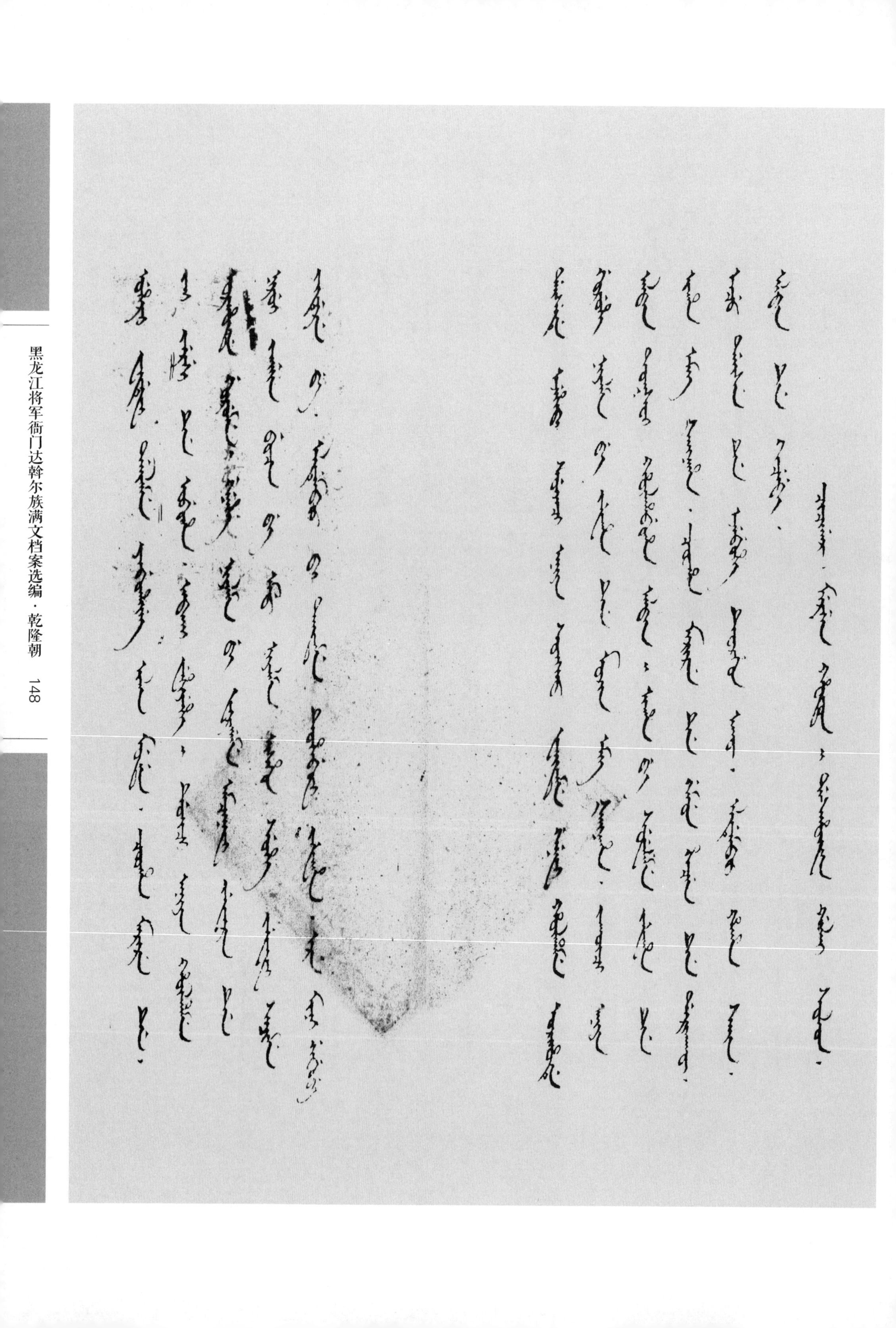

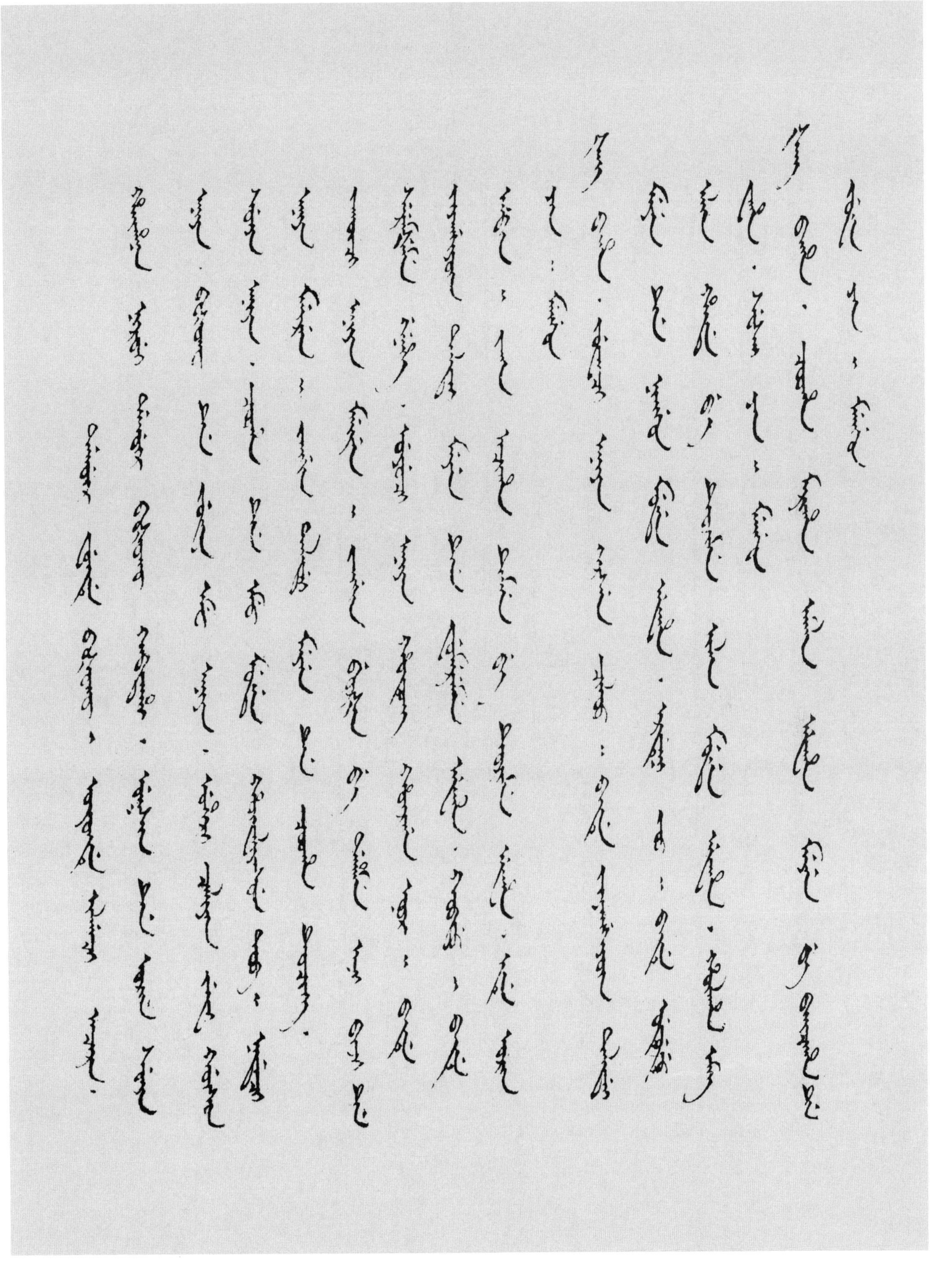

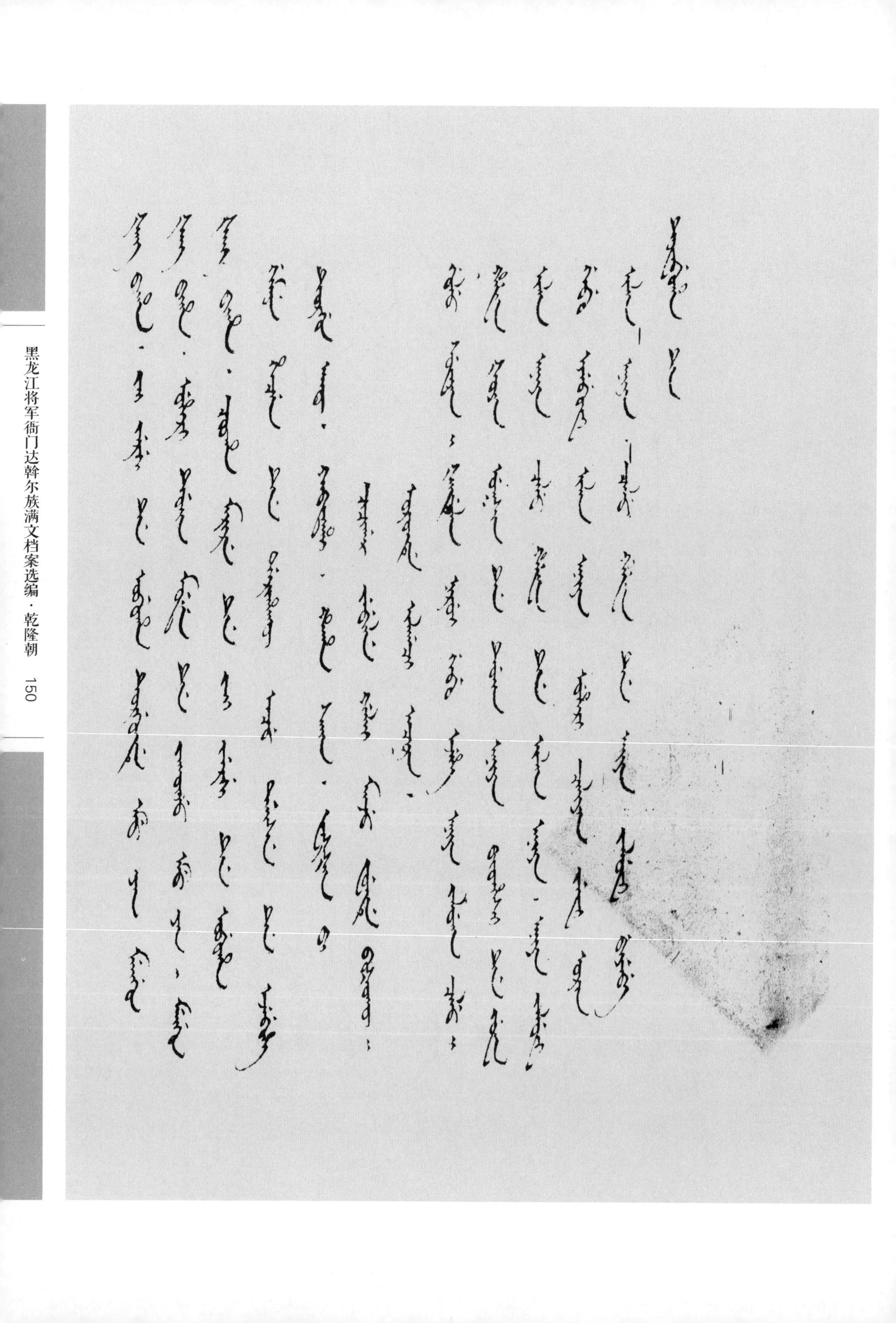

[illegible]

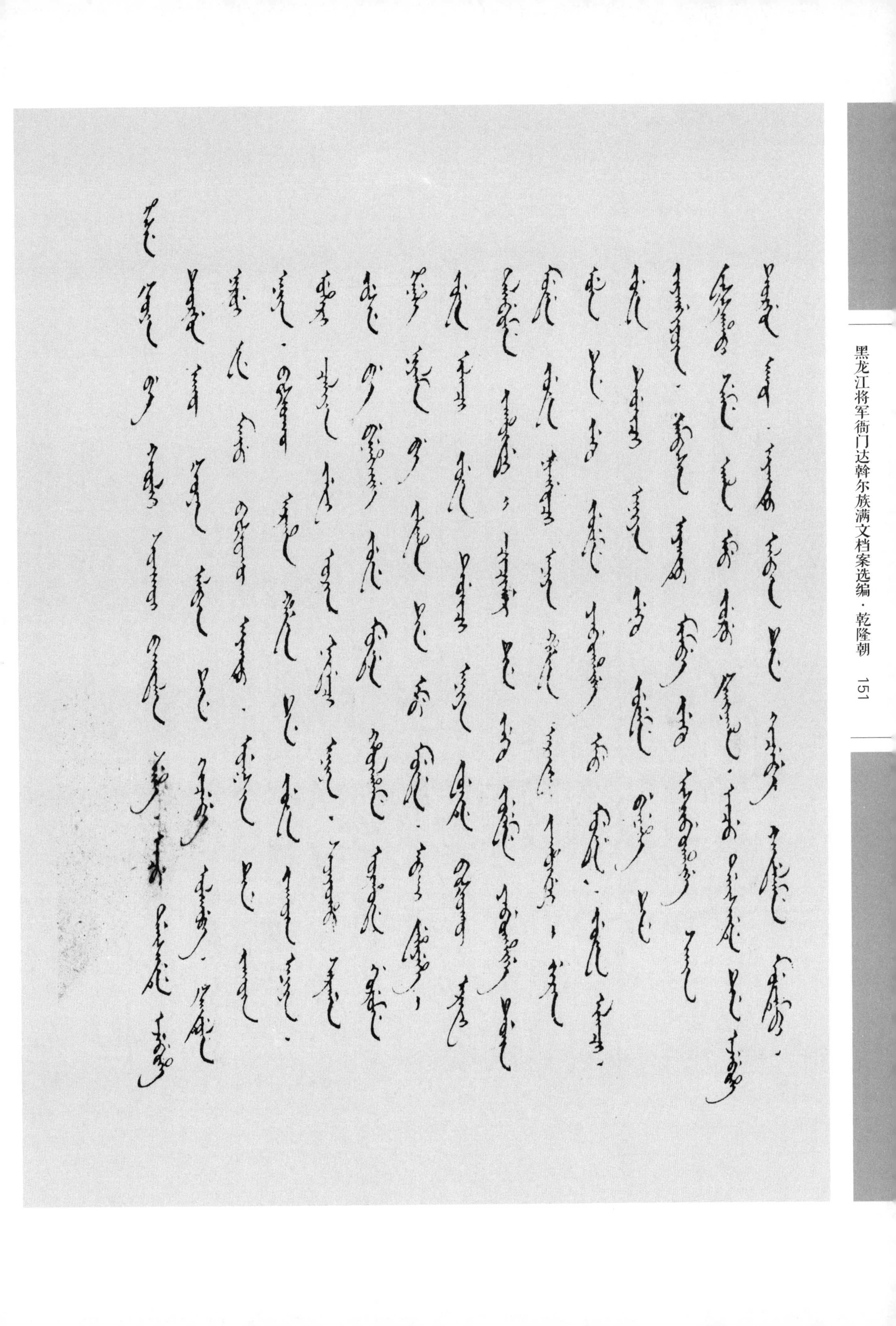

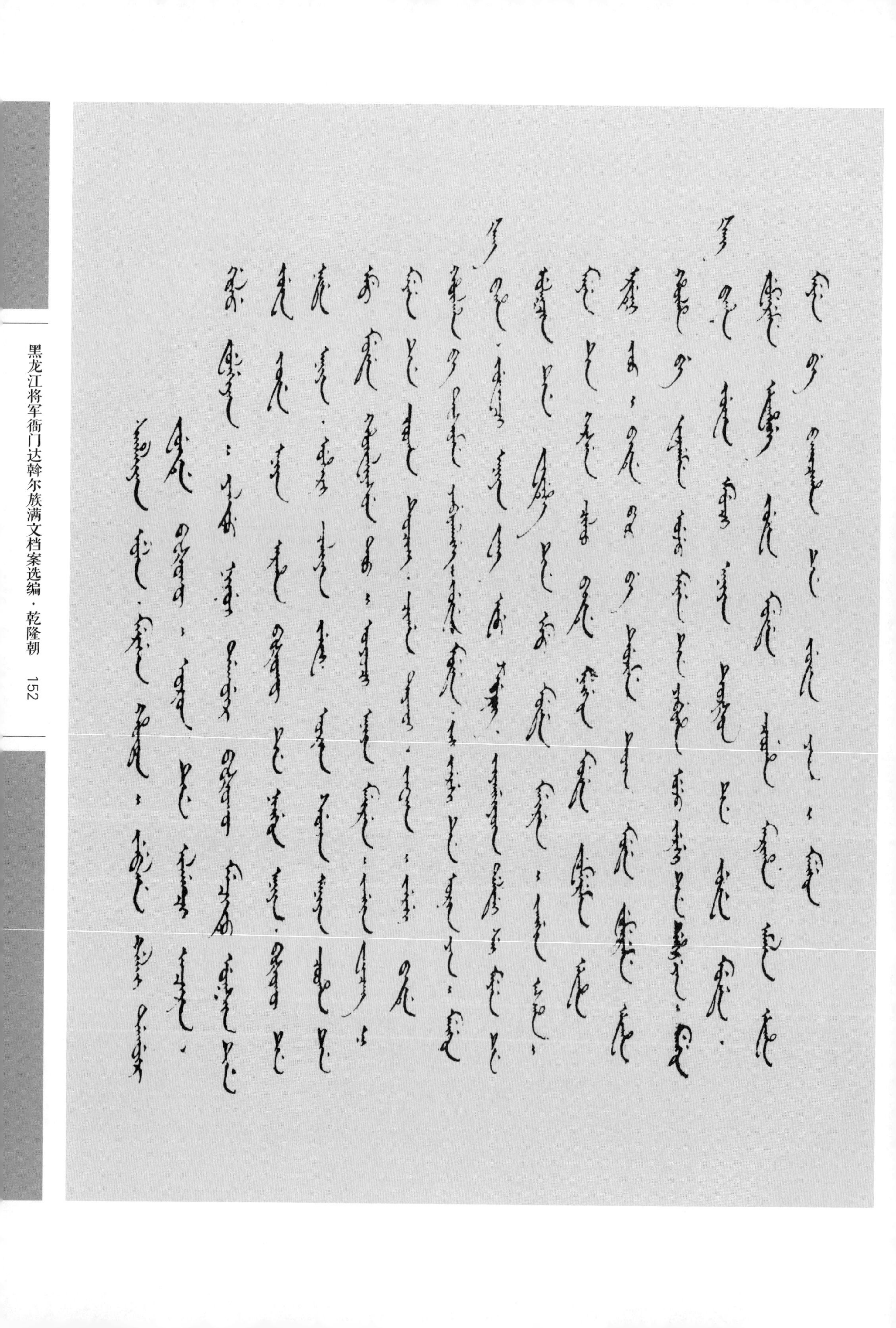

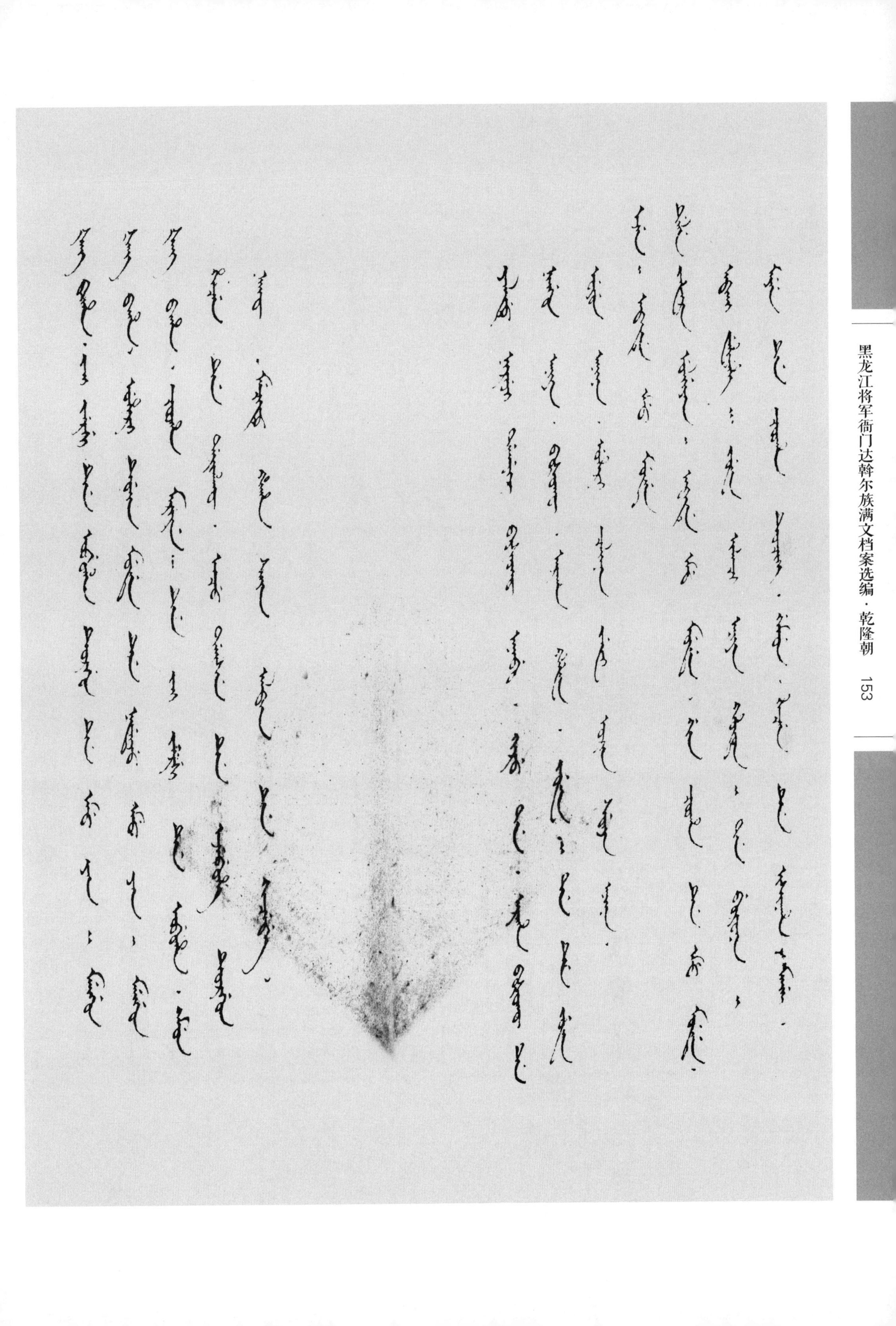

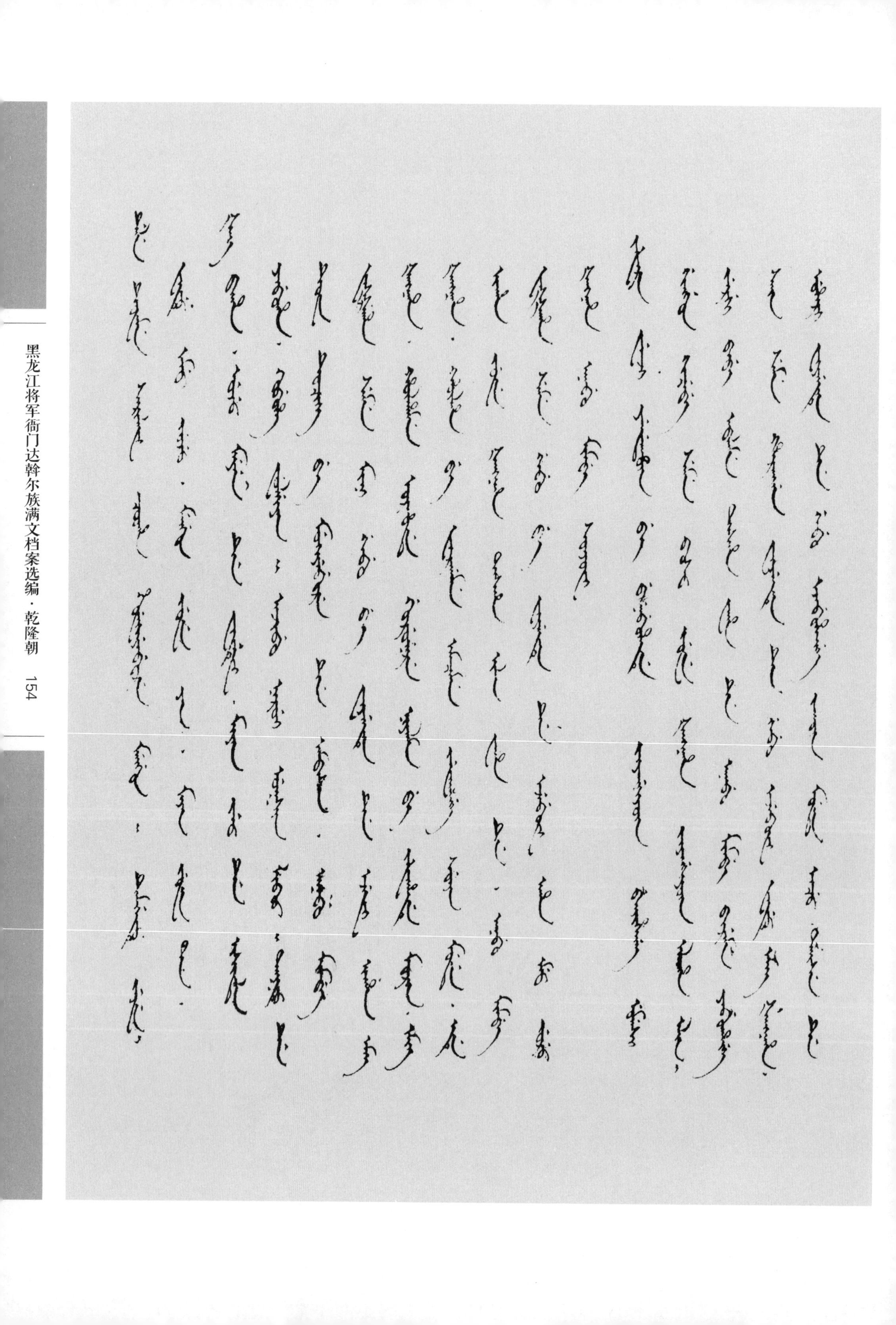

[illegible]

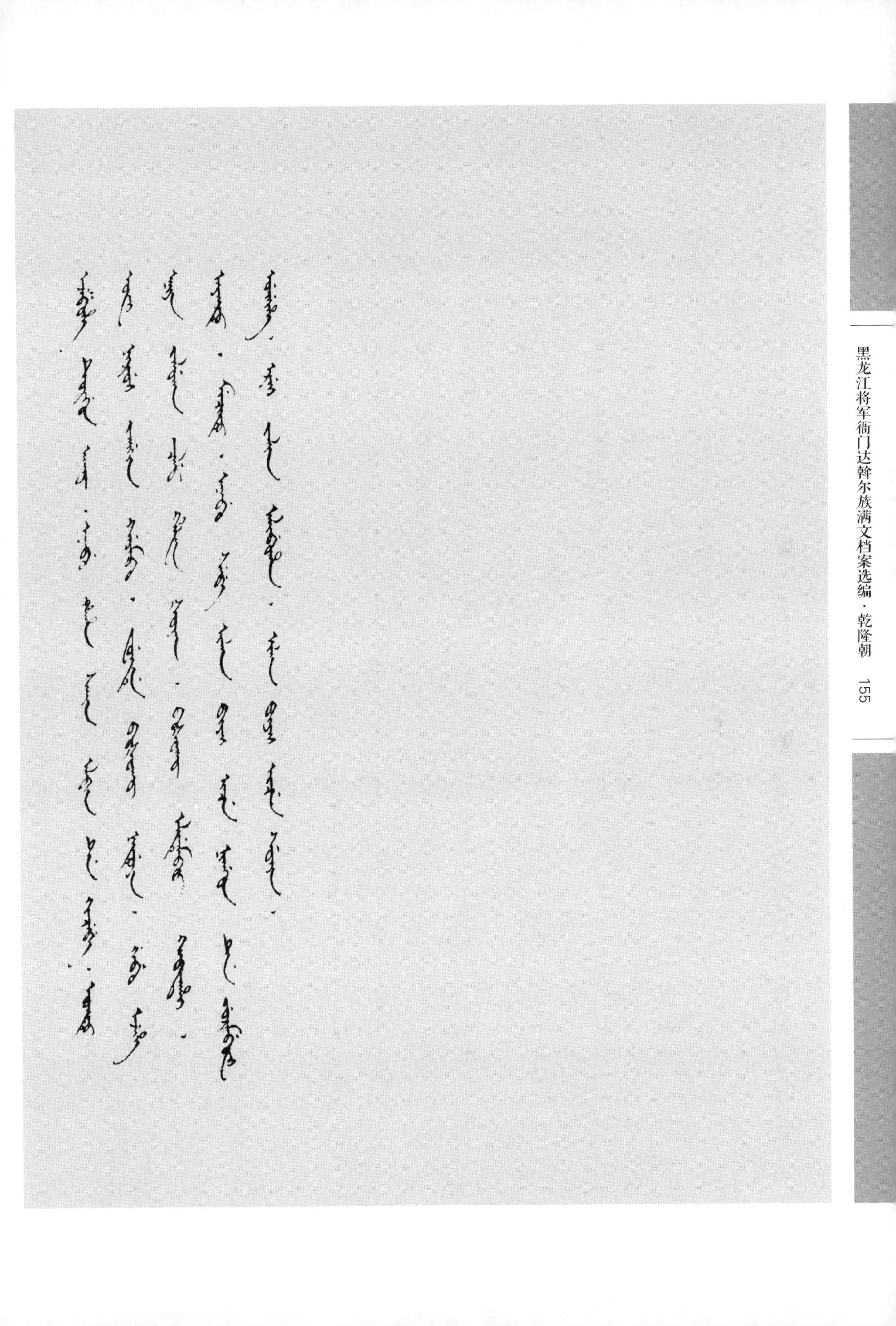

七一九 呼兰城守尉哲灵额为齐齐哈尔正黄旗达斡尔佐领塞尔齐勒图病故出缺无应选人员事呈黑龙江将军衙门文

乾隆十八年三月十二日

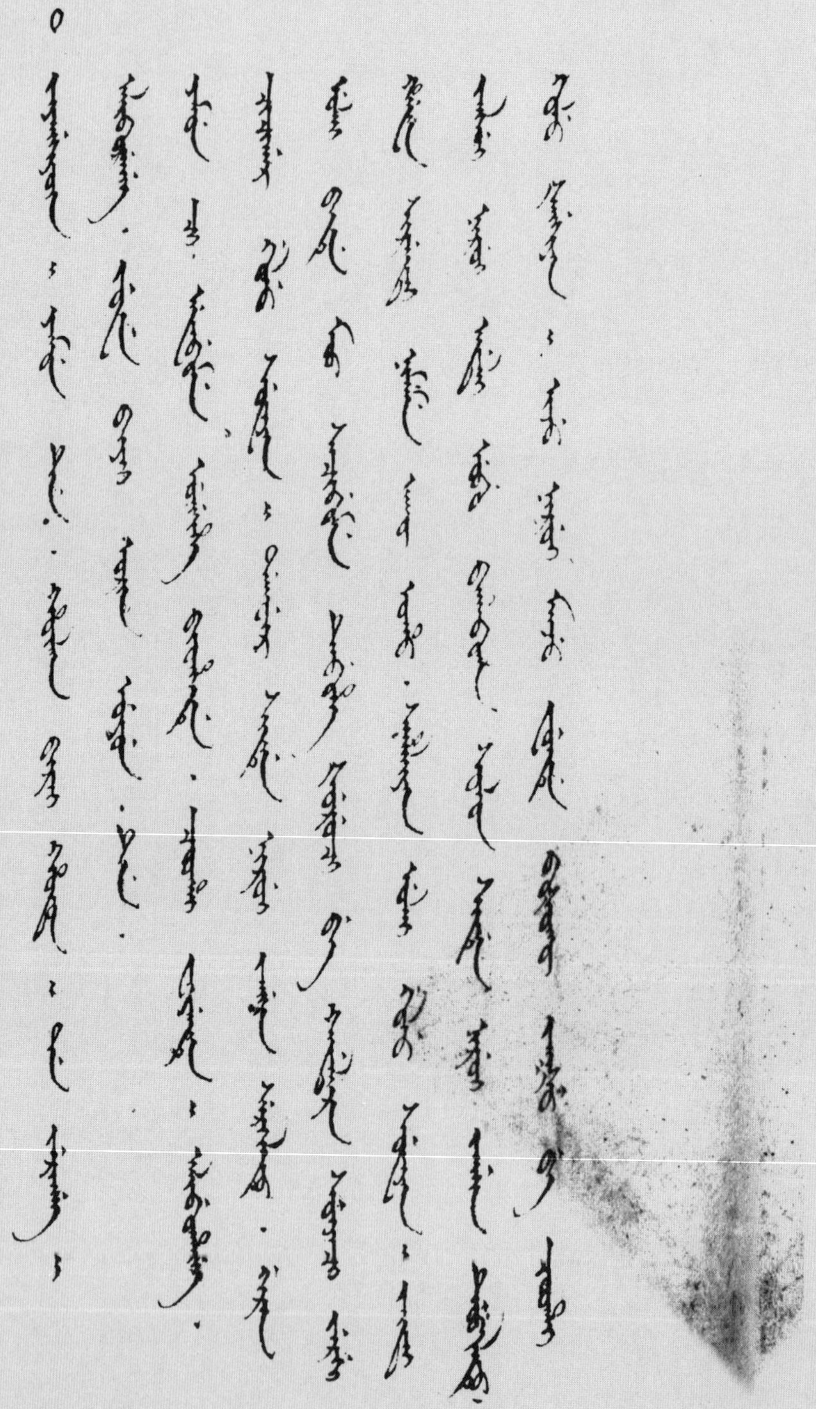

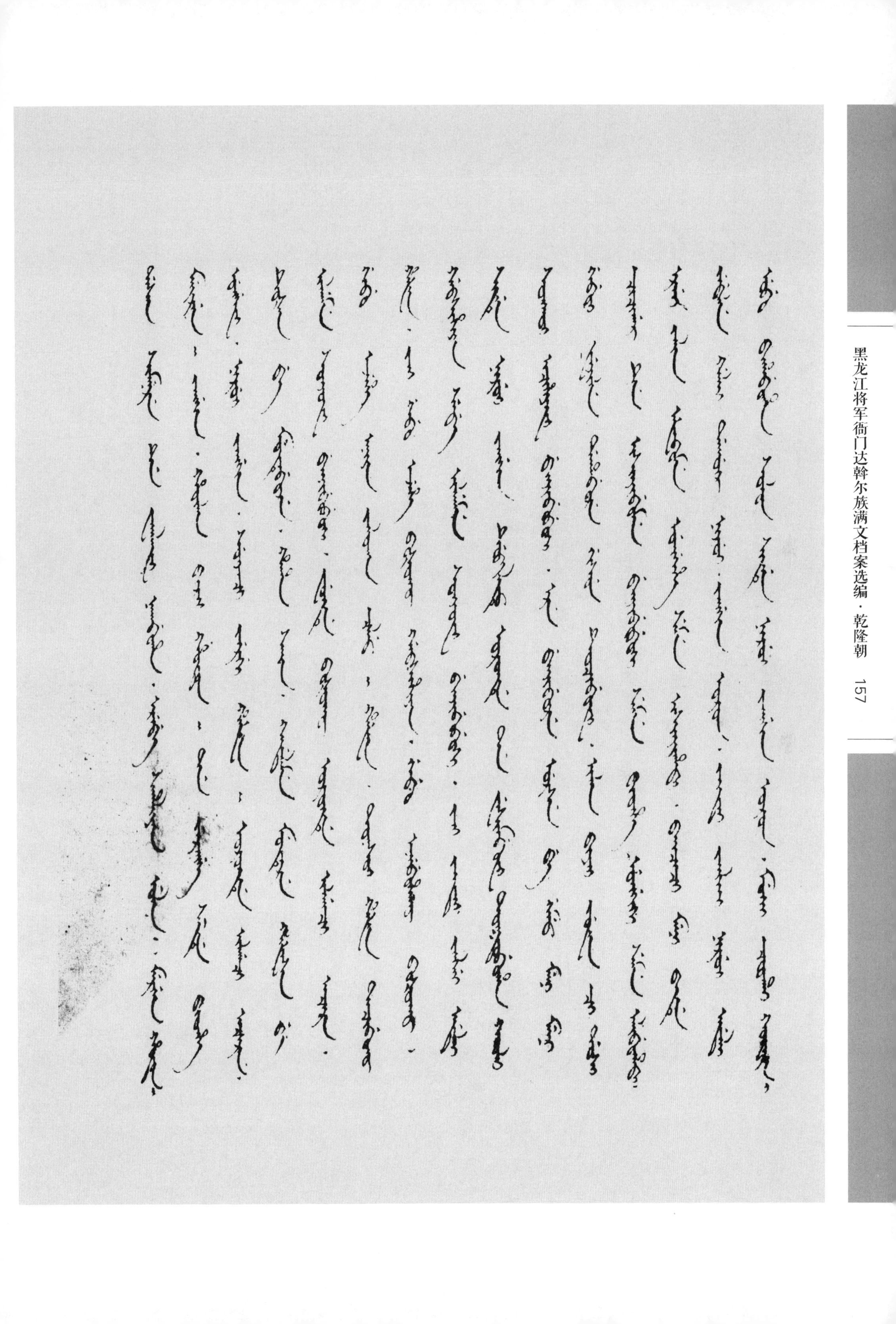

七二〇 黑龙江副都统衙门为黑龙江各处满洲达斡尔佐领骁骑校等出缺拣员报送事咨黑龙江将军衙门文

乾隆十八年三月十五日

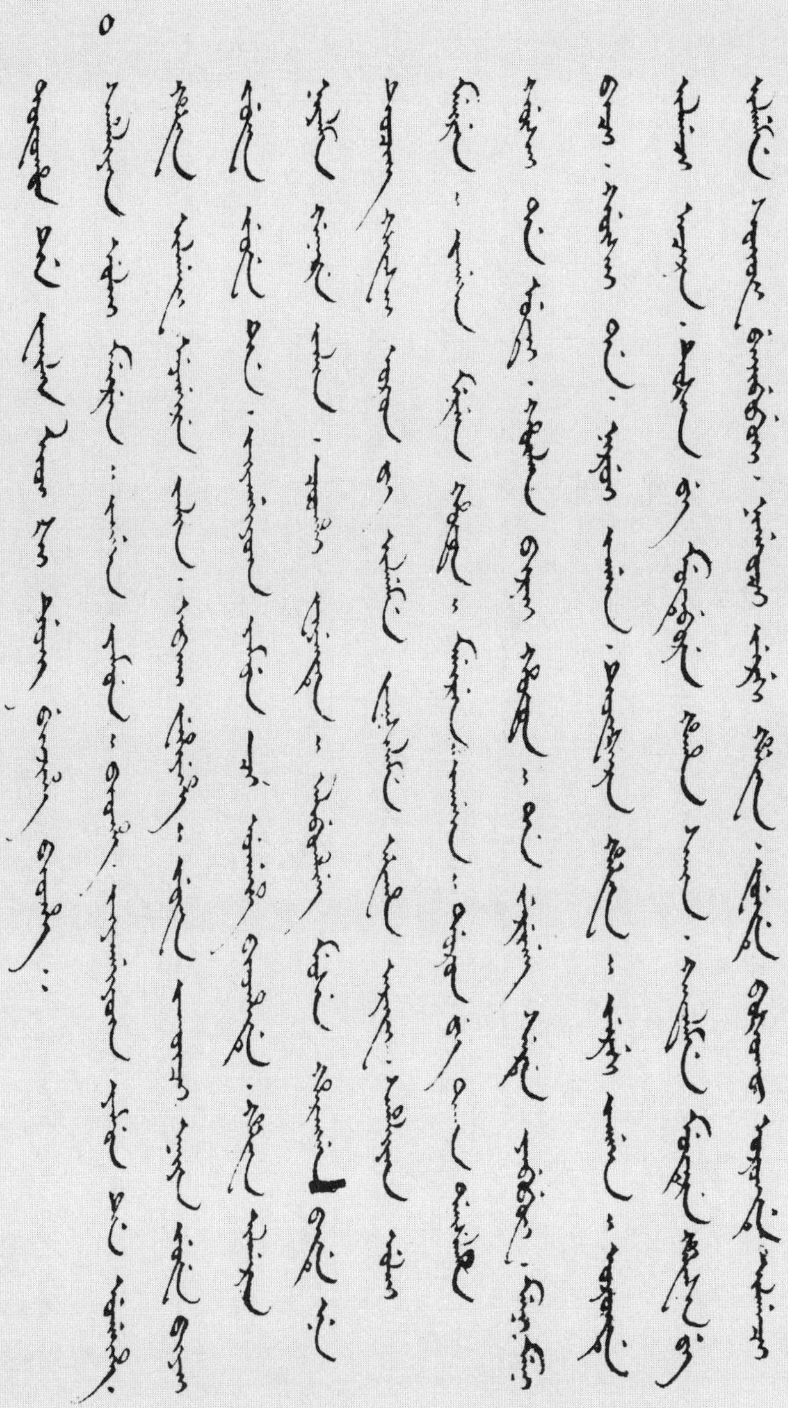

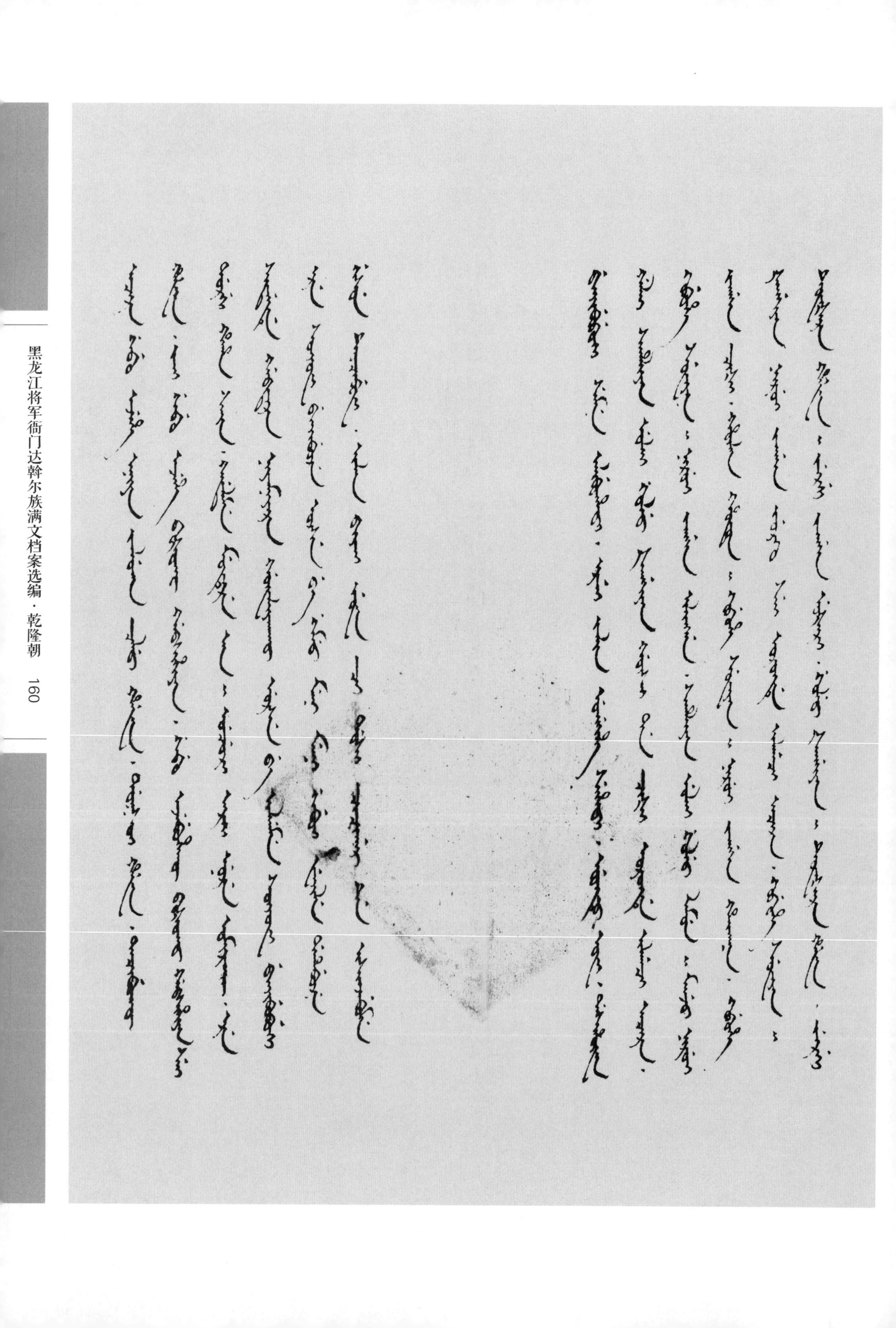

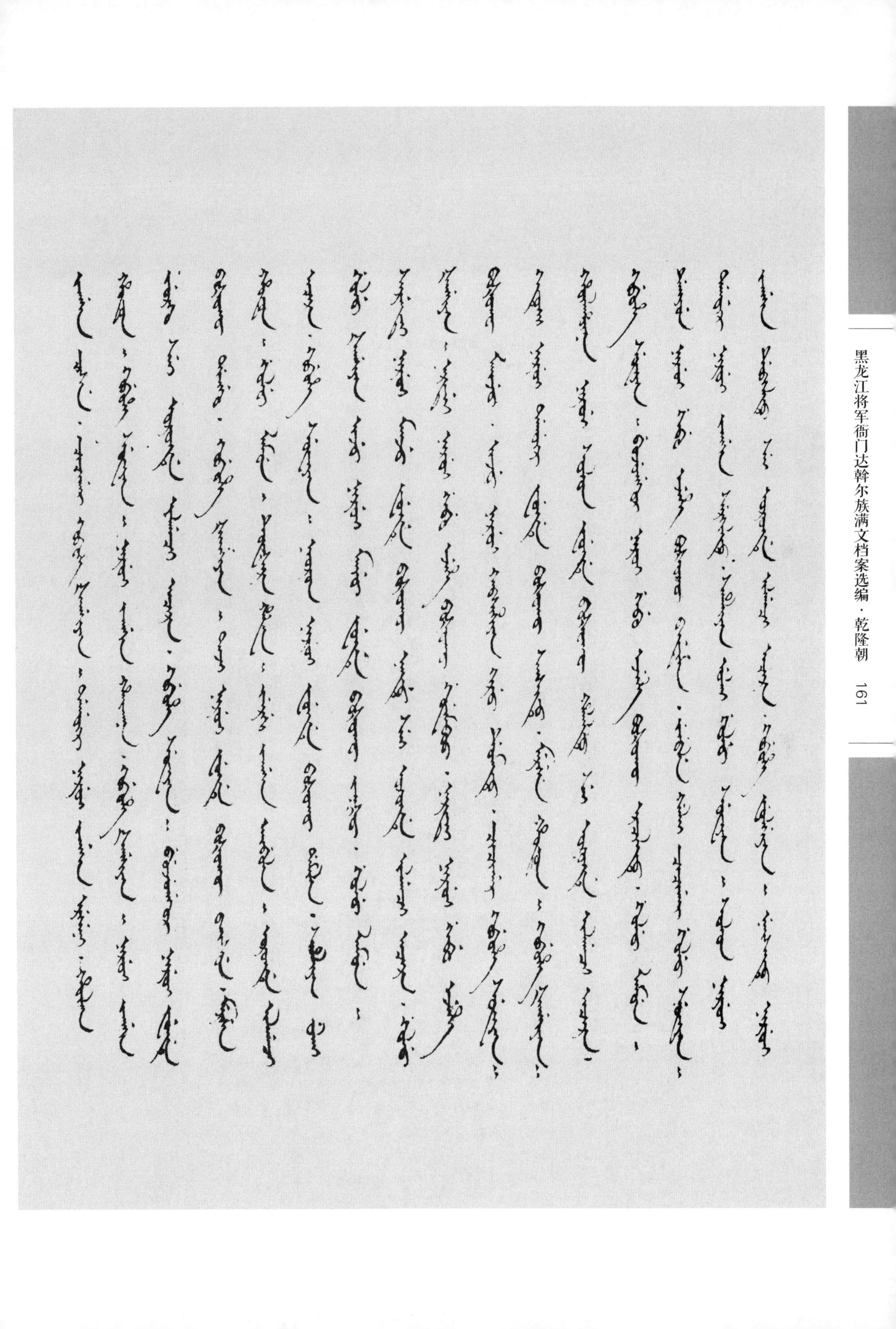

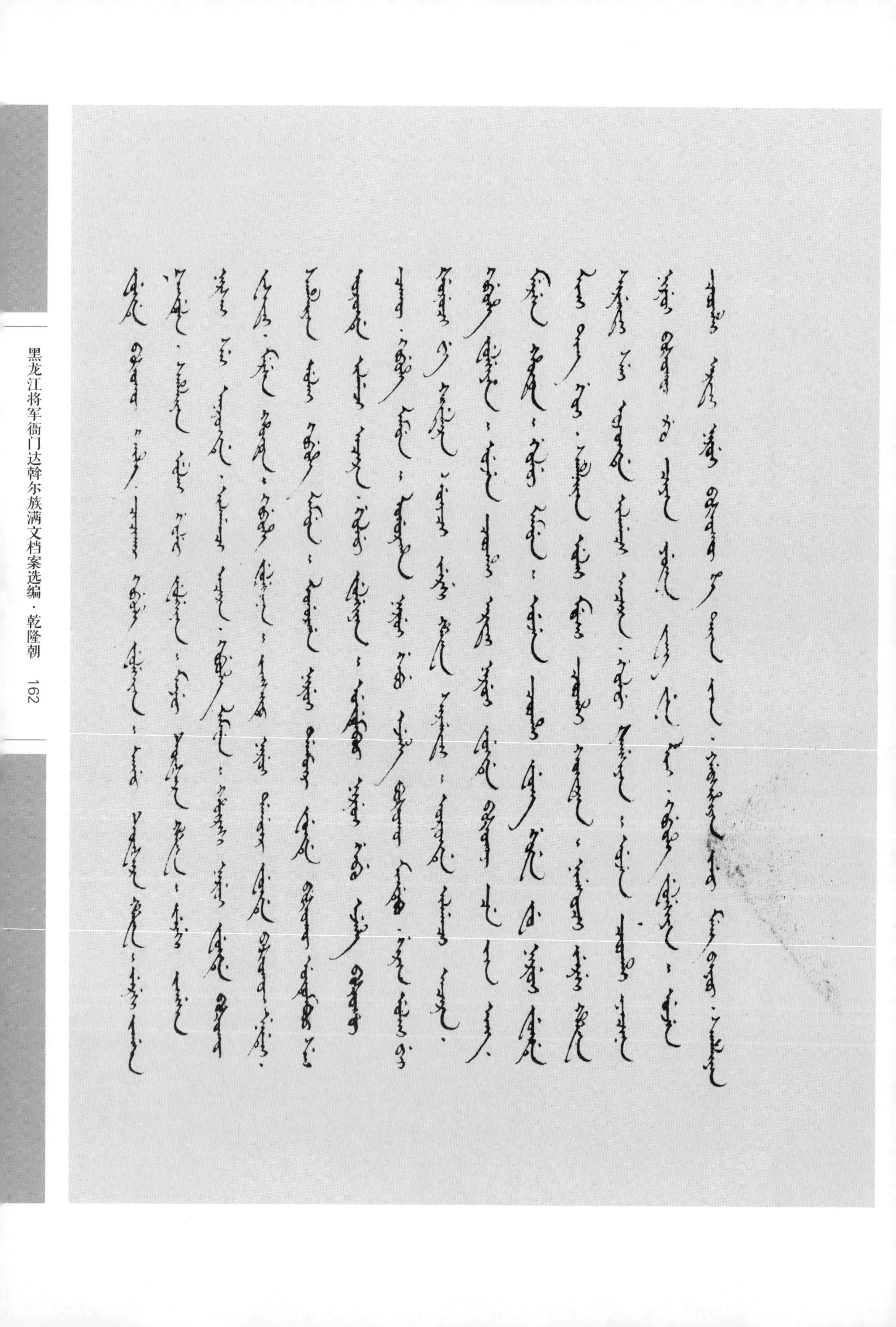

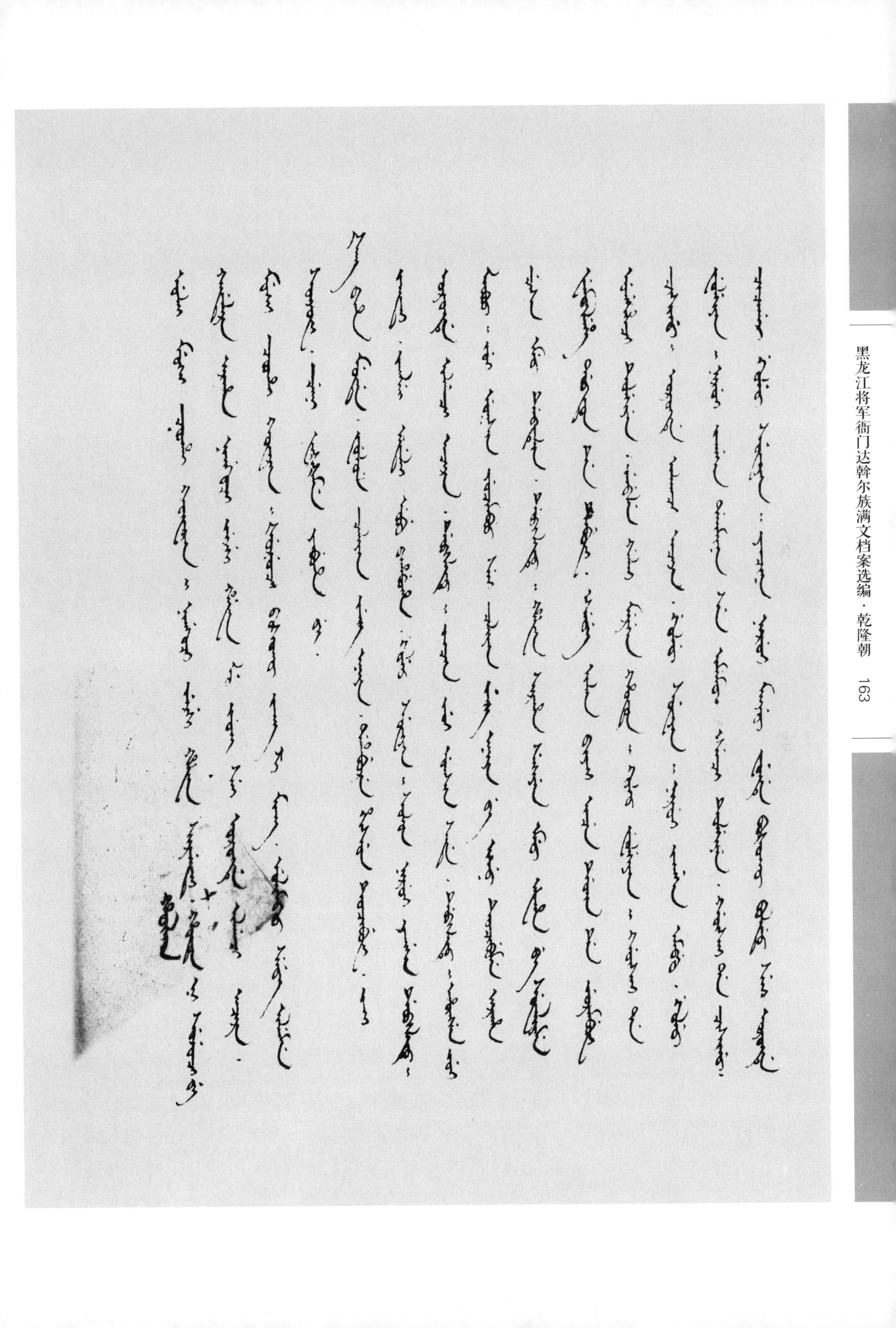

[illegible]

[illegible]

七二一 黑龙江将军衙门为齐齐哈尔镶白旗达斡尔佐领额尔格内病故出缺拣选骁骑校奔多尔库引见事咨兵部文

乾隆十八年四月初四日

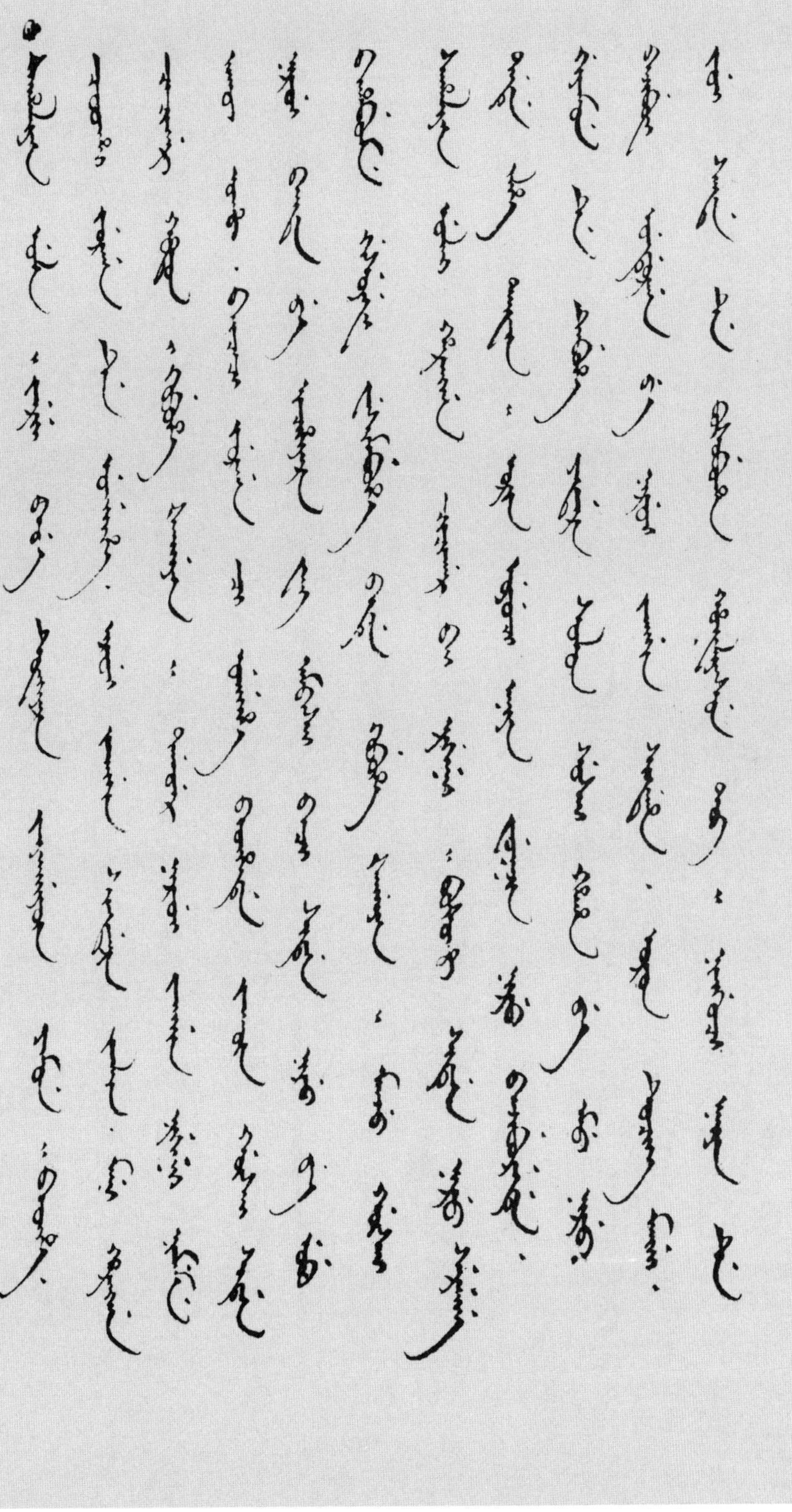

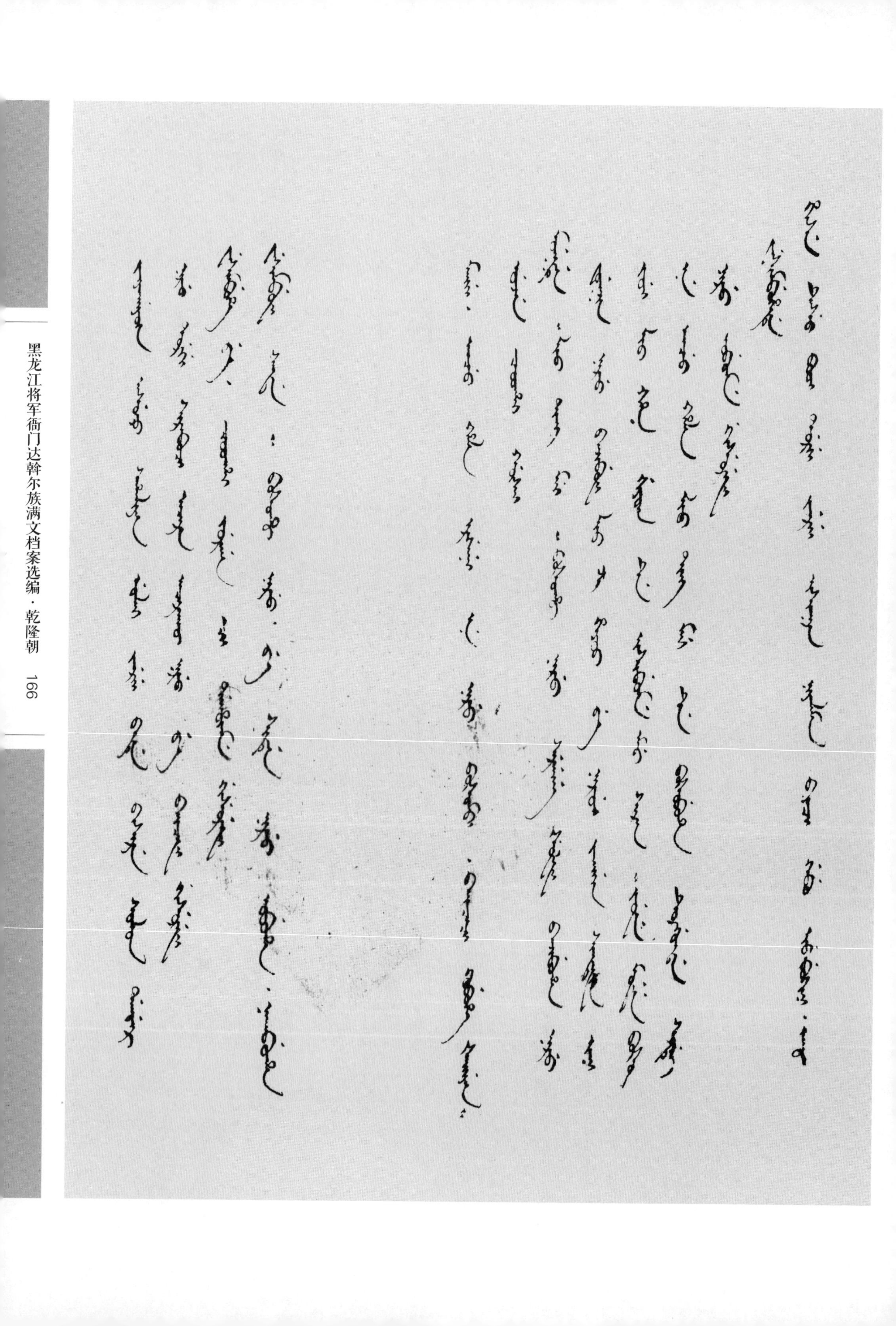

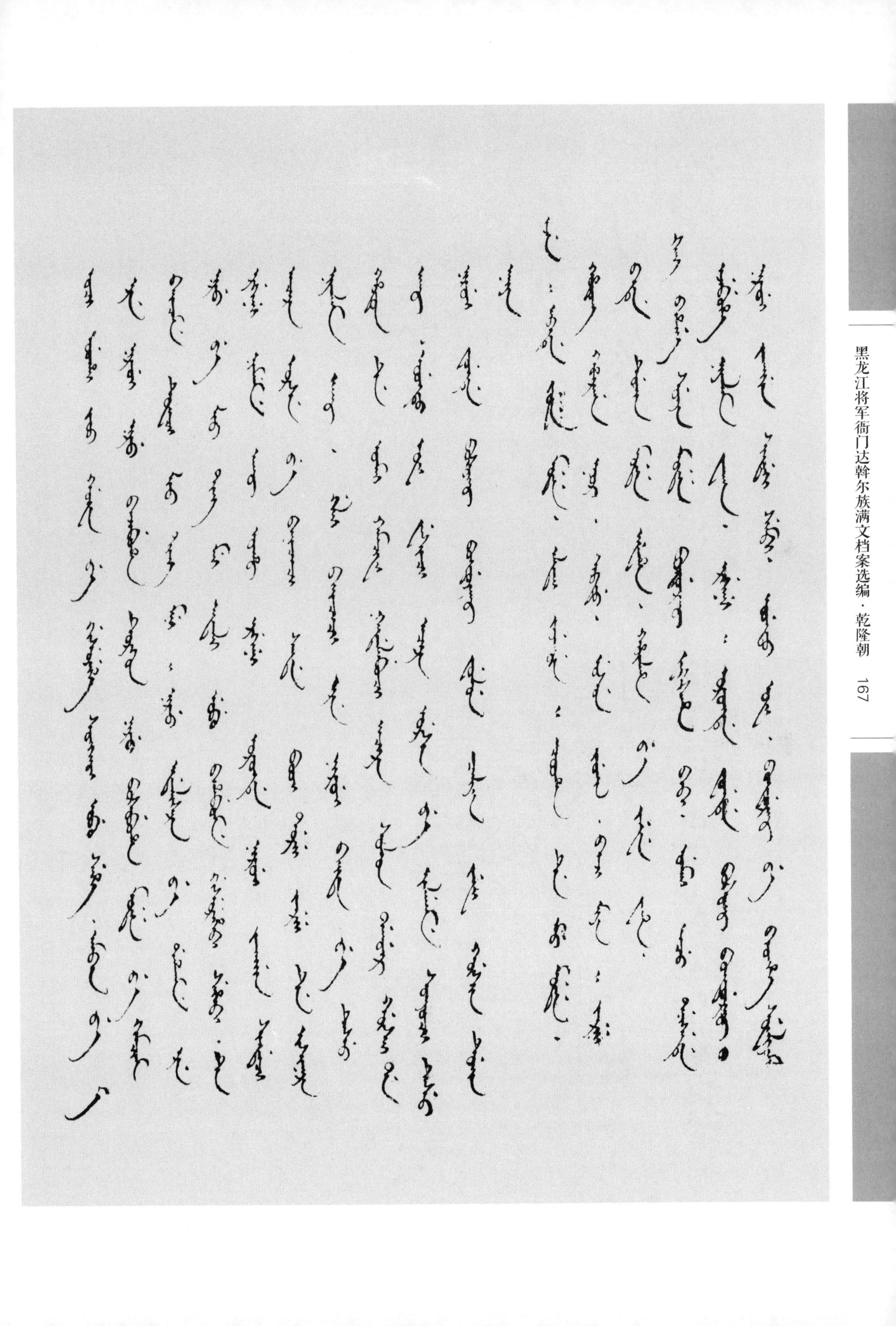

[illegible]

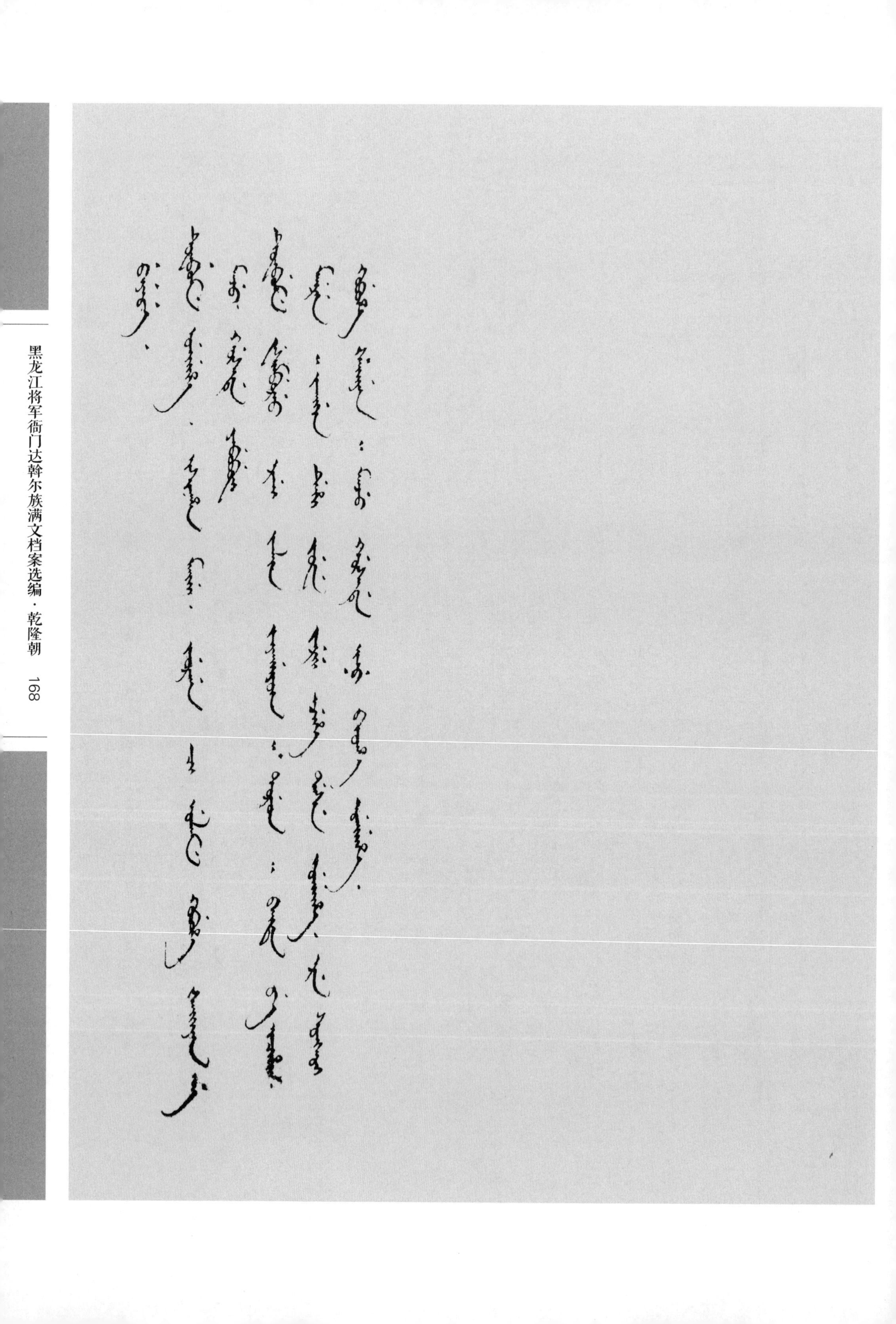

[illegible]

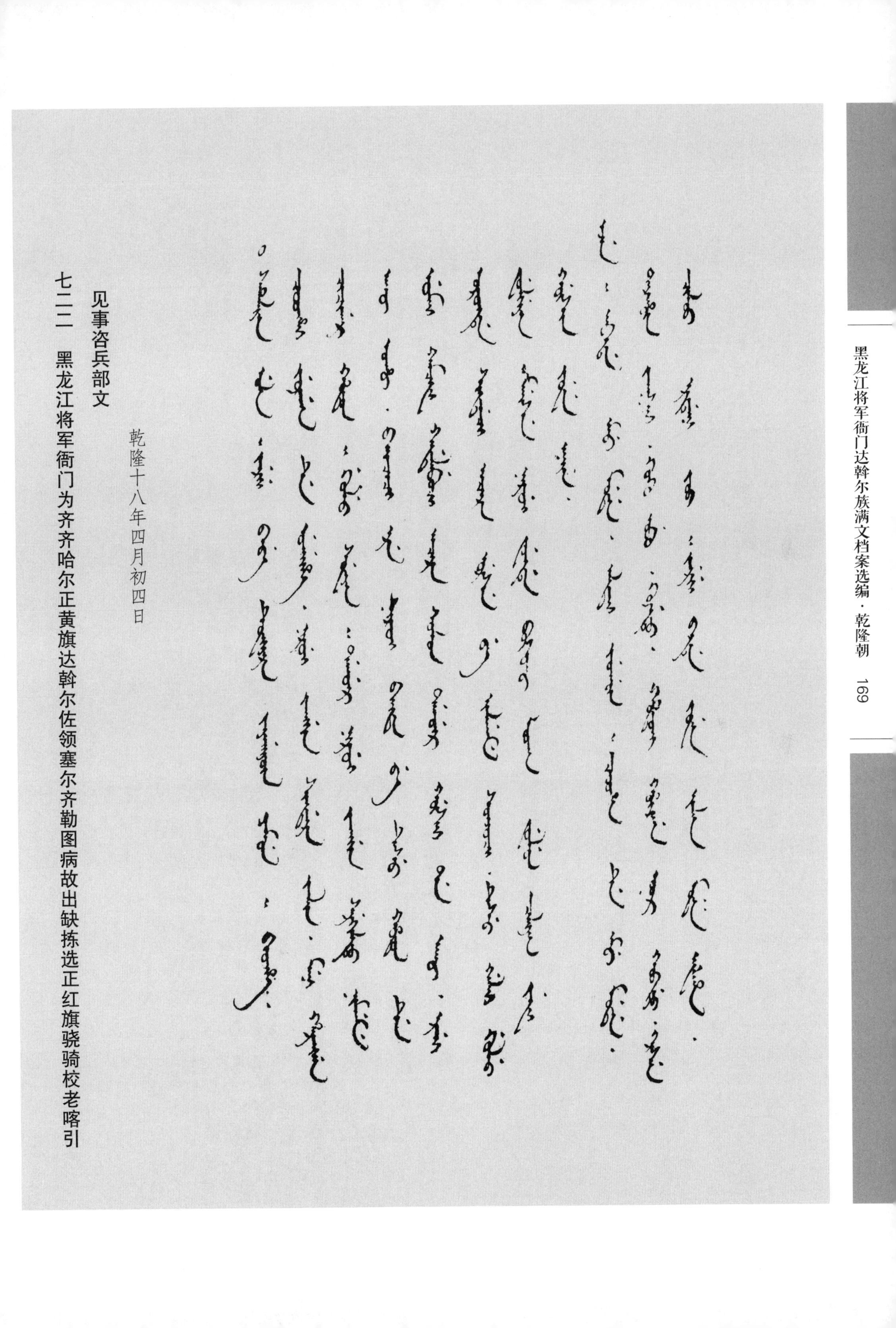

七二二　黑龙江将军衙门为齐齐哈尔正黄旗达斡尔佐领塞尔齐勒图病故出缺拣选正红旗骁骑校老喀引见事咨兵部文

乾隆十八年四月初四日

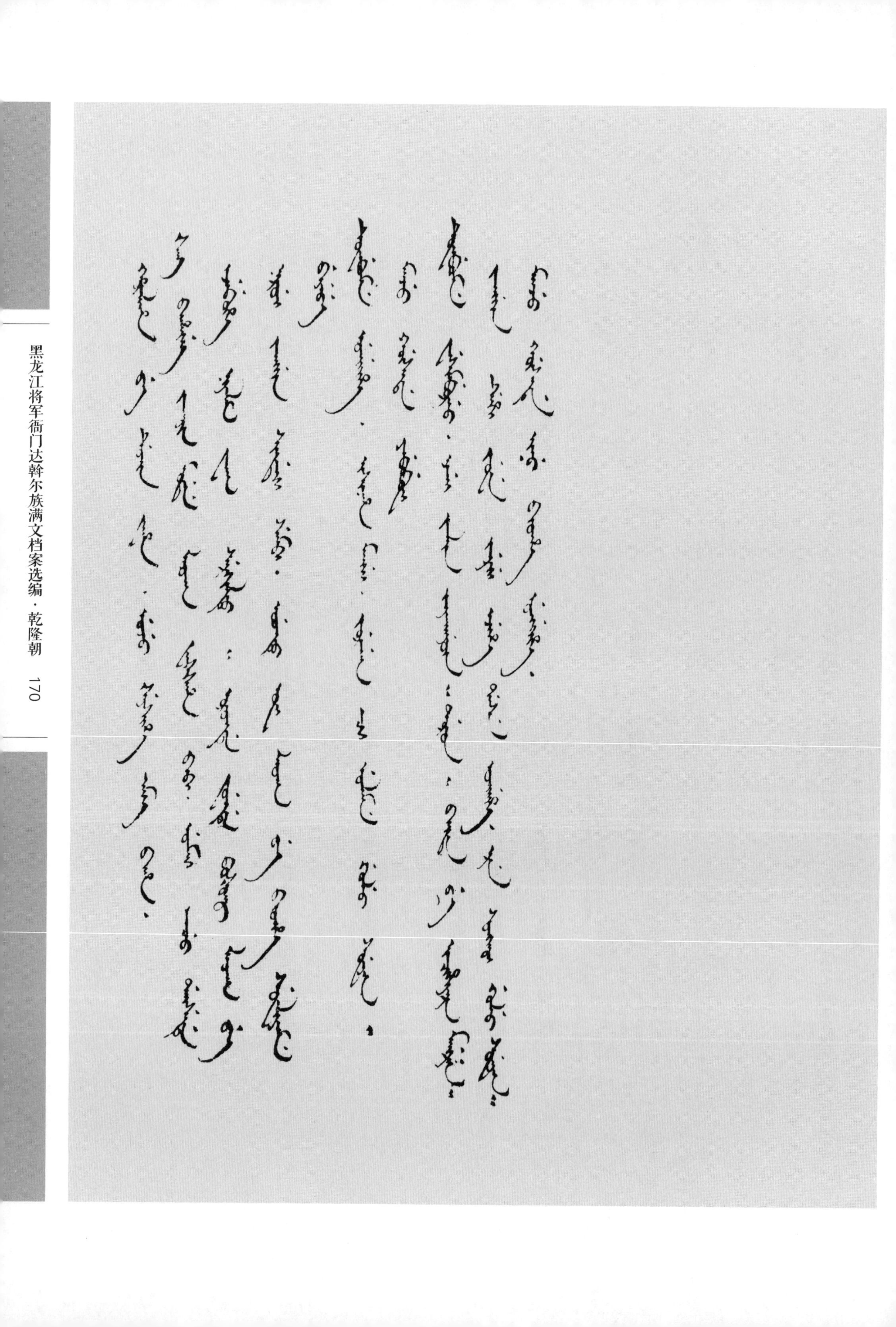

[illegible]

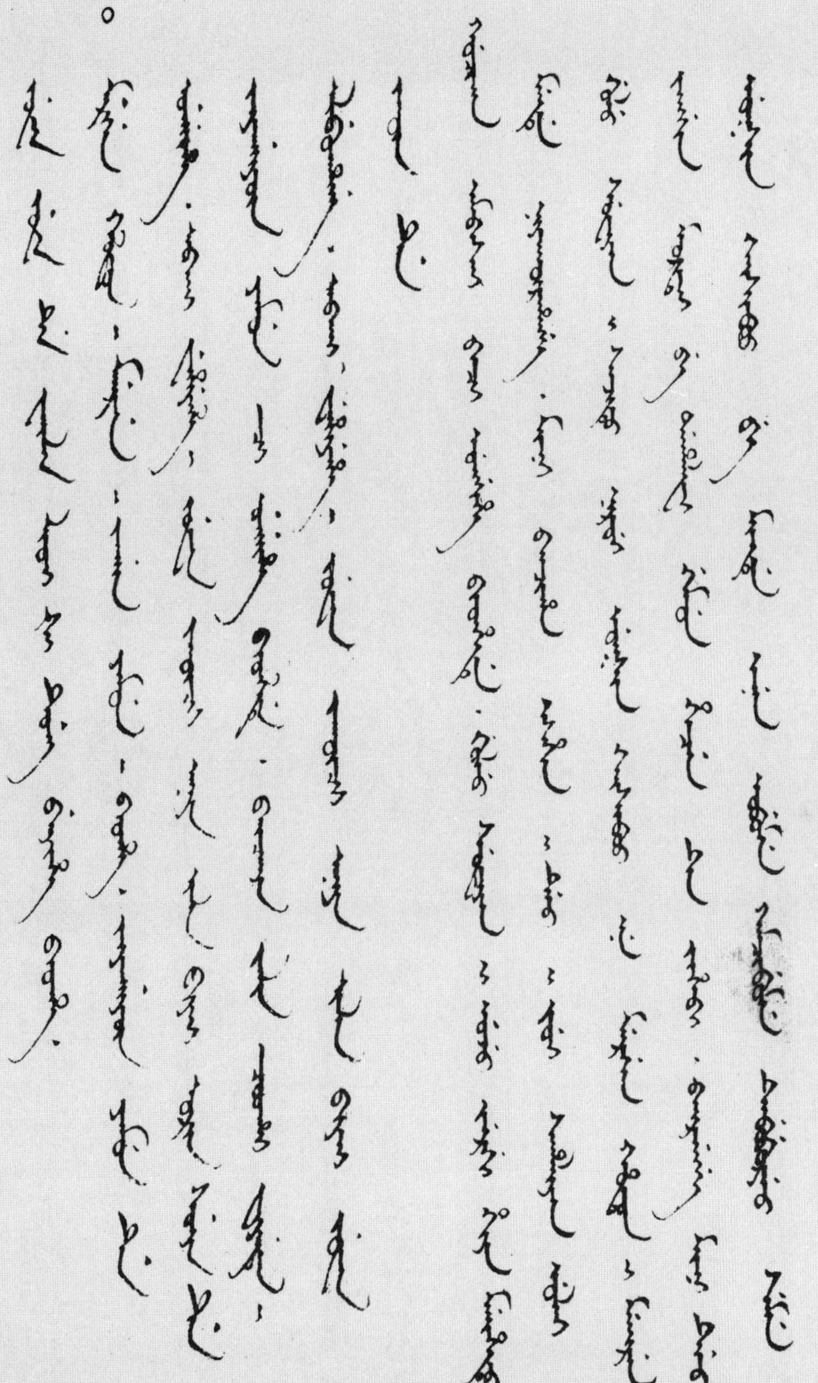

乾隆十八年四月十二日

七二三 墨尔根副都统衙门为查报墨尔根正黄旗另户达斡尔披甲克依什保实乃头等侍卫枚赫图胞叔孙事咨黑龙江将军衙门文

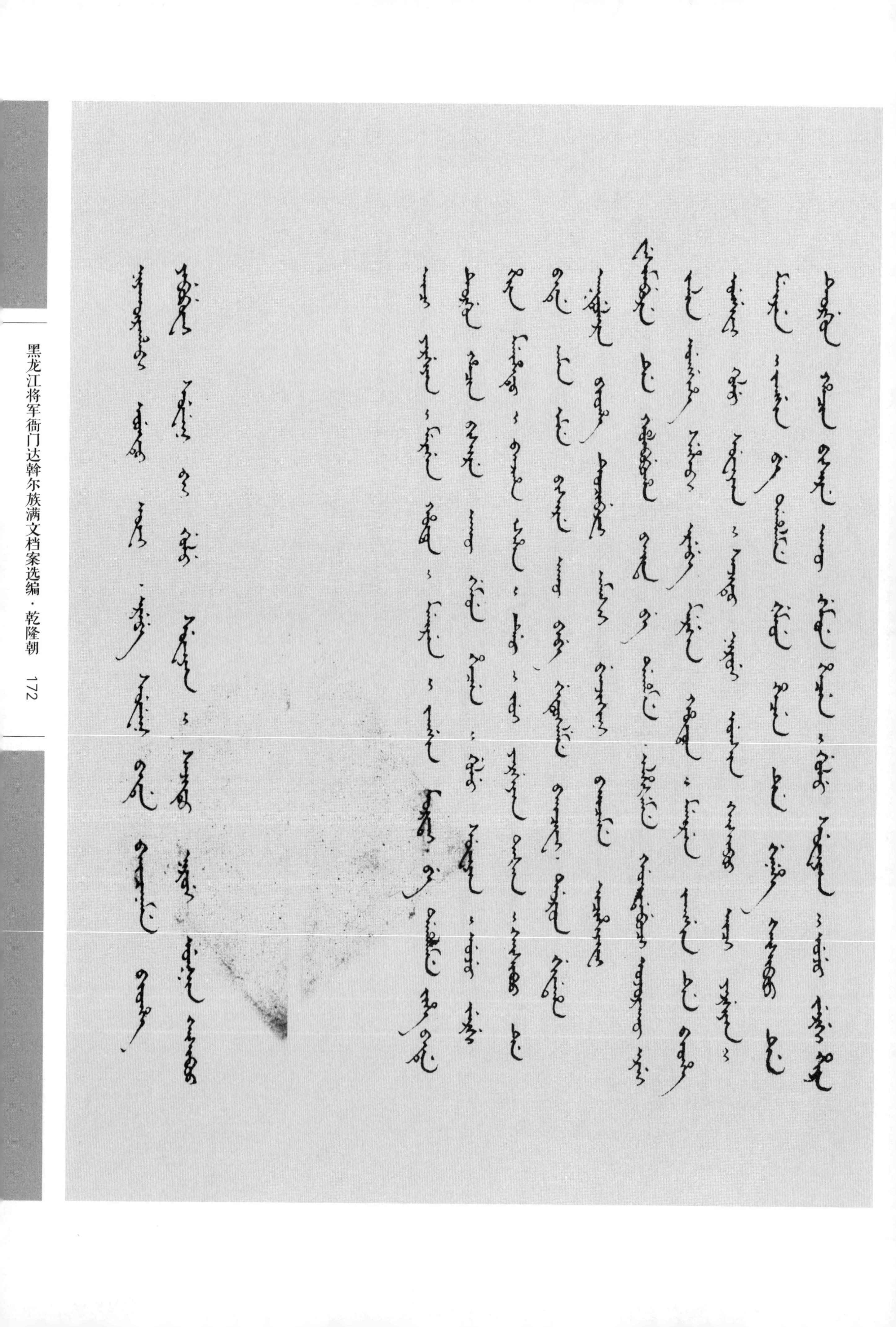

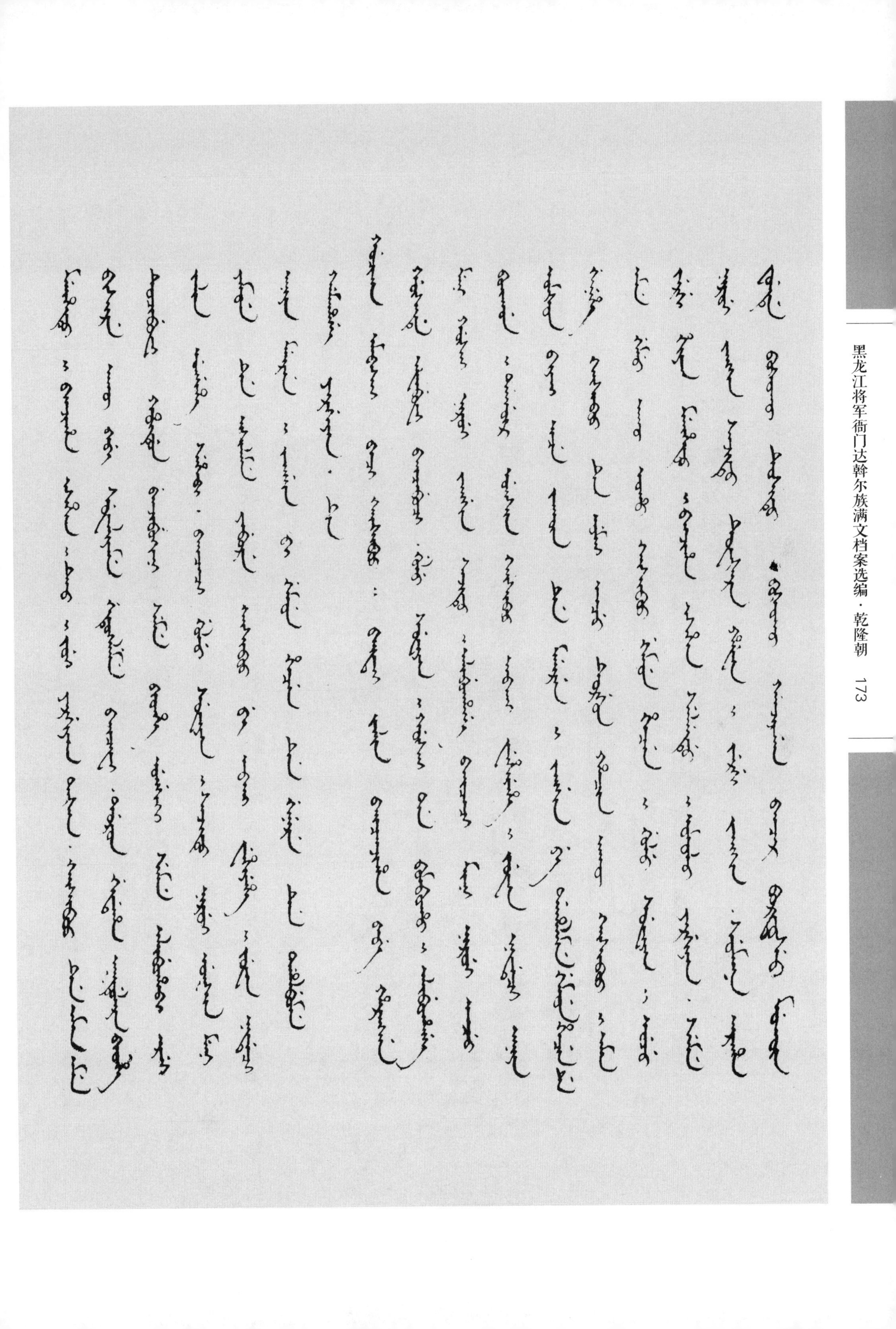

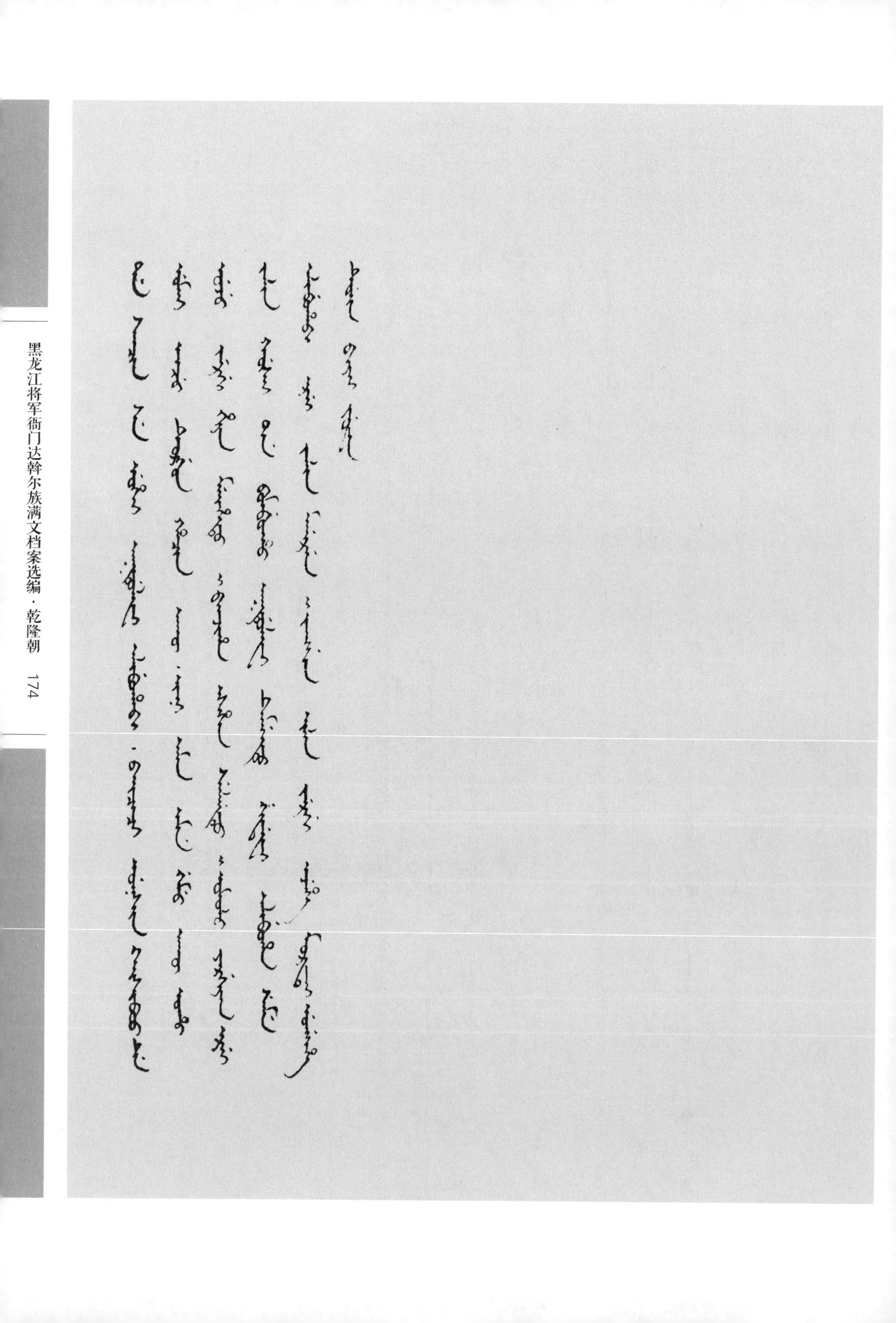

[illegible]
[illegible]
[illegible]
[illegible]
[illegible]
[illegible]
[illegible]
[illegible]

七二四　黑龙江副都统衙门为拨给因病不能当差无业另户达斡尔披甲喀什图等银两事咨黑龙江将军衙门文

乾隆十八年四月二十三日

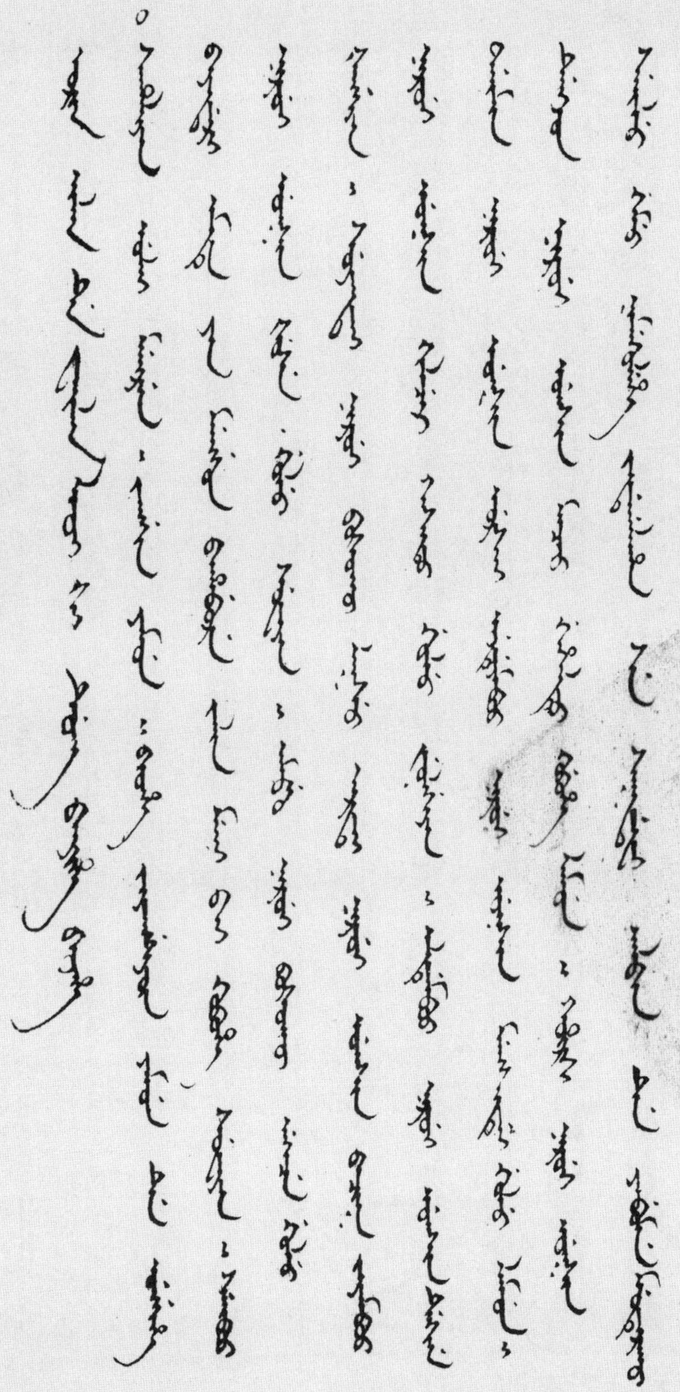

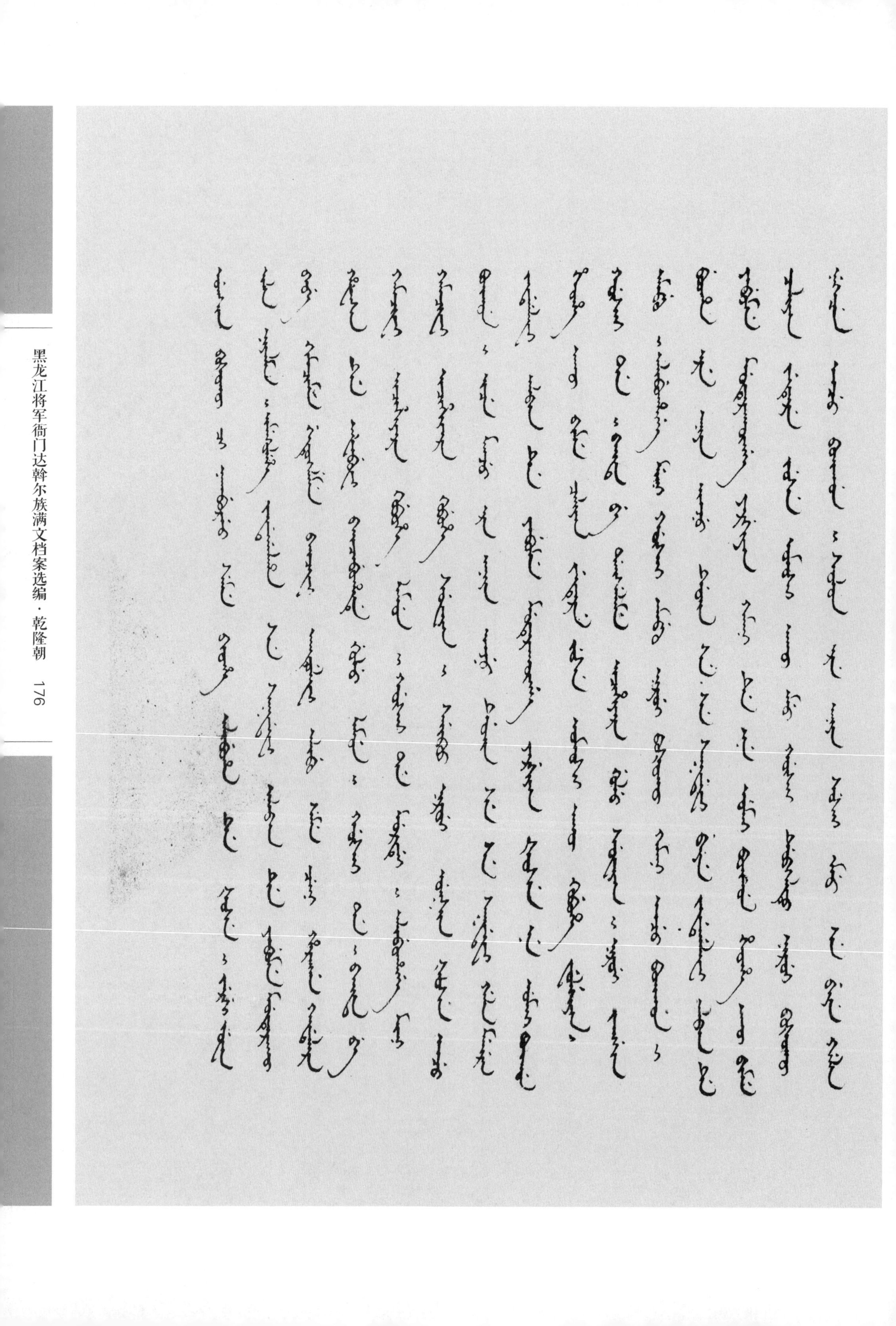

[illegible]

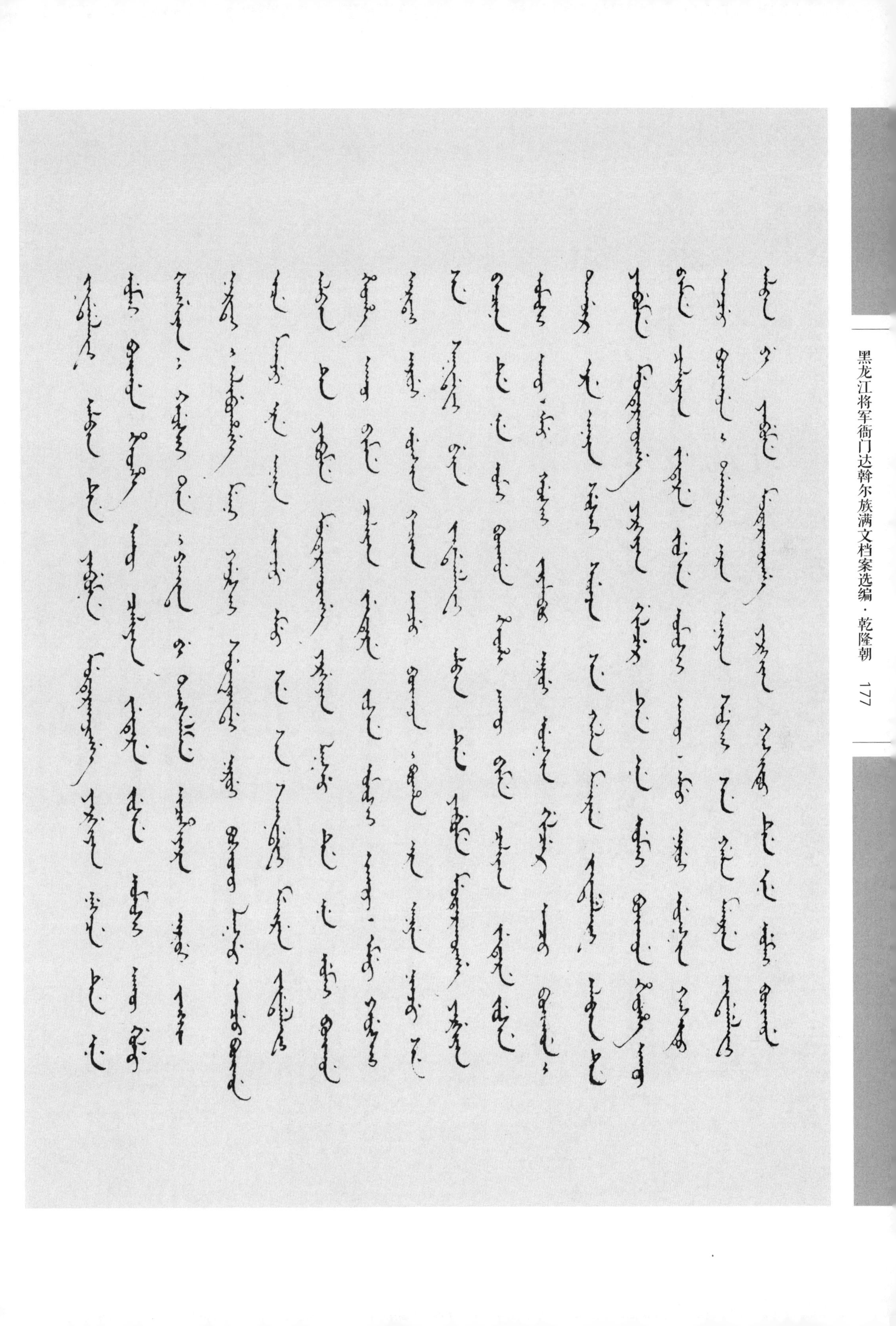

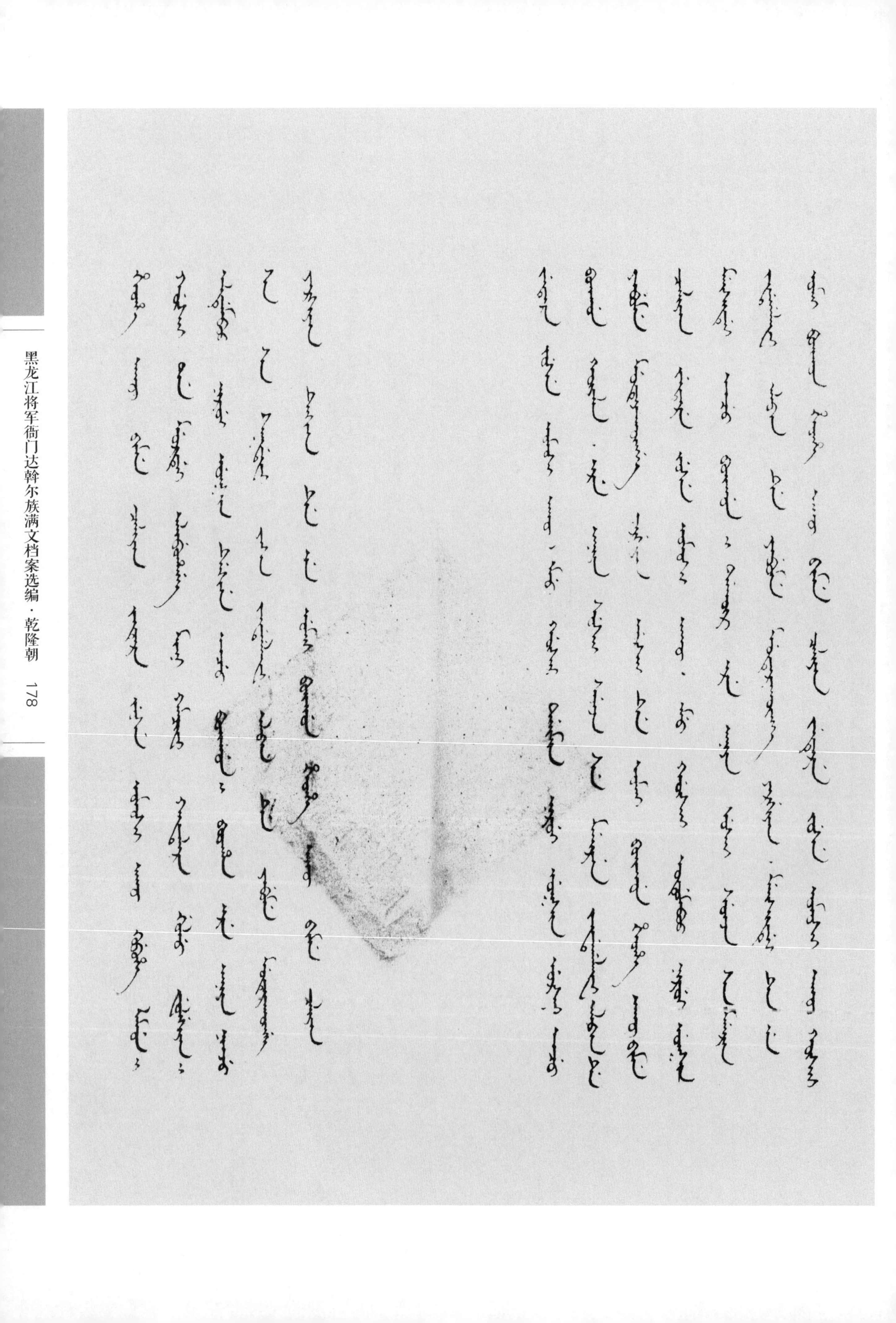

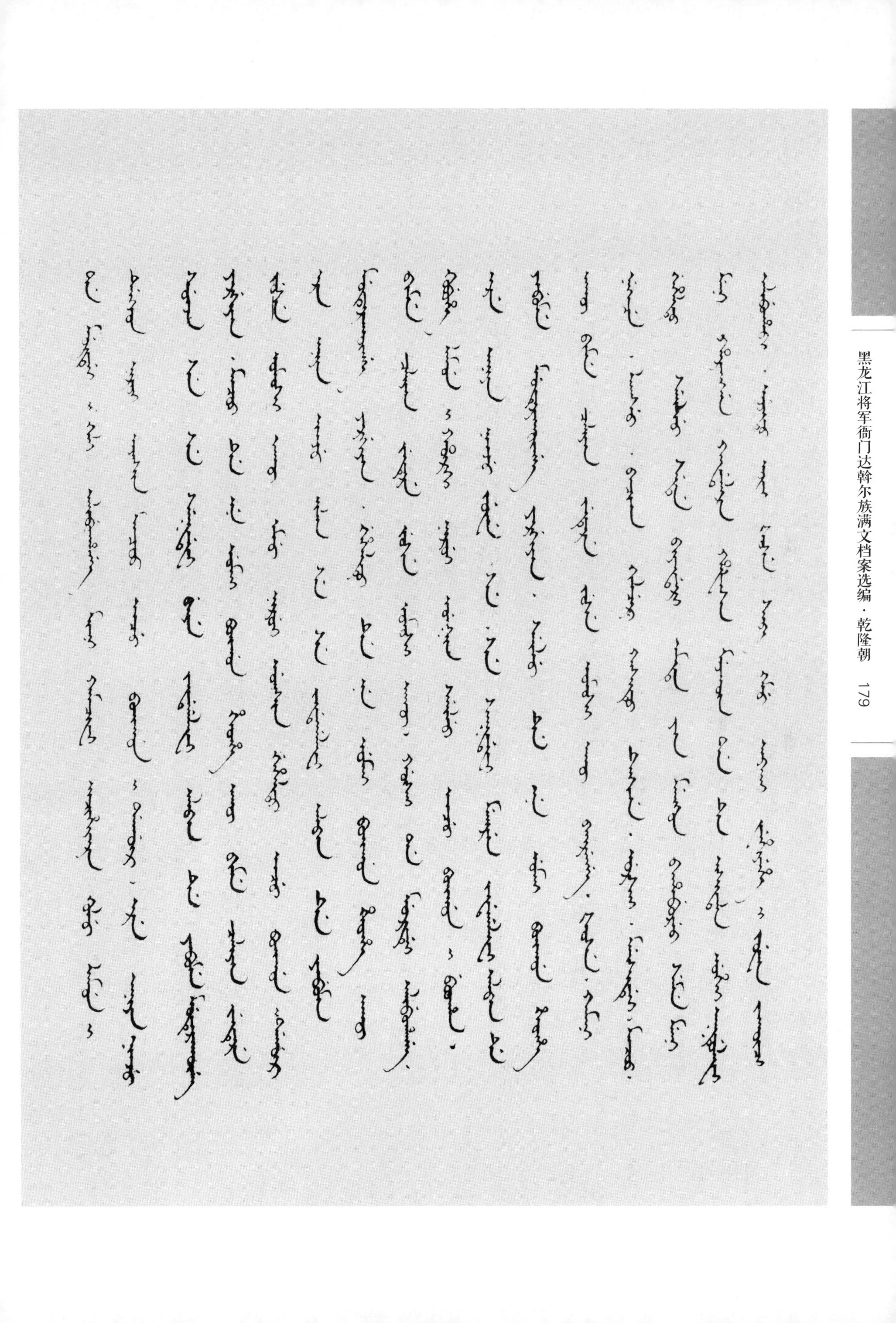

[illegible]

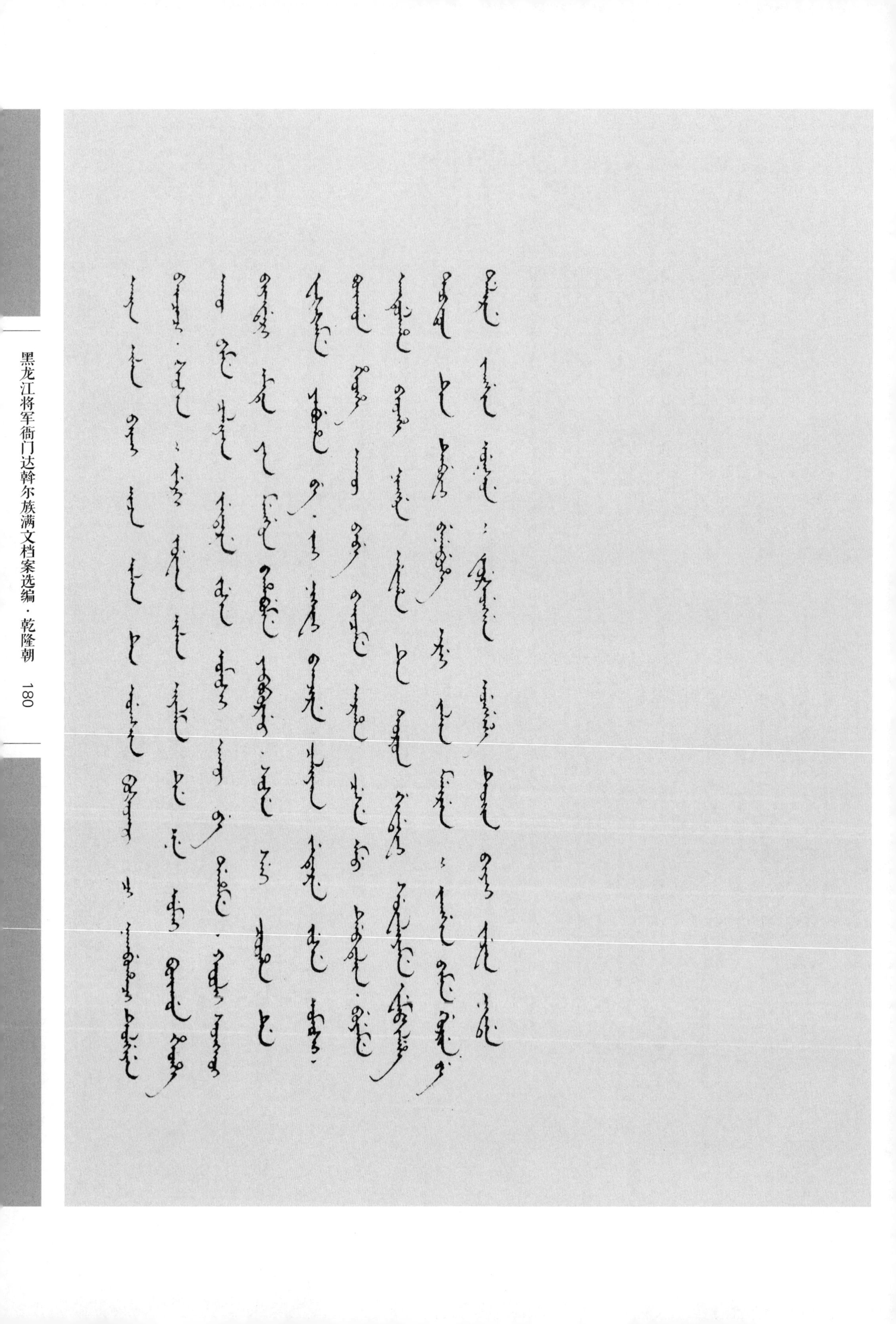

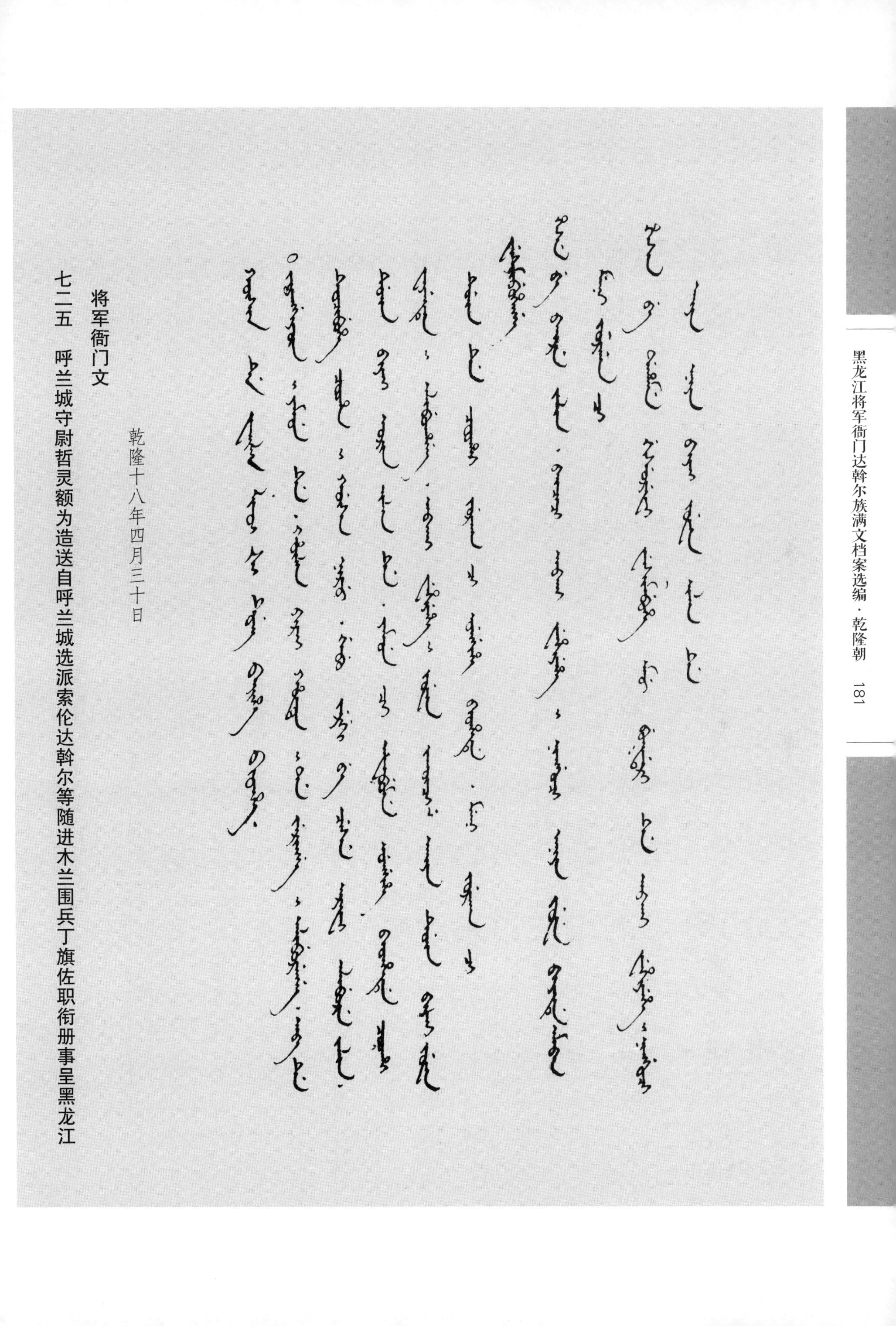

七二五 呼兰城守尉哲灵额为造送自呼兰城选派索伦达斡尔等随进木兰围兵丁旗佐职衔册事呈黑龙江将军衙门文

乾隆十八年四月三十日

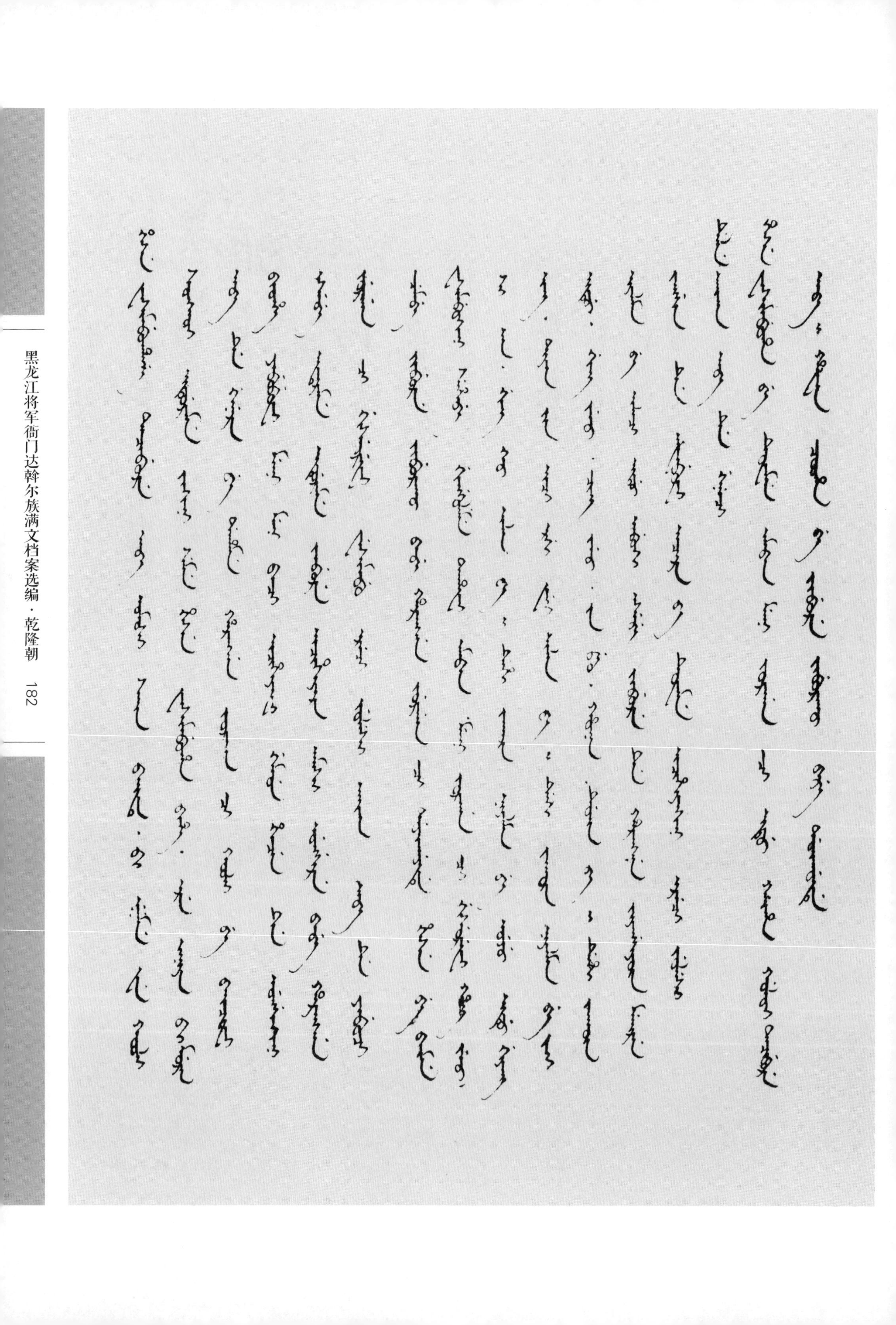

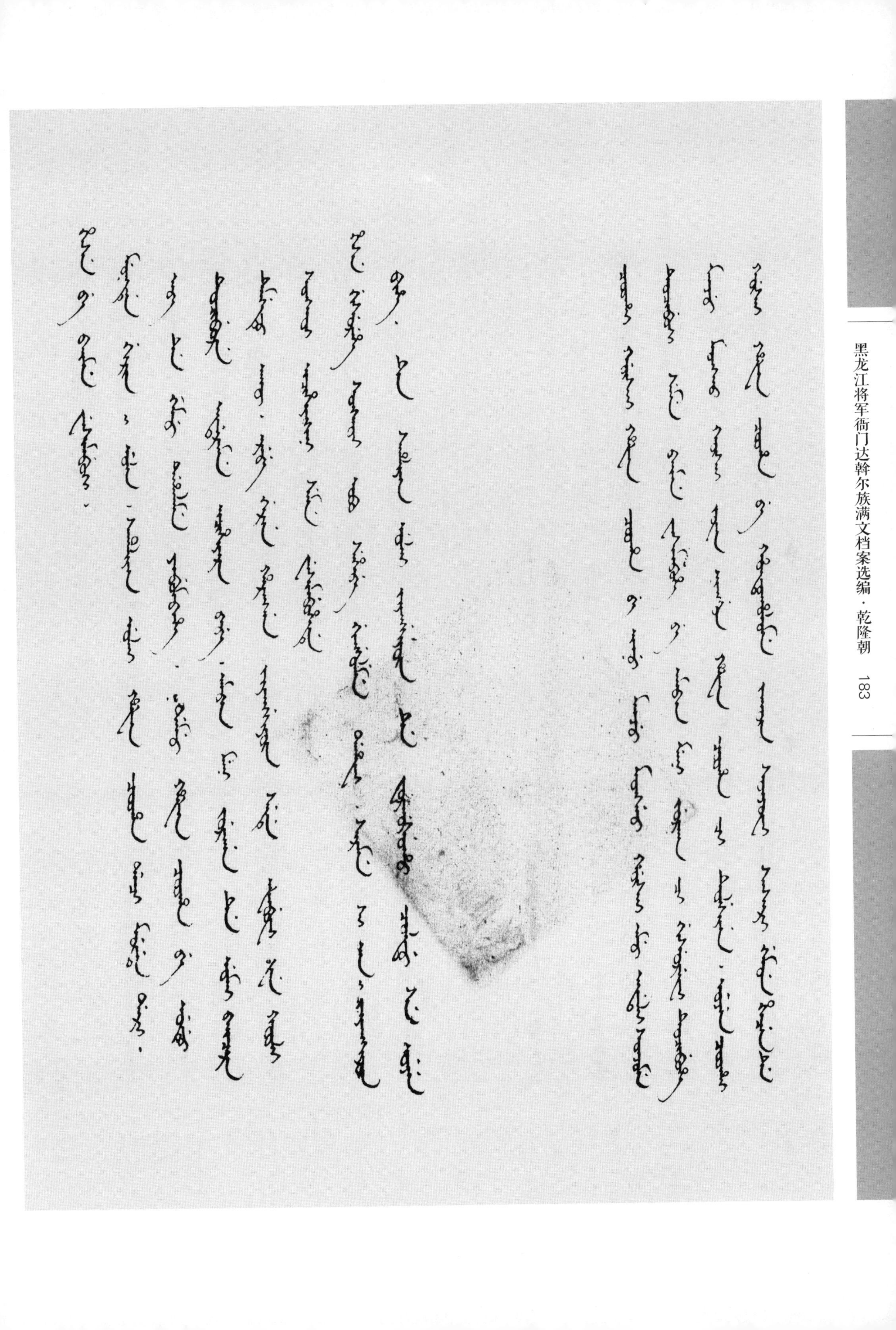

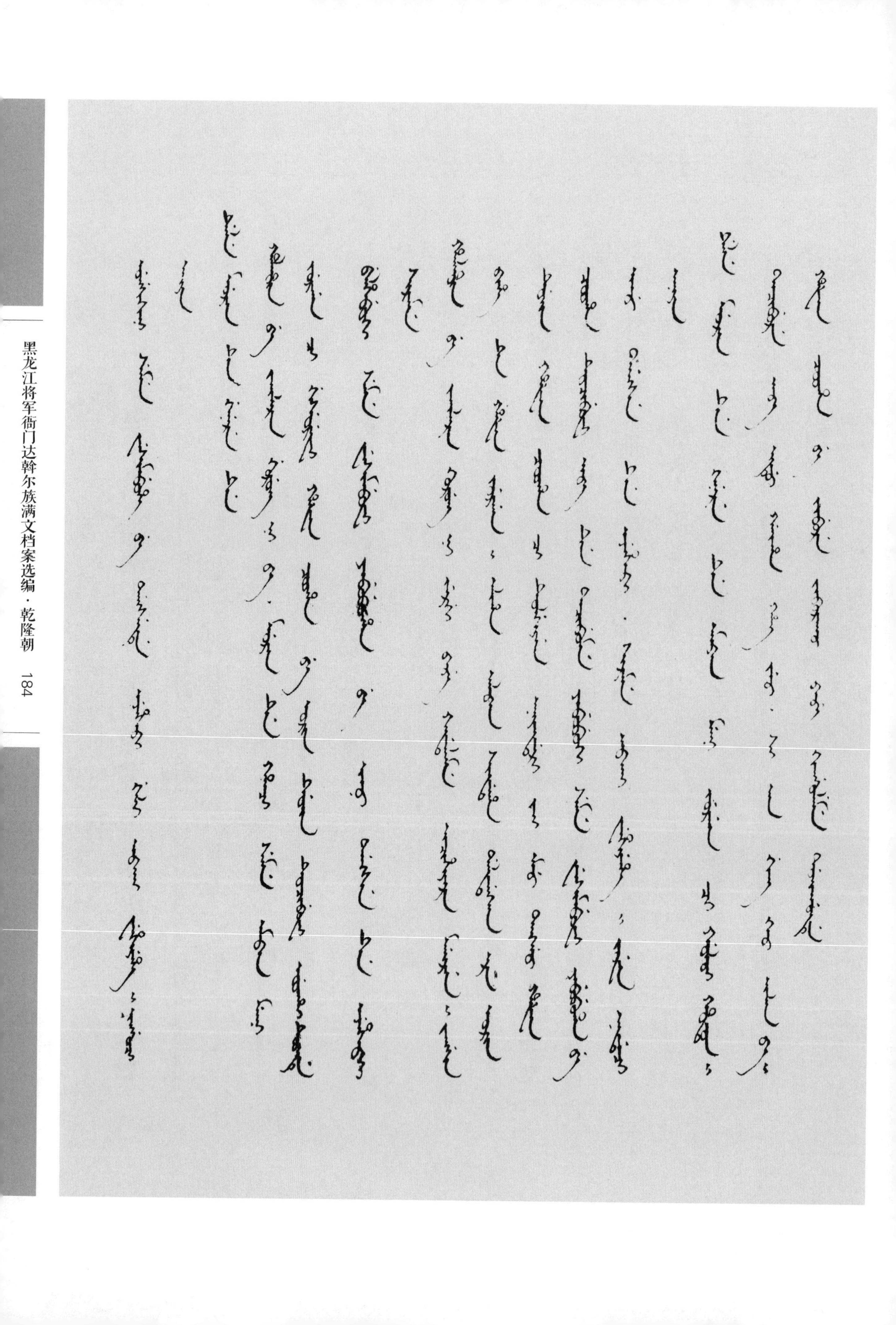

[illegible]
[illegible]
[illegible]
[illegible]
[illegible]
[illegible]
[illegible]
[illegible]
[illegible]
[illegible]
[illegible]
[illegible]
[illegible]
[illegible]
[illegible]
[illegible]

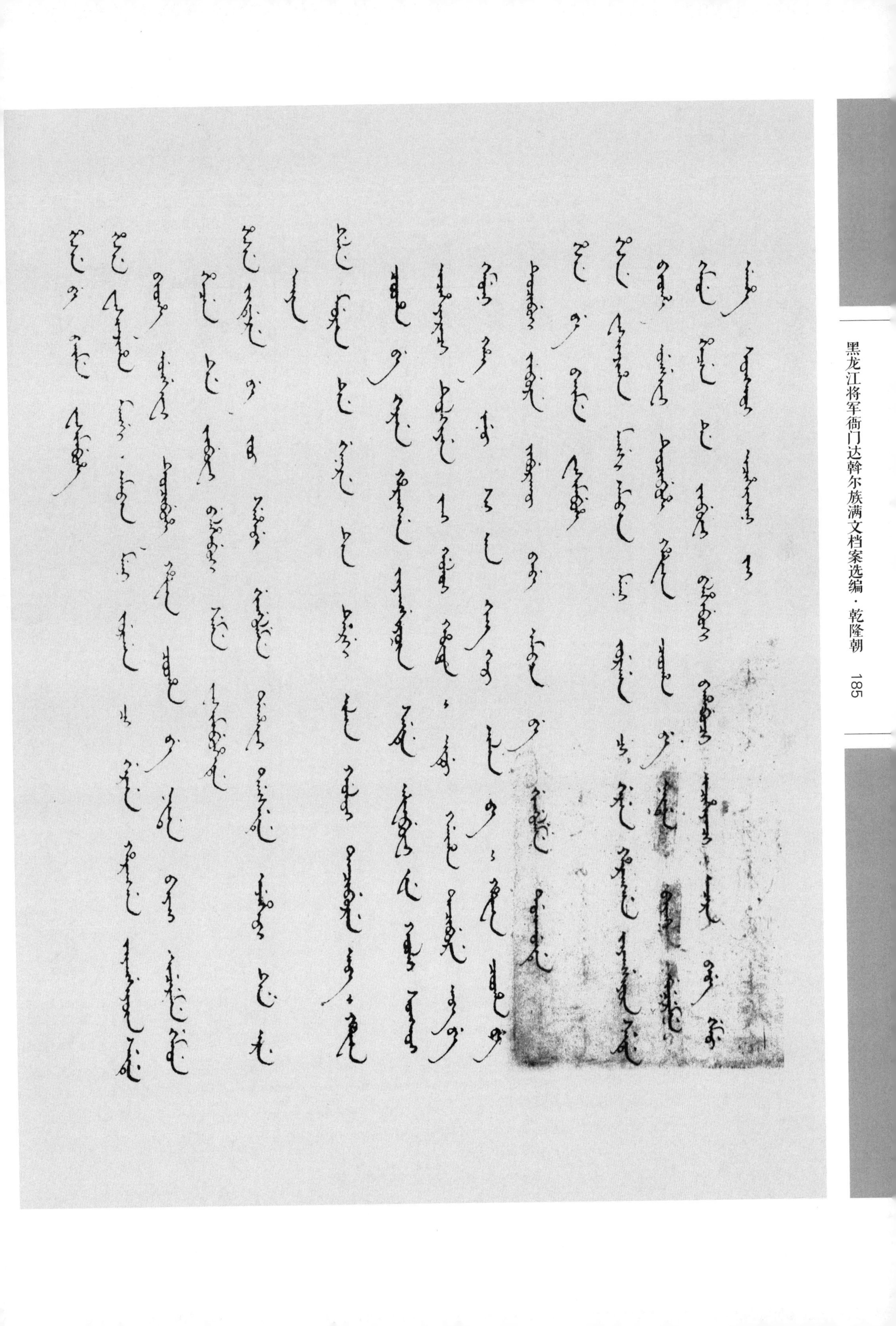

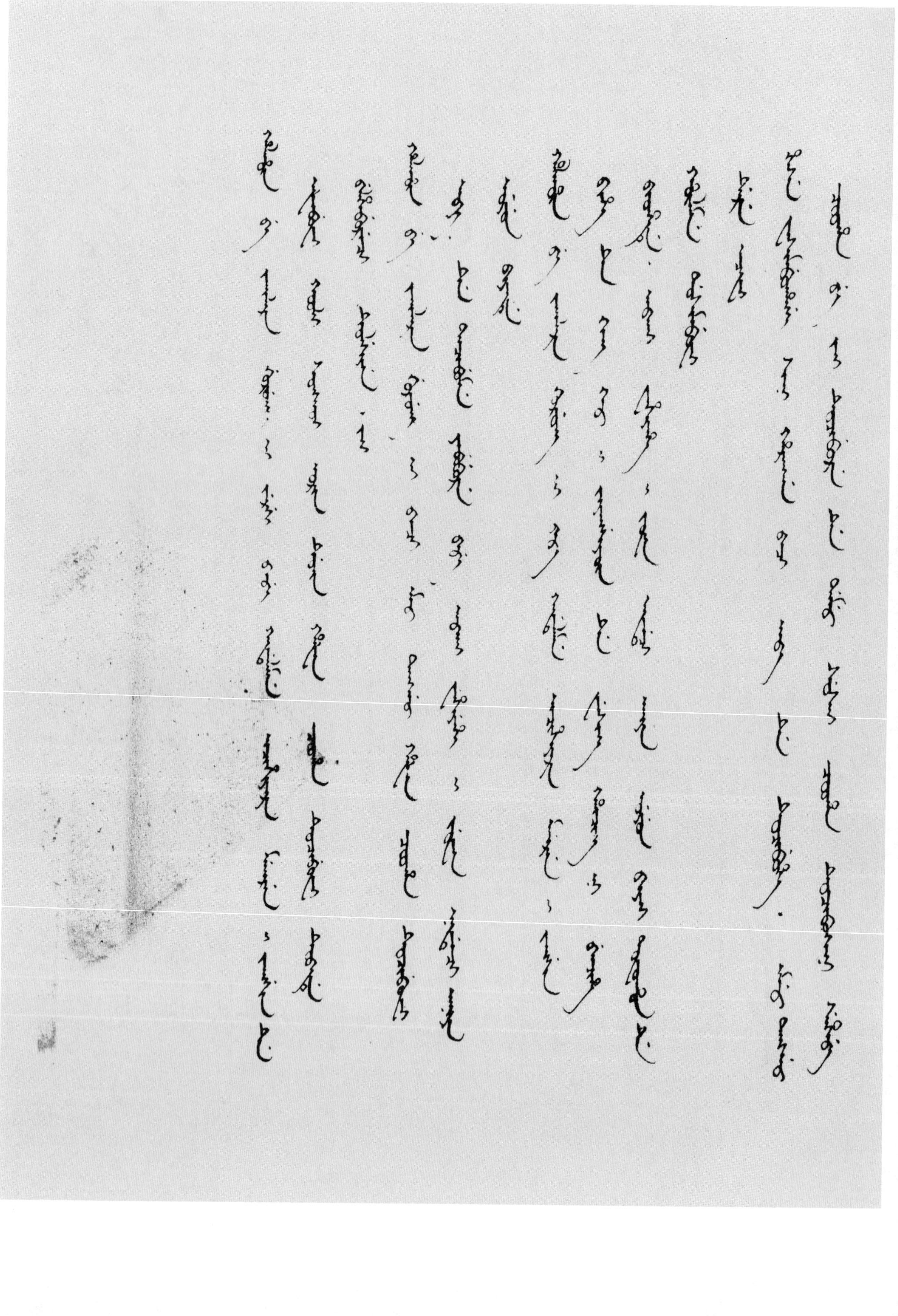

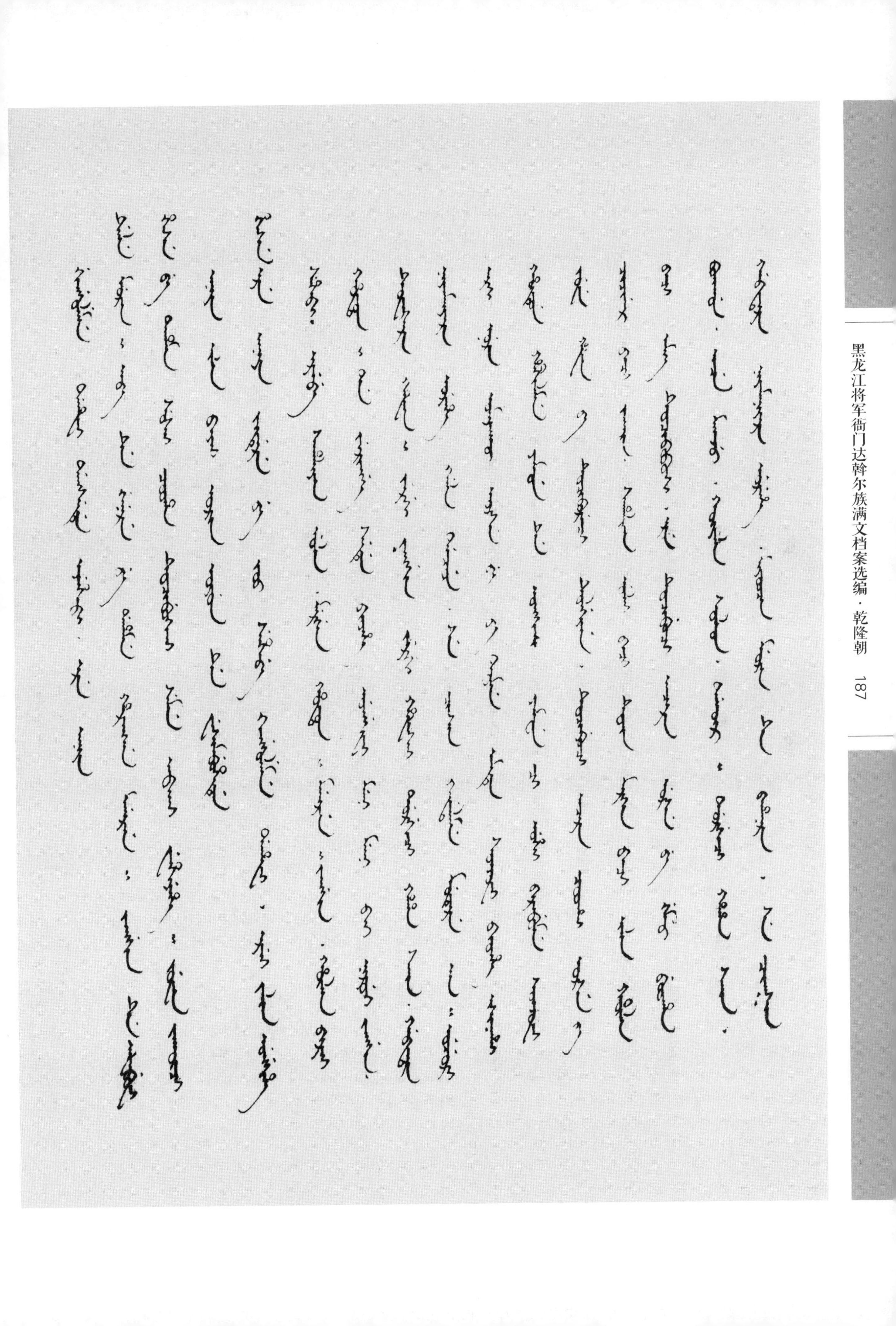

[illegible]

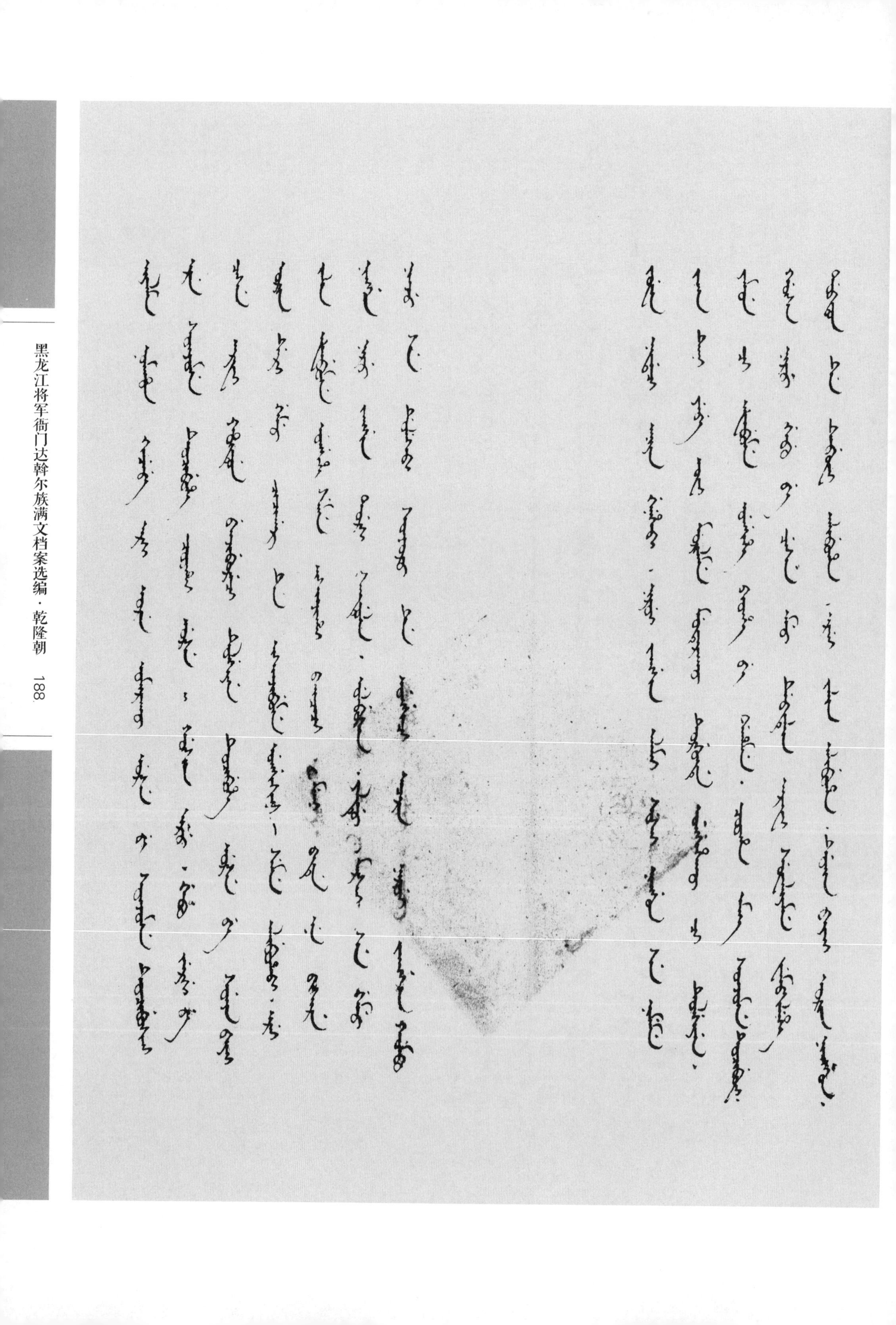

[illegible]

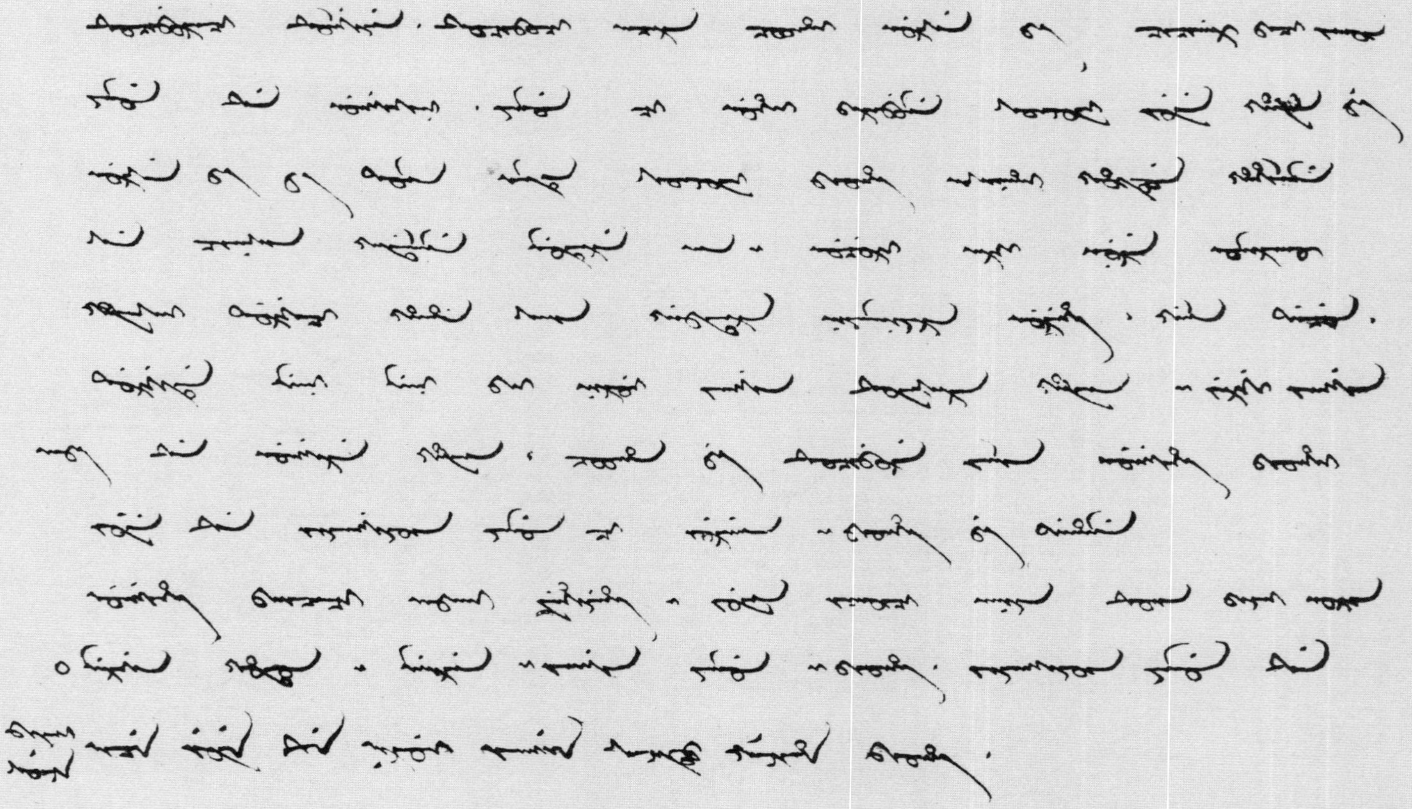

乾隆十八年五月初二日

军衙门文

七二六　墨尔根副都统衙门为选派墨尔根正黄旗达斡尔佐领萨济图择日启程随进木兰围事咨黑龙江将

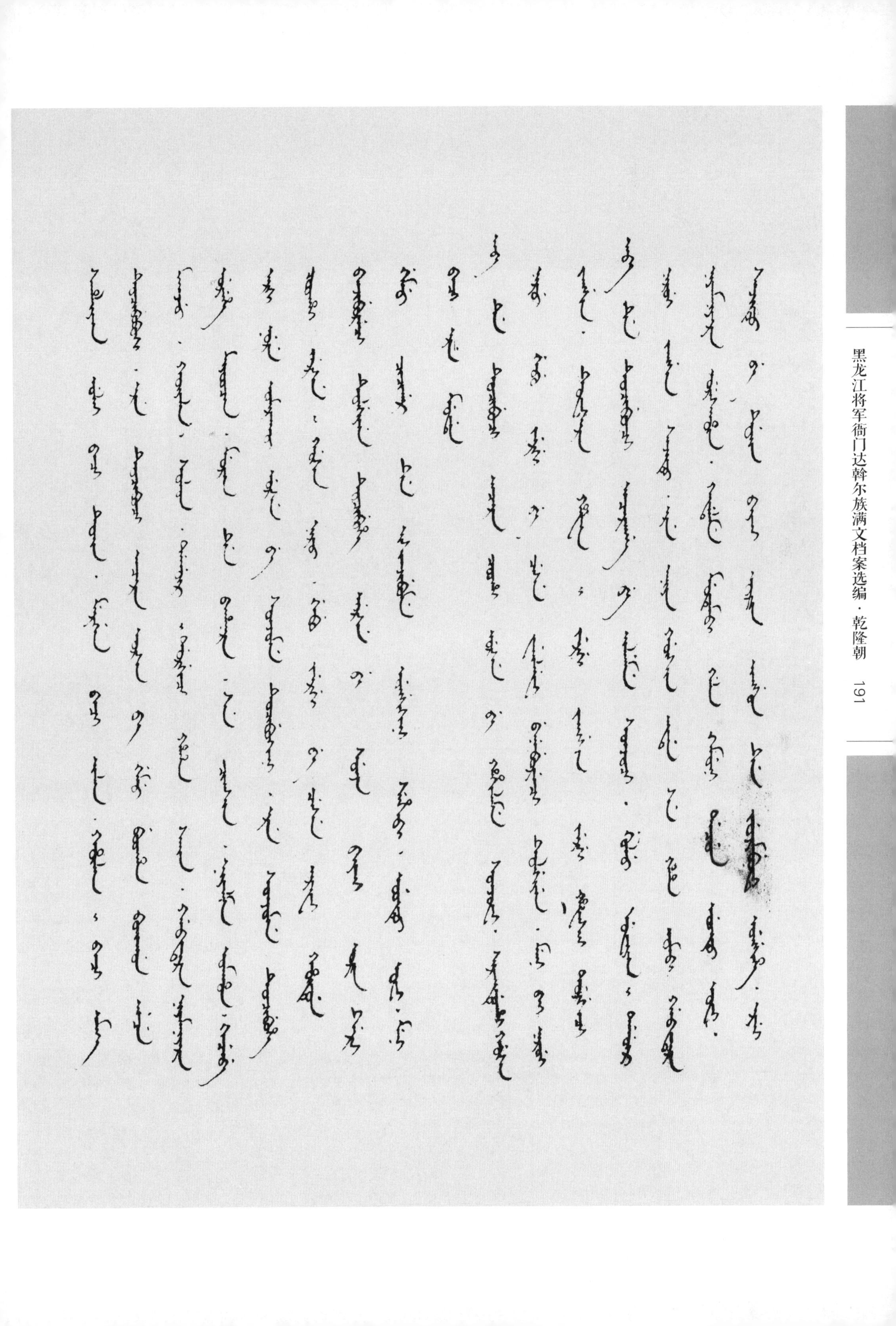

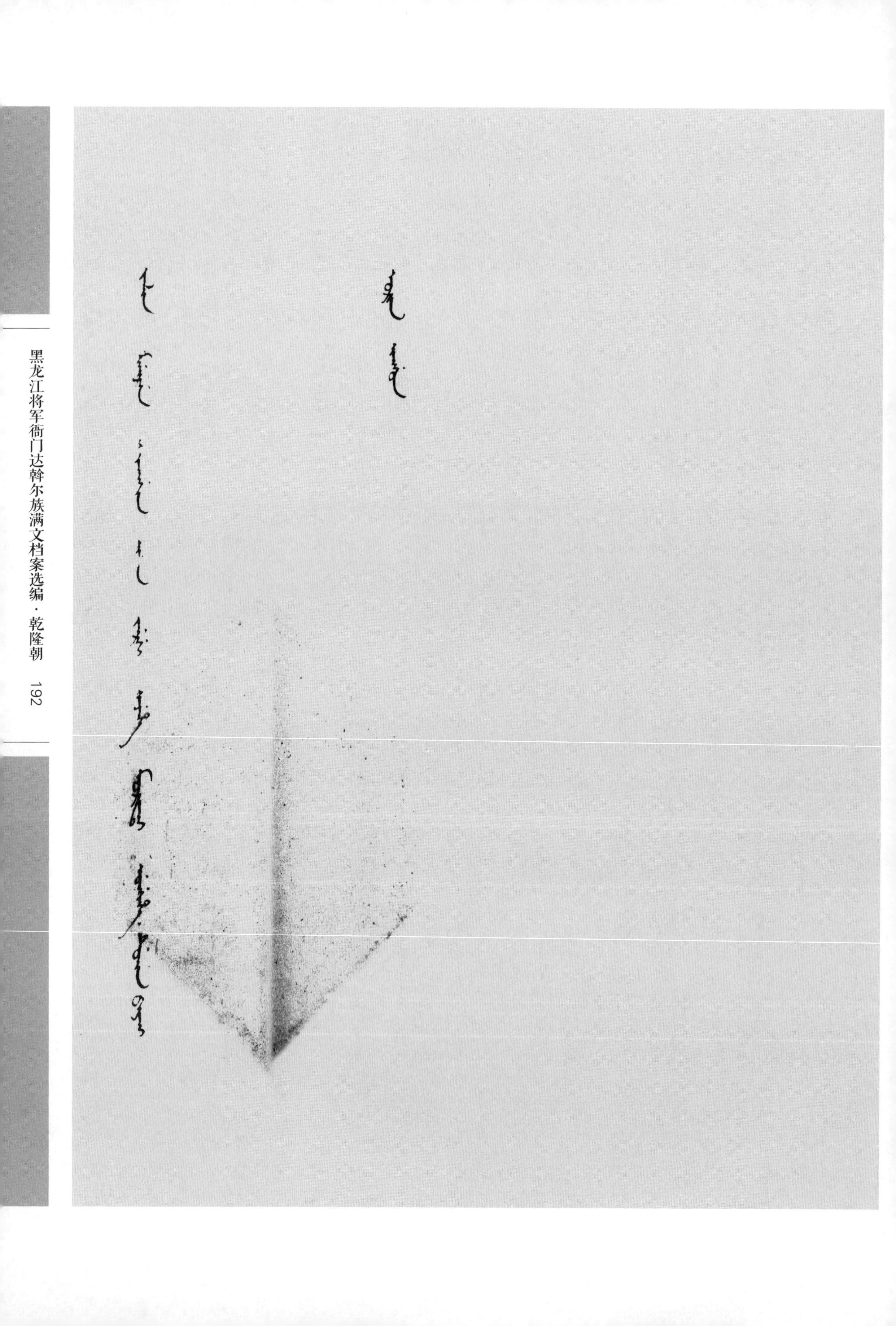

[illegible]

[illegible]

七二七 黑龙江副都统衙门为造送自黑龙江选派索伦达斡尔等随进木兰围兵丁旗佐职衔册事咨黑龙江将军衙门文

乾隆十八年五月初三日

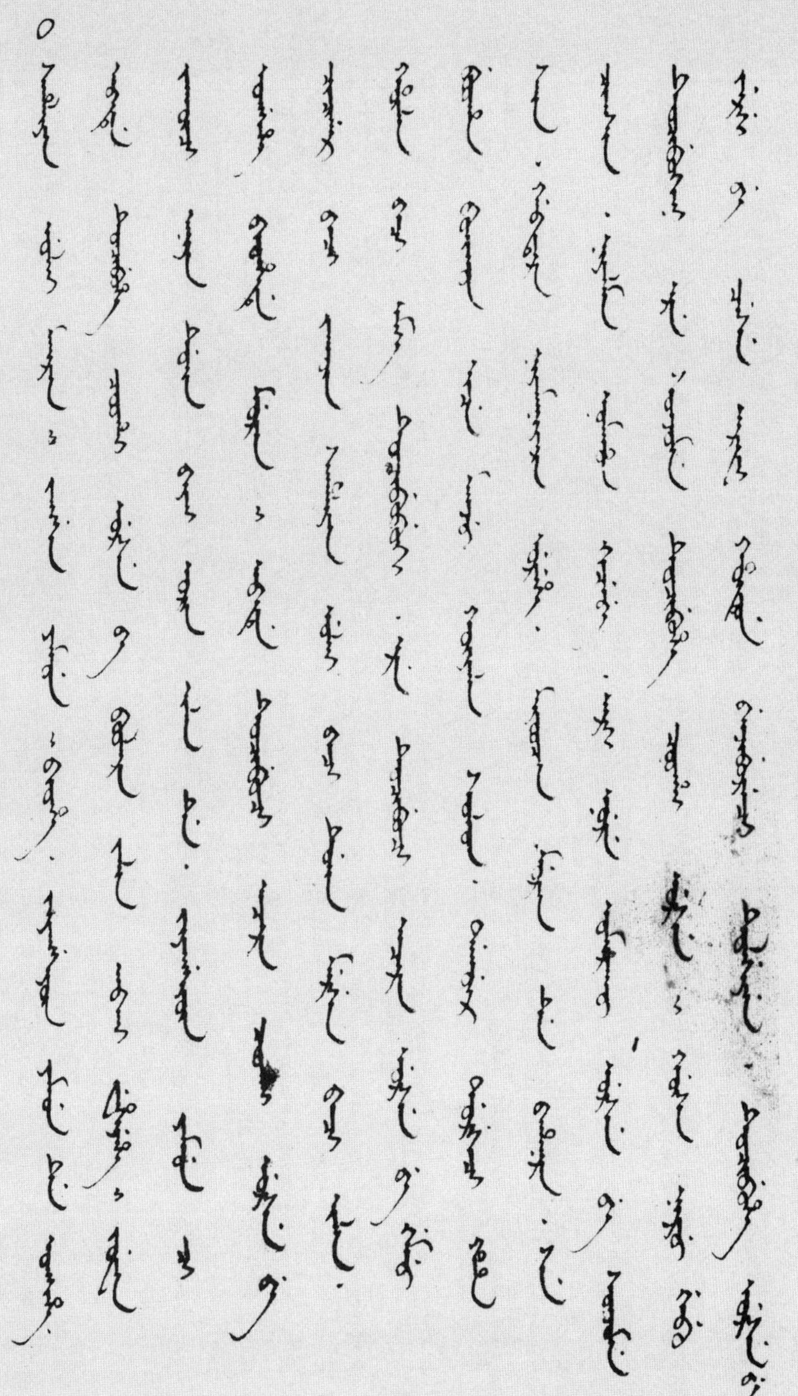

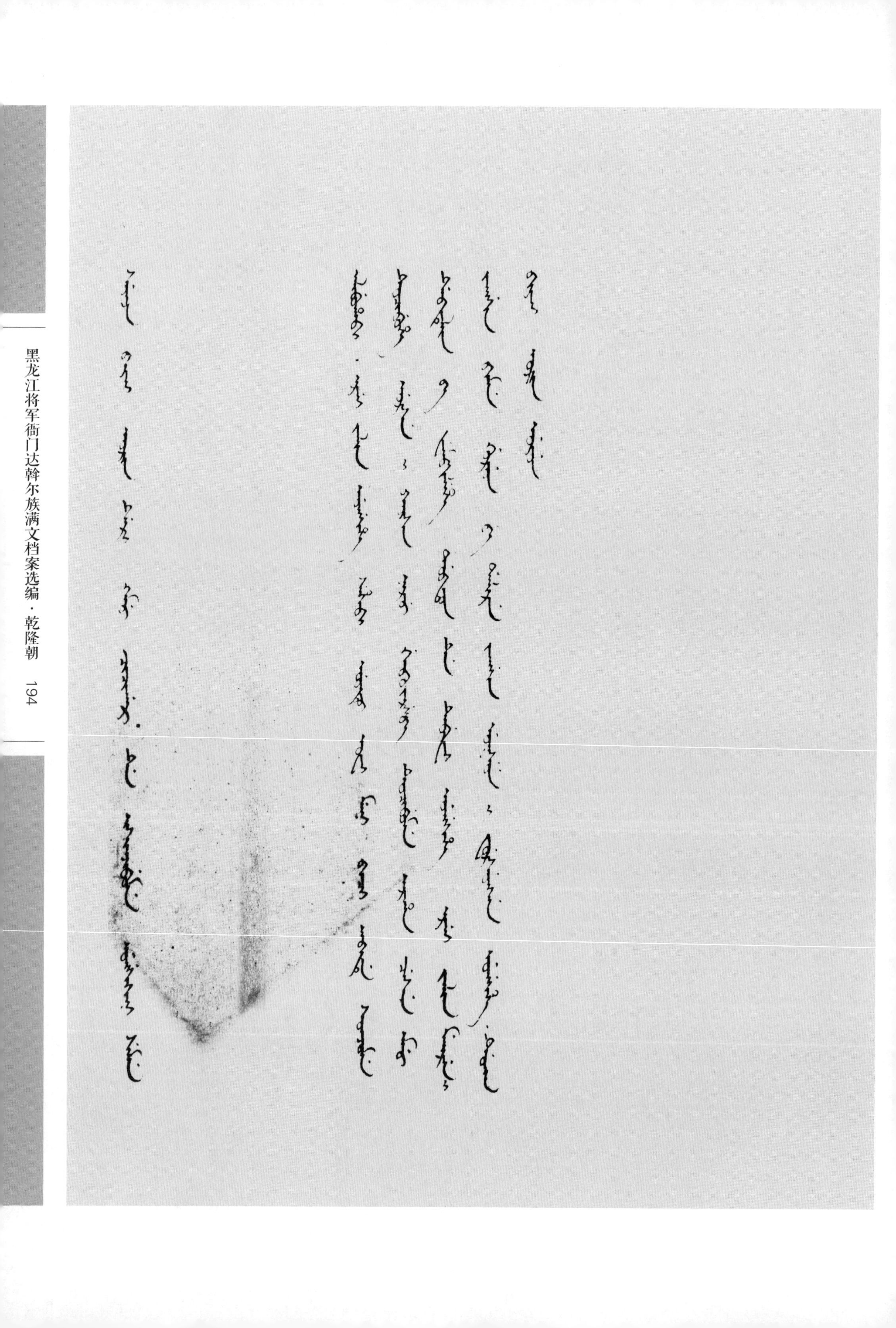

七二八 墨尔根副都统衙门为造送自墨尔根选派索伦达斡尔等随进木兰围兵丁旗佐职衔册事咨黑龙江将军衙门文

乾隆十八年五月初三日

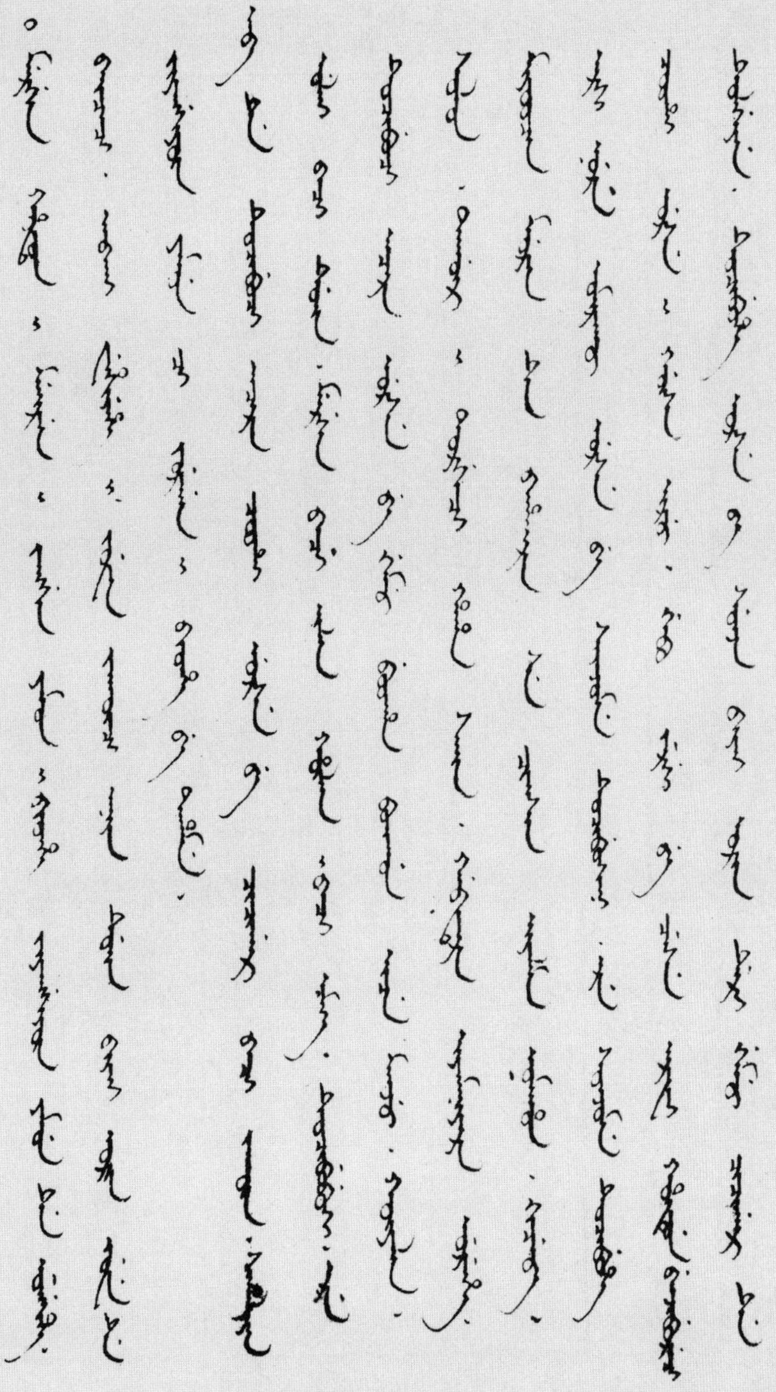

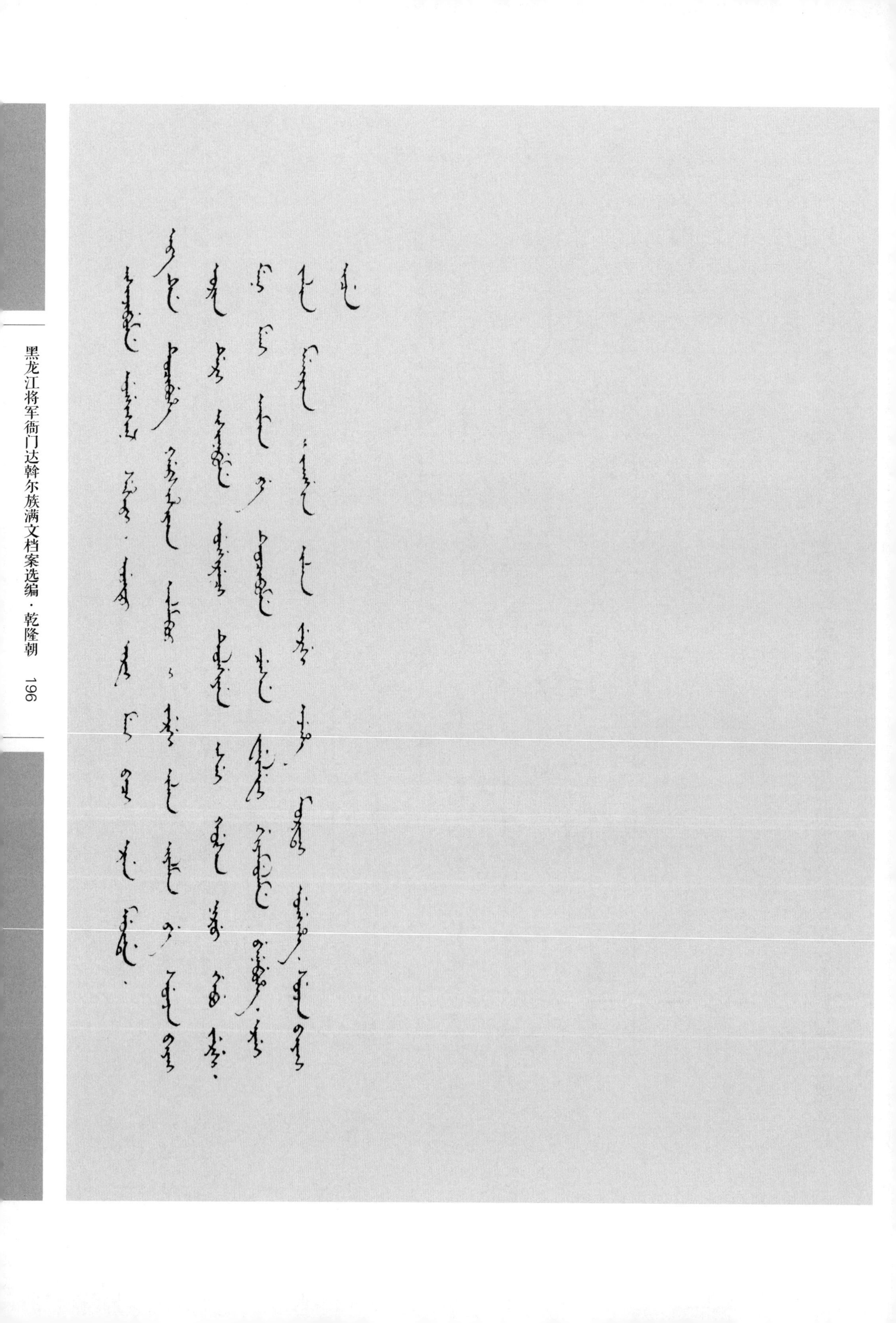

[illegible]

七二九 黑龙江副都统衙门为选派黑龙江镶红旗达斡尔佐领内色图择日启程随进木兰围事咨黑龙江将军衙门文

乾隆十八年五月初九日

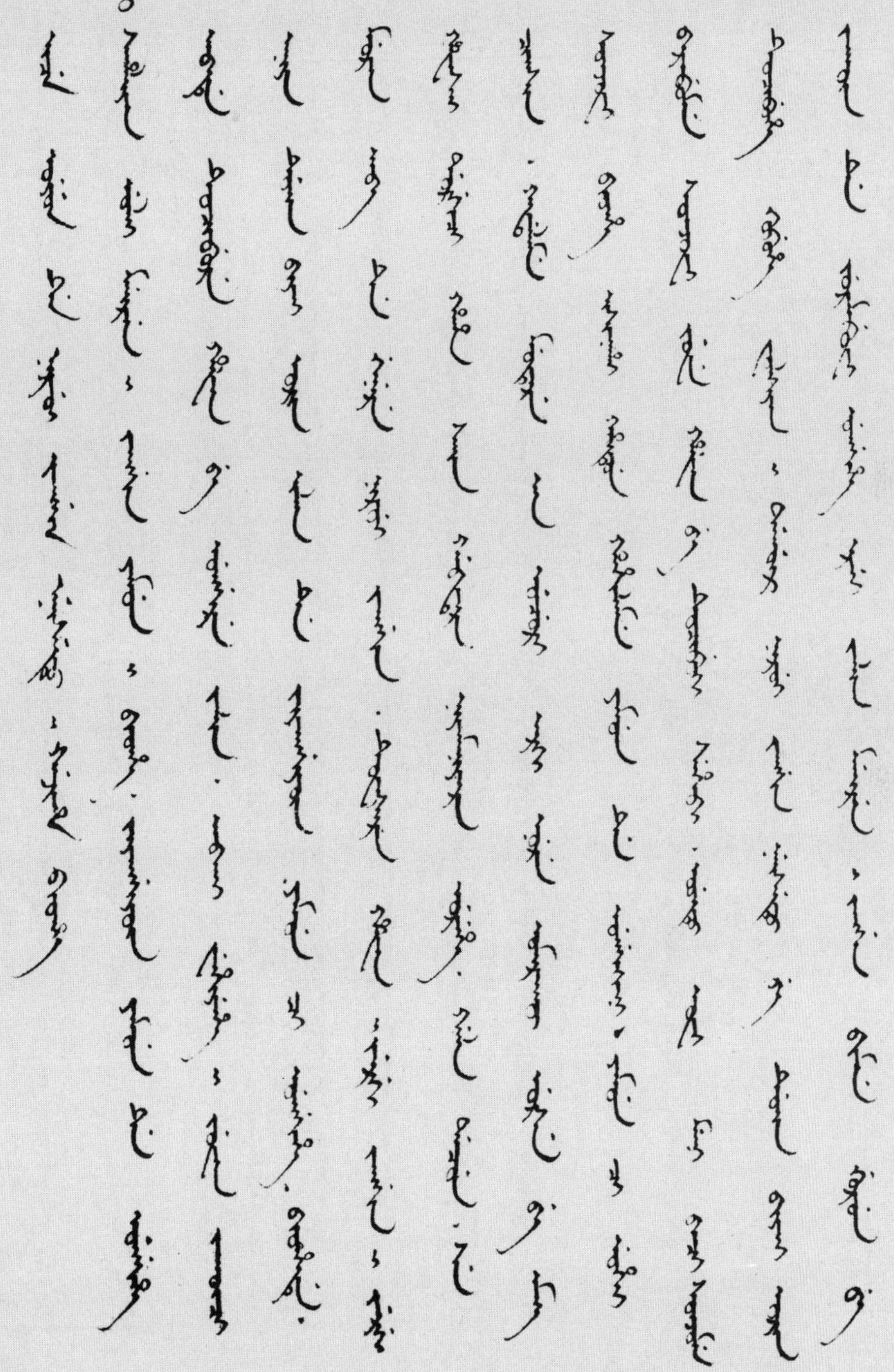

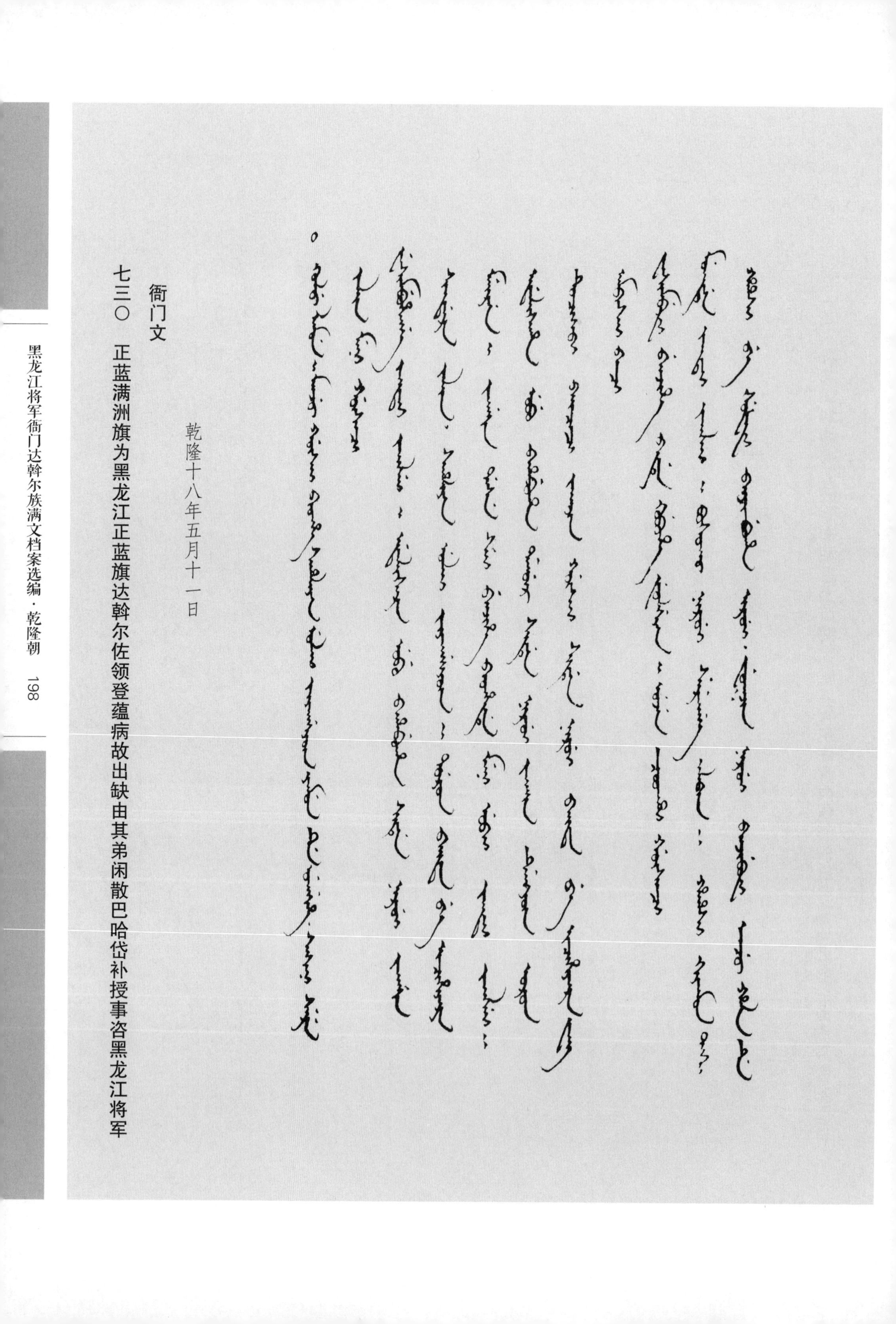

七三〇 正蓝满洲旗为黑龙江正蓝旗达斡尔佐领登蕴病故出缺由其弟闲散巴哈岱补授事咨黑龙江将军衙门文

乾隆十八年五月十一日

[illegible]

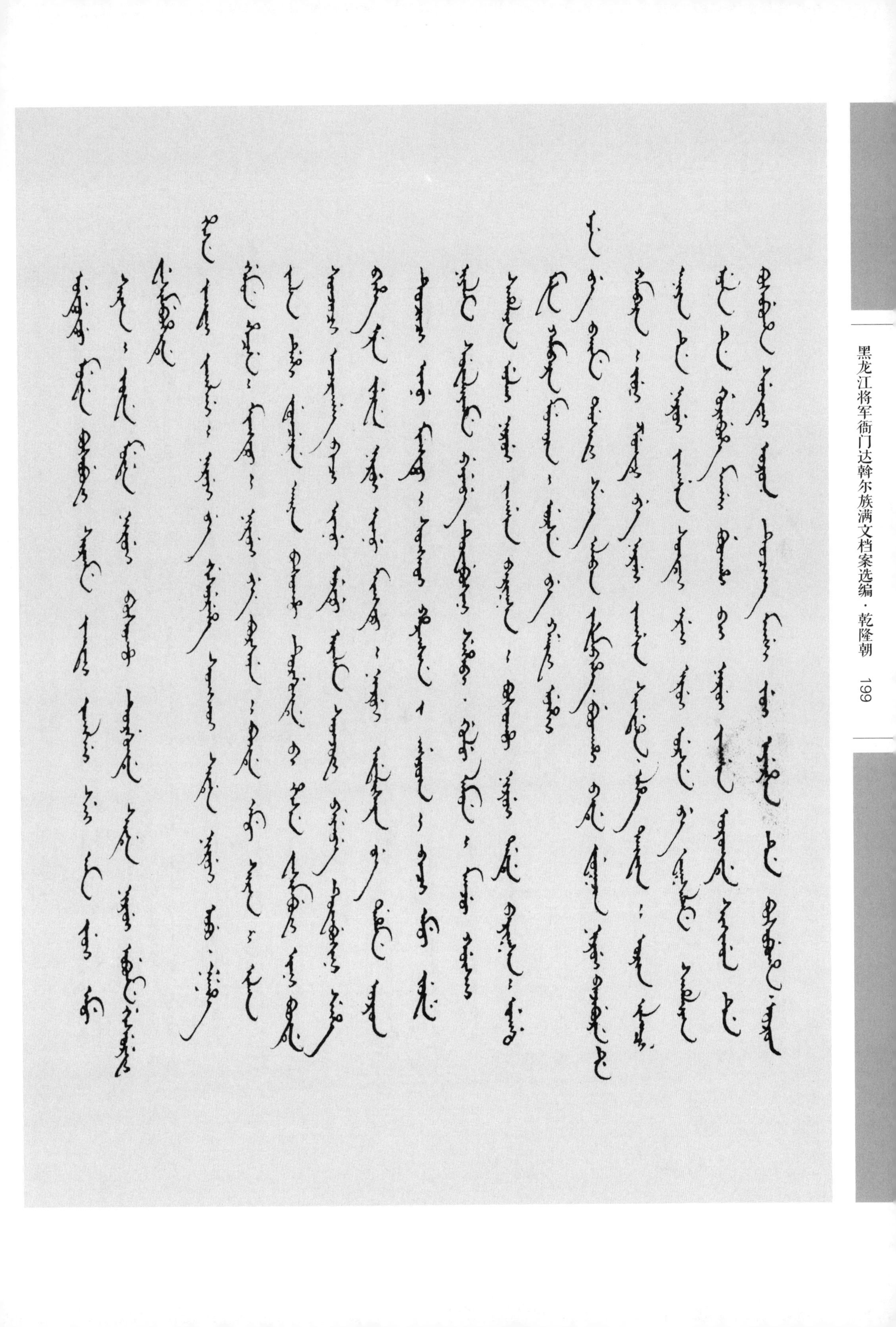

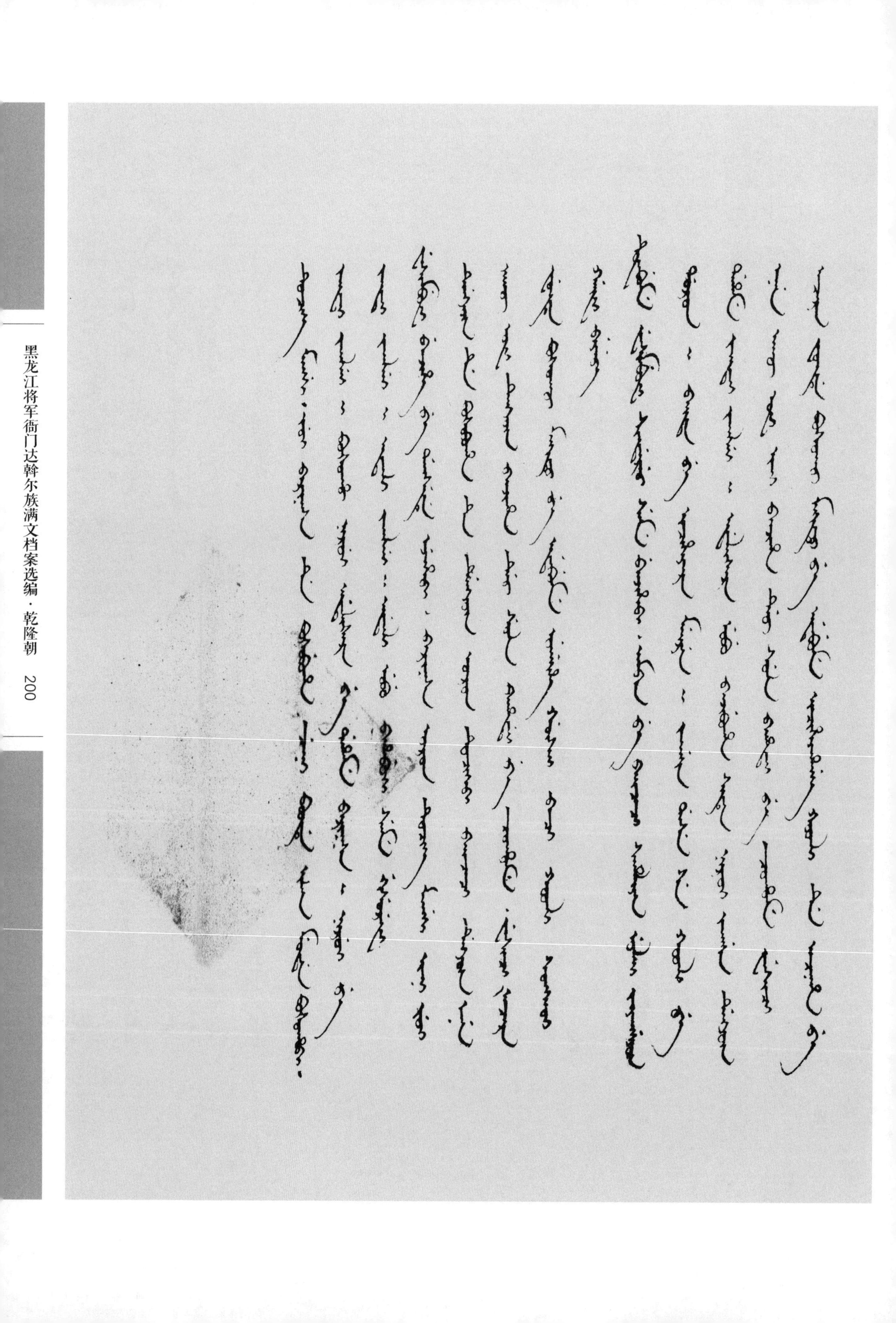

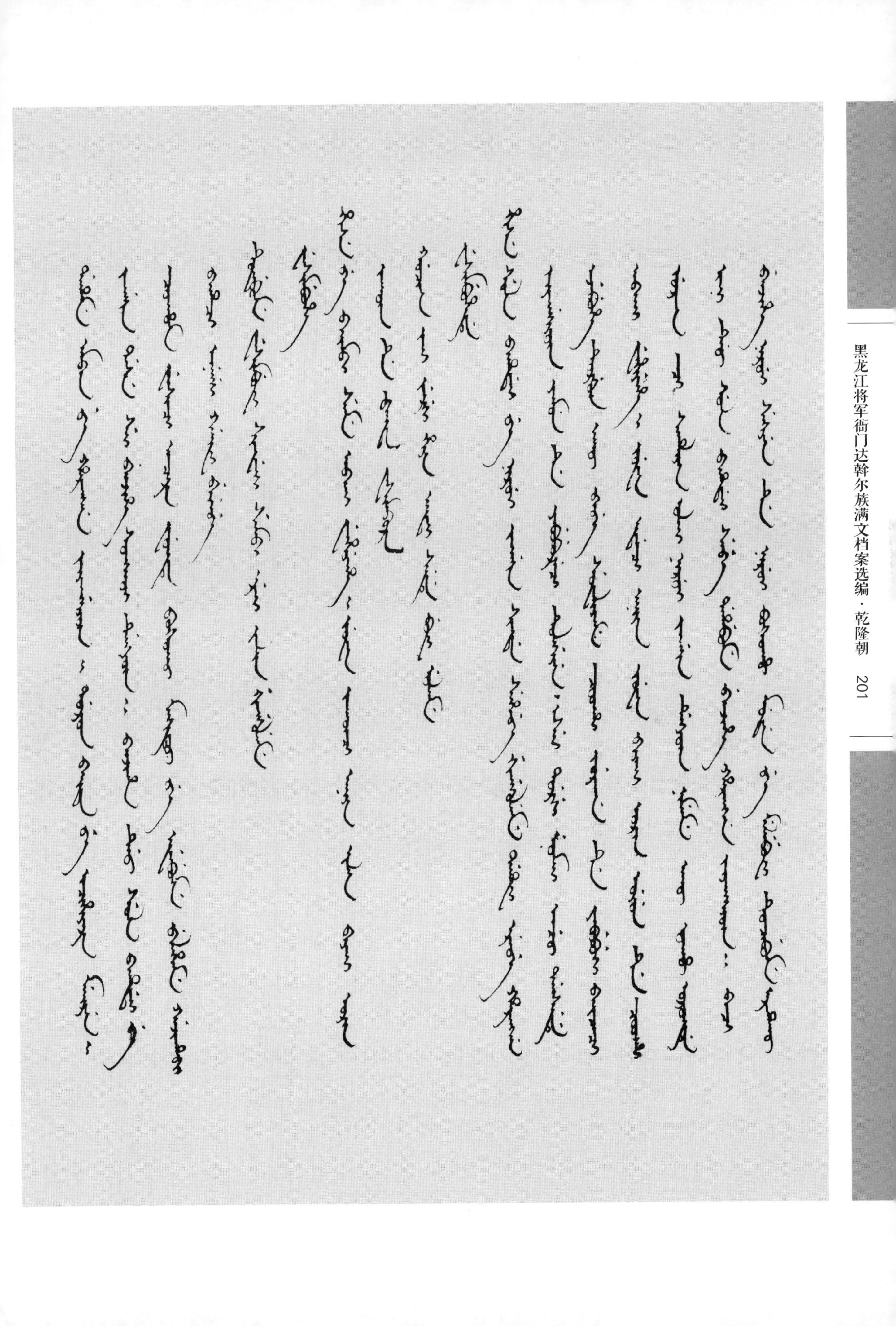

[illegible]

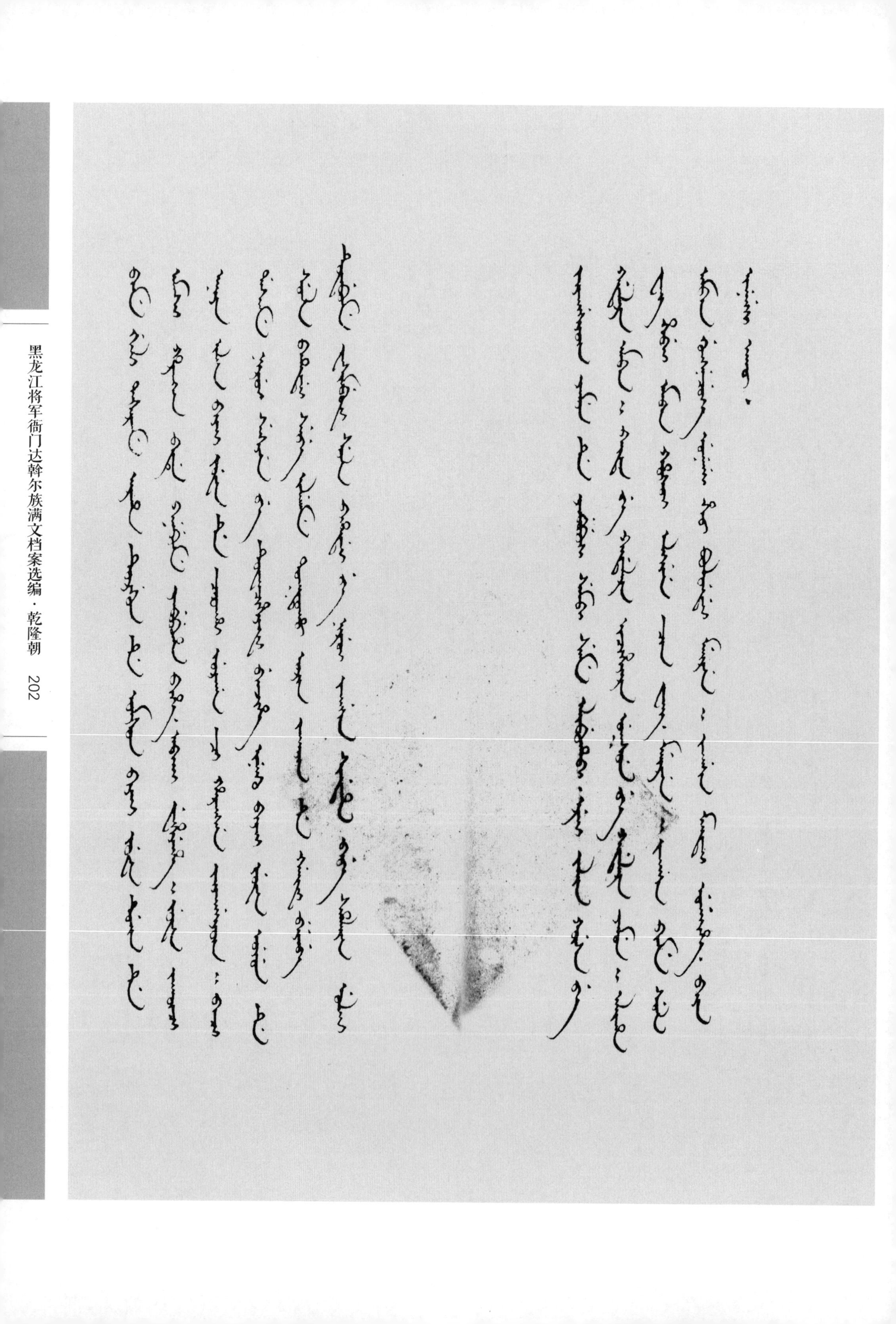

[illegible]

七三一 黑龙江将军衙门为解送随进木兰围善猎索伦达斡尔人等职衔名册事咨理藩院文

乾隆十八年六月初二日

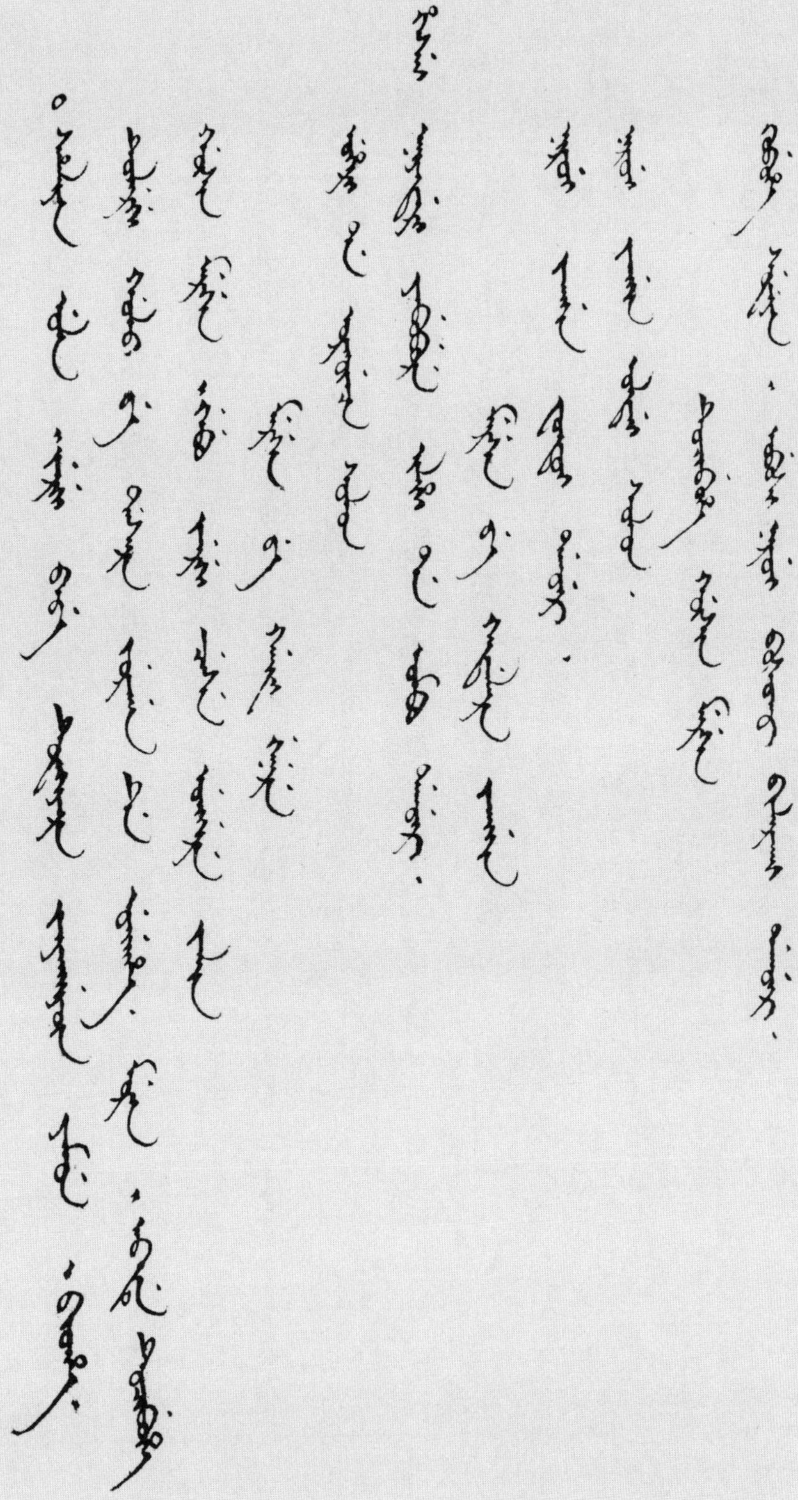

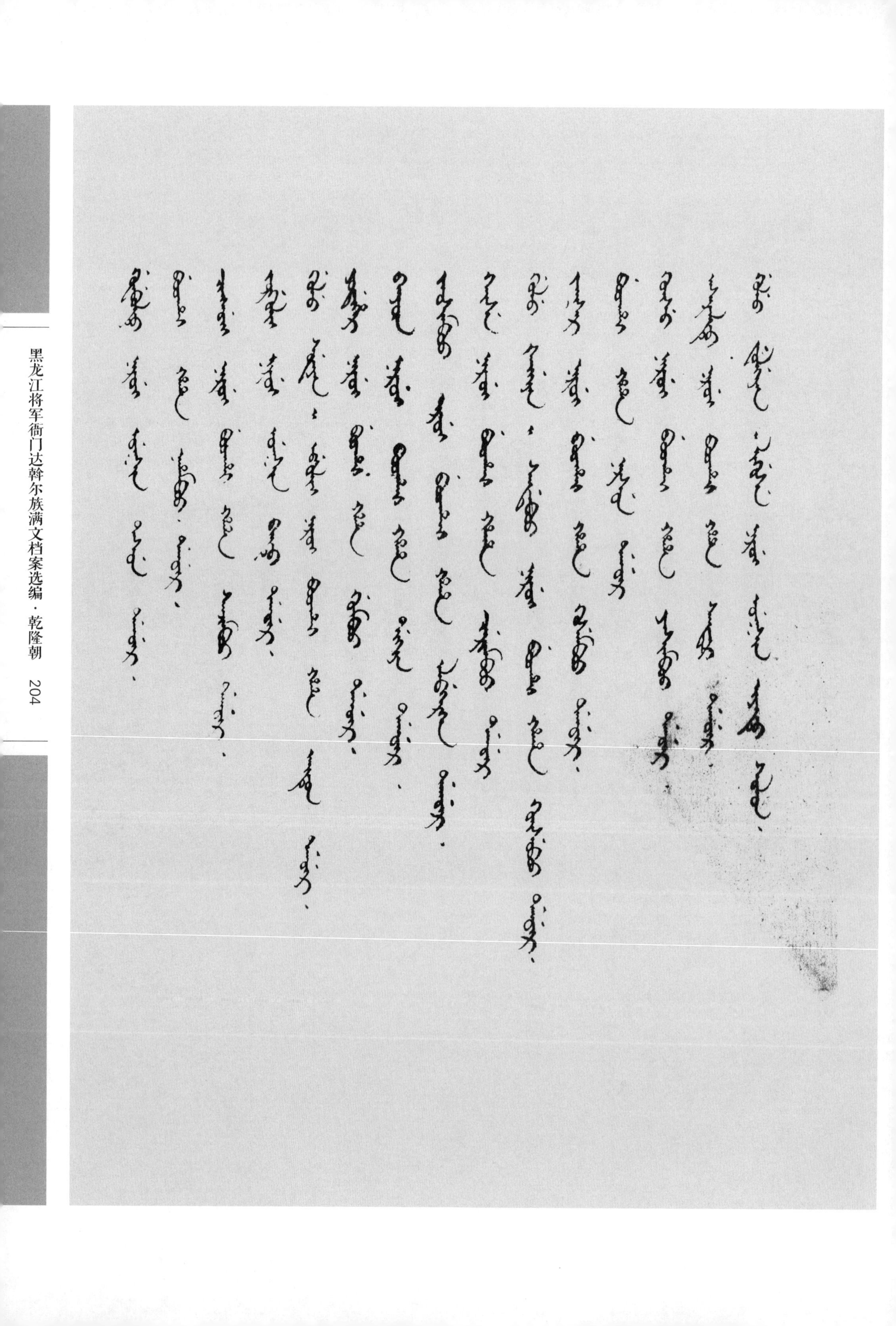

[illegible]
[illegible]
[illegible]
[illegible]
[illegible]
[illegible]
[illegible]
[illegible]
[illegible]
[illegible]
[illegible]
[illegible]
[illegible]
[illegible]
[illegible]

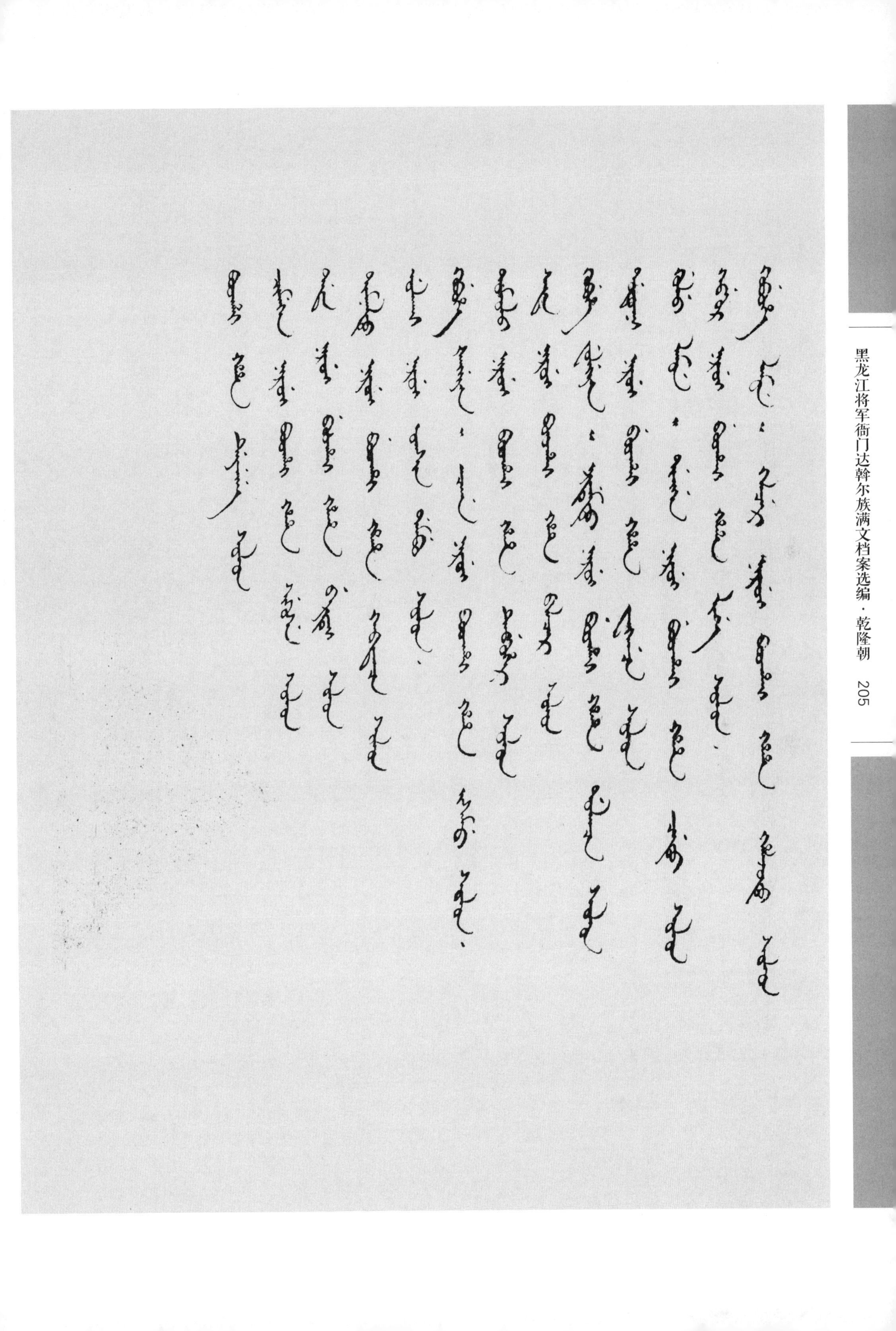

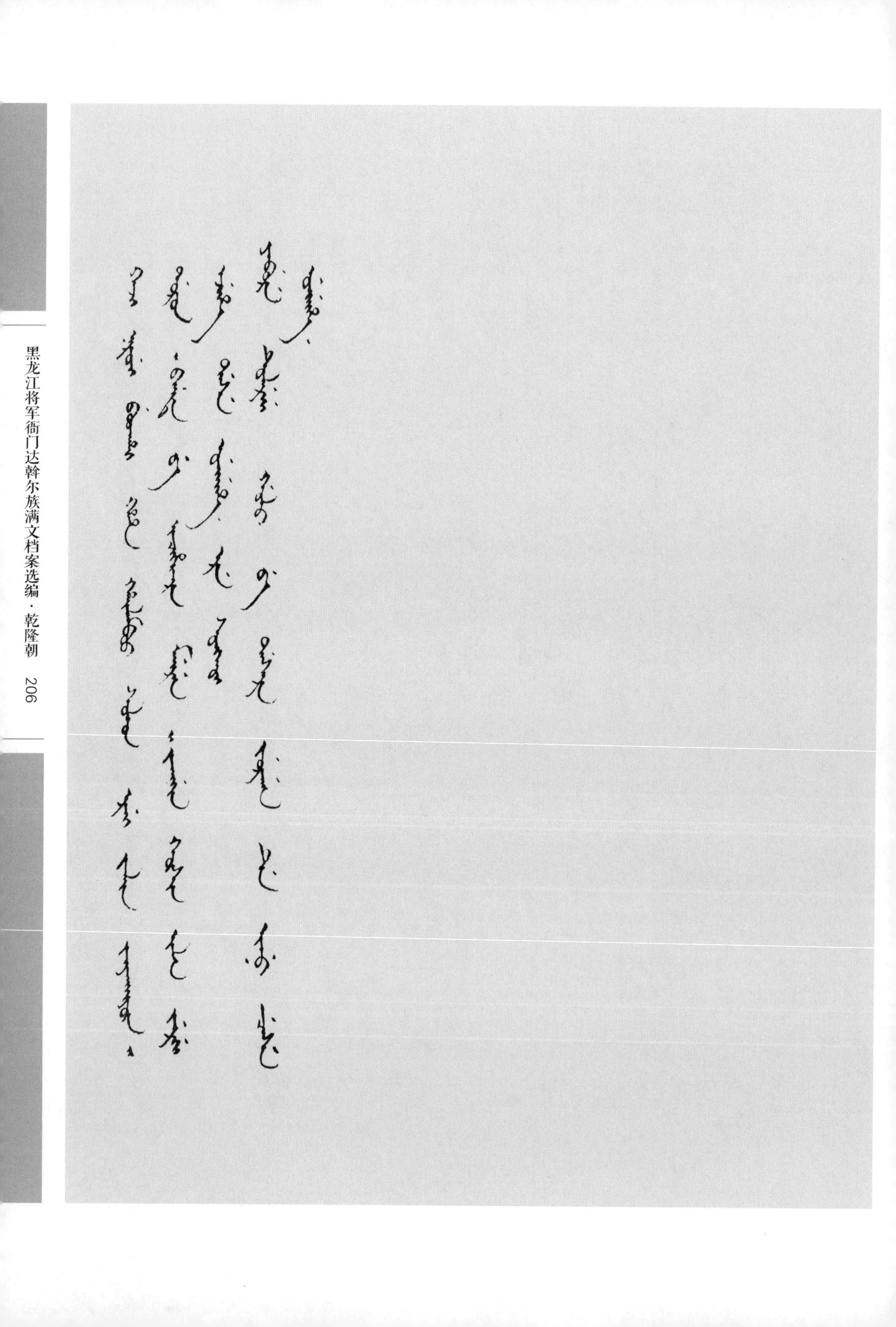

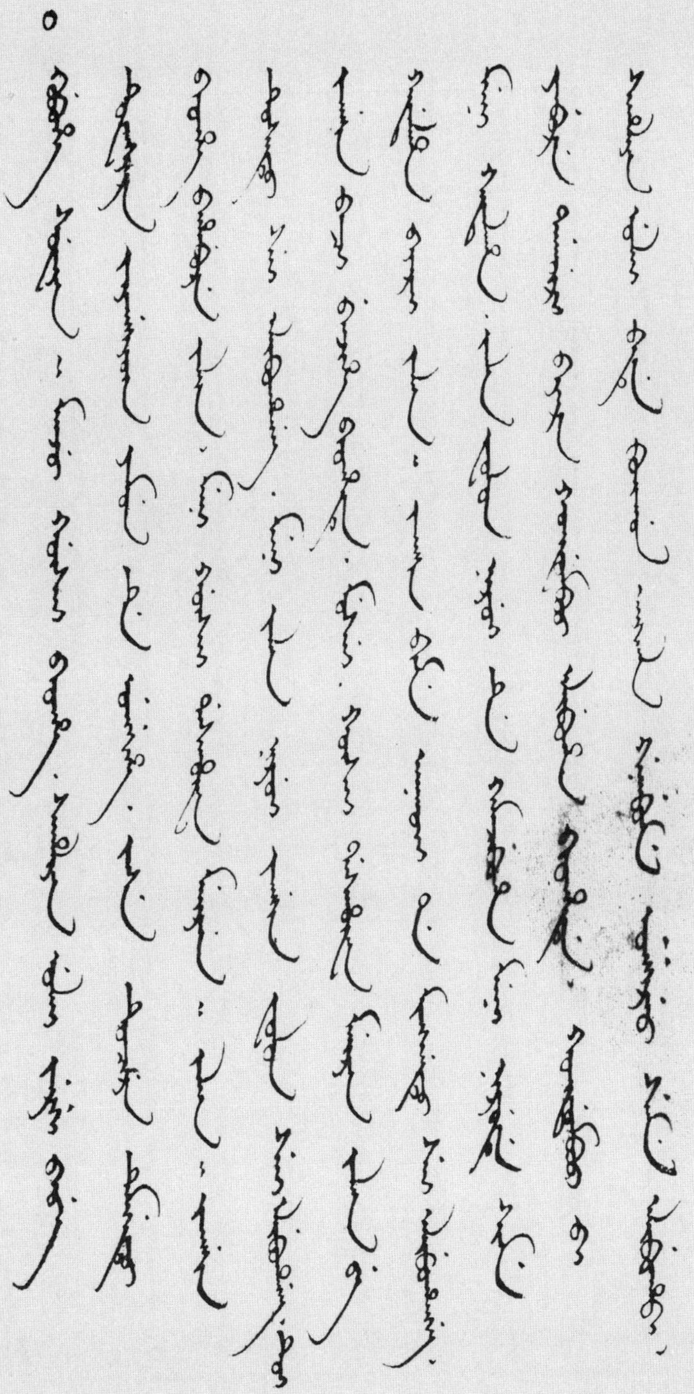

七三二 镶黄满洲旗为镶黄旗四甲喇佛伦佐领下达斡尔护军奎敦布给假回籍领来家眷照例发给路票事咨黑龙江将军衙门文

乾隆十八年七月初七日

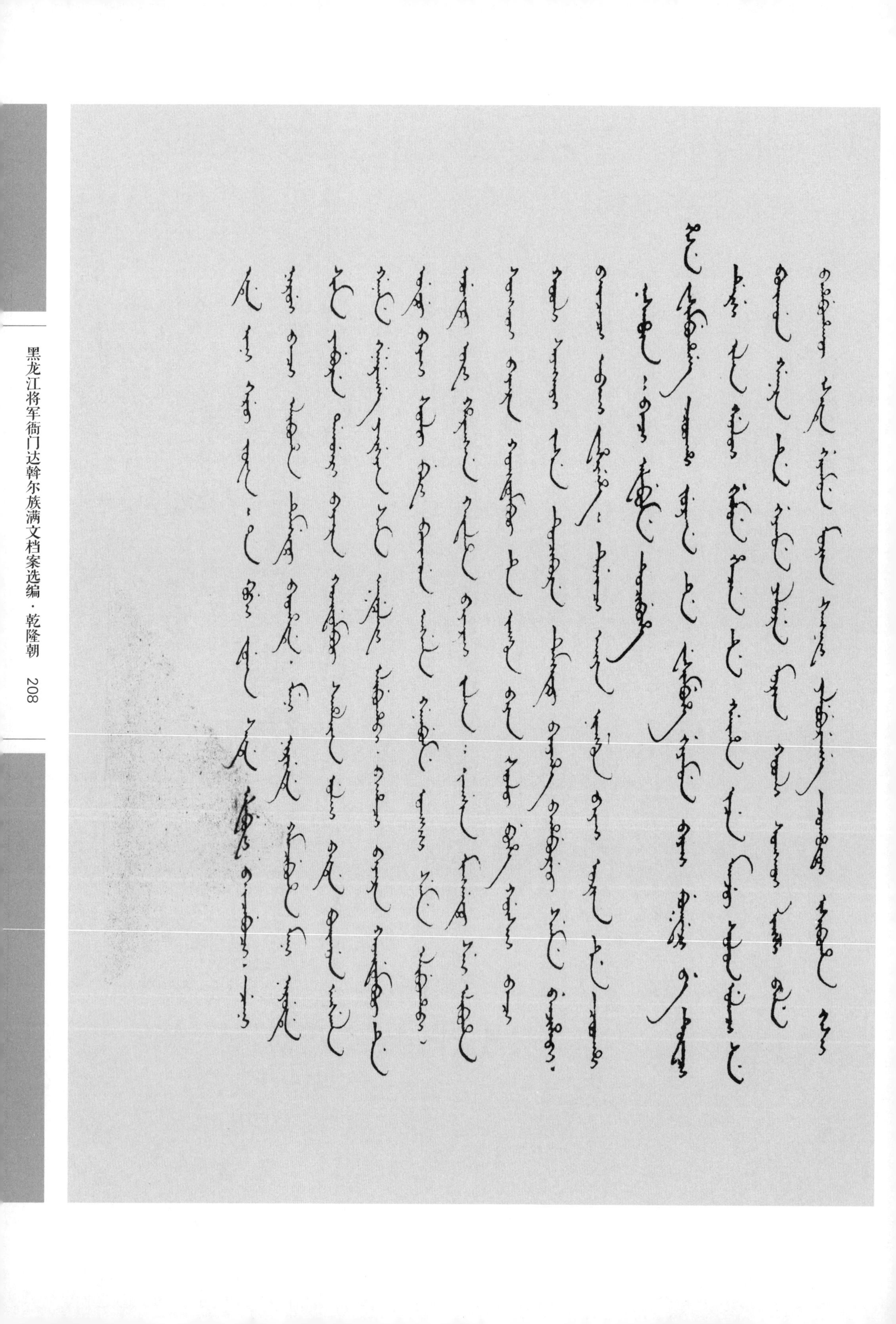

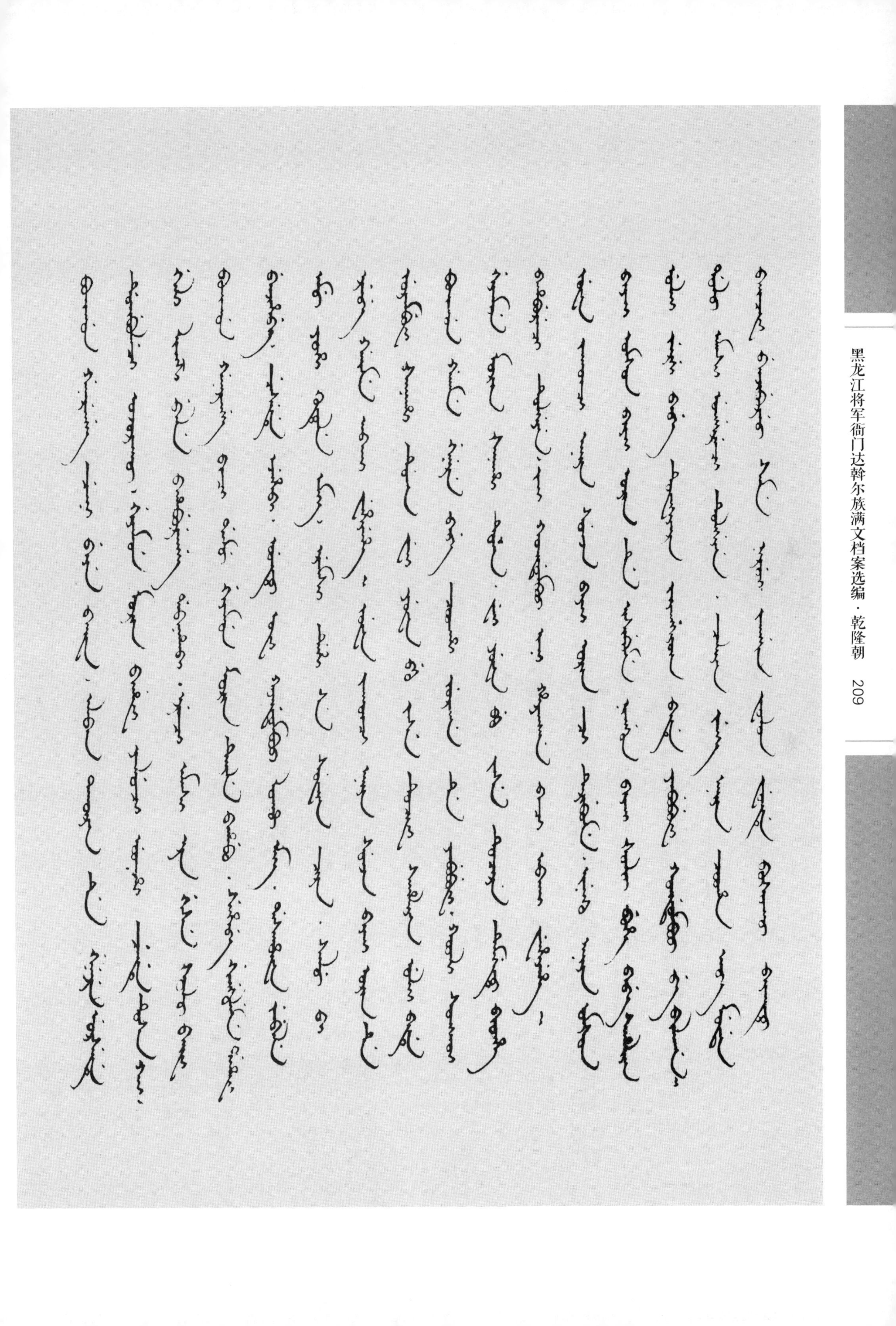

[illegible]

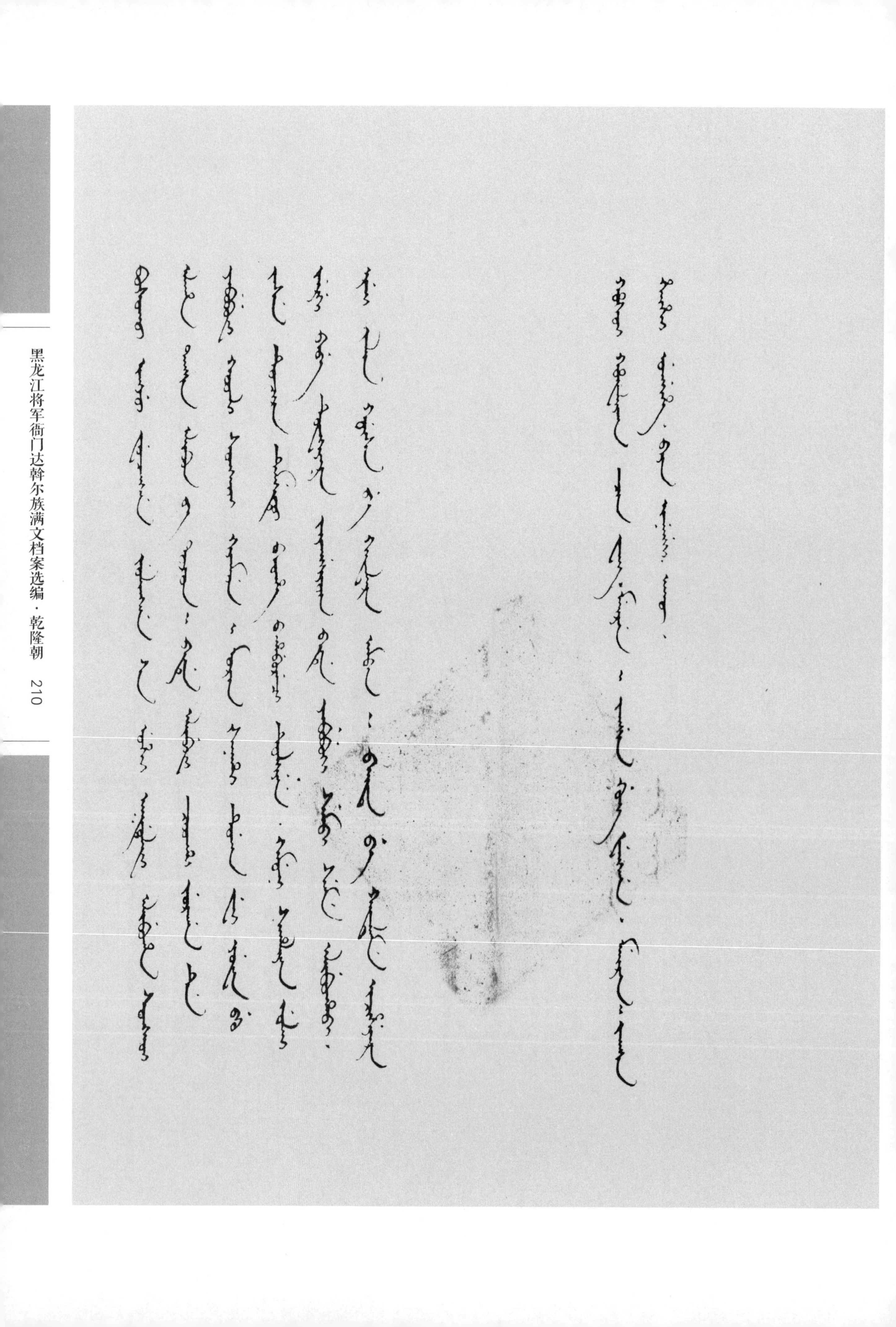

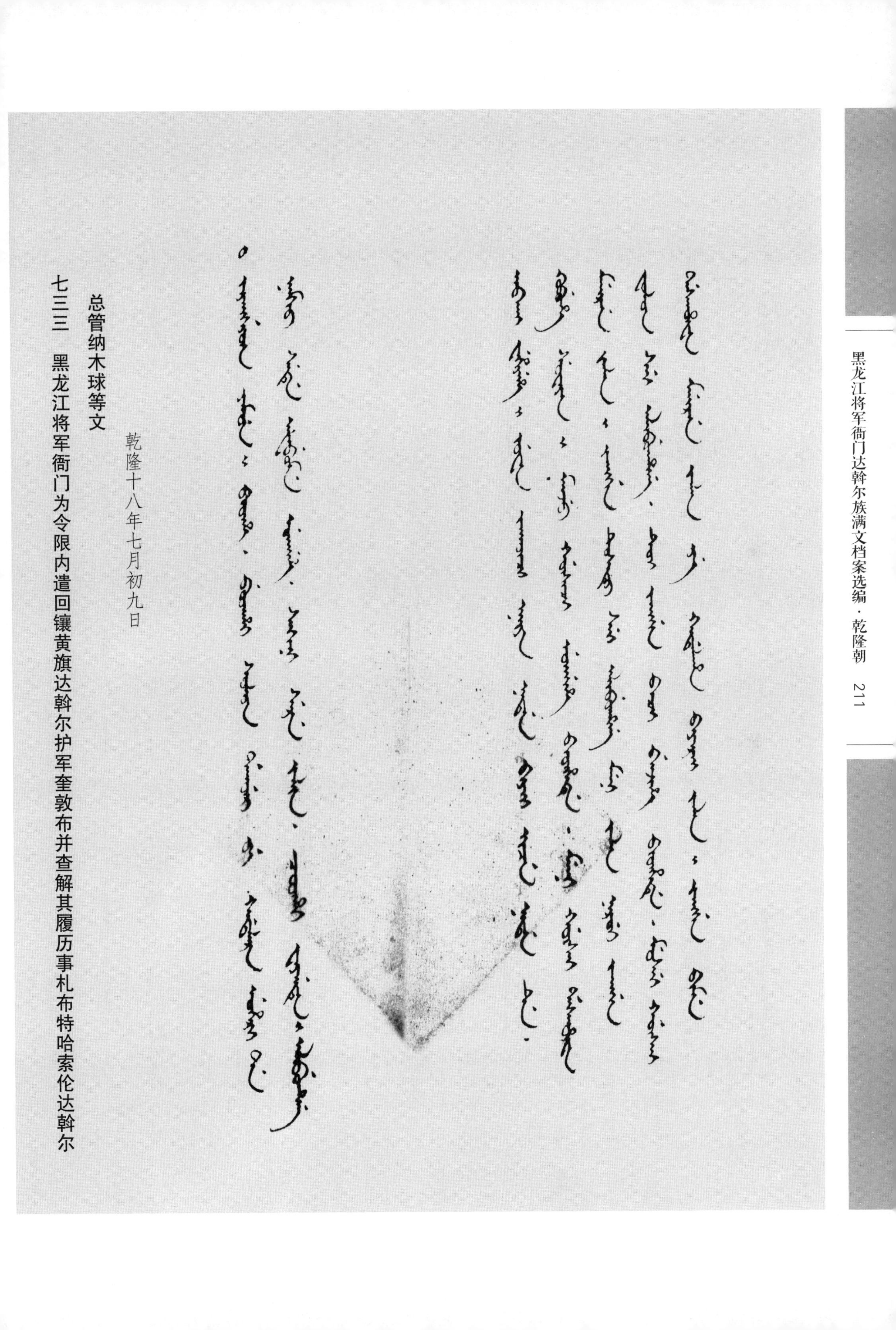

七三三　黑龙江将军衙门为令限内遣回镶黄旗达斡尔护军奎敦布并查解其履历事札布特哈索伦达斡尔总管纳木球等文

乾隆十八年七月初九日

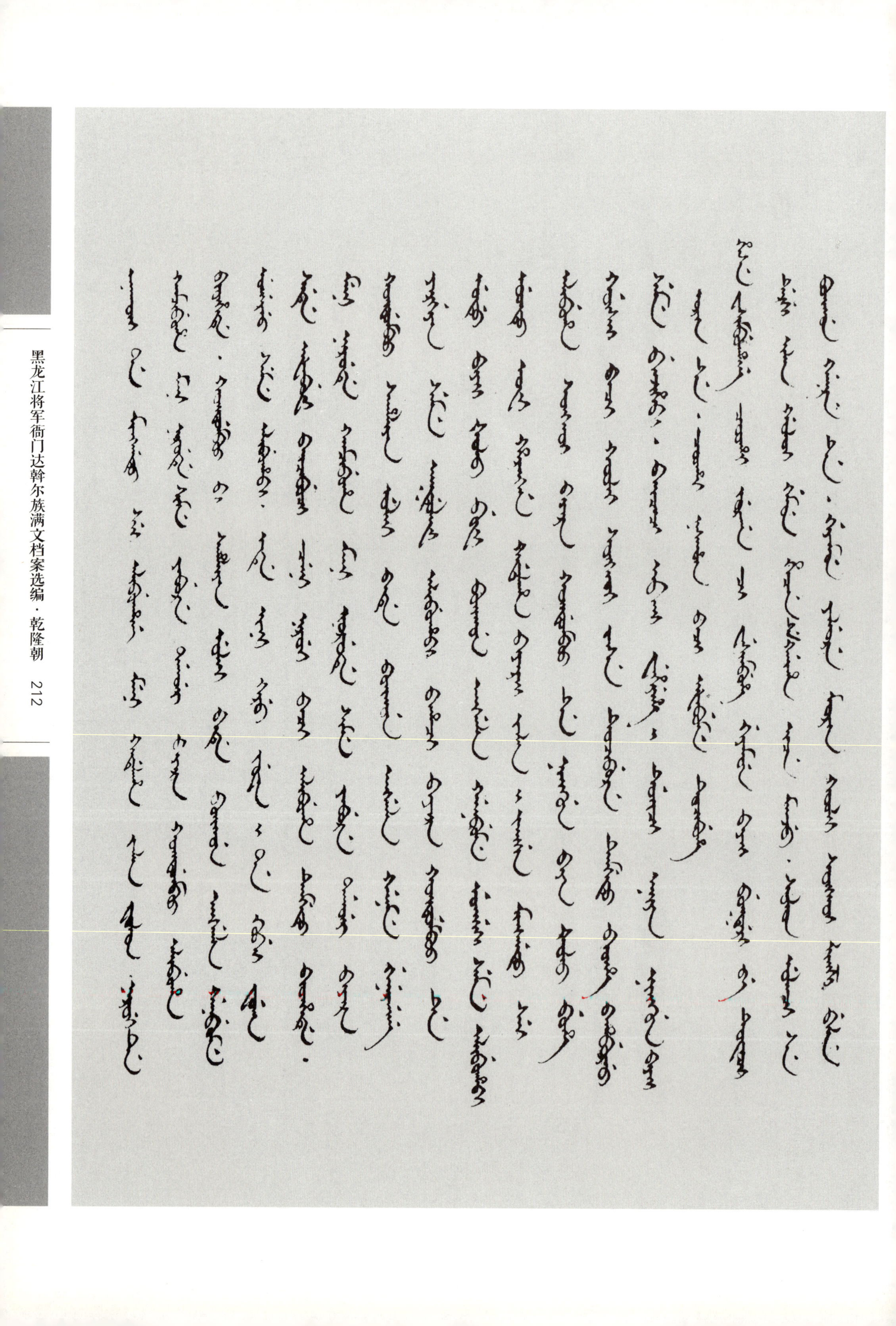

[illegible]

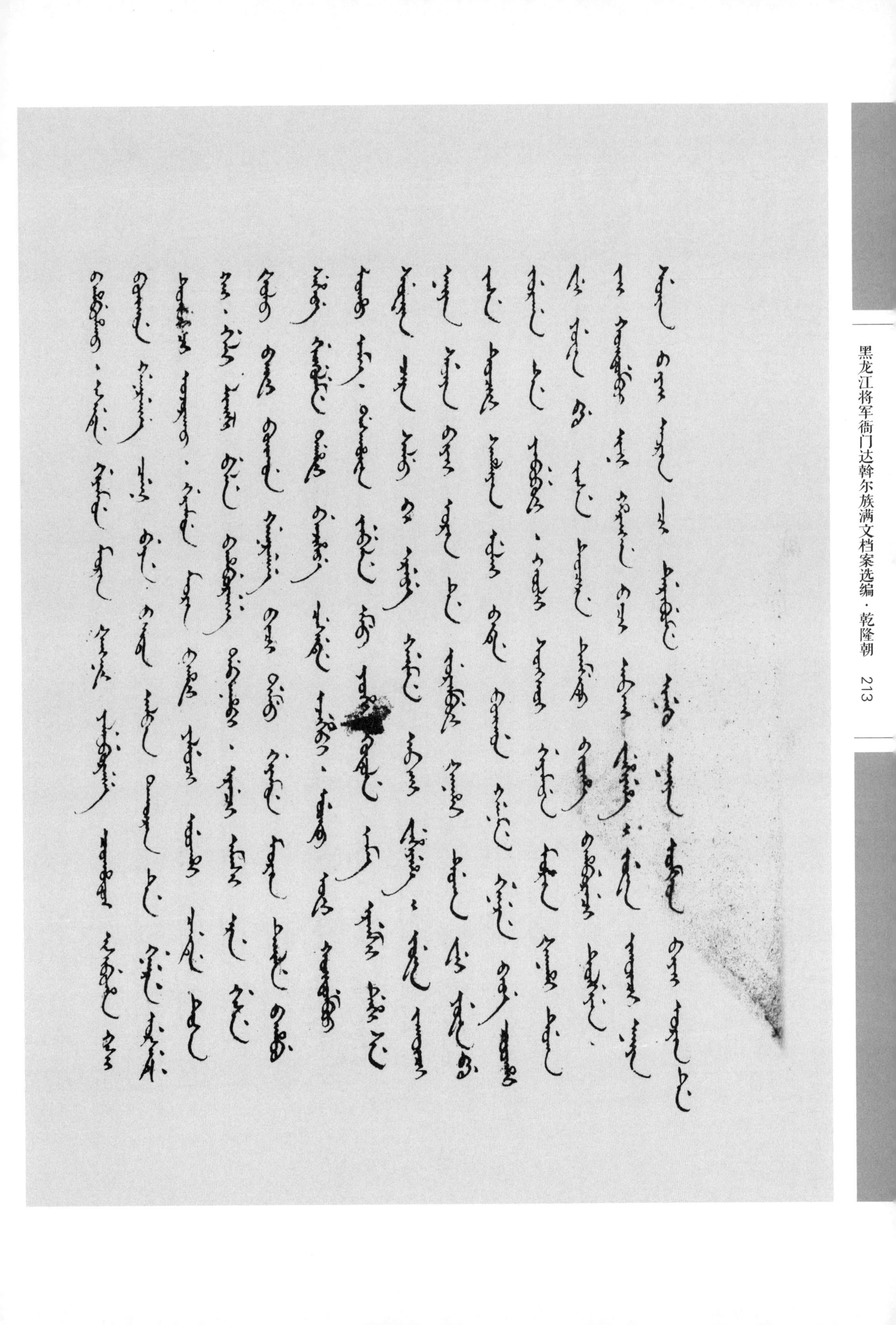

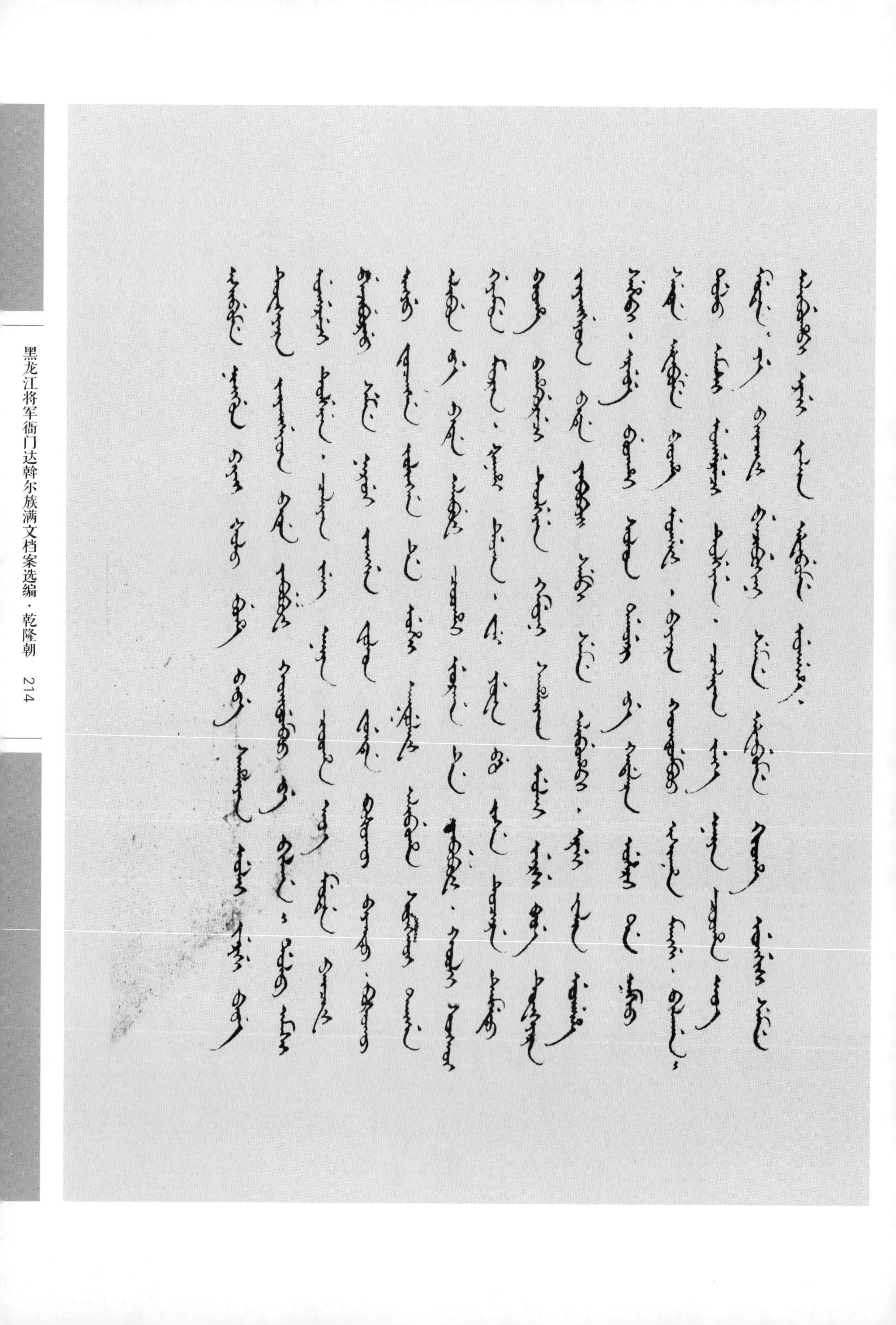

七三四　镶黄满洲旗为镶黄旗四甲喇博勒本察佐领下达斡尔护军扎什保给假回籍领来家眷照例发给路票事咨黑龙江将军衙门文

乾隆十八年七月二十二日

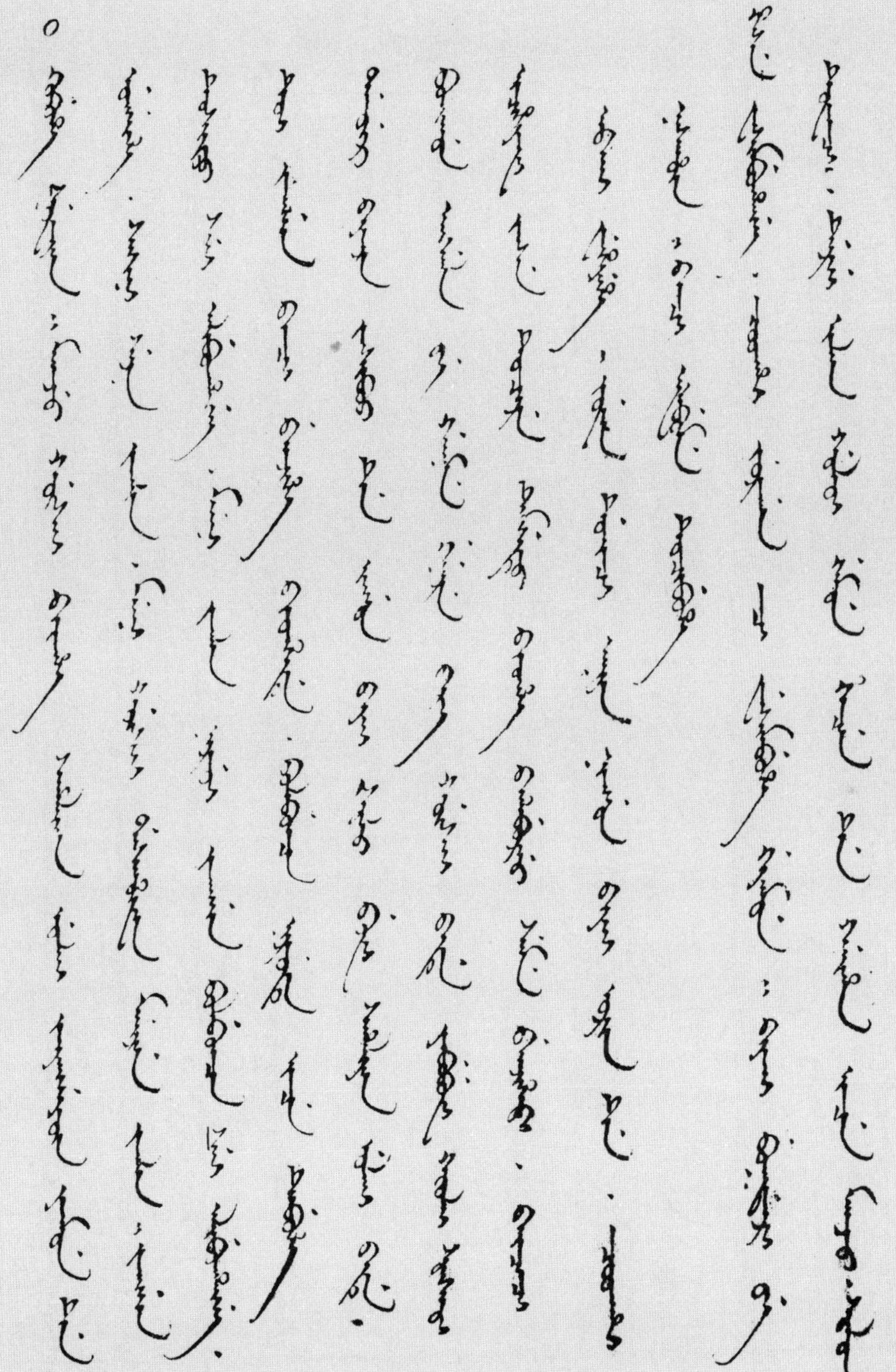

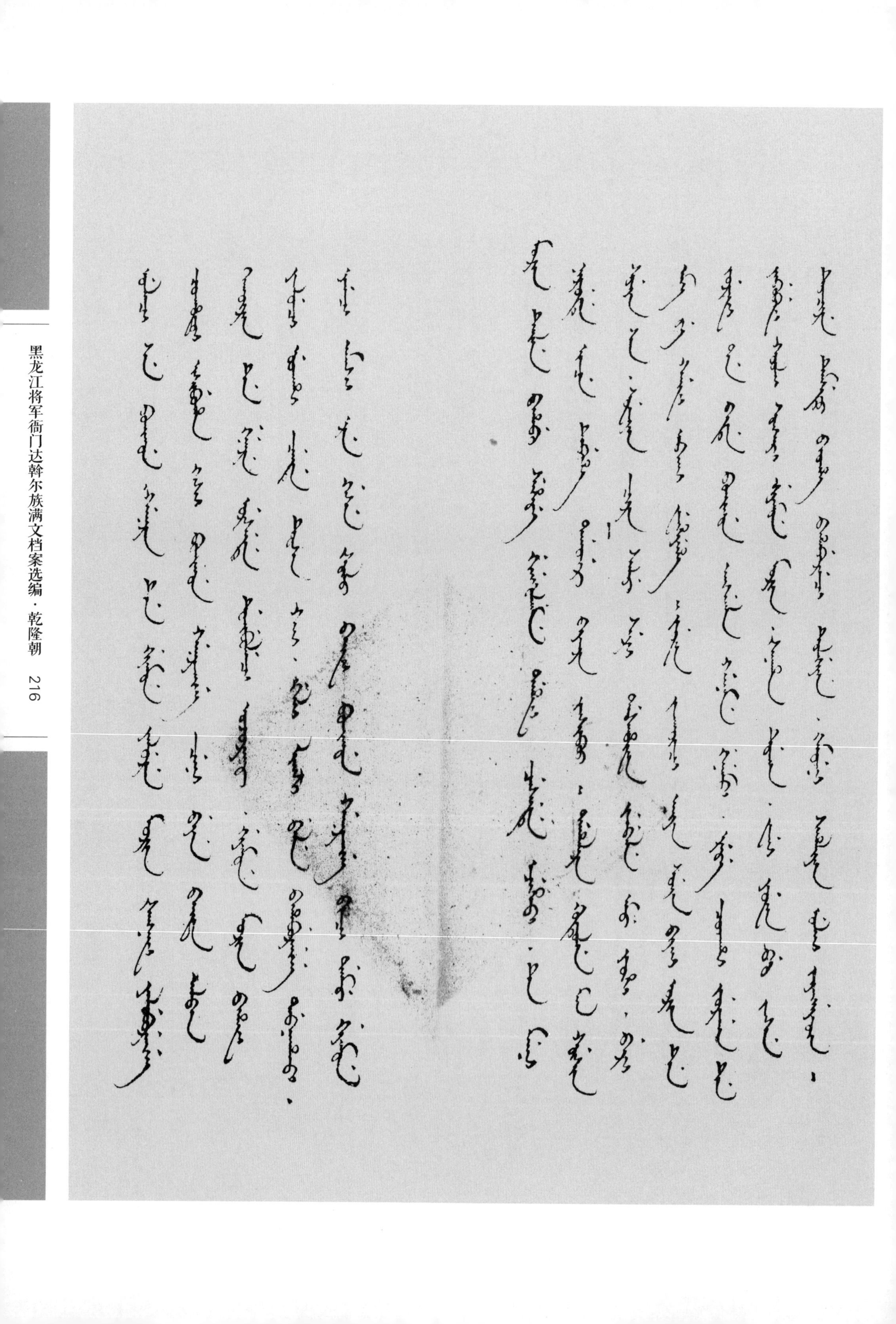

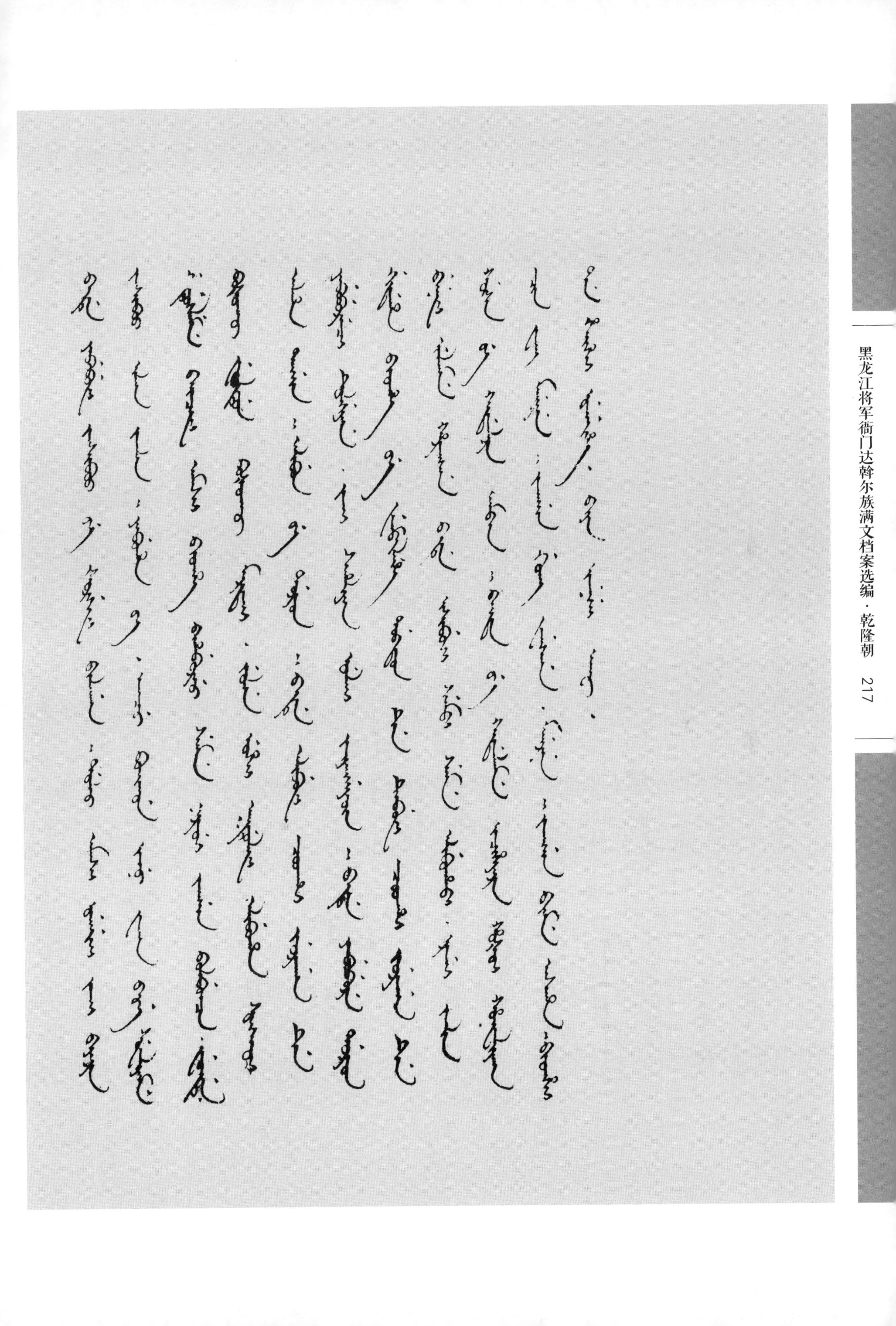

[illegible]

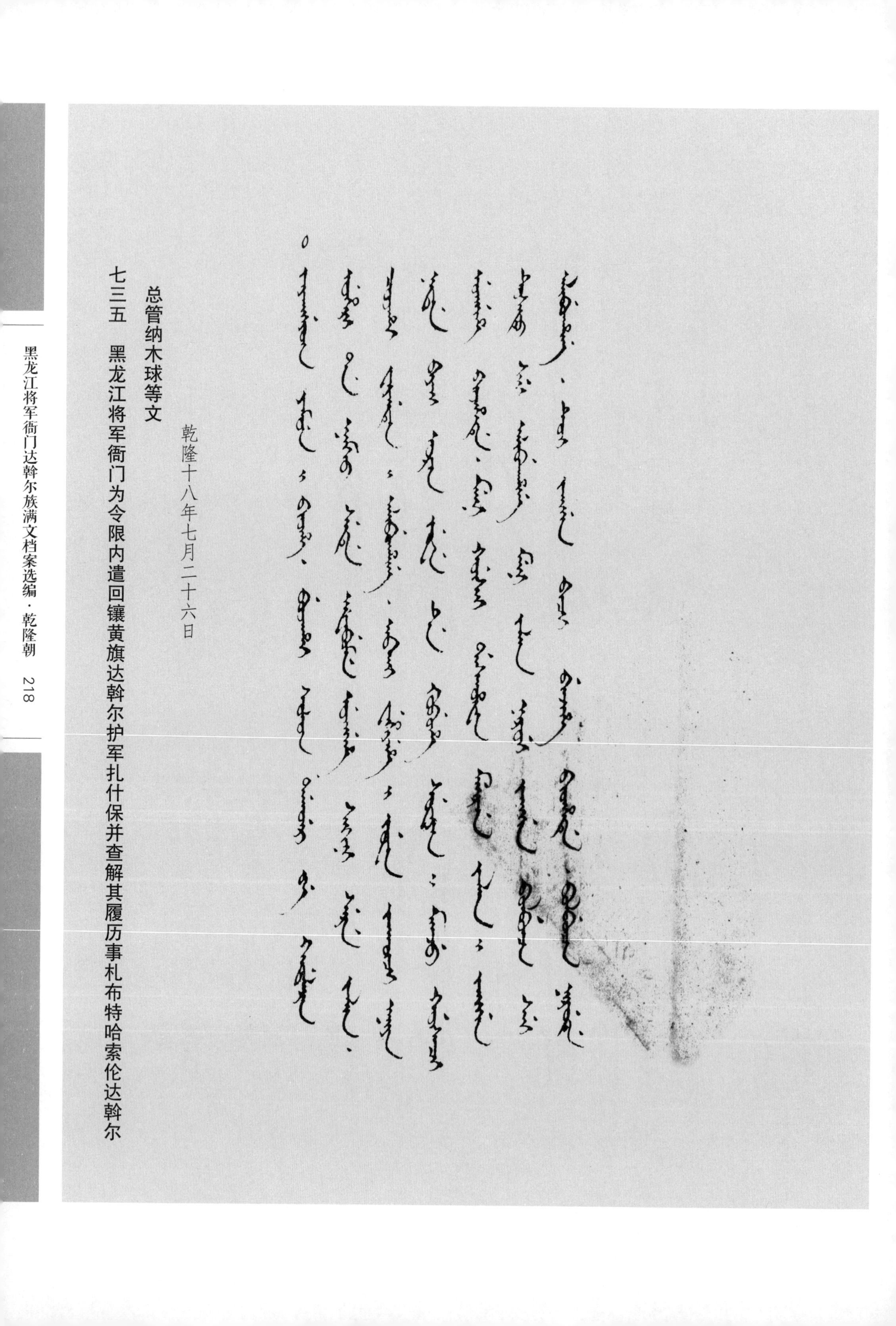

七三五 黑龙江将军衙门为令限内遣回镶黄旗达斡尔护军扎什保并查解其履历事札布特哈索伦达斡尔总管纳木球等文

乾隆十八年七月二十六日

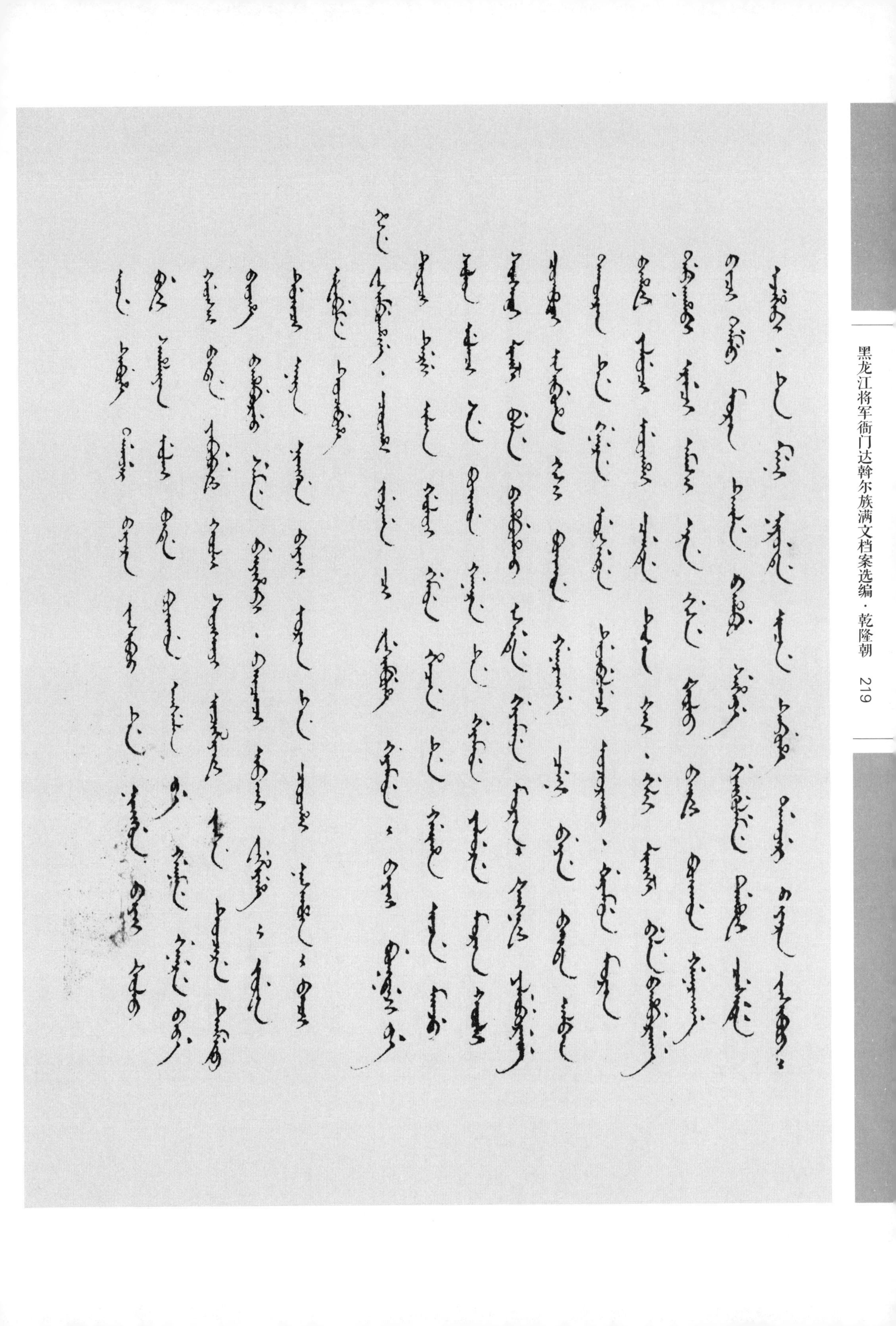

[illegible]

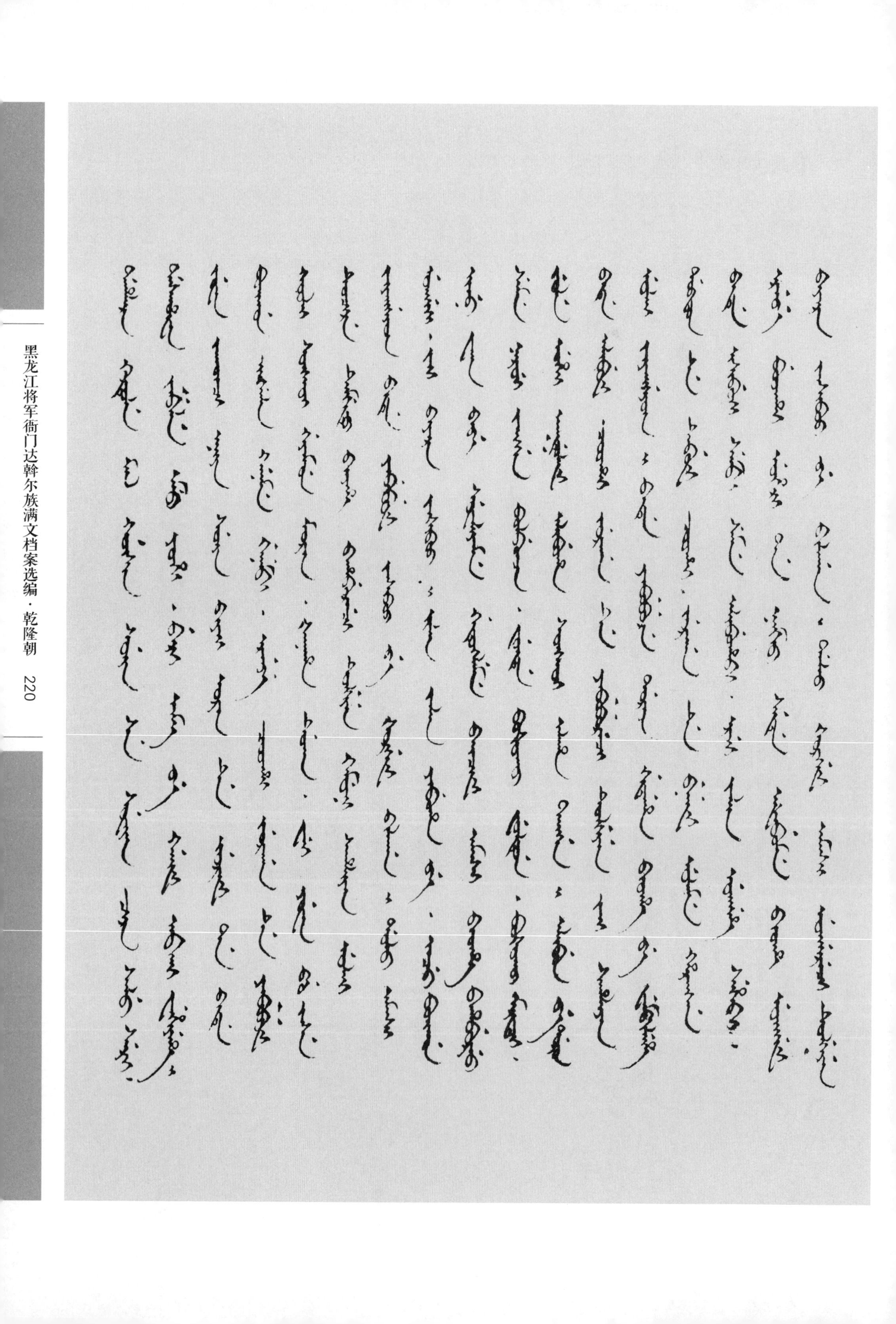

七三六 黑龙江将军衙门为黑龙江各处满洲达斡尔佐领骁骑校等出缺拣员送来事咨黑龙江副都统文

（附单一件）

乾隆十八年七月二十九日

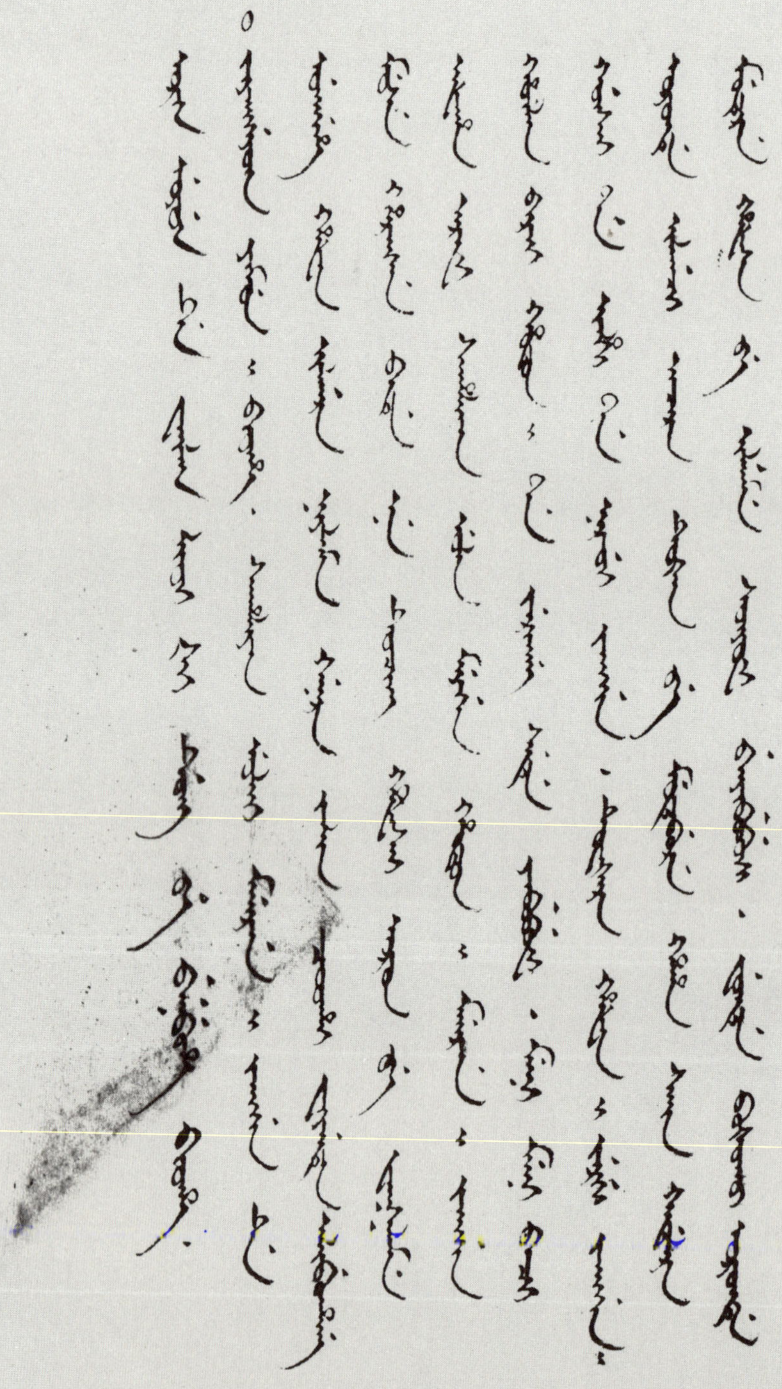

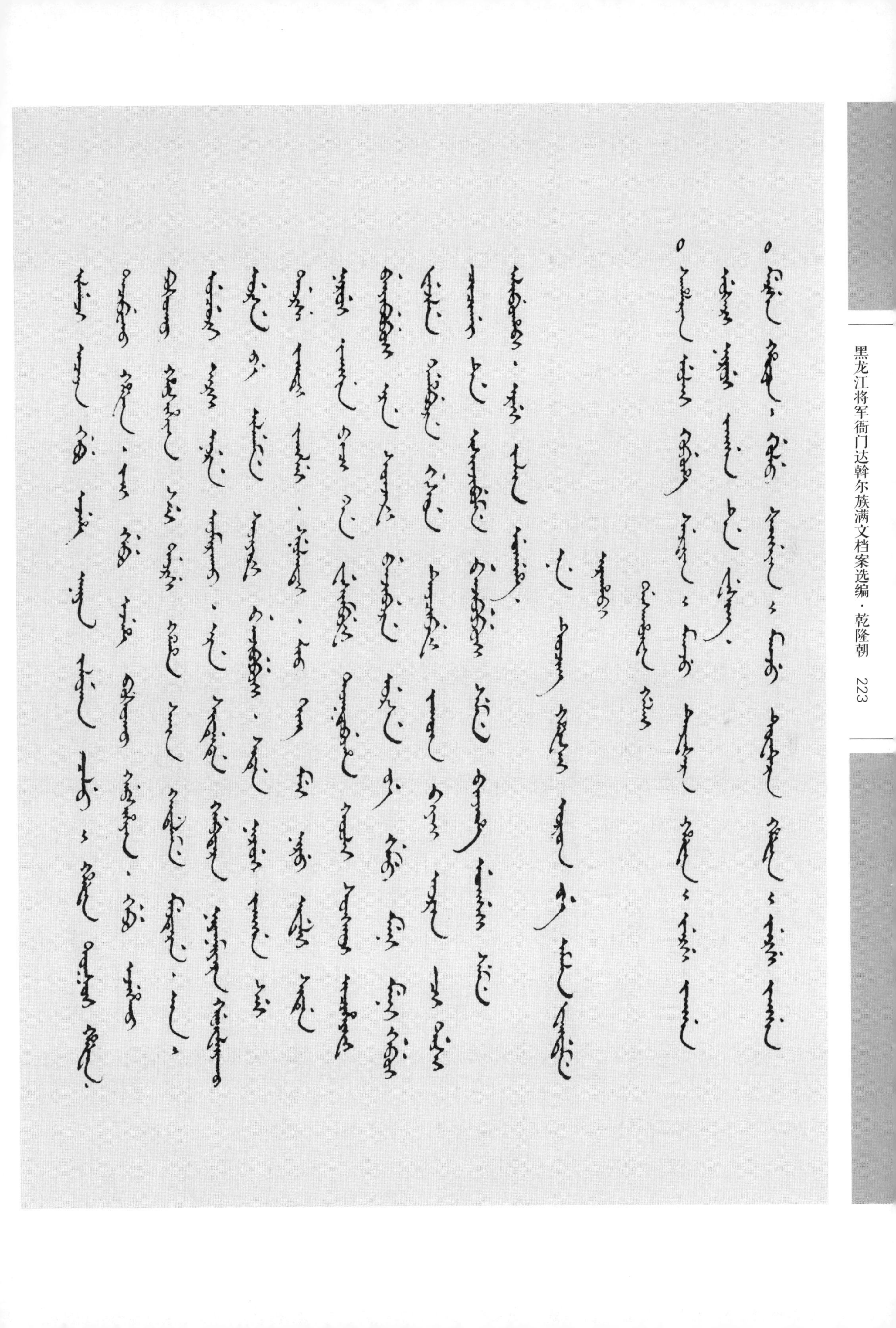

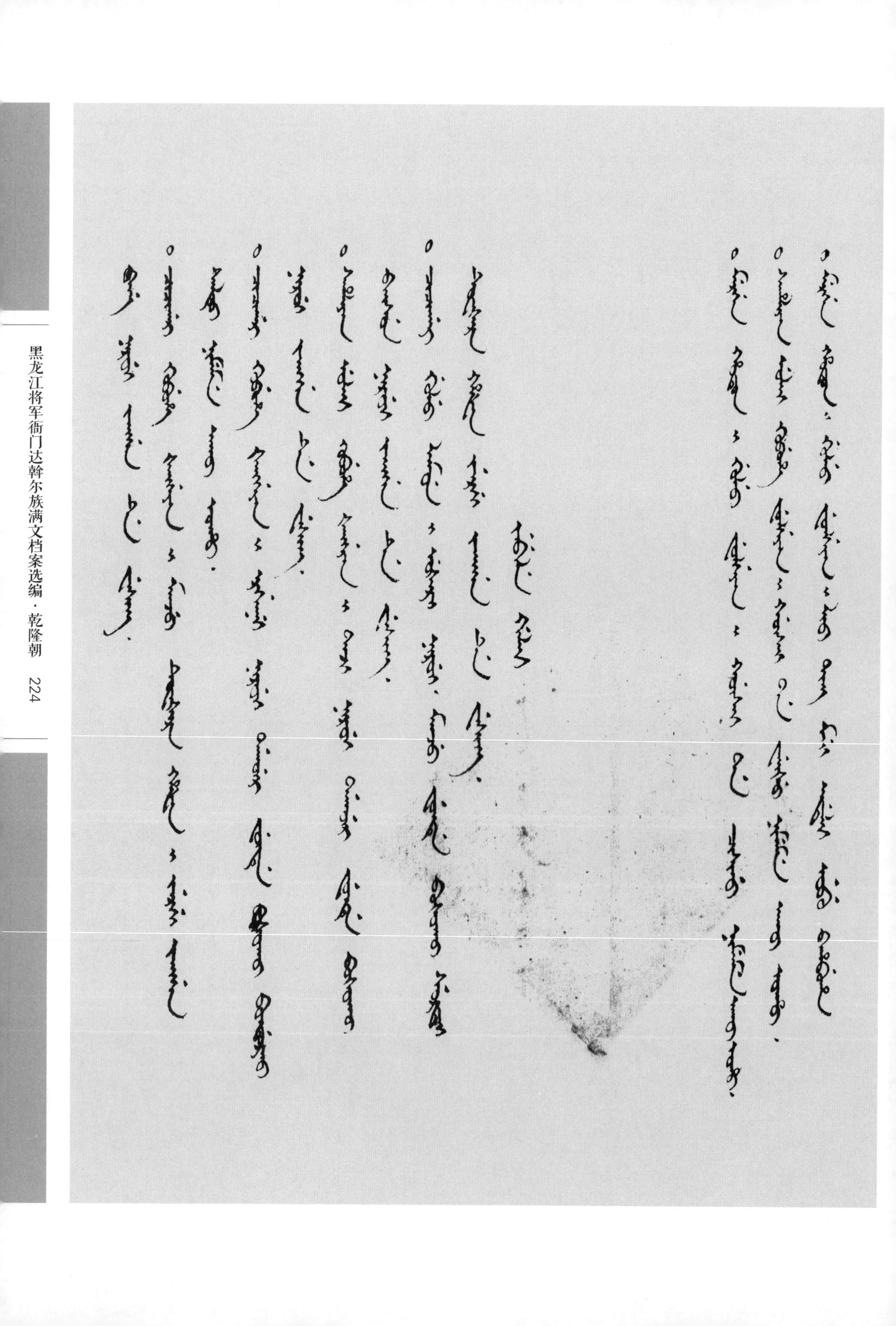

[illegible]

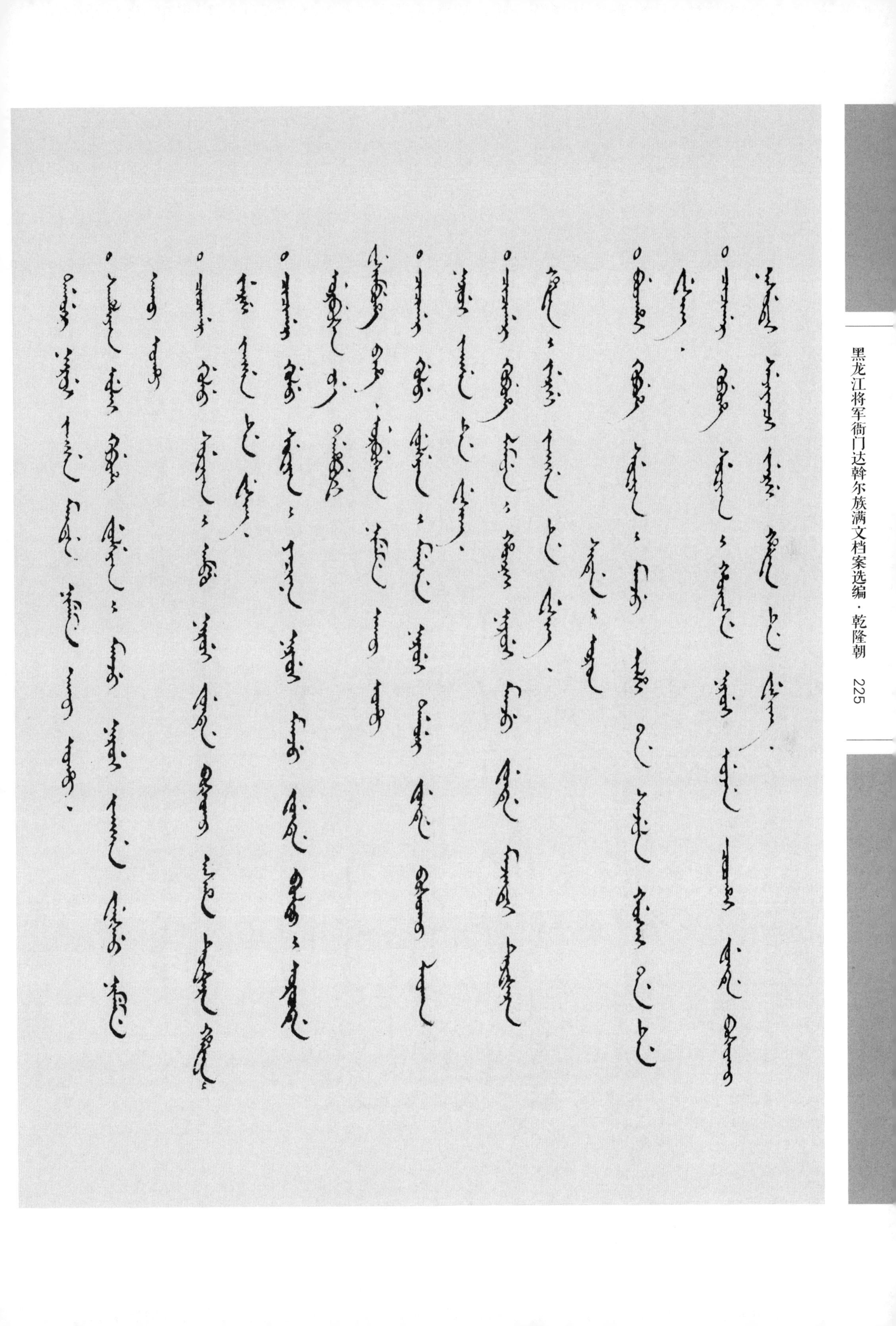

[illegible]

七三七　黑龙江将军衙门为总管鄂布希等解送布特哈索伦达斡尔等贡貂事咨理藩院文

乾隆十八年八月初九日

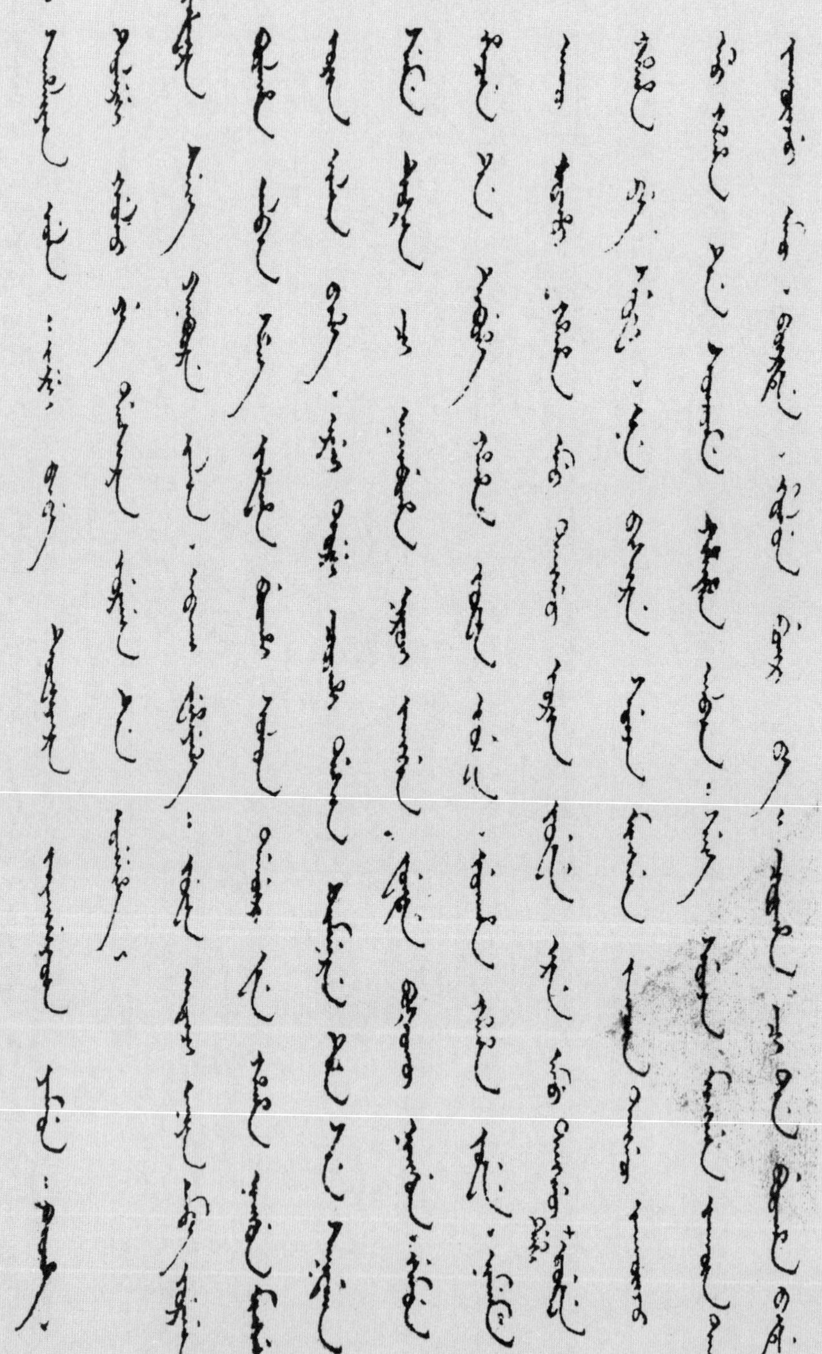

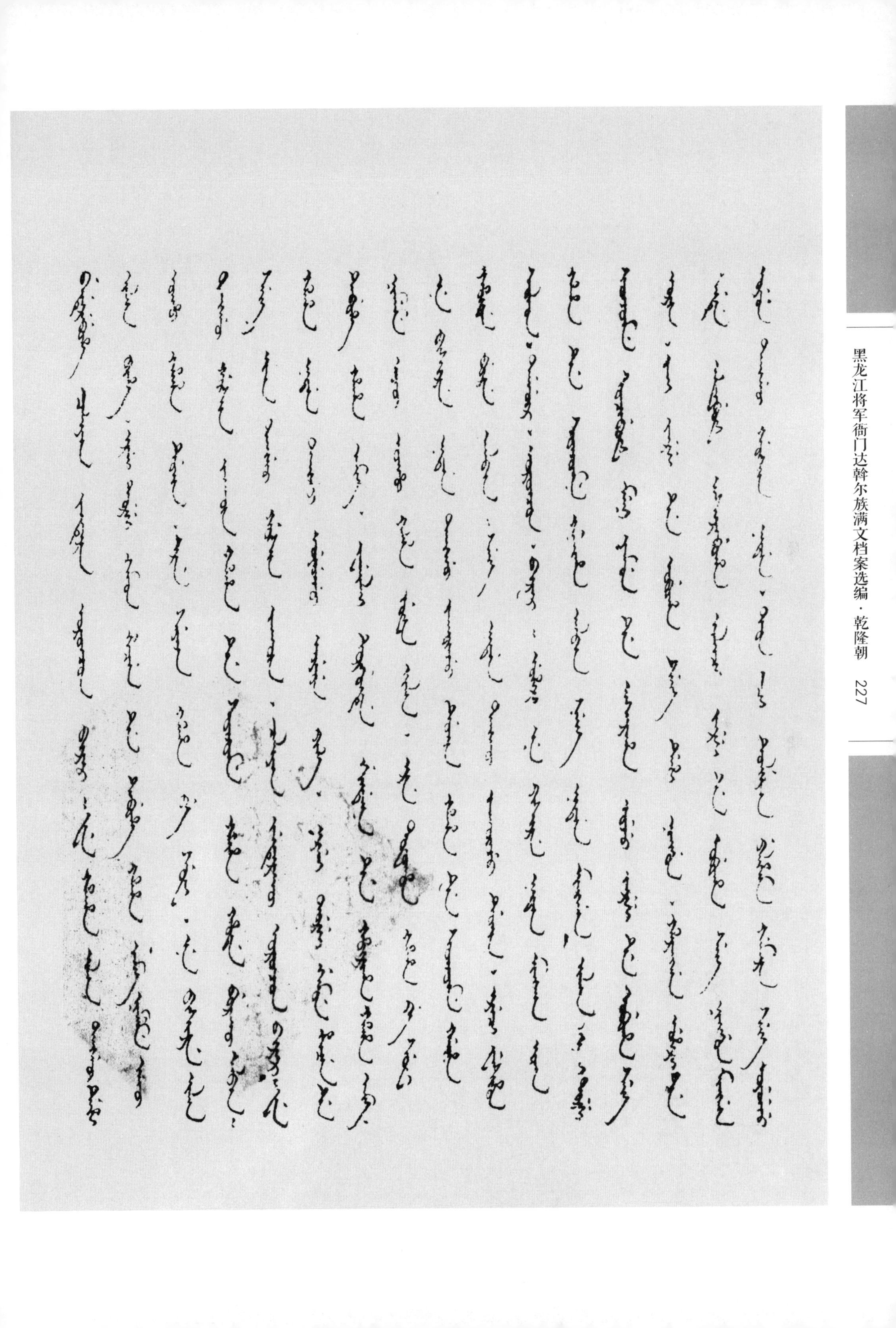

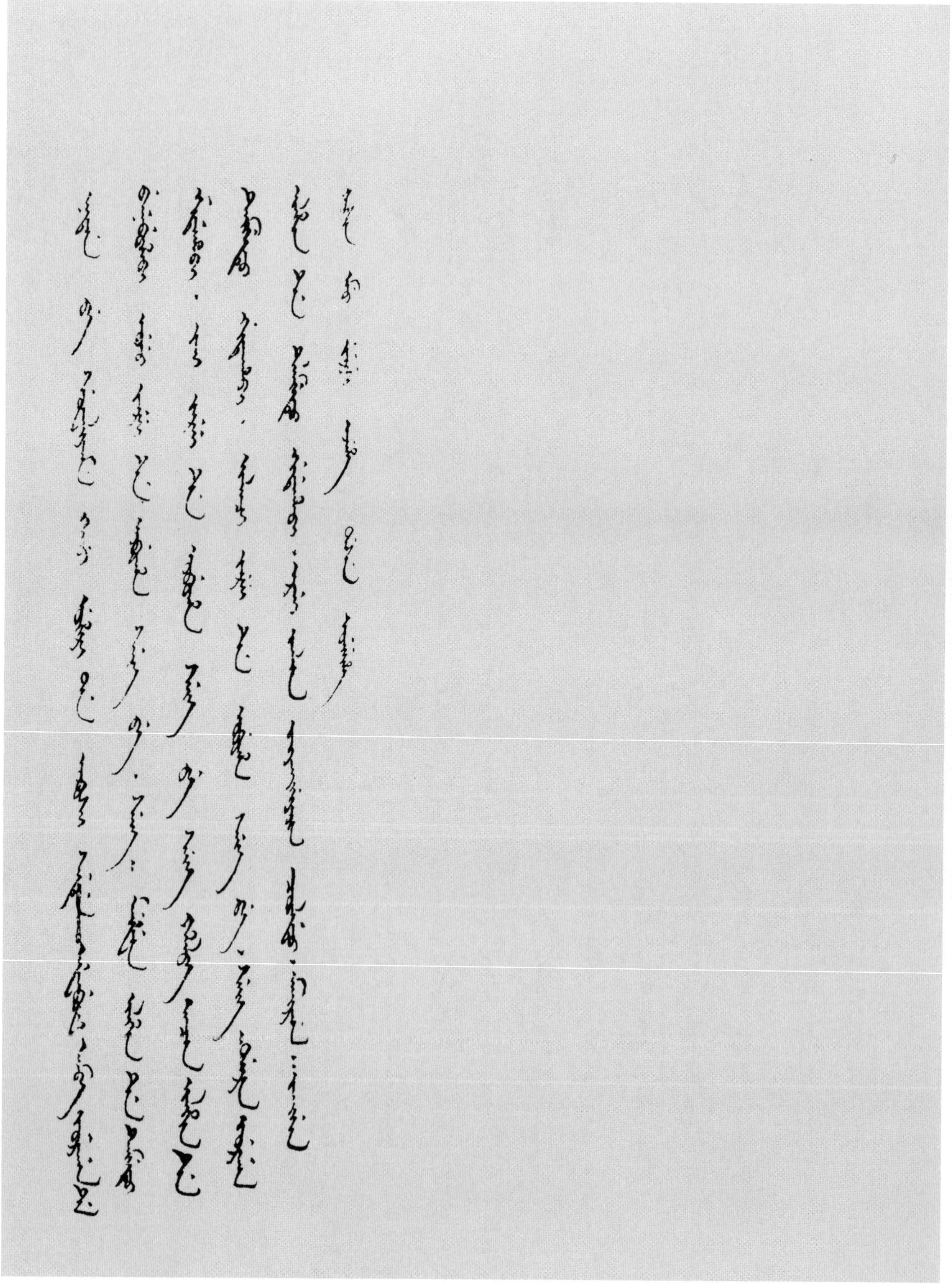

七三八 呼兰城守尉哲灵额为黑龙江各处满洲达斡尔佐领骁骑校等出缺拣员报送事呈黑龙江将军衙门文

乾隆十八年八月二十一日

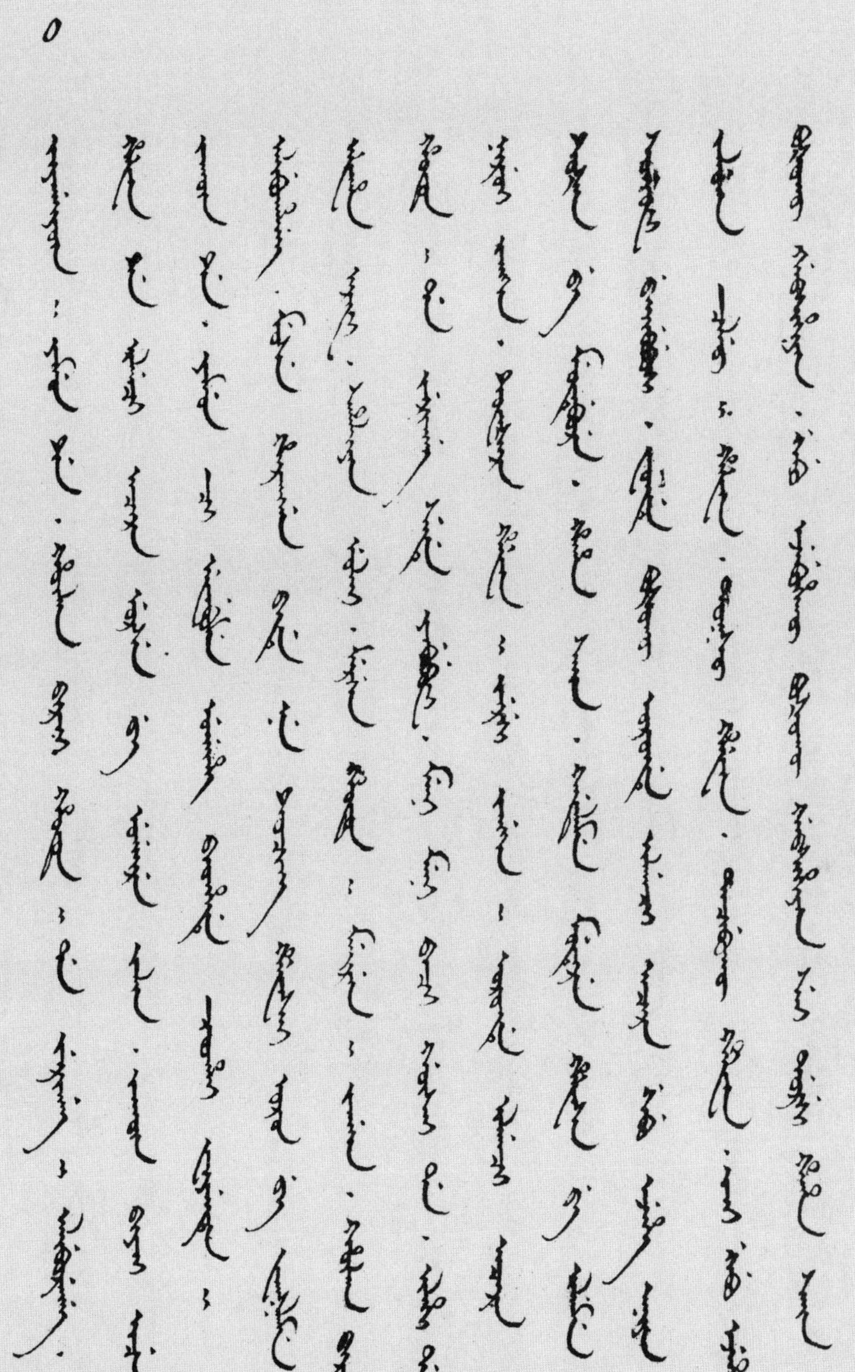

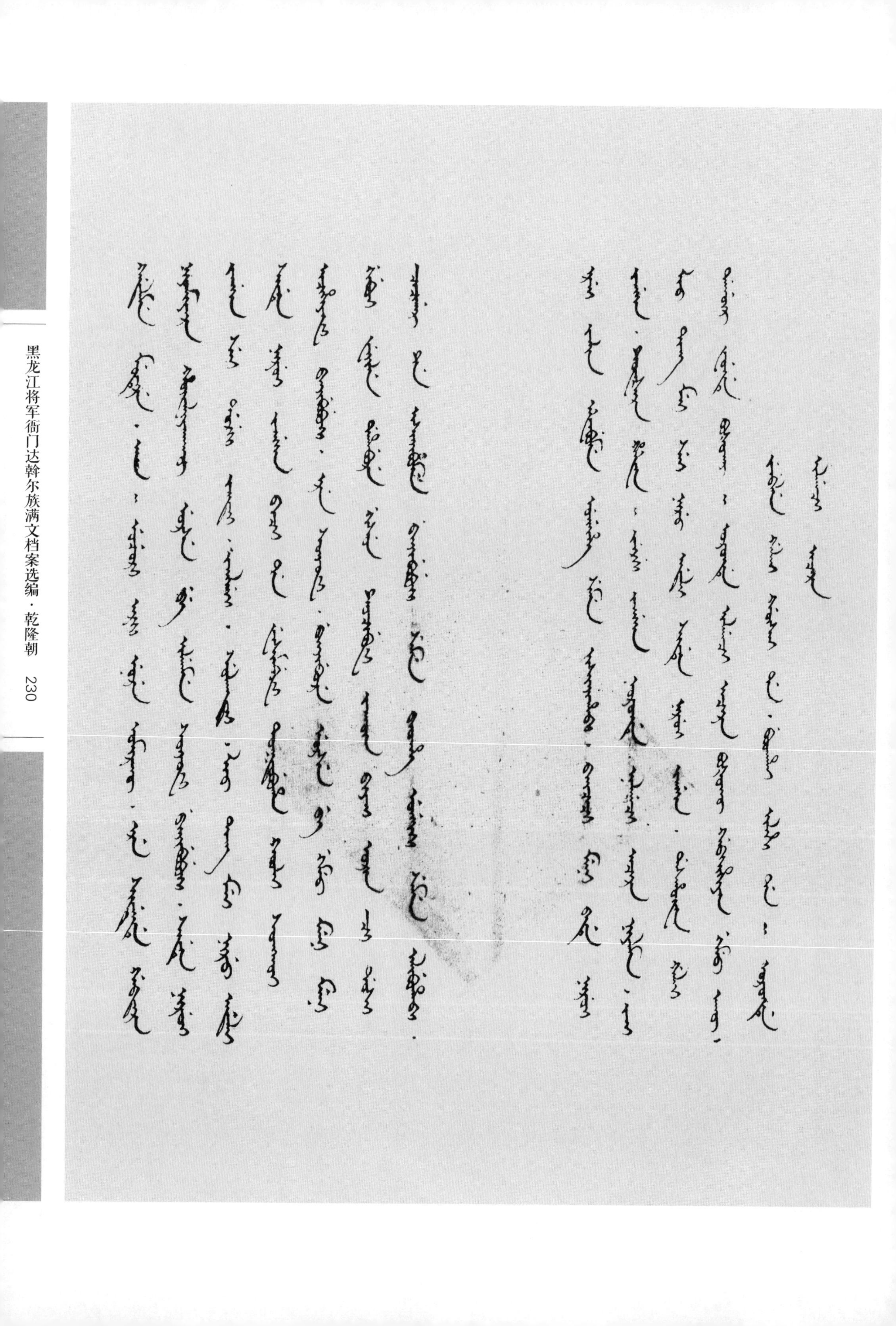

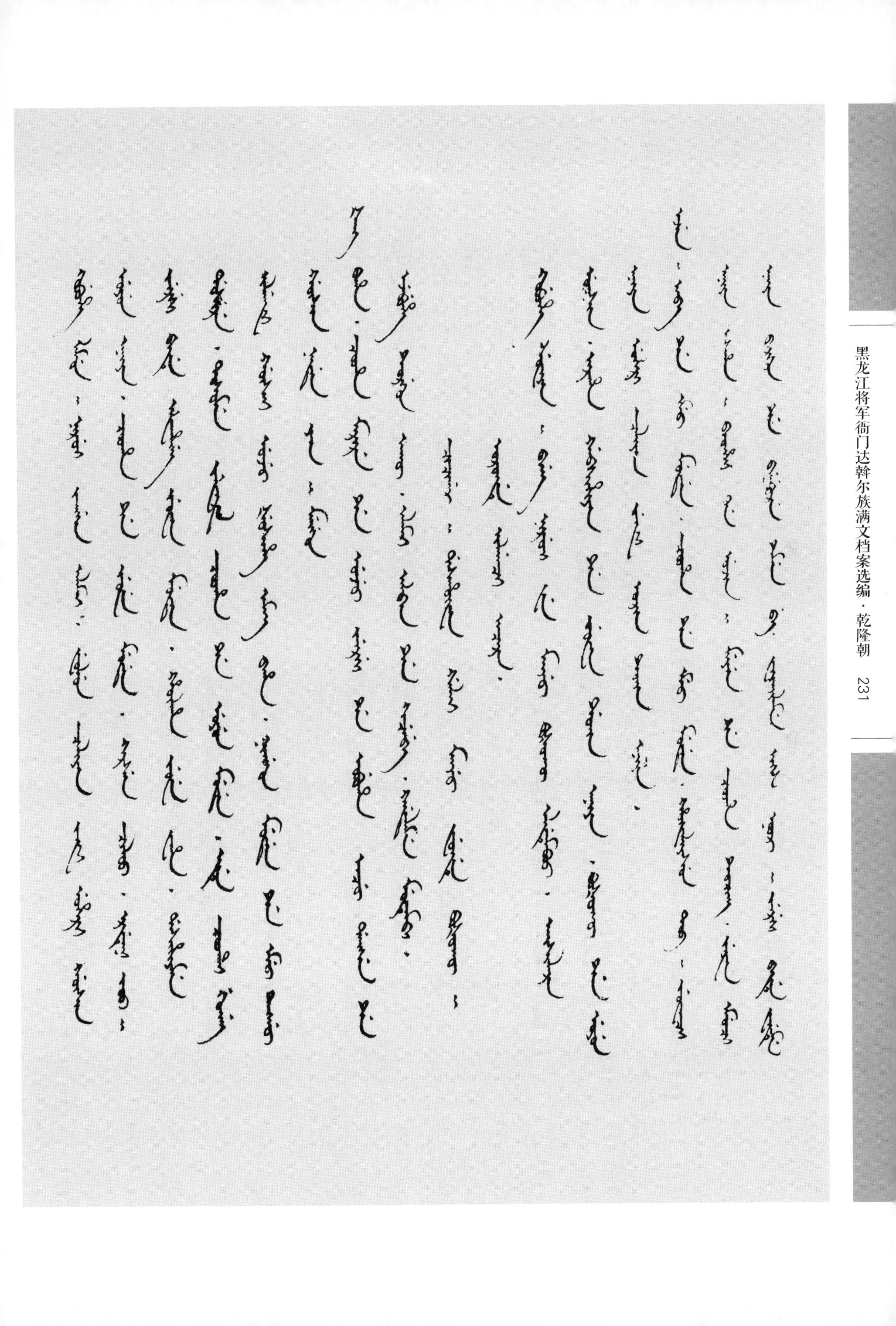

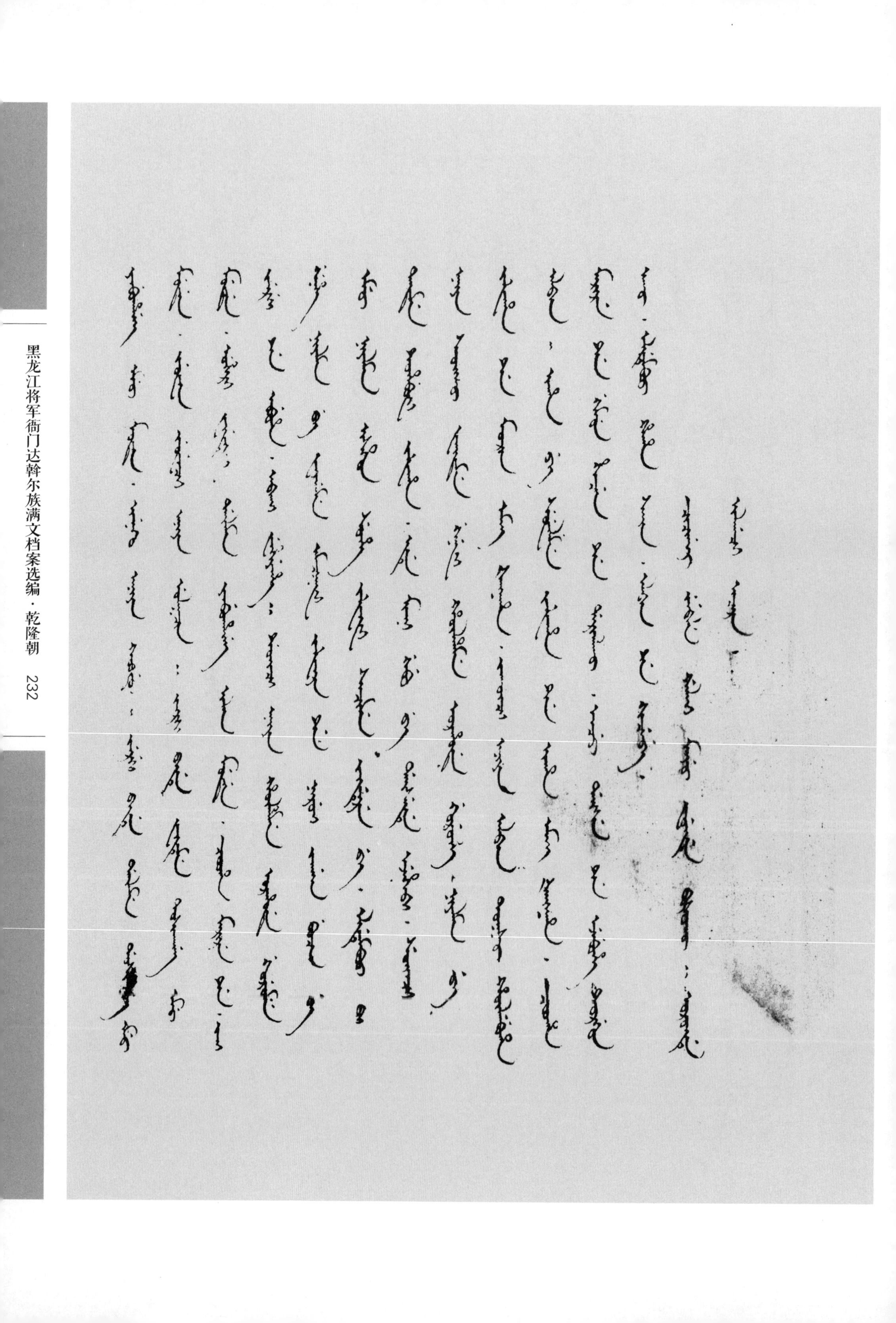

[illegible]

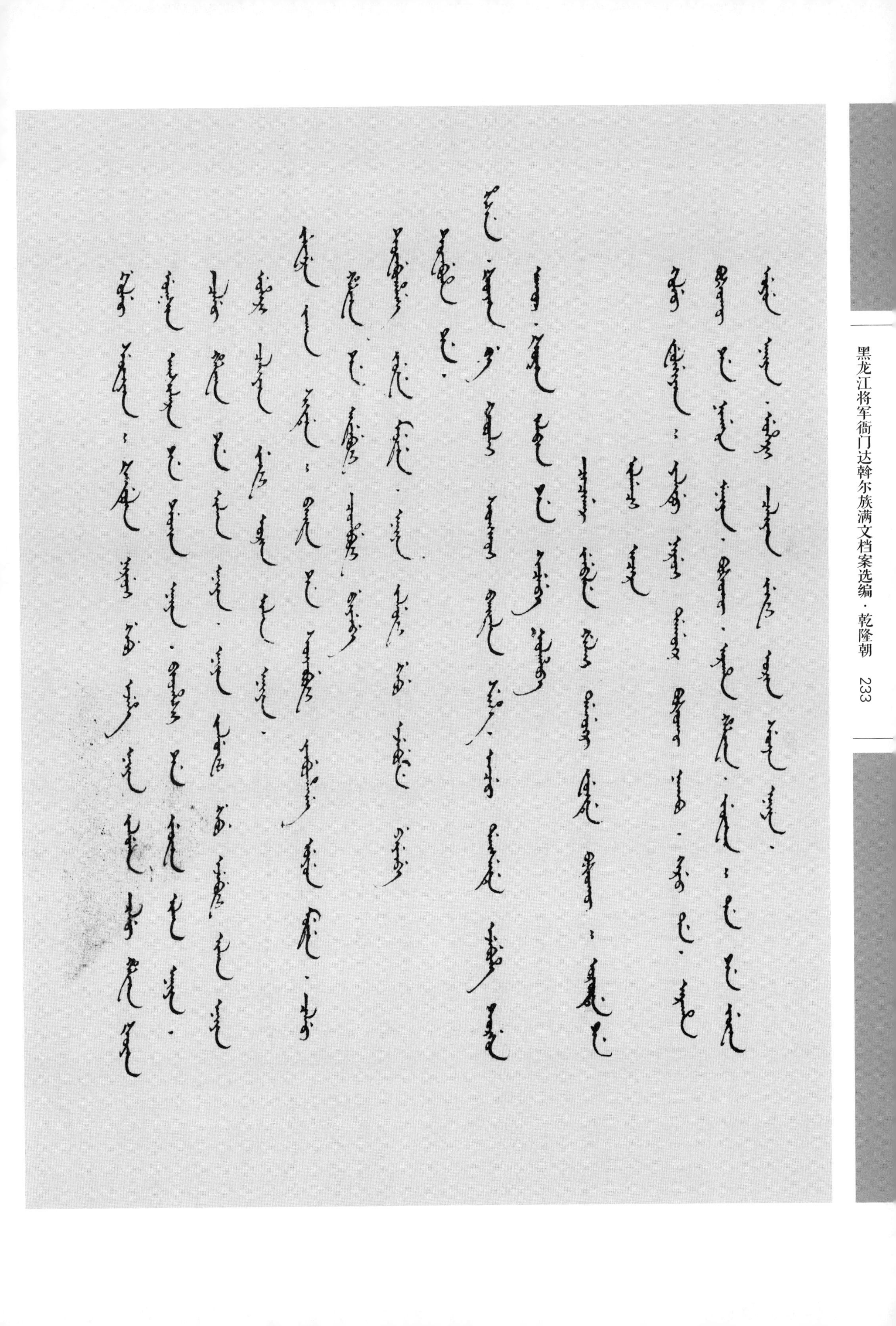

[illegible]

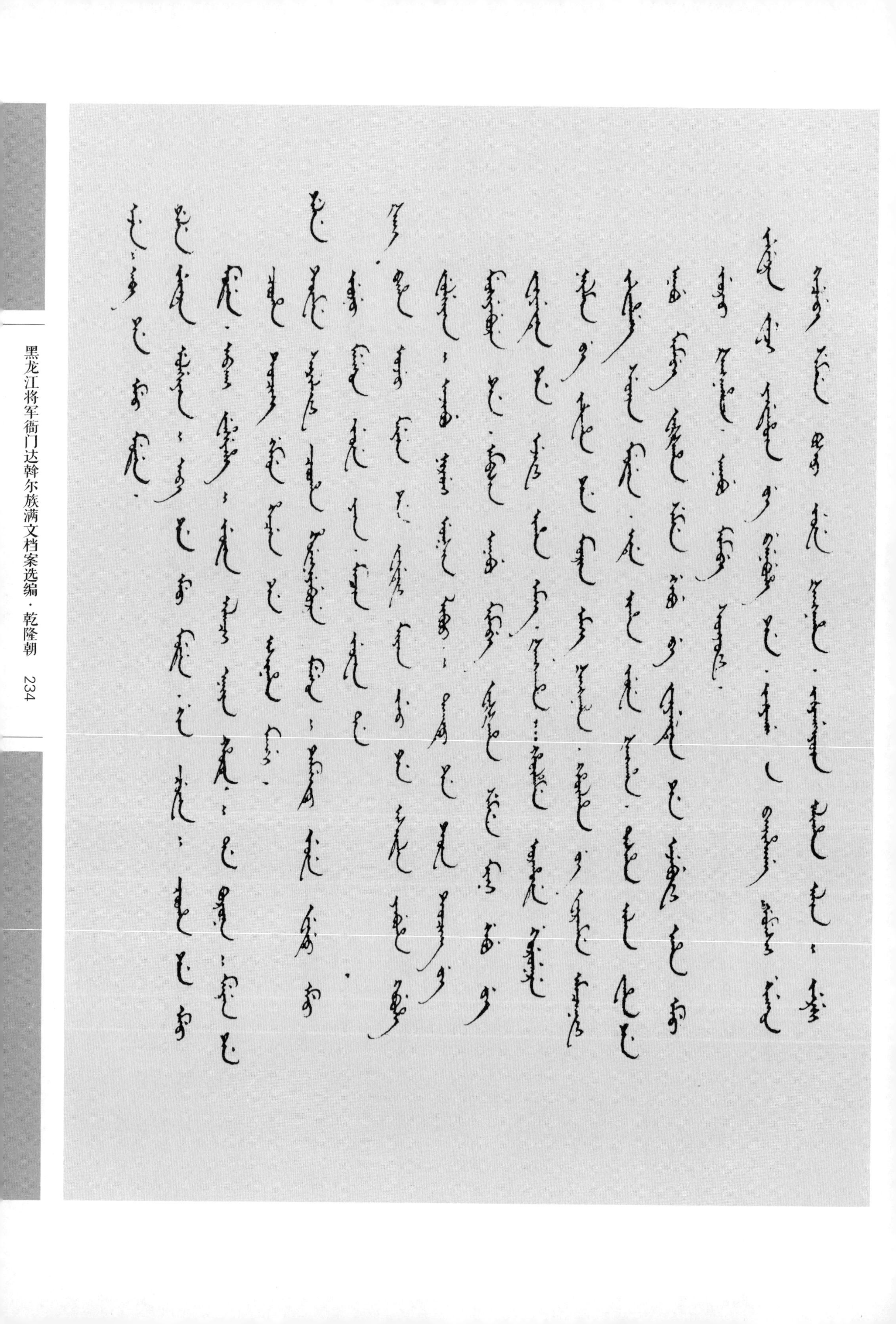

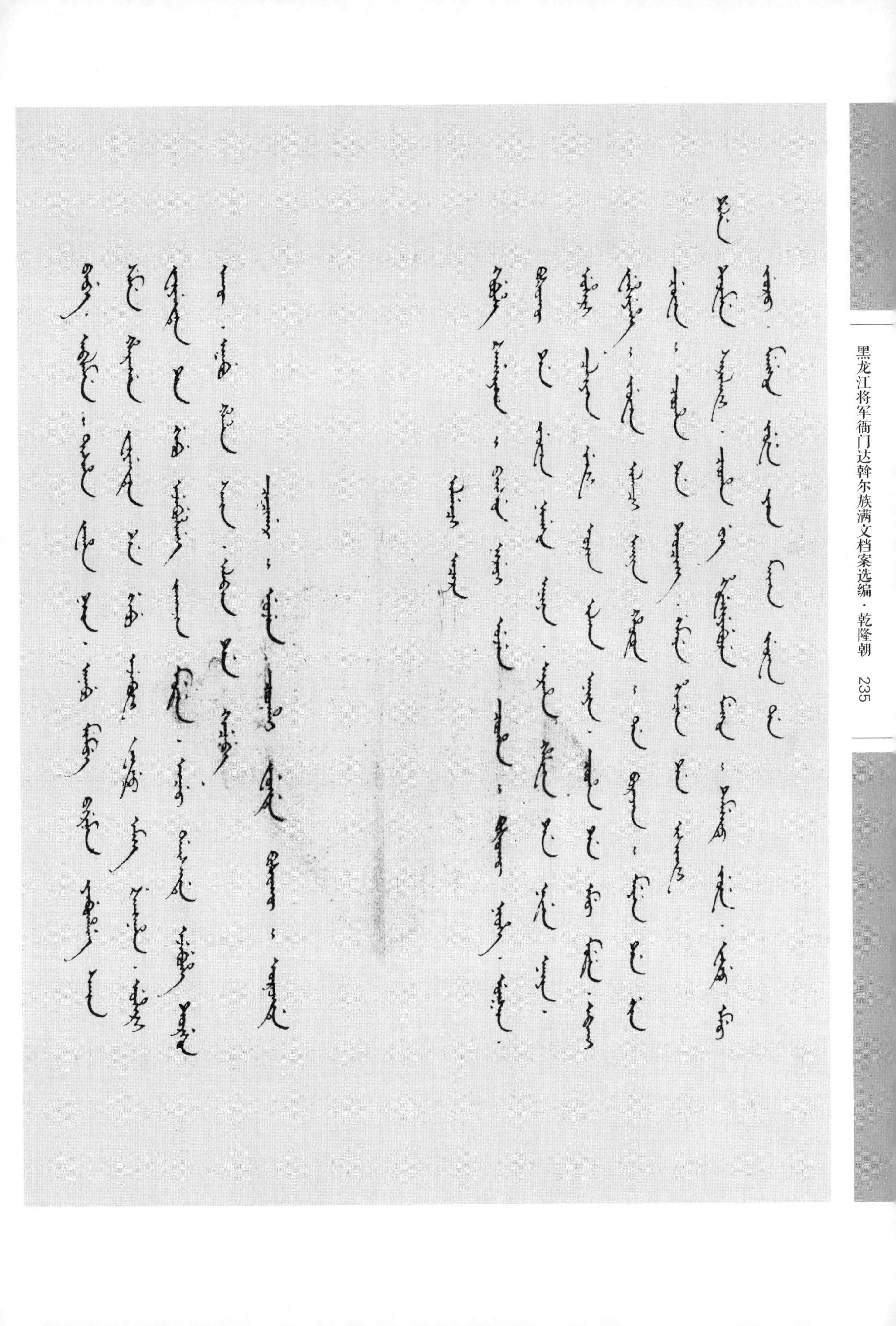

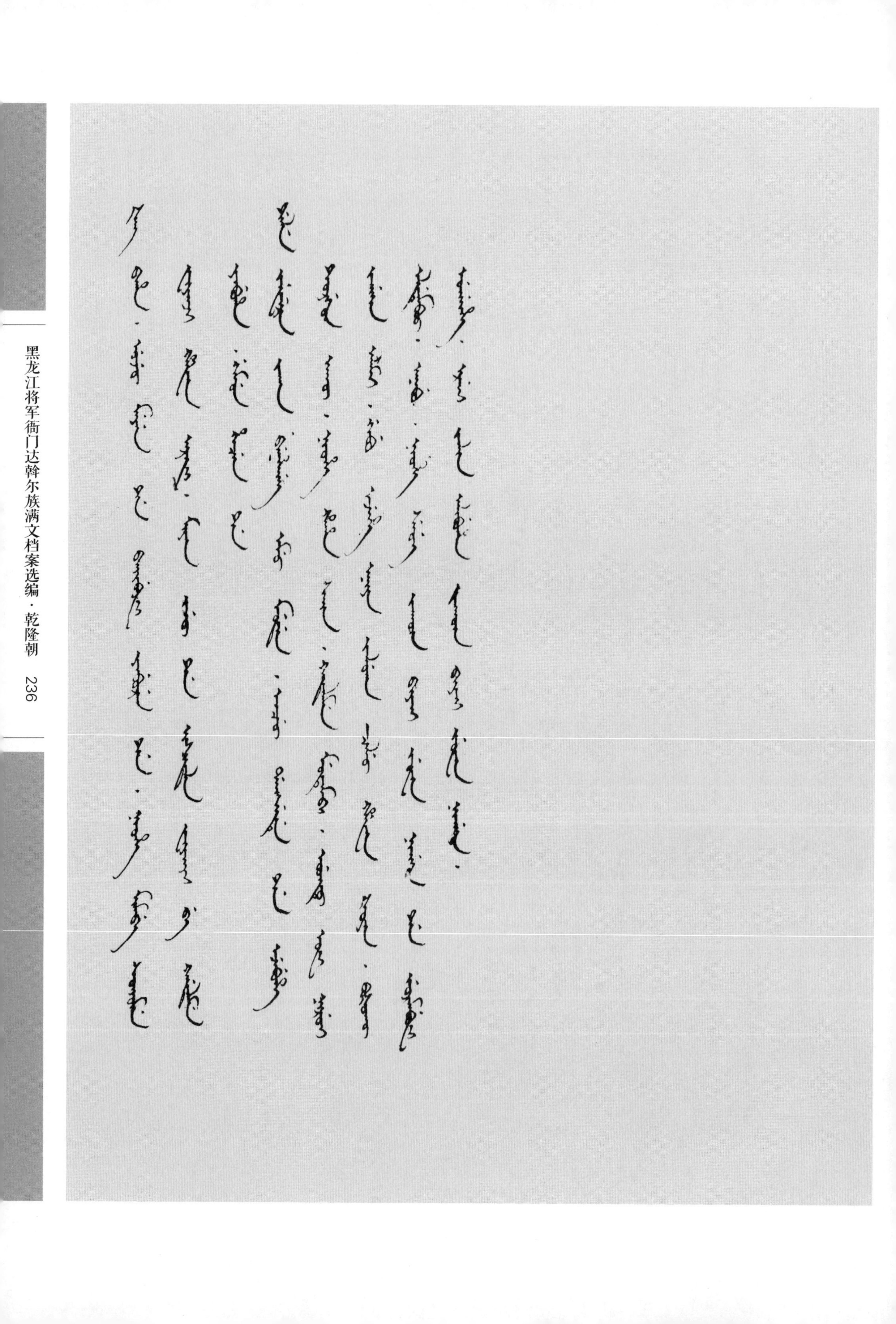

七三九 墨尔根副都统衙门为黑龙江各处满洲达斡尔佐领骁骑校等出缺拣员报送事咨黑龙江将军衙门文

乾隆十八年八月二十二日

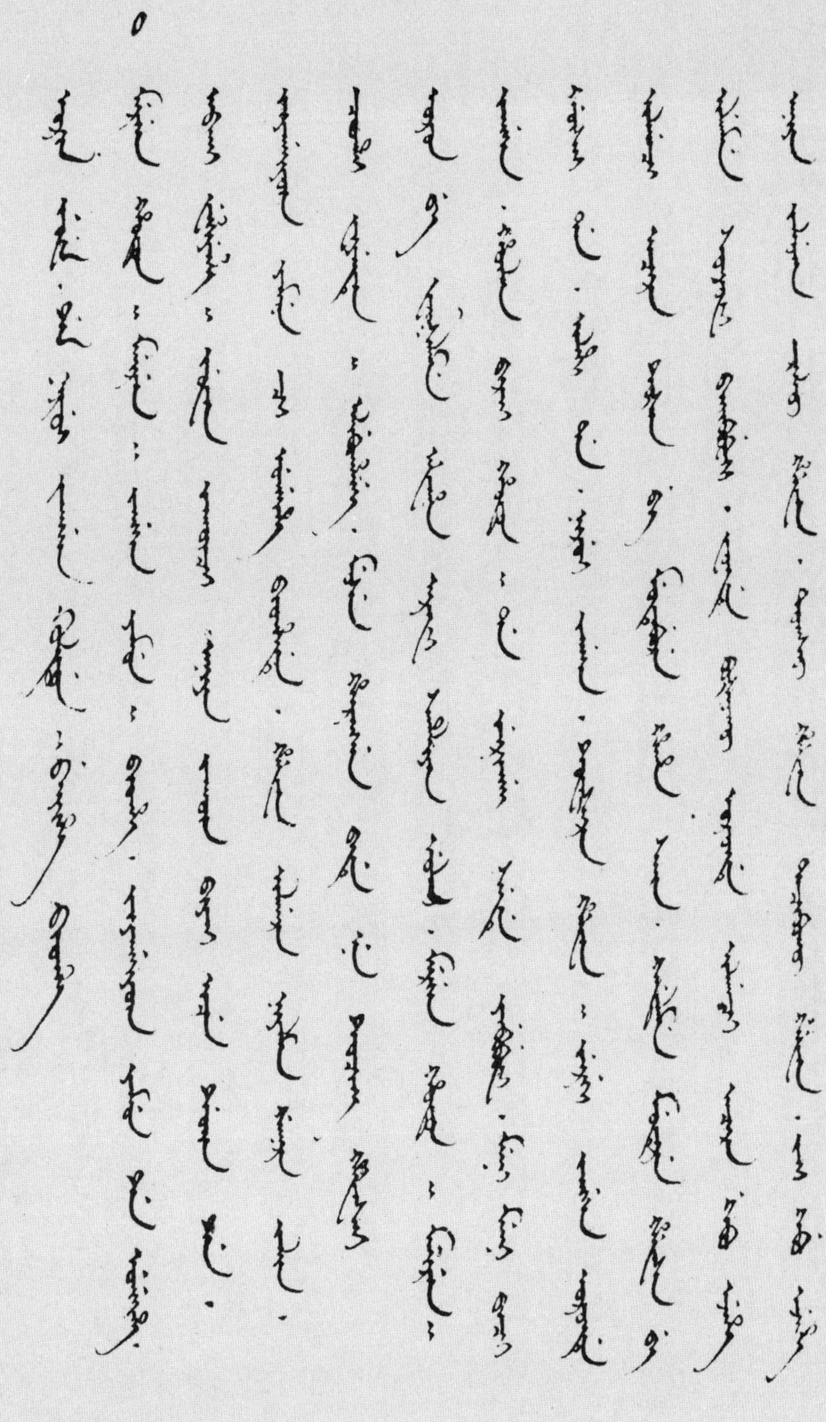

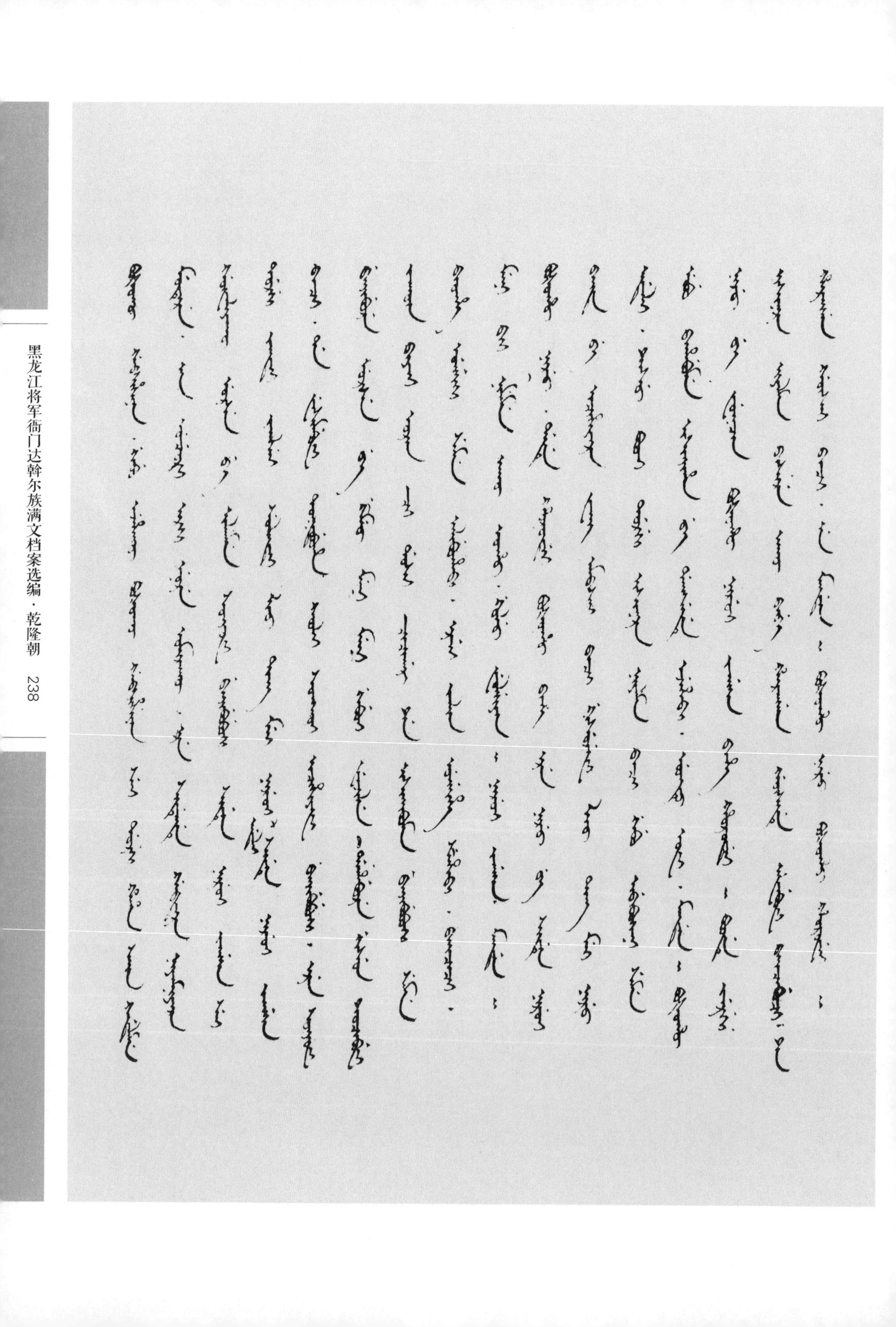

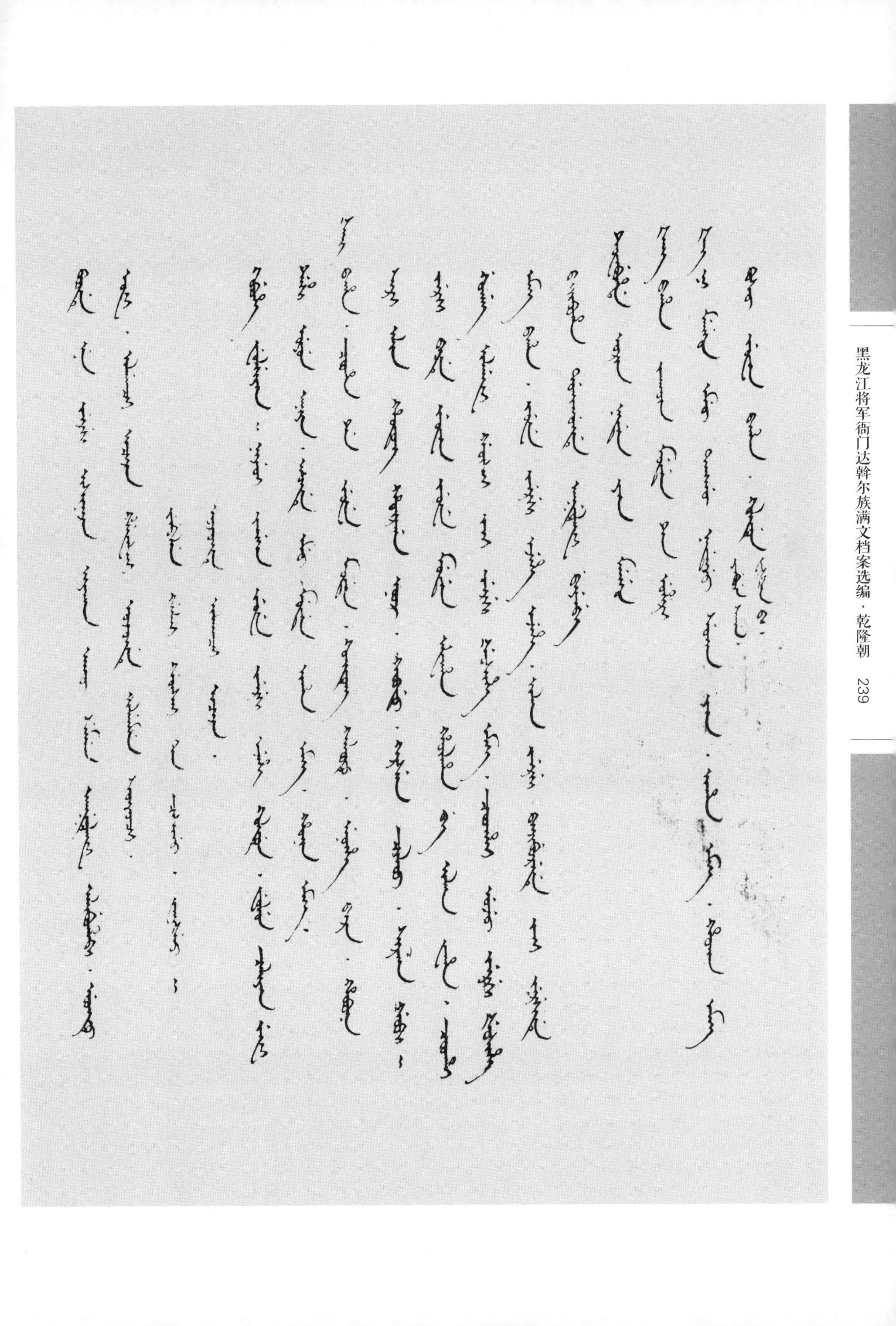

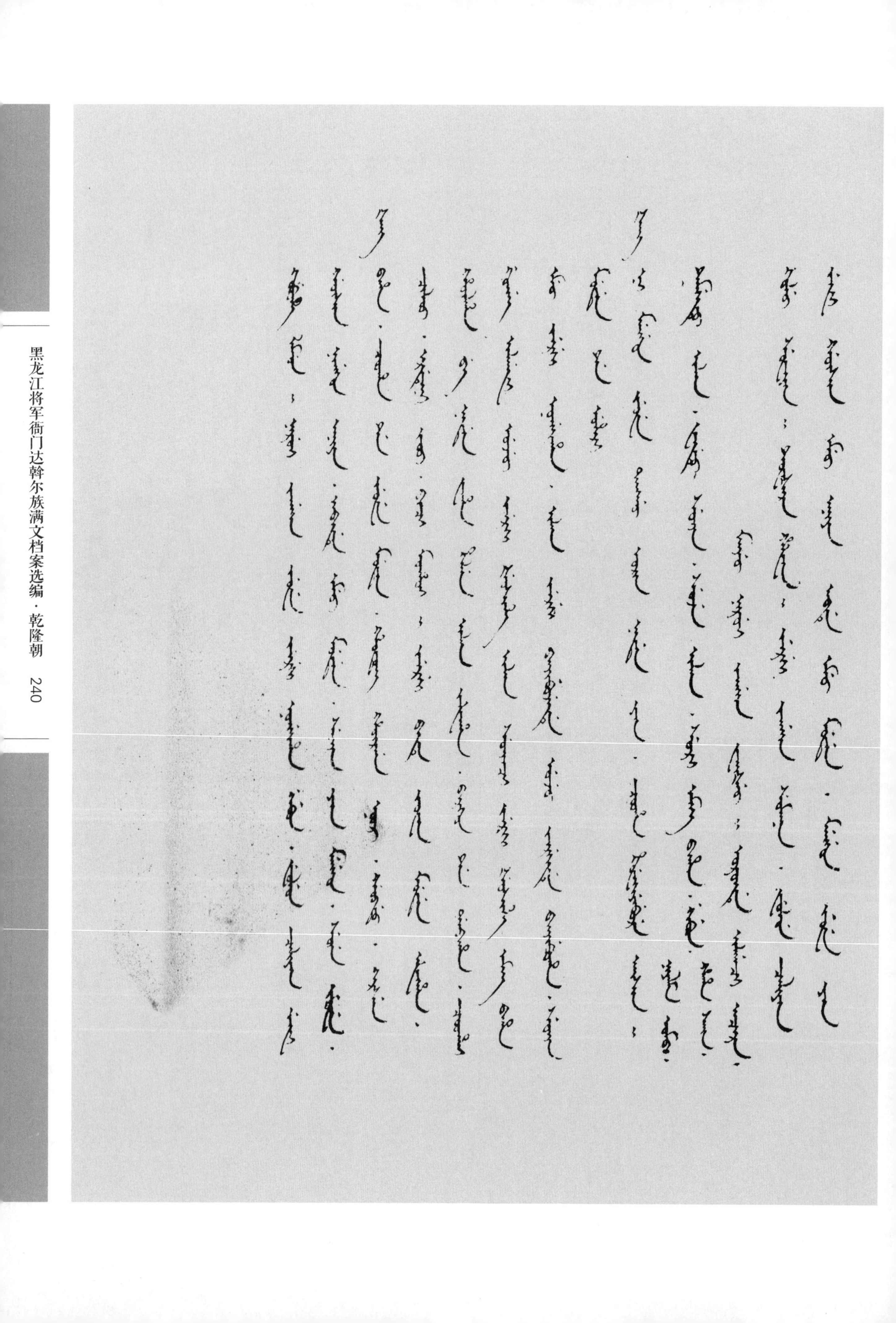

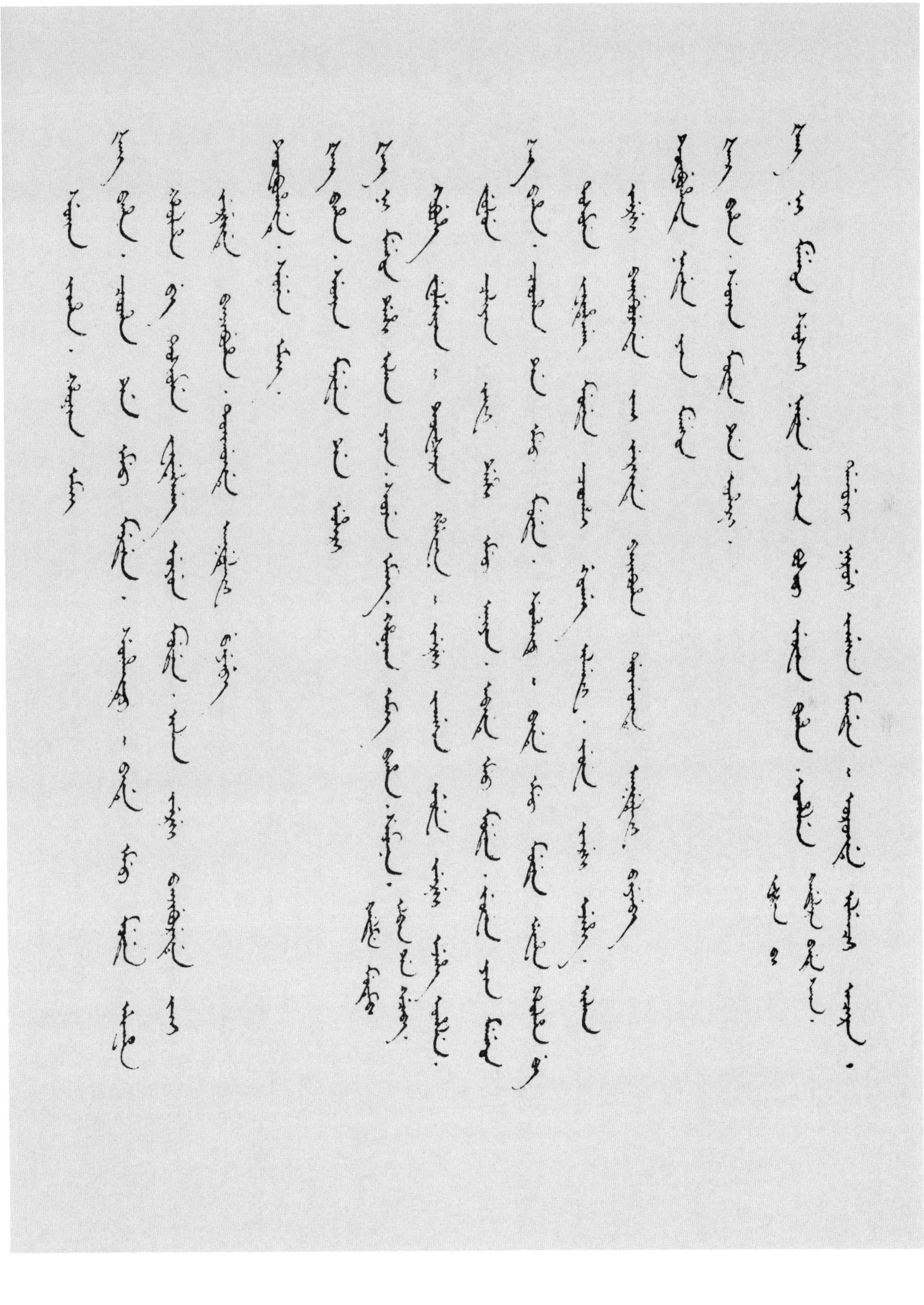

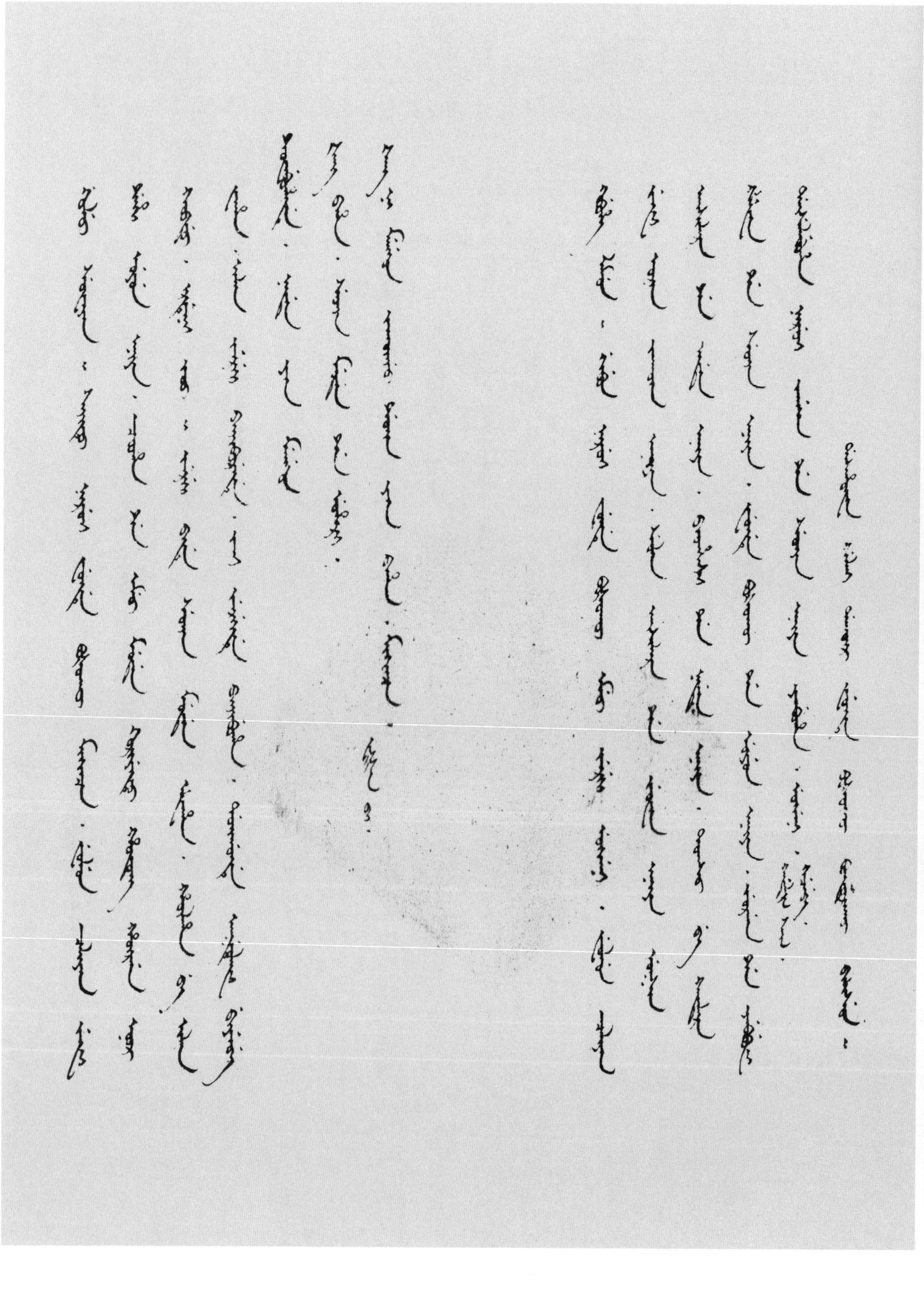

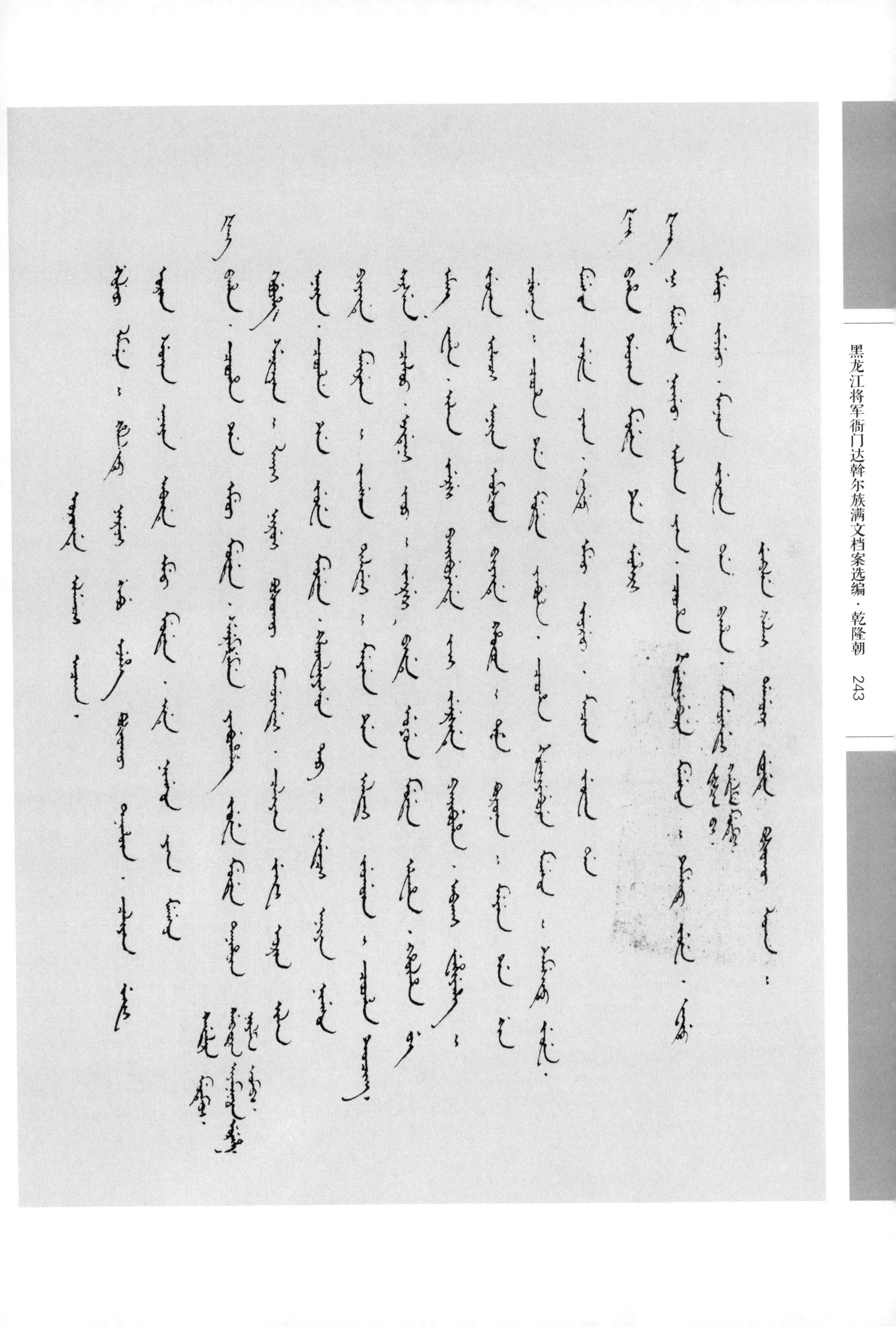

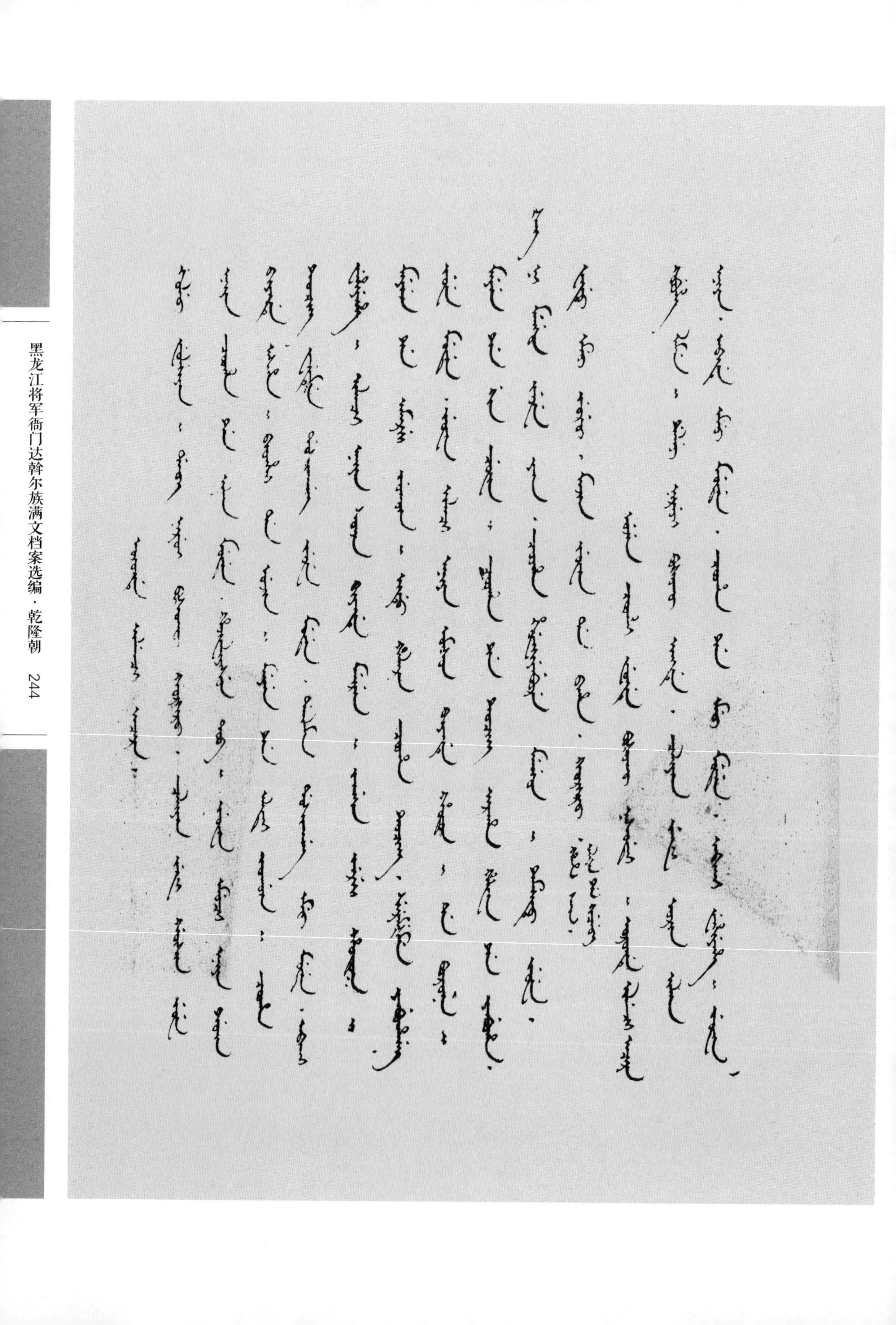

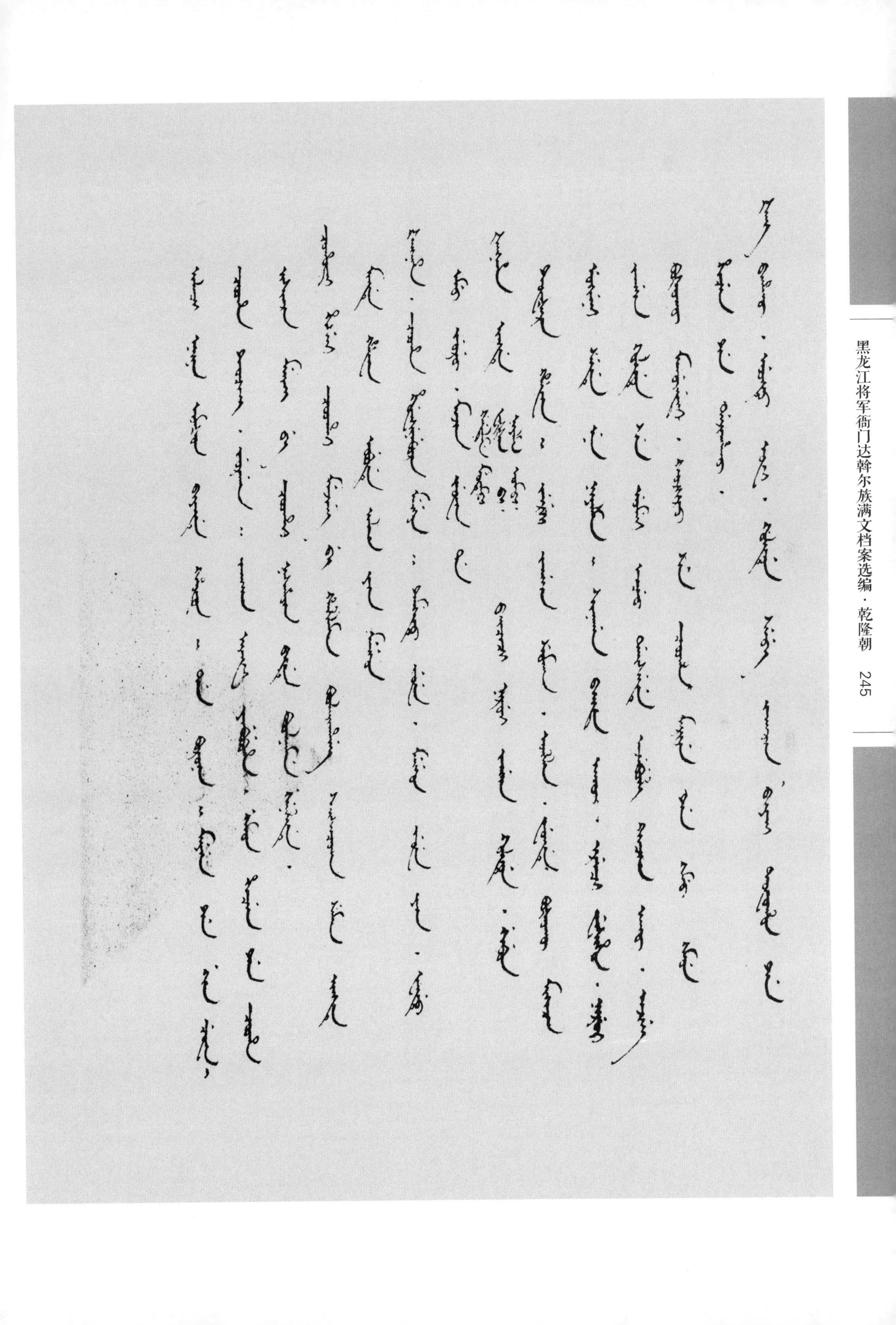

[illegible]

七四〇 黑龙江将军衙门为布特哈镶黄旗骁骑校拜喇苏升任出缺请以察布都勒坐补事咨理藩院文

乾隆十八年八月二十八日

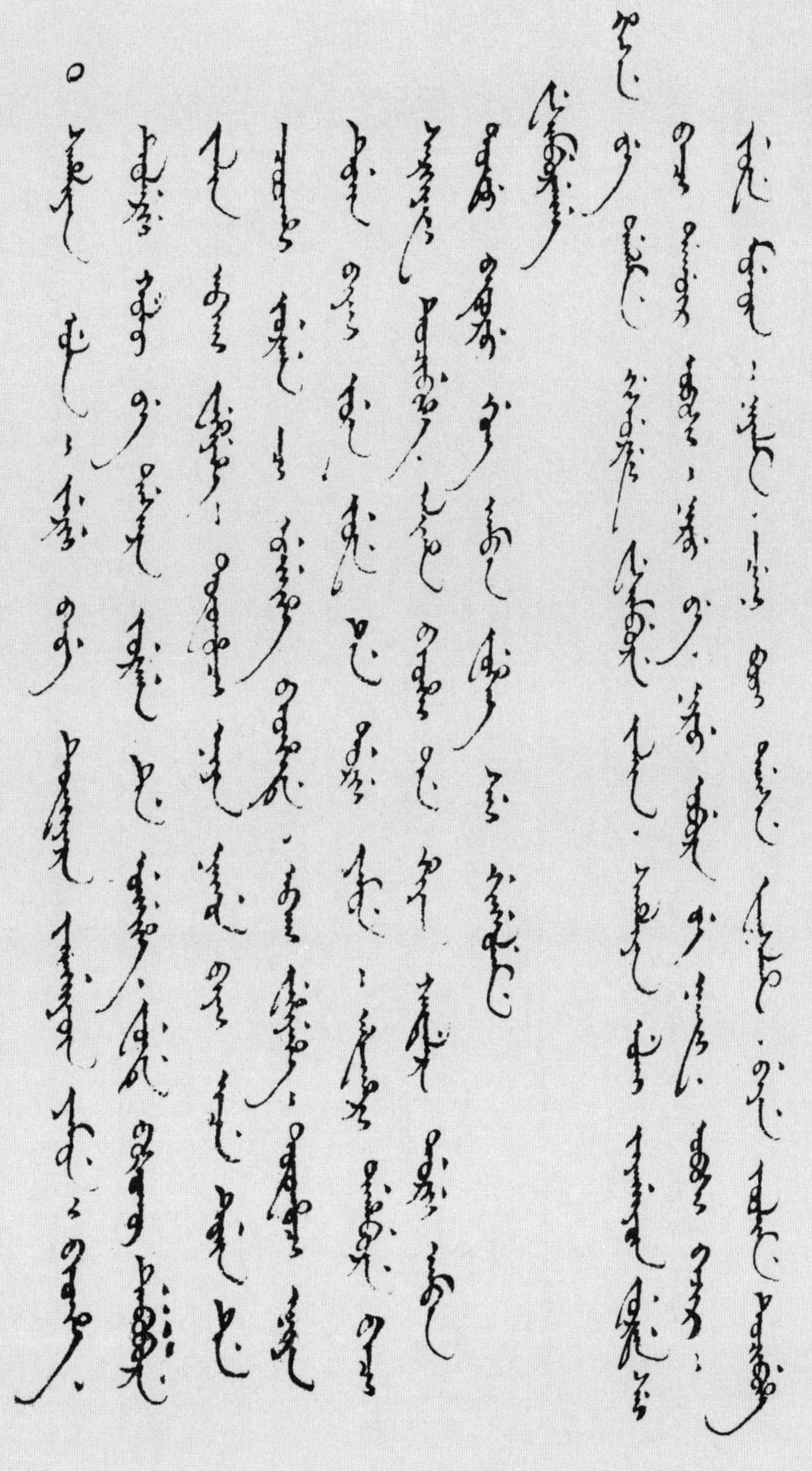

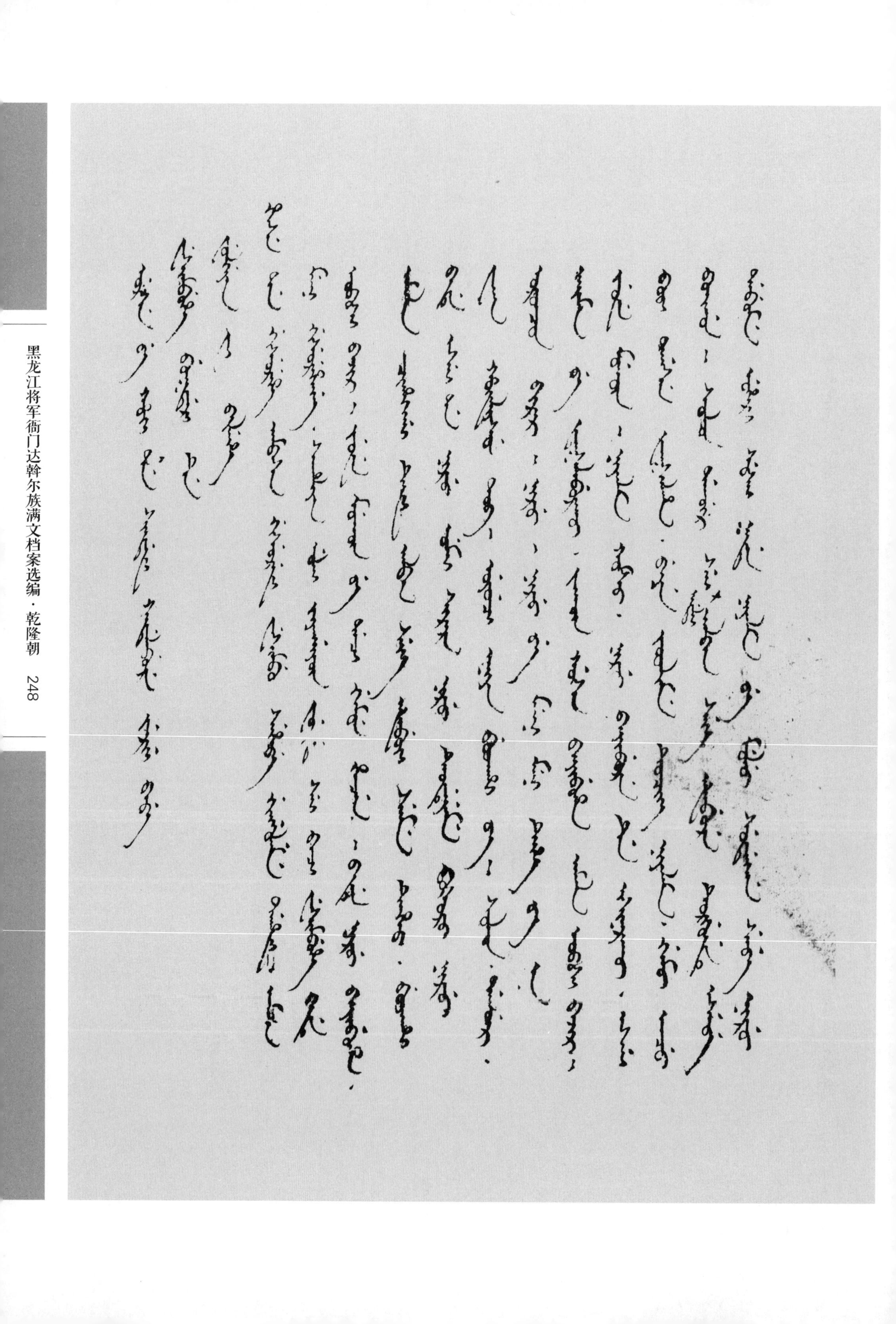

[illegible]

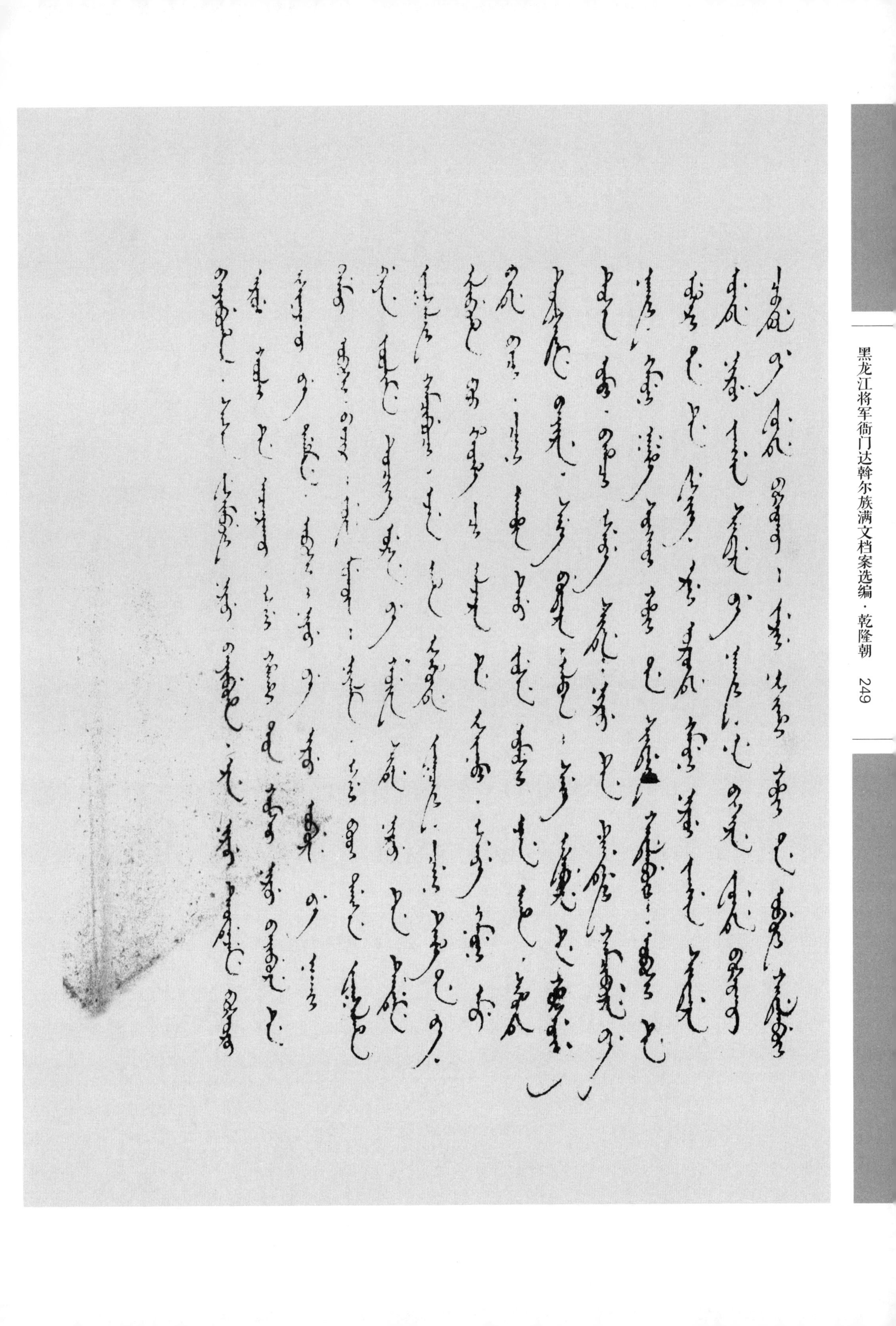

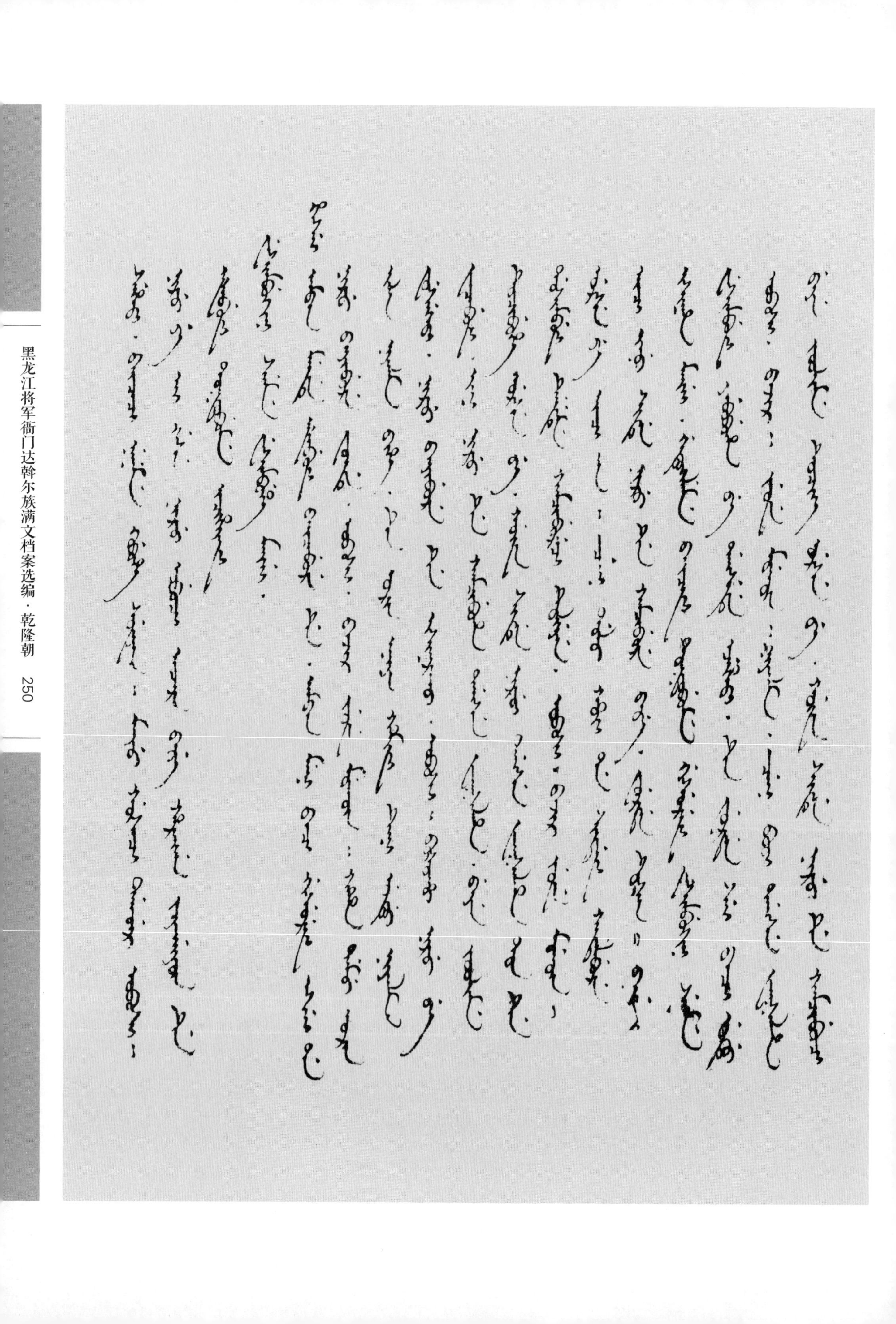

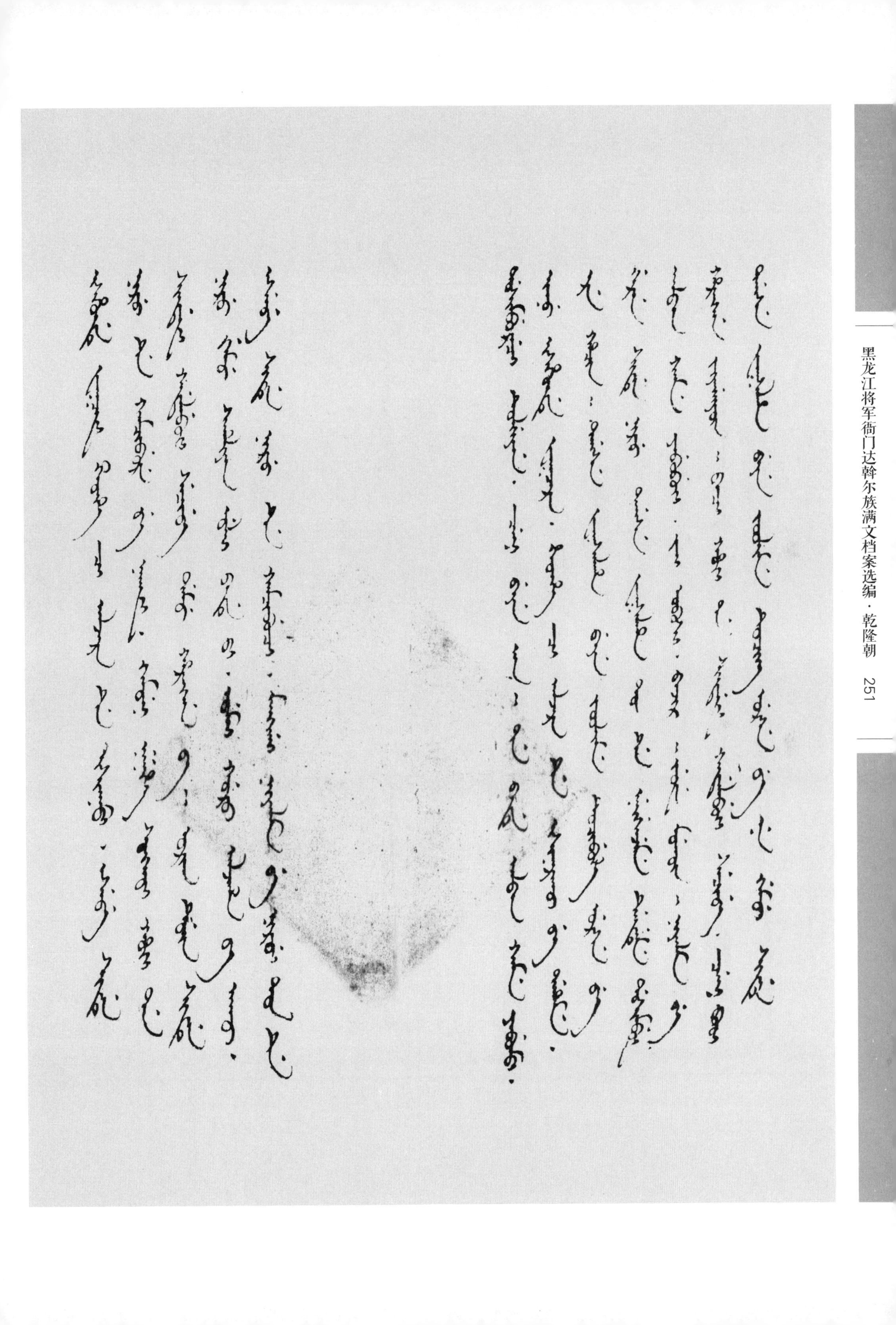

[illegible]

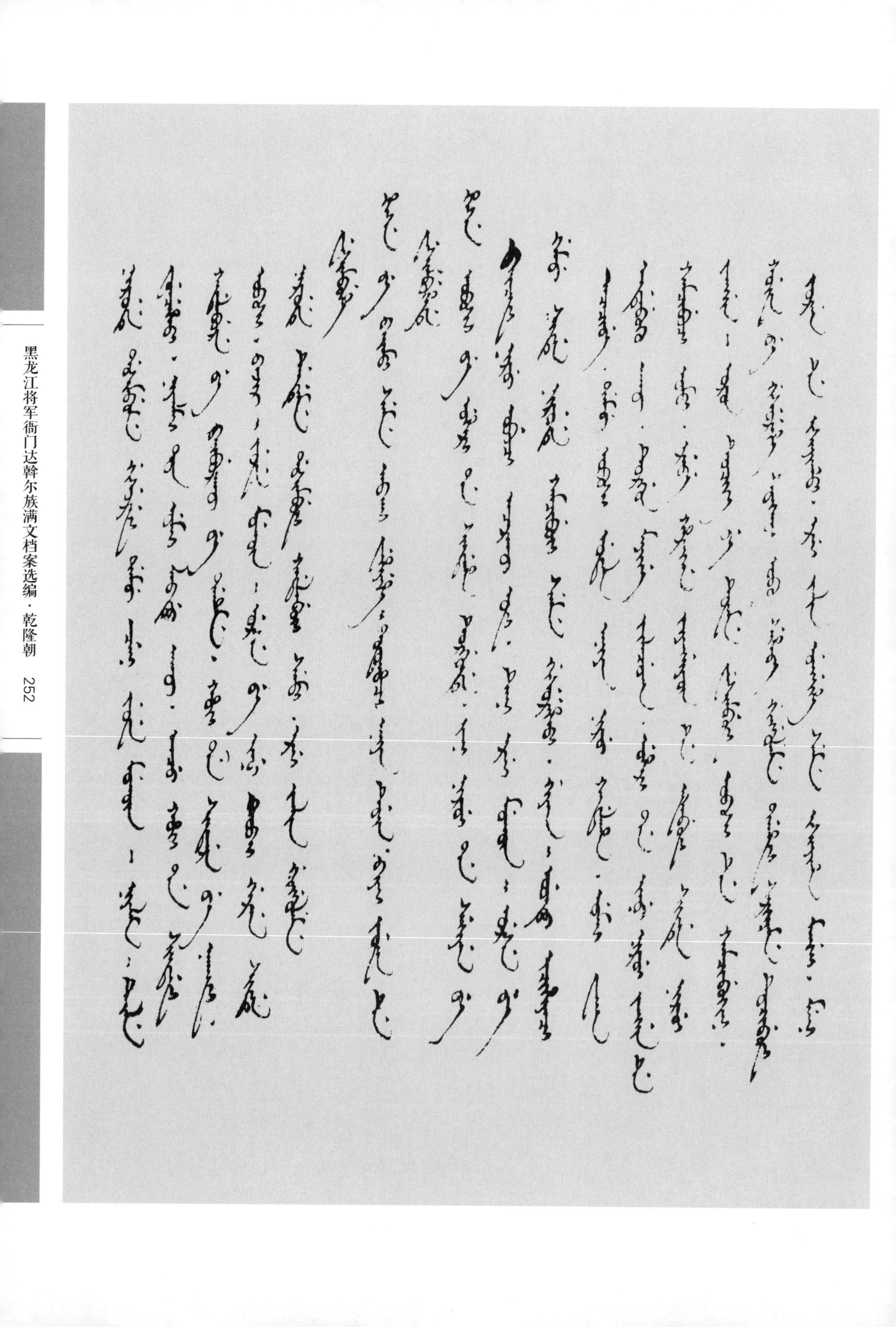

[illegible]

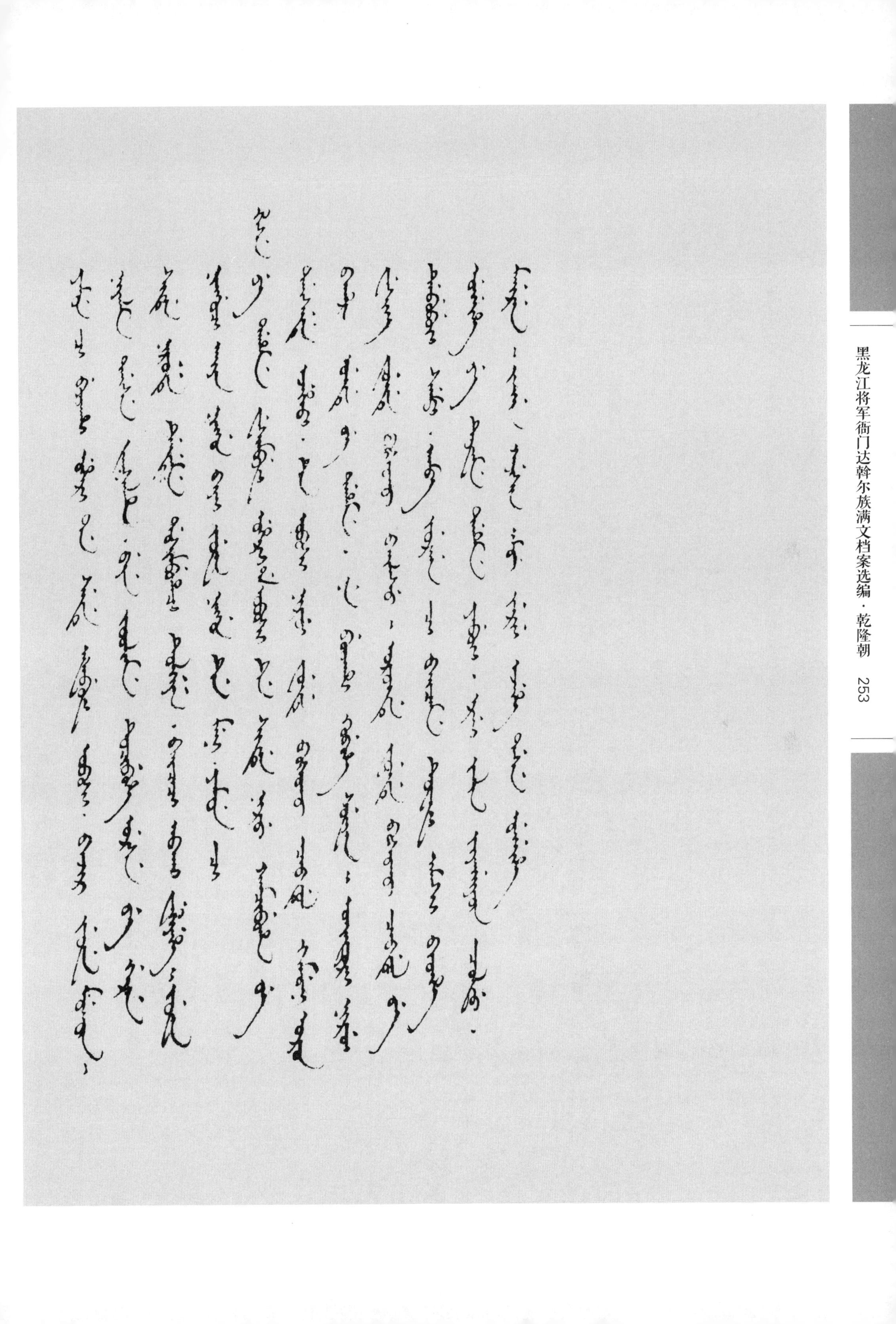

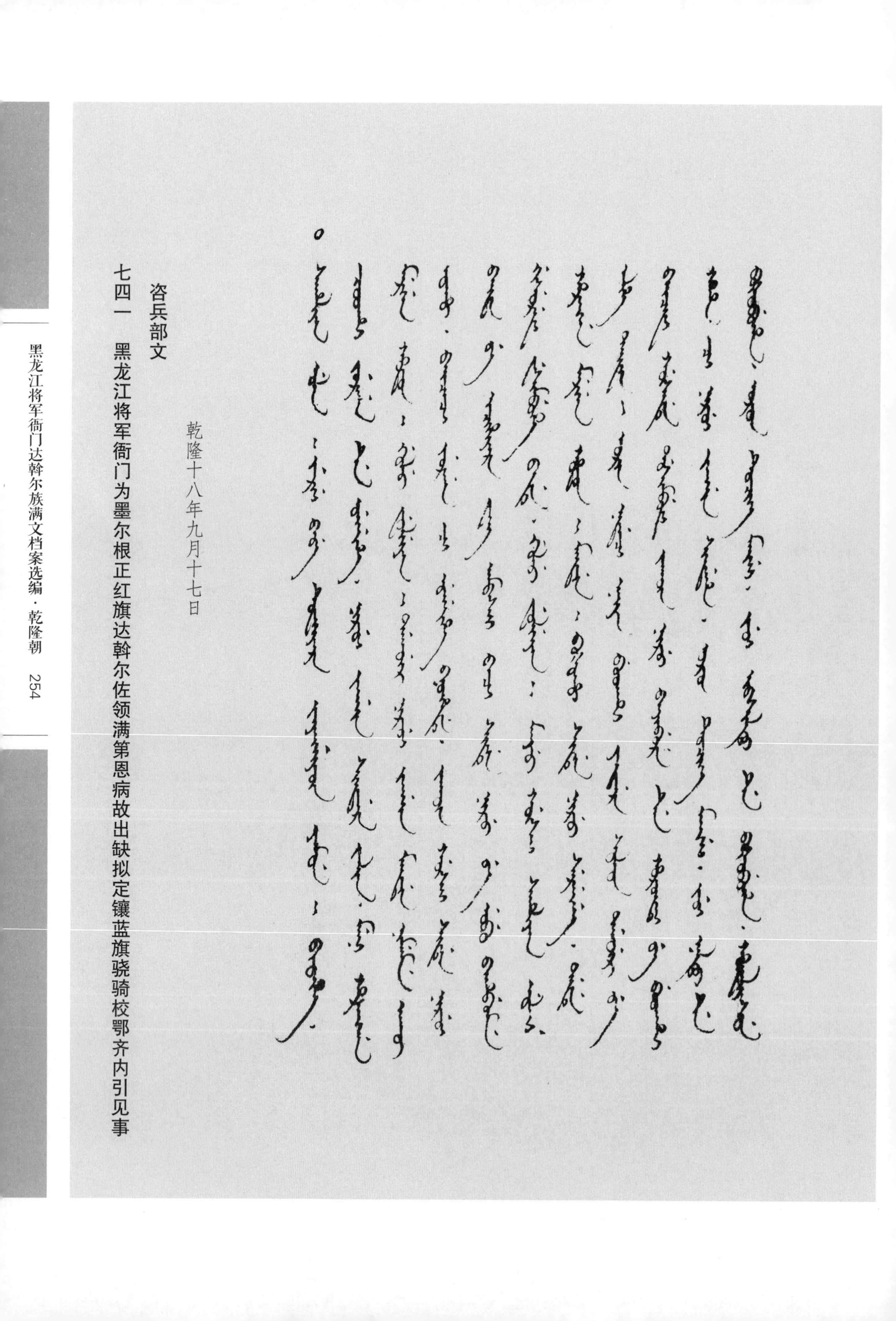

七四一 黑龙江将军衙门为墨尔根正红旗达斡尔佐领满第恩病故出缺拟定镶蓝旗骁骑校鄂齐内引见事咨兵部文

乾隆十八年九月十七日

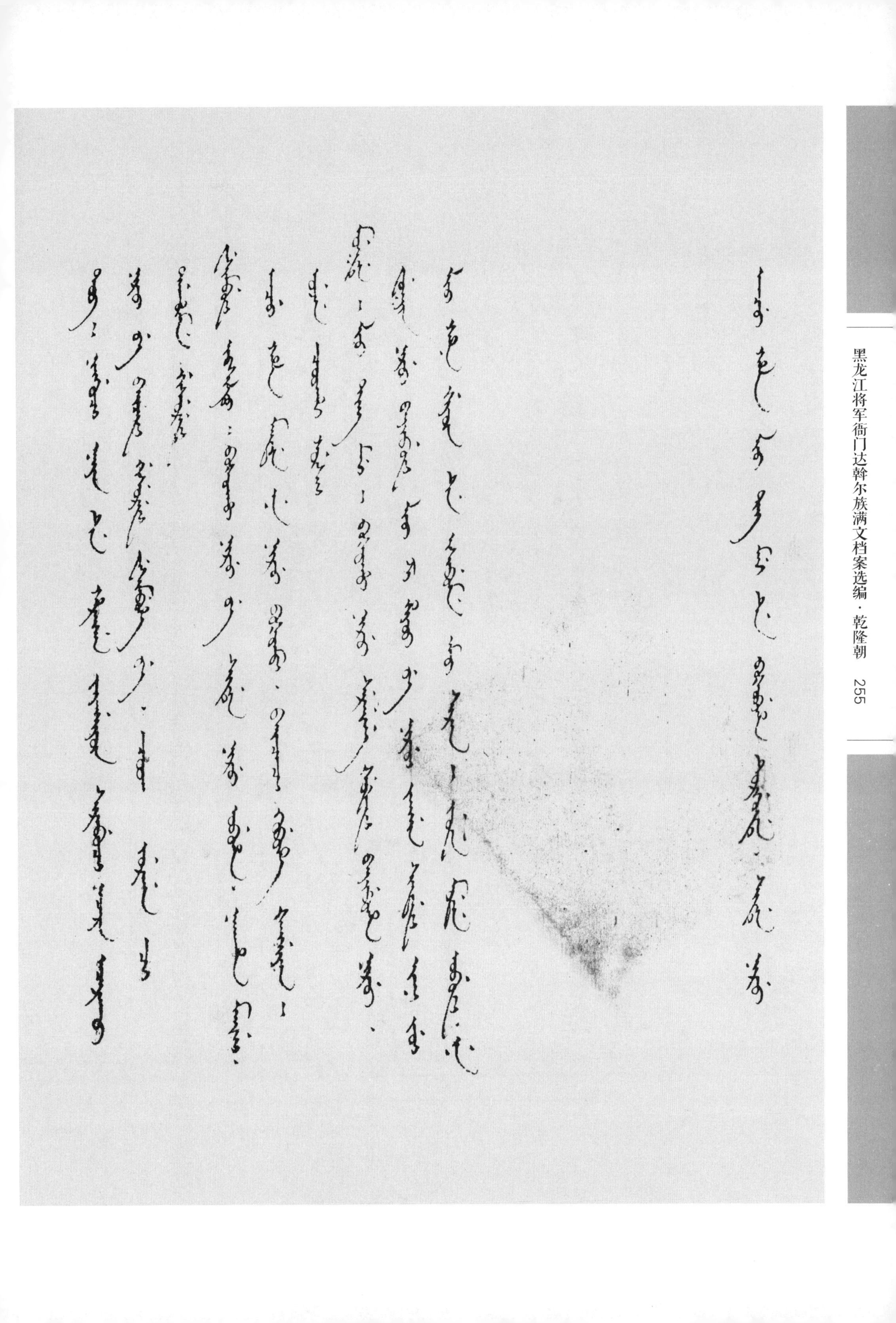

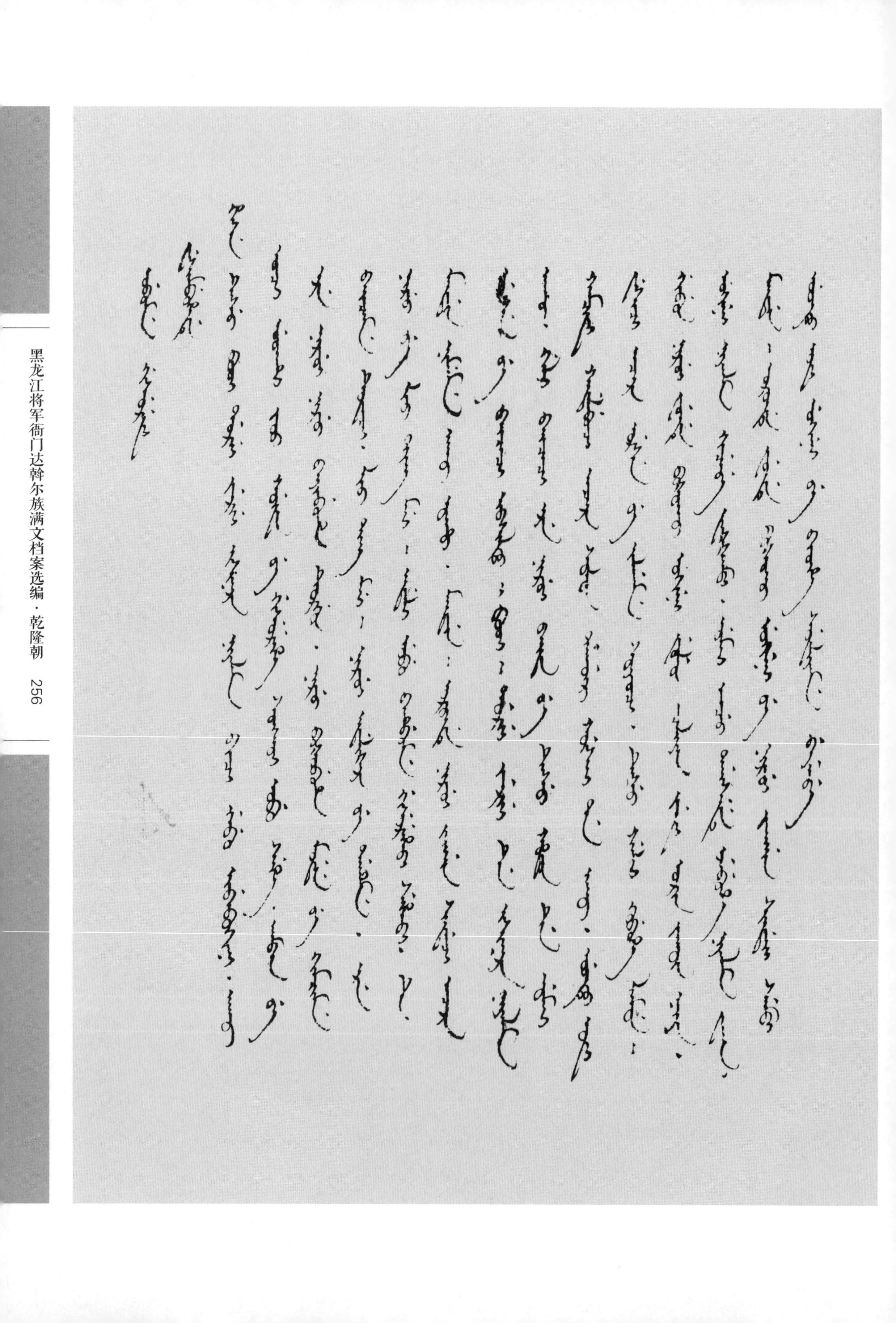

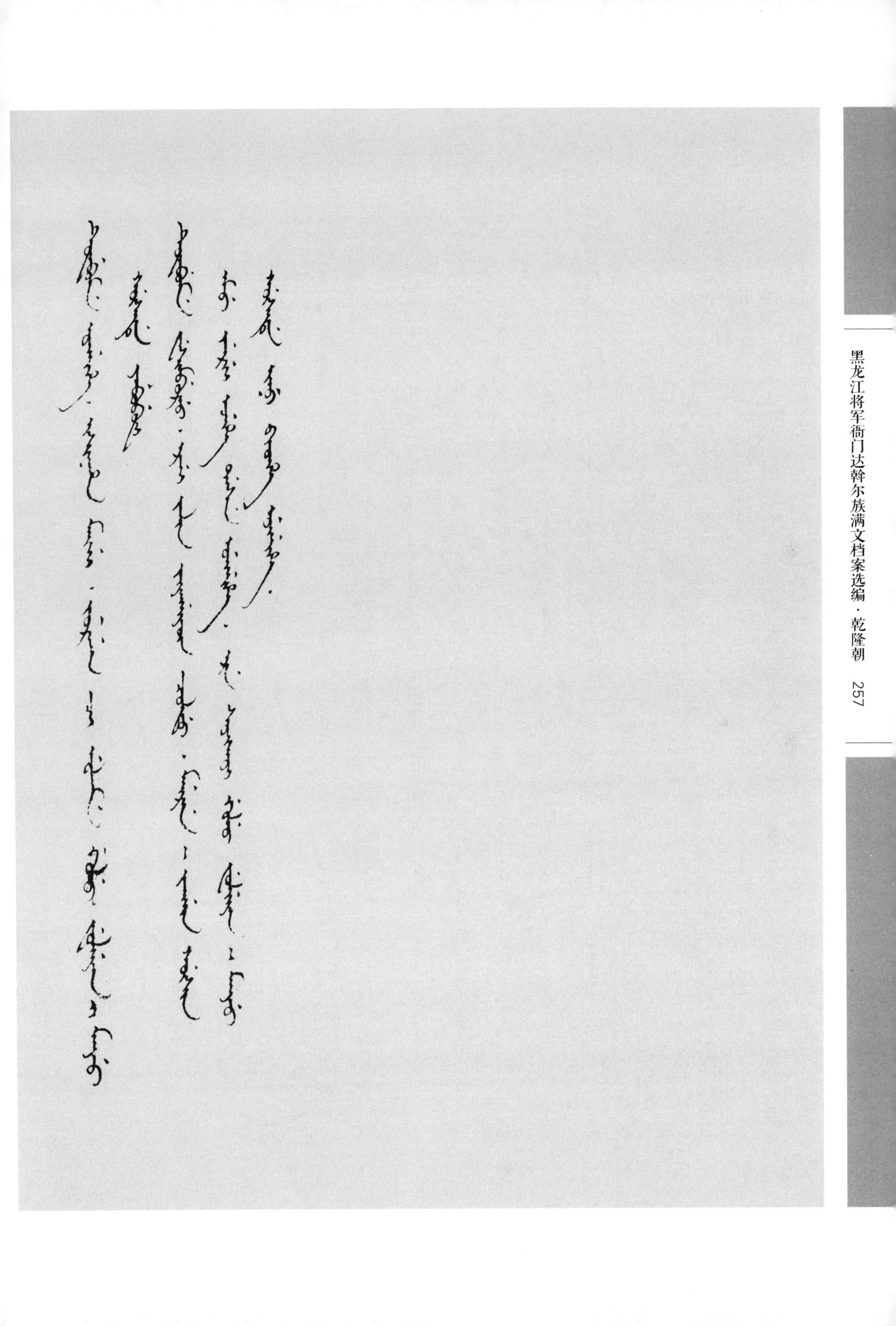

[illegible]

[illegible]

[illegible]

[illegible]

[illegible]

七四二 黑龙江将军衙门为齐齐哈尔正红旗达斡尔骁骑校老喀升任出缺拣选正陪人员送部引见事咨兵部文

乾隆十八年九月十七日

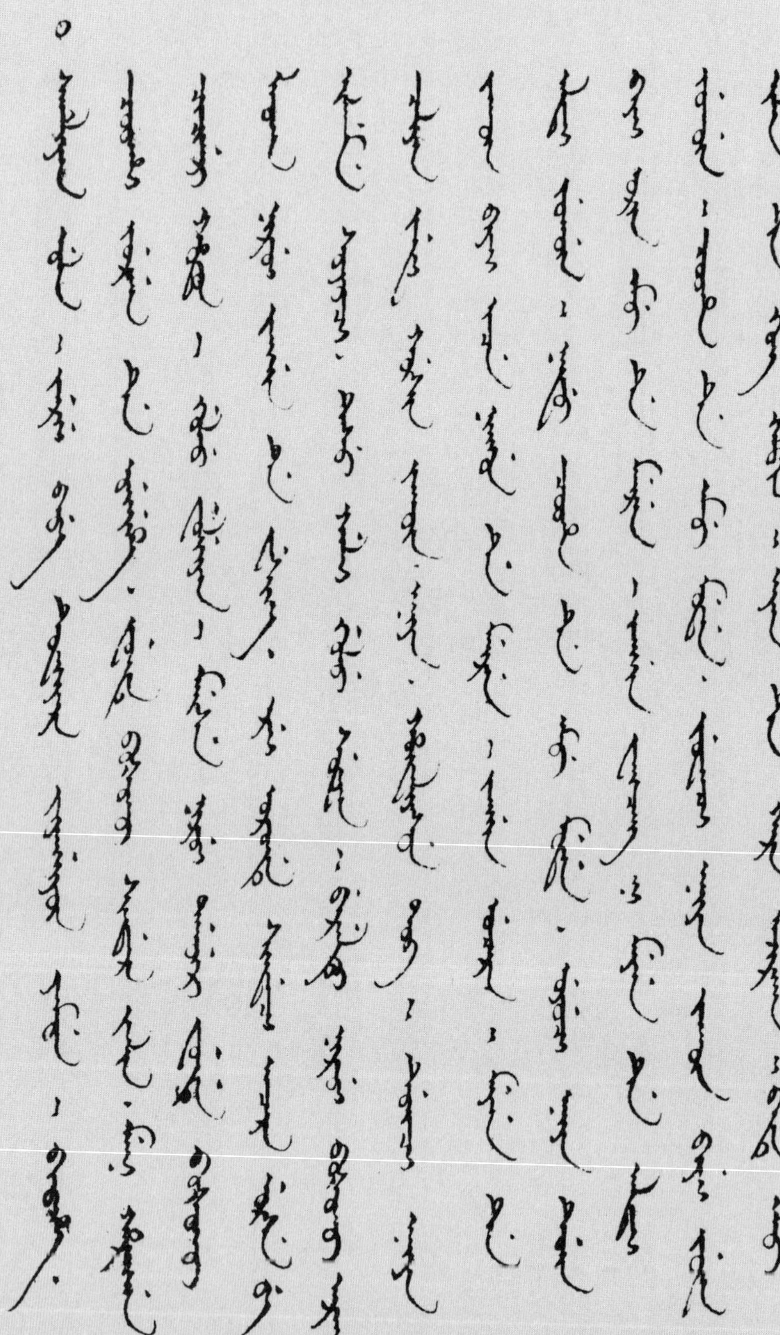

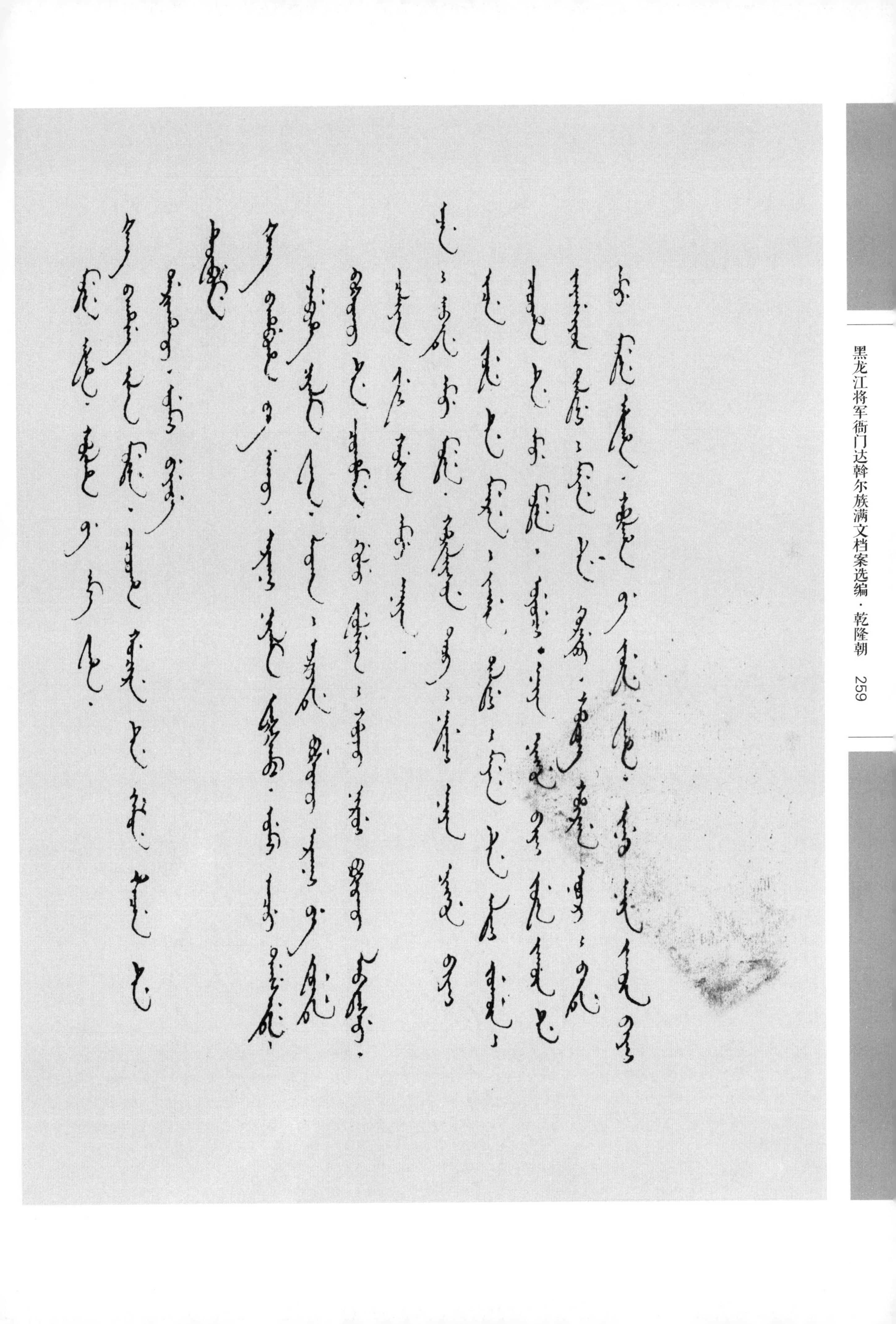

[illegible]

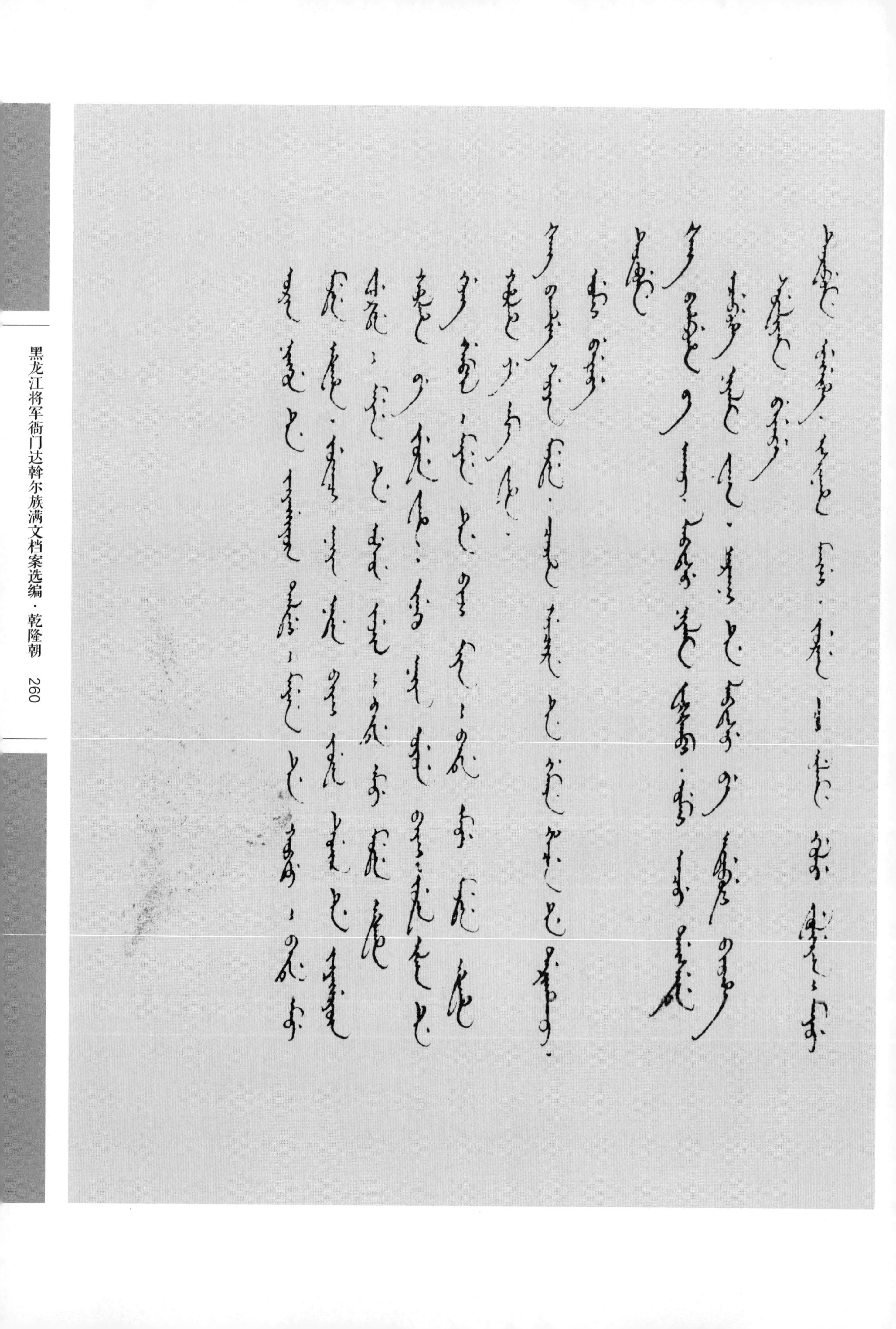

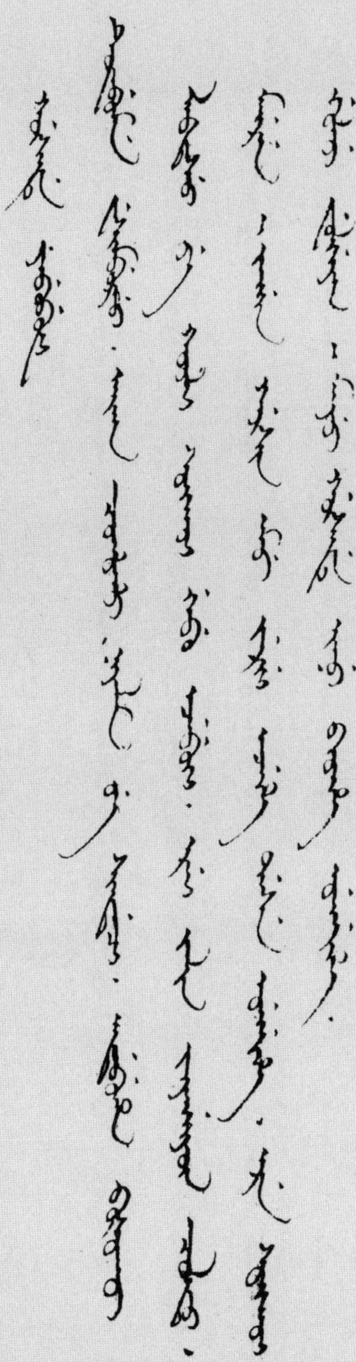

七四三 黑龙江将军衙门为令选送骁勇索伦达斡尔以备随行恭迎圣驾事札布特哈索伦达斡尔总管纳木球等文

乾隆十八年十月初四日

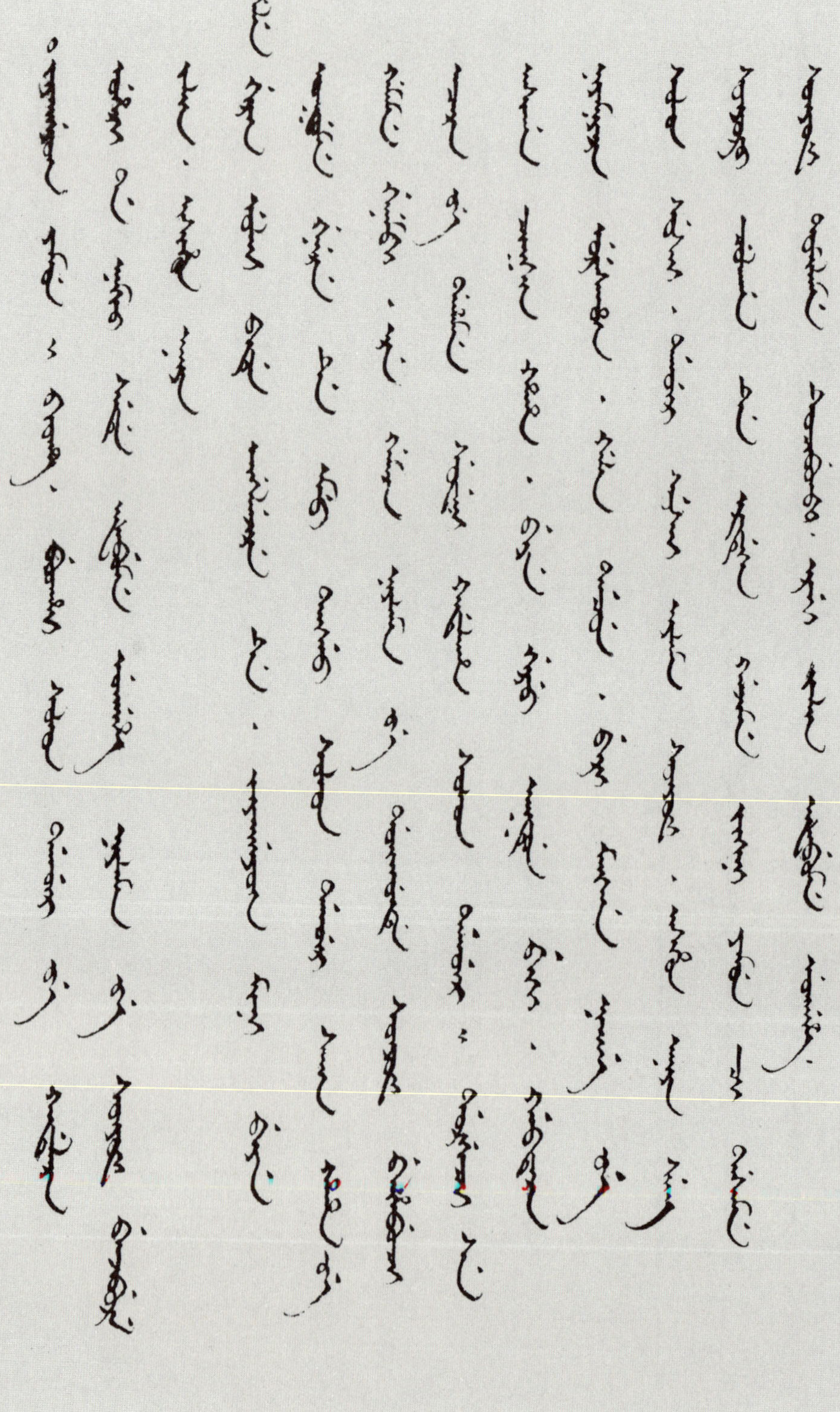

七四四　兵部为遵旨随进木兰围索伦乌拉齐新满洲达斡尔等人留京效力事咨黑龙江将军文

乾隆十八年十二月十五日

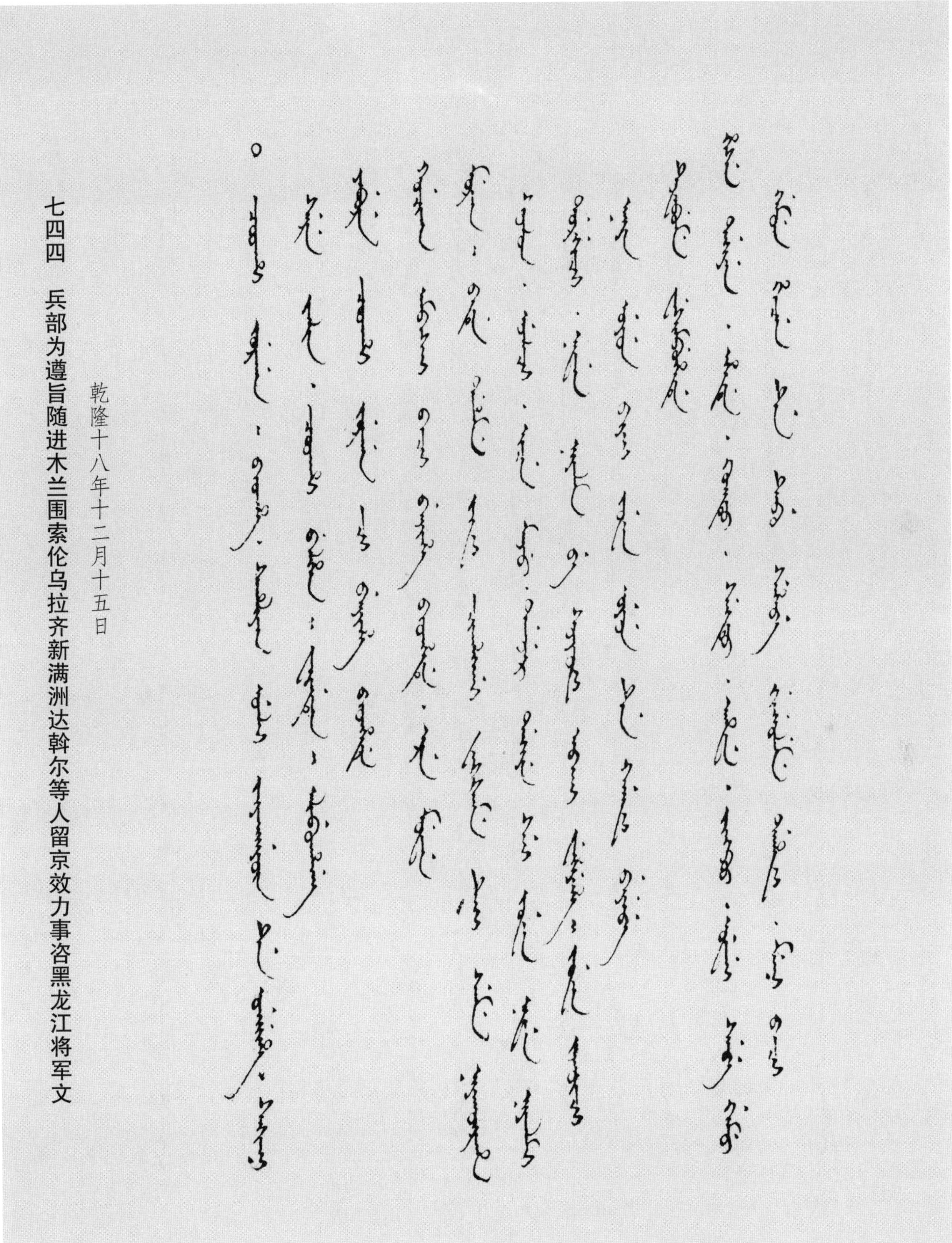

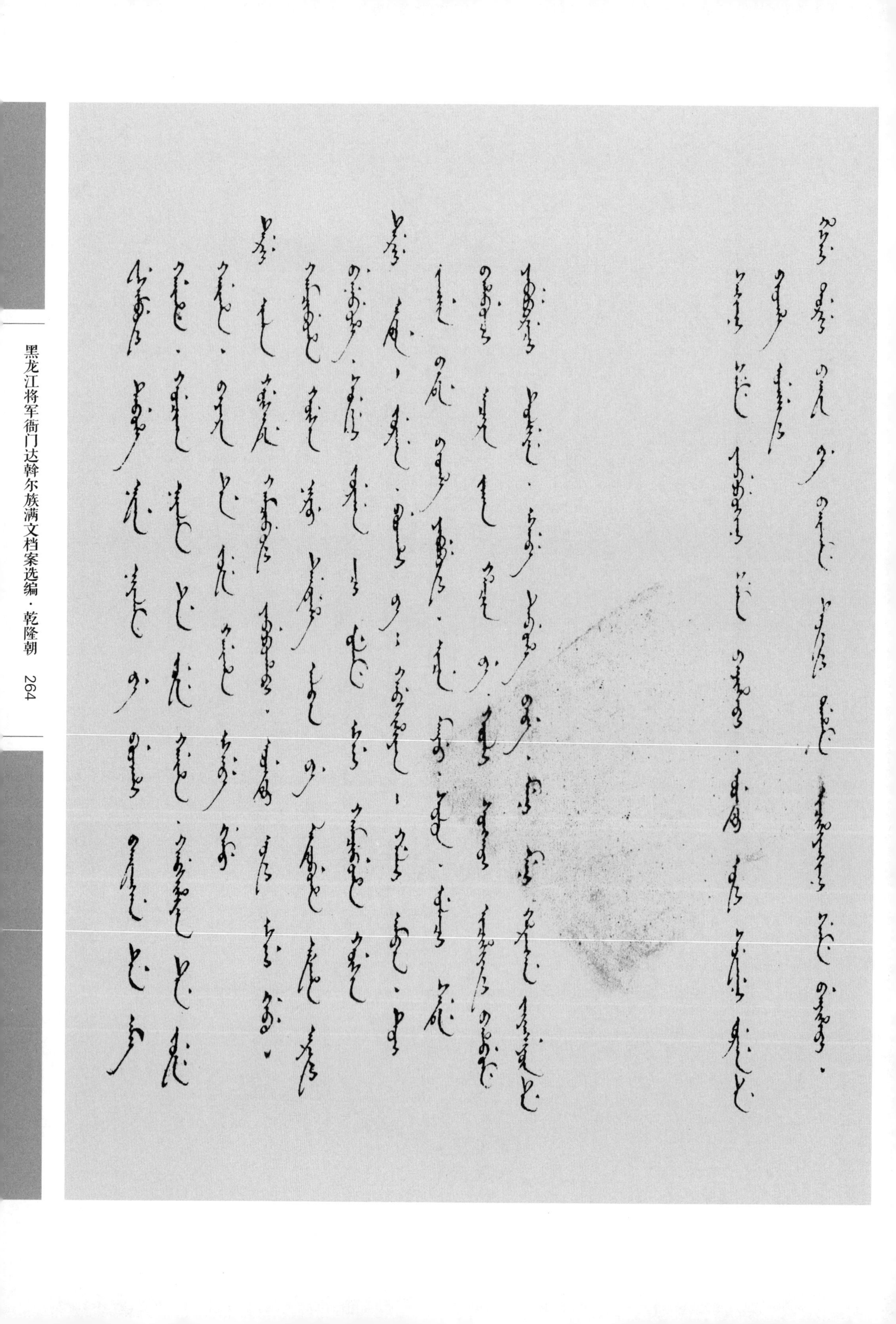

[illegible]

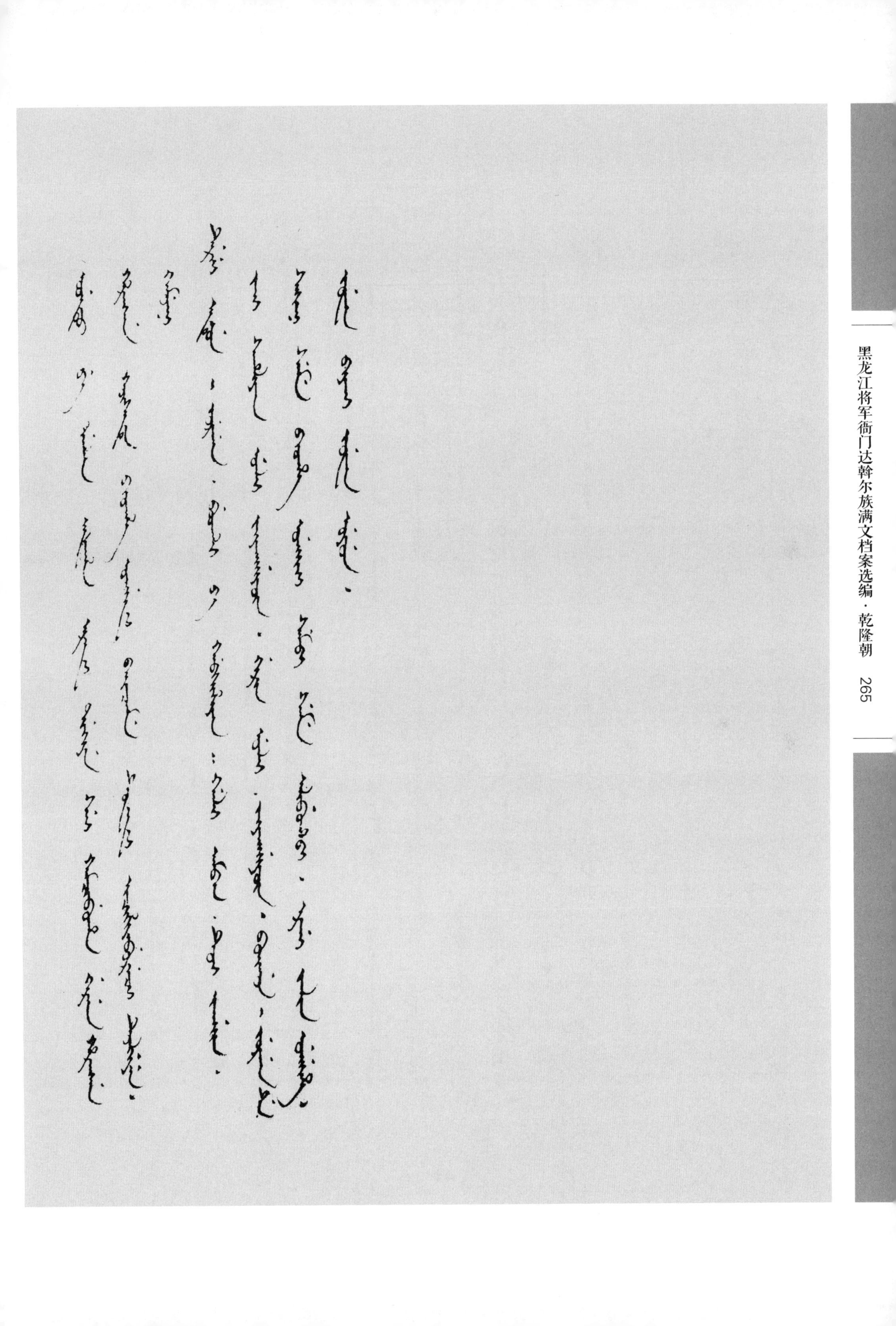

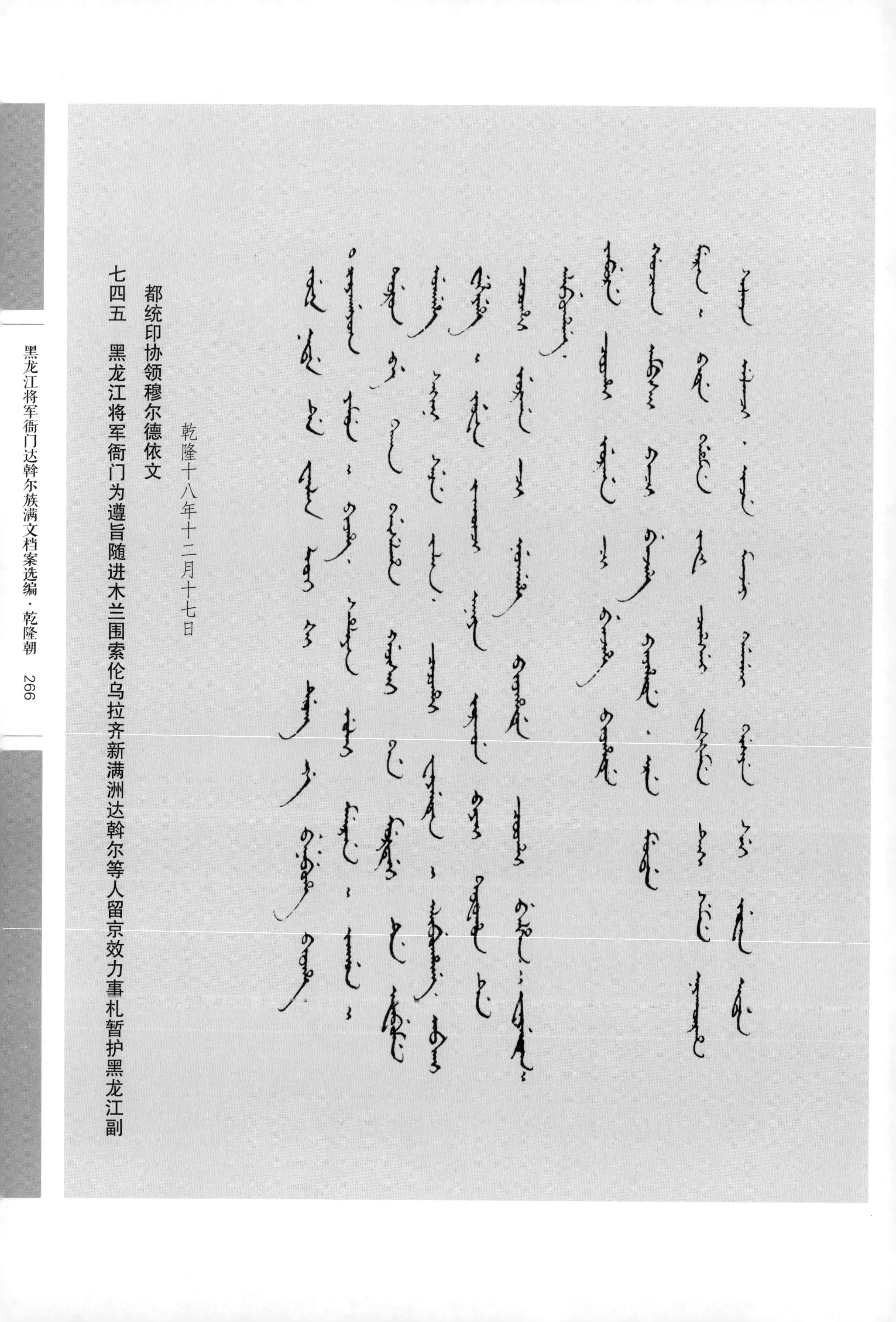

七四五 黑龙江将军衙门为遵旨随进木兰围索伦乌拉齐新满洲达斡尔等人留京效力事札暂护黑龙江副都统印协领穆尔德依文

乾隆十八年十二月十七日

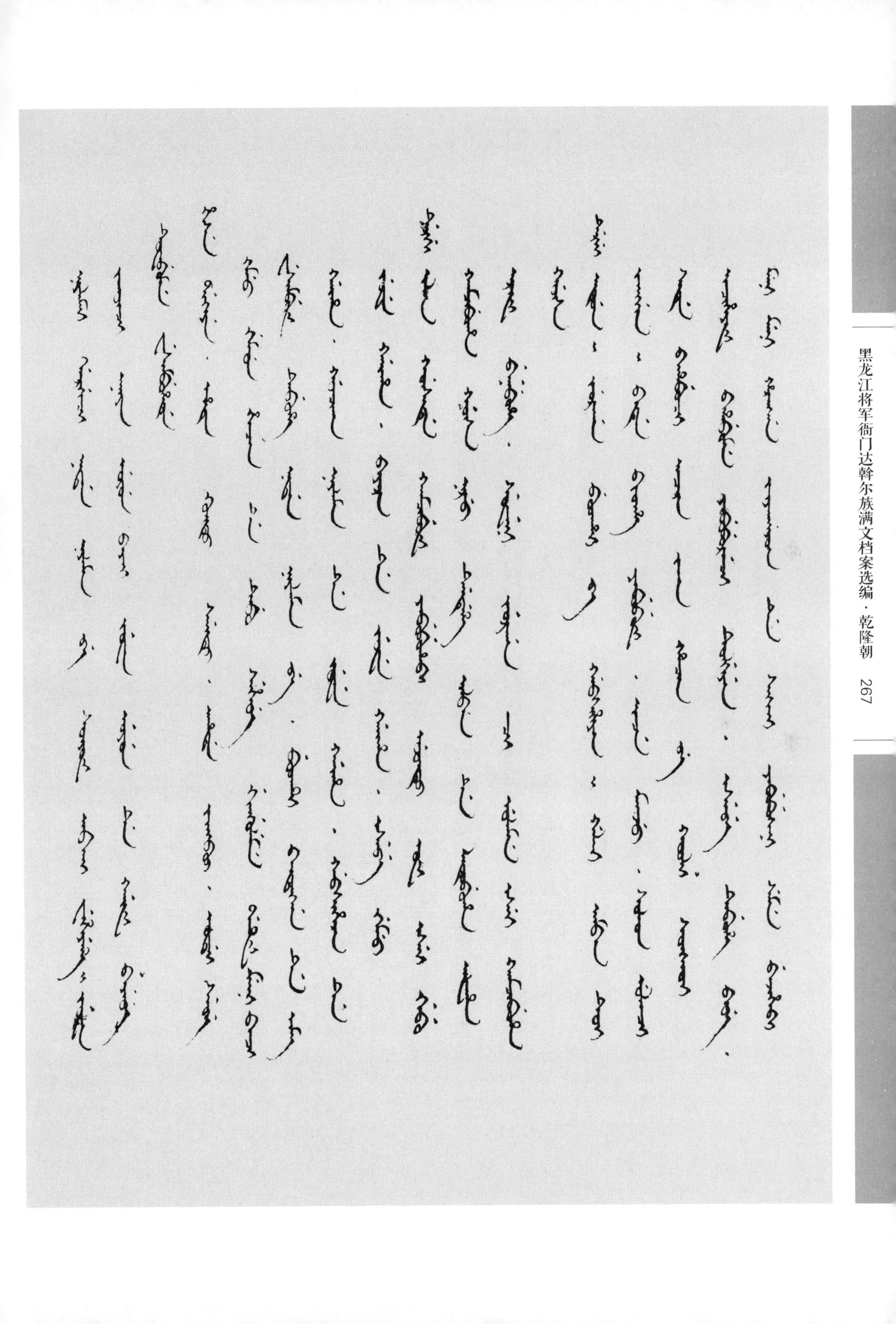

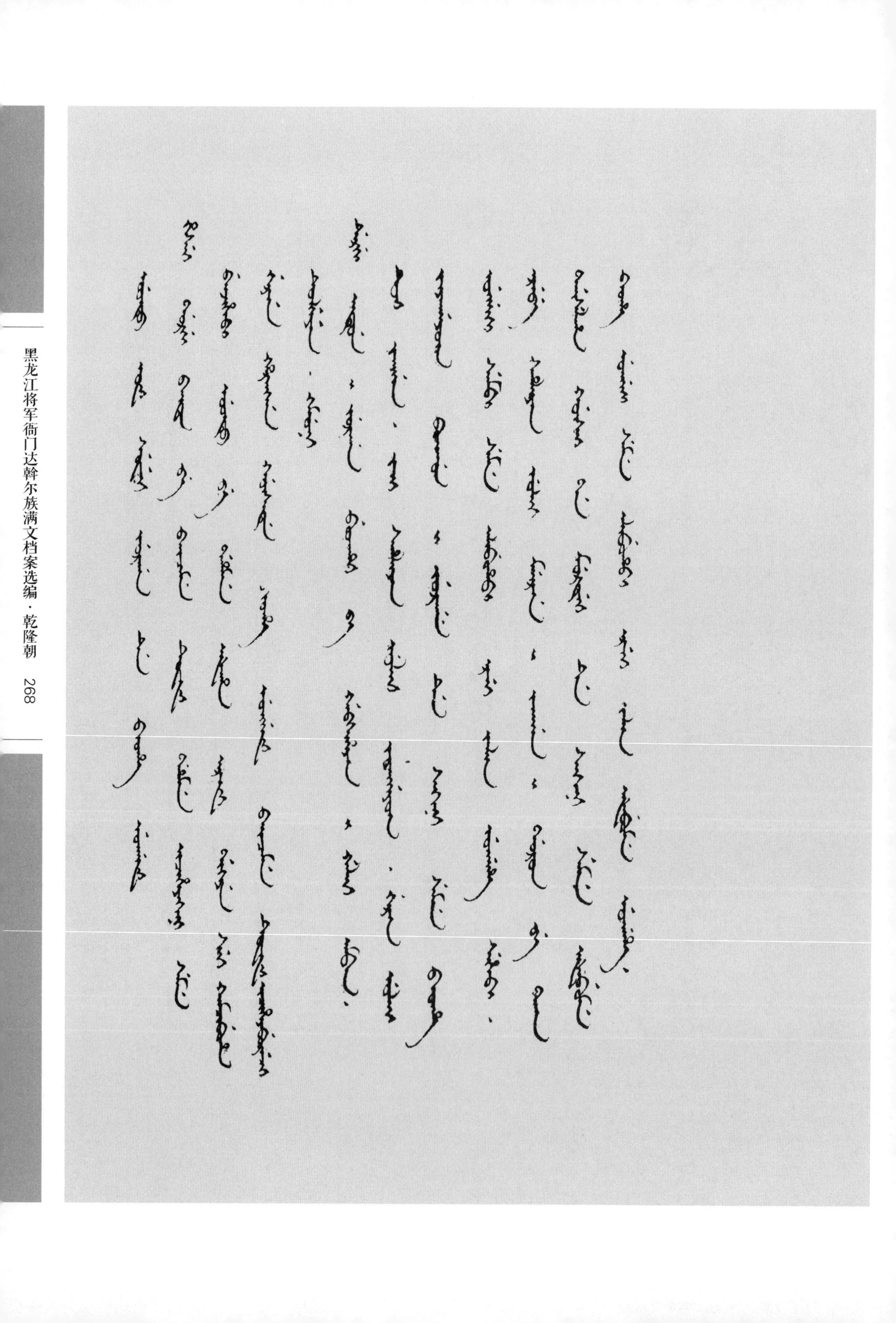

七四六 兵部为墨尔根正红旗达斡尔佐领满第恩遗缺奉旨由骁骑校鄂齐内补授事咨黑龙江将军文

乾隆十八年十二月十九日

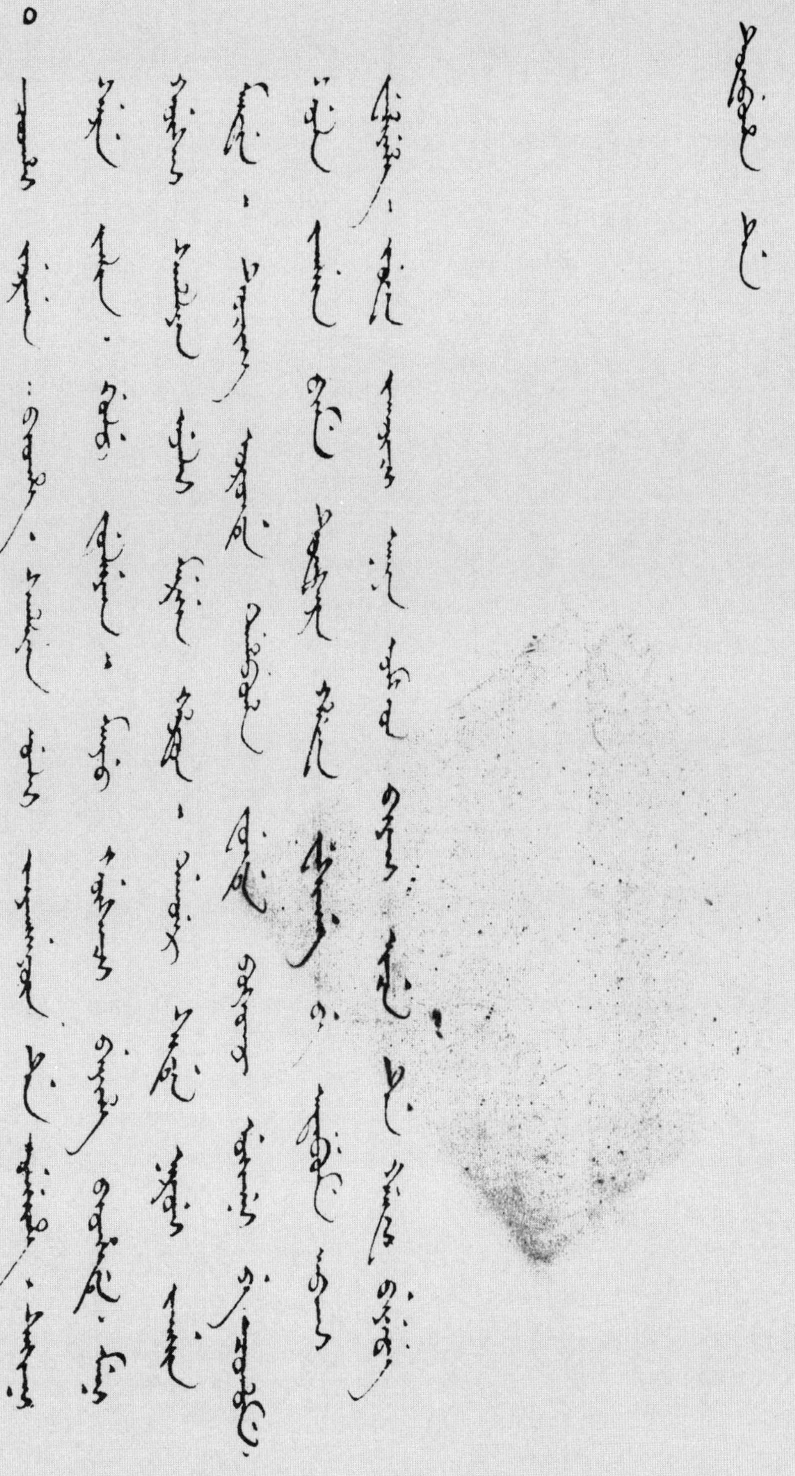

[illegible]

[illegible]

七四七 兵部为齐齐哈尔正红旗达斡尔骁骑校老喀升任出缺奉旨由领催阿喇鼐补授事咨黑龙江将军文

乾隆十八年十二月十九日

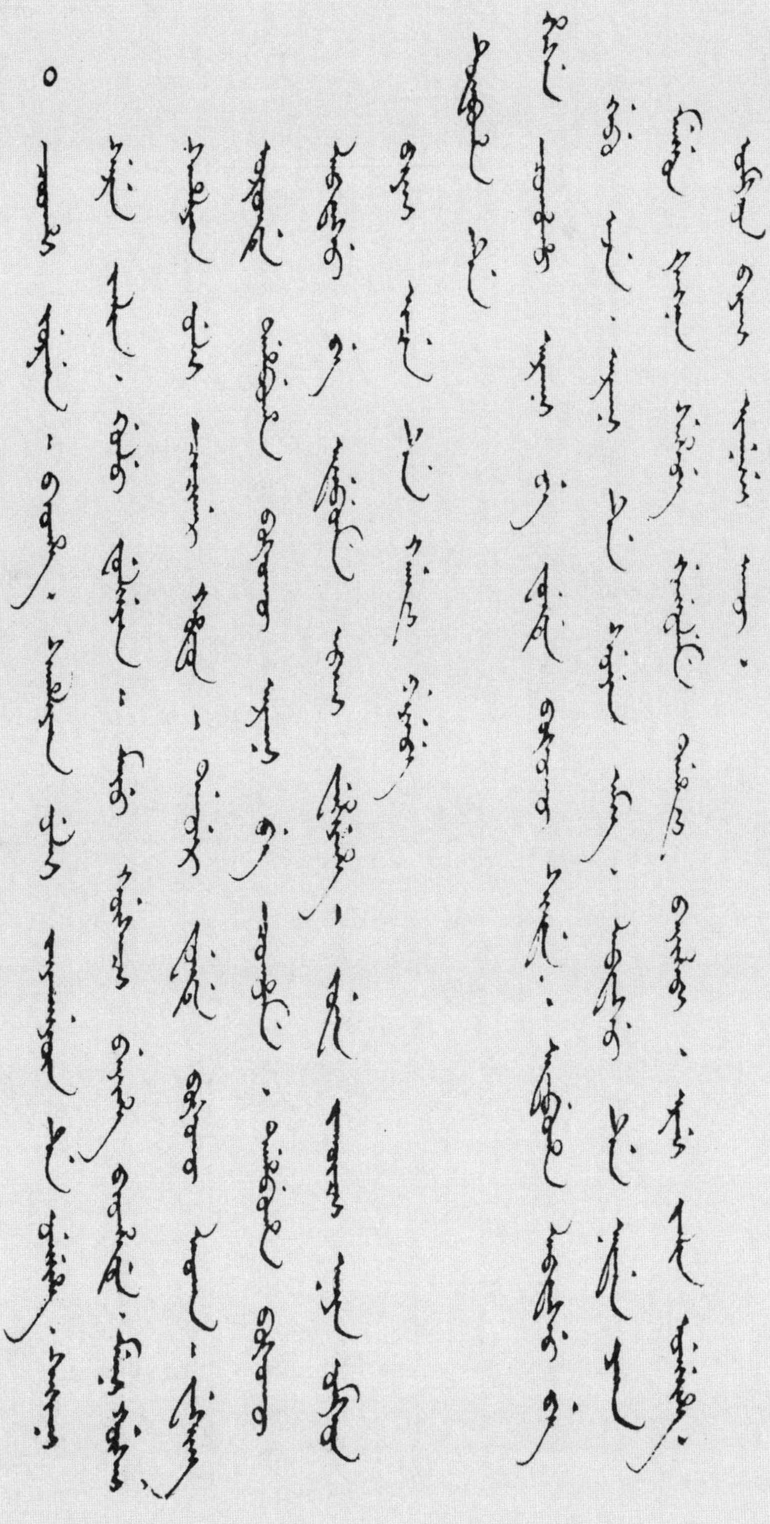

七四八 正红满洲旗为墨尔根正红旗达斡尔佐领满第恩遗缺奉旨由骁骑校鄂齐内补授事咨黑龙江将军衙门文

乾隆十八年十二月十九日

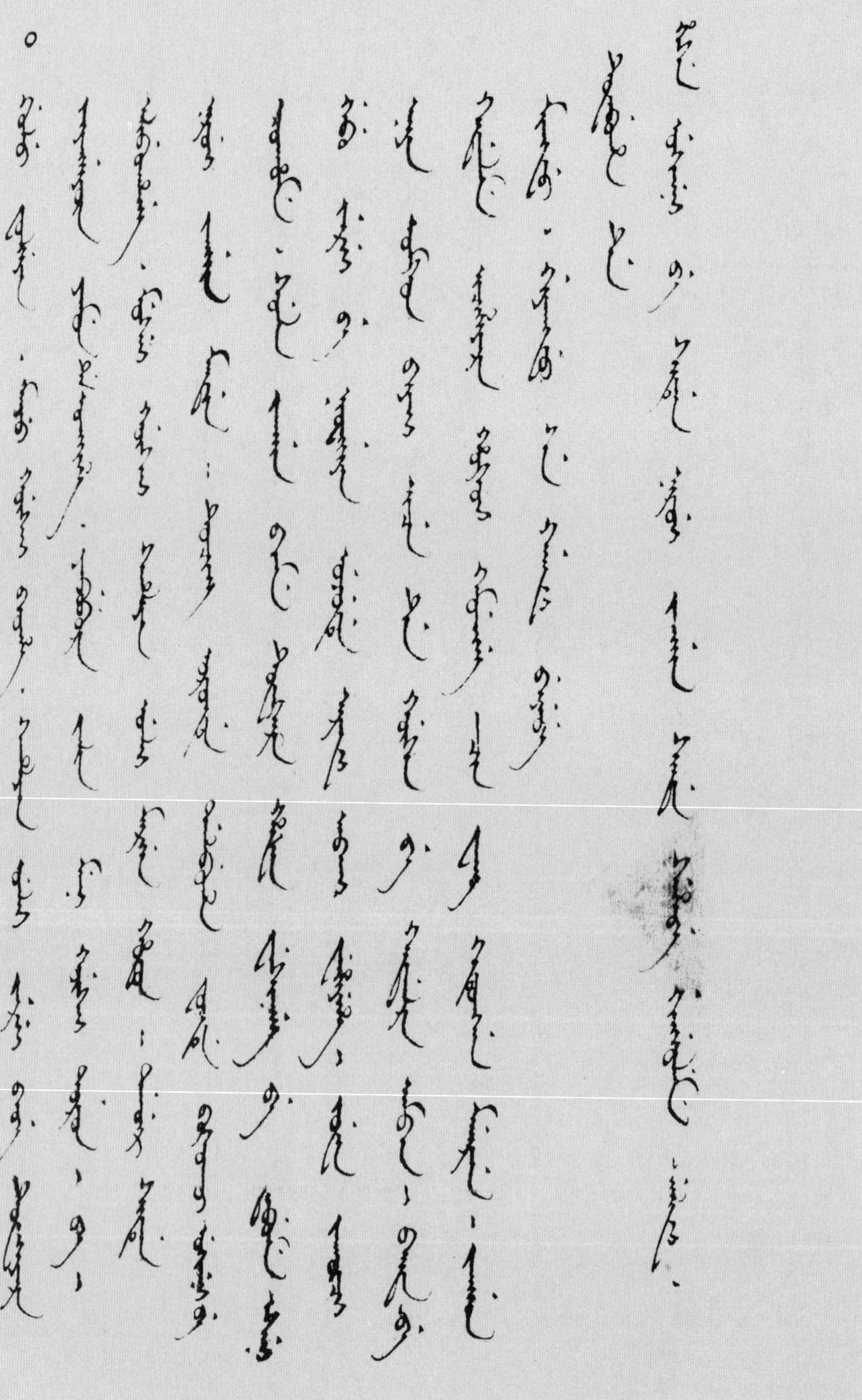

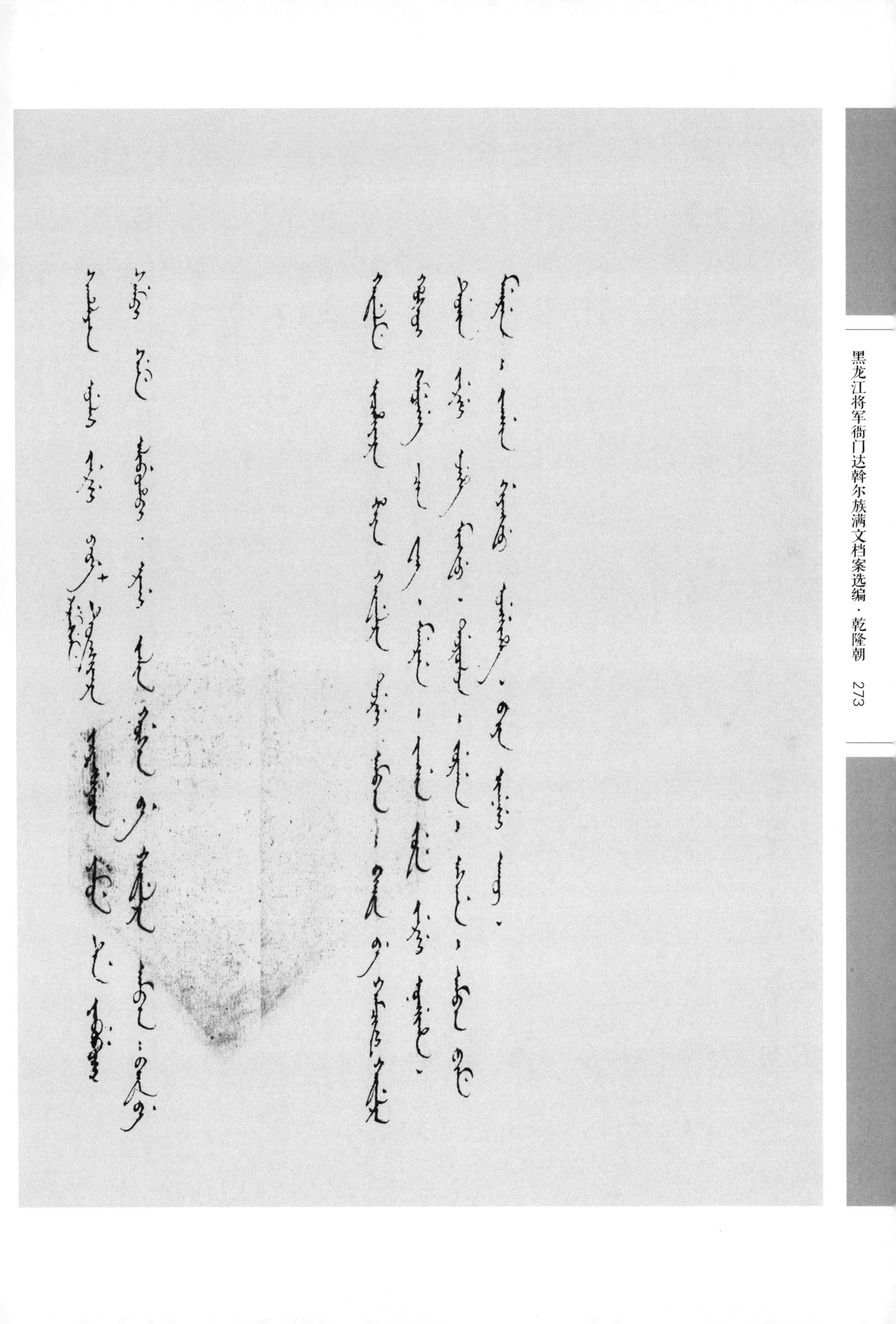

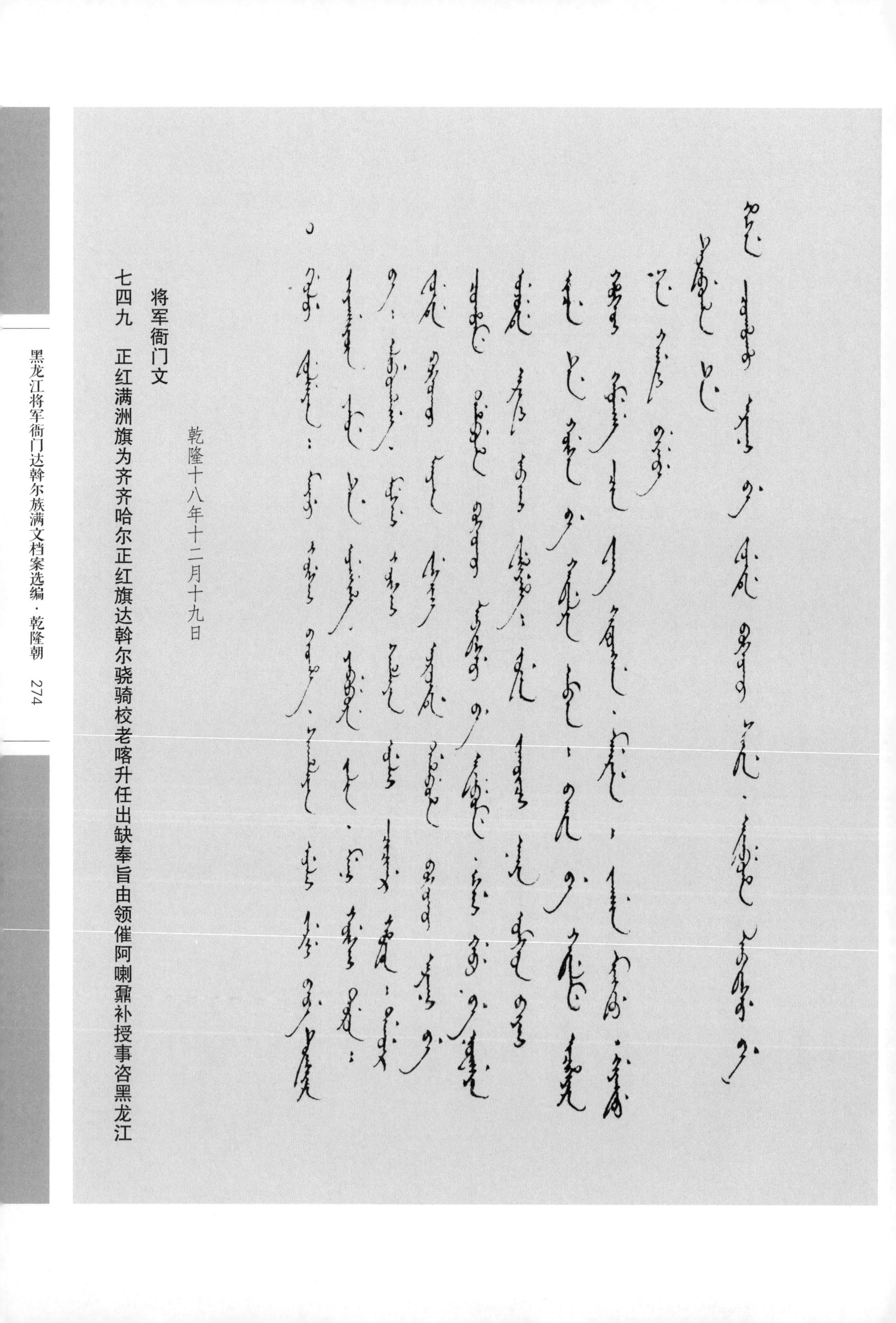

七四九　正红满洲旗为齐齐哈尔正红旗达斡尔骁骑校老喀升任出缺奉旨由领催阿喇鼐补授事咨黑龙江将军衙门文

乾隆十八年十二月十九日

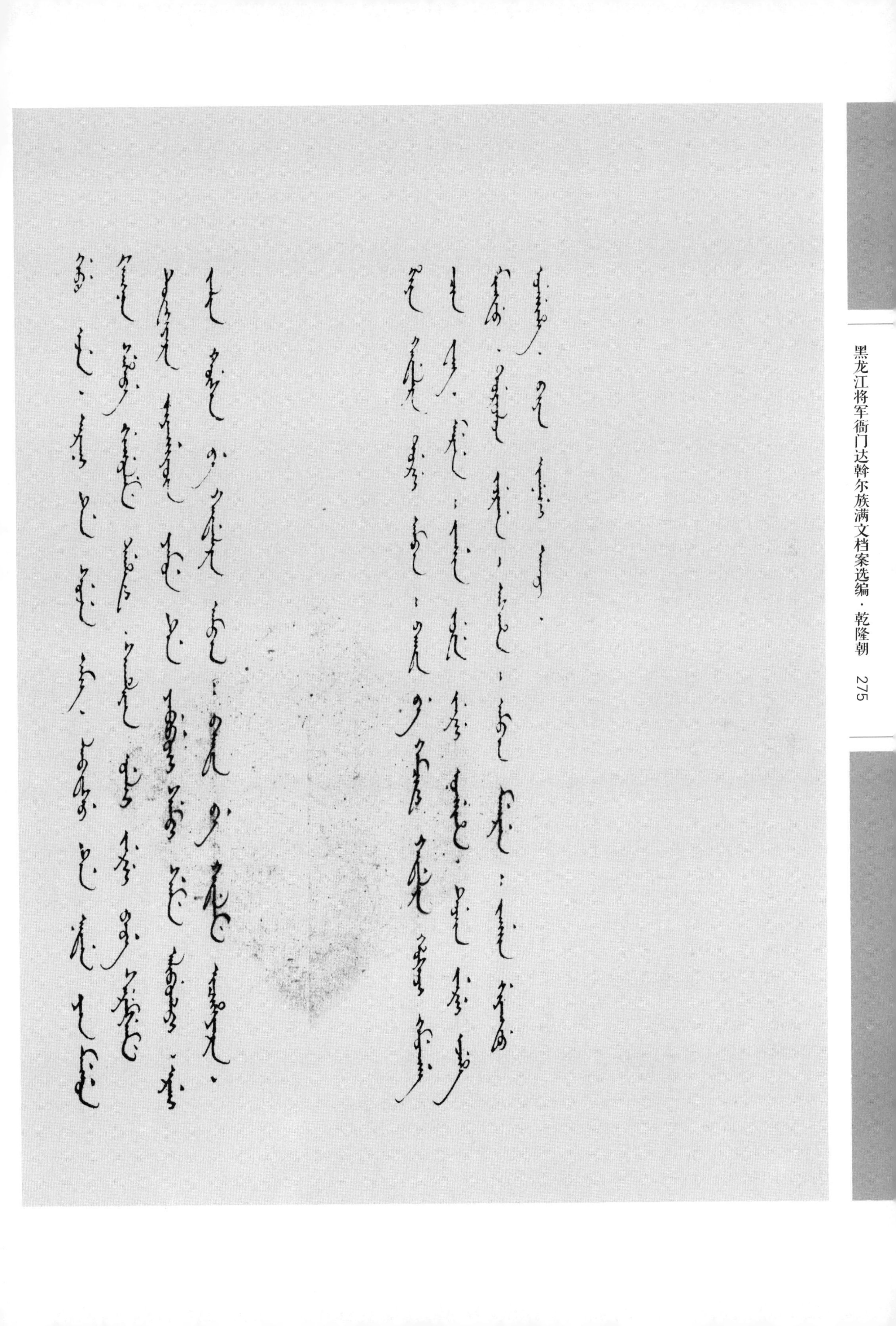

[illegible]

[illegible]

[illegible]

[illegible]

[illegible]

[illegible]

[illegible]

[illegible]

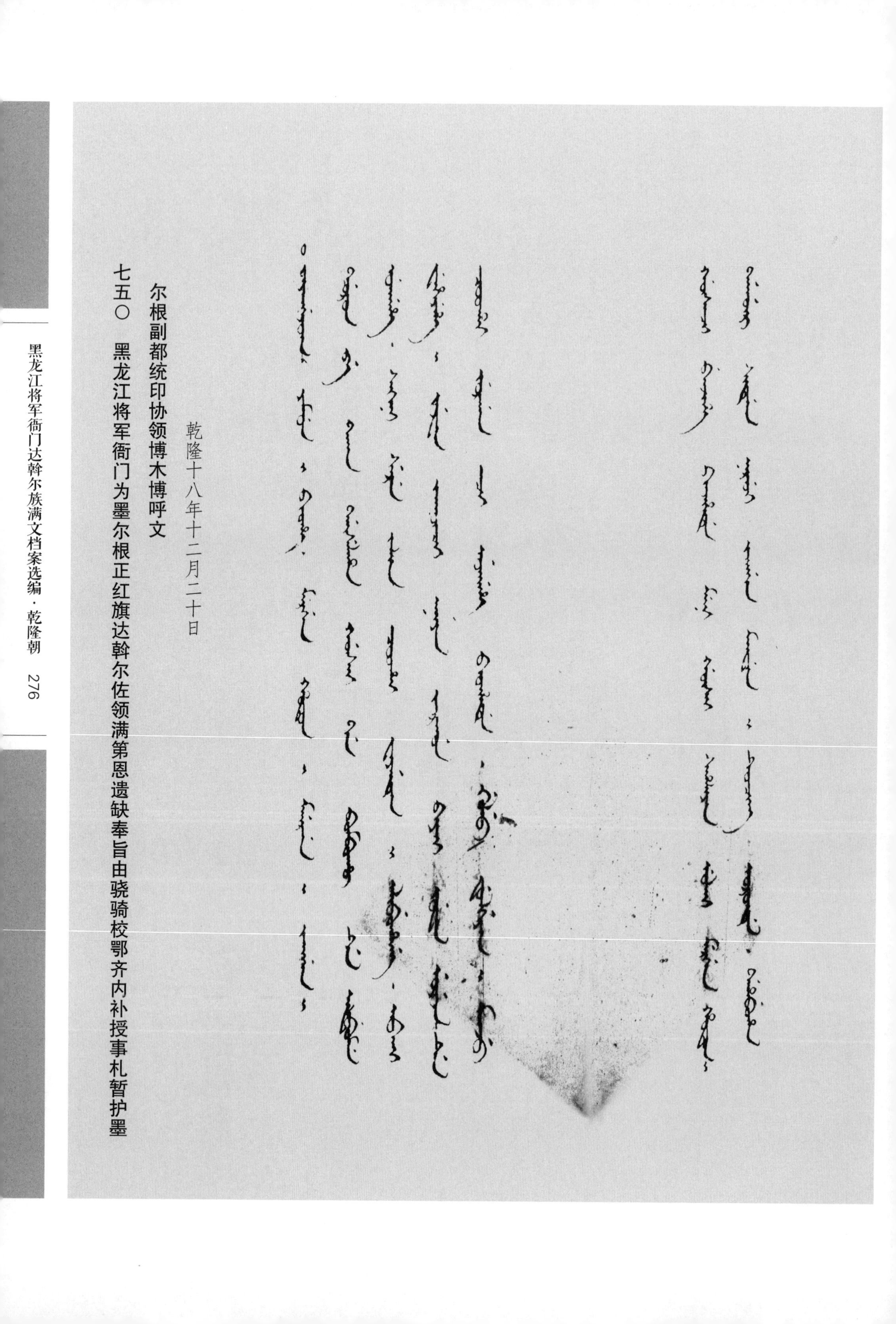

乾隆十八年十二月二十日

七五〇　黑龙江将军衙门为墨尔根正红旗达斡尔佐领满第恩遗缺奉旨由骁骑校鄂齐内补授事札暂护墨尔根副都统印协领博木博呼文

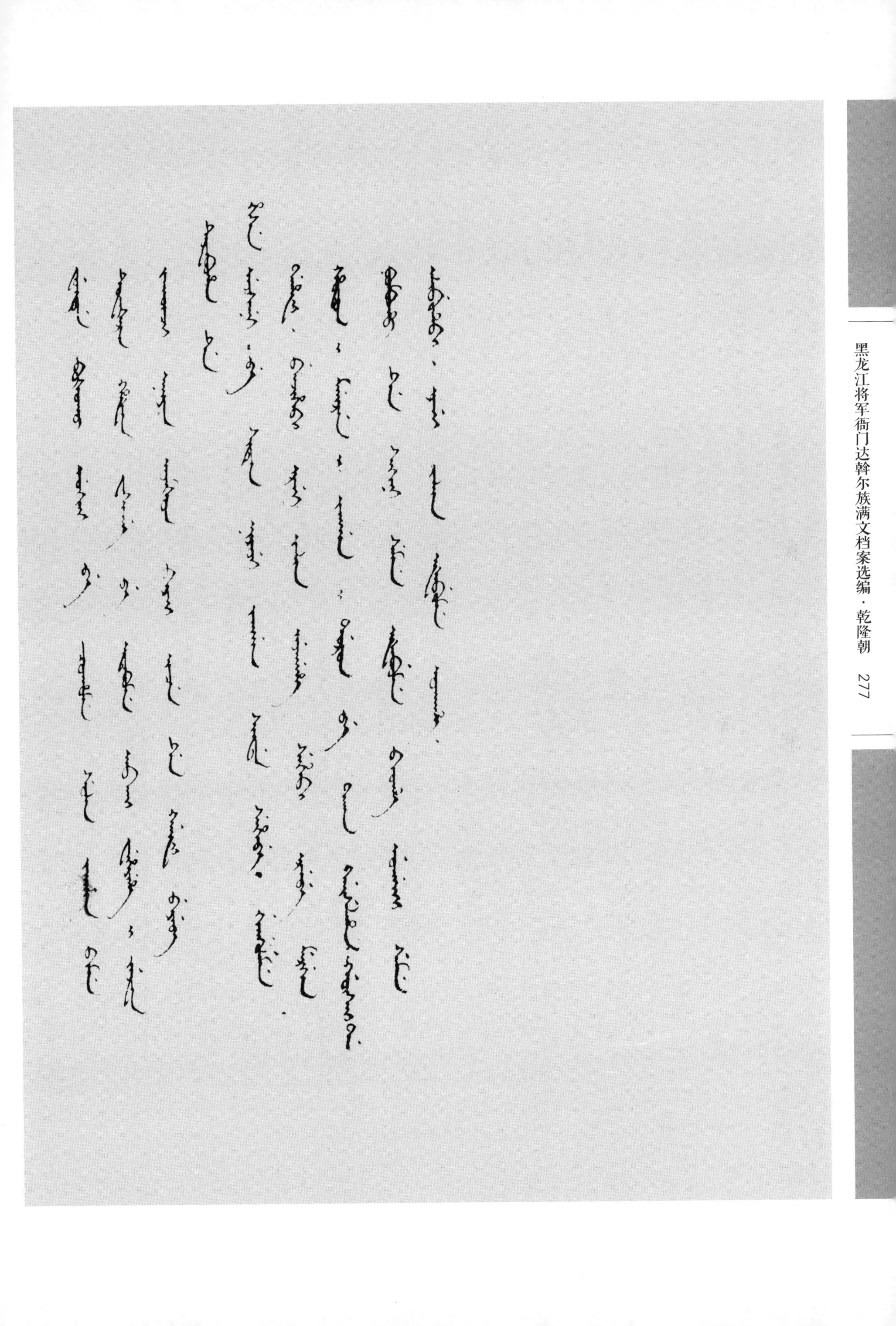

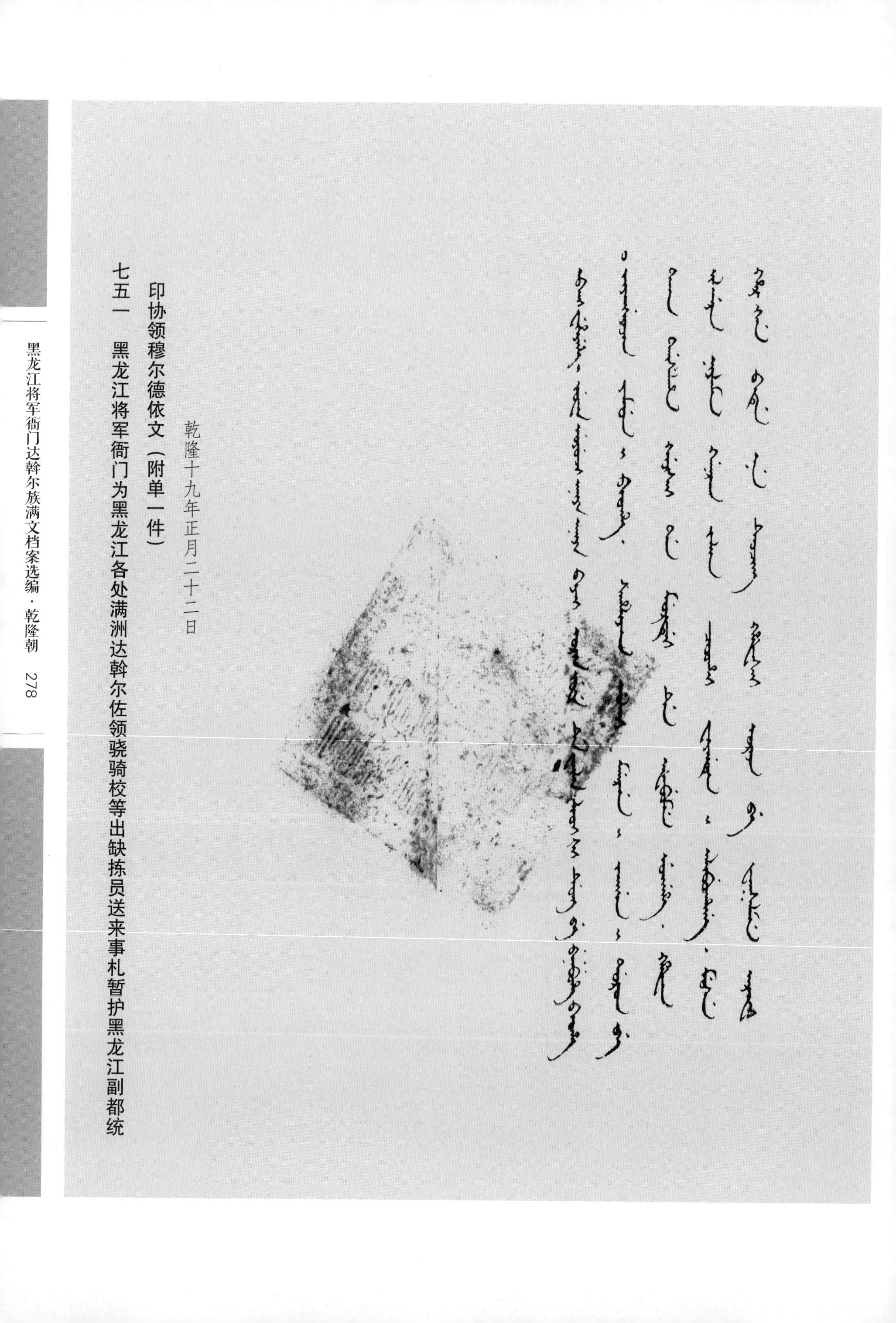

七五一　黑龙江将军衙门为黑龙江各处满洲达斡尔佐领骁骑校等出缺拣员送来事札暂护黑龙江副都统印协领穆尔德依文（附单一件）

乾隆十九年正月二十二日

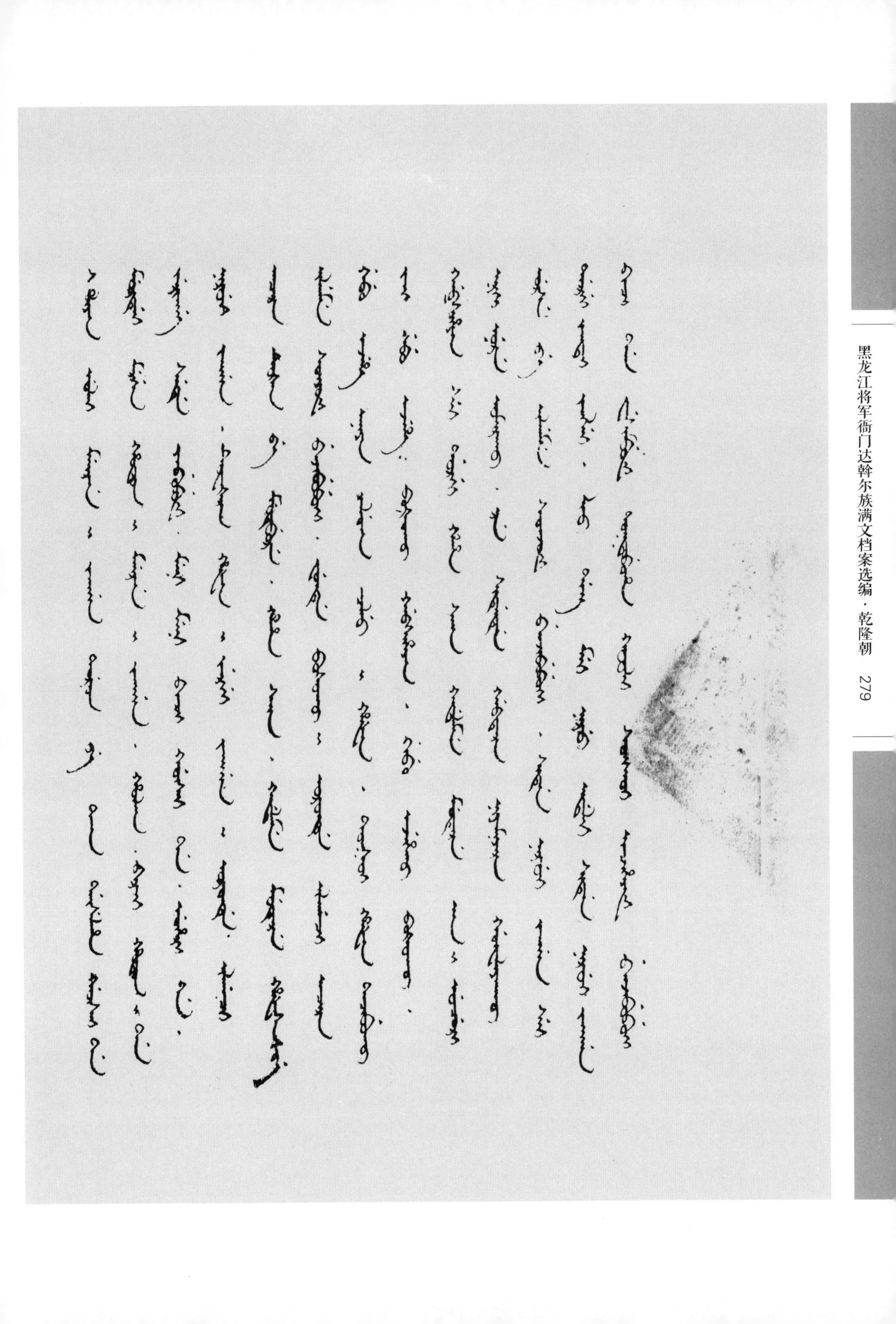

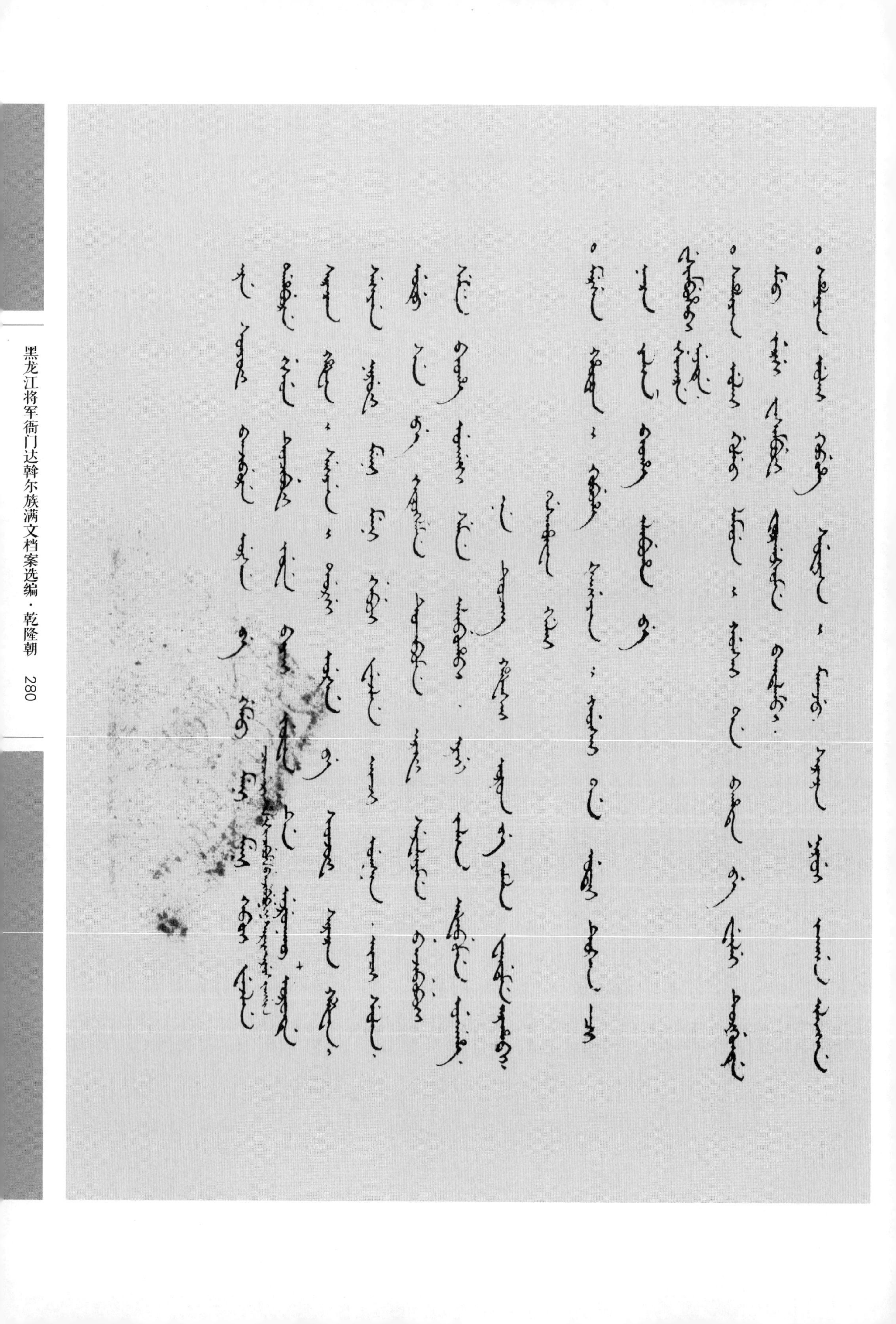

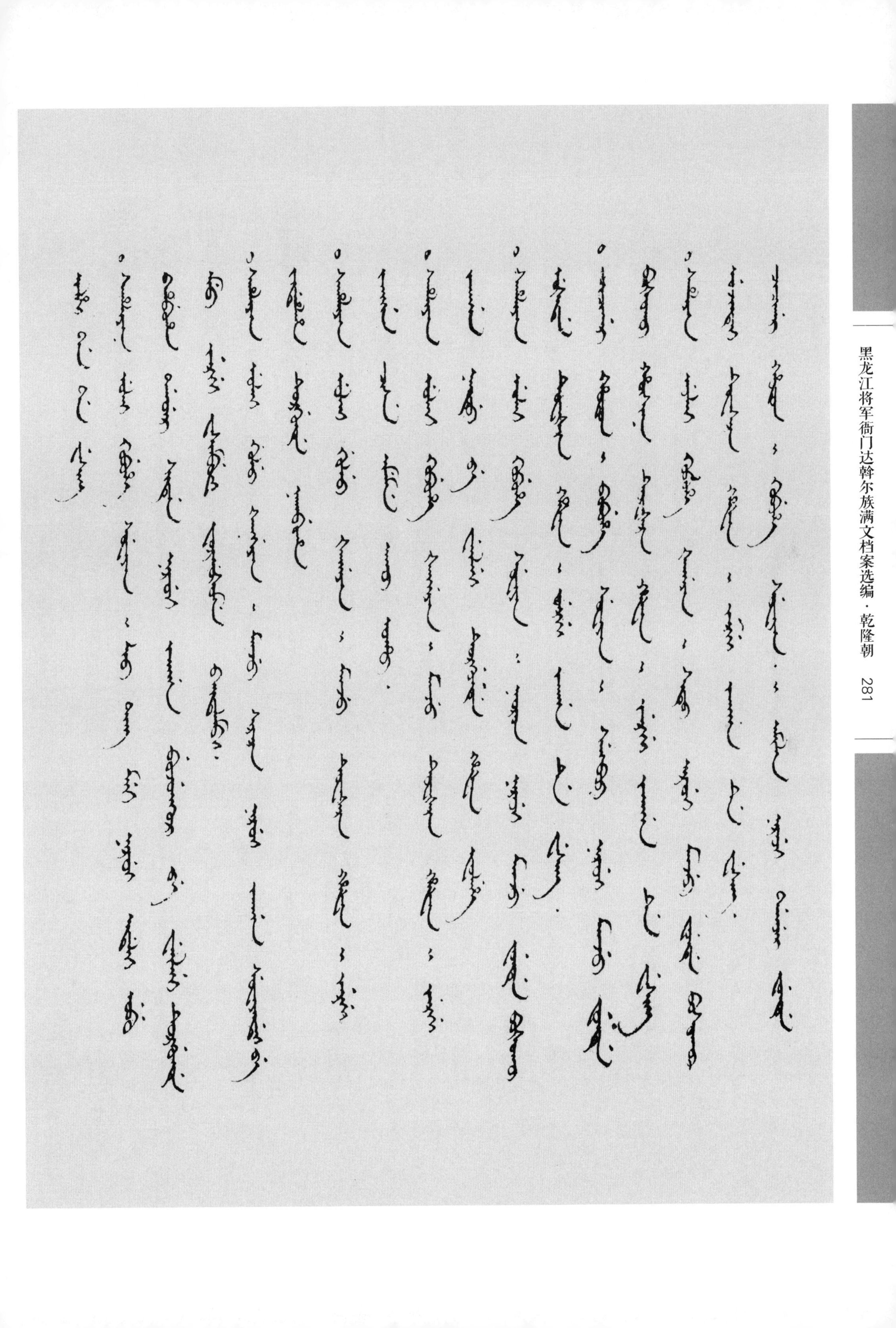

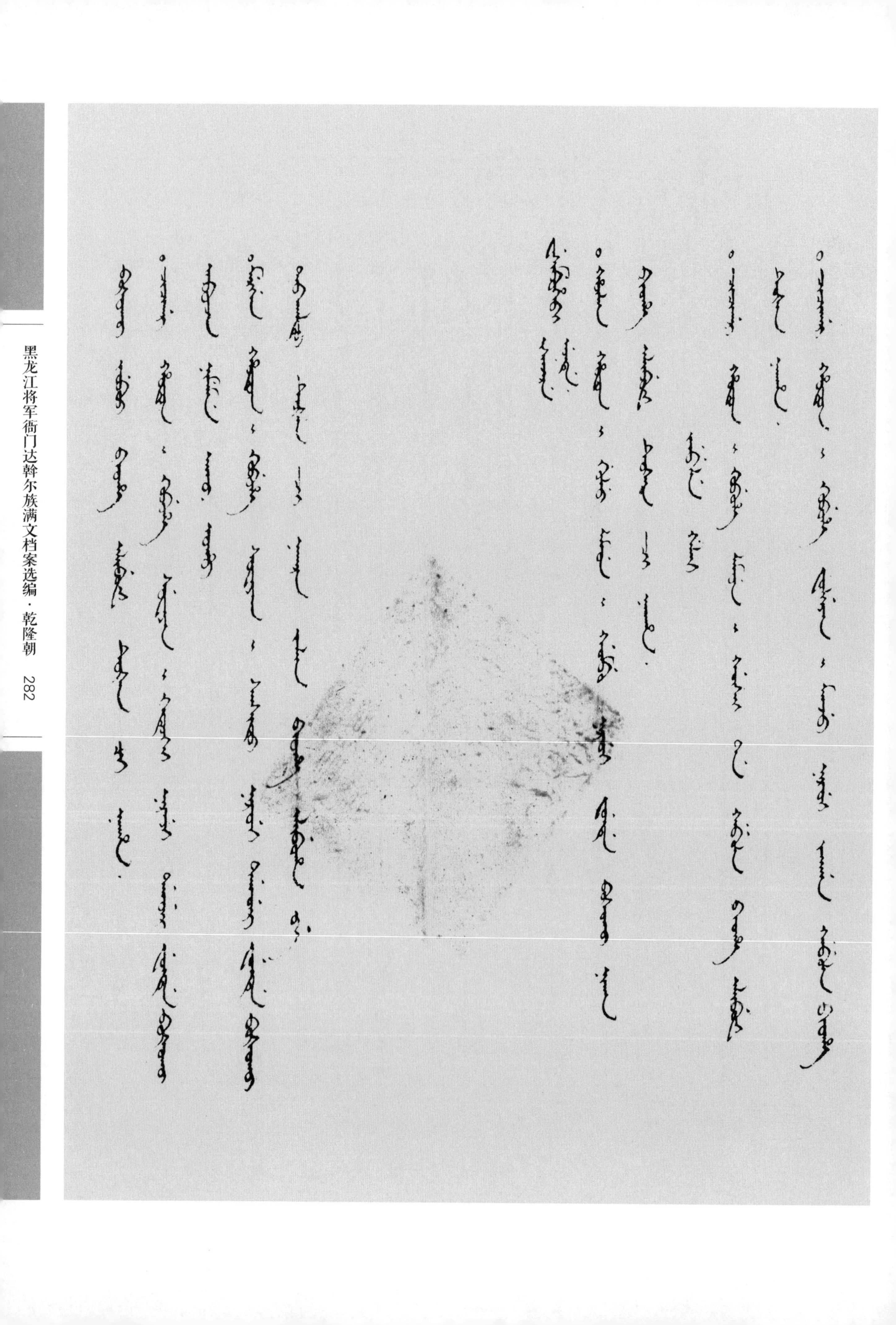

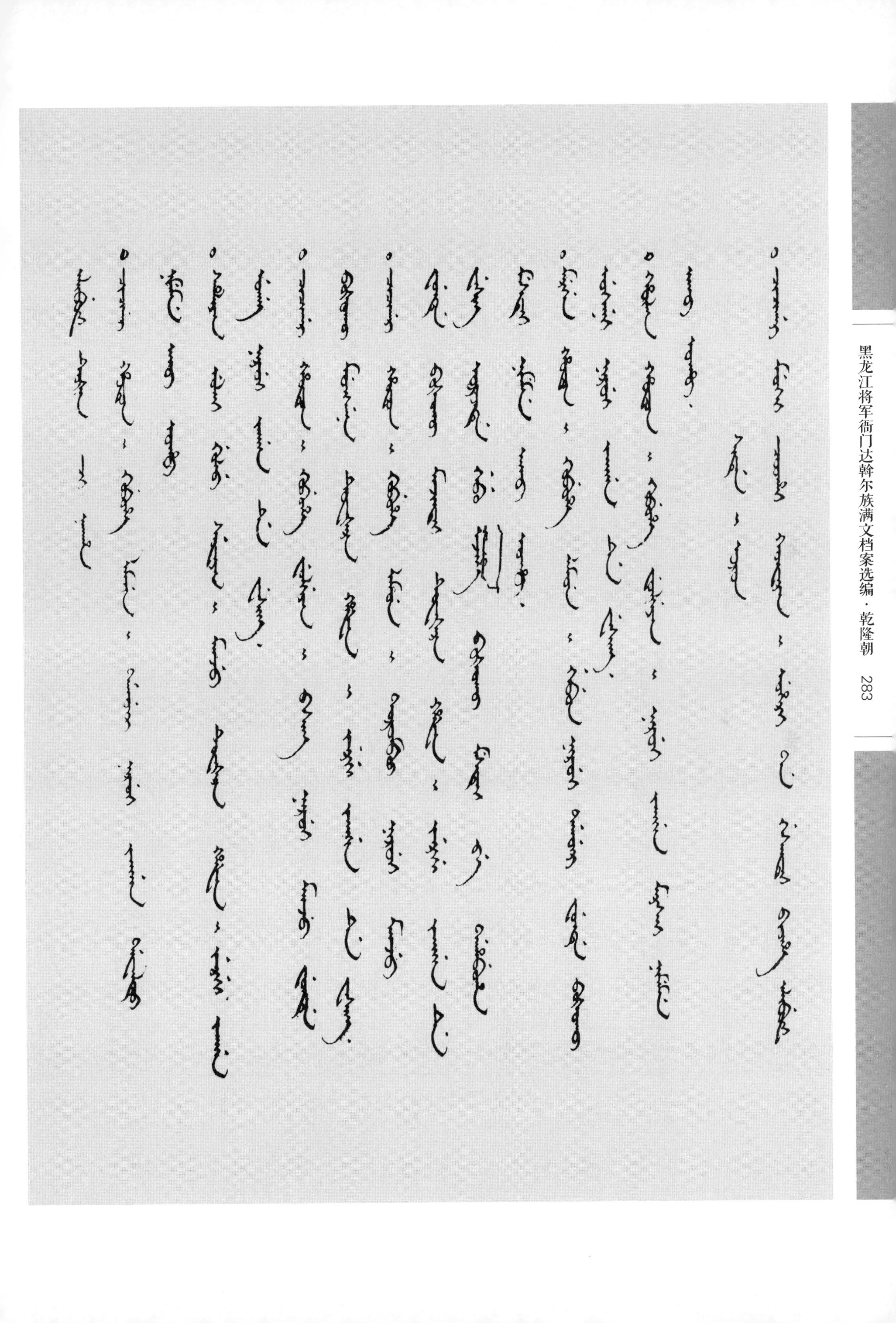

[illegible]
[illegible]
[illegible]
[illegible]
[illegible]
[illegible]
[illegible]
[illegible]
[illegible]
[illegible]
[illegible]
[illegible]
[illegible]
[illegible]
[illegible]
[illegible]
[illegible]

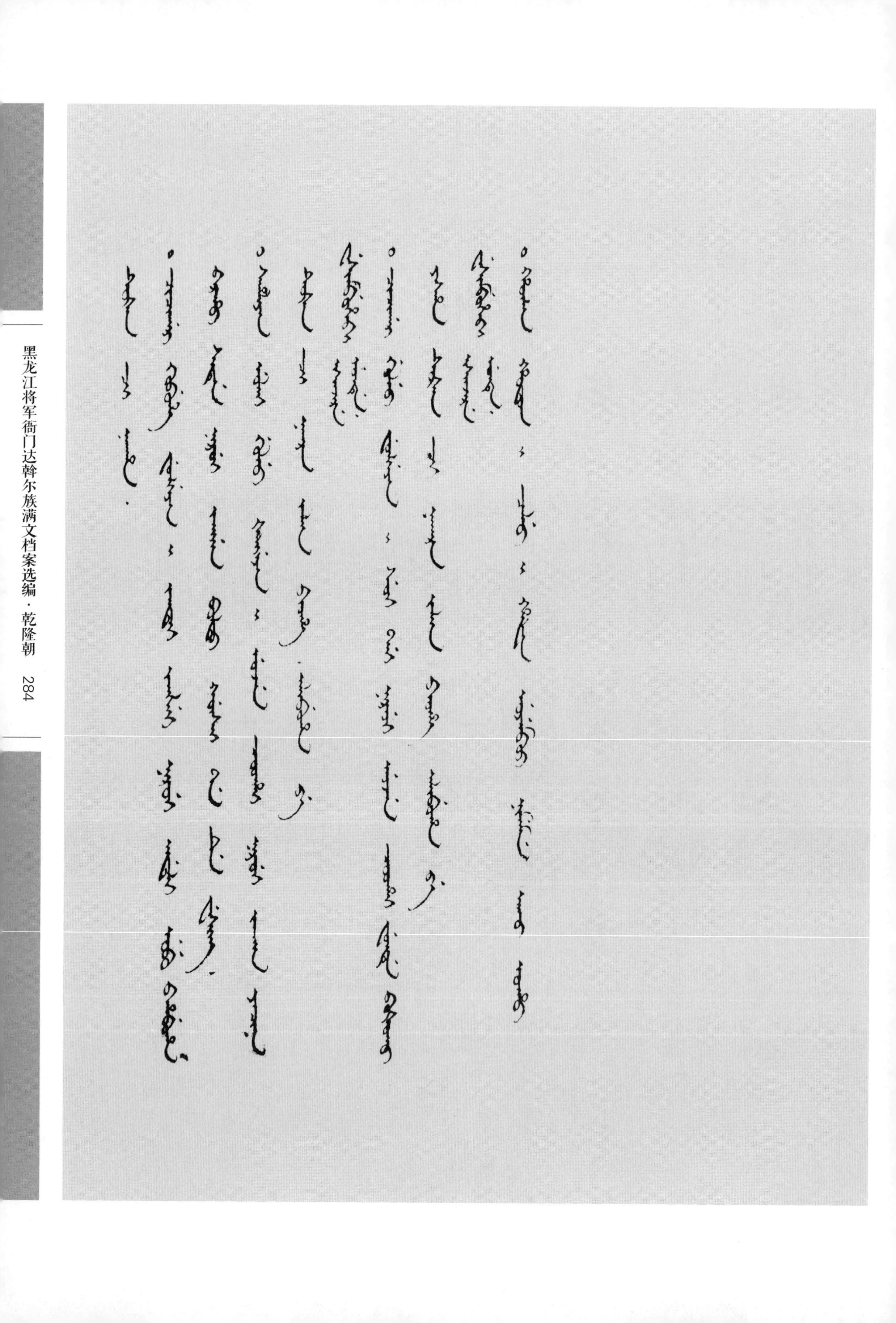

[illegible]

七五二 镶黄满洲旗为镶黄旗四甲喇达斡尔护军贵达勒图给假回黑龙江领来家眷照例发给路票事咨黑龙江将军衙门文

乾隆十九年正月二十八日

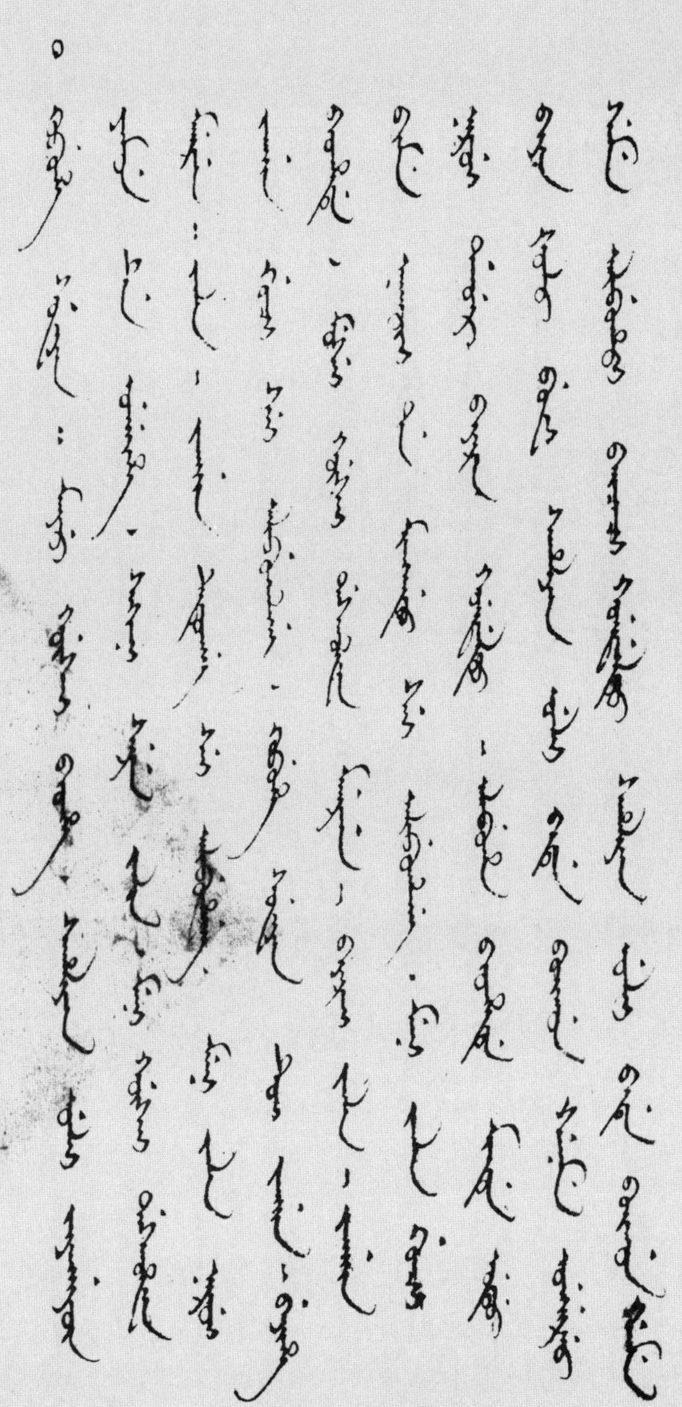

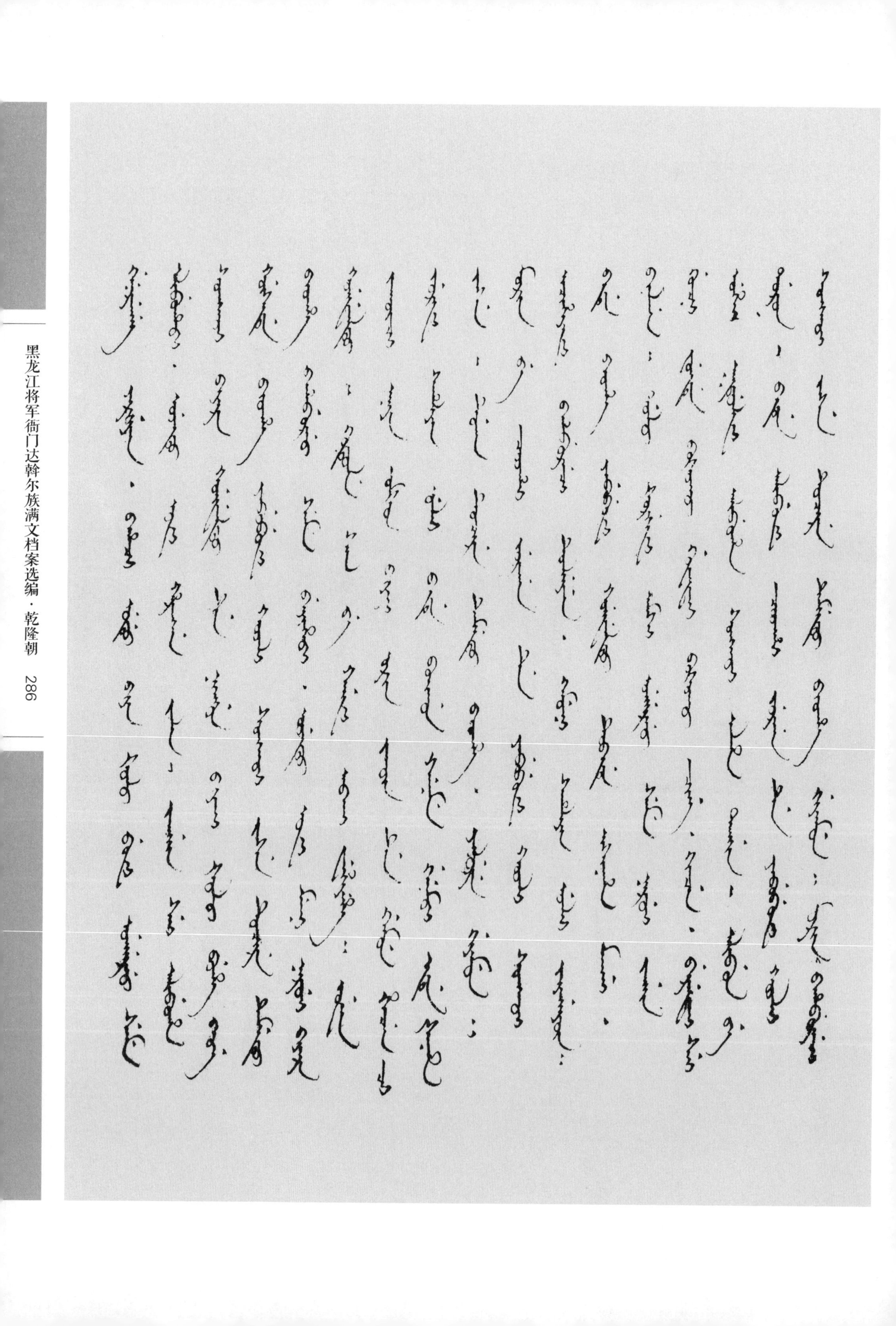

[illegible]

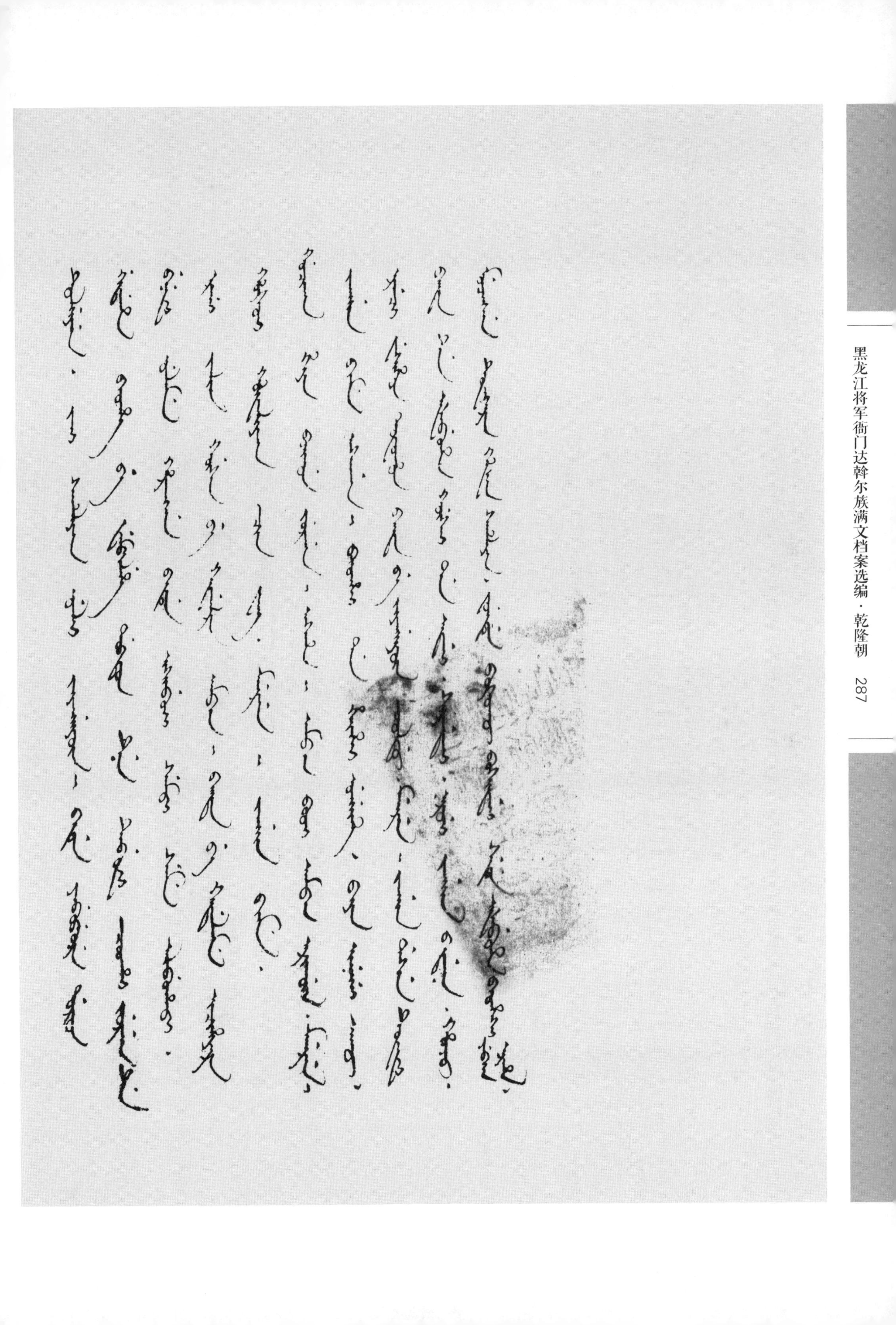

七五三 黑龙江将军衙门为查报黑龙江各处驻防八旗满洲索伦达斡尔等官兵事项以备编纂会典事咨兵部文（附清册一件）

乾隆十九年二月初一日

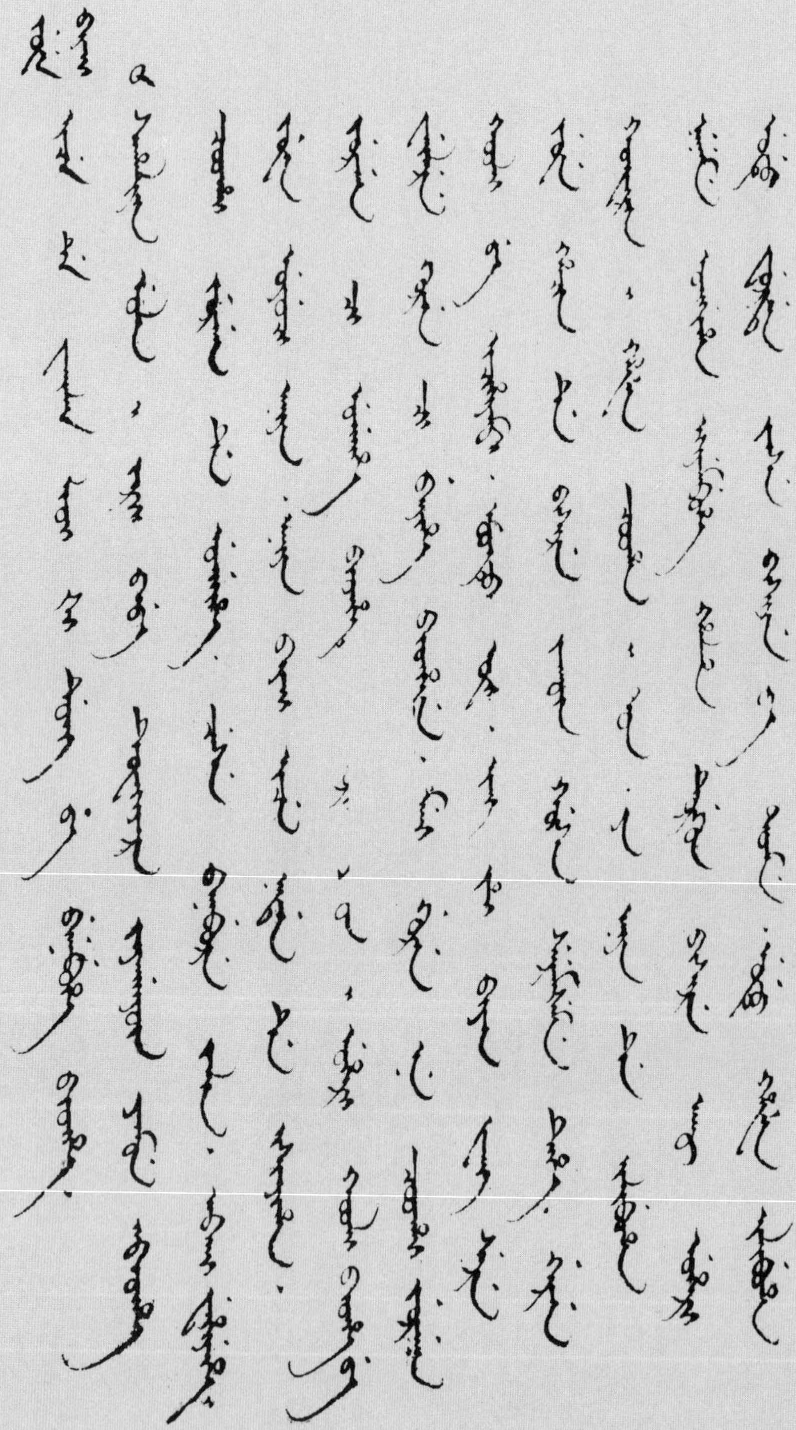

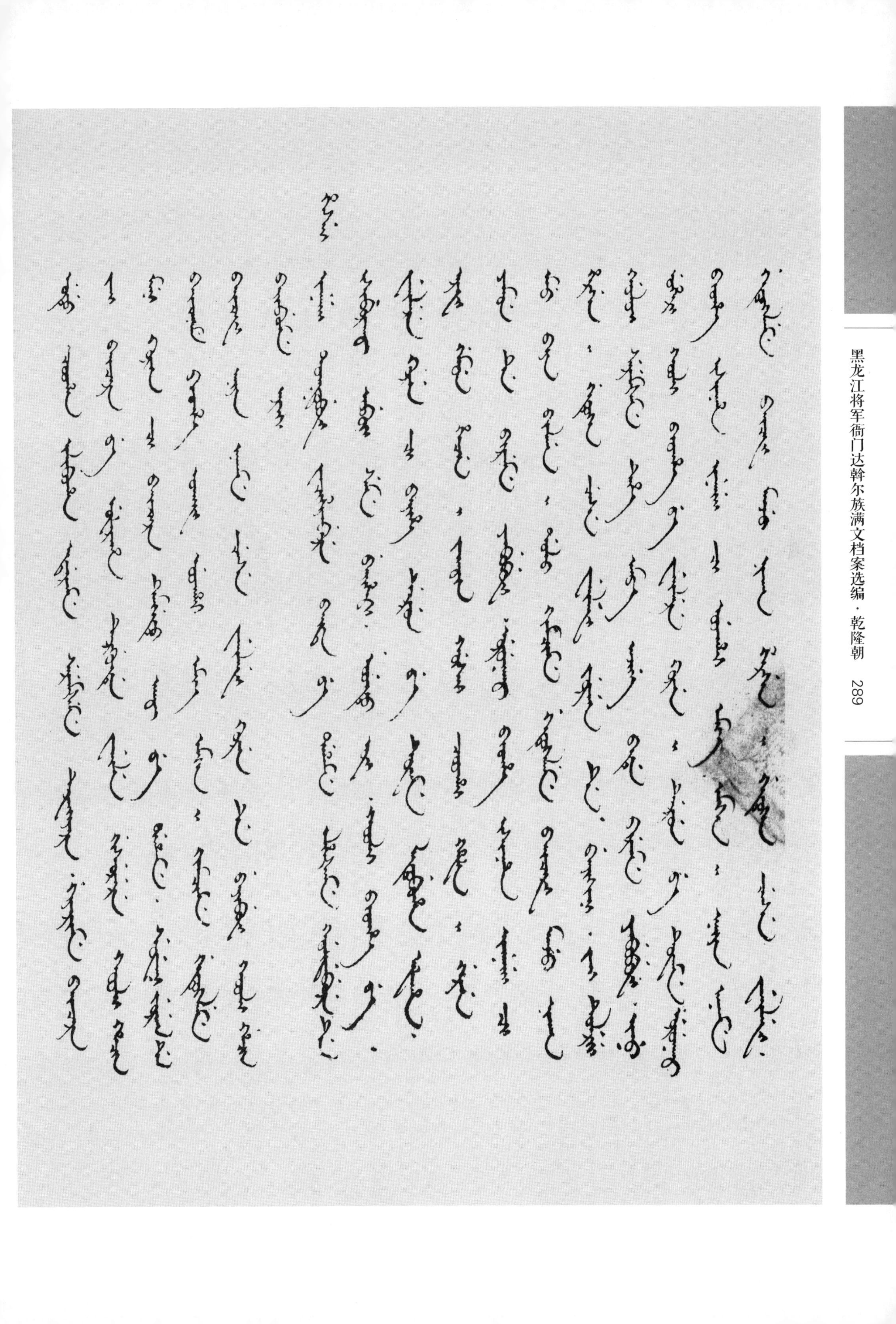

[illegible]

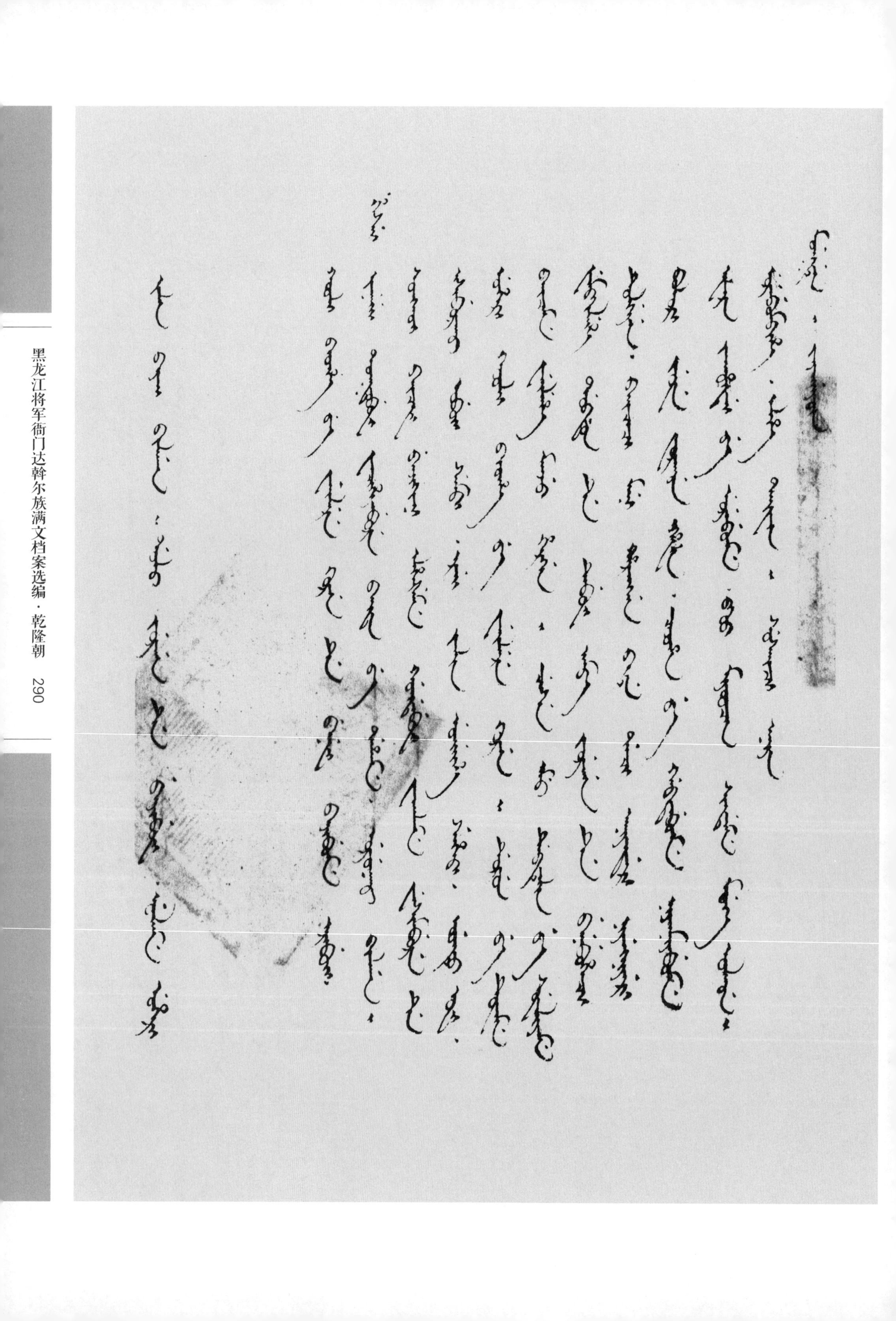

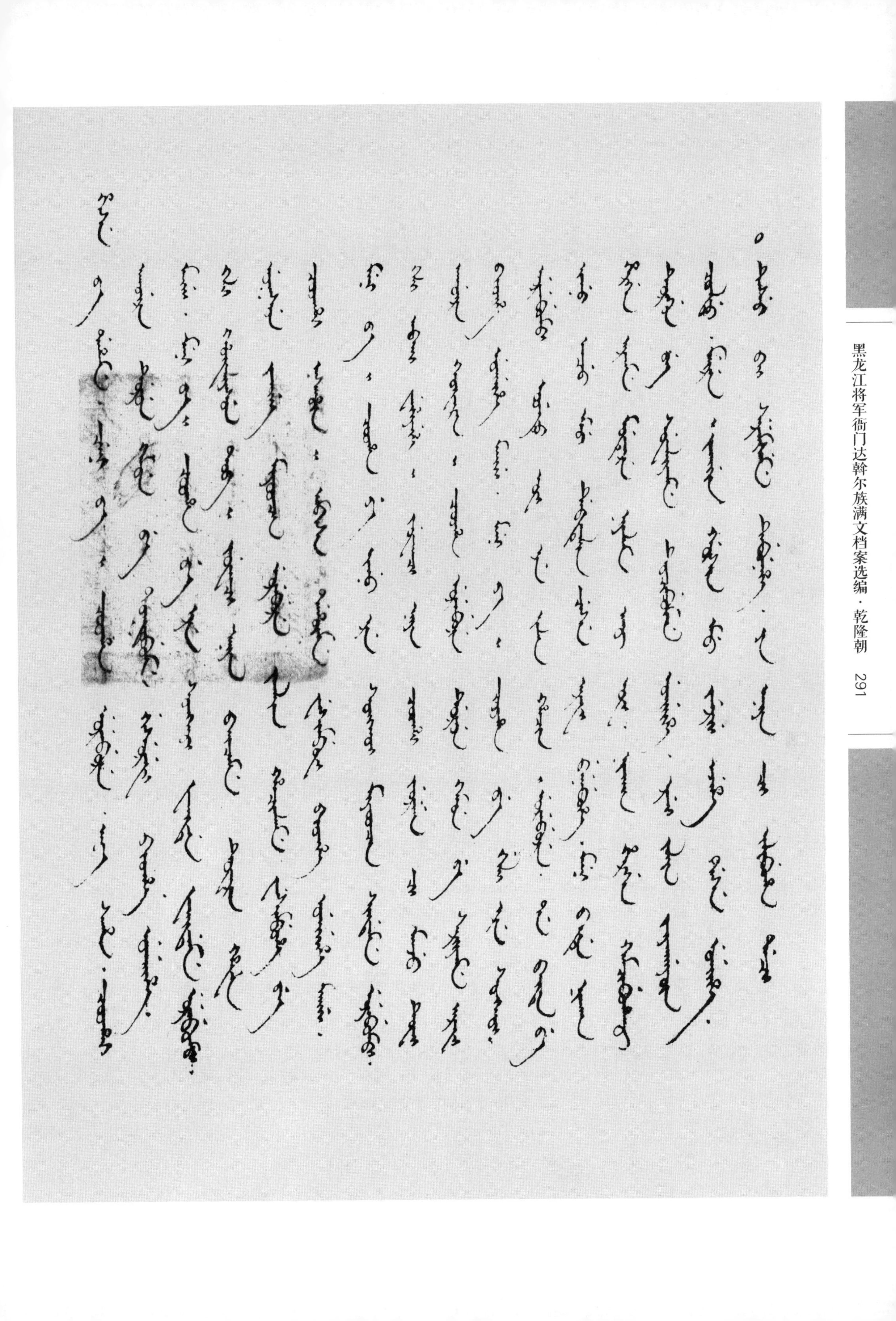

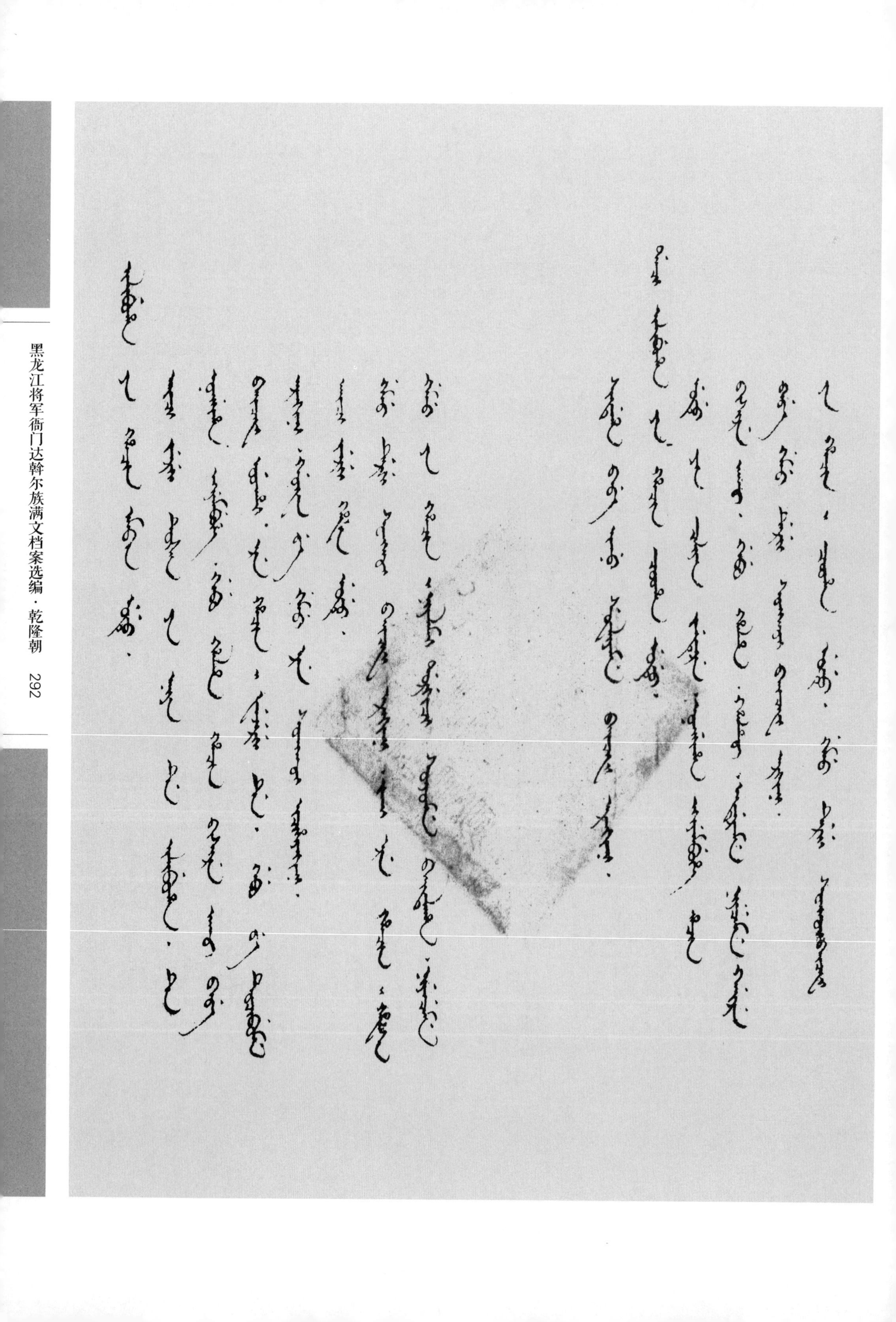

[illegible]

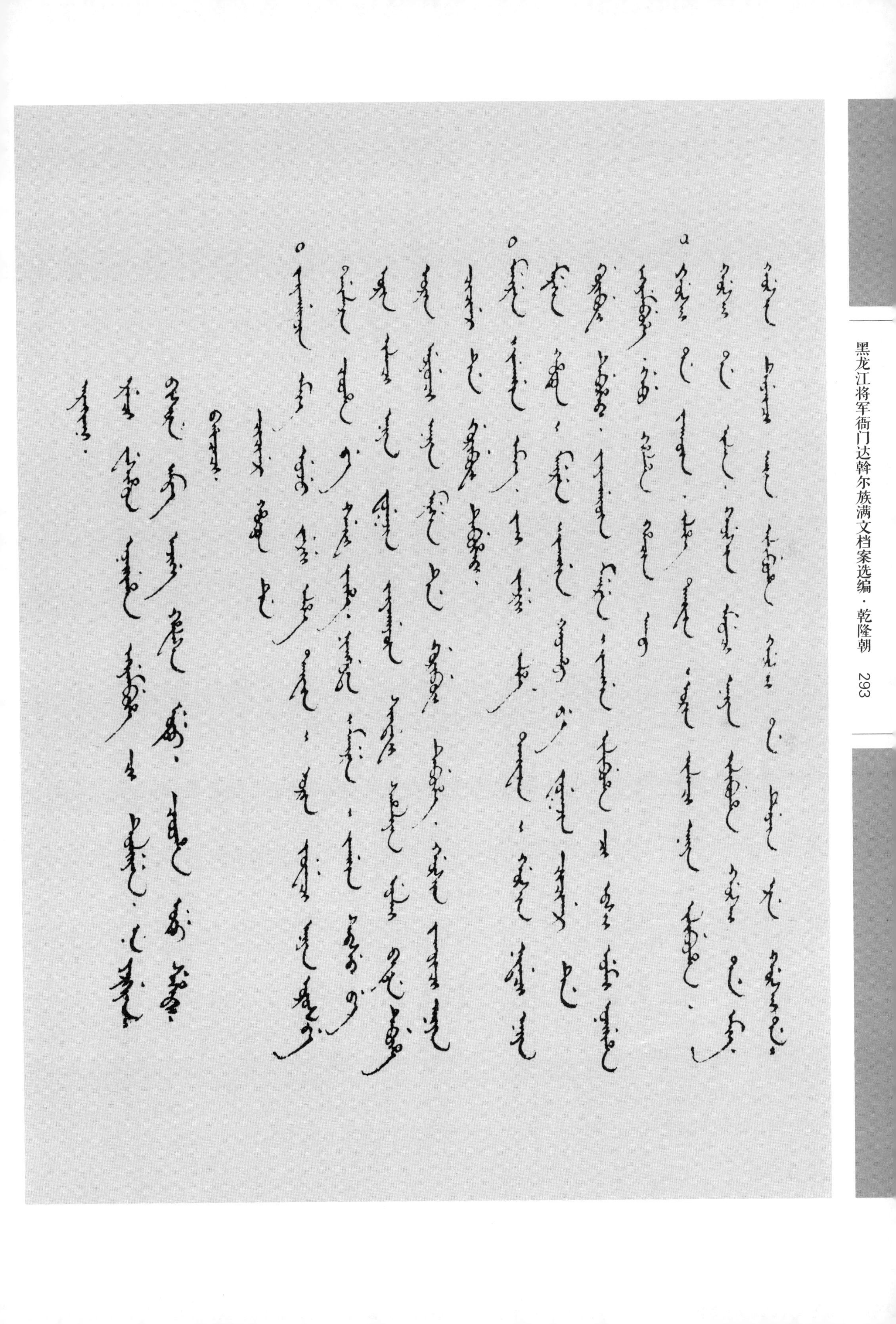

[illegible]

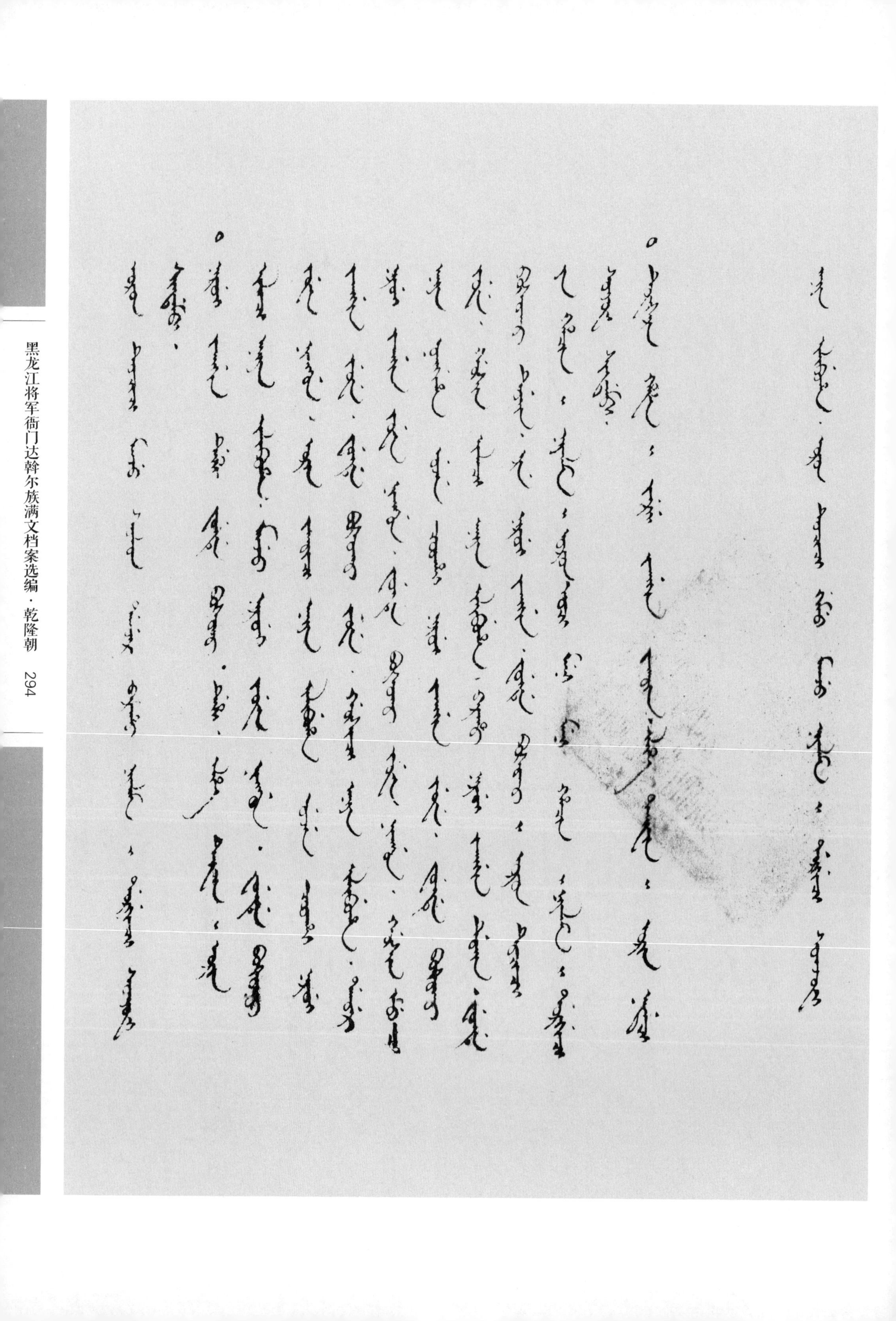

[illegible]

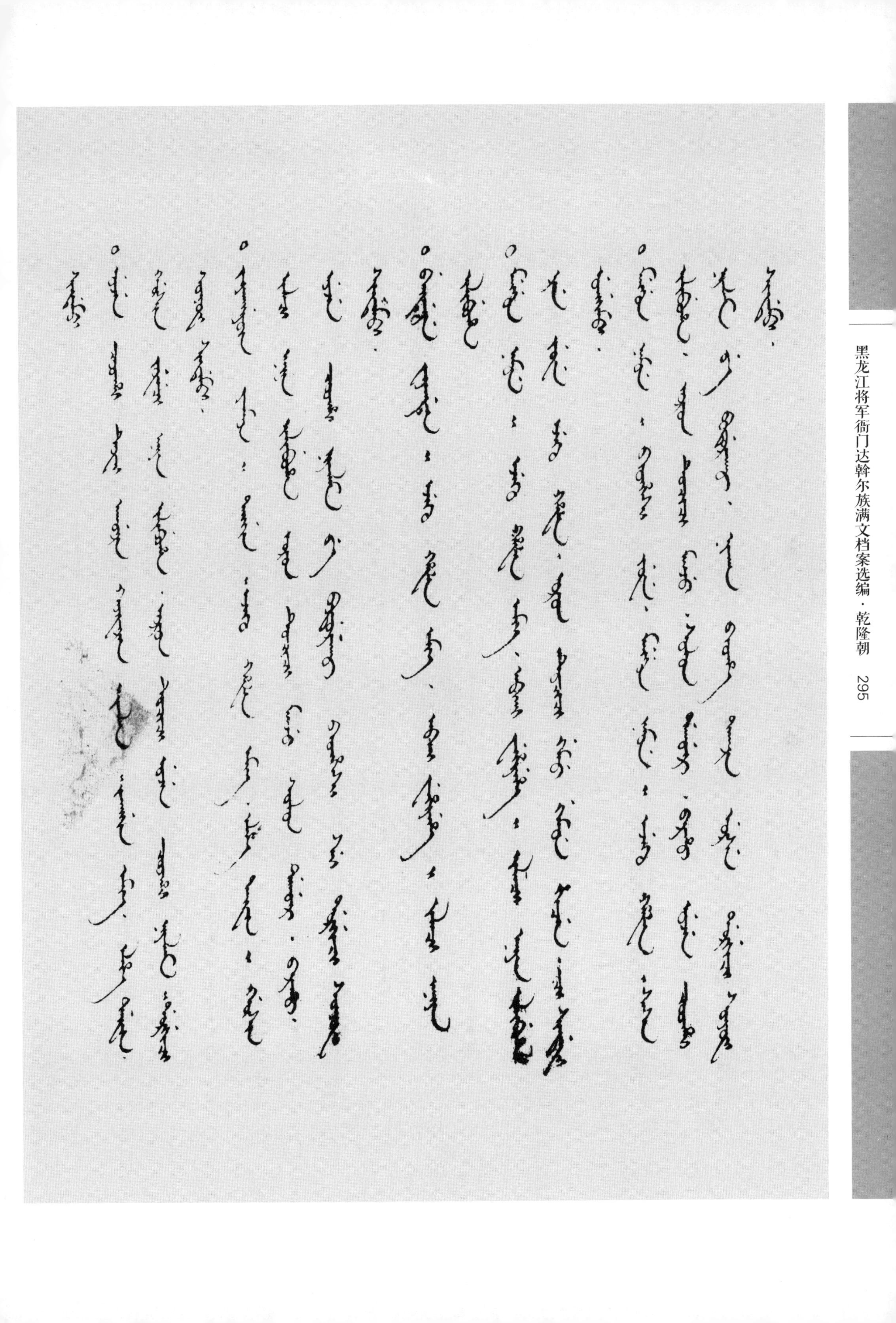

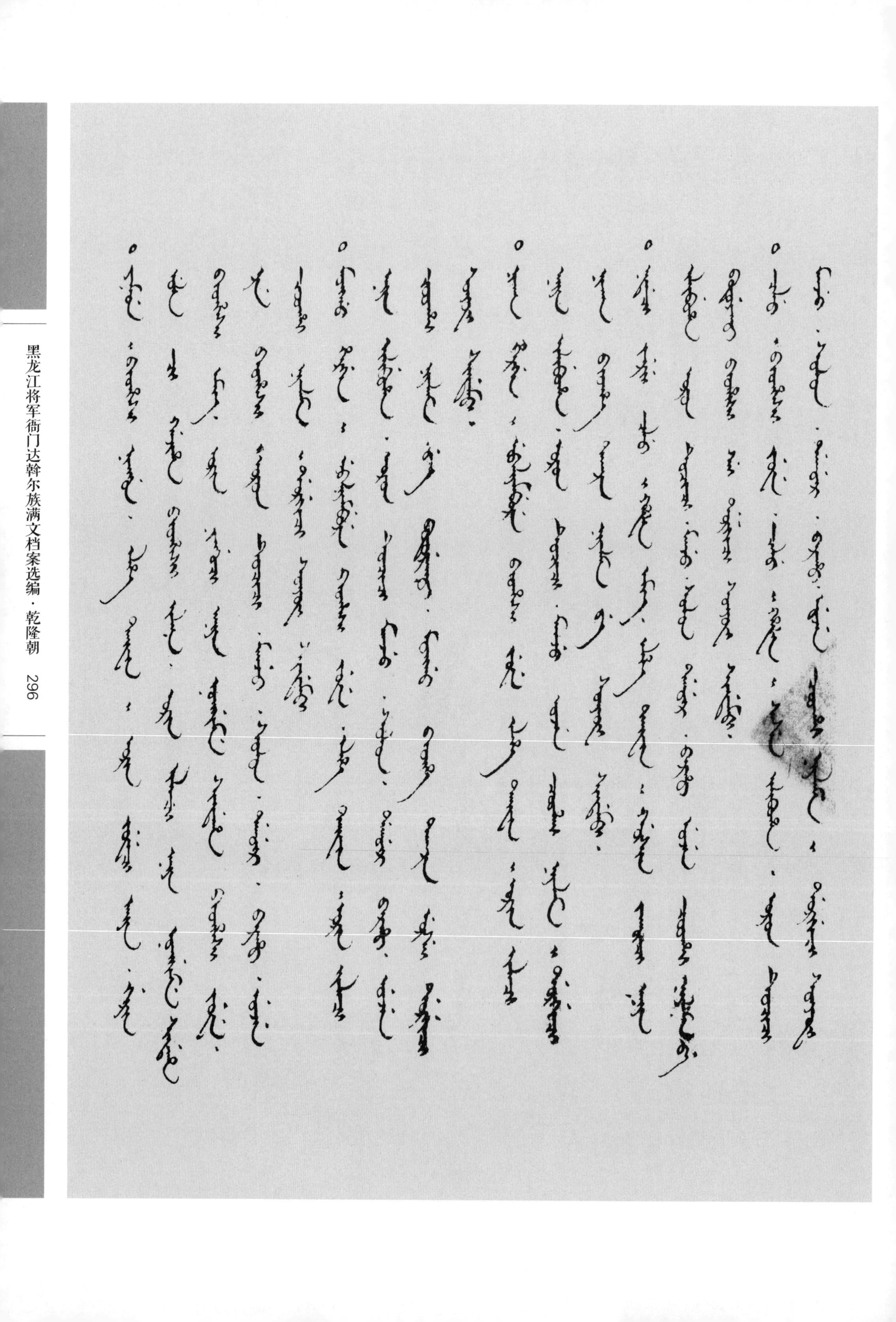

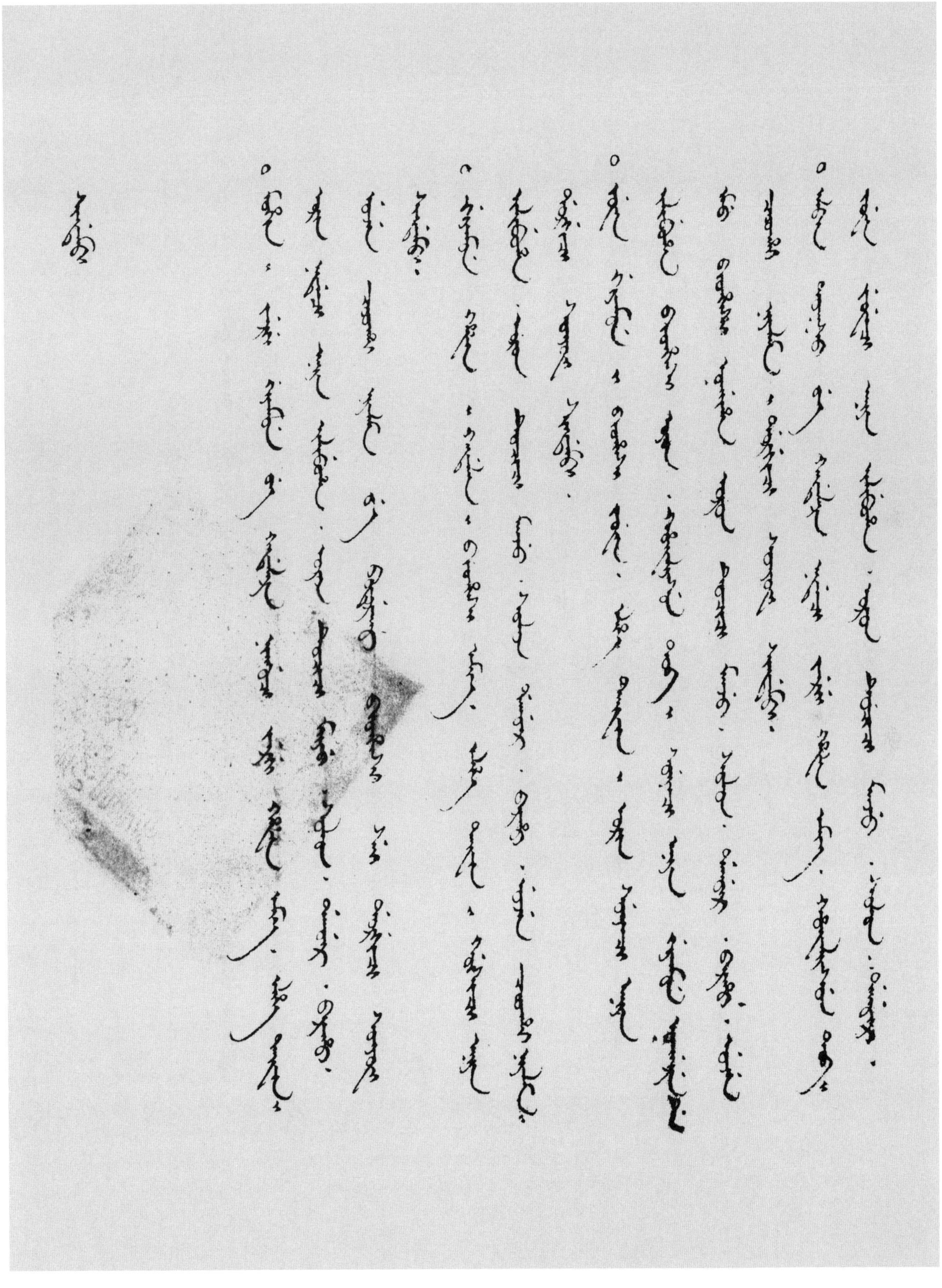

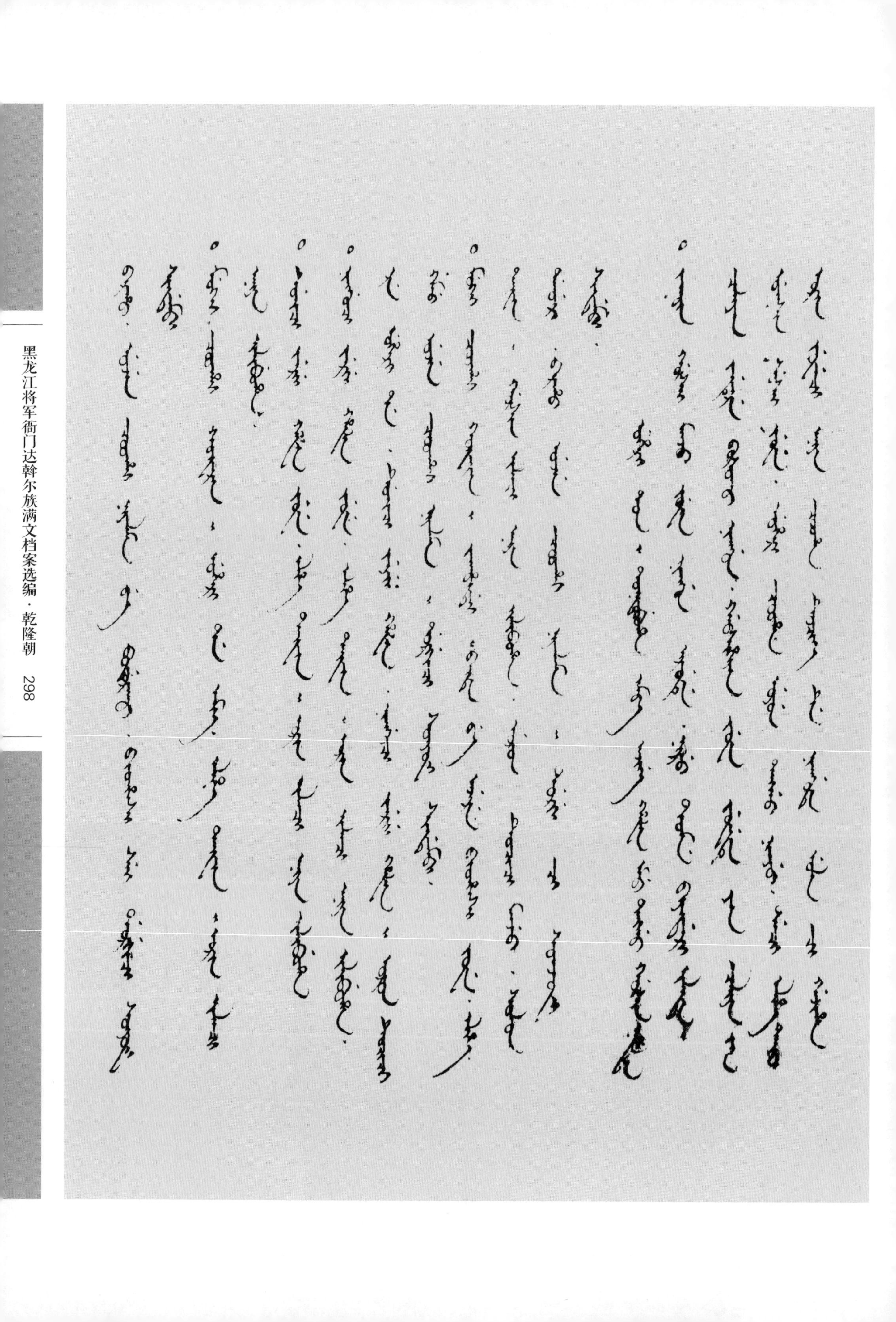

[illegible]

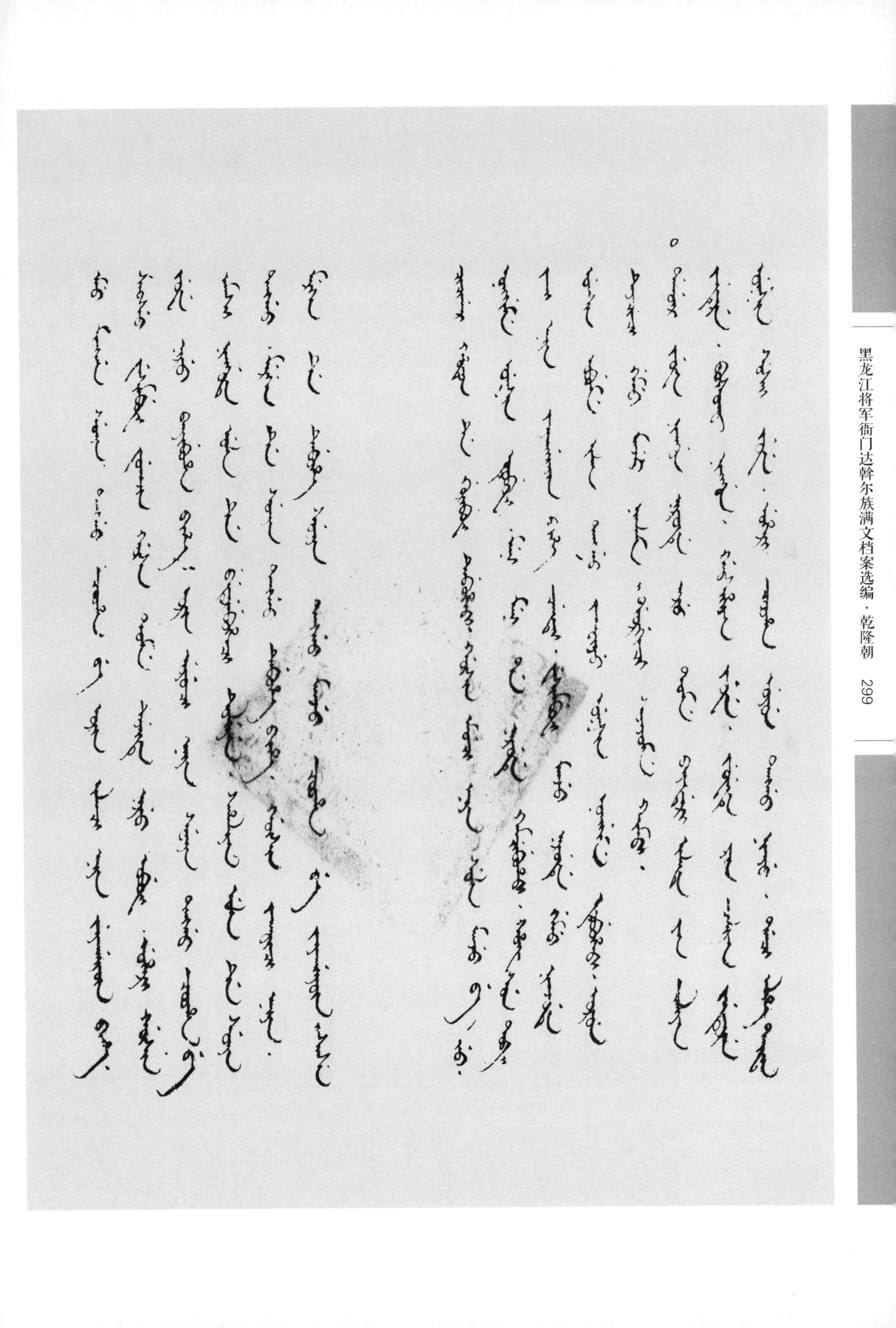

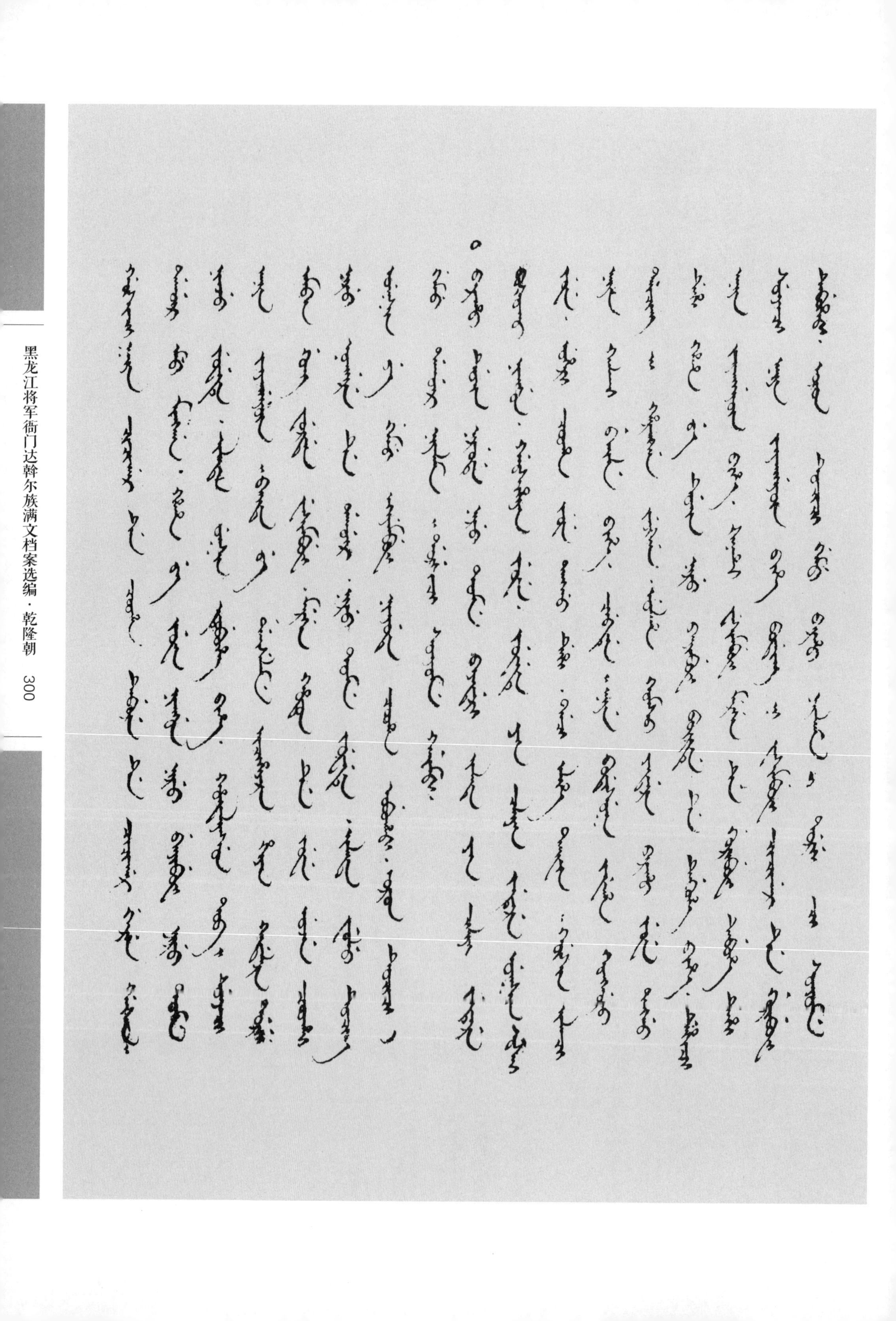

[illegible]

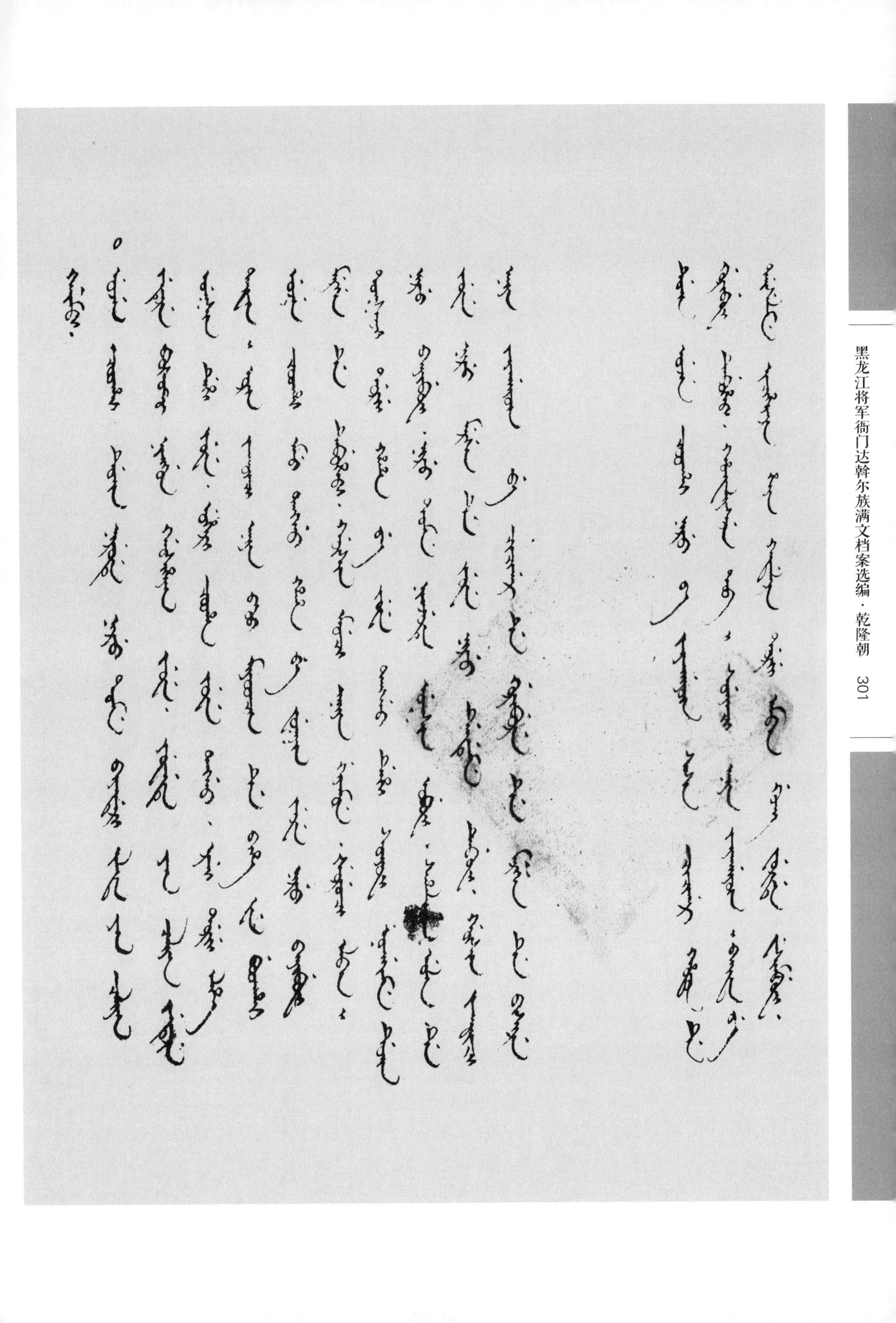

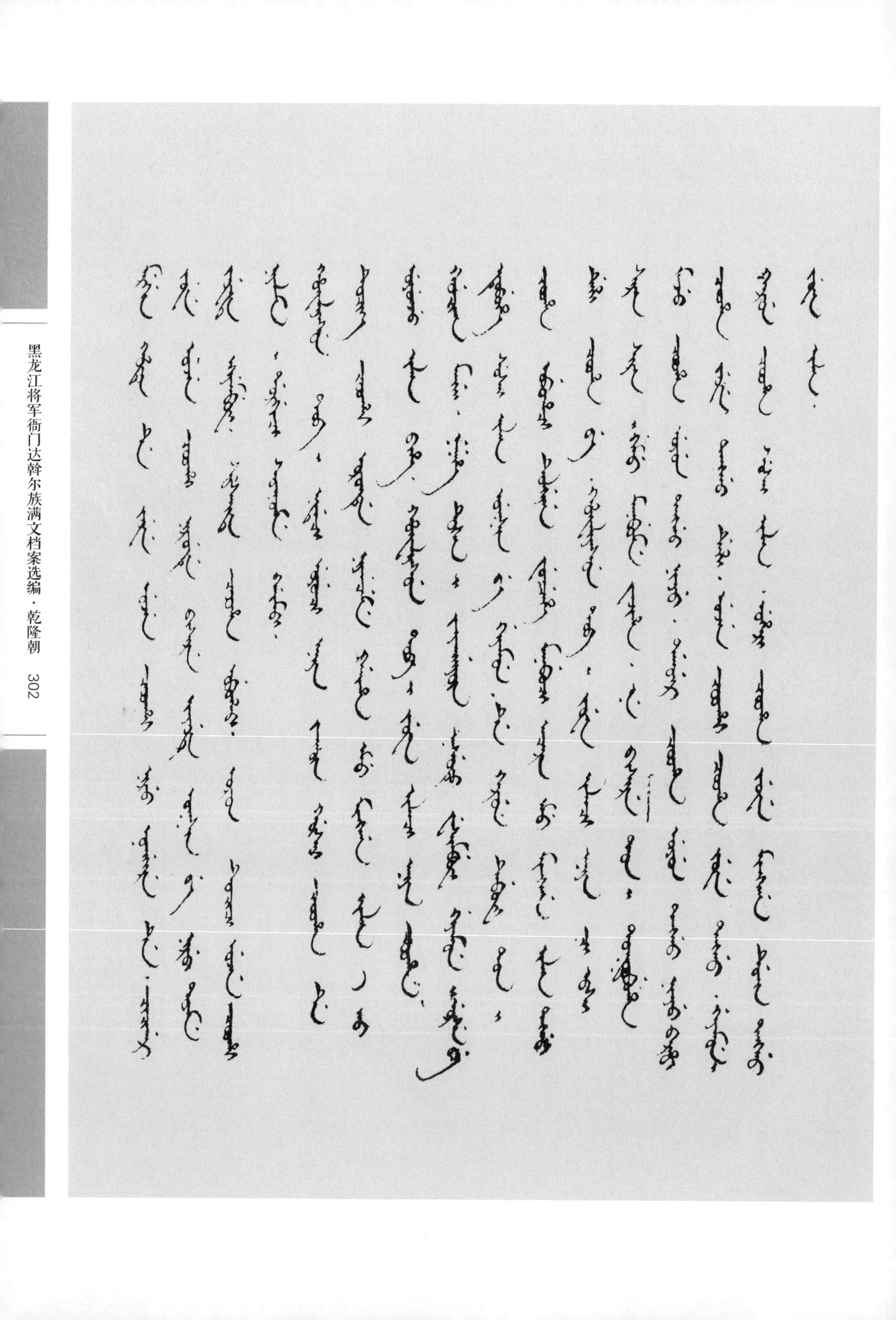

[illegible]

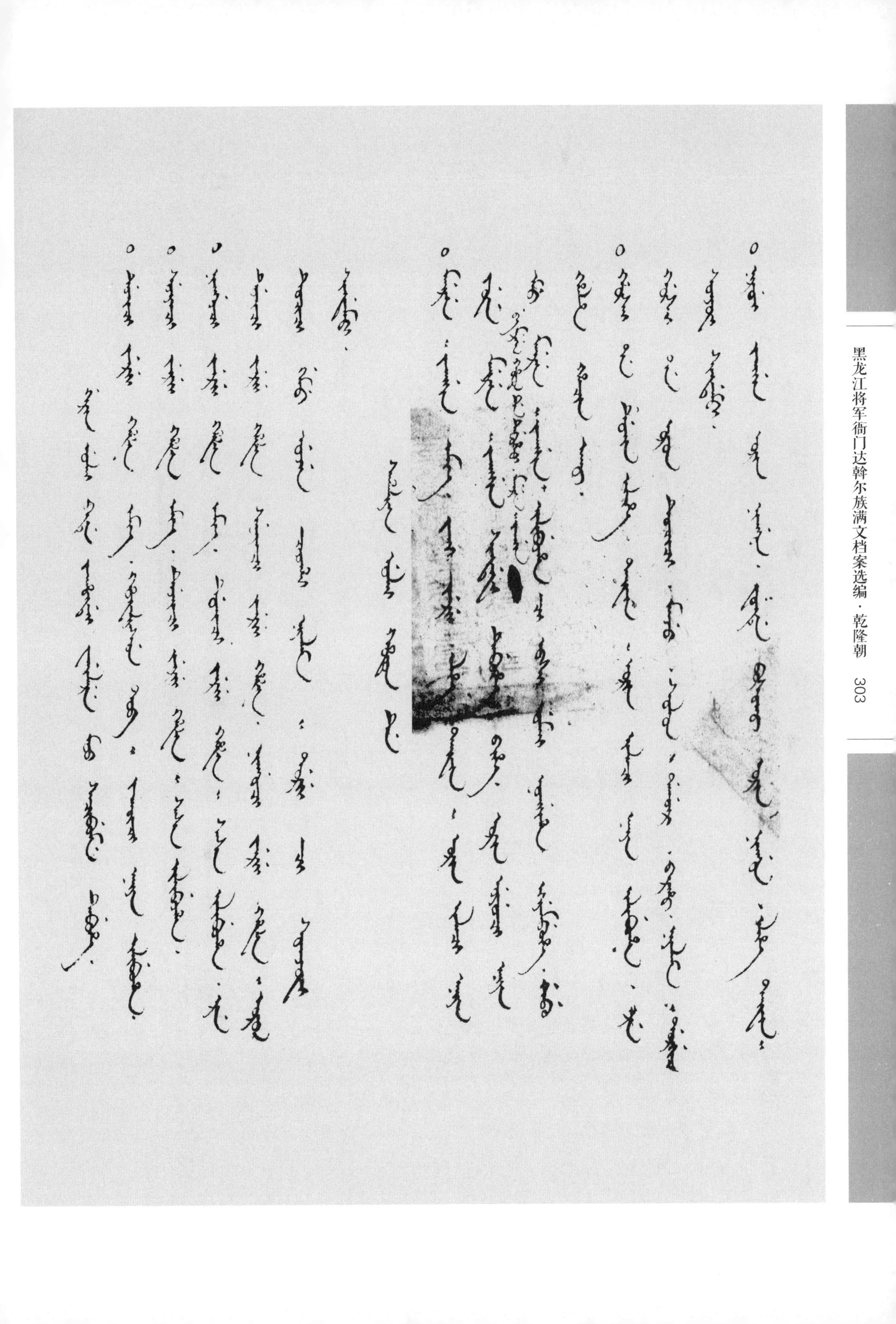

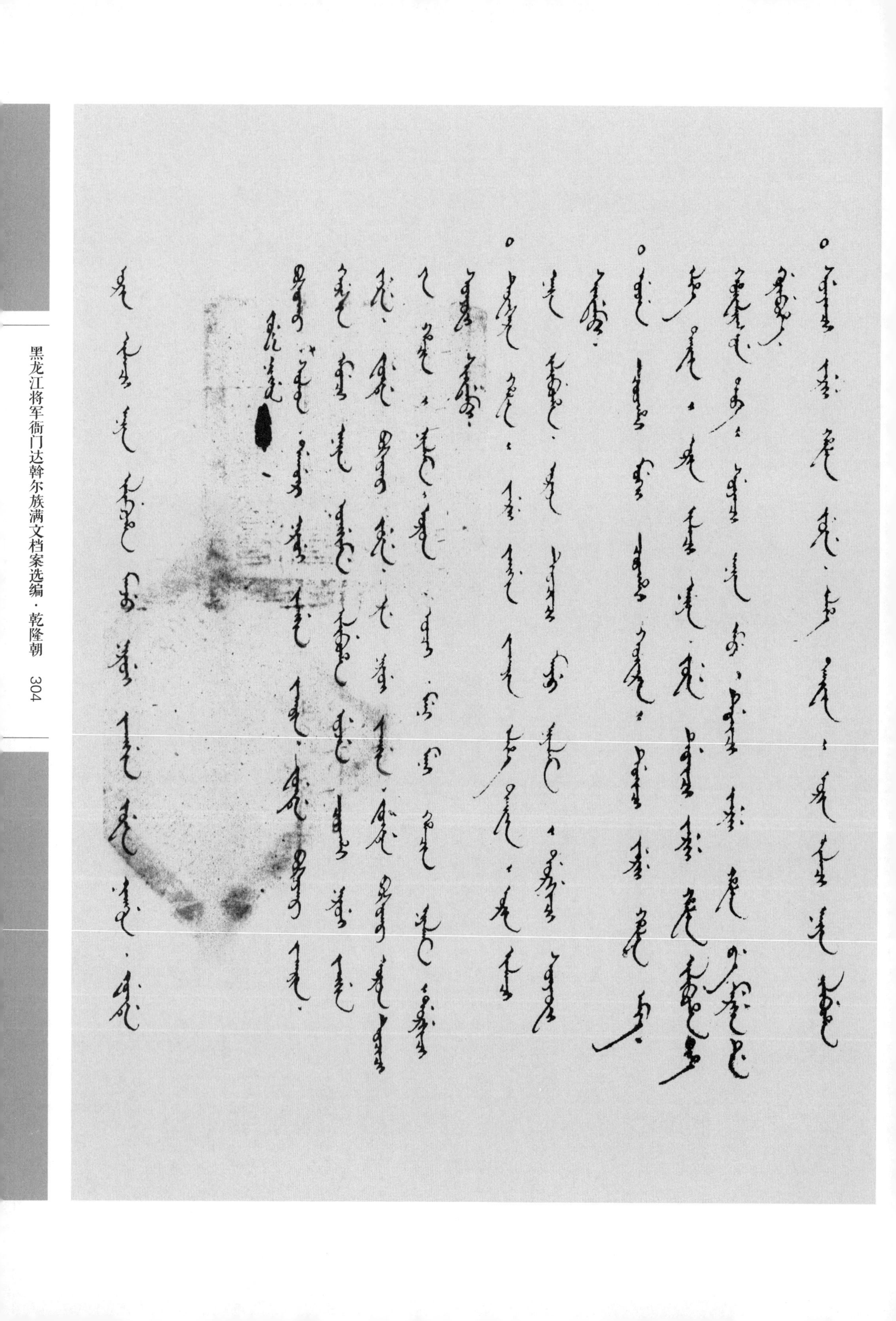

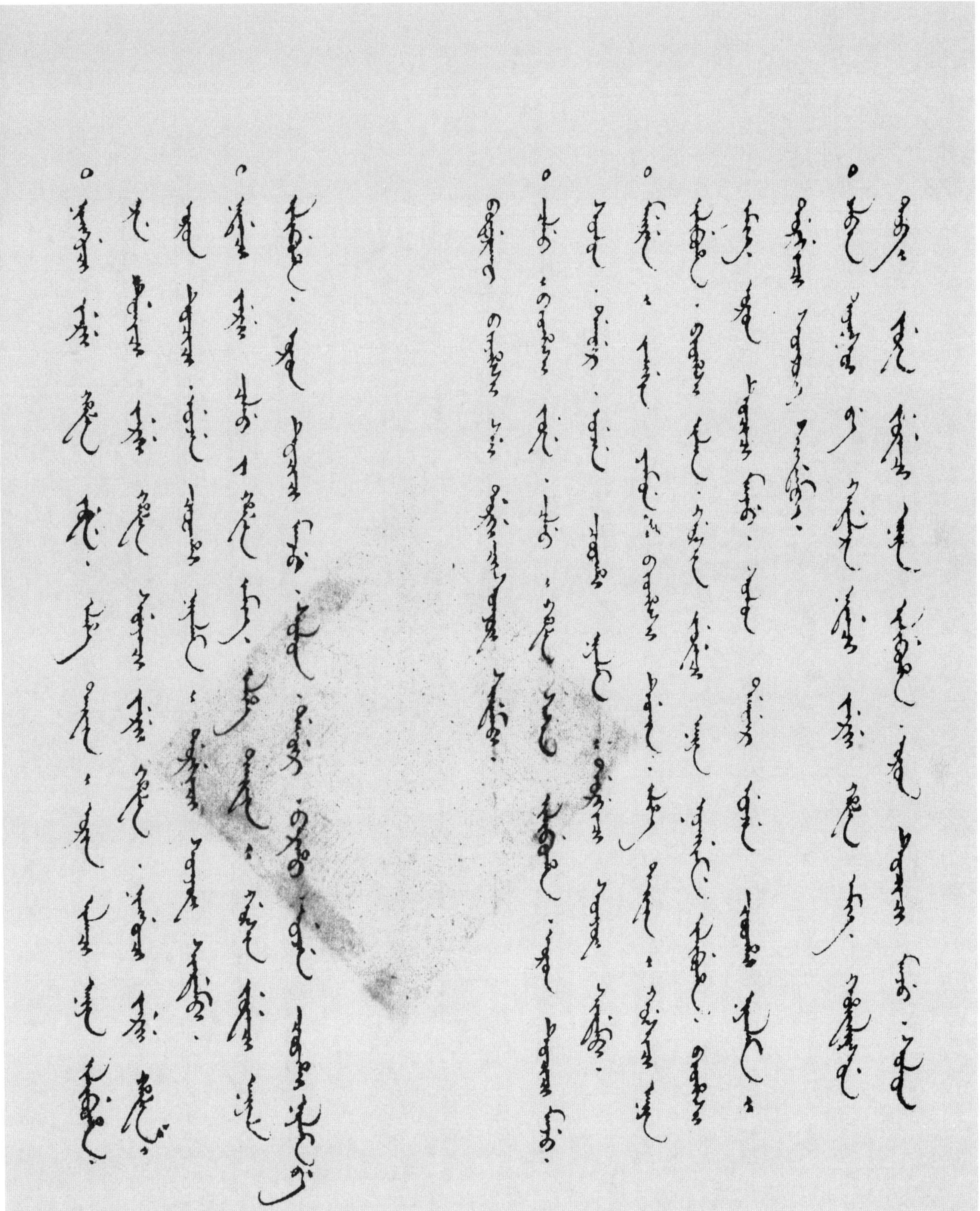

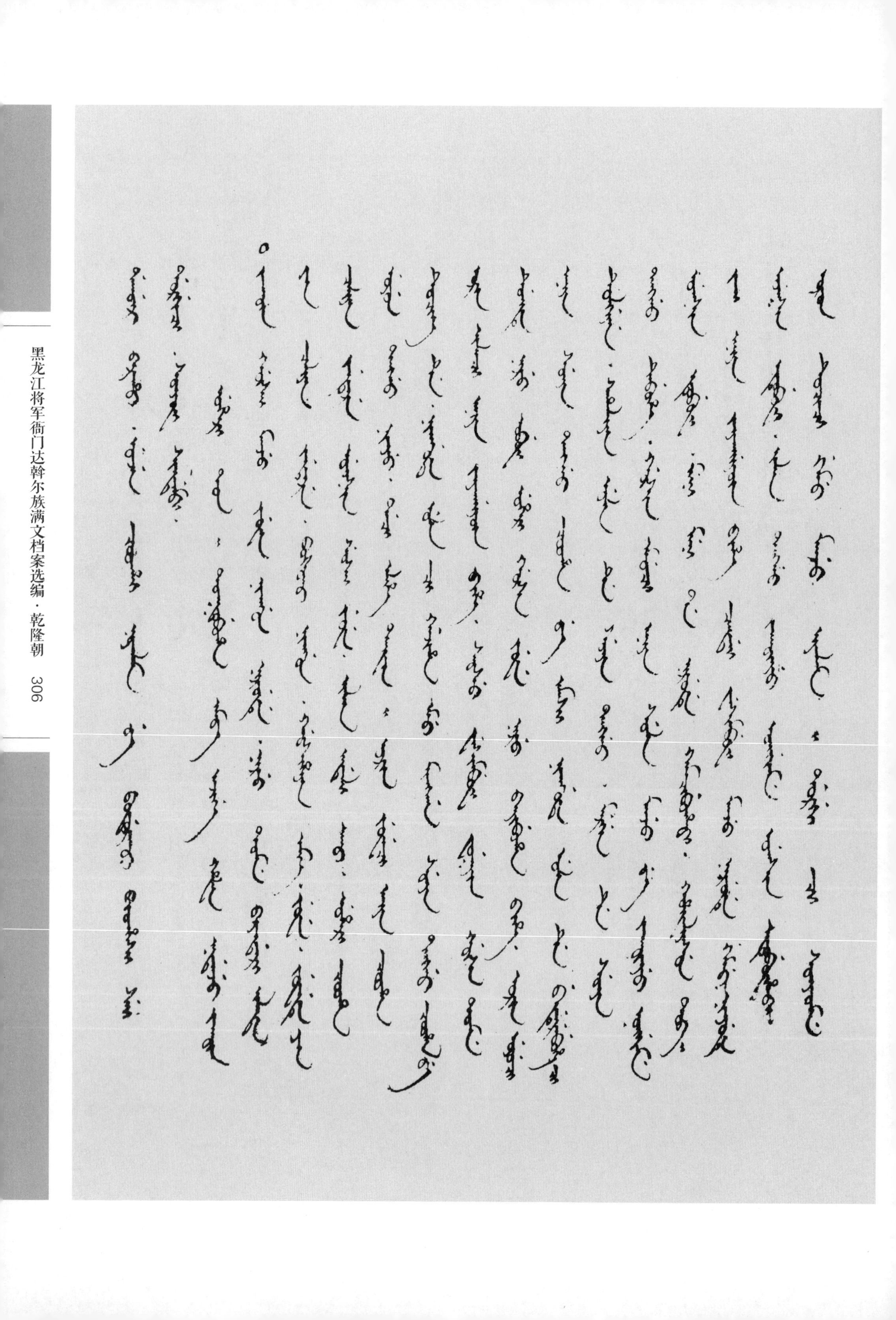

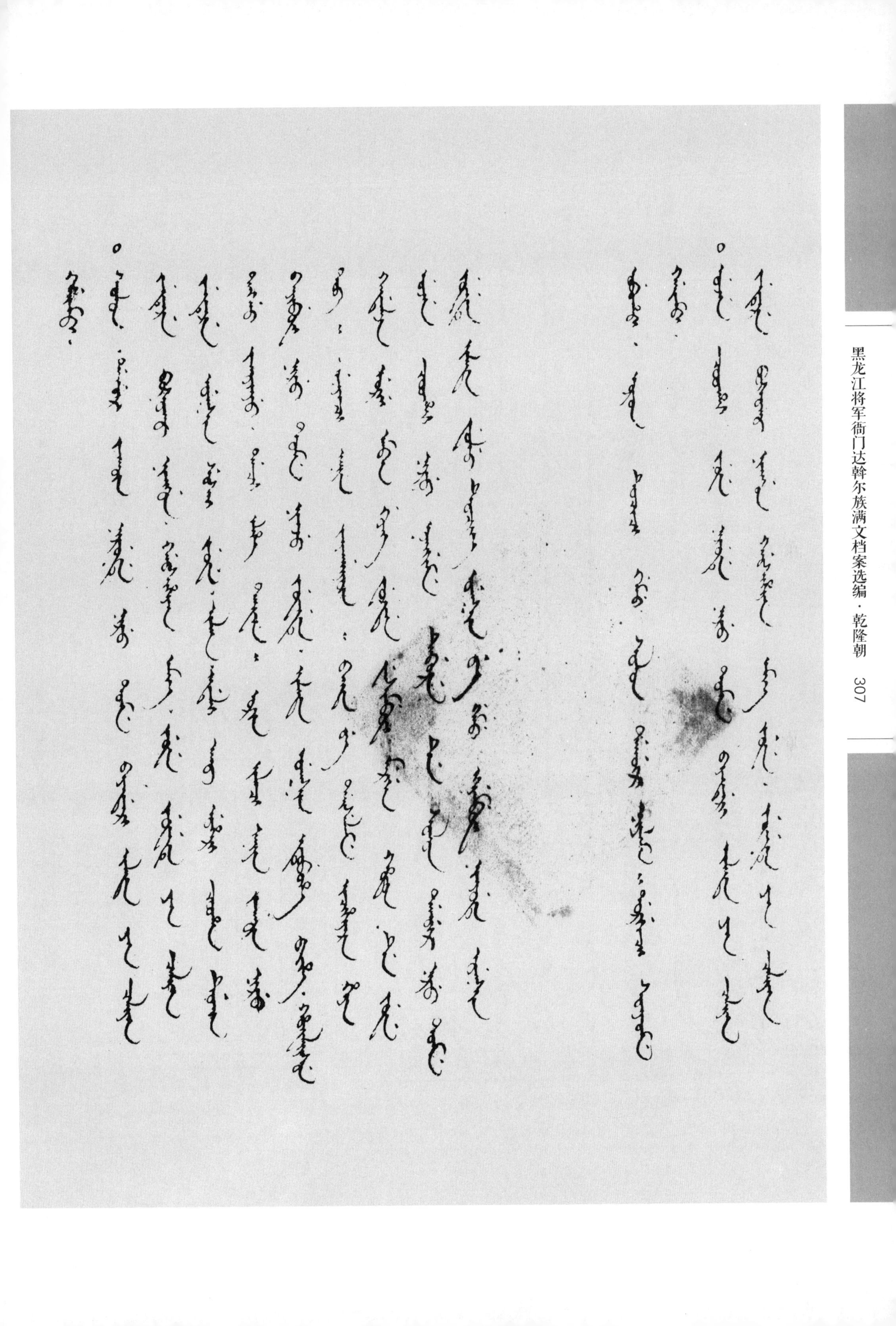

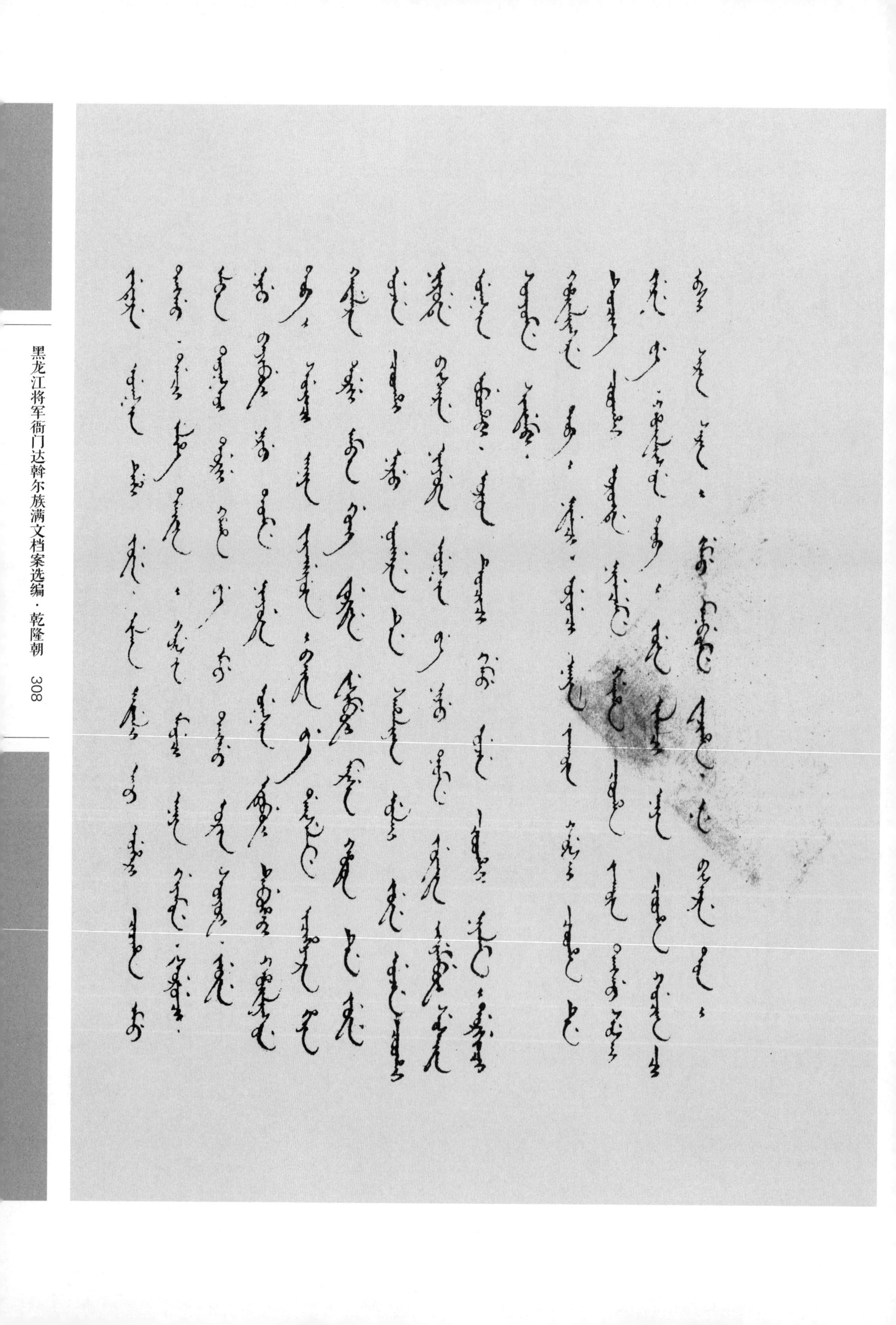

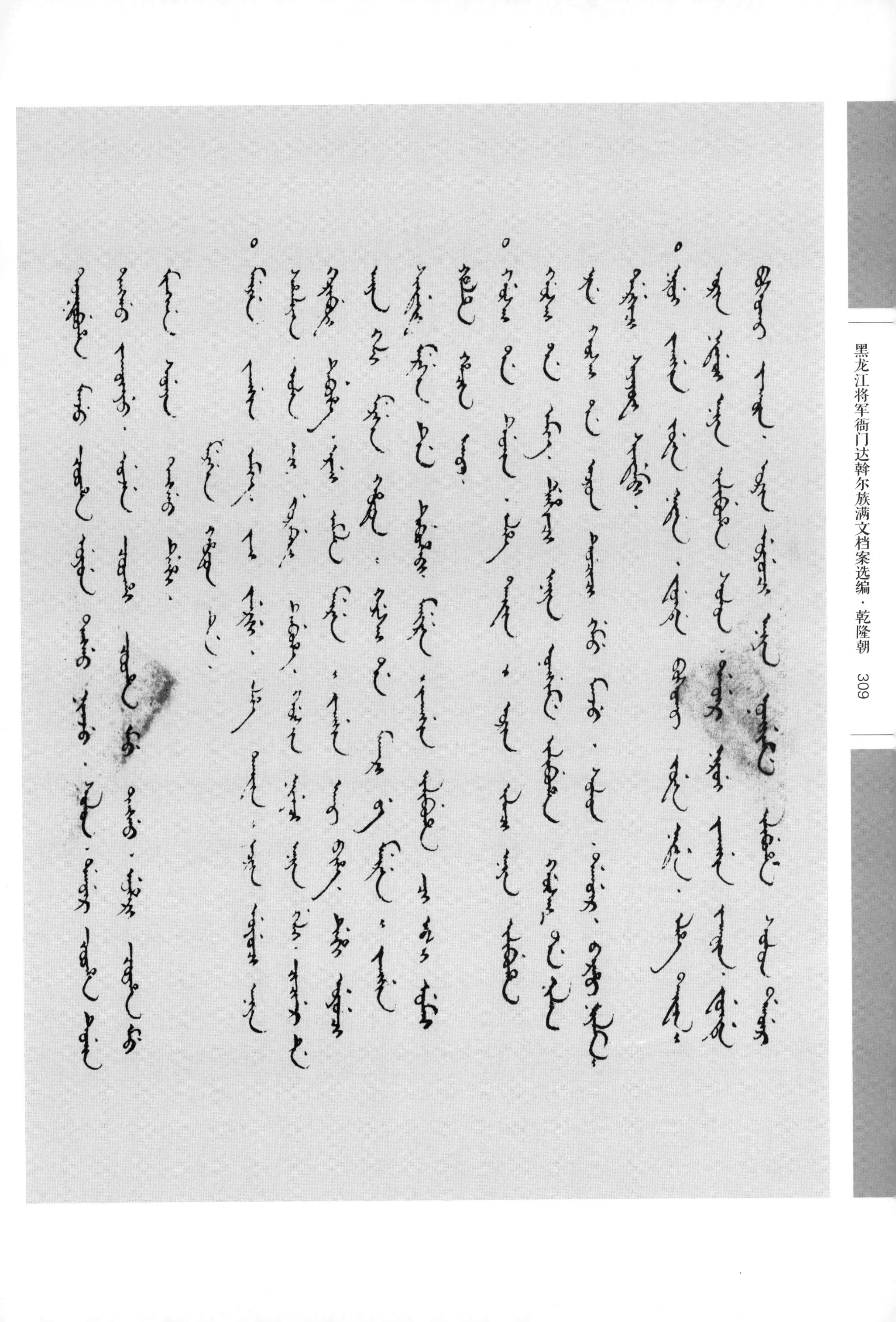

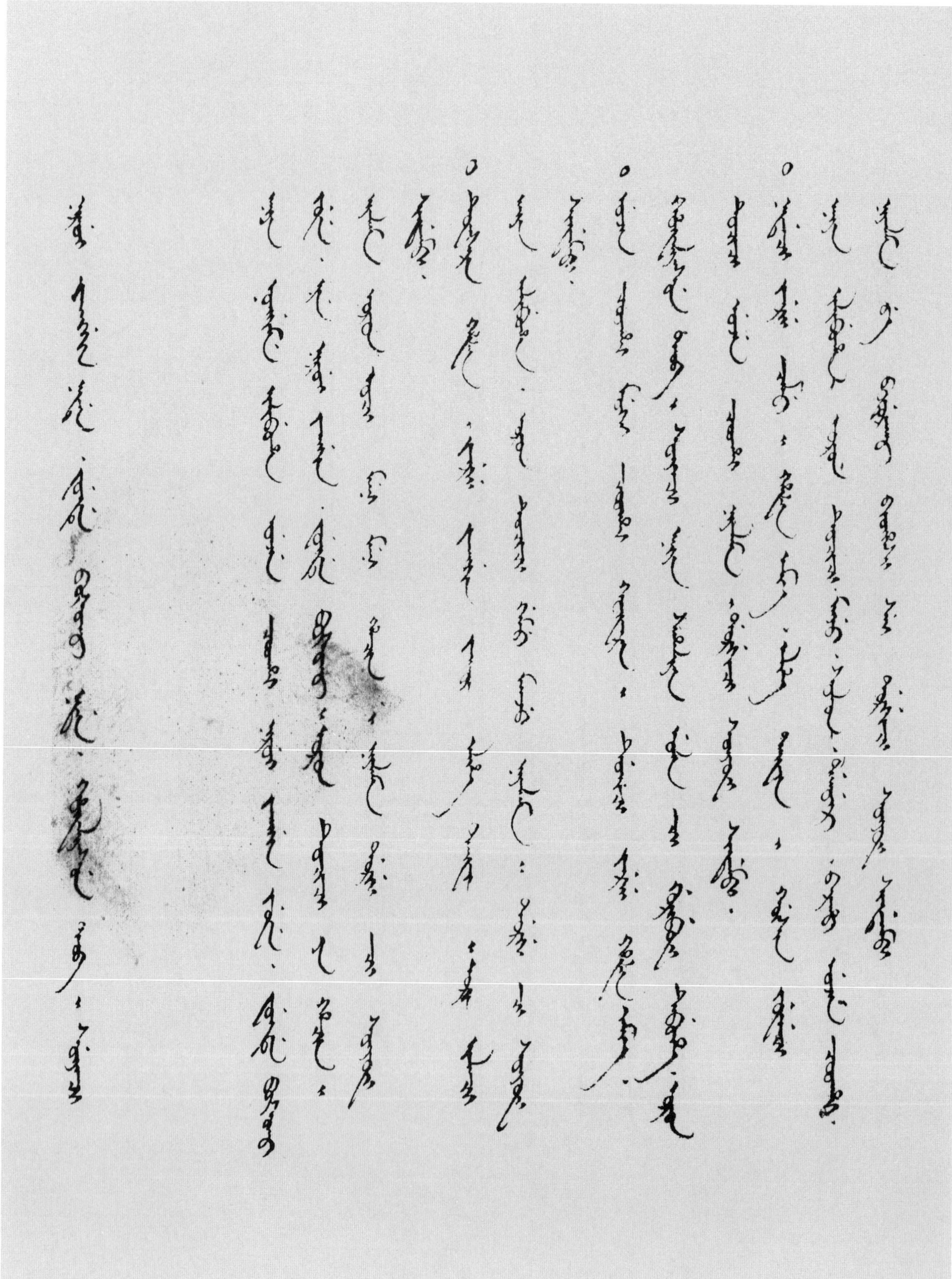

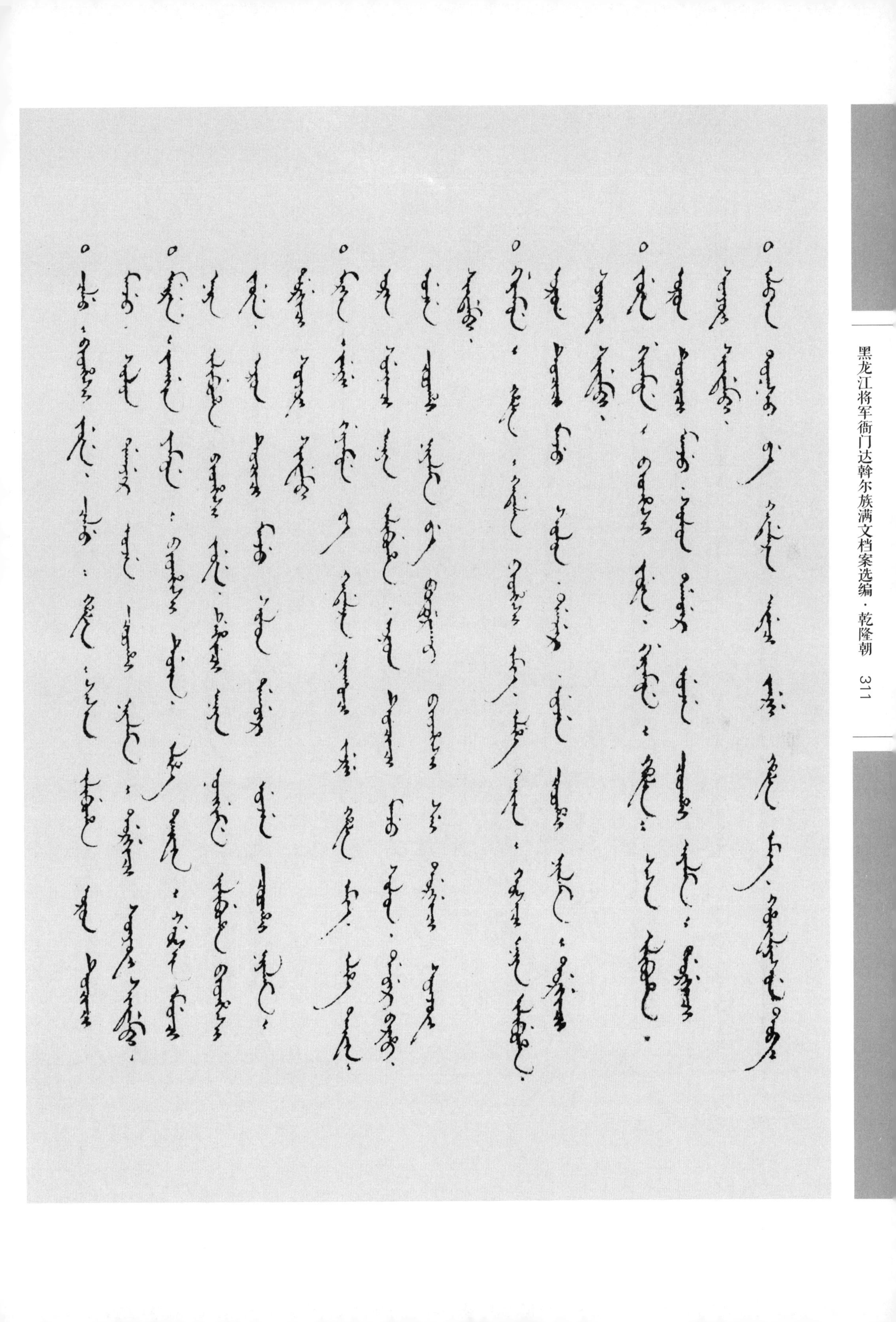

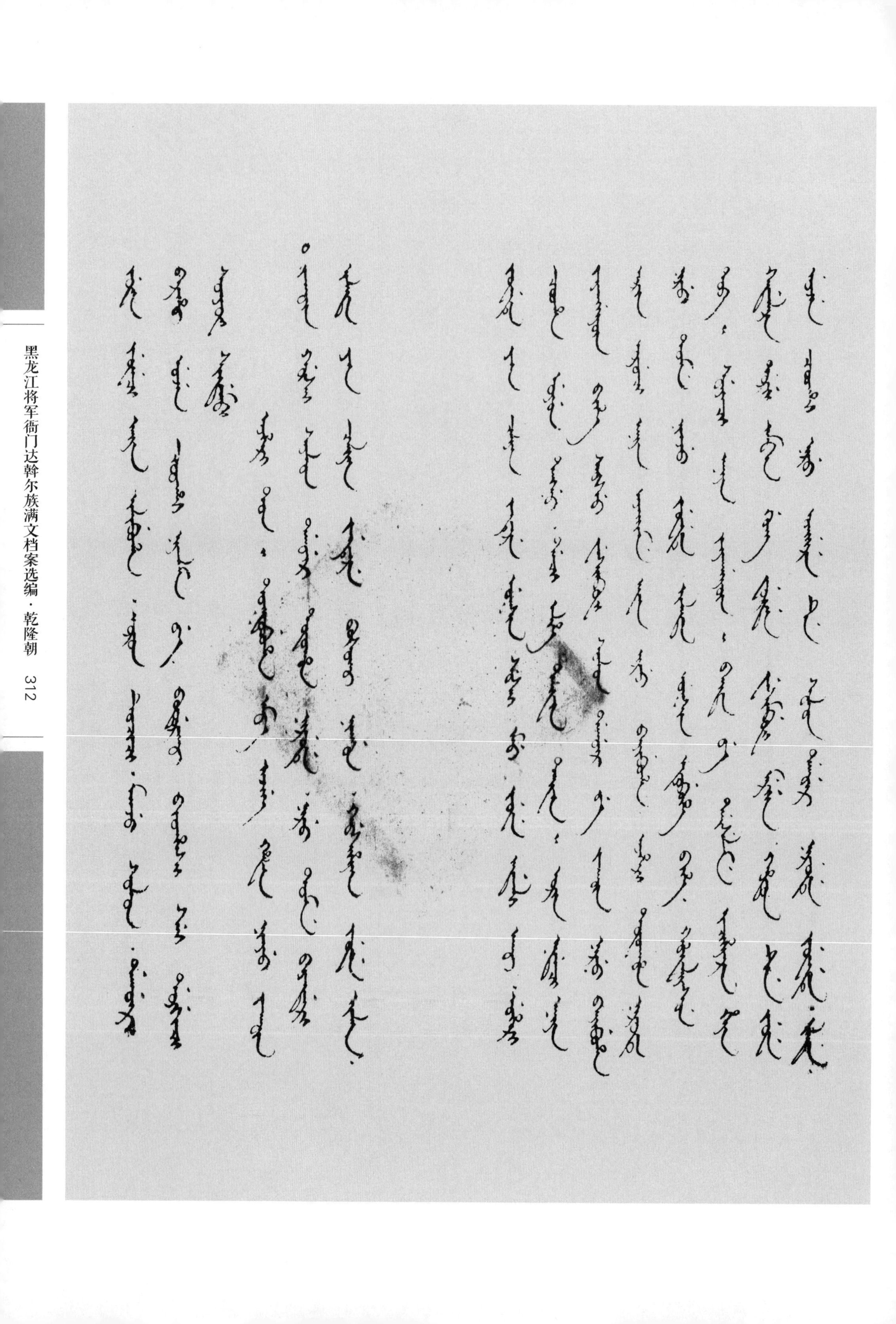

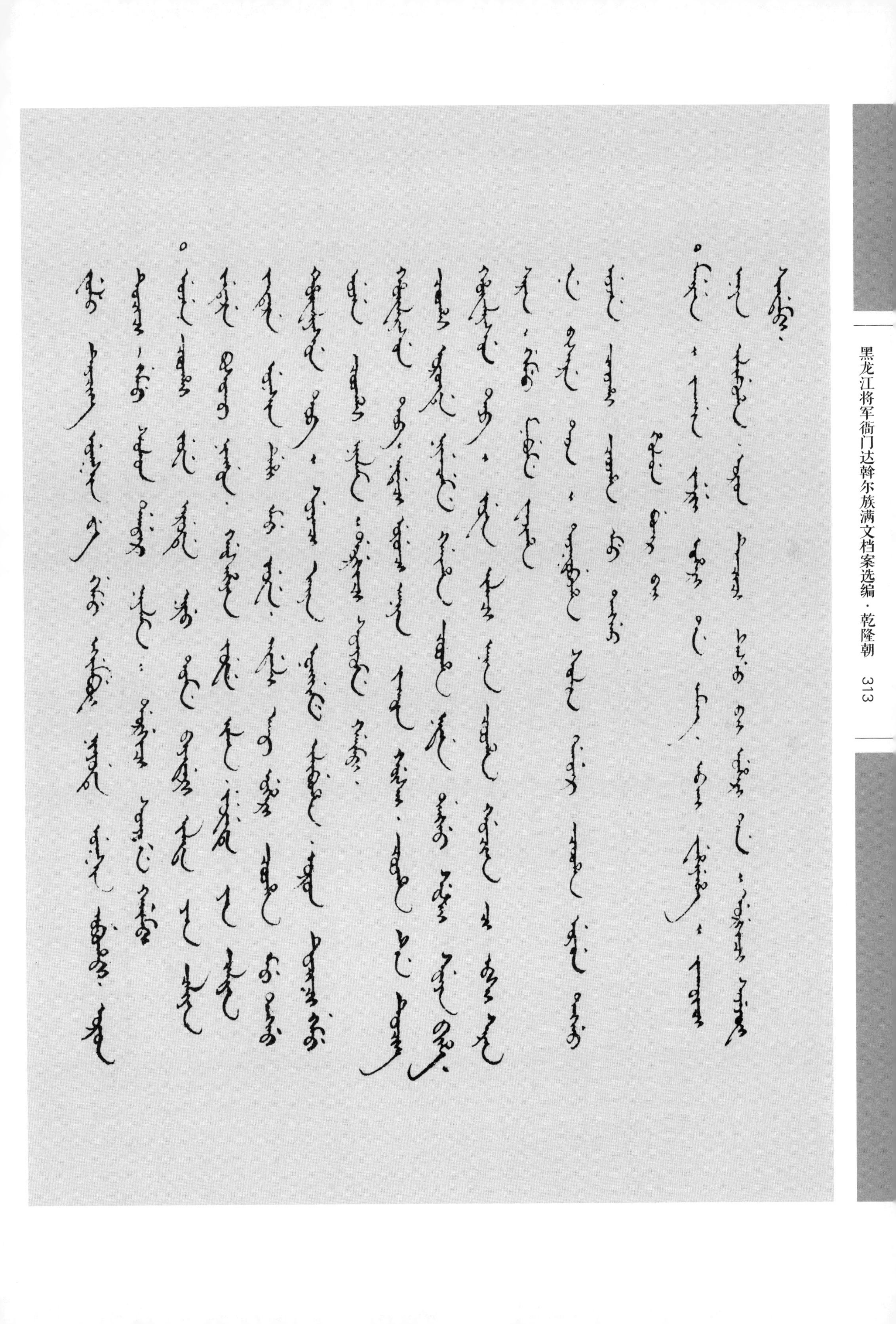

[illegible]

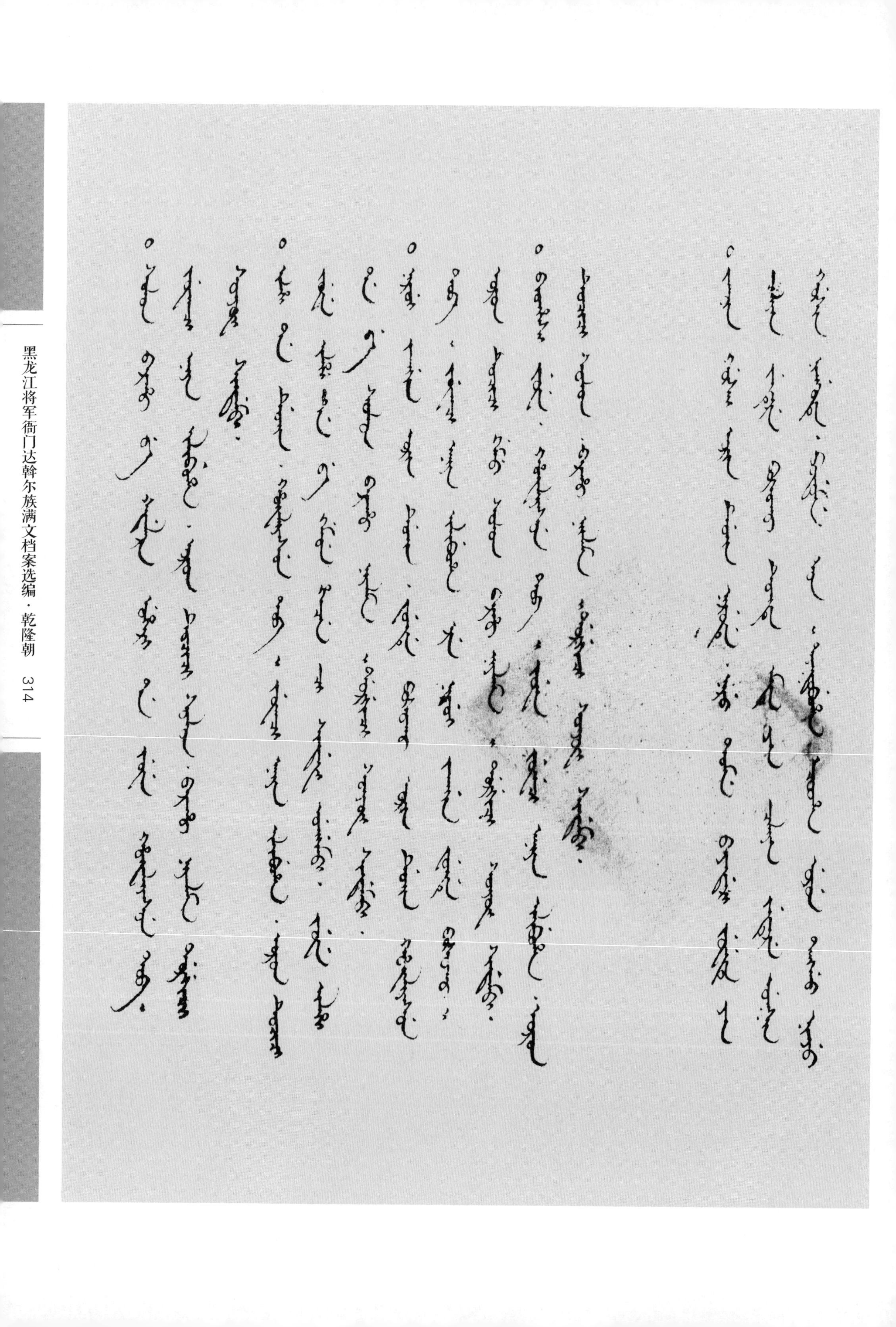

[illegible]

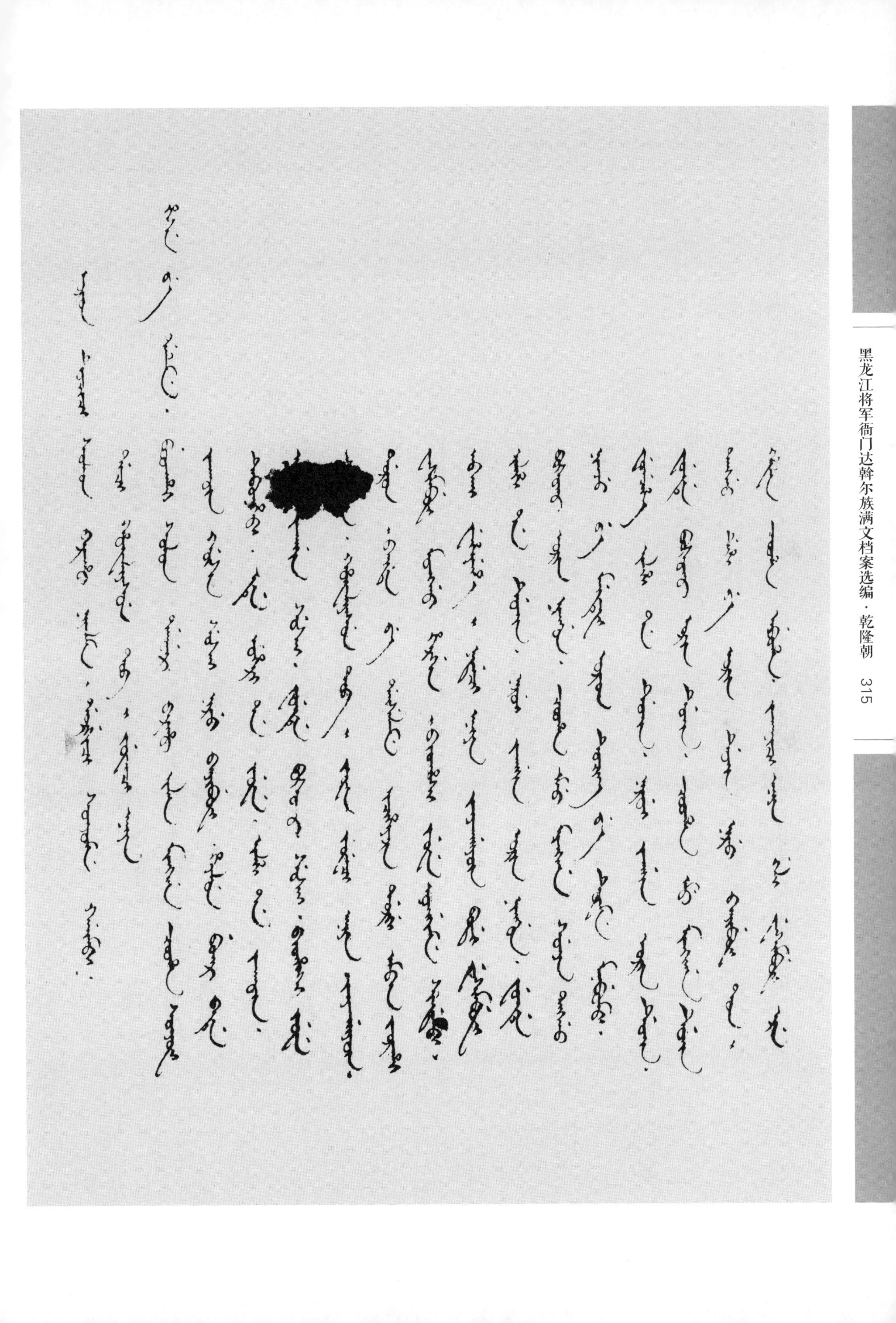

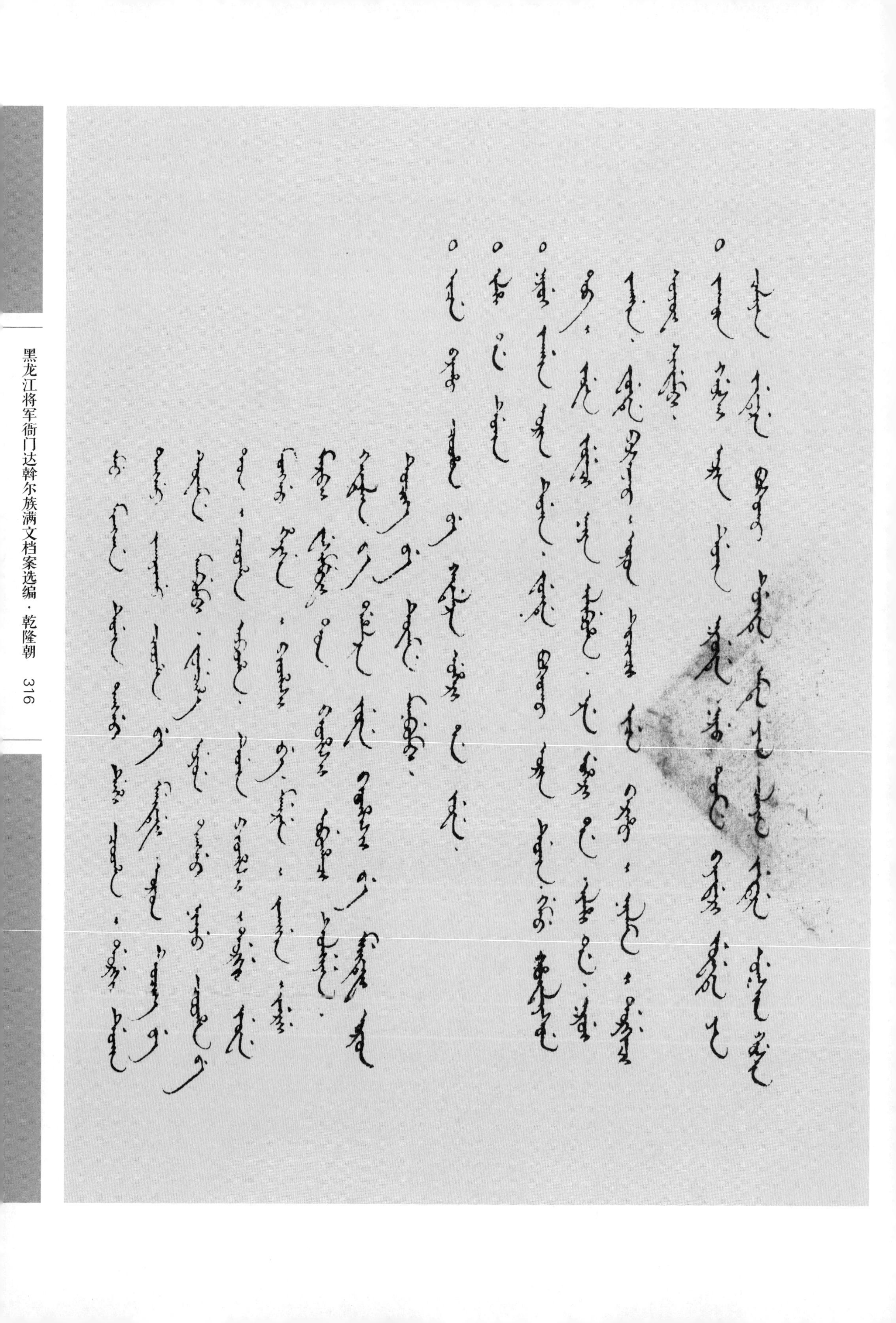

[illegible]

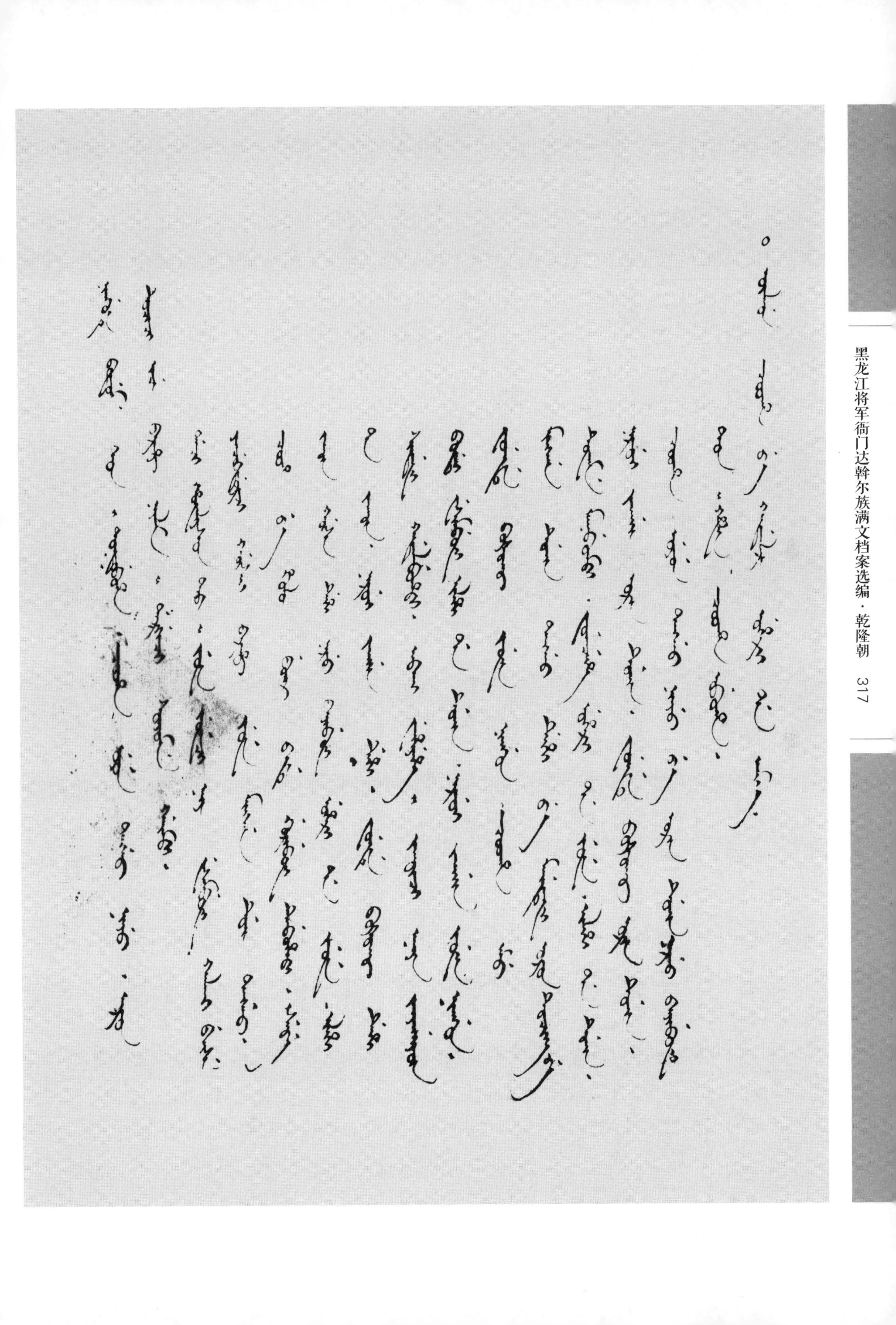

[illegible]

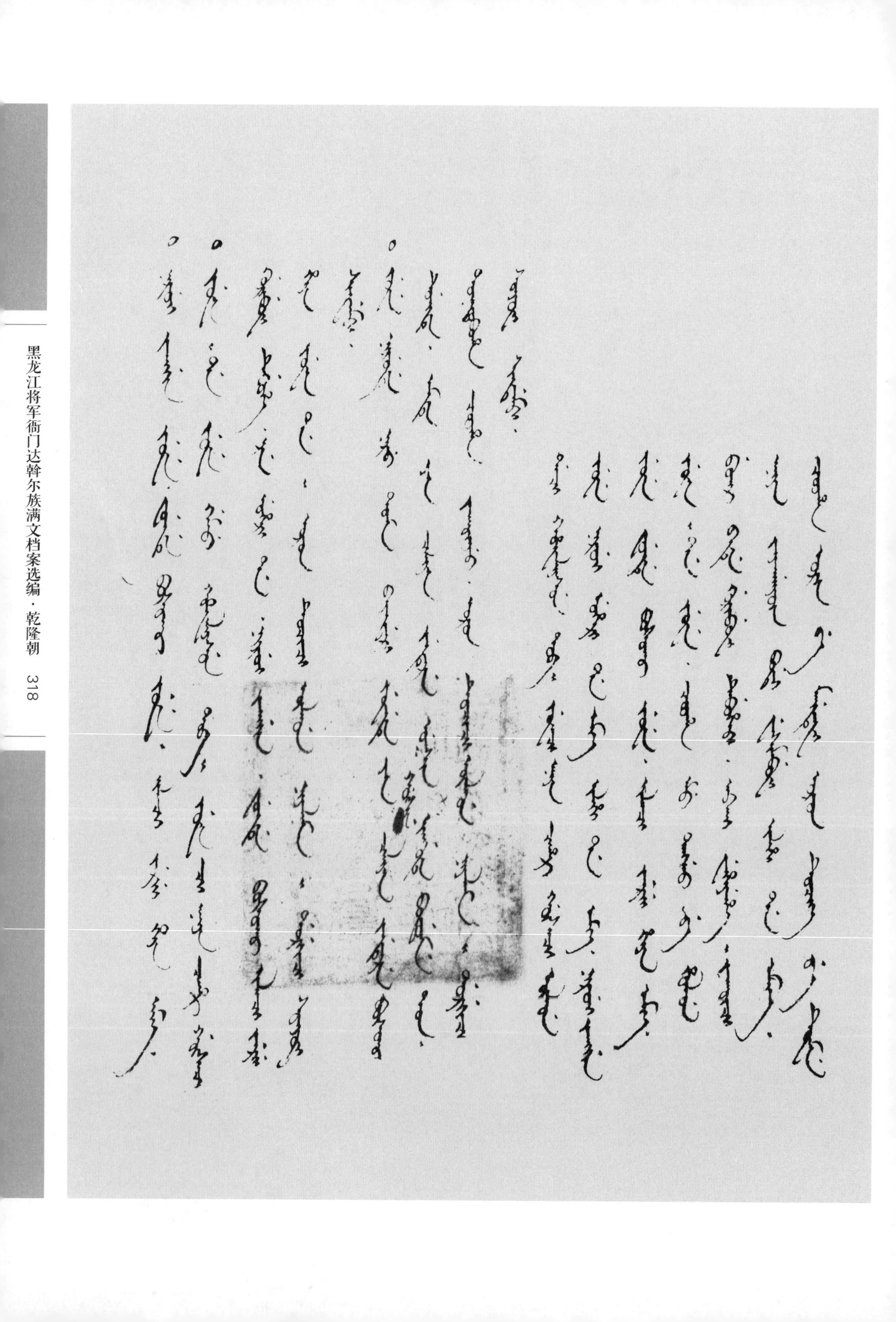

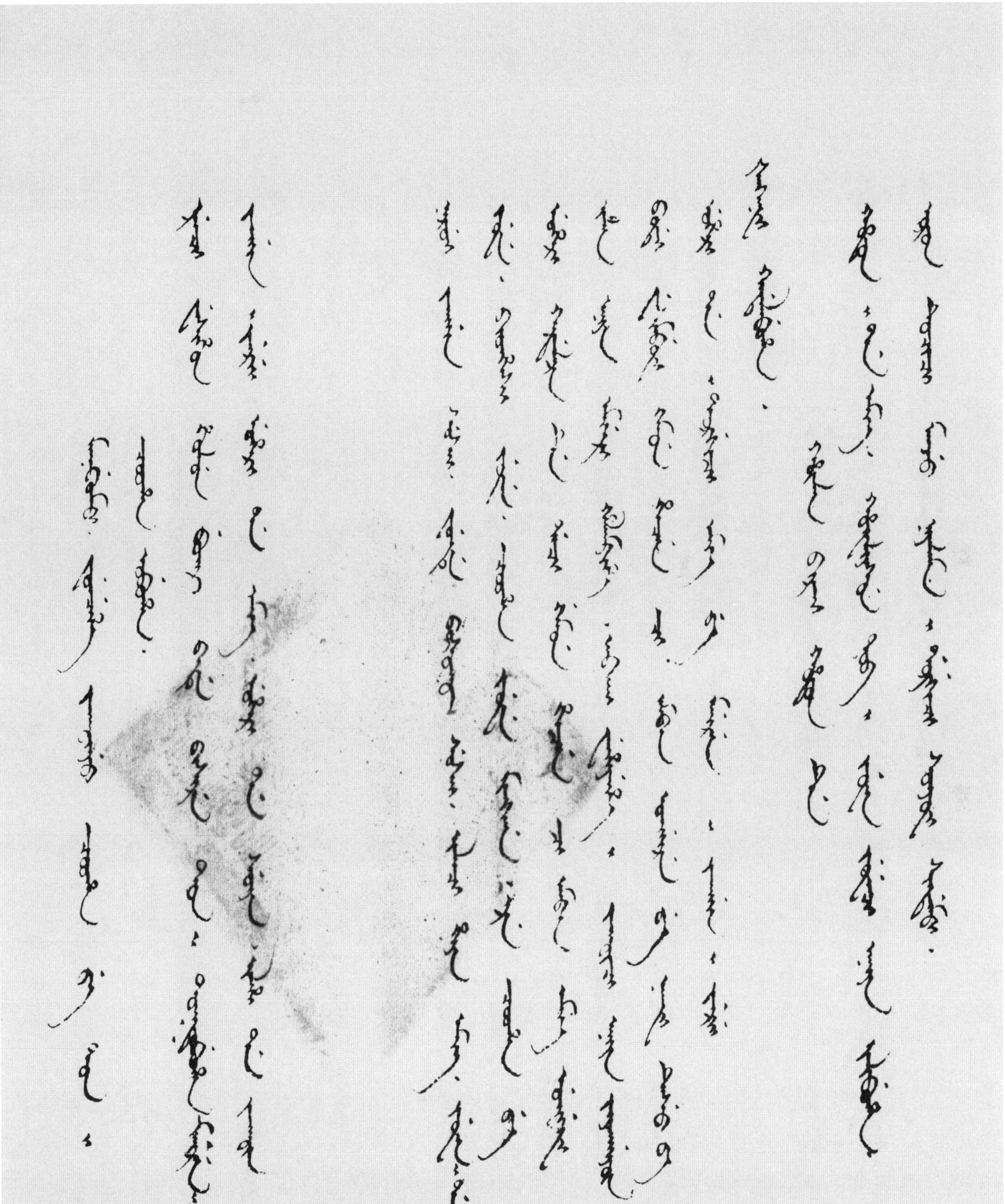

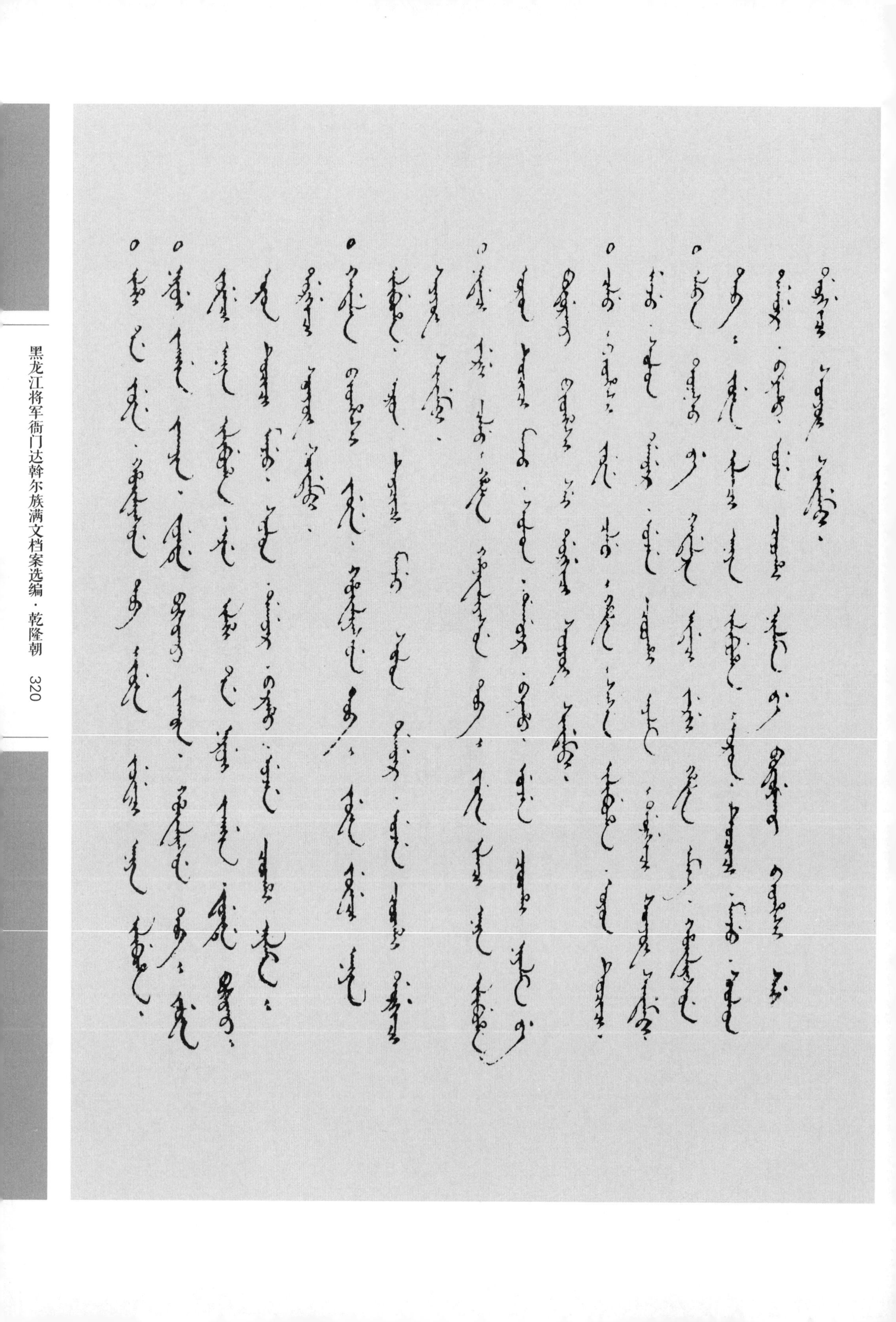

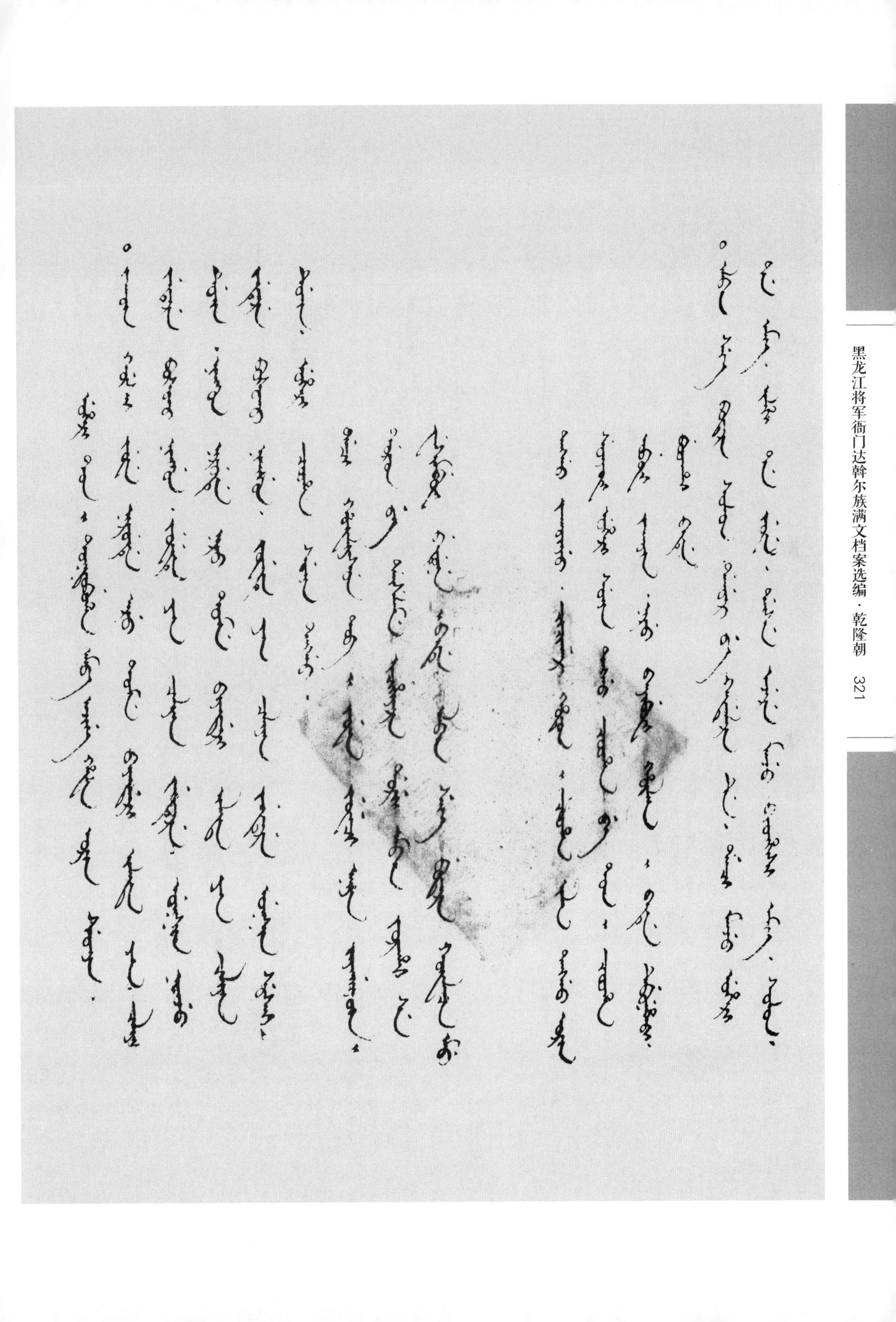

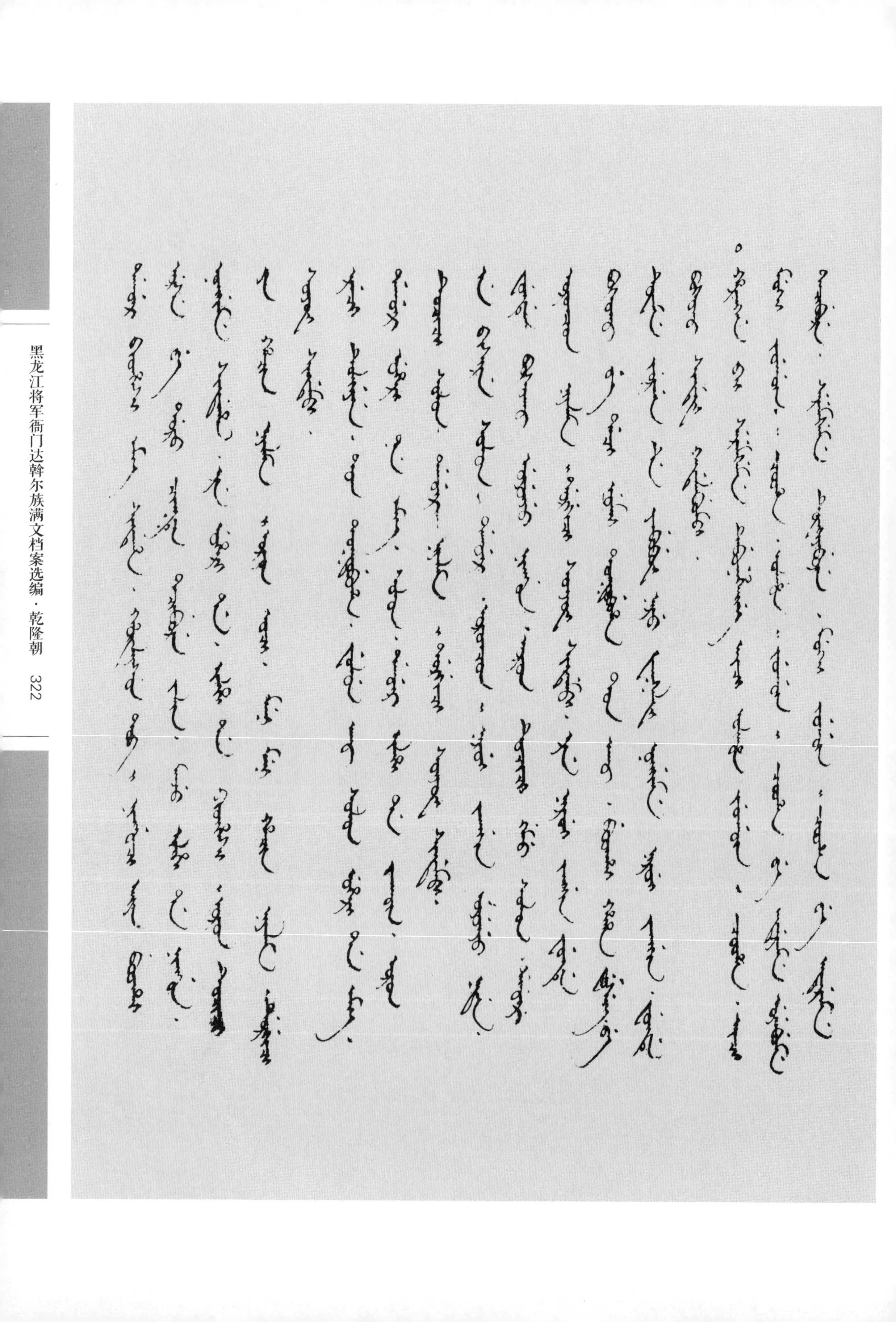

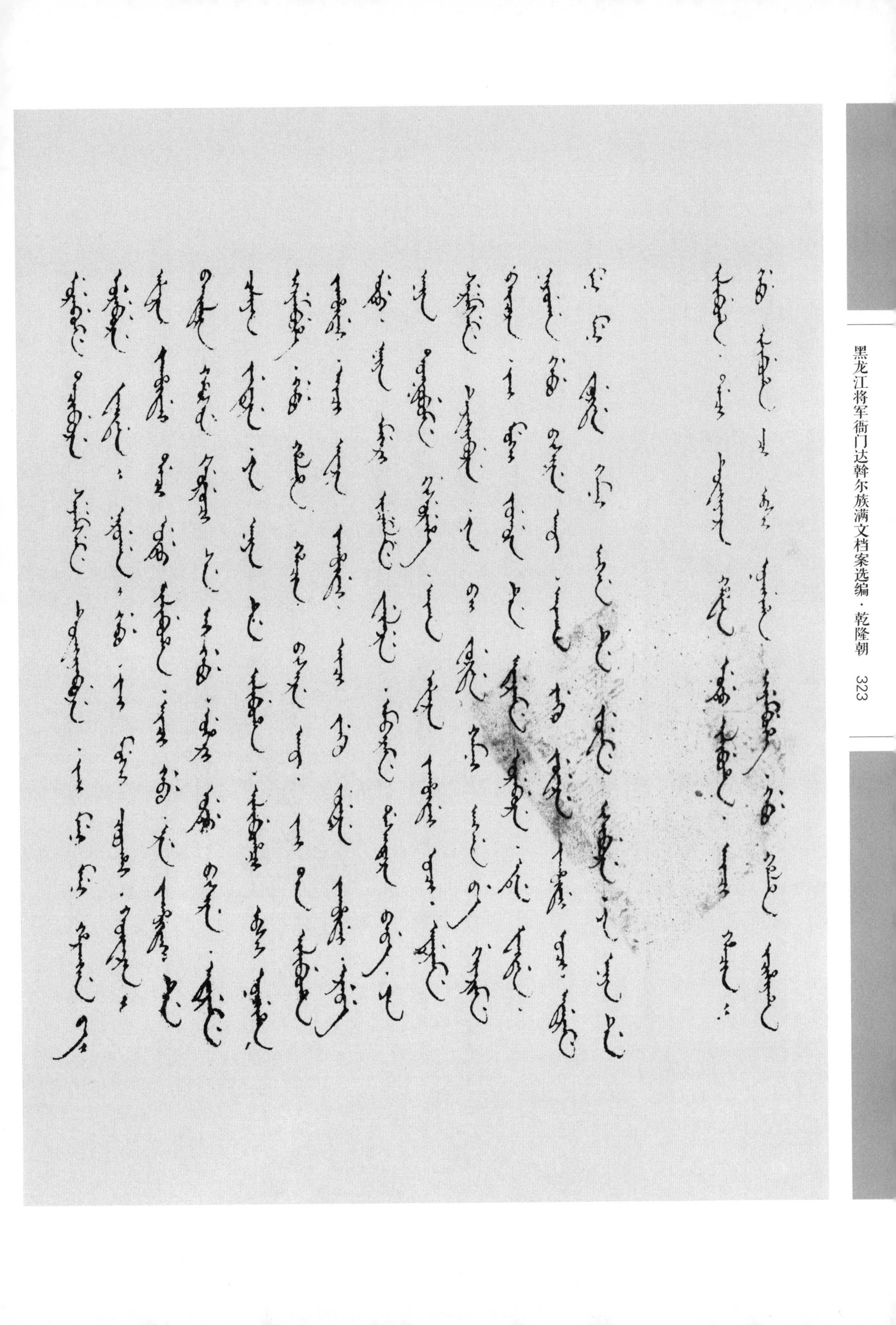

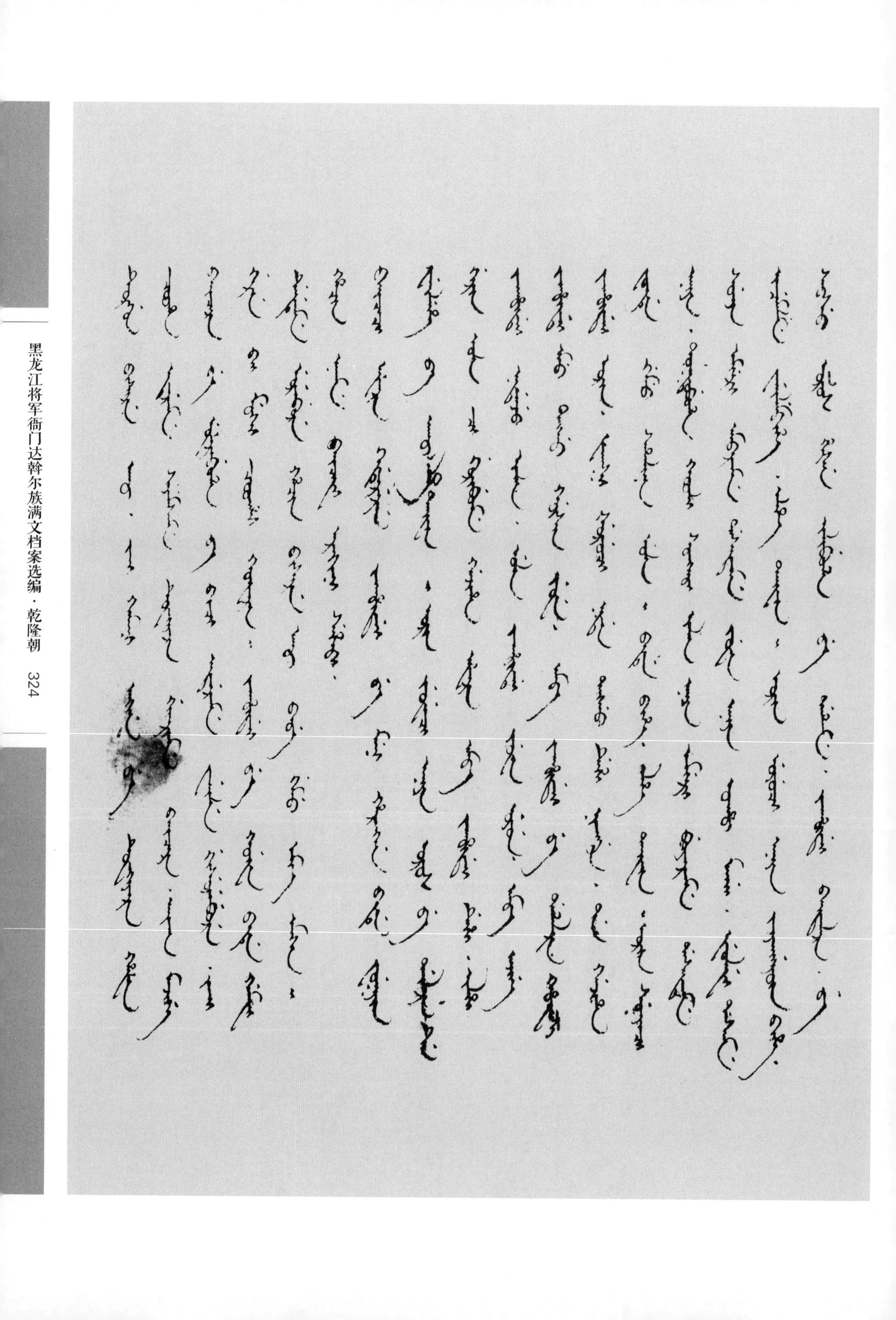

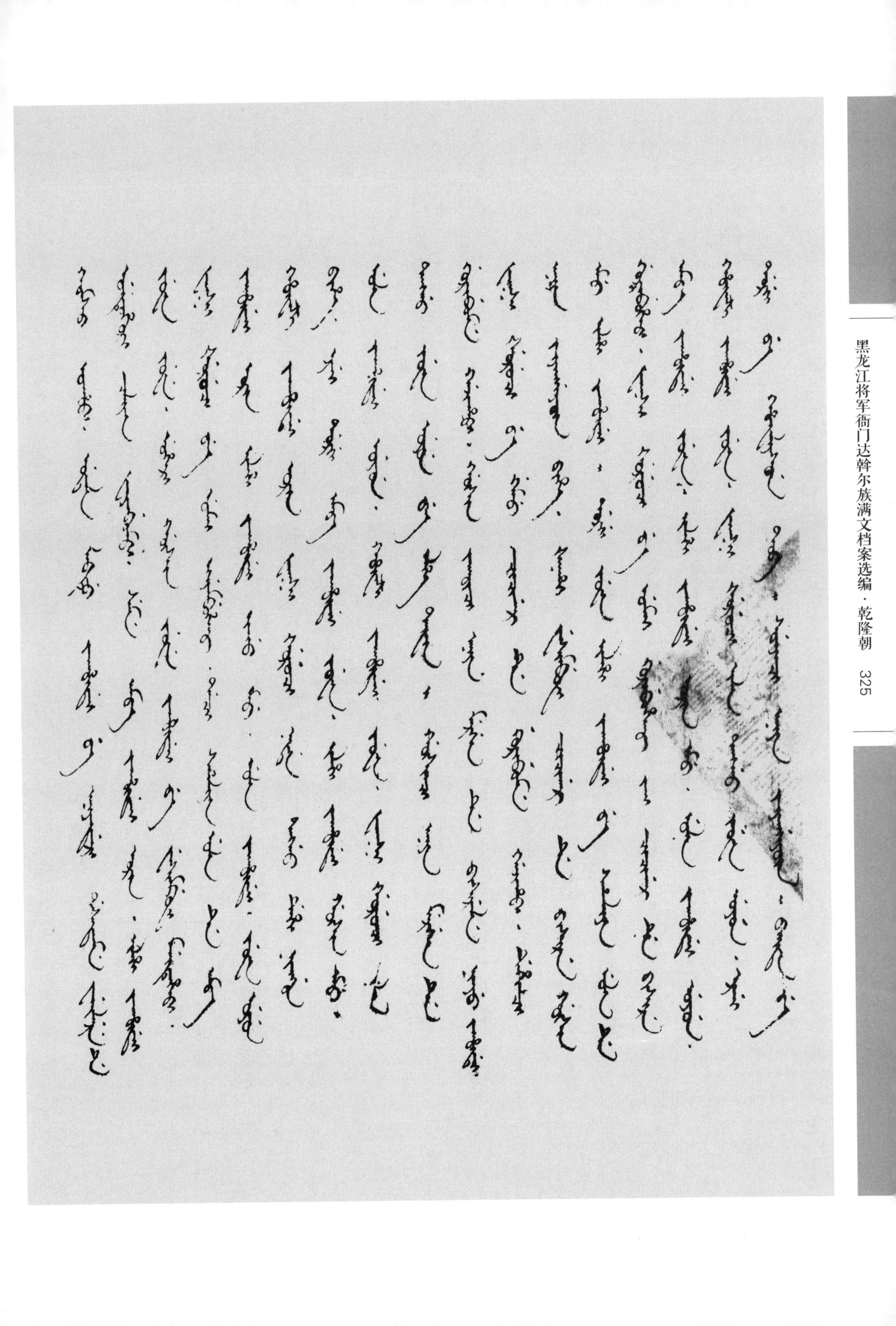

[illegible]

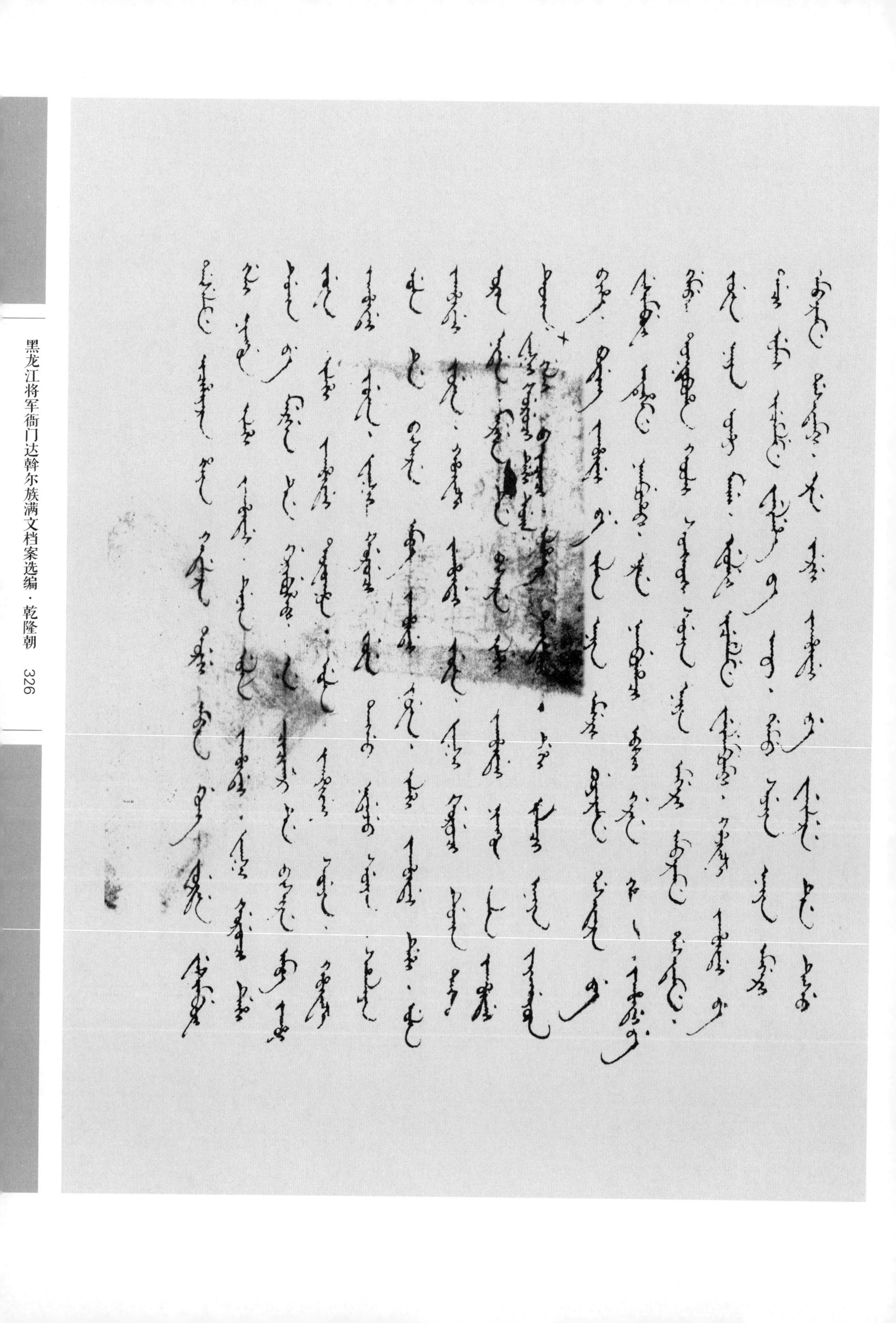

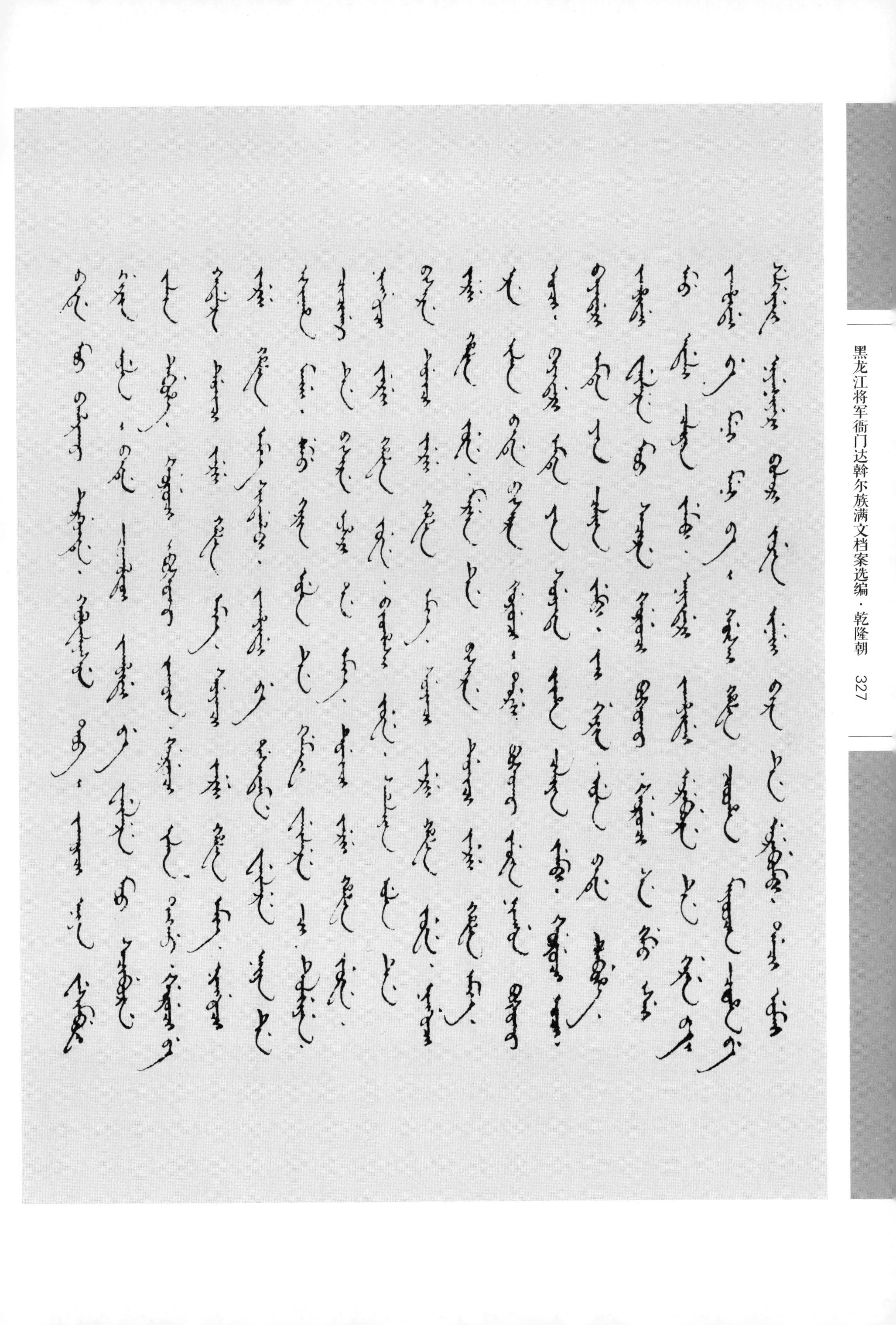

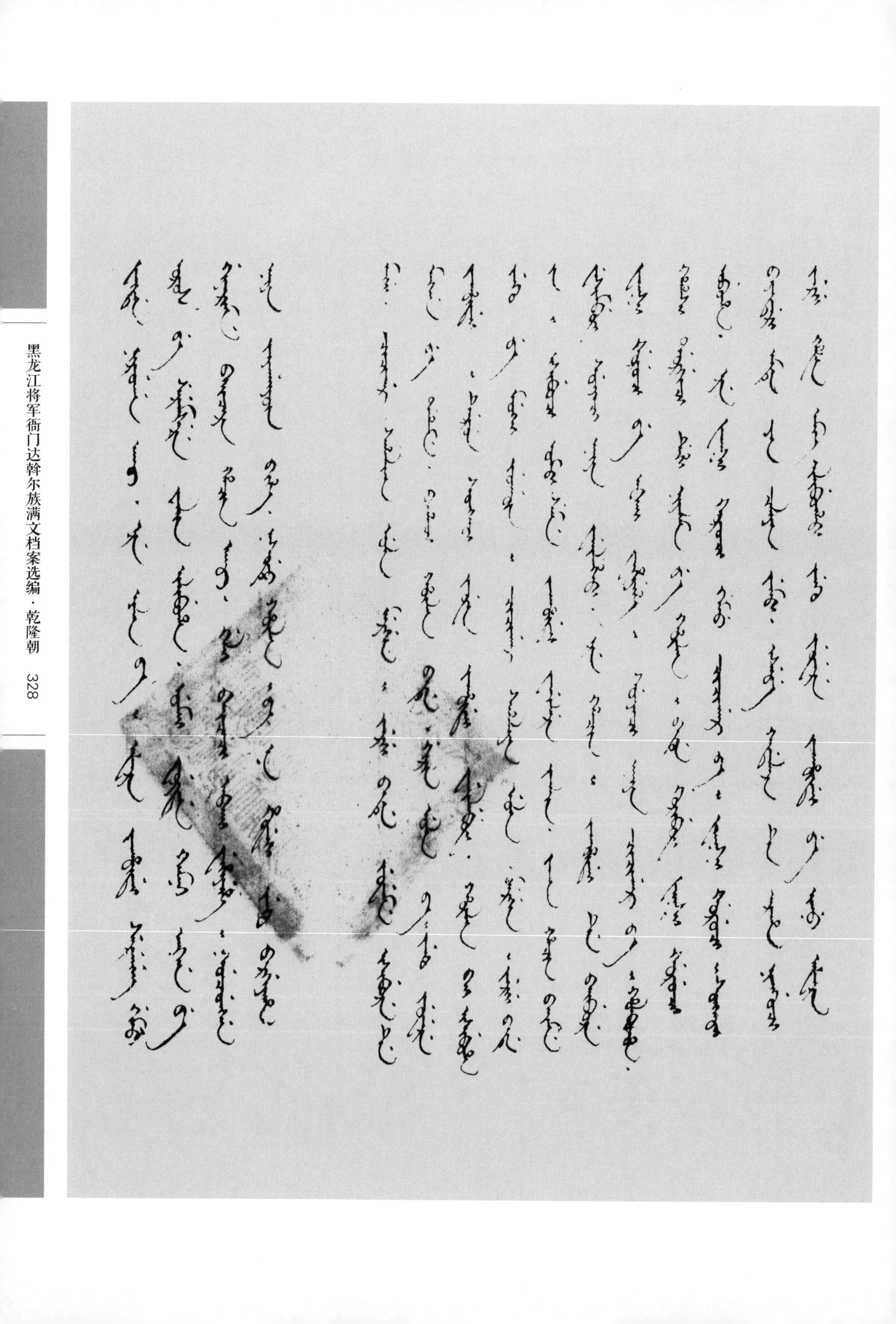

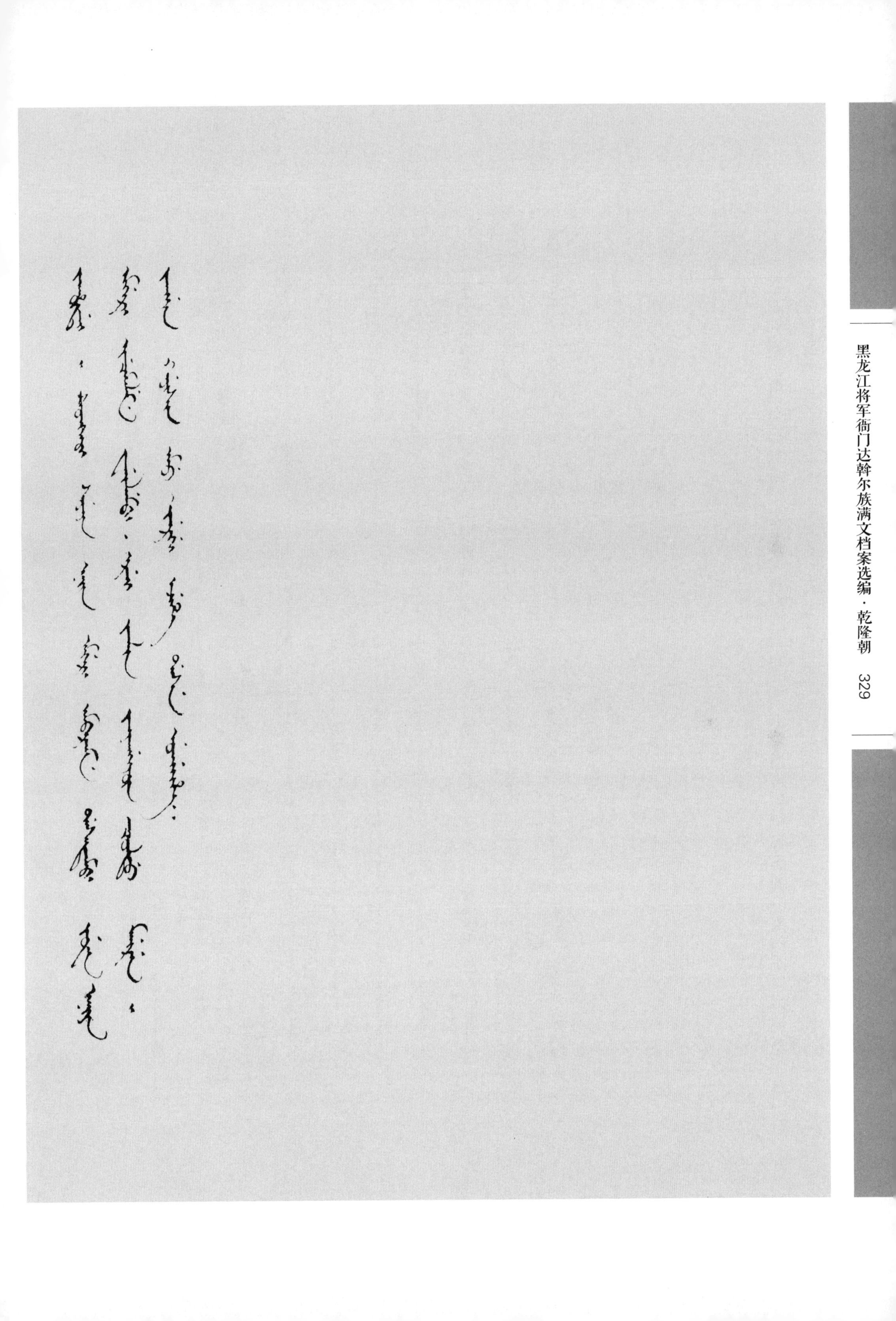

[illegible]

[illegible]

[illegible]

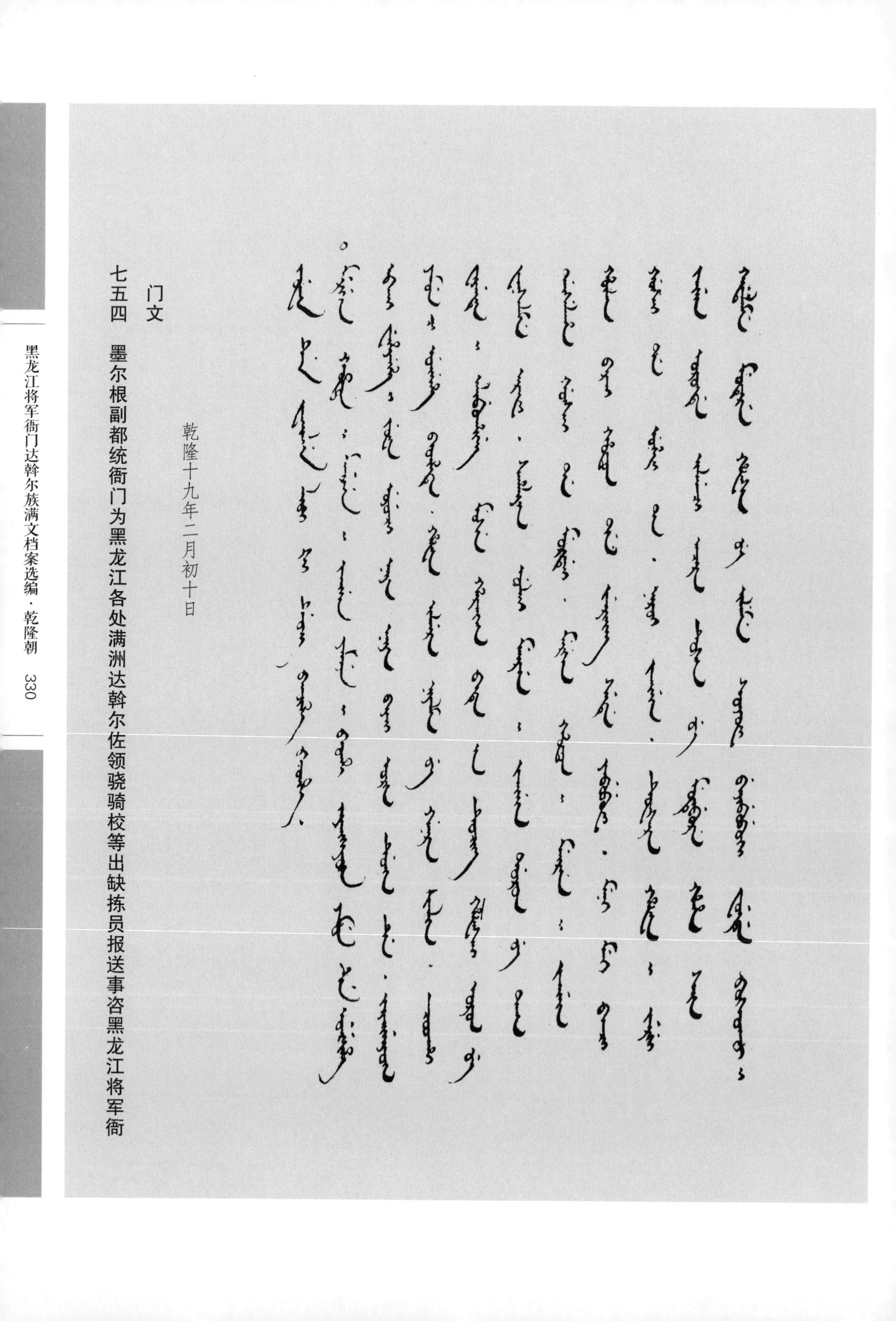

七五四 墨尔根副都统衙门为黑龙江各处满洲达斡尔佐领骁骑校等出缺拣员报送事咨黑龙江将军衙门文

乾隆十九年二月初十日

[illegible]

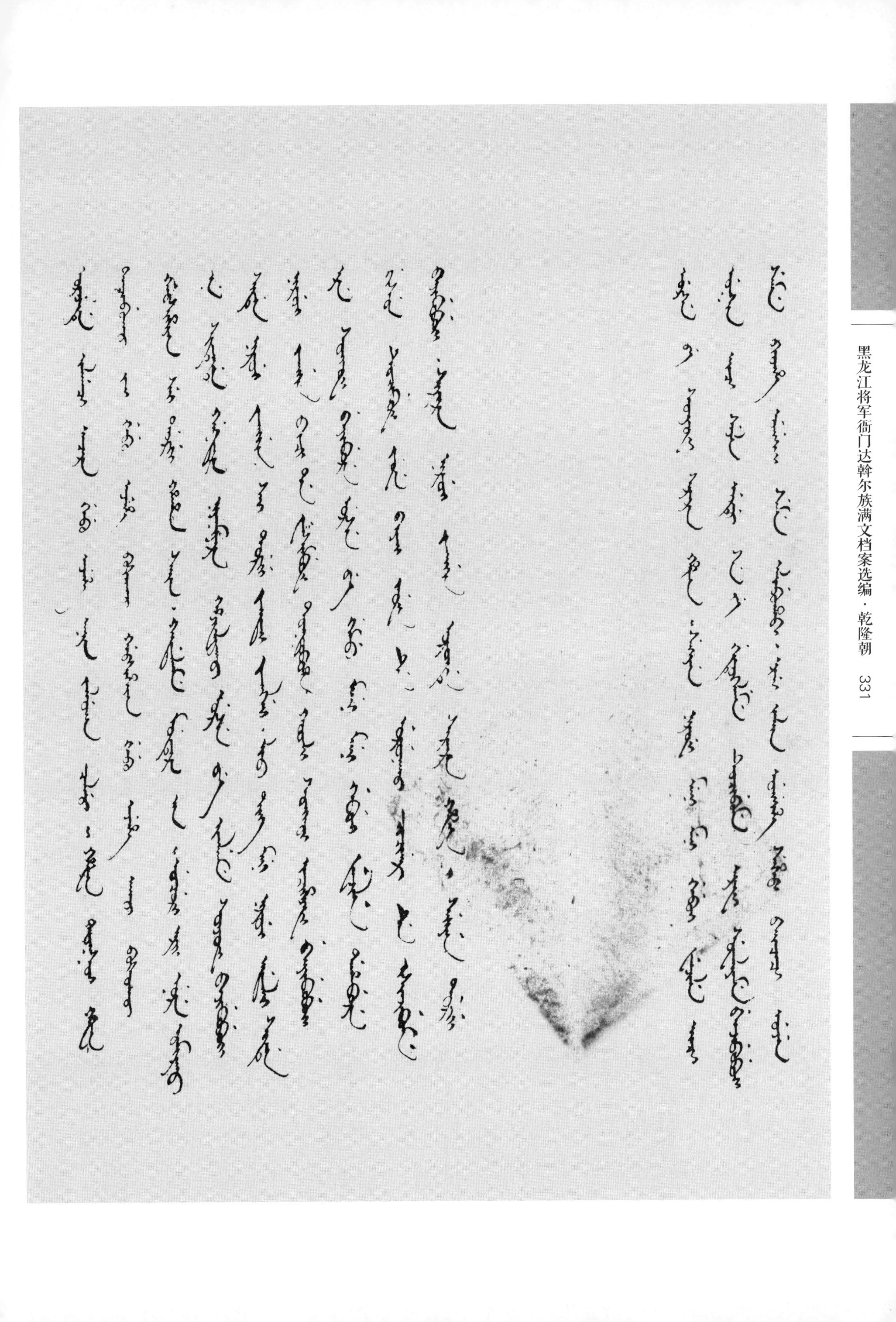

[illegible]

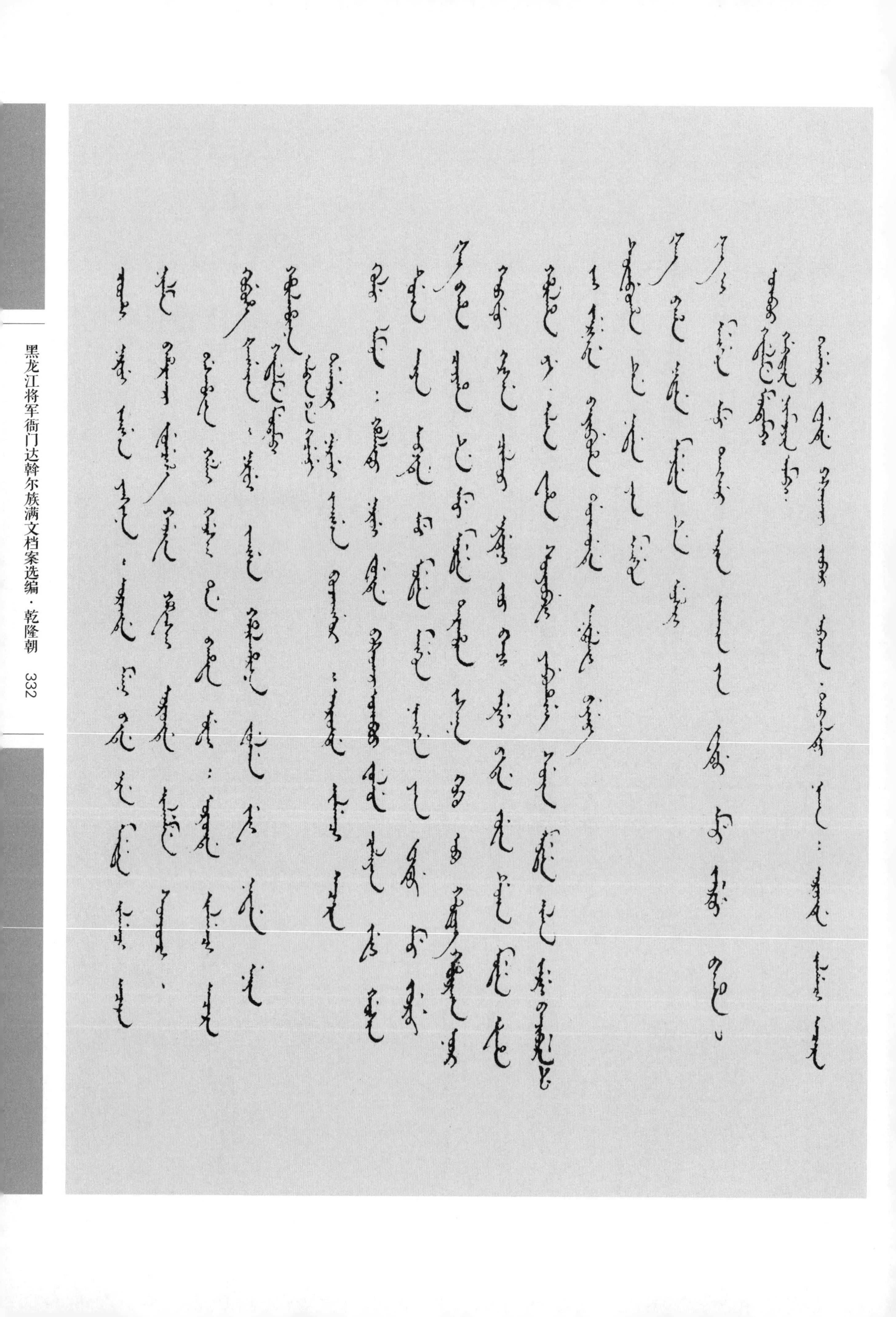

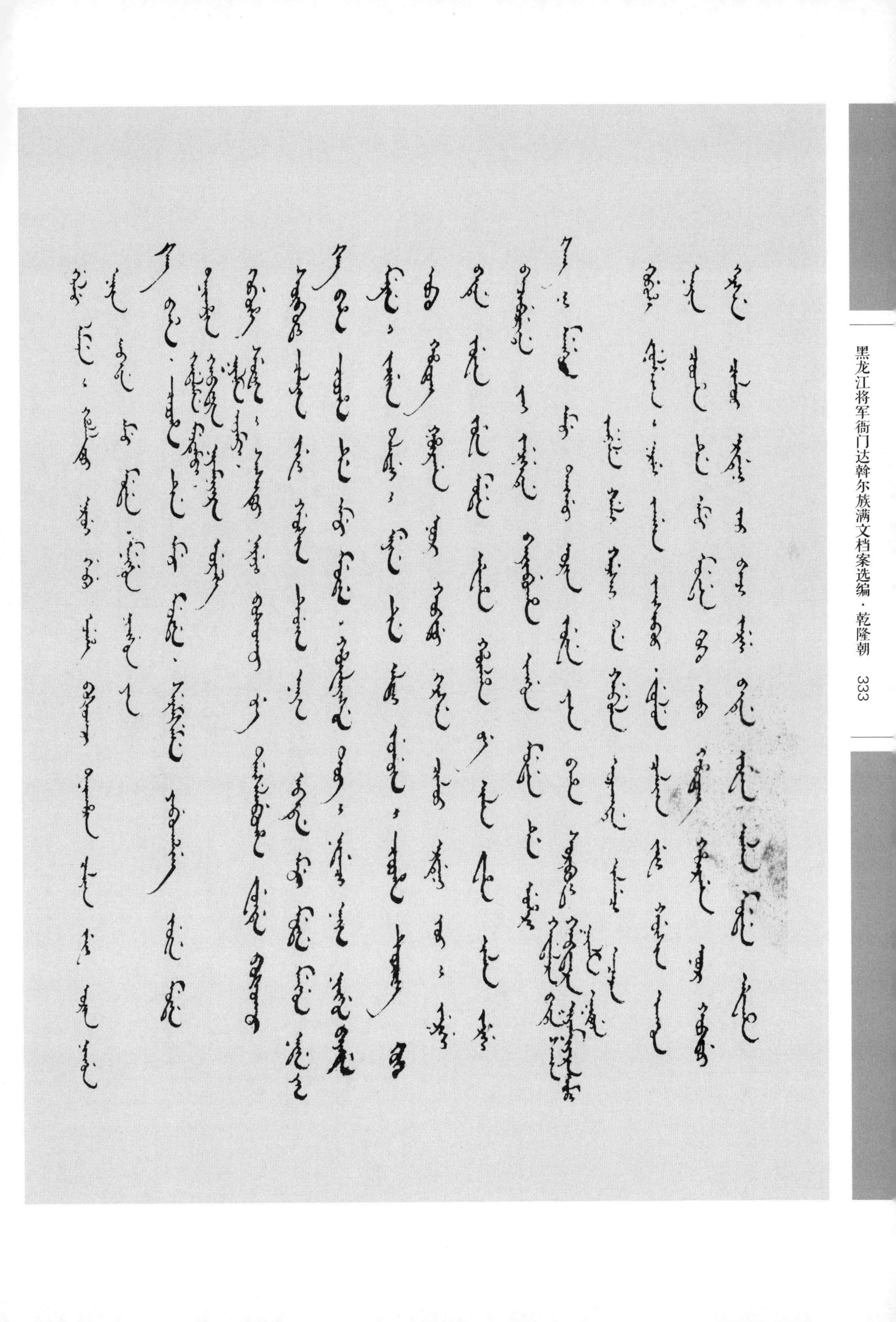

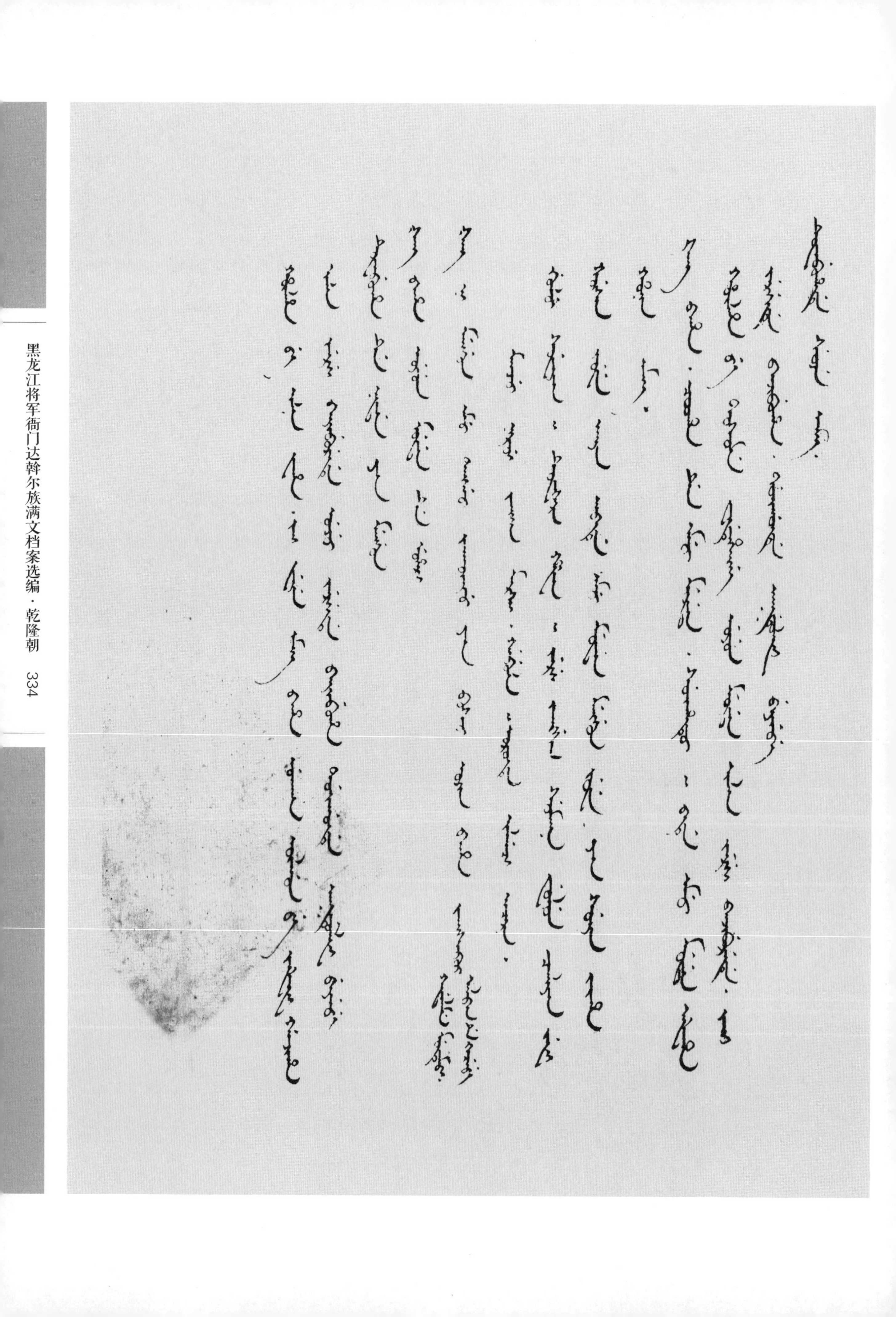

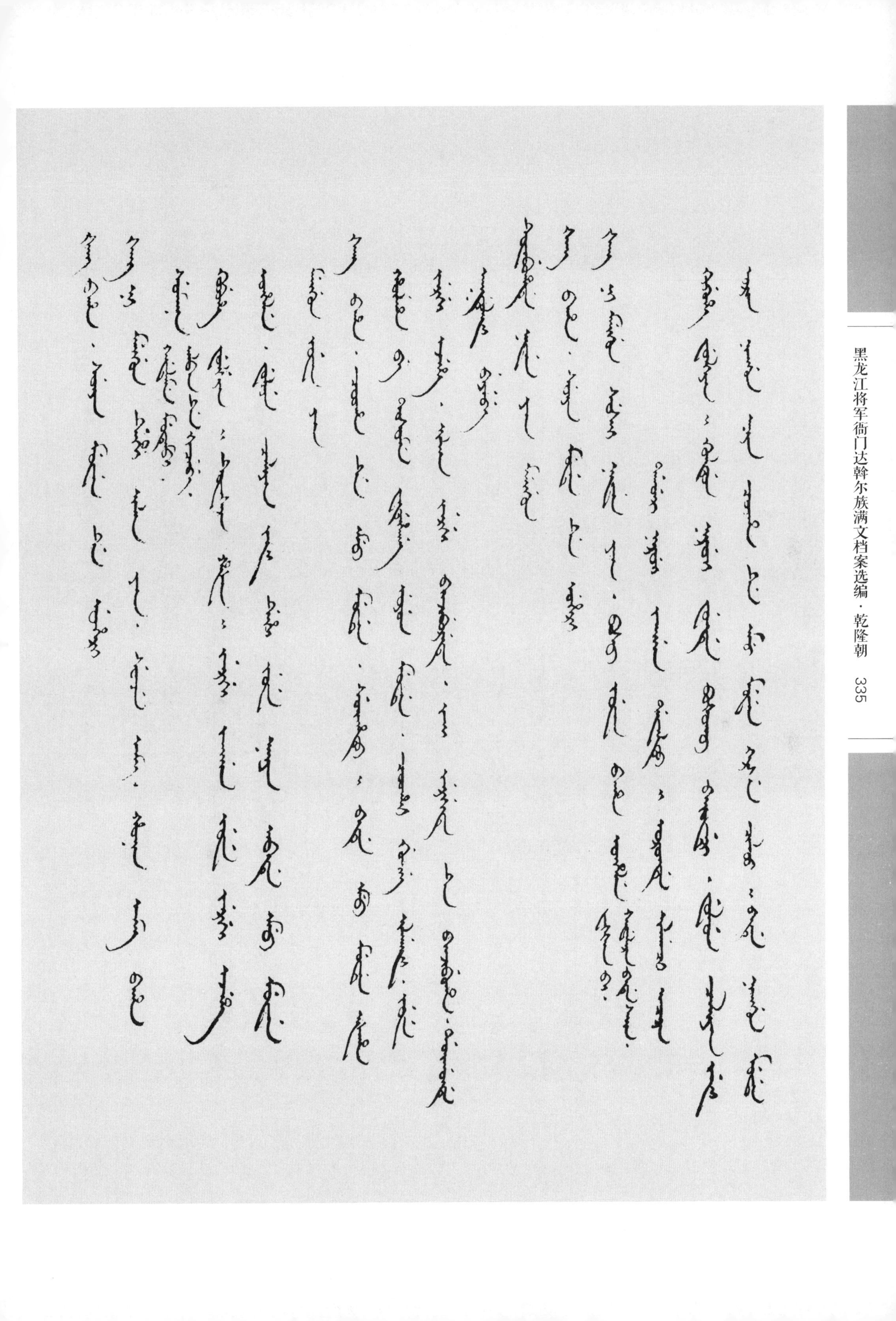

[illegible]

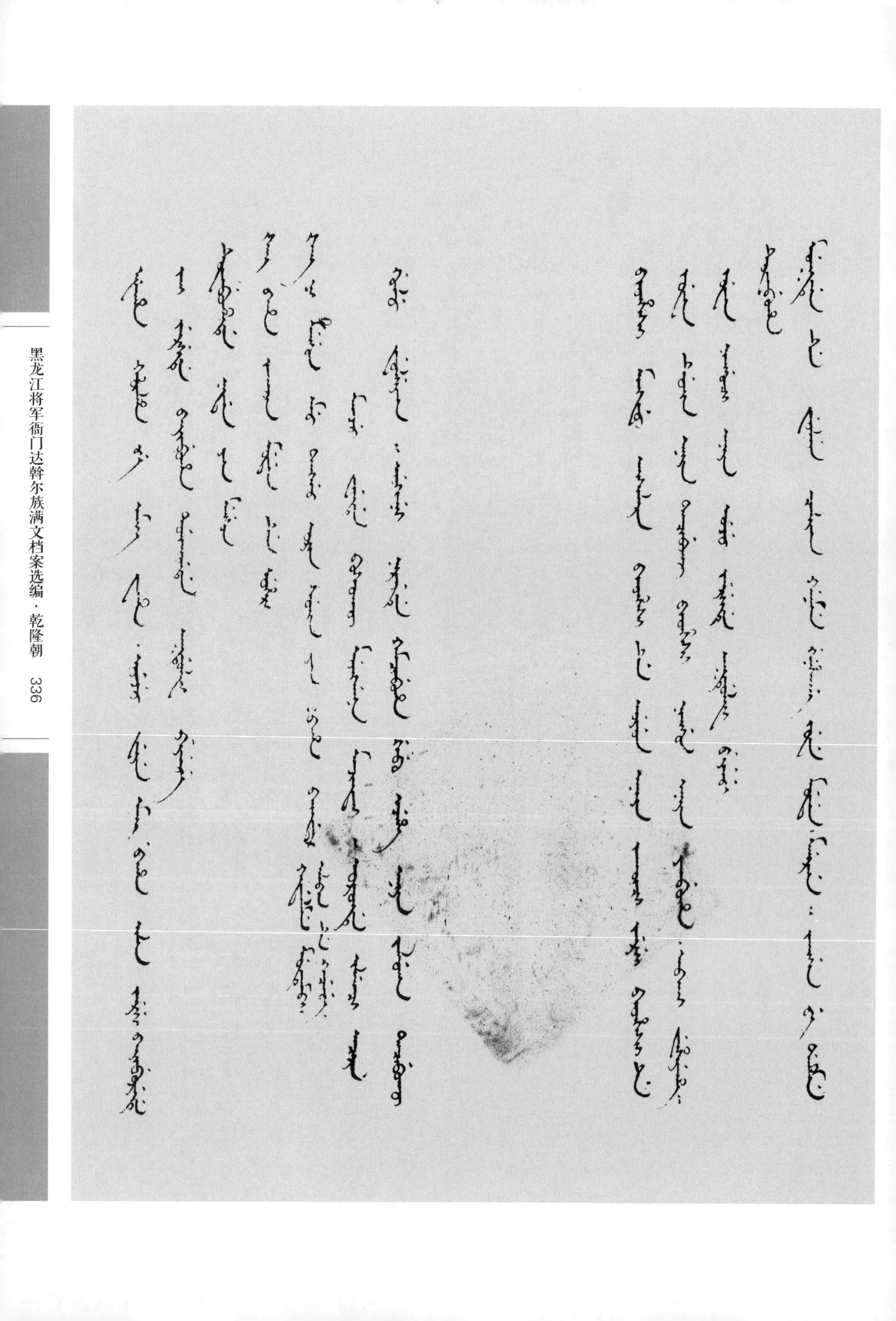

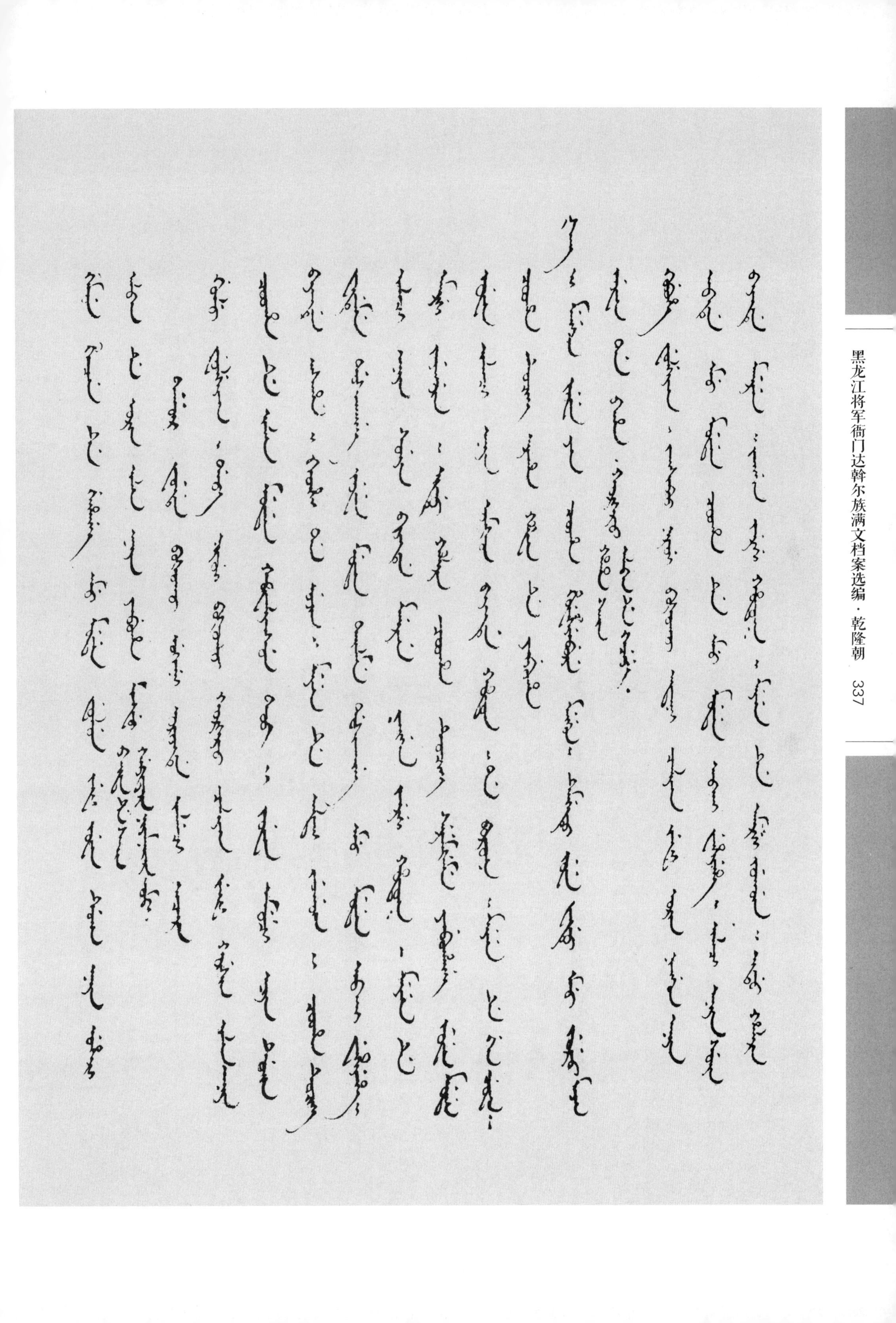

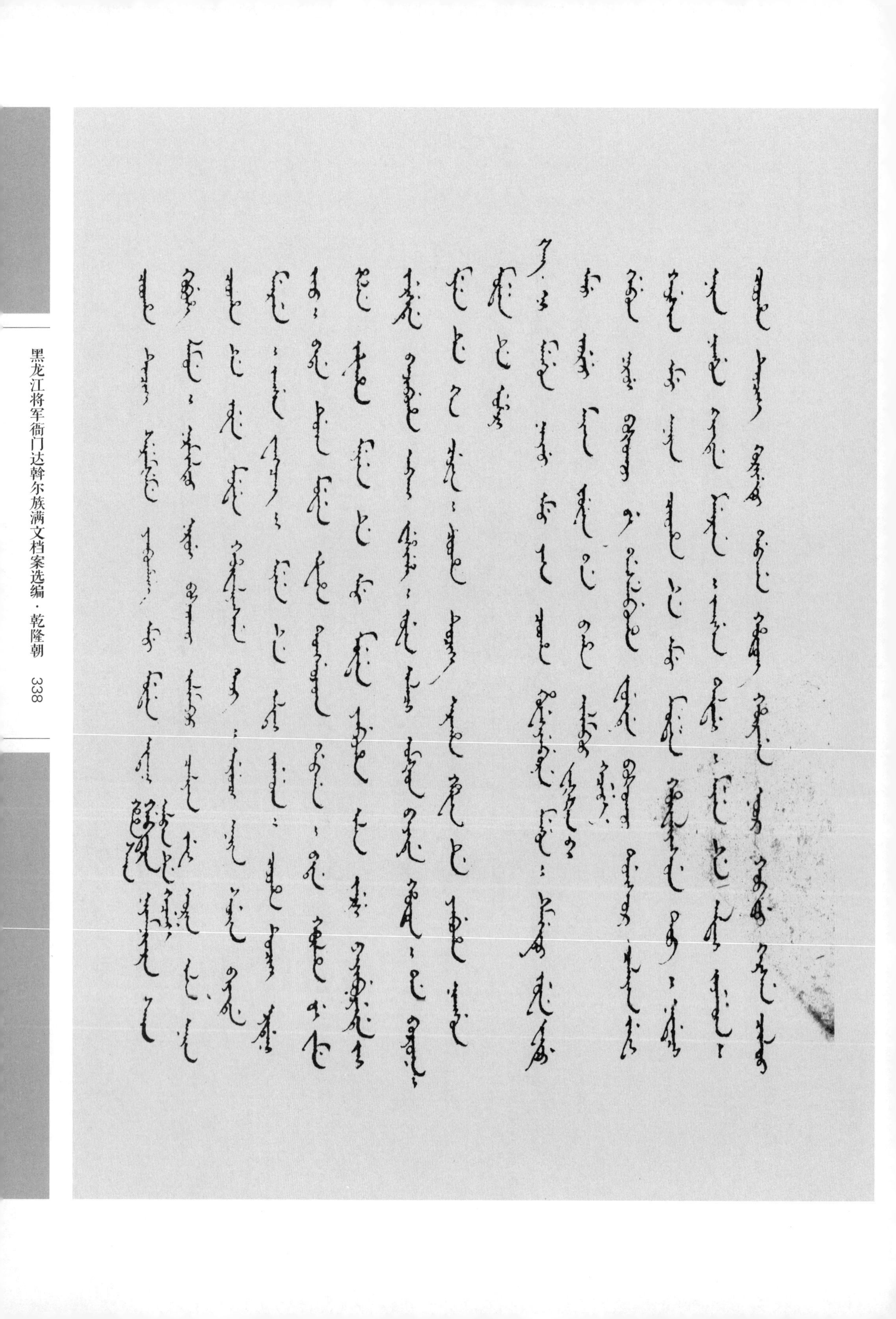

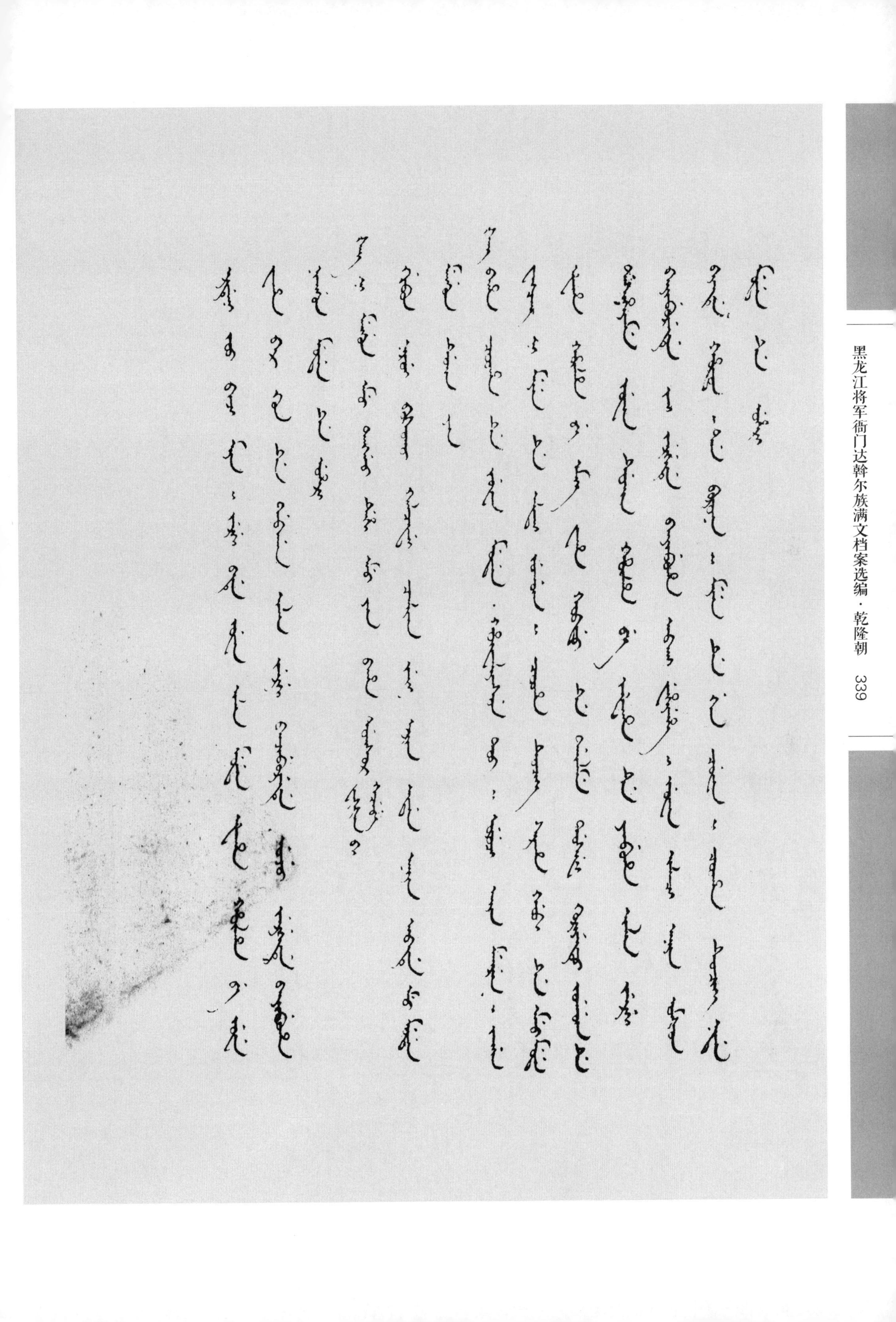

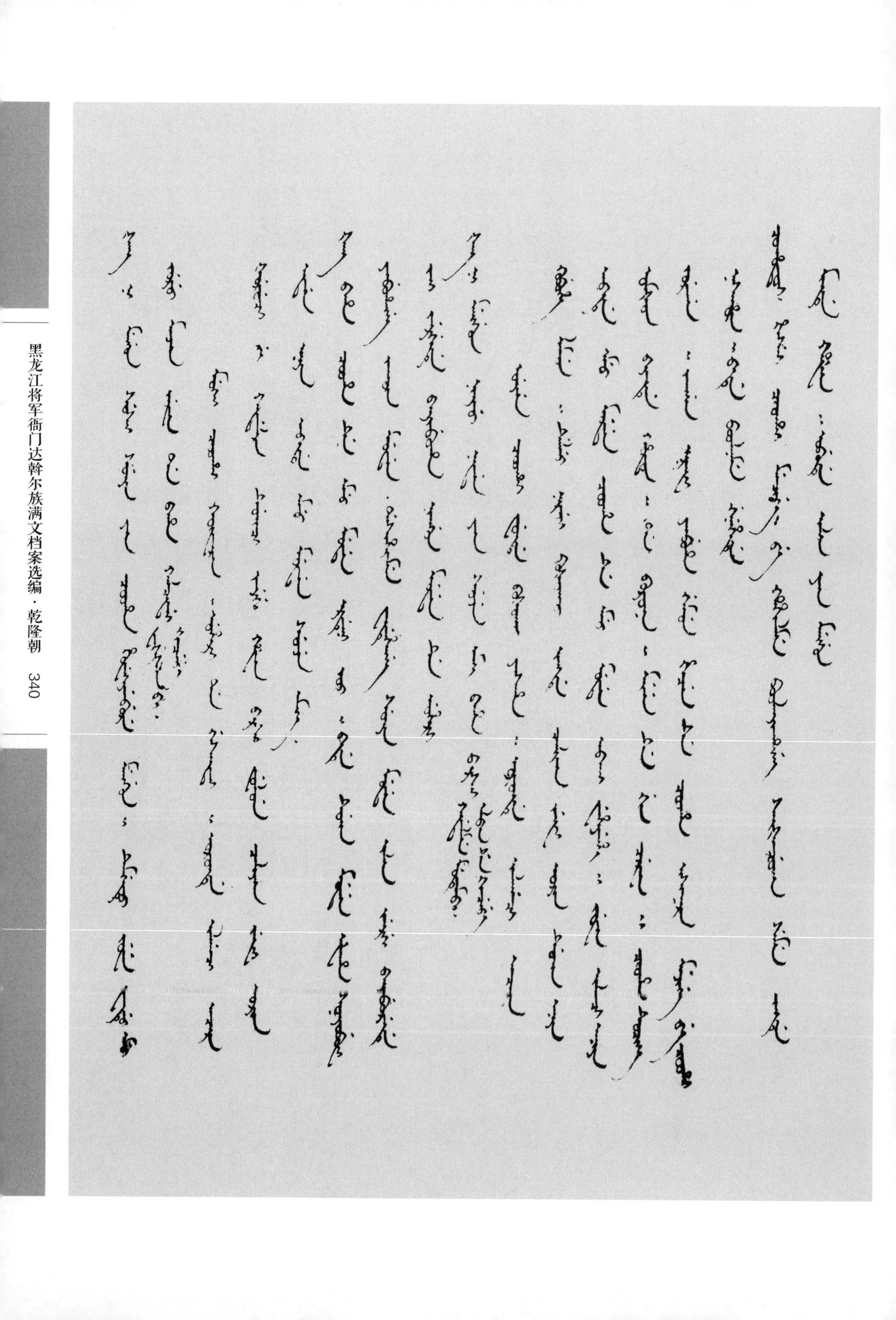

[illegible]

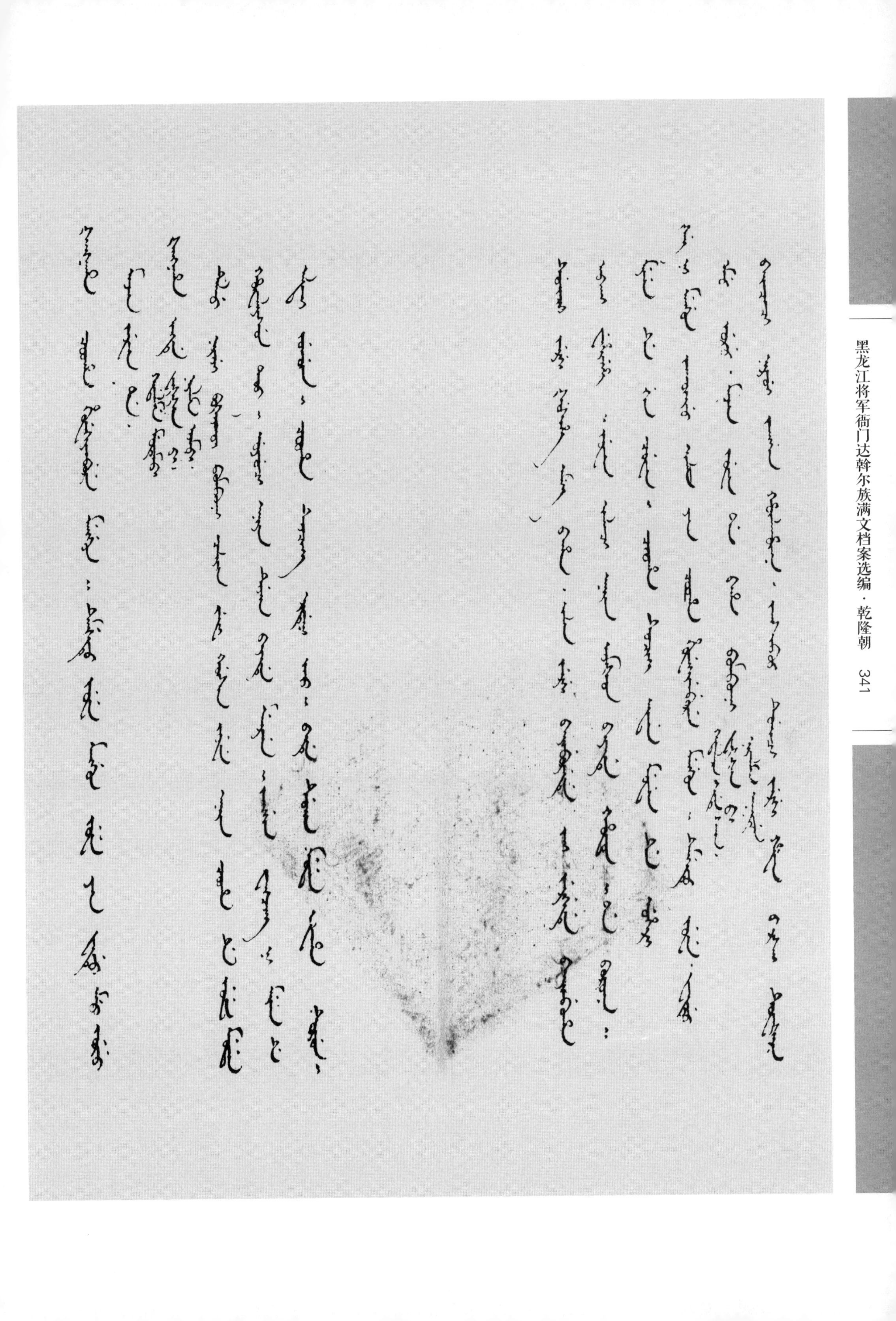

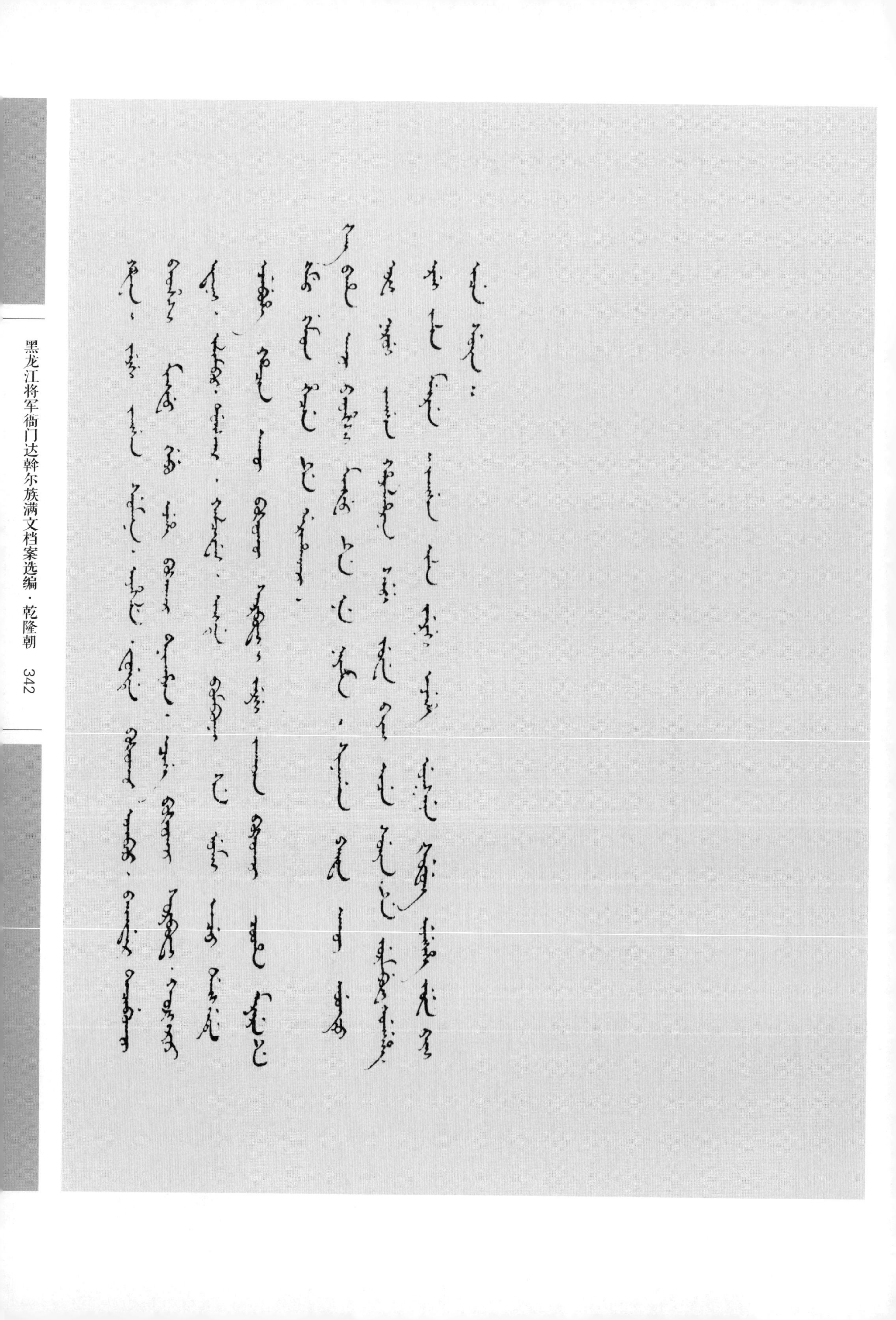

[illegible]

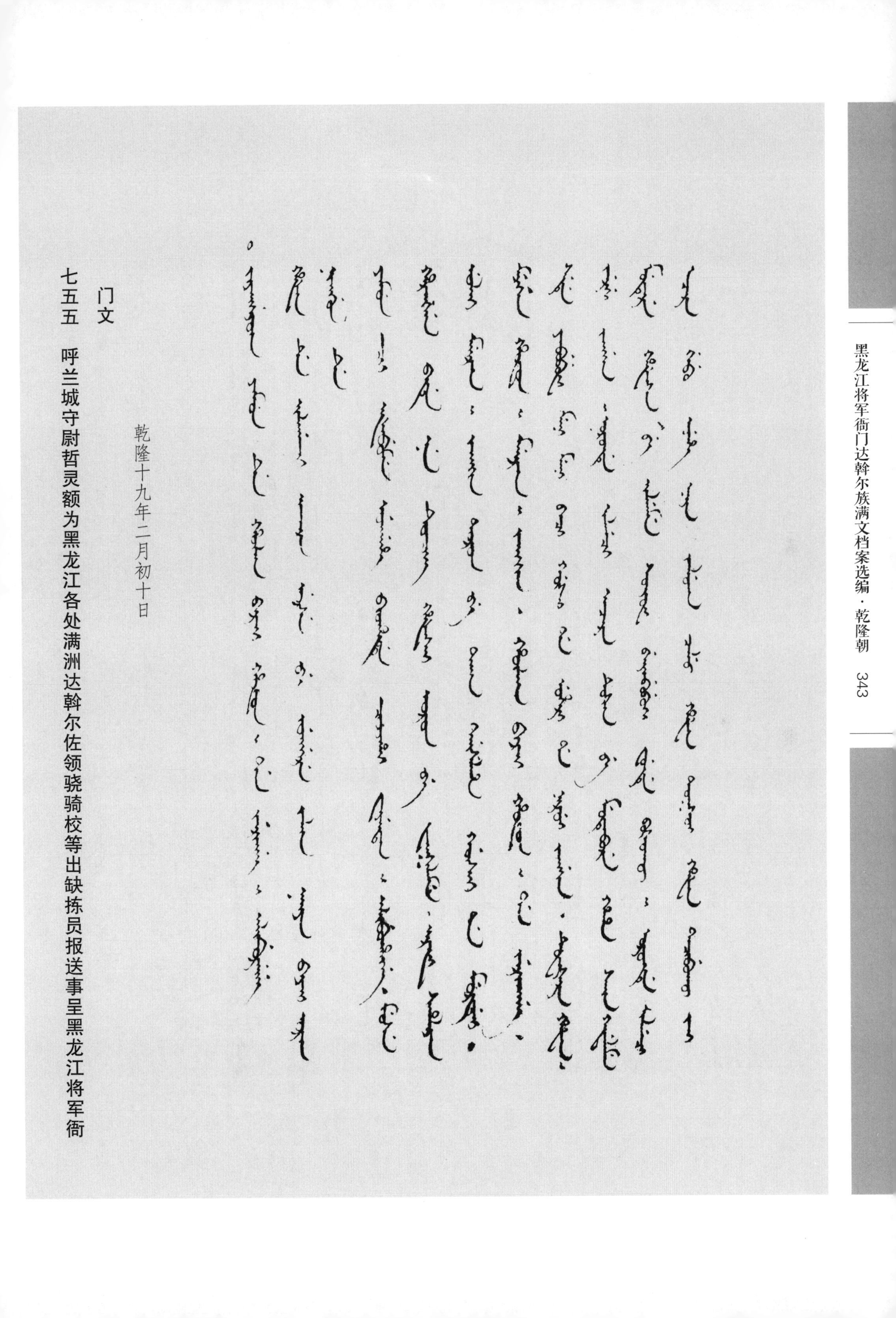

七五五 呼兰城守尉哲灵额为黑龙江各处满洲达斡尔佐领骁骑校等出缺拣员报送事呈黑龙江将军衙门文

乾隆十九年二月初十日

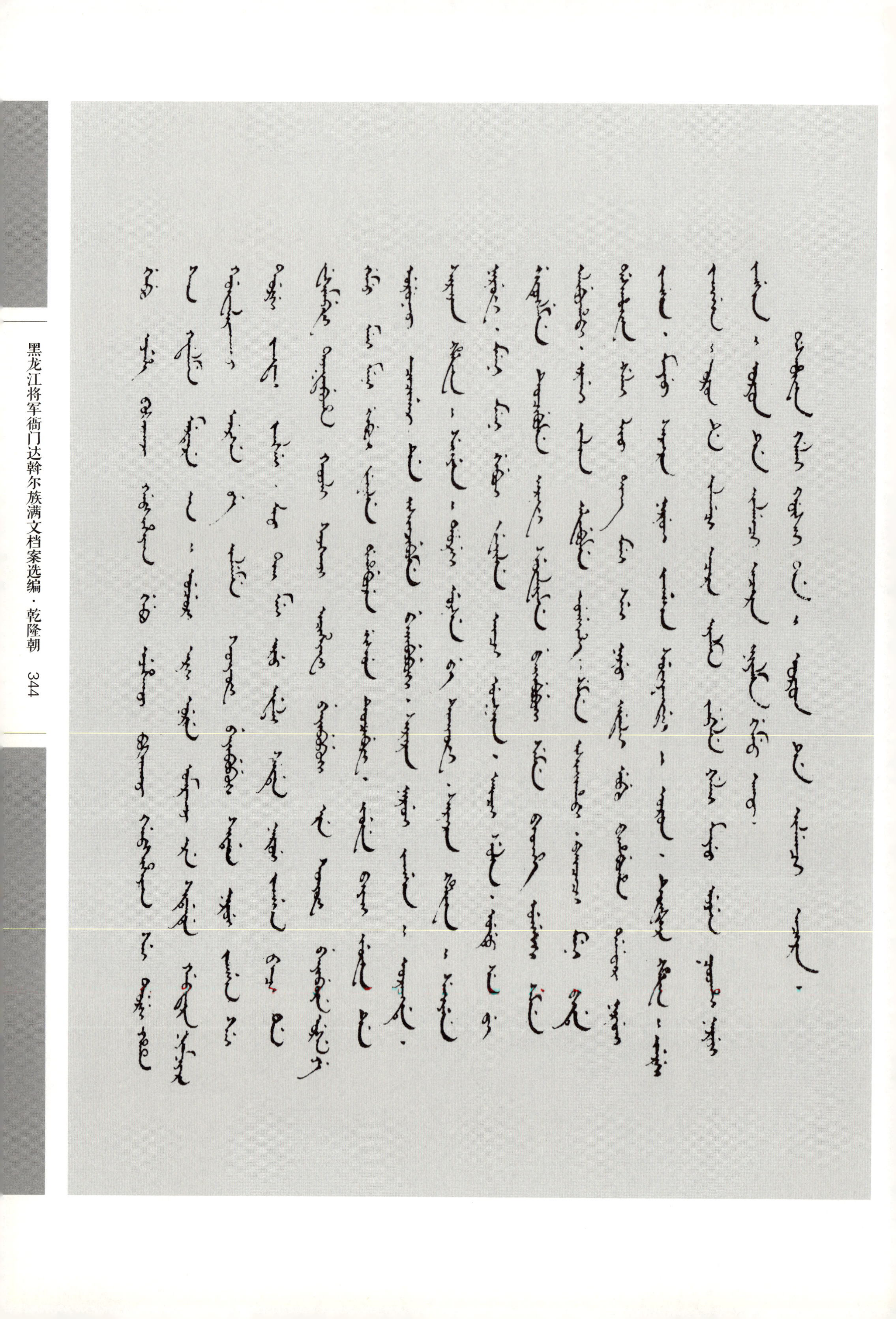

[illegible]

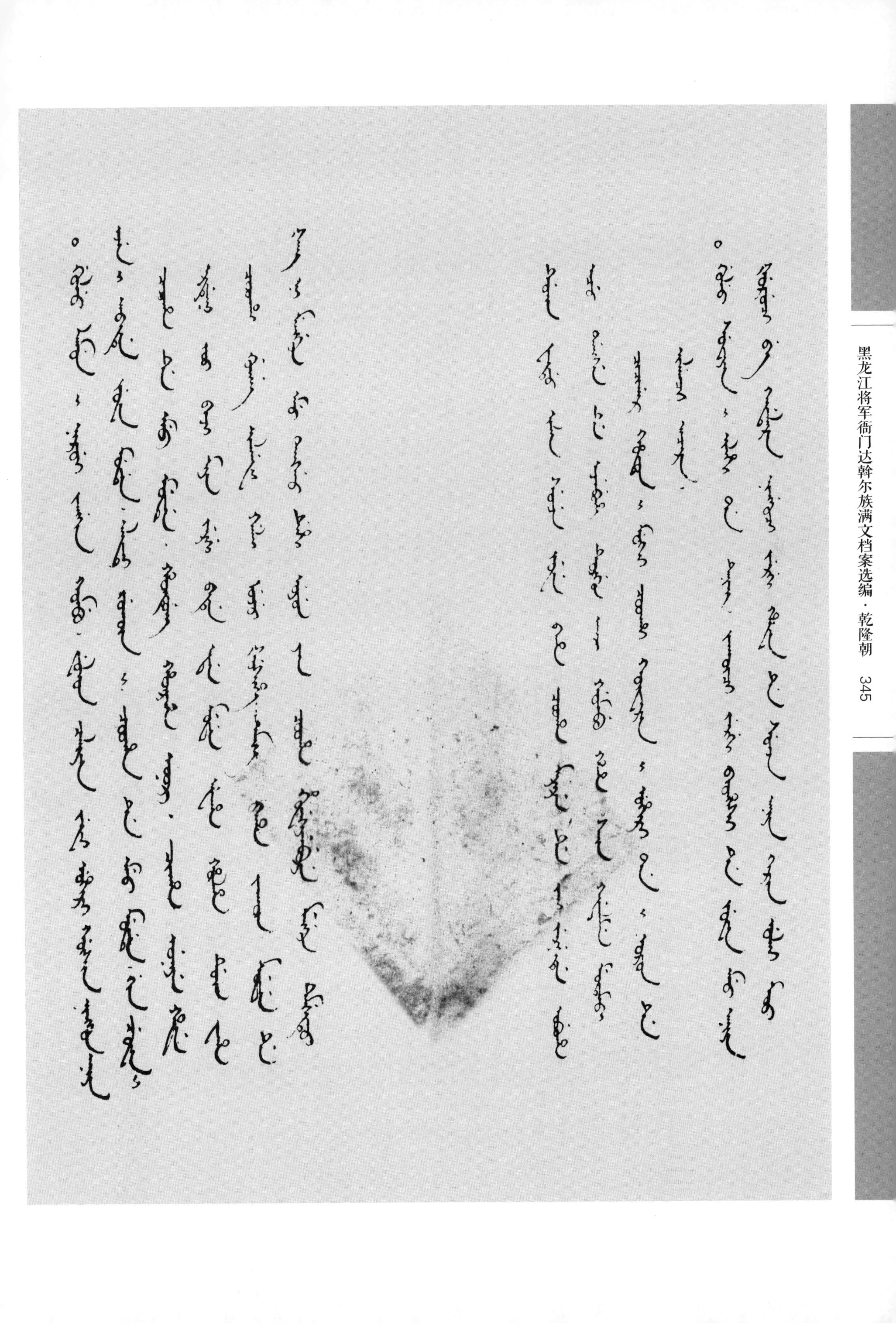

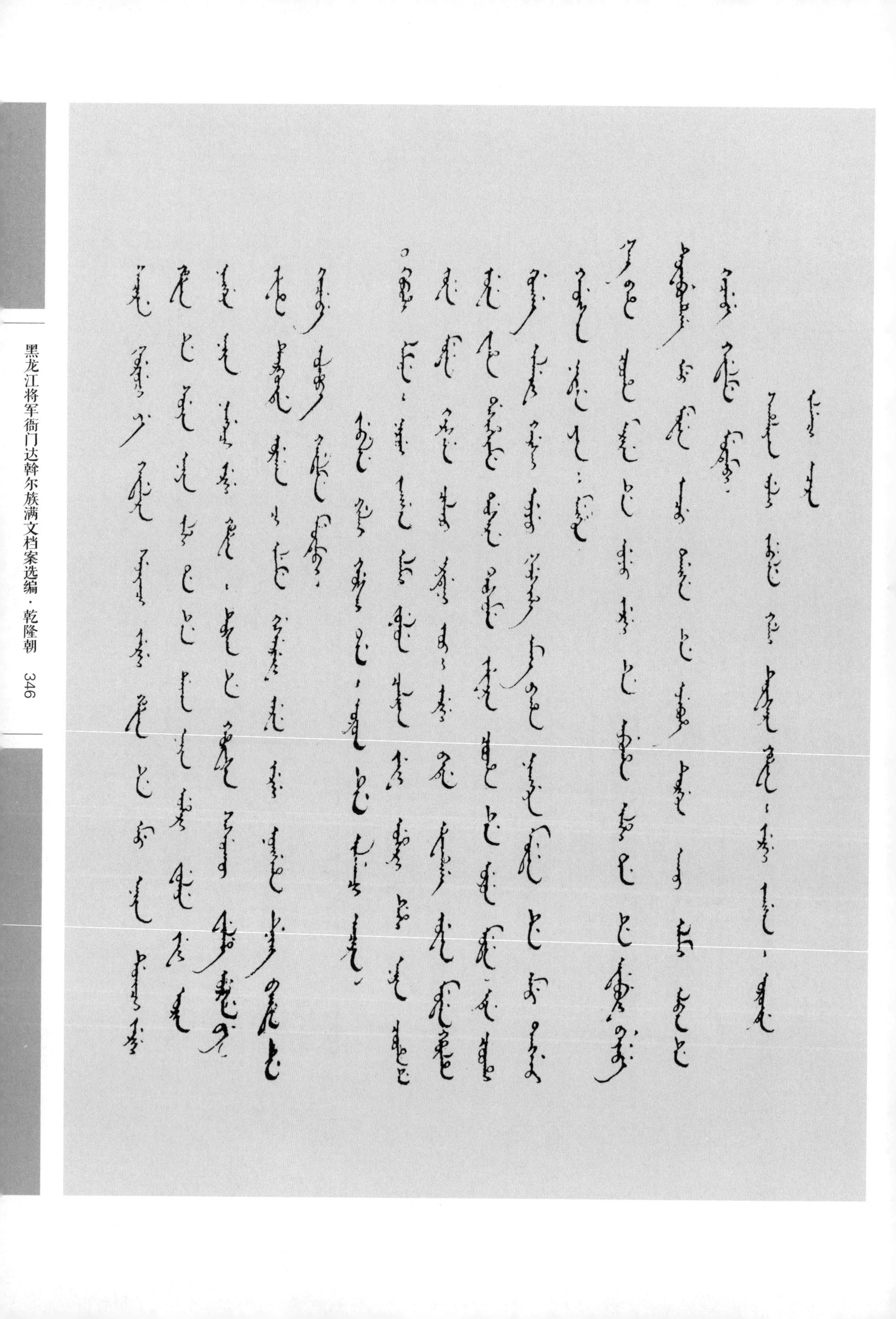

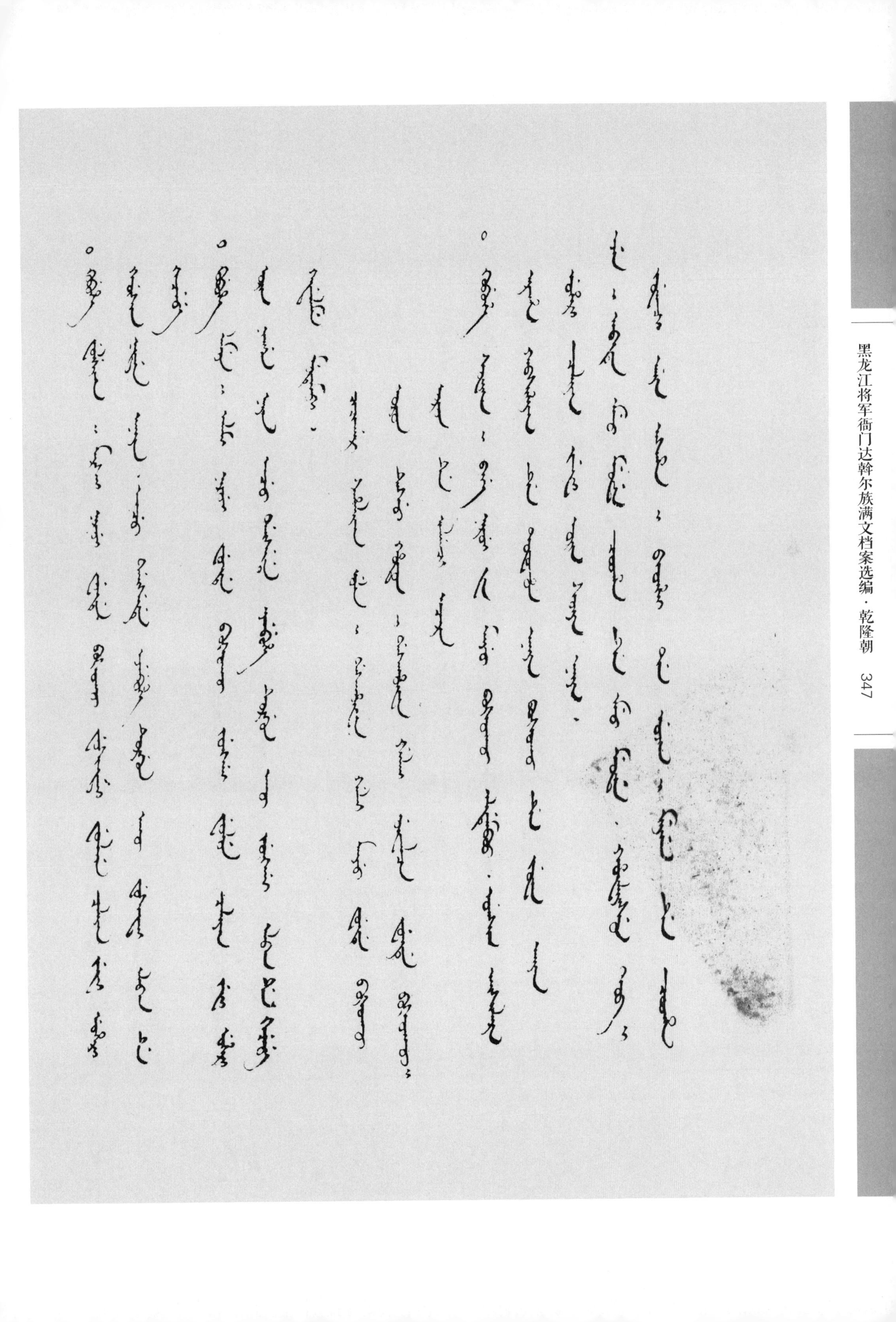

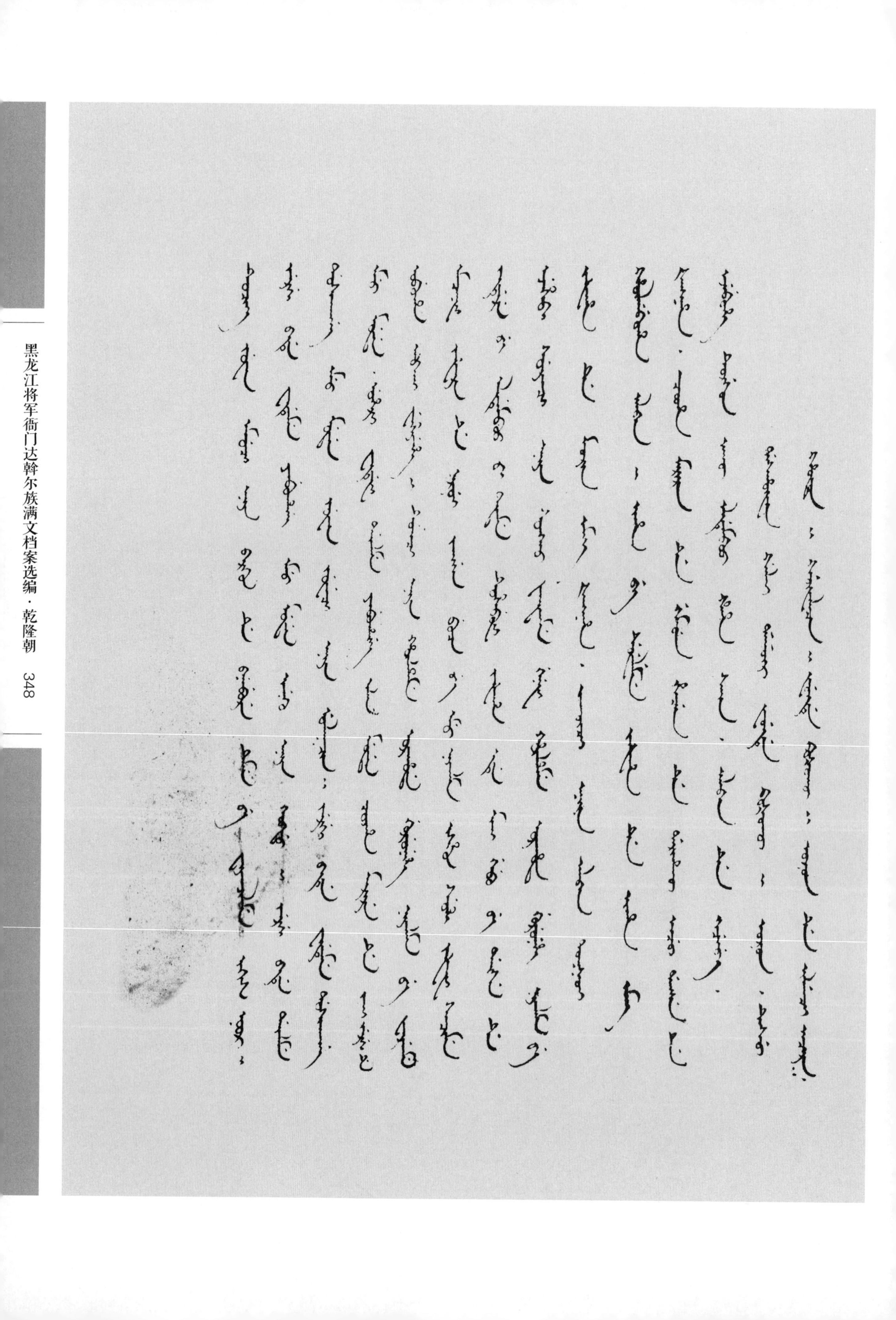

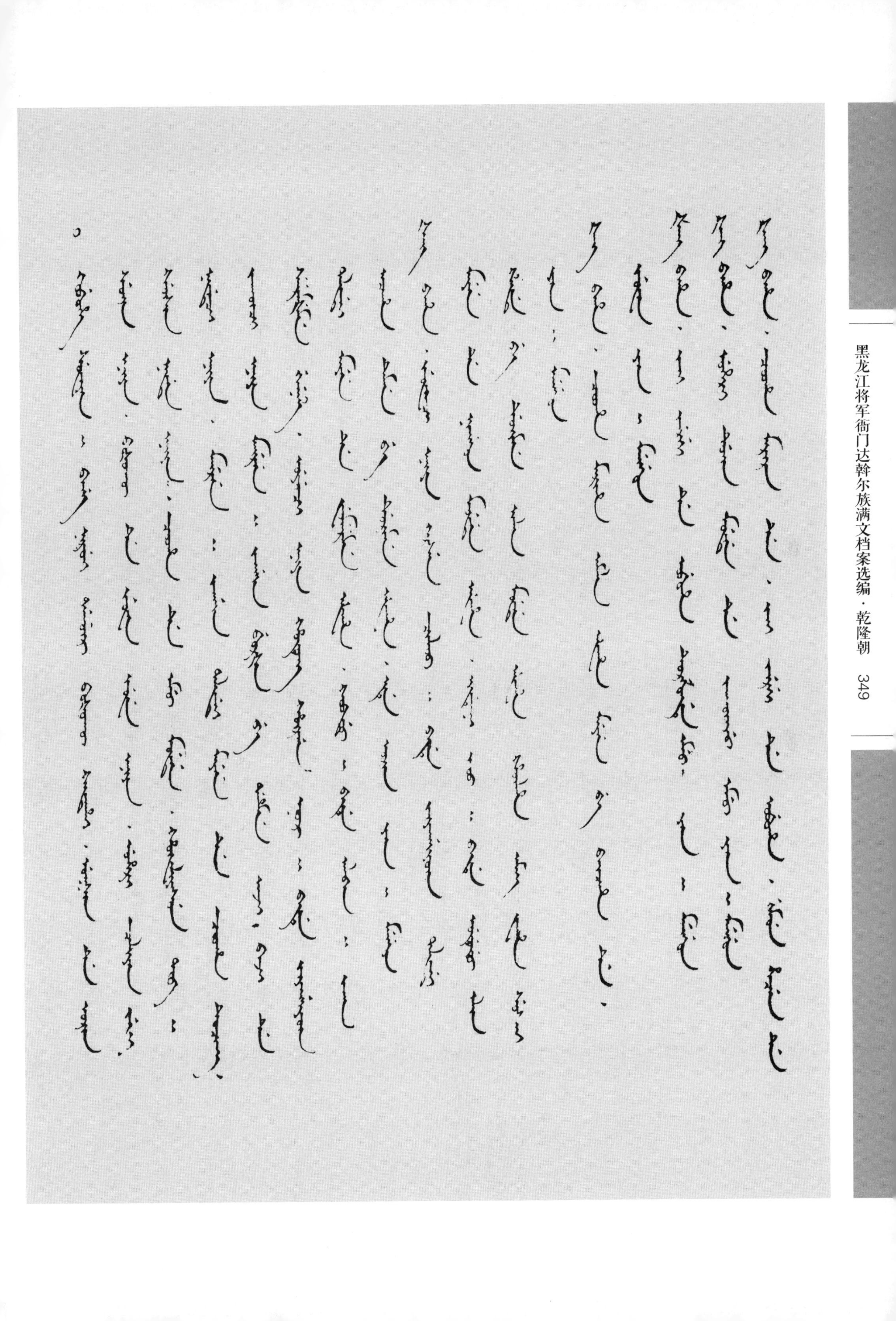

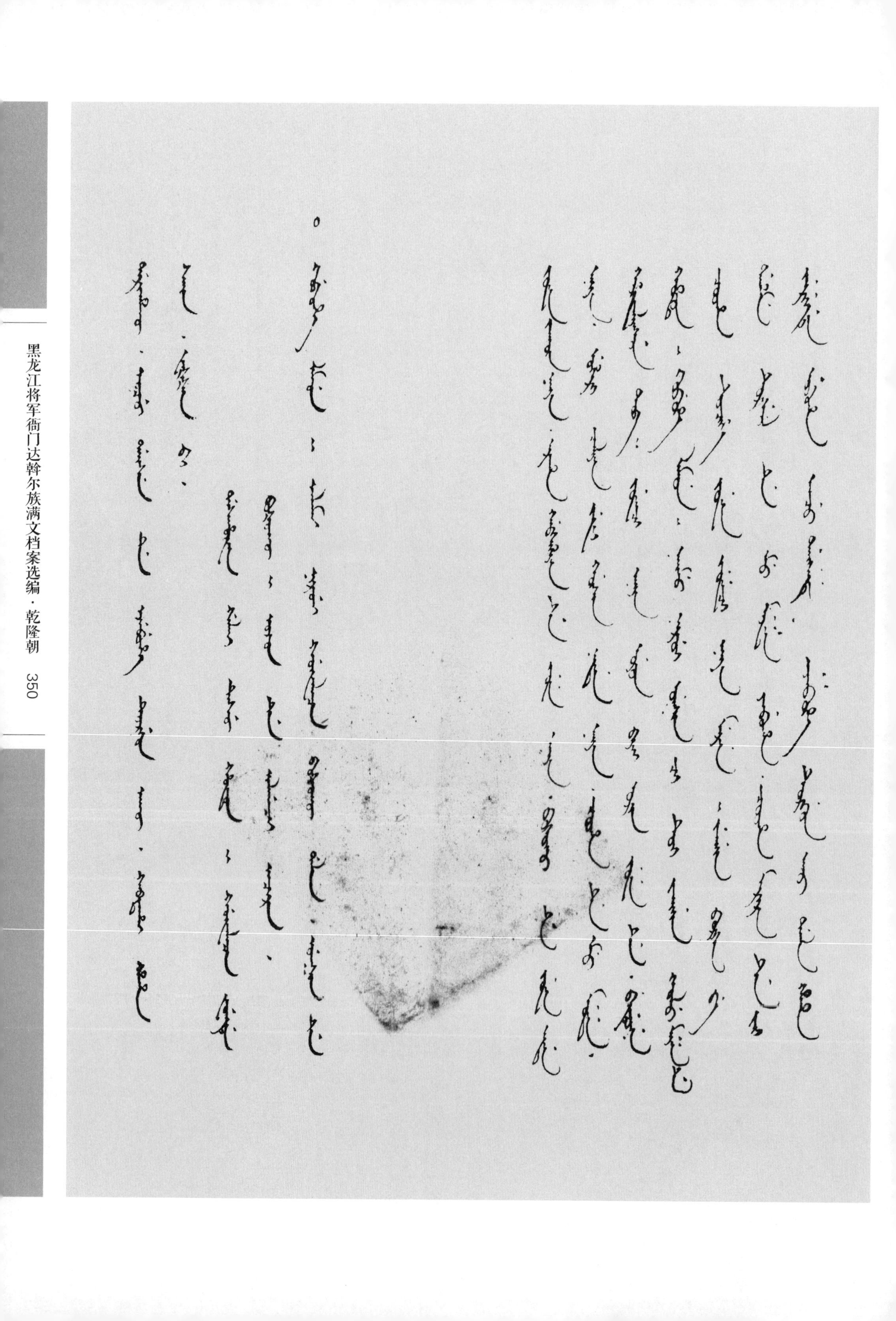

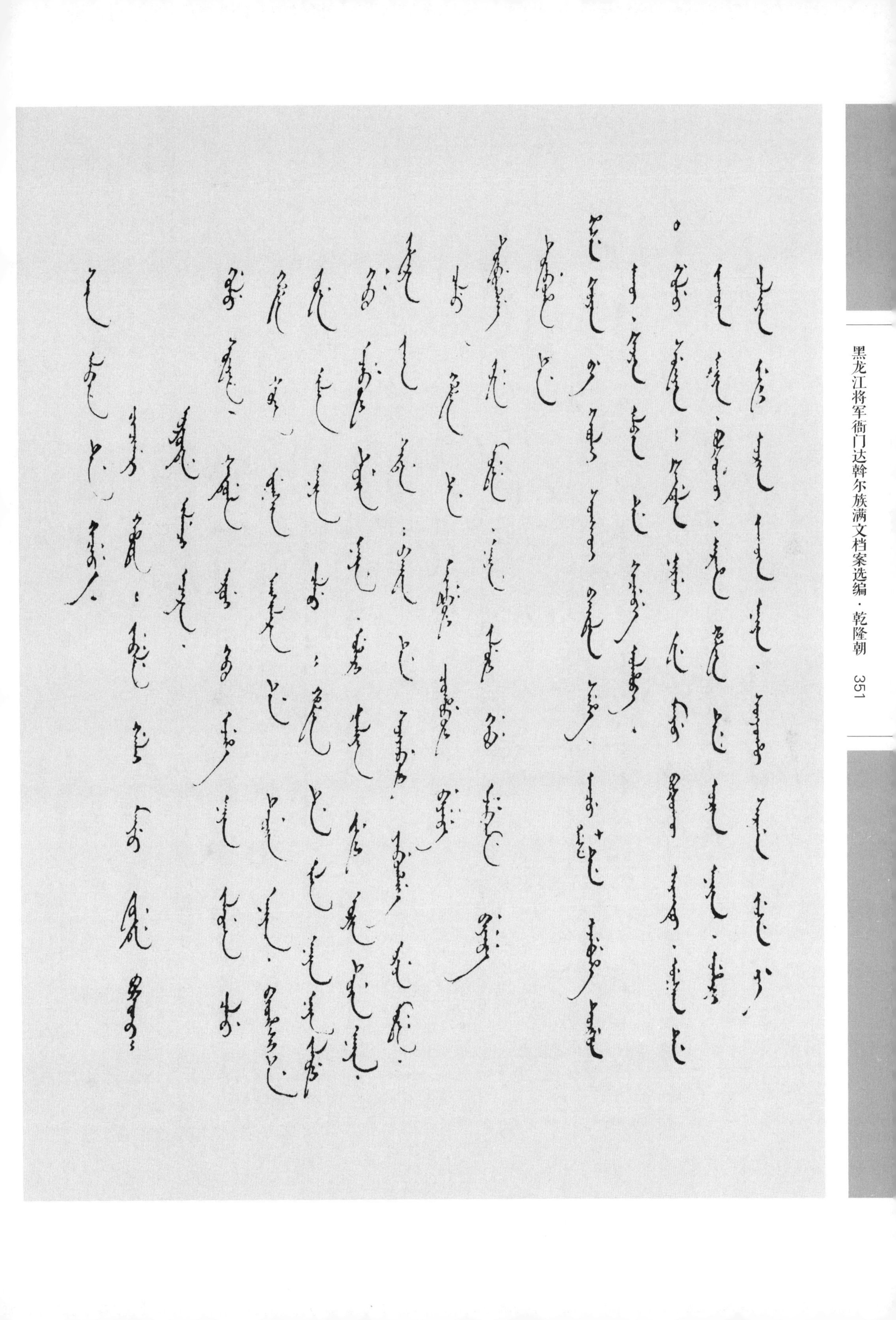

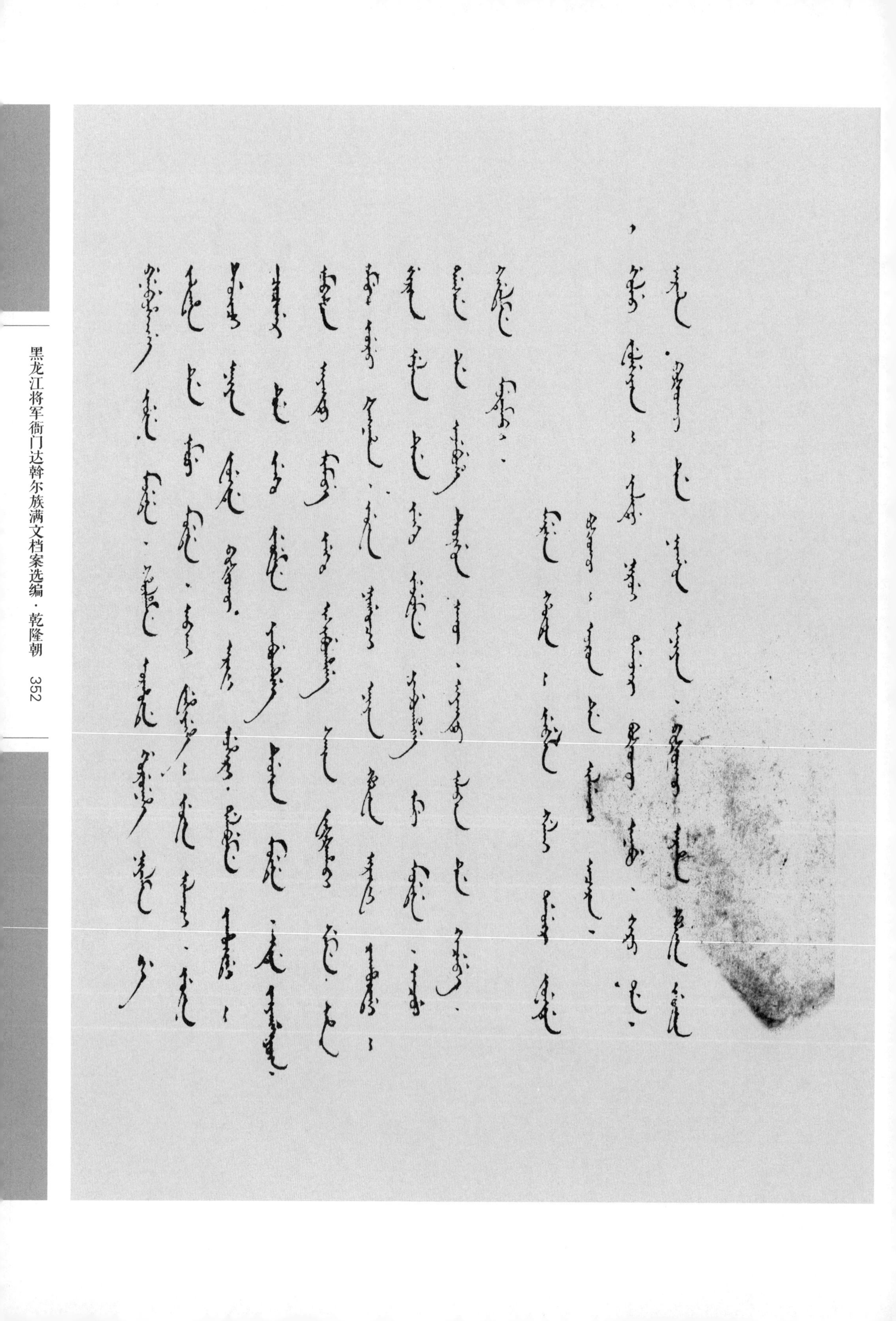

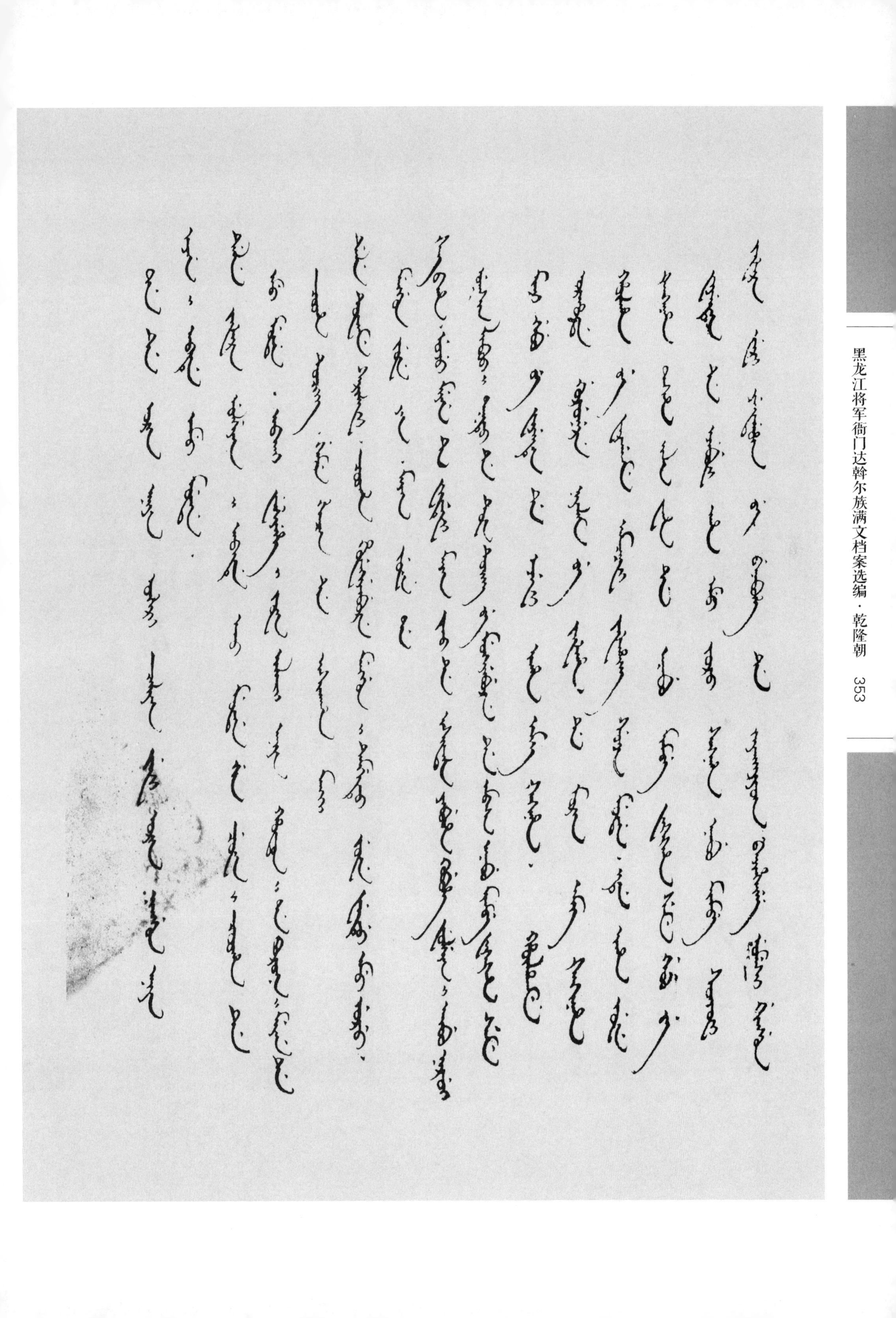

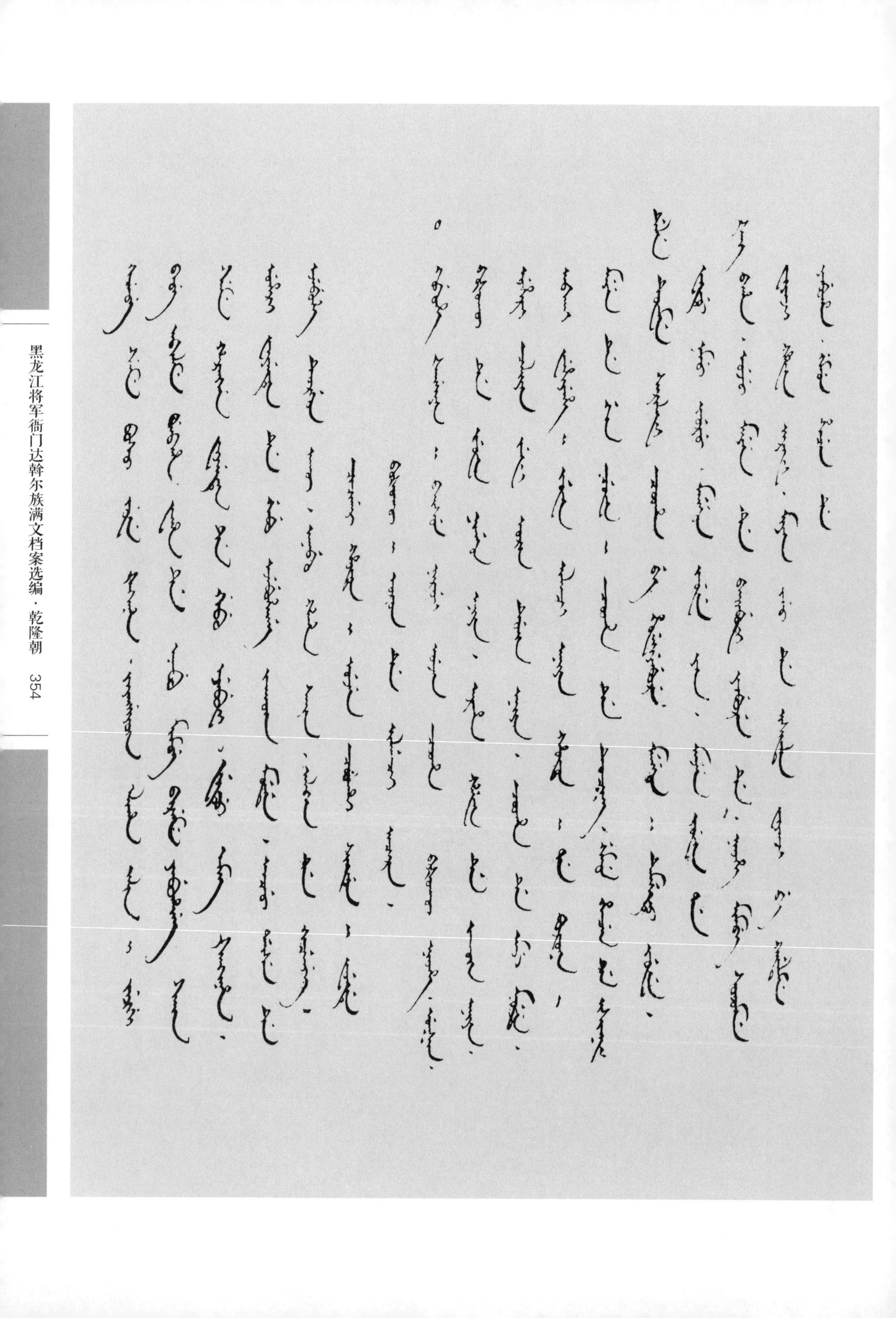

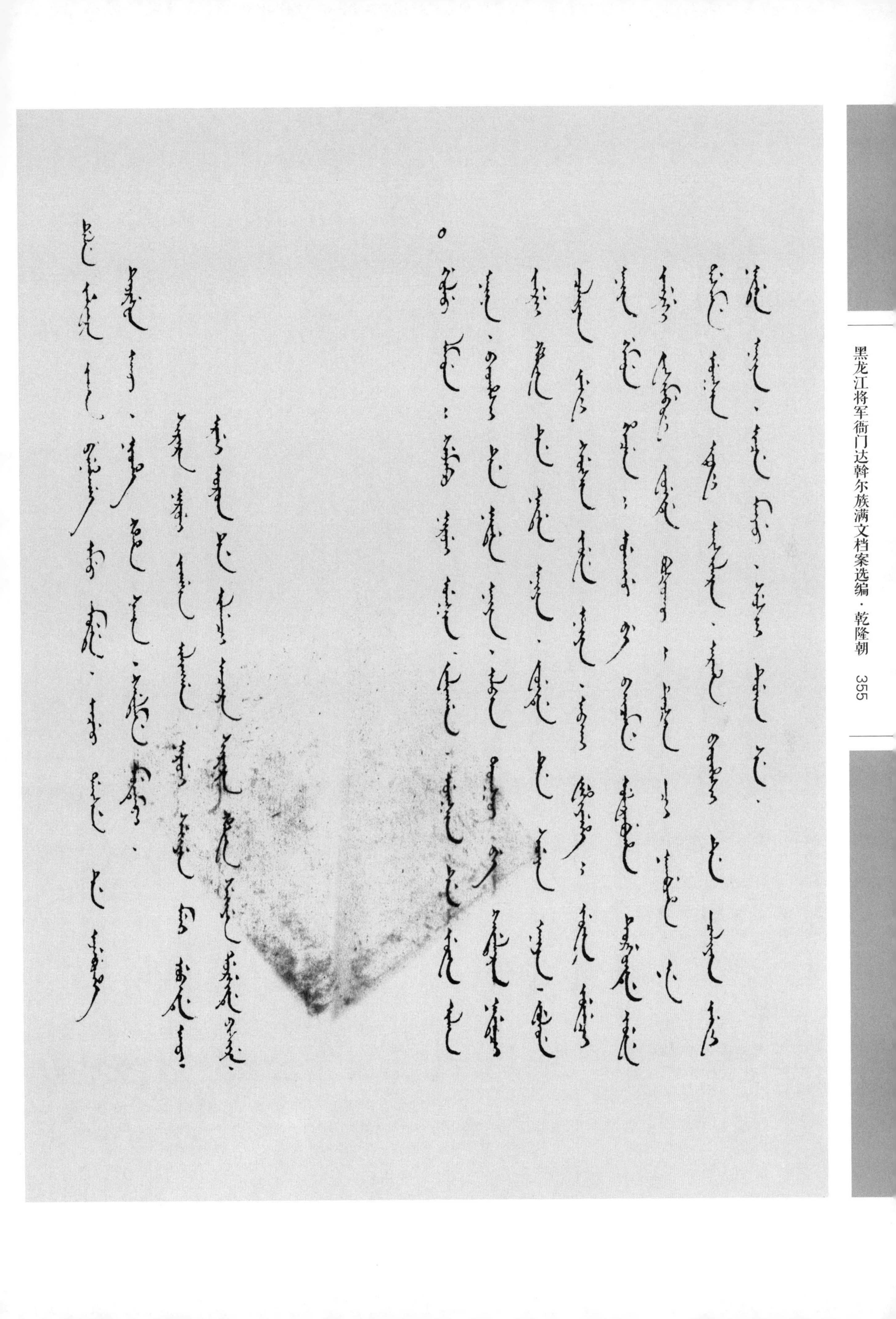

[illegible]

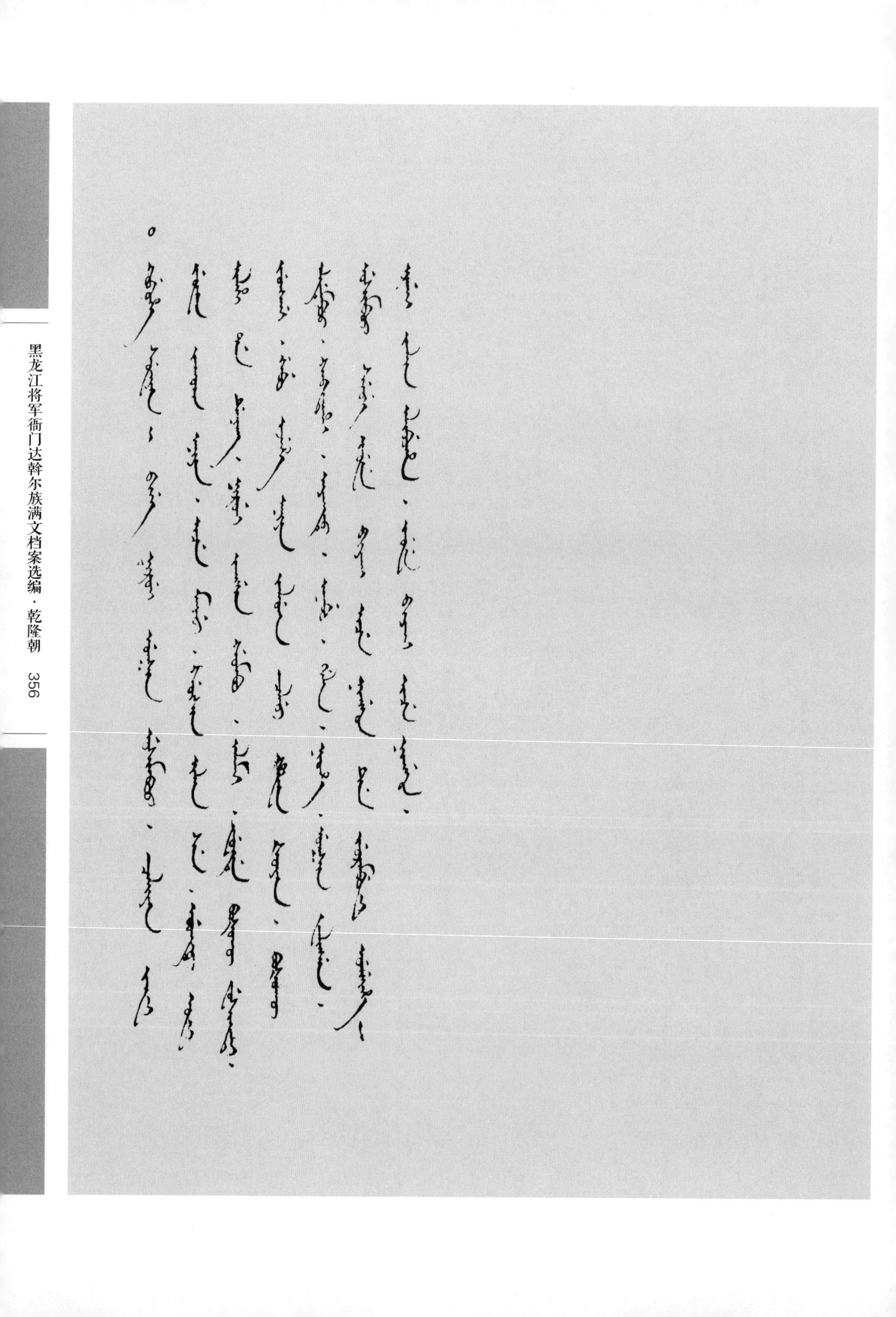

[illegible]

[illegible]

[illegible]

[illegible]

[illegible]

[illegible]

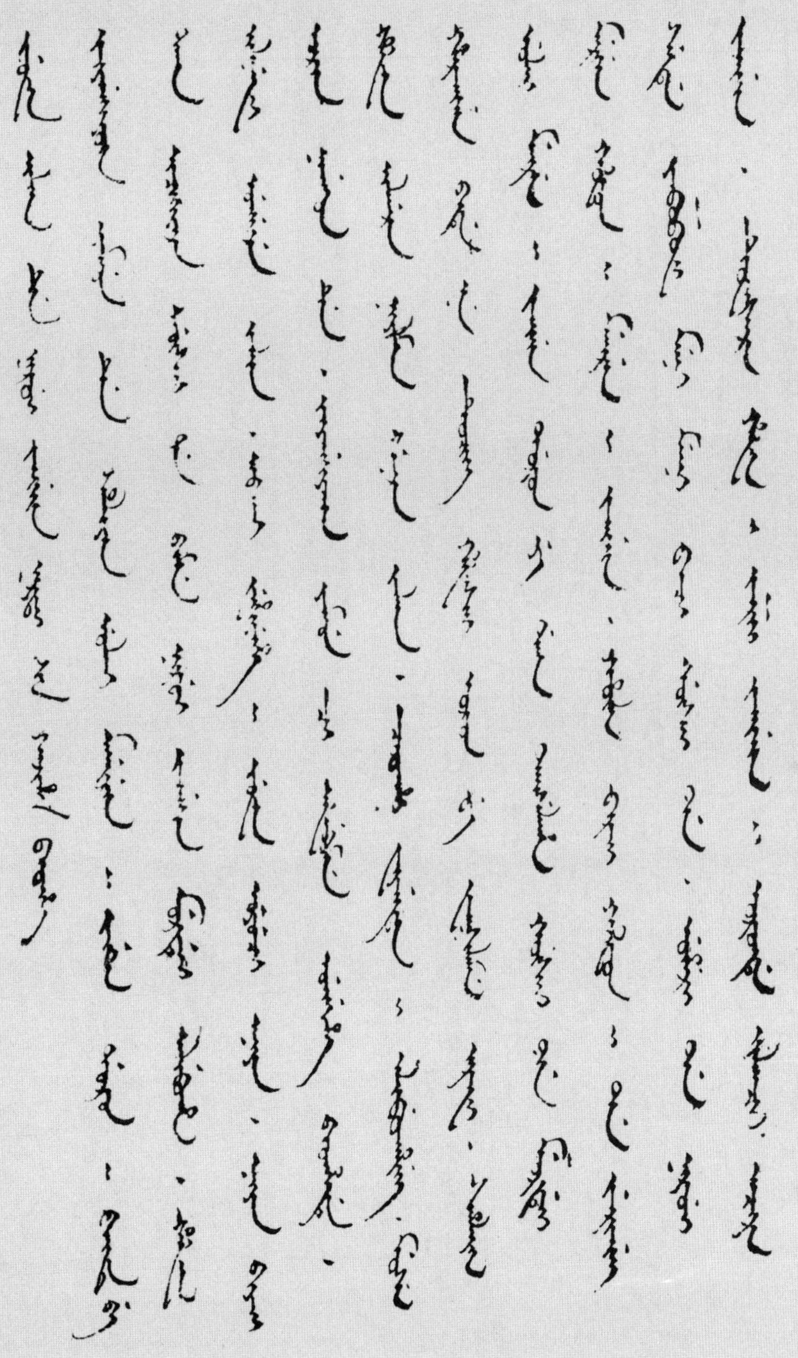

七五六 暂护黑龙江副都统印协领穆尔德依为黑龙江各处满洲达斡尔佐领骁骑校等出缺拣员报送事呈黑龙江将军衙门文

乾隆十九年二月十三日

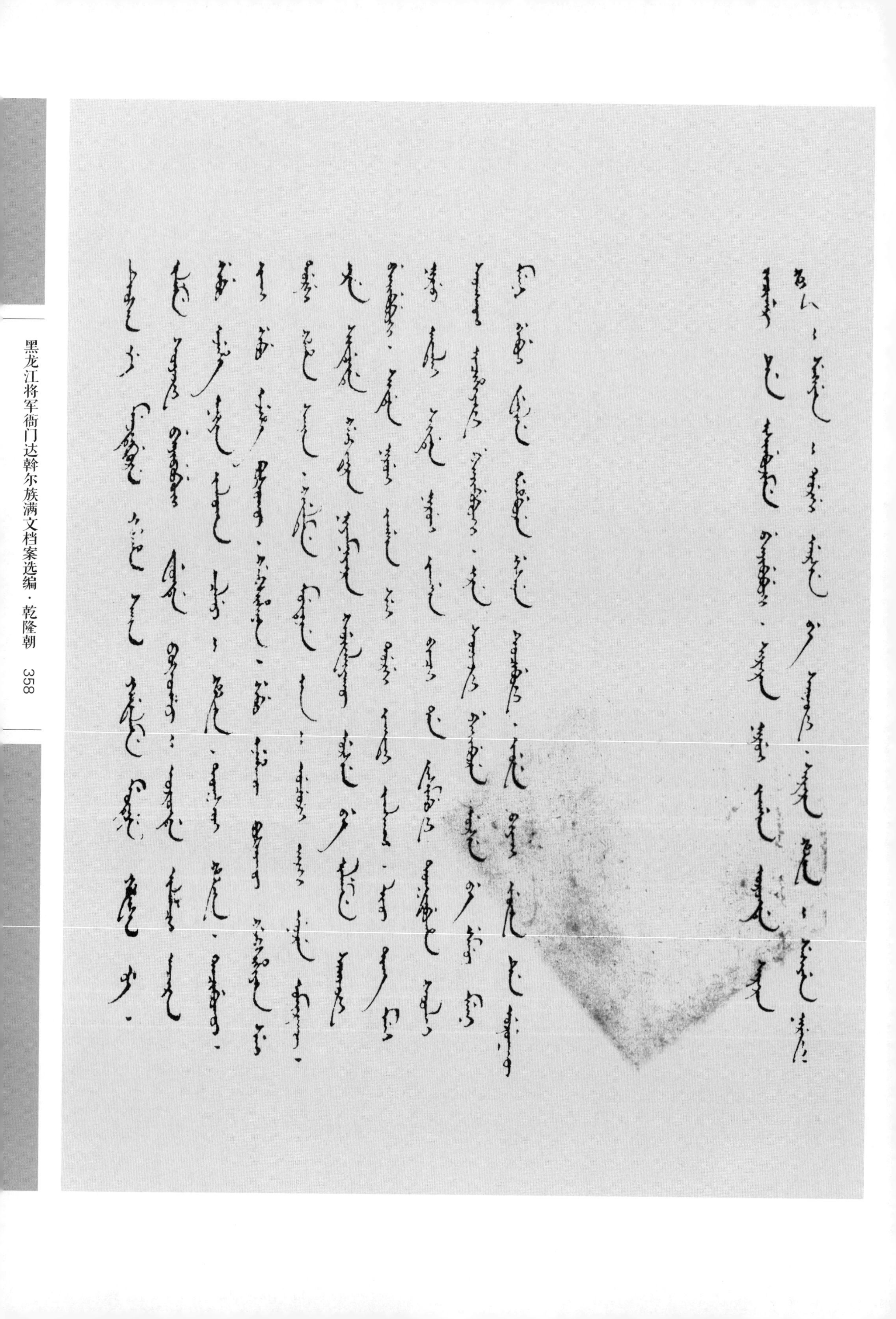

[illegible]

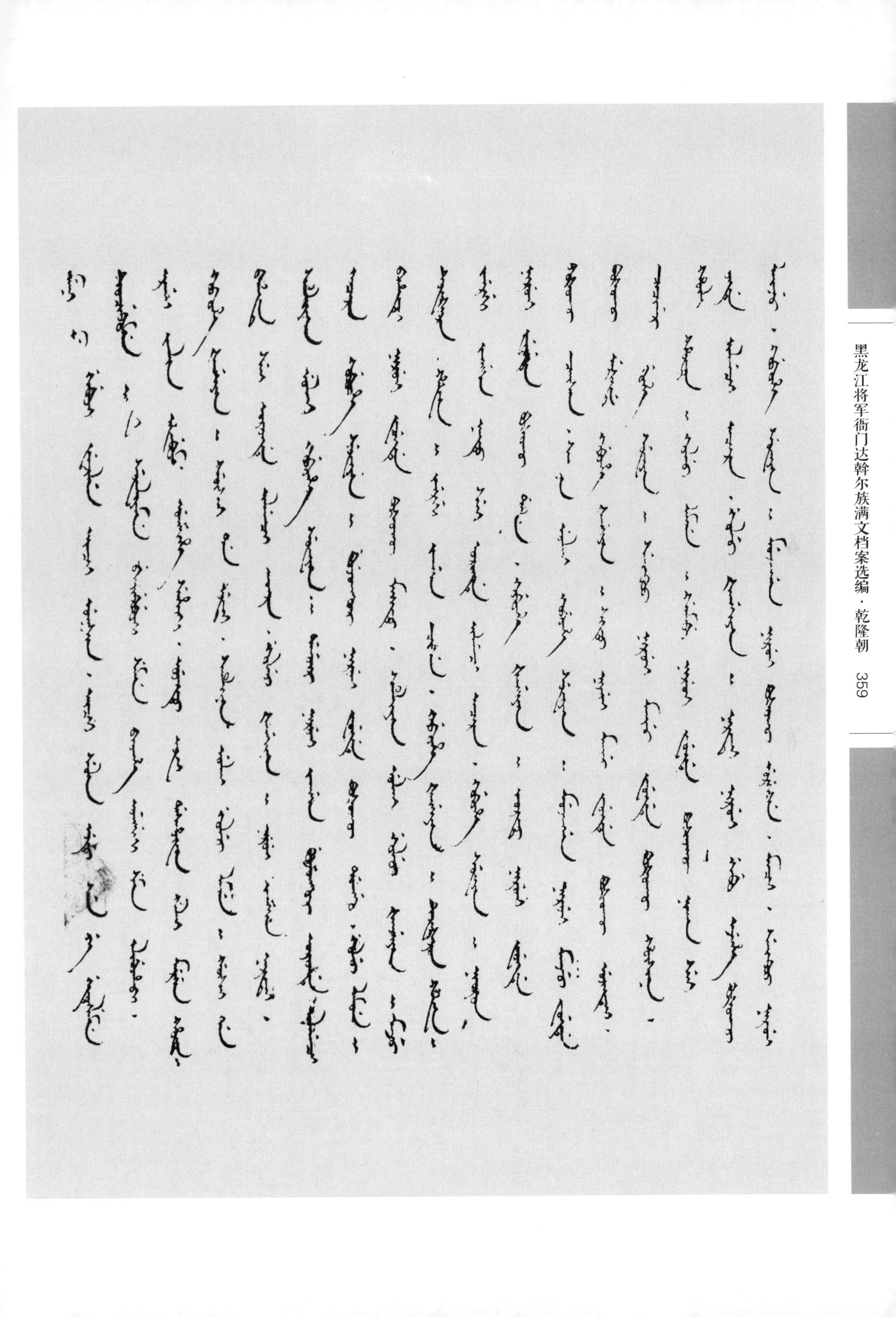

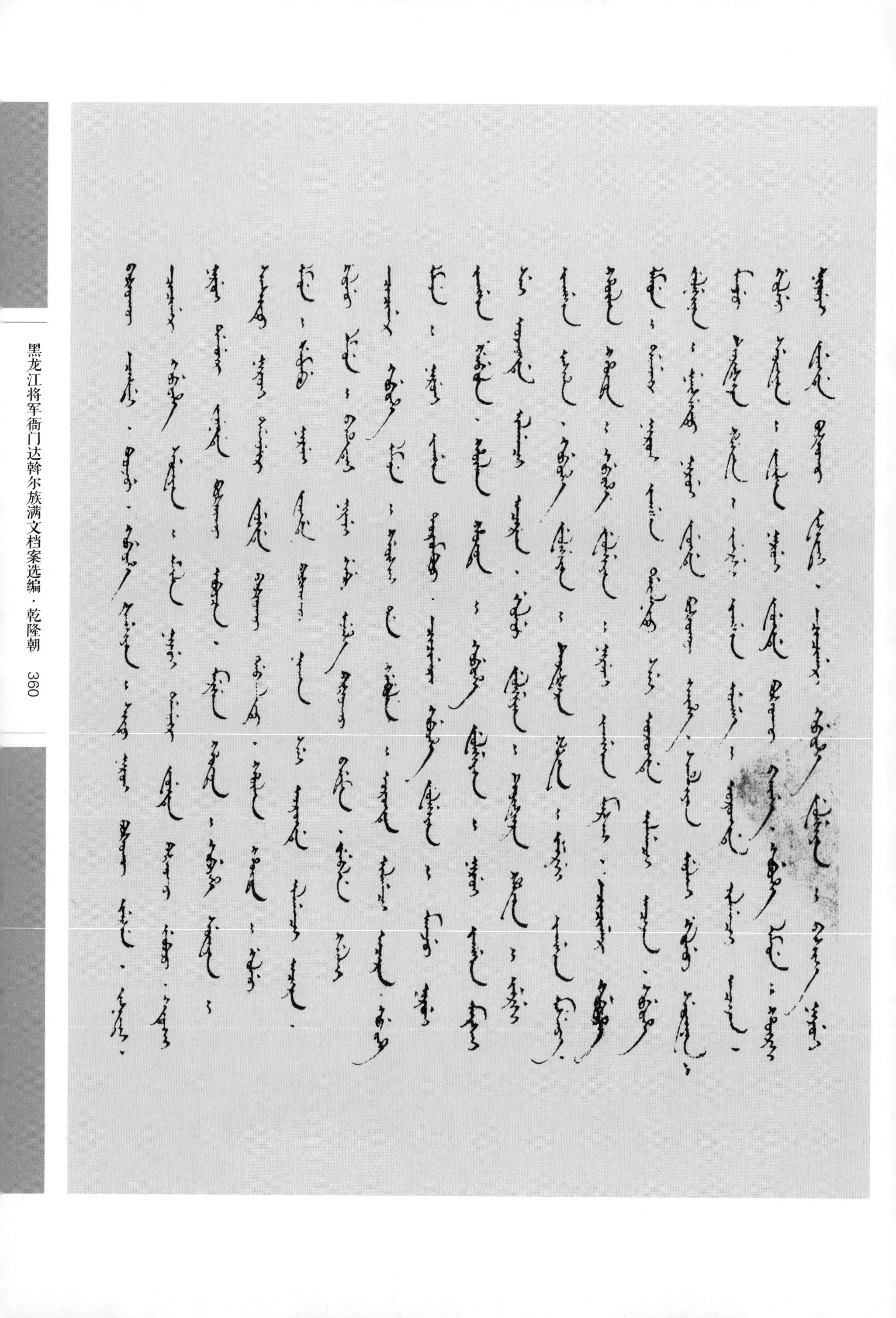

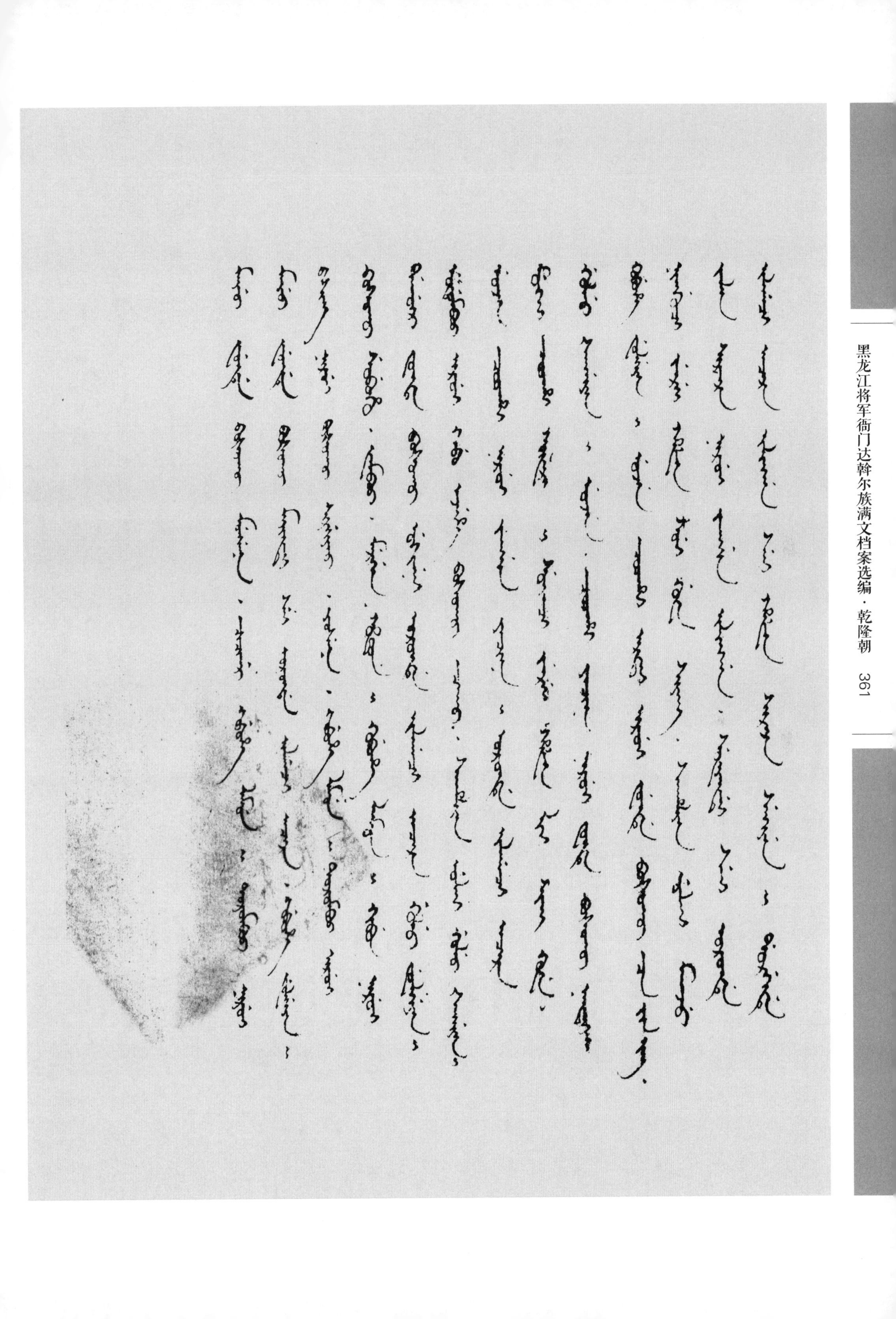

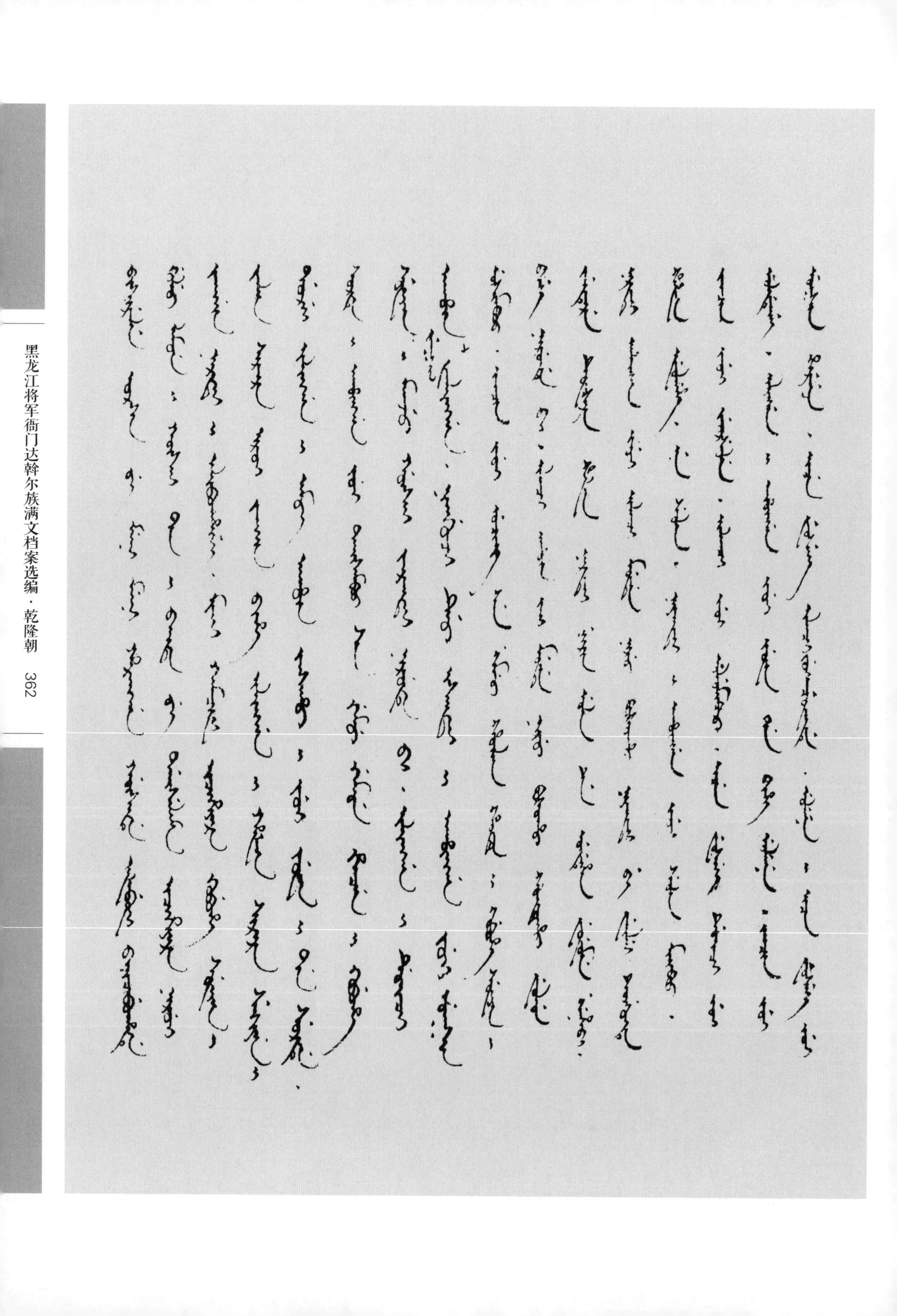

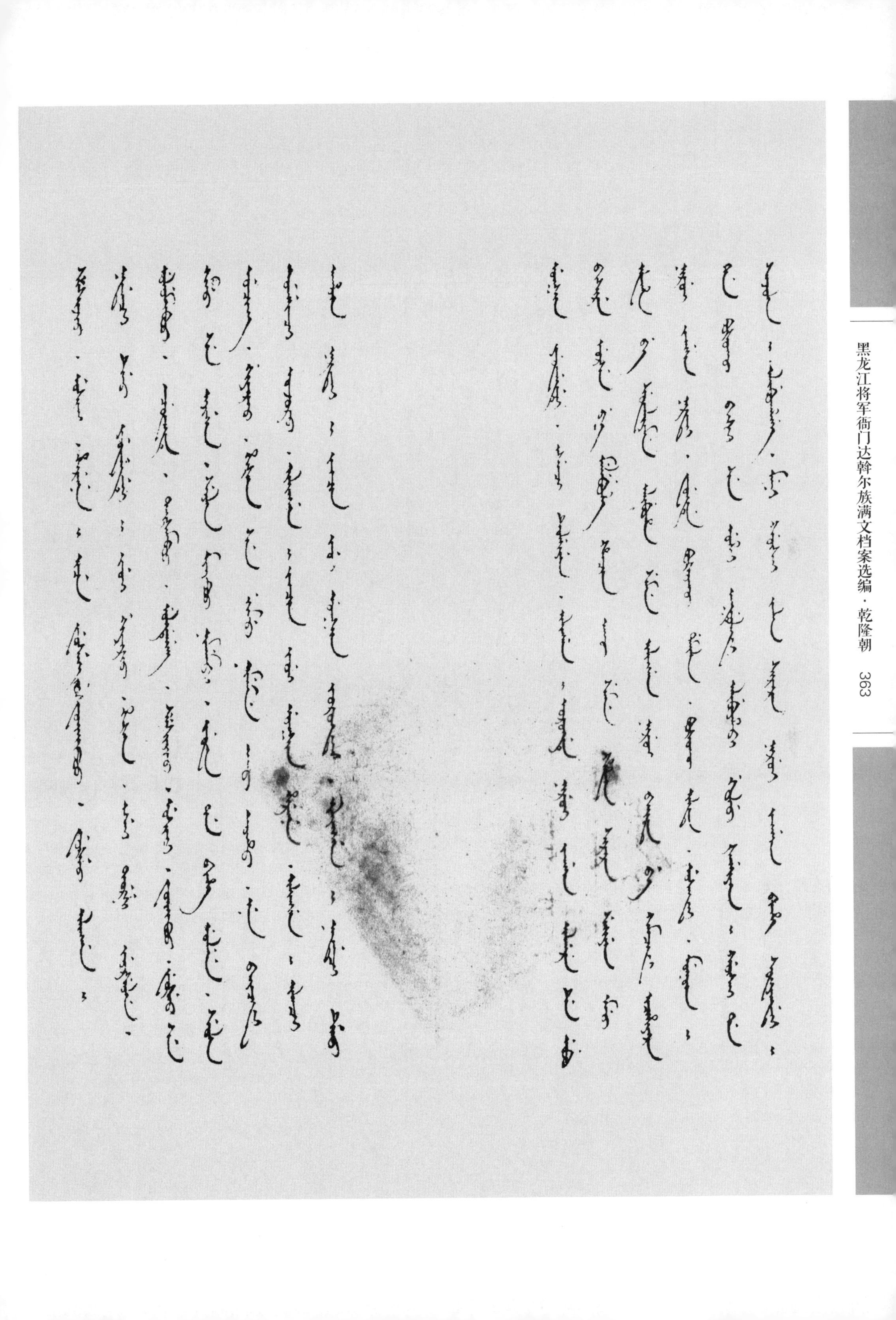

[illegible]

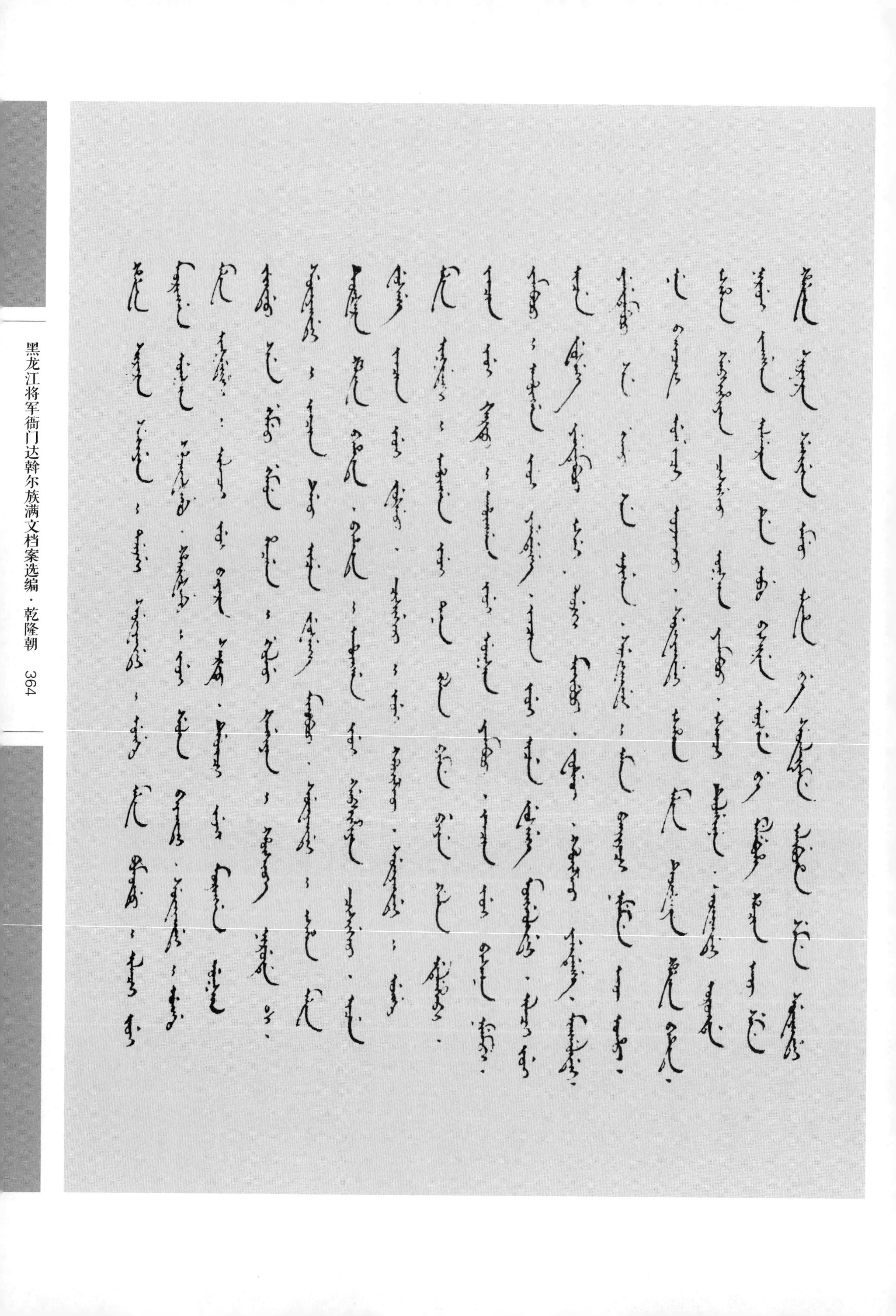

[illegible]

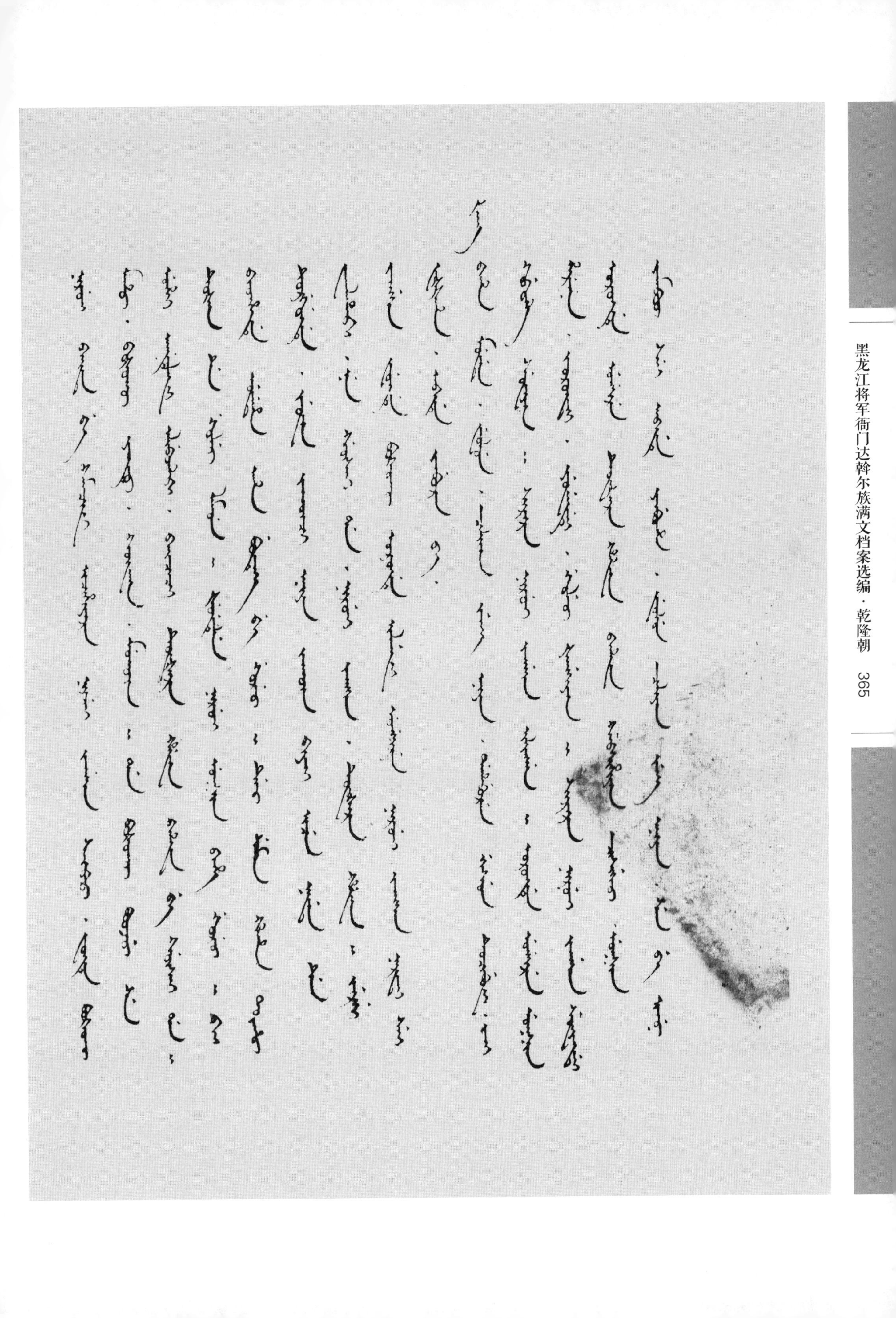

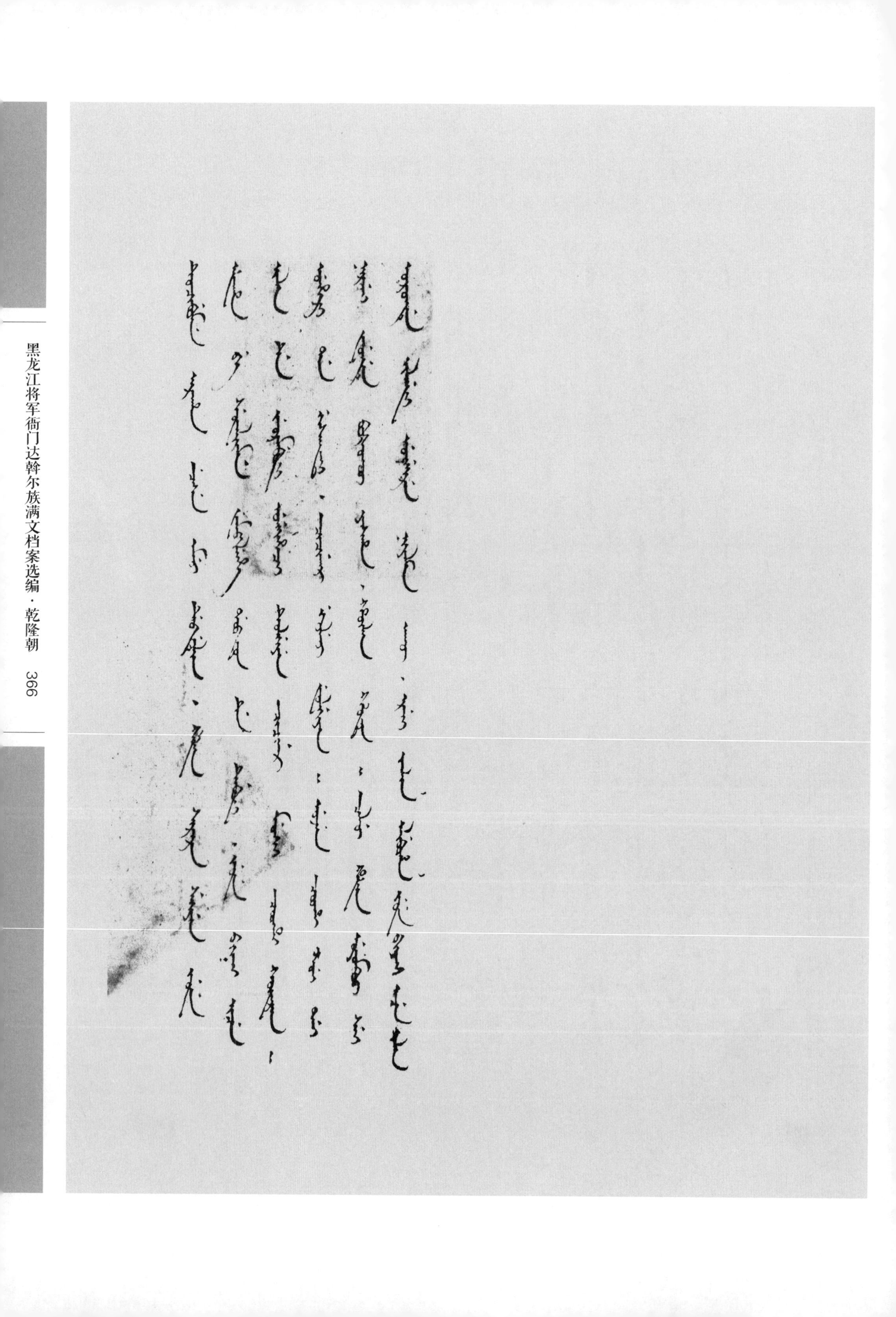

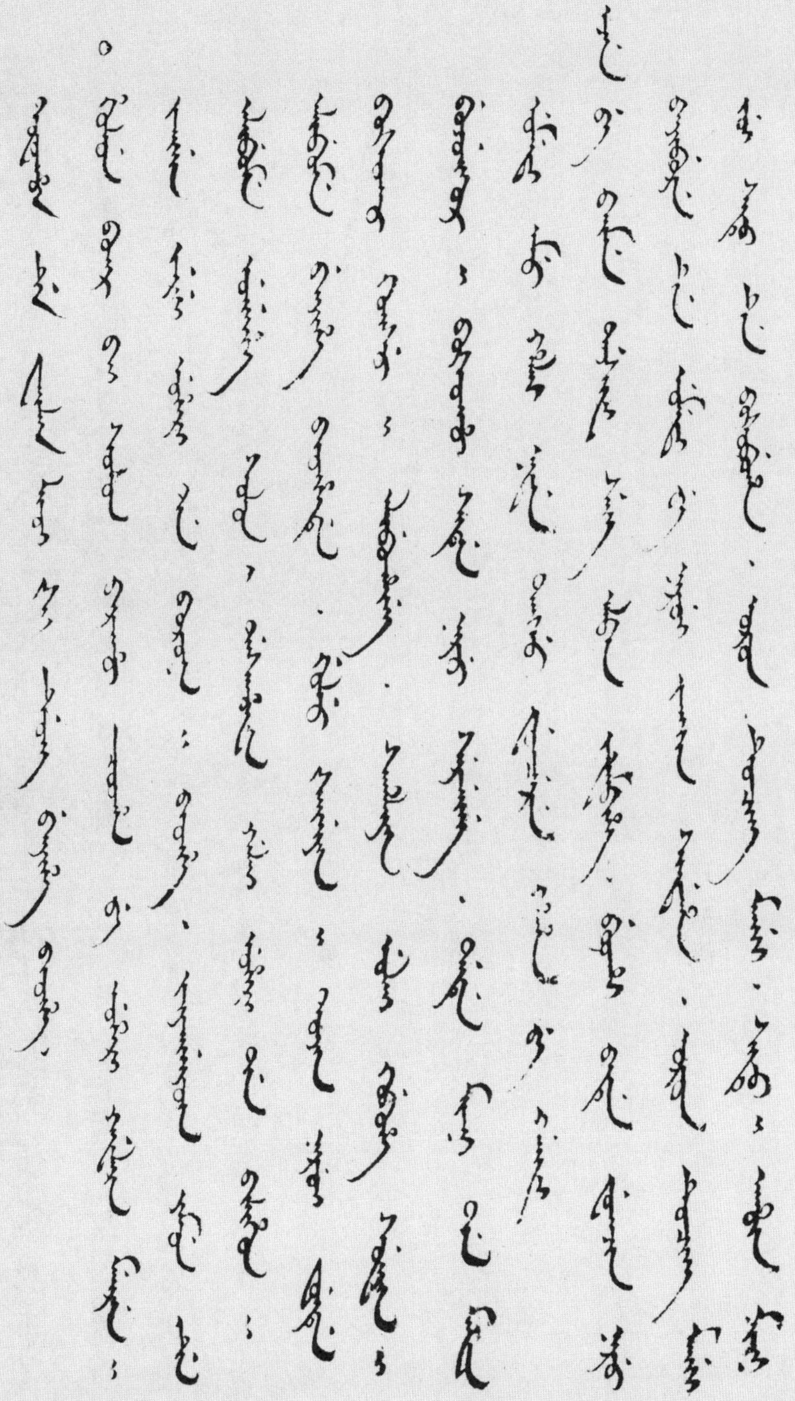

乾隆十九年二月十五日

七五七 管带呼伦贝尔索伦巴尔虎官兵副都统衔总管博罗纳为黑龙江镶黄旗佐领出缺拣选正白旗达斡尔骁骑校奎苏报送事咨呈黑龙江将军衙门文

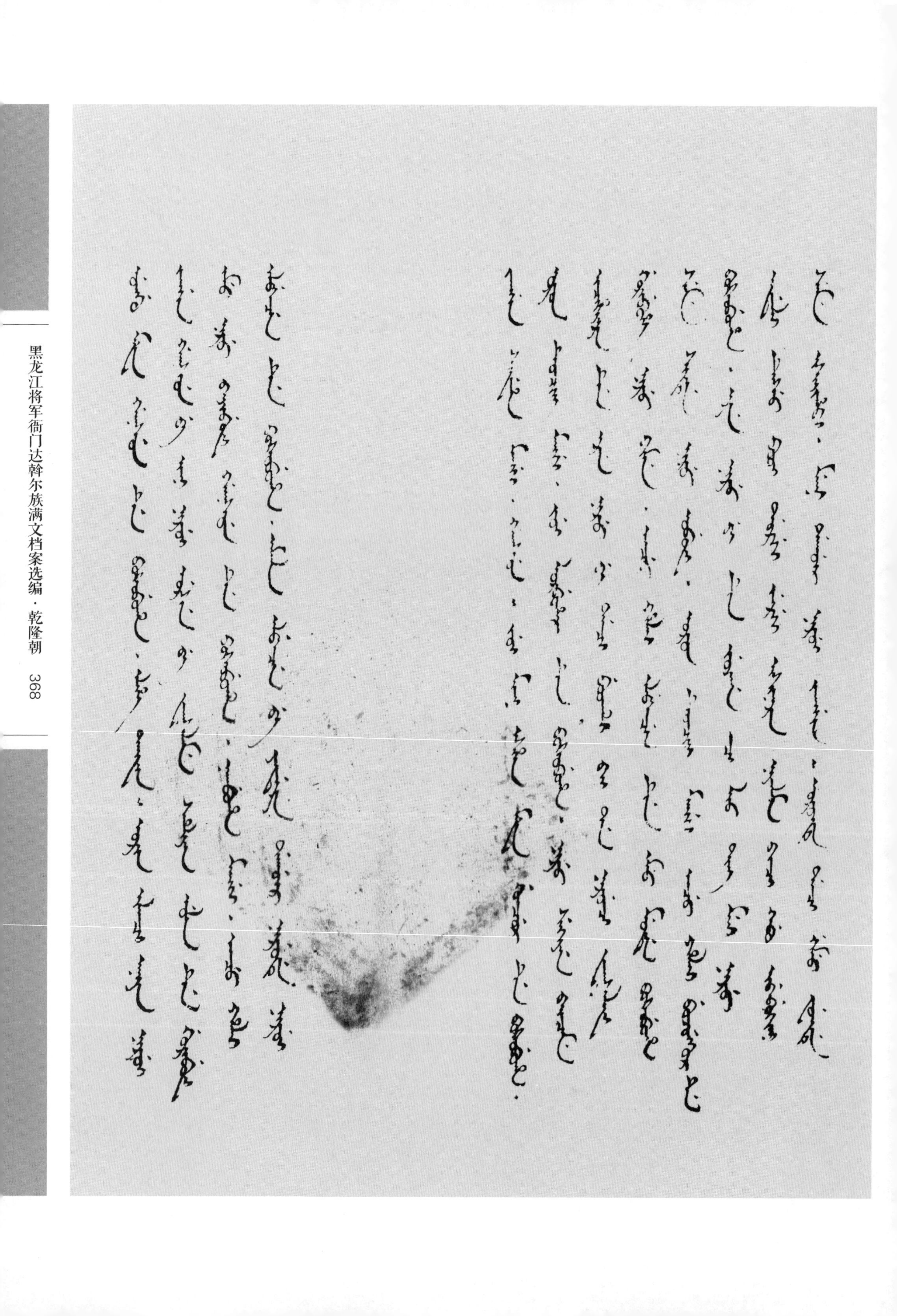

[illegible]

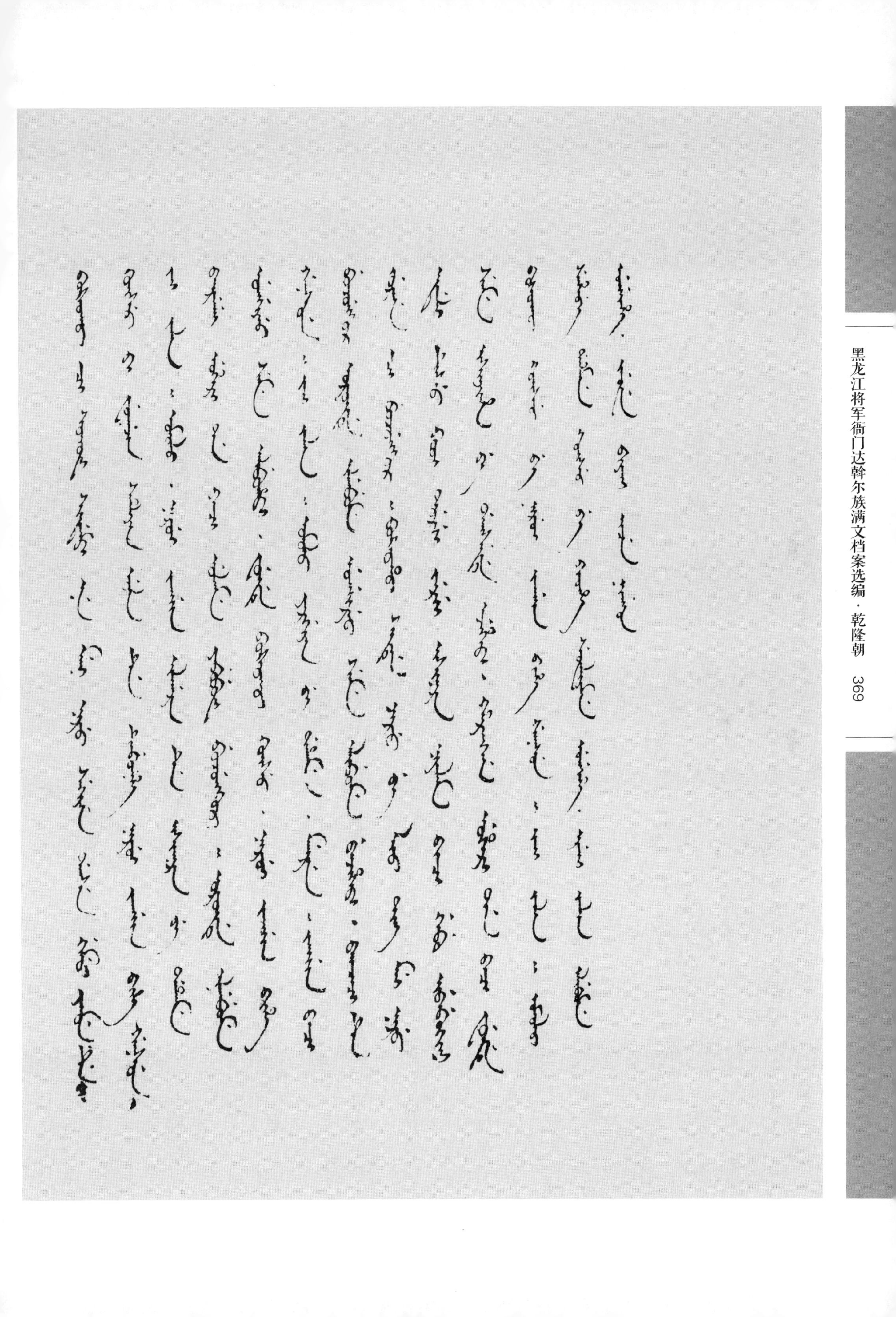

[illegible]

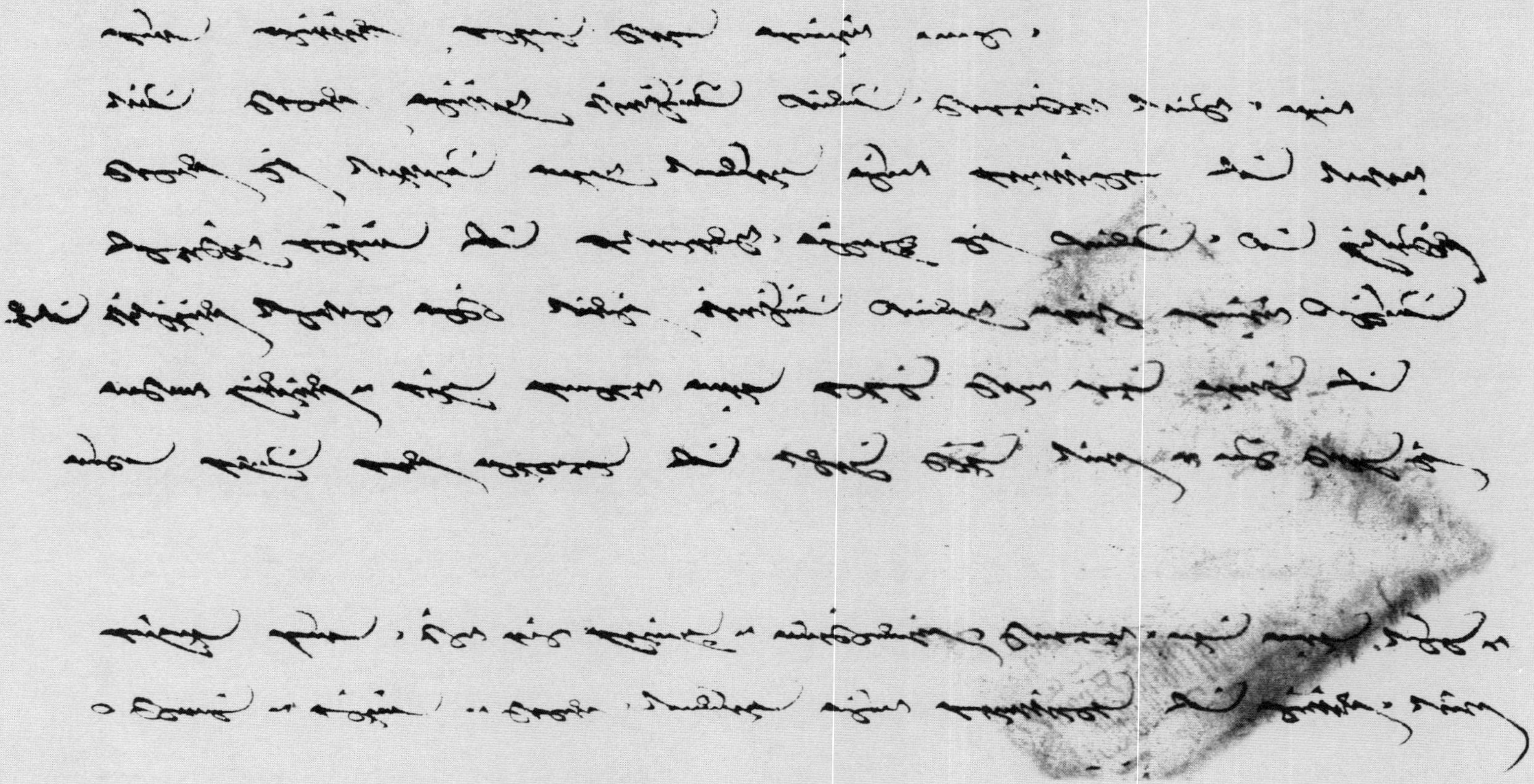

乾隆十九年二月十五日

（附抄本一件）

七五八　户部为布特哈索伦达斡尔鄂伦春交纳貂皮足数不及等次照例不赏赐并免罪事咨黑龙江将军文

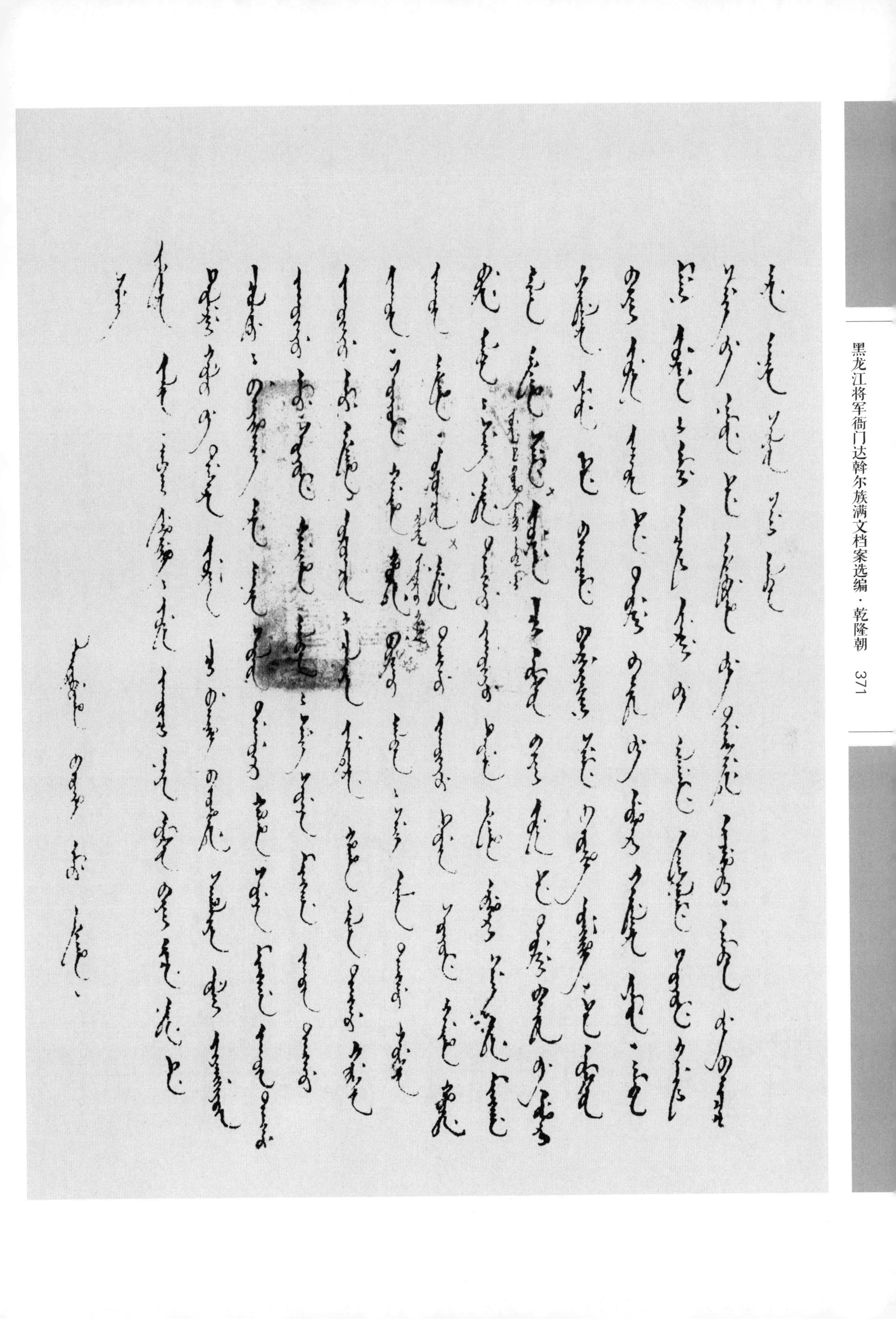

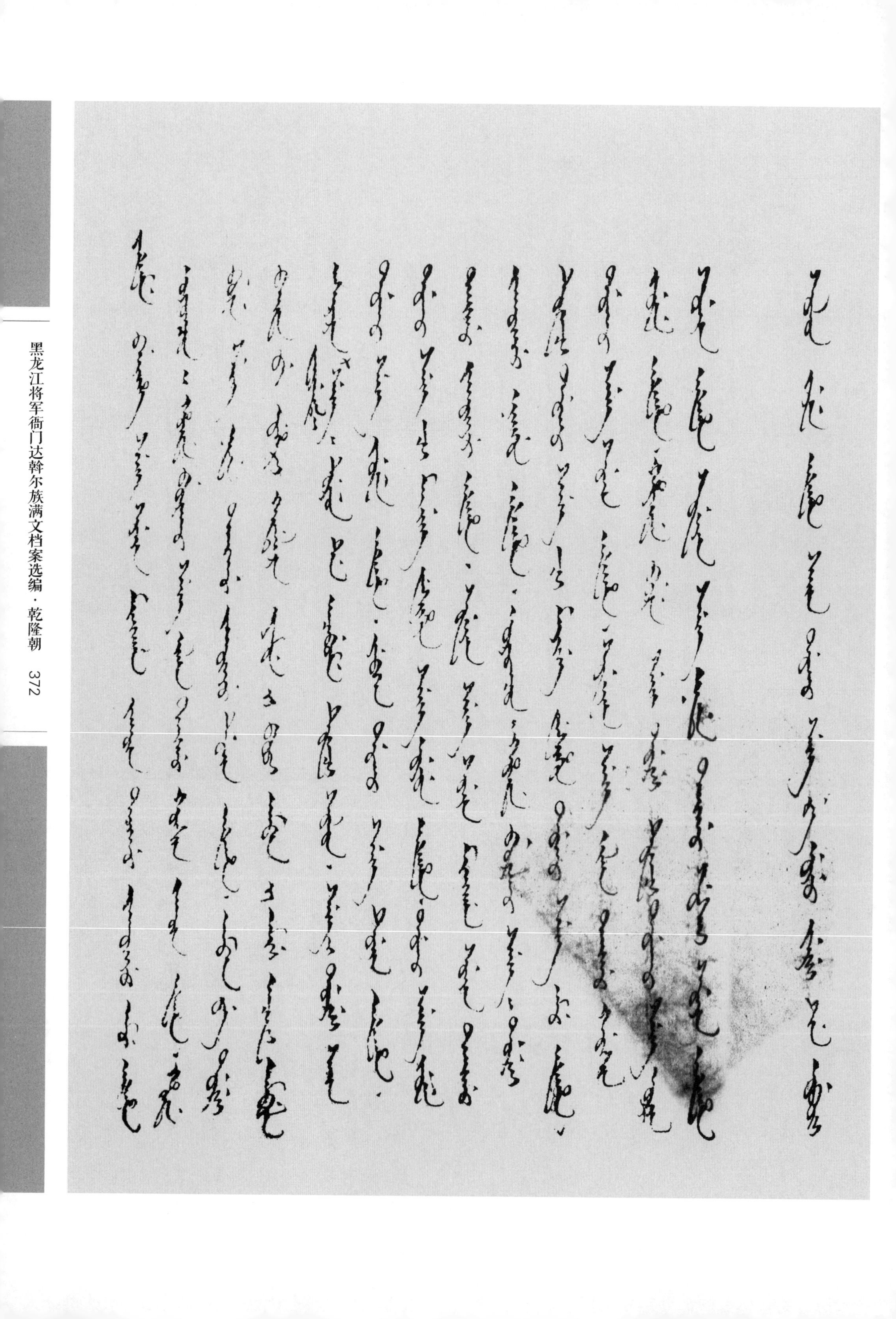

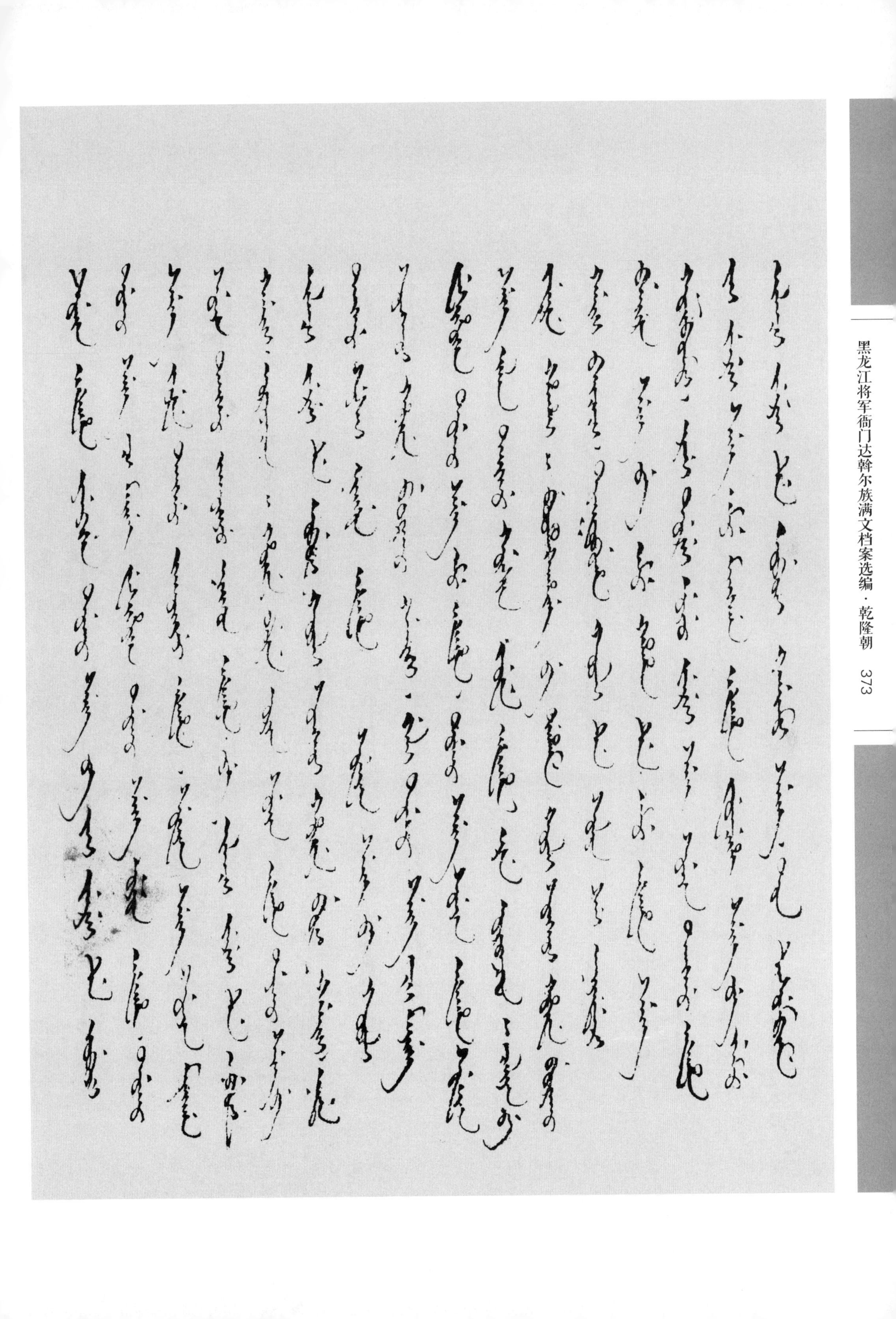

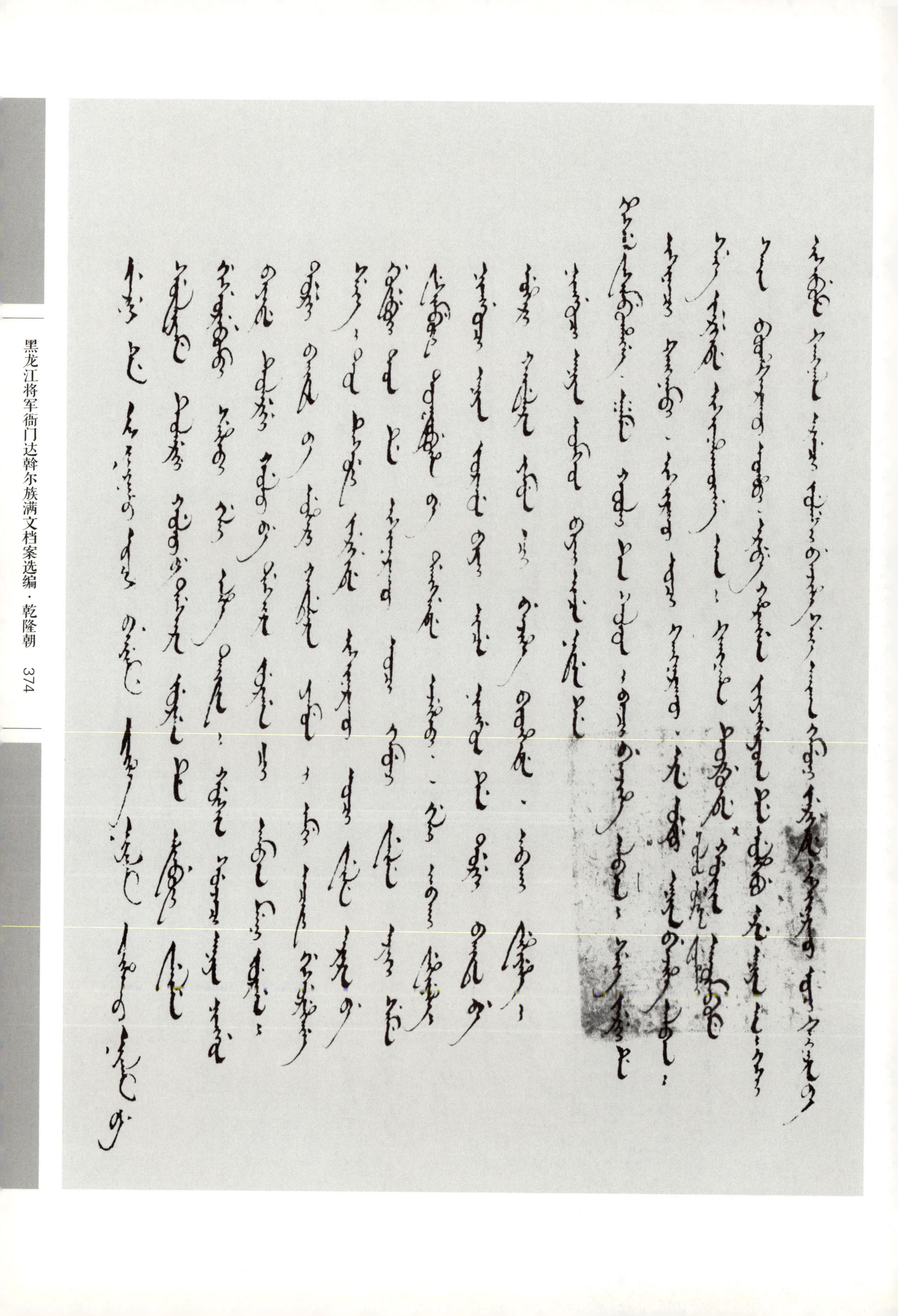

[illegible]

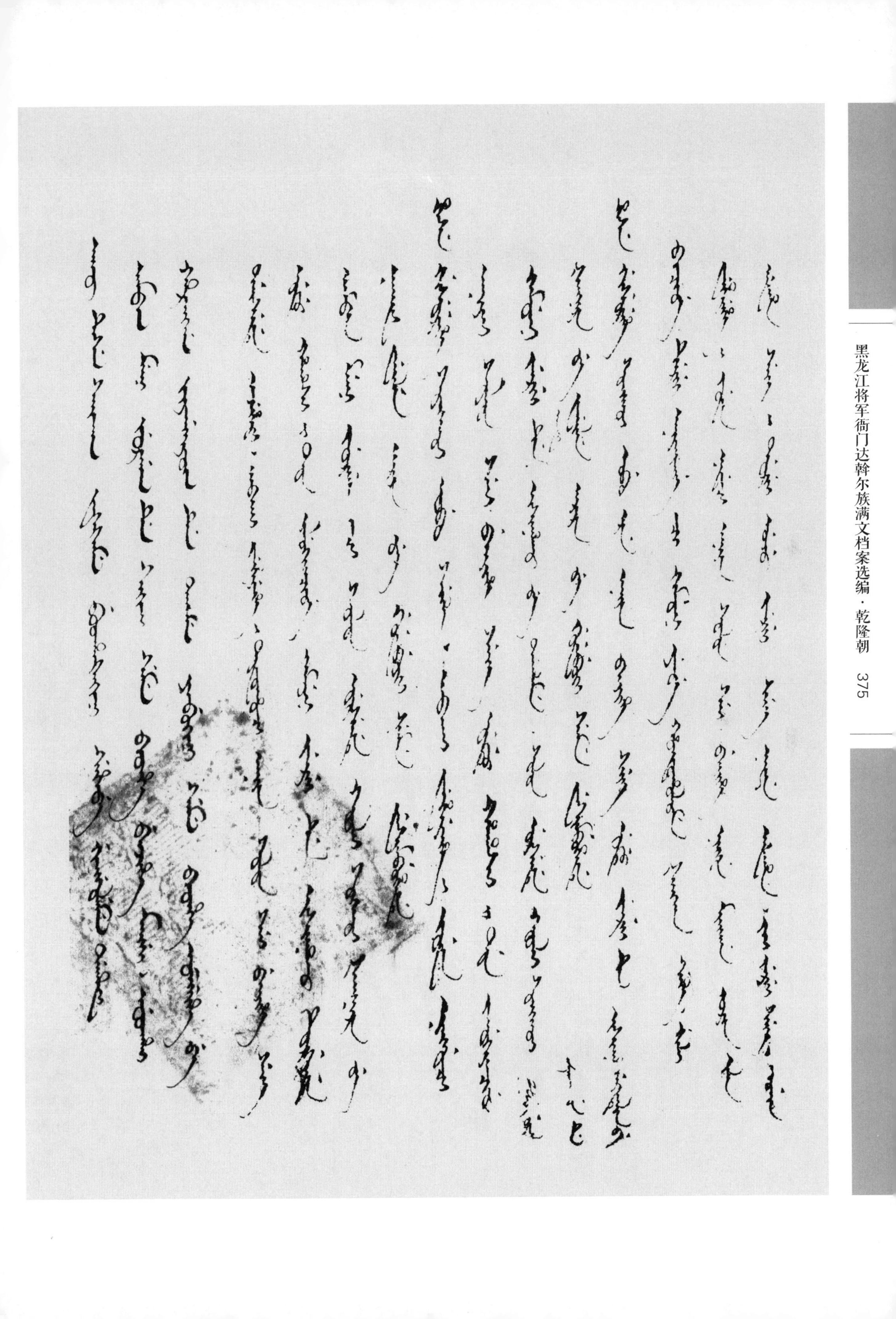

[illegible]

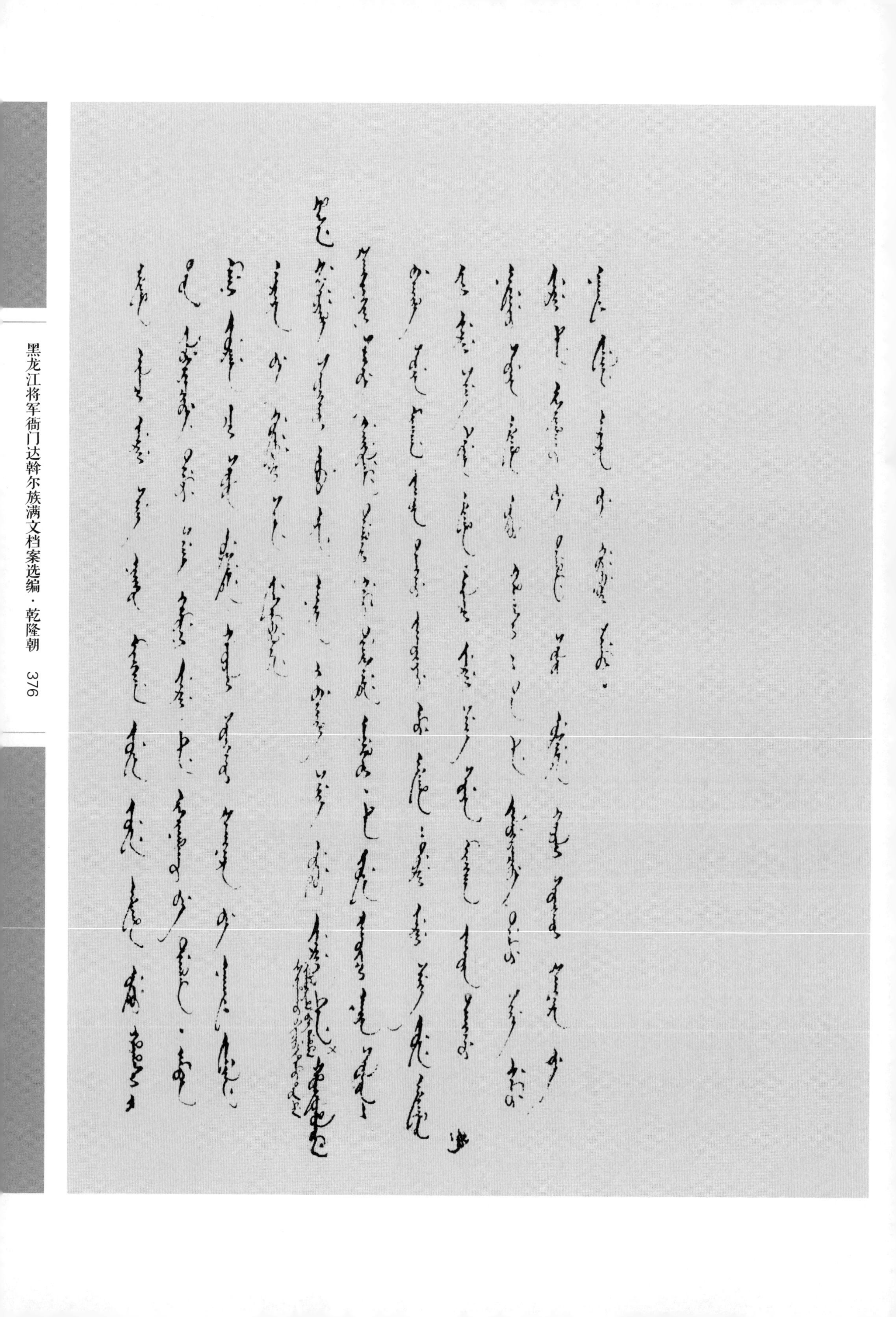

[illegible]

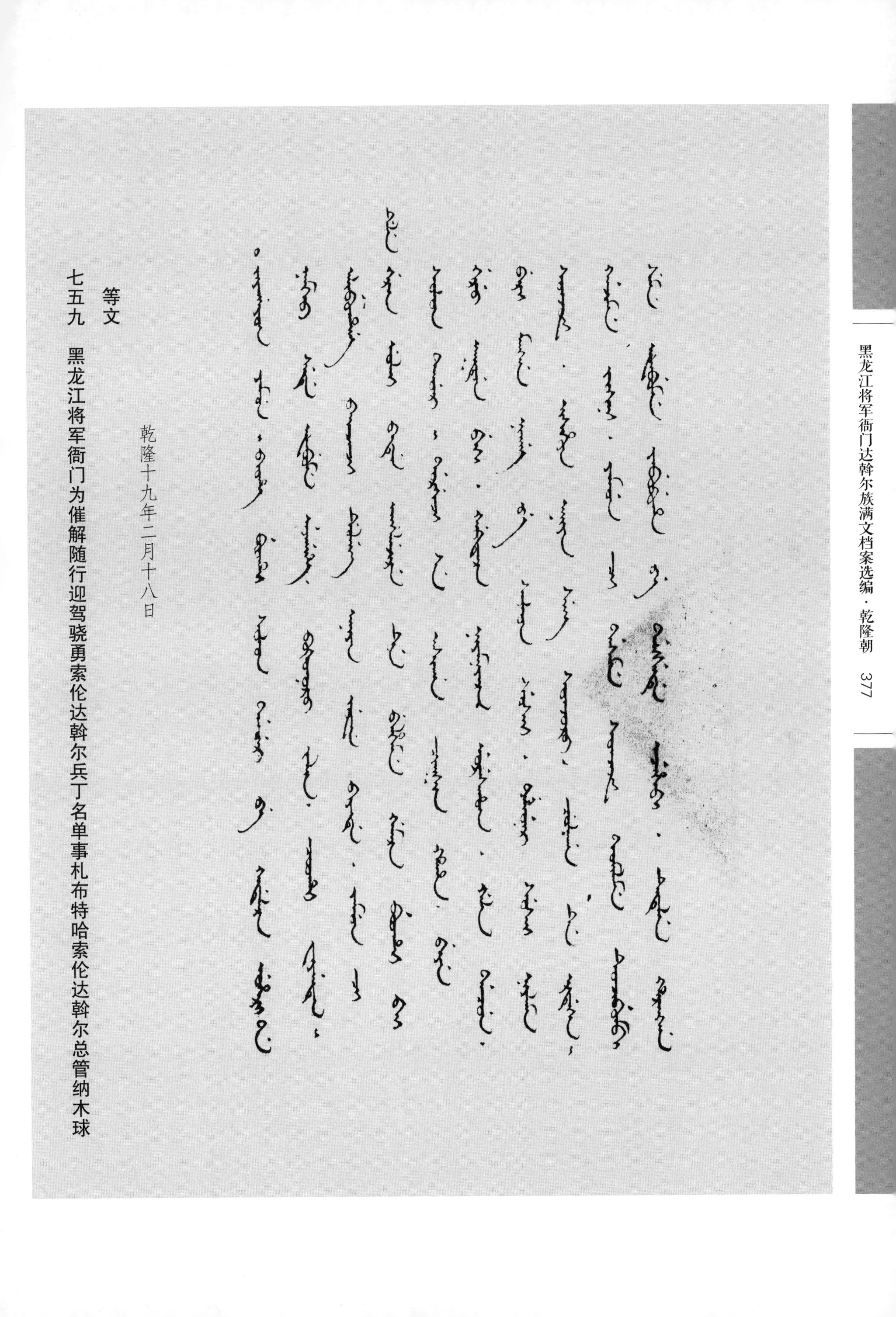

七五九　黑龙江将军衙门为催解随行迎驾骁勇索伦达斡尔兵丁名单事札布特哈索伦达斡尔总管纳木球等文

乾隆十九年二月十八日

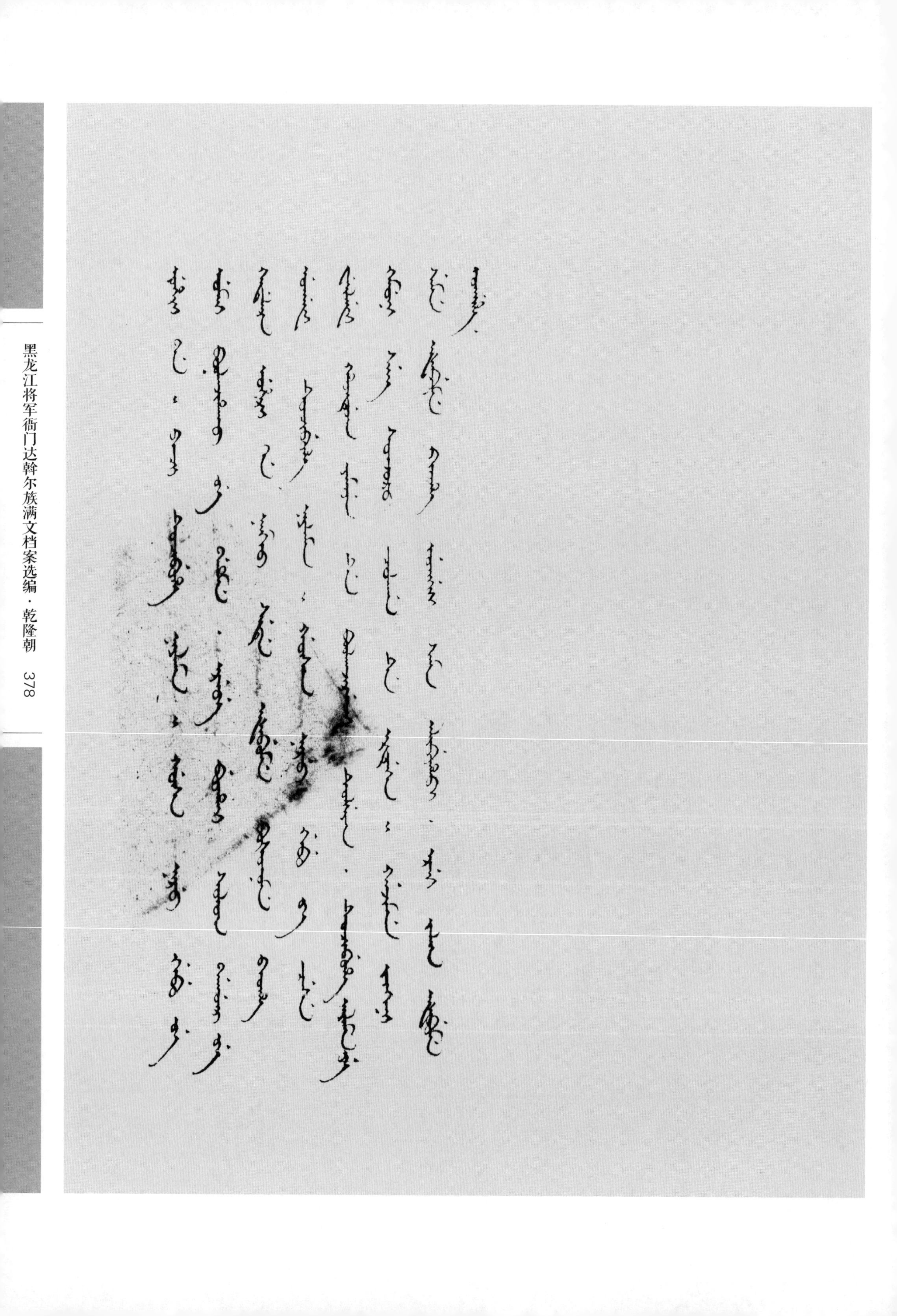

七六〇　黑龙江将军衙门为收缴布特哈索伦达斡尔等火枪应折给价银内坐扣其粮价银事咨户部文

乾隆十九年二月二十一日

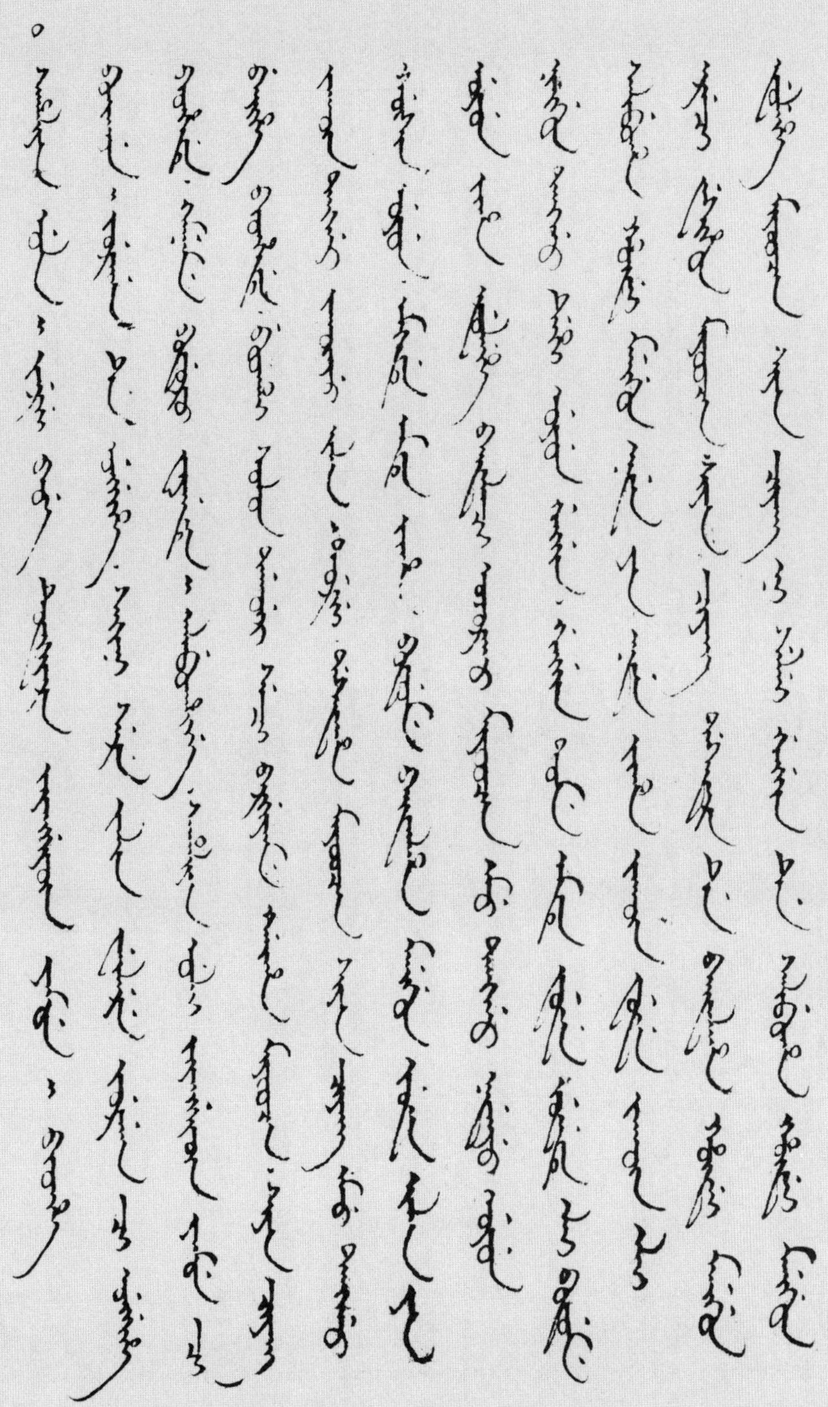

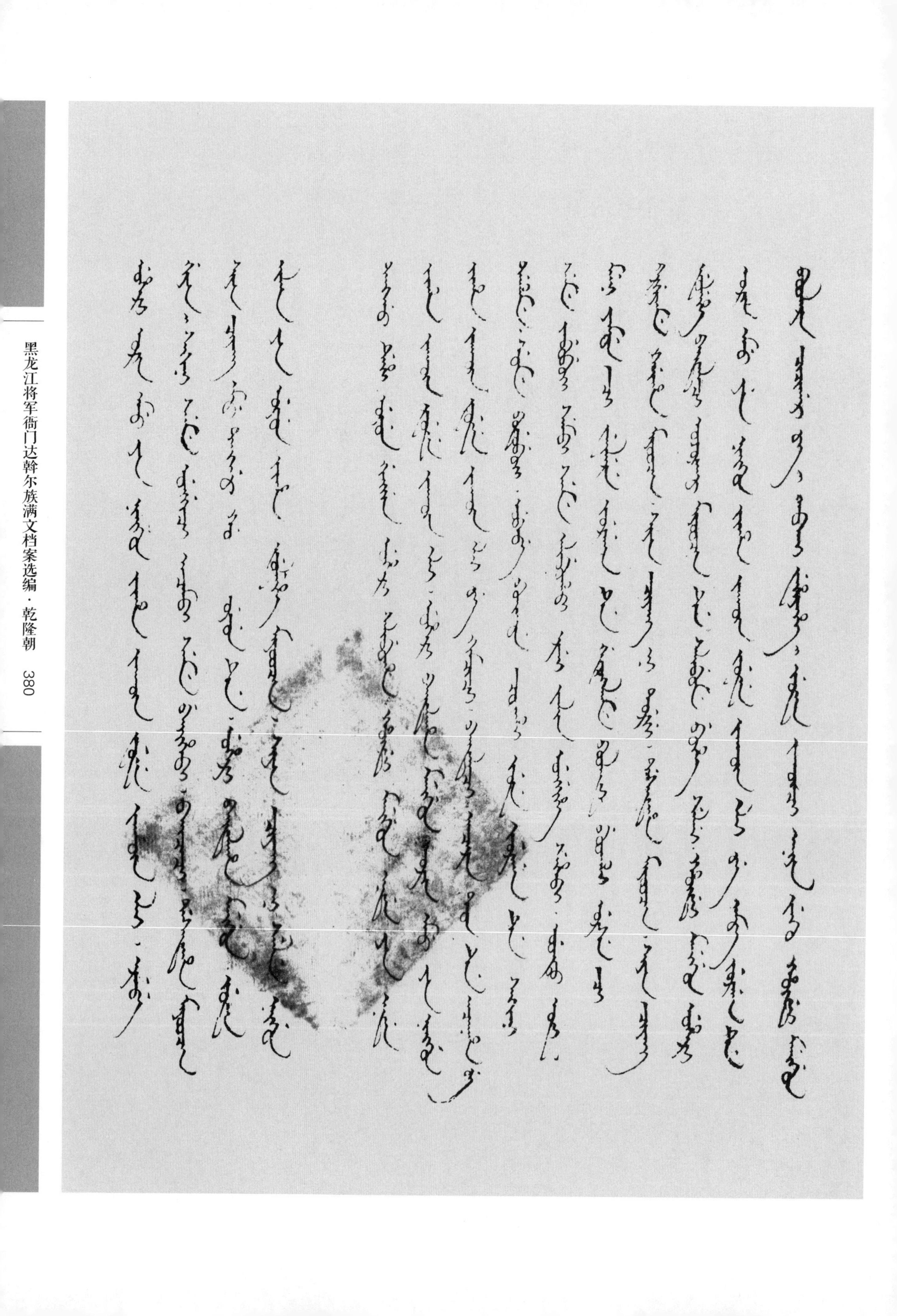

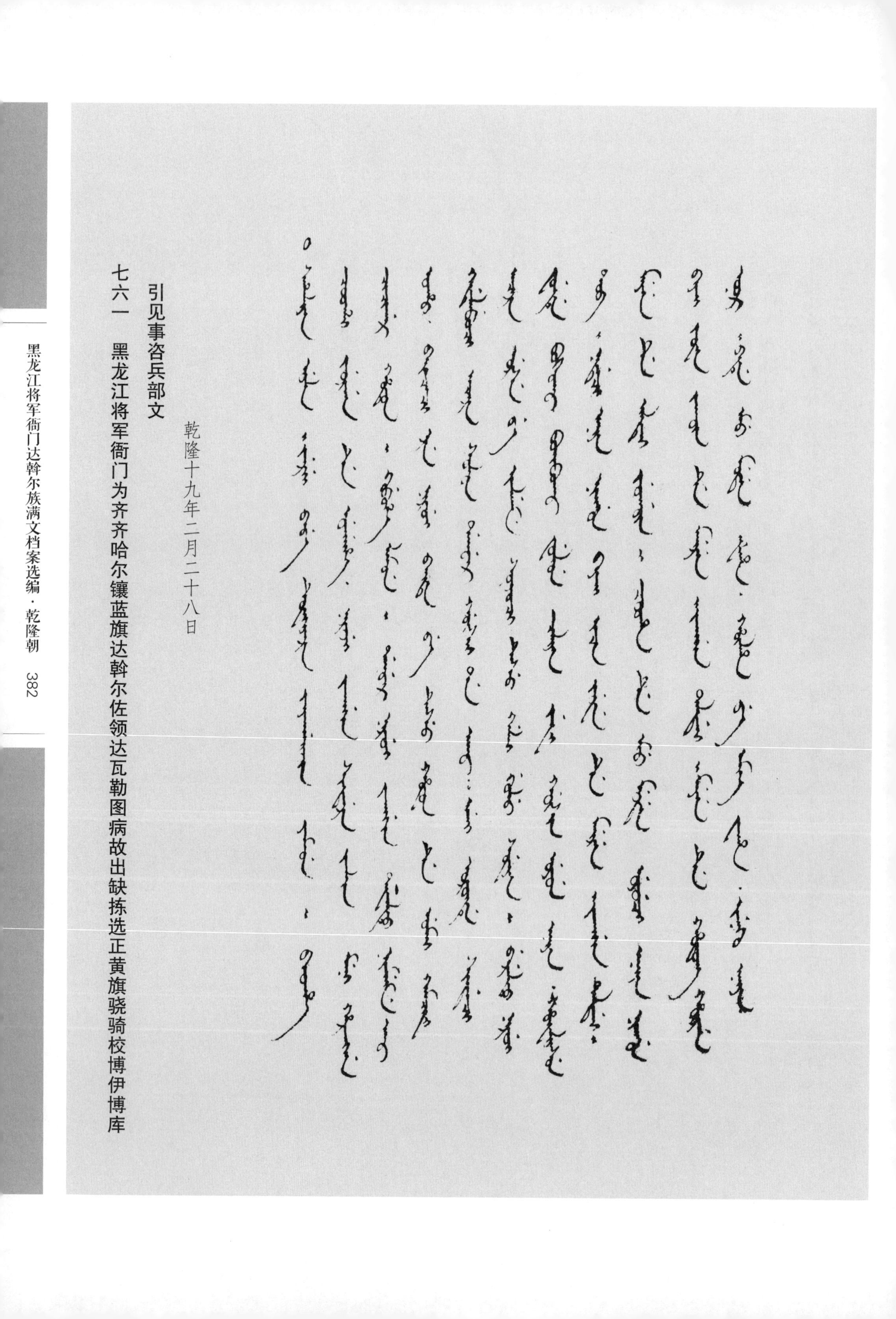

七六一 黑龙江将军衙门为齐齐哈尔镶蓝旗达斡尔佐领达瓦勒图病故出缺拣选正黄旗骁骑校博伊博库引见事咨兵部文

乾隆十九年二月二十八日

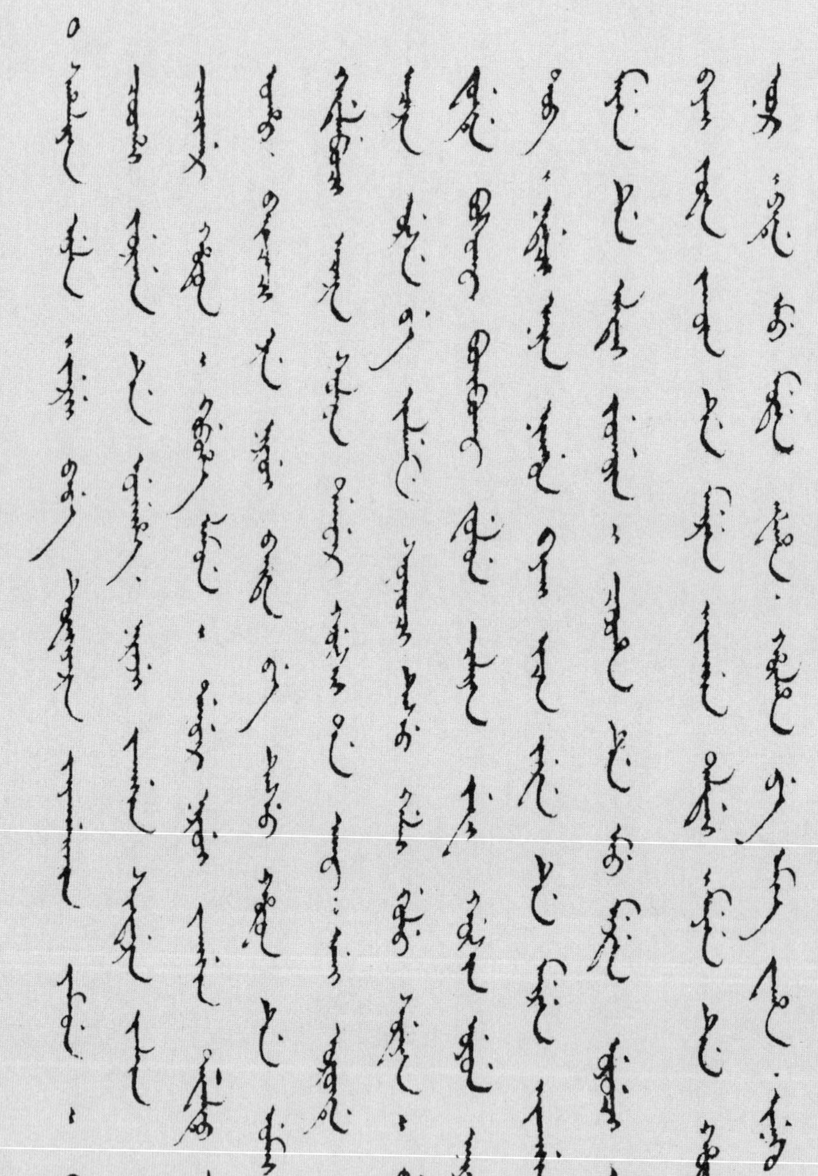

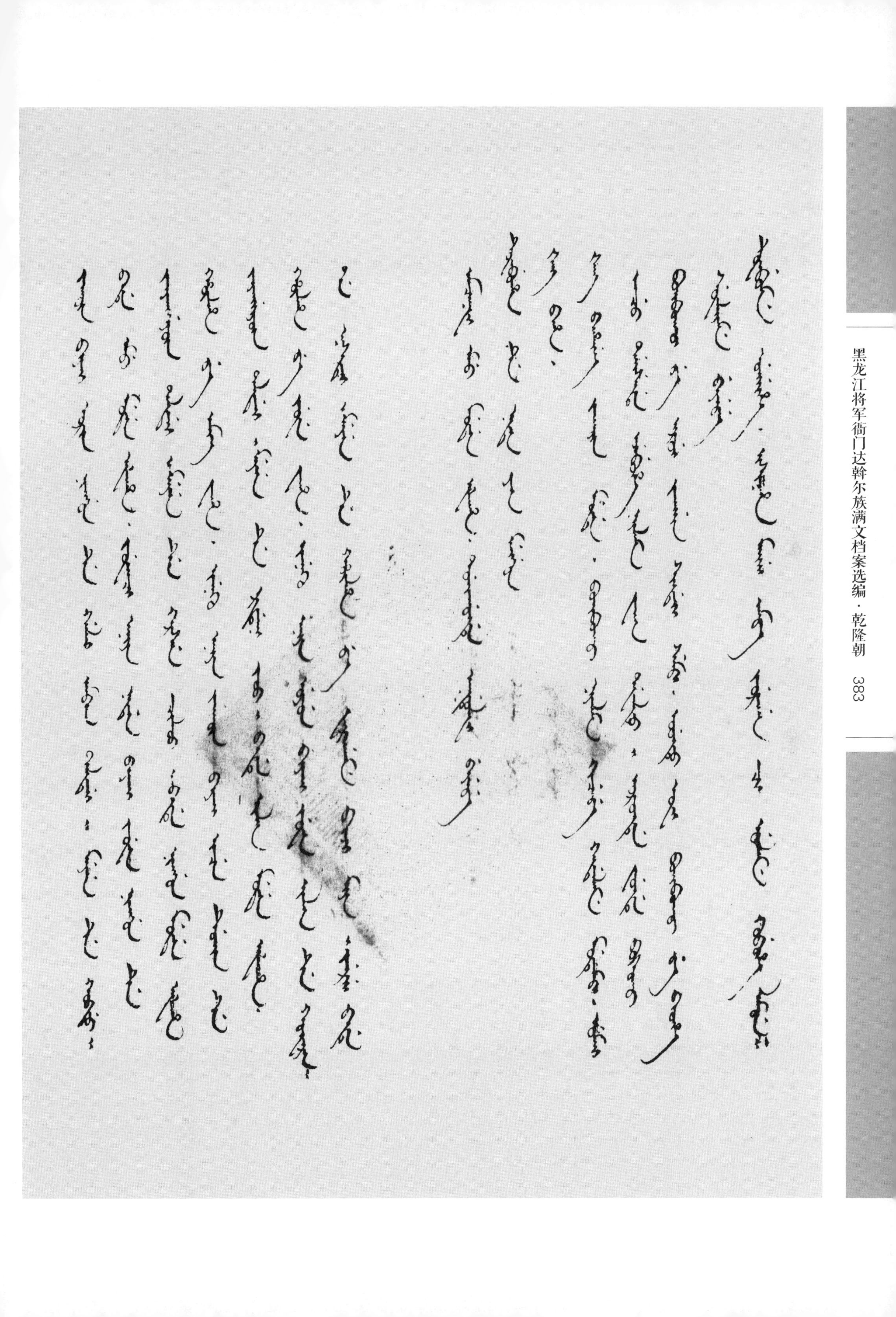

[illegible]

七六二 黑龙江将军衙门为黑龙江镶黄旗达斡尔佐领布钟库尔因罪降级调用出缺拣员引见补放事咨兵部文

乾隆十九年二月二十八日

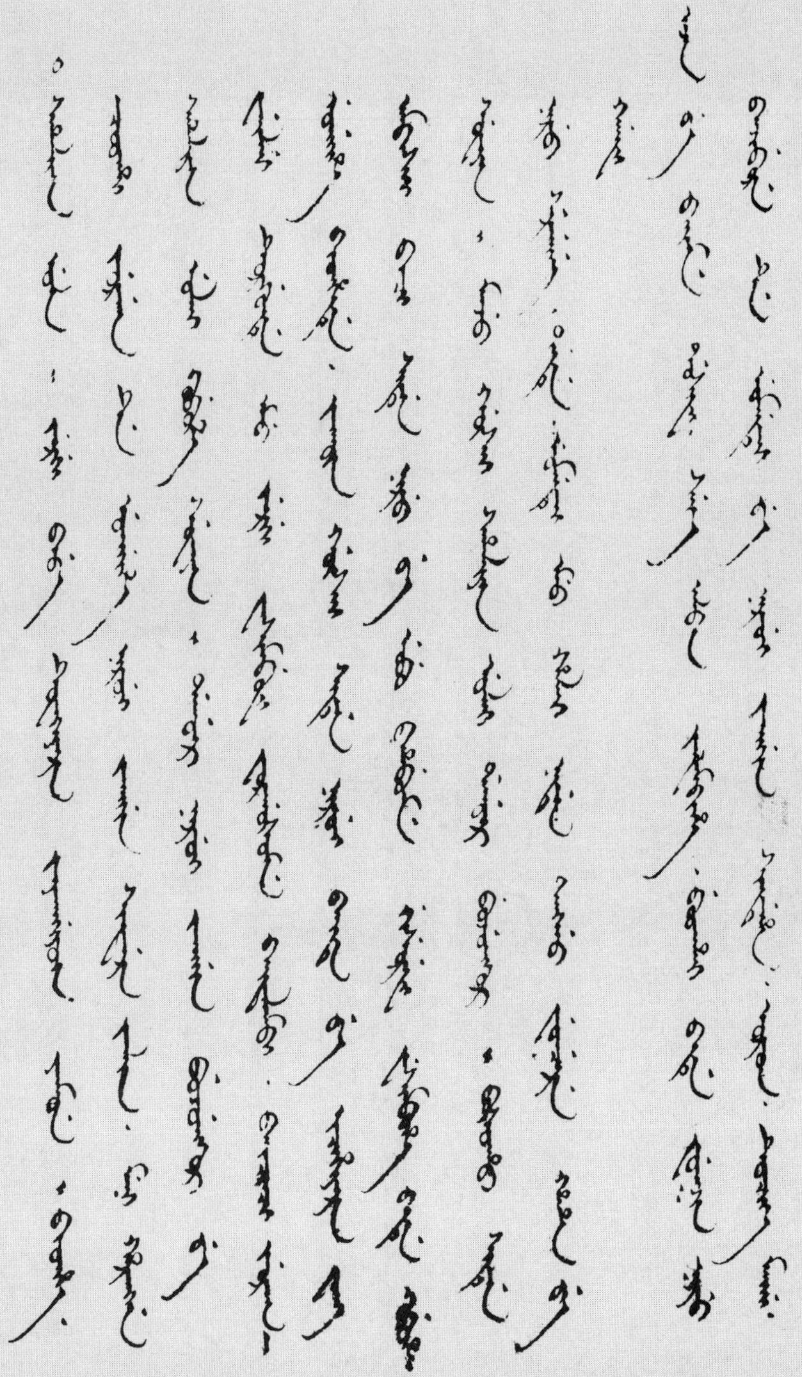

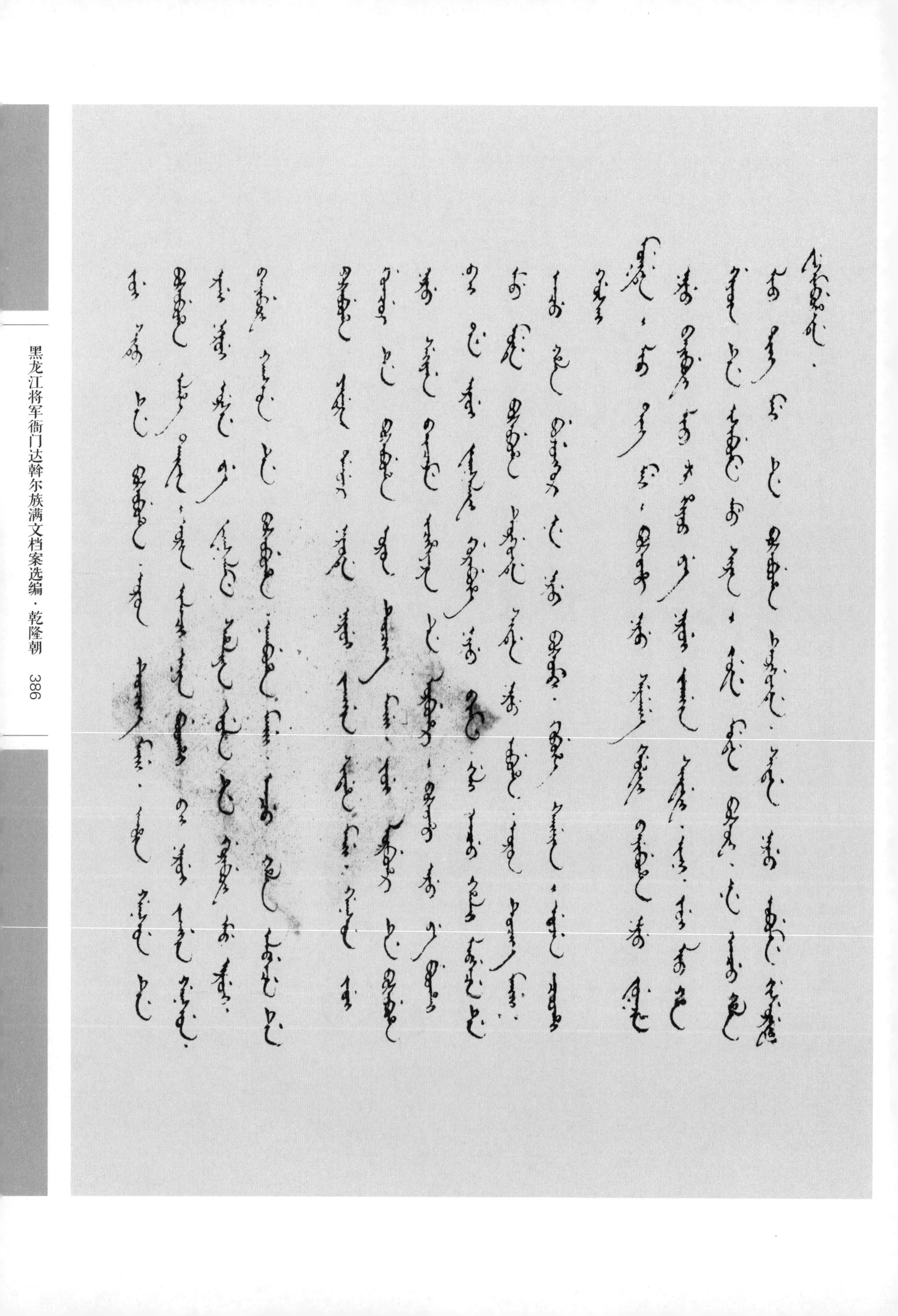

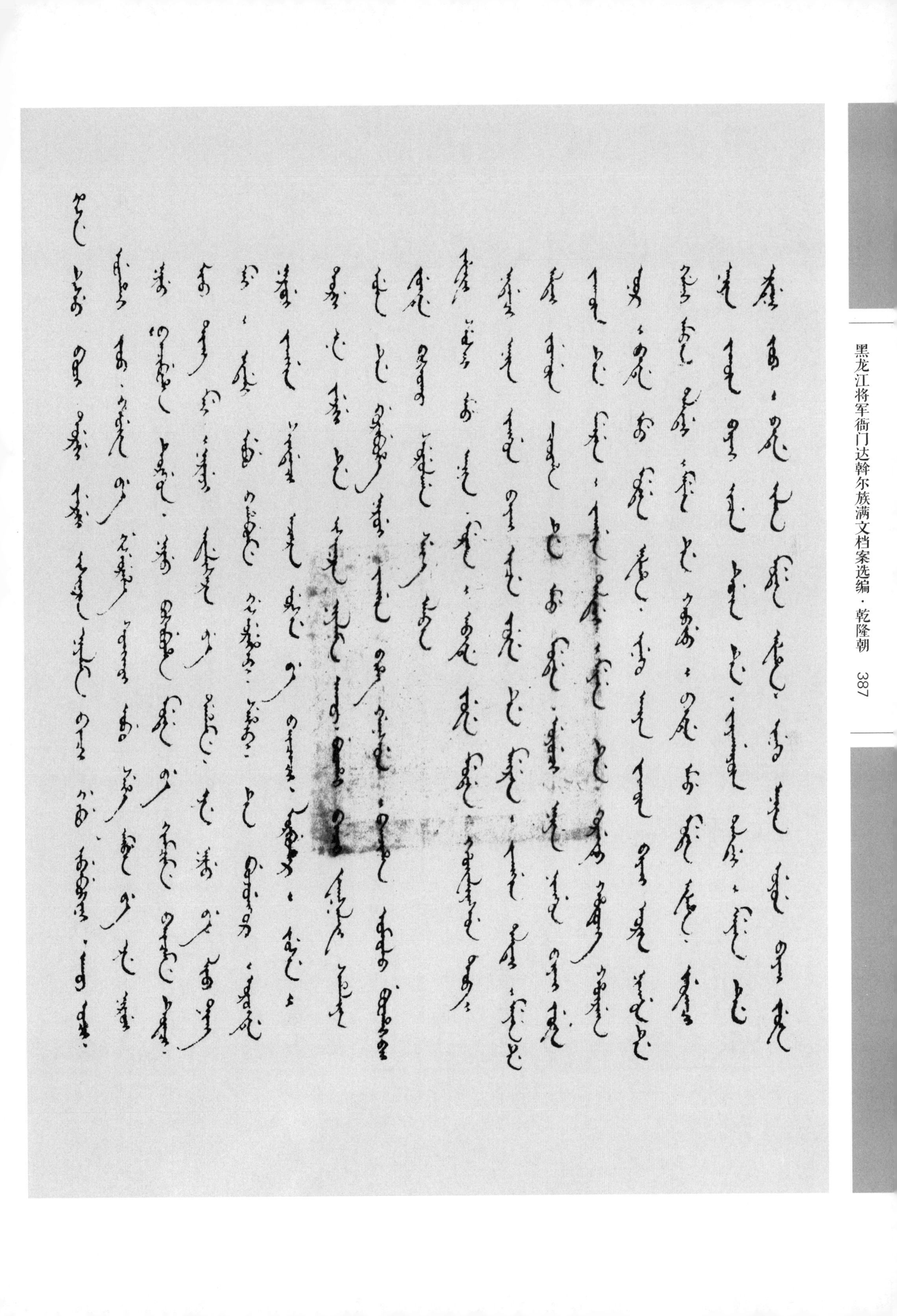

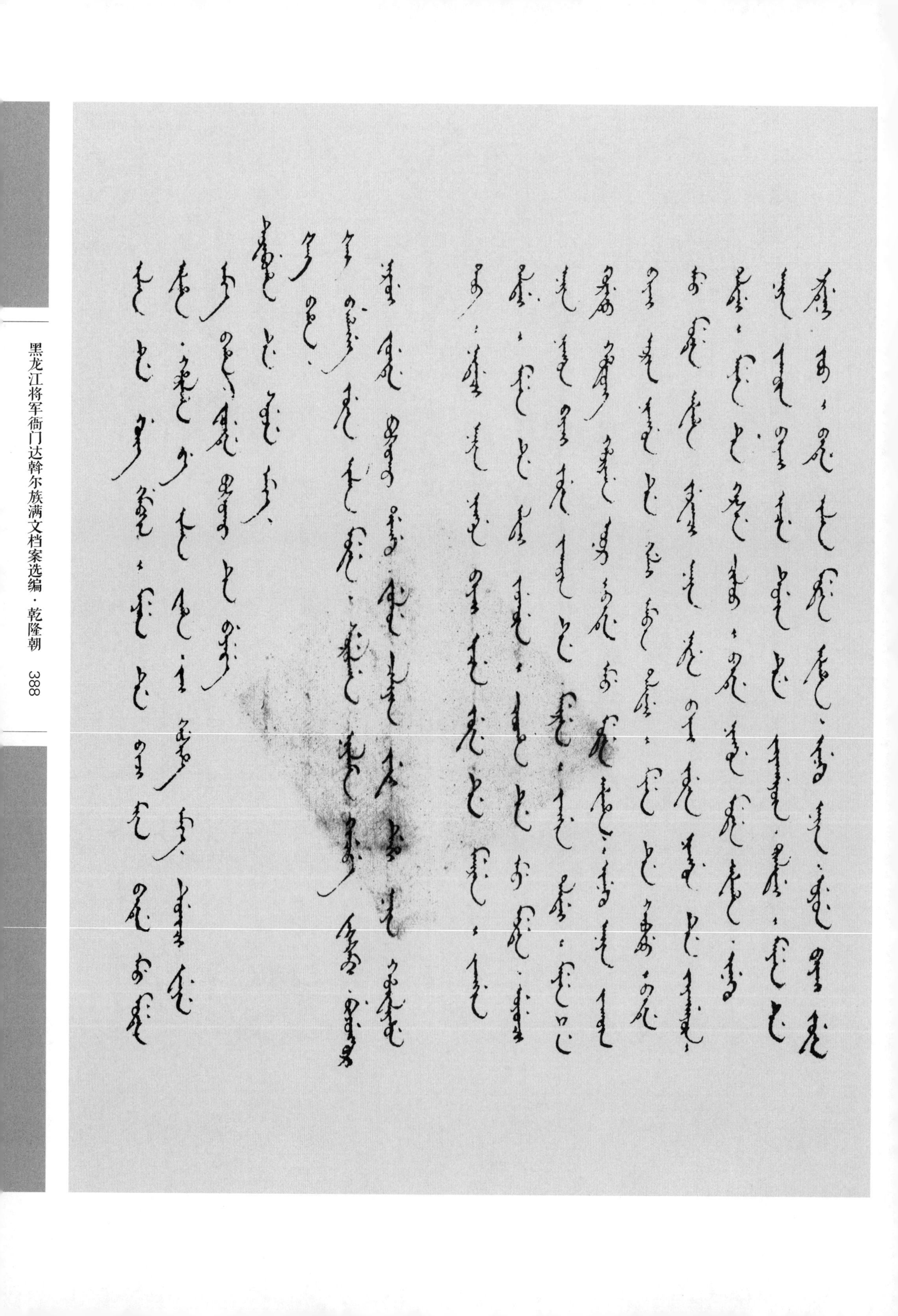

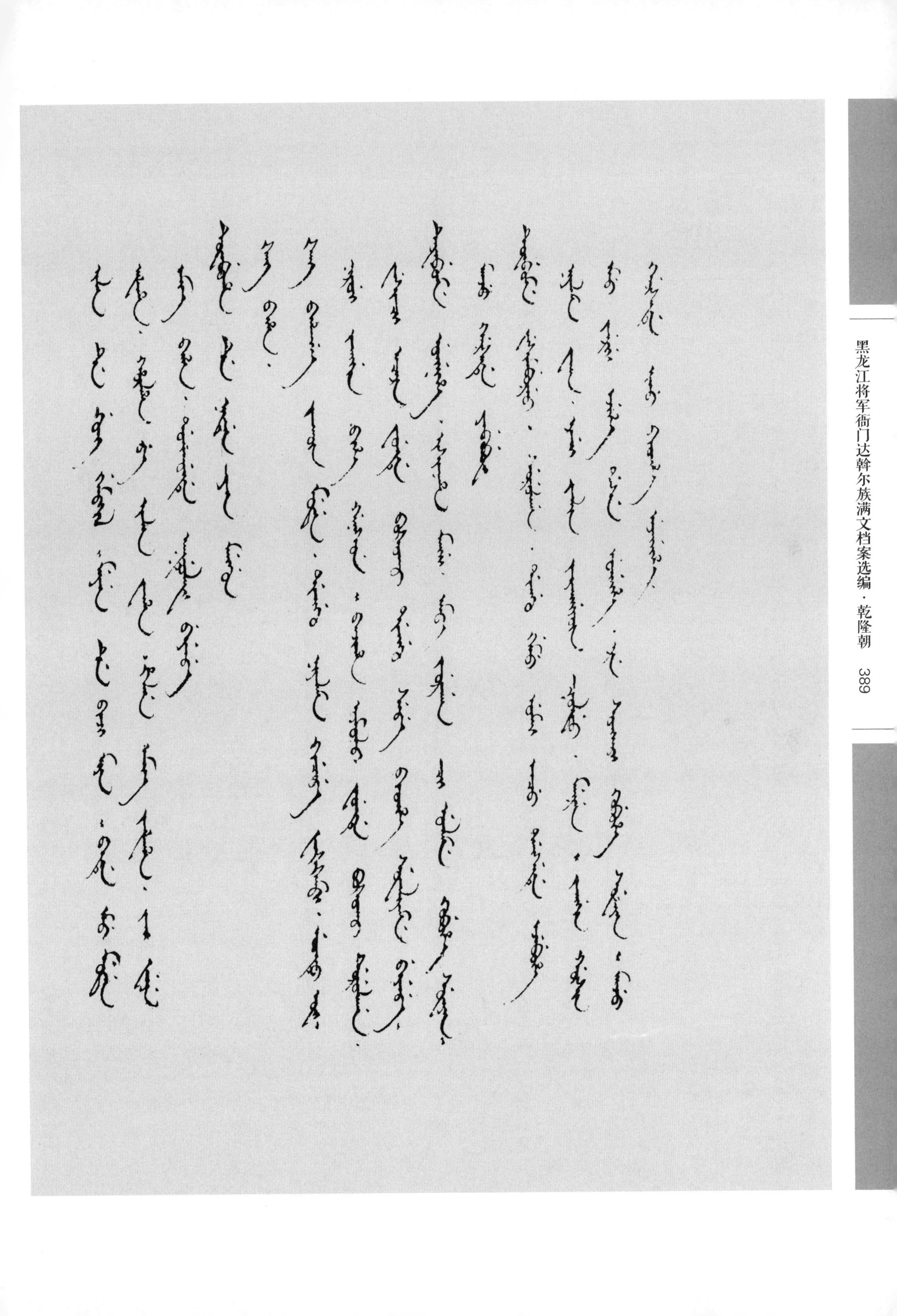

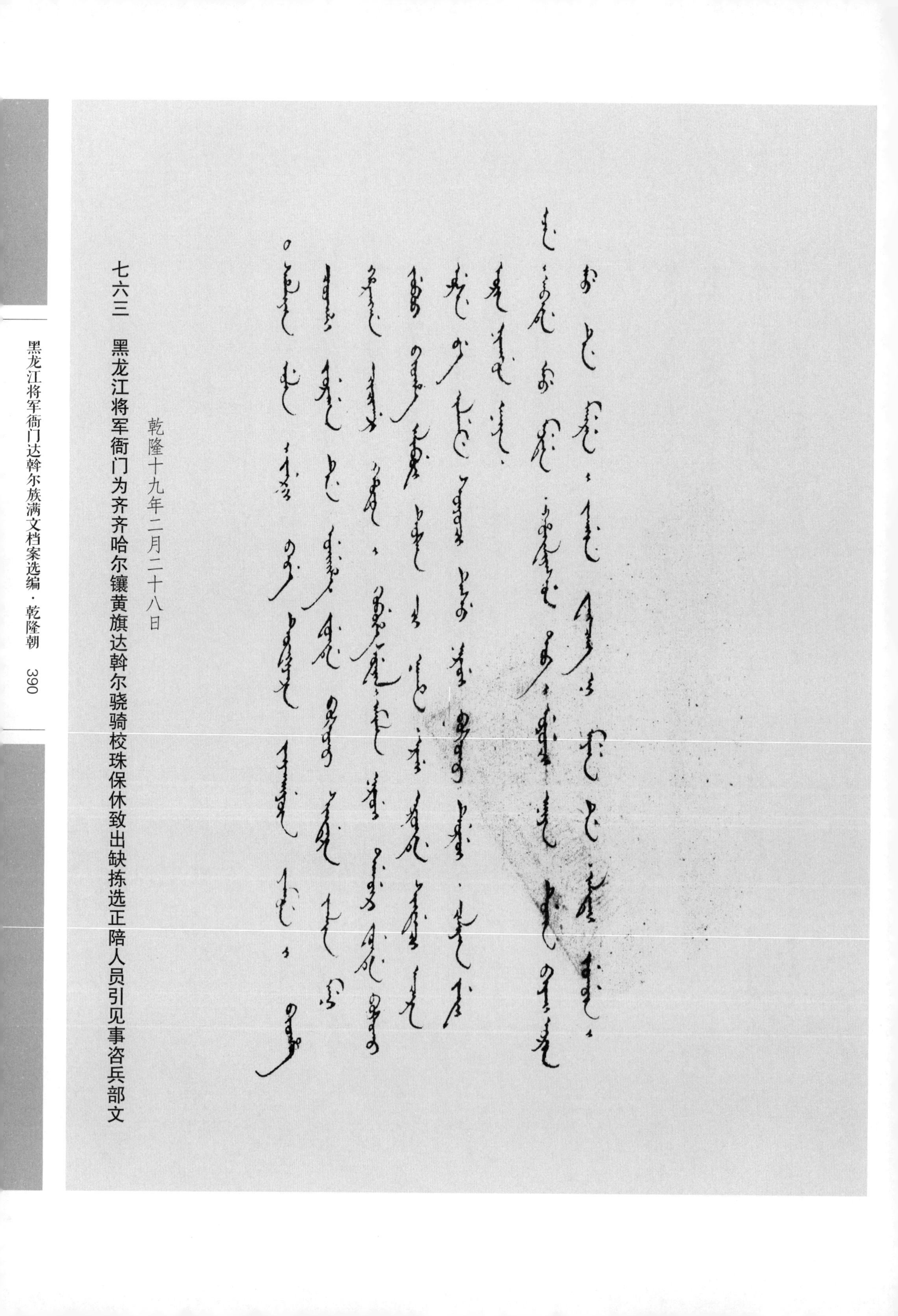

七六三　黑龙江将军衙门为齐齐哈尔镶黄旗达斡尔骁骑校珠保休致出缺拣选正陪人员引见事咨兵部文

乾隆十九年二月二十八日

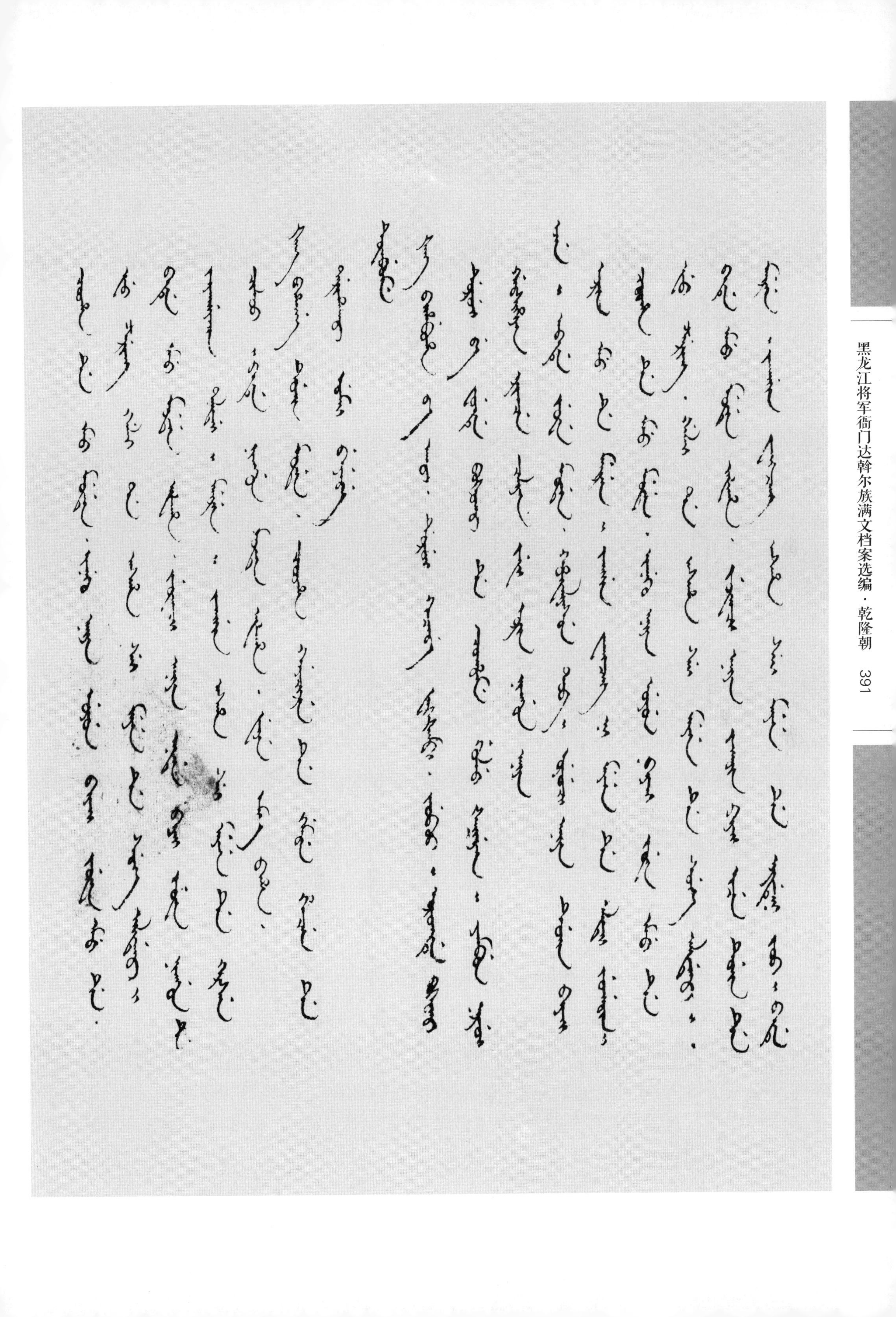

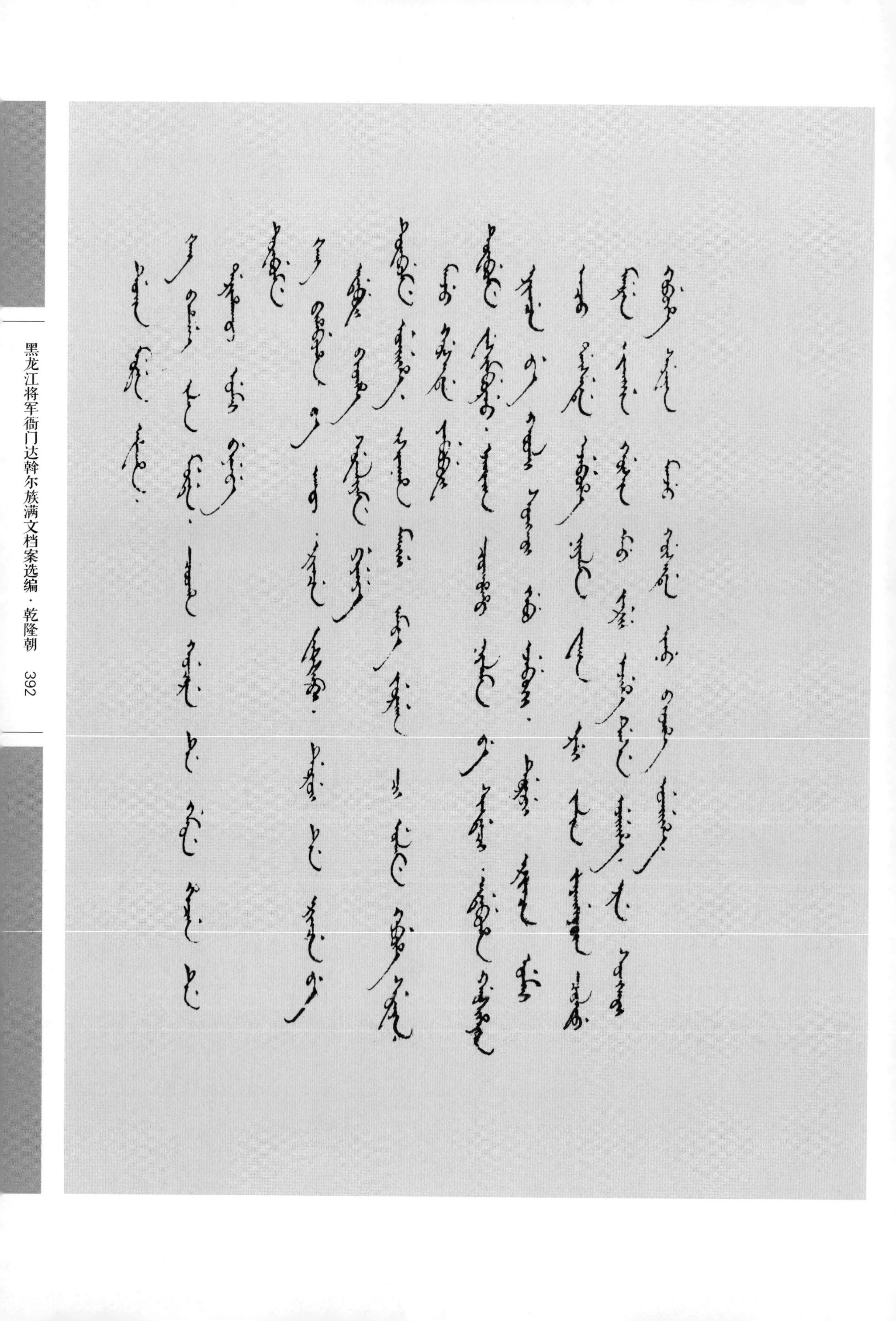

七六四 黑龙江将军衙门为齐齐哈尔镶黄旗达斡尔骁骑校鄂博察病故出缺拣选正陪人员引见事咨兵部文

乾隆十九年二月二十八日

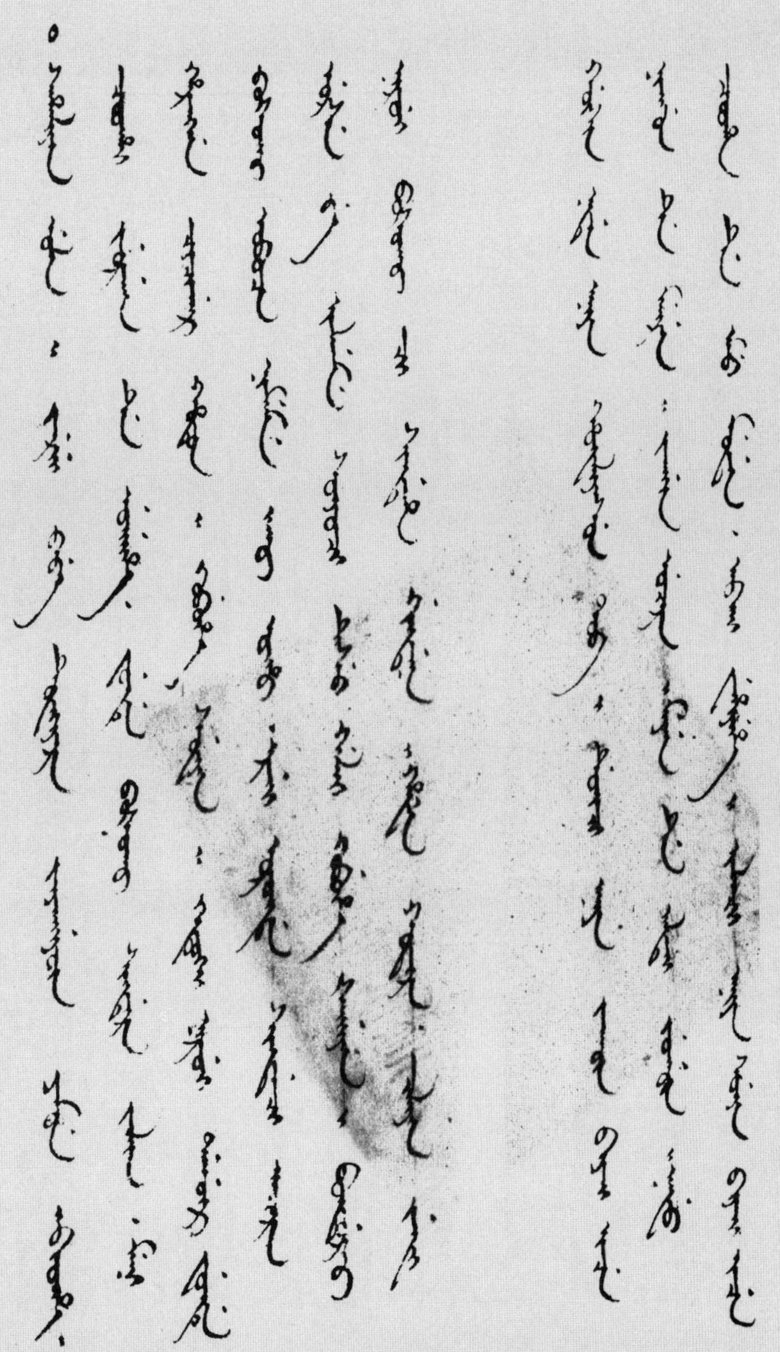

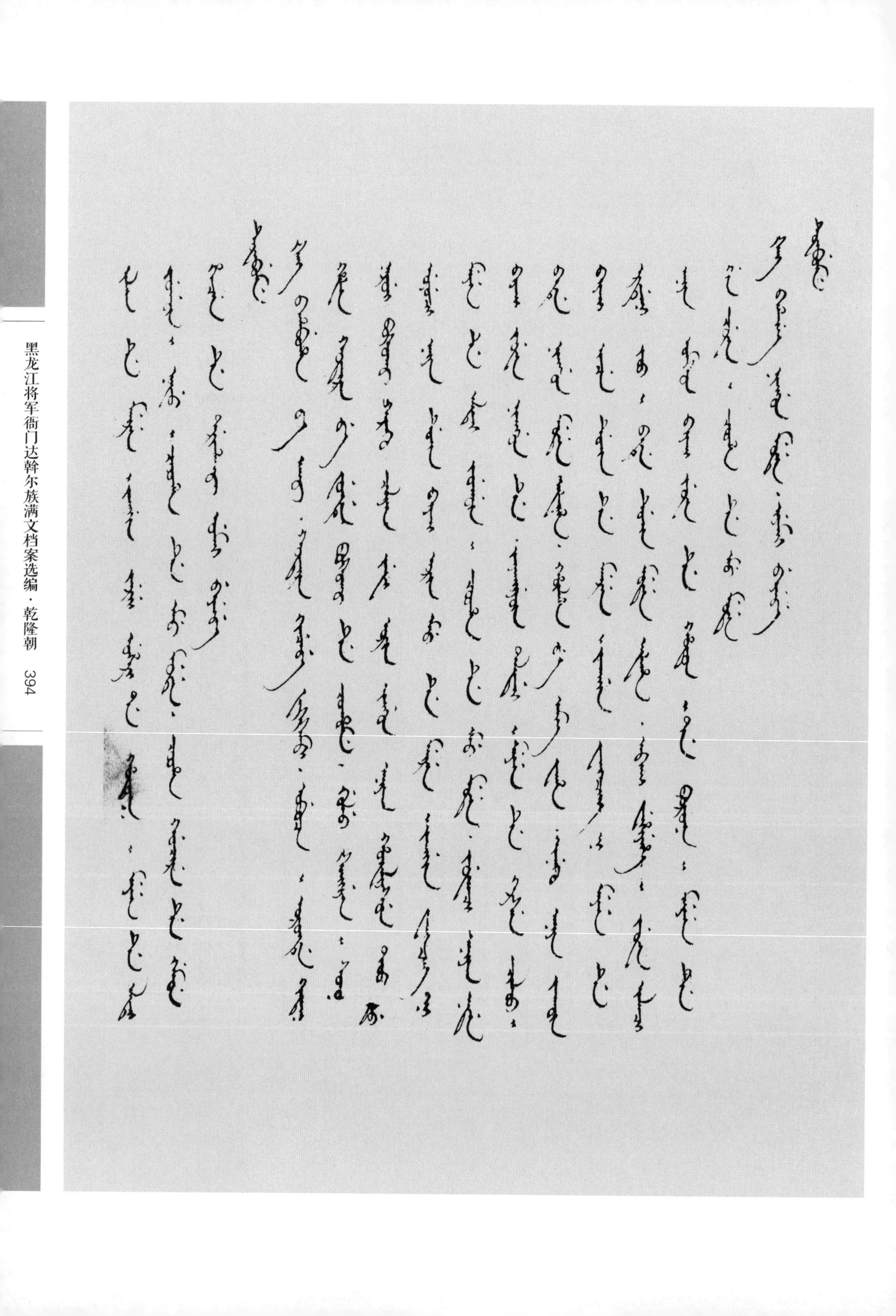

[illegible]

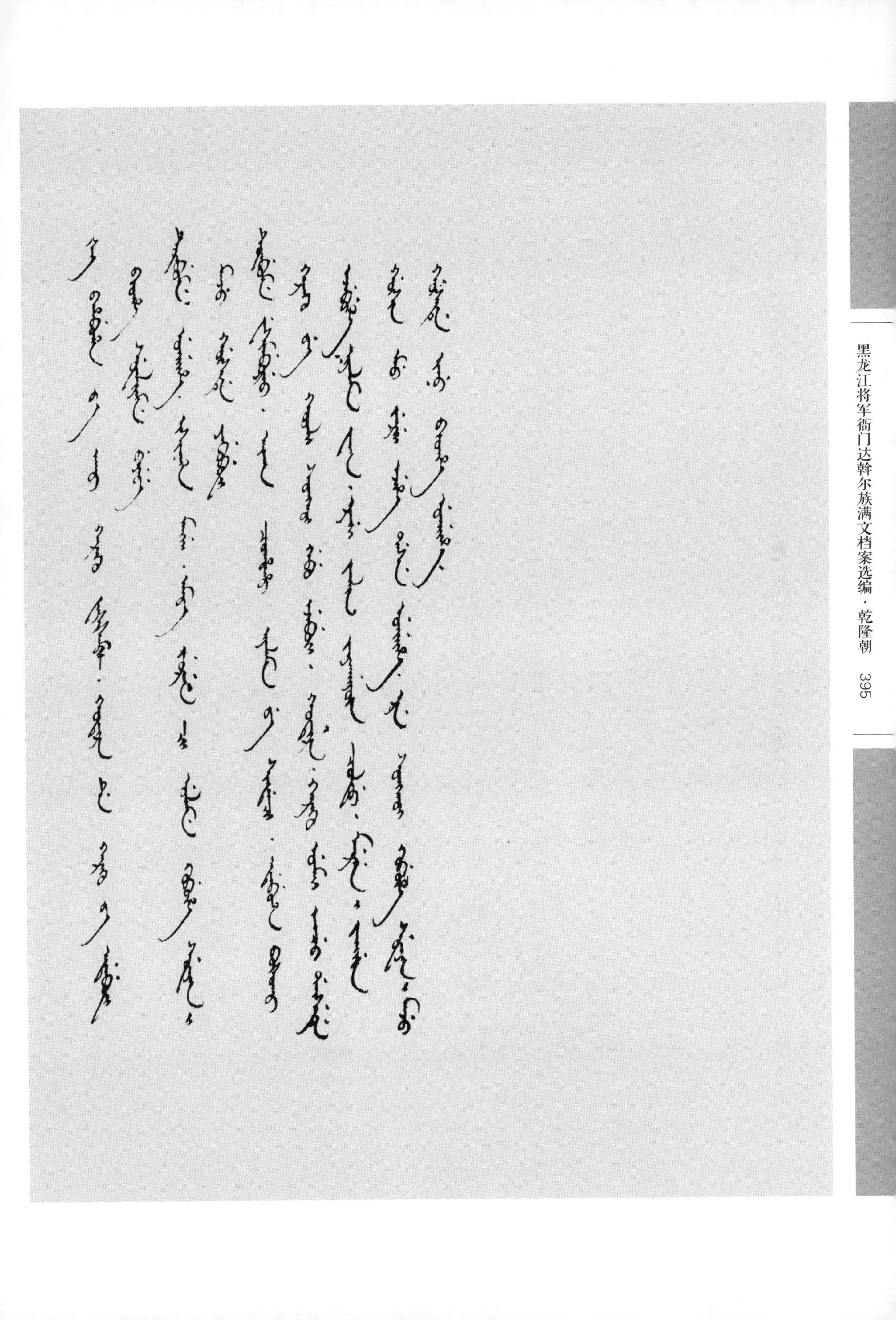

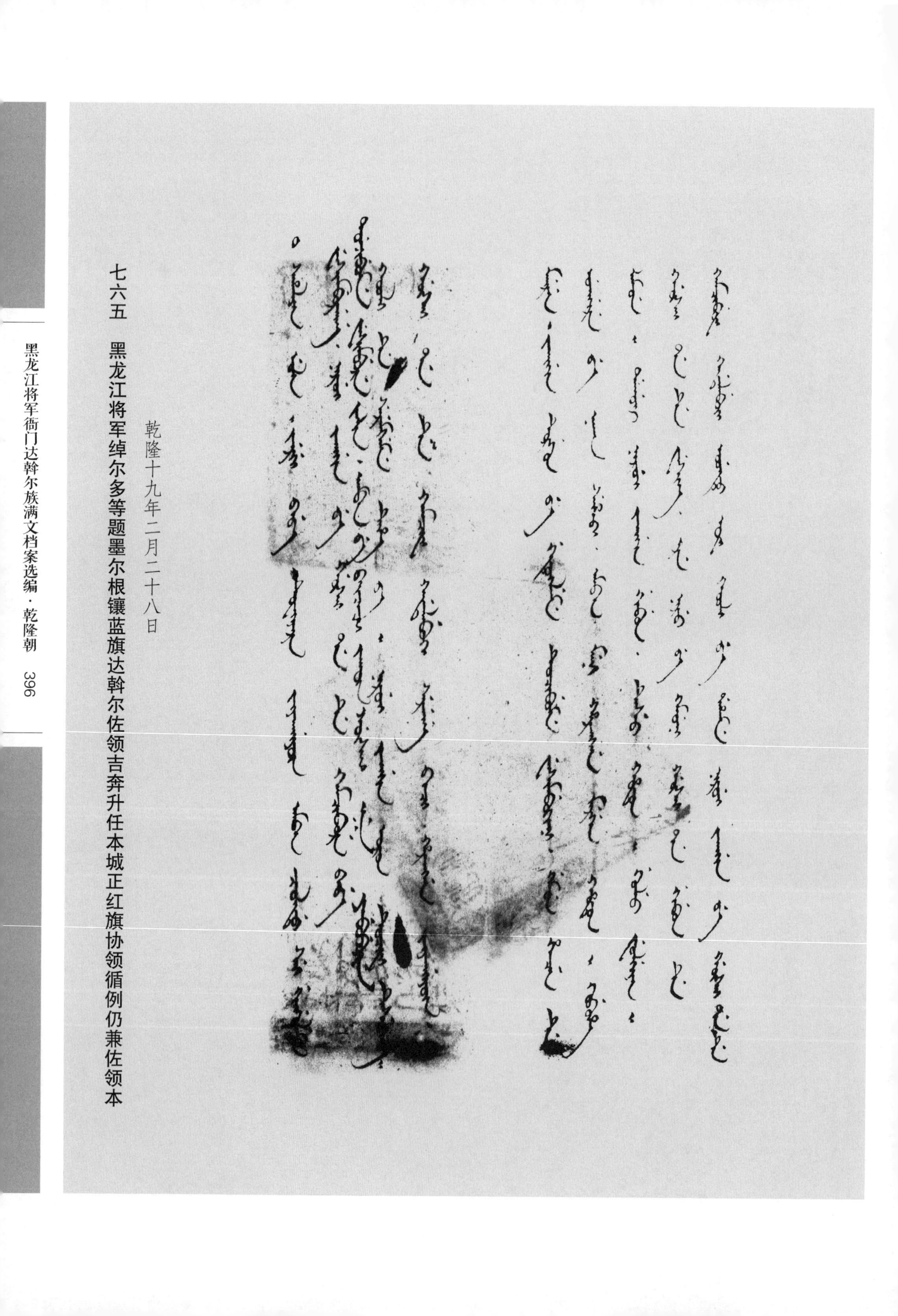

七六五 黑龙江将军绰尔多等题墨尔根镶蓝旗达斡尔佐领吉奔升任本城正红旗协领循例仍兼佐领本

乾隆十九年二月二十八日

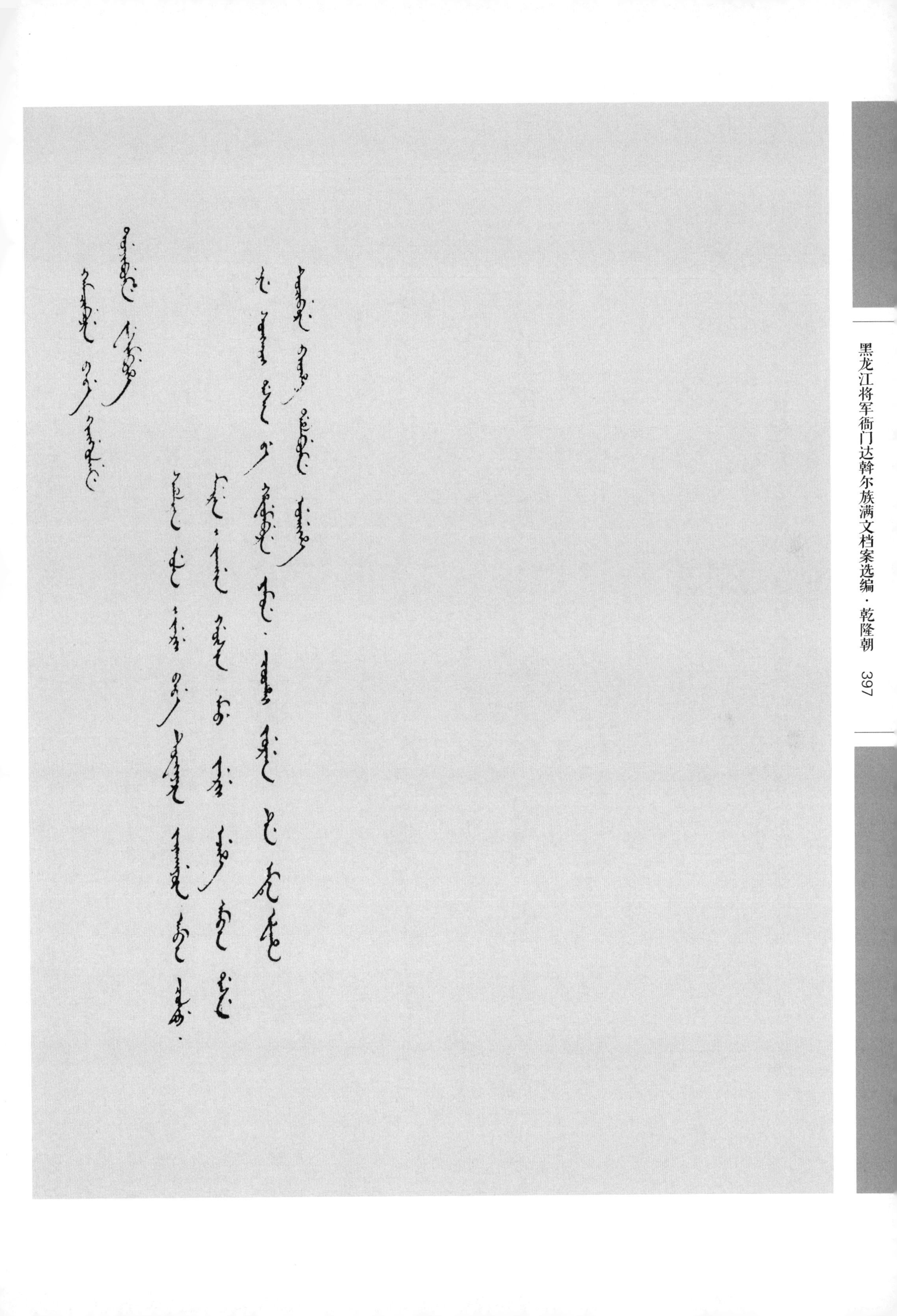

七六六 黑龙江将军绰尔多等题请原达斡尔鄂布希佐领下骁骑校察布都勒坐补布特哈镶黄旗骁骑校本

乾隆十九年二月二十八日

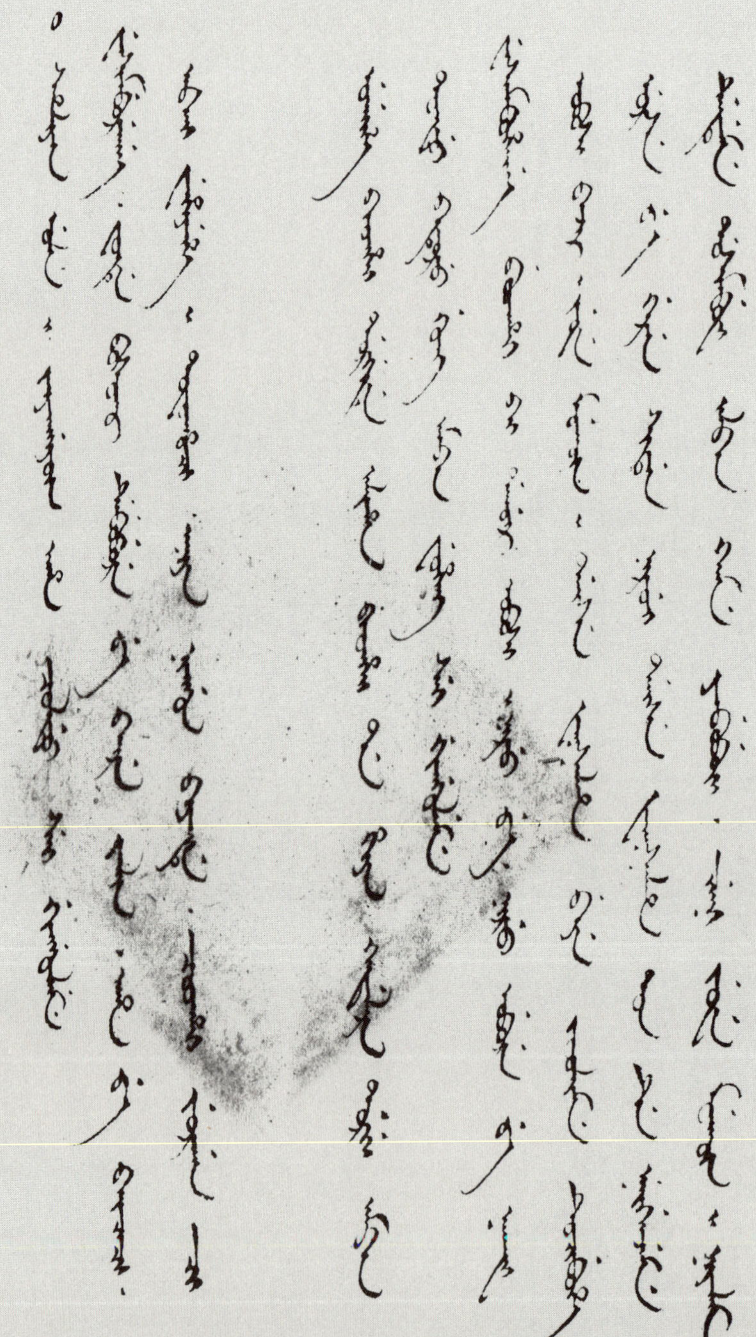

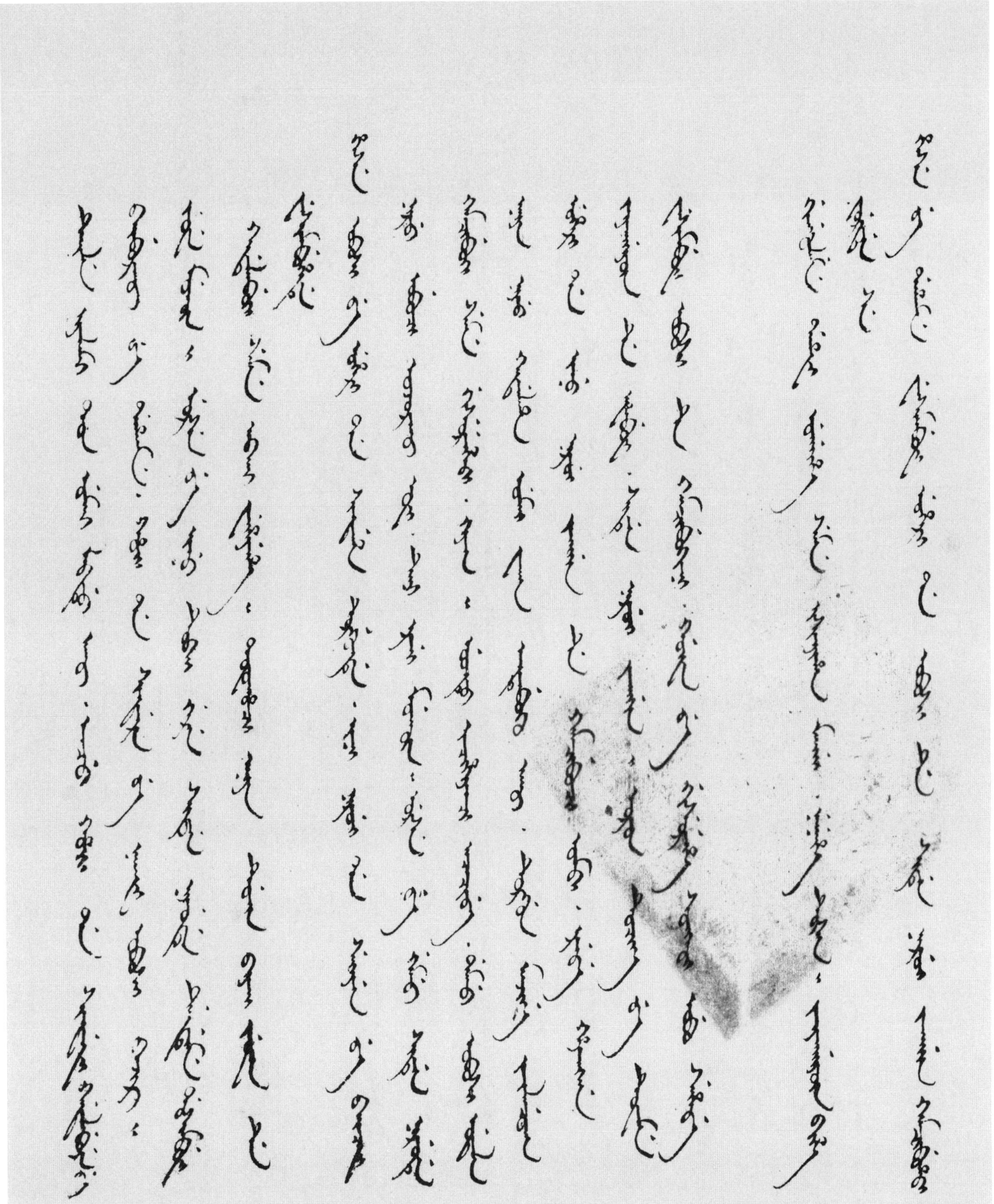

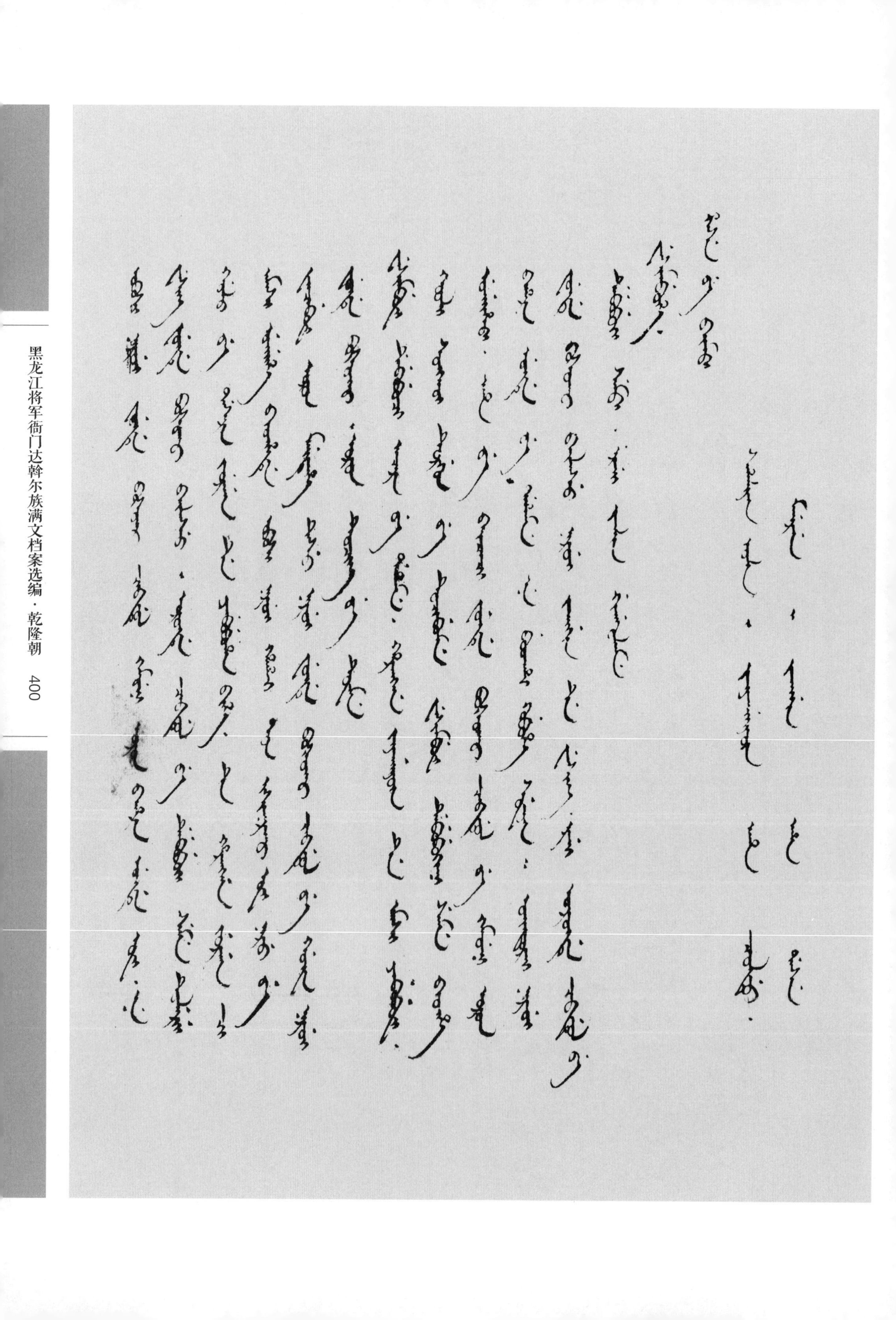

七六七 布特哈索伦达斡尔总管纳木球等为选派骁勇索伦达斡尔以备迎驾效力事呈黑龙江将军衙门文

乾隆十九年二月三十日

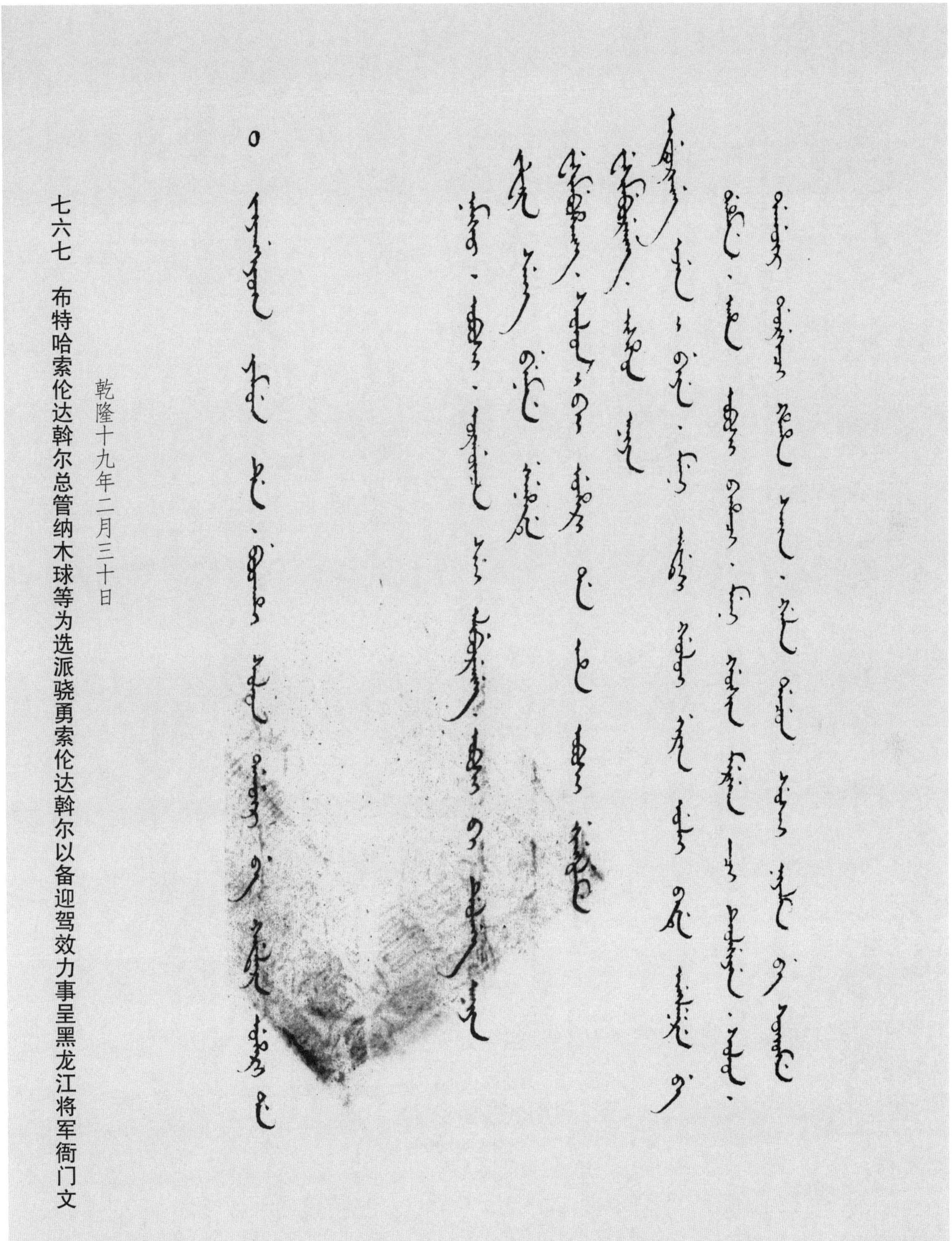

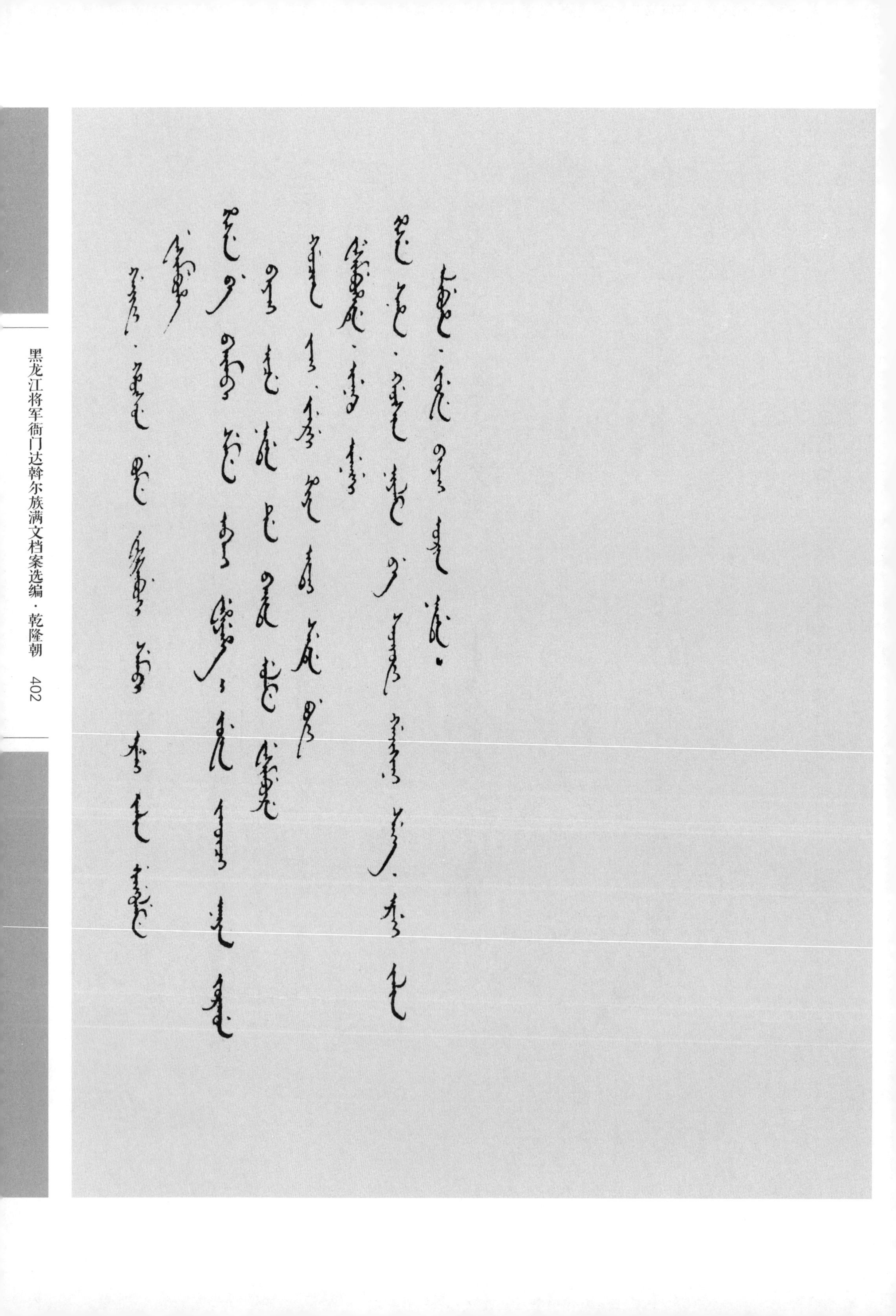

[illegible]

[illegible]

[illegible]

[illegible]

[illegible]

[illegible]

[illegible]

七六八　布特哈索伦达斡尔总管纳木球等为布特哈索伦达斡尔等捕貂返回再行选送迎驾效力丁事呈黑龙江将军衙门文

乾隆十九年二月三十日

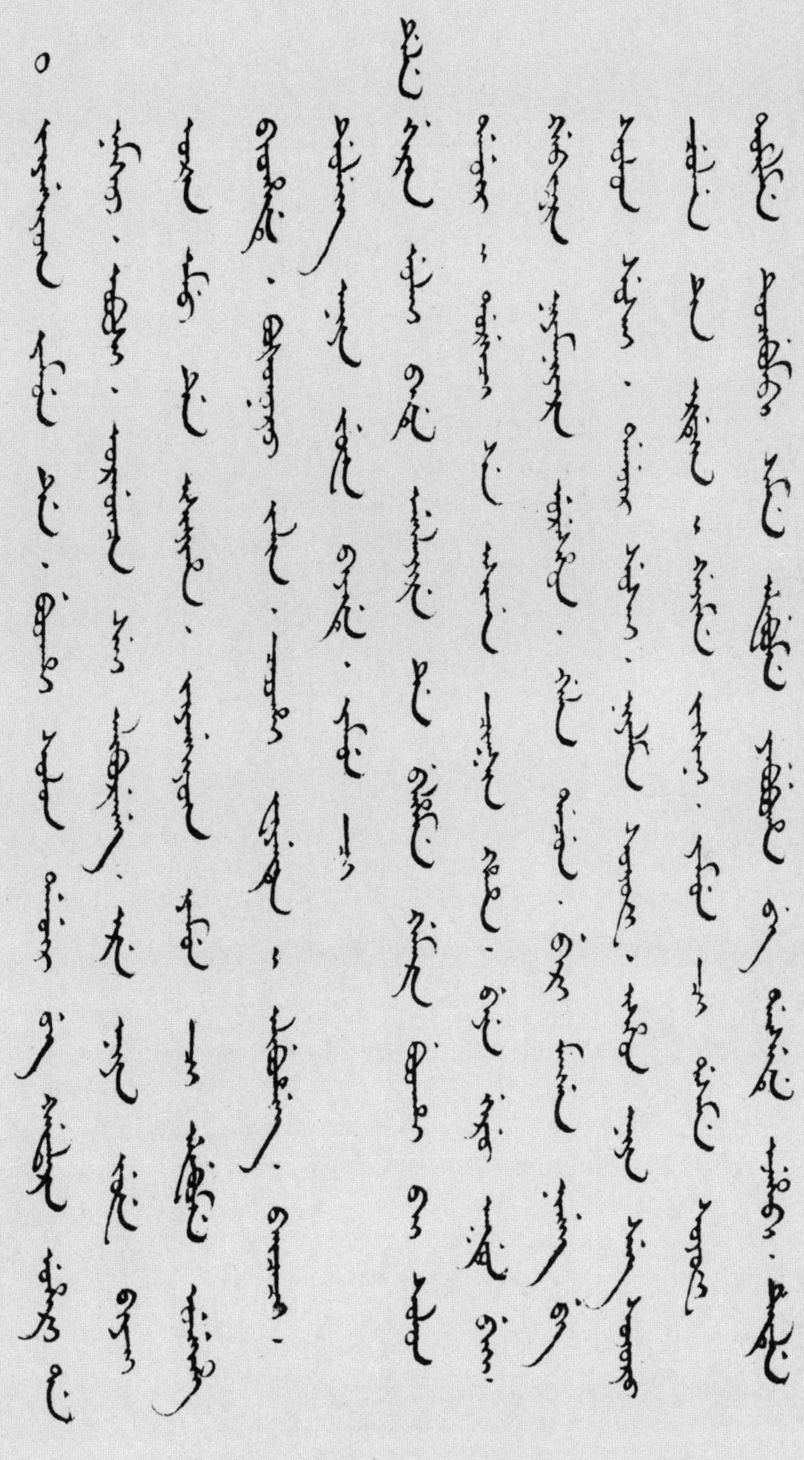

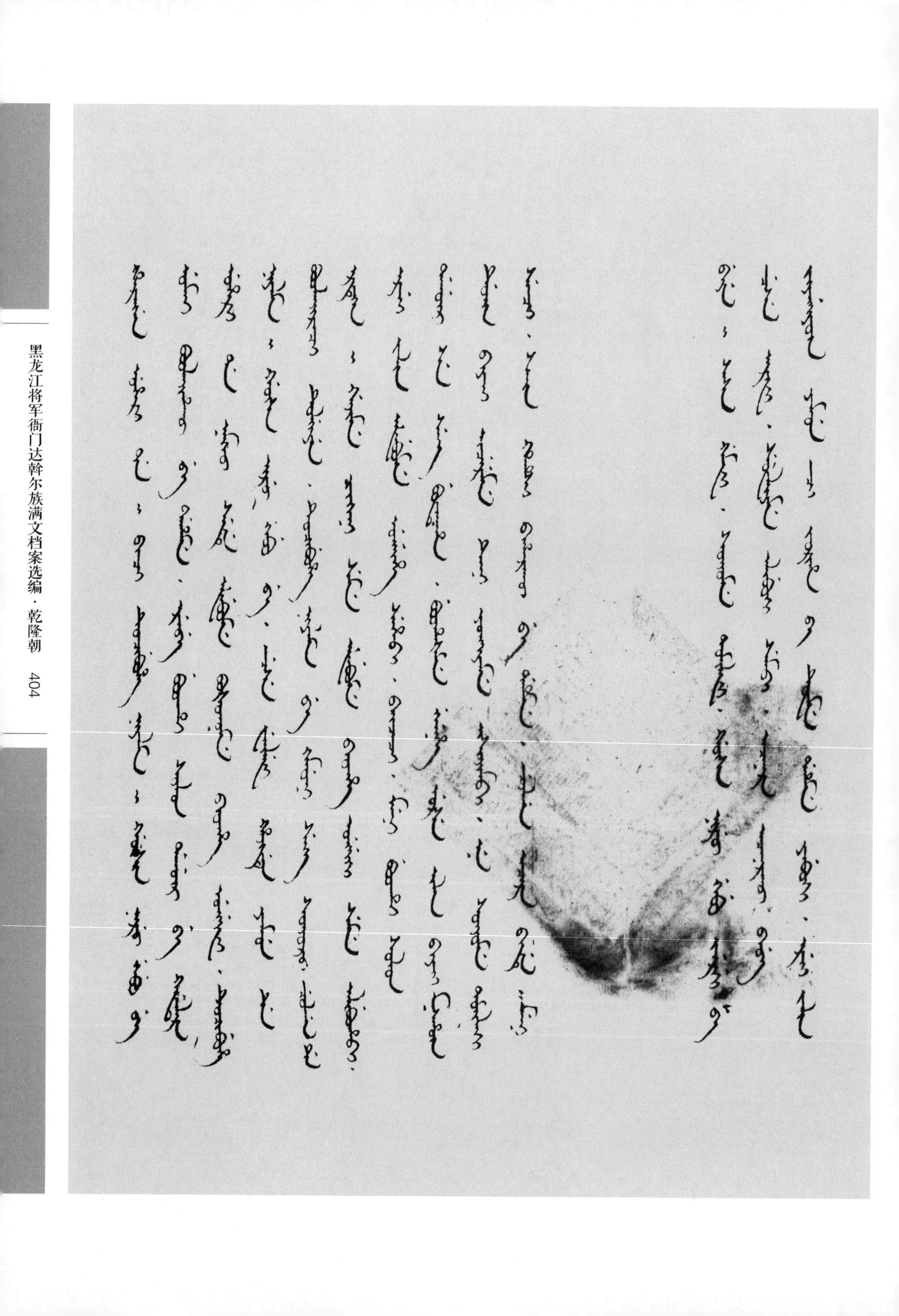

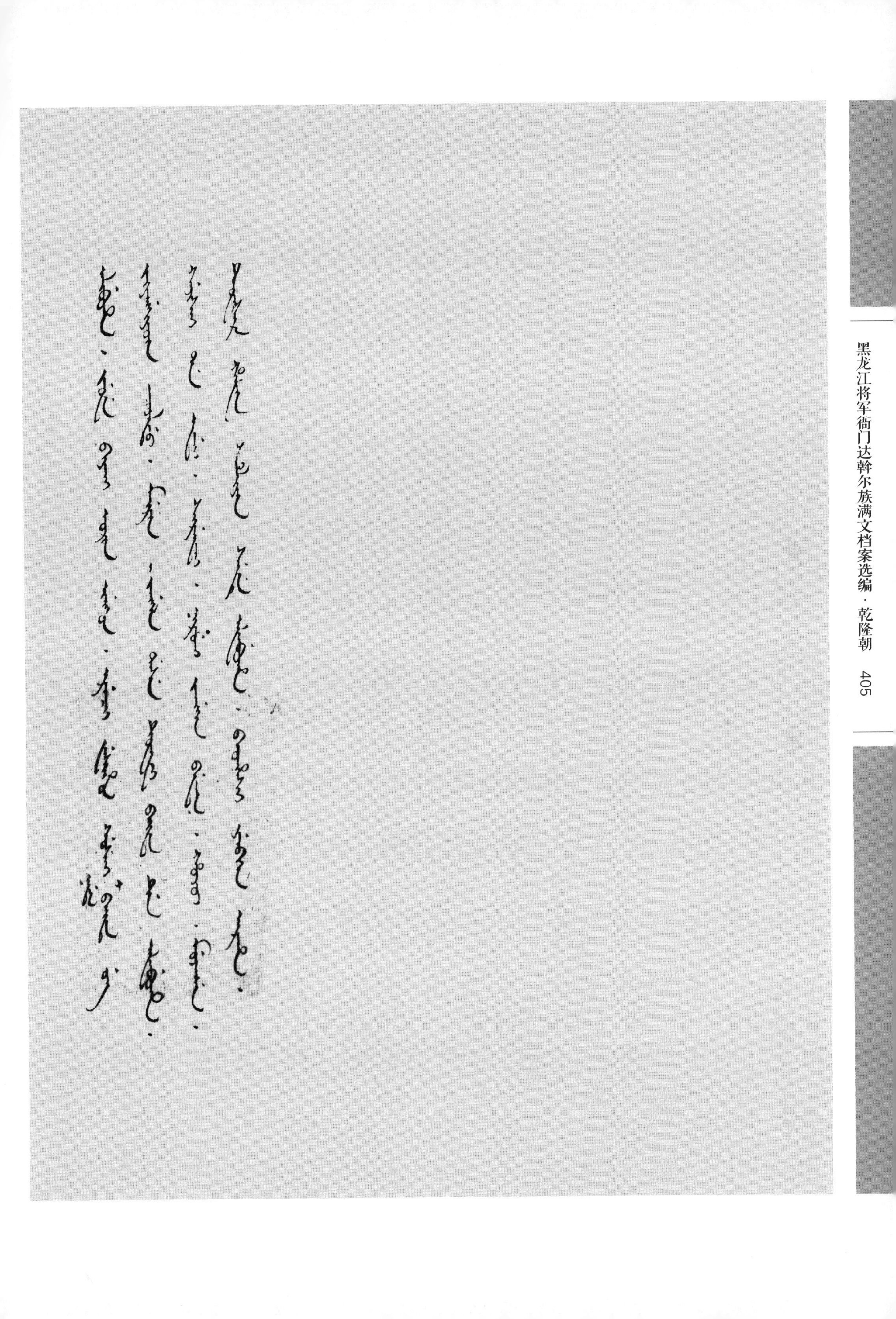

七六九　黑龙江将军衙门为布特哈达斡尔塞音等情愿留京效力事札布特哈索伦达斡尔总管纳木球等文

乾隆十九年三月十八日

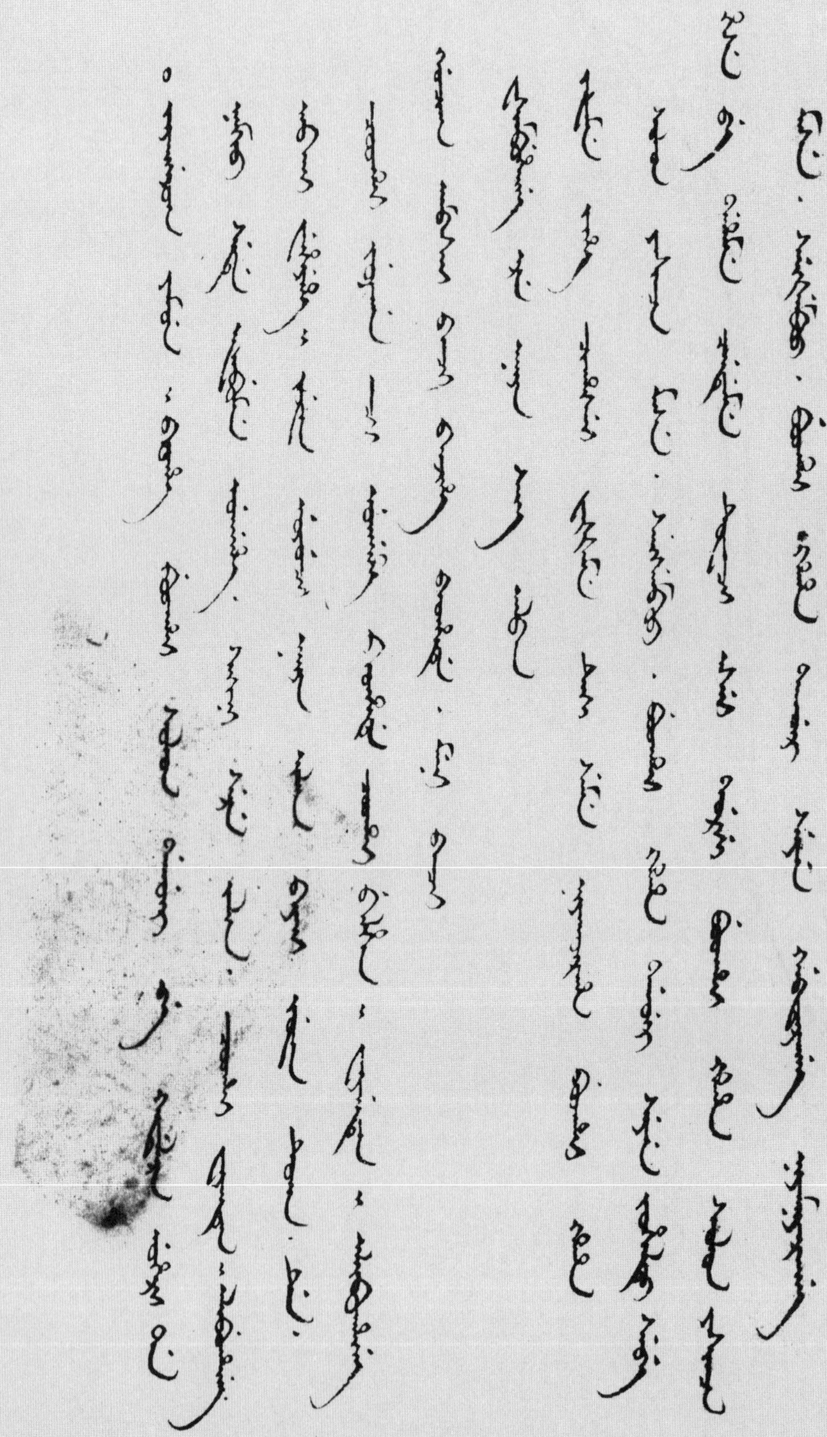

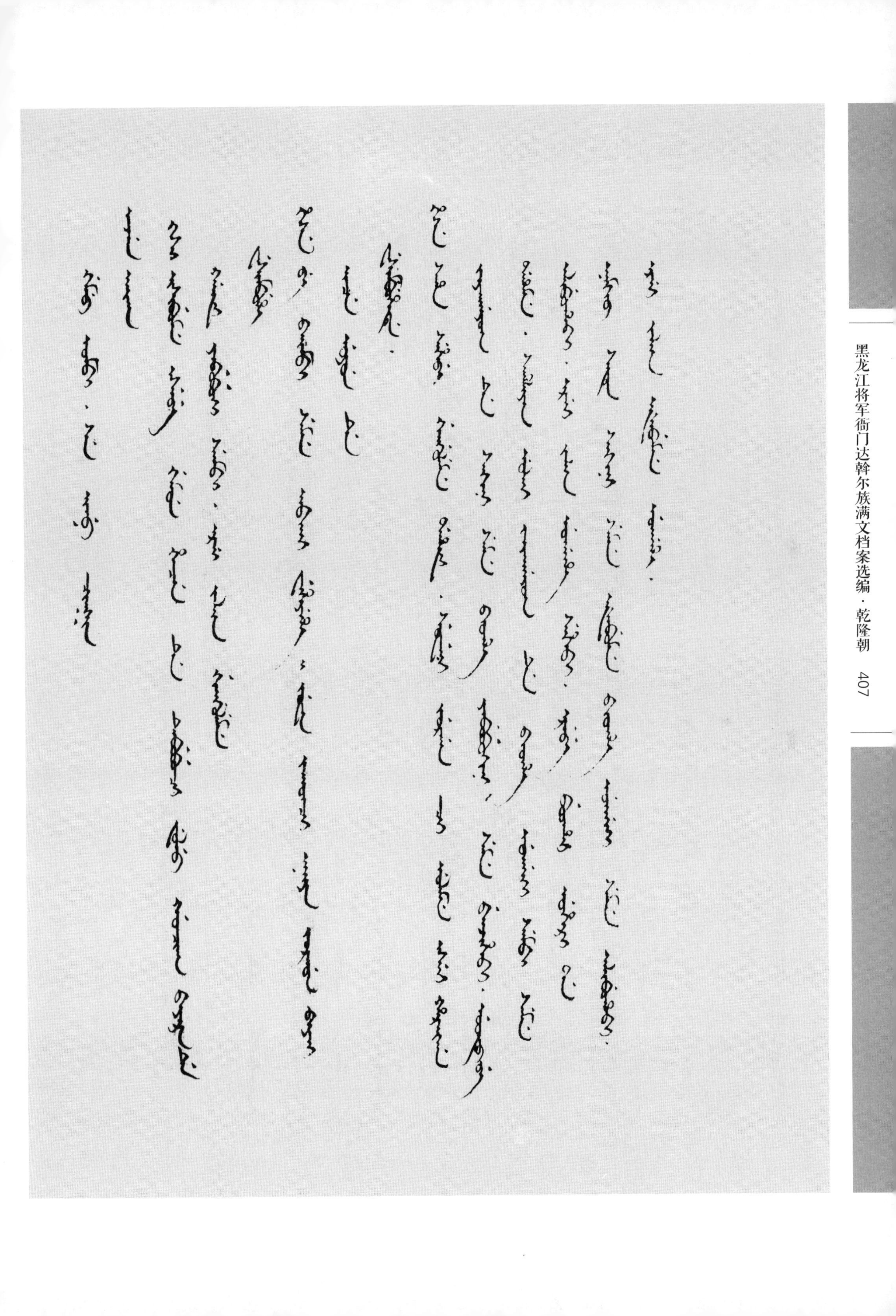

七七〇 黑龙江将军衙门为令查报布特哈索伦达斡尔等捕貂数目事札布特哈索伦达斡尔总管纳木球等文

乾隆十九年四月初二日

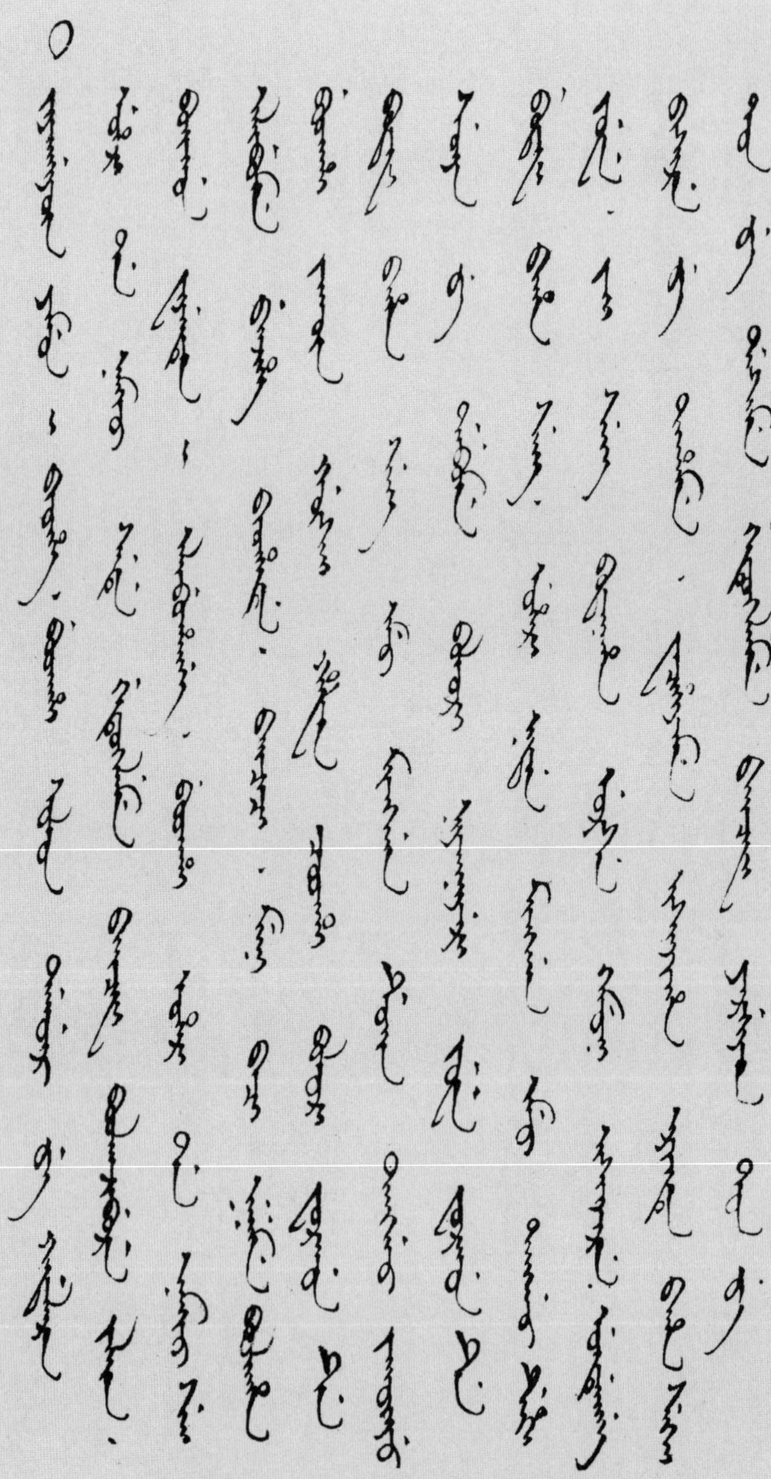

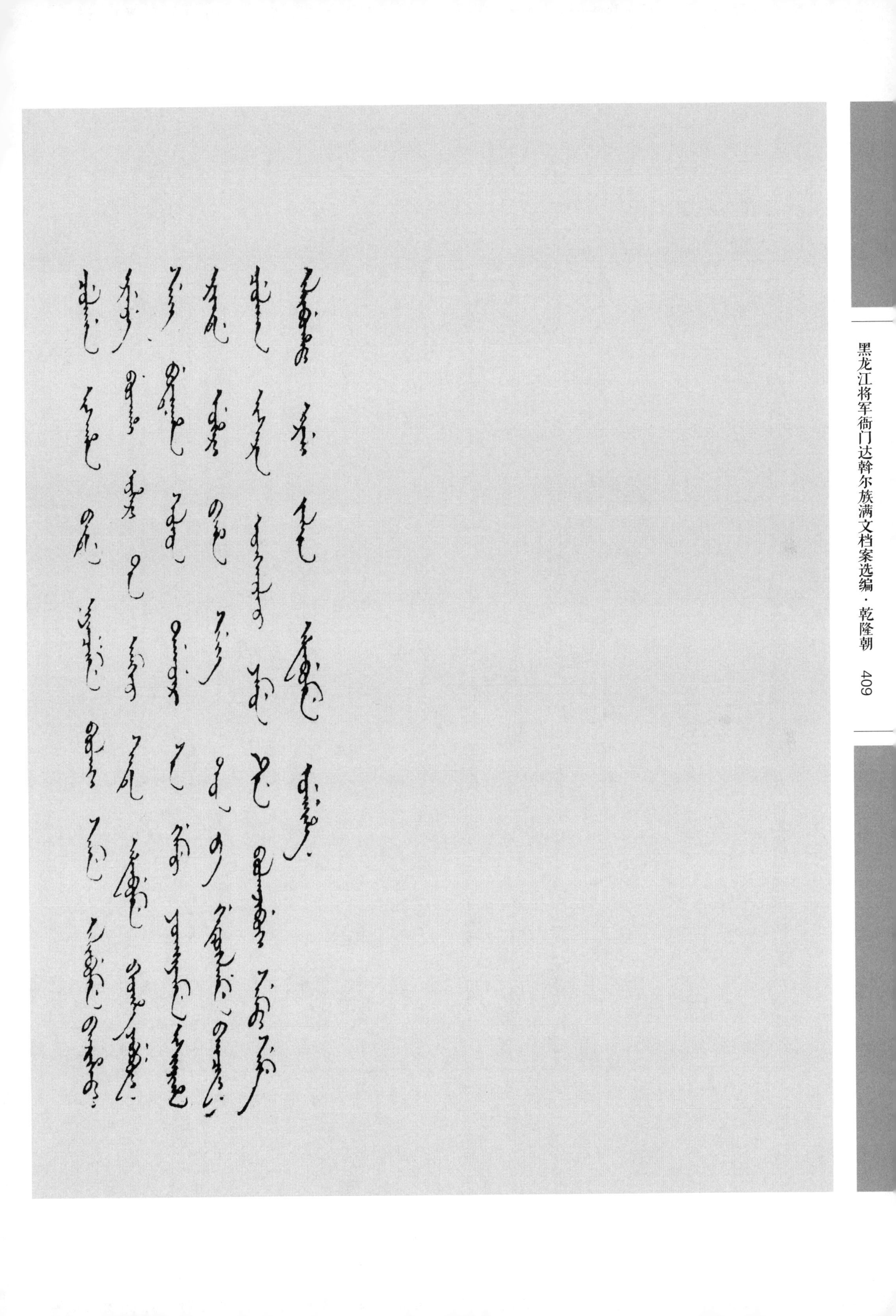

[illegible]

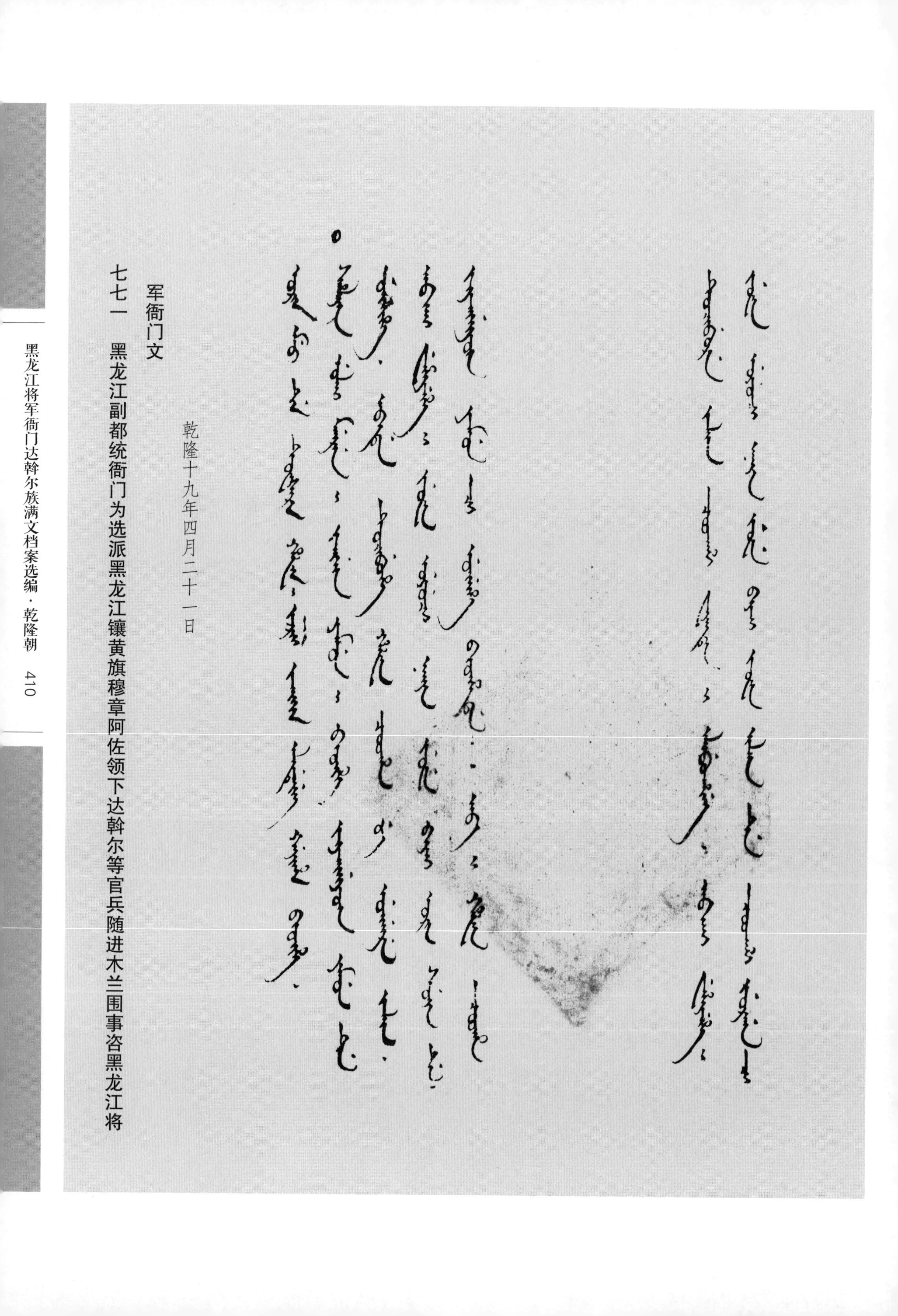

乾隆十九年四月二十一日

七七一　黑龙江副都统衙门为选派黑龙江镶黄旗穆章阿佐领下达斡尔等官兵随进木兰围事咨黑龙江将军衙门文

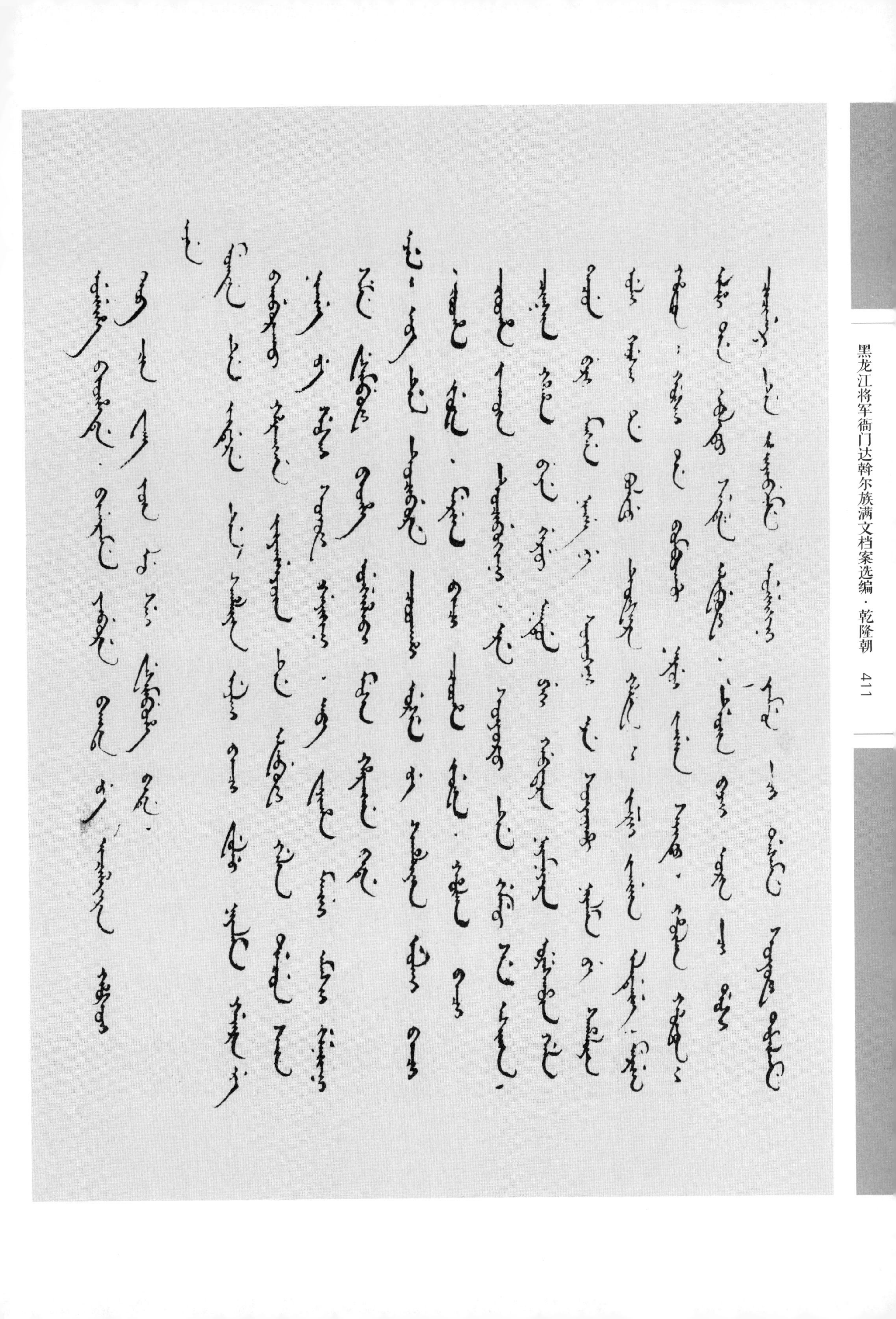

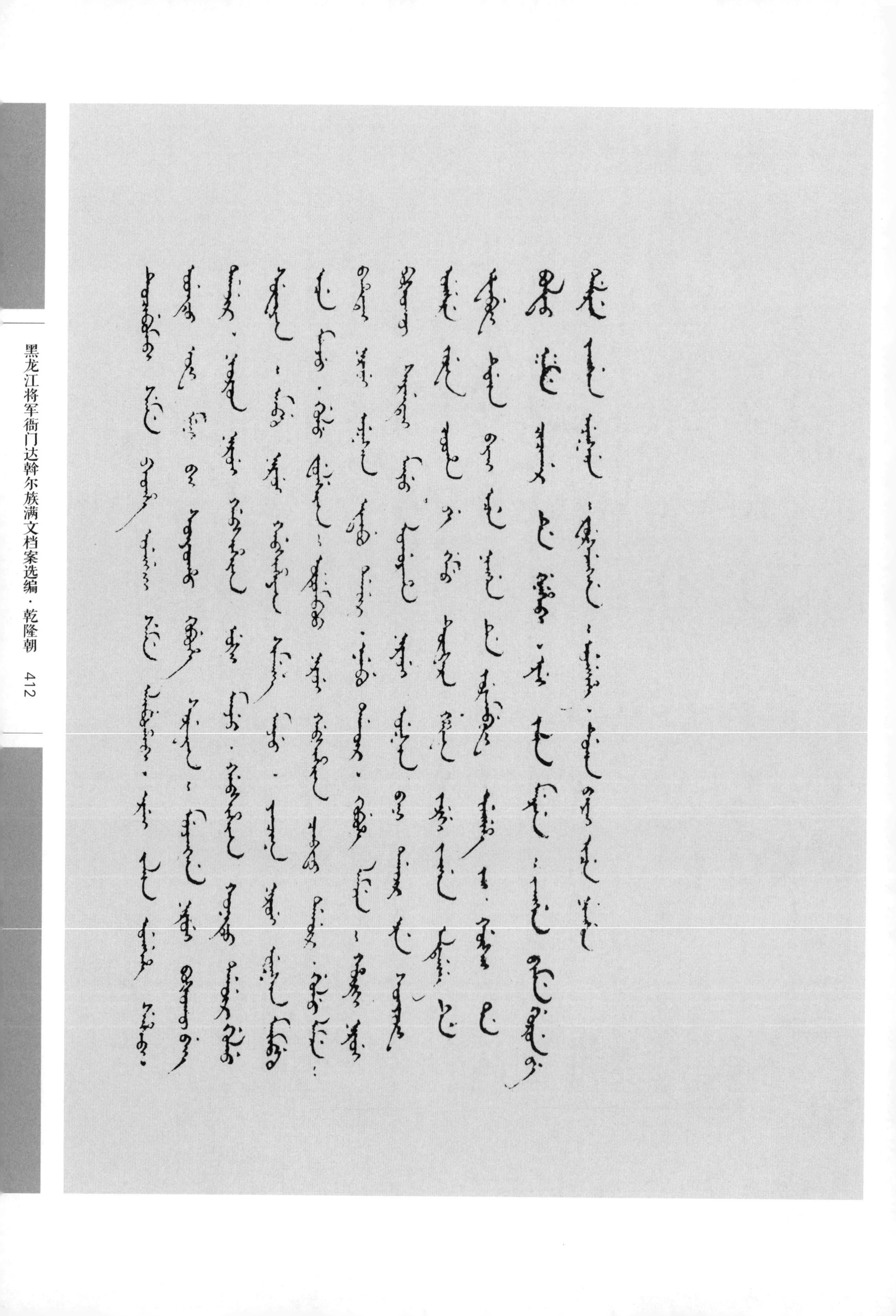

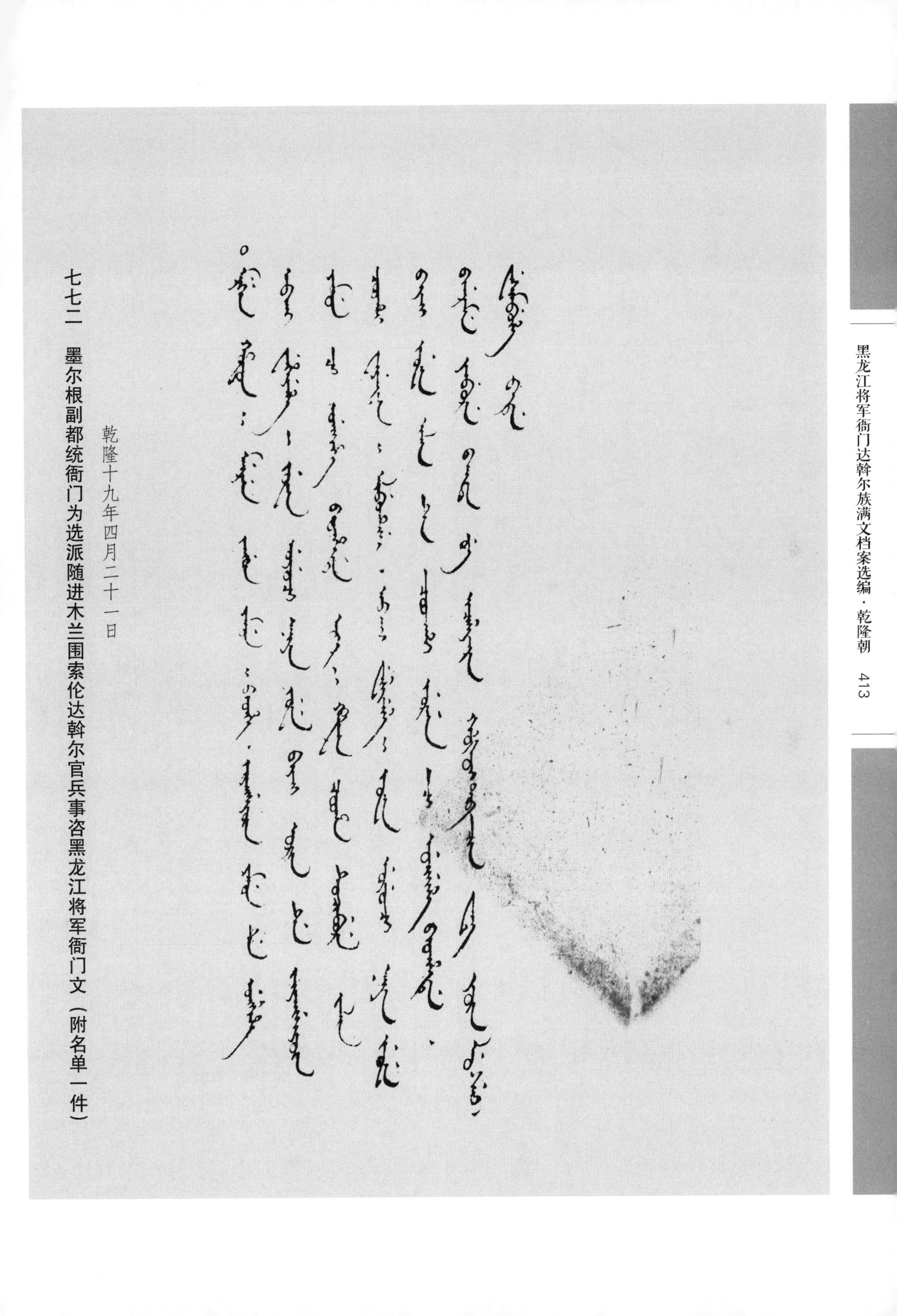

七七二　墨尔根副都统衙门为选派随进木兰围索伦达斡尔官兵事咨黑龙江将军衙门文（附名单一件）

乾隆十九年四月二十一日

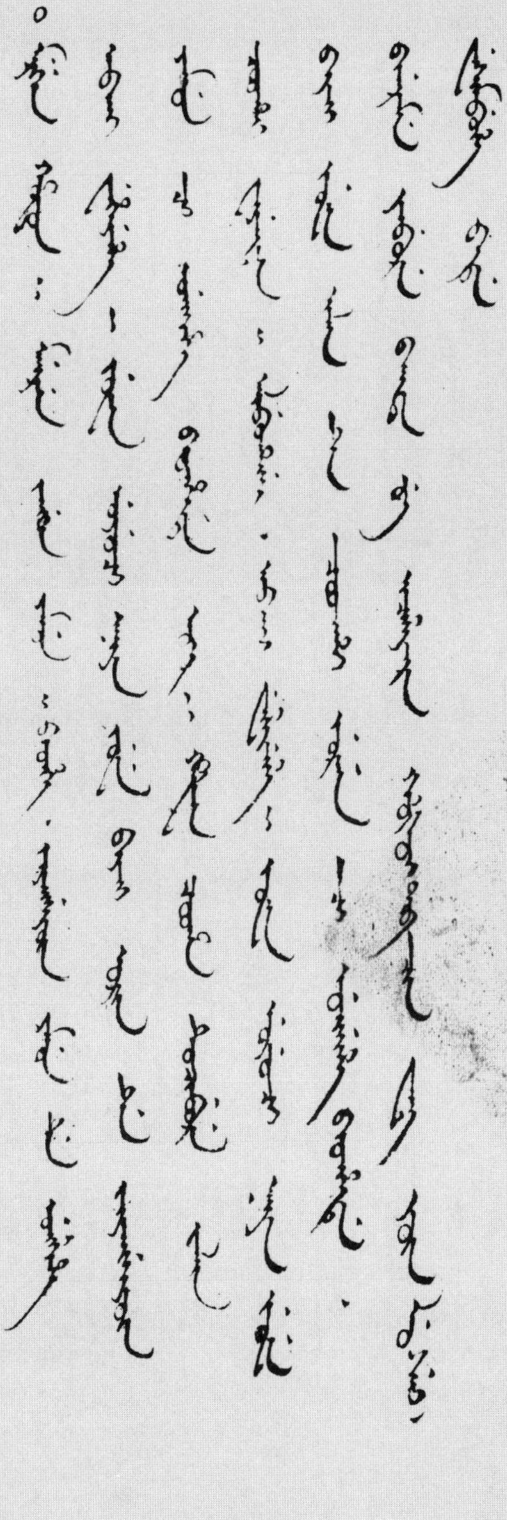

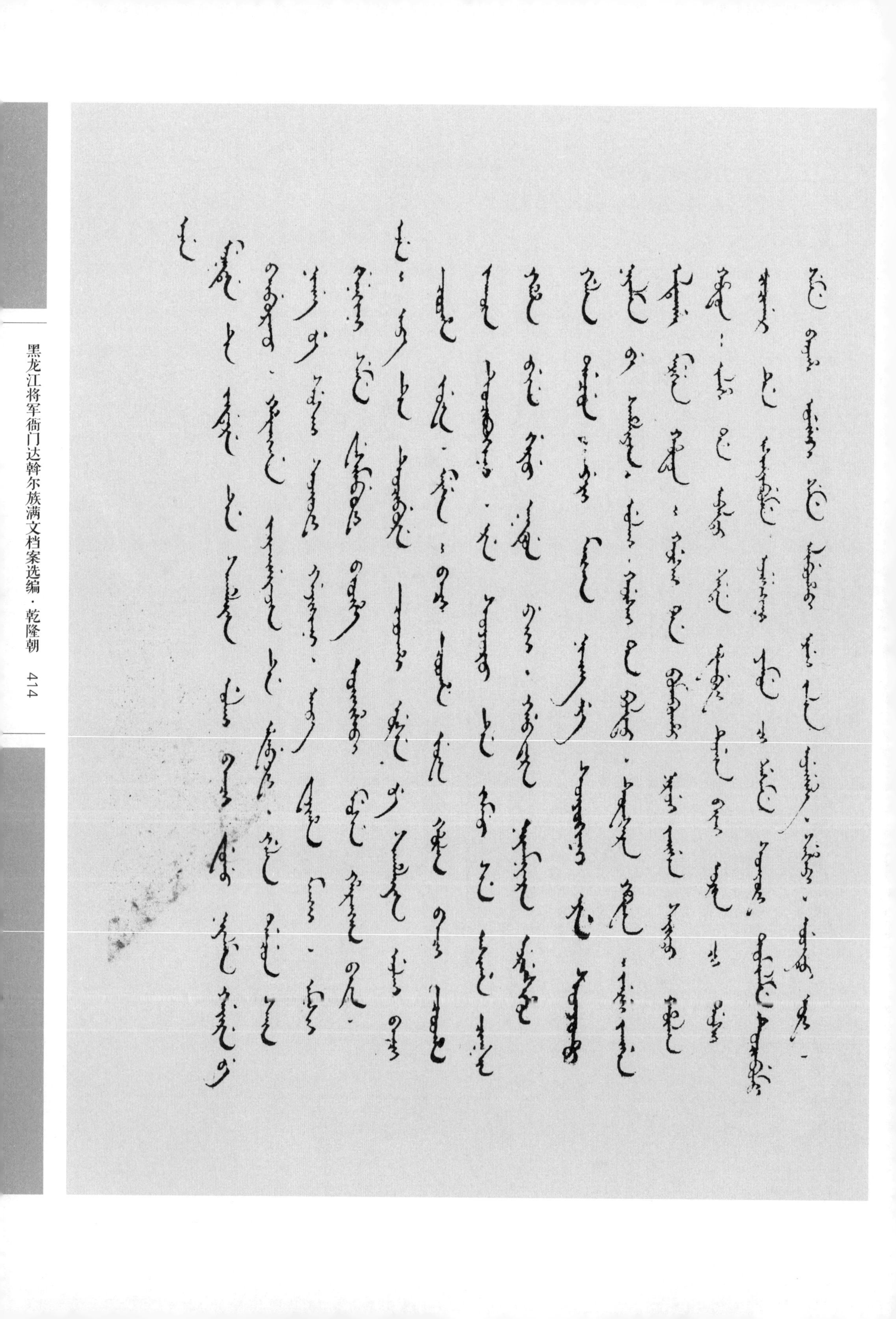

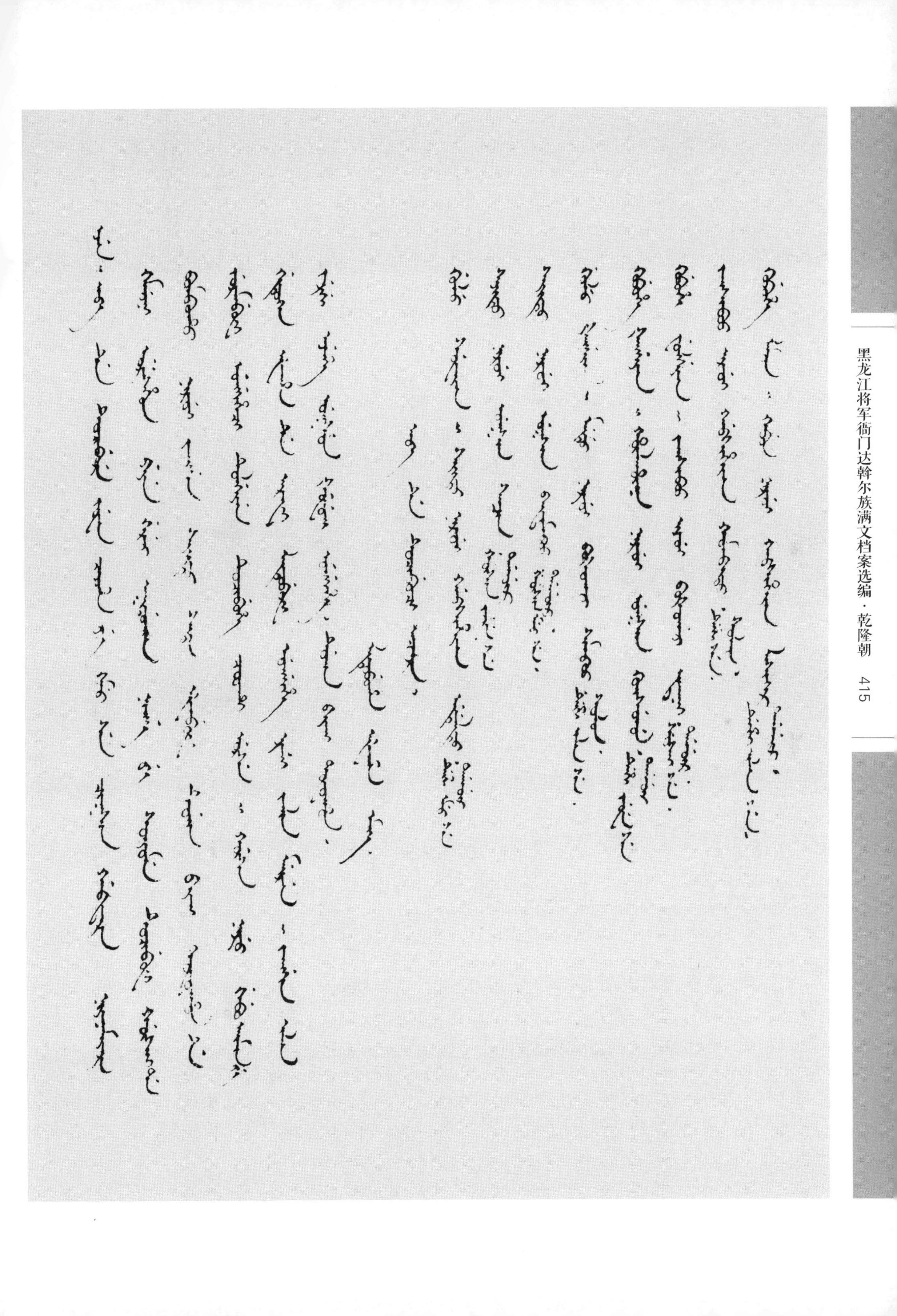

[illegible]

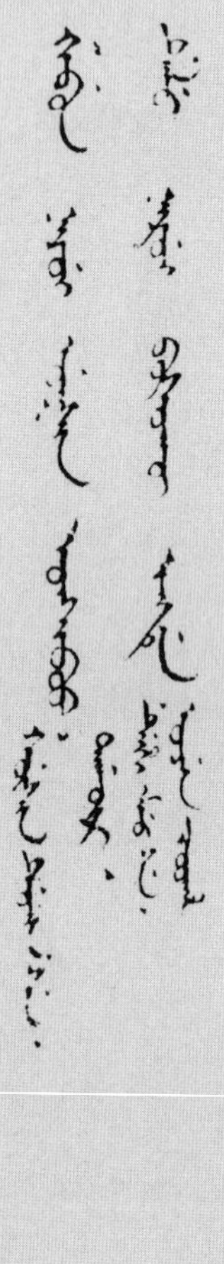

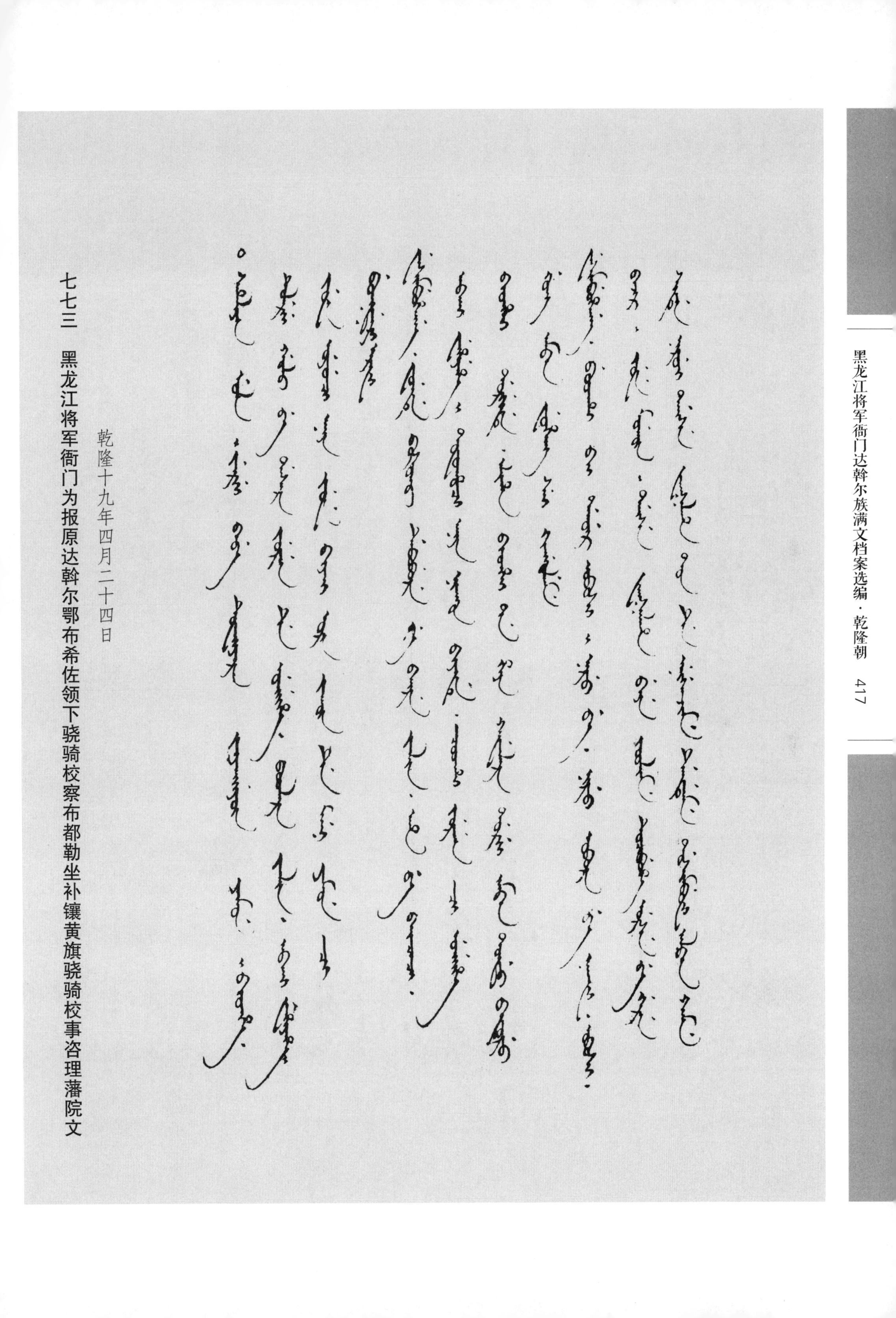

七七三 黑龙江将军衙门为报原达斡尔鄂布希佐领下骁骑校察布都勒坐补镶黄旗骁骑校事咨理藩院文

乾隆十九年四月二十四日

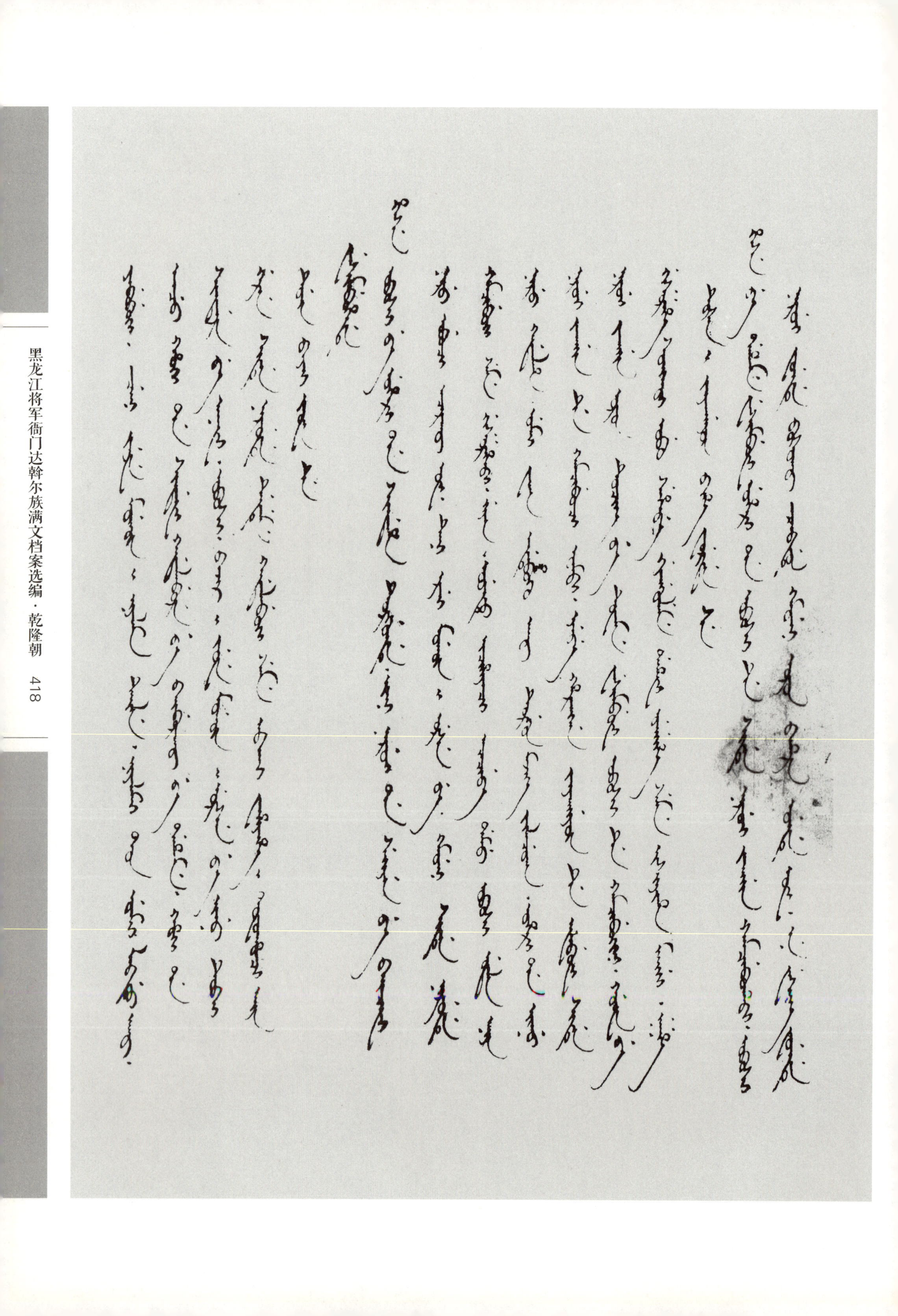

[illegible]

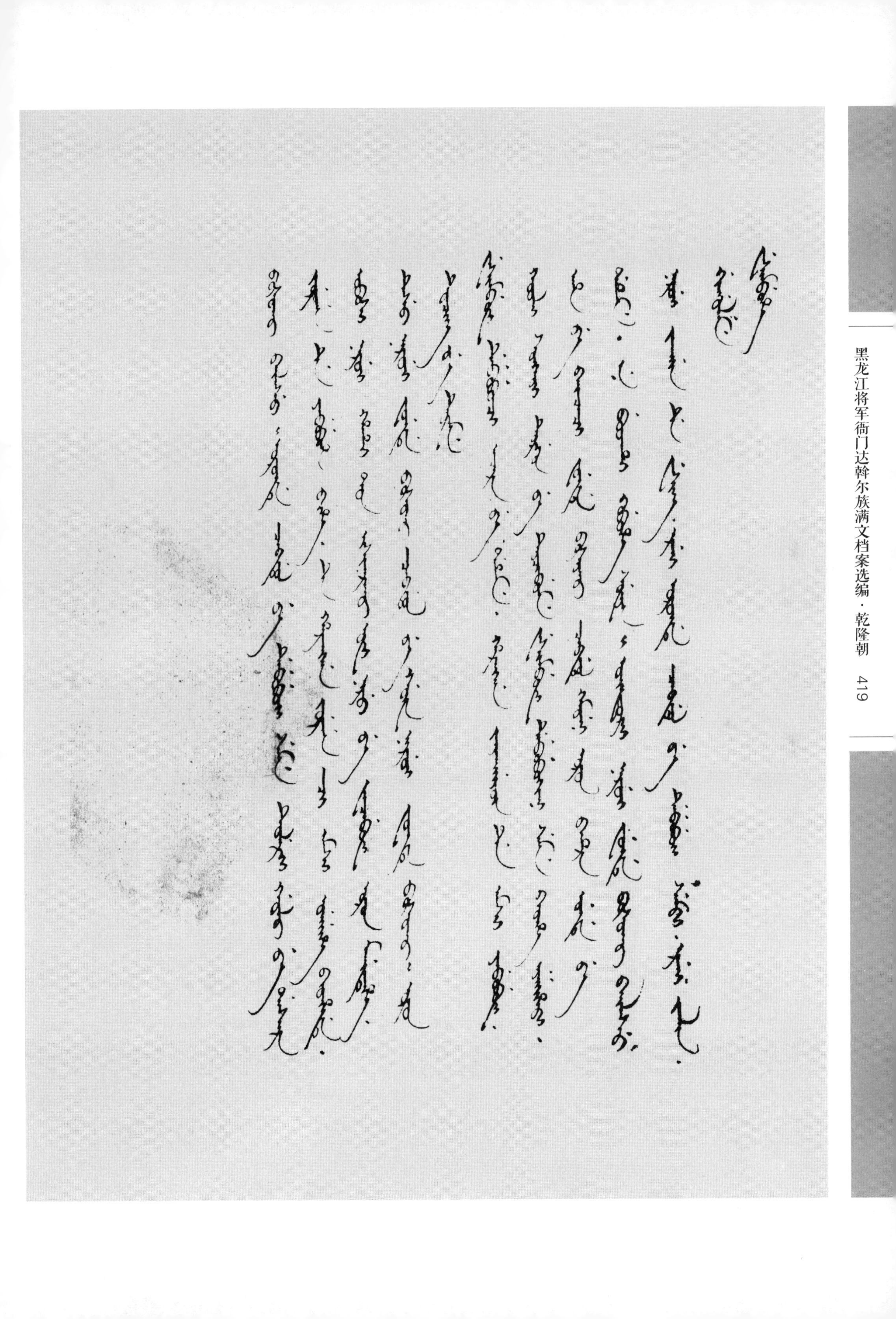

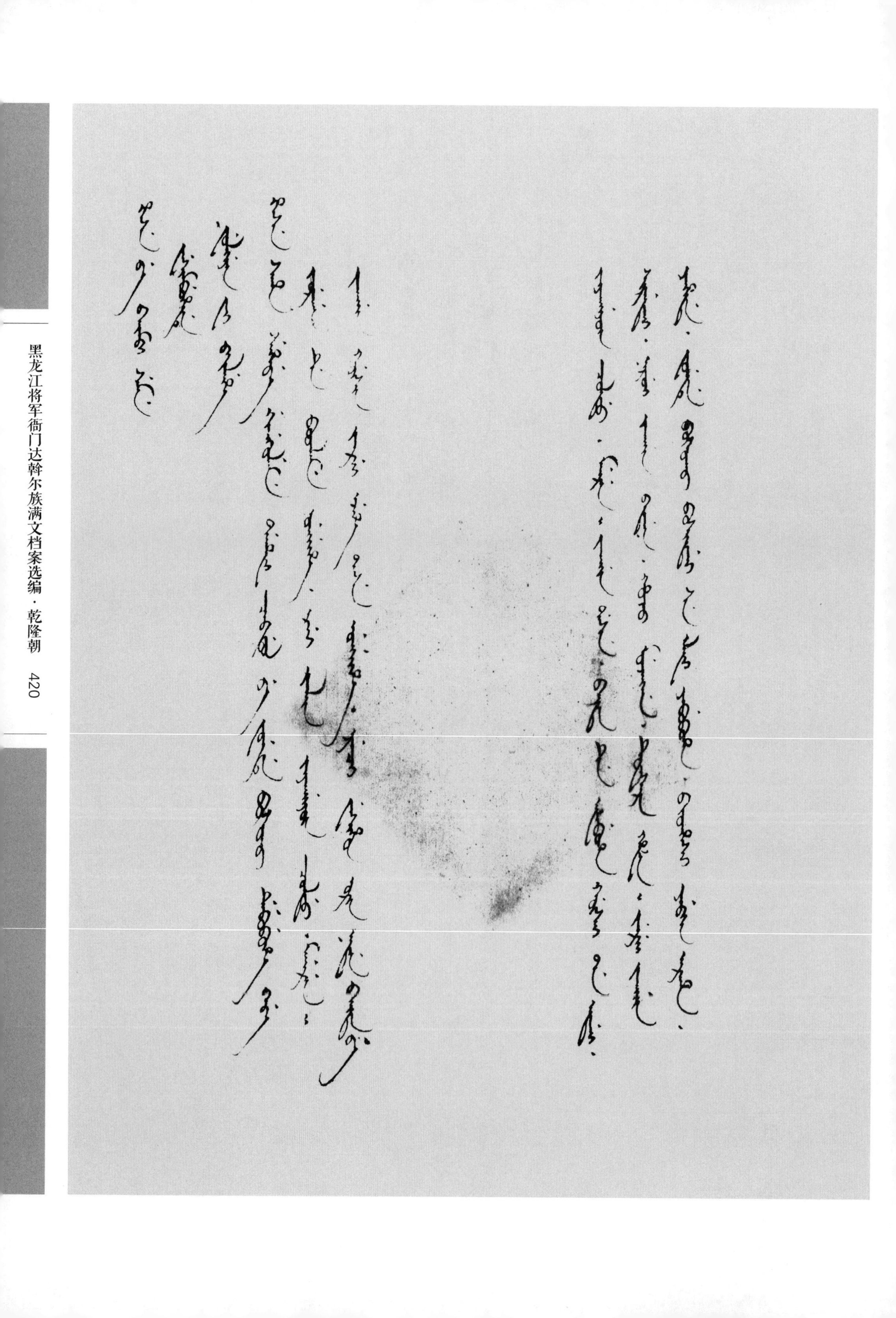

[illegible]

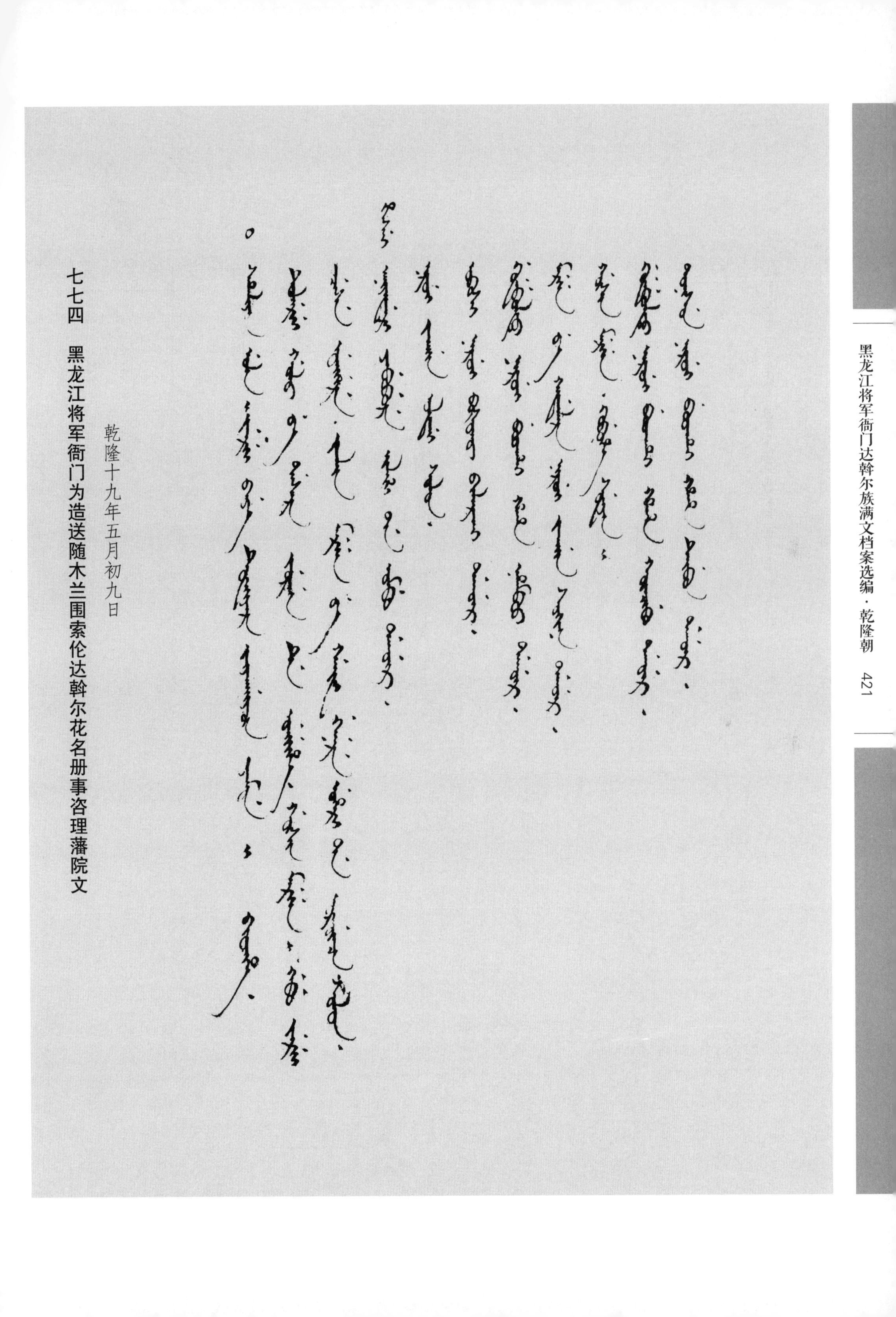

七七四　黑龙江将军衙门为造送随木兰围索伦达斡尔花名册事咨理藩院文

乾隆十九年五月初九日

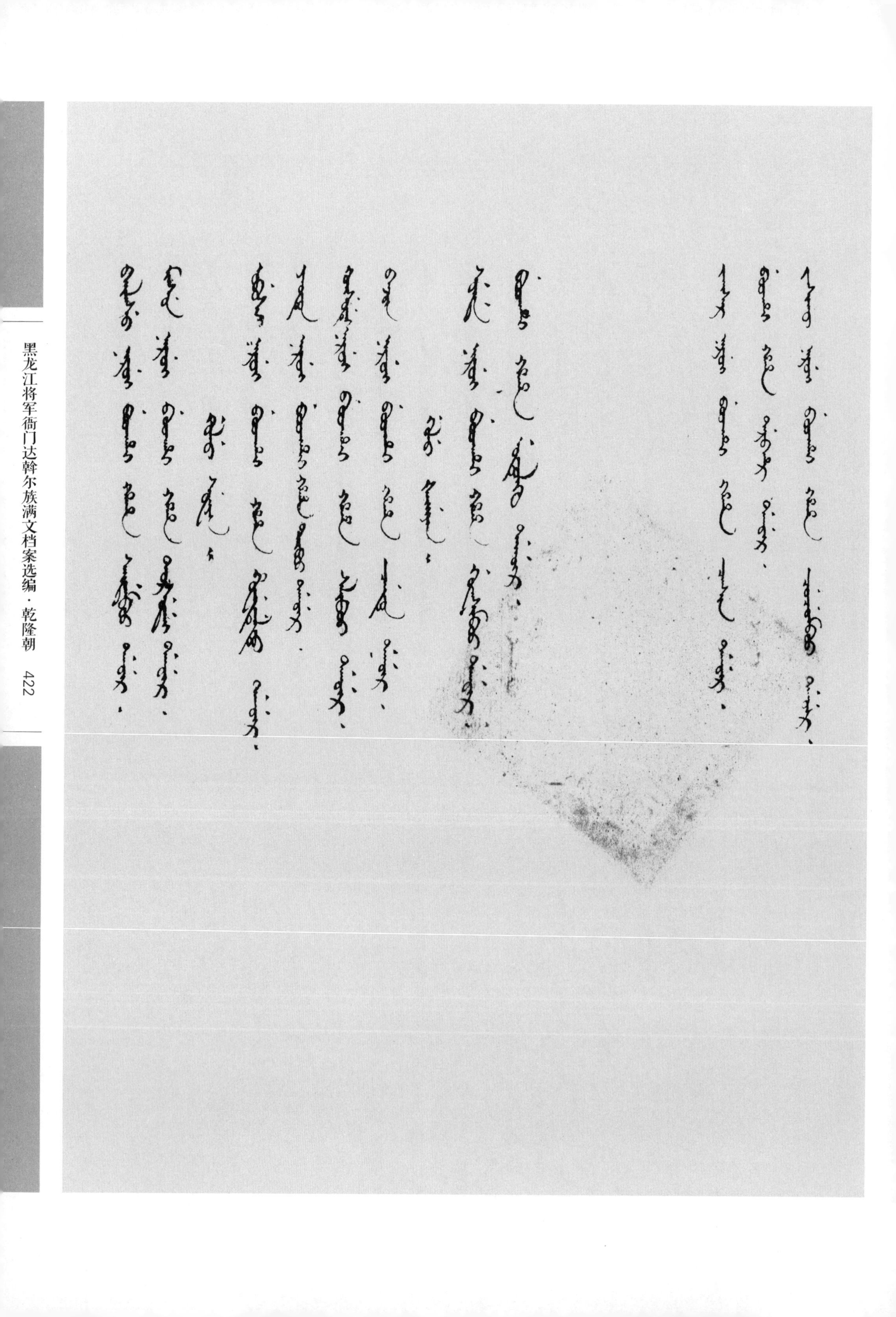

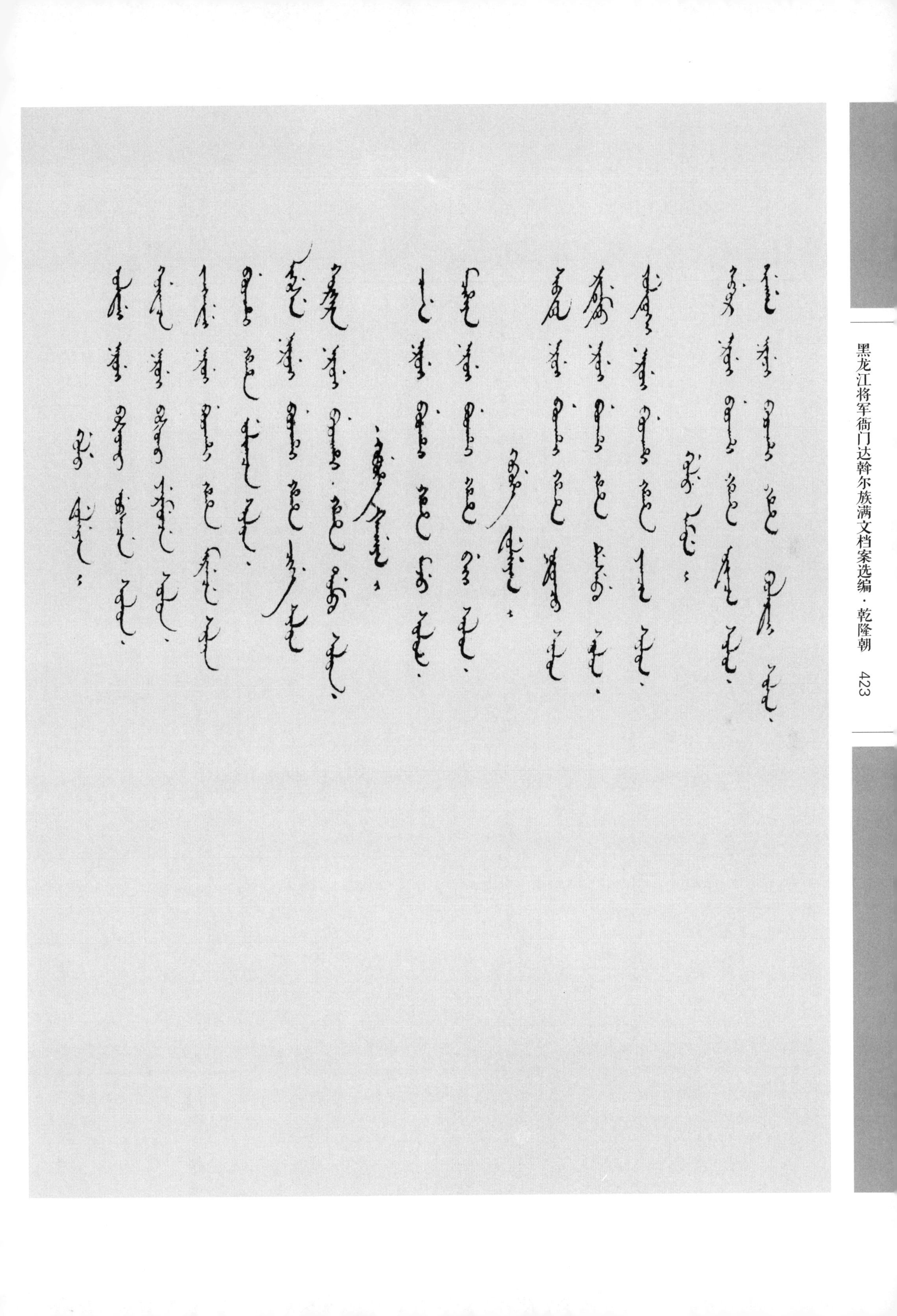

[illegible]

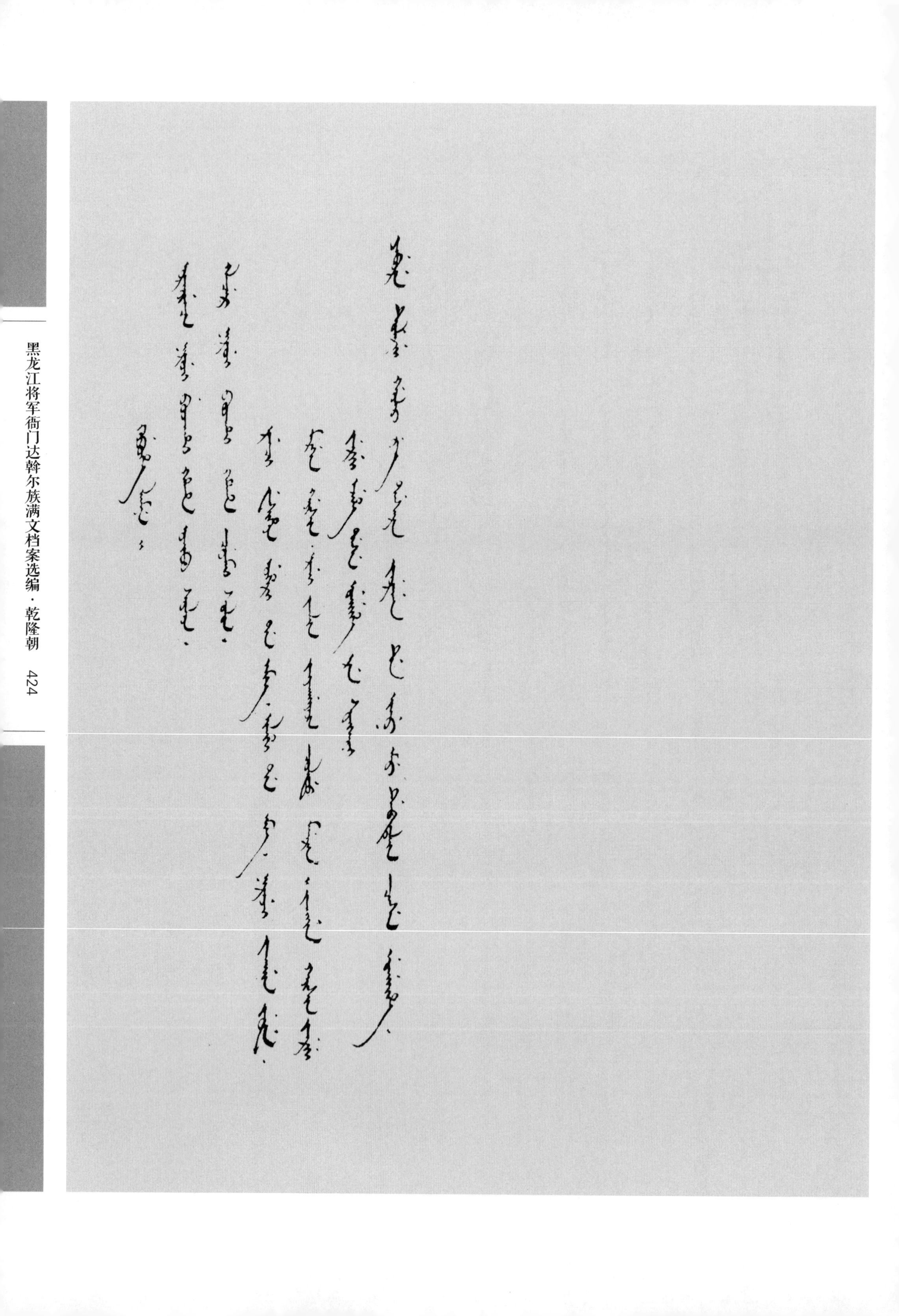

[illegible]

[illegible]

[illegible]

[illegible]

[illegible]

[illegible]

[illegible]

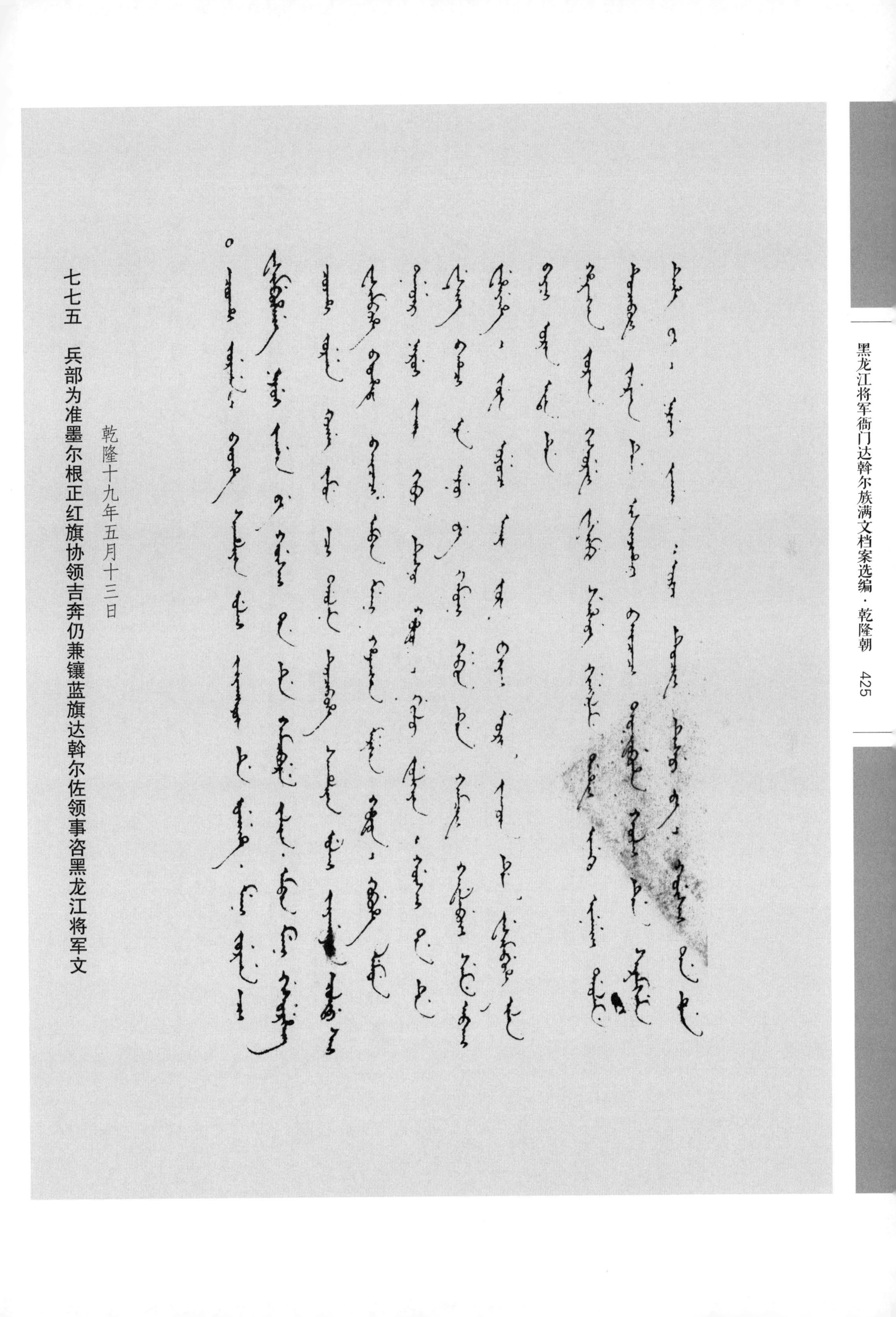

七七五 兵部为准墨尔根正红旗协领吉奔仍兼镶蓝旗达斡尔佐领事咨黑龙江将军文

乾隆十九年五月十三日

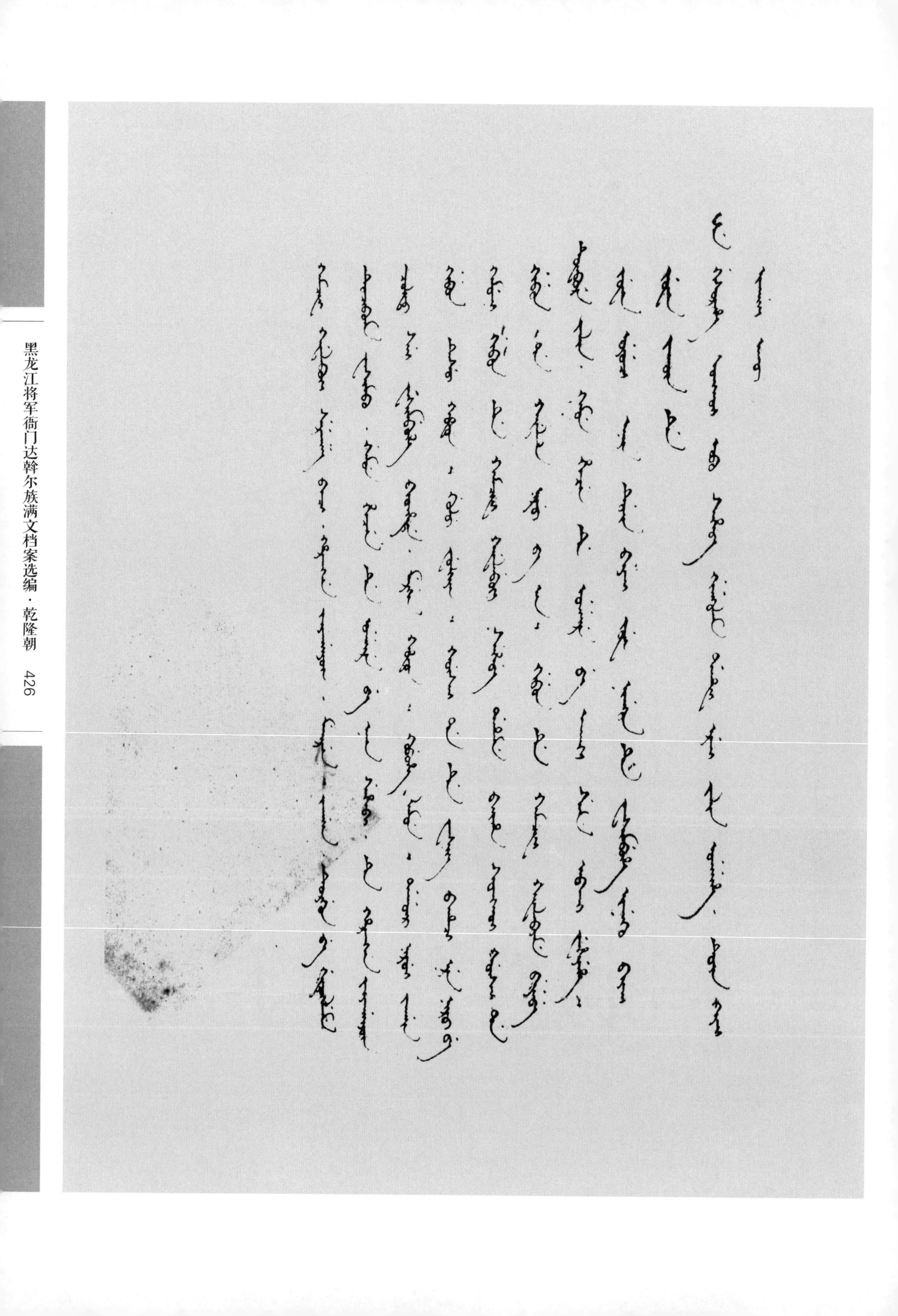

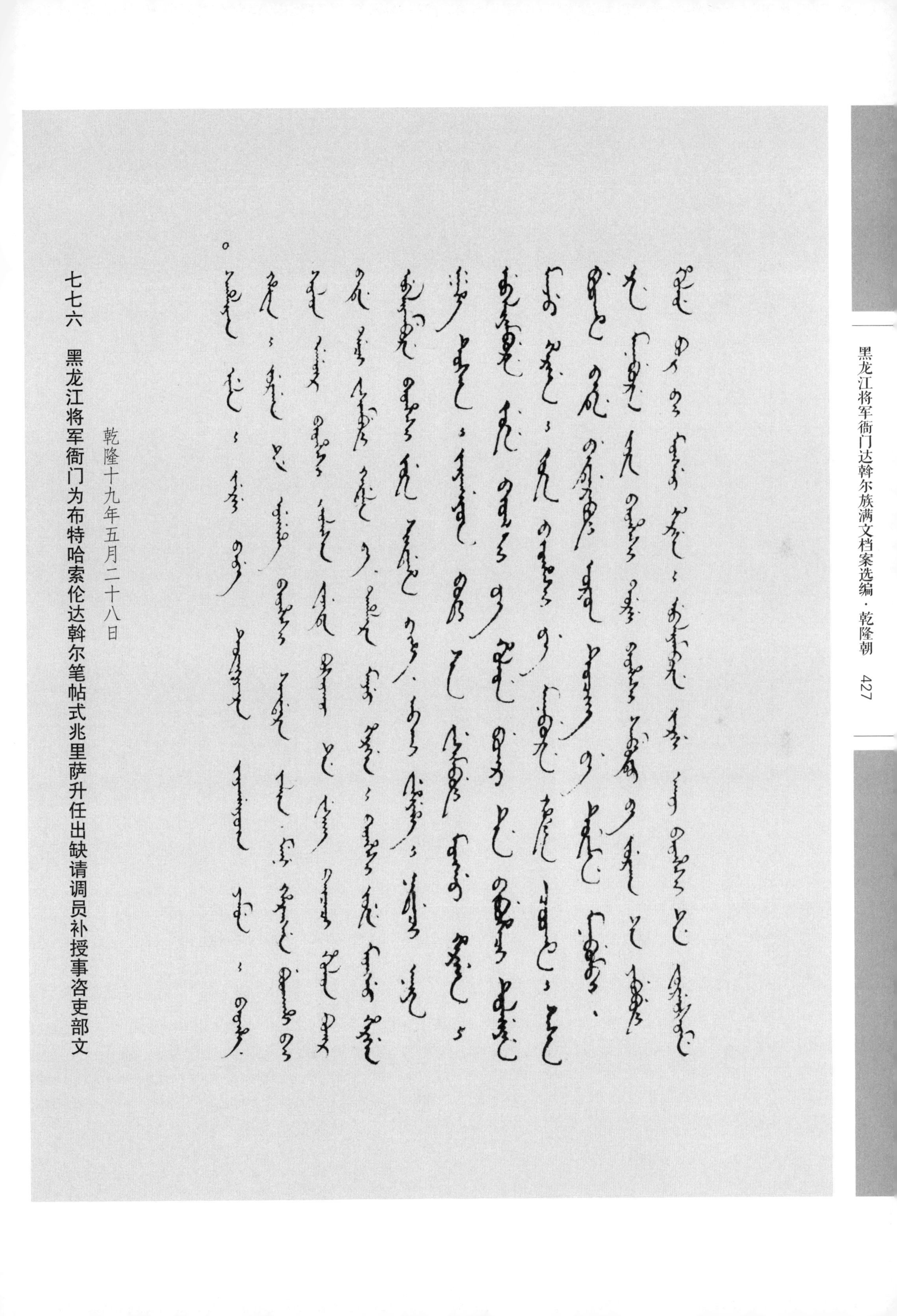

七七六 黑龙江将军衙门为布特哈索伦达斡尔笔帖式兆里萨升任出缺请调员补授事咨吏部文

乾隆十九年五月二十八日

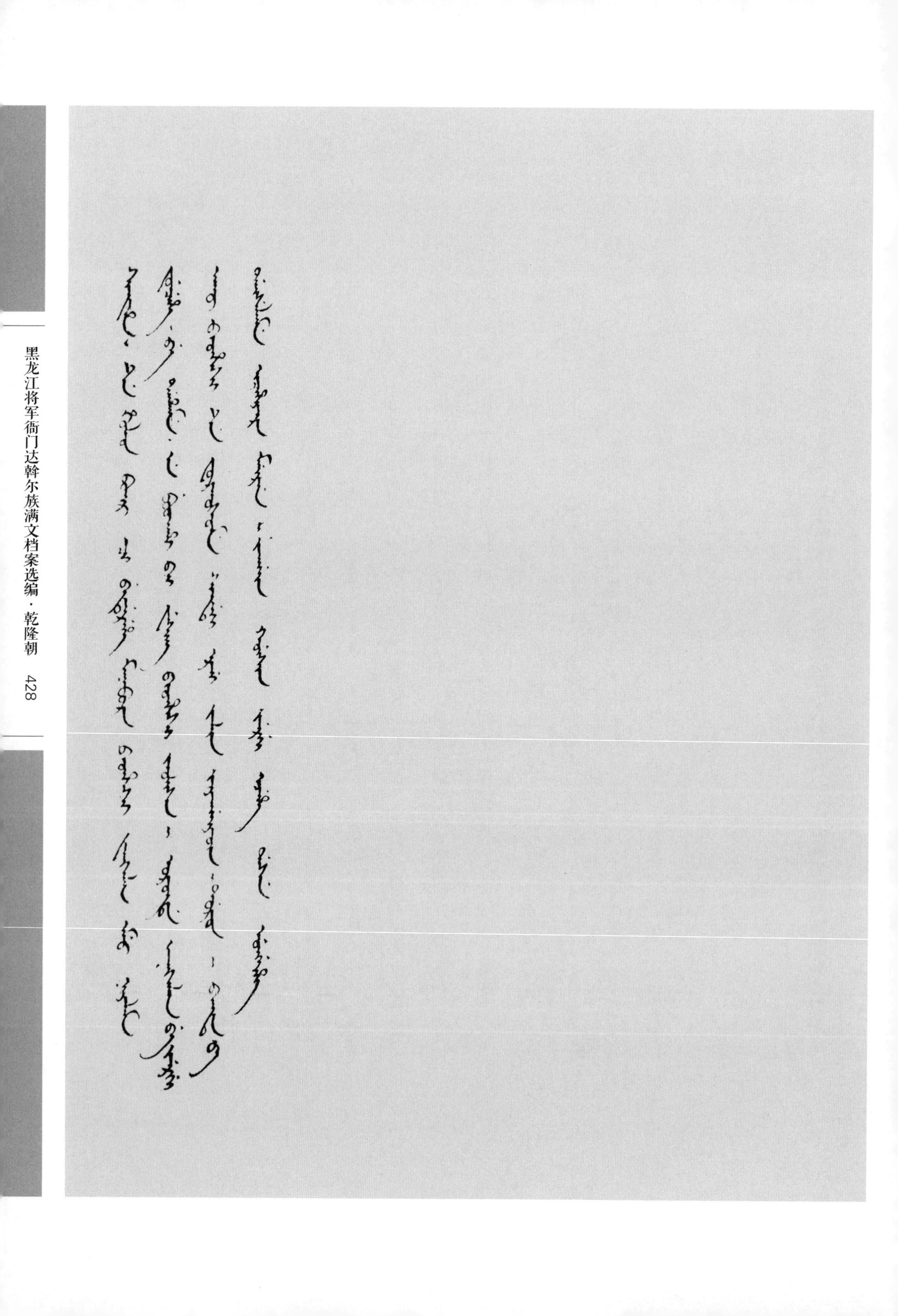

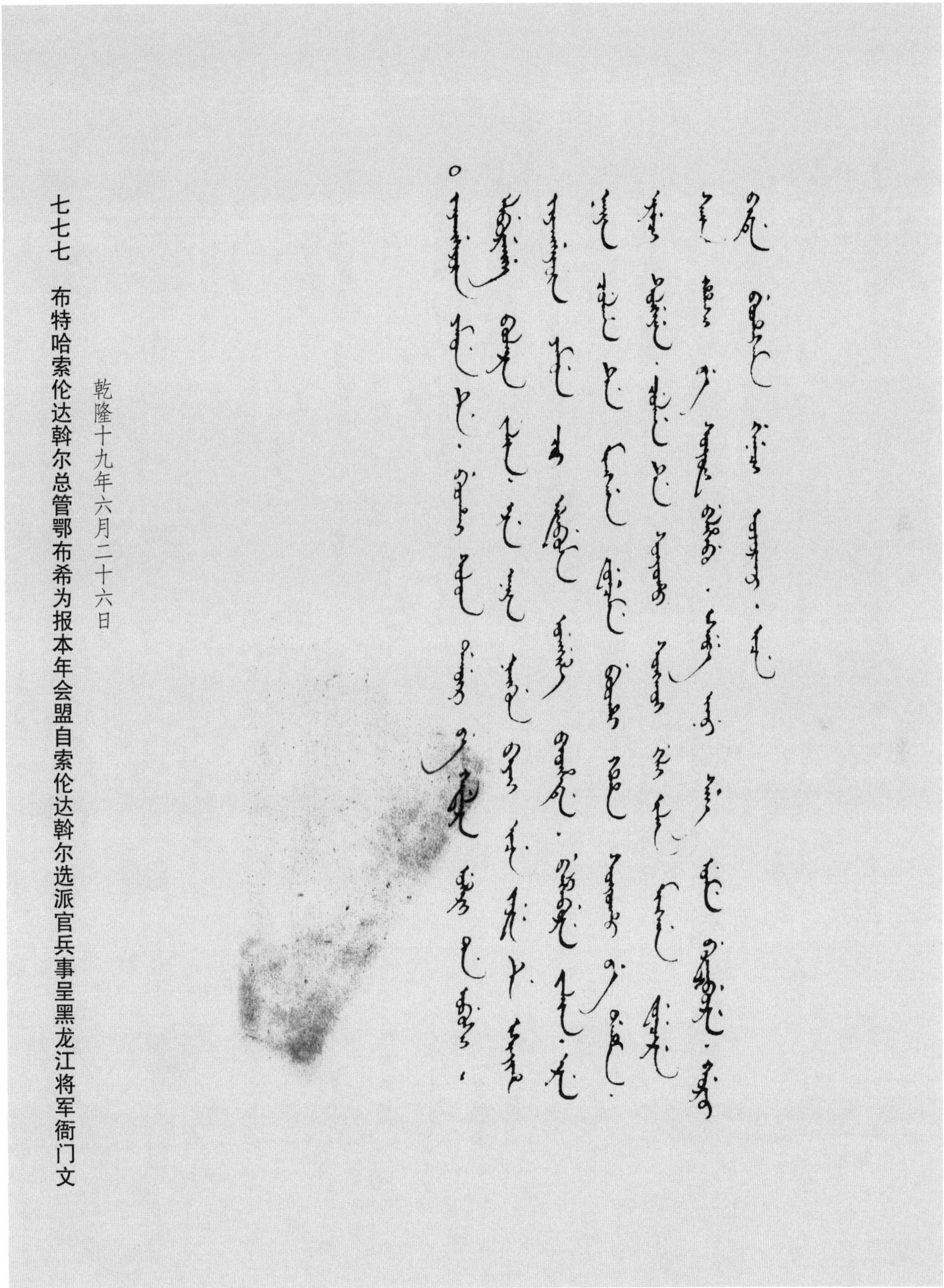

七七七　布特哈索伦达斡尔总管鄂布希为报本年会盟自索伦达斡尔选派官兵事呈黑龙江将军衙门文

乾隆十九年六月二十六日

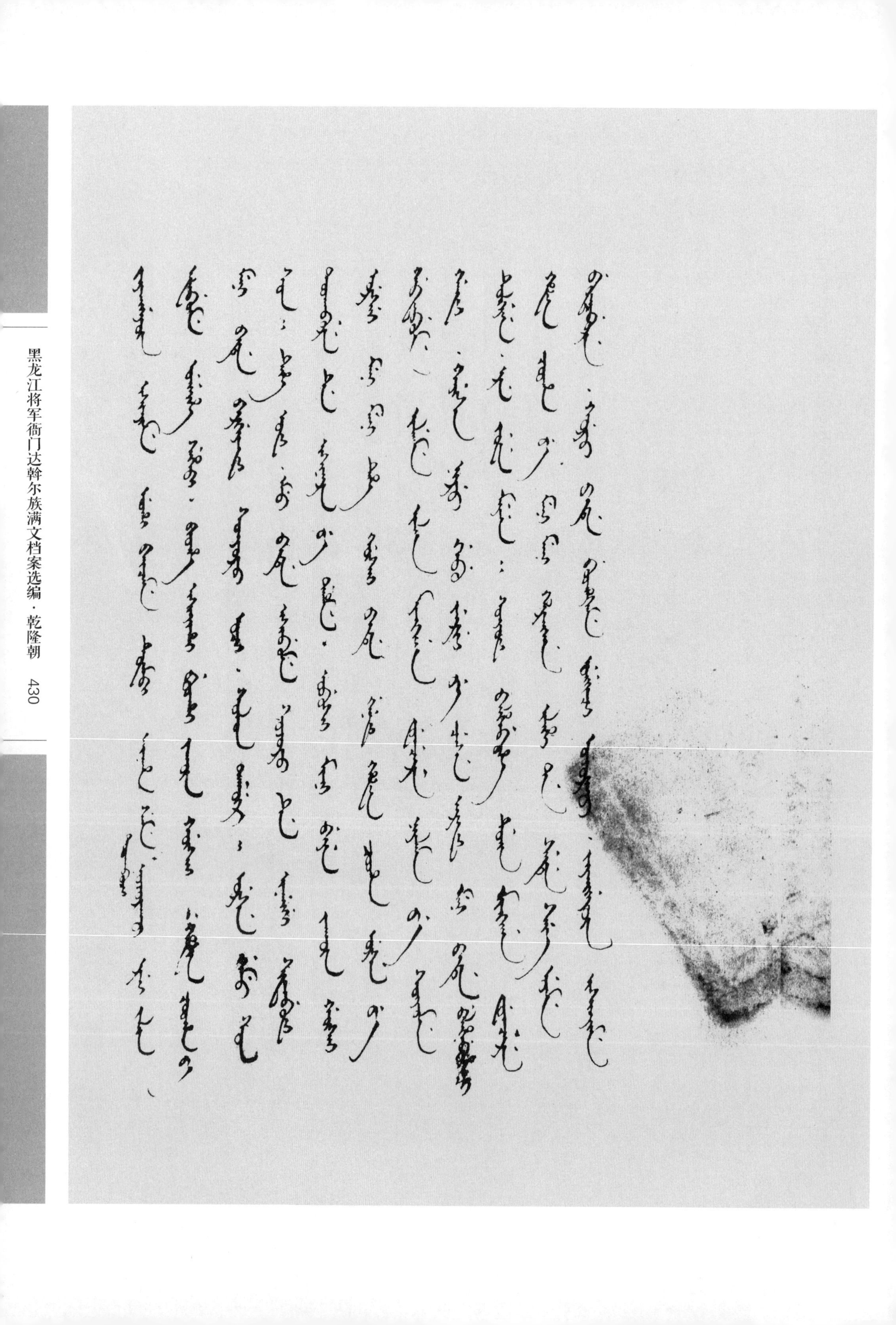

[illegible]

[illegible]

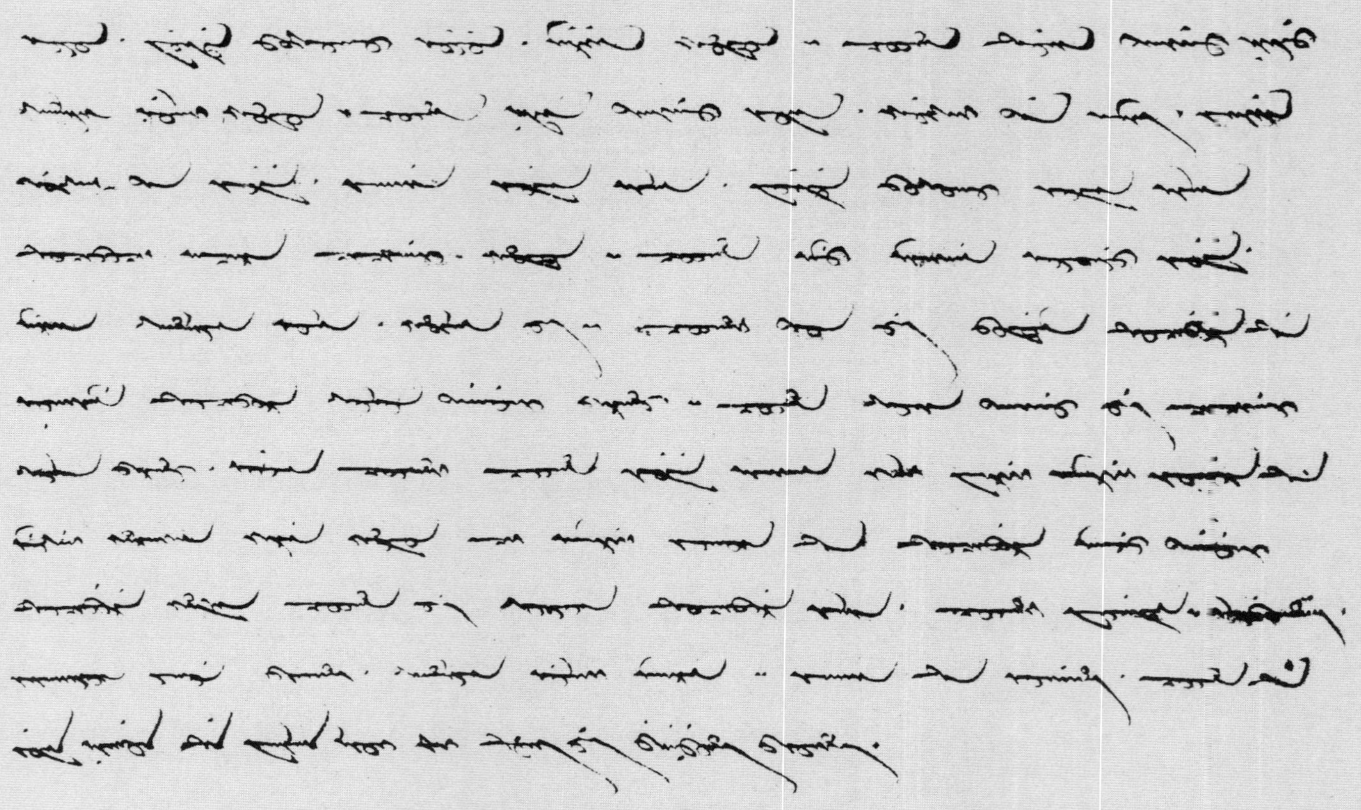

七七八　黑龙江将军衙门为选派调往西北两路满洲达斡尔索伦巴尔虎等官兵事咨黑龙江副都统文（附名单一件）

乾隆十九年七月十六日

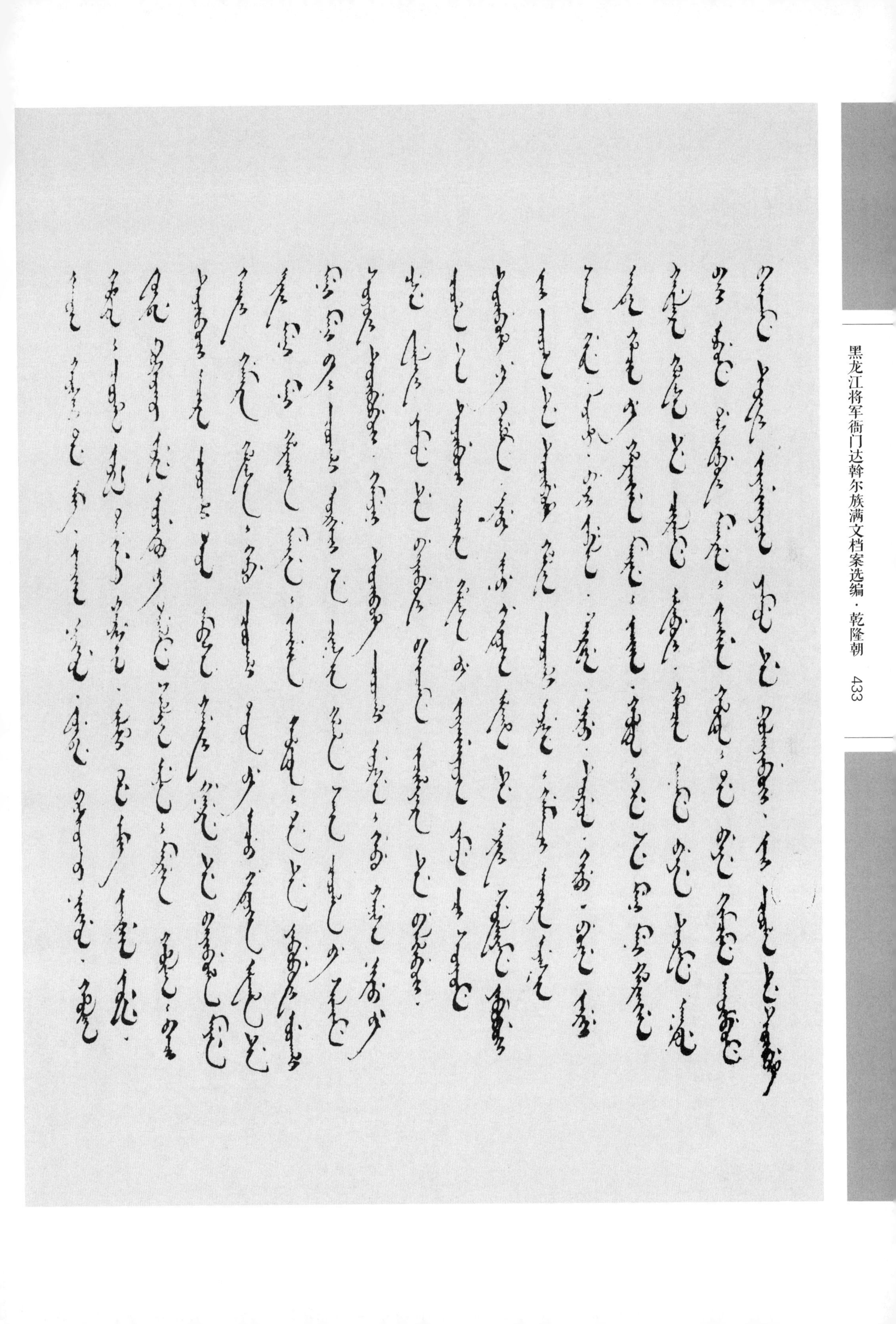

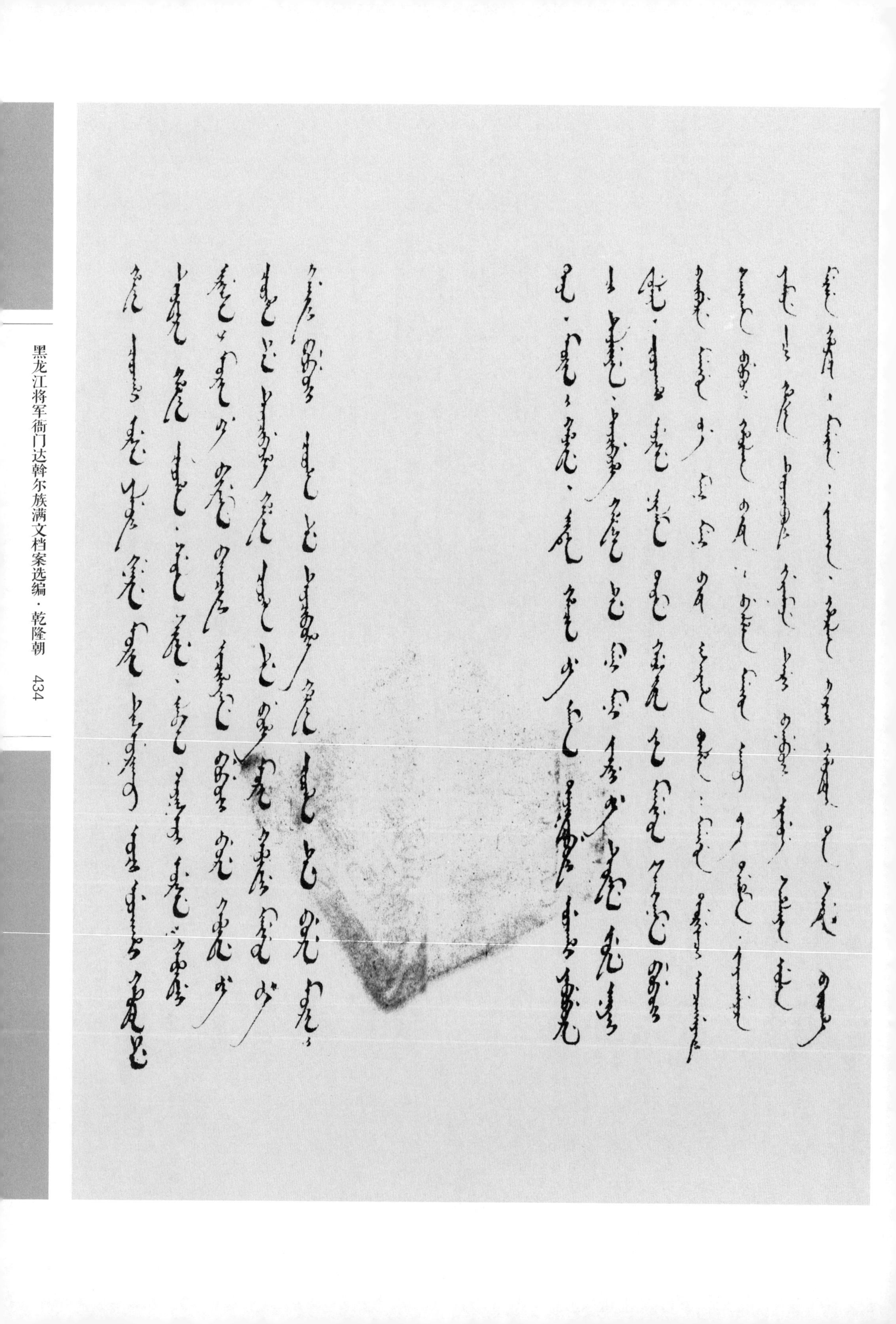

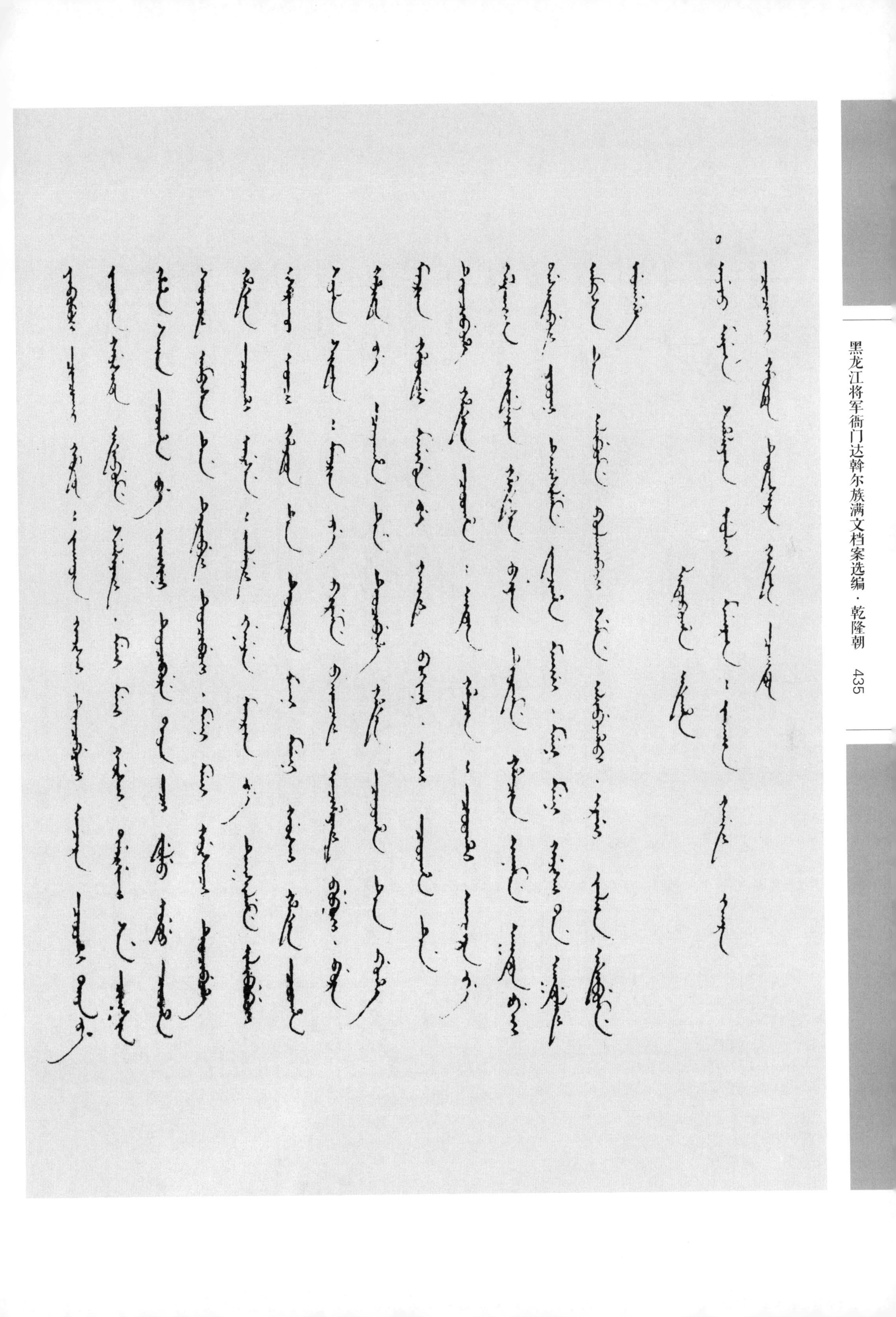

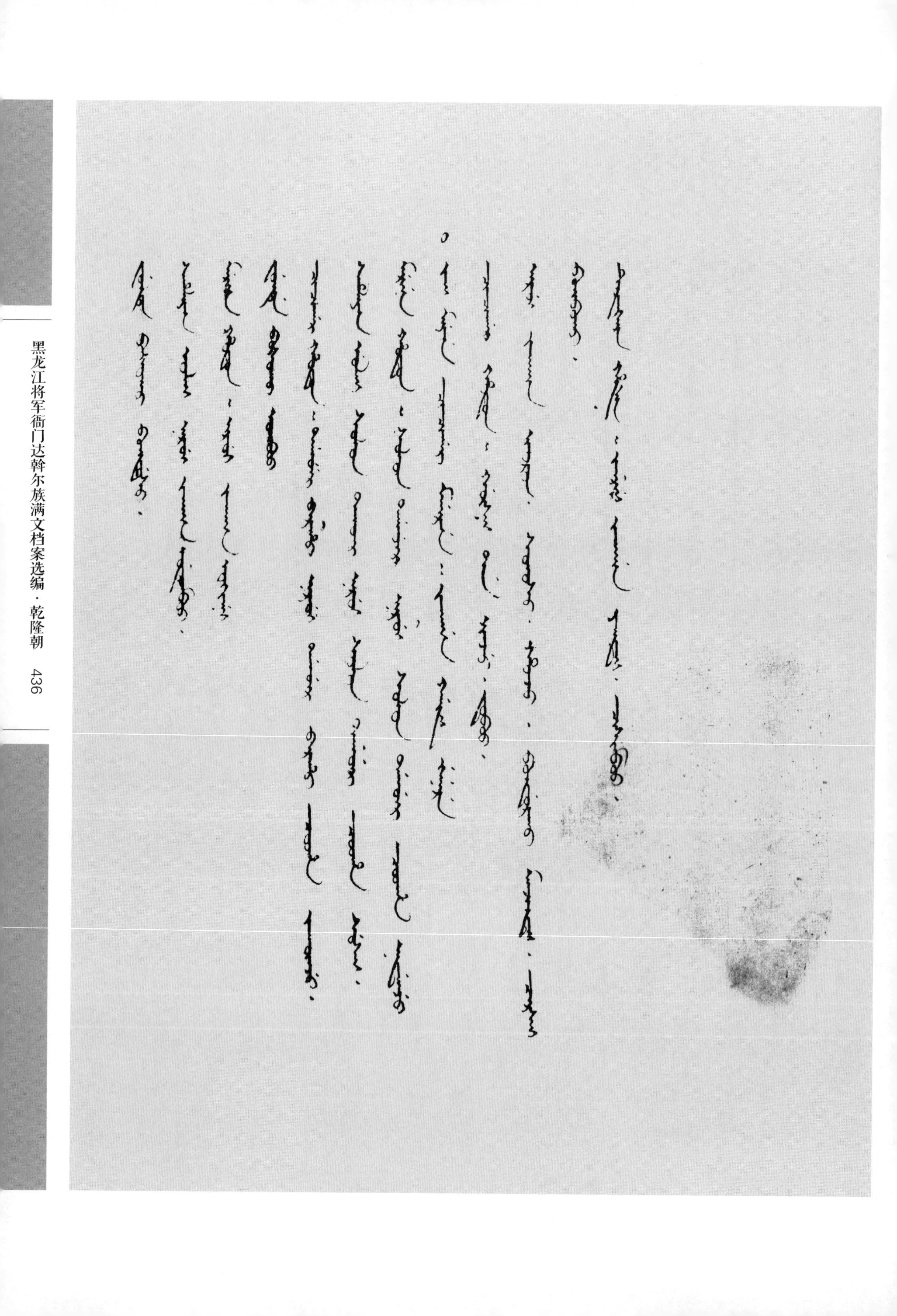

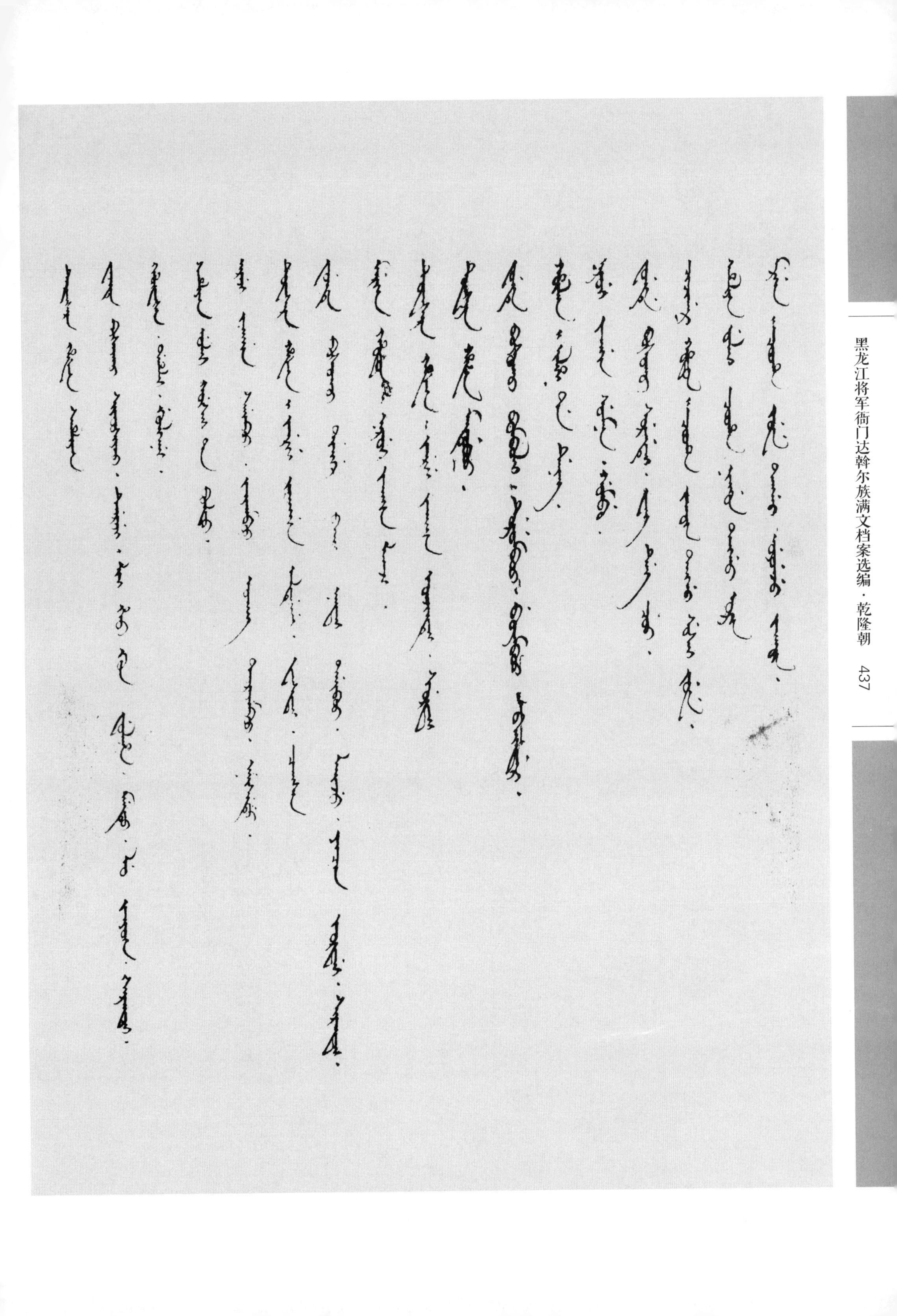

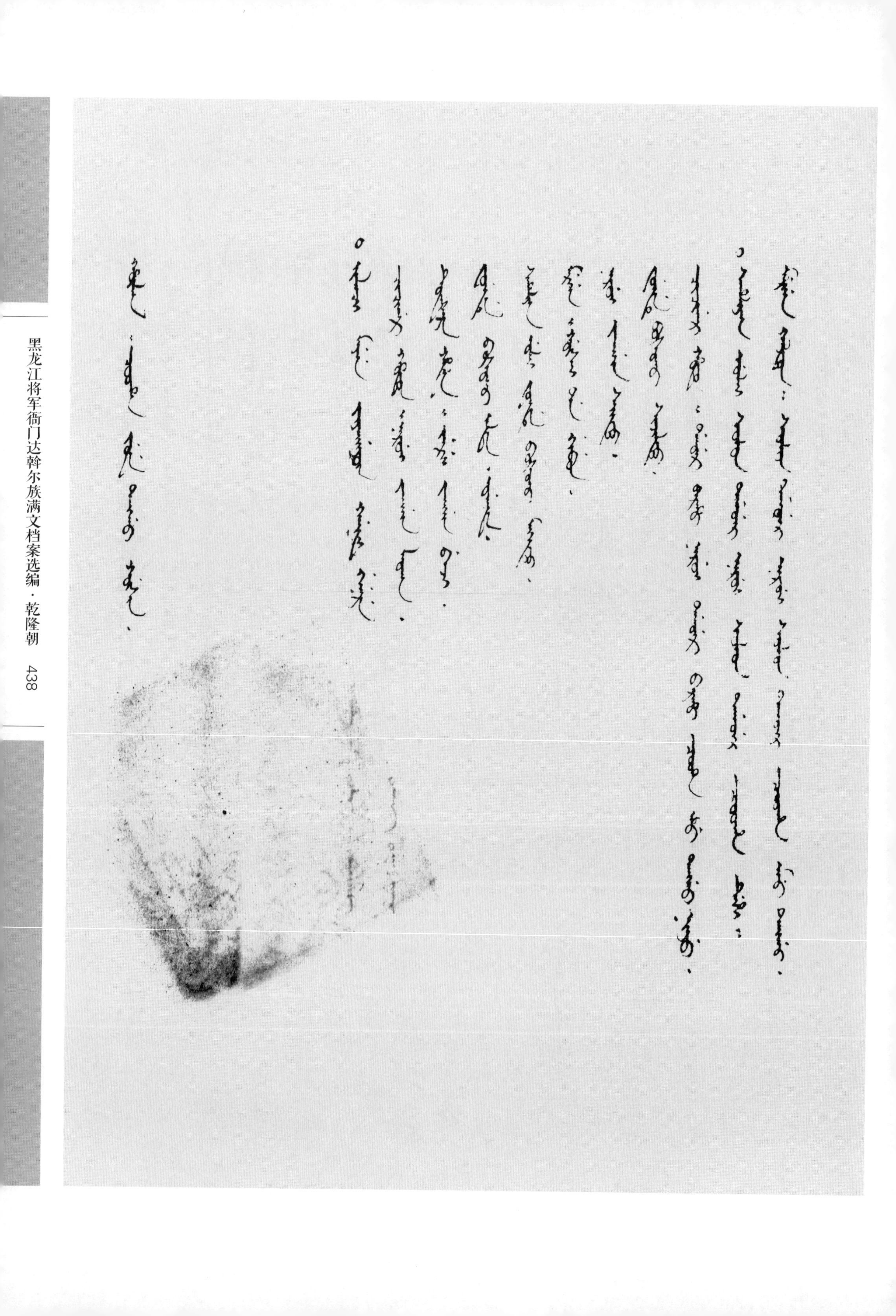

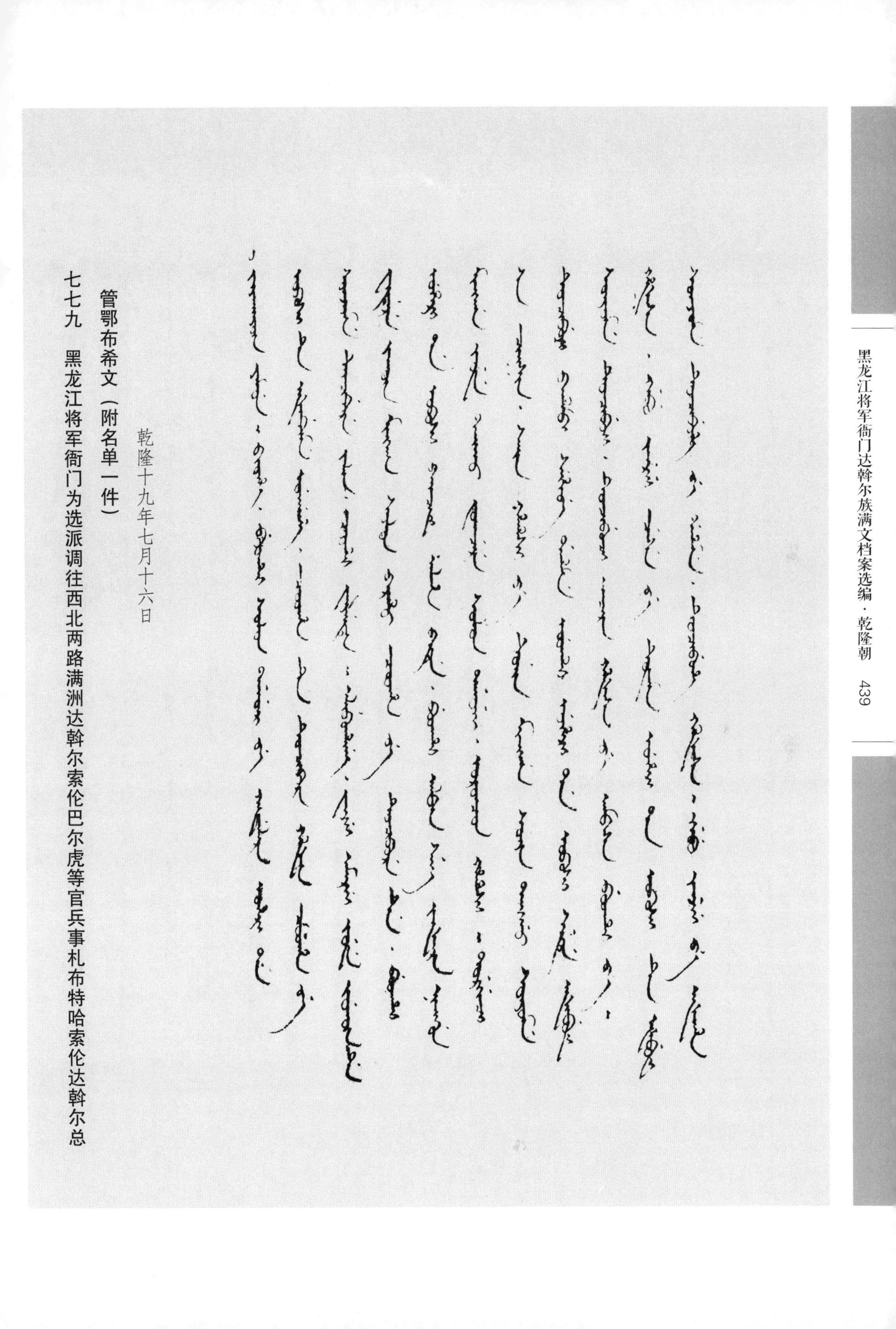

乾隆十九年七月十六日

管鄂布希文（附名单一件）

七七九 黑龙江将军衙门为选派调往西北两路满洲达斡尔索伦巴尔虎等官兵事札布特哈索伦达斡尔总

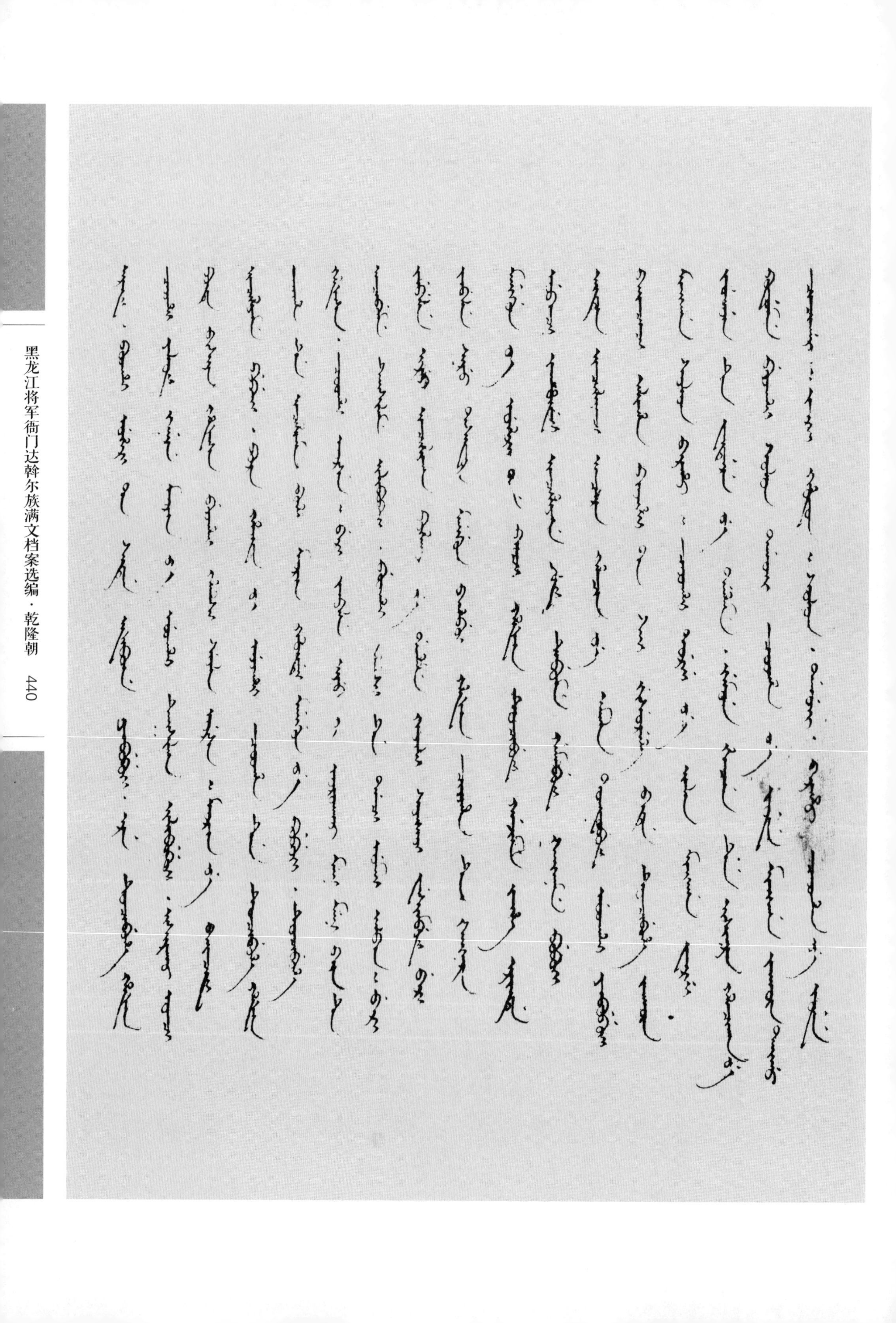

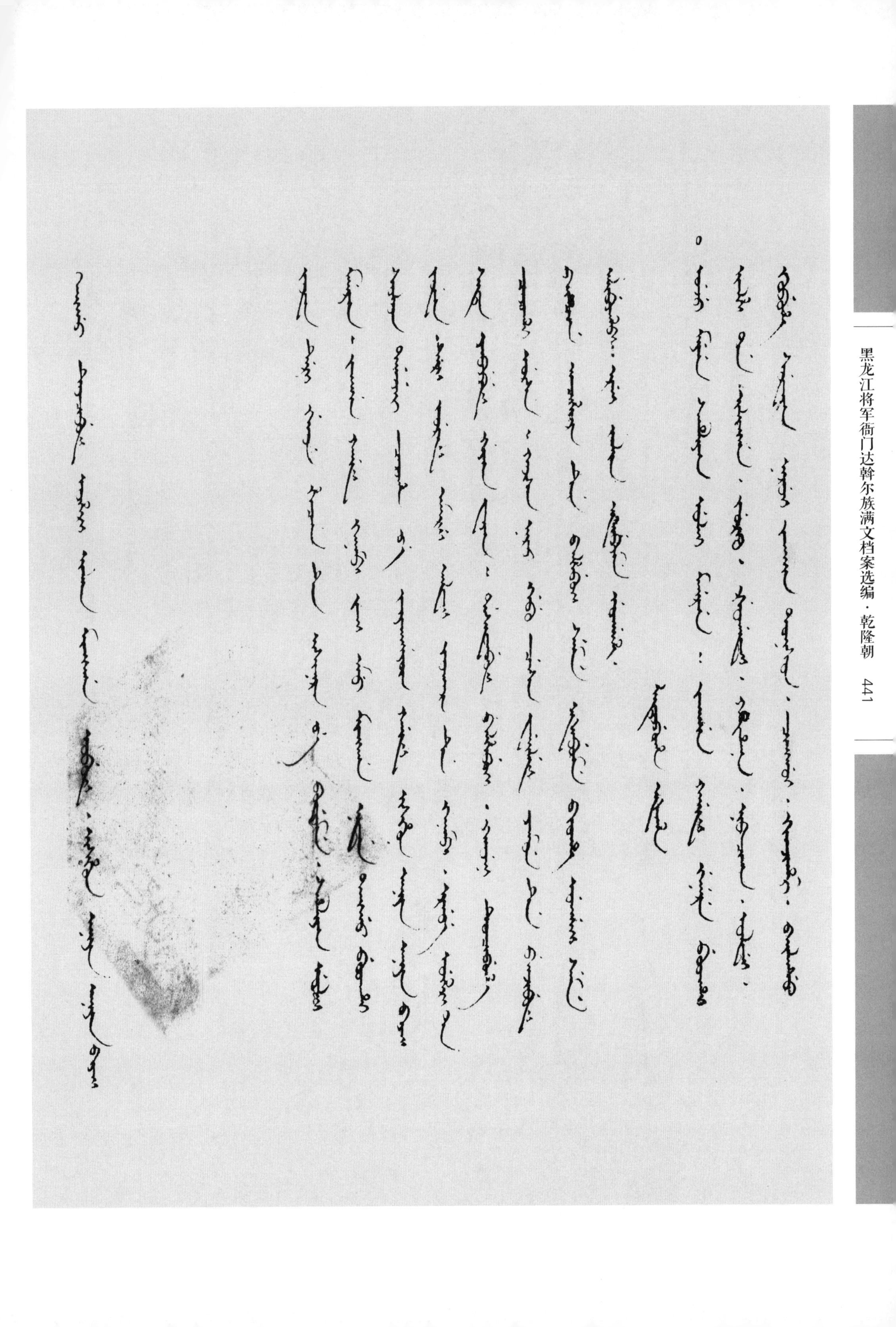

[illegible]

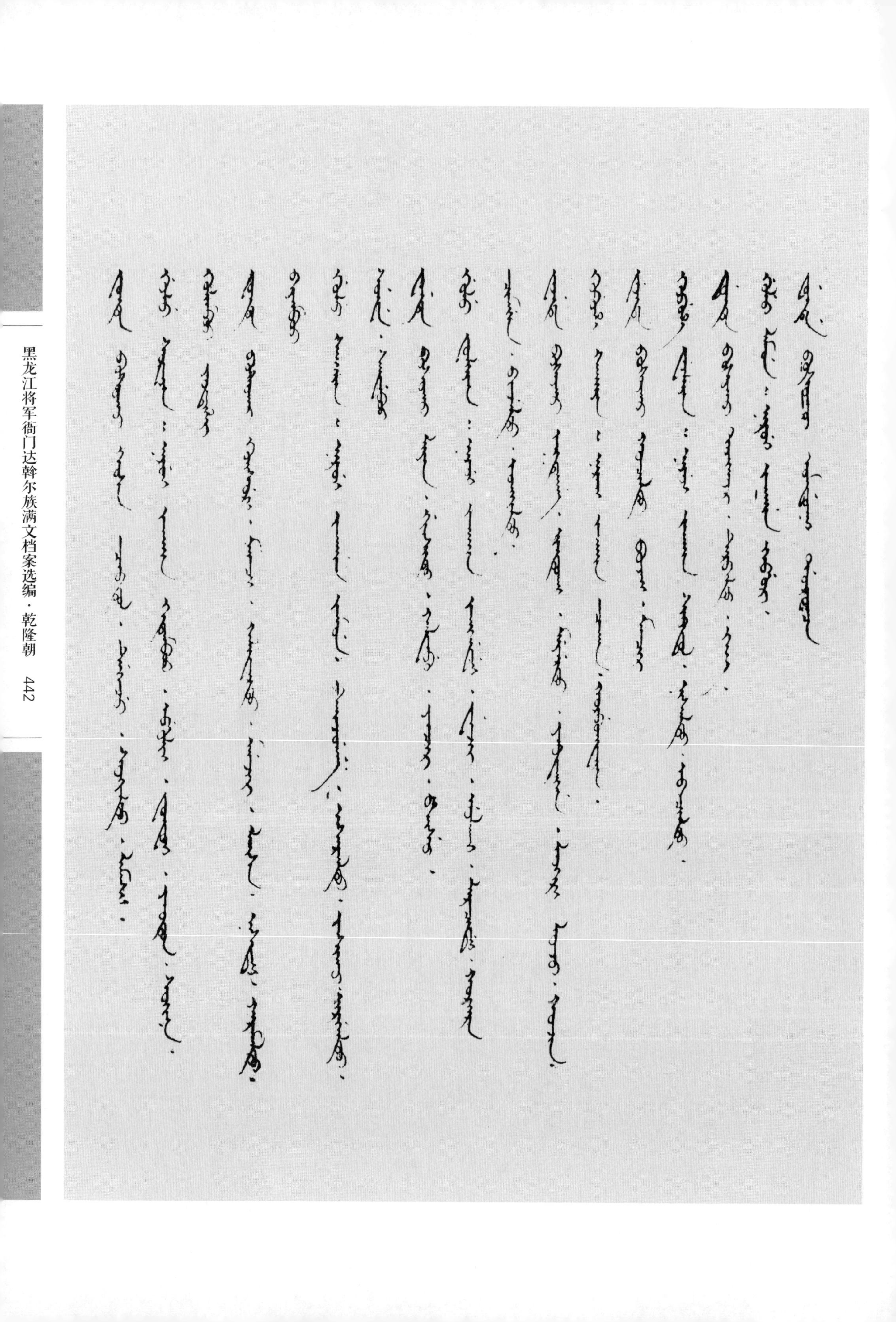

ᠪᠣᡧᠣᡴᡡ [illegible]

ᡠᡴᠰᡳᠨ [illegible]

[illegible]

[illegible]

[illegible]

ᠪᠣᡧᠣᡴᡡ [illegible]

ᡠᡴᠰᡳᠨ [illegible]

ᠪᠣᡧᠣᡴᡡ [illegible]

ᡠᡴᠰᡳᠨ [illegible]

ᠪᠣᡧᠣᡴᡡ [illegible]

ᡠᡴᠰᡳᠨ [illegible]

ᠪᠣᡧᠣᡴᡡ [illegible]

ᡠᡴᠰᡳᠨ [illegible]

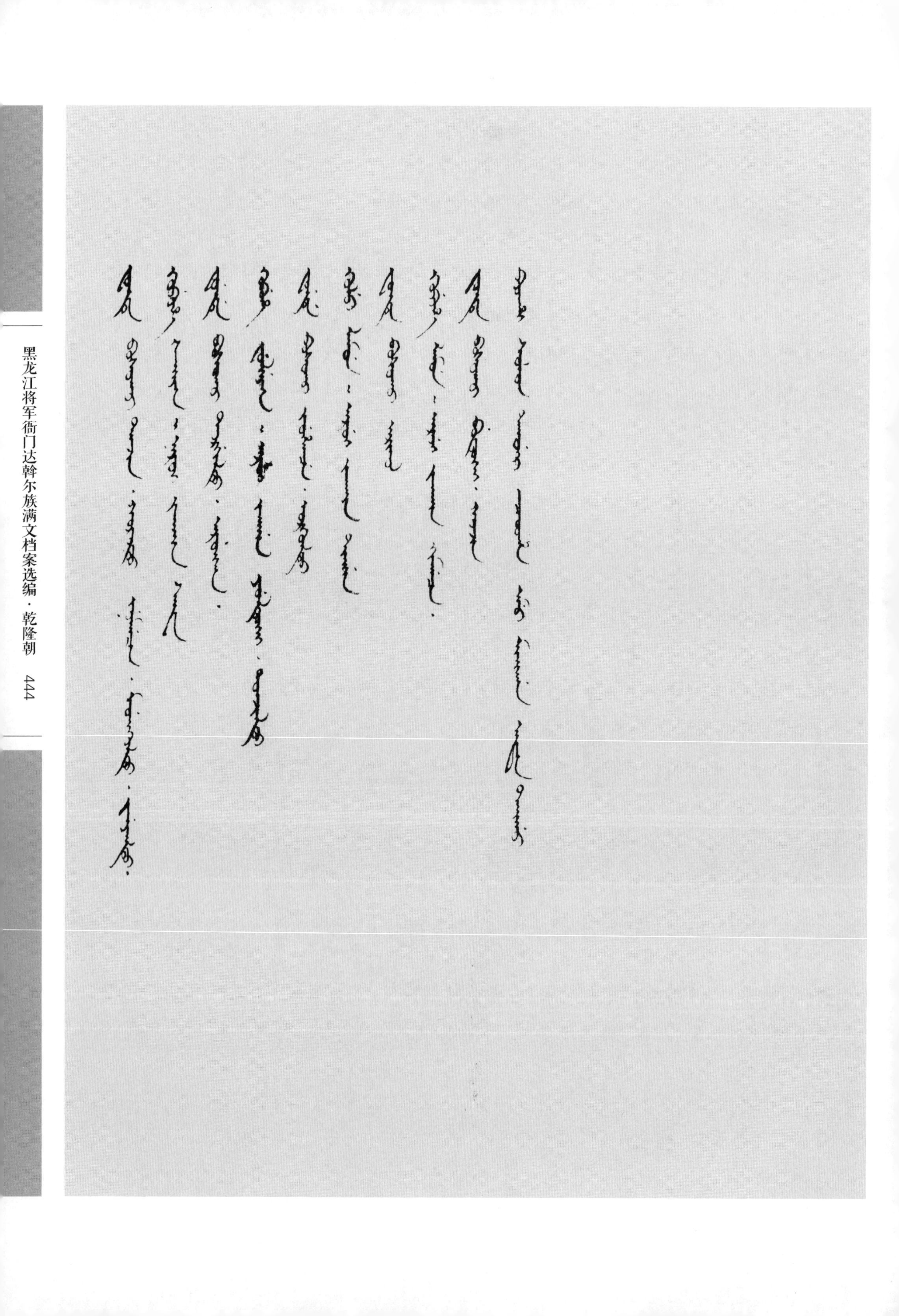

[illegible]
[illegible]
[illegible]
[illegible]
[illegible]
[illegible]
[illegible]
[illegible]
[illegible]
[illegible]

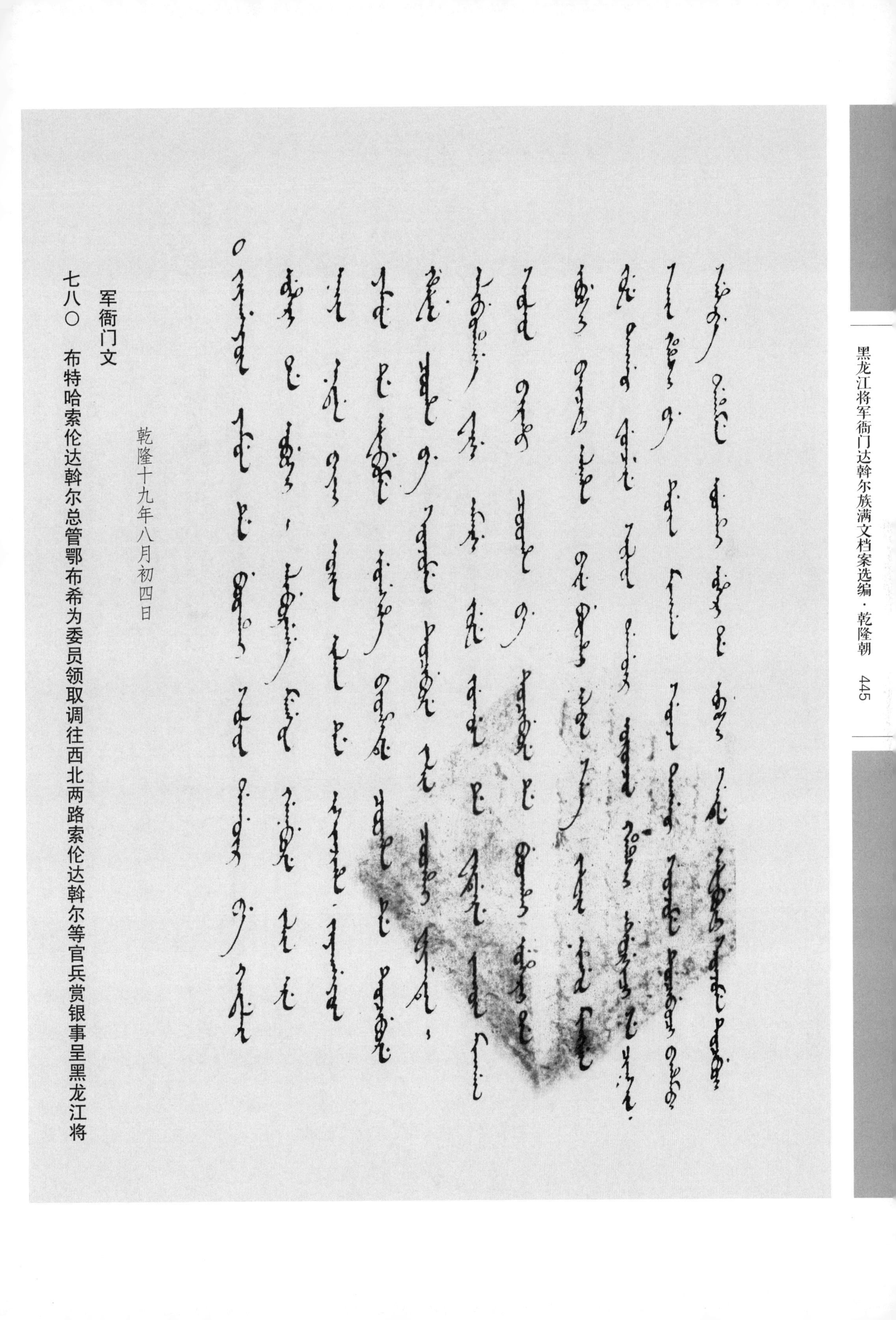

乾隆十九年八月初四日

七八〇　布特哈索伦达斡尔总管鄂布希为委员领取调往西北两路索伦达斡尔等官兵赏银事呈黑龙江将军衙门文

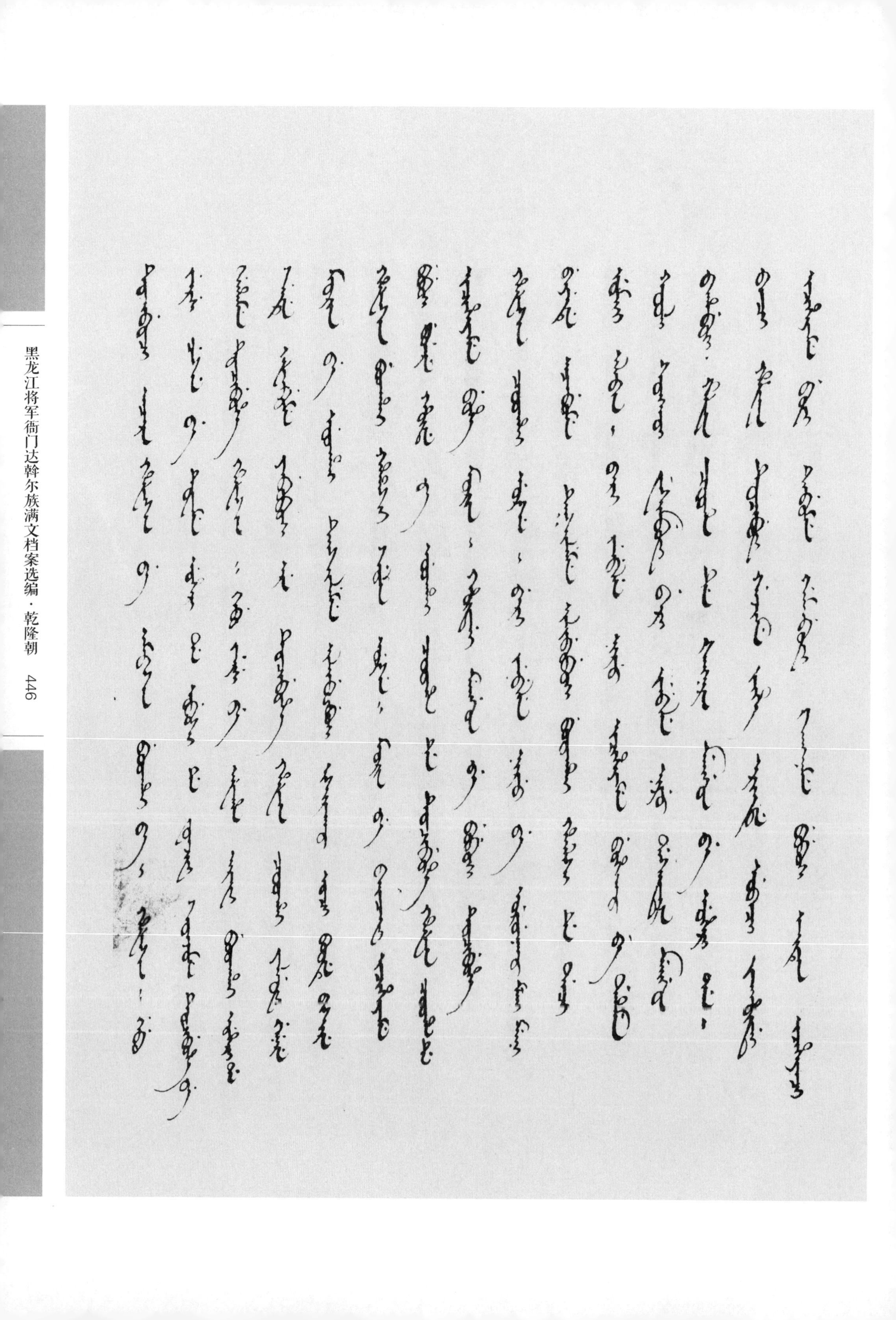

[illegible]

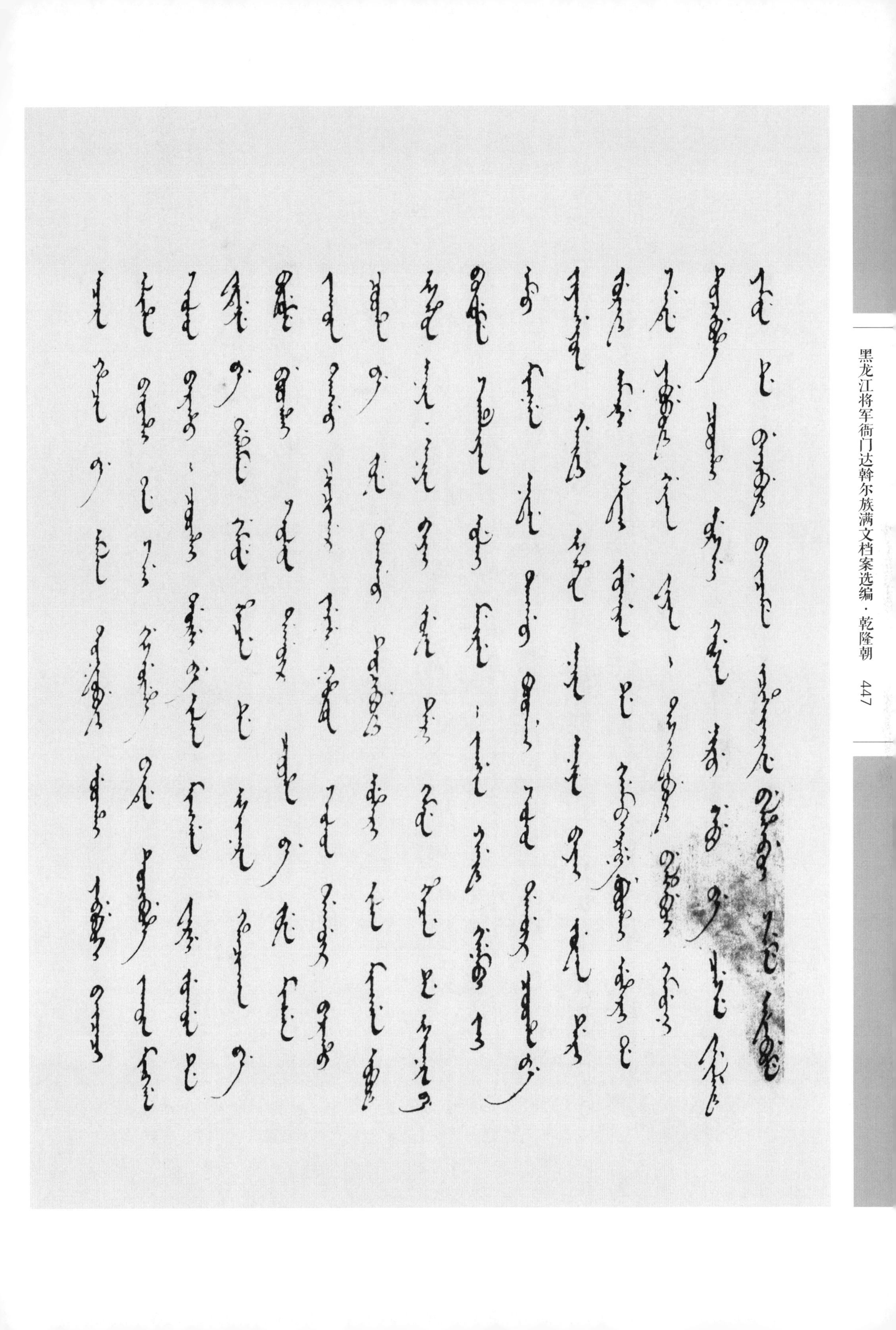

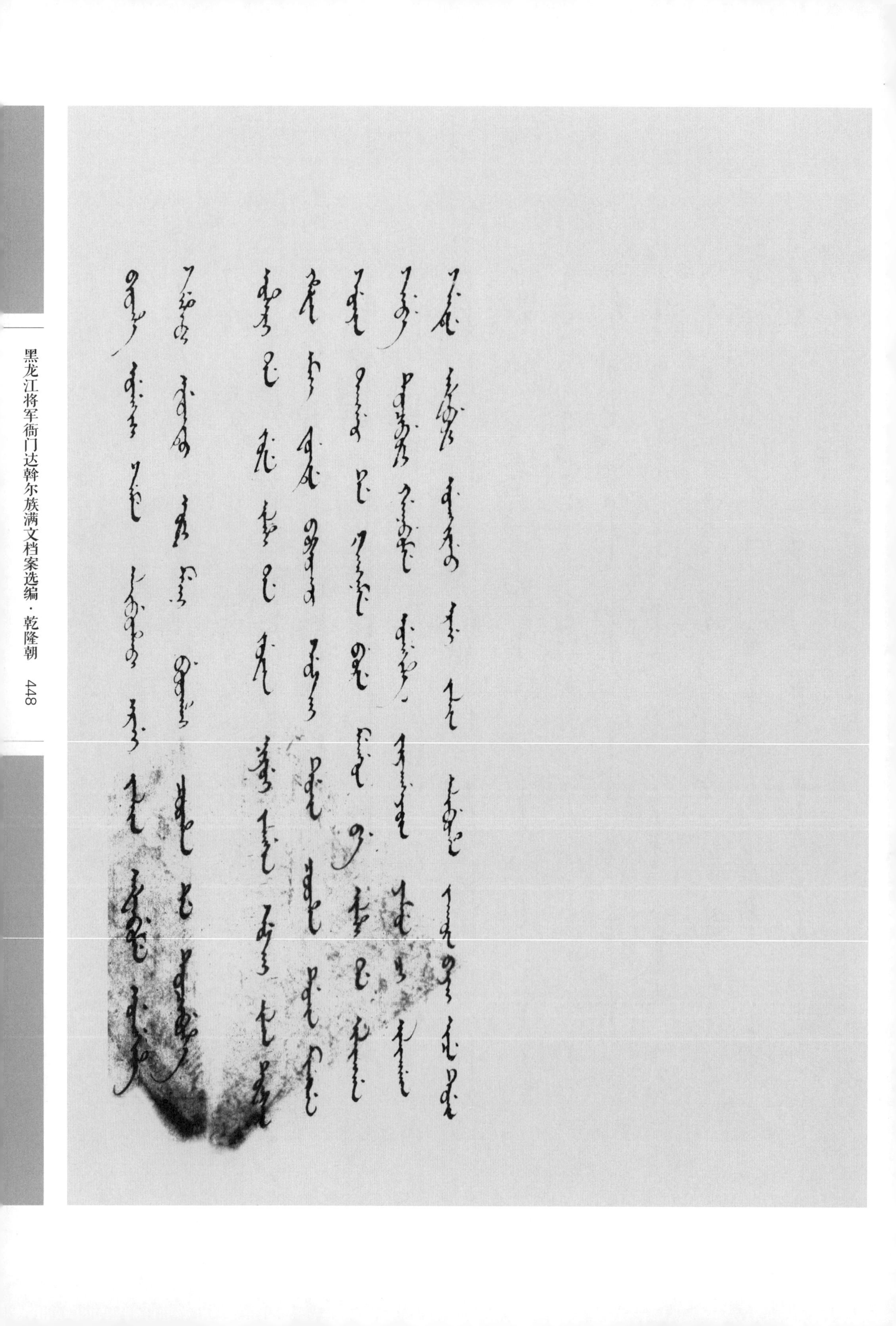

[illegible]

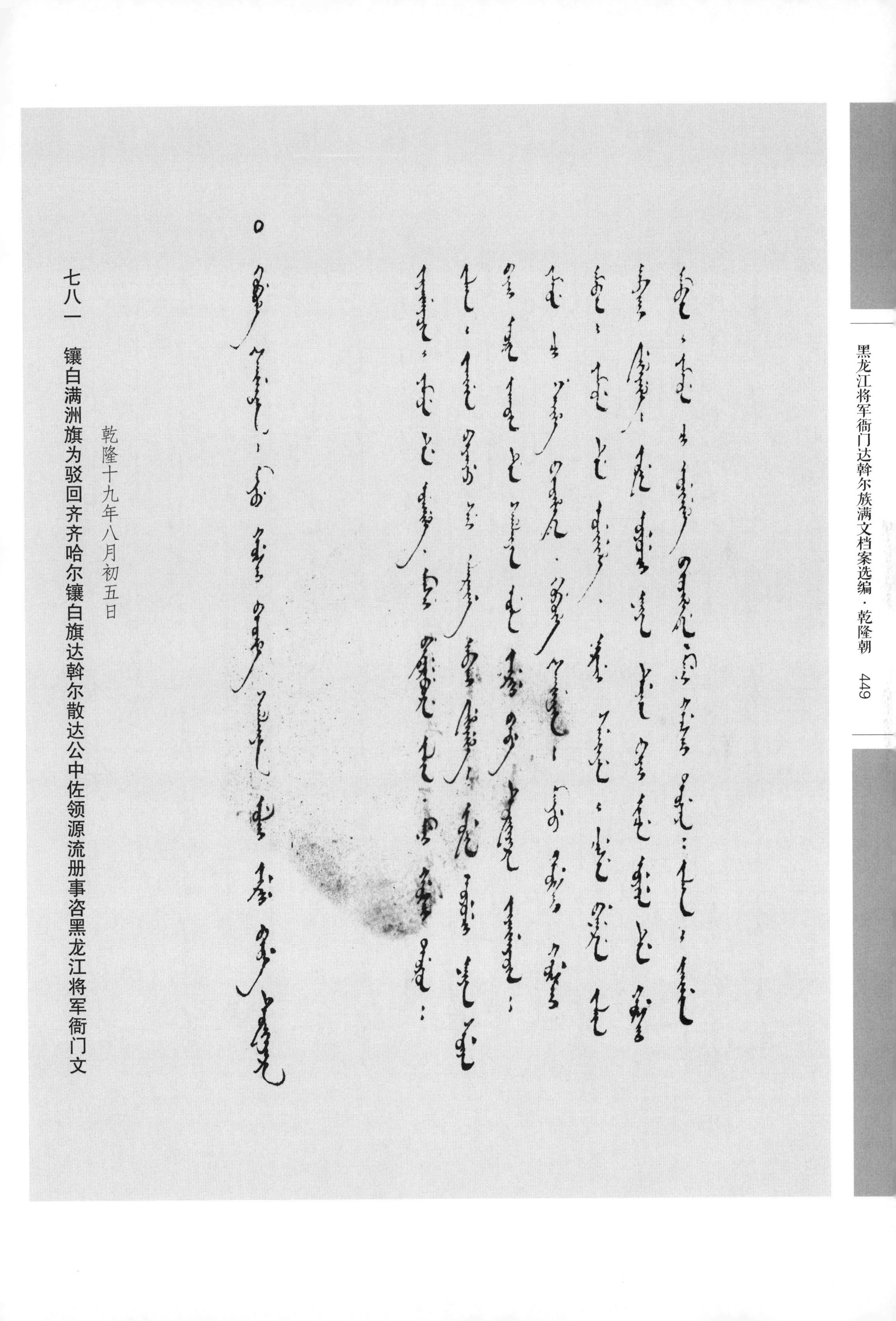

七八一　镶白满洲旗为驳回齐齐哈尔镶白旗达斡尔散达公中佐领源流册事咨黑龙江将军衙门文

乾隆十九年八月初五日

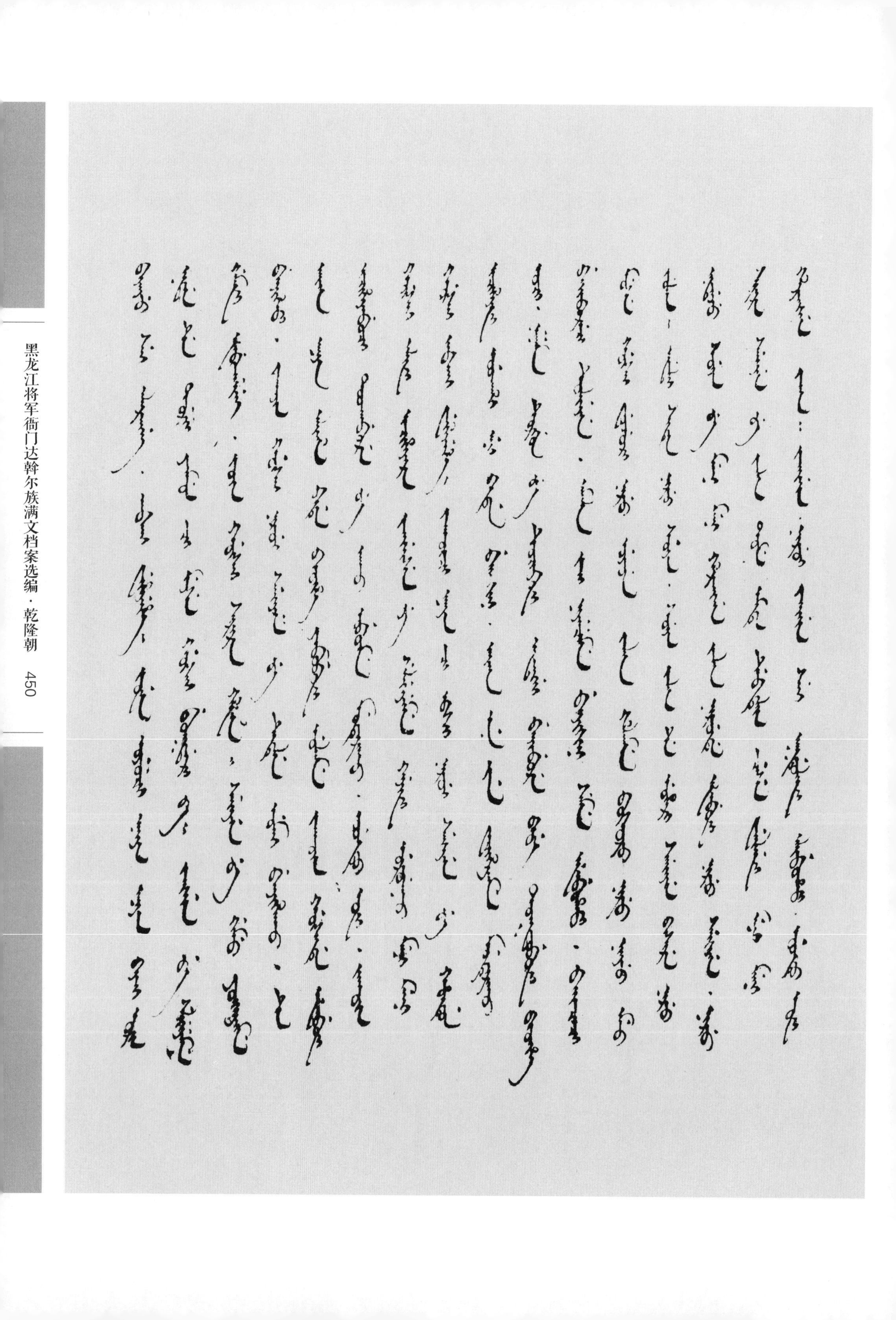

[illegible]

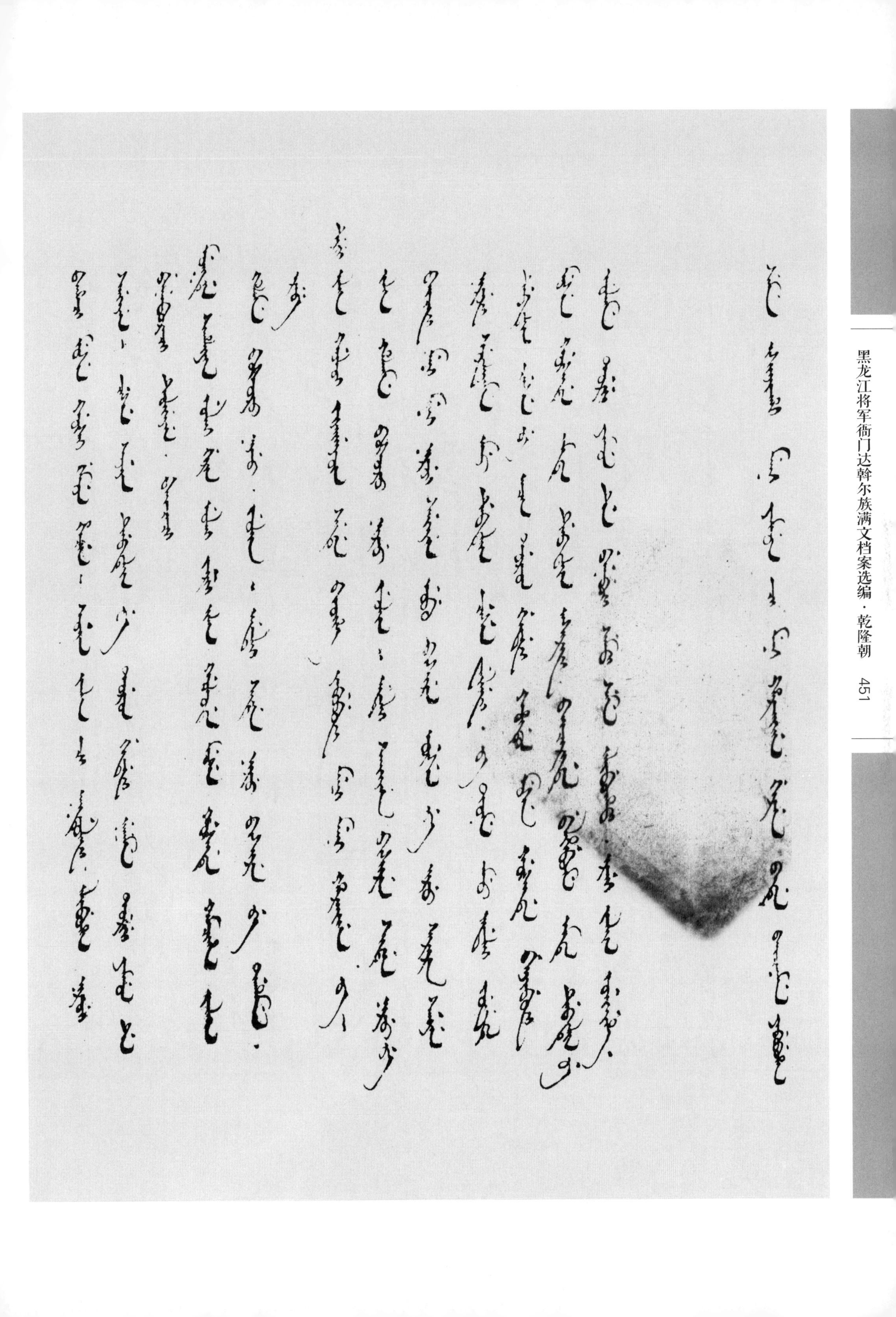

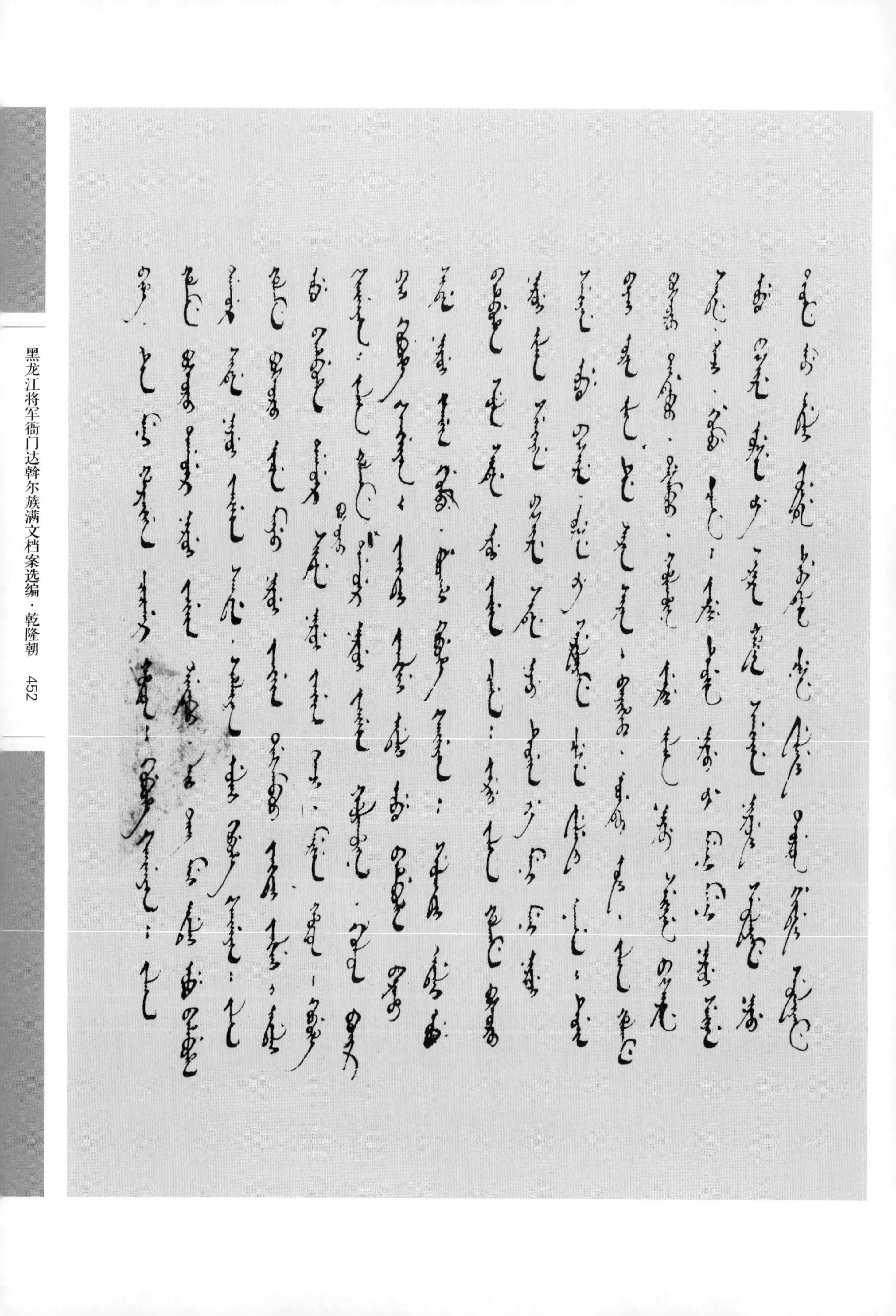

[illegible]

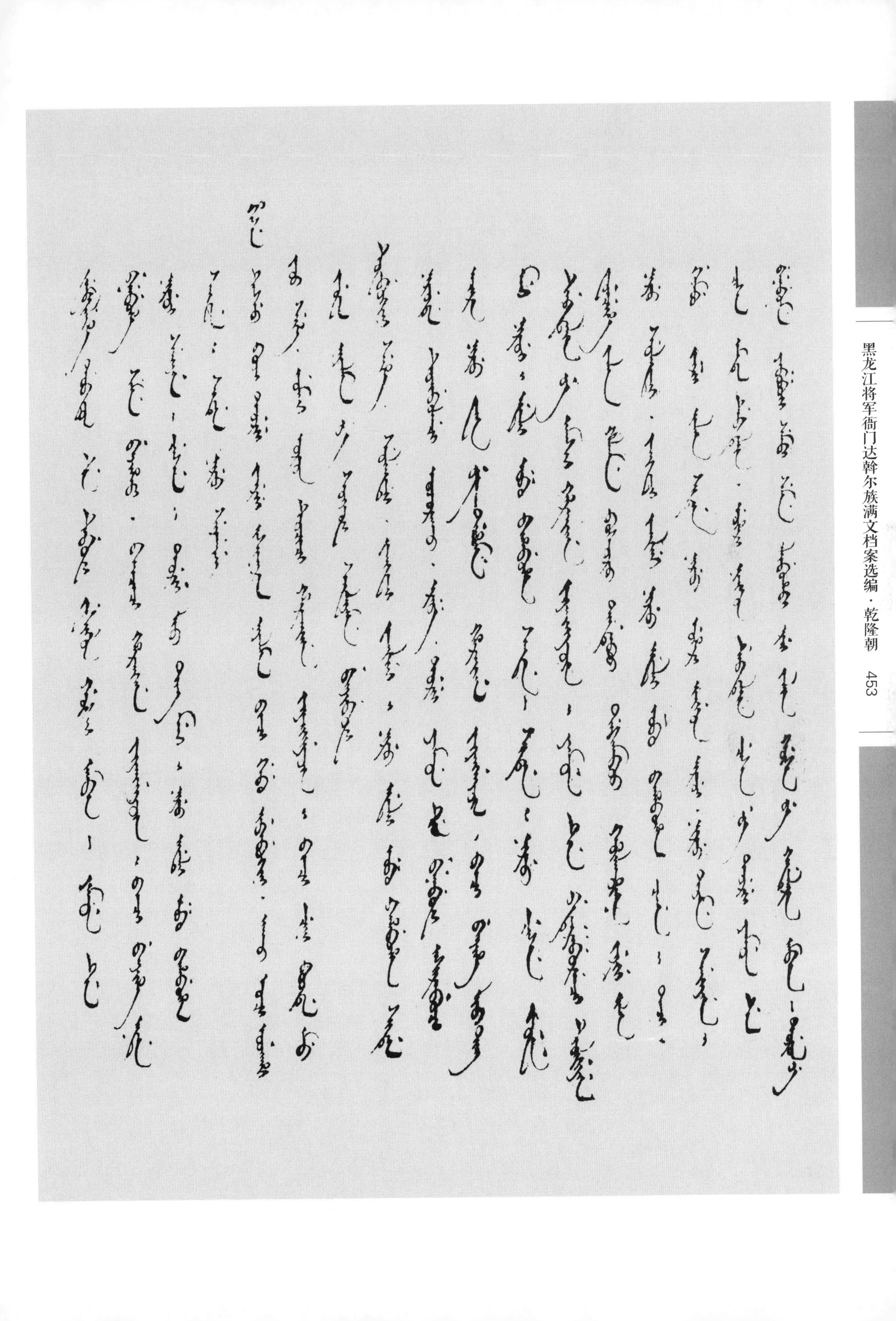

[illegible]

[illegible]

[illegible]

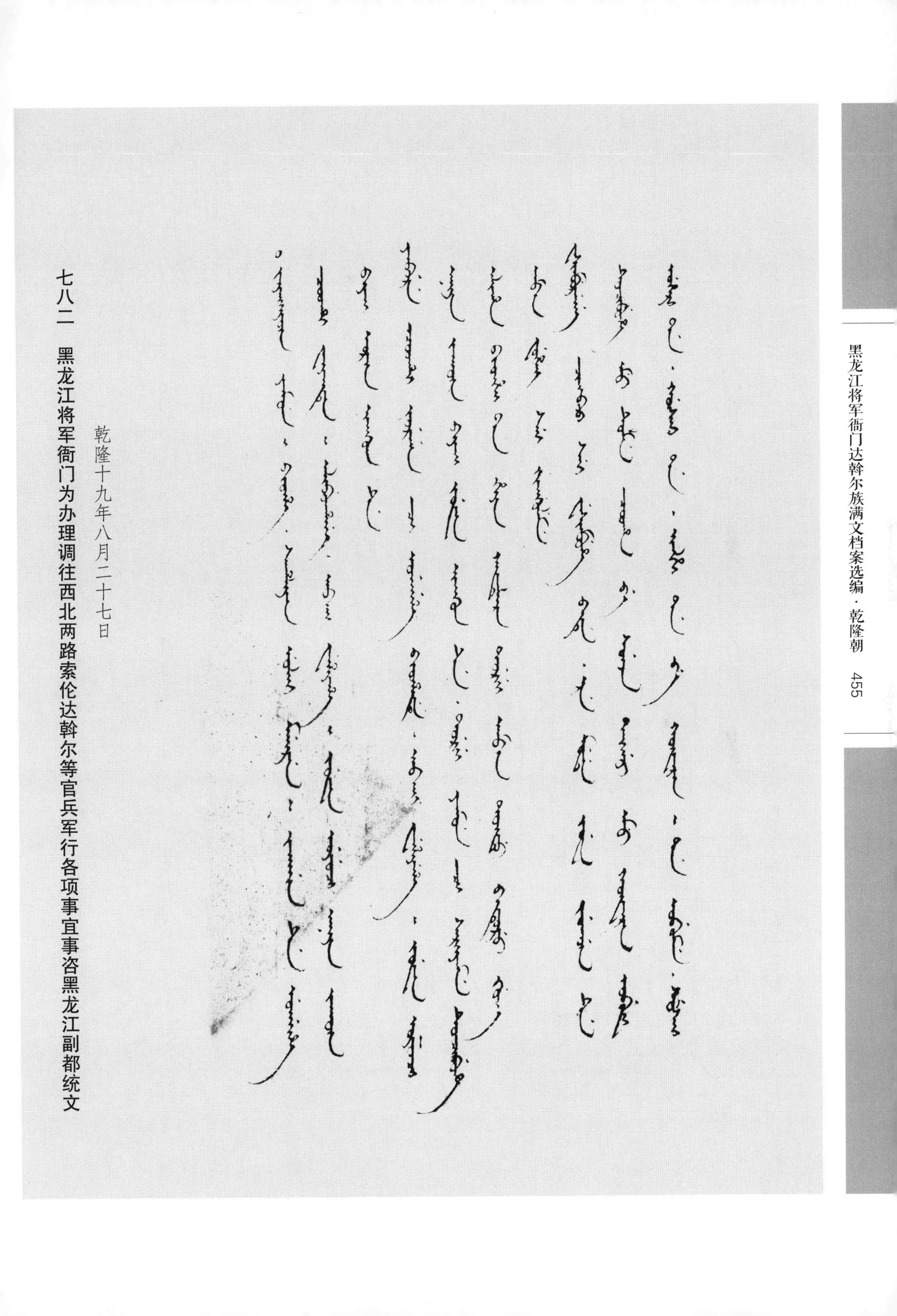

七八二 黑龙江将军衙门为办理调往西北两路索伦达斡尔等官兵军行各项事宜事咨黑龙江副都统文

乾隆十九年八月二十七日

[illegible]

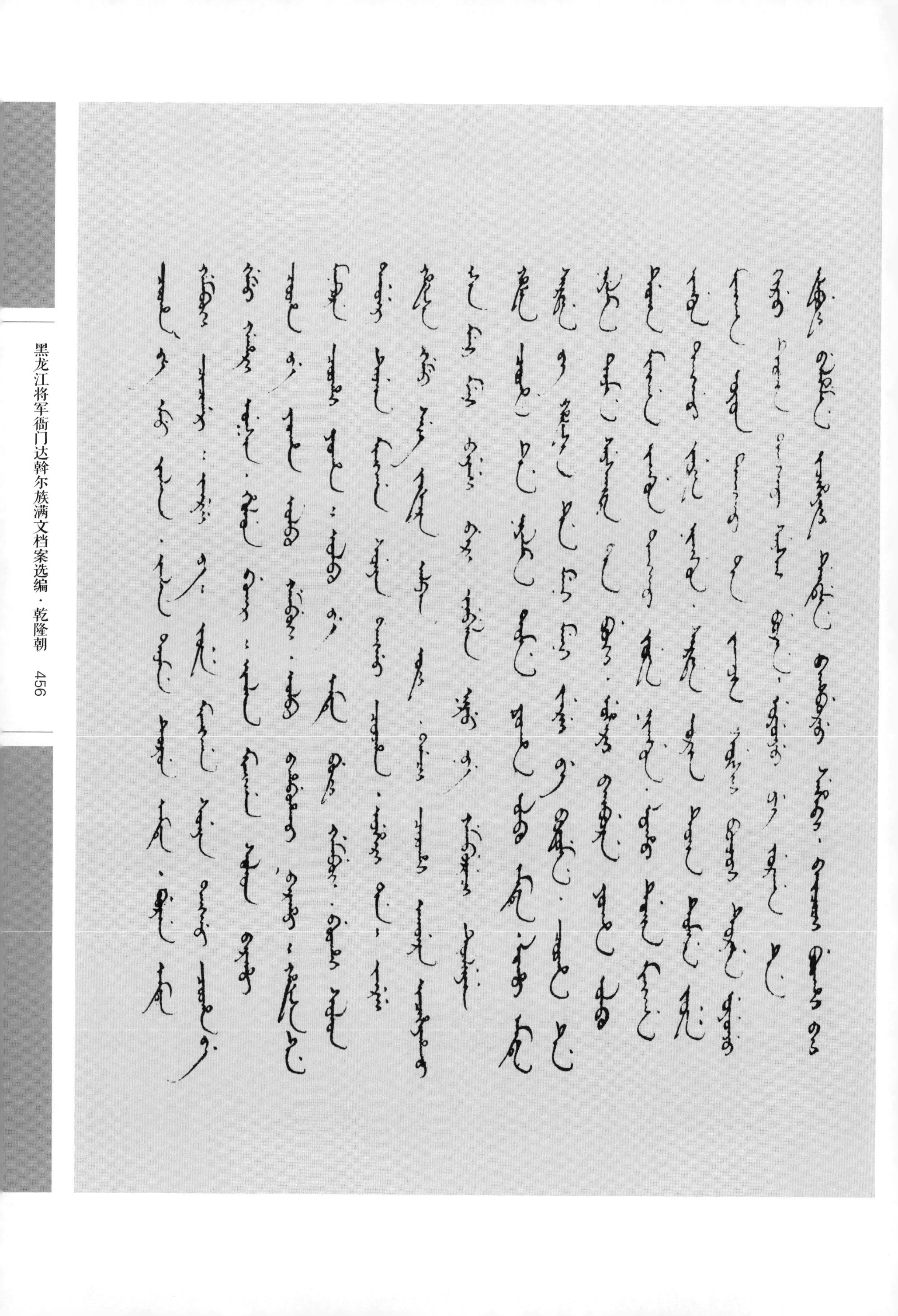

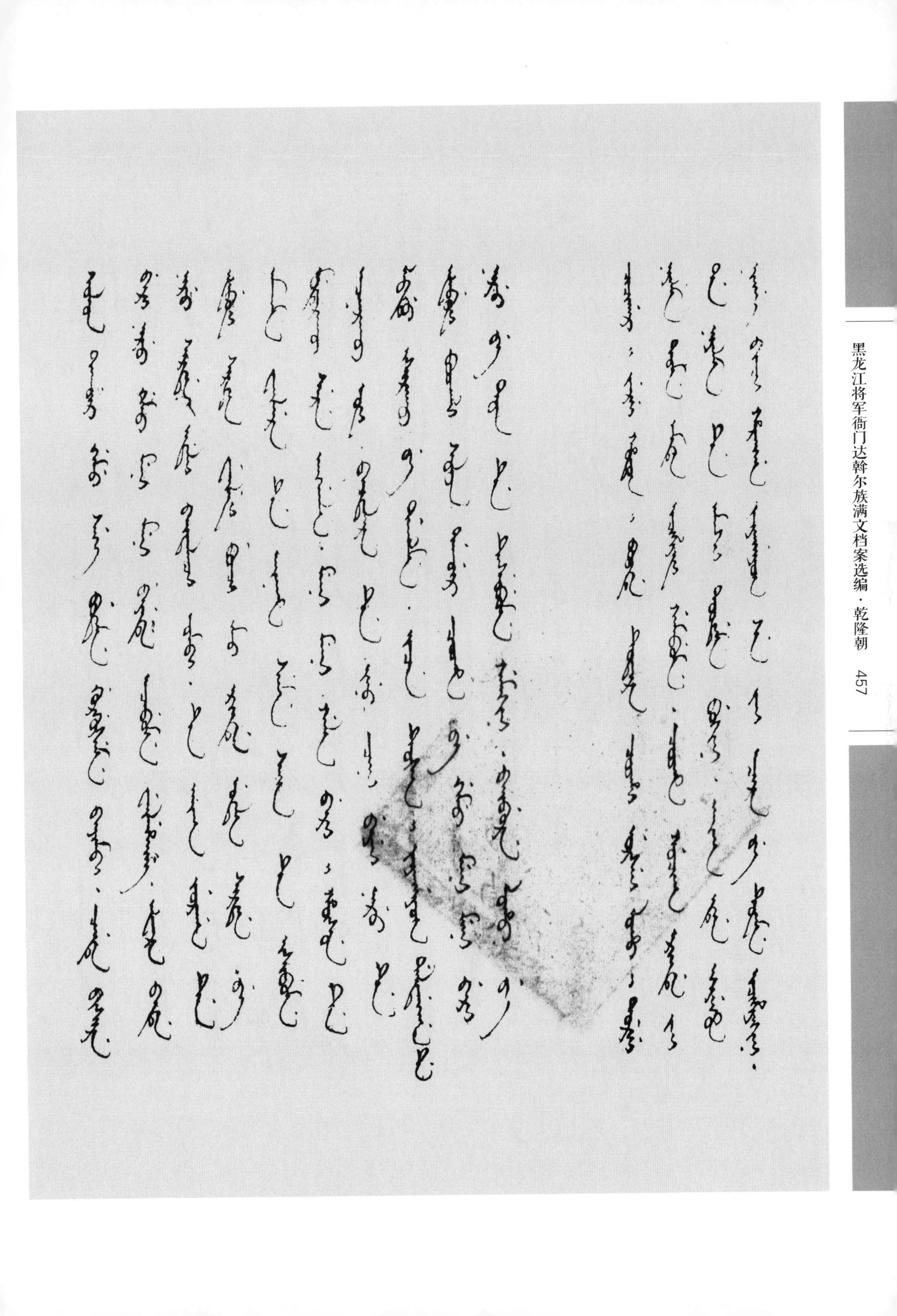

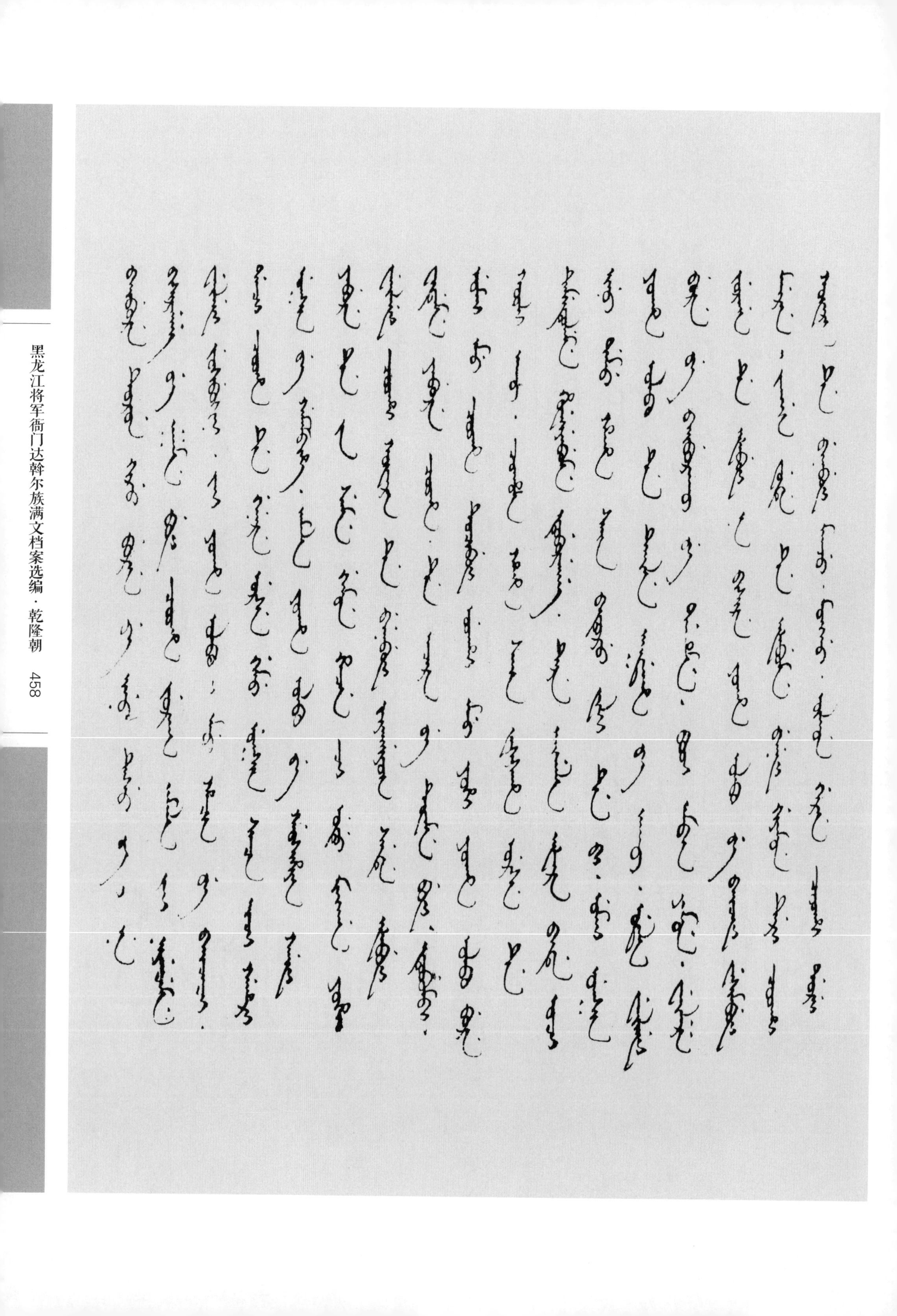

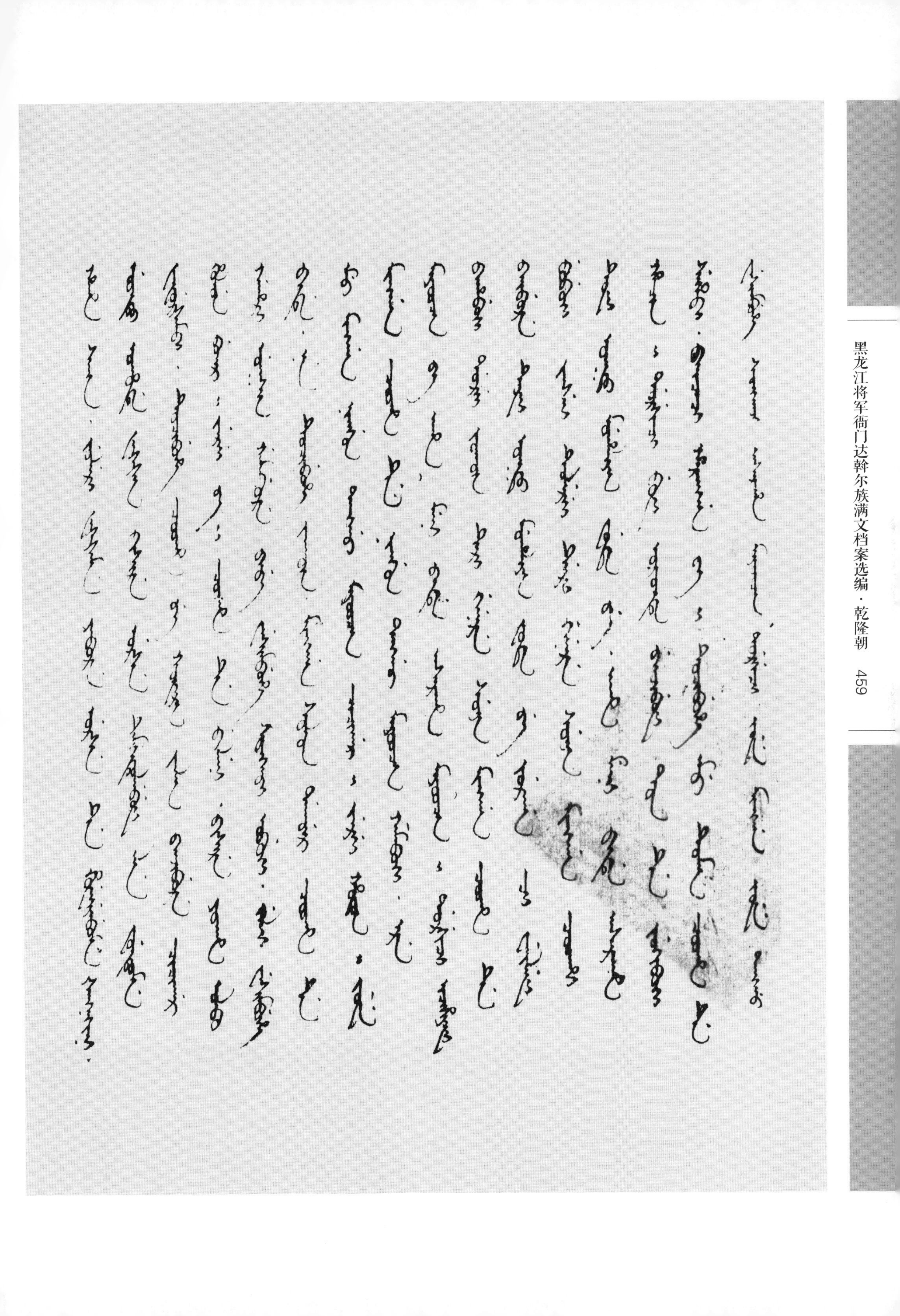

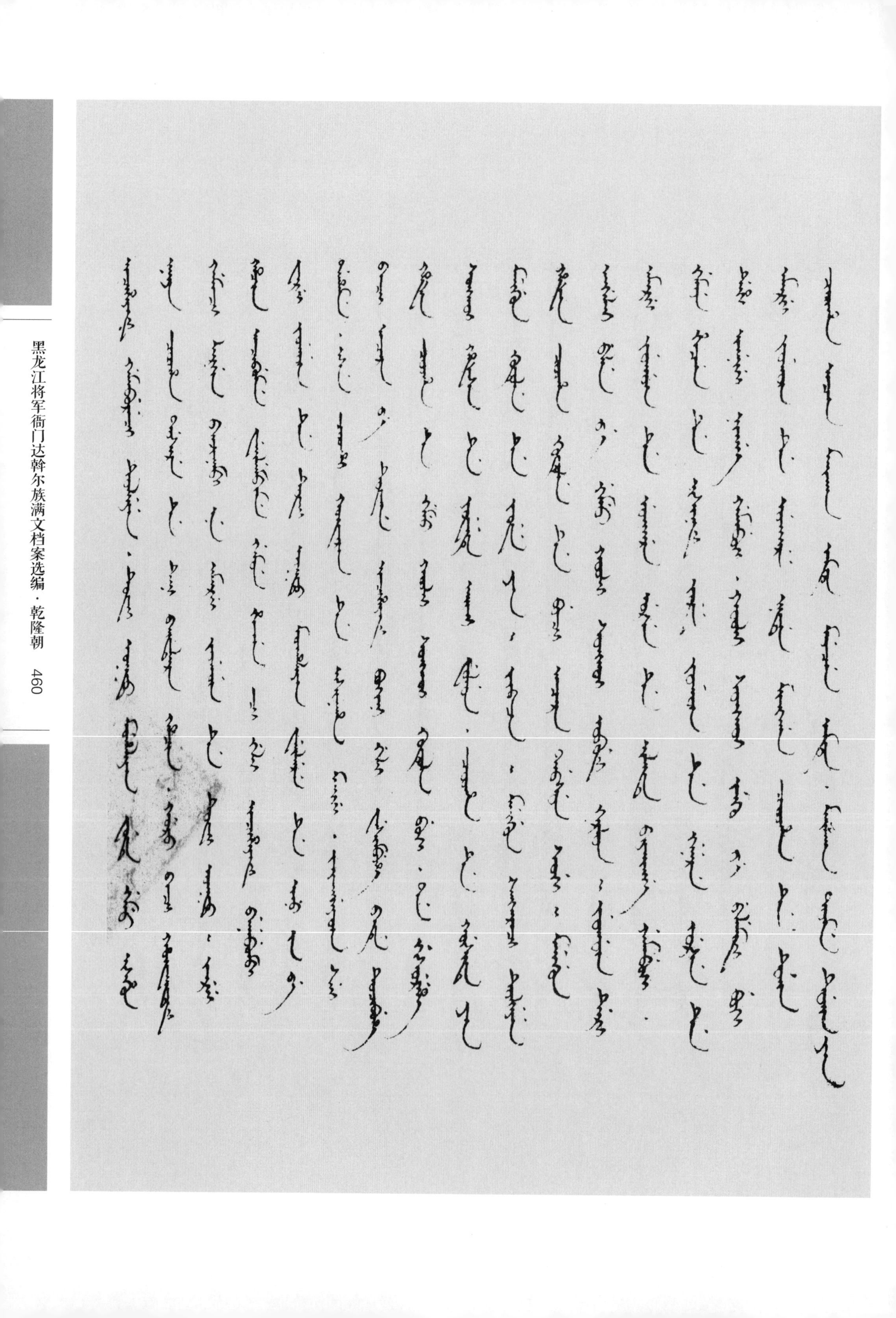

[illegible]

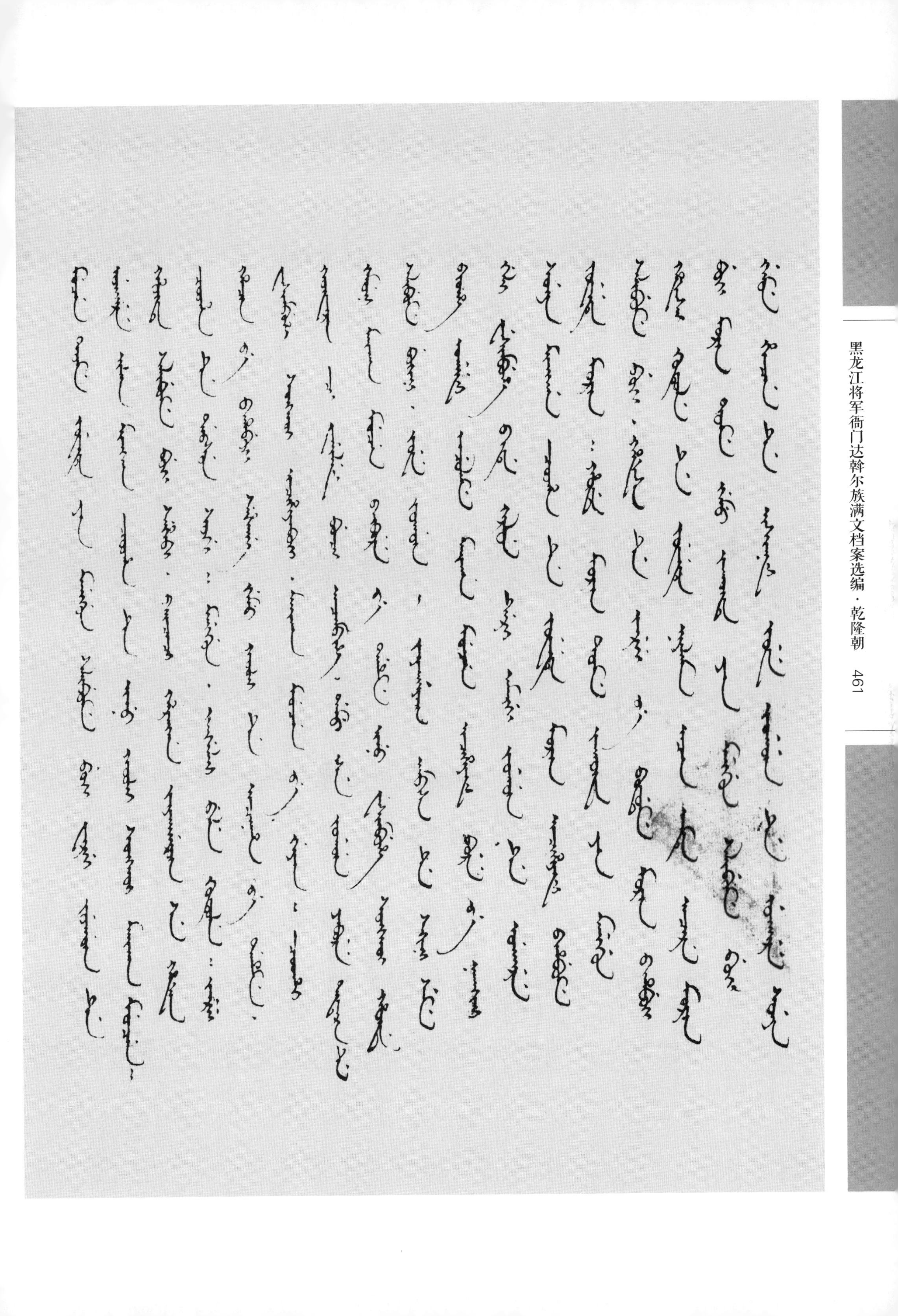

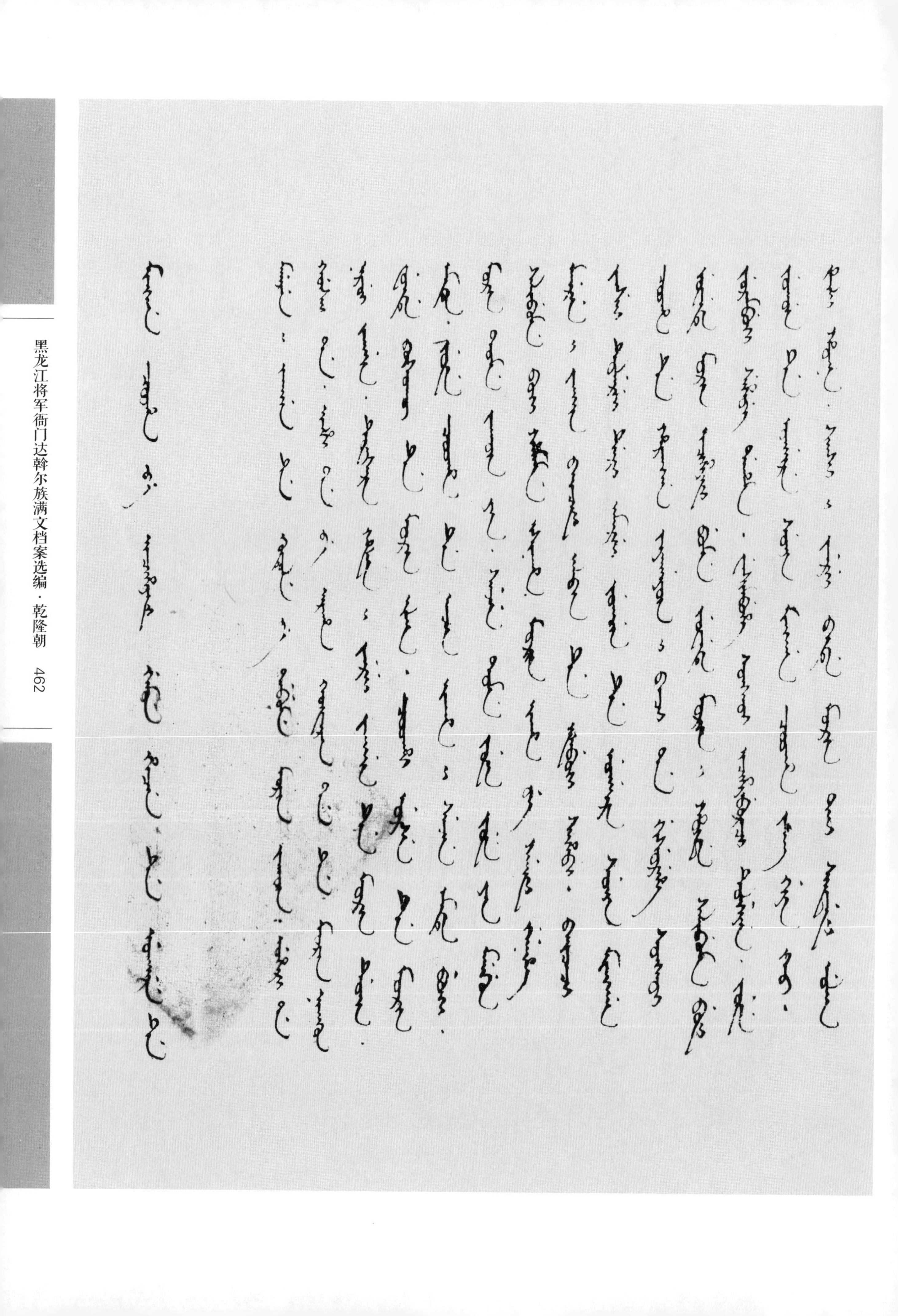

[illegible]

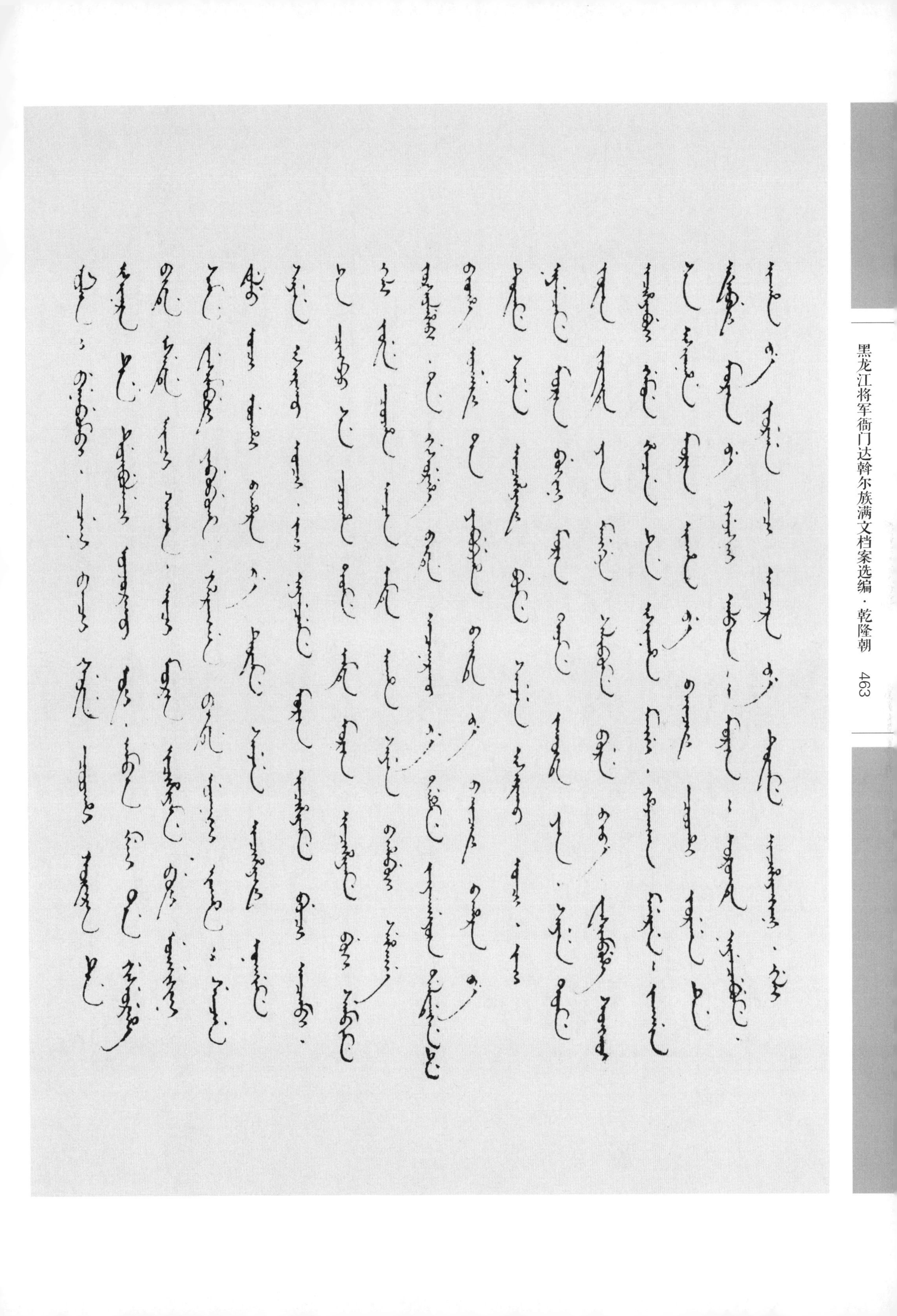

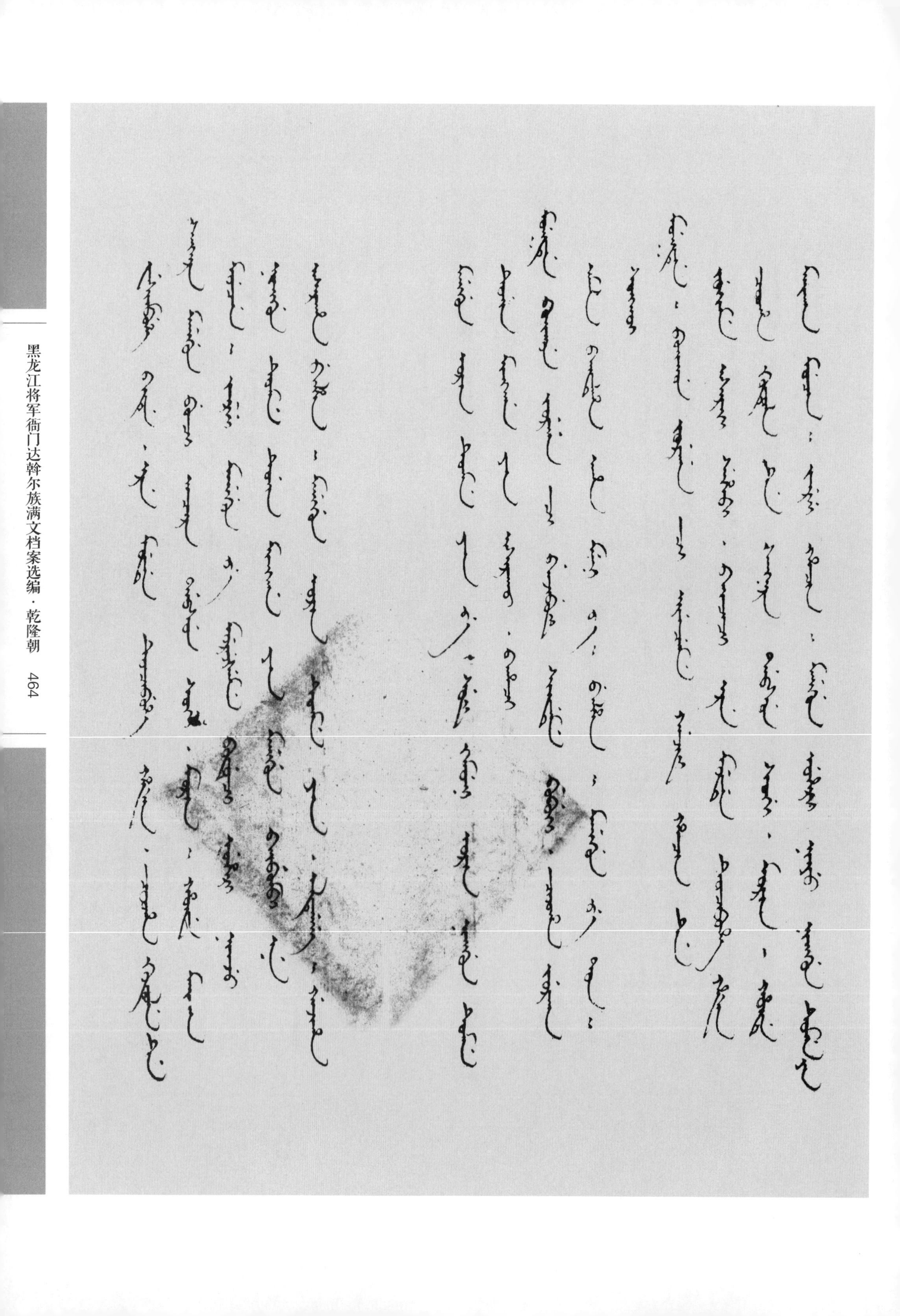

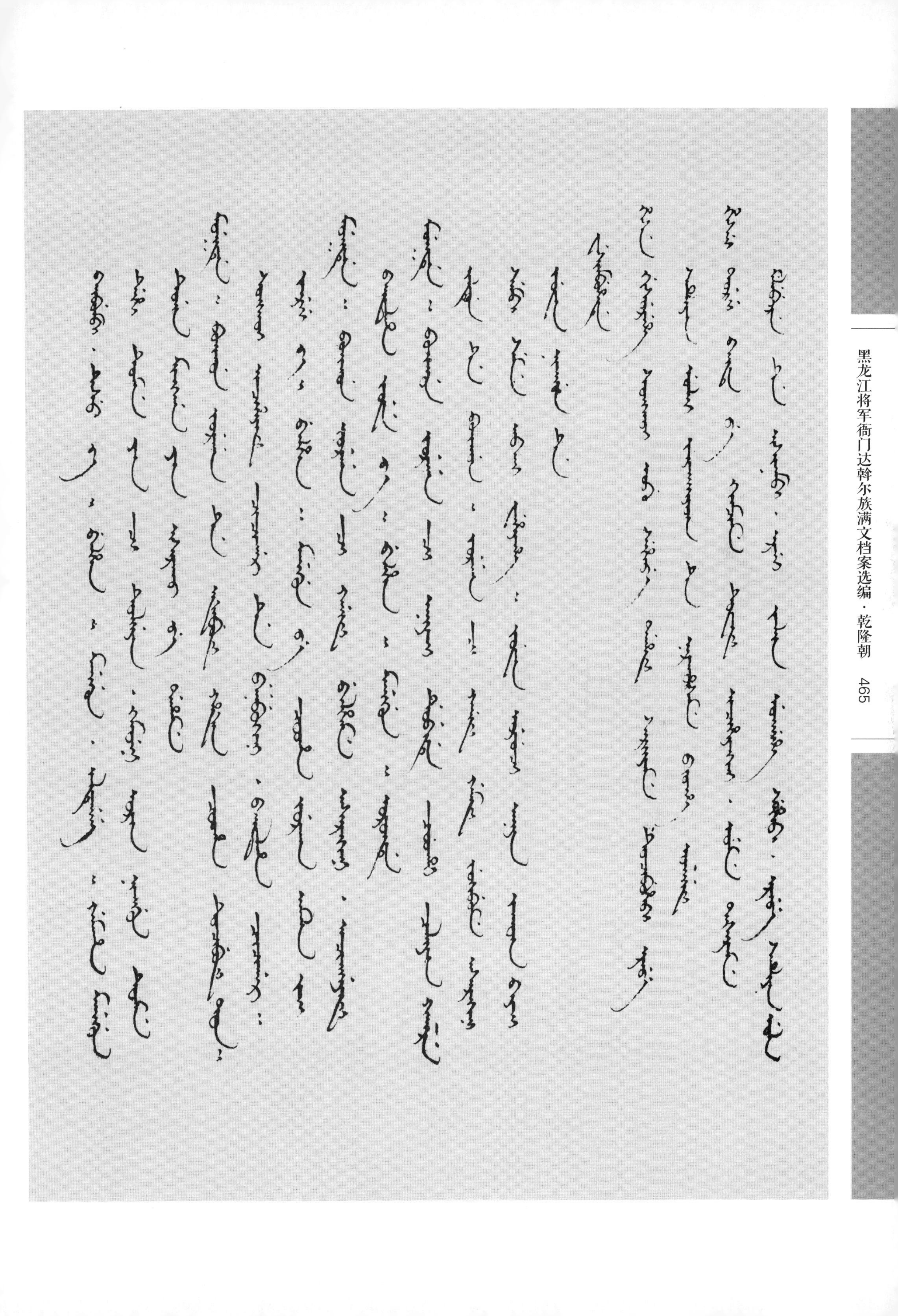

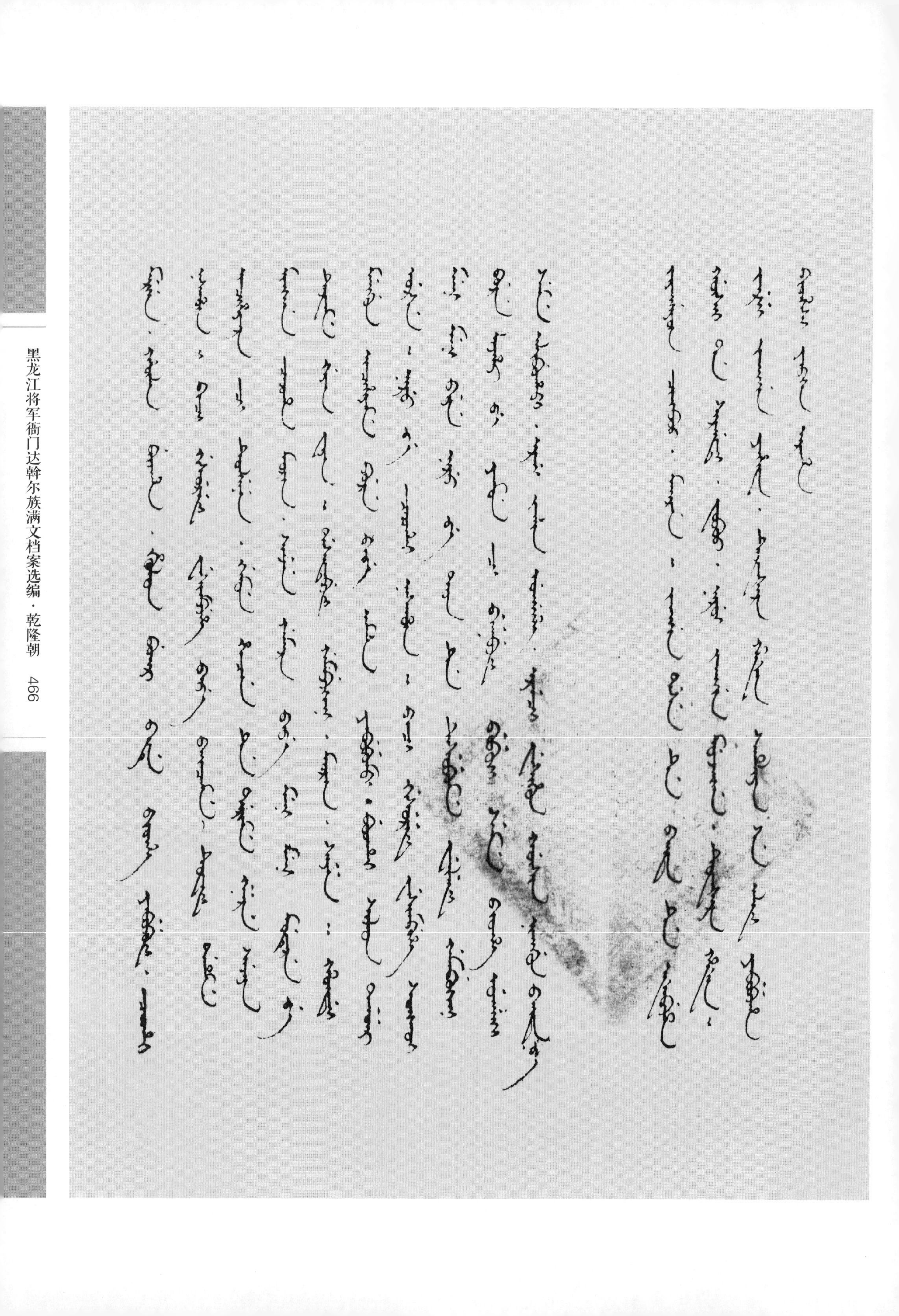

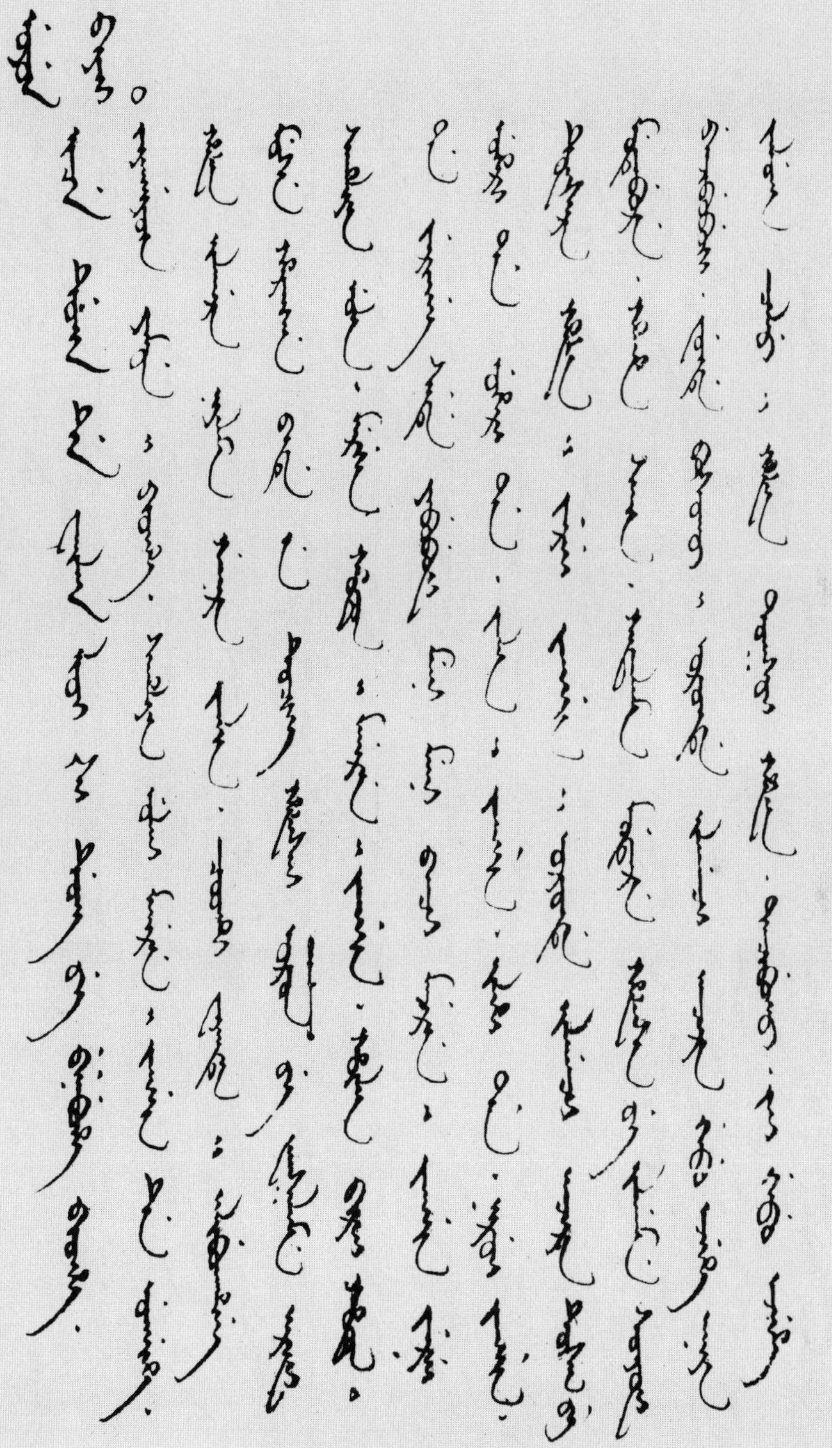

乾隆十九年九月初四日

（附官缺单一件）

七八三 黑龙江将军衙门为黑龙江各处满洲达斡尔佐领骁骑校等出缺拣员送来事咨黑龙江副都统文

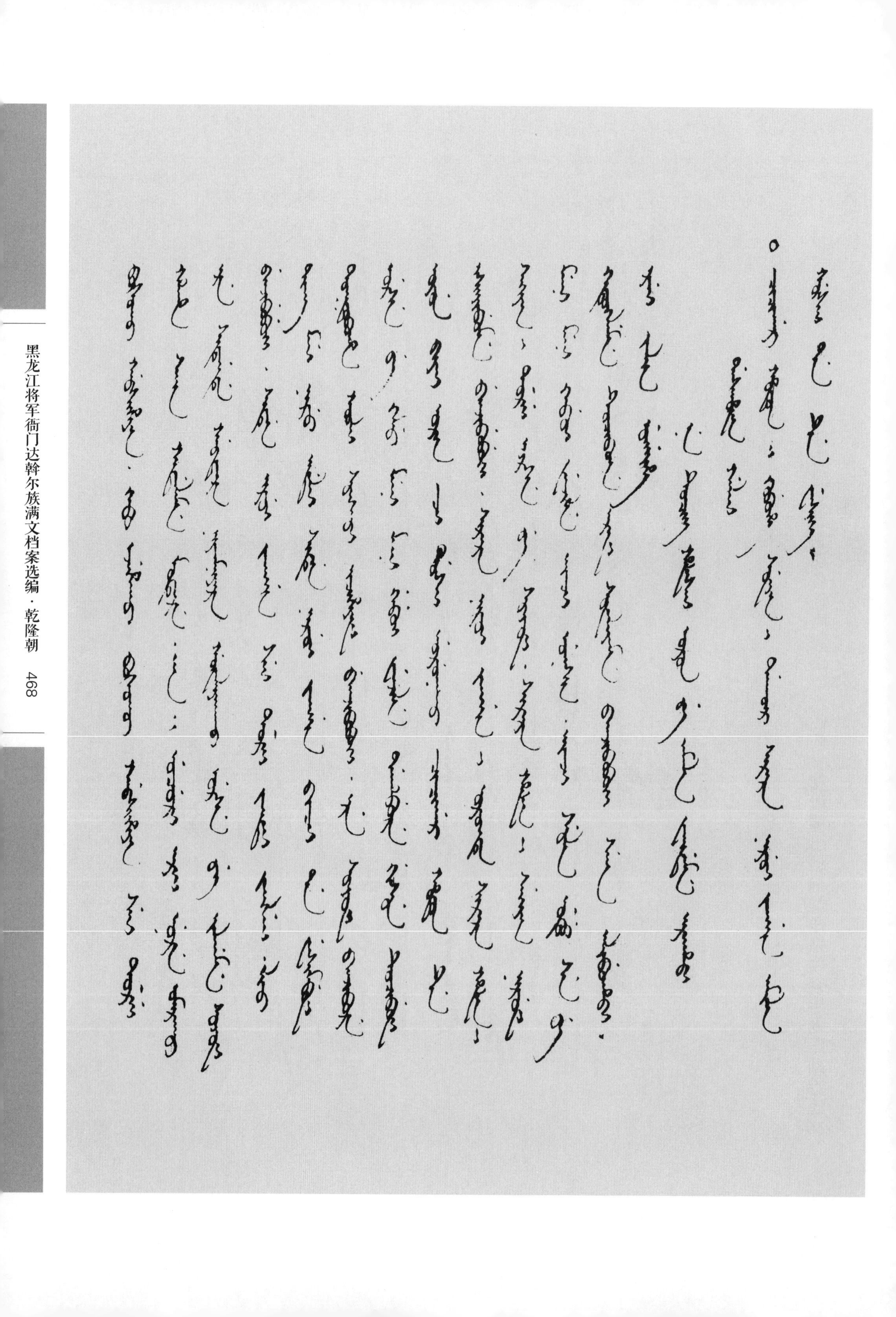

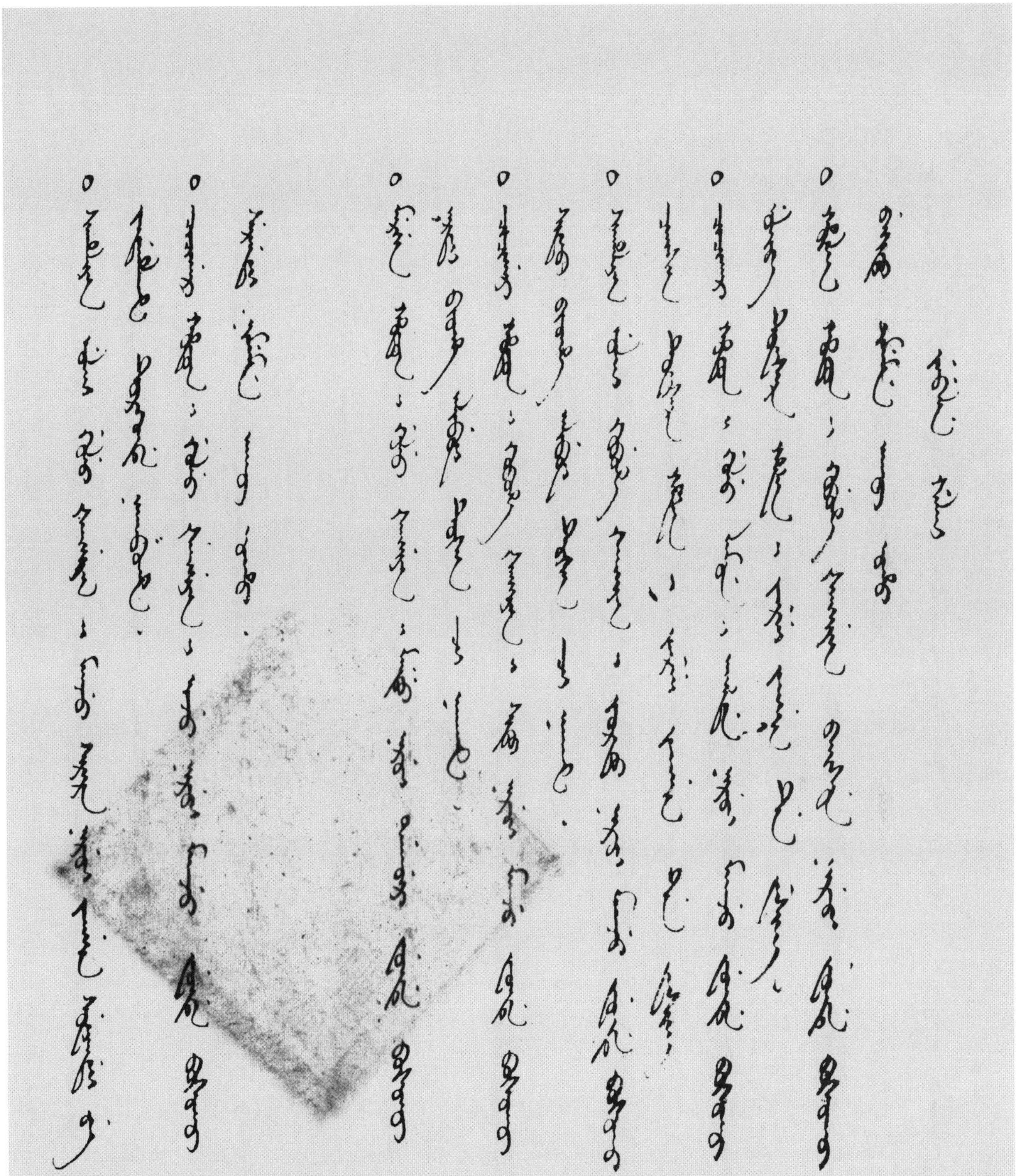

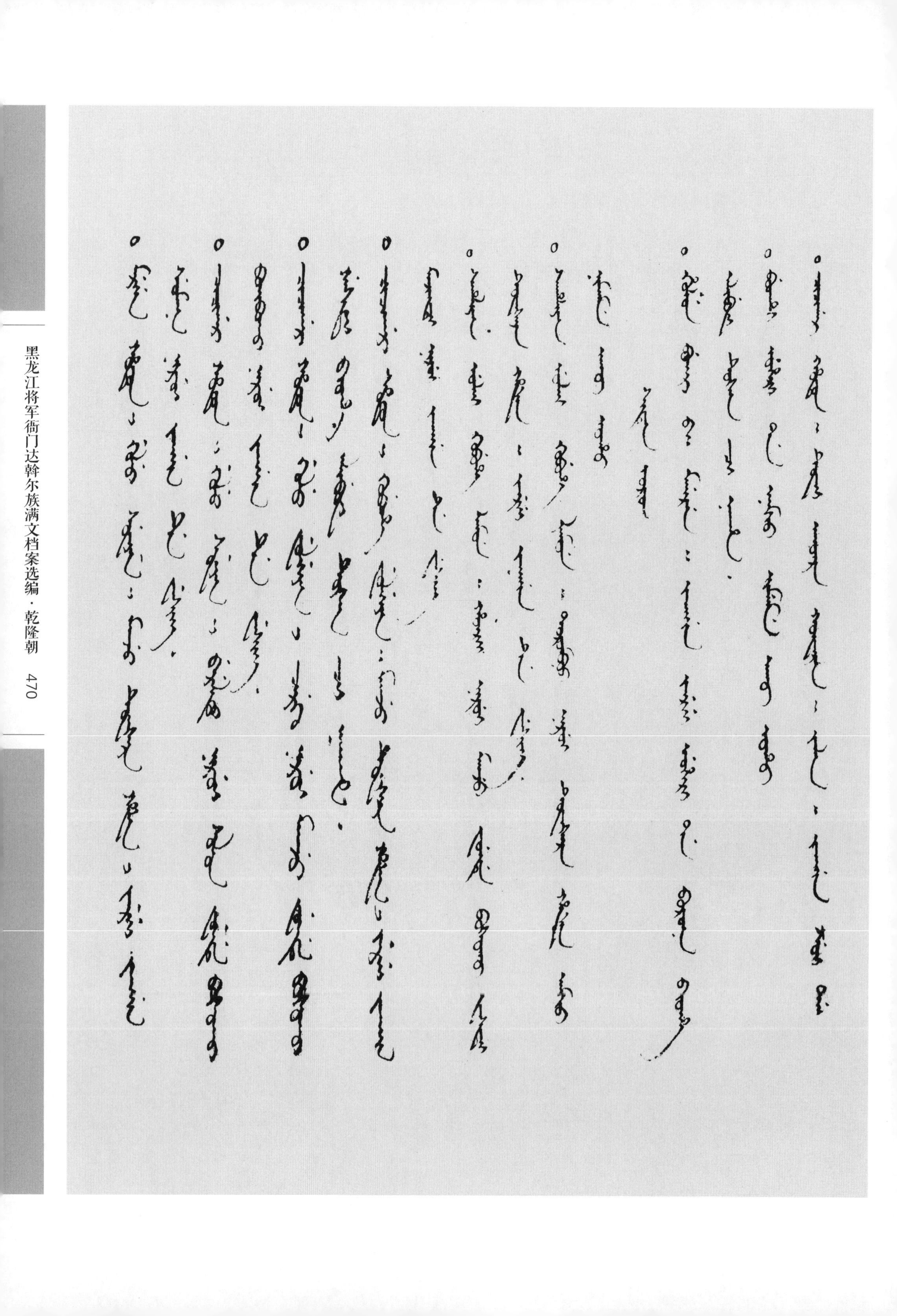

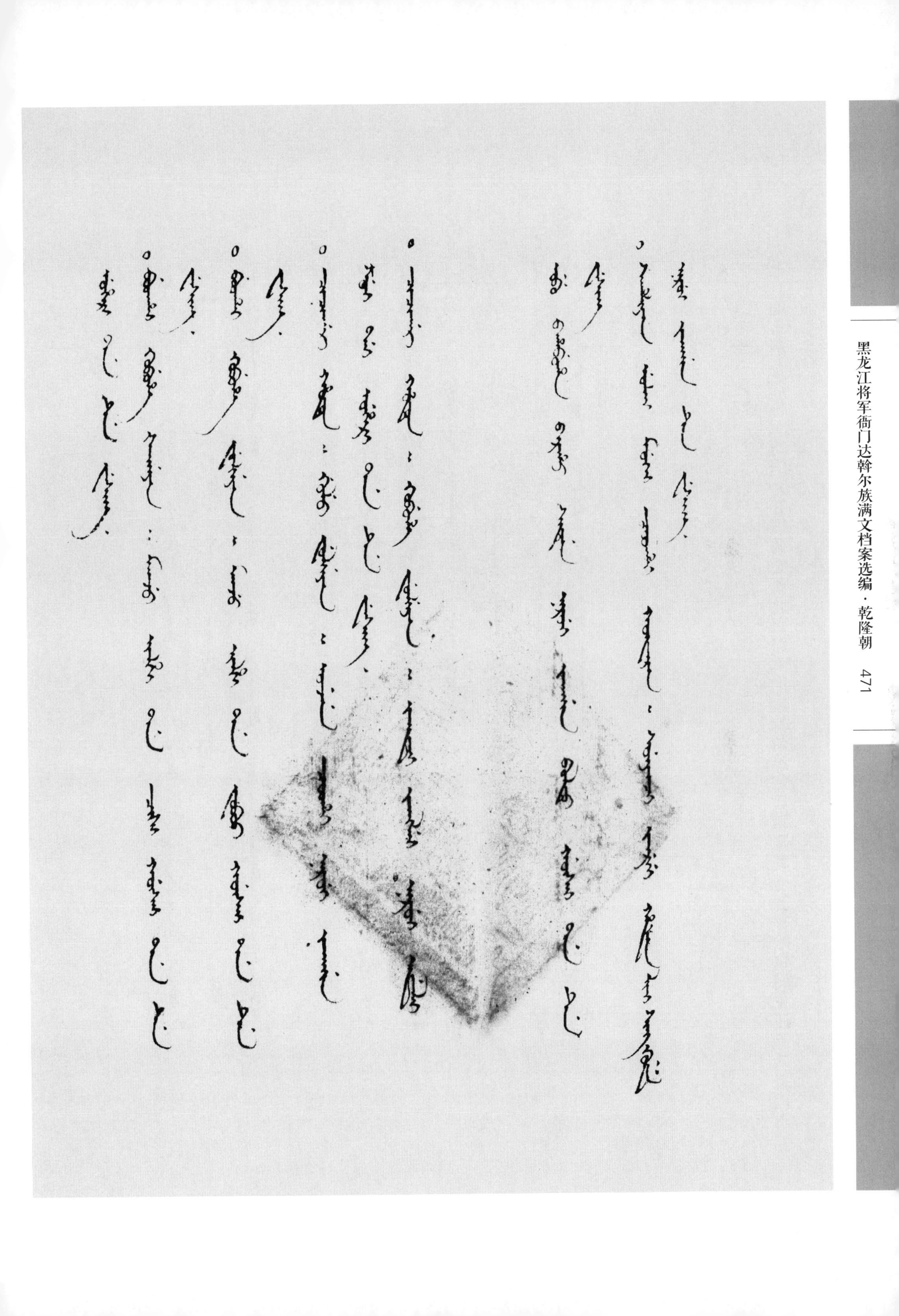

七八四　黑龙江将军衙门为办理调往西北两路索伦达斡尔等官兵军器事咨齐齐哈尔黑龙江等处文（附军器清单一件）

乾隆十九年九月初九日

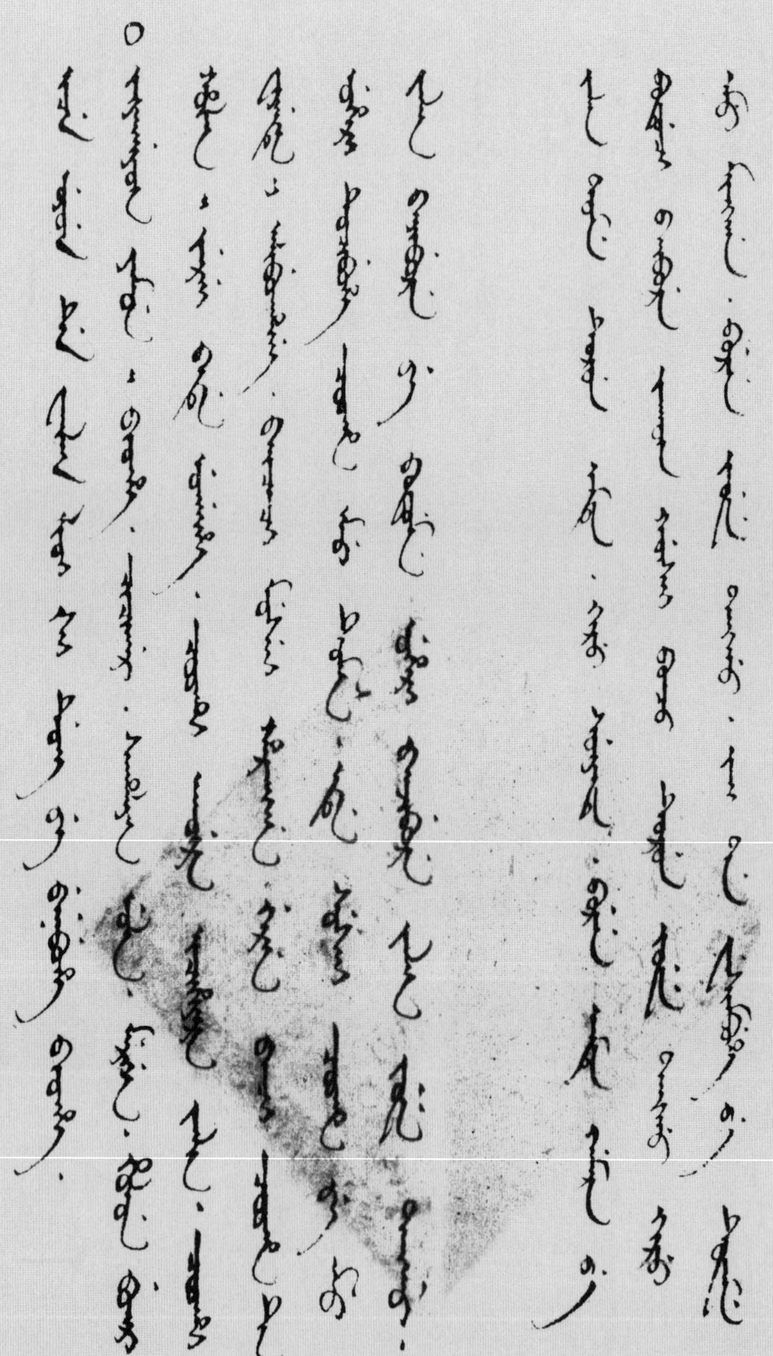

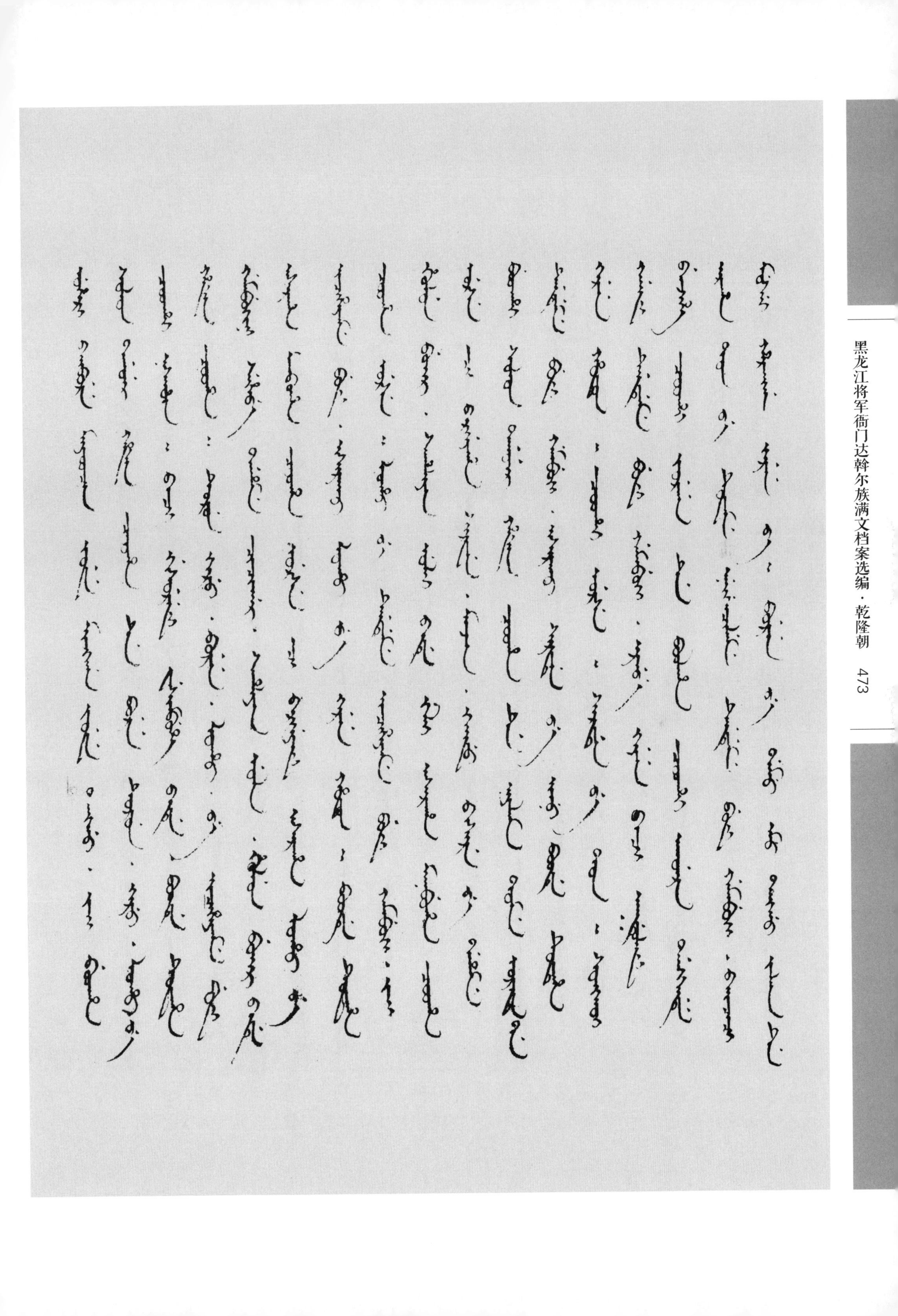

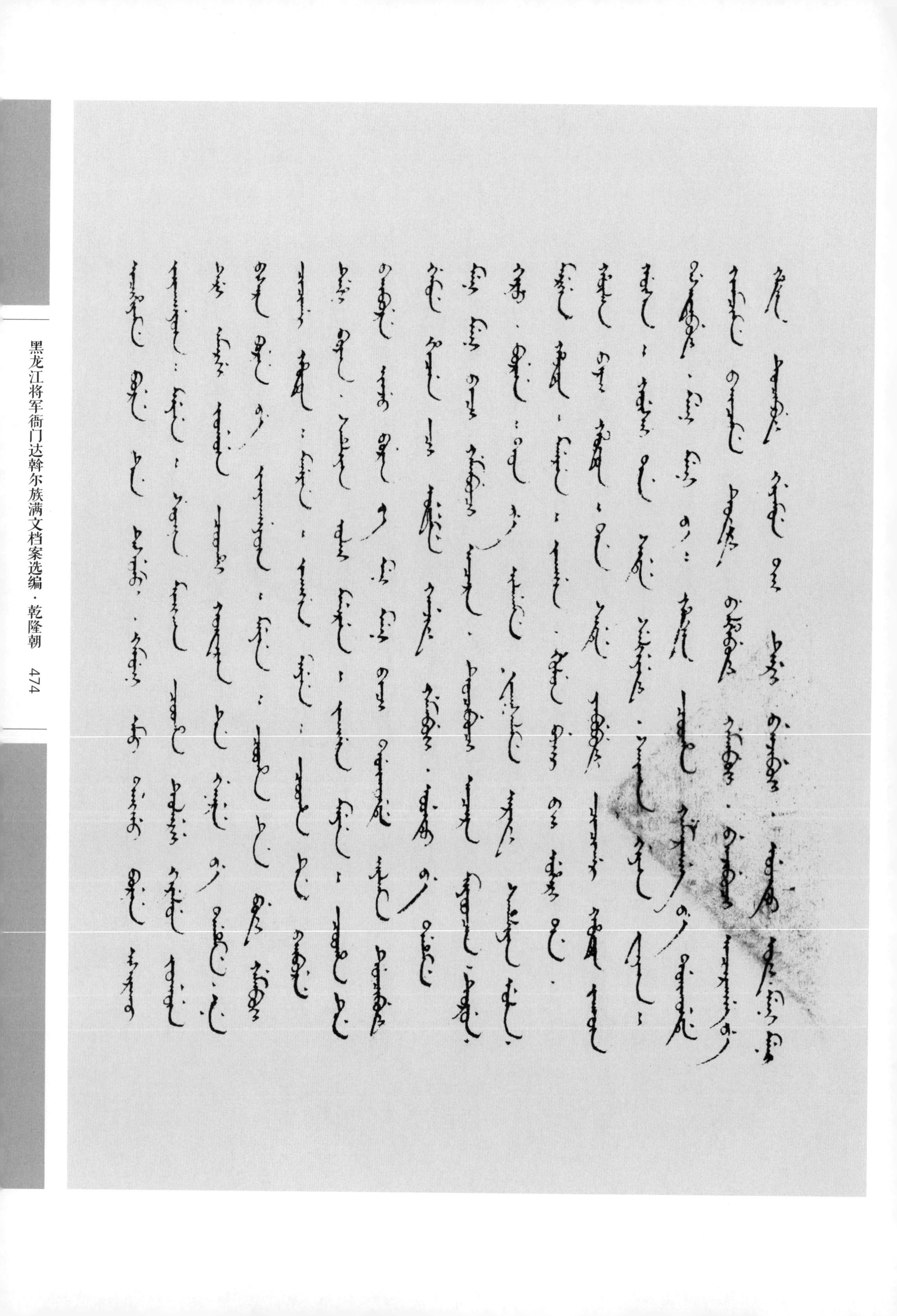

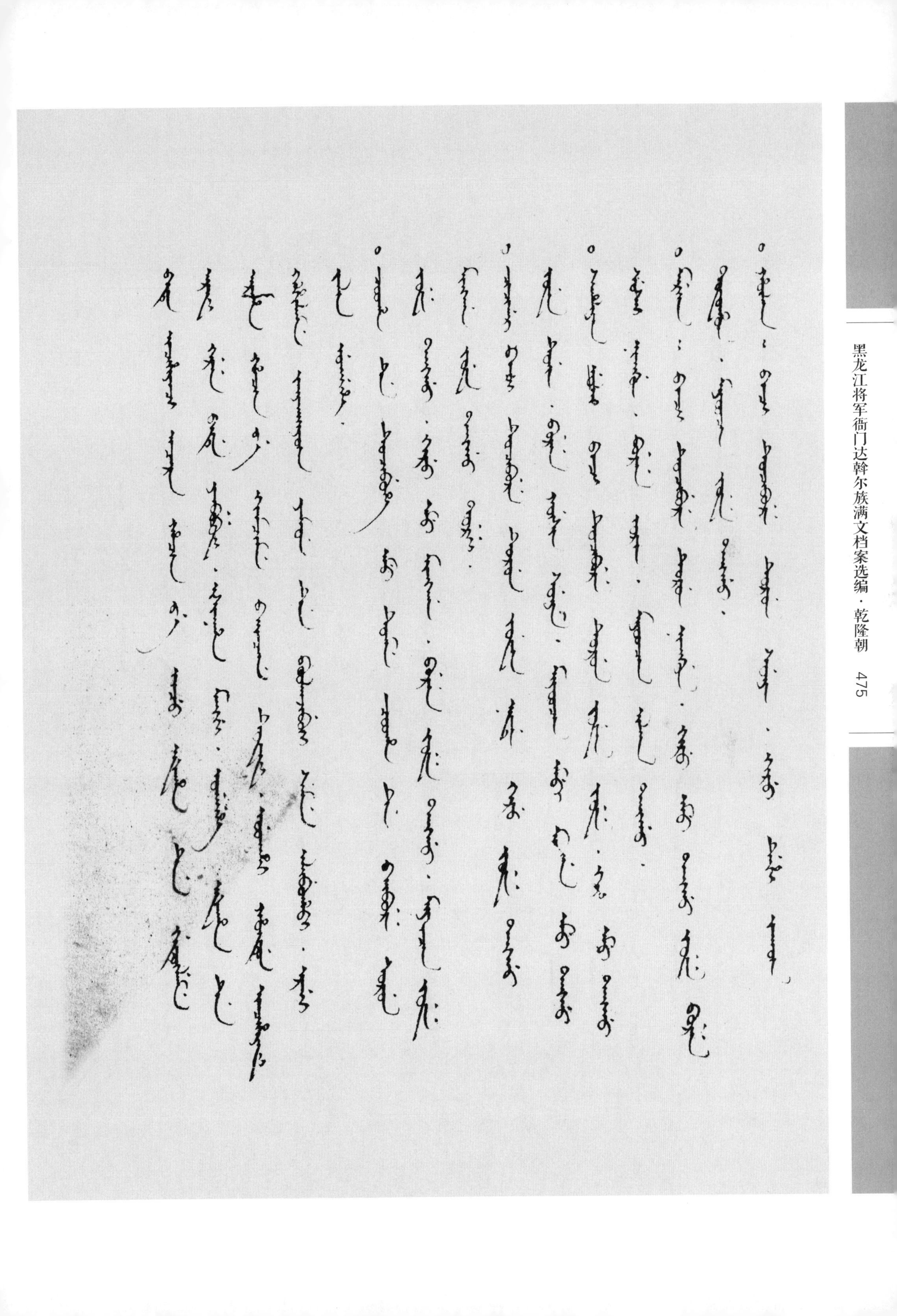

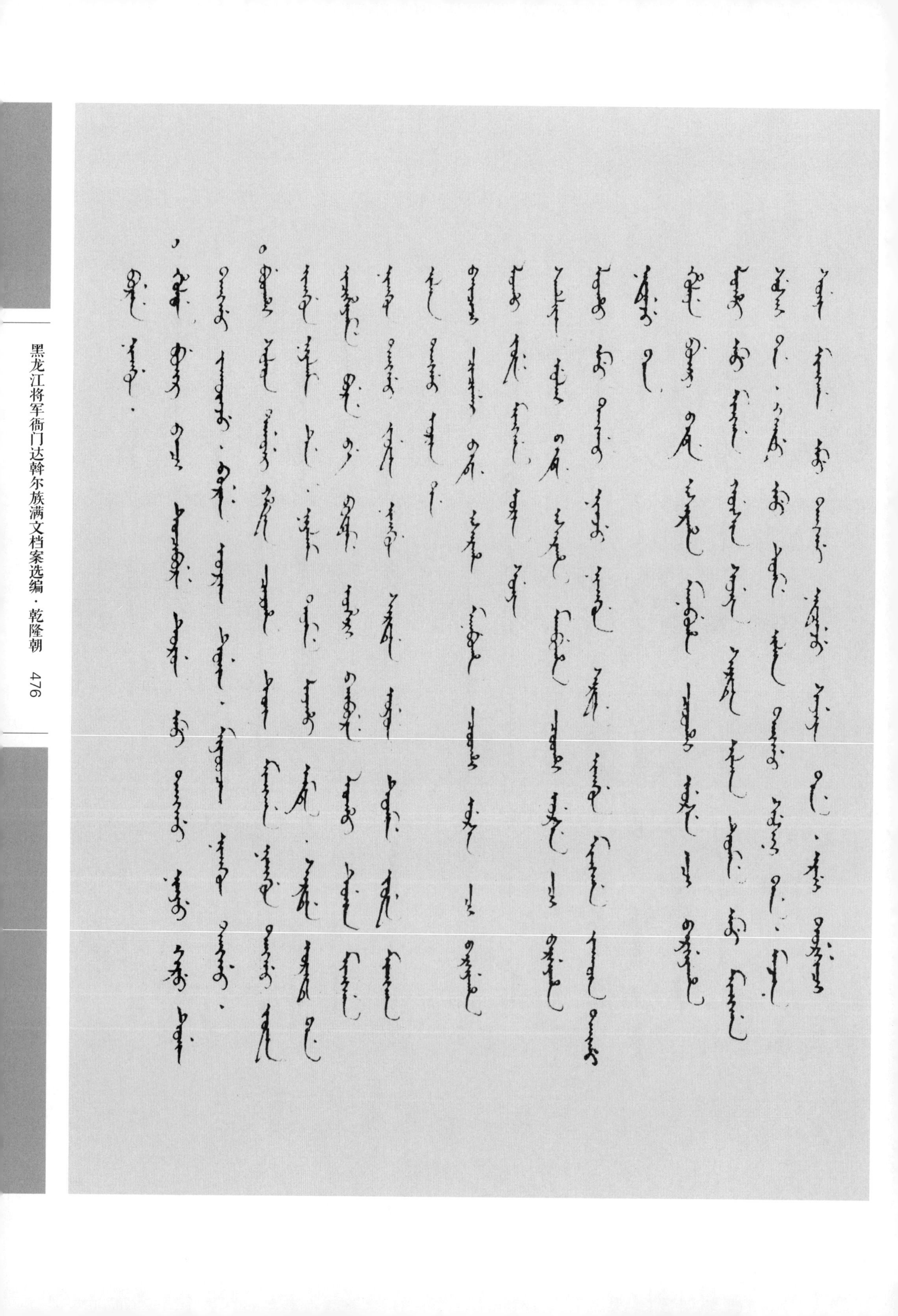

[illegible]

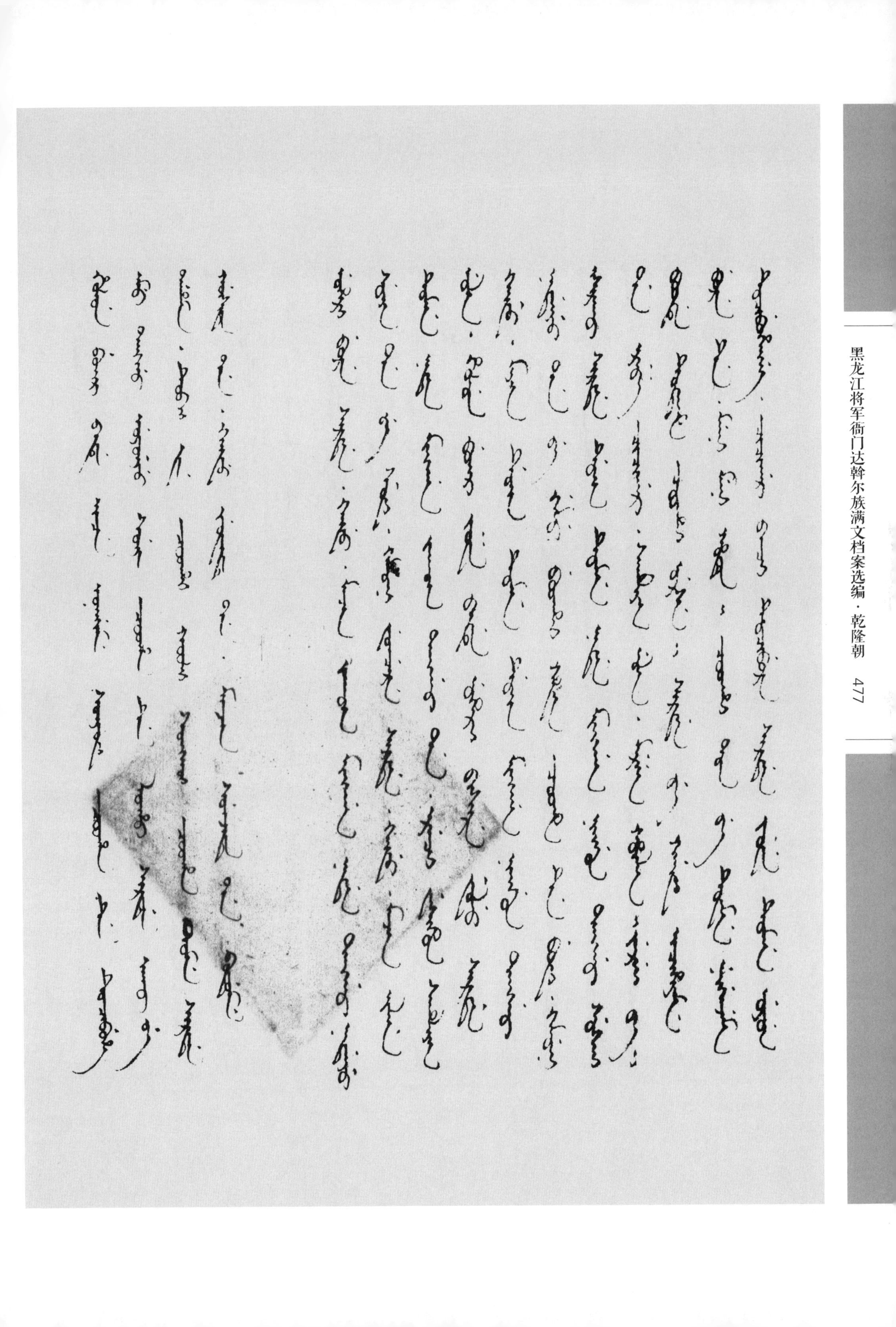

[illegible]

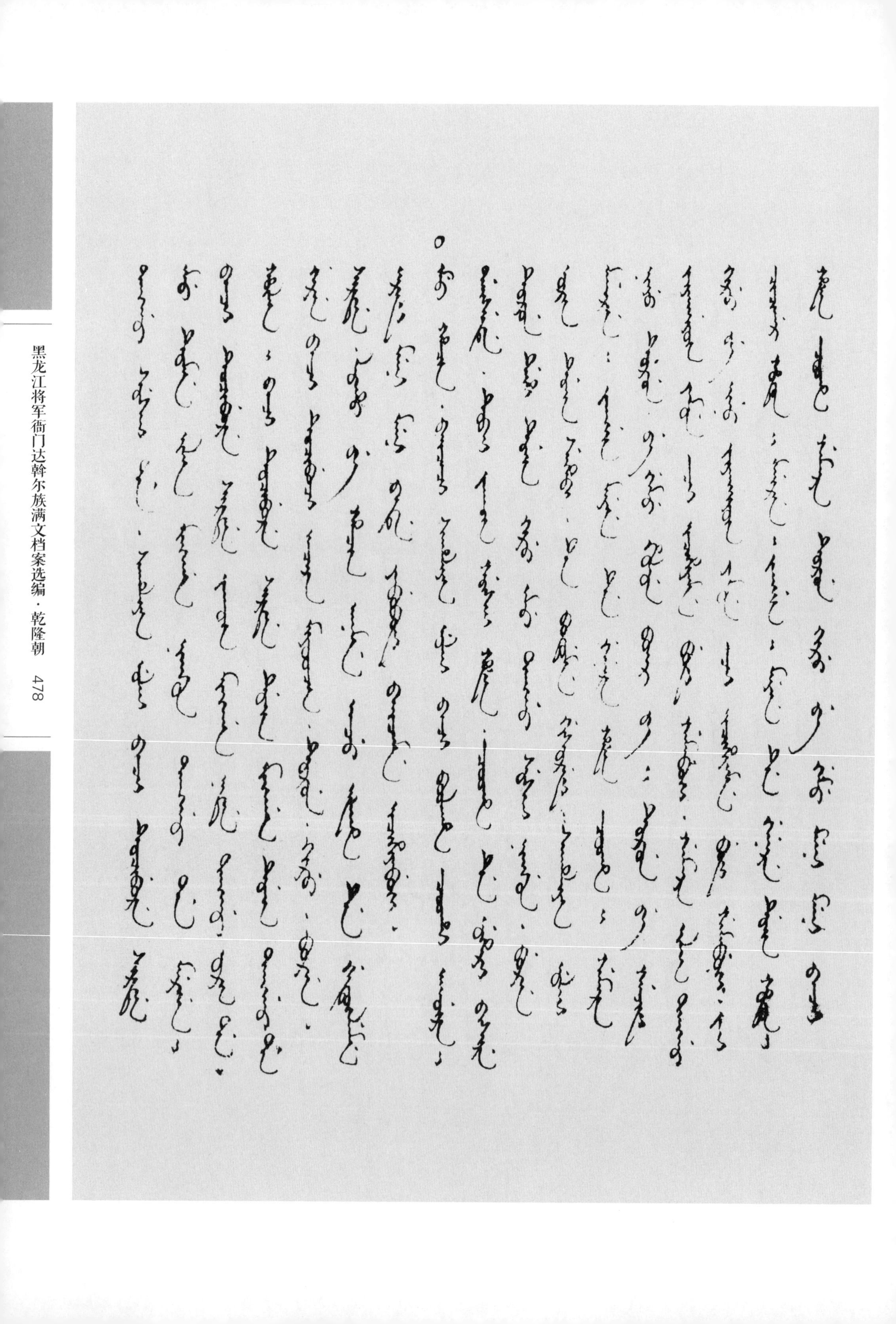

[illegible]

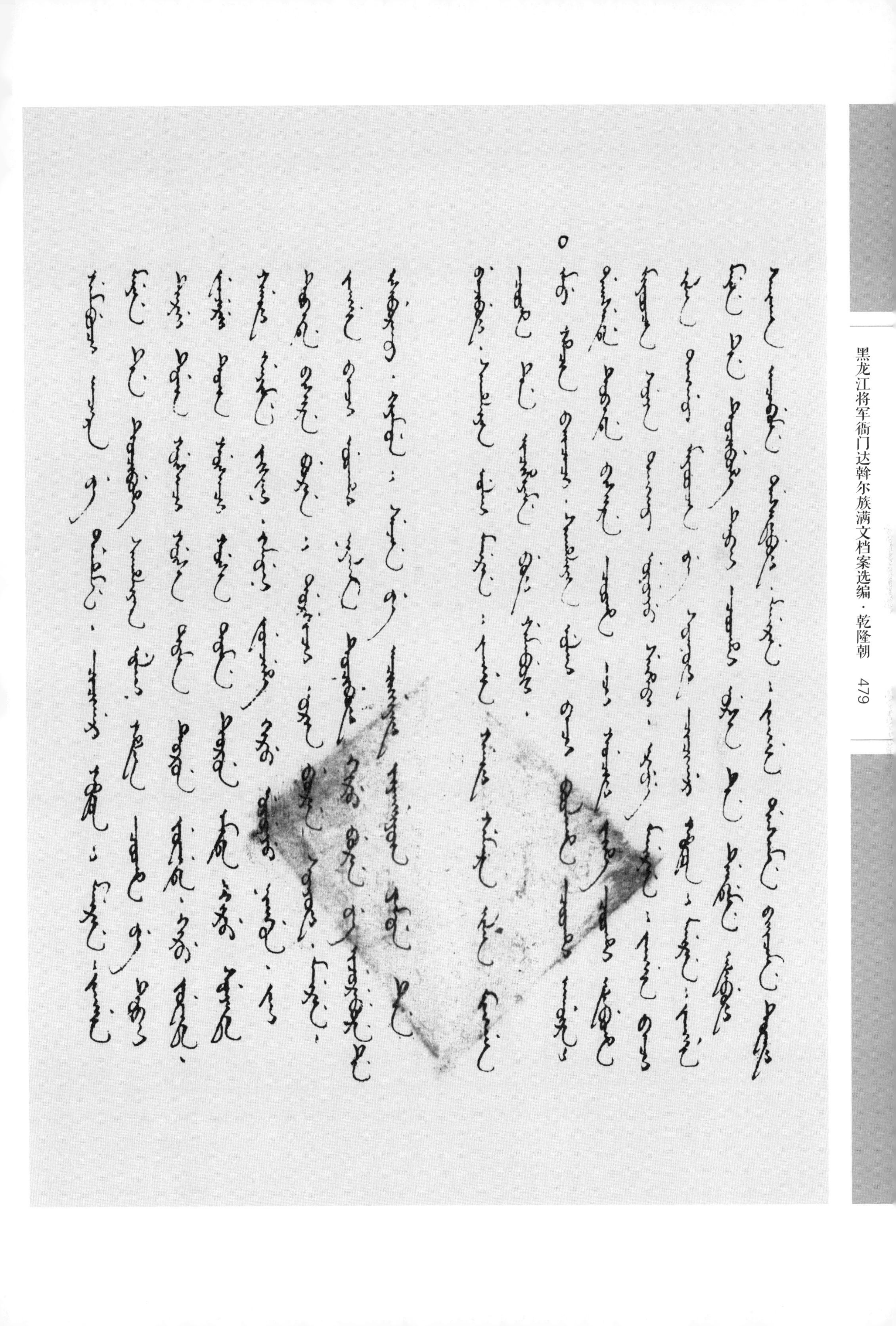

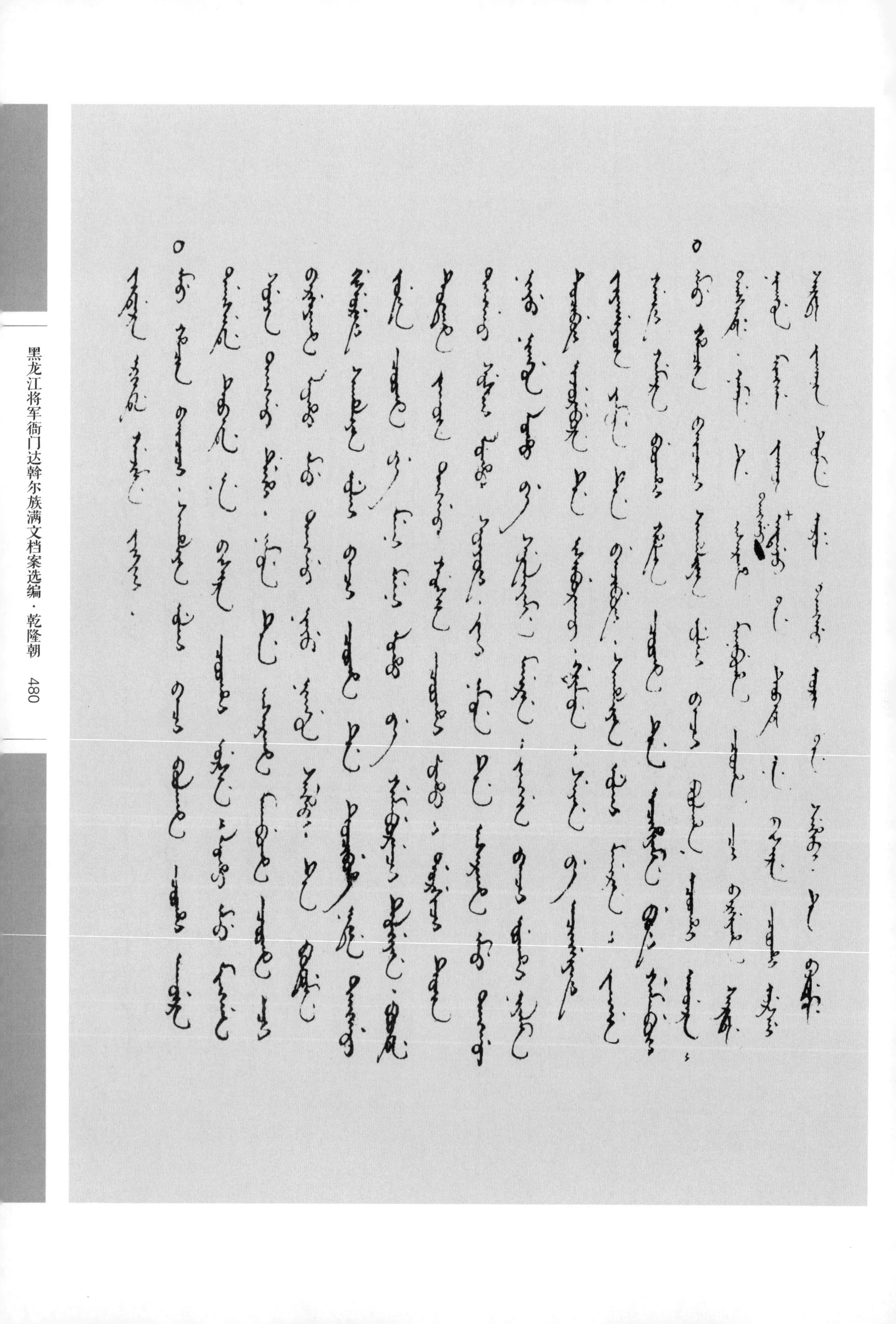

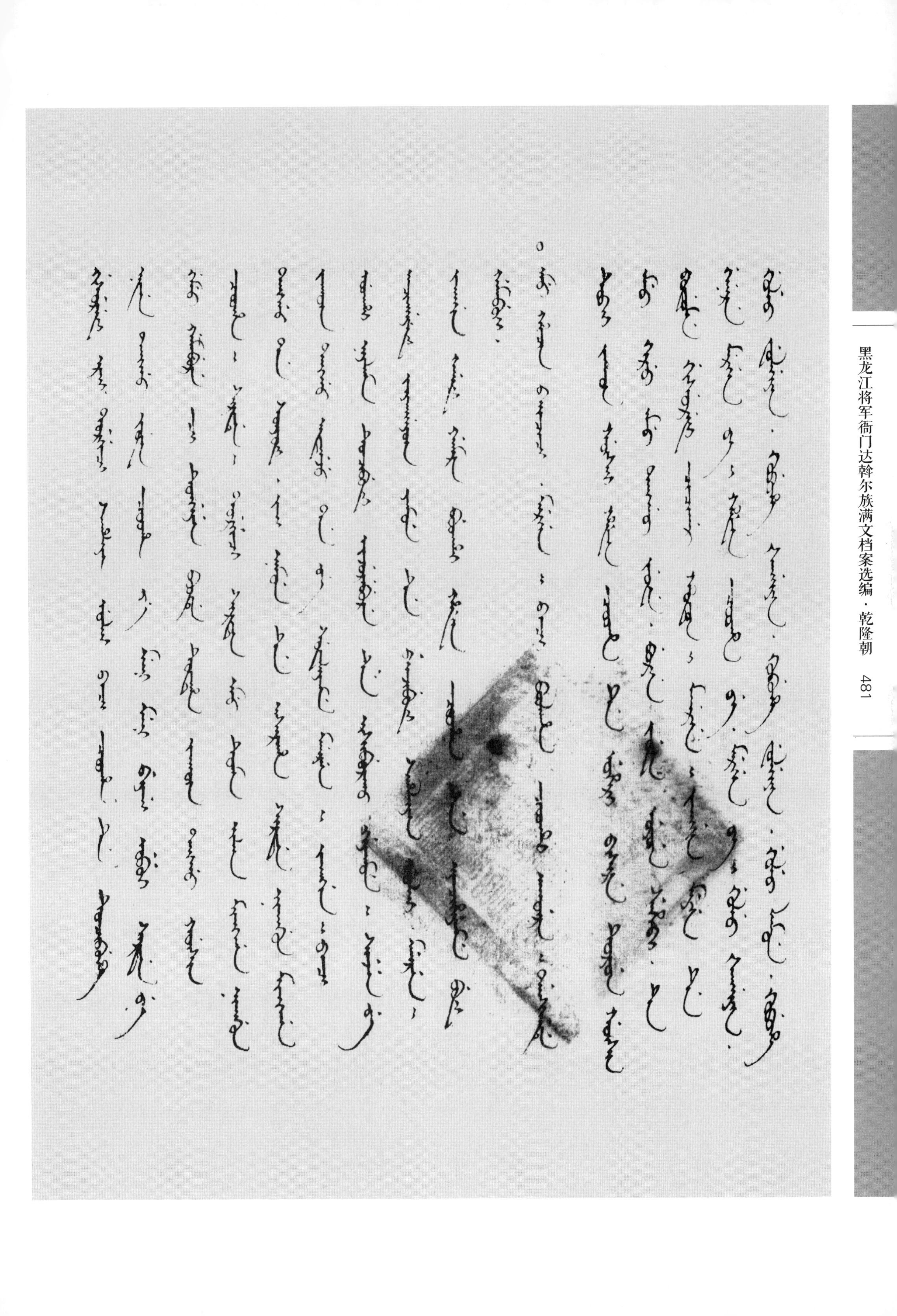

[illegible]

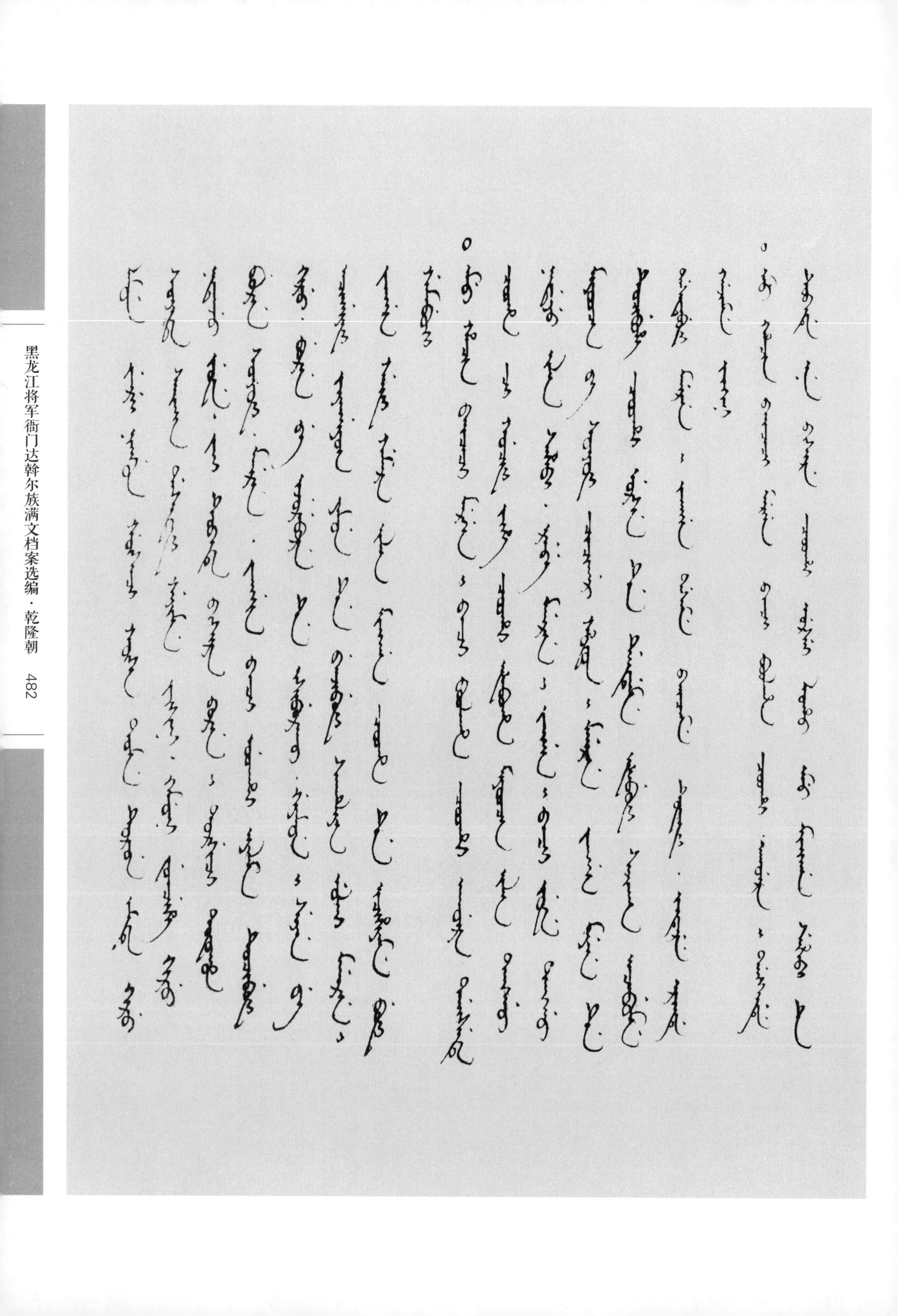

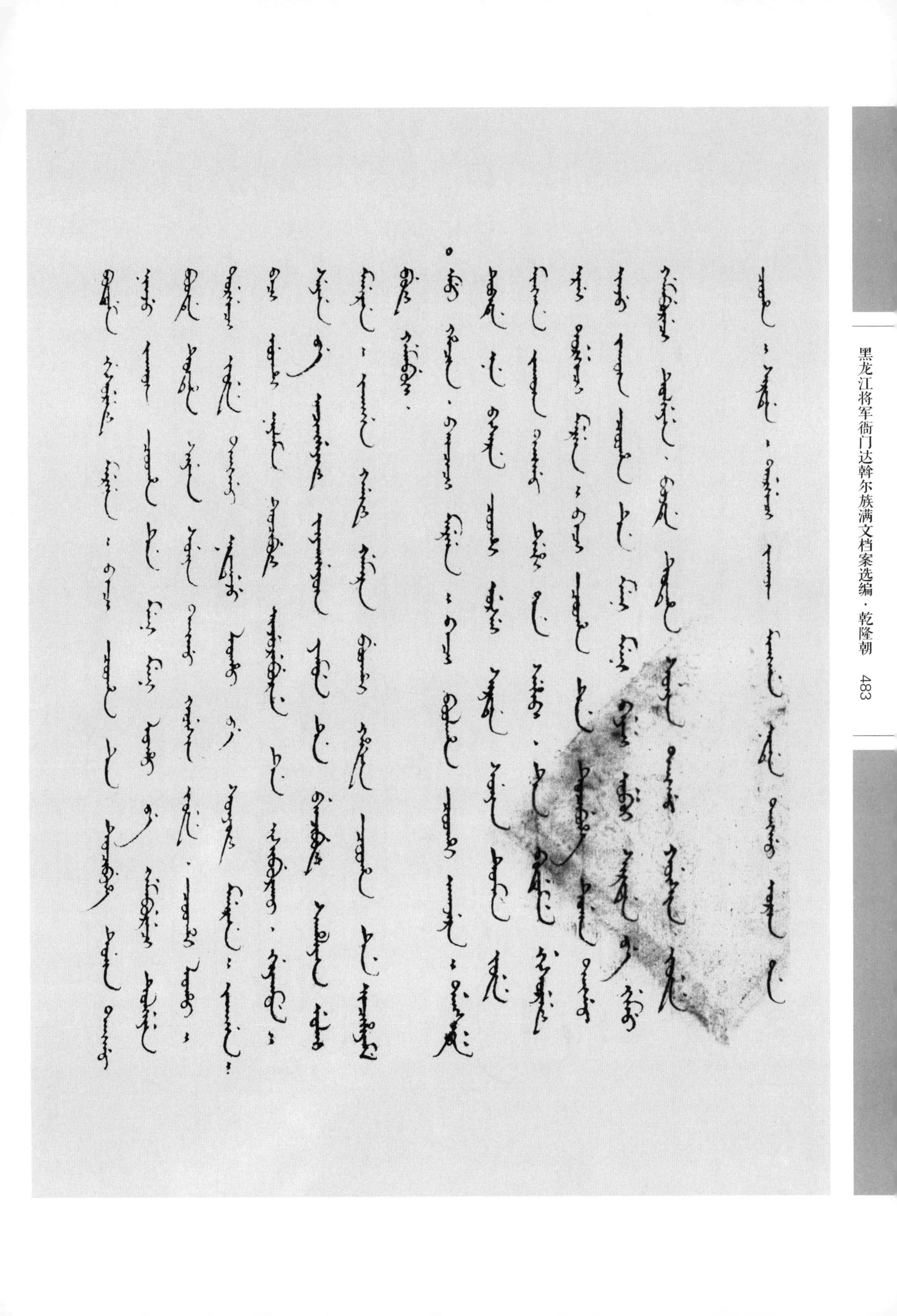

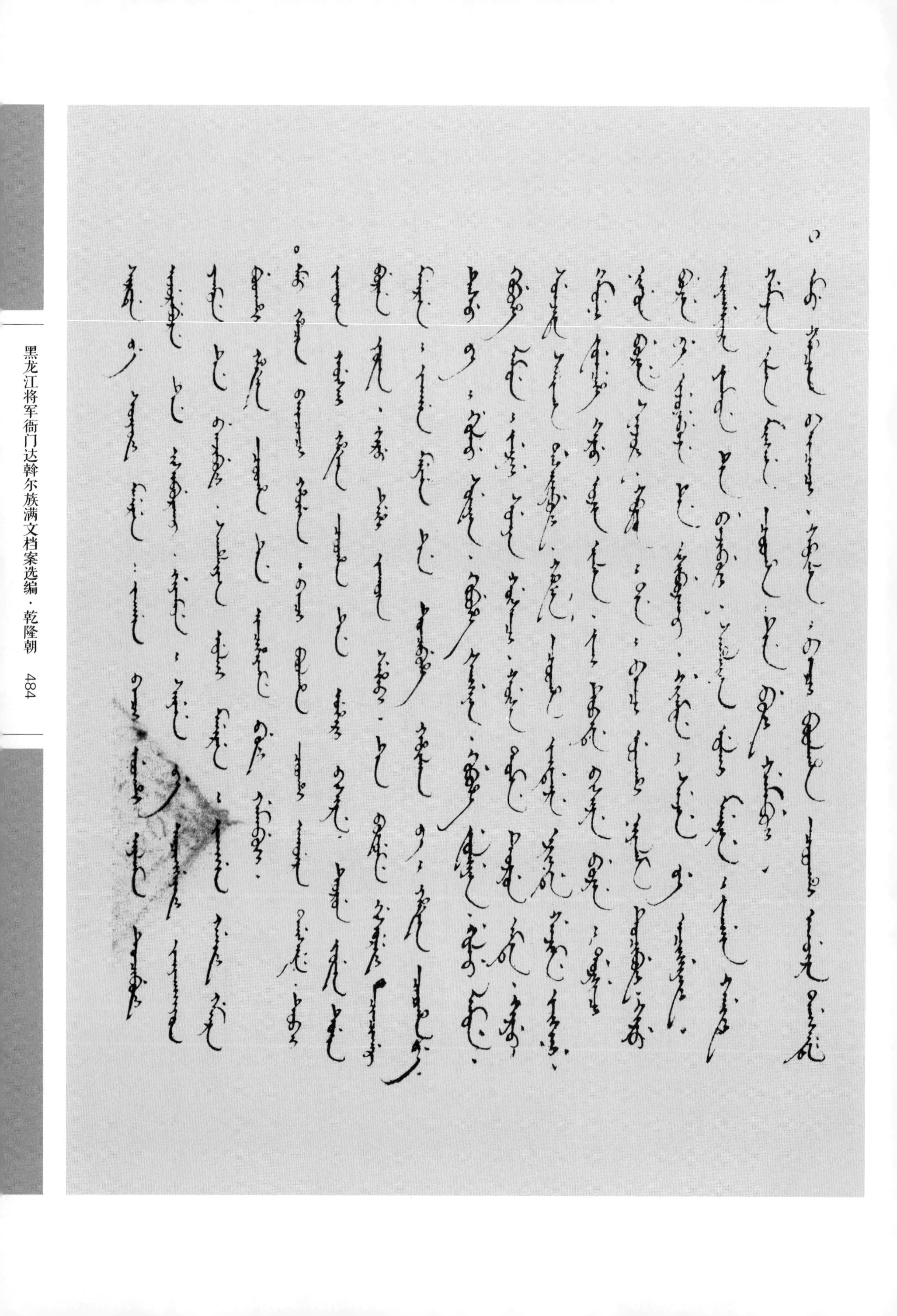

[illegible]

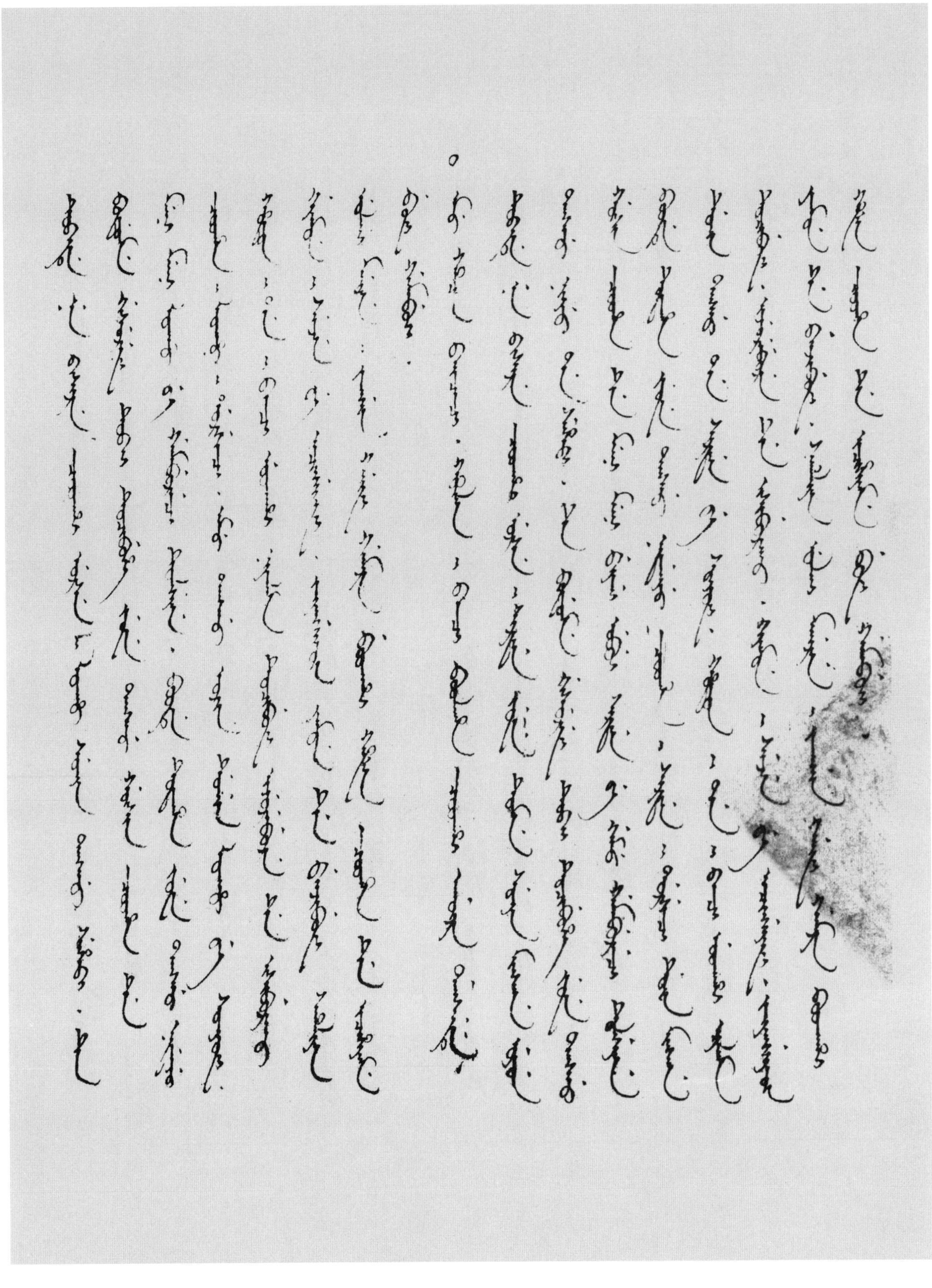

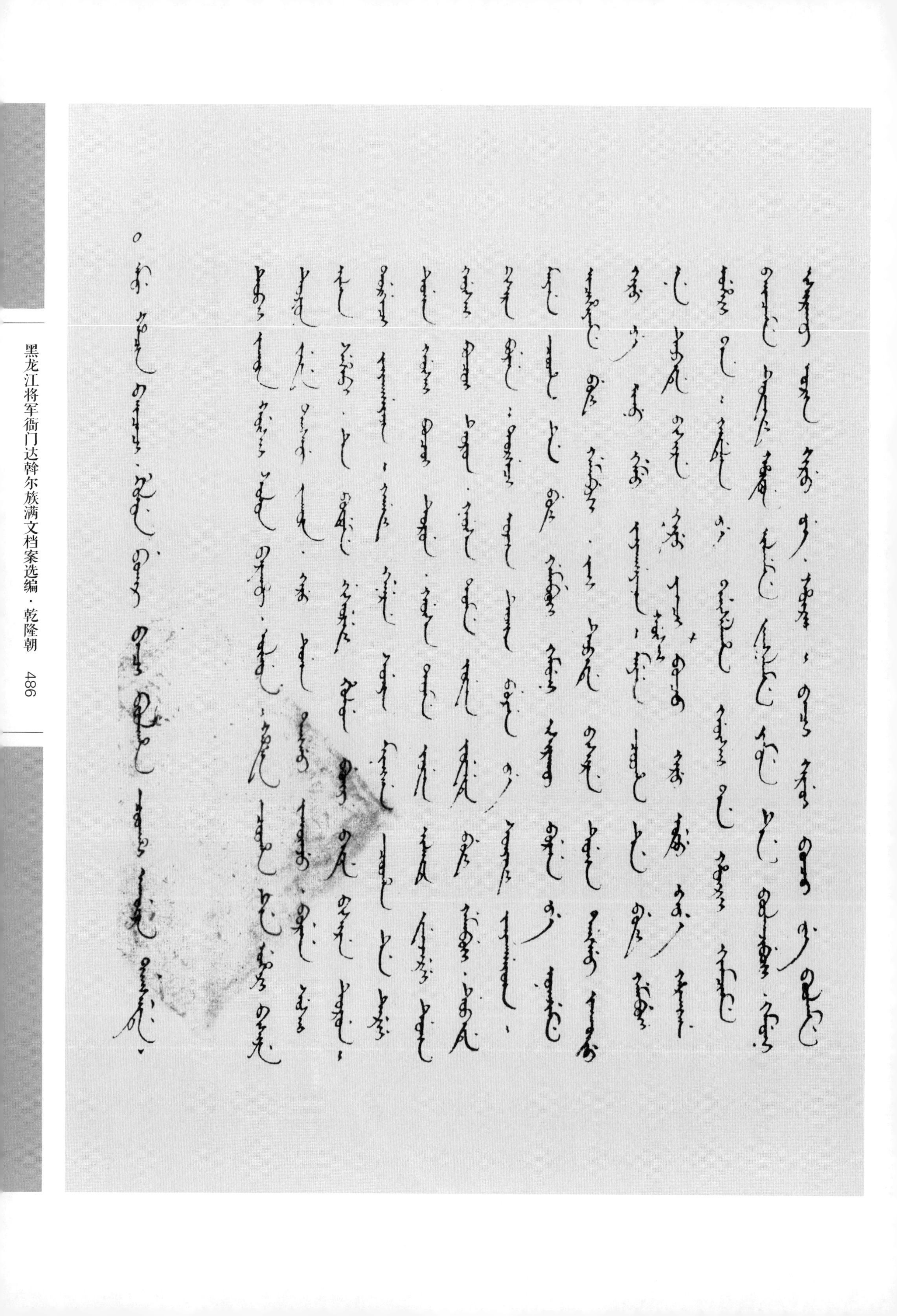

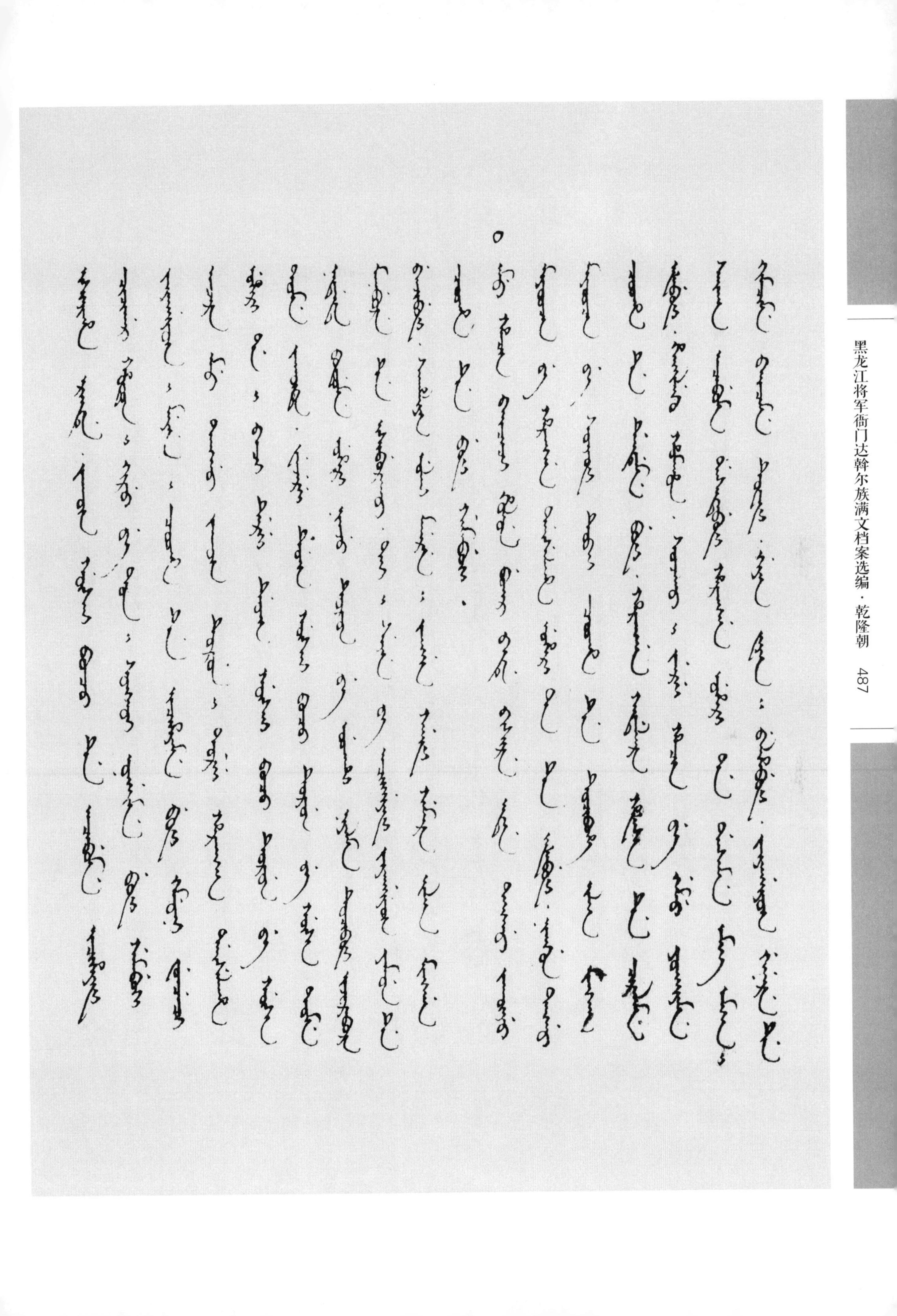

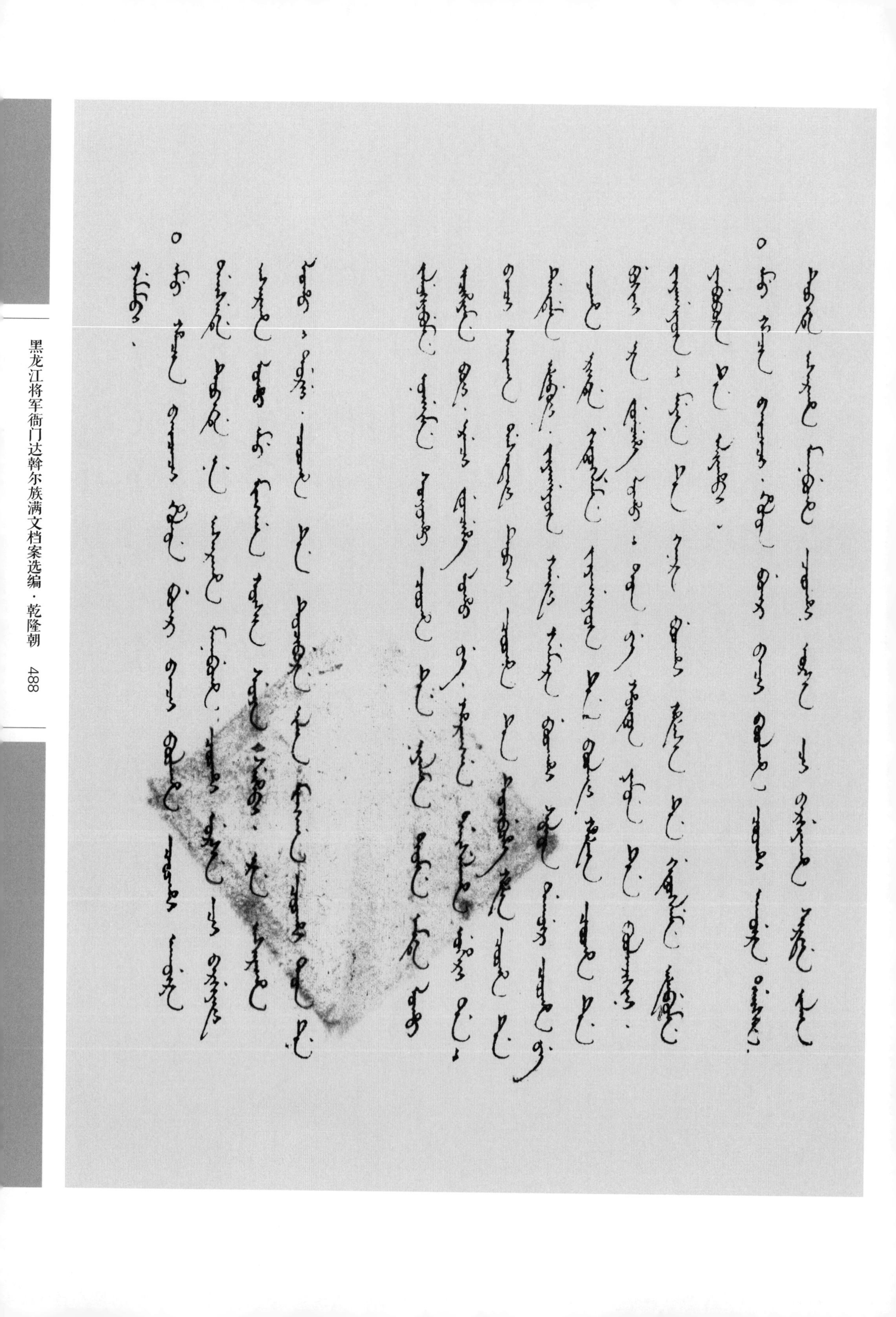

[illegible]

[illegible]

[illegible]

[illegible]

[illegible]

[illegible]

[illegible]

[illegible]

[illegible]

[illegible]

[illegible]

[illegible]

[illegible]

[illegible]

[illegible]

[illegible]

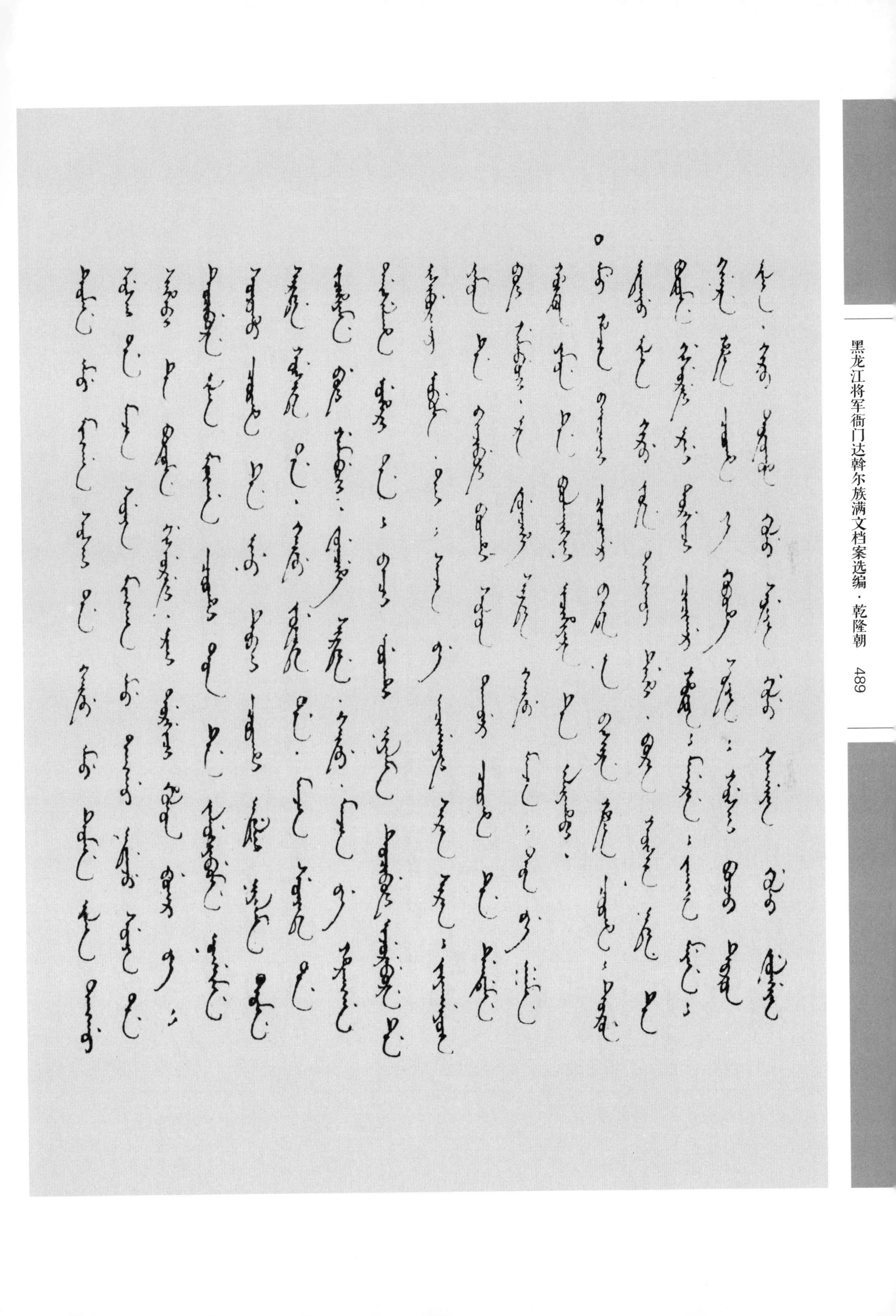

[illegible]

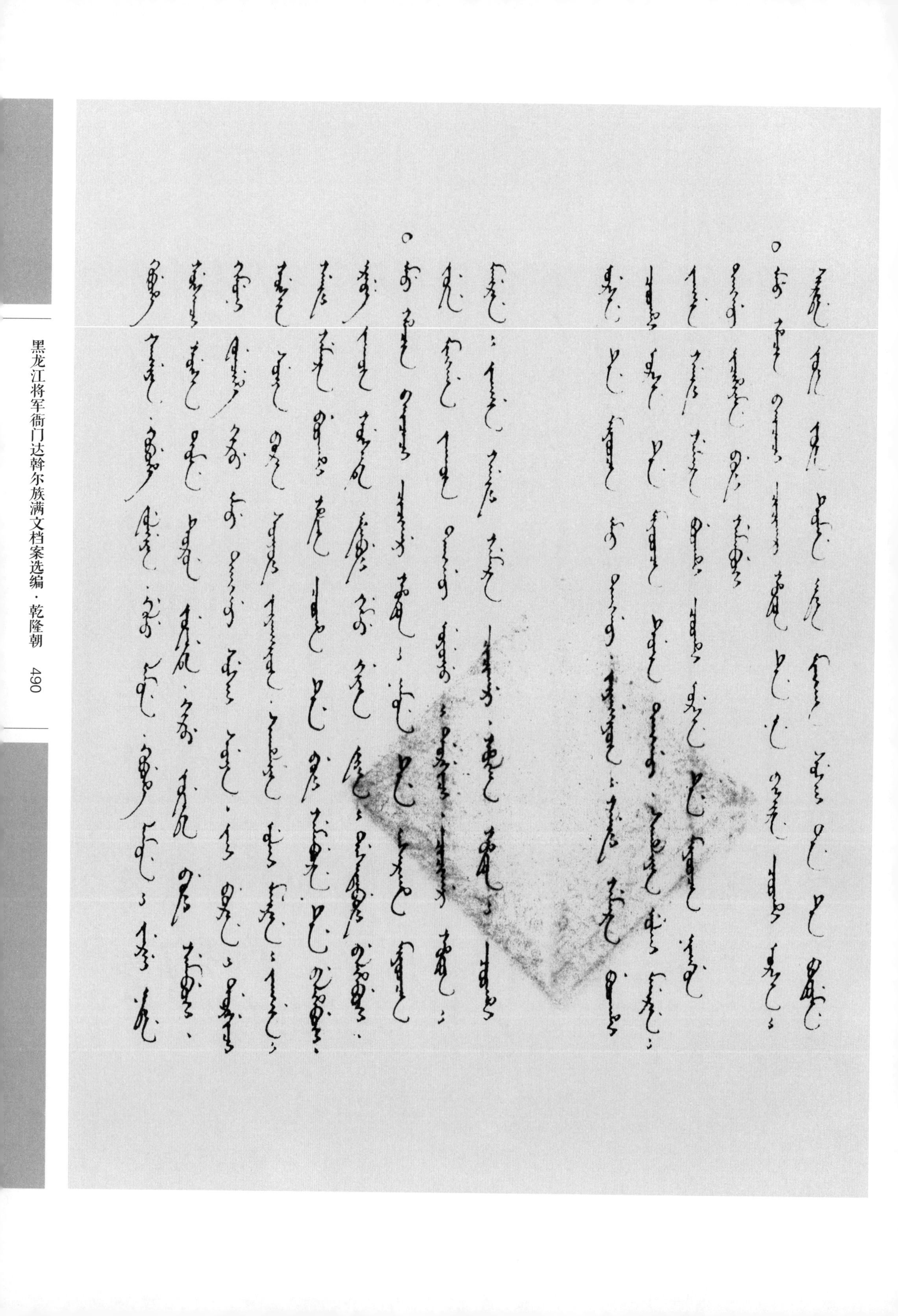

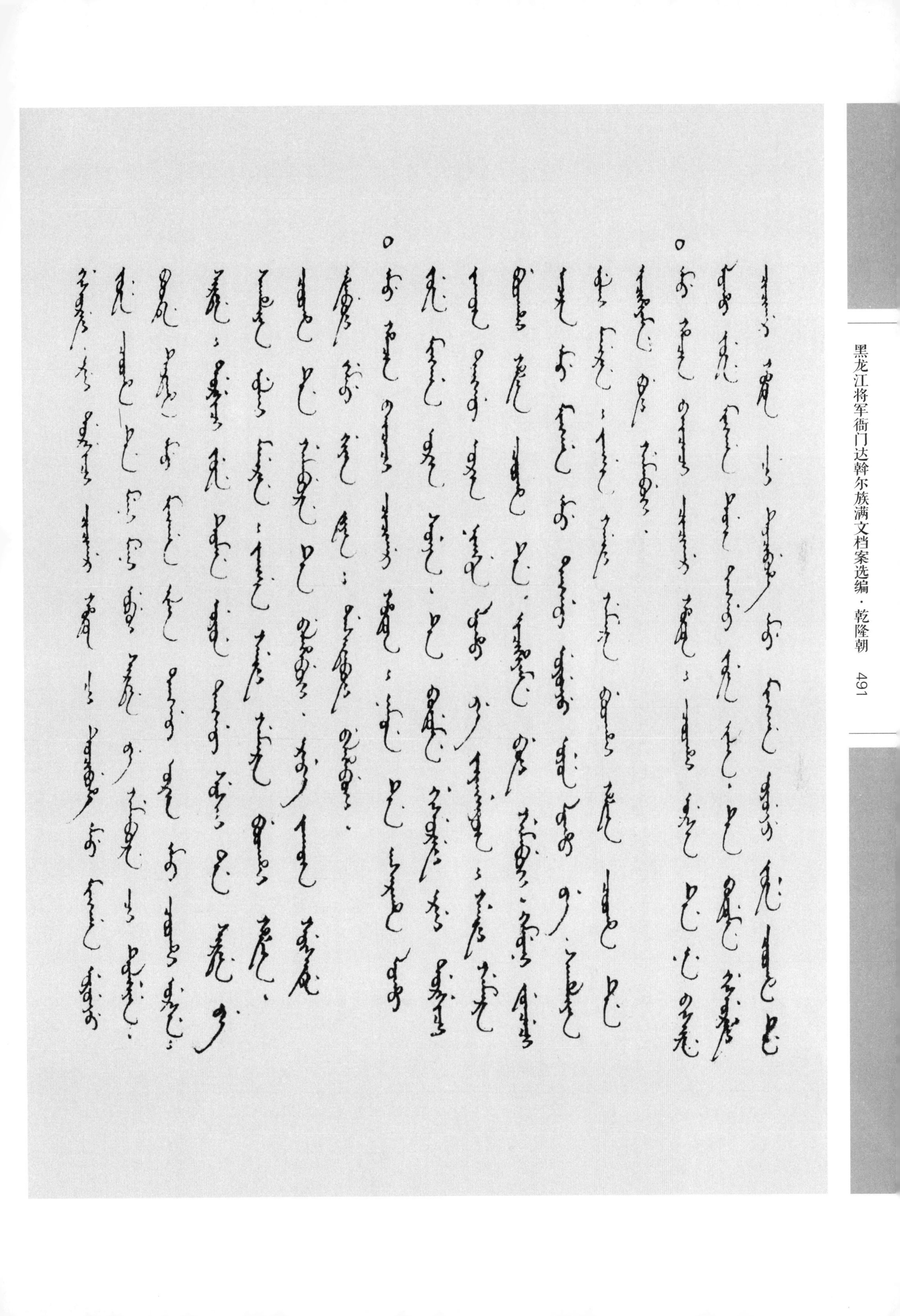

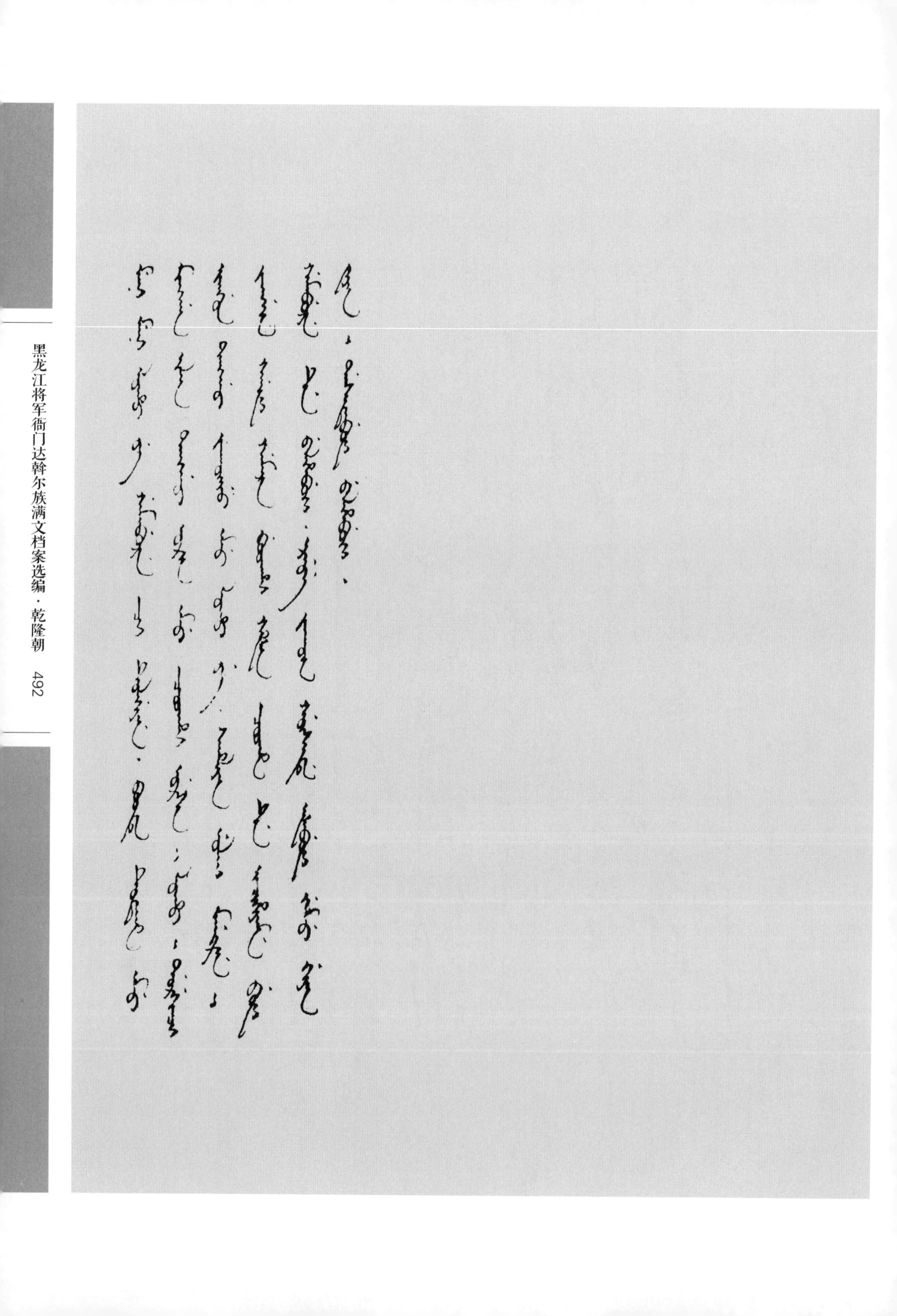

[illegible]

七八五 黑龙江副都统衙门为请亲率两队索伦达斡尔官兵赴军营事咨黑龙江将军衙门文

乾隆十九年九月十一日

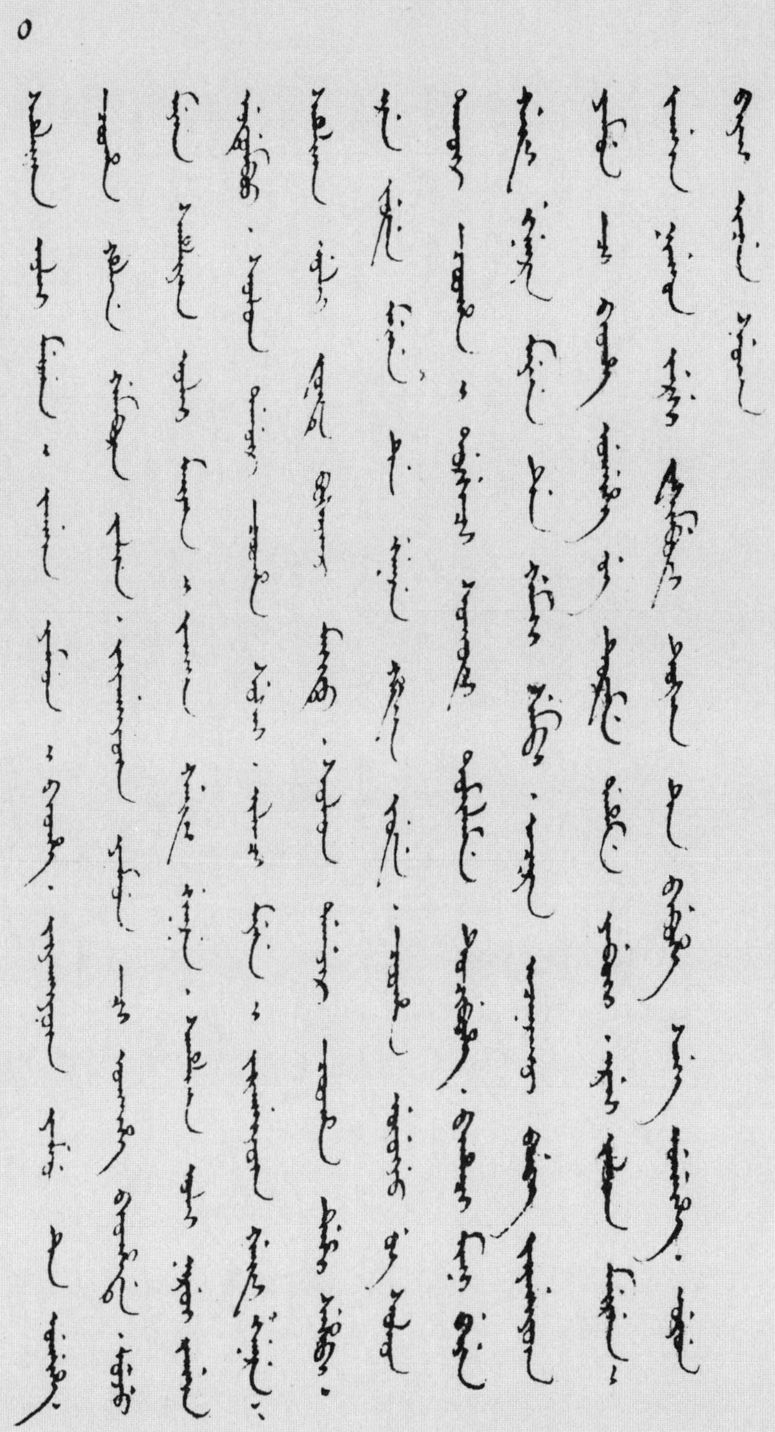

七八六　黑龙江将军衙门为令办给调往西北两路索伦达斡尔等官兵马匹事咨齐齐哈尔黑龙江等处文

乾隆十九年九月十三日

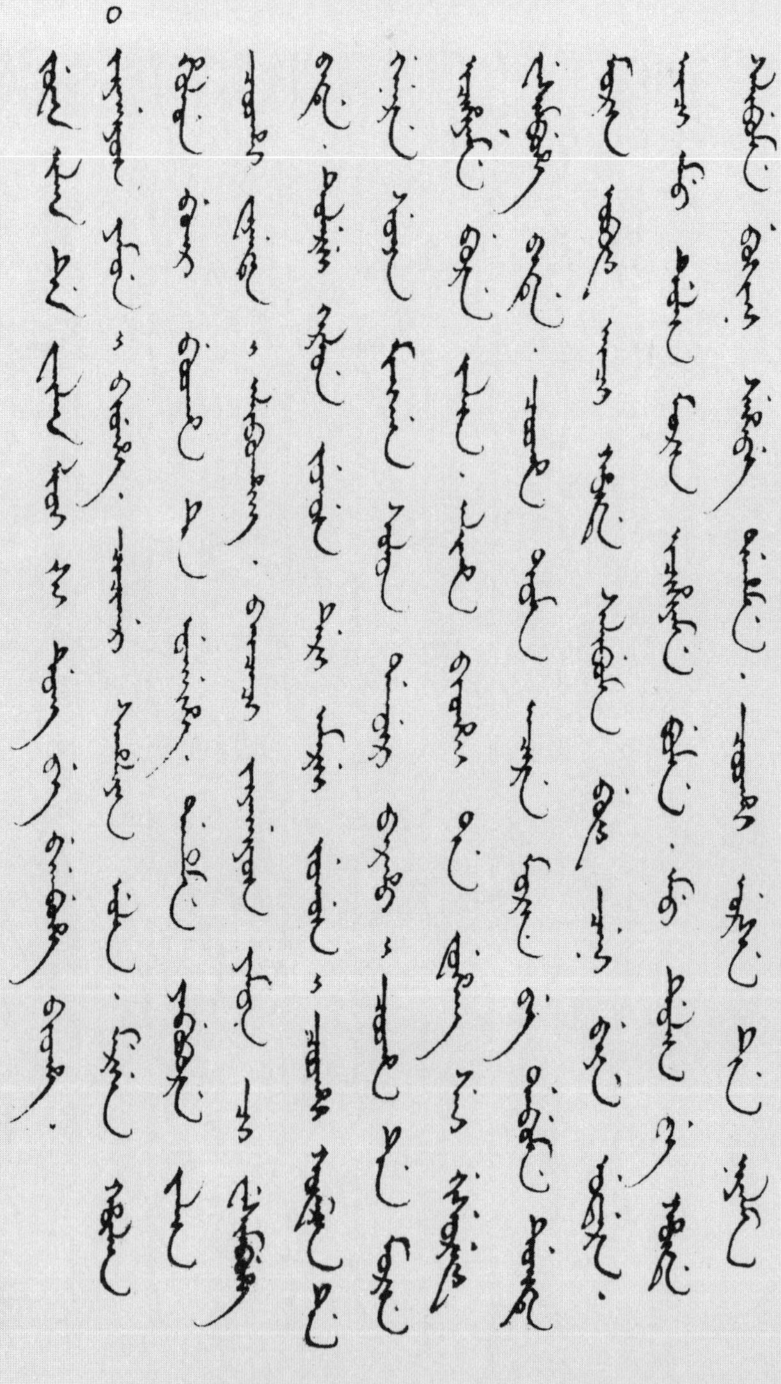

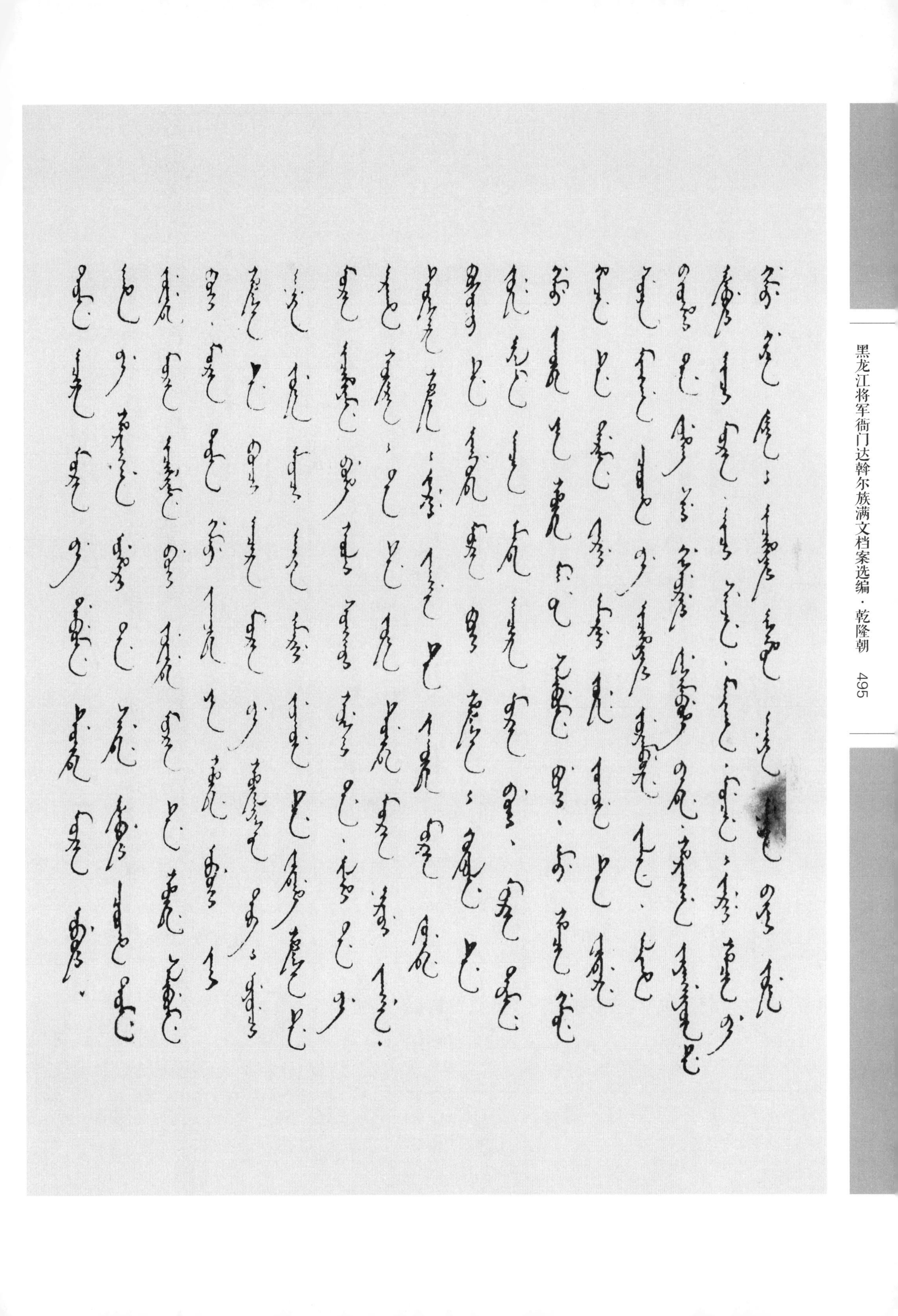

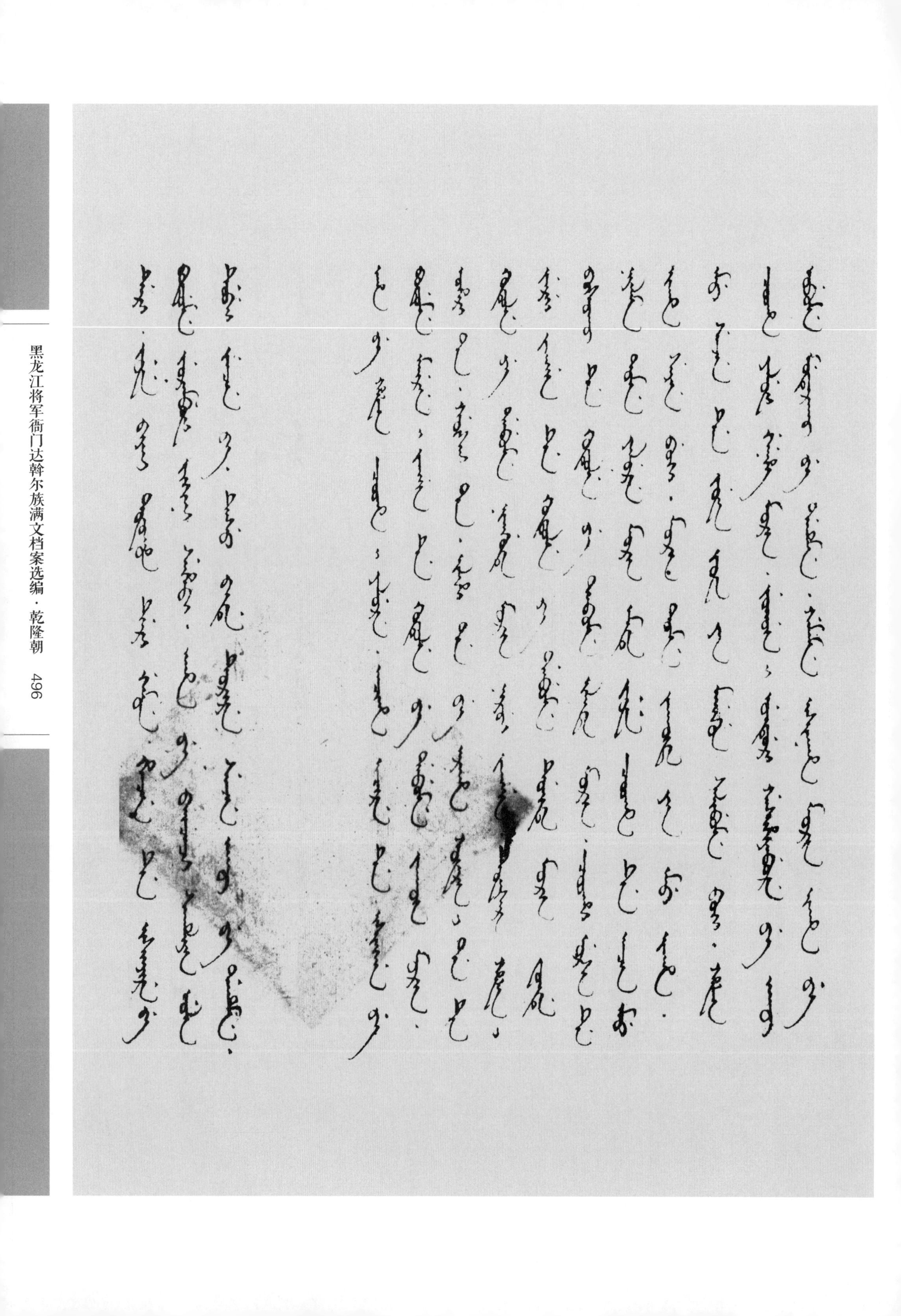

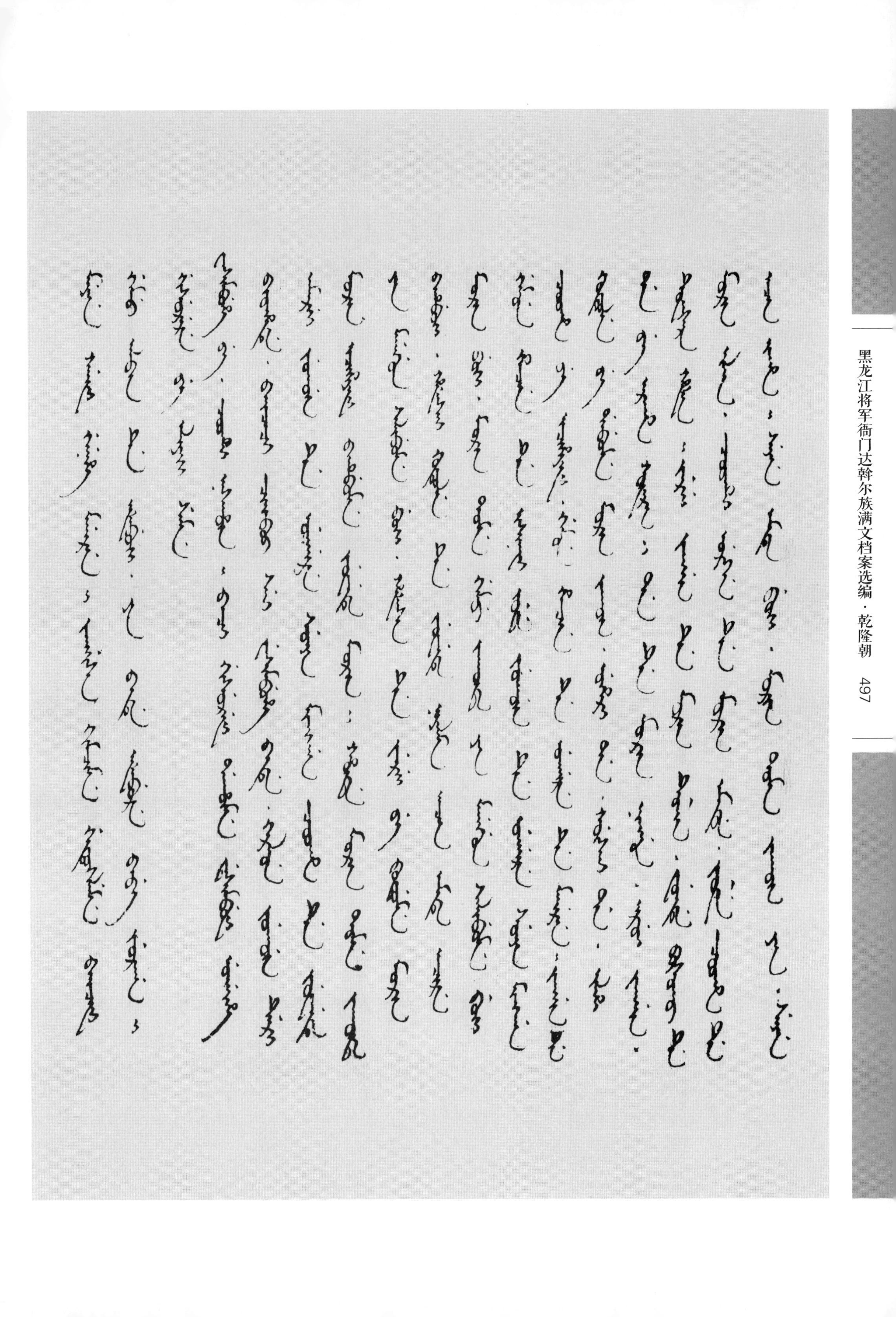

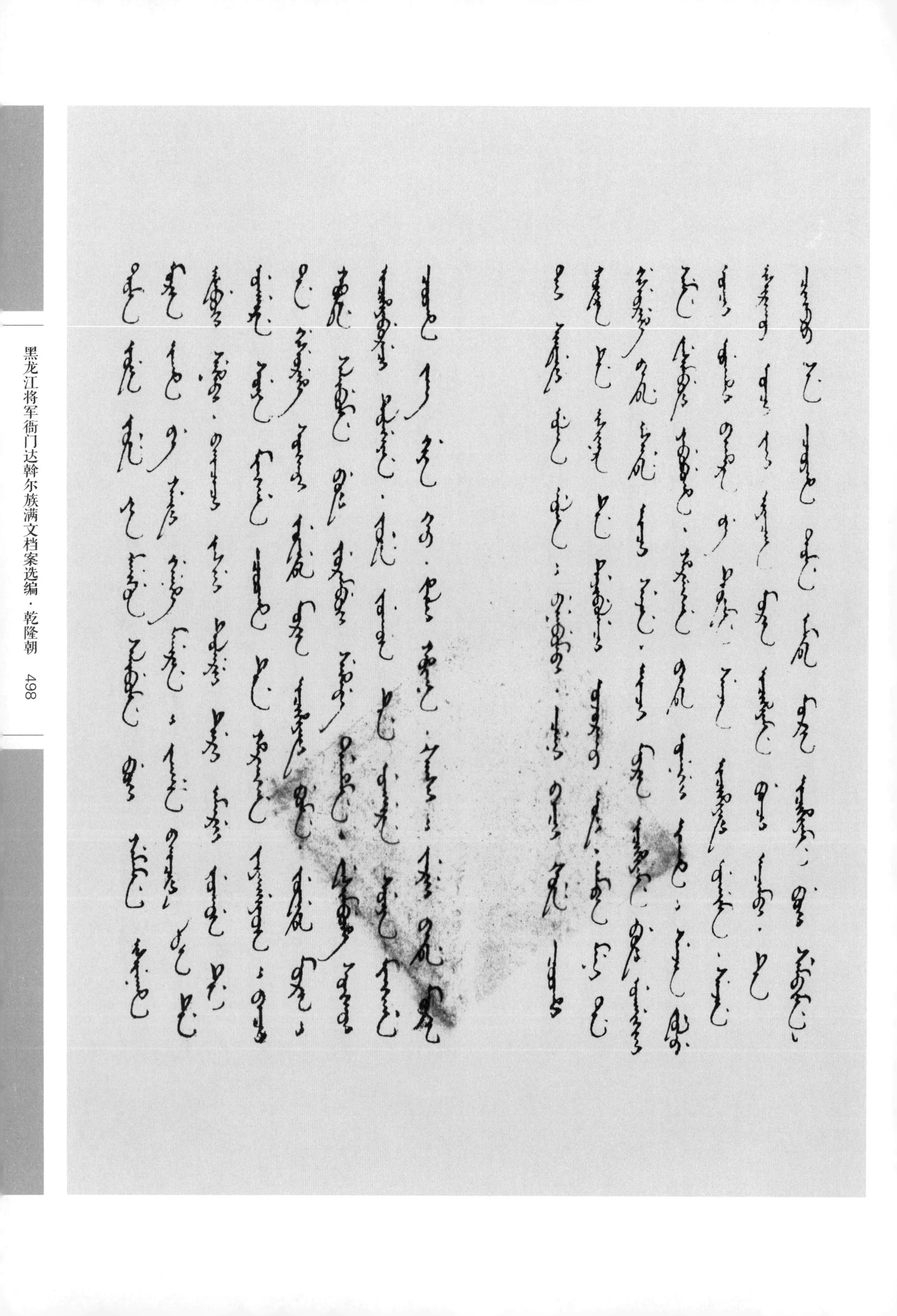

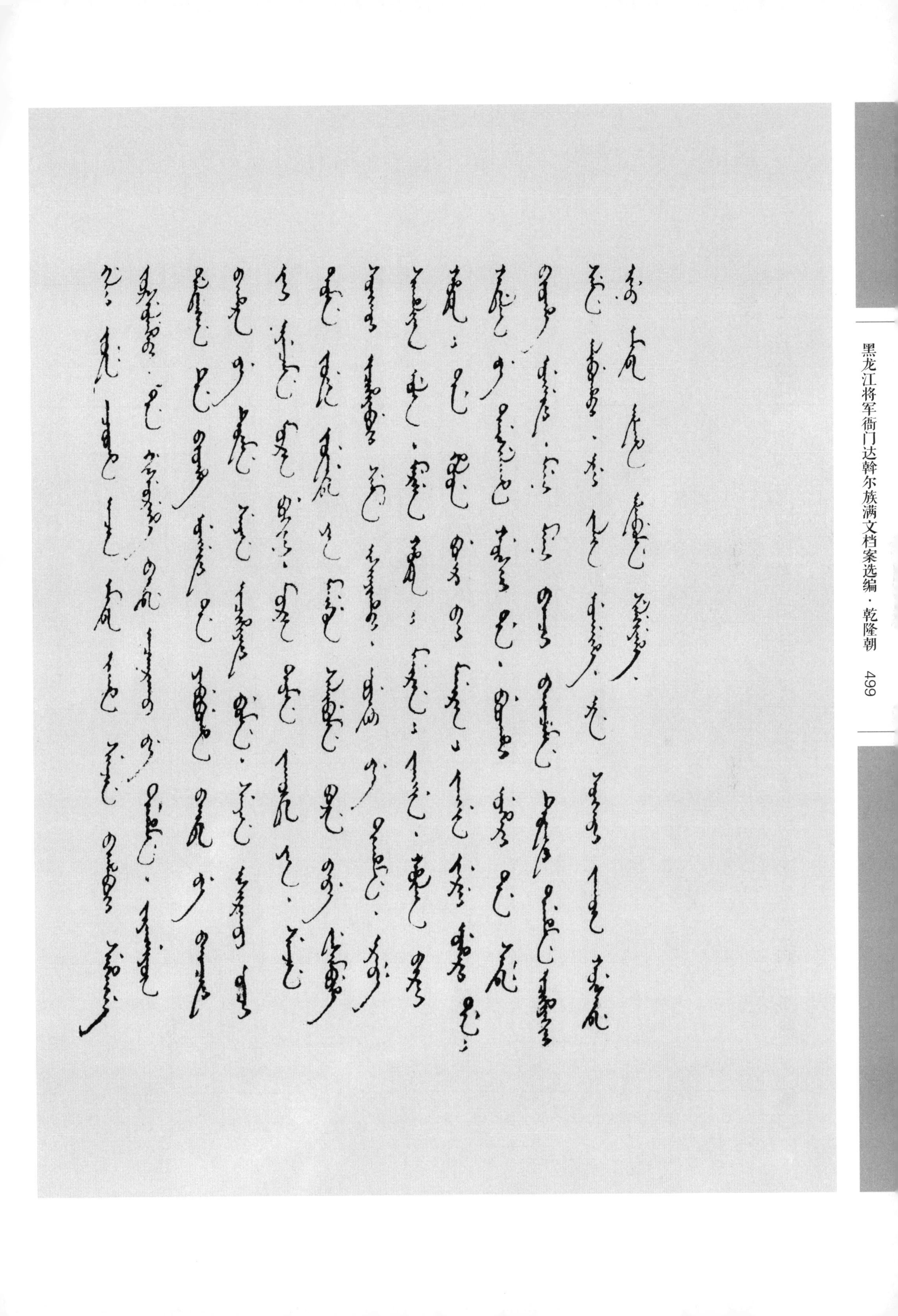

[illegible]

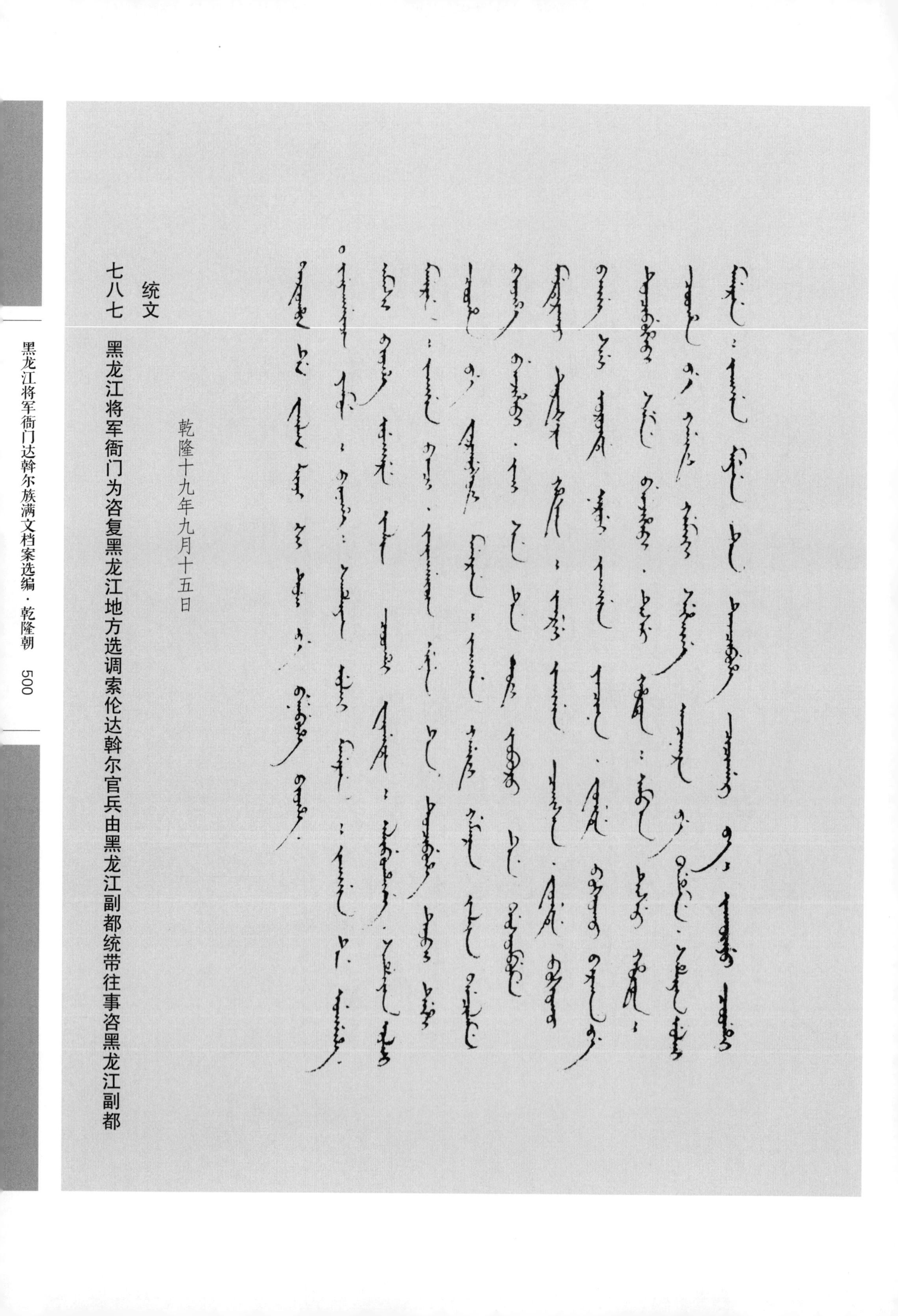

七八七　黑龙江将军衙门为咨复黑龙江地方选调索伦达斡尔官兵由黑龙江副都统带往事咨黑龙江副都统文

乾隆十九年九月十五日

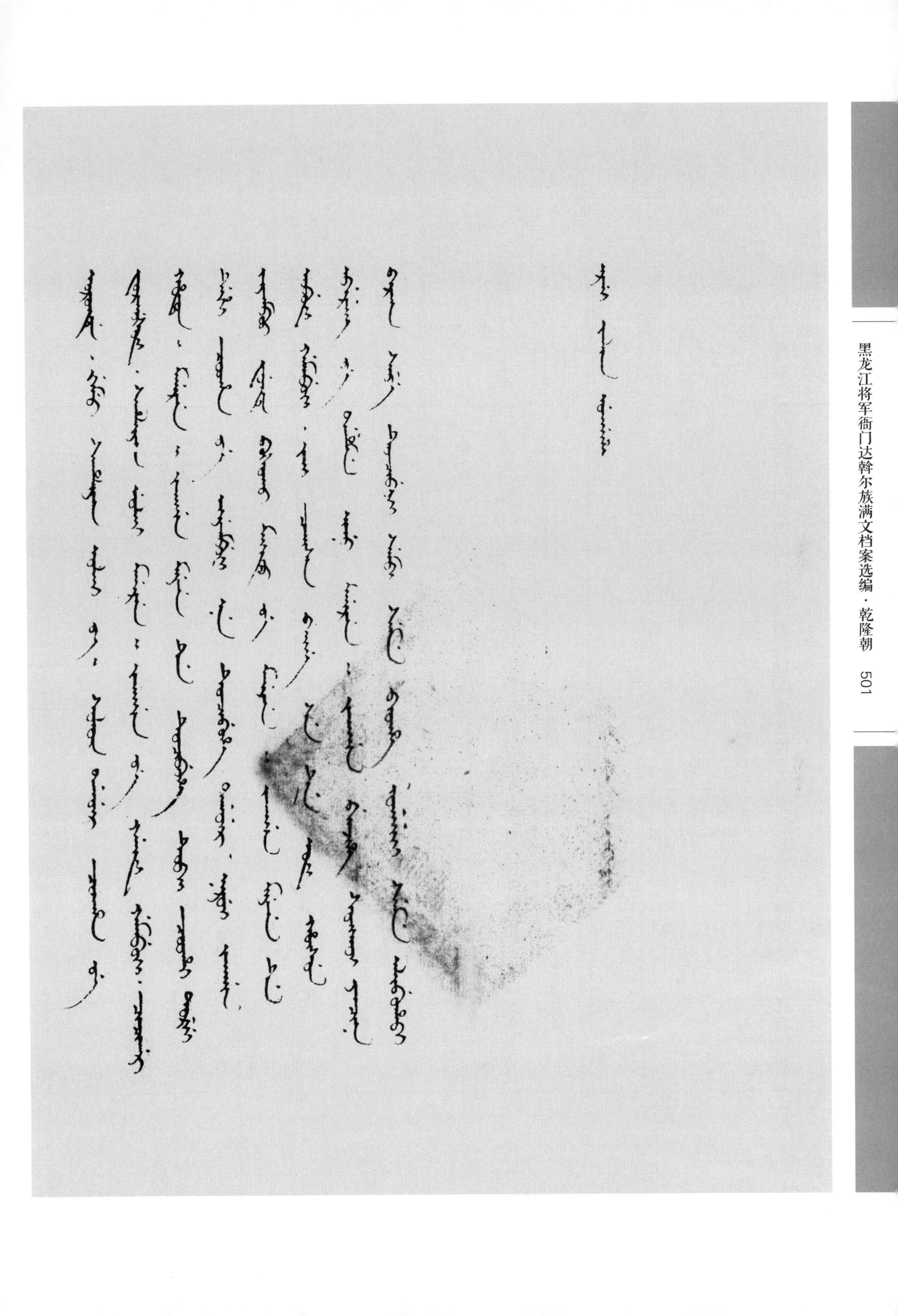

[illegible]

七八八 黑龙江将军衙门为齐齐哈尔镶红旗达斡尔佐领尼尔济苏病故其所遗缺拣员报送事咨黑龙江副都统文

乾隆十九年九月十五日

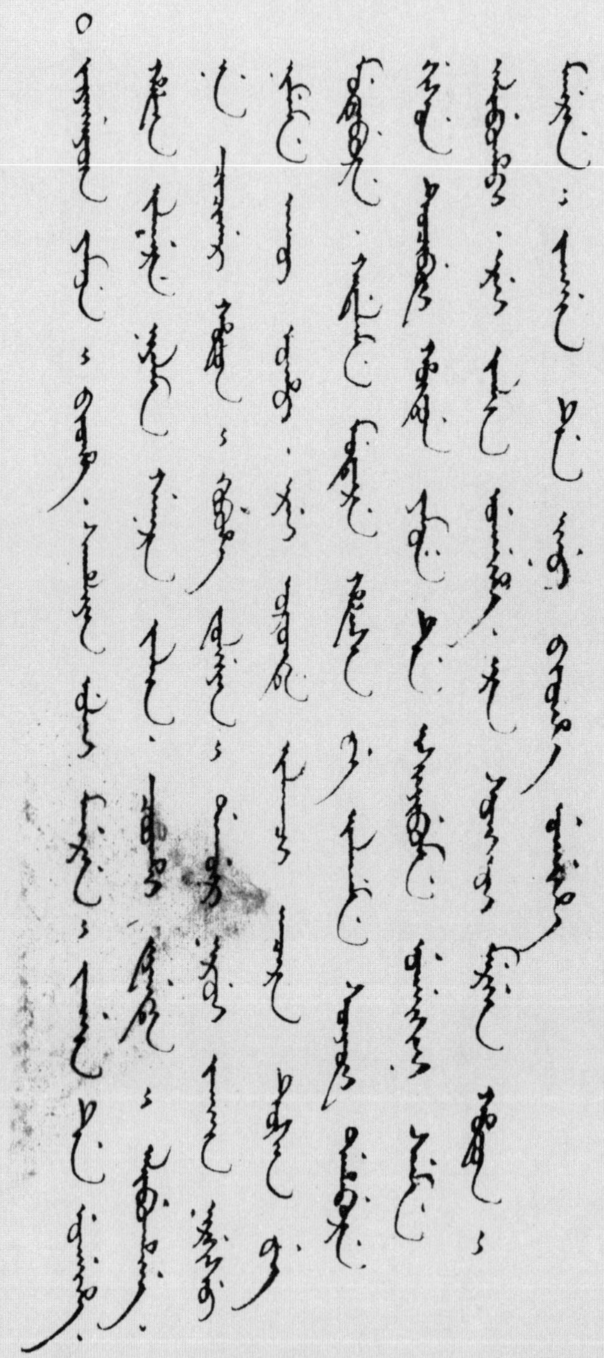

七八九 墨尔根副都统衙门为黑龙江各处满洲达斡尔佐领骁骑校等出缺选官遣送事咨黑龙江将军衙门文

乾隆十九年九月二十三日

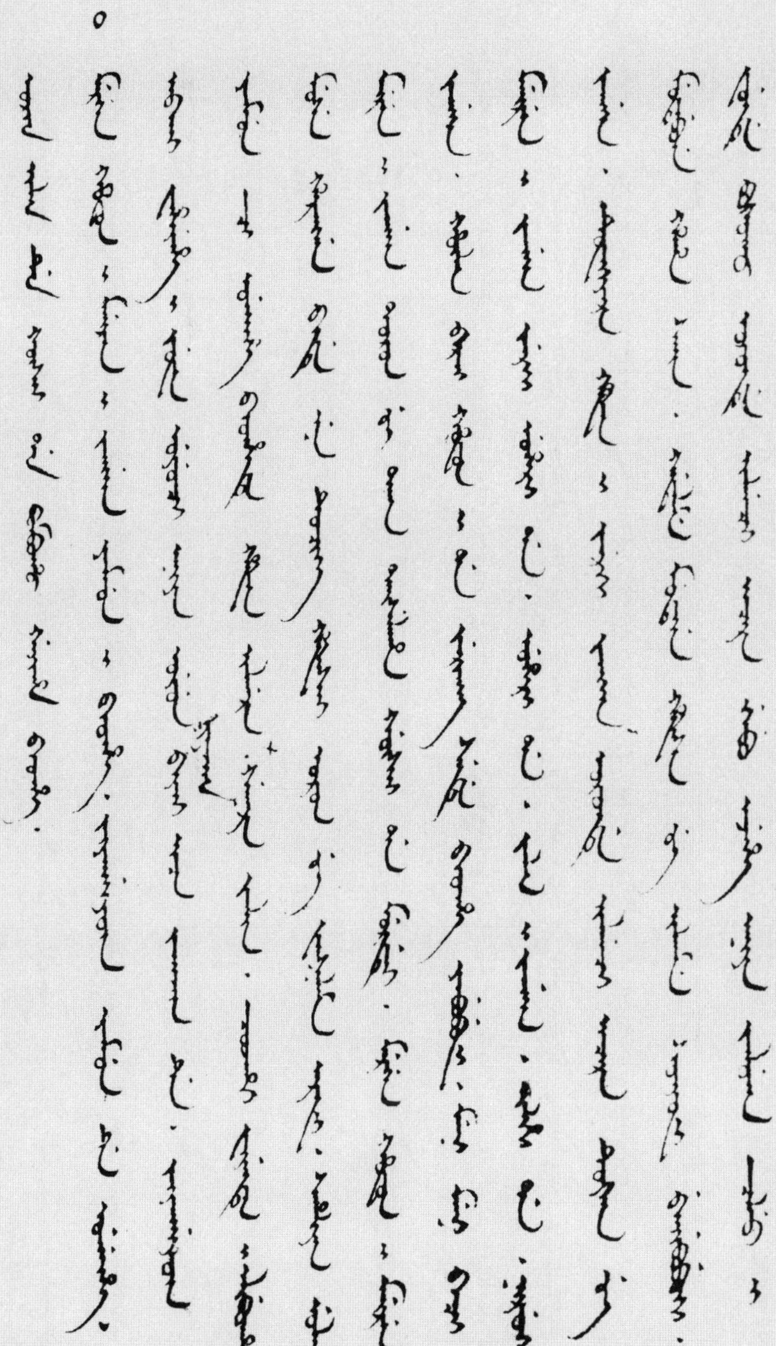

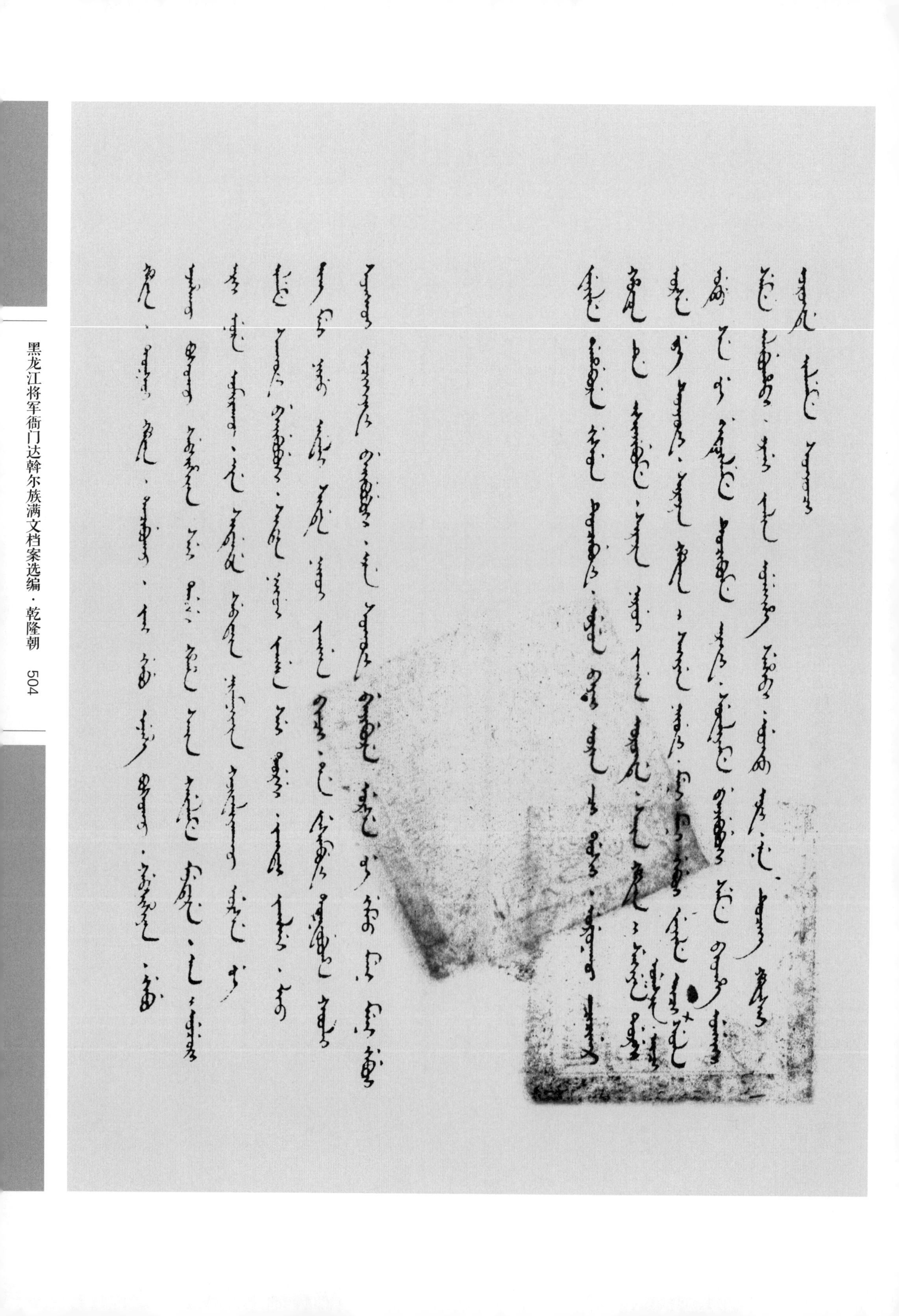

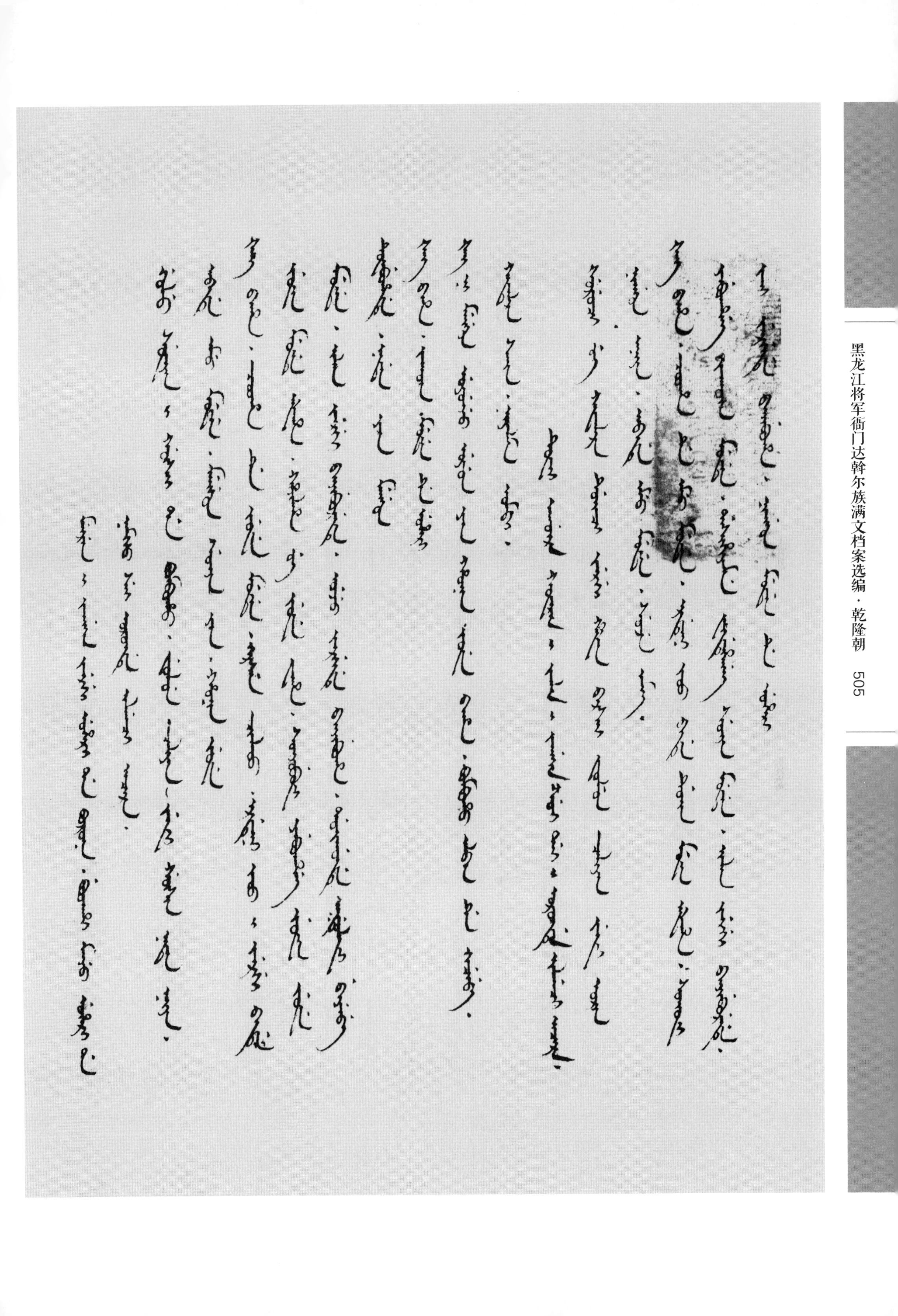

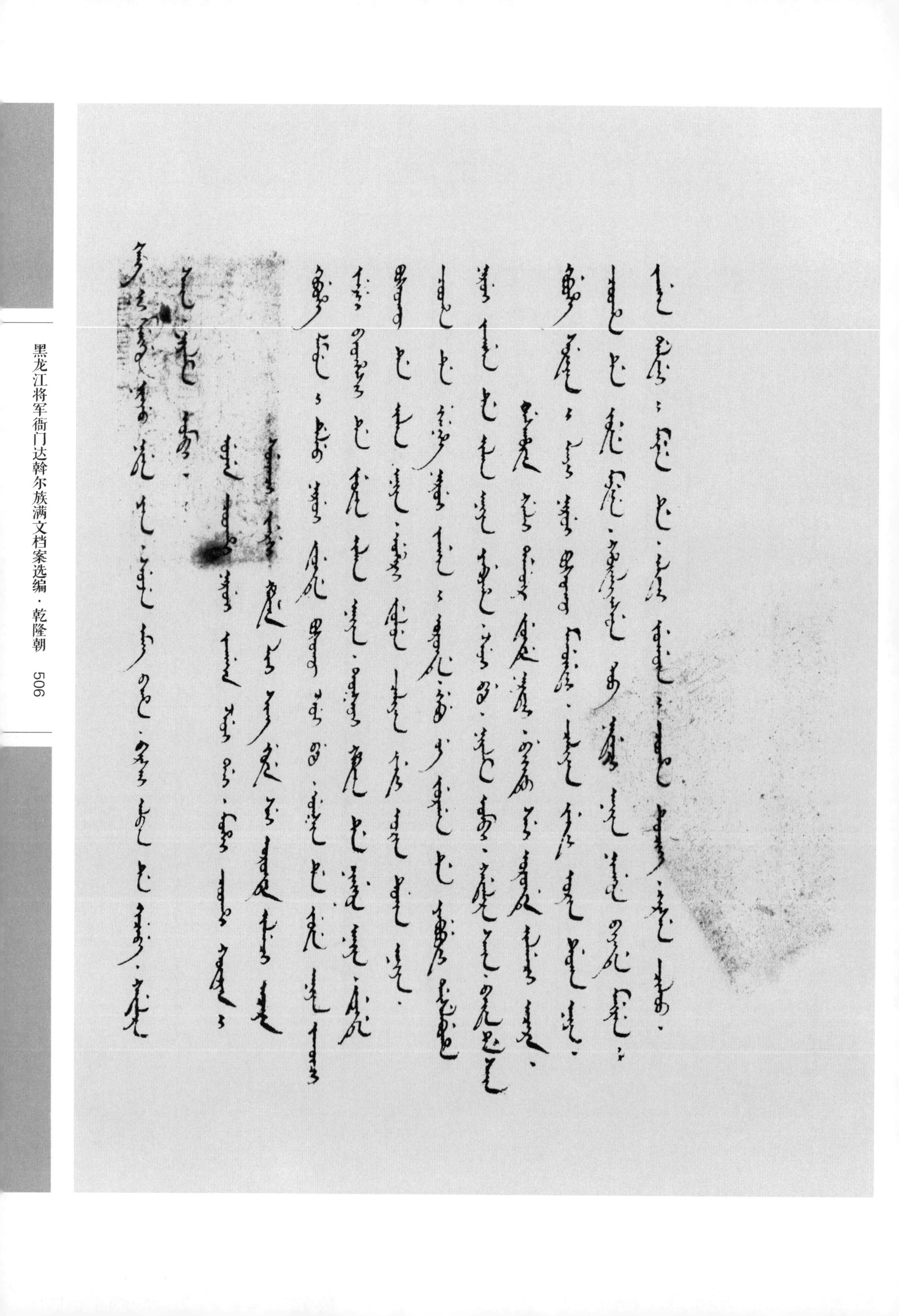

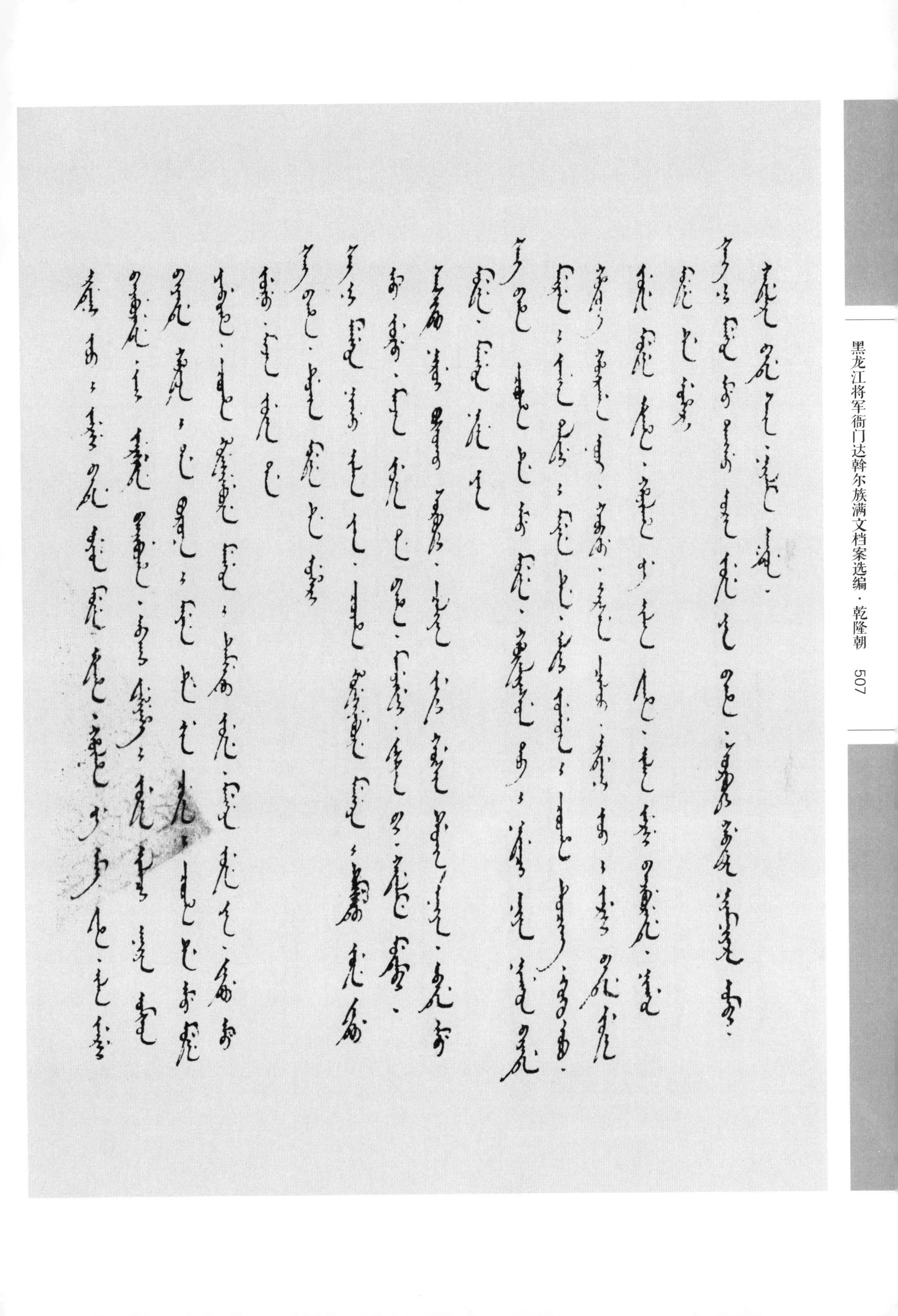

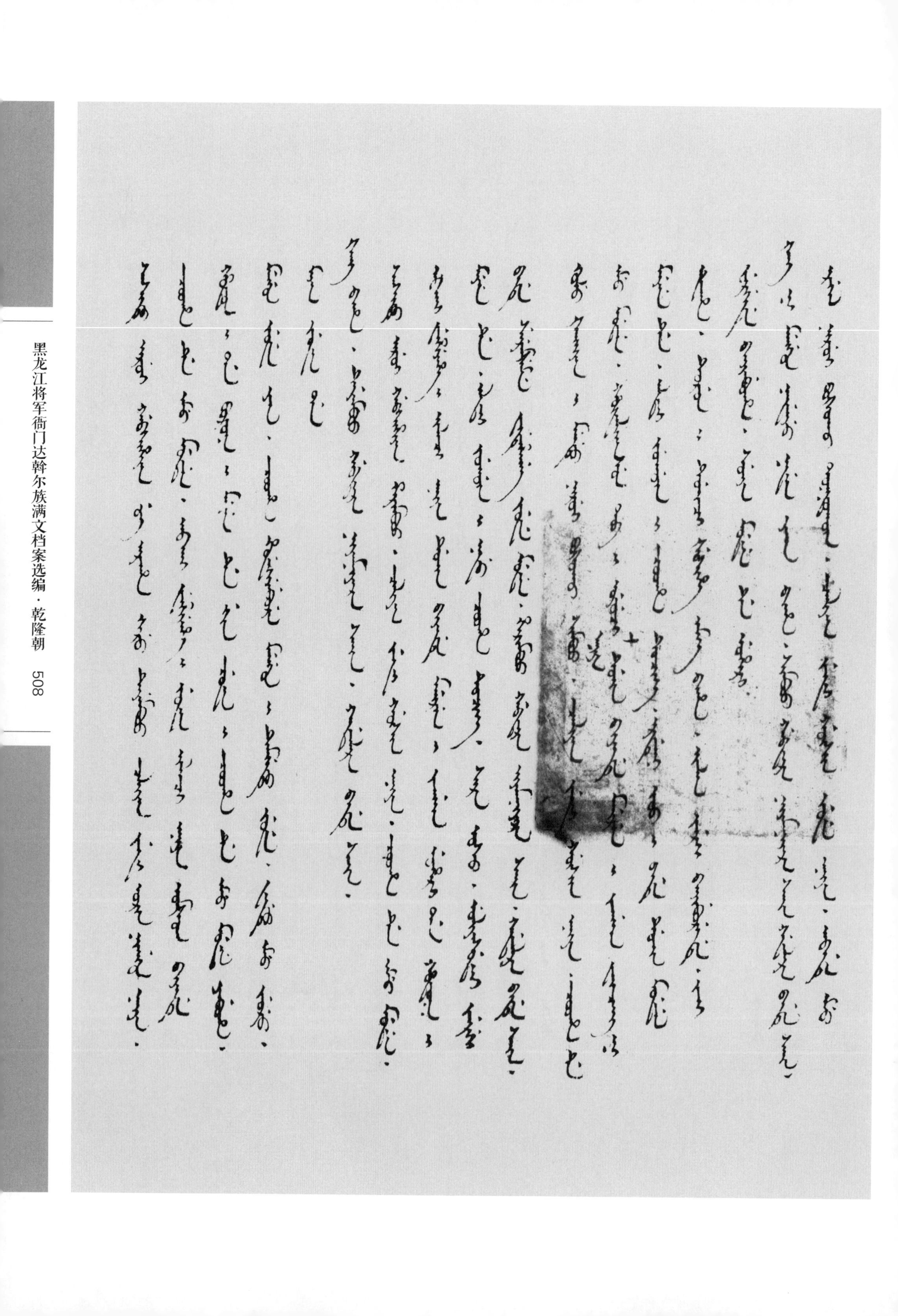

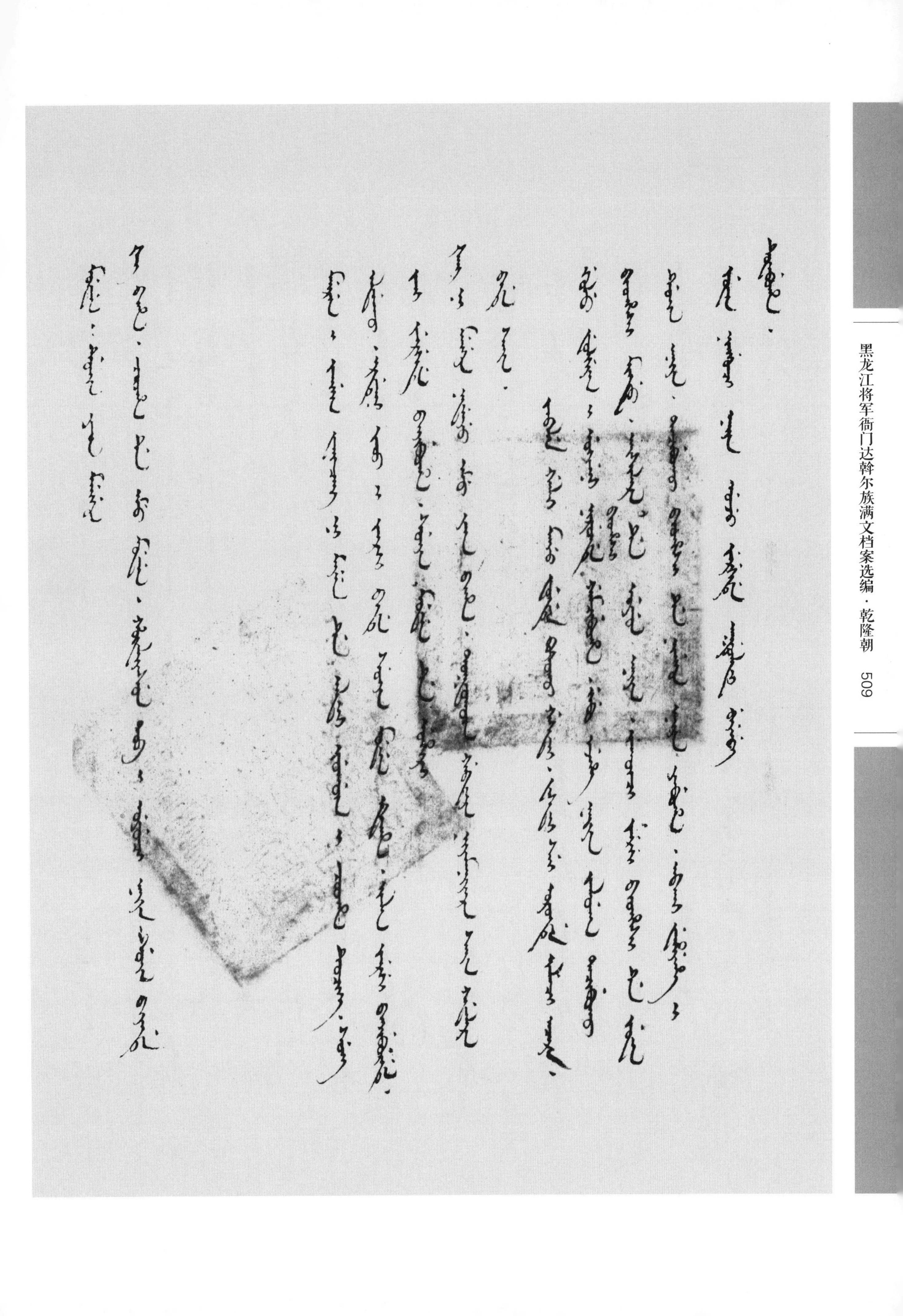

[illegible]

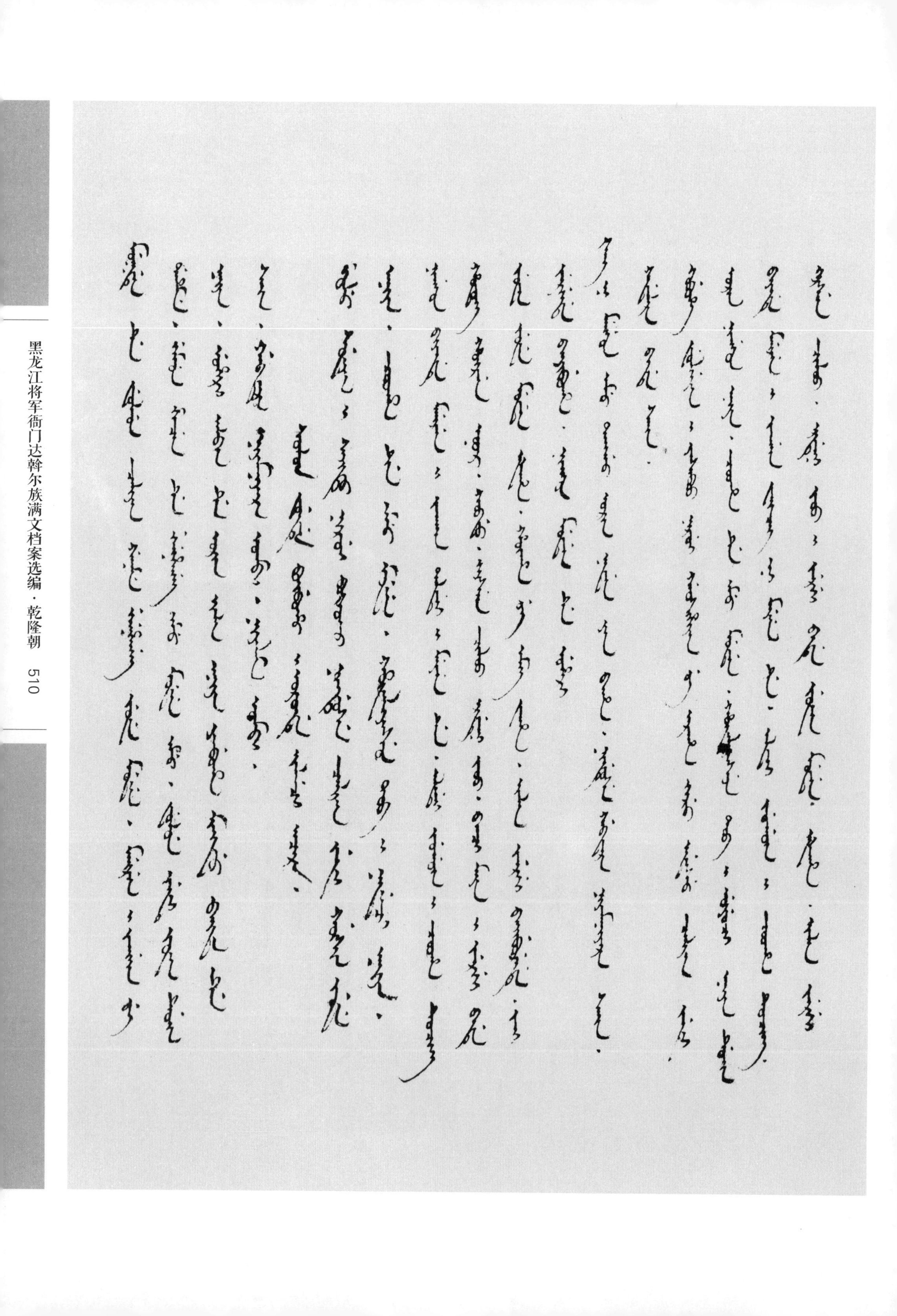

[illegible]

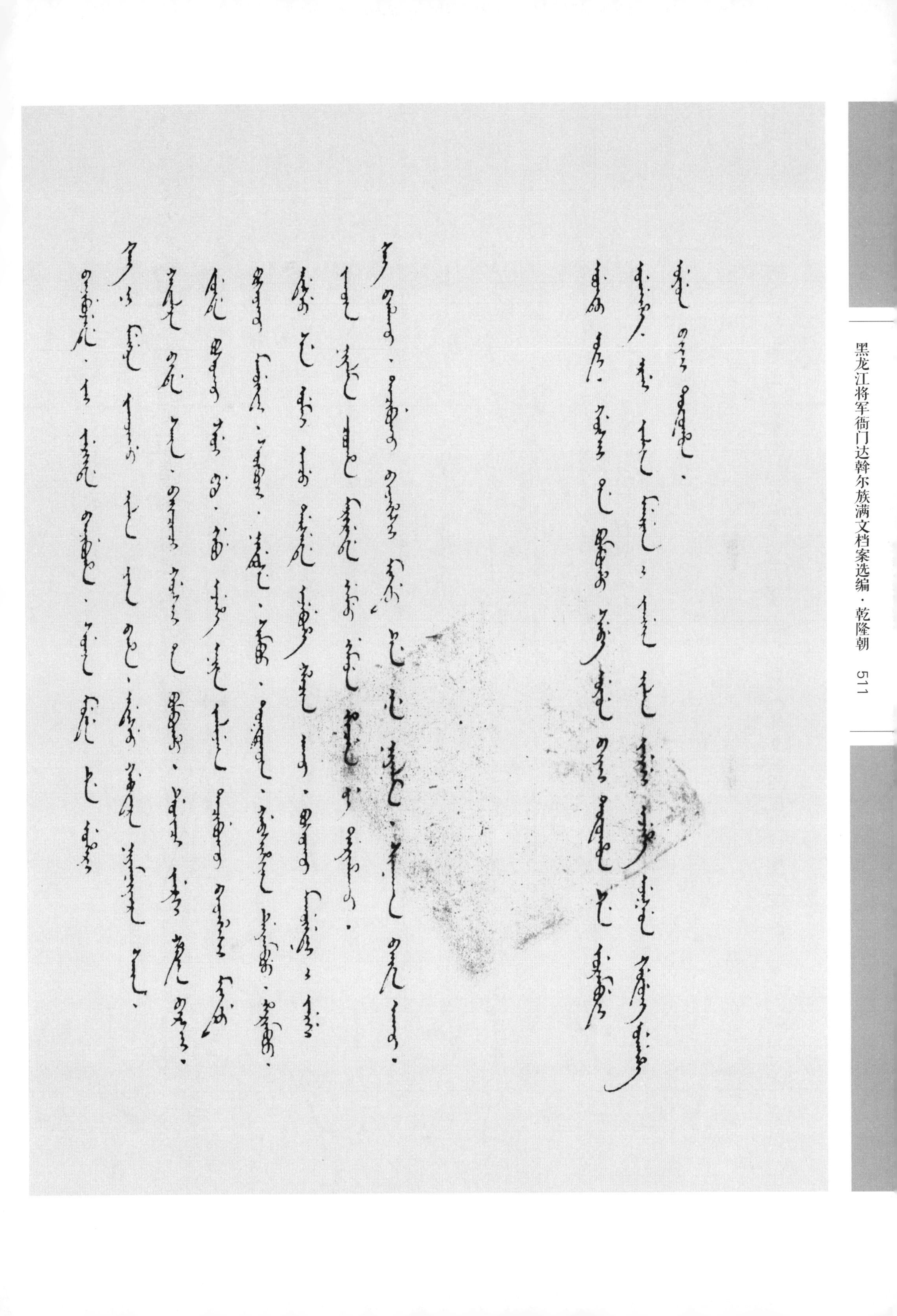

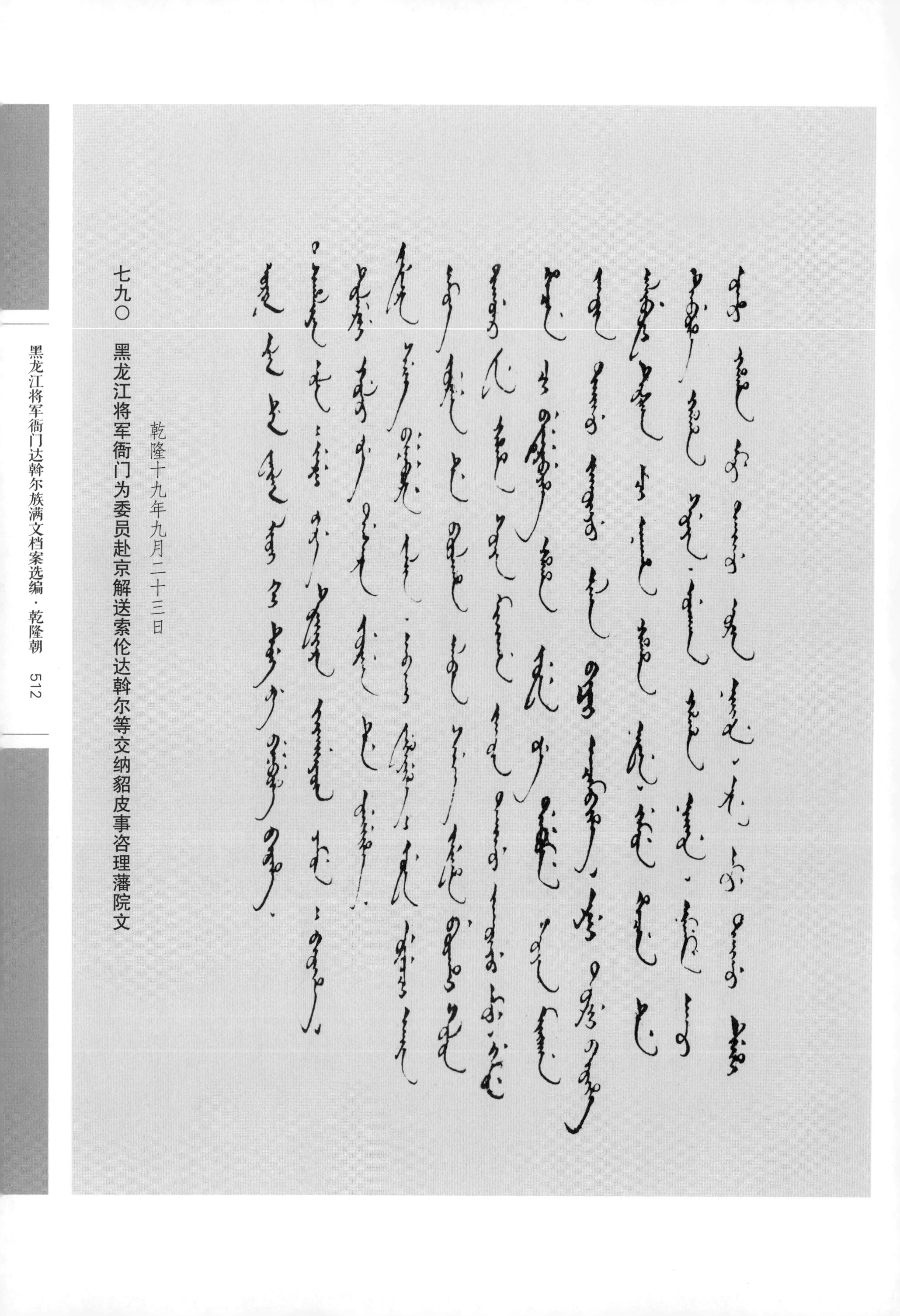

七九〇　黑龙江将军衙门为委员赴京解送索伦达斡尔等交纳貂皮事咨理藩院文

乾隆十九年九月二十三日

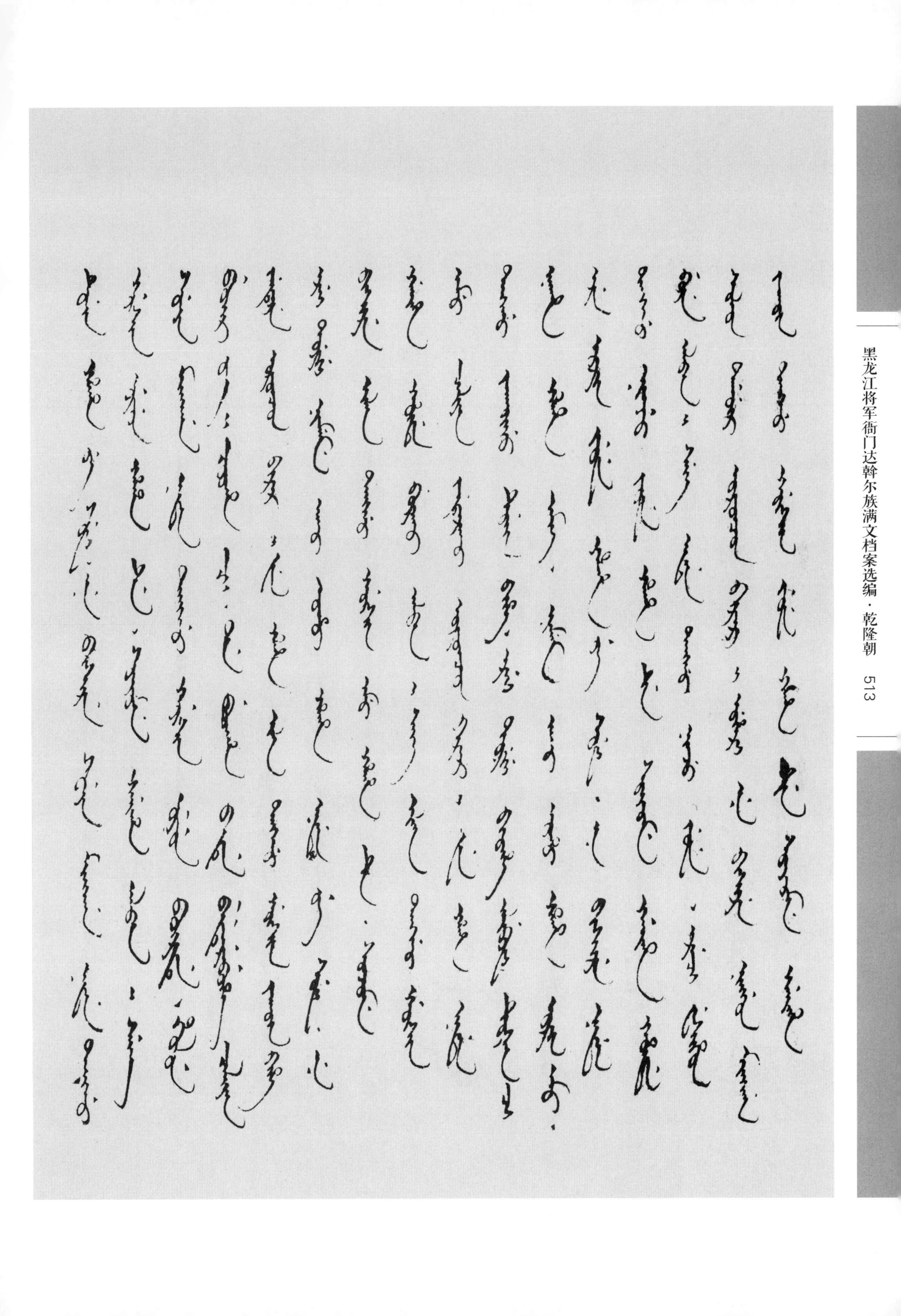

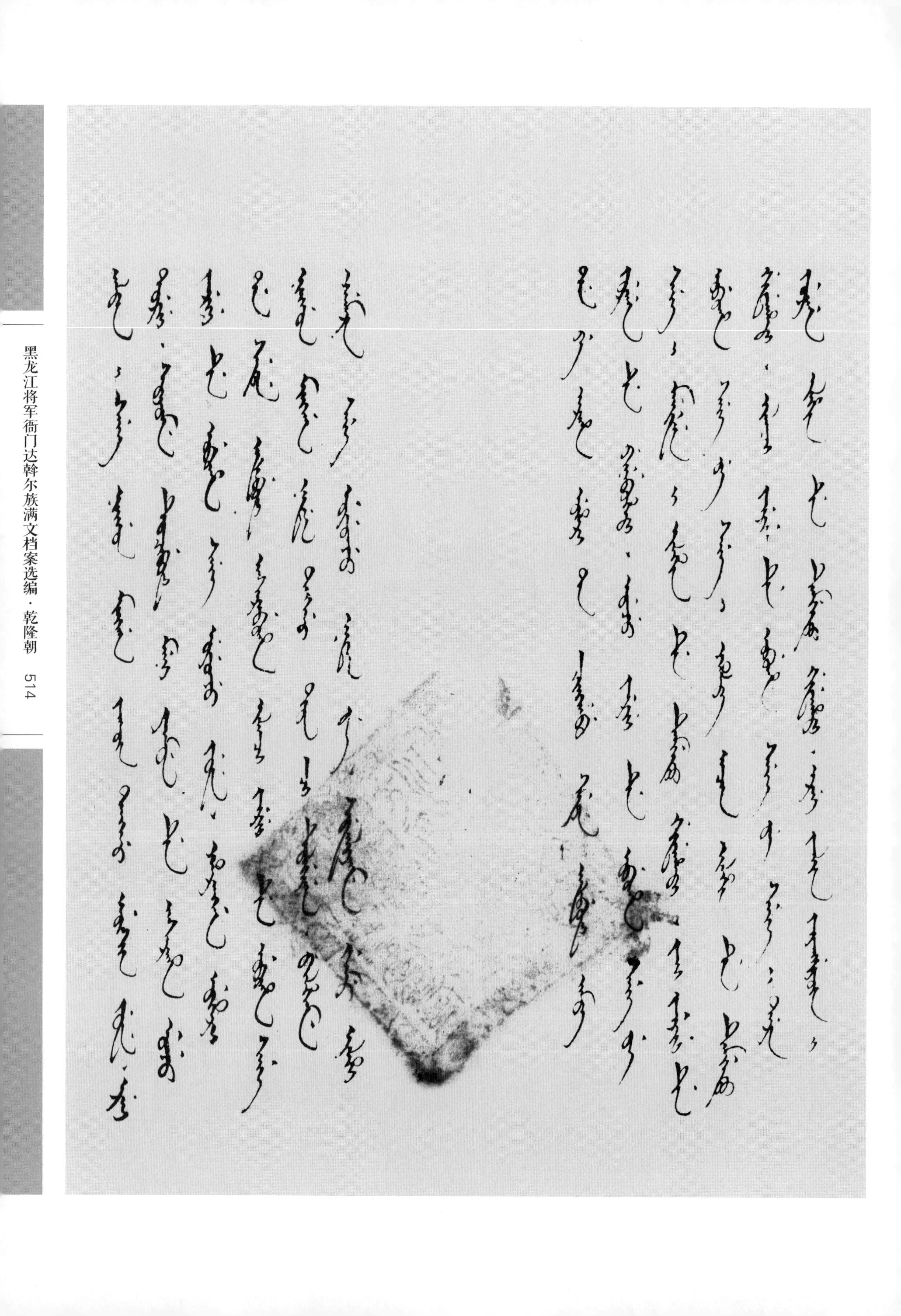

七九一 墨尔根副都统衙门为委员解送办给出征布特哈索伦达斡尔等官兵军器事咨黑龙江将军衙门文

乾隆十九年九月二十五日

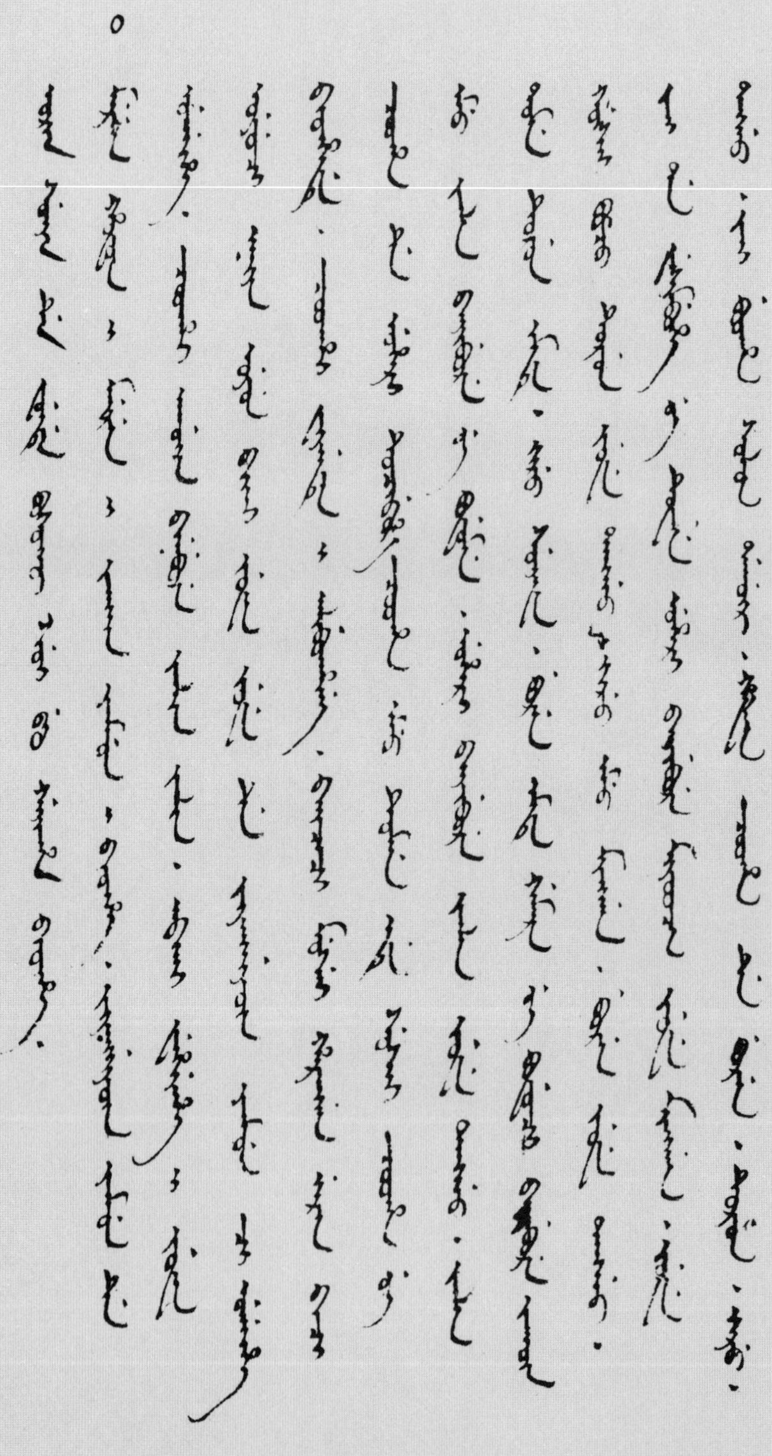

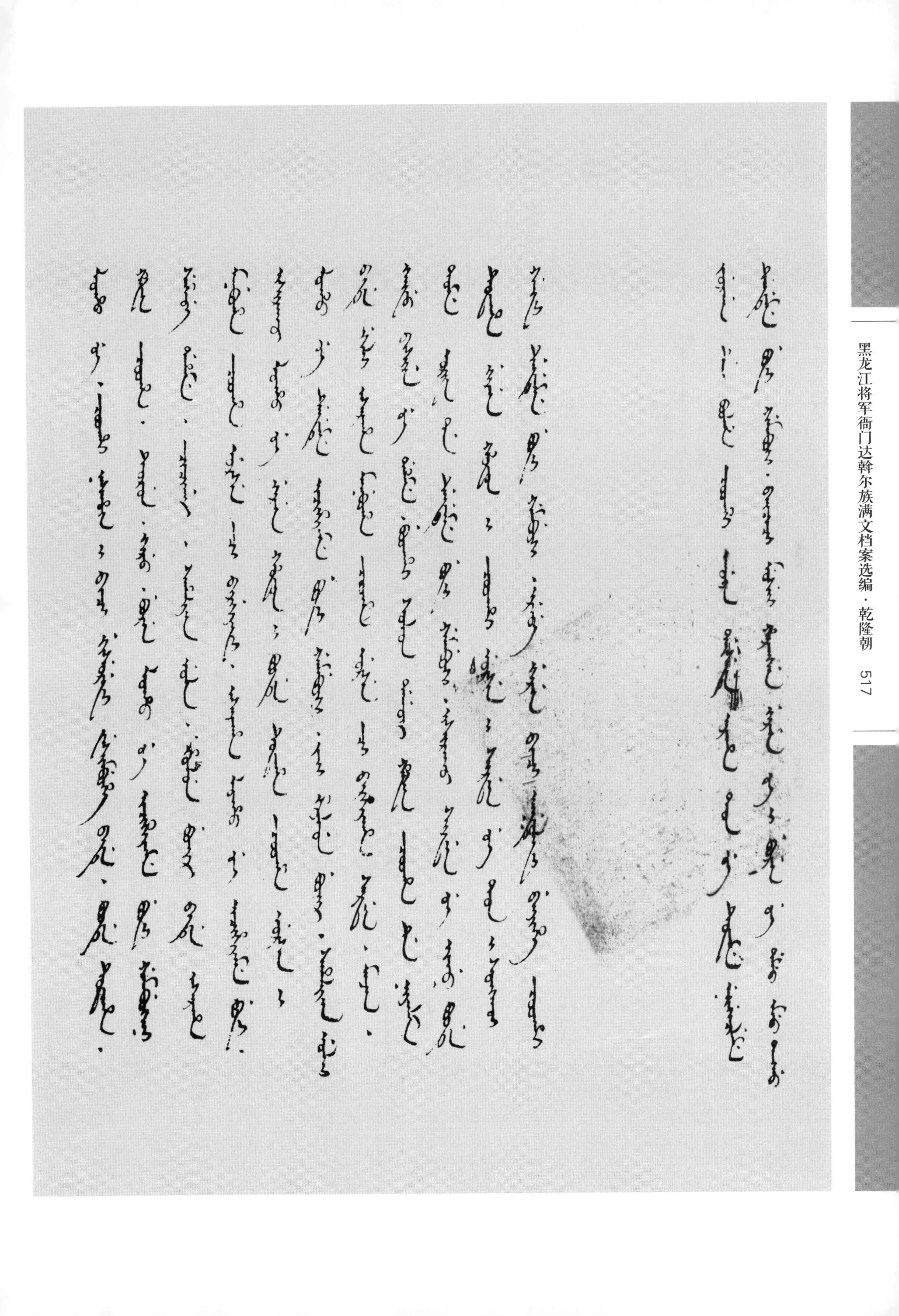

[illegible]

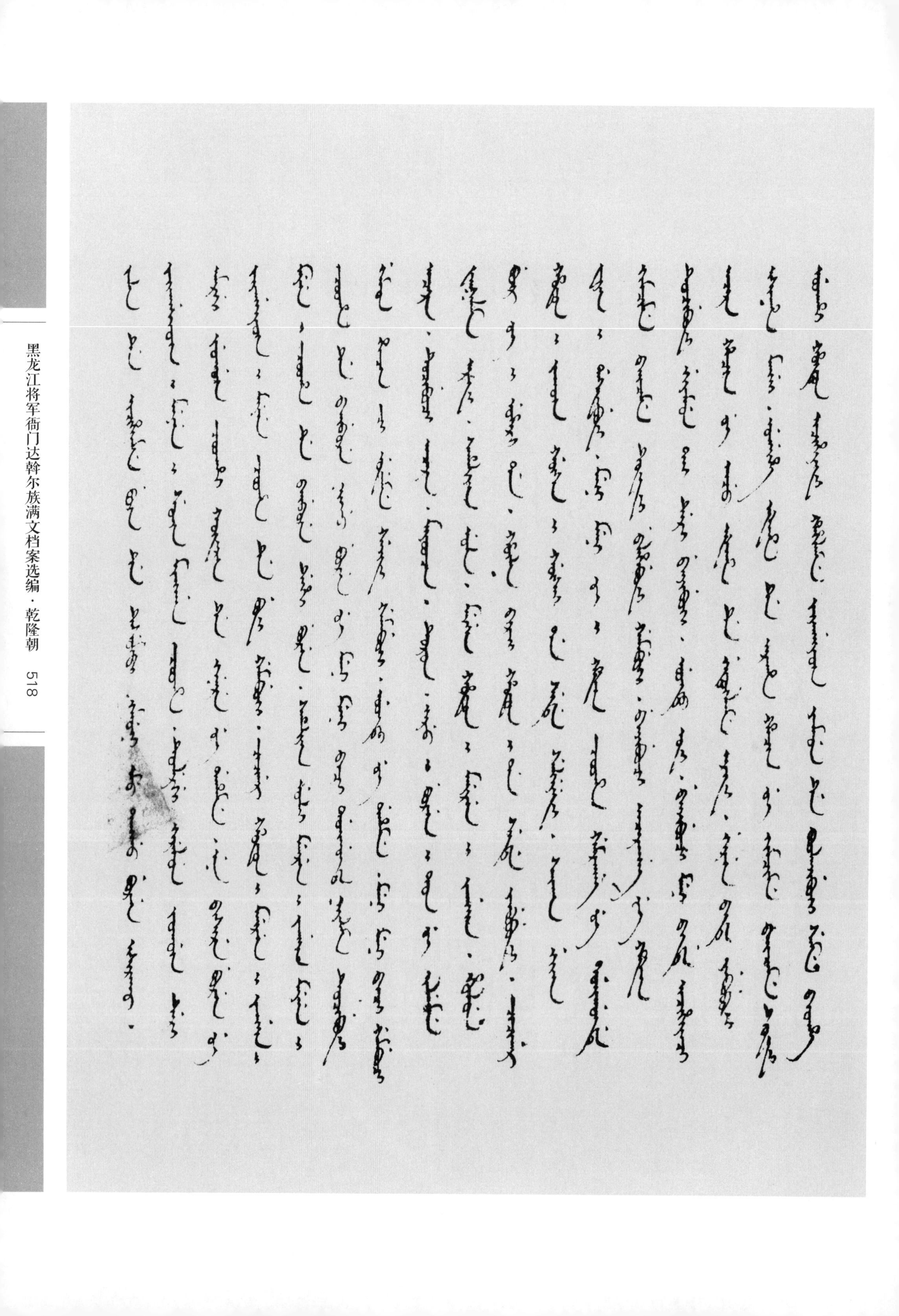

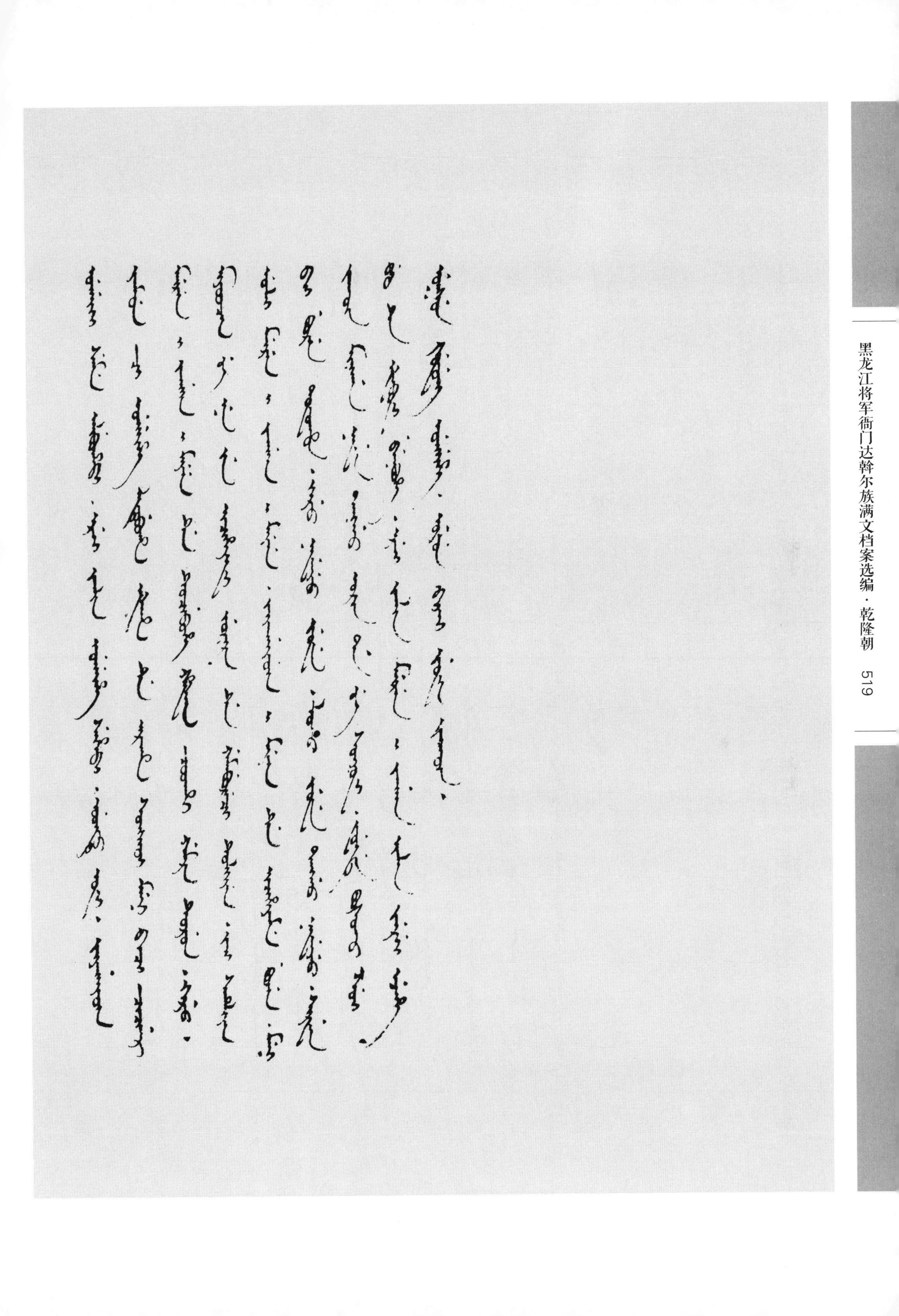

[illegible]

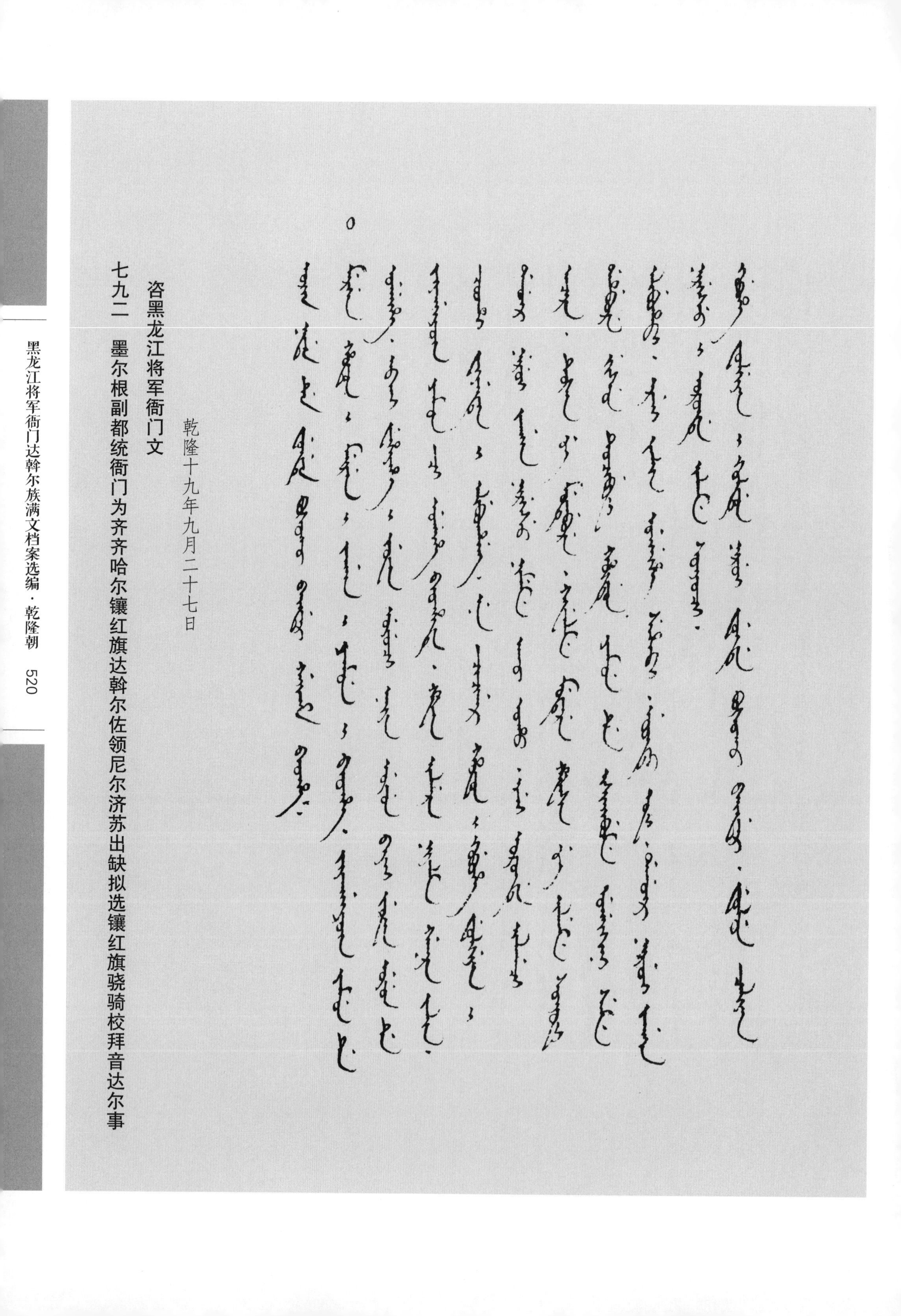

七九二　墨尔根副都统衙门为齐齐哈尔镶红旗达斡尔佐领尼尔济苏出缺拟选镶红旗骁骑校拜音达尔事咨黑龙江将军衙门文

乾隆十九年九月二十七日

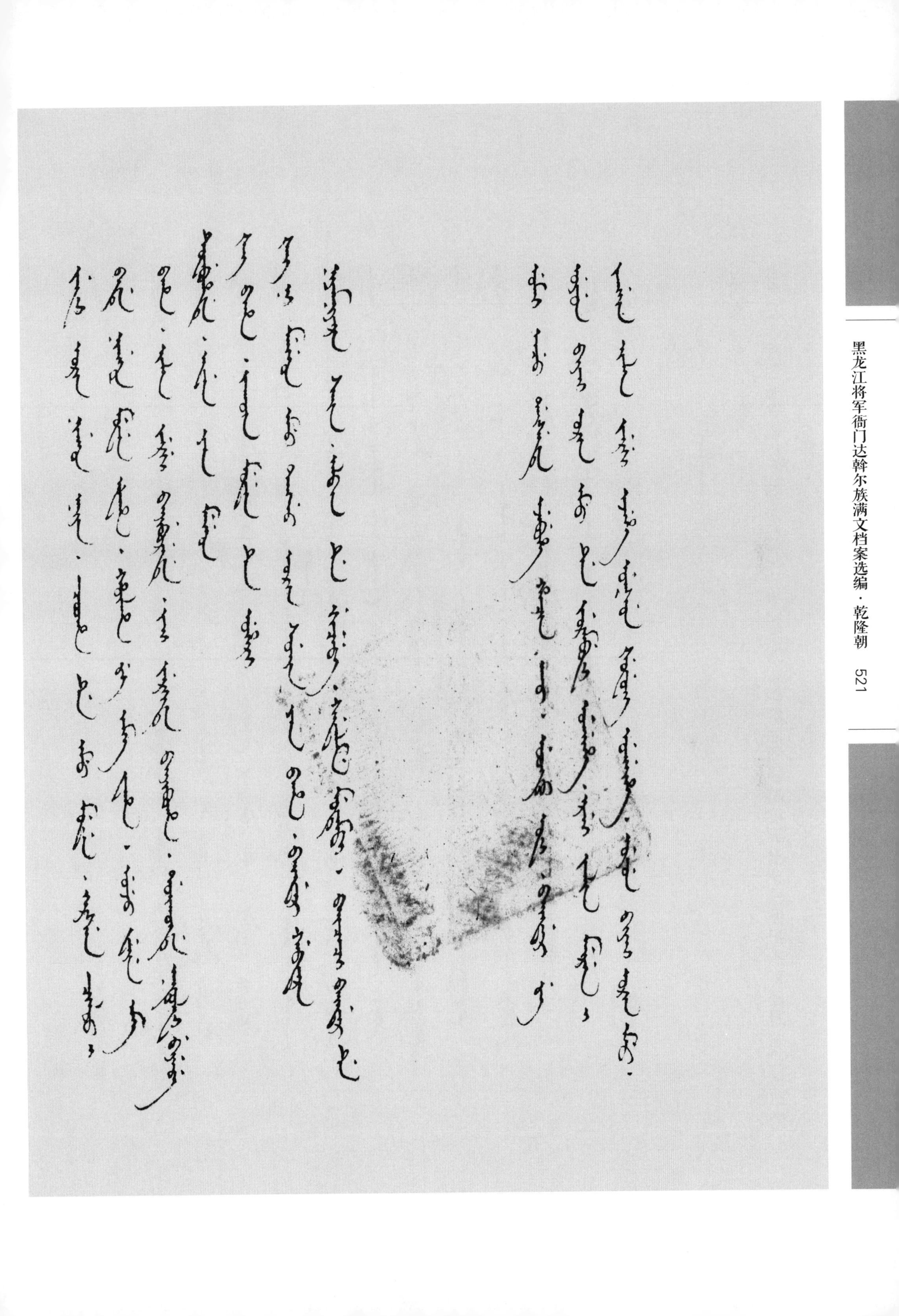

七九三　呼兰城守尉哲灵额为黑龙江各处满洲达斡尔佐领骁骑校等出缺拣员报送事呈黑龙江将军衙门文

乾隆十九年九月二十七日

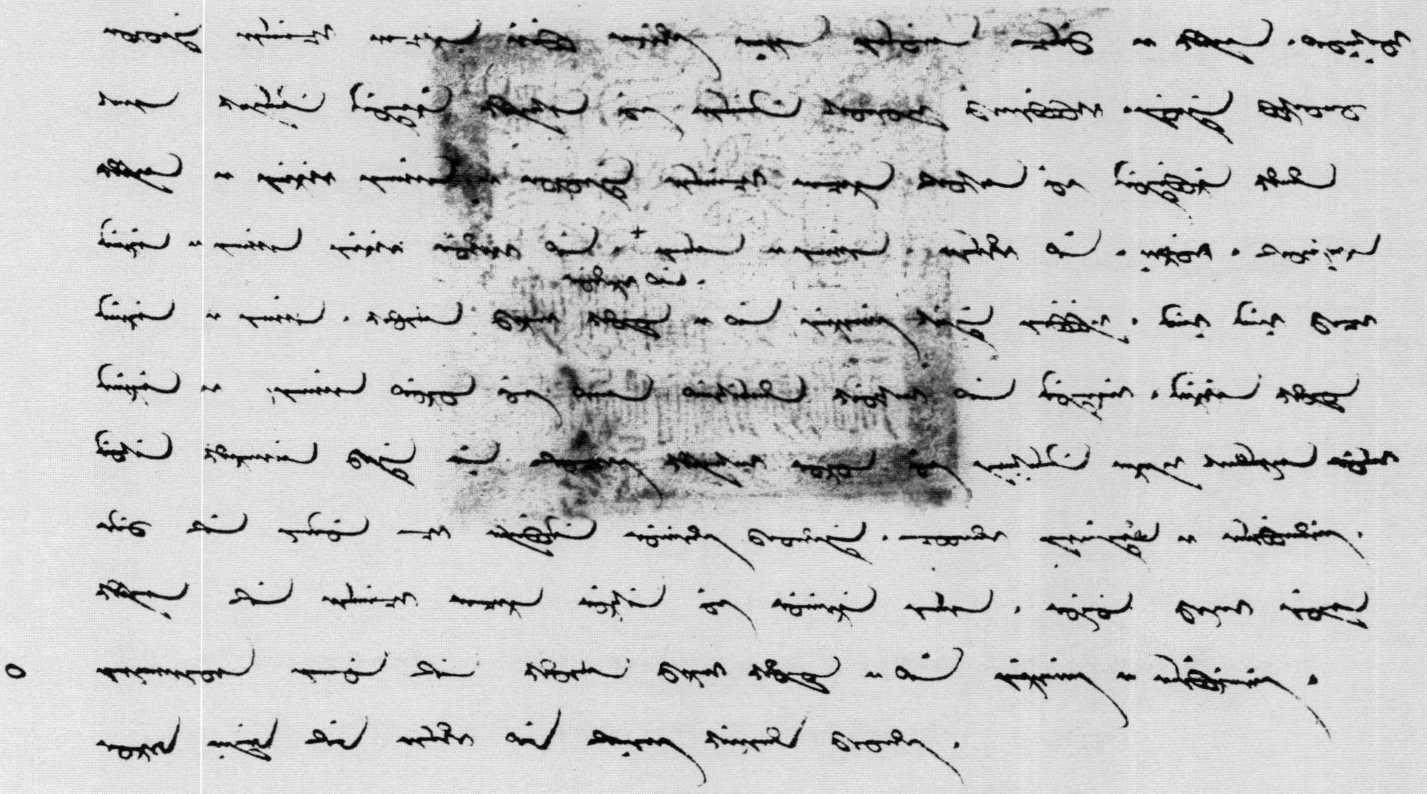

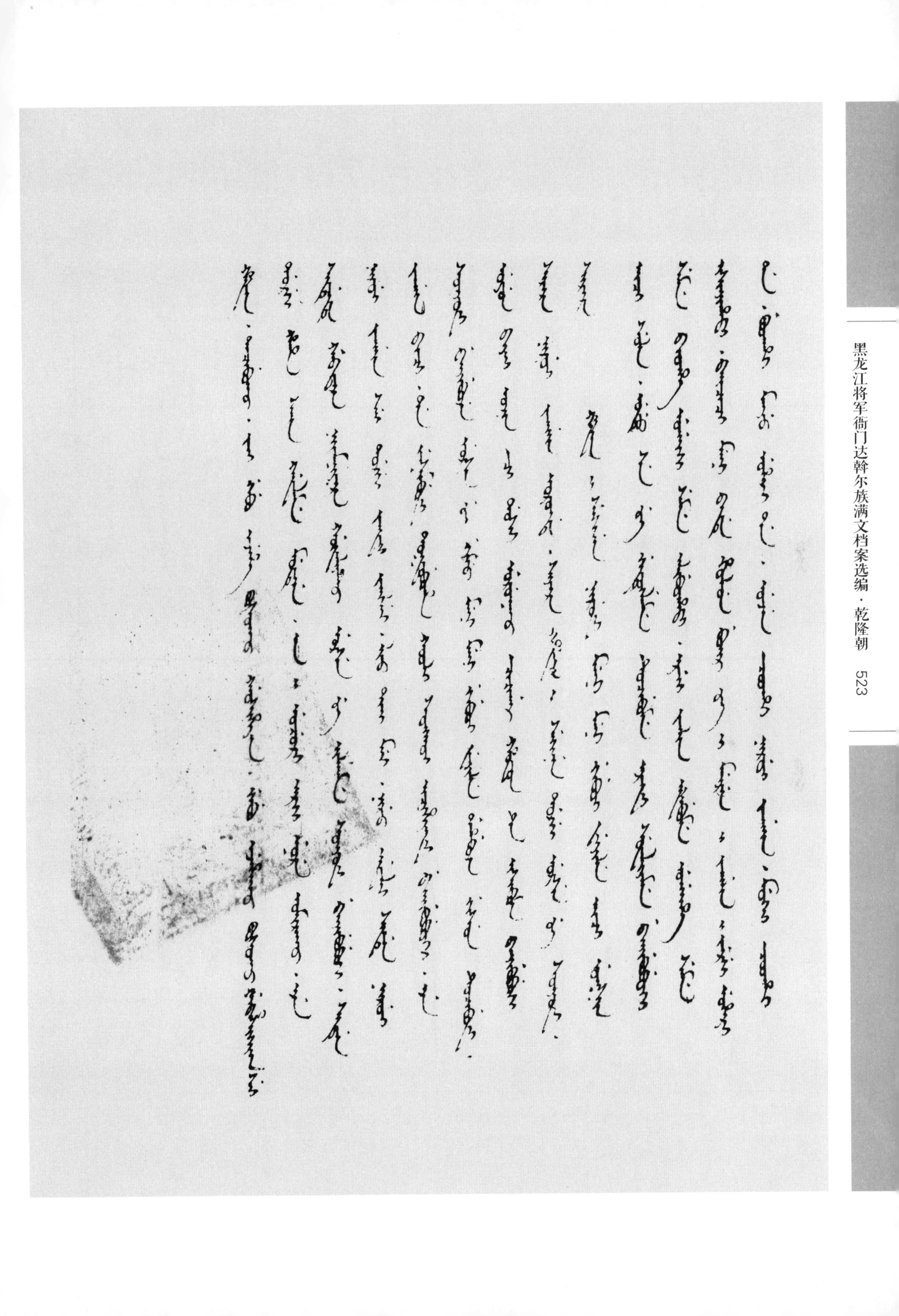

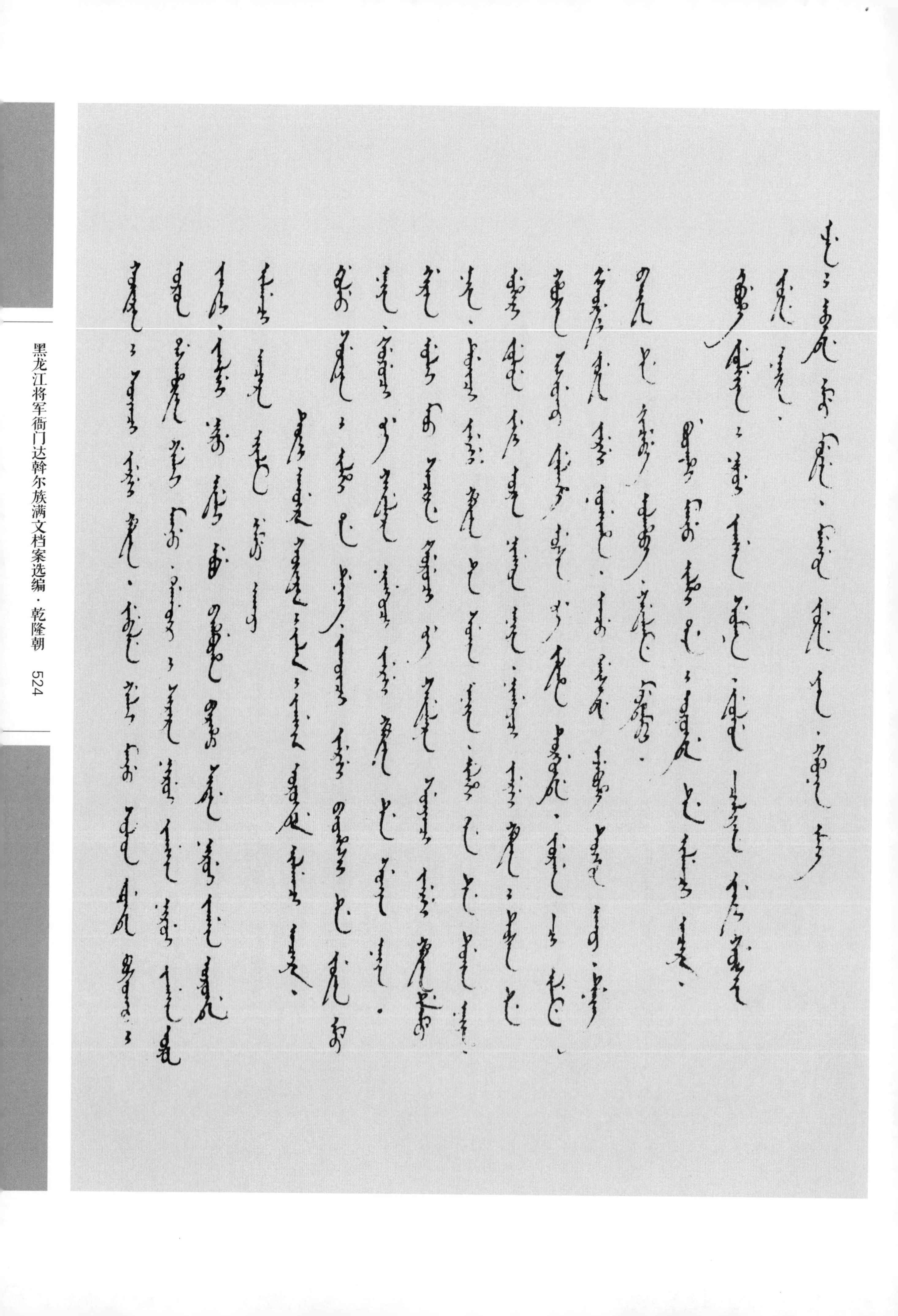

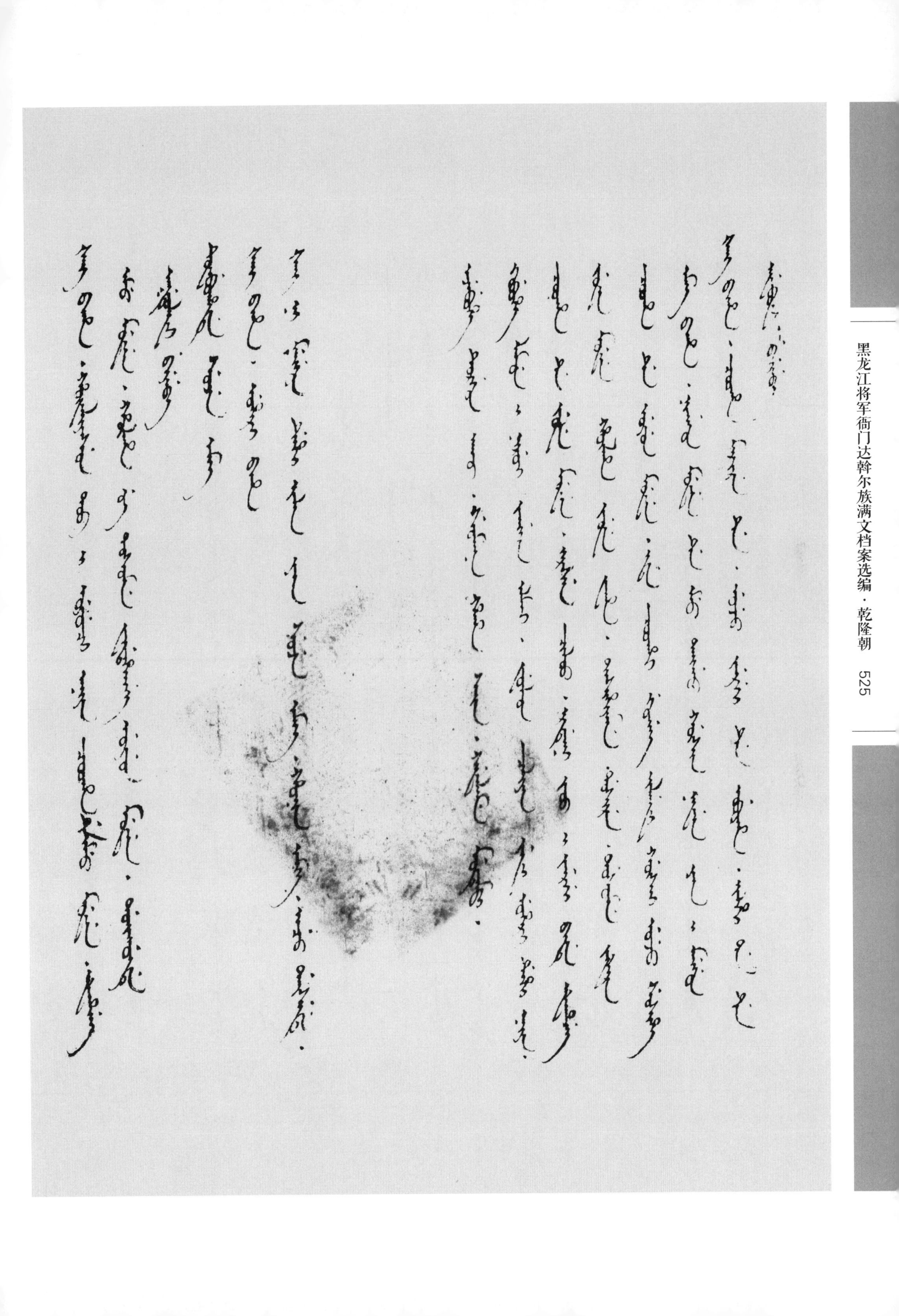

[illegible]

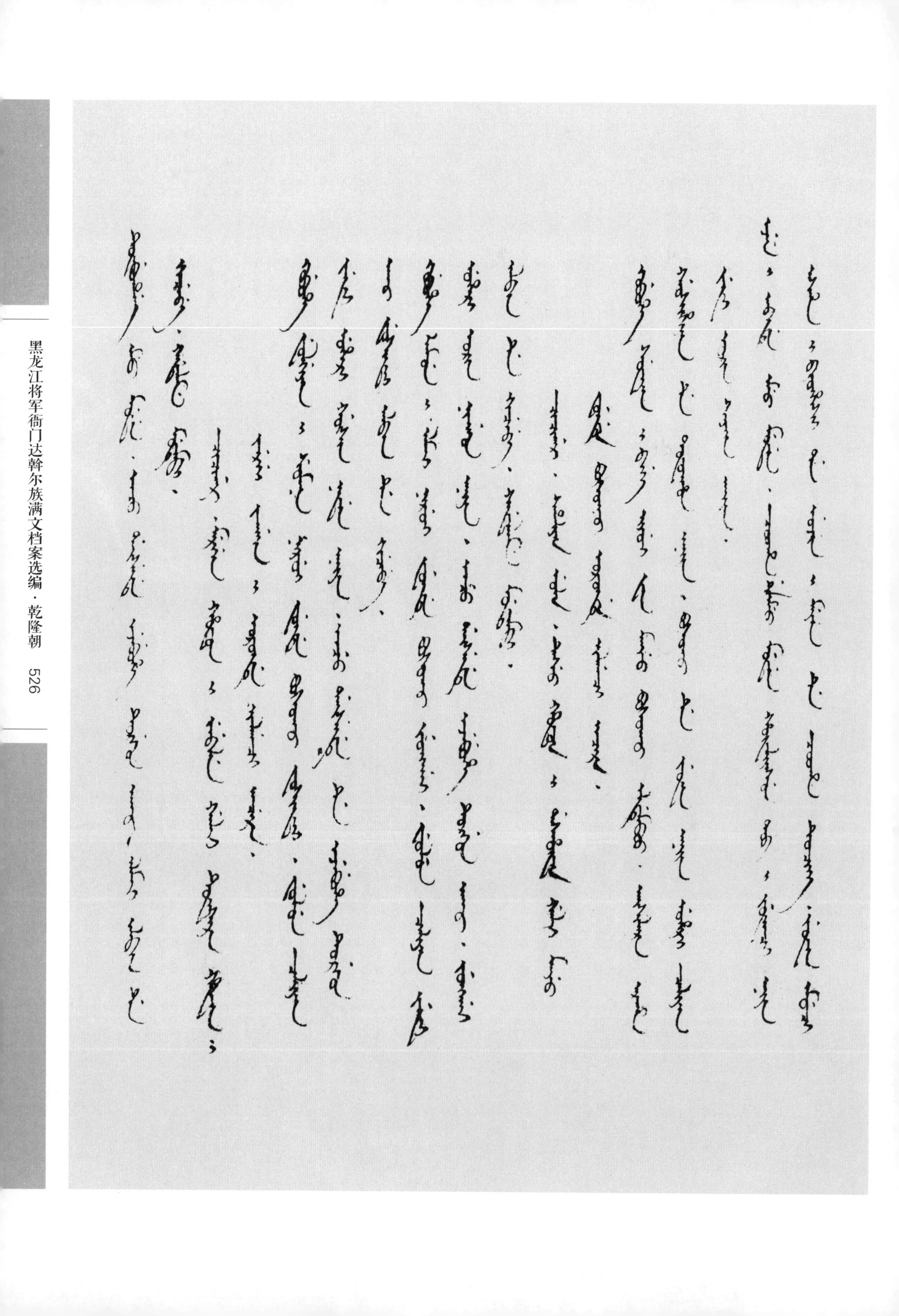

[illegible]

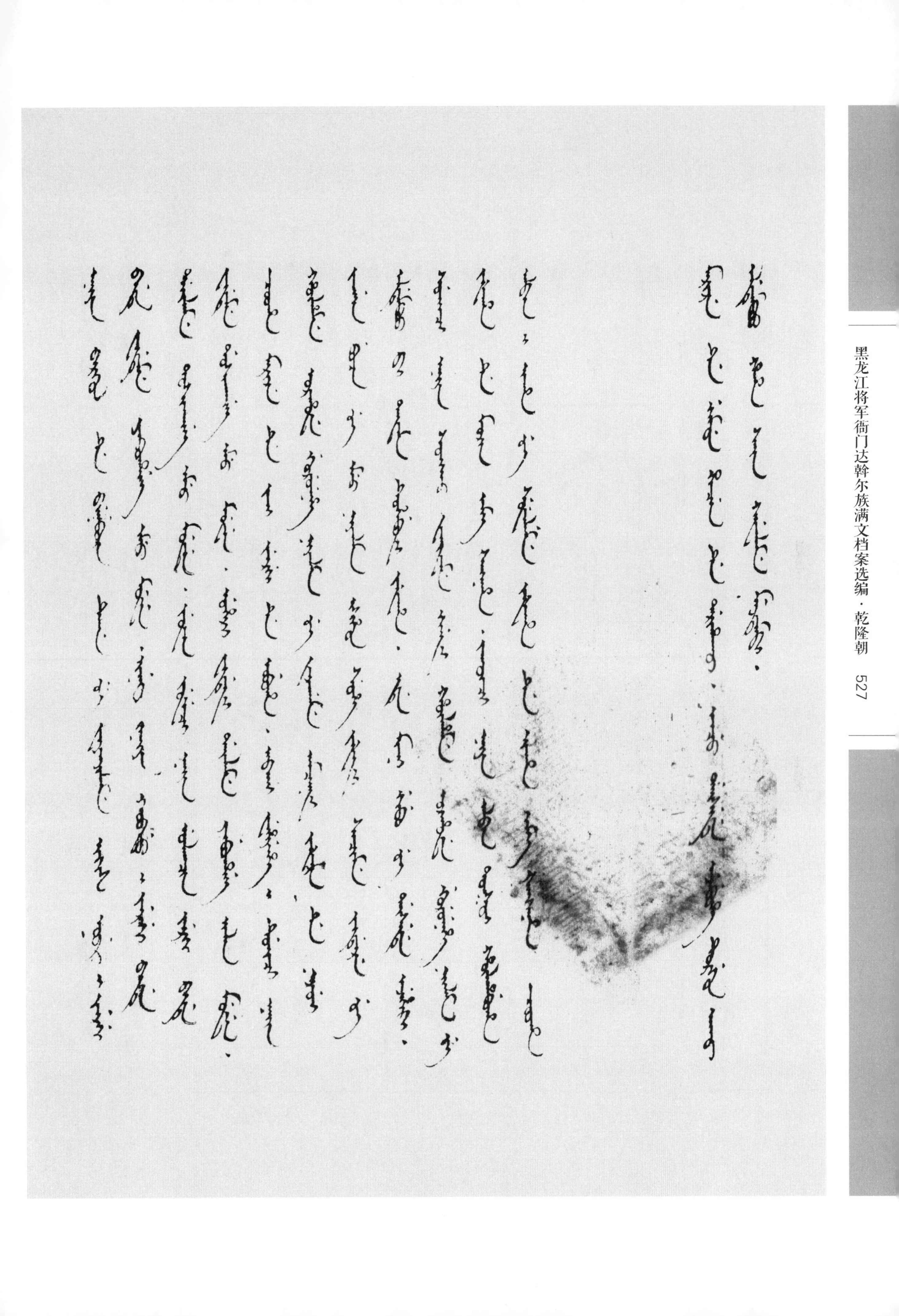

[illegible]

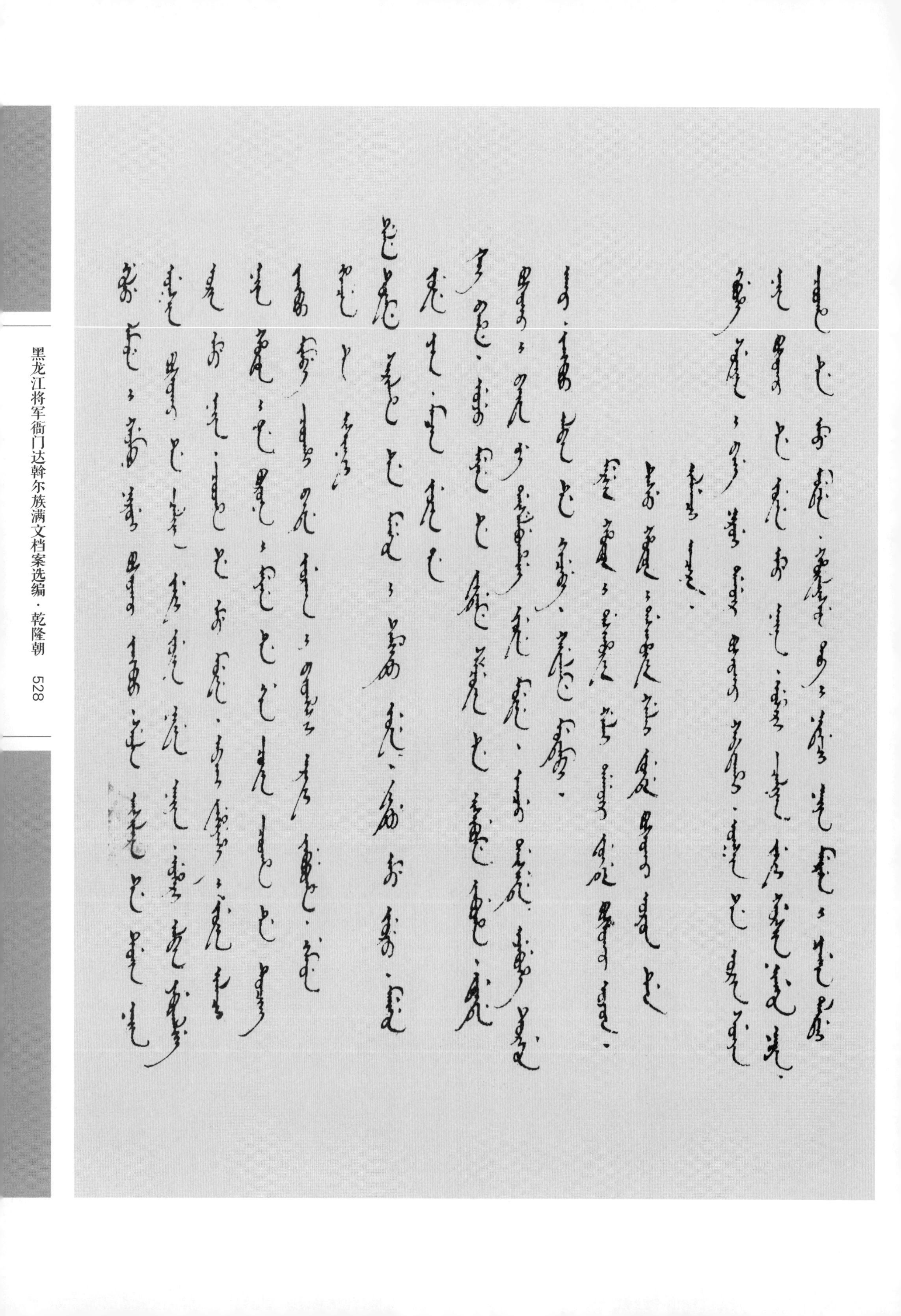

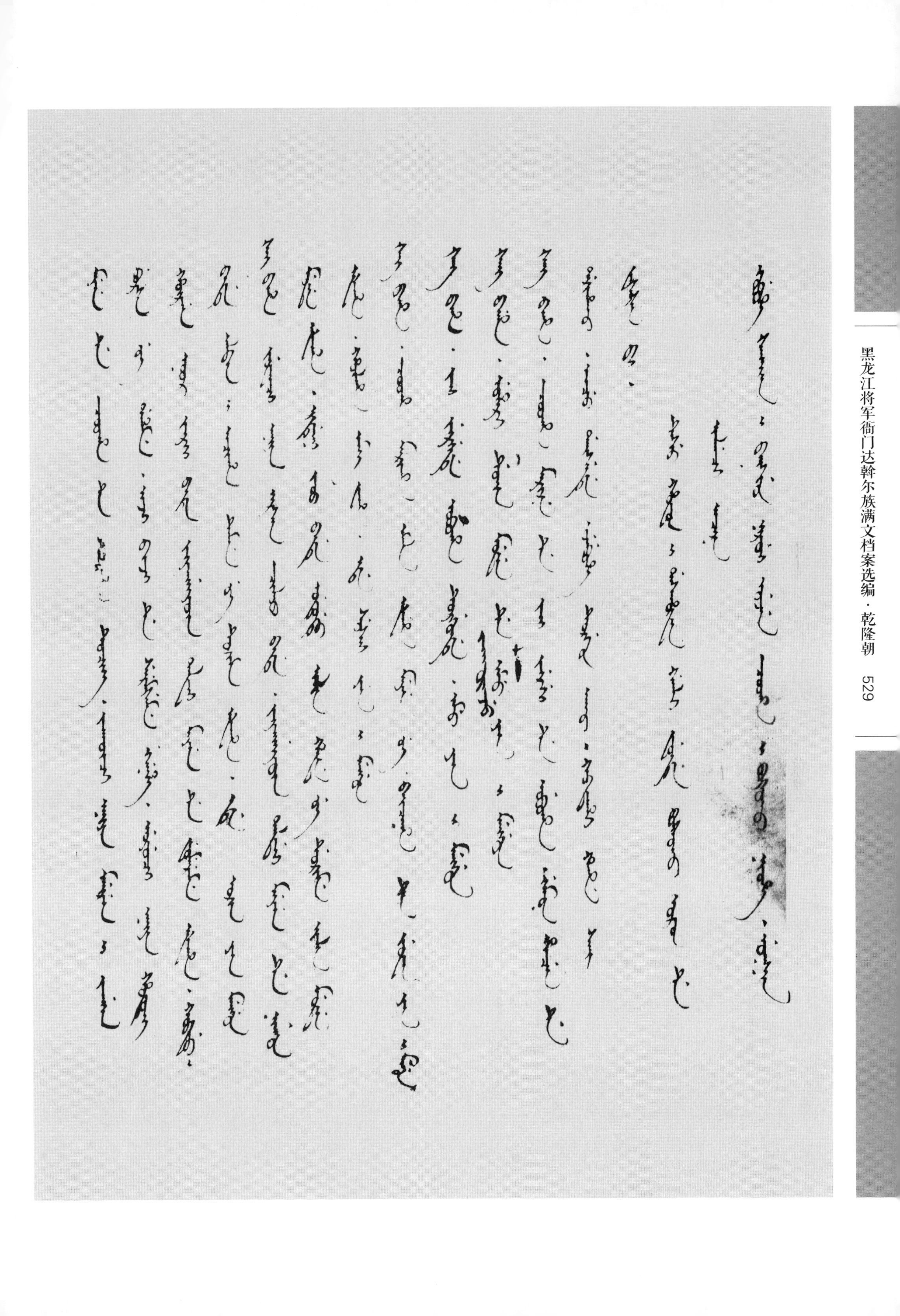

[illegible]

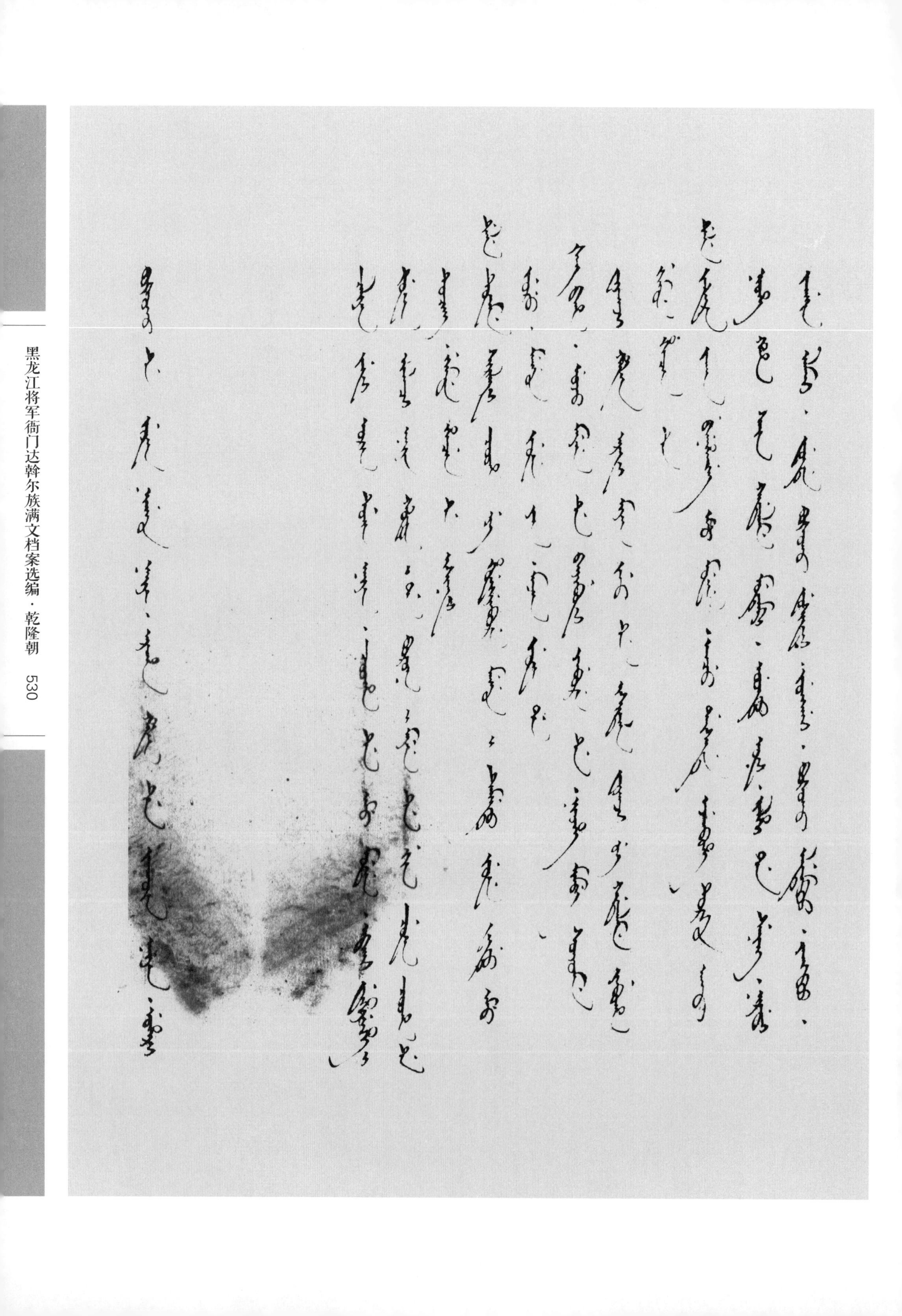

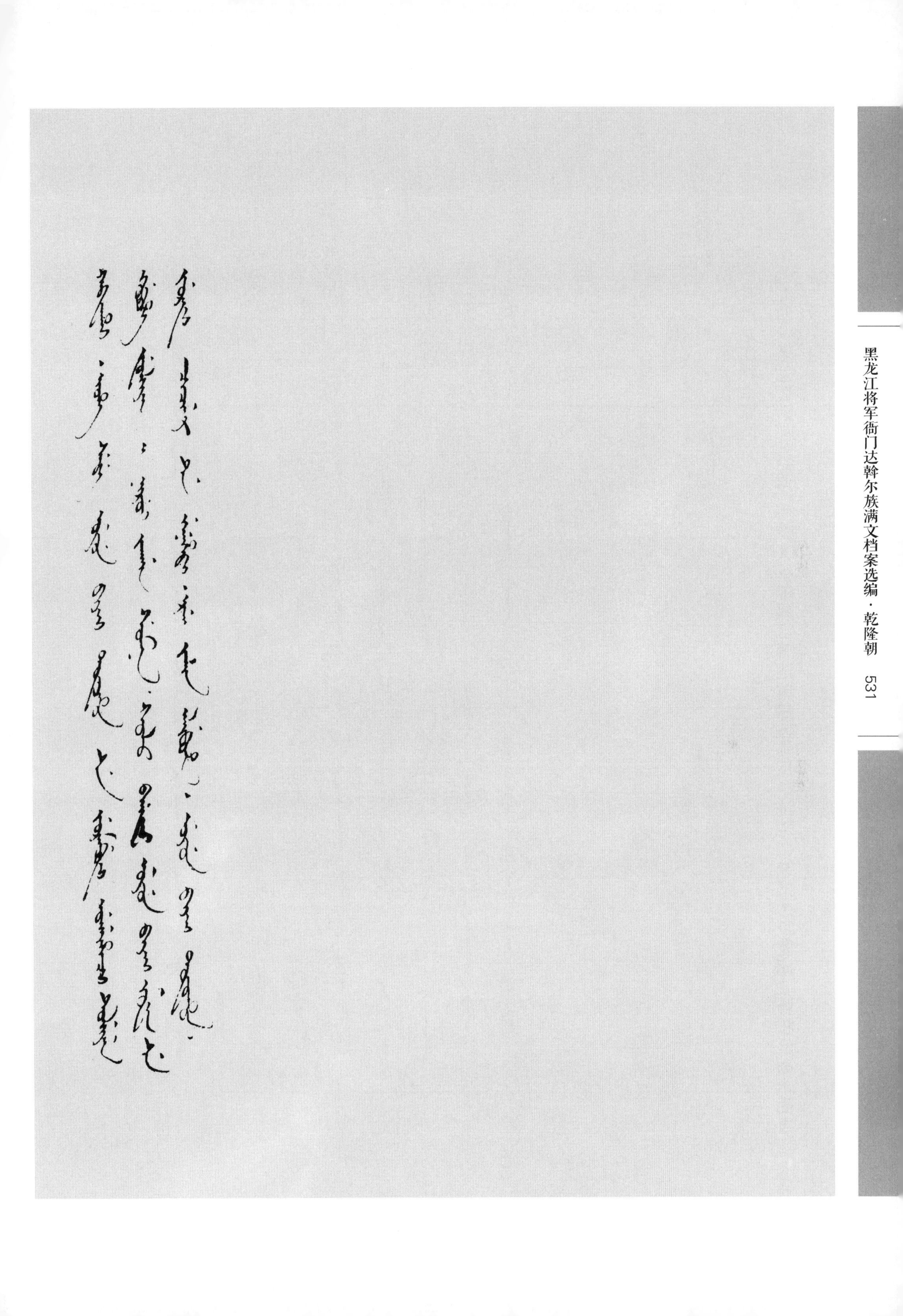

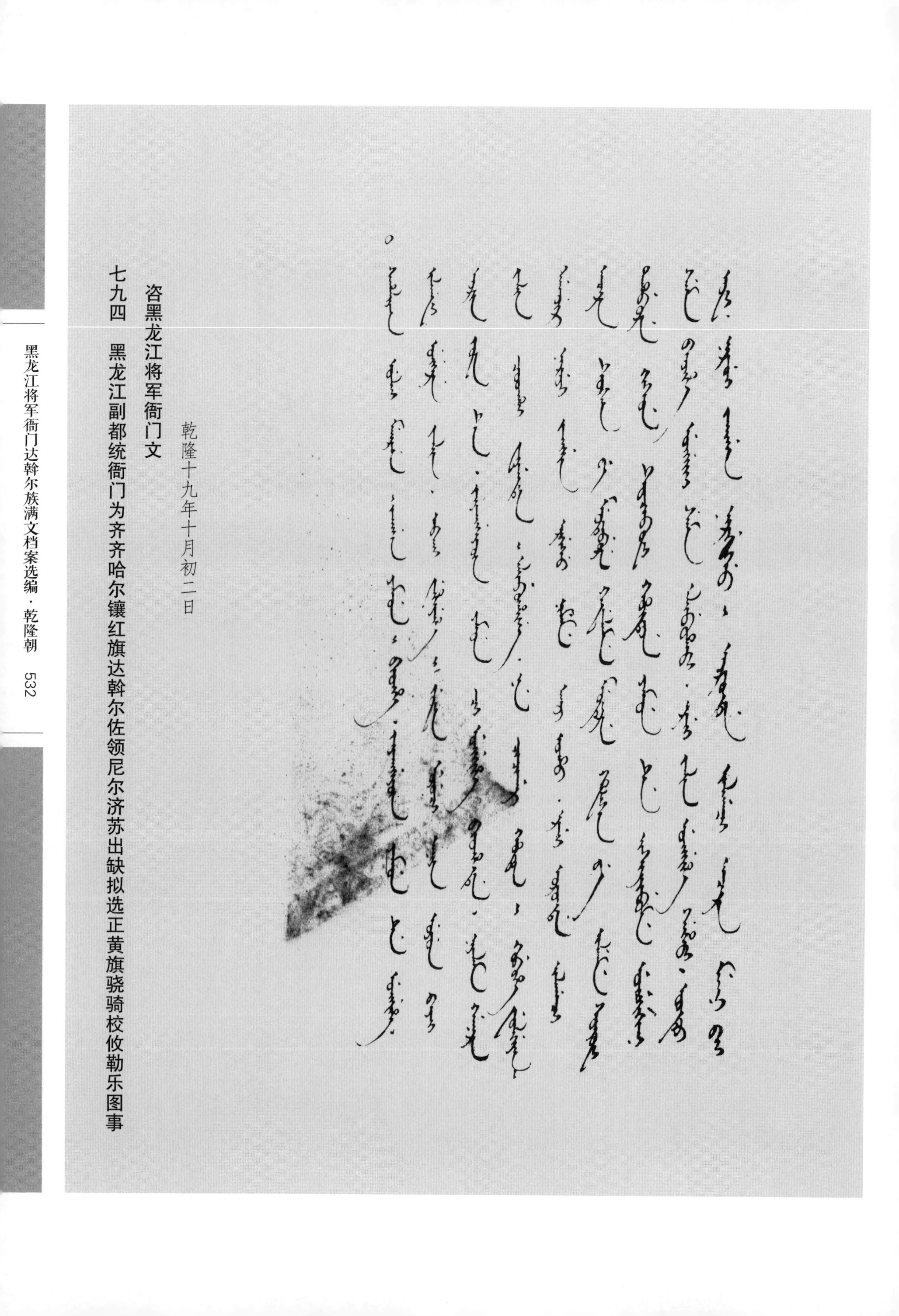

七九四　黑龙江副都统衙门为齐齐哈尔镶红旗达斡尔佐领尼尔济苏出缺拟选正黄旗骁骑校攸勒乐图事咨黑龙江将军衙门文

乾隆十九年十月初二日

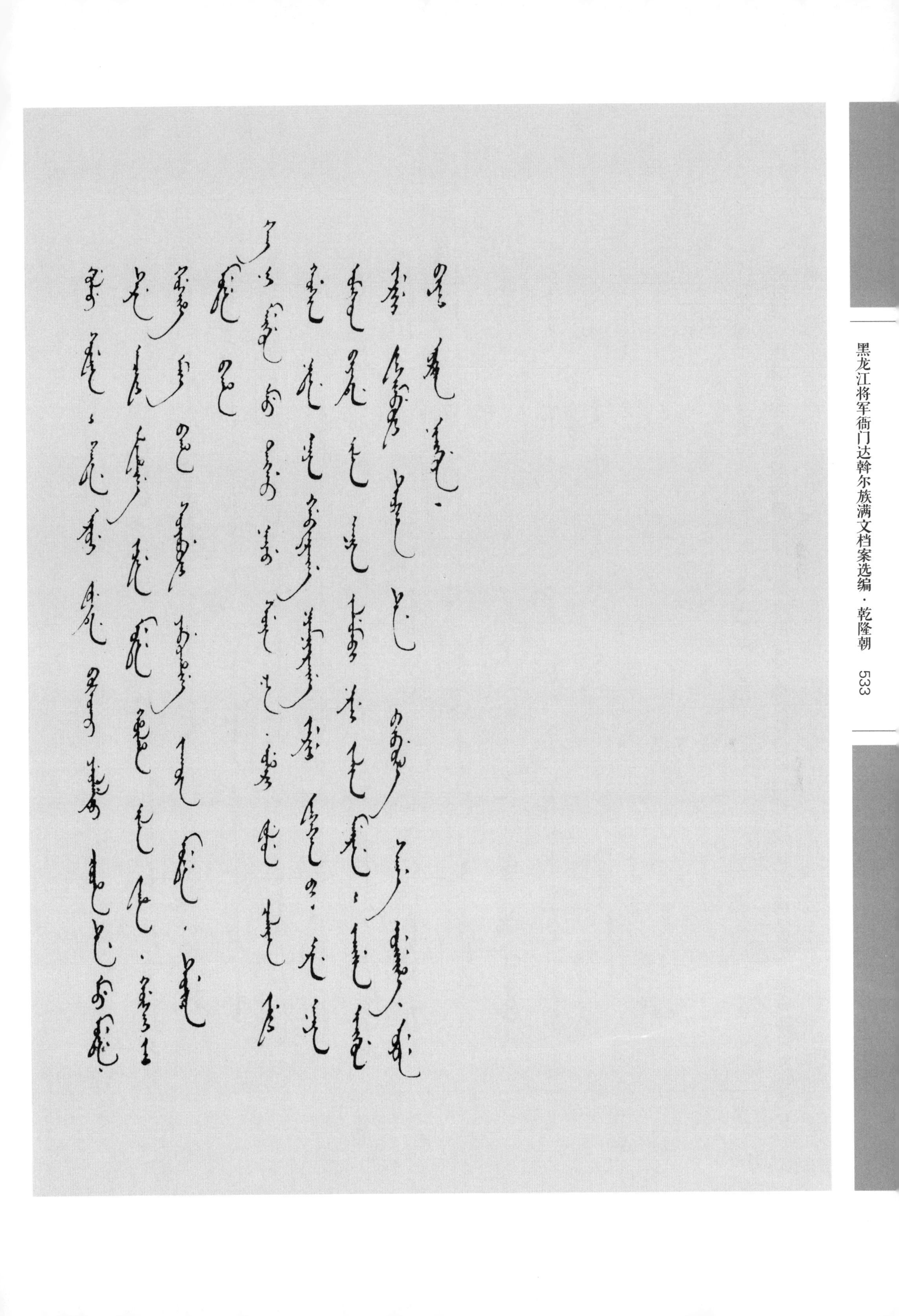

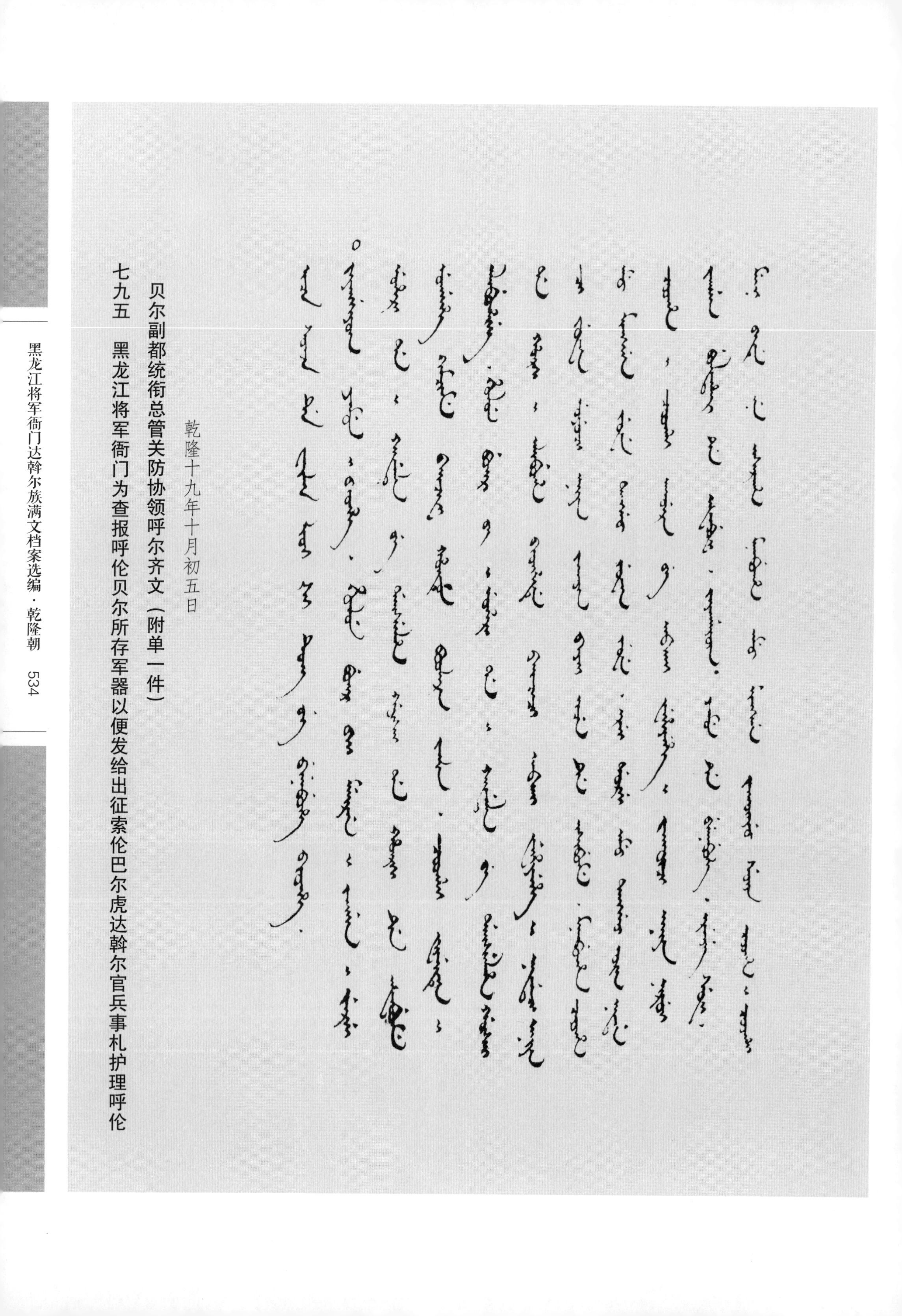

七九五 黑龙江将军衙门为查报呼伦贝尔所存军器以便发给出征索伦巴尔虎达斡尔官兵事札护理呼伦贝尔副都统衔总管关防协领呼尔齐文（附单一件）

乾隆十九年十月初五日

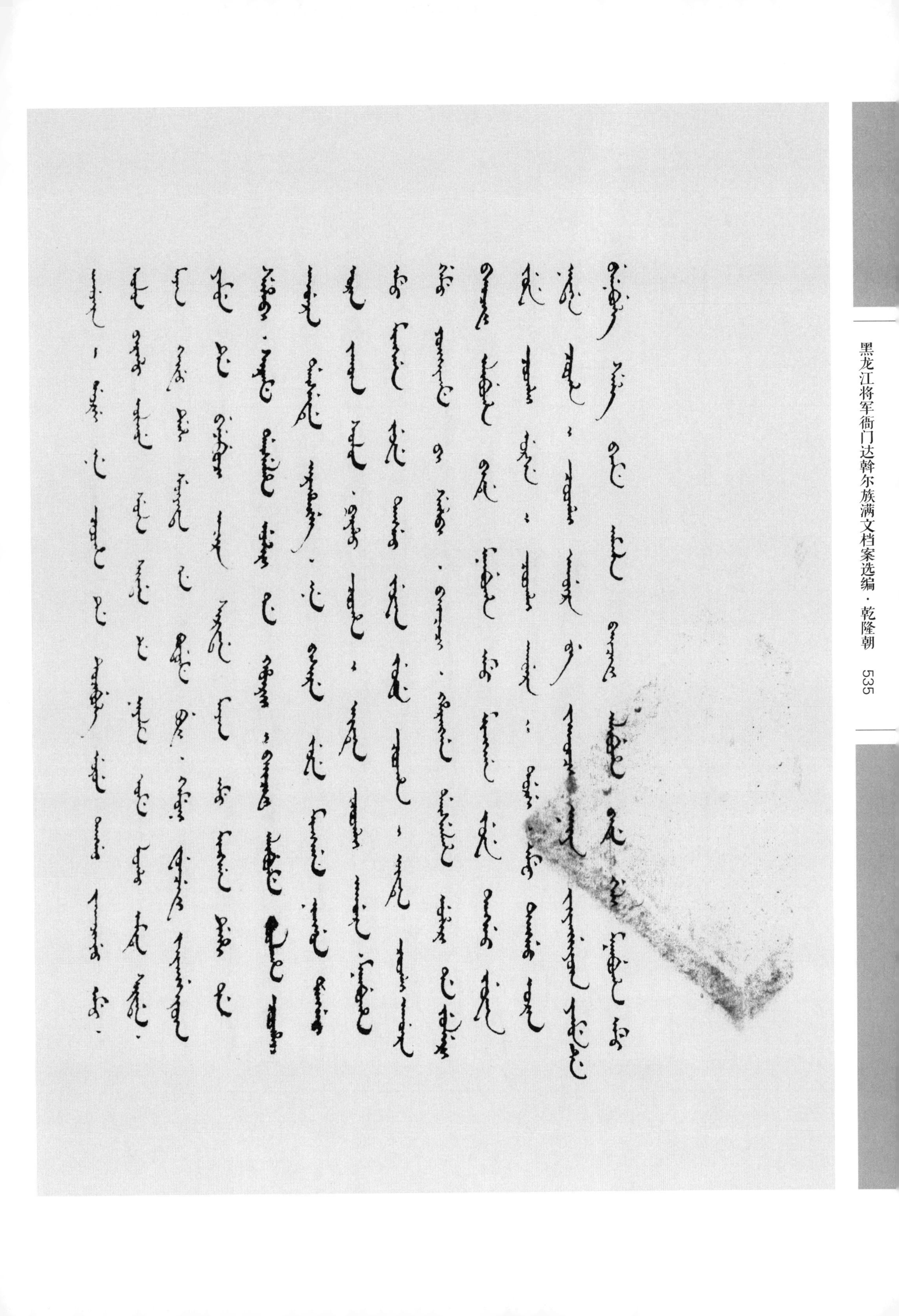

[illegible]

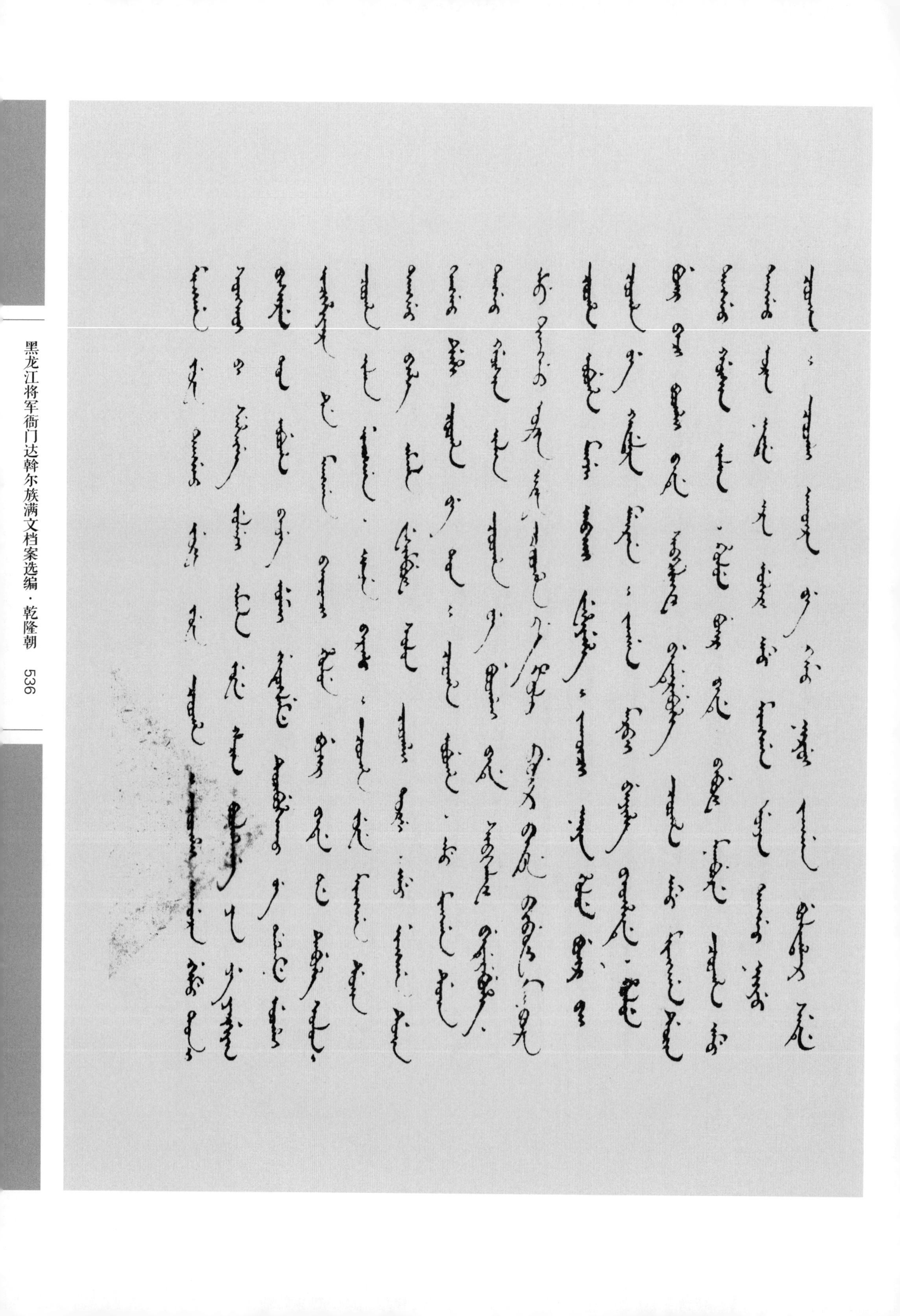

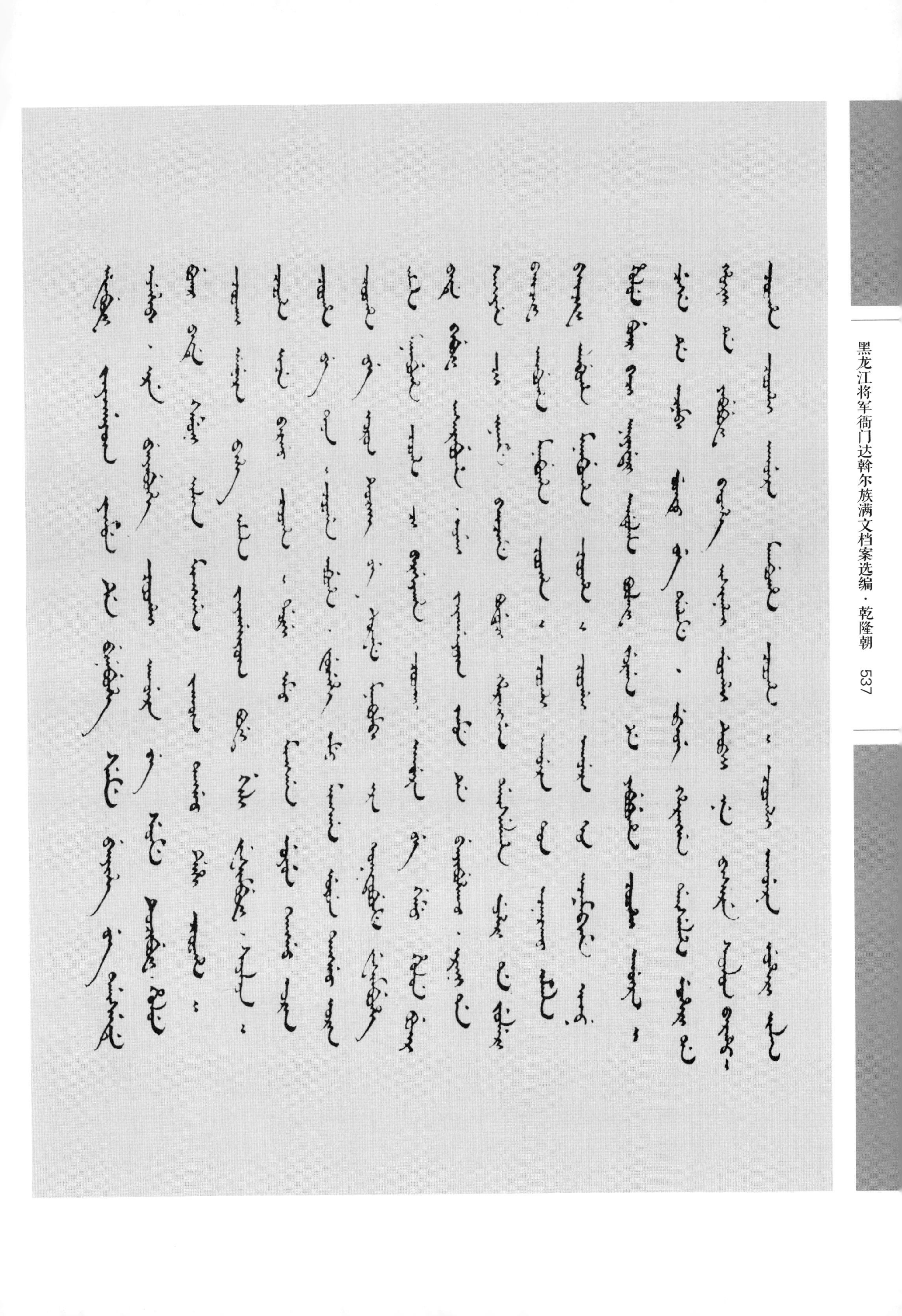

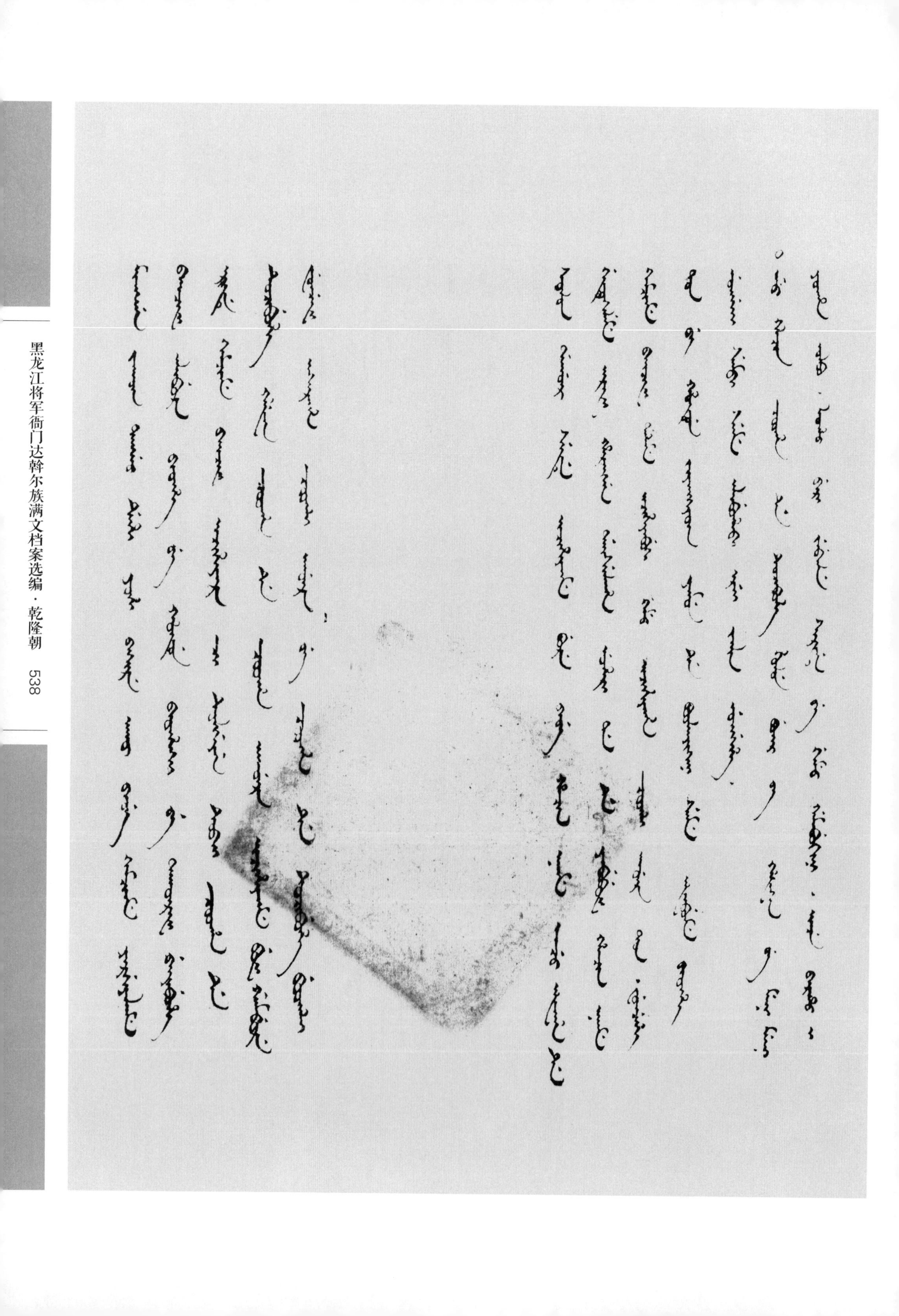

[illegible]

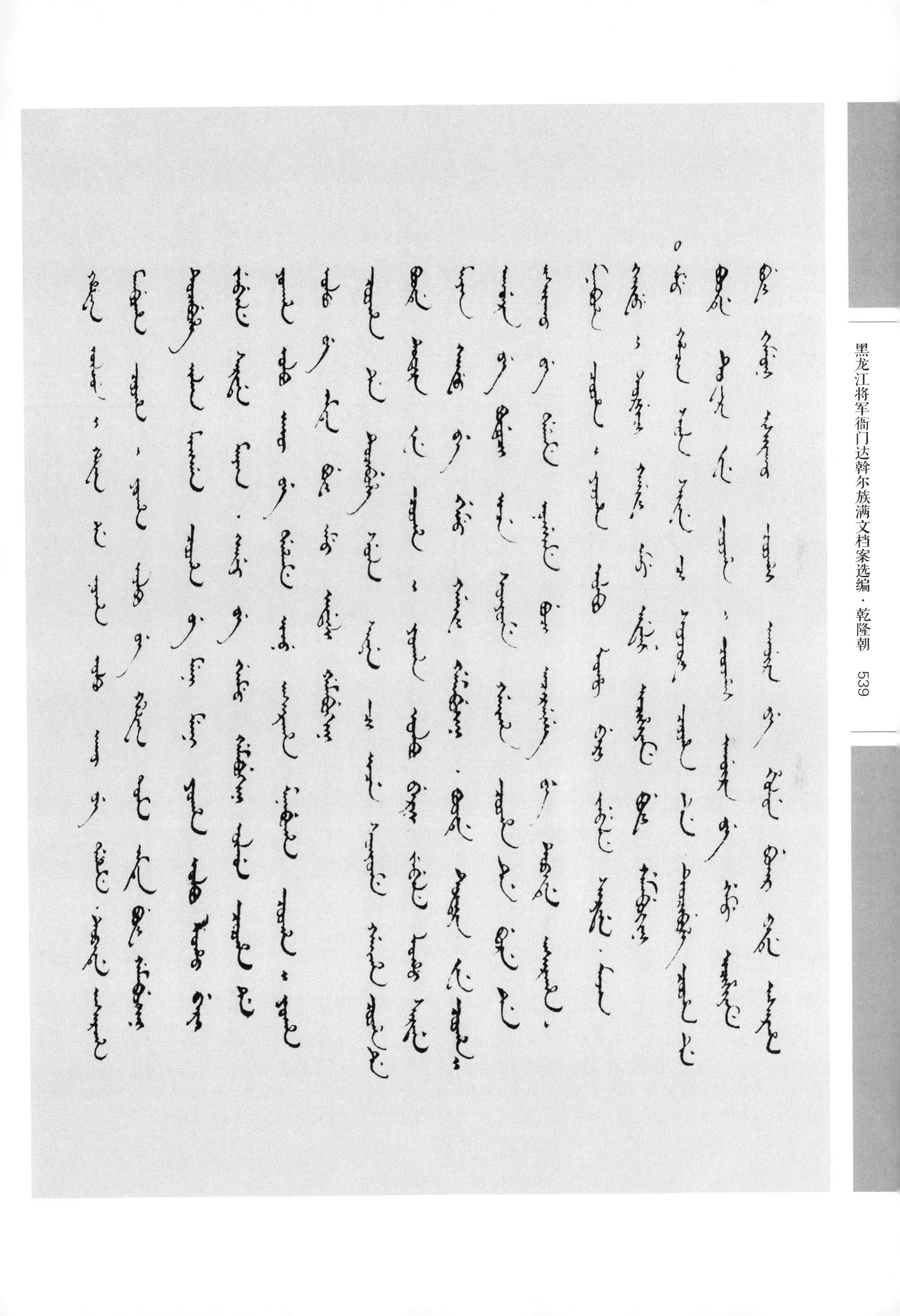

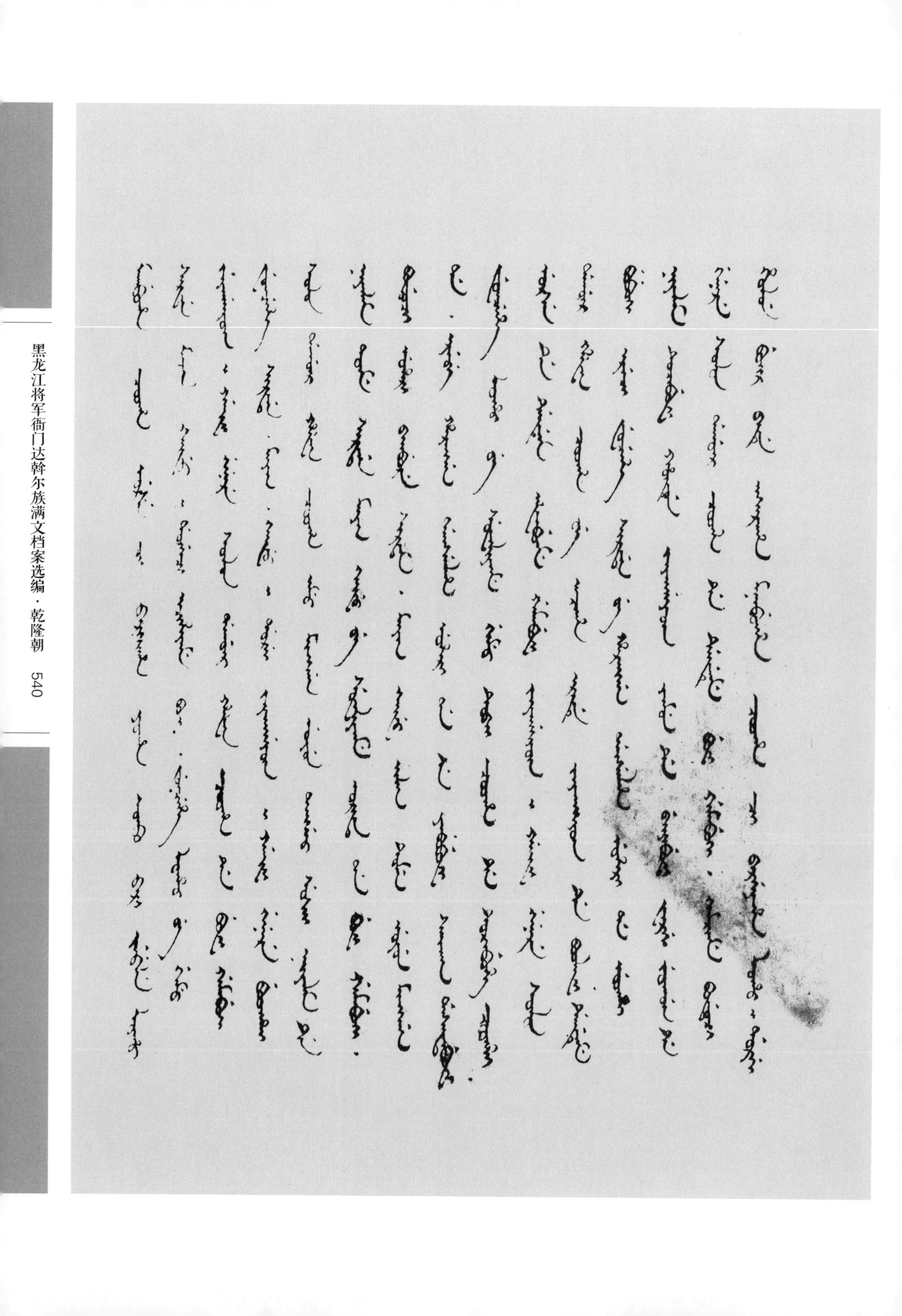

[illegible]

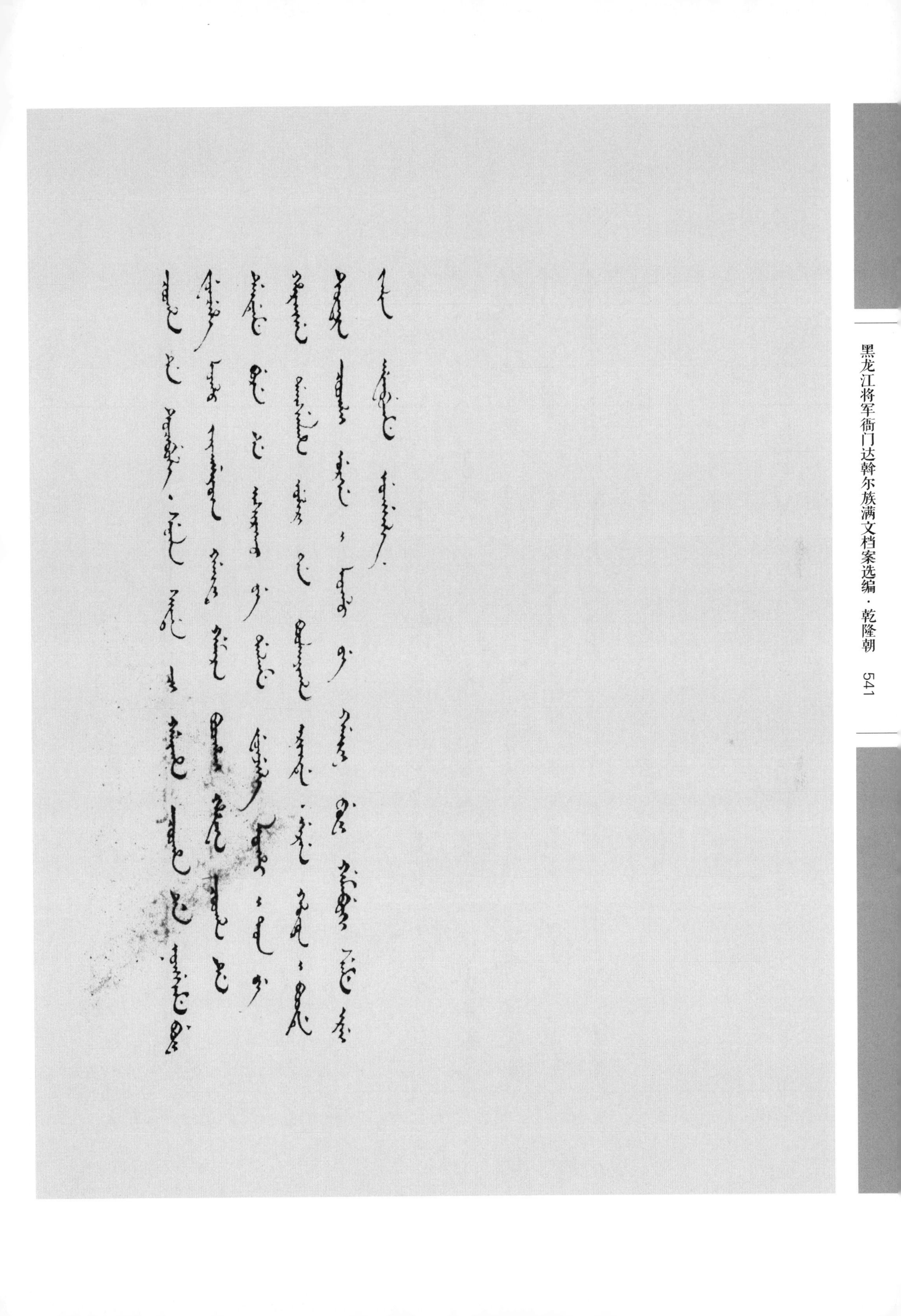

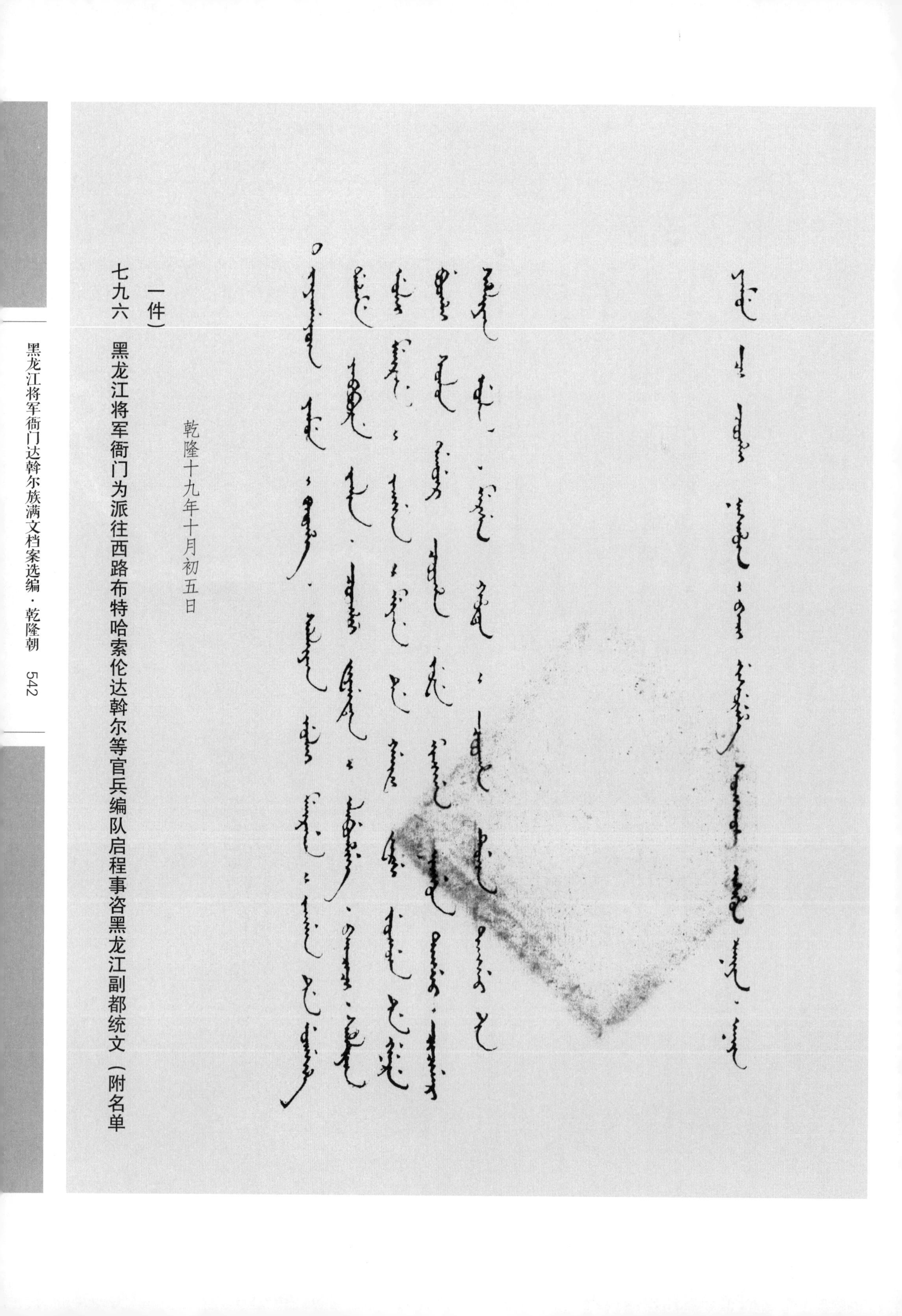

七九六　黑龙江将军衙门为派往西路布特哈索伦达斡尔等官兵编队启程事咨黑龙江副都统文（附名单一件）

乾隆十九年十月初五日

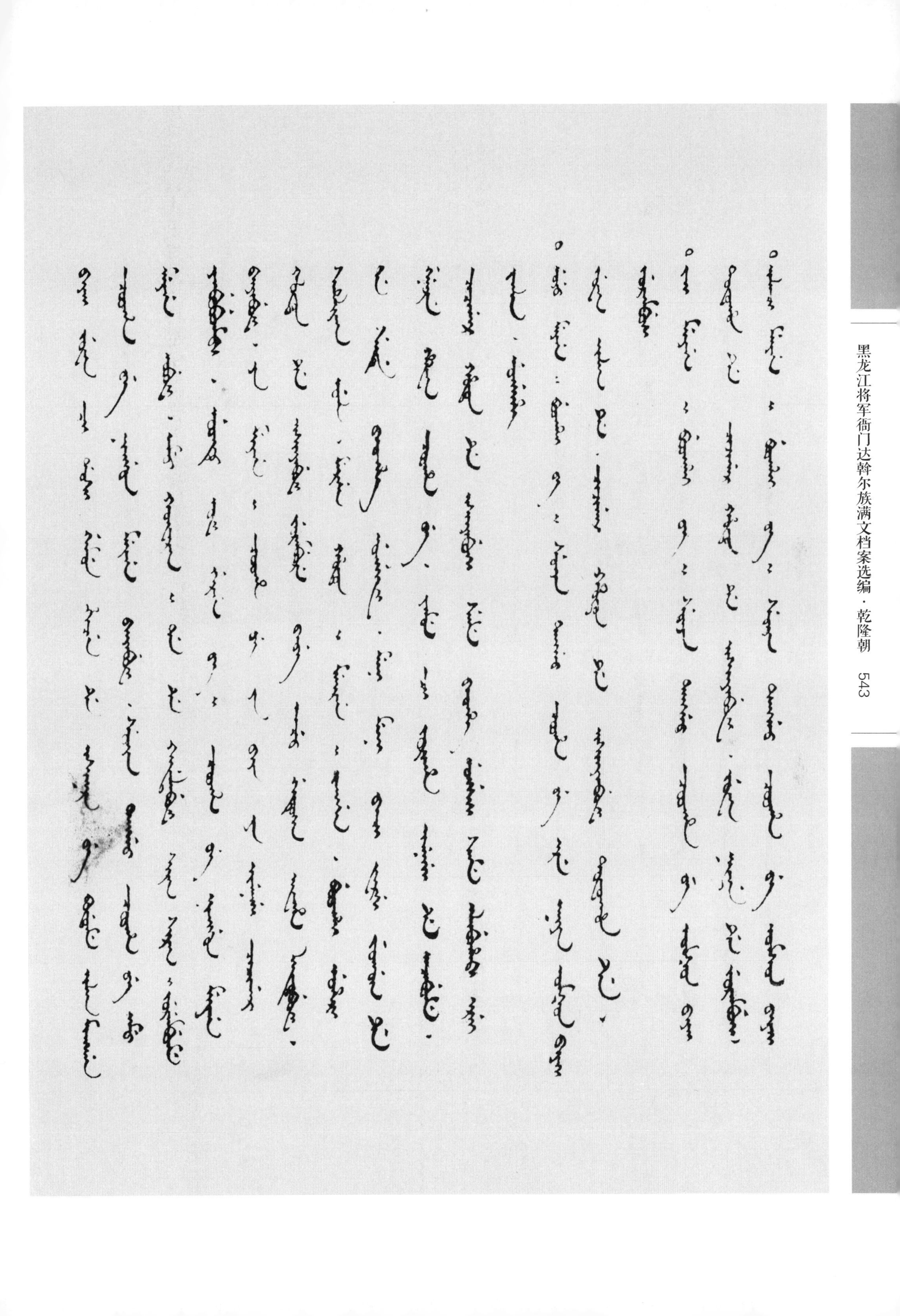

[illegible]

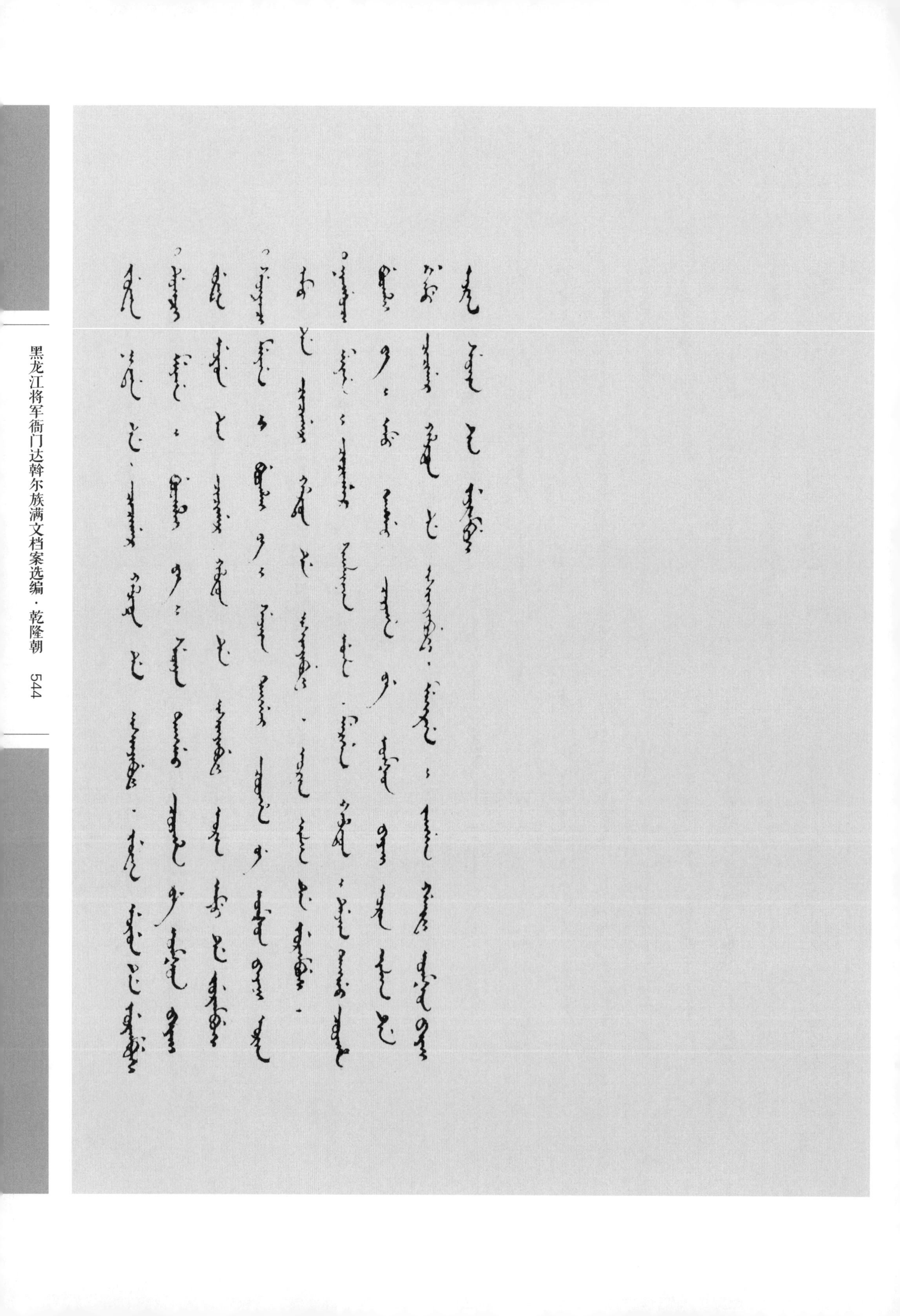

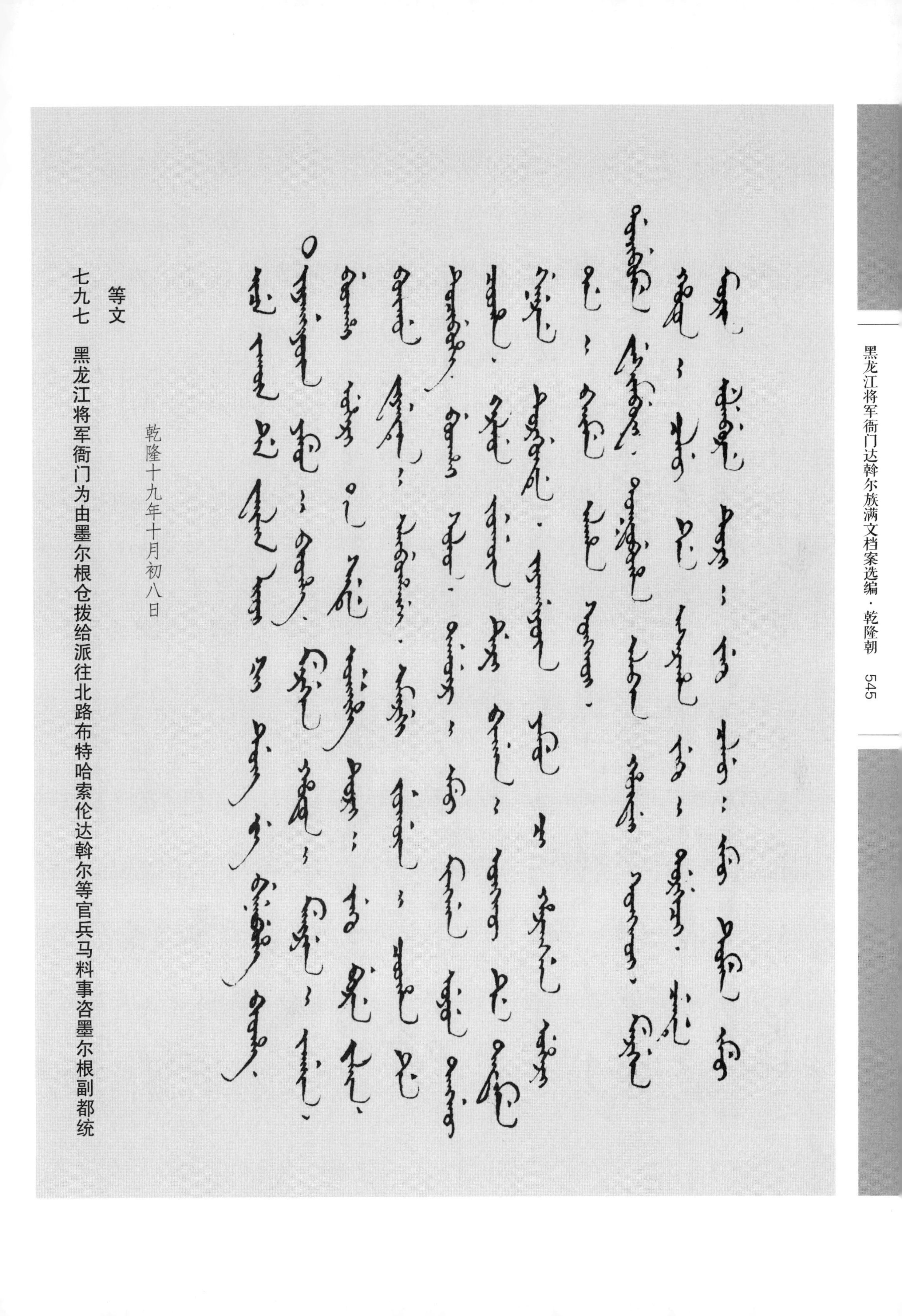

七九七 黑龙江将军衙门为由墨尔根仓拨给派往北路布特哈索伦达斡尔等官兵马料事咨墨尔根副都统等文

乾隆十九年十月初八日

[illegible]

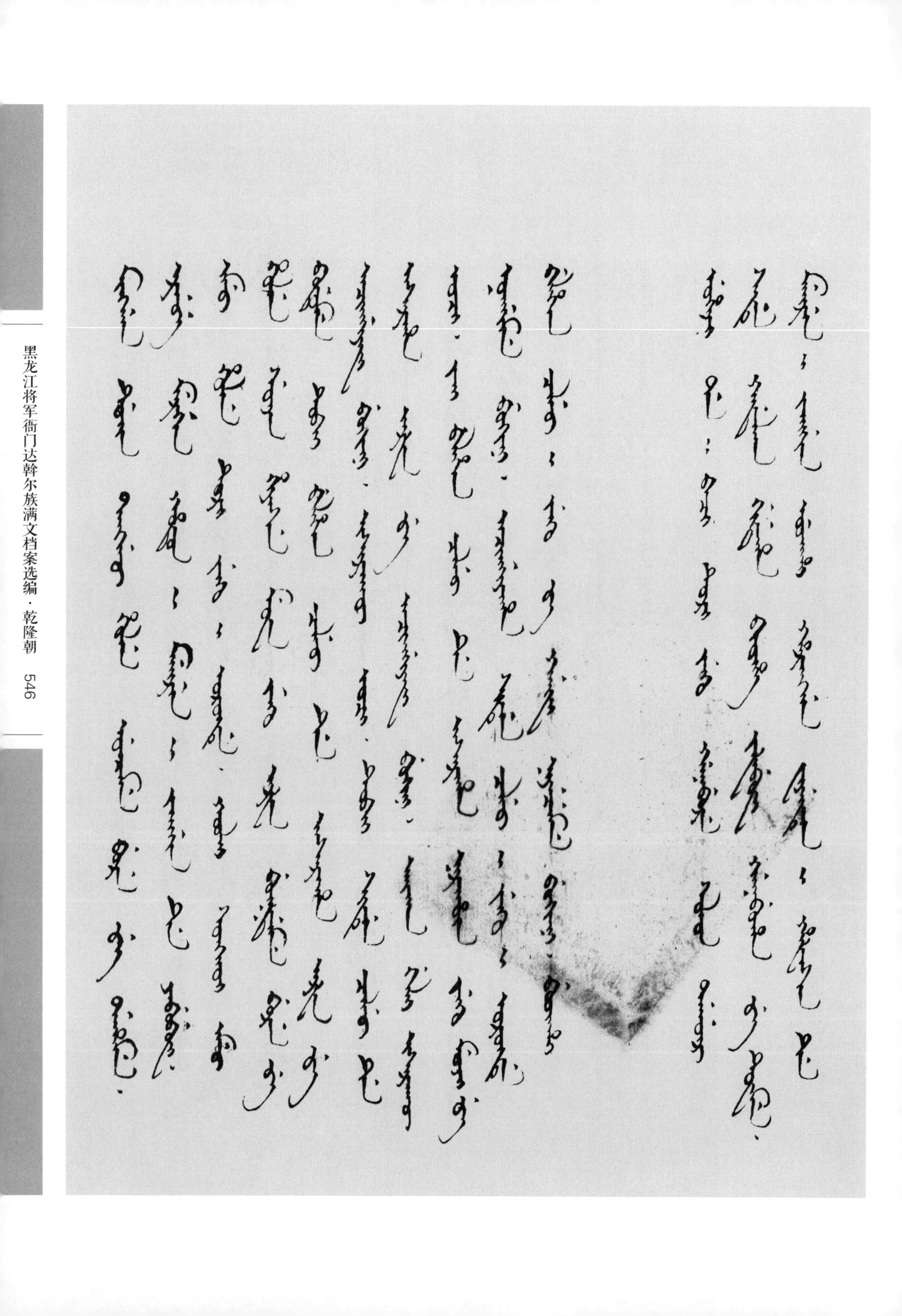

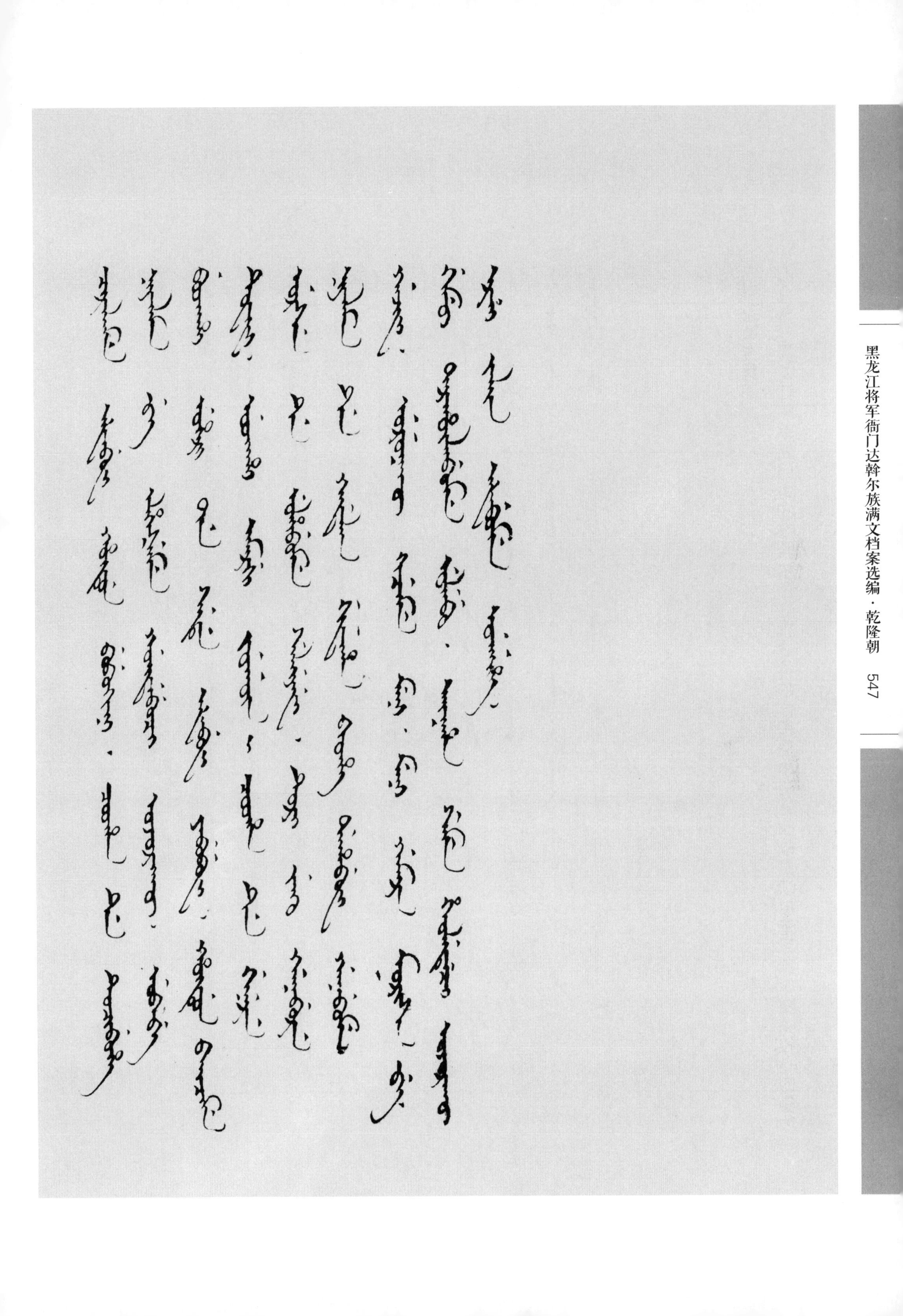

[illegible]

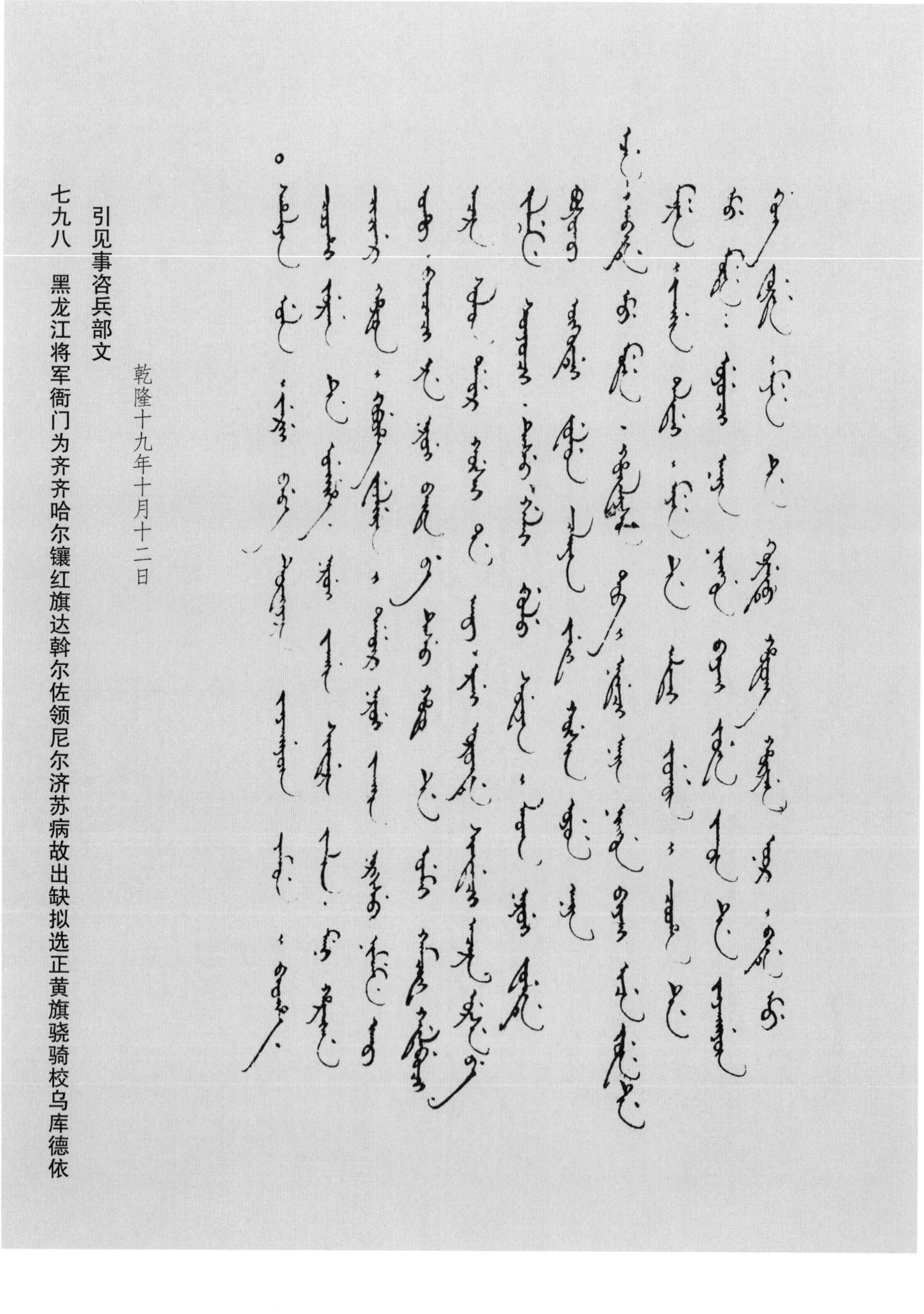

七九八　黑龙江将军衙门为齐齐哈尔镶红旗达斡尔佐领尼尔济苏病故出缺拟选正黄旗骁骑校乌库德依引见事咨兵部文

乾隆十九年十月十二日

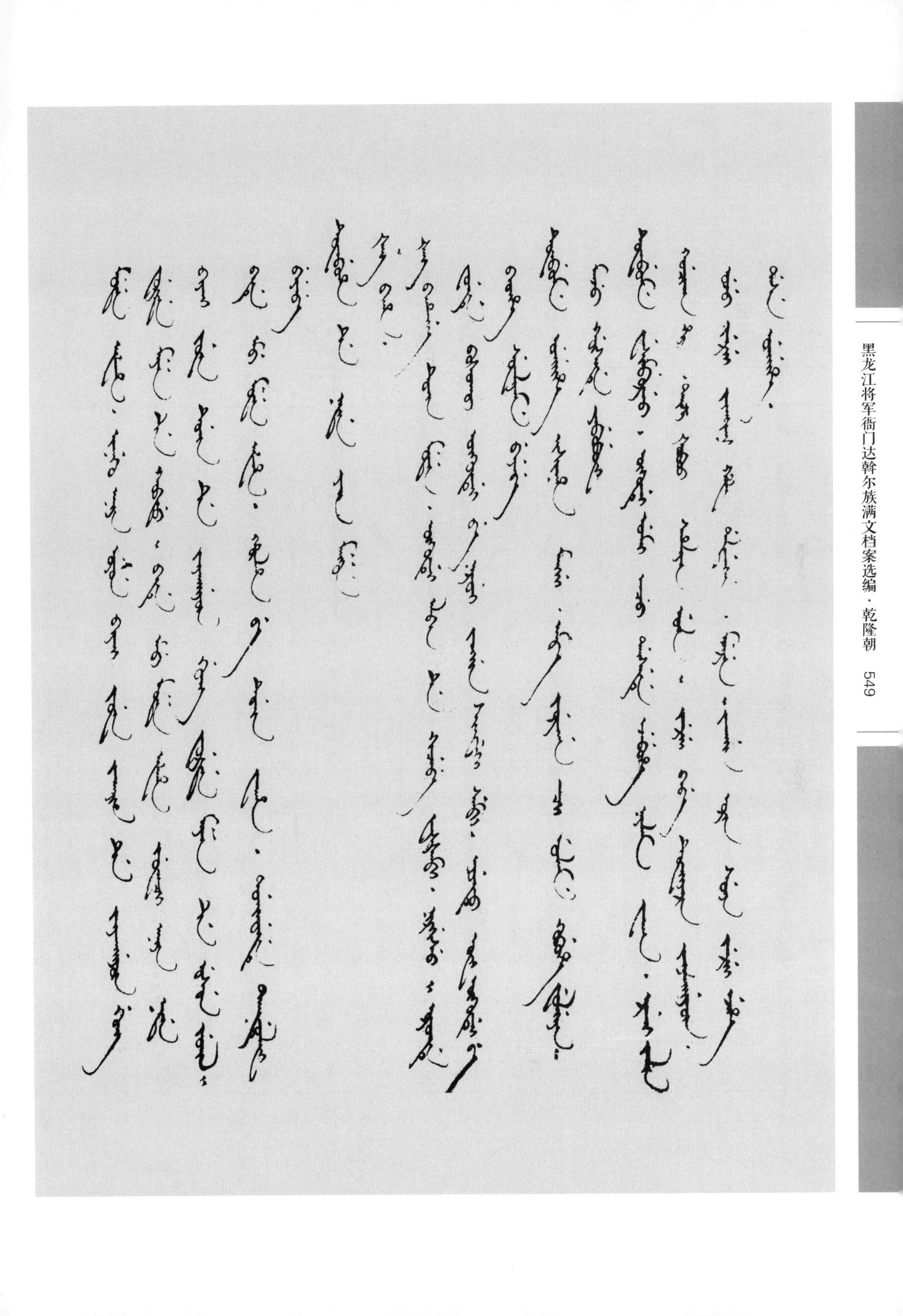

[illegible]

七九九 布特哈索伦达斡尔总管鄂布希等为请办给派往北路索伦达斡尔巴尔虎官兵马褂事呈黑龙江将军衙门文

乾隆十九年十月二十八日

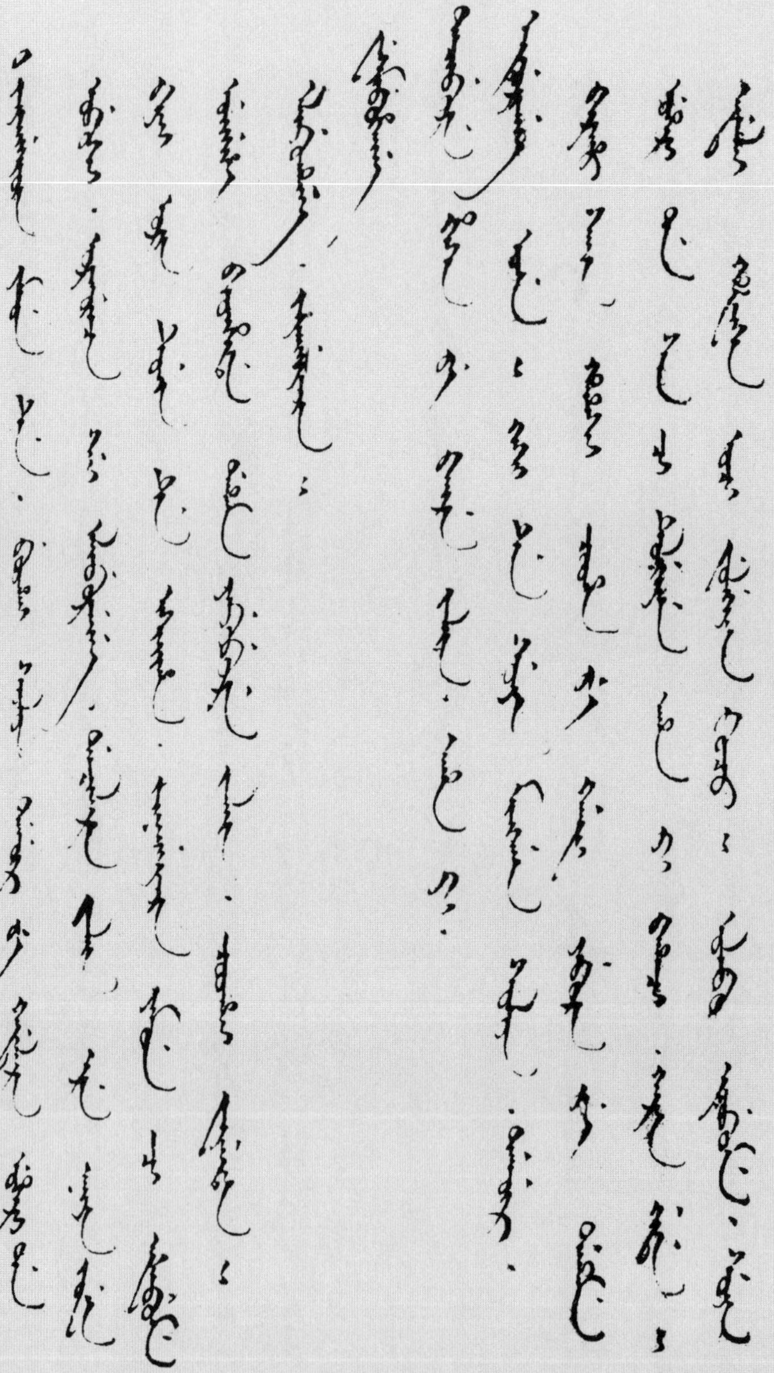

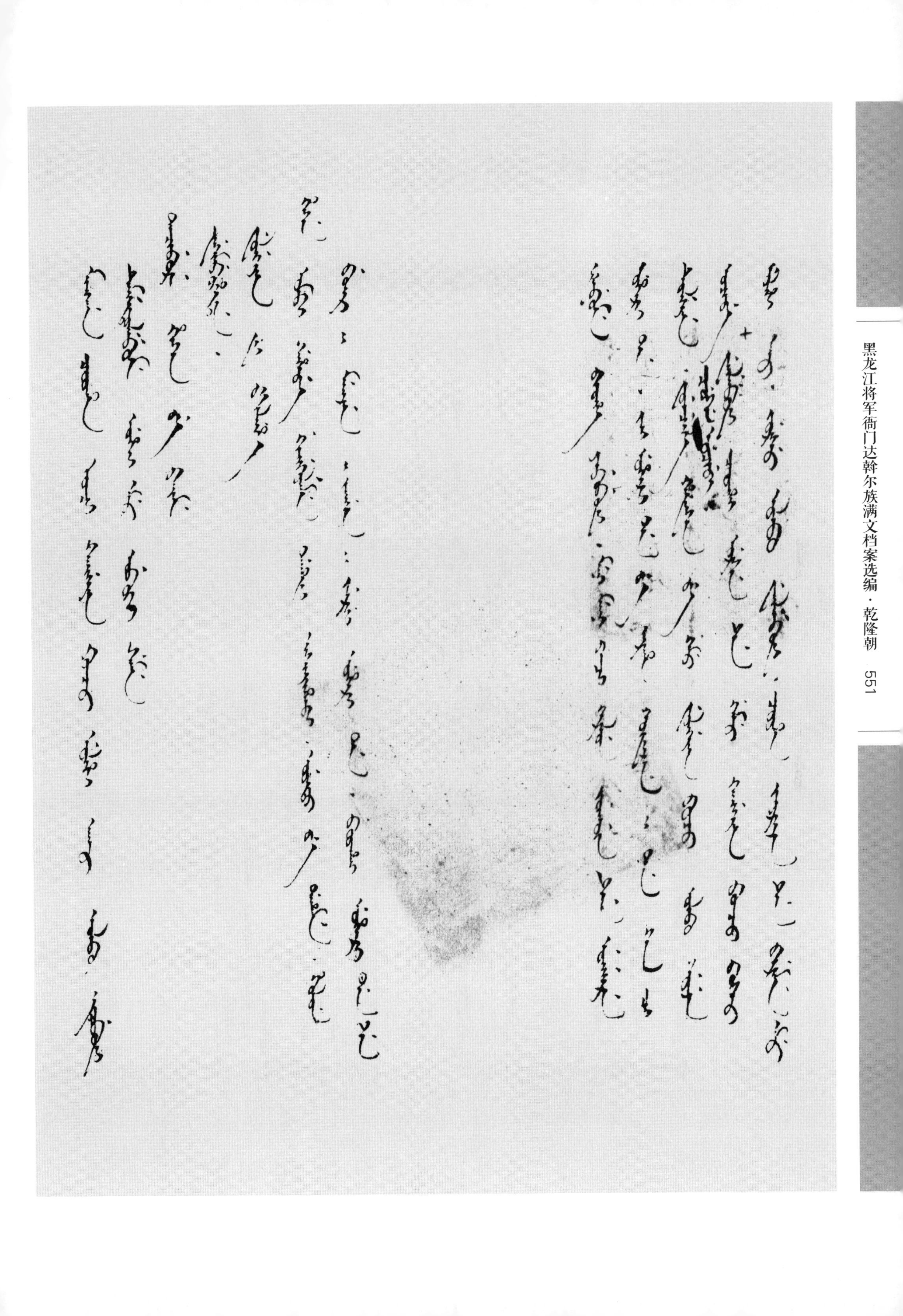

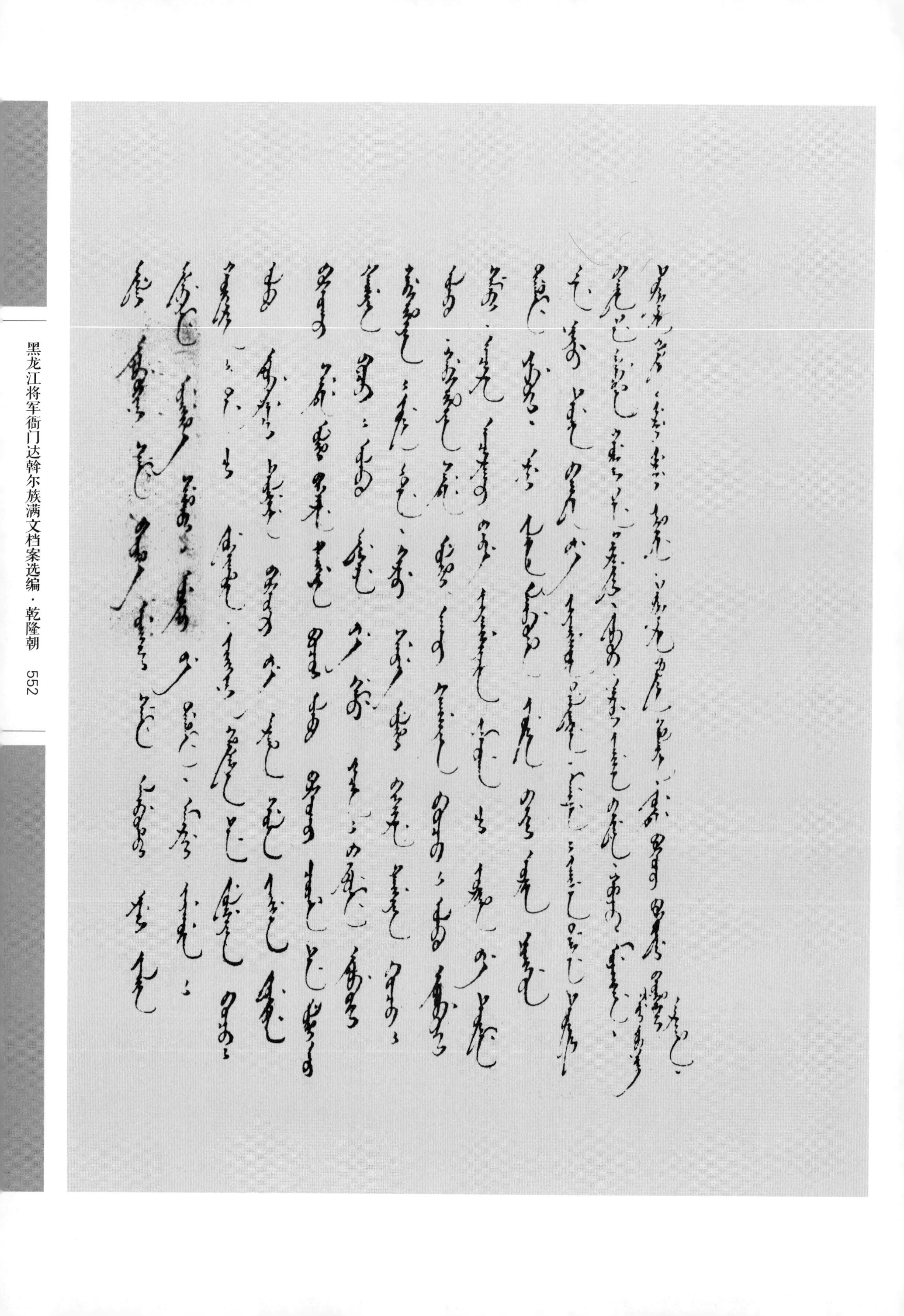

[illegible]

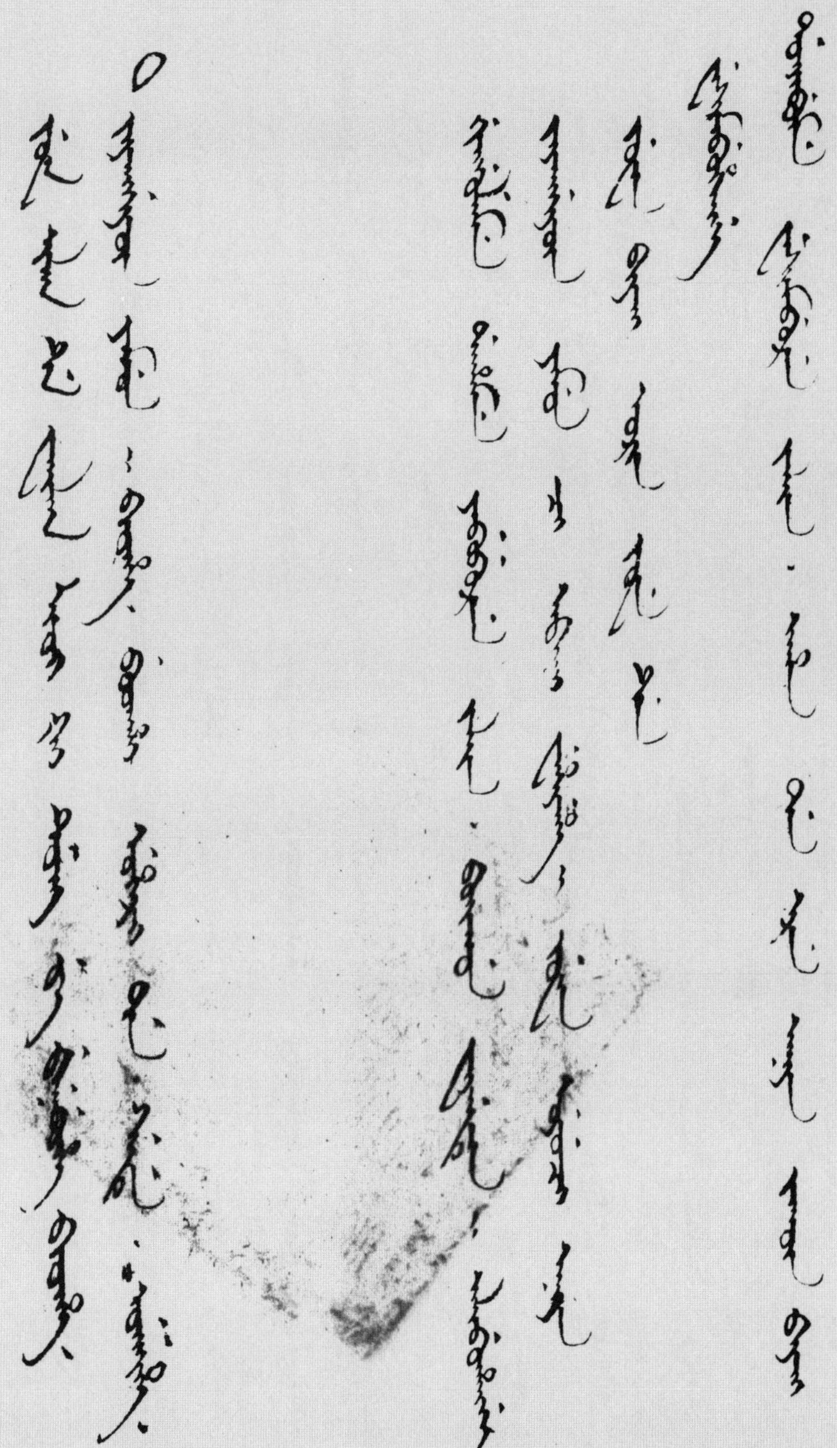

八〇〇 黑龙江将军衙门为遵旨赏给派往北路军营索伦达斡尔官兵马料银事札布特哈总管等文

乾隆十九年十一月十三日

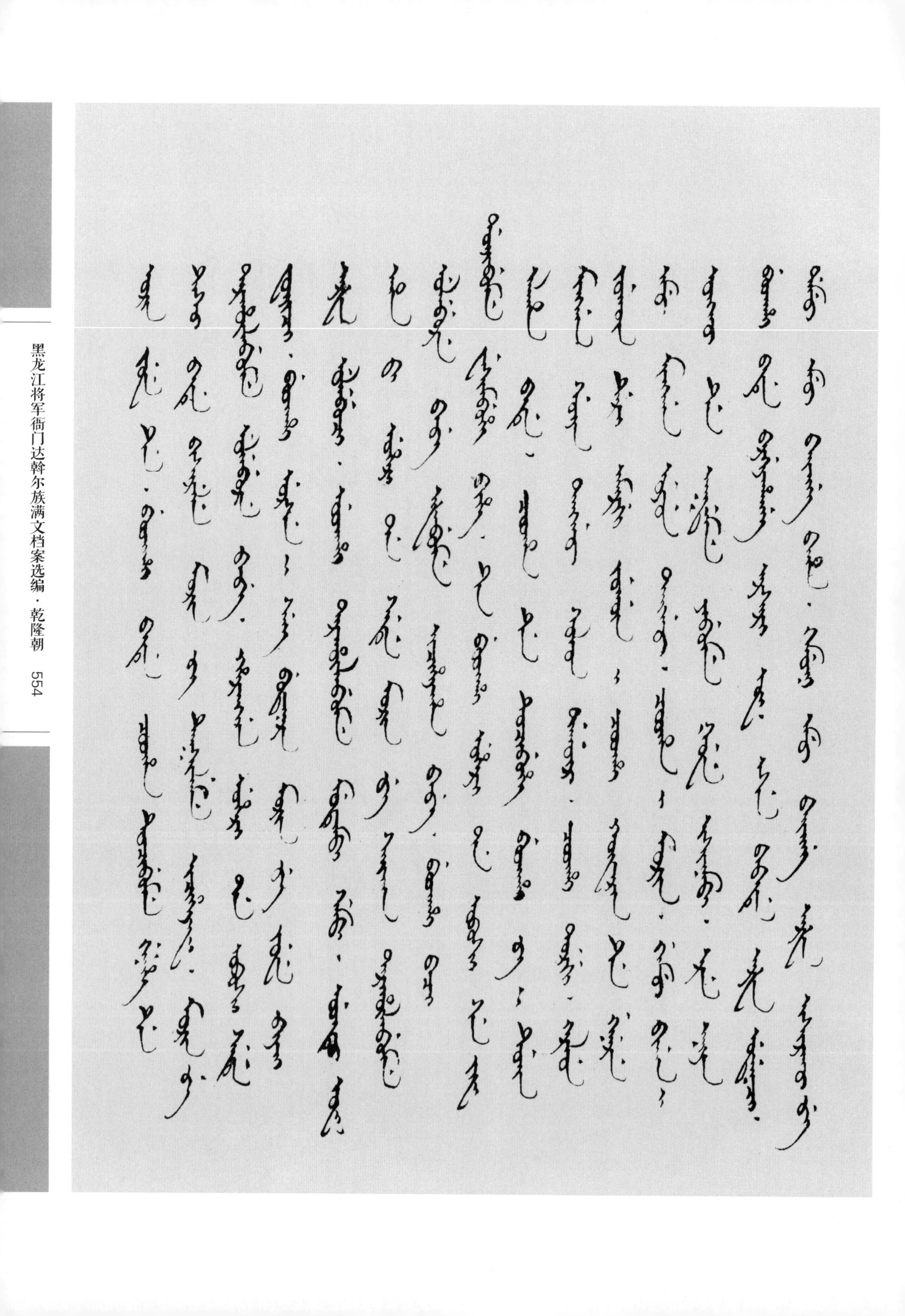

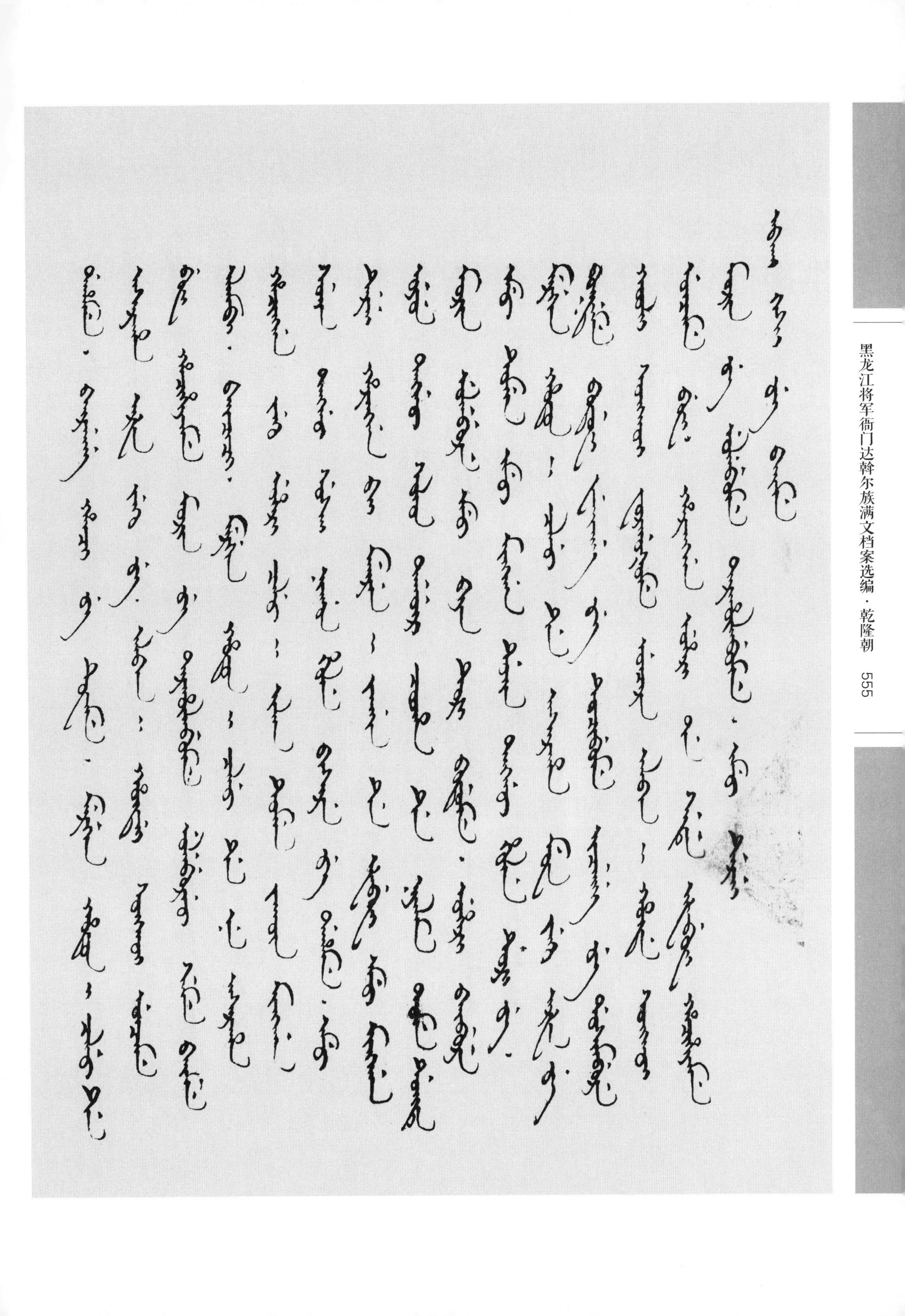

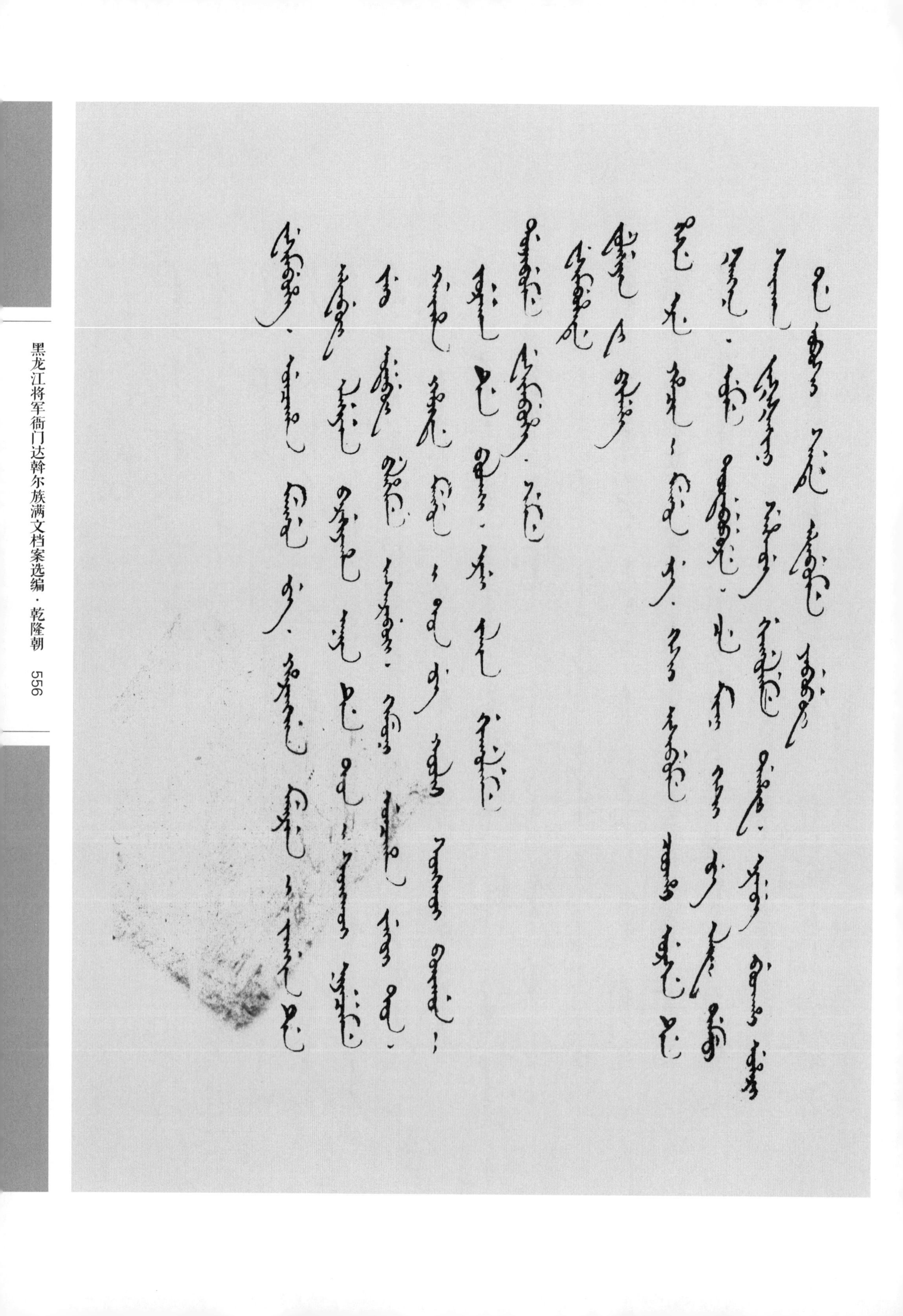

[illegible]

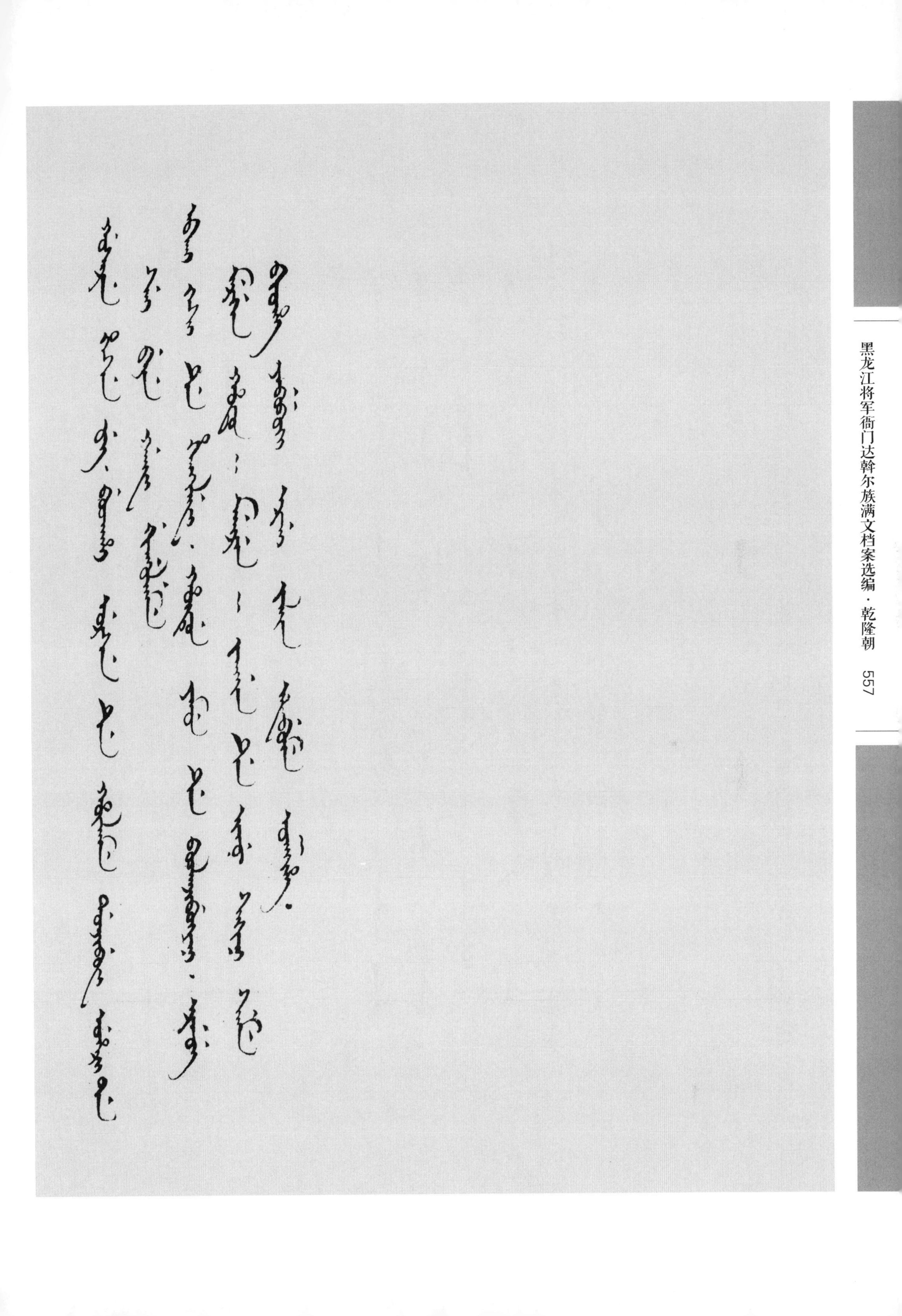

八〇一　兵部为酌定调往西北两路索伦达斡尔巴尔虎等官兵启程日期事咨黑龙江将军文（附抄折一件）

乾隆十九年十一月二十六日

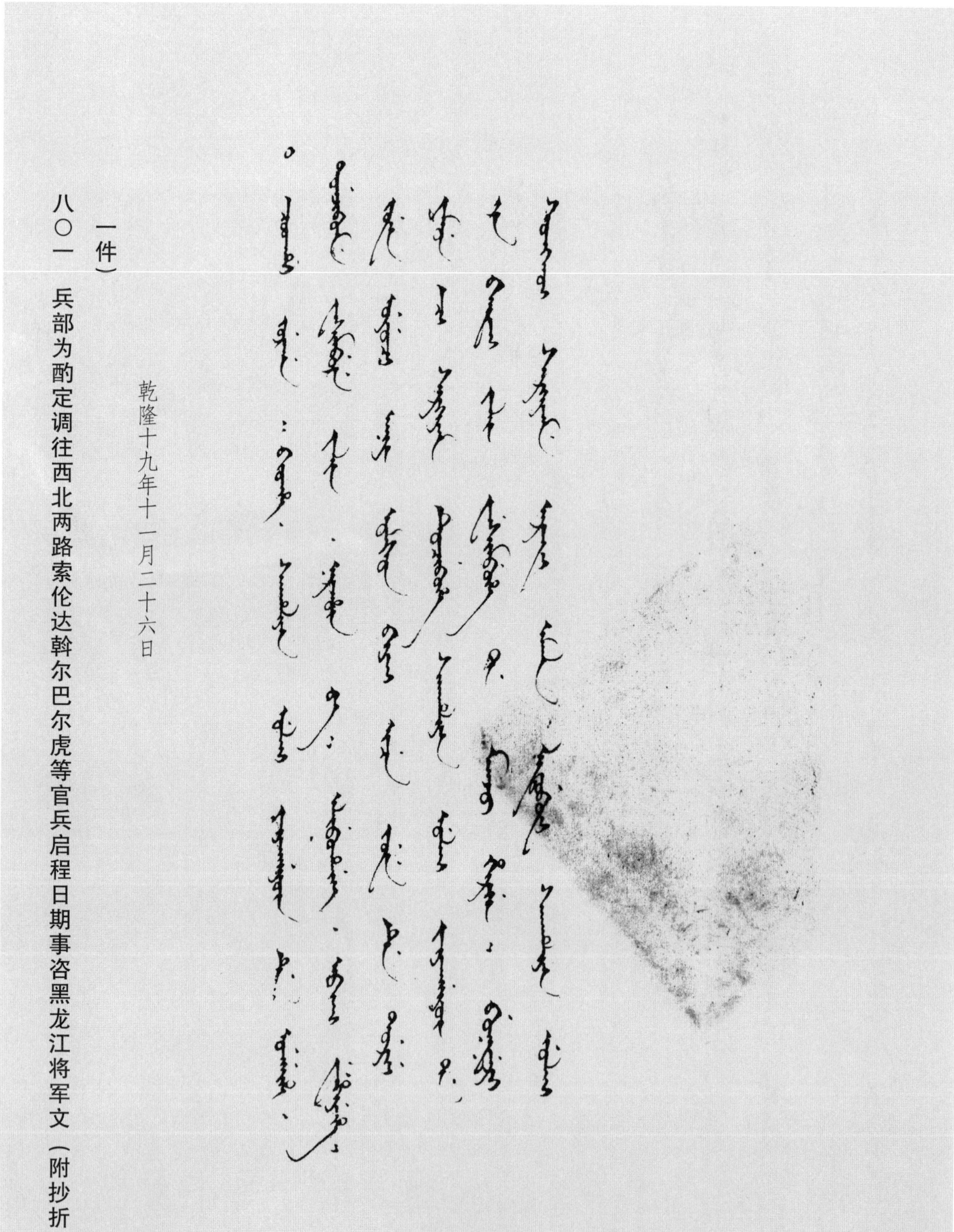

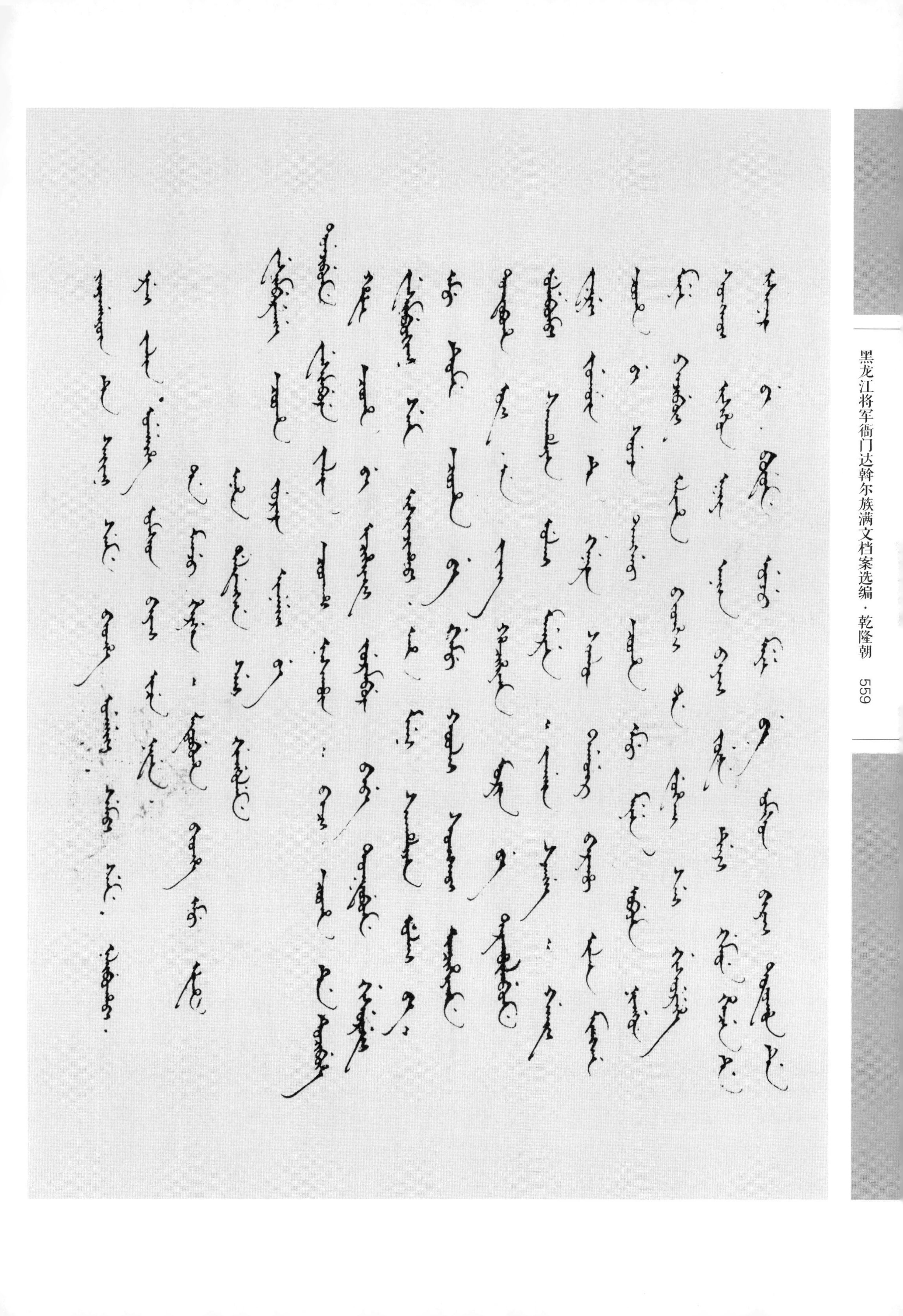

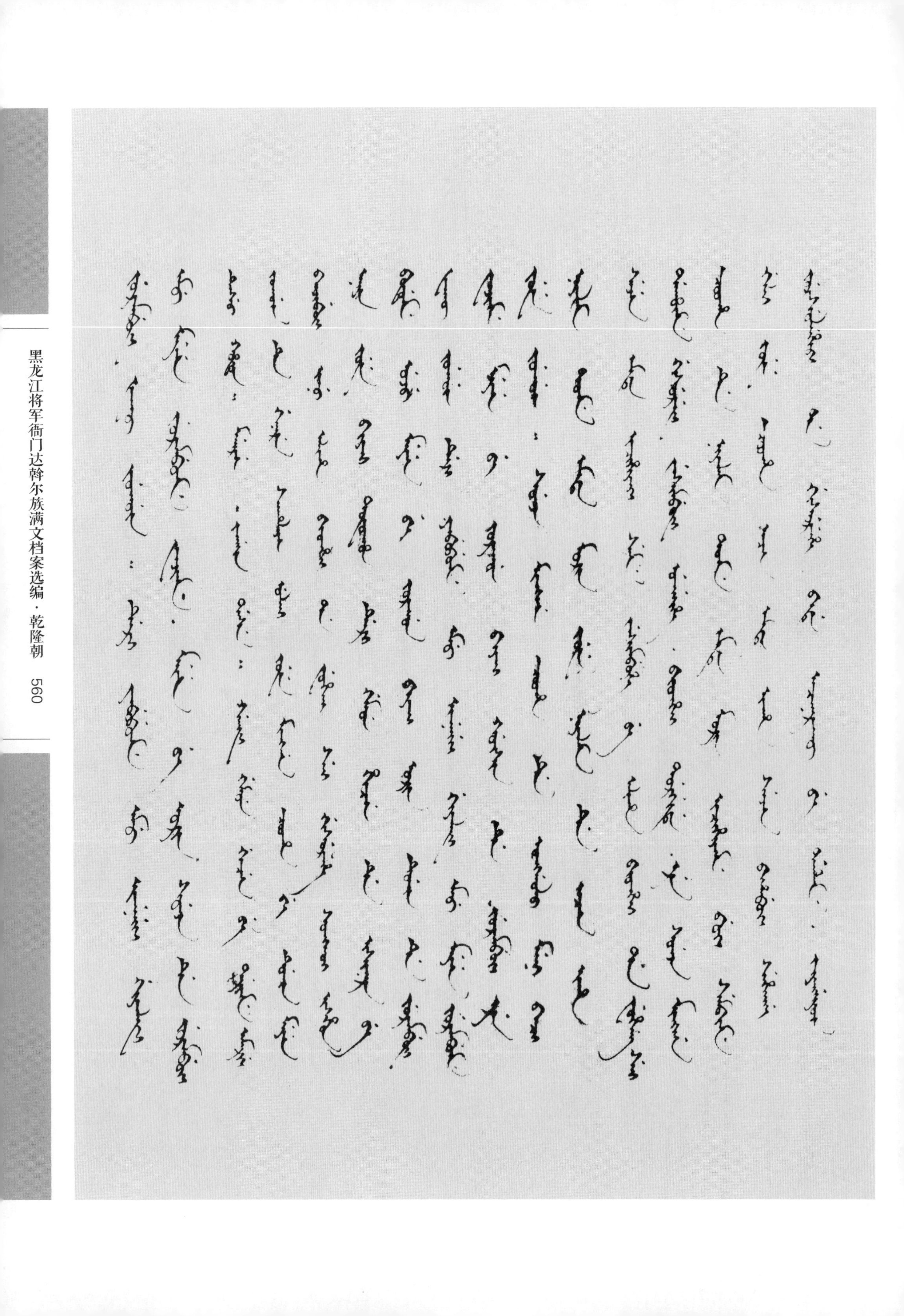

[illegible]

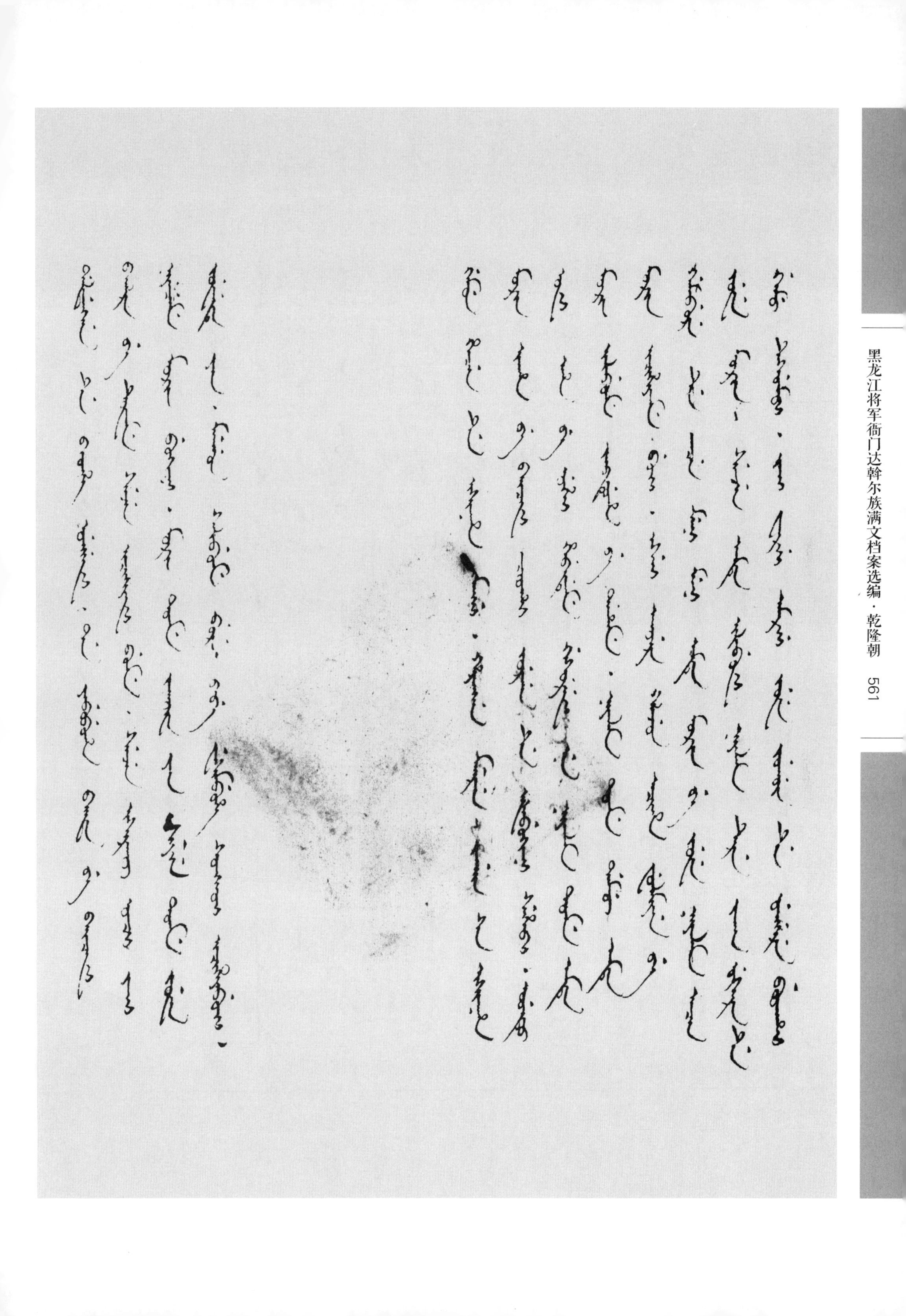

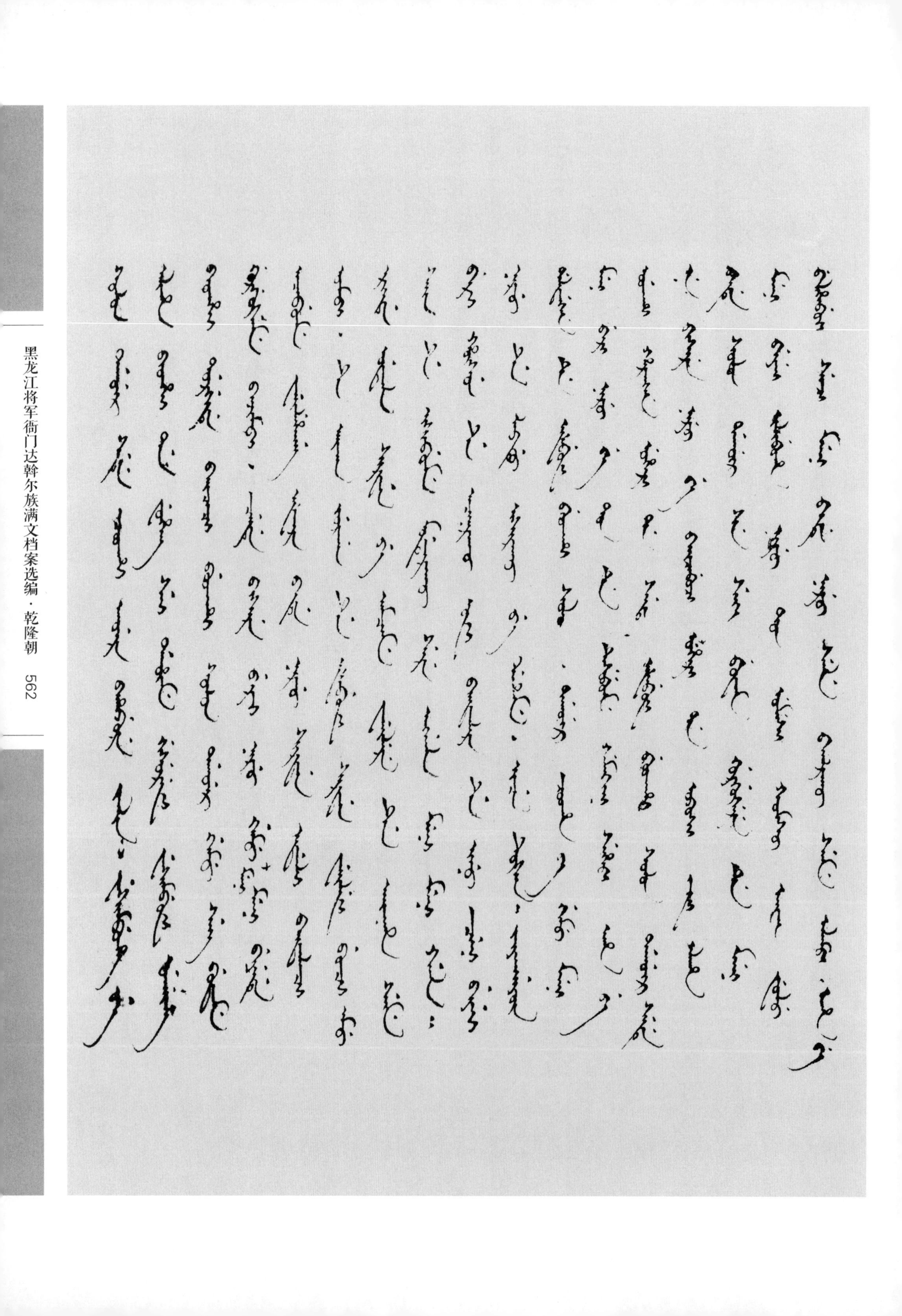

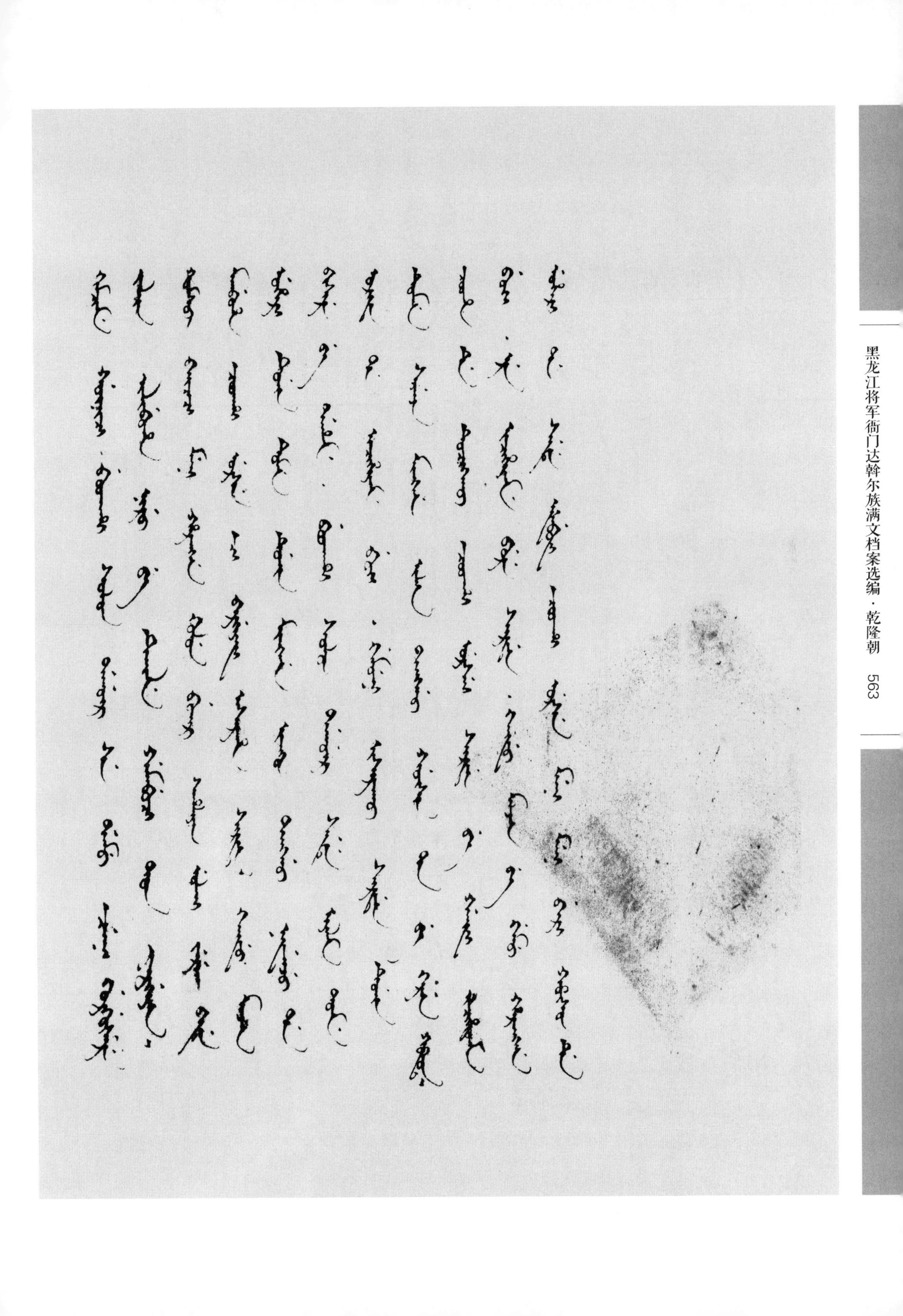

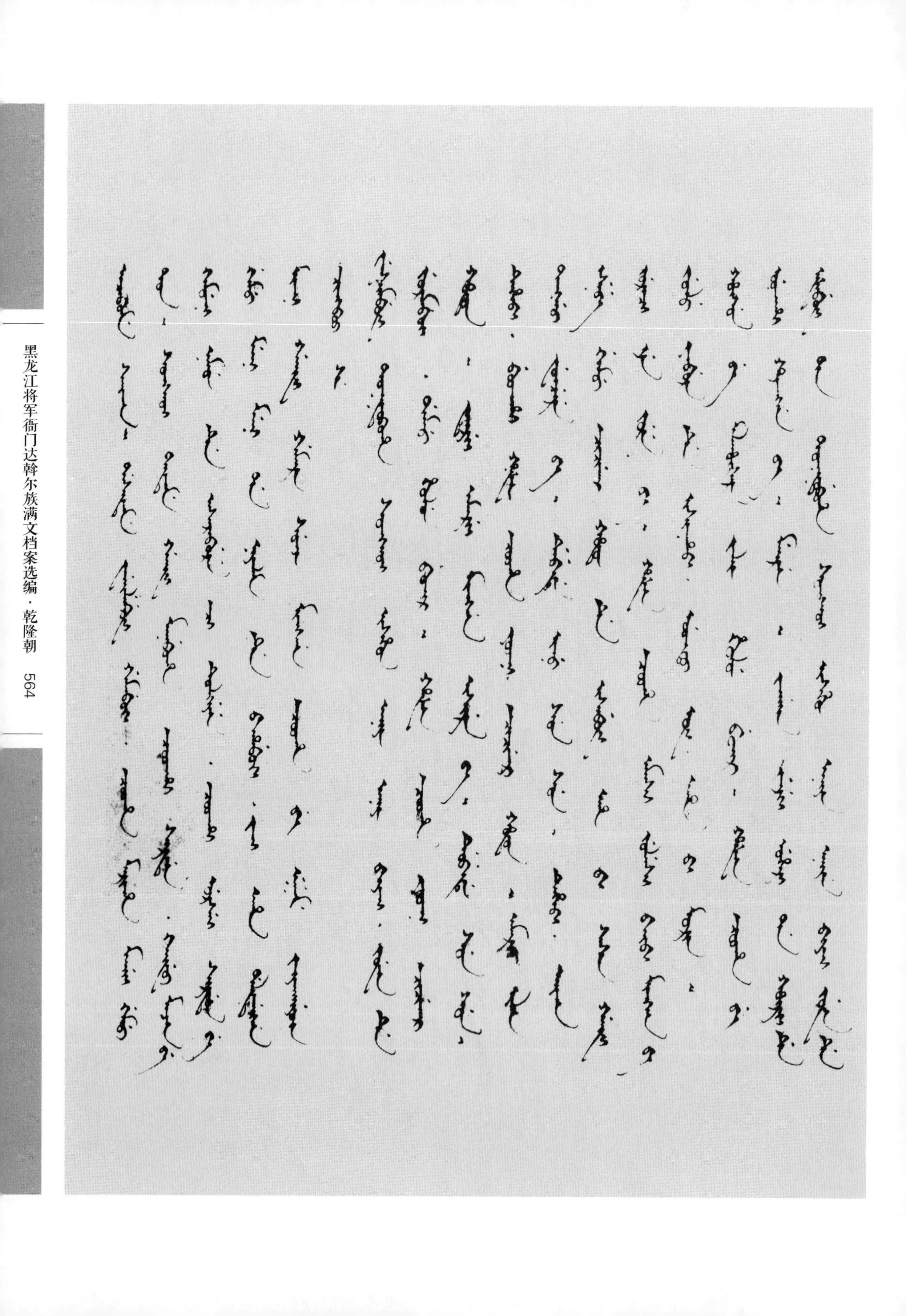

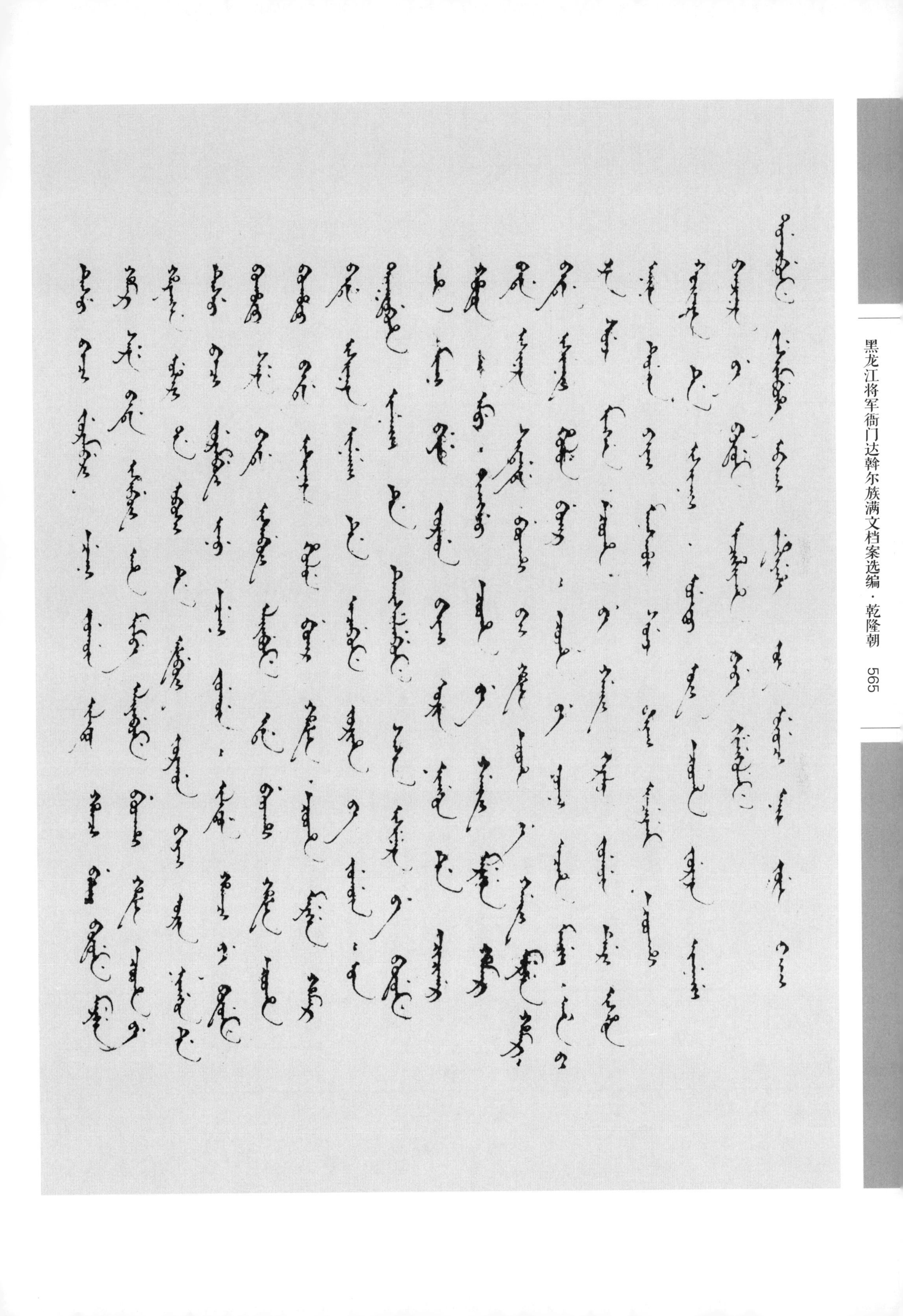

[illegible]

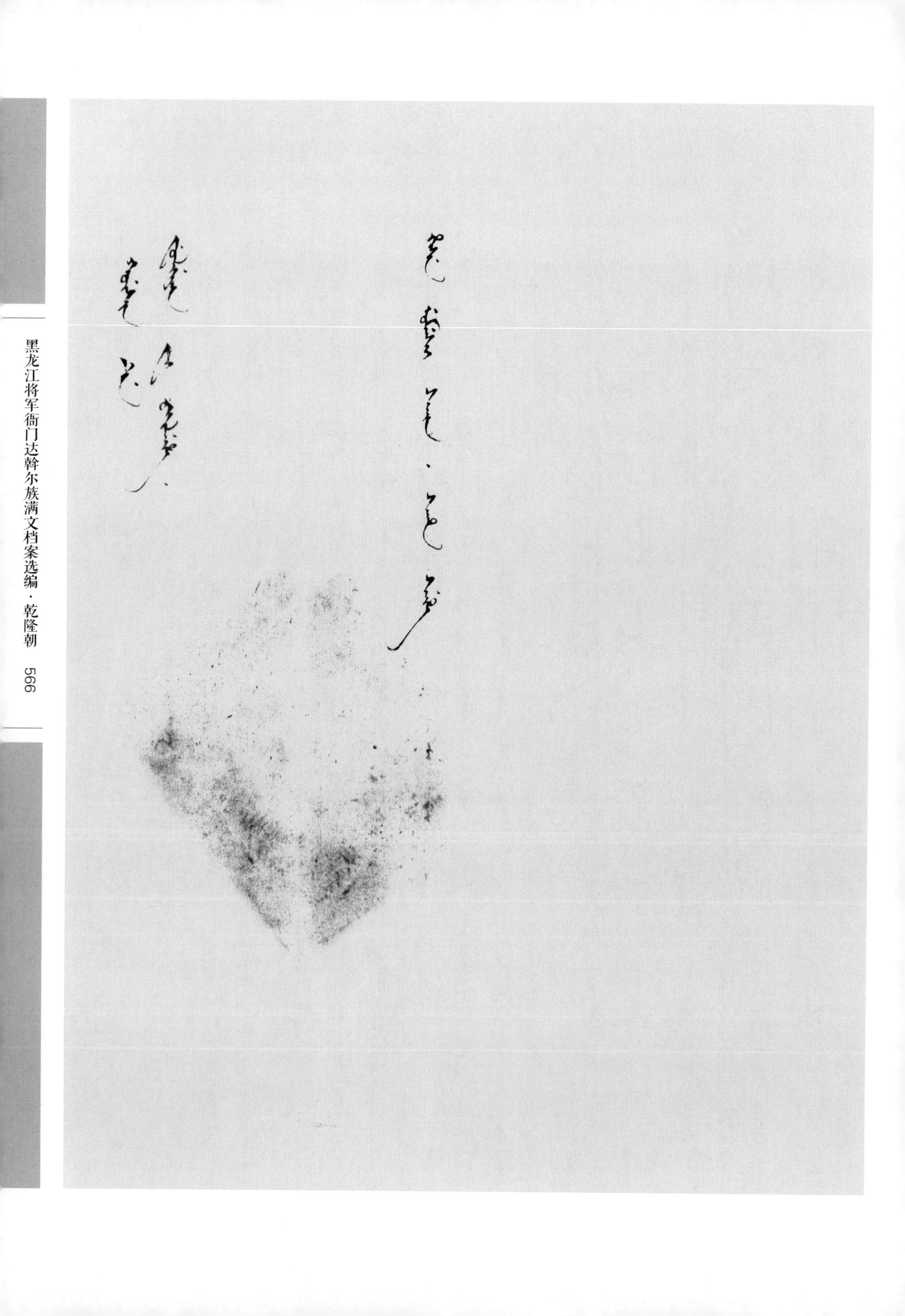

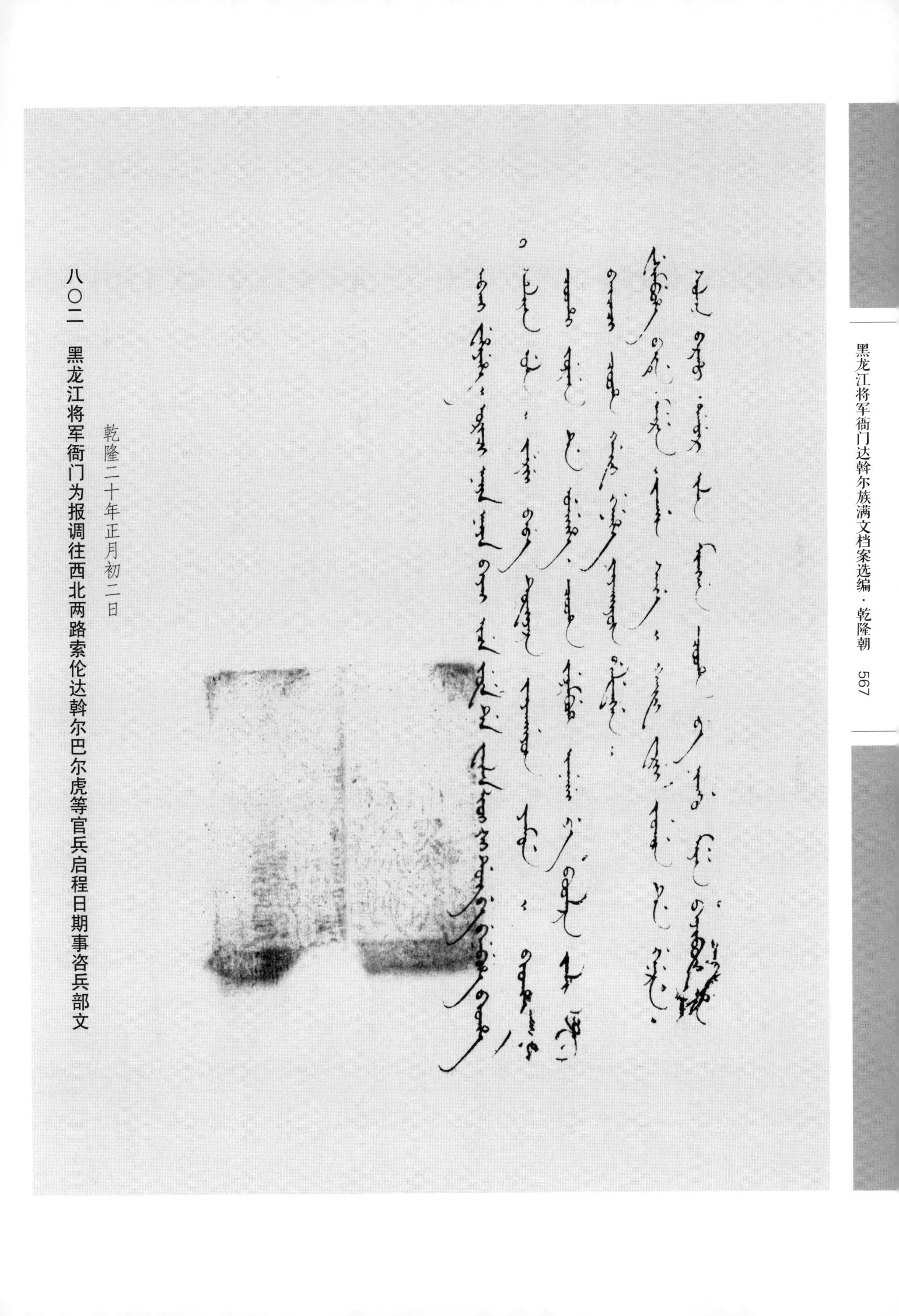

乾隆二十年正月初二日

八〇二 黑龙江将军衙门为报调往西北两路索伦达斡尔巴尔虎等官兵启程日期事咨兵部文

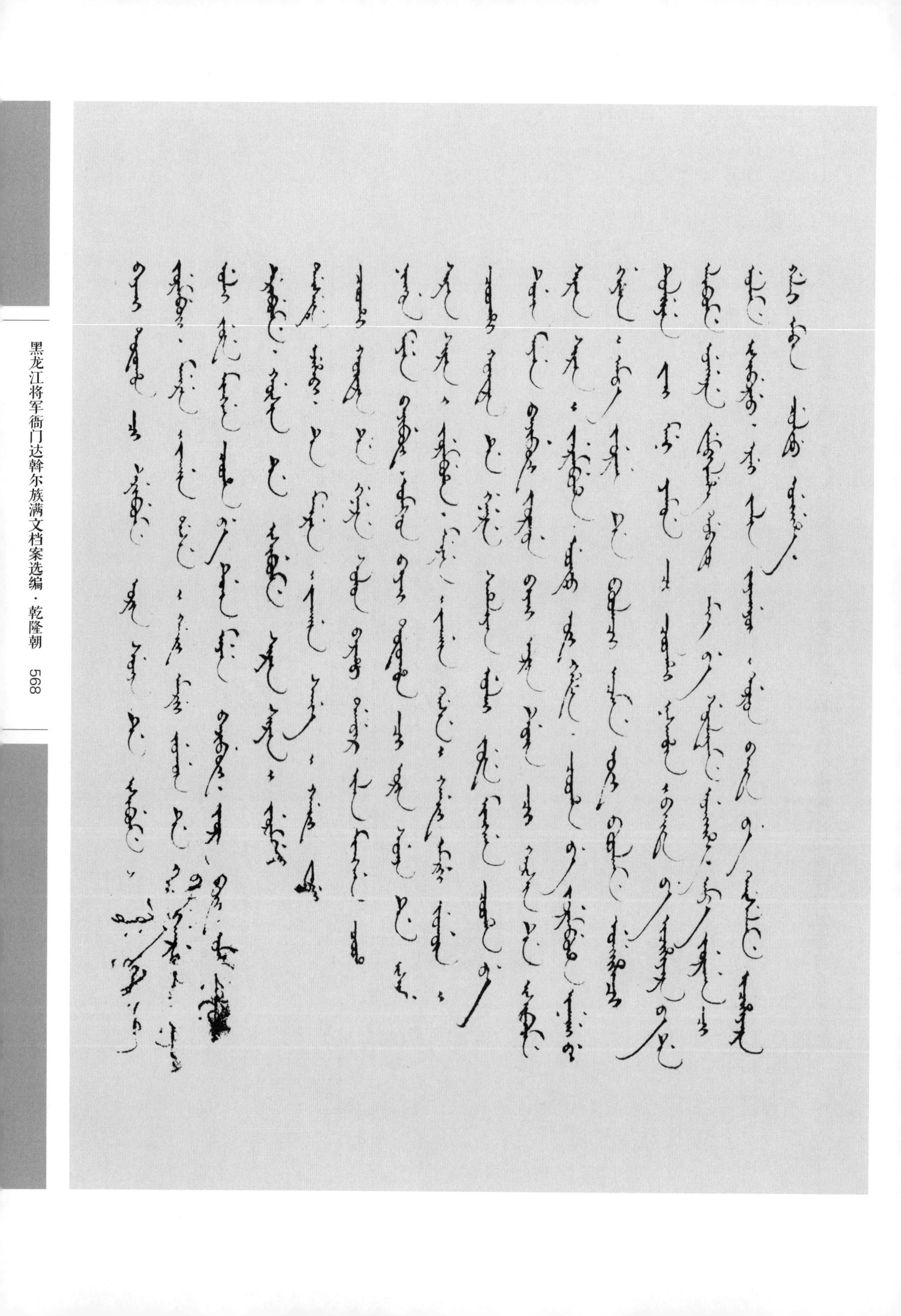

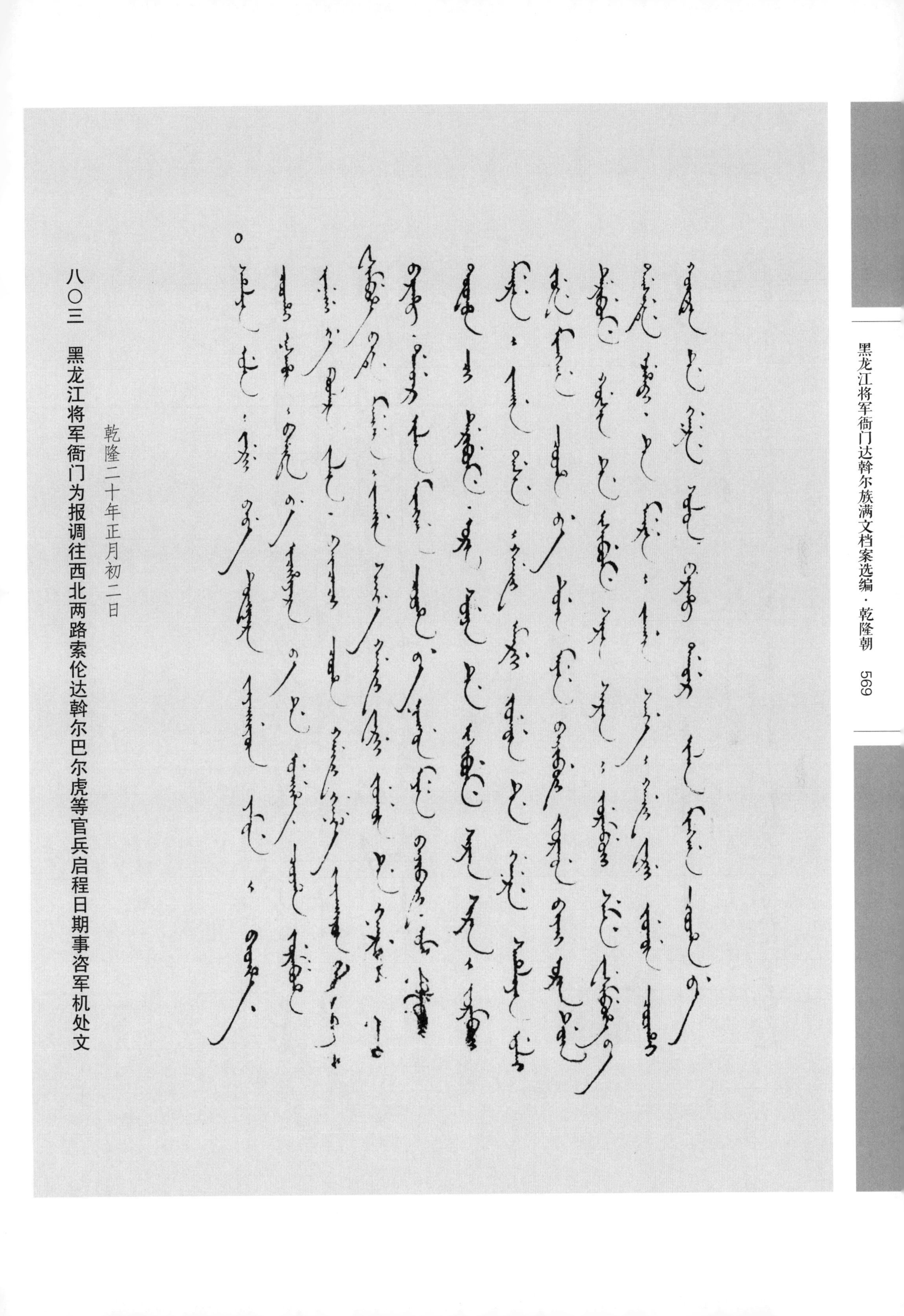

八〇三　黑龙江将军衙门为报调往西北两路索伦达斡尔巴尔虎等官兵启程日期事咨军机处文

乾隆二十年正月初二日

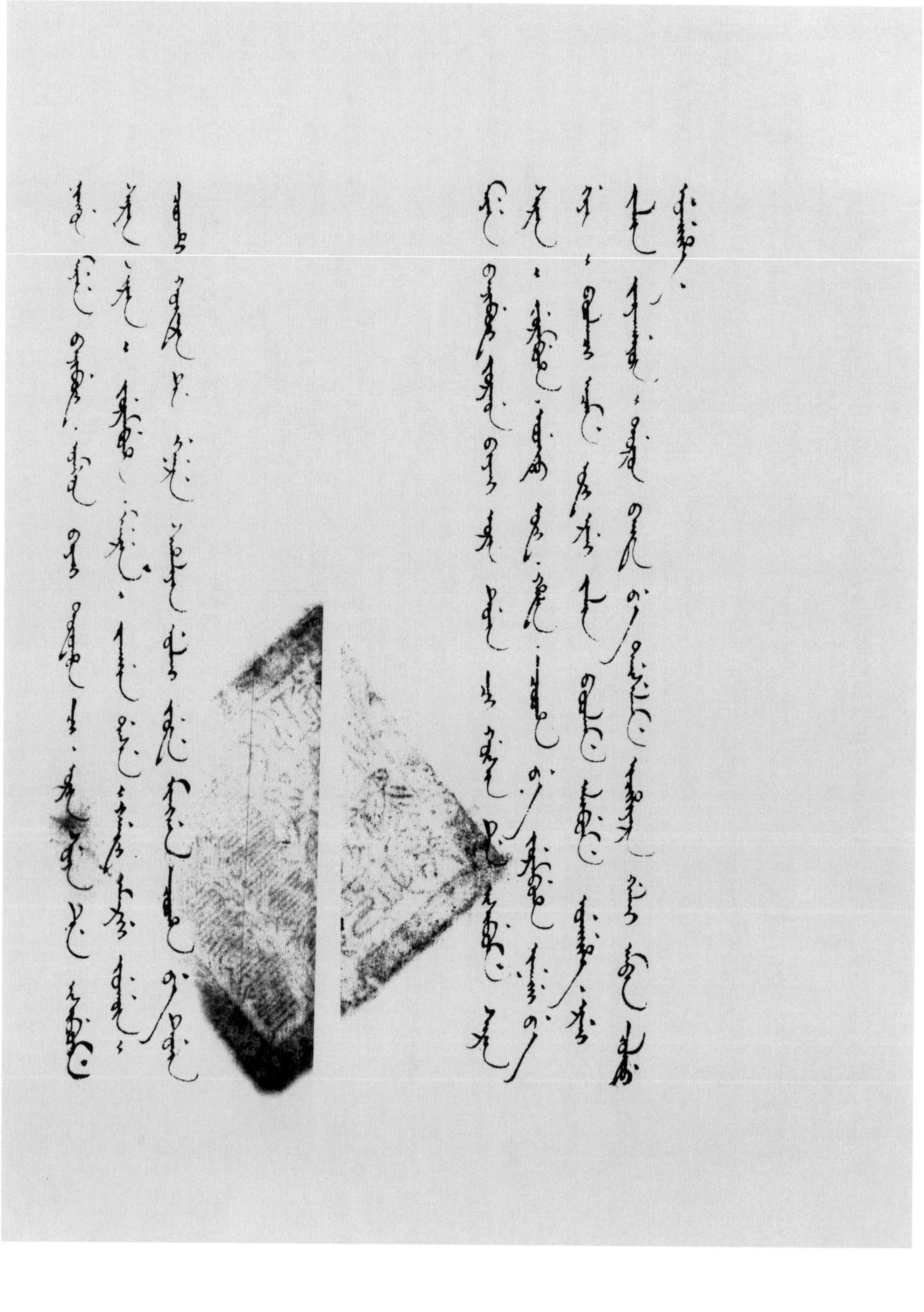

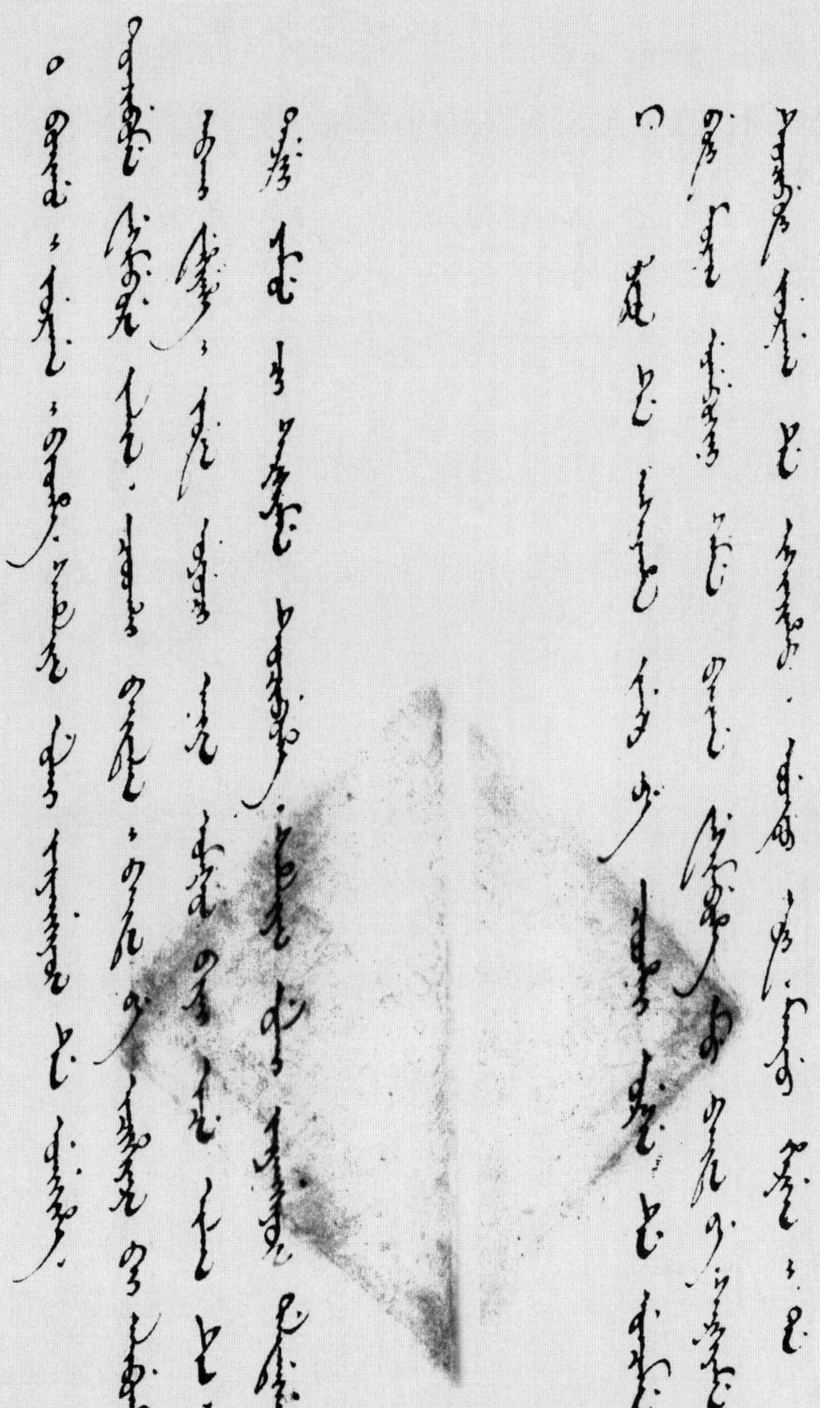

八〇四　户部为遵旨办给派往北路军营布特哈索伦达斡尔官兵马料银事咨黑龙江将军文（附抄折一件）

乾隆二十年正月十七日

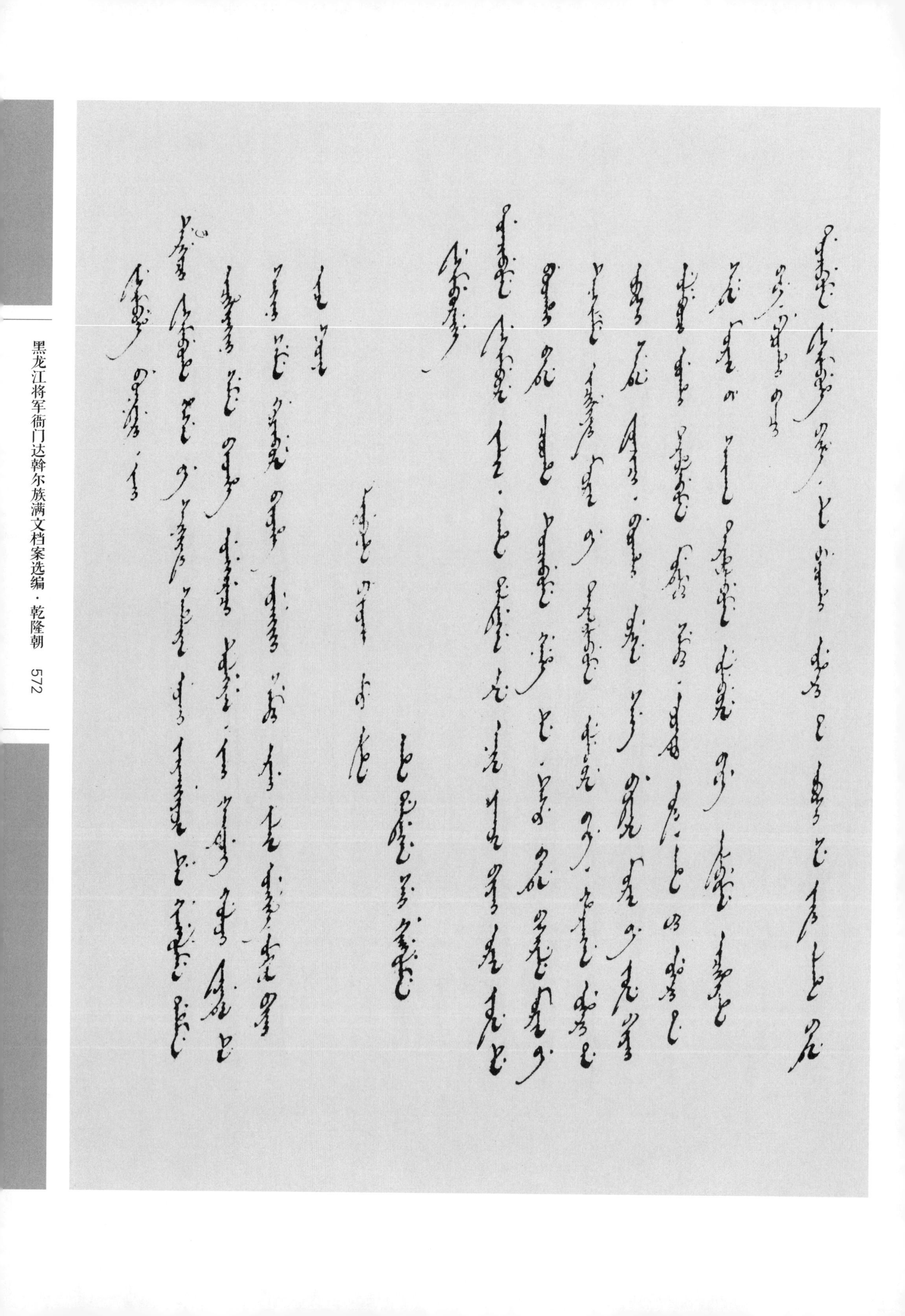

[illegible]

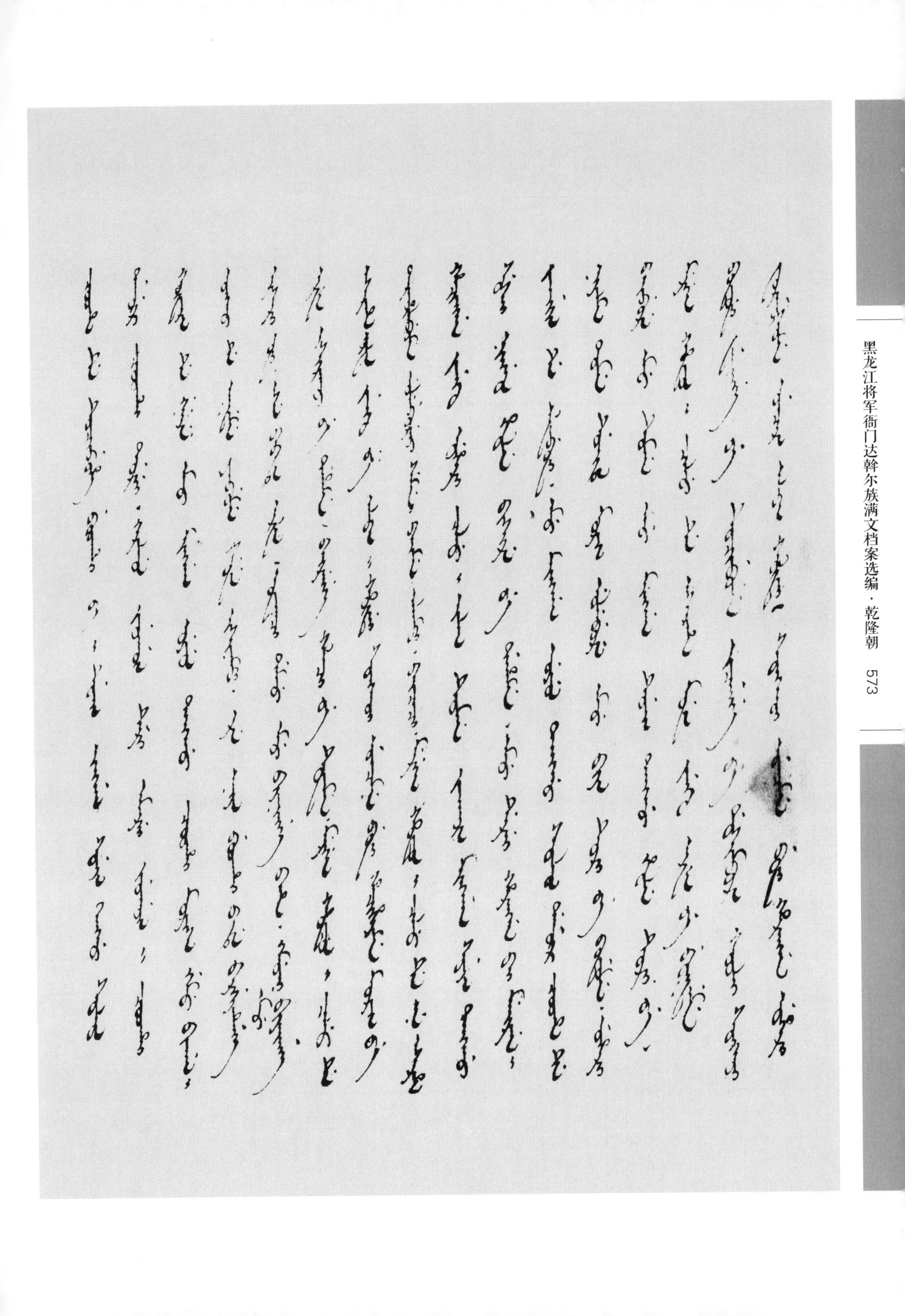

[illegible]

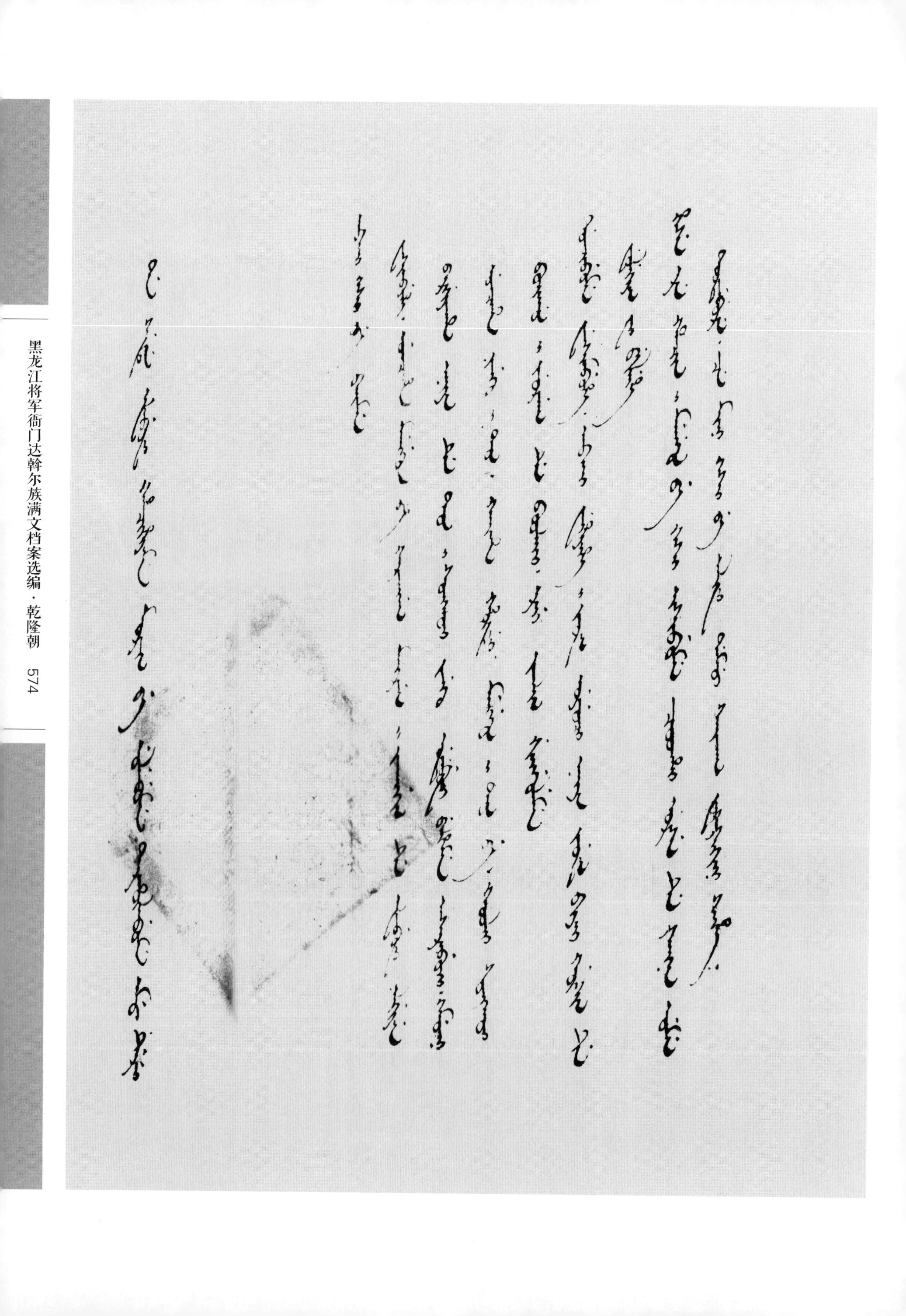

[illegible]

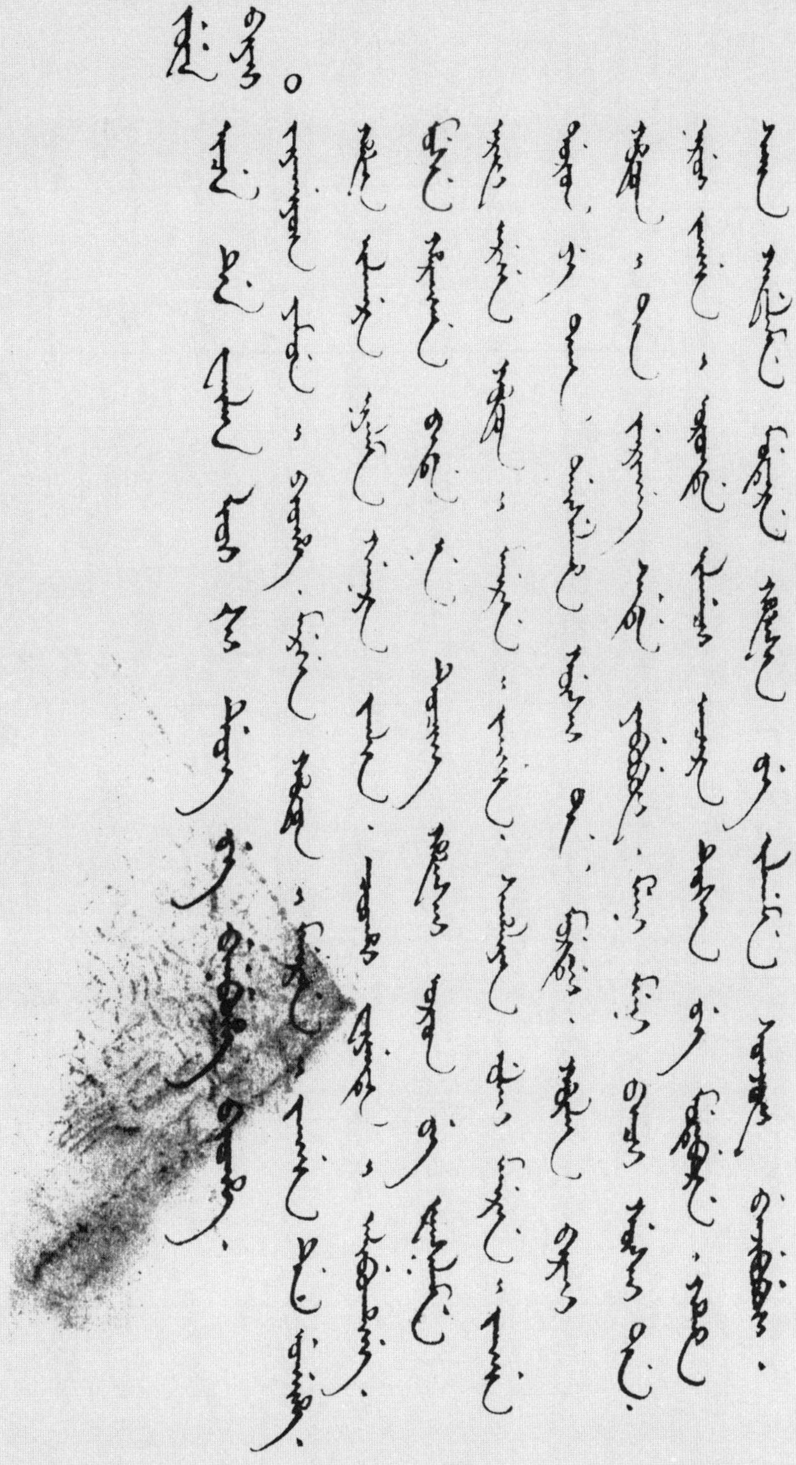

乾隆二十年二月初一日

（附名单一件）

八〇五 黑龙江将军衙门为黑龙江各处满洲达斡尔佐领骁骑校等出缺拣员报送事咨墨尔根副都统文

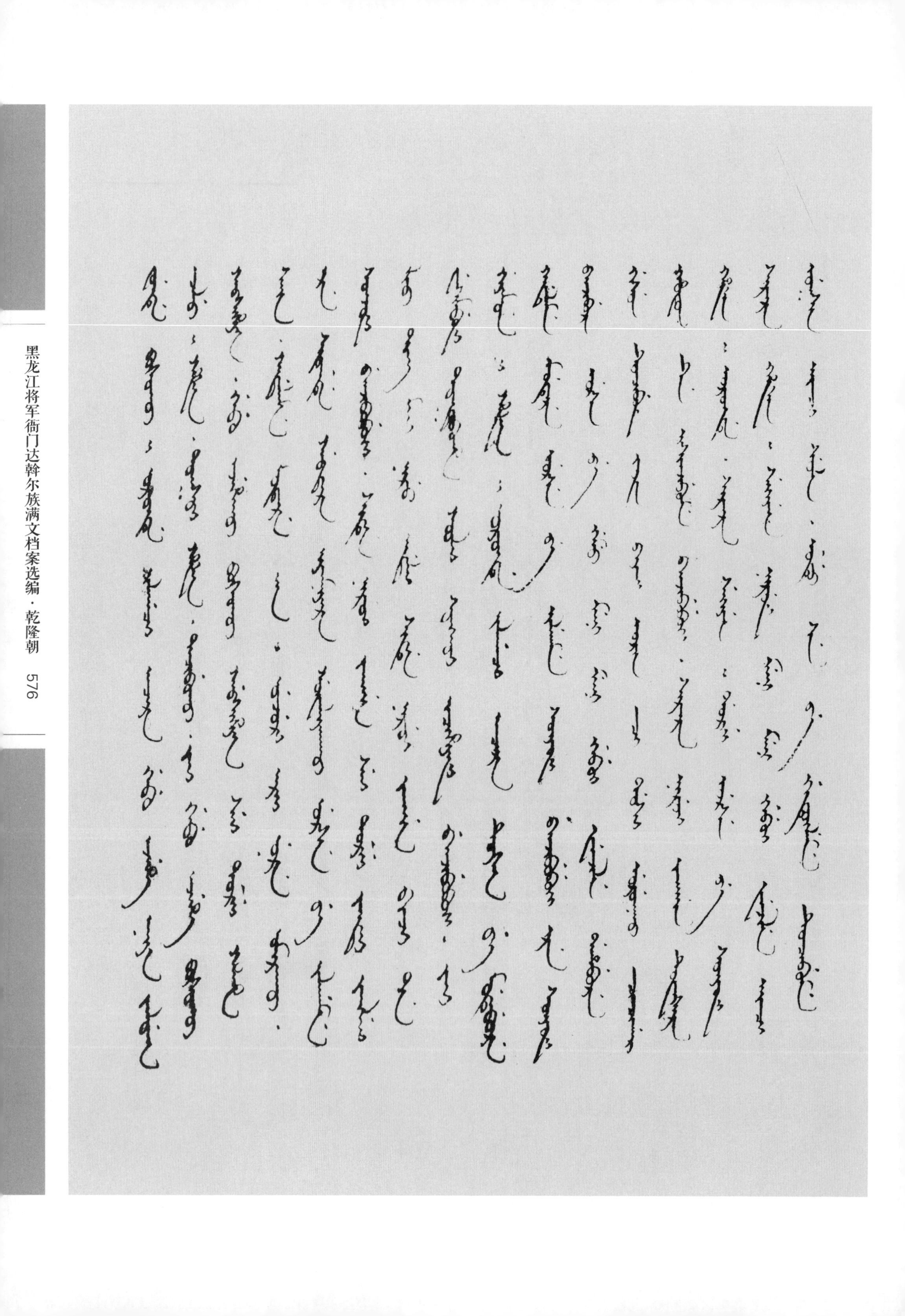

[illegible]

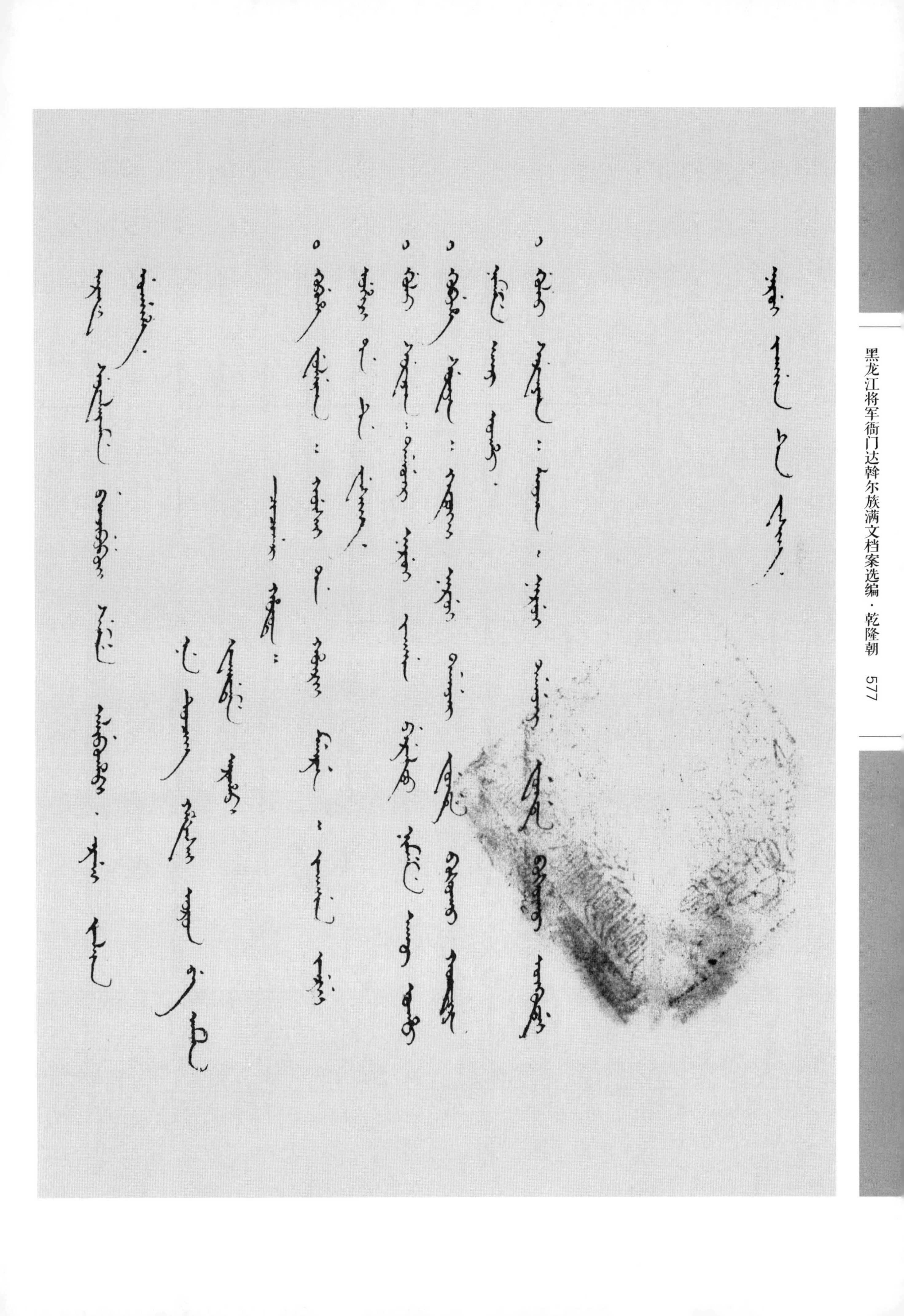

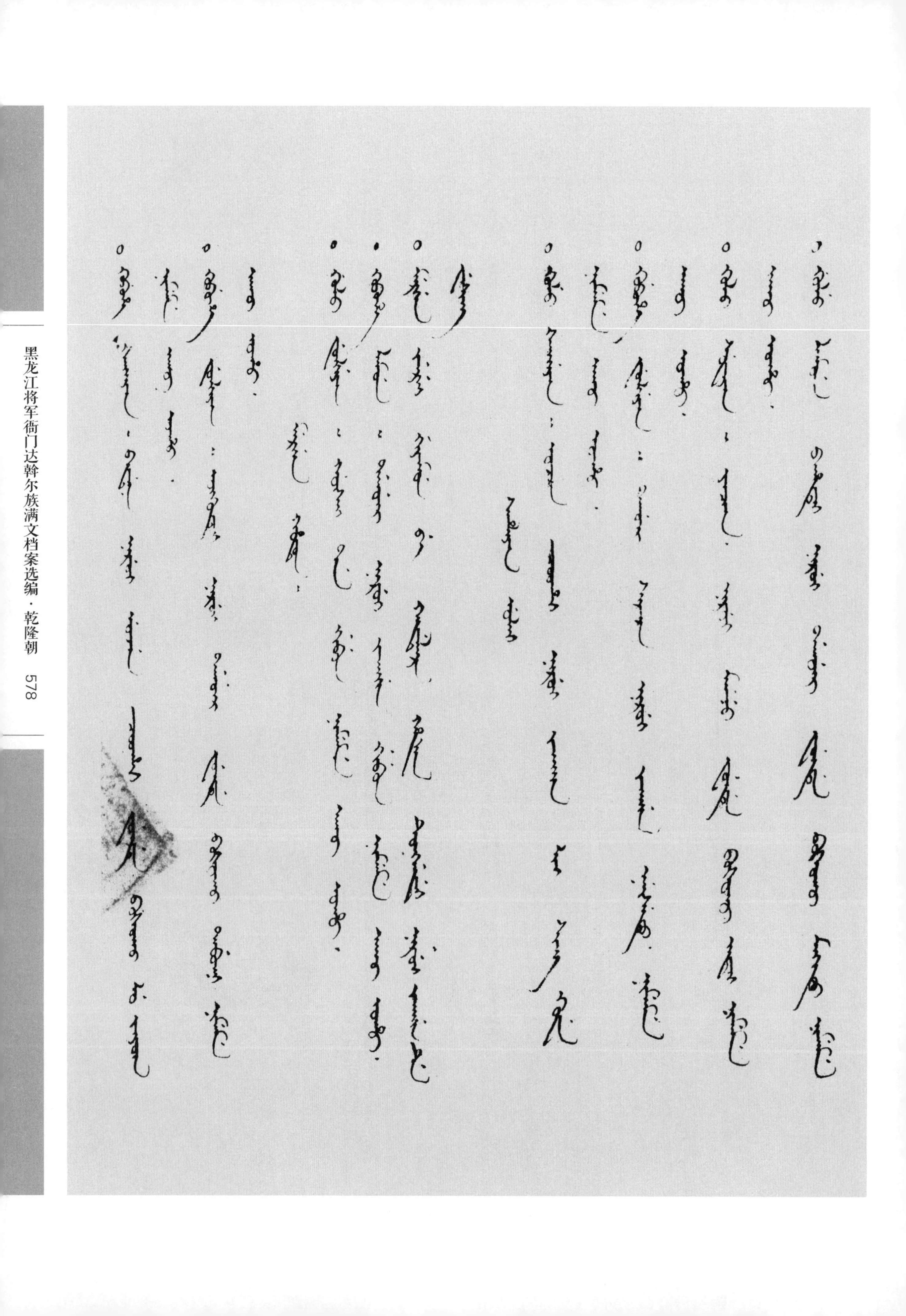

[illegible]
[illegible]
[illegible]
[illegible]
[illegible]
[illegible]
[illegible]
[illegible]
[illegible]
[illegible]
[illegible]
[illegible]
[illegible]
[illegible]
[illegible]
[illegible]

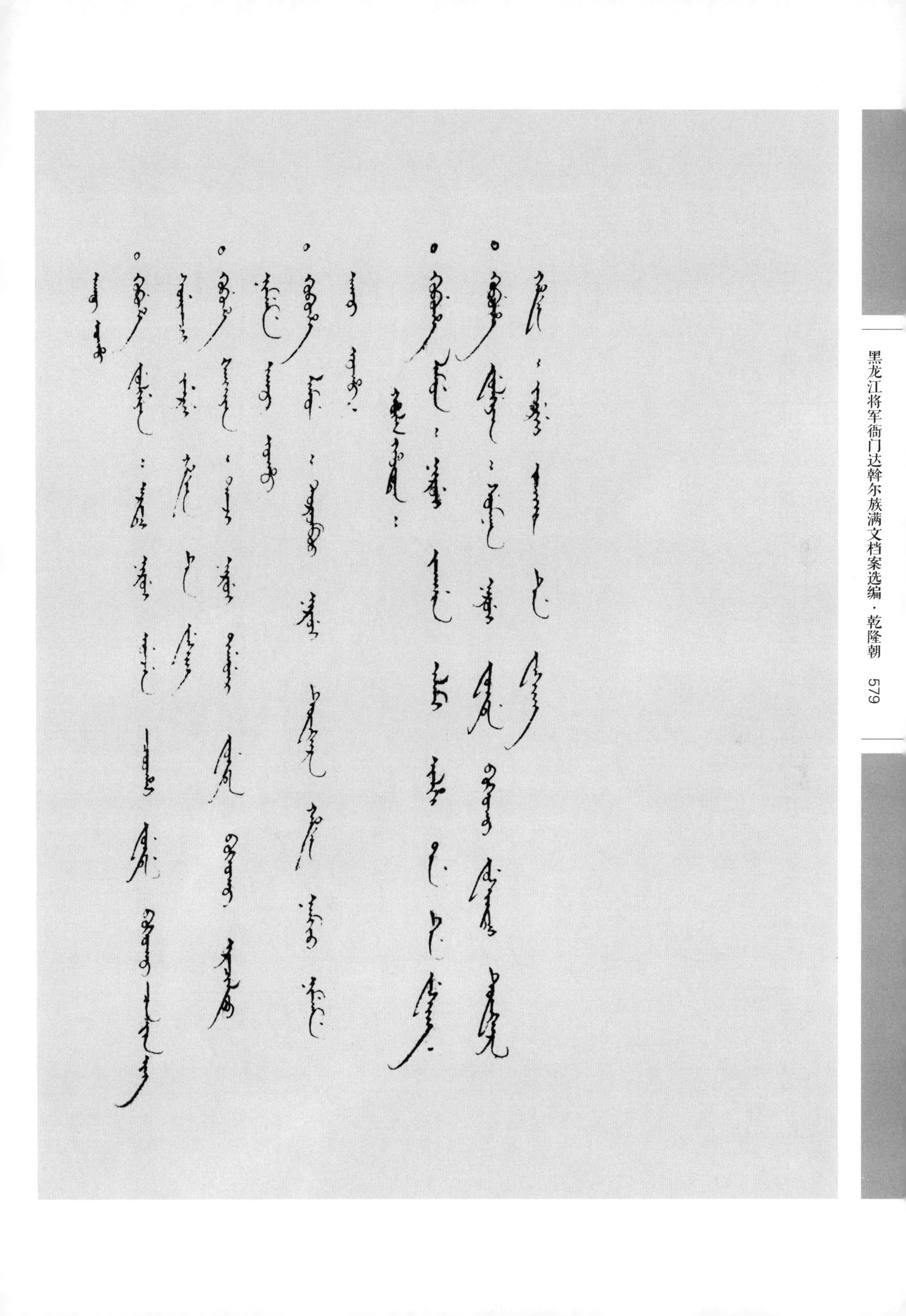

八〇六 呼兰城守尉哲灵额为解送派出缉捕达斡尔跟役马达噶等逃人官兵花名册事呈黑龙江将军衙门文

乾隆二十年二月十六日

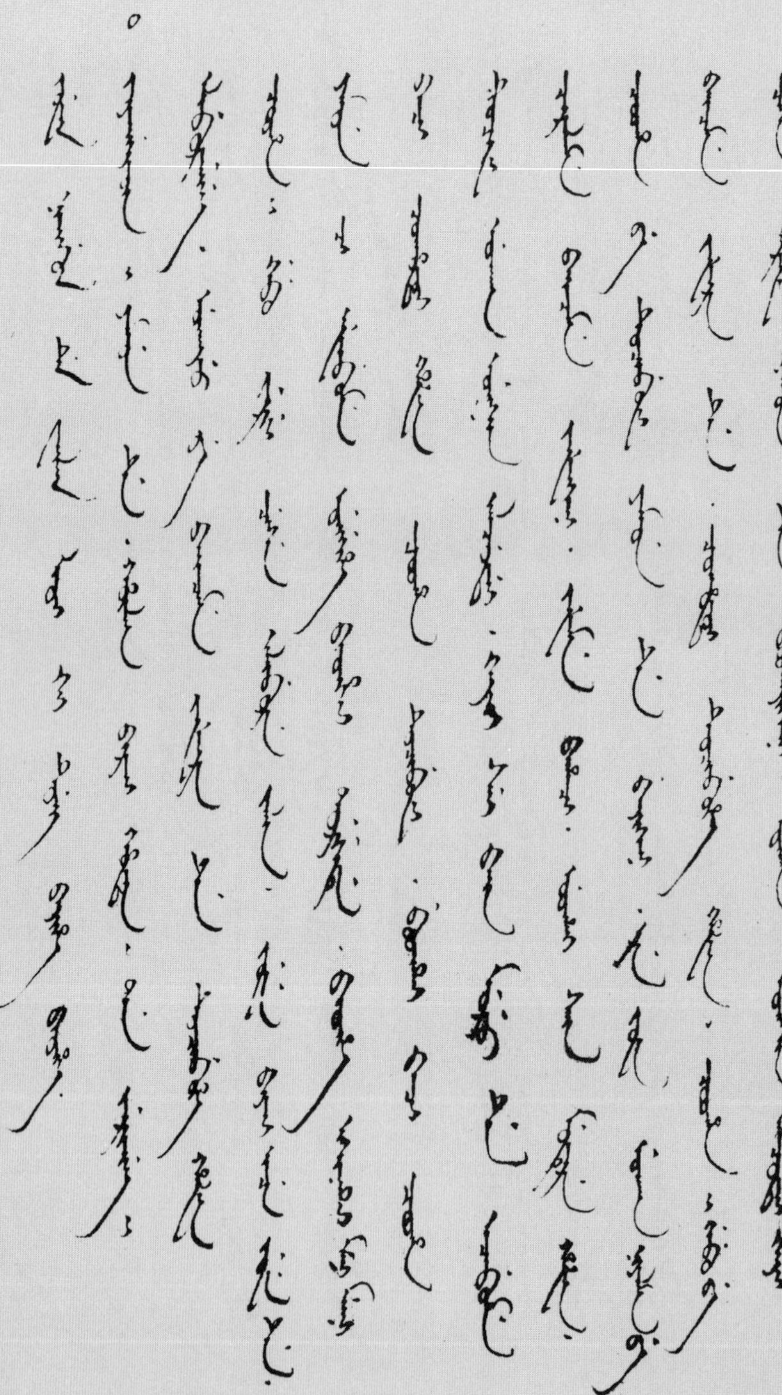

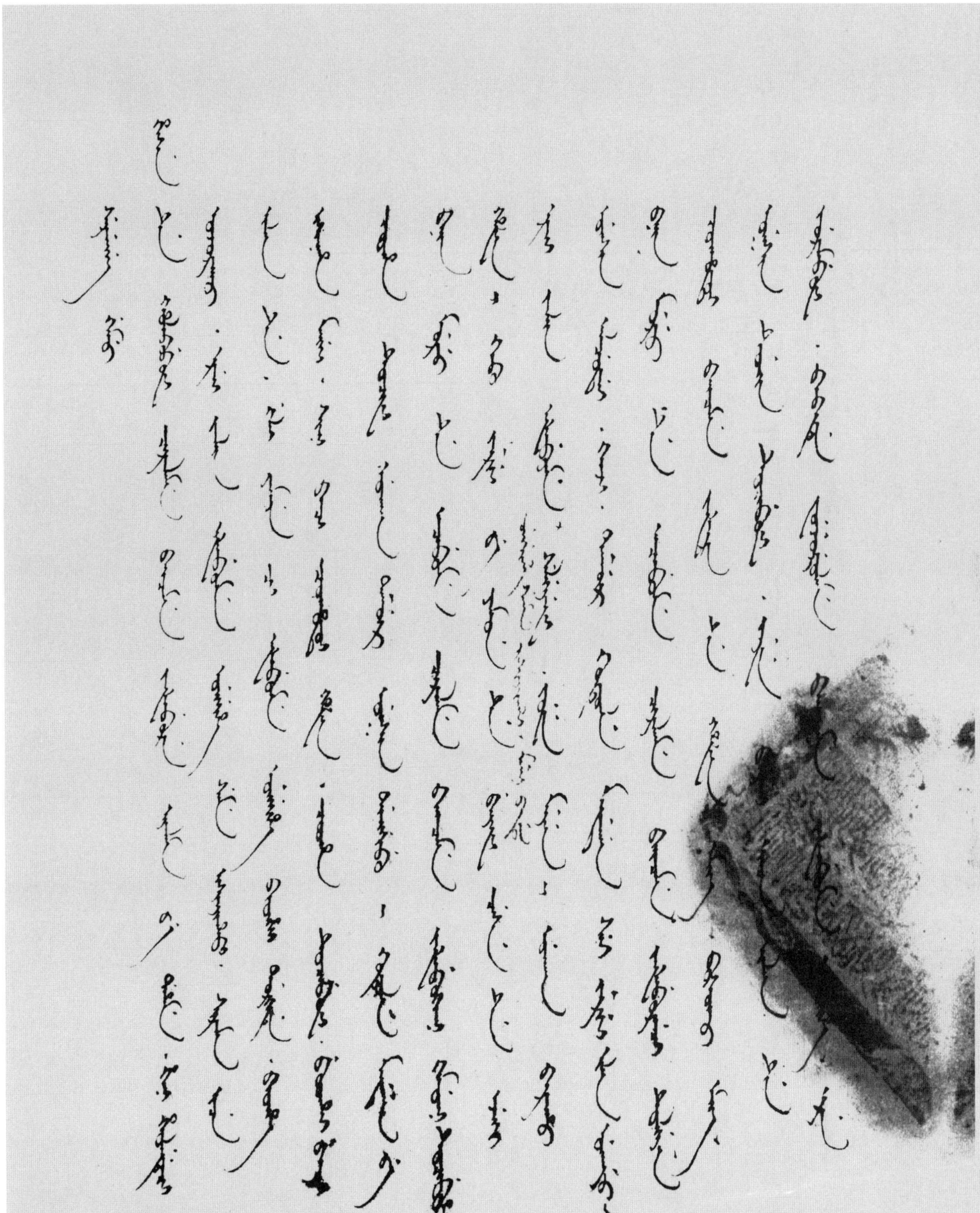

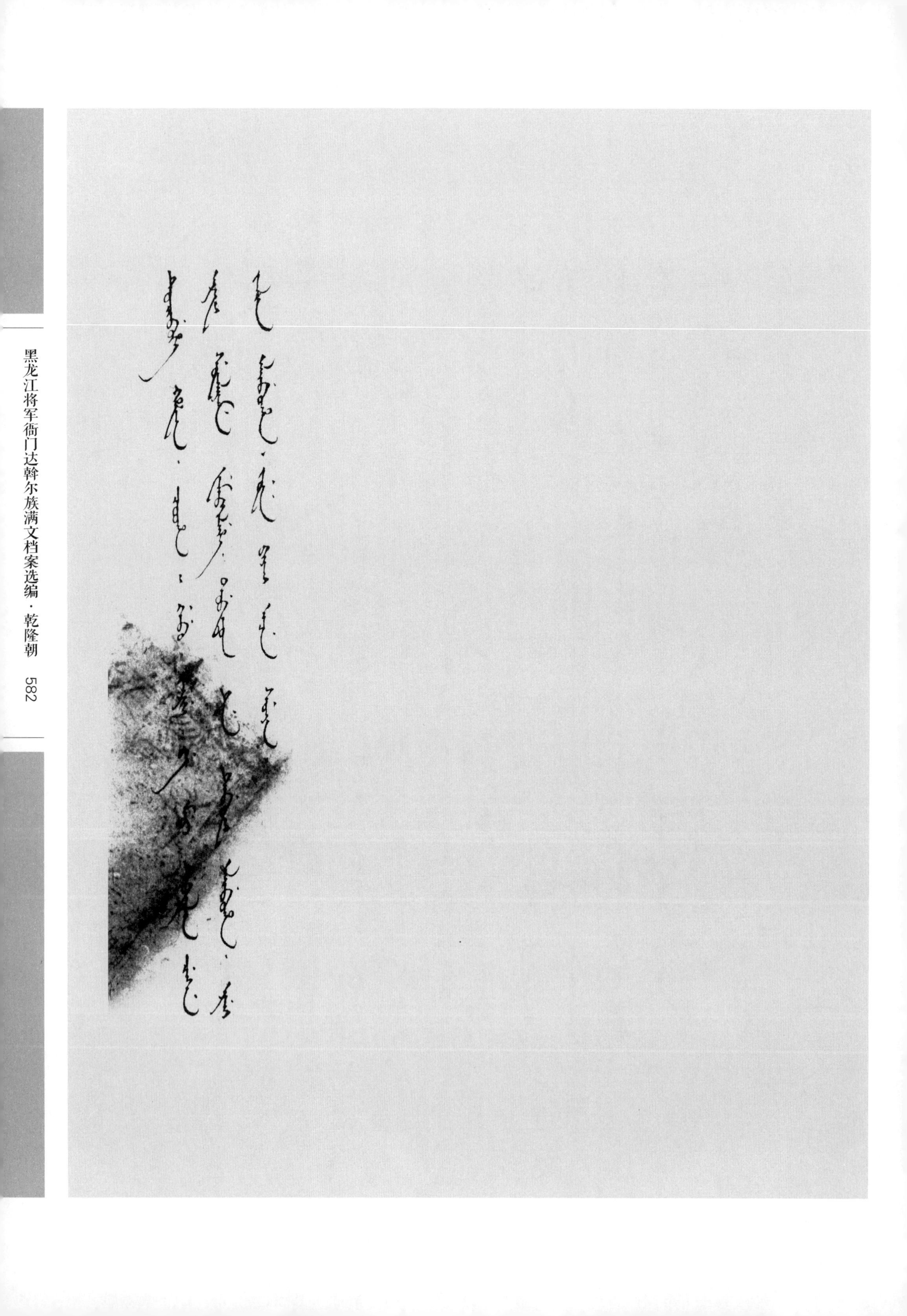

[illegible]

八〇七 暂理黑龙江副都统印务协领穆尔德依为黑龙江各处满洲达斡尔佐领骁骑校等出缺拣员报送事

呈黑龙江将军衙门文

乾隆二十年二月二十三日

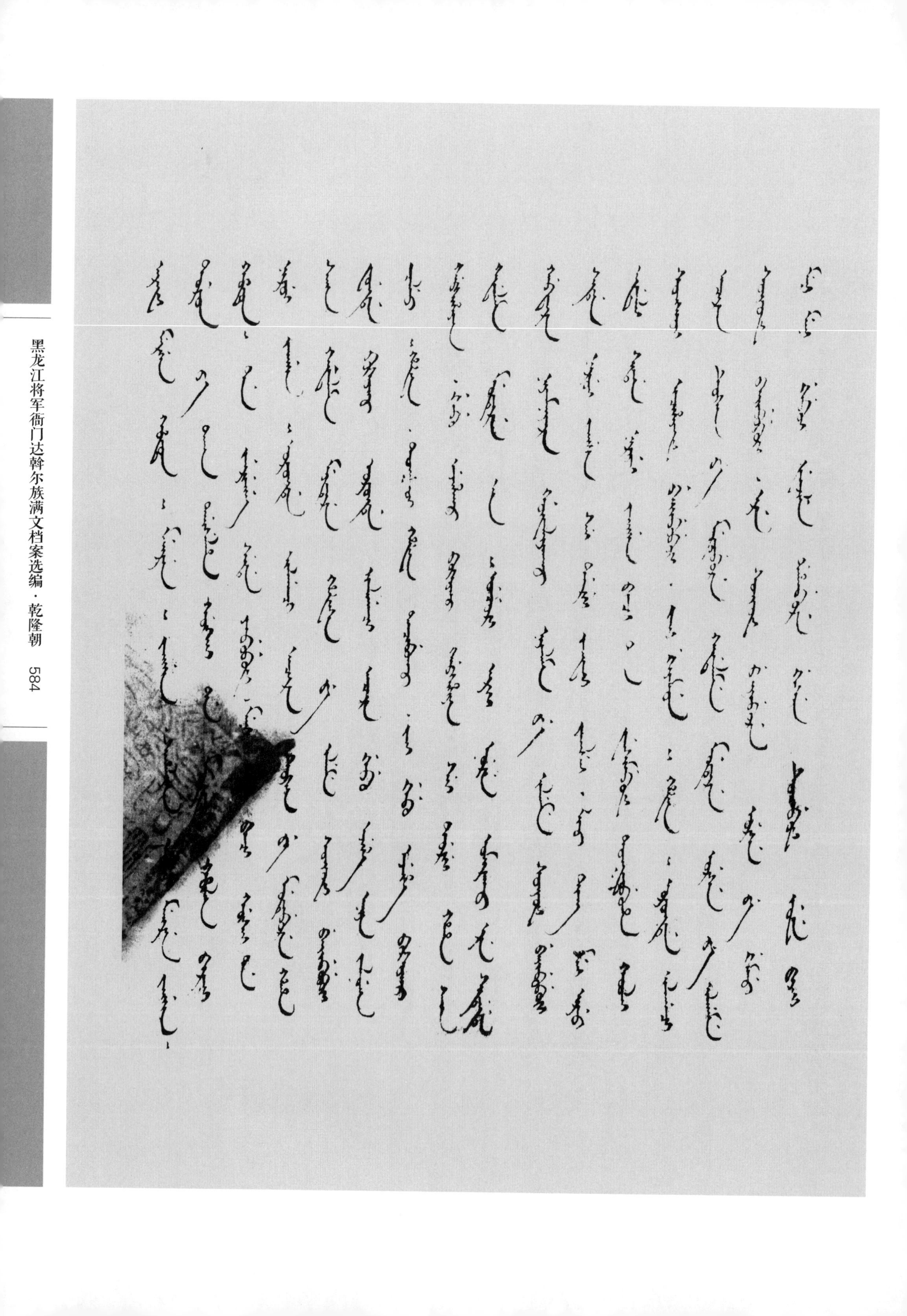

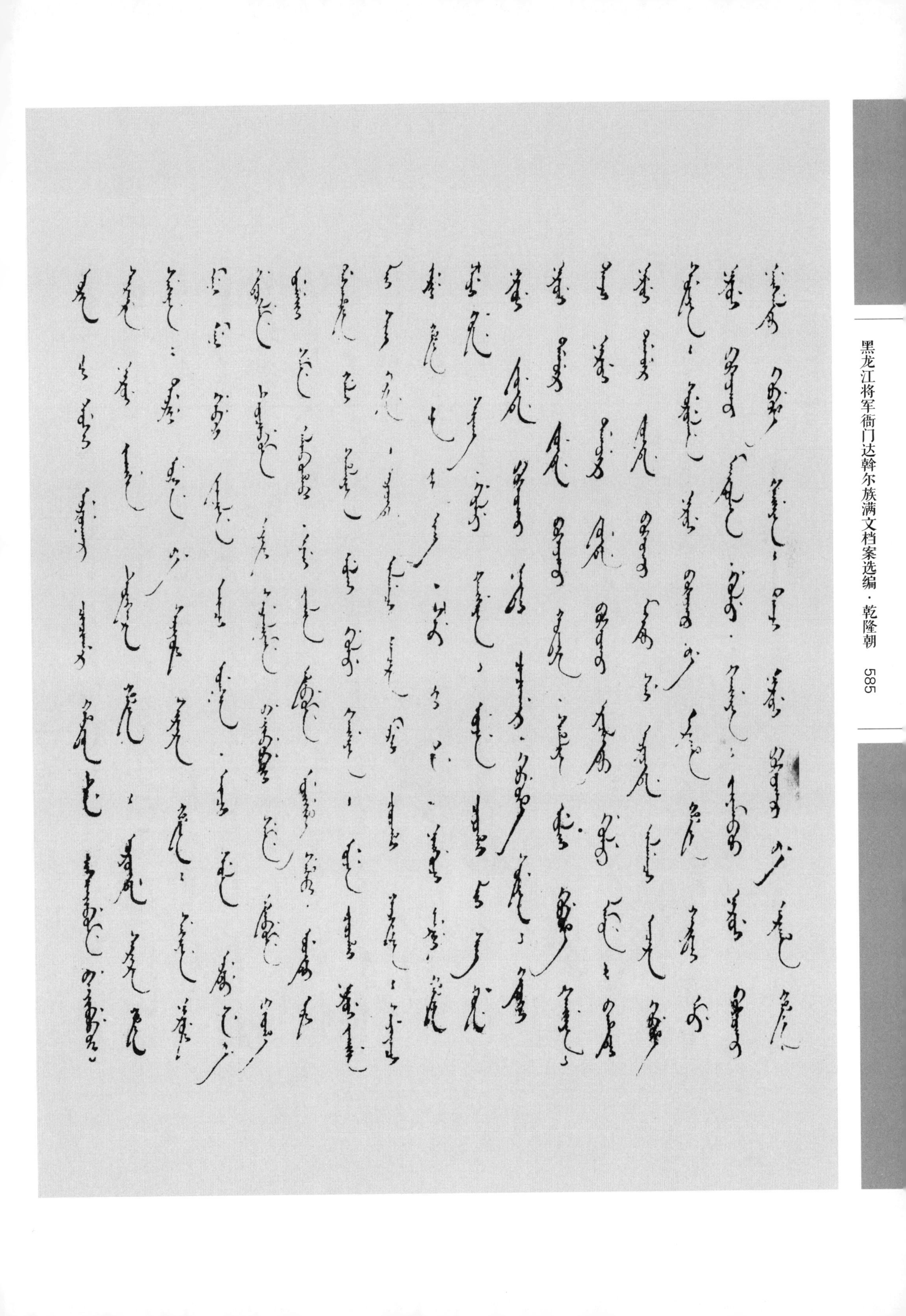

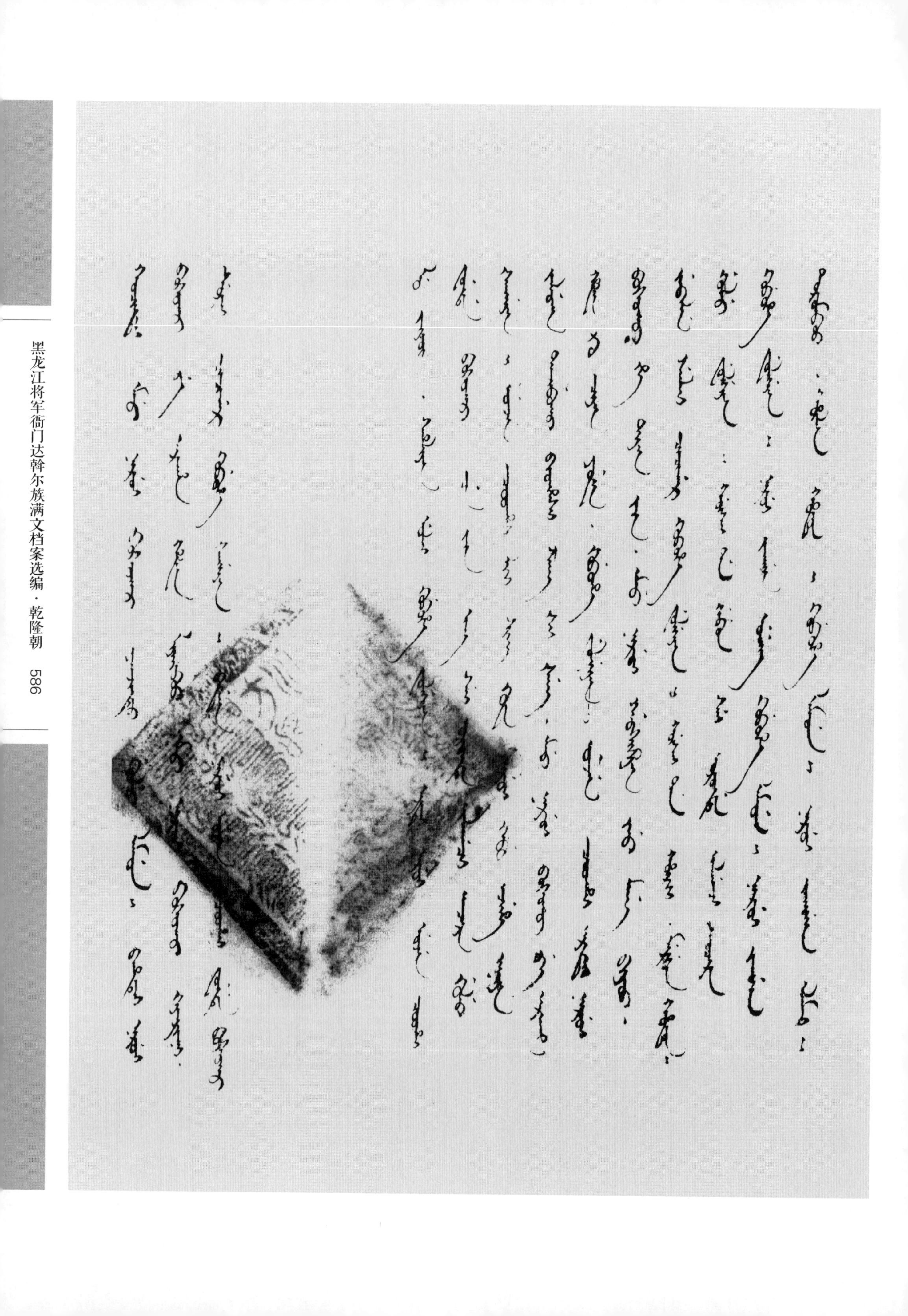

[illegible]

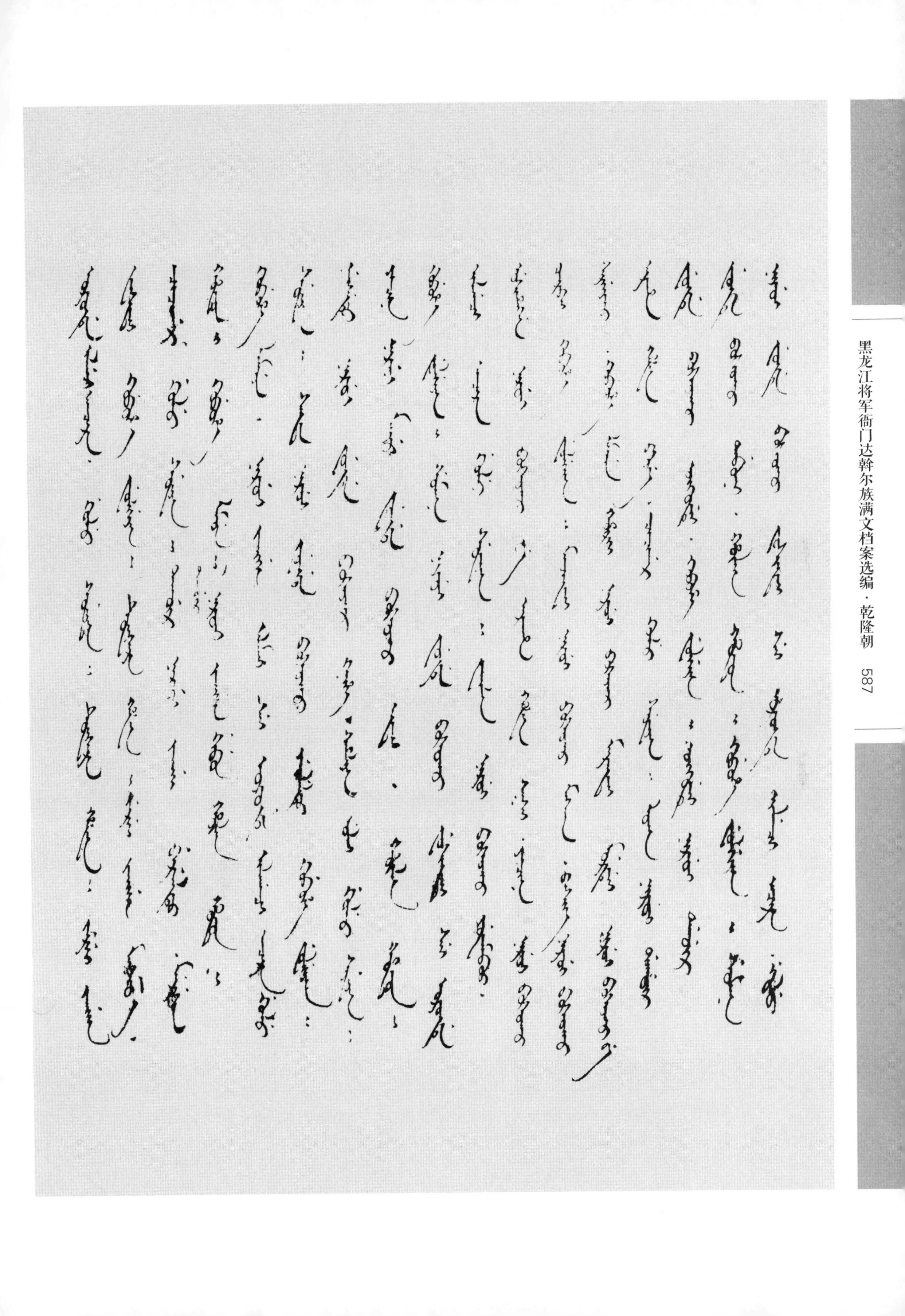

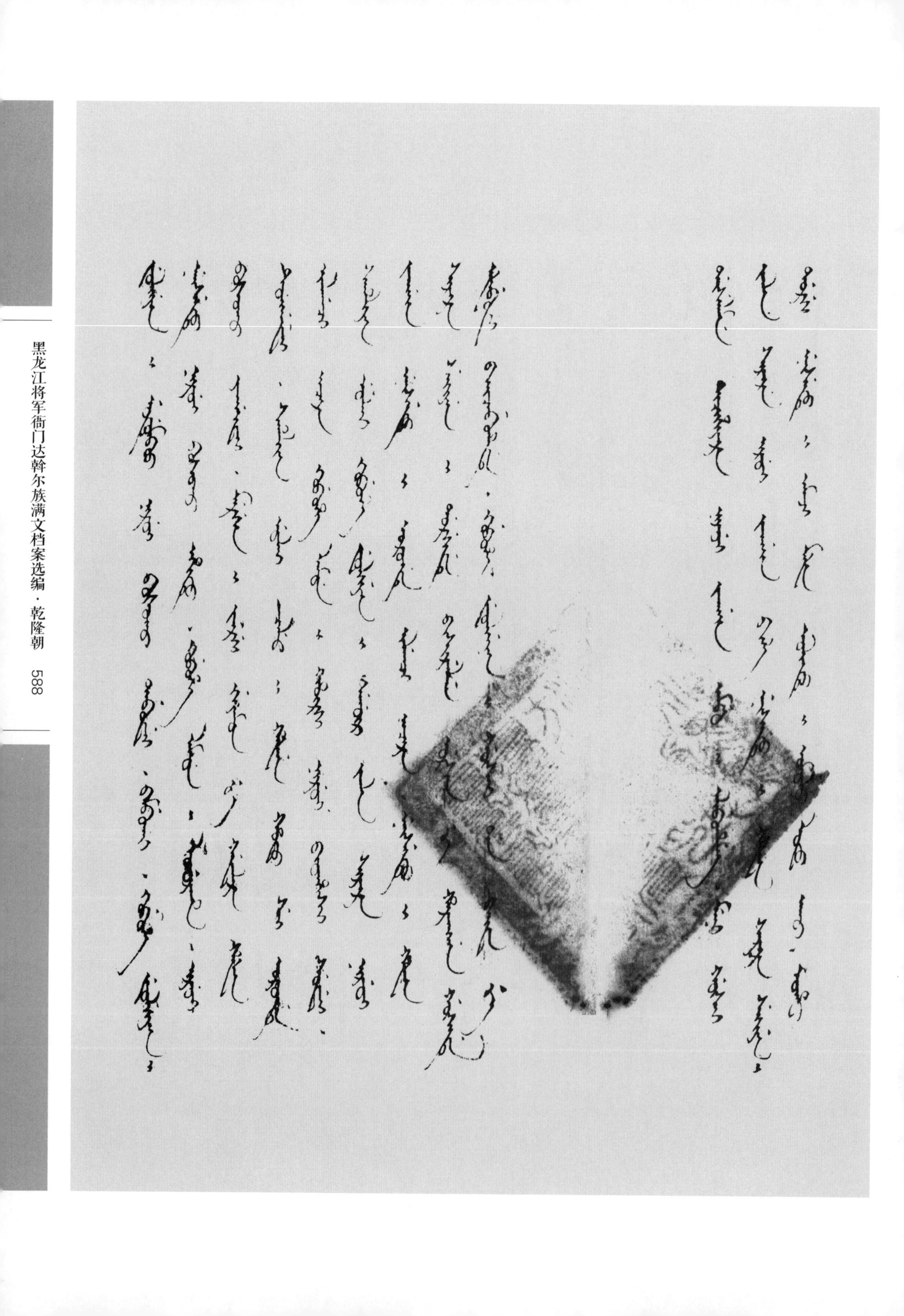

[illegible]

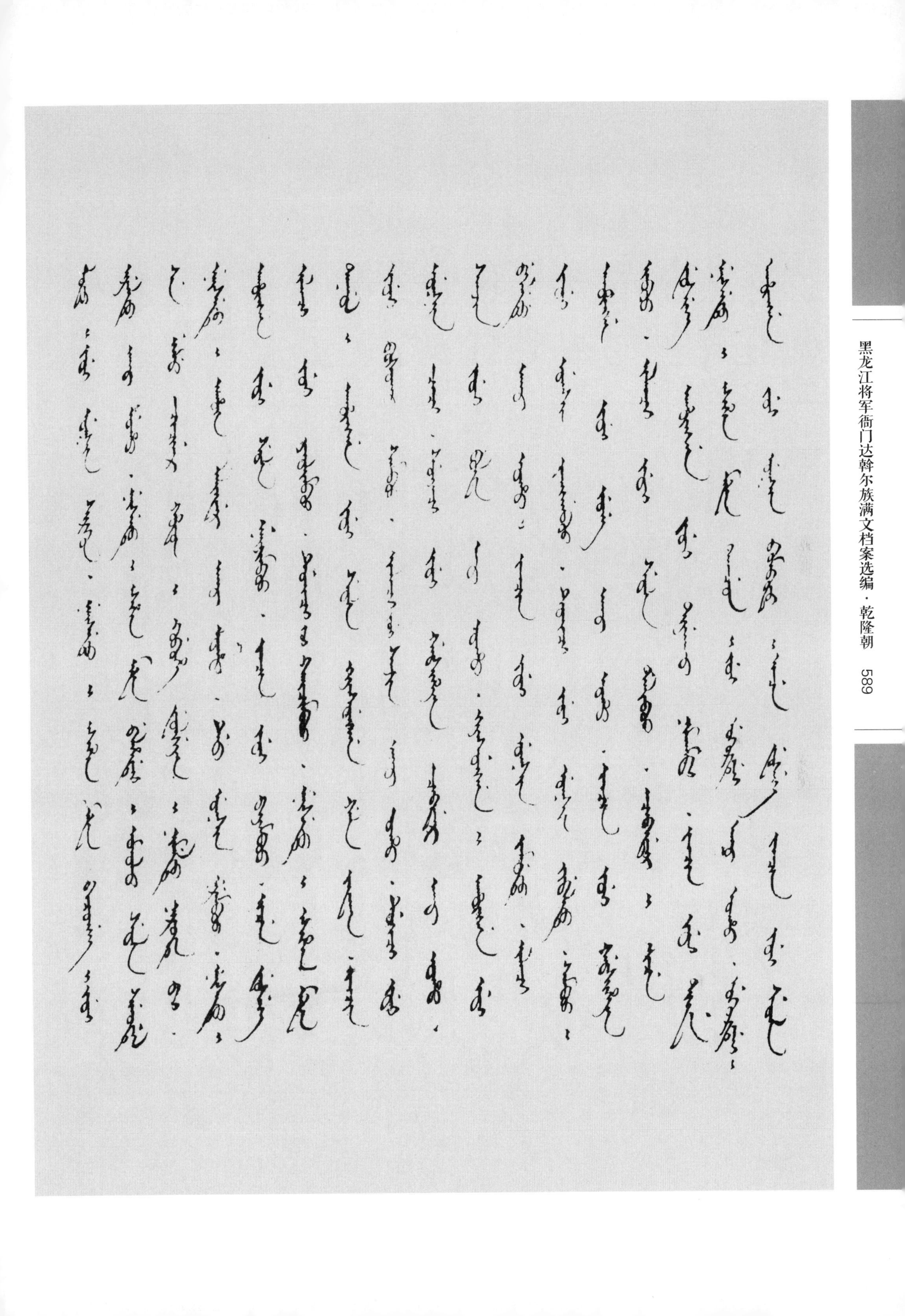

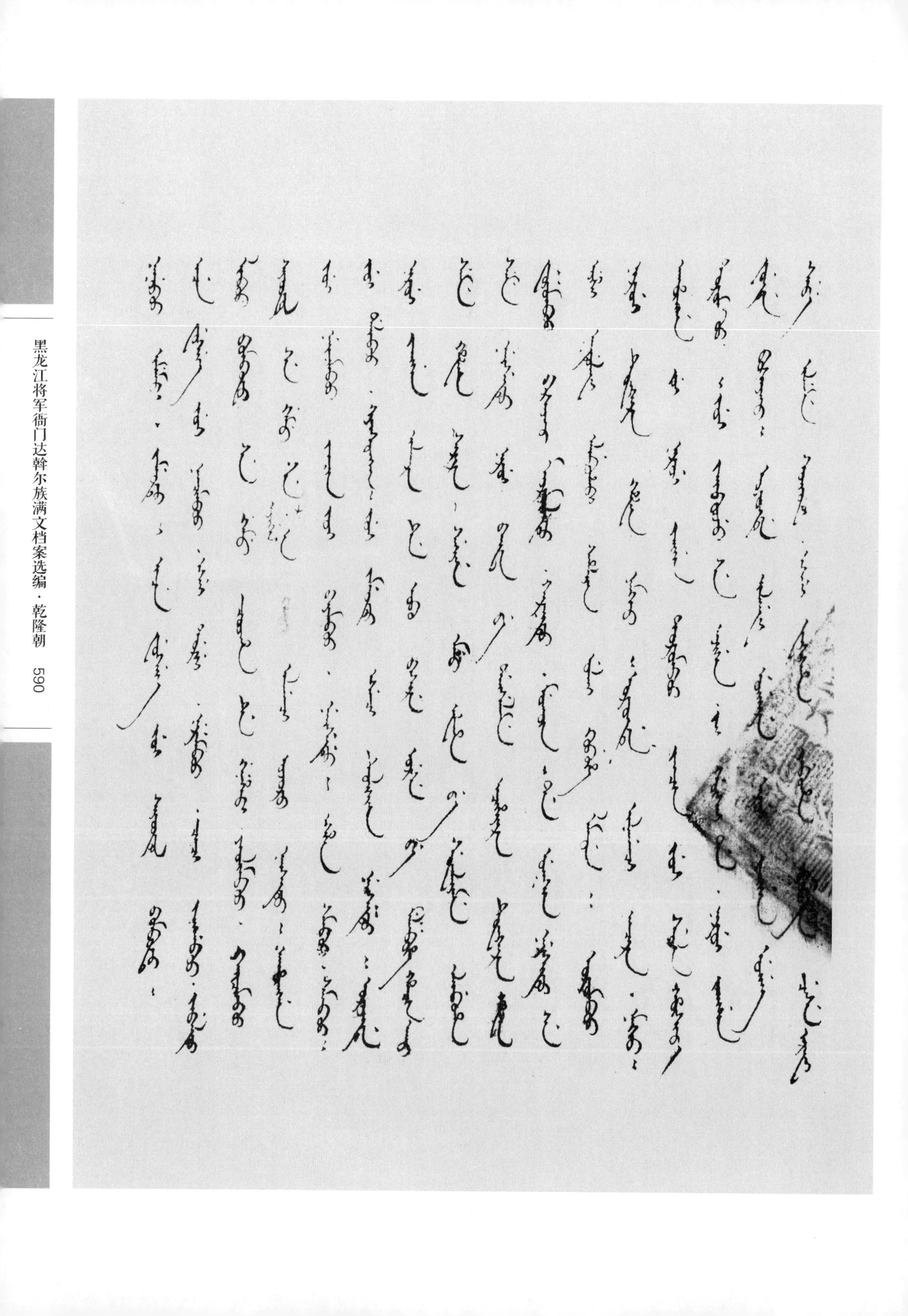

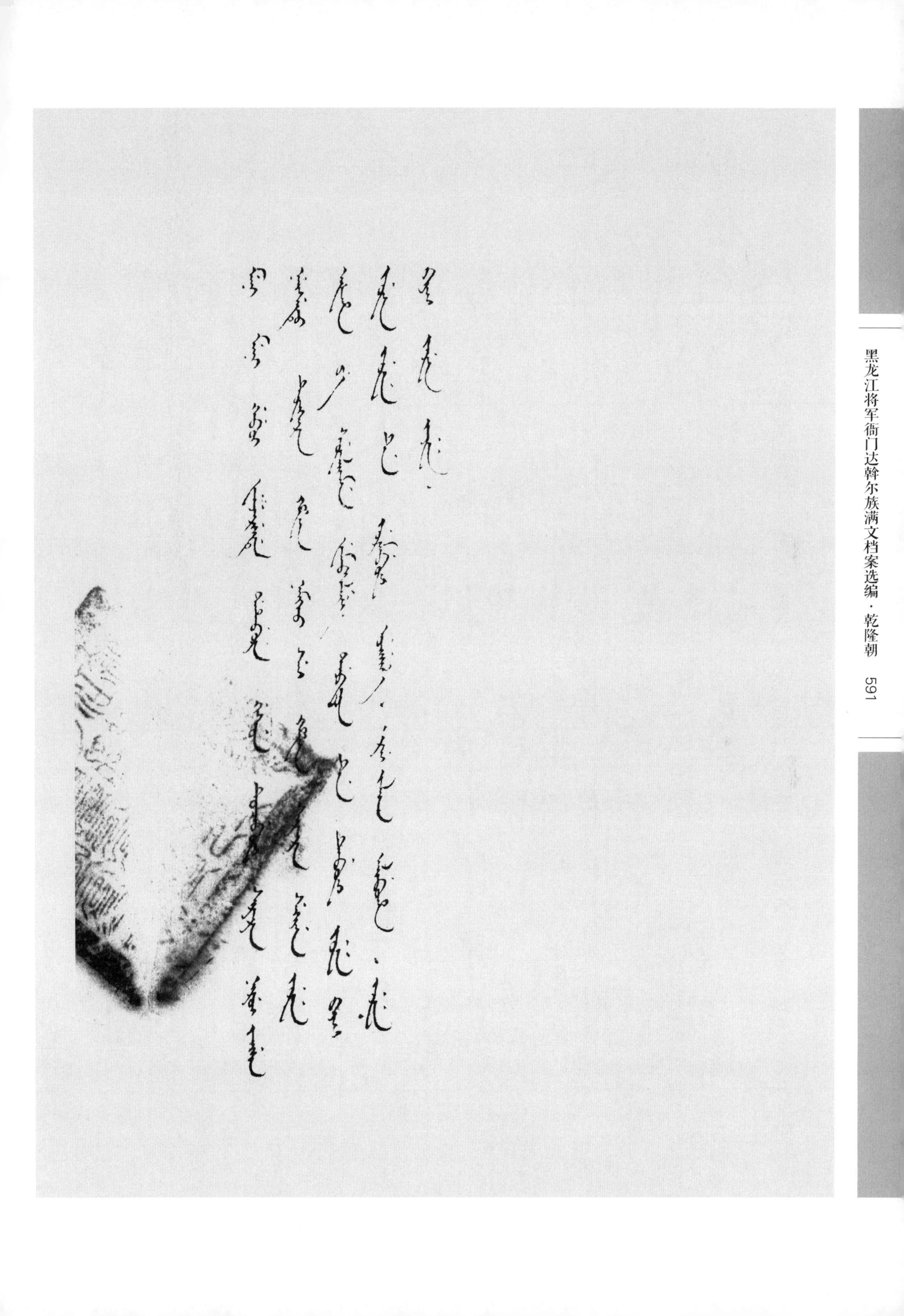

八〇八 墨尔根副都统衙门为黑龙江各处满洲达斡尔佐领骁骑校等出缺拣员报送事咨黑龙江将军衙门文

乾隆二十年二月二十三日

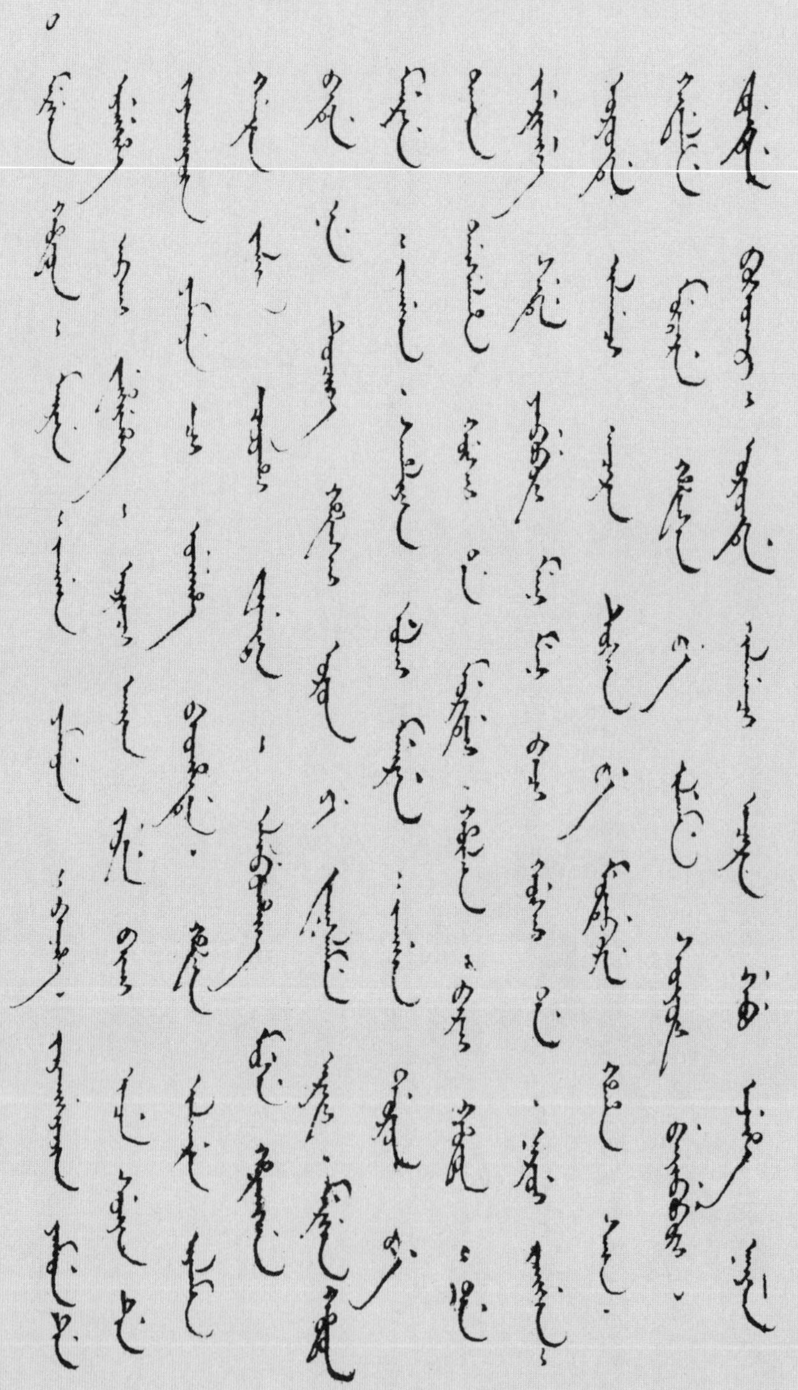

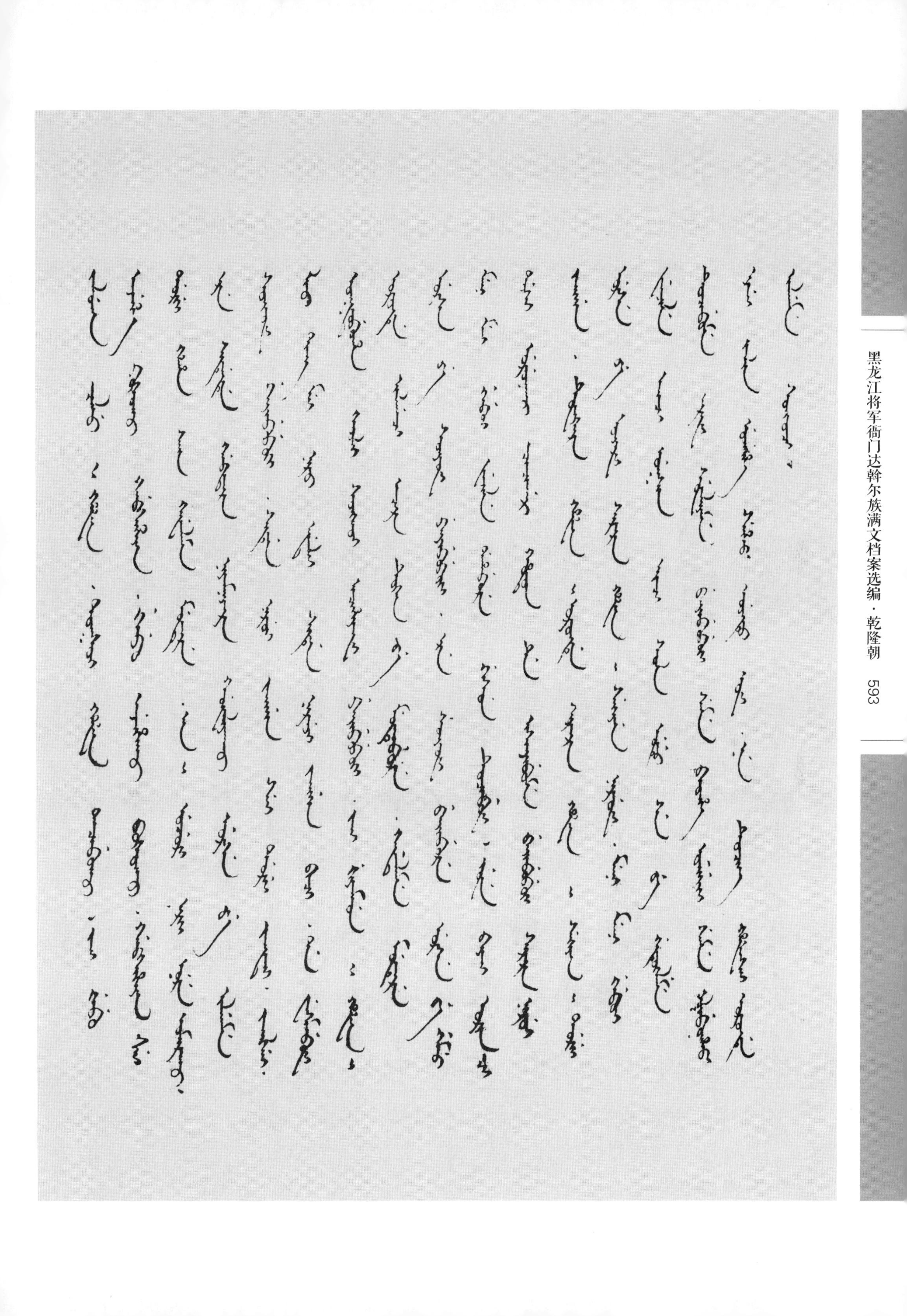

[illegible]

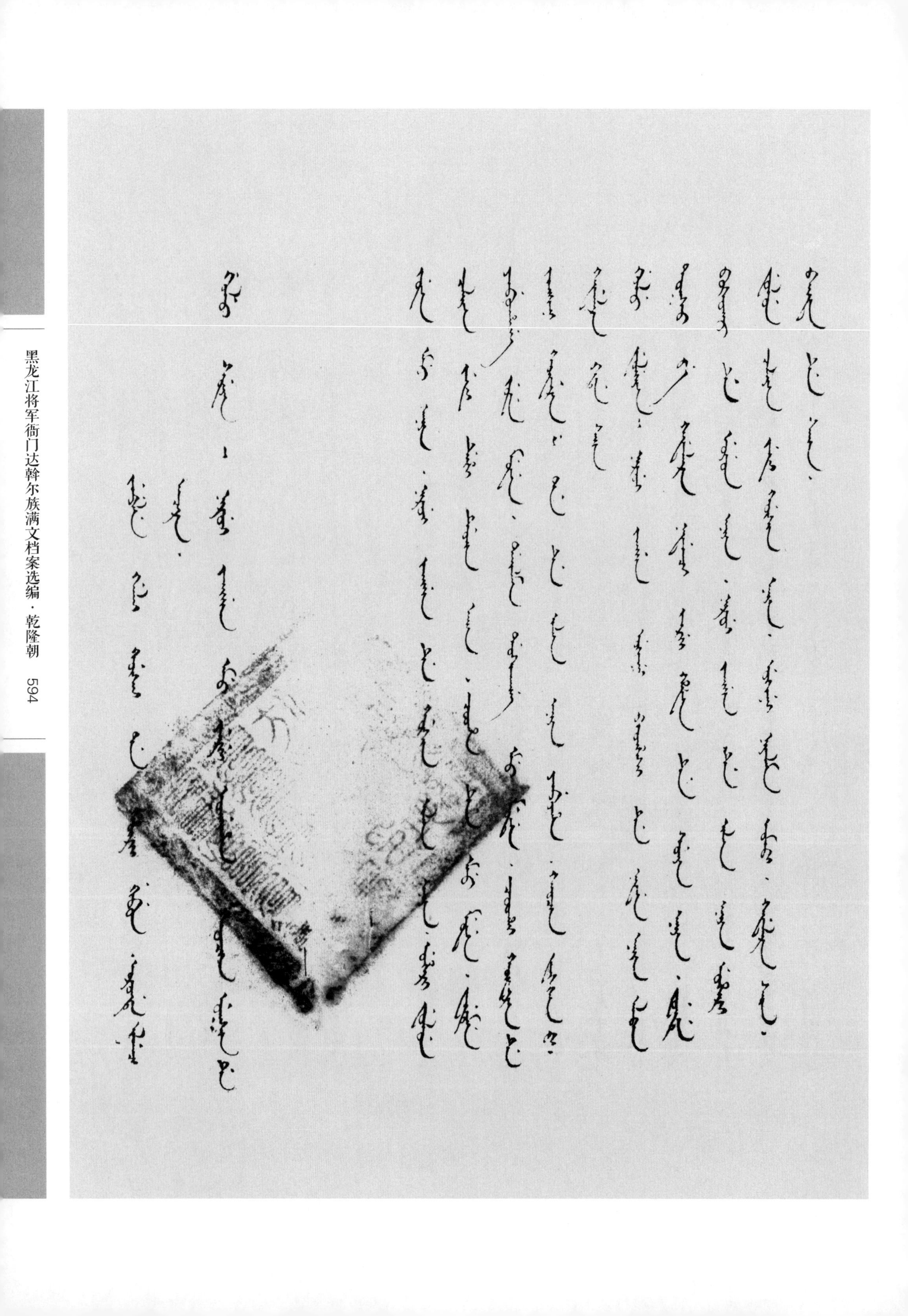

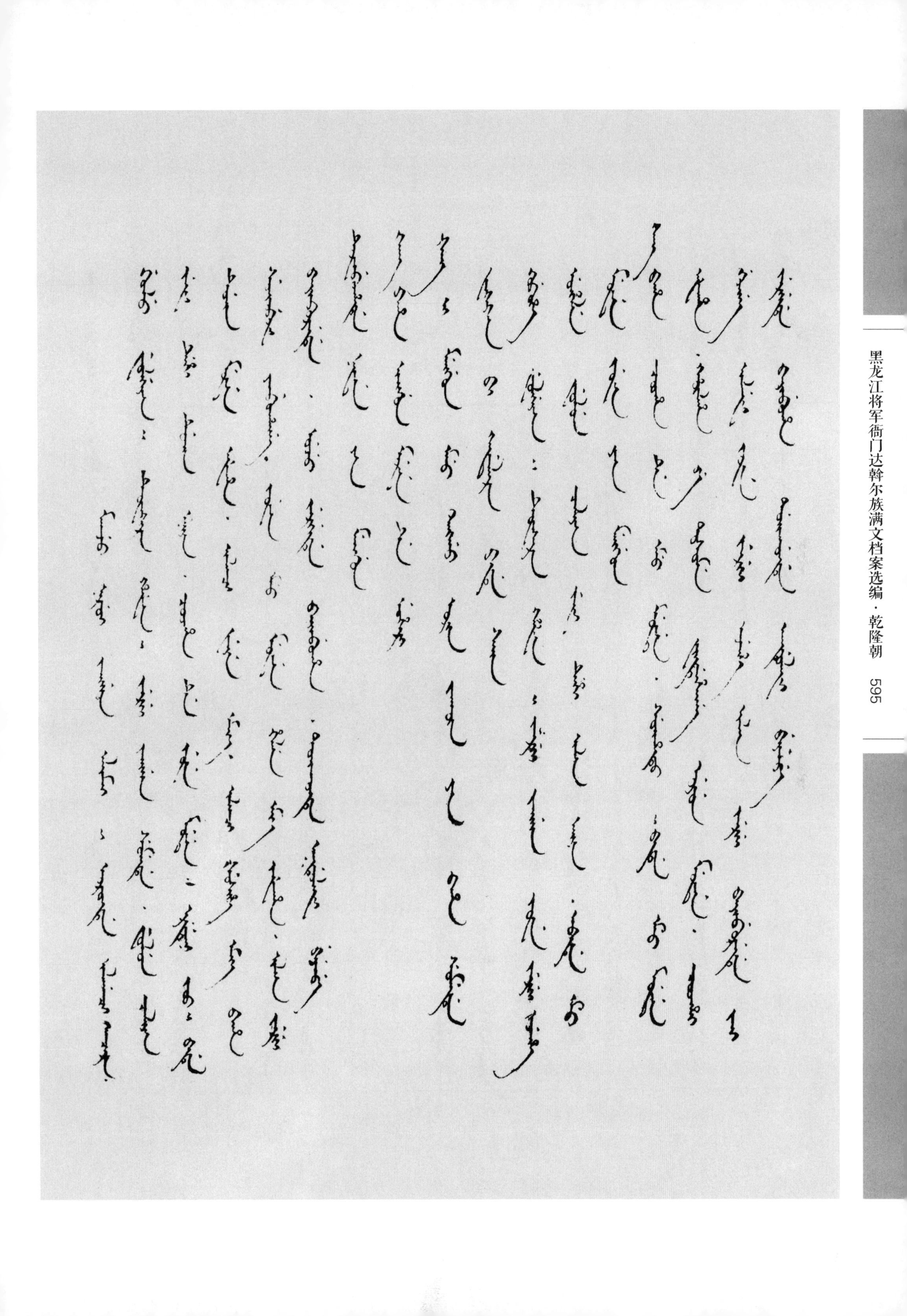

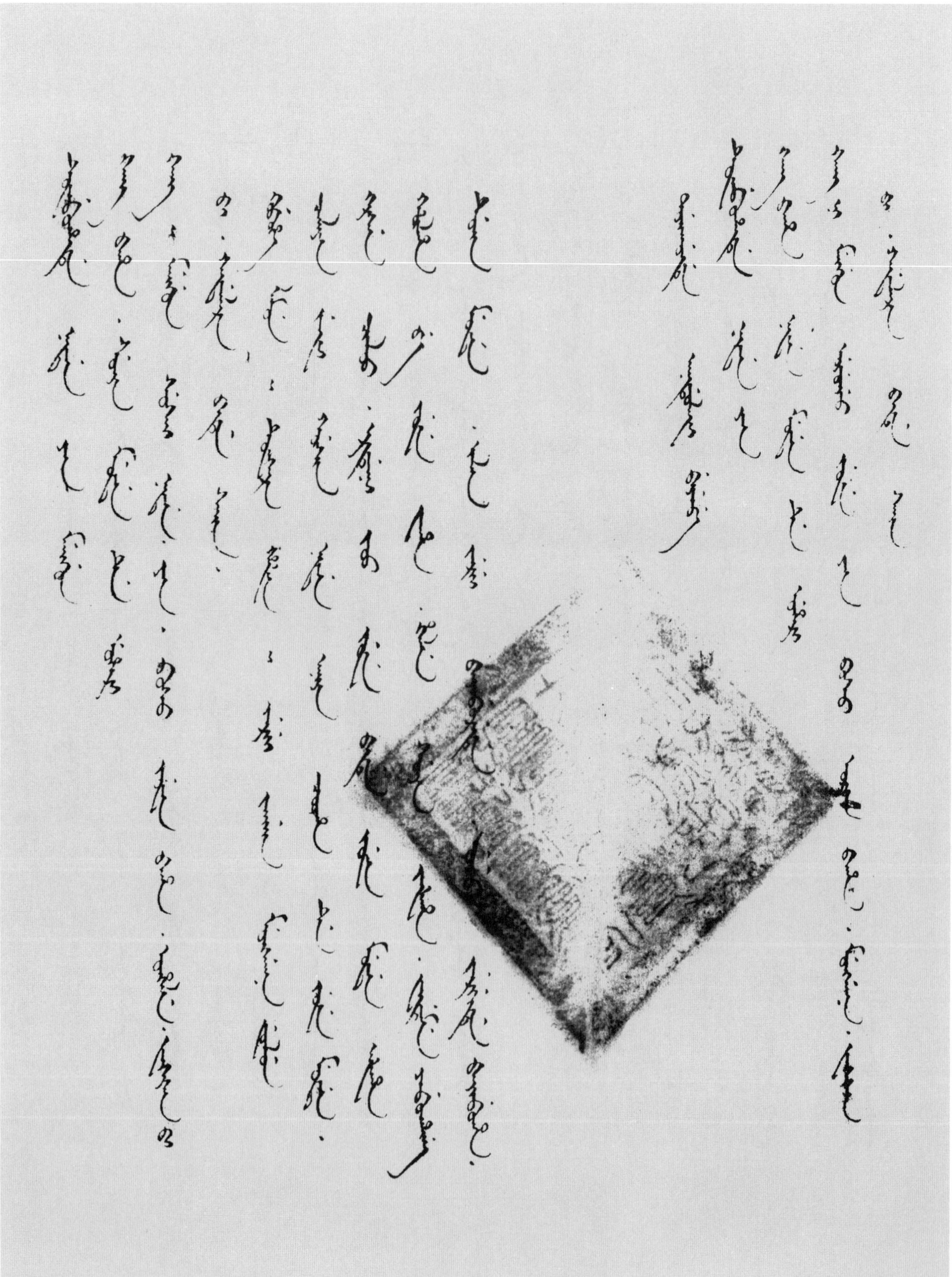

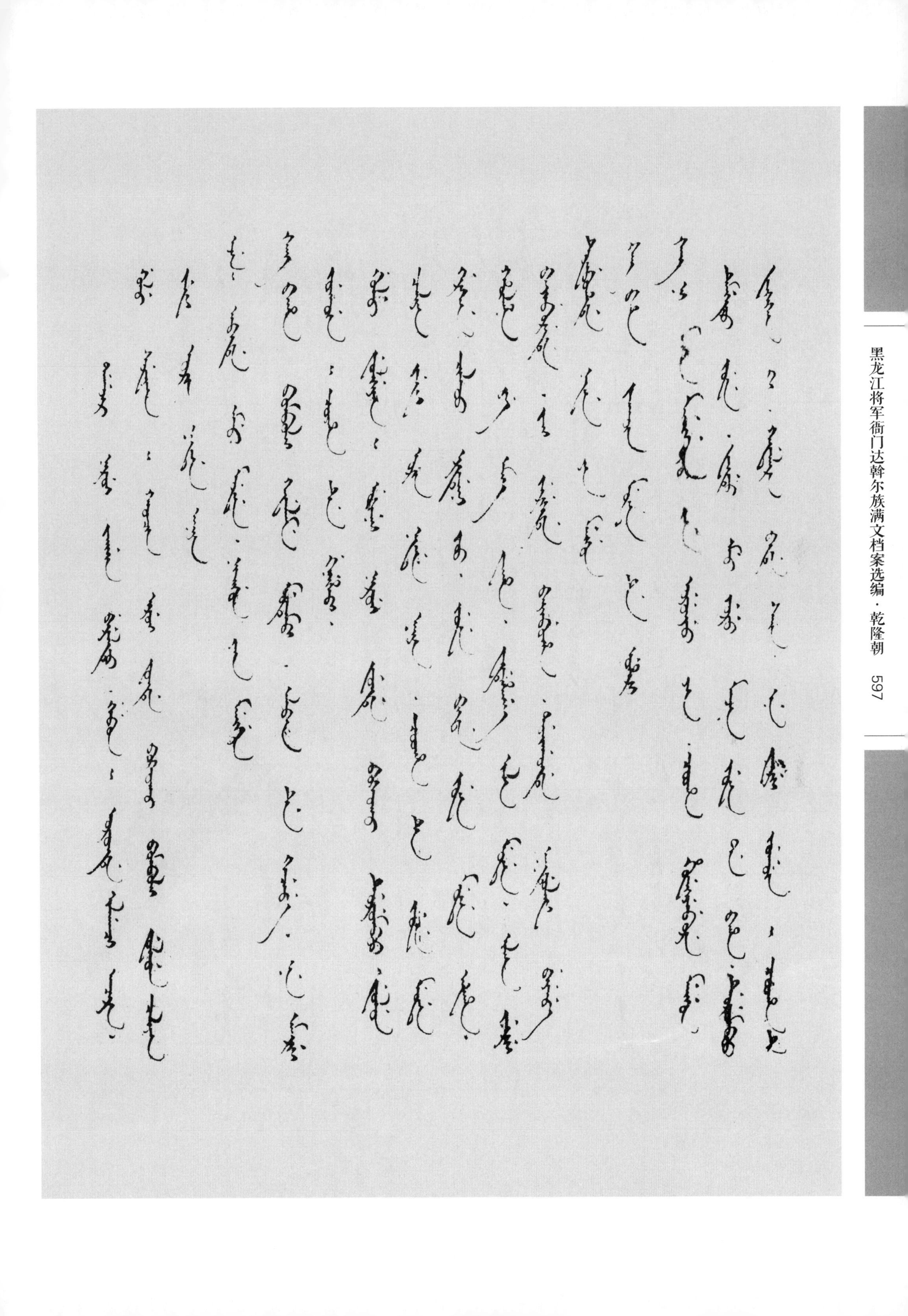

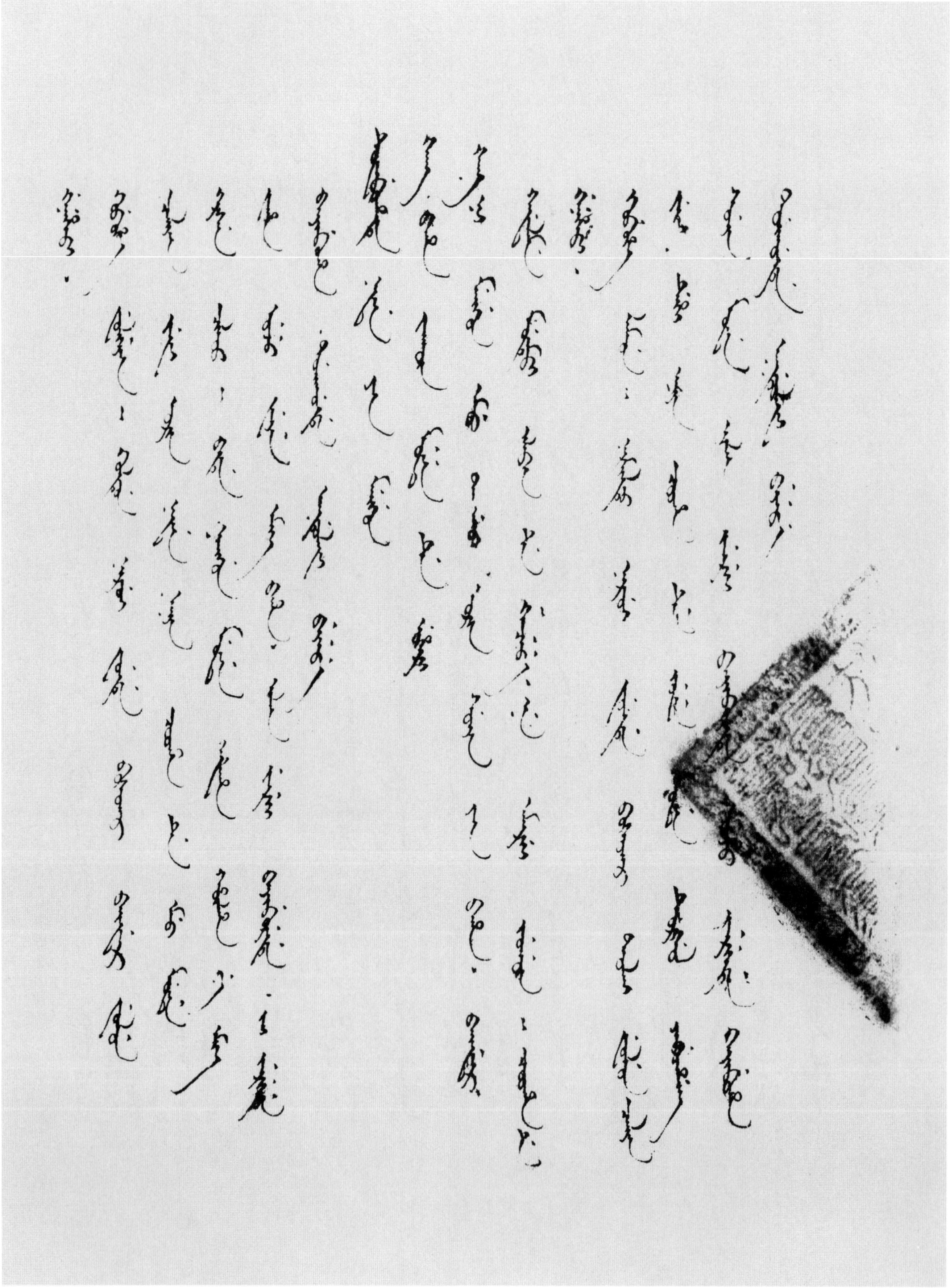

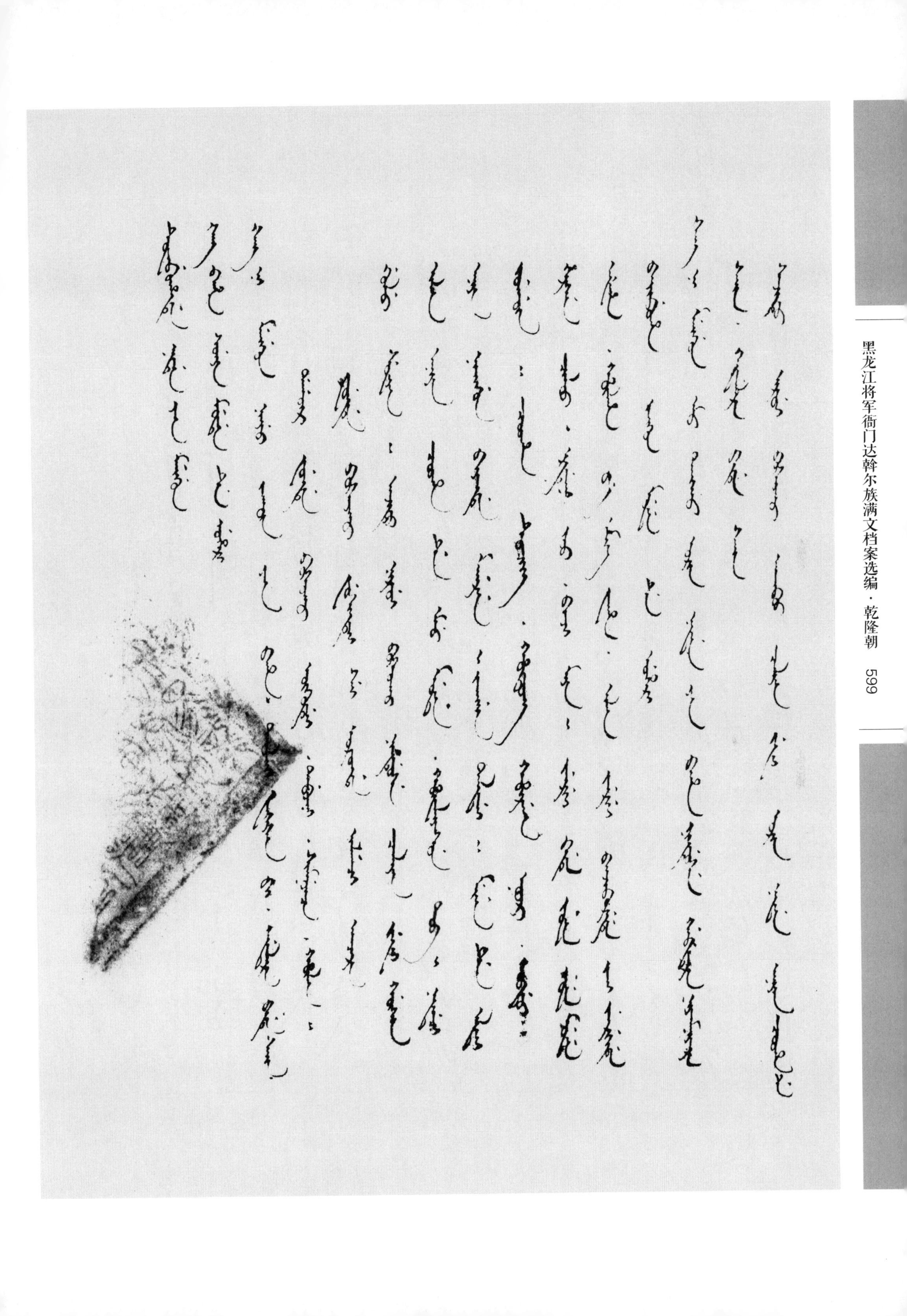

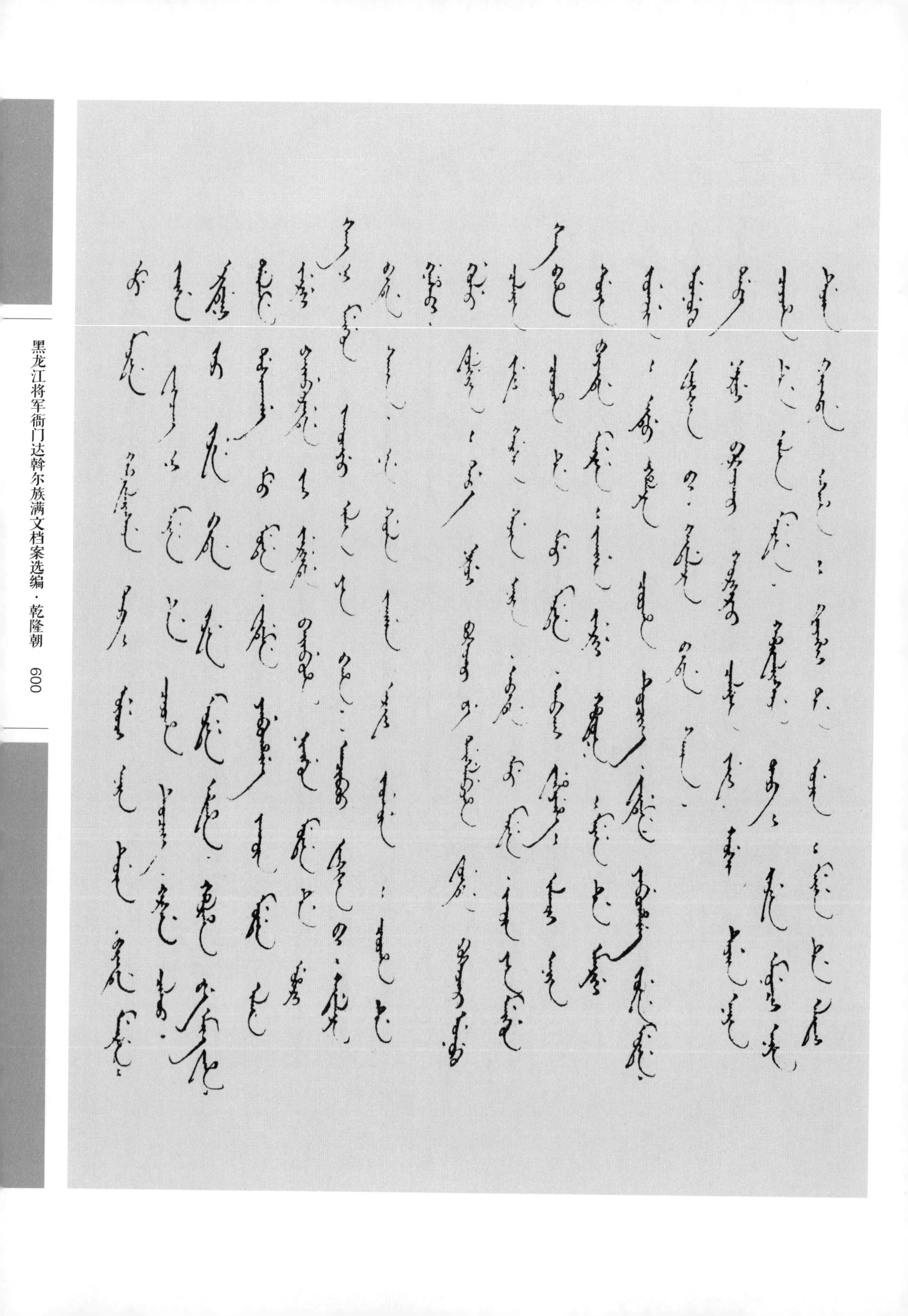

[illegible]

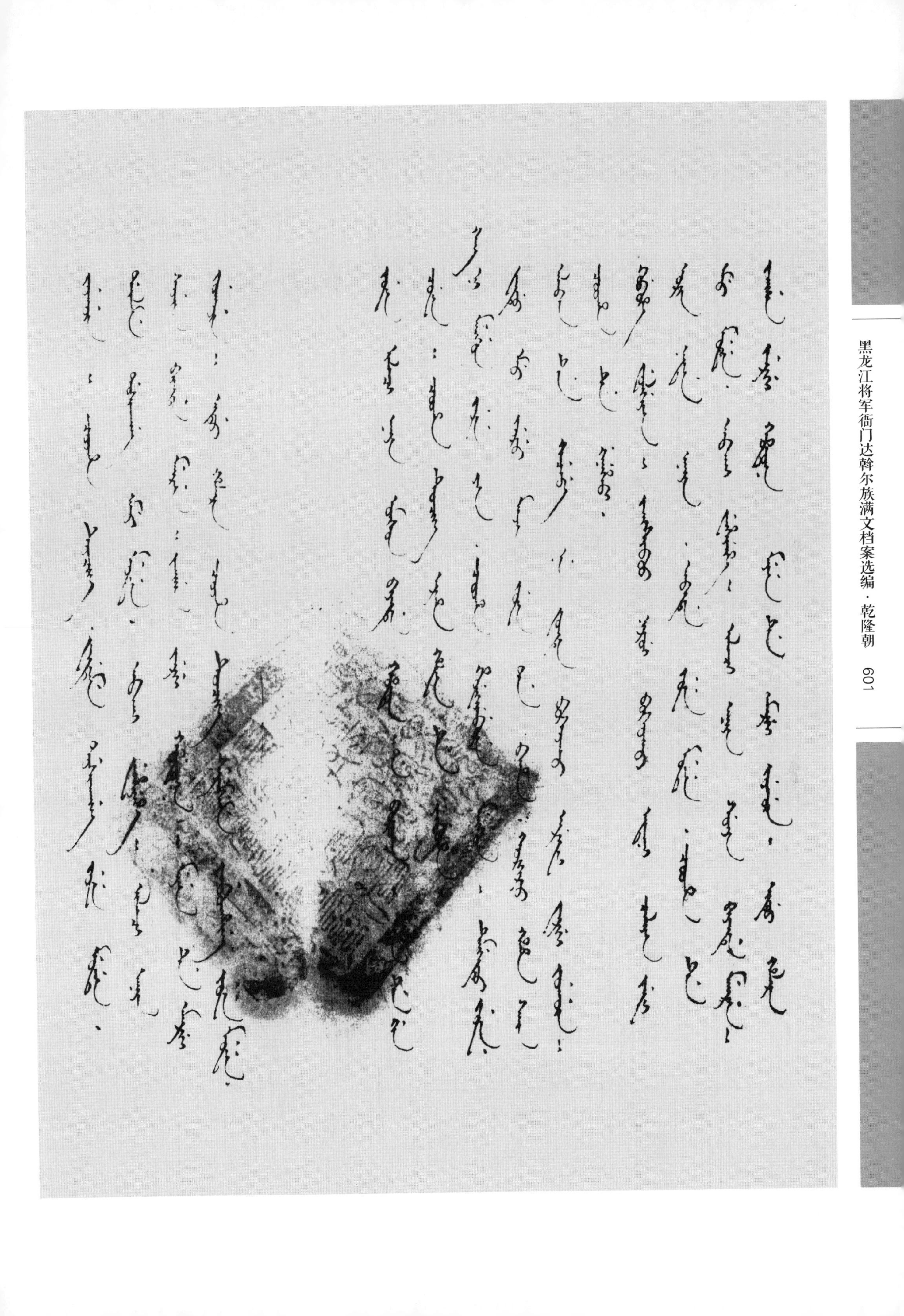

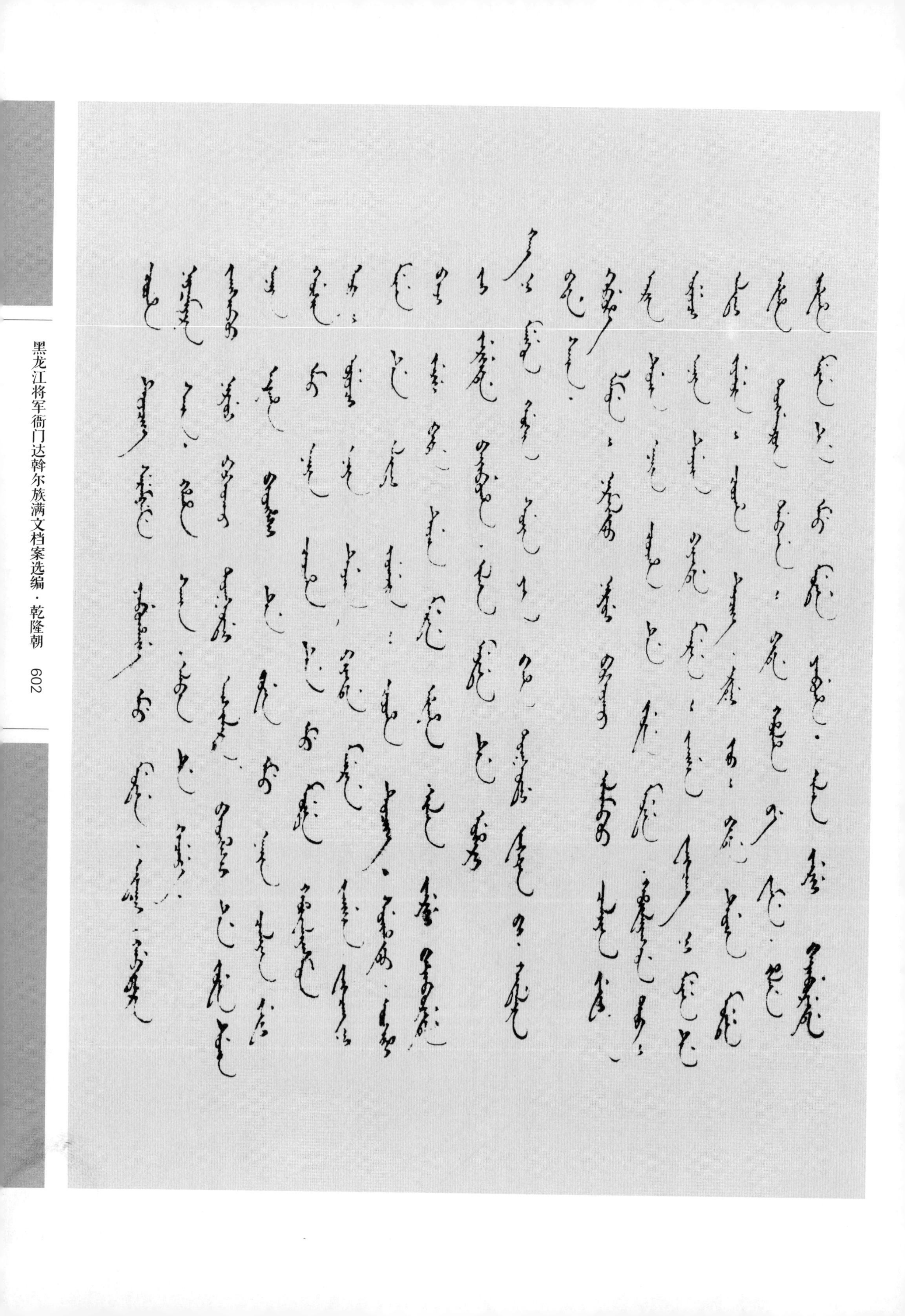

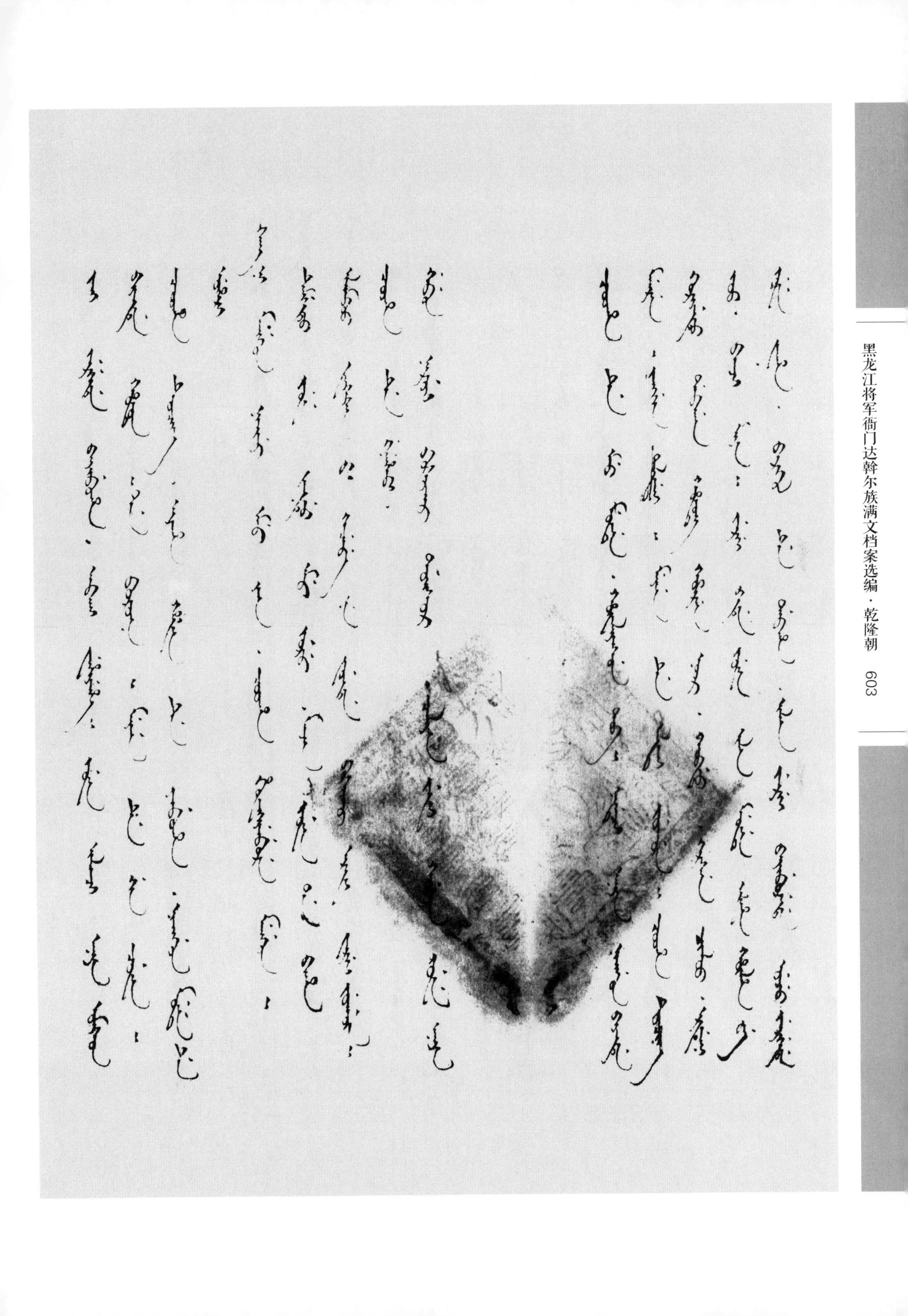

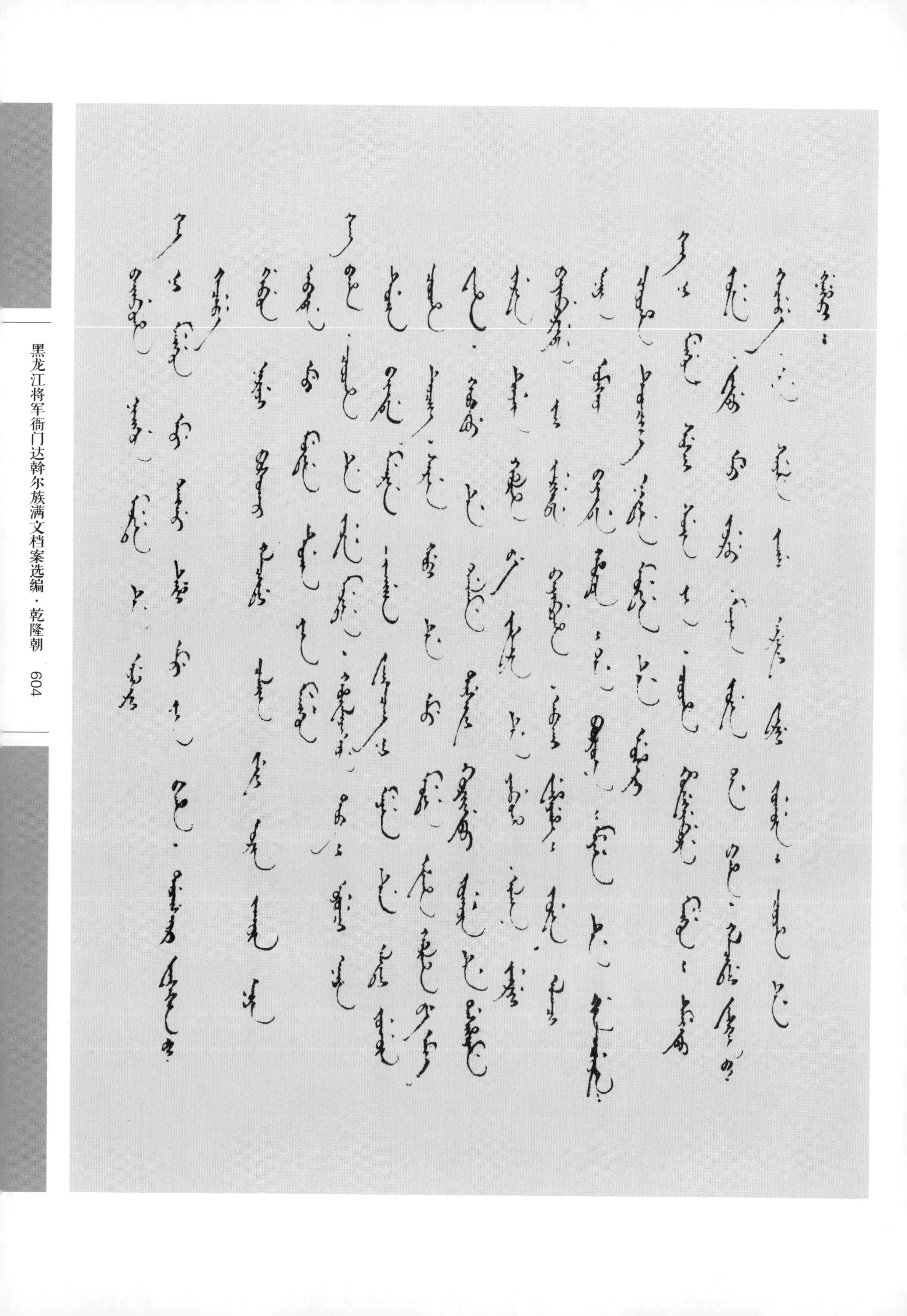

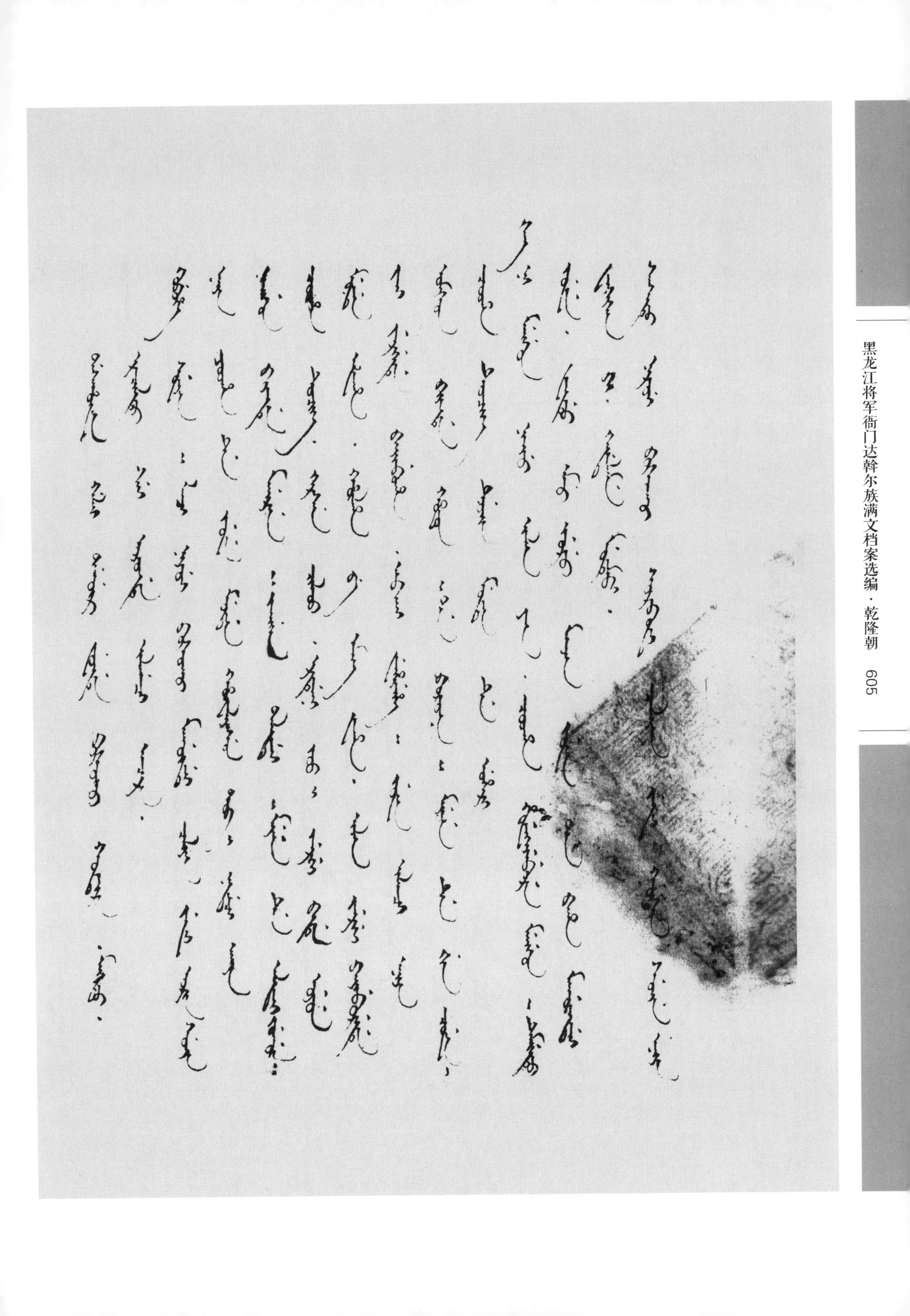

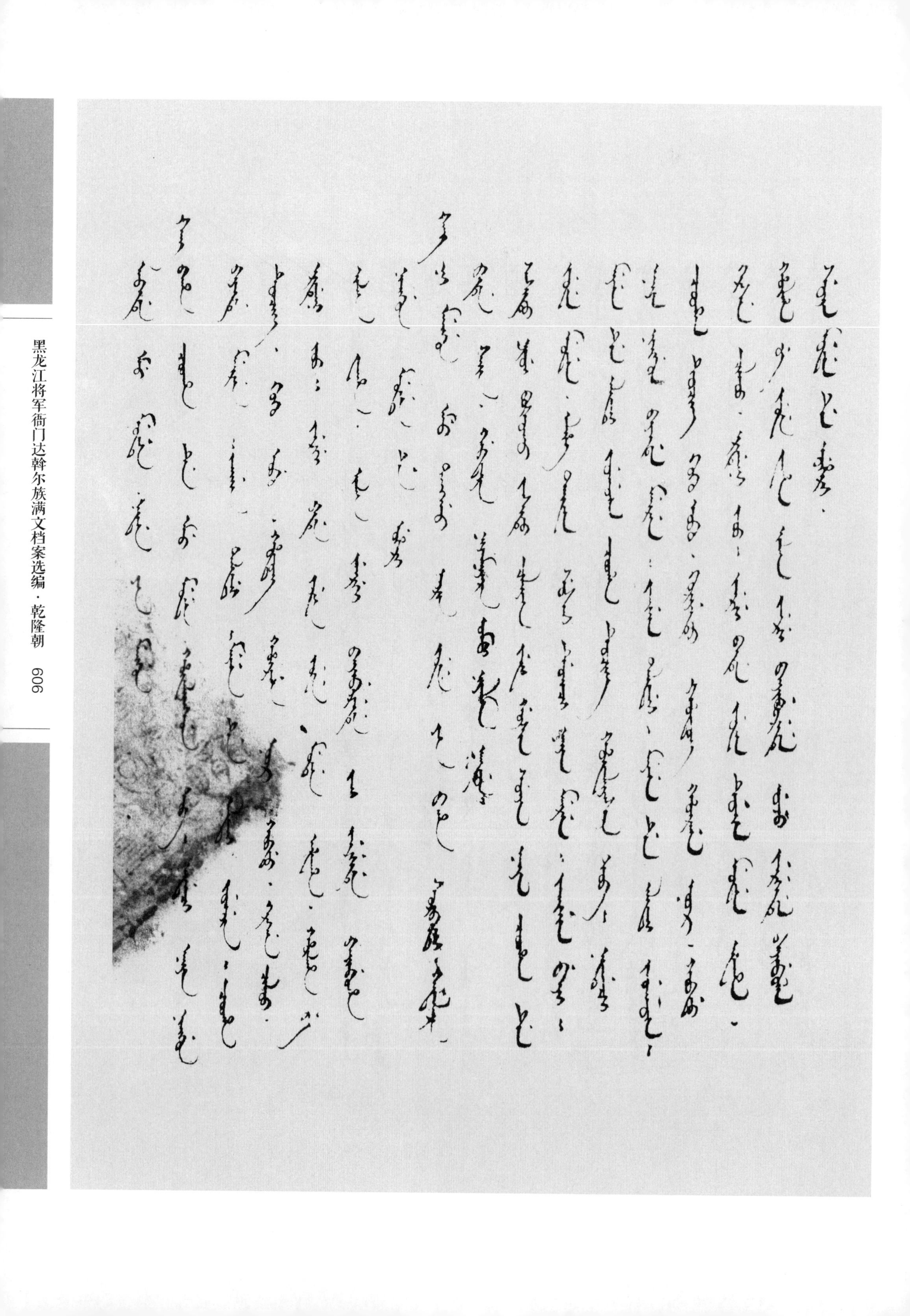

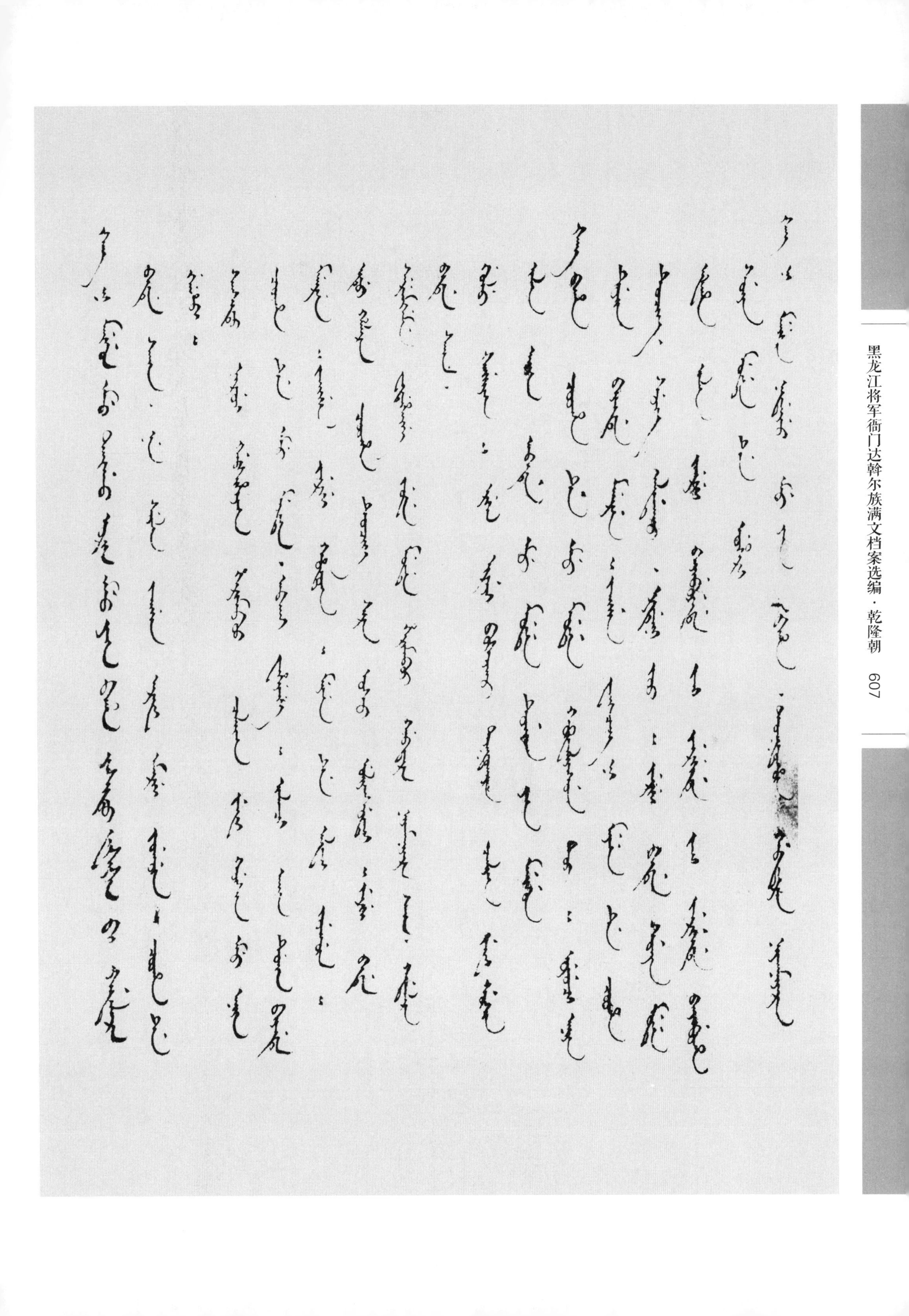

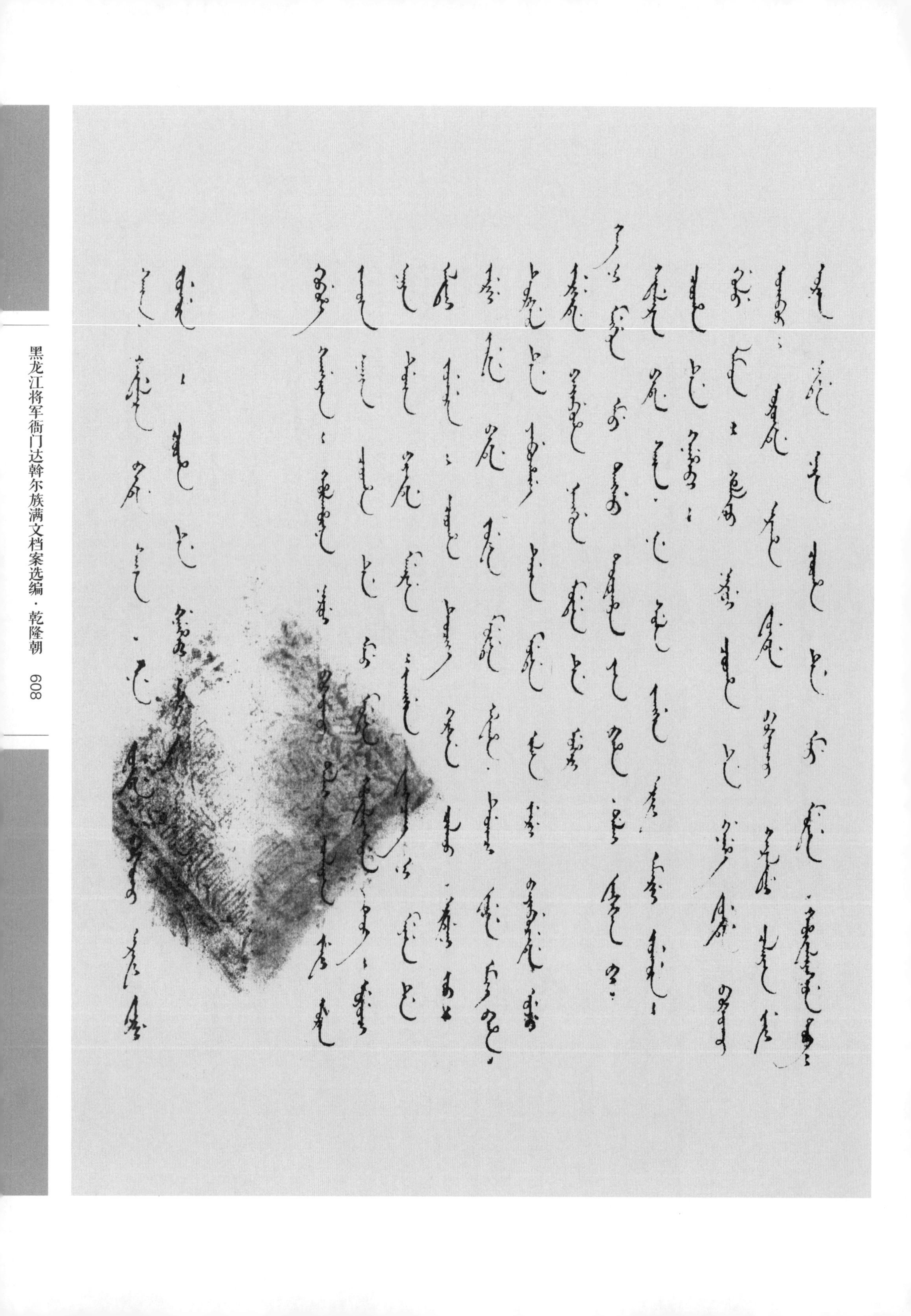

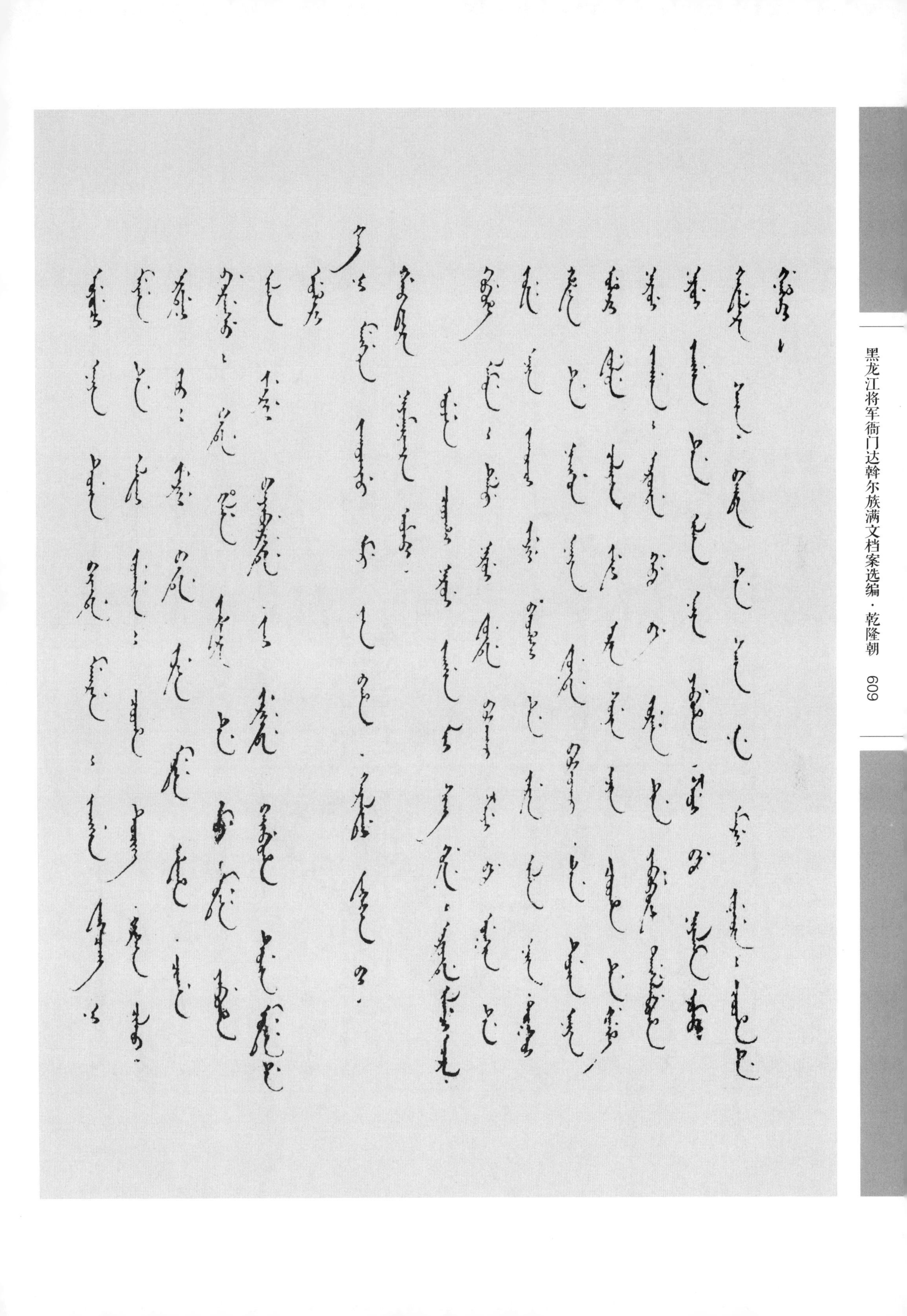

[illegible]

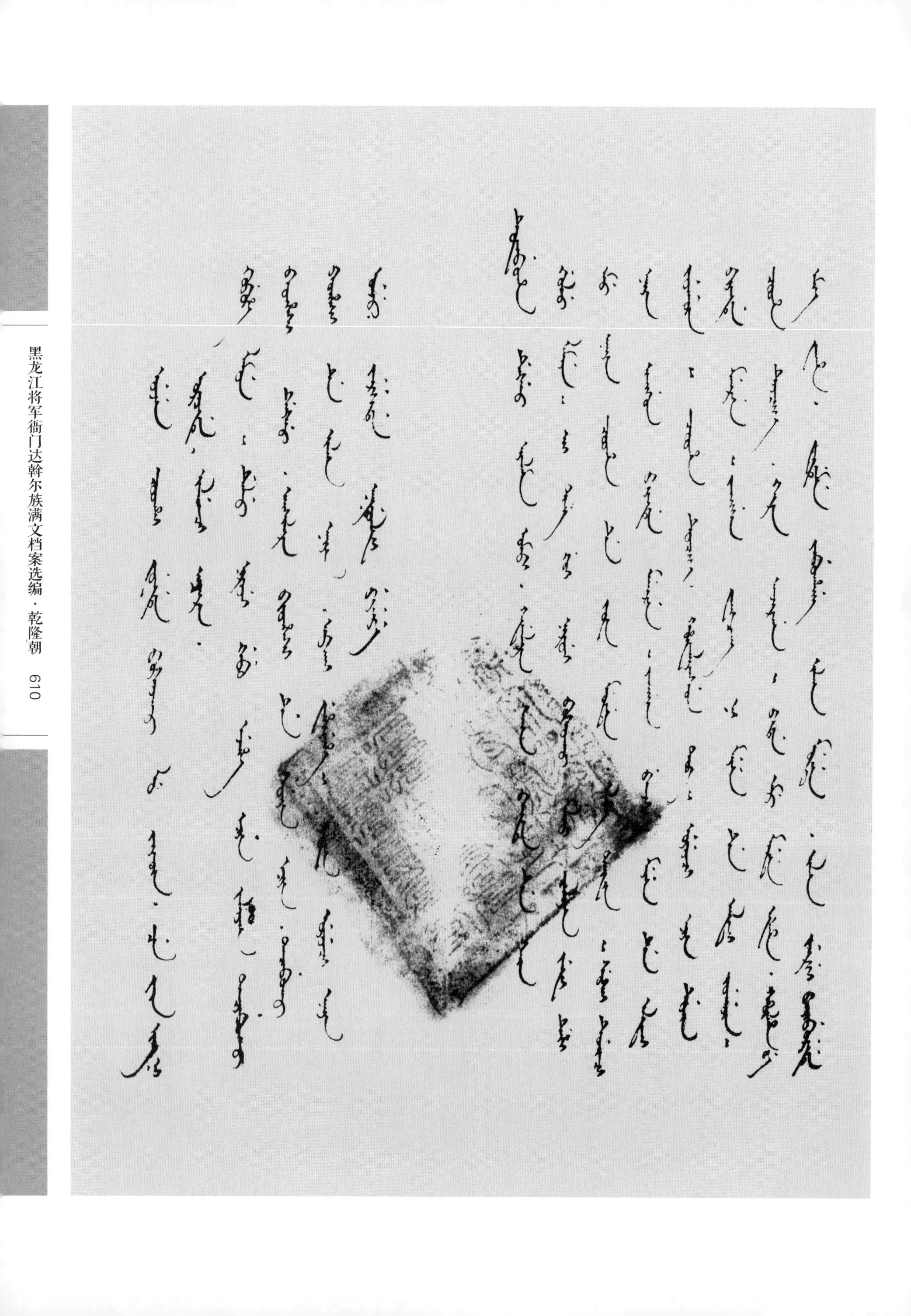

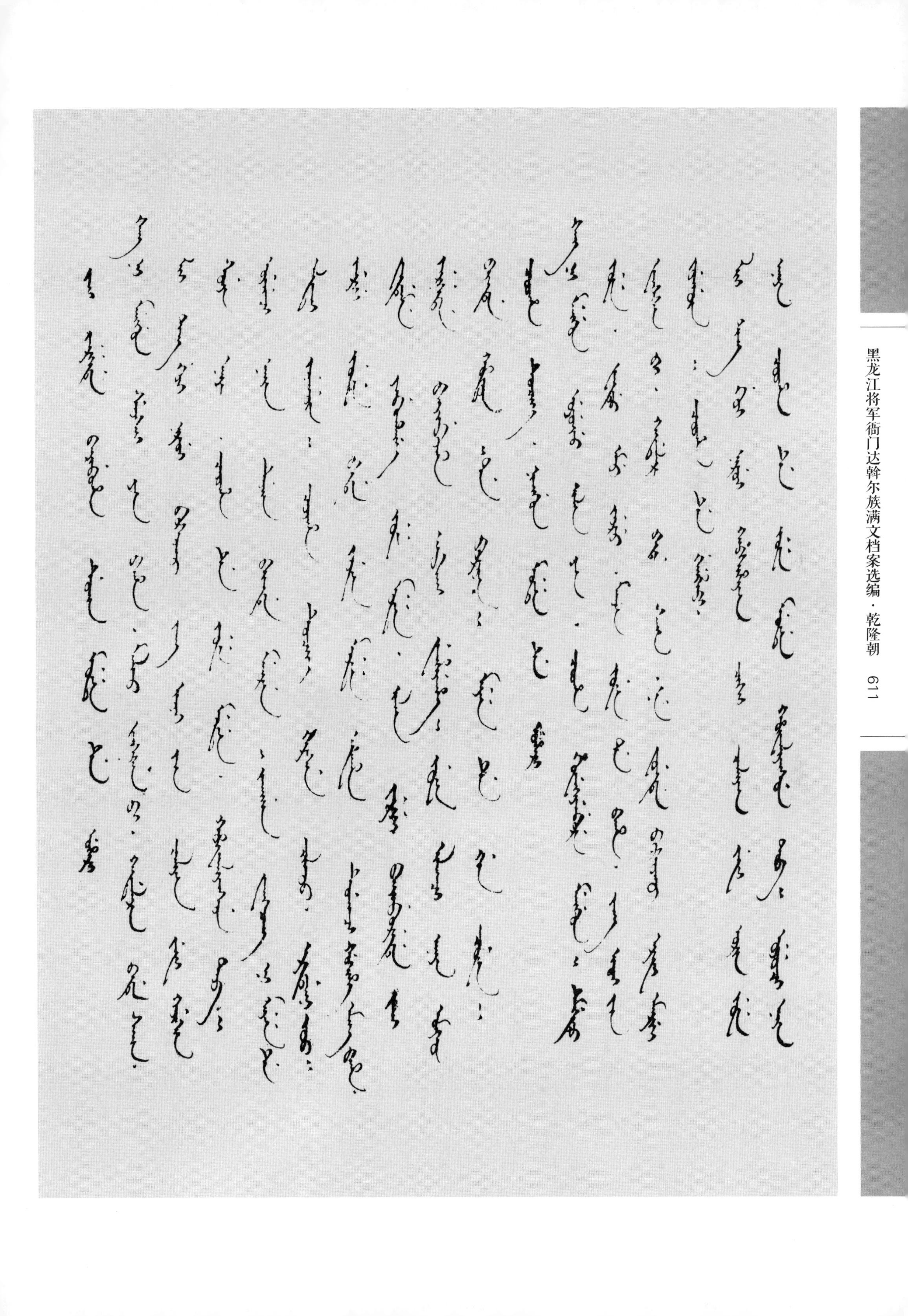

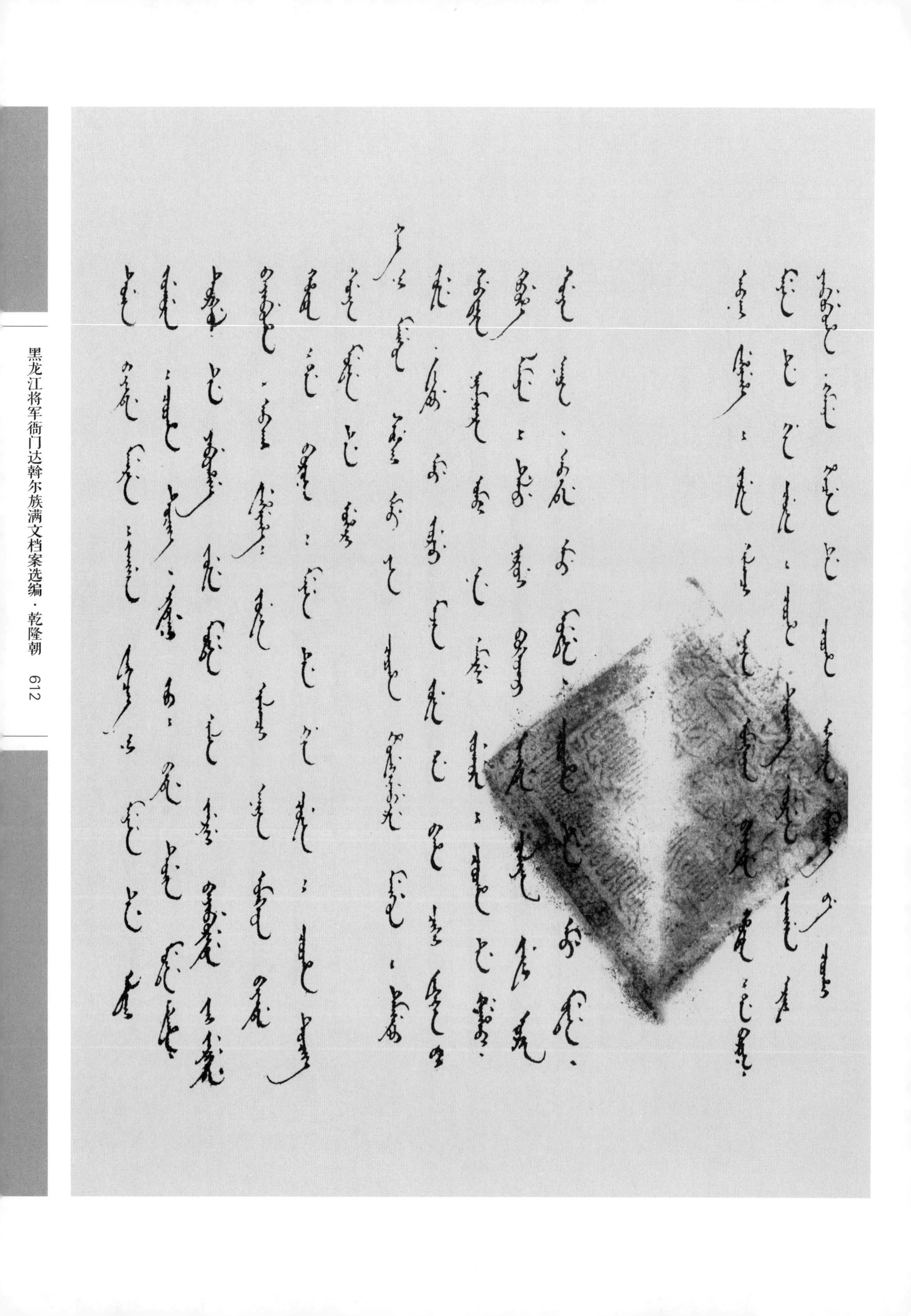

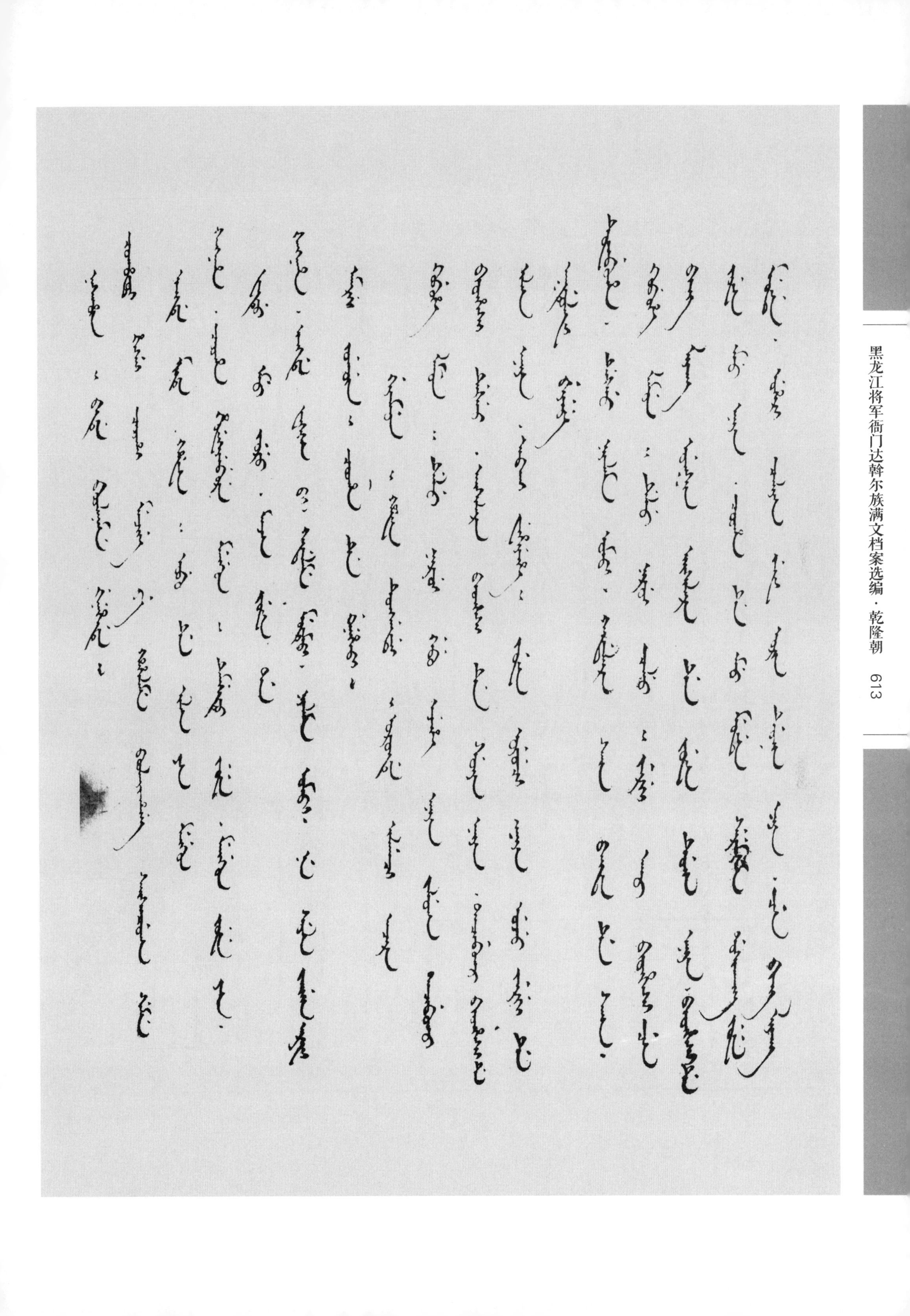

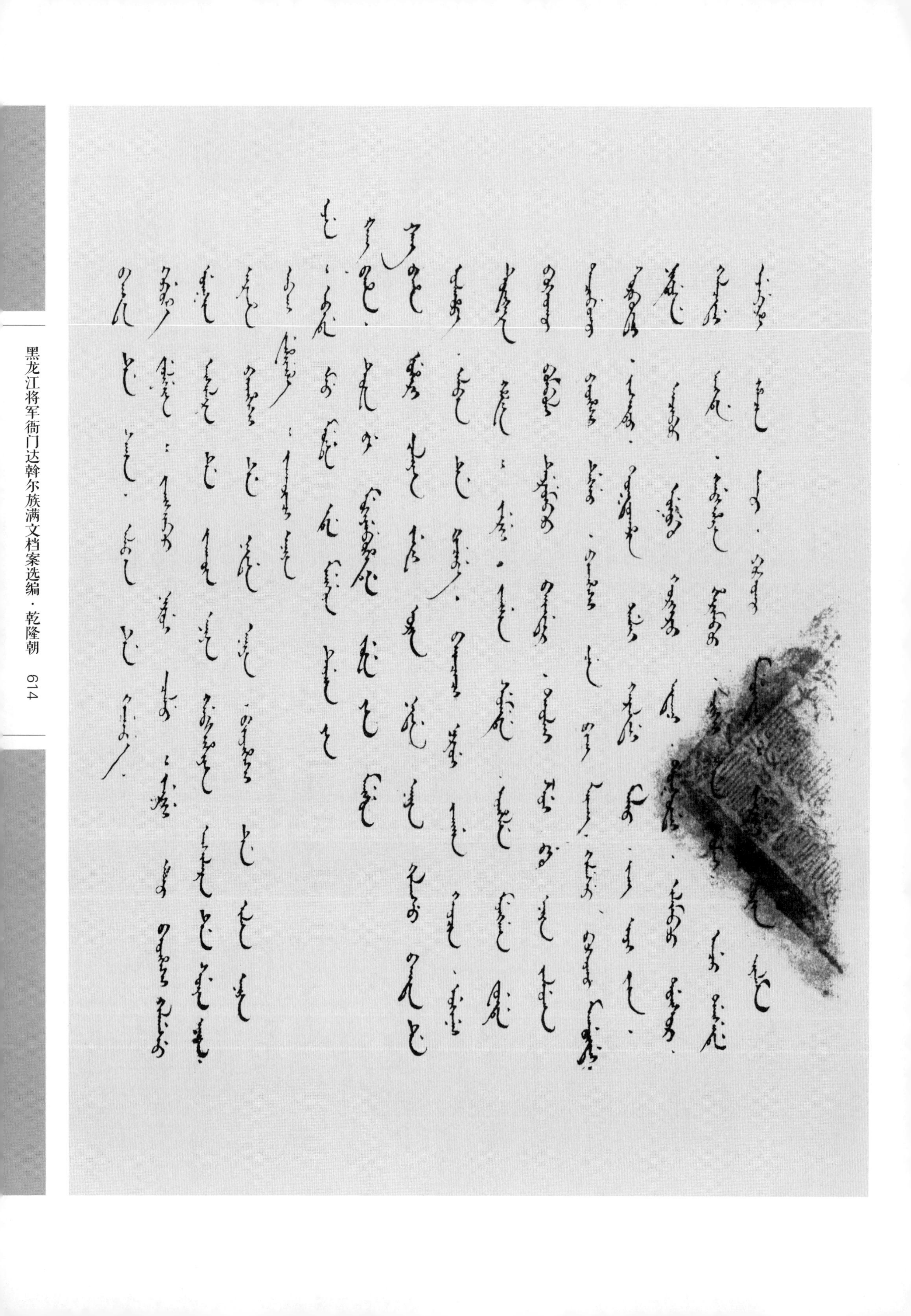

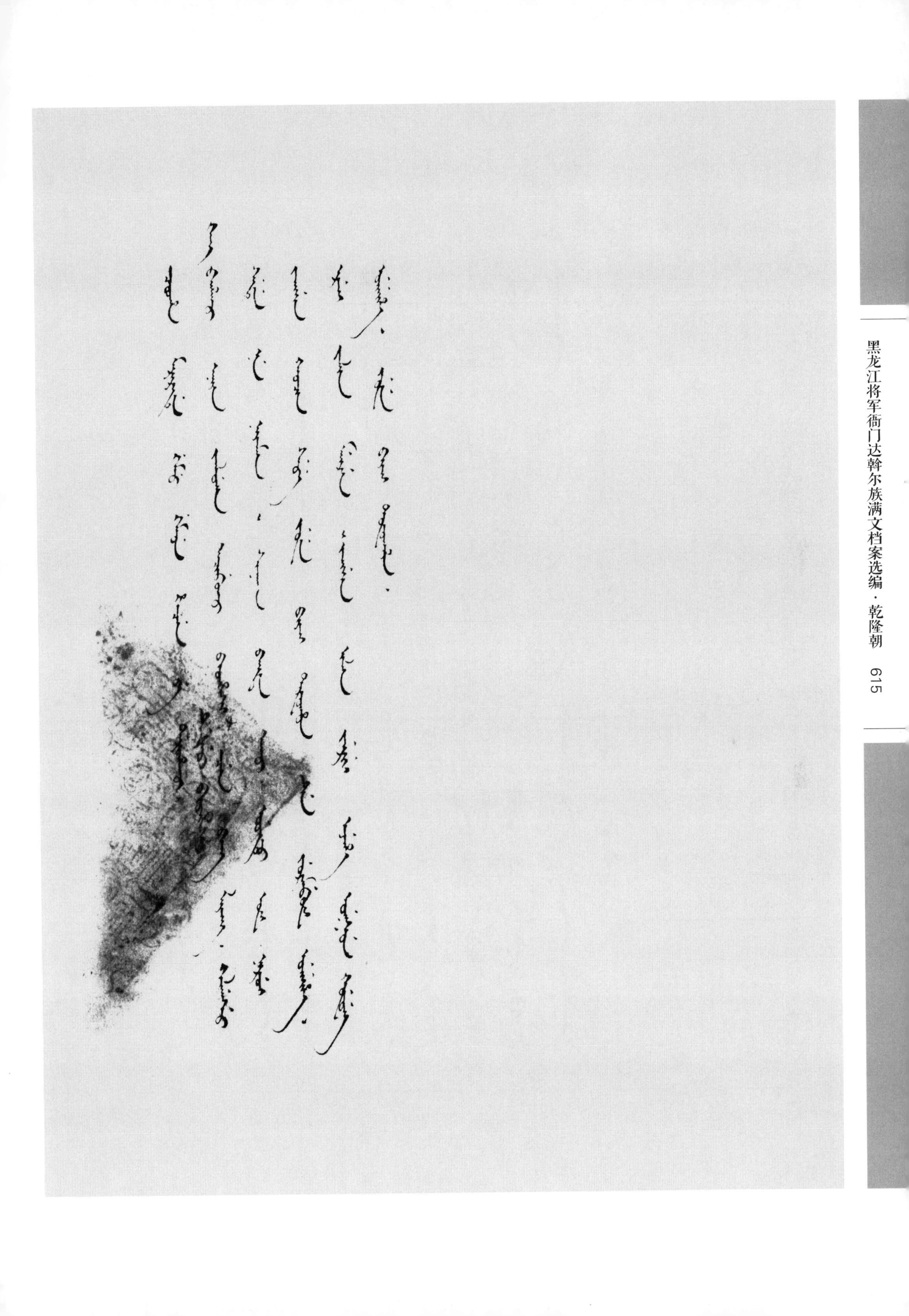

八〇九 呼兰城守尉哲灵额为黑龙江各处满洲达斡尔佐领骁骑校等出缺拣员报送事呈黑龙江将军衙门文

乾隆二十年二月二十三日

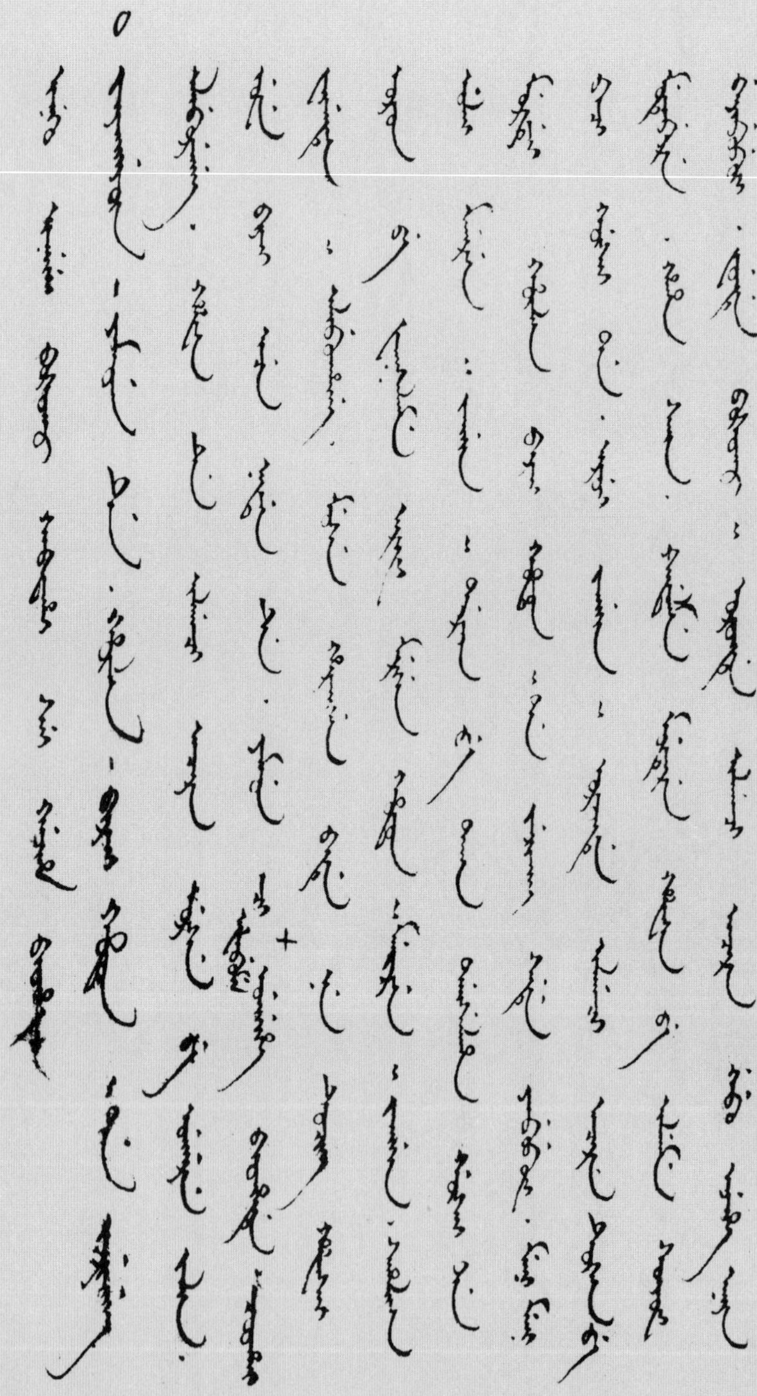

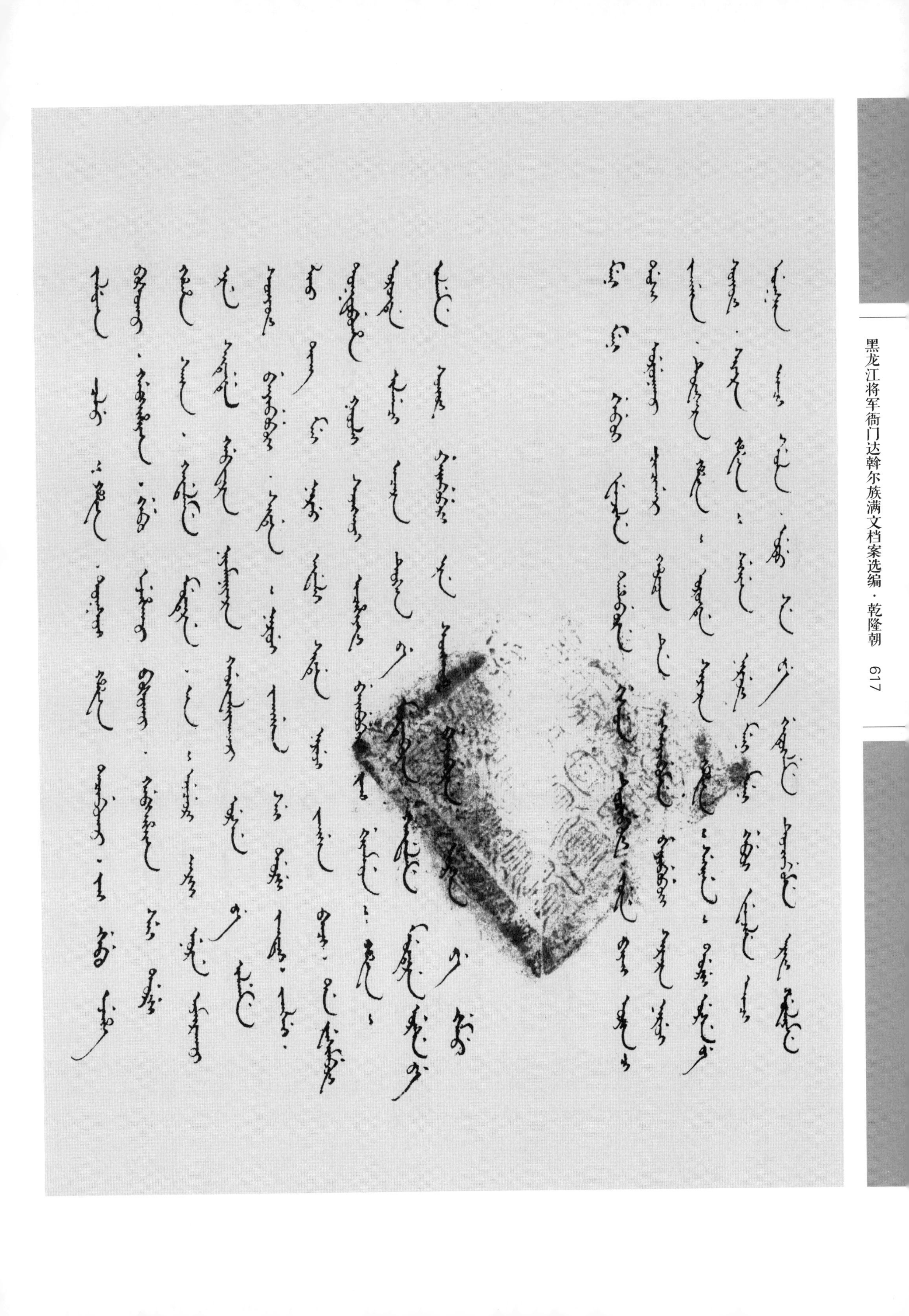

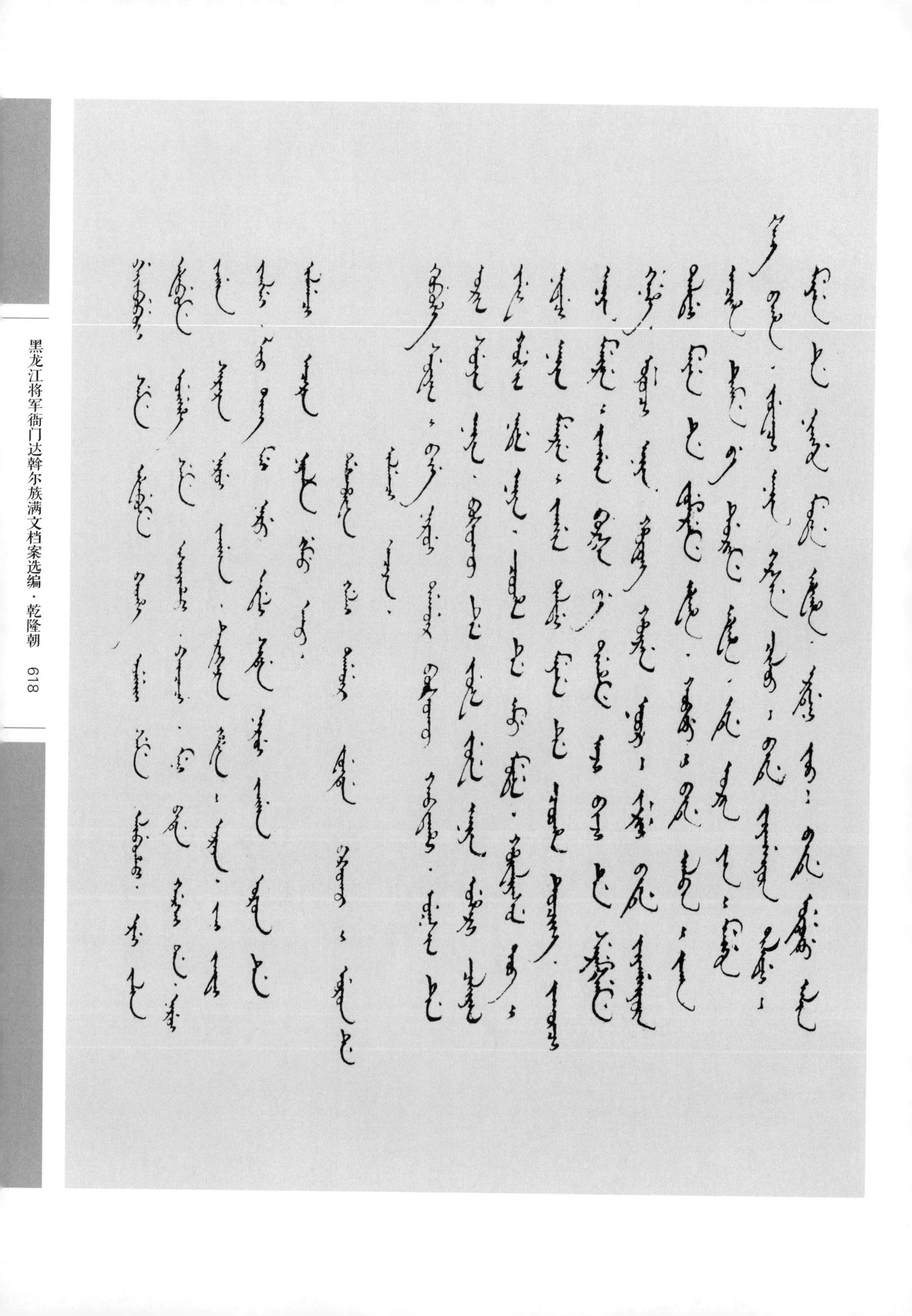

[illegible]

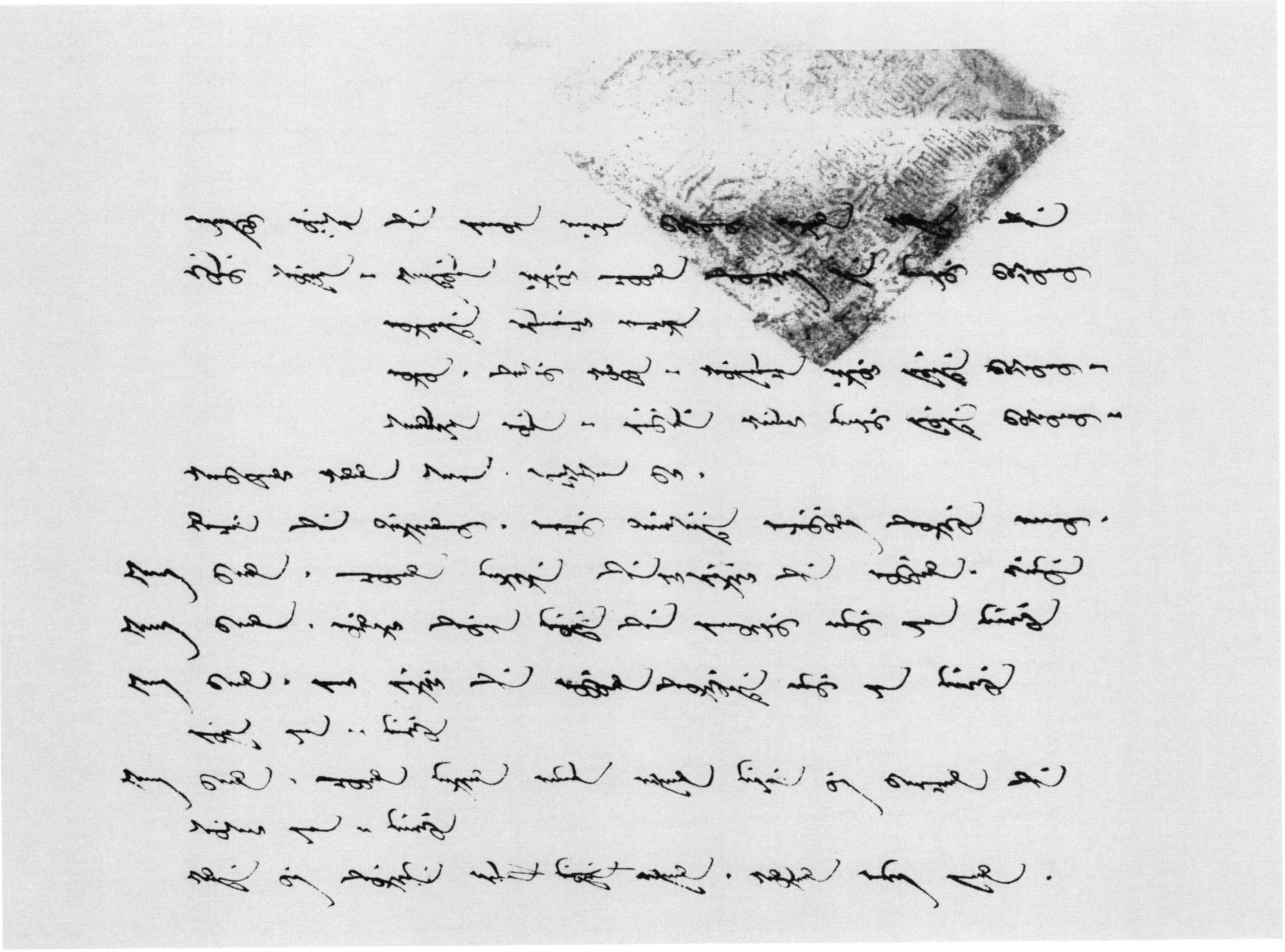

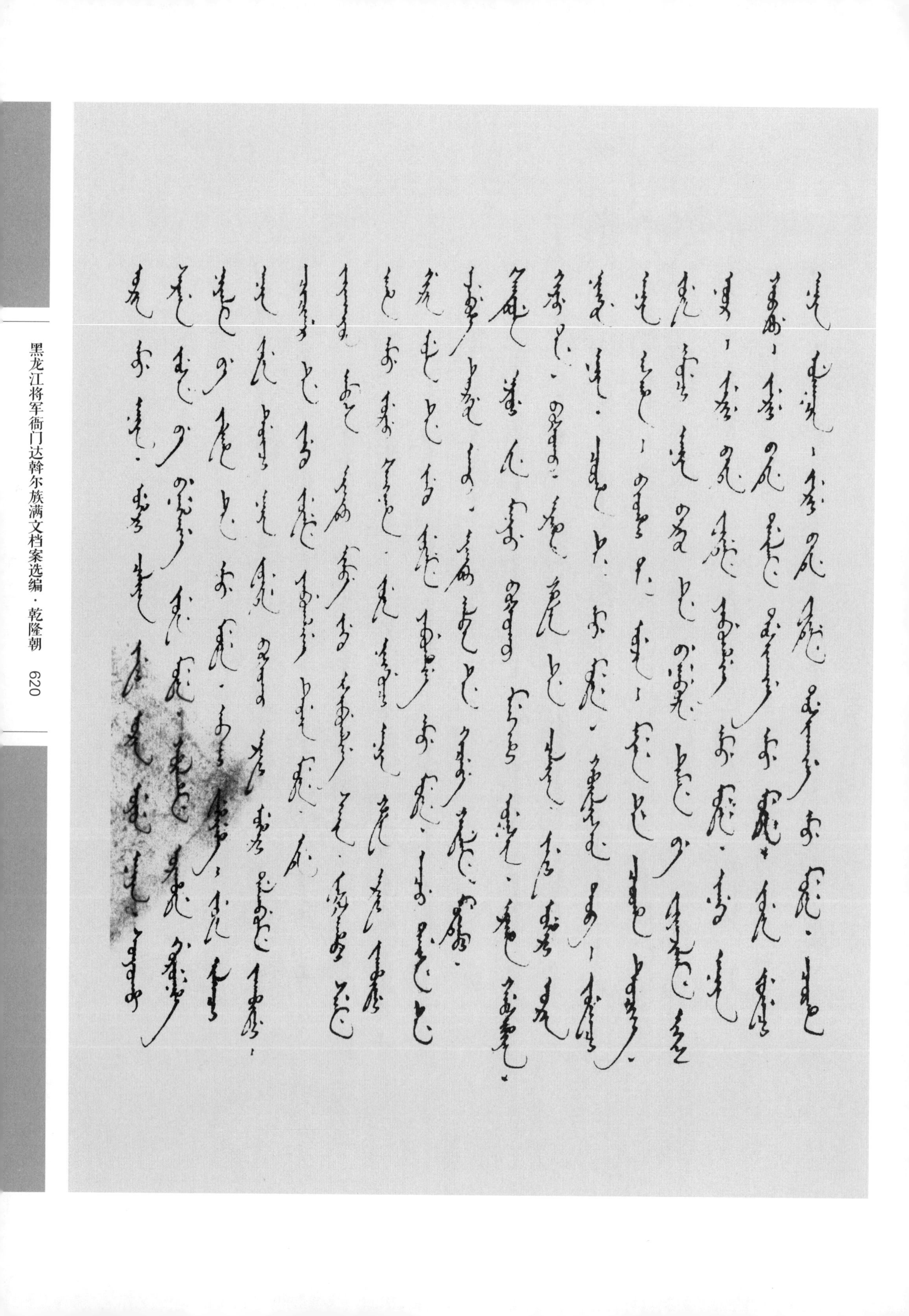

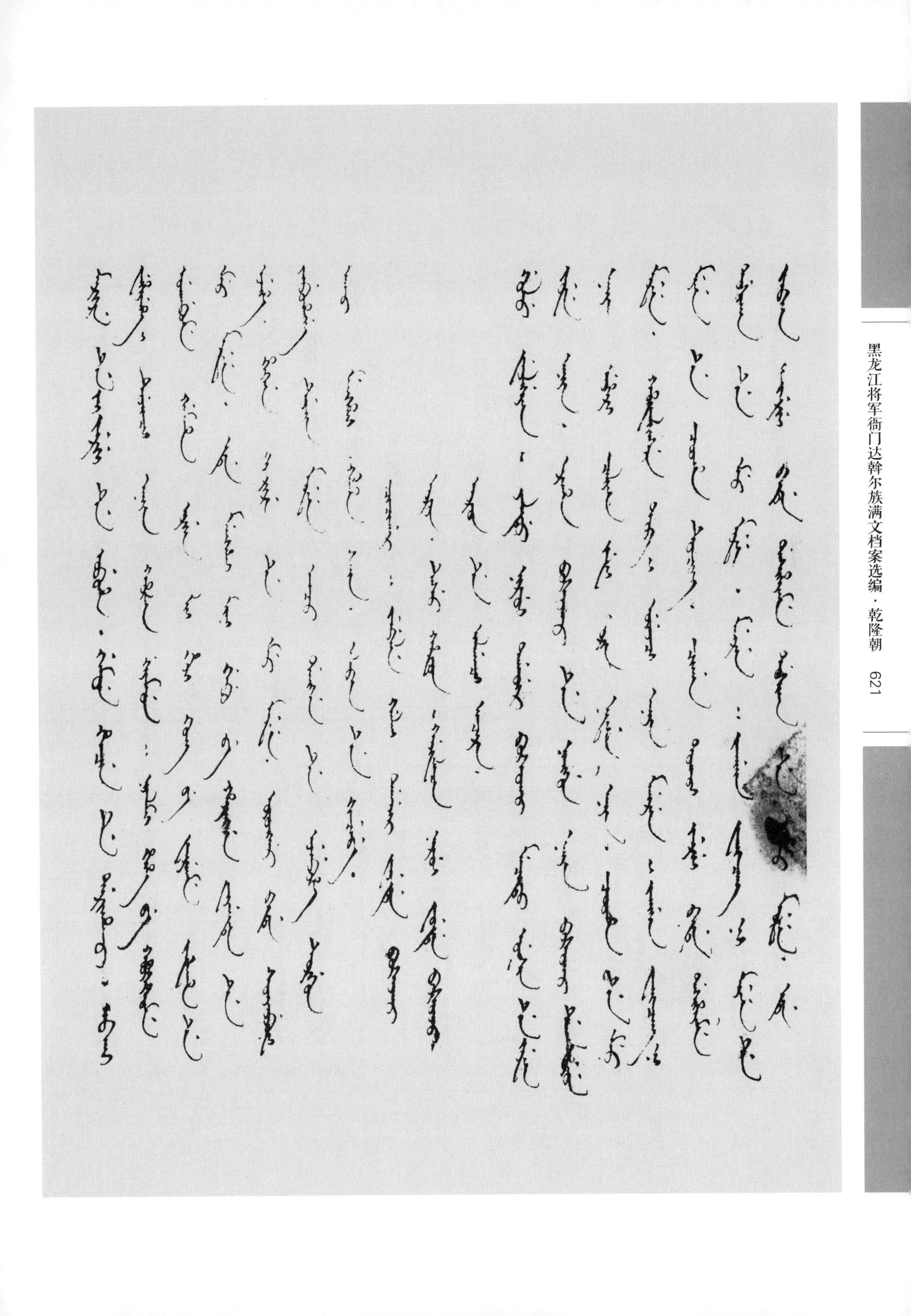

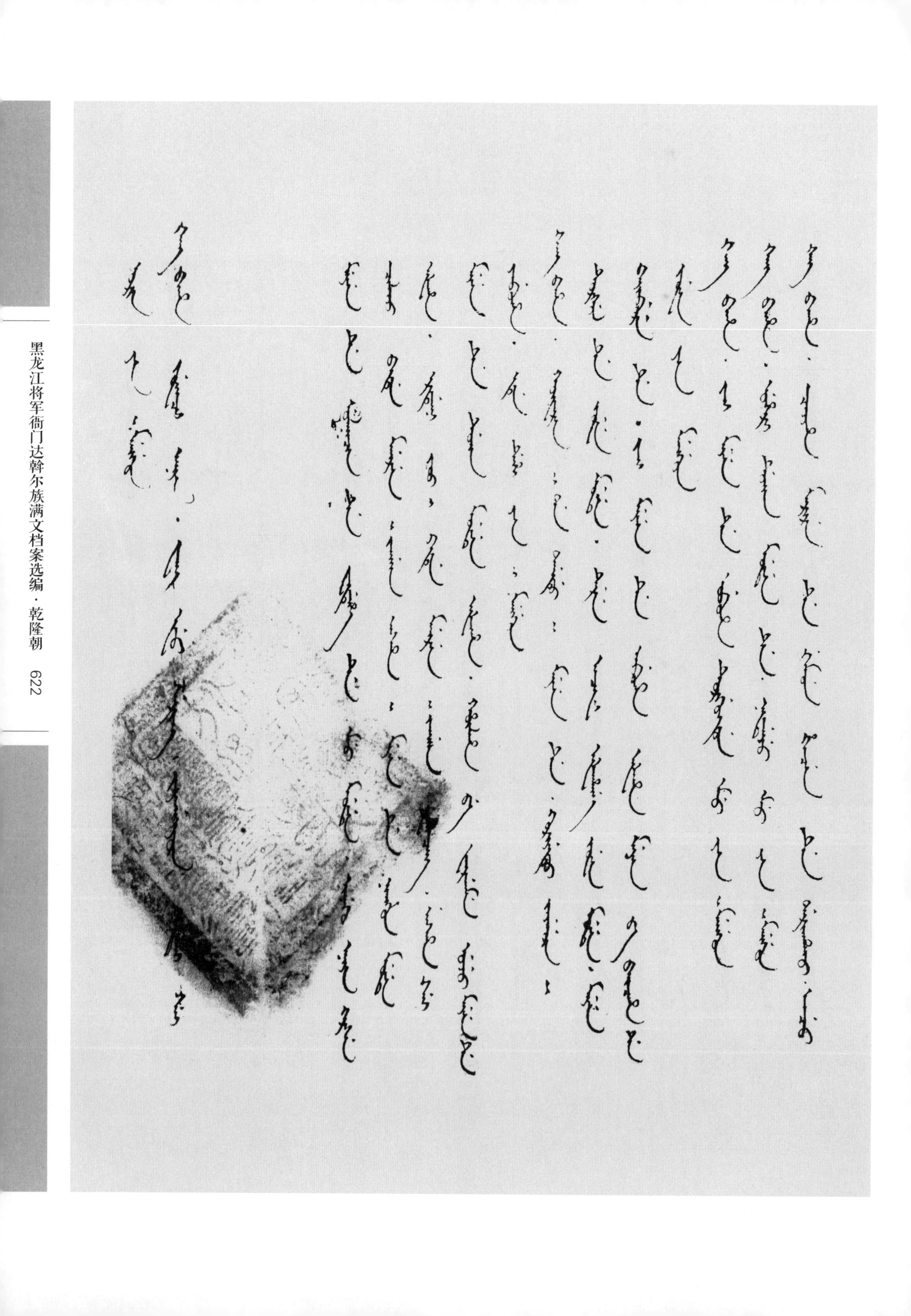

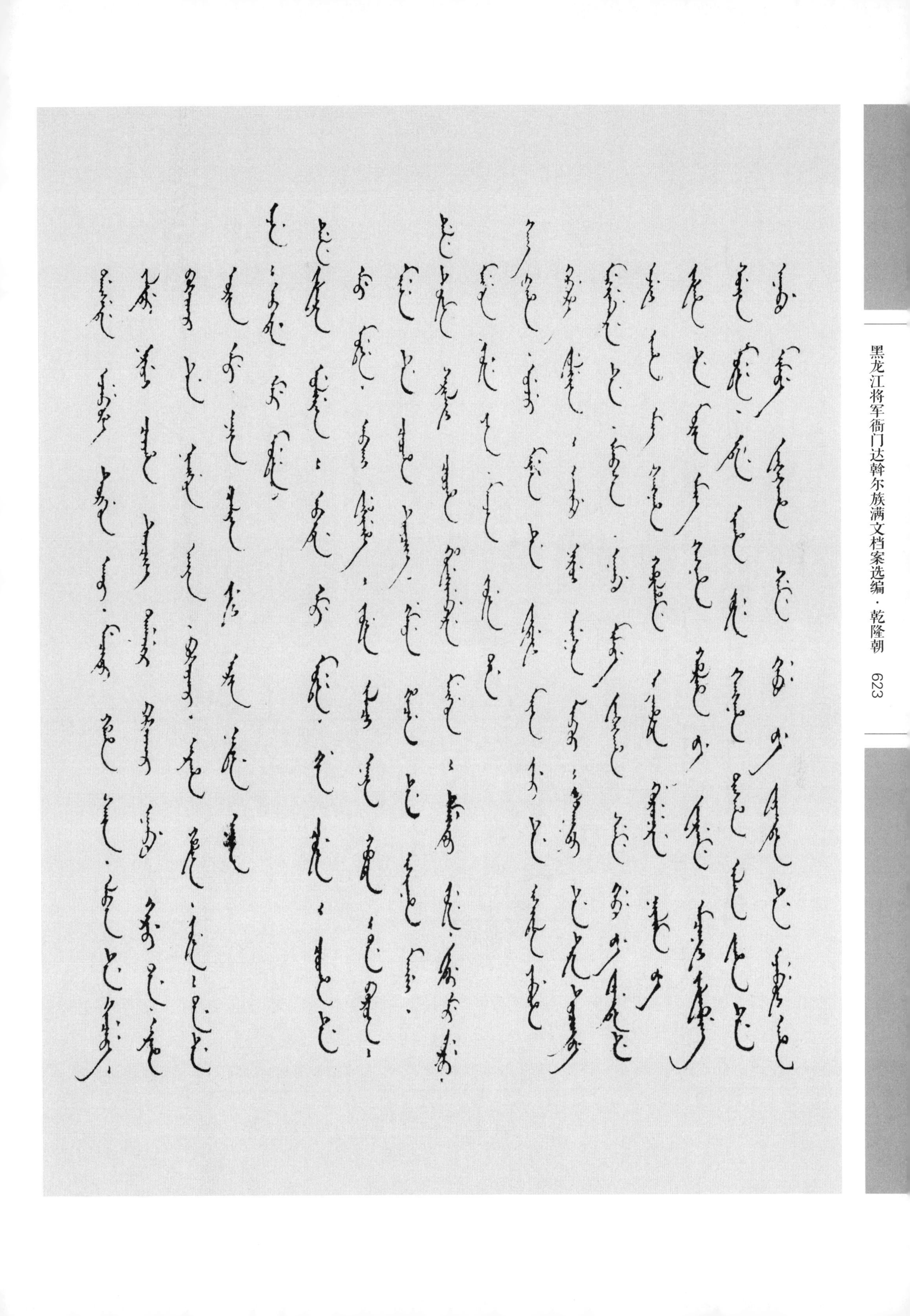

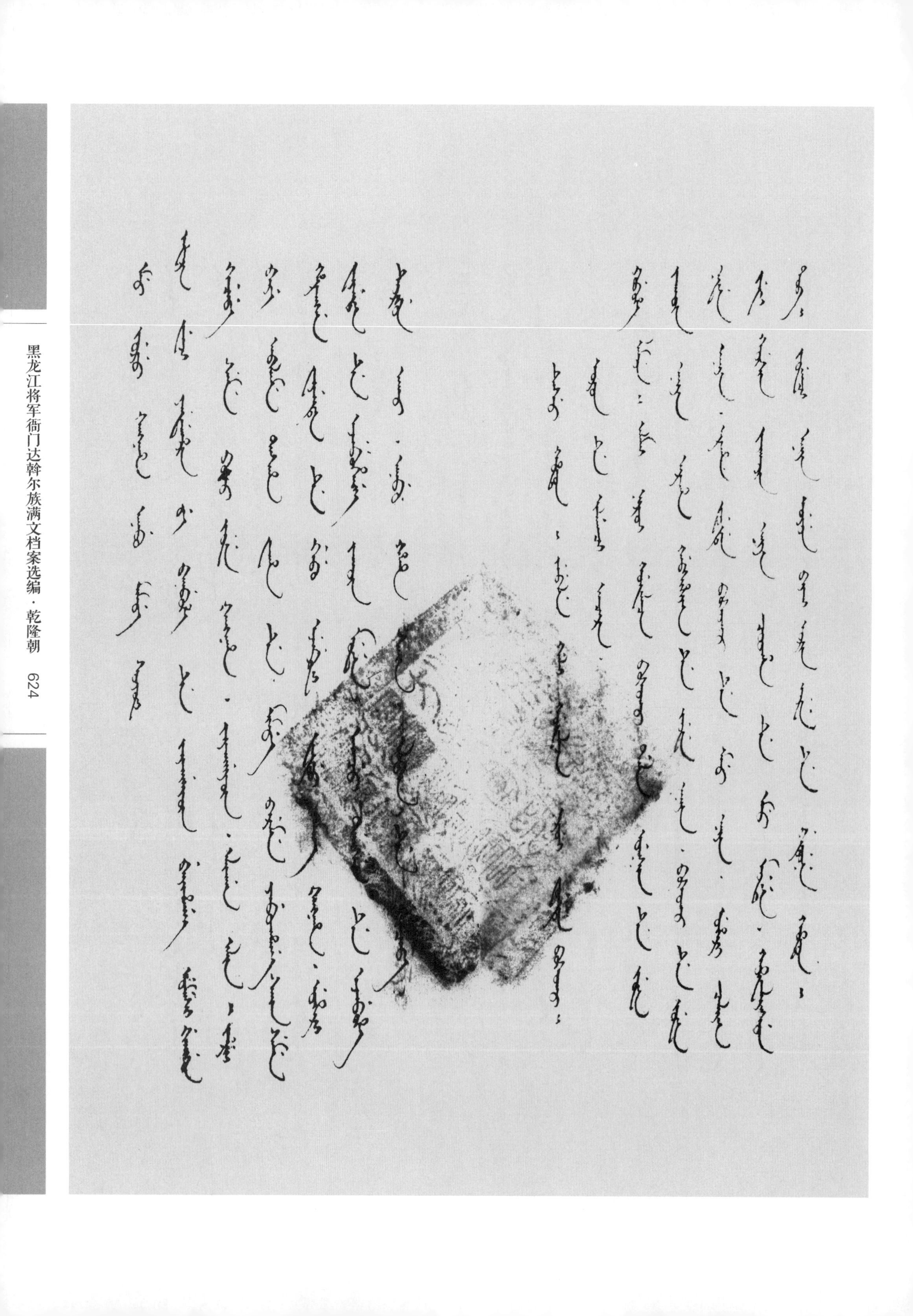

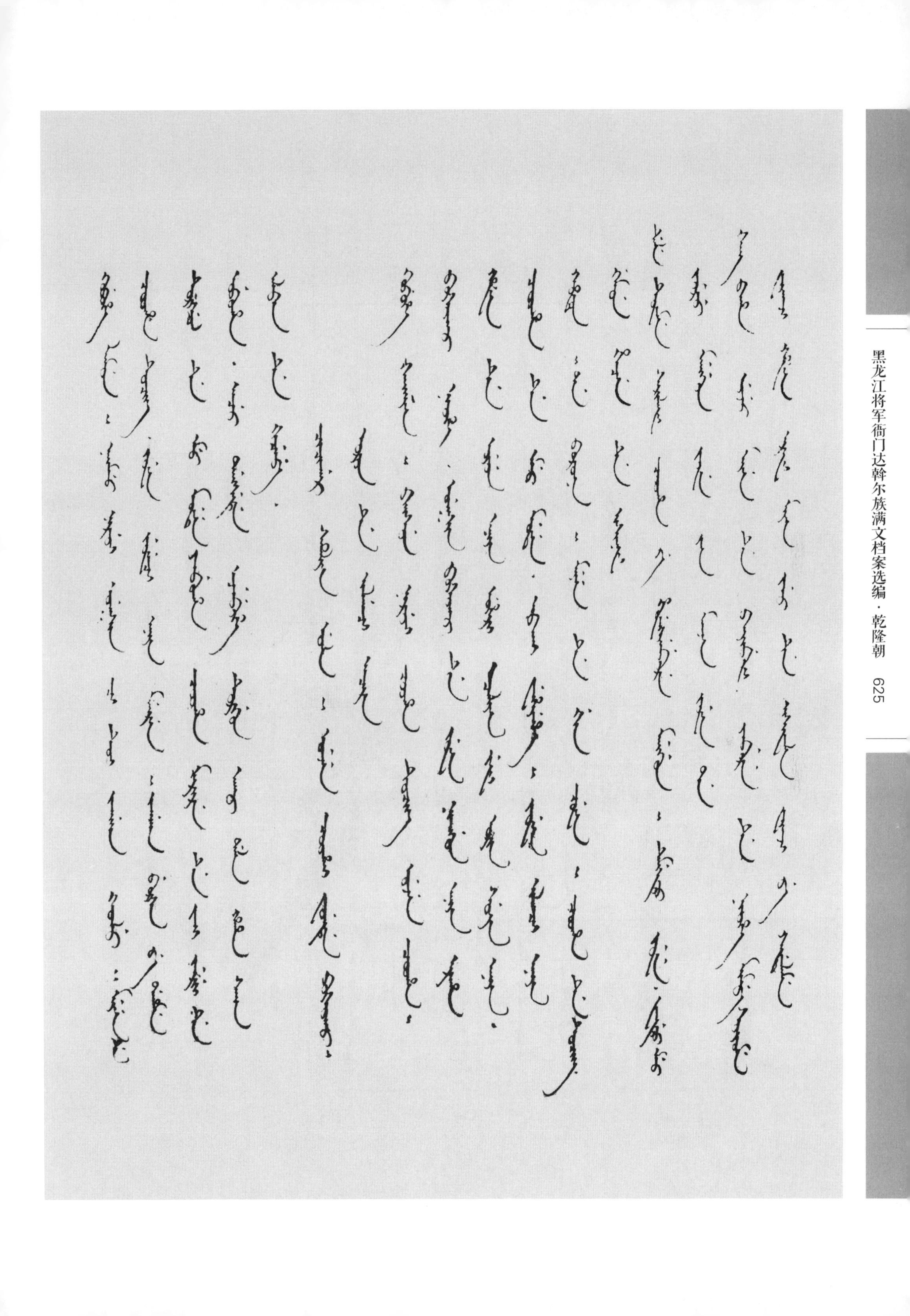

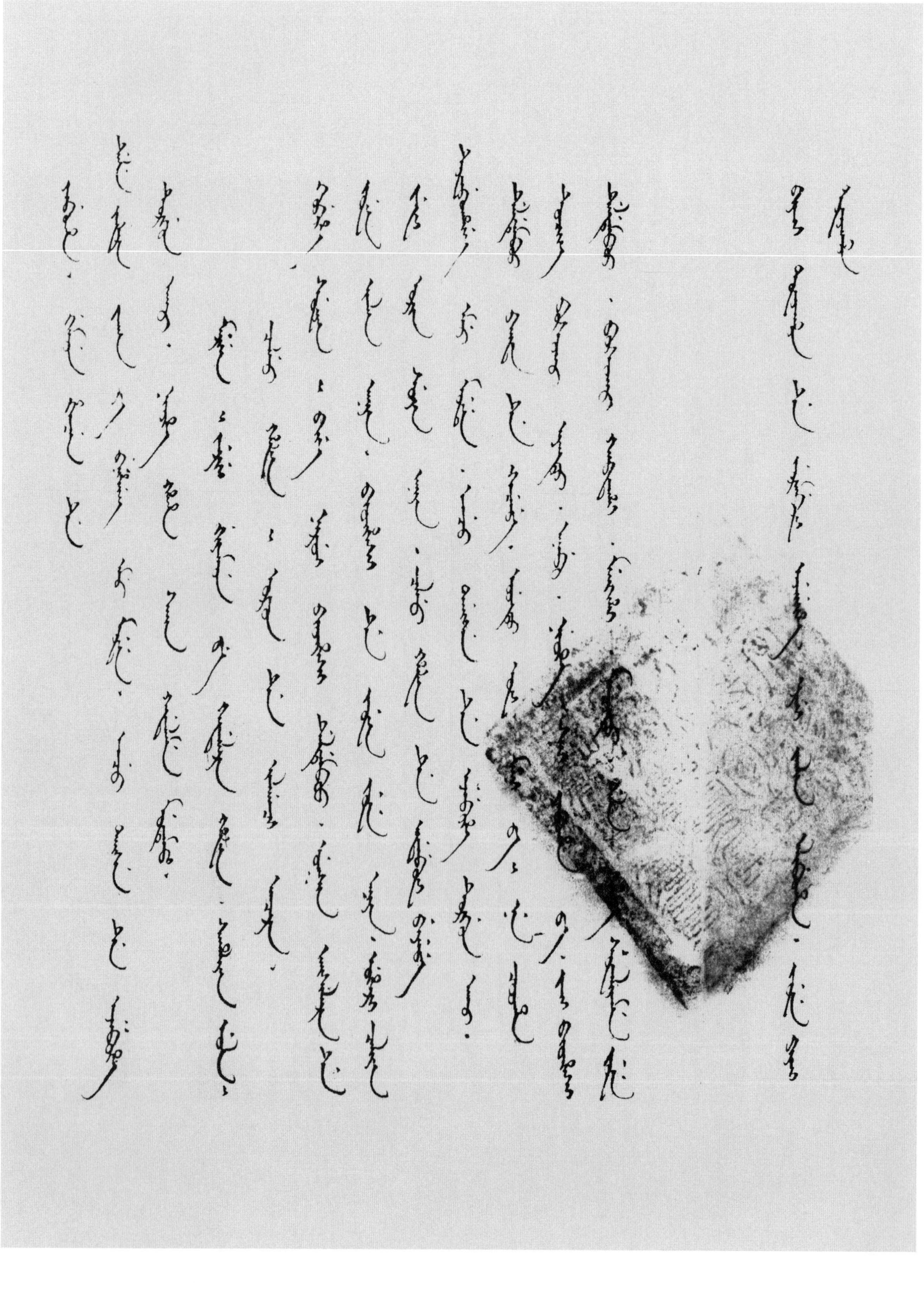

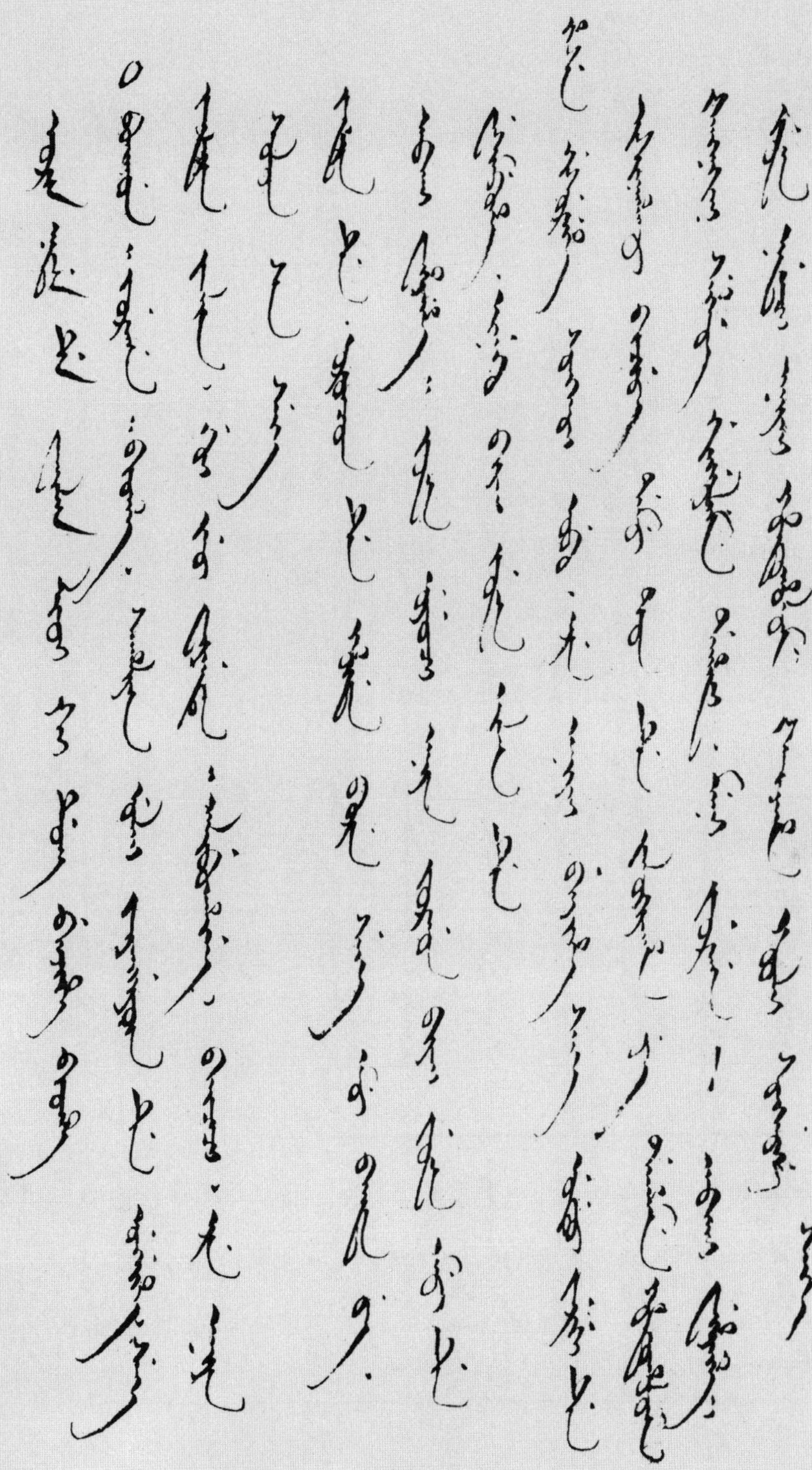

乾隆二十年二月二十七日

八一〇 户部为布特哈索伦达斡尔等贡貂足额不及等次照例减半赏赐事咨黑龙江将军文（附抄折一件）

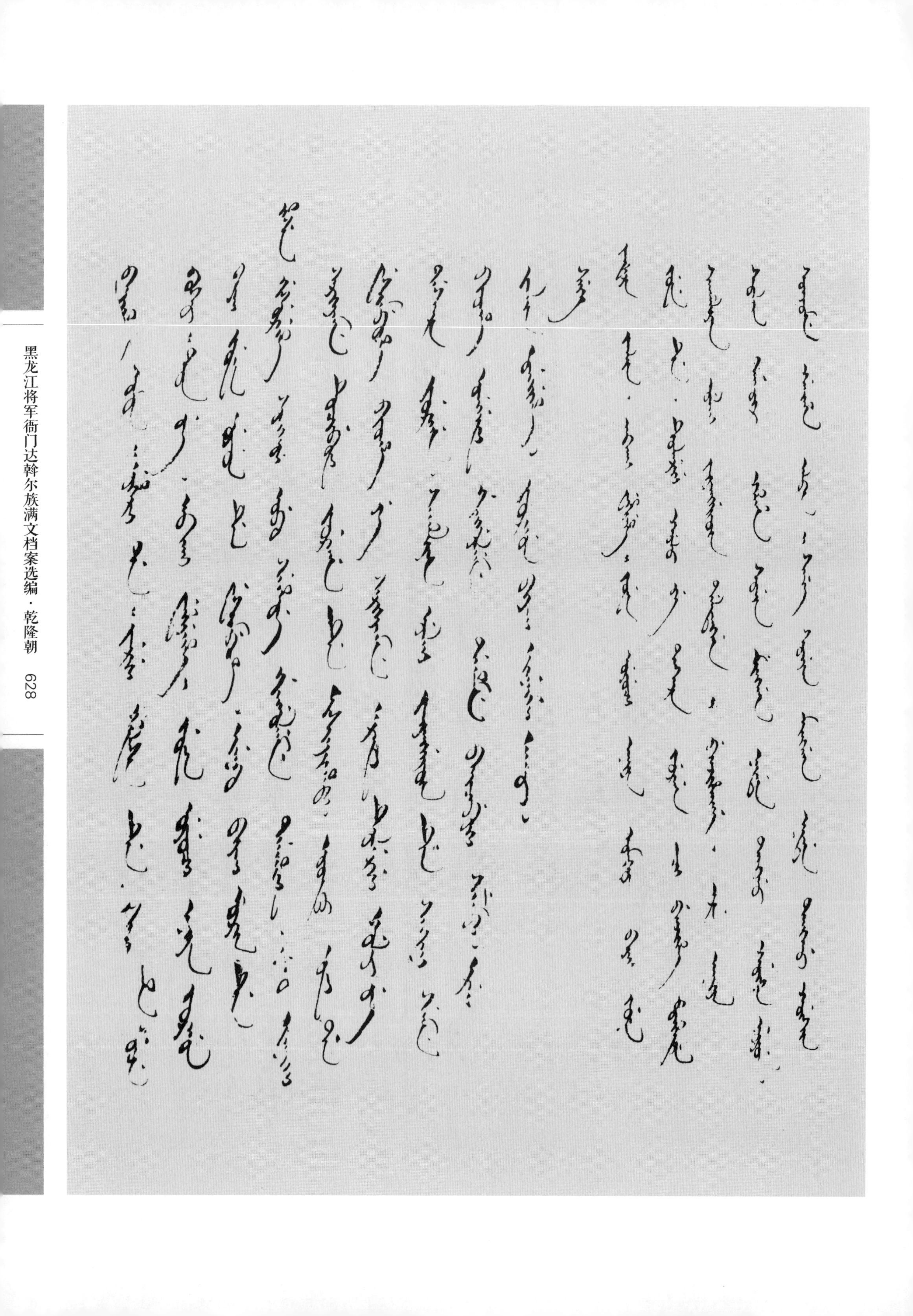

[illegible]

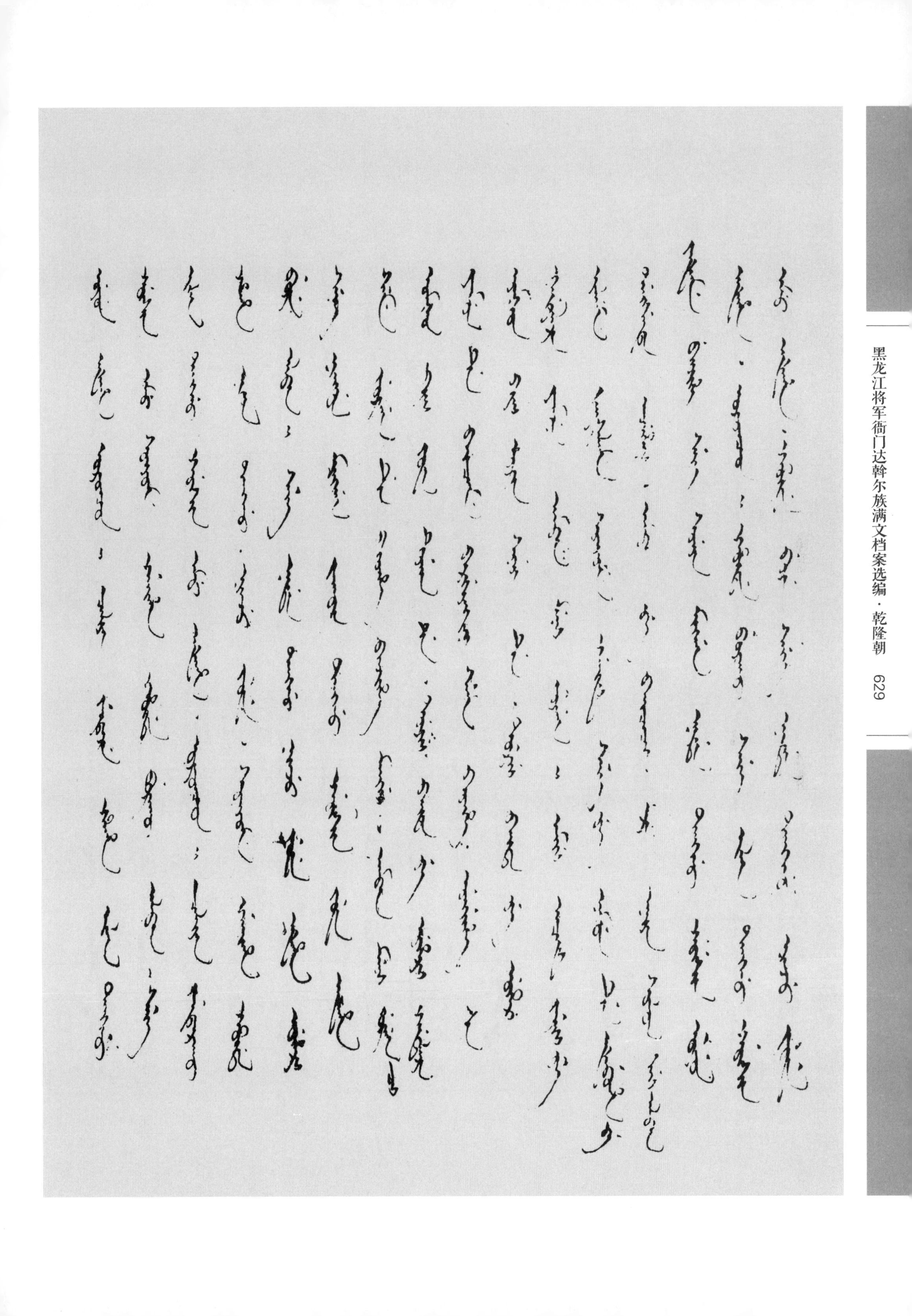

[illegible]

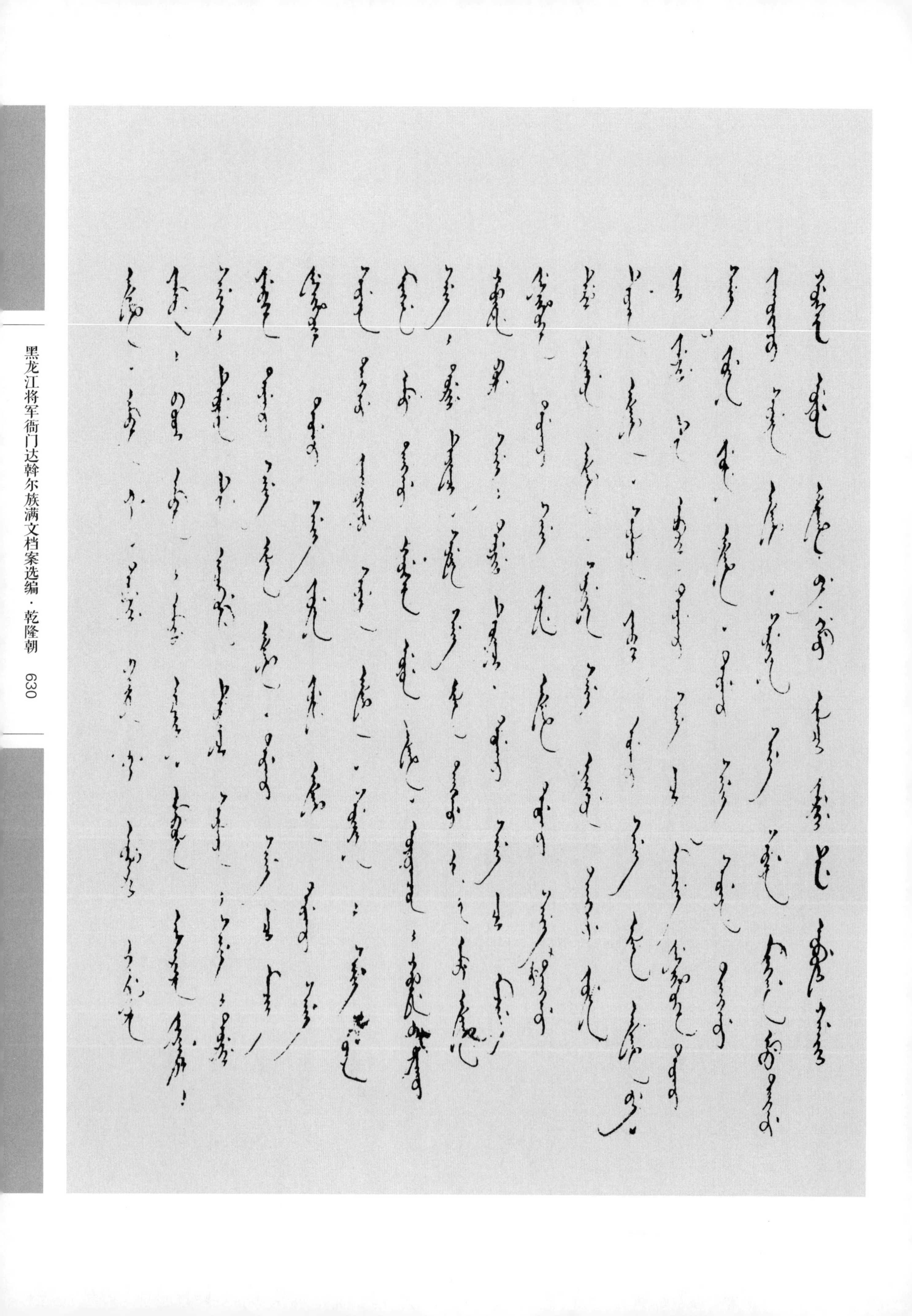

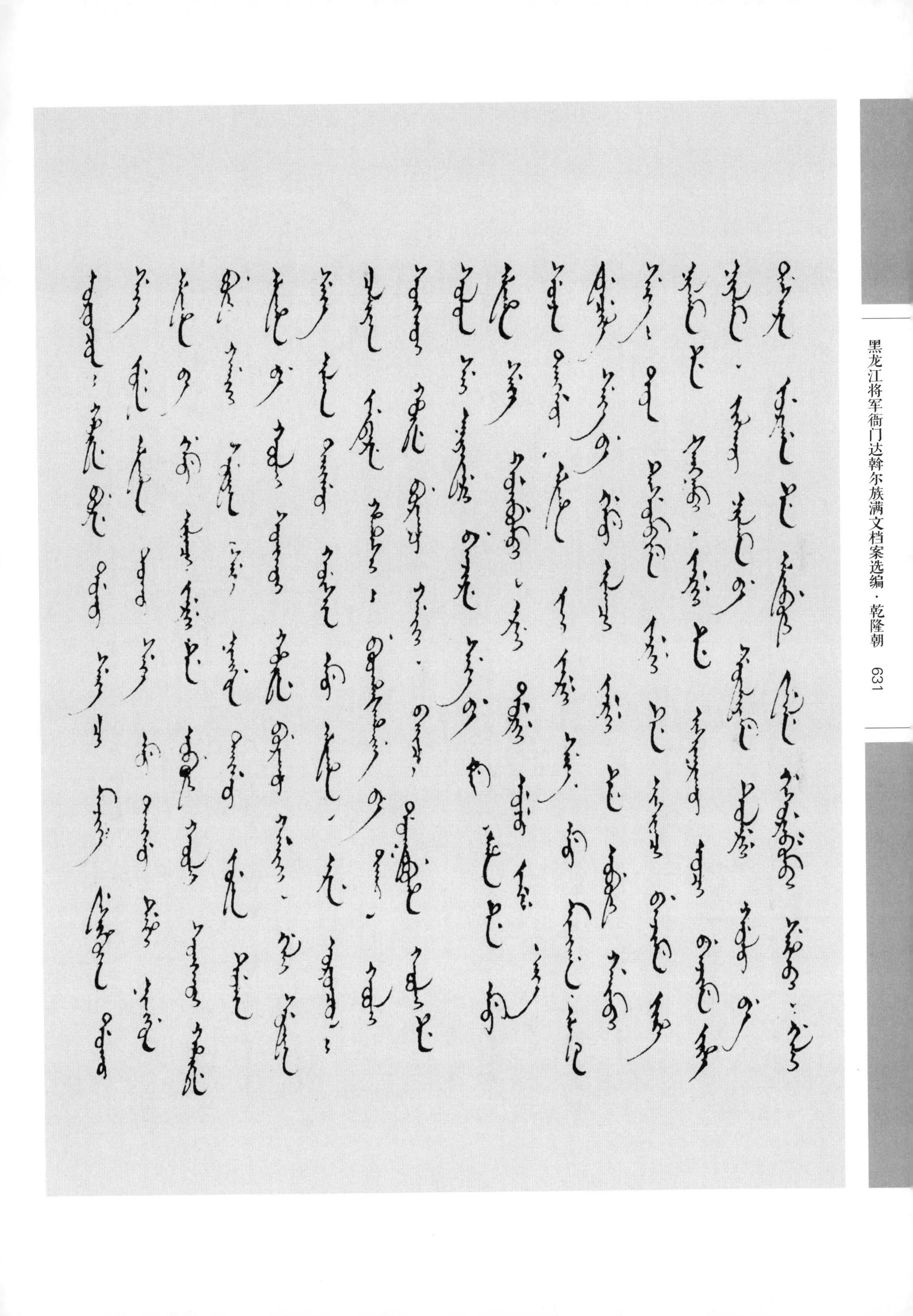

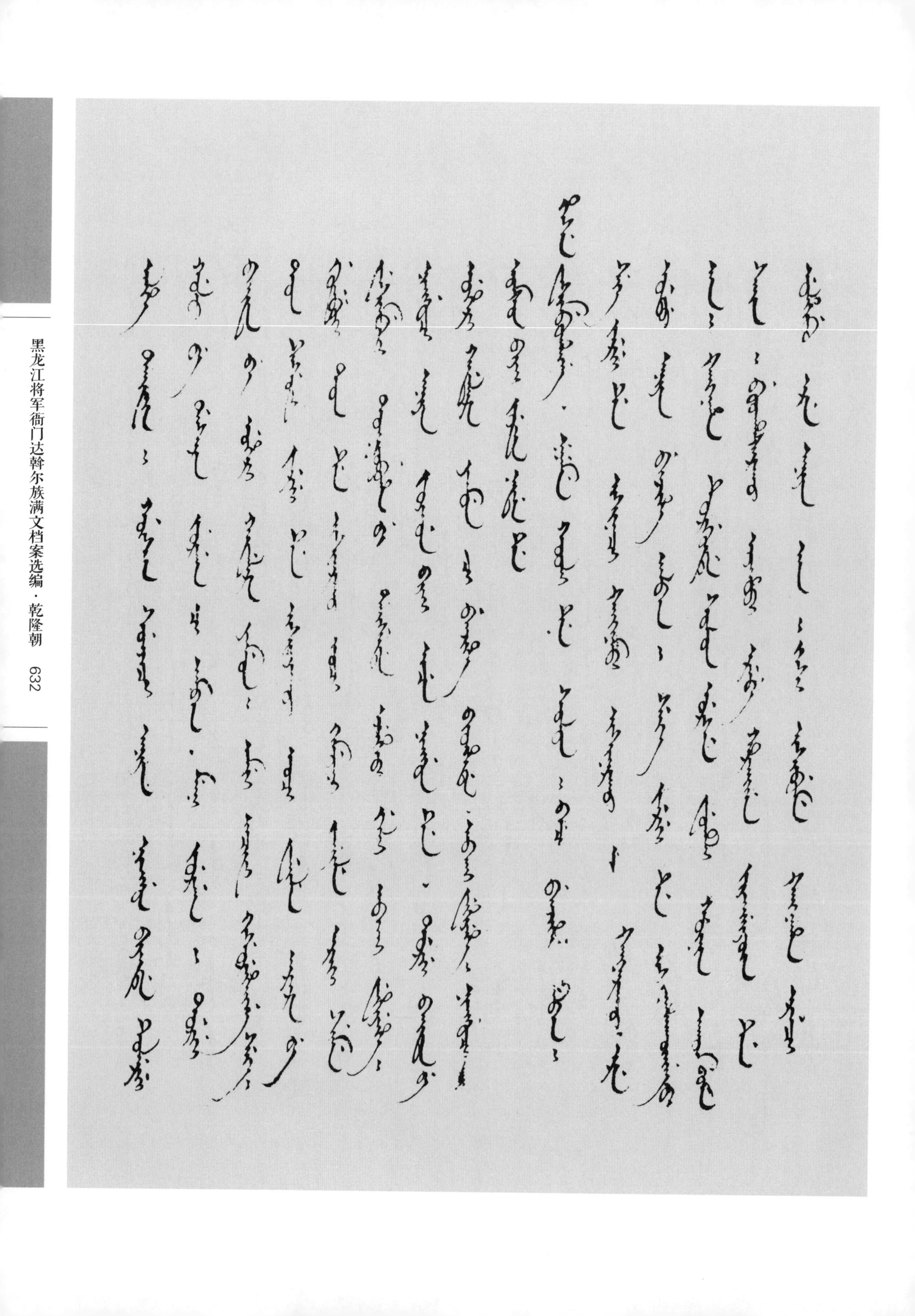

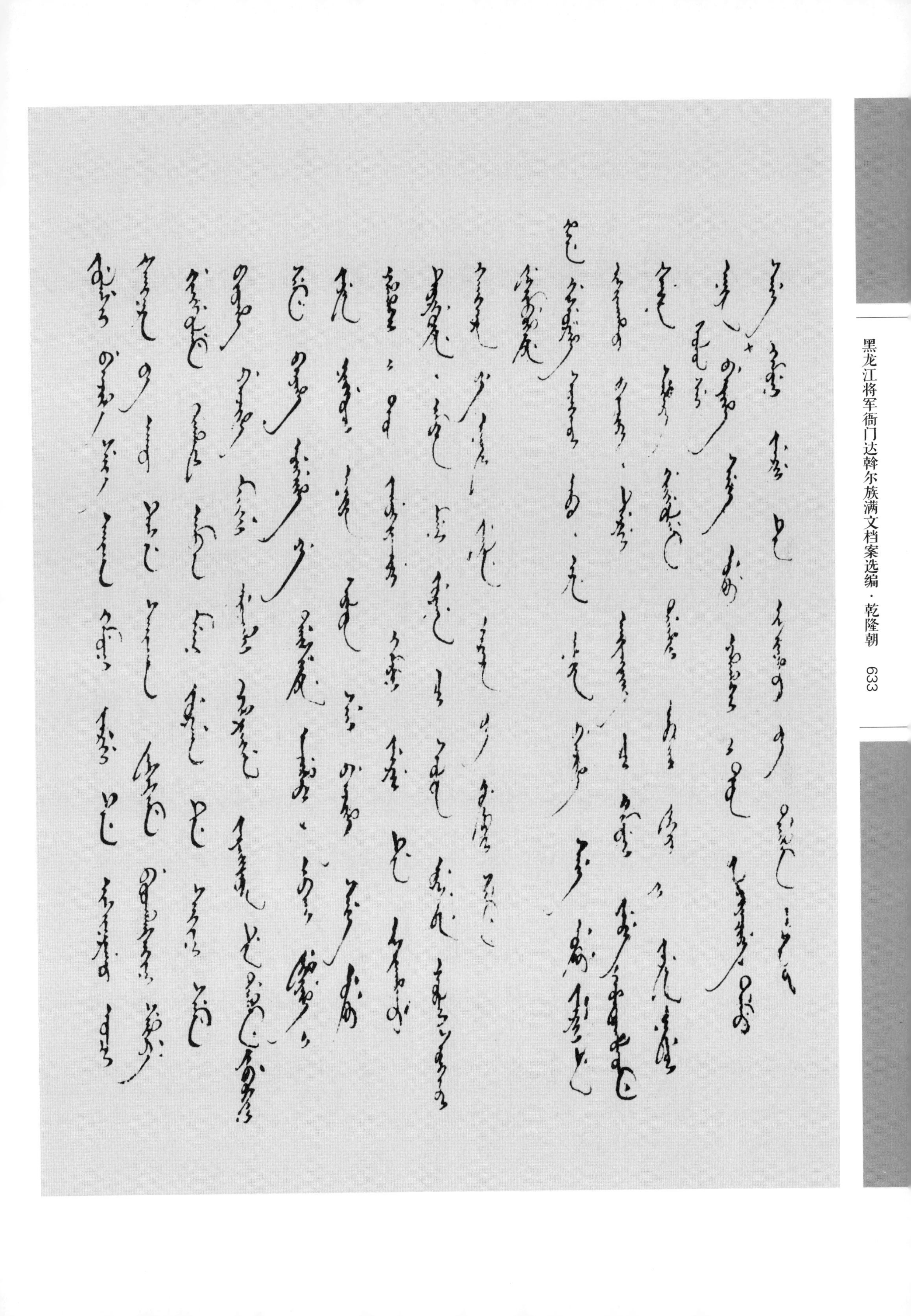

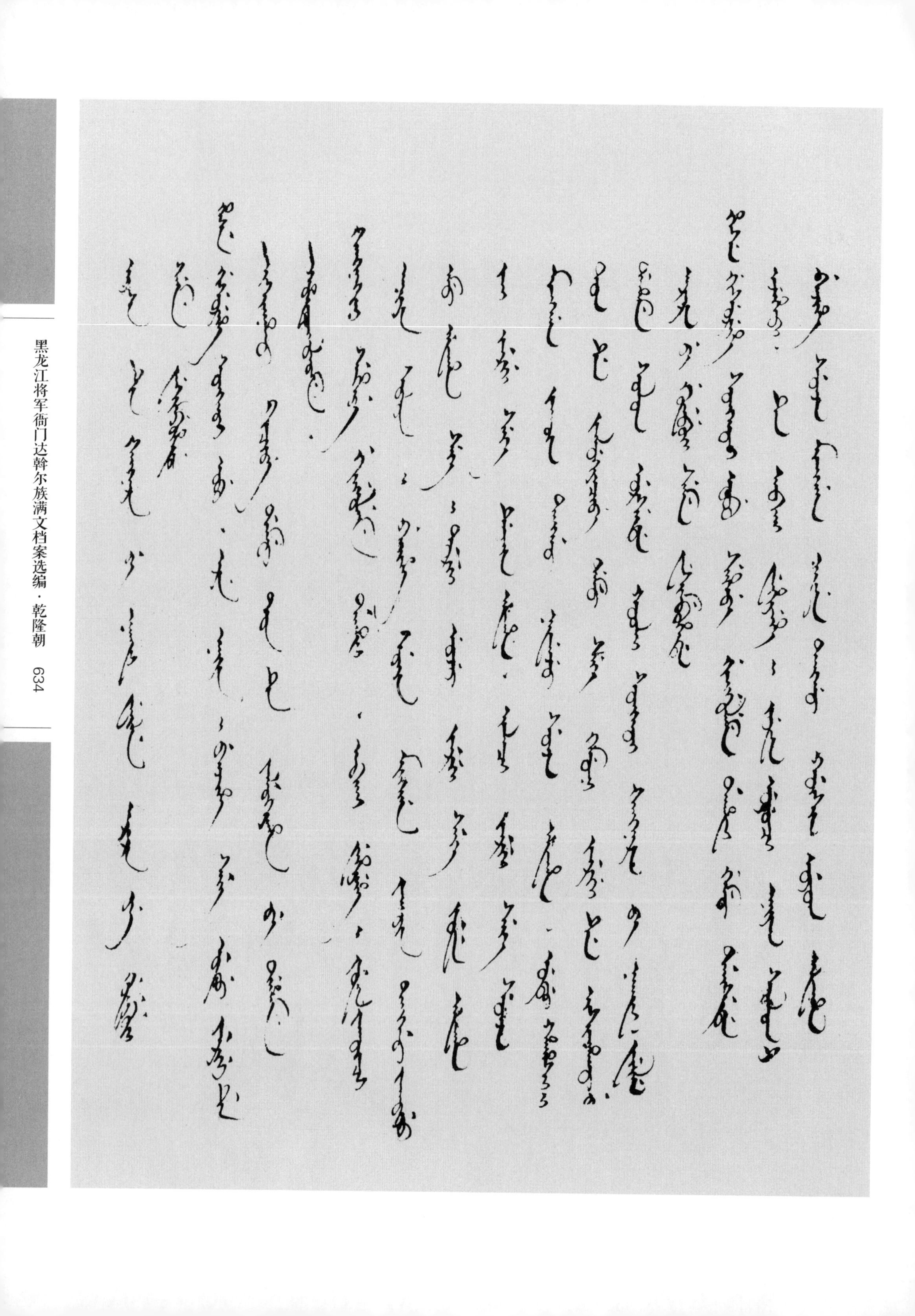

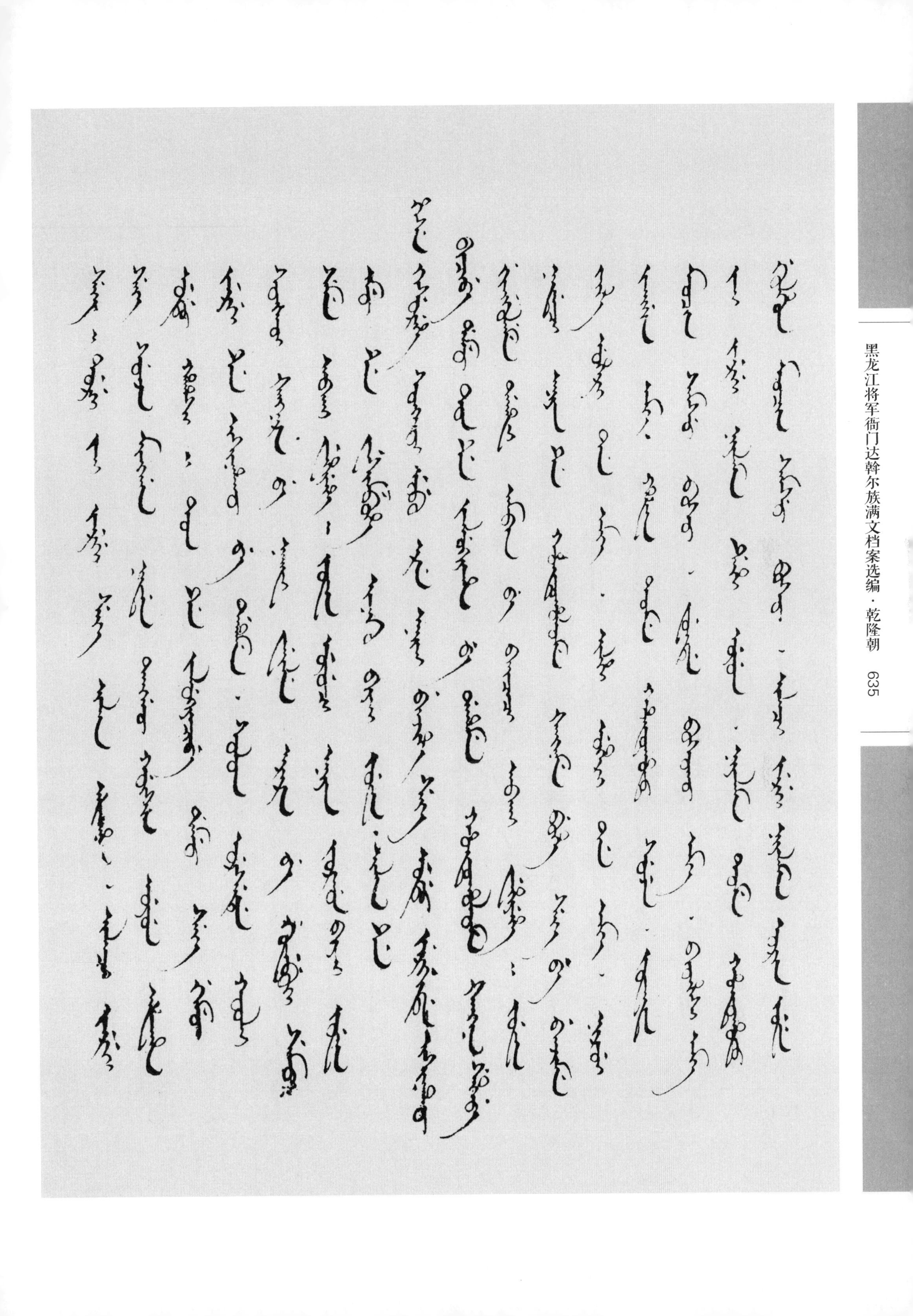

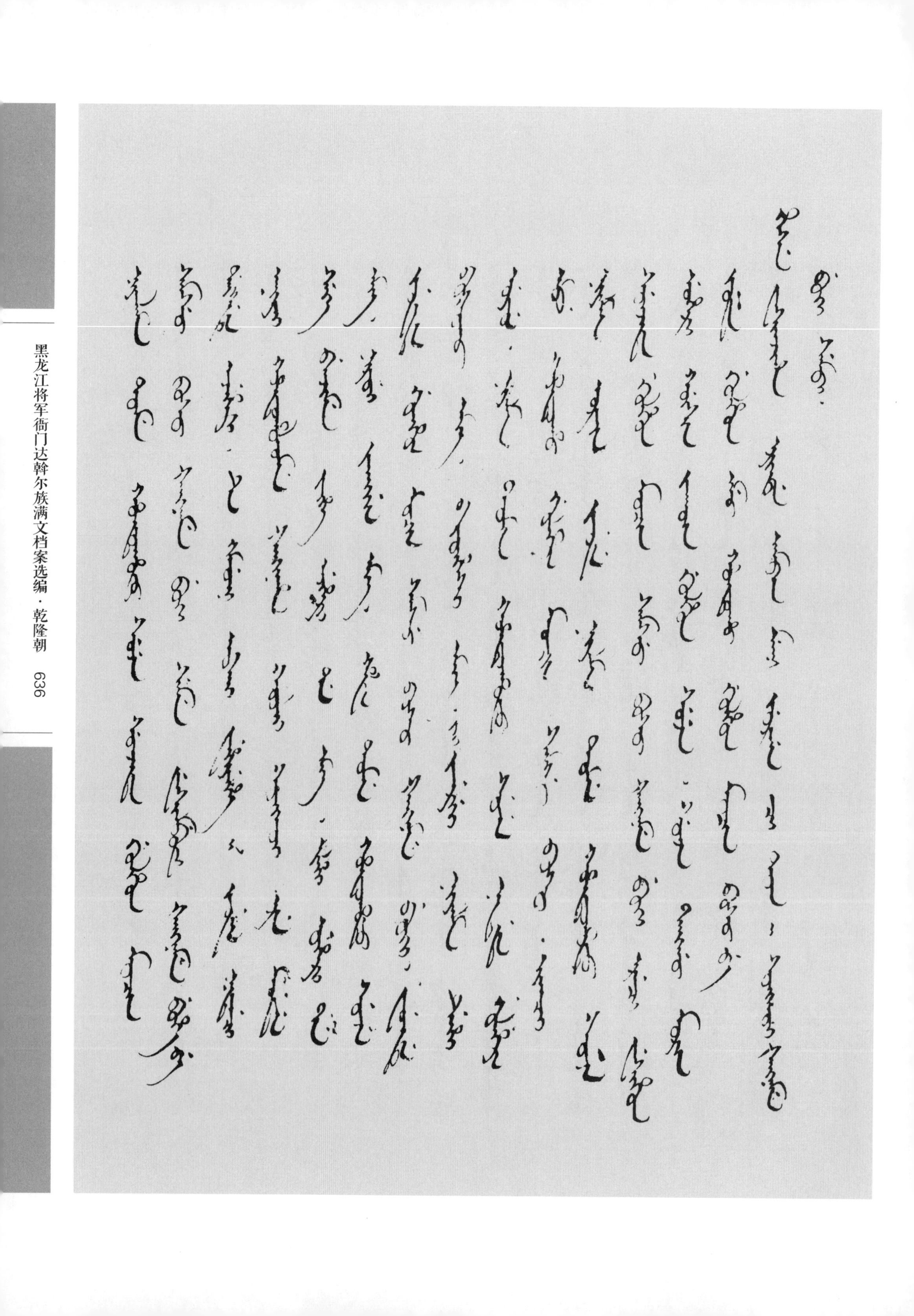

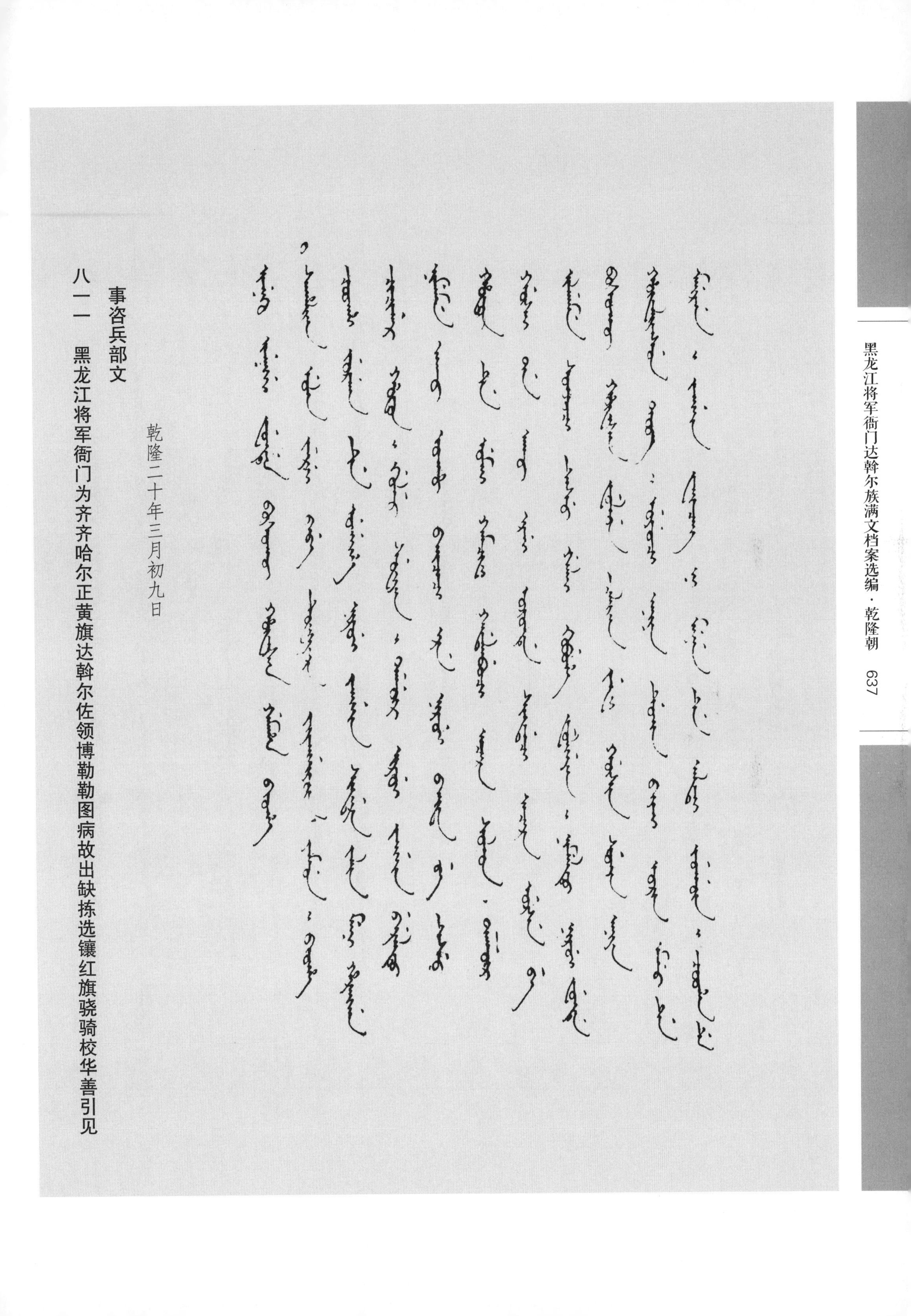

八一一 黑龙江将军衙门为齐齐哈尔正黄旗达斡尔佐领博勒勒图病故出缺拣选镶红旗骁骑校华善引见事咨兵部文

乾隆二十年三月初九日

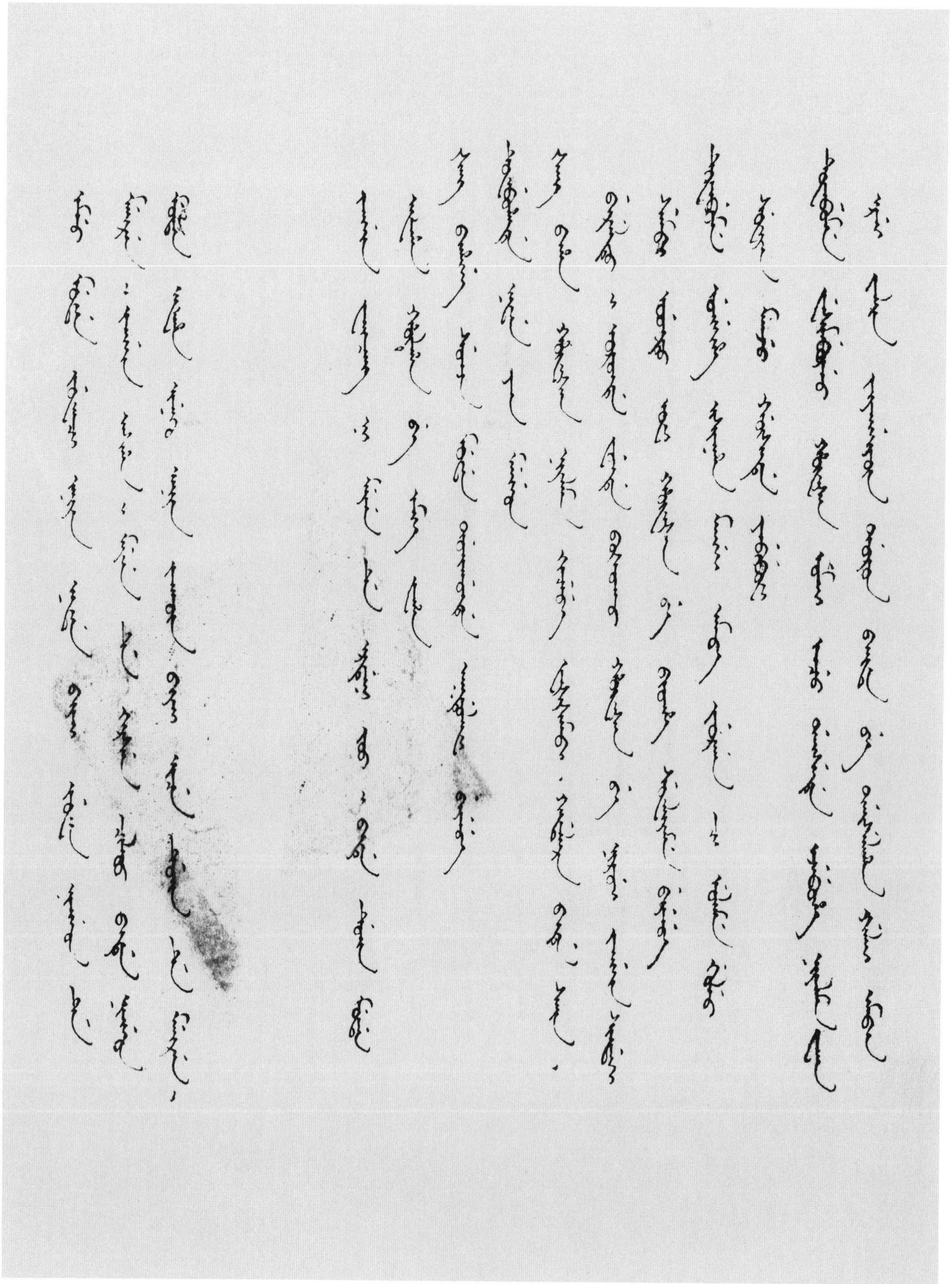

[illegible]

[illegible]

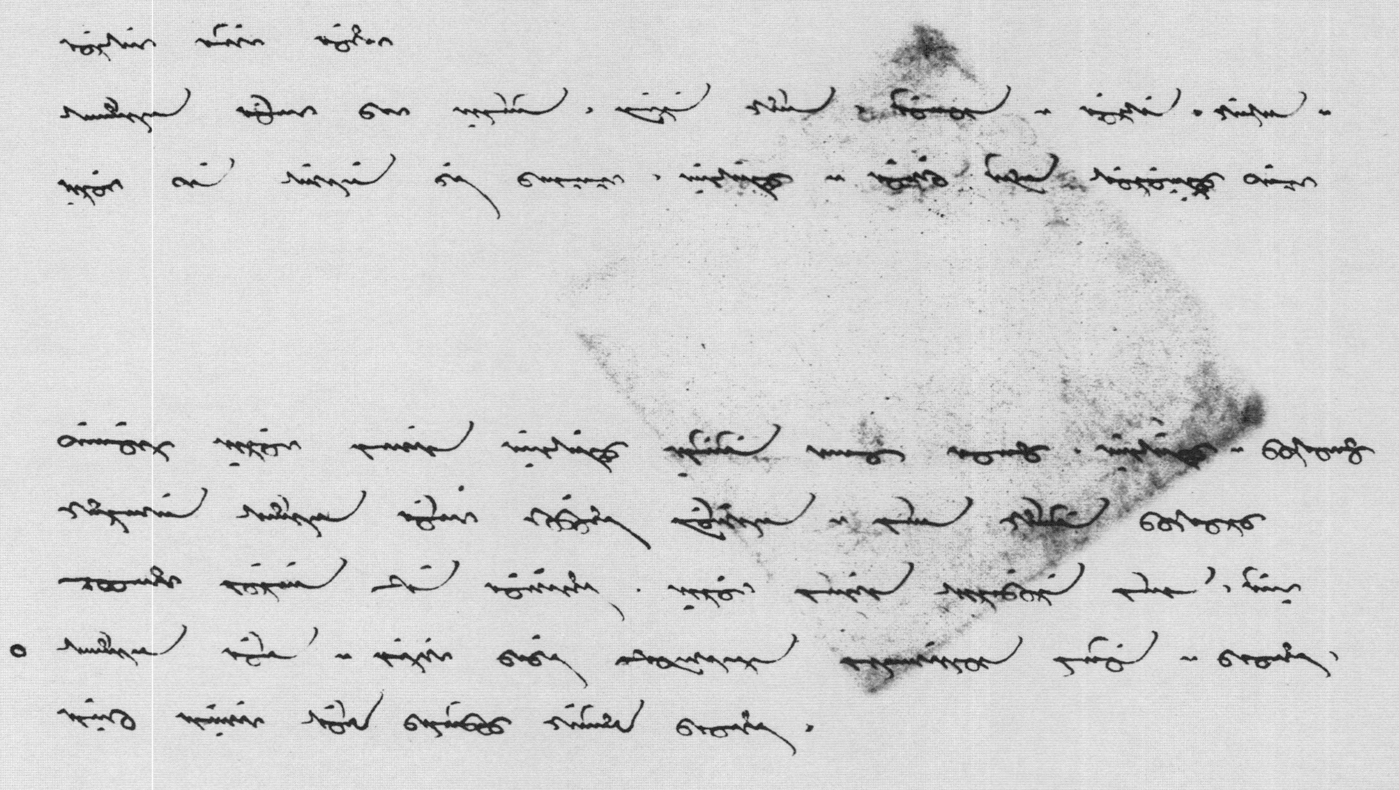

乾隆二十年三月初九日

兵部文

八一二　黑龙江将军衙门为黑龙江镶红旗达斡尔世管佐领内色图病故其所遗缺拟定正陪人员引见事咨

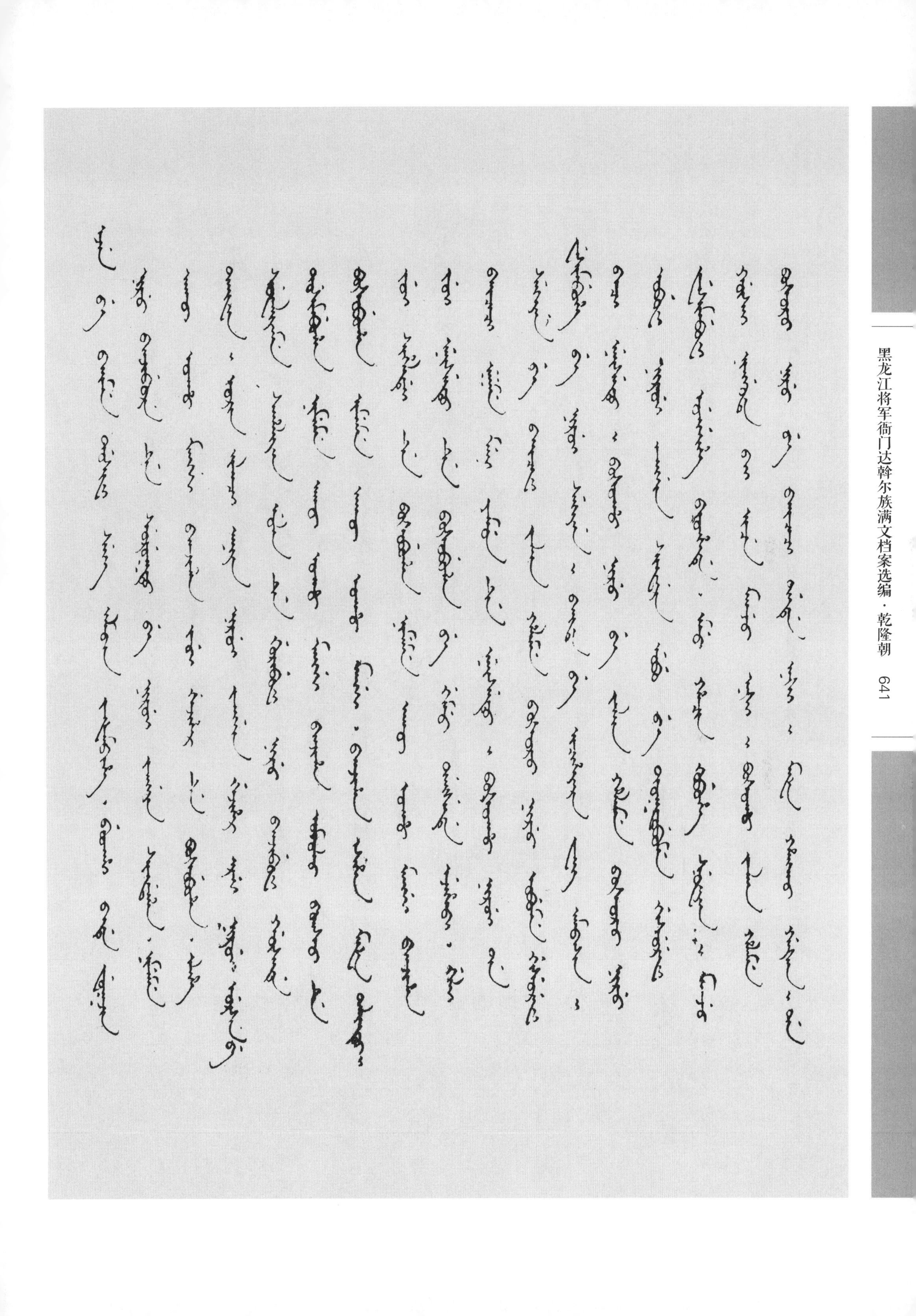

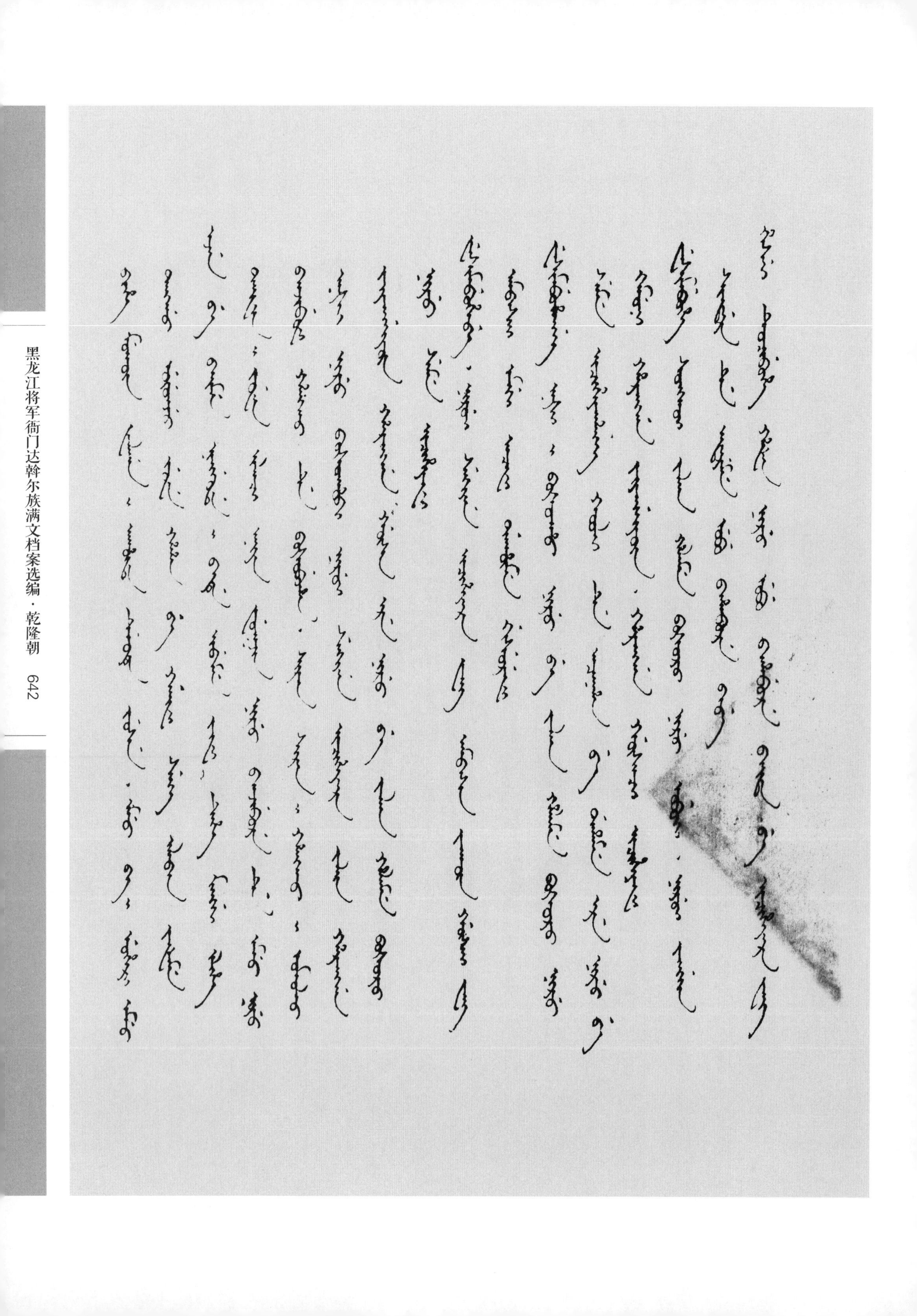

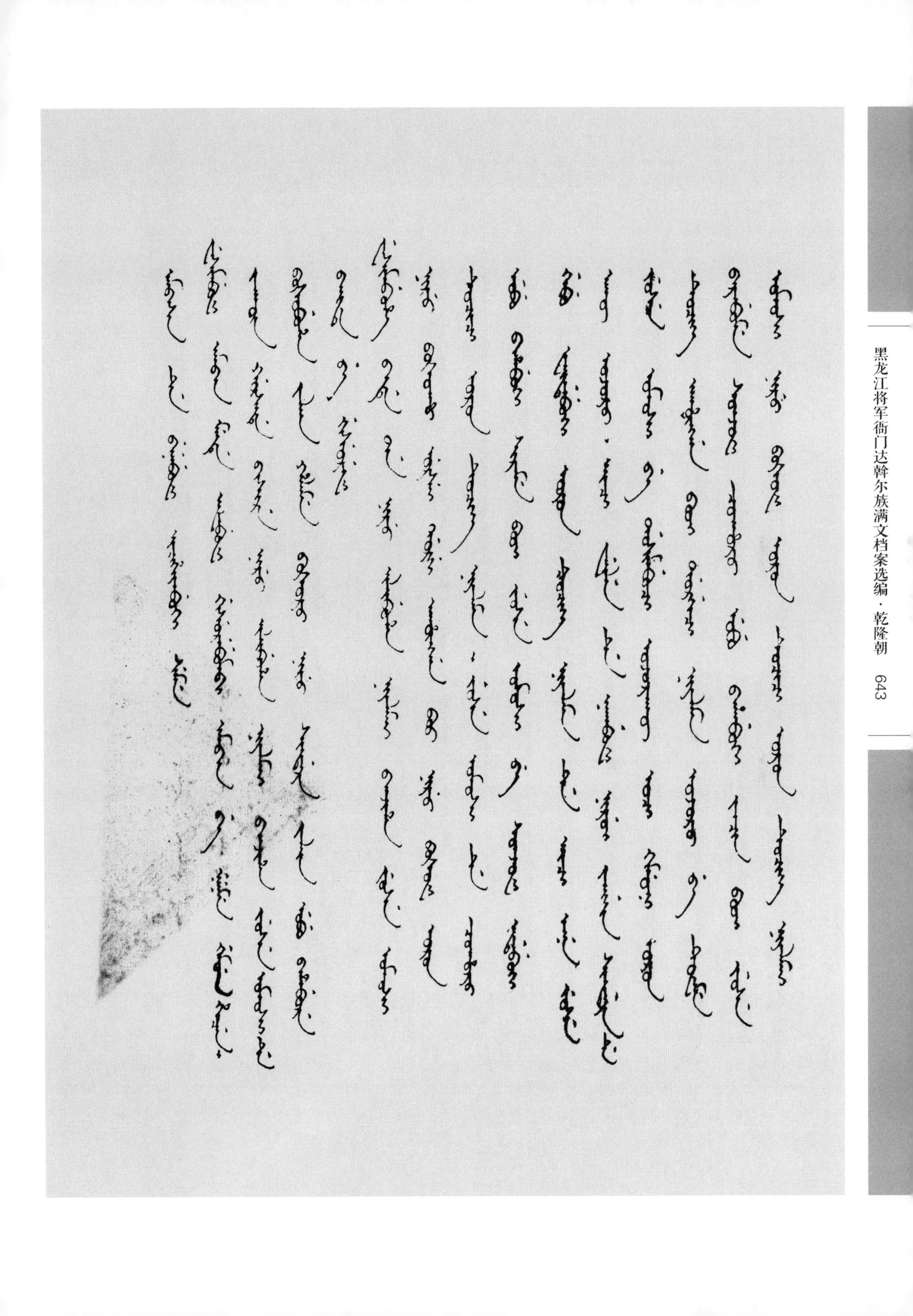

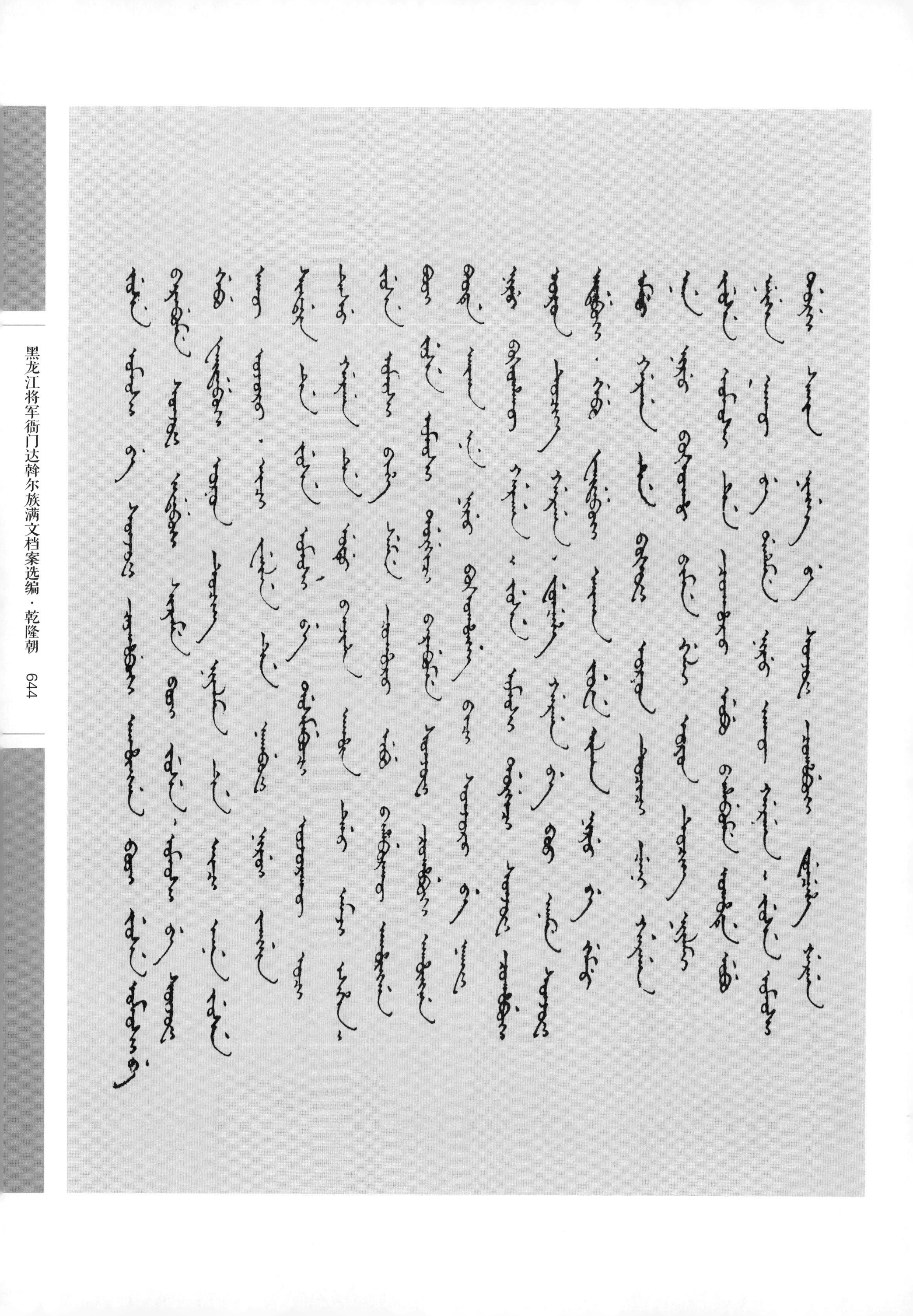

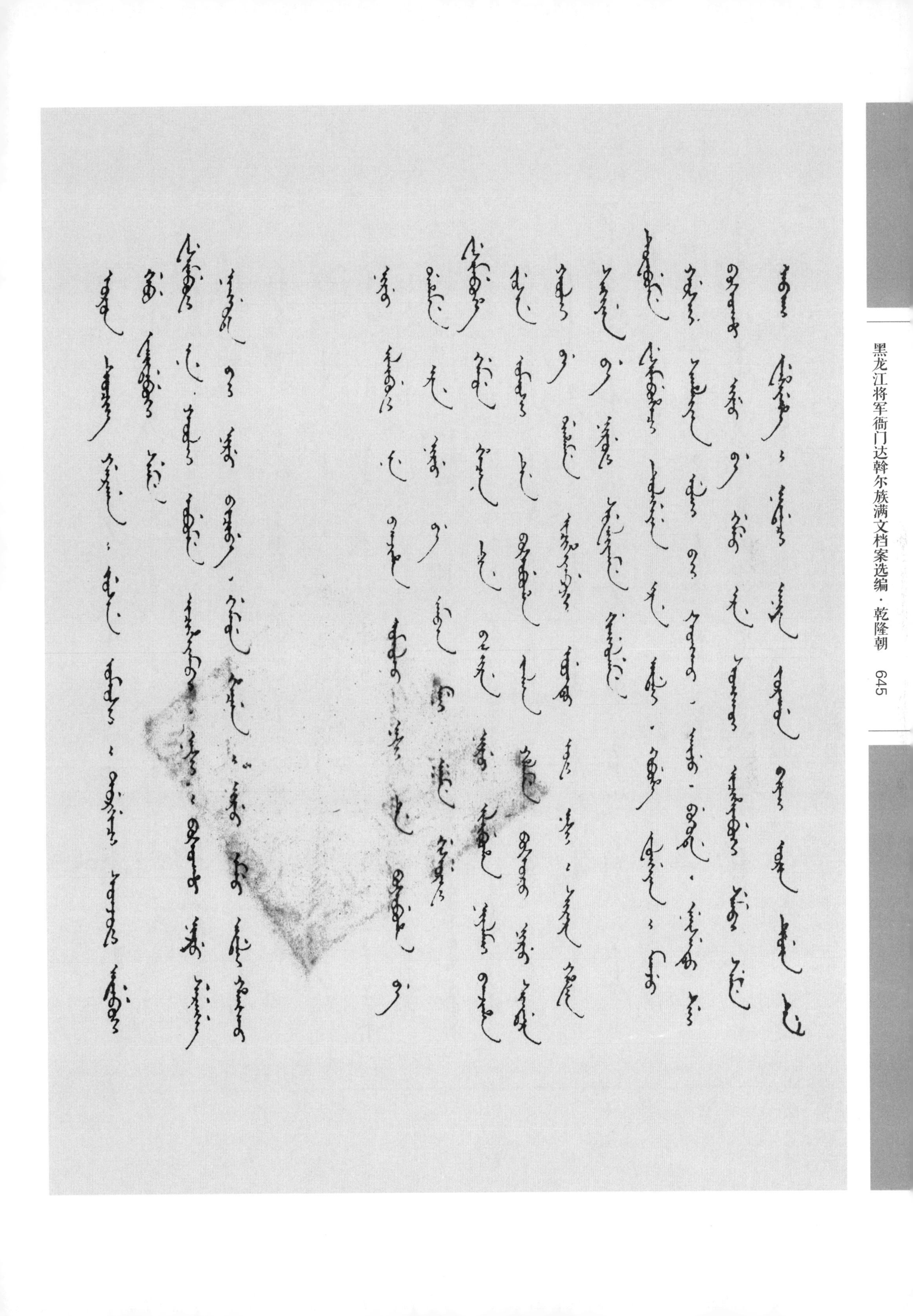

[illegible]

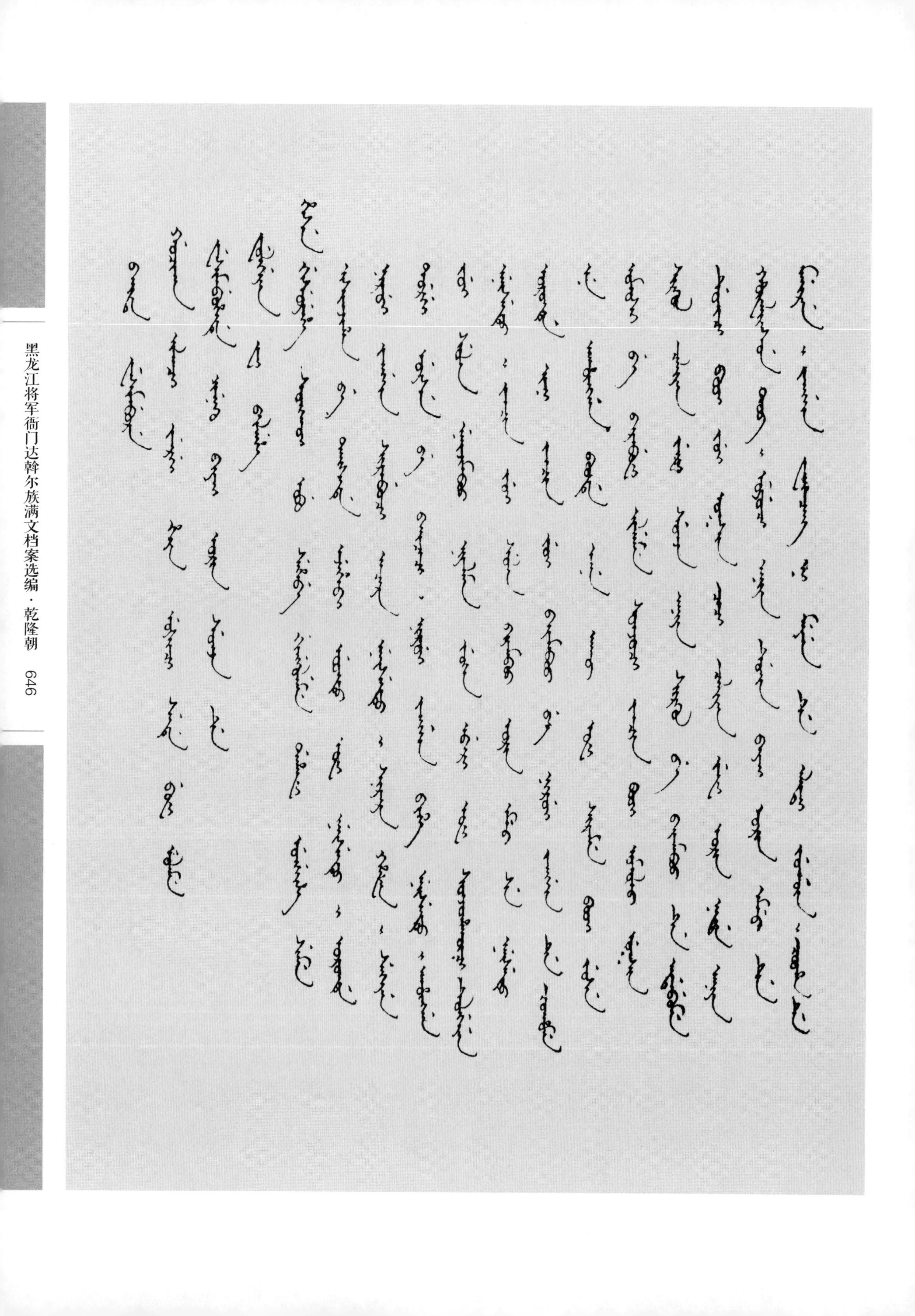

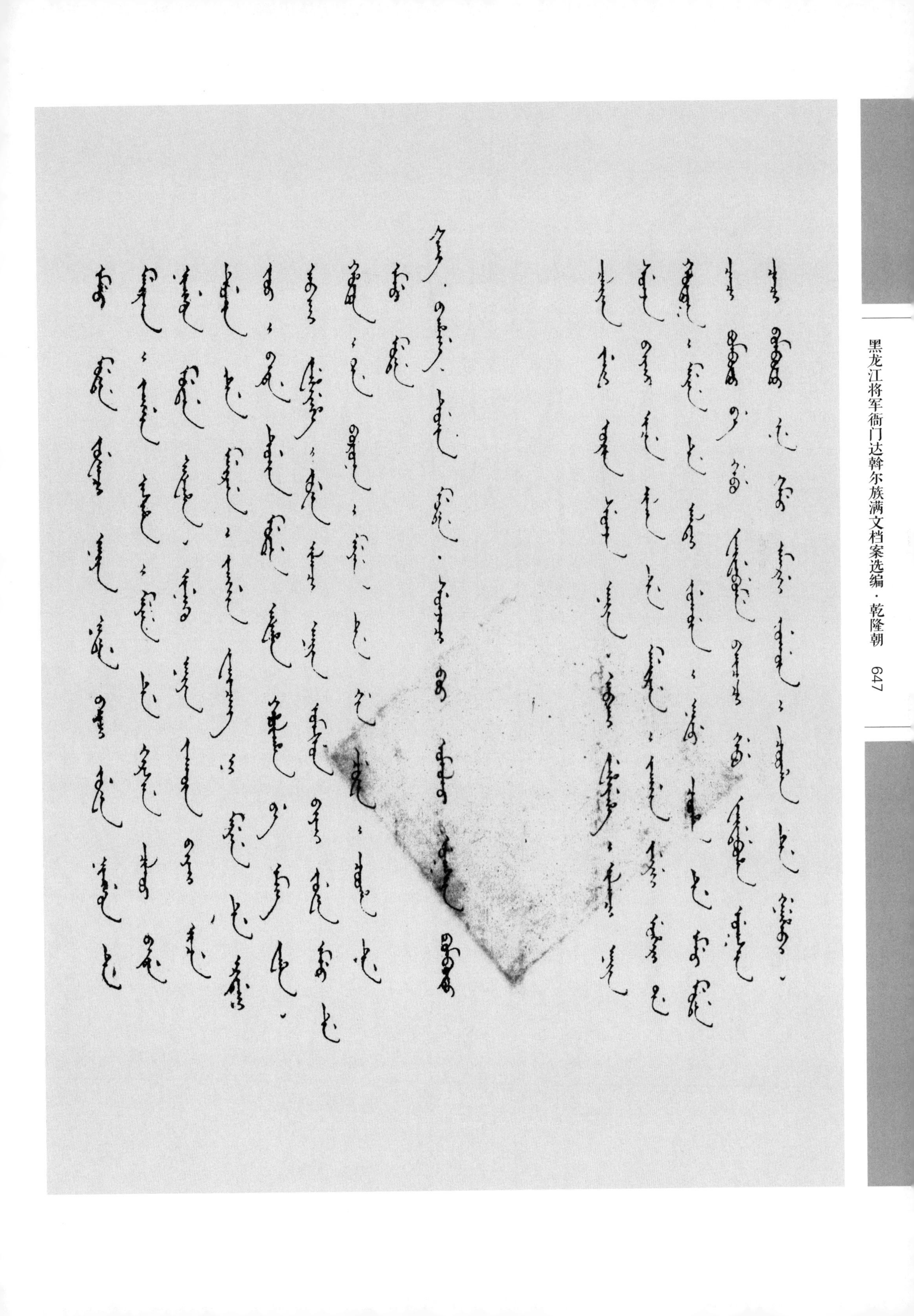

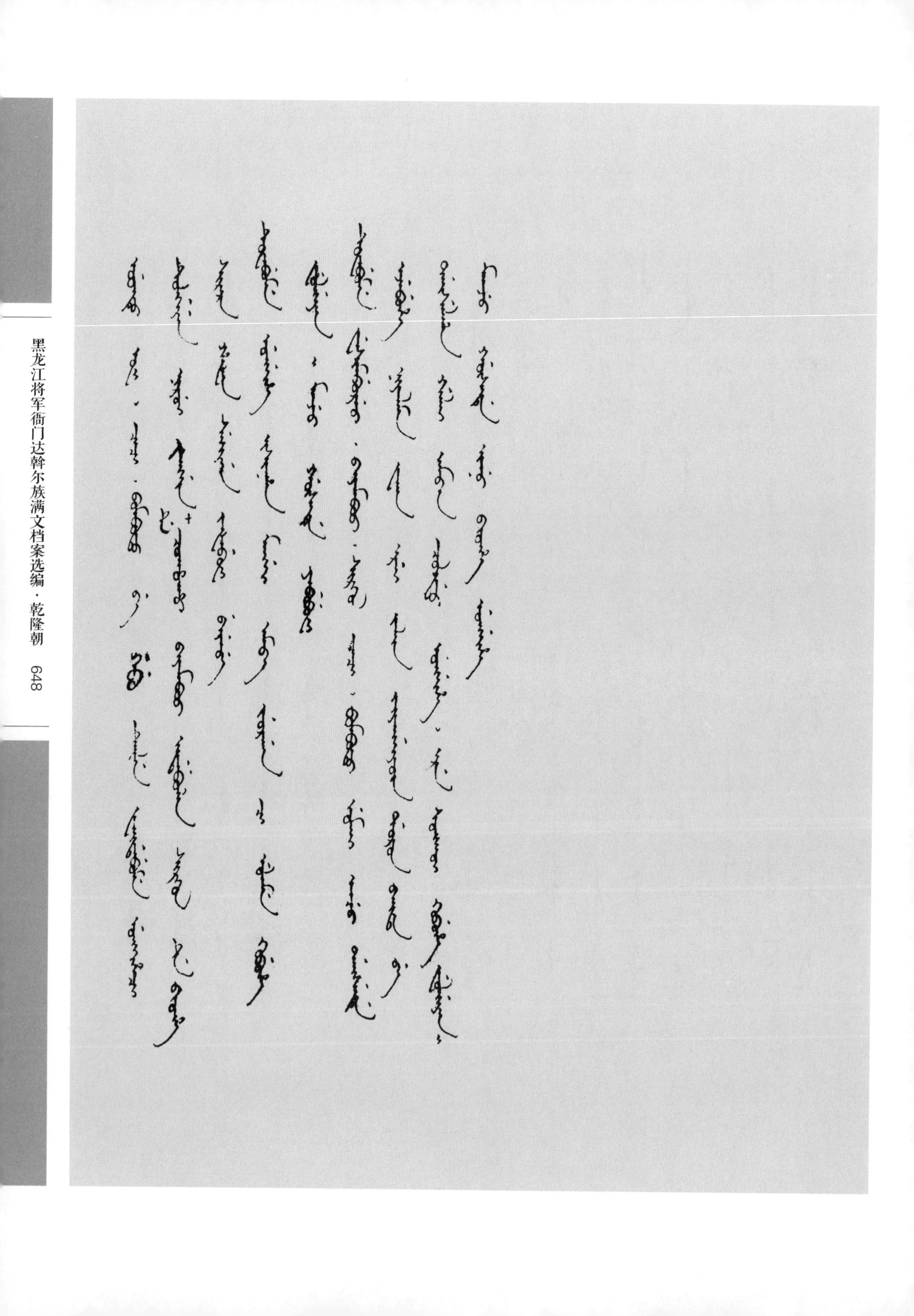

[illegible]

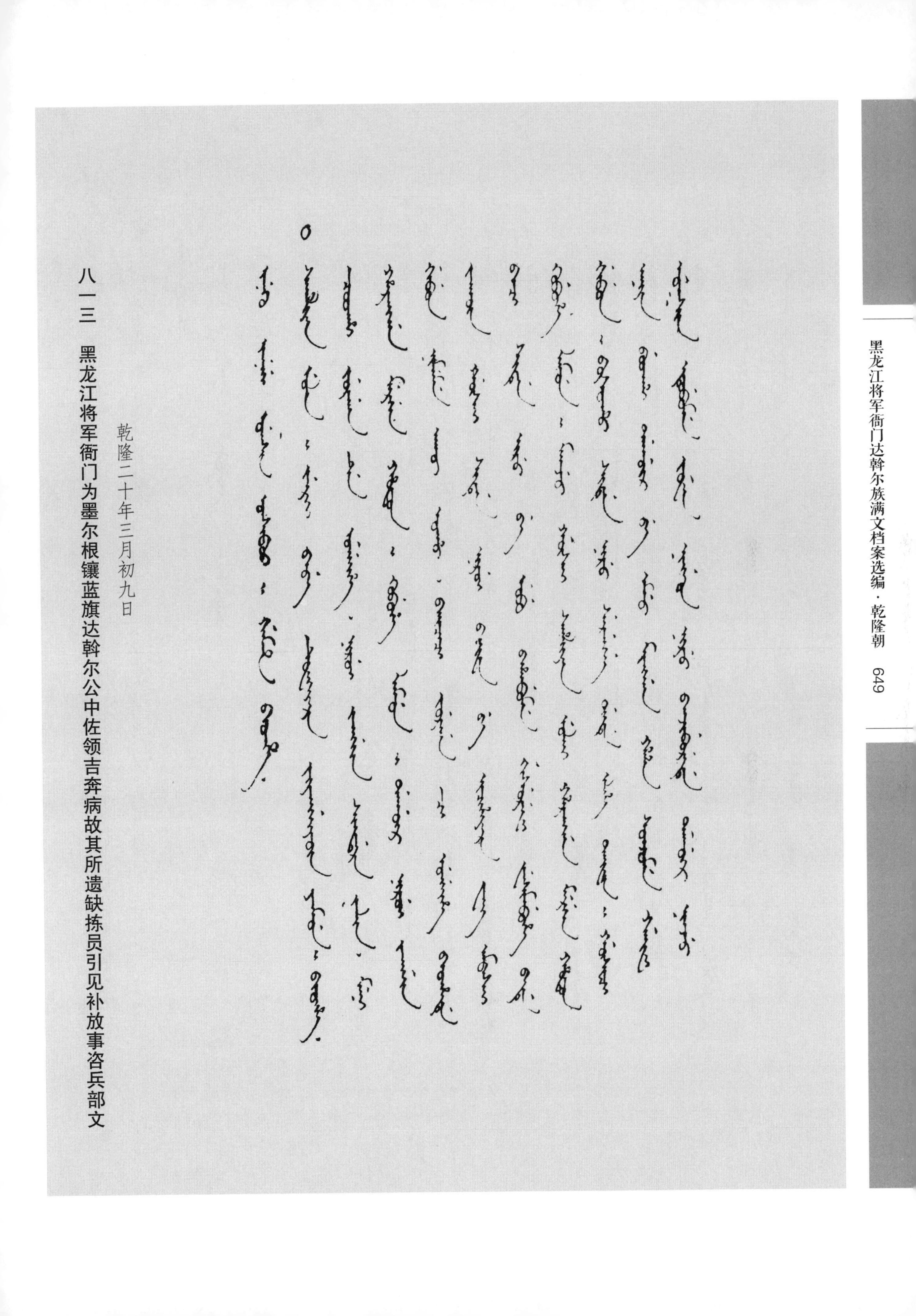

八一三　黑龙江将军衙门为墨尔根镶蓝旗达斡尔公中佐领吉奔病故其所遗缺拣员引见补放事咨兵部文

乾隆二十年三月初九日

[illegible]

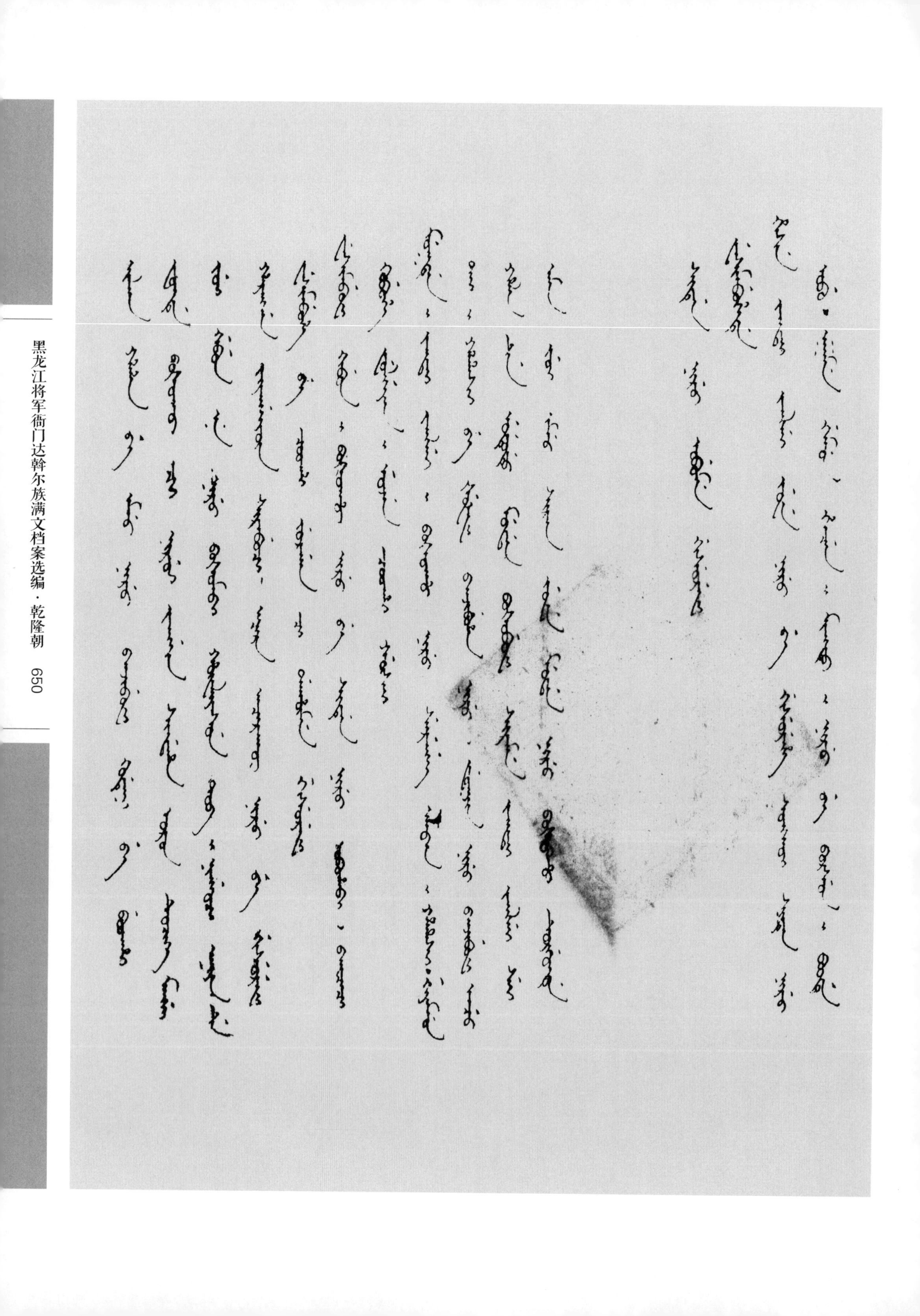

[illegible]

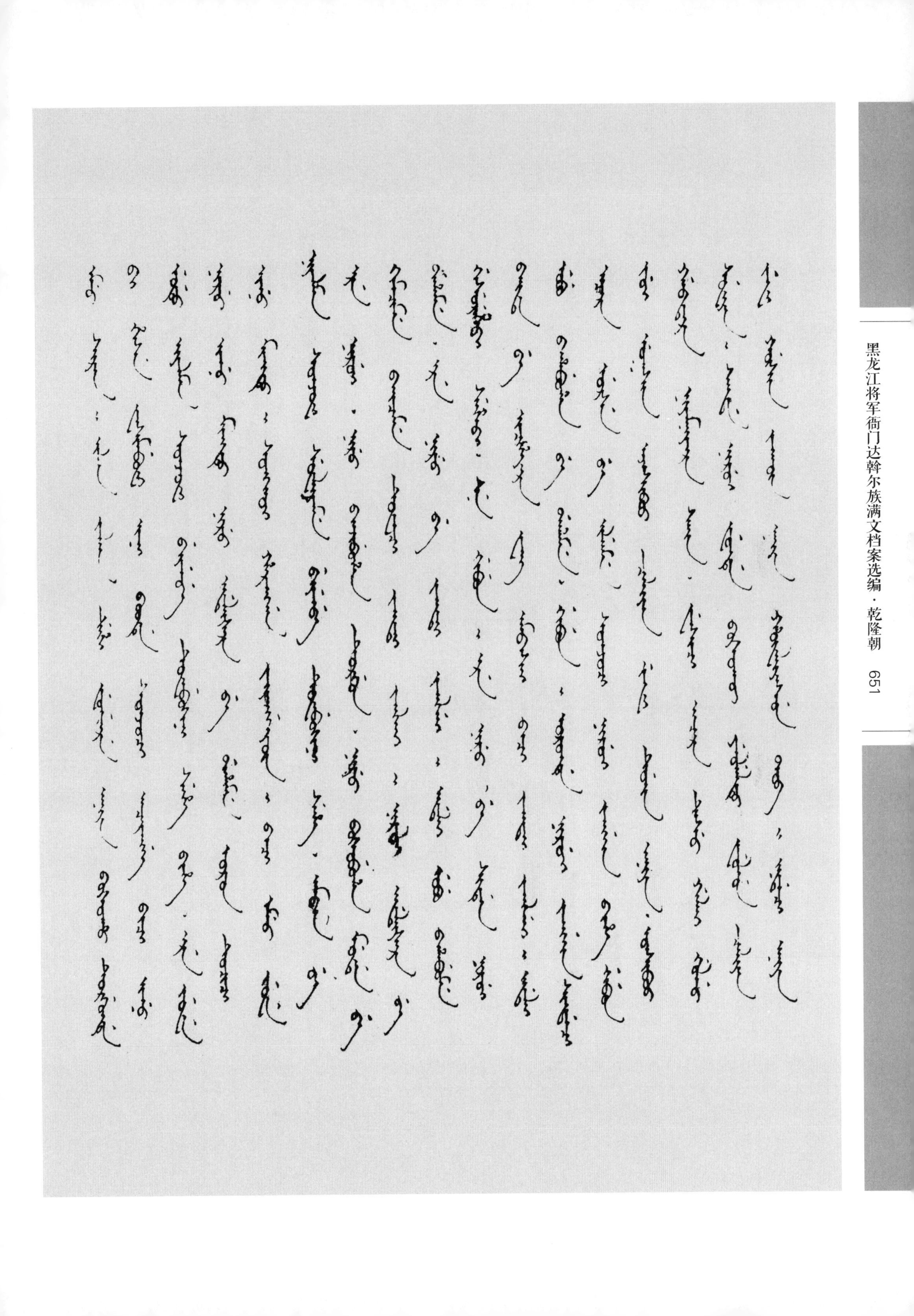

[illegible]

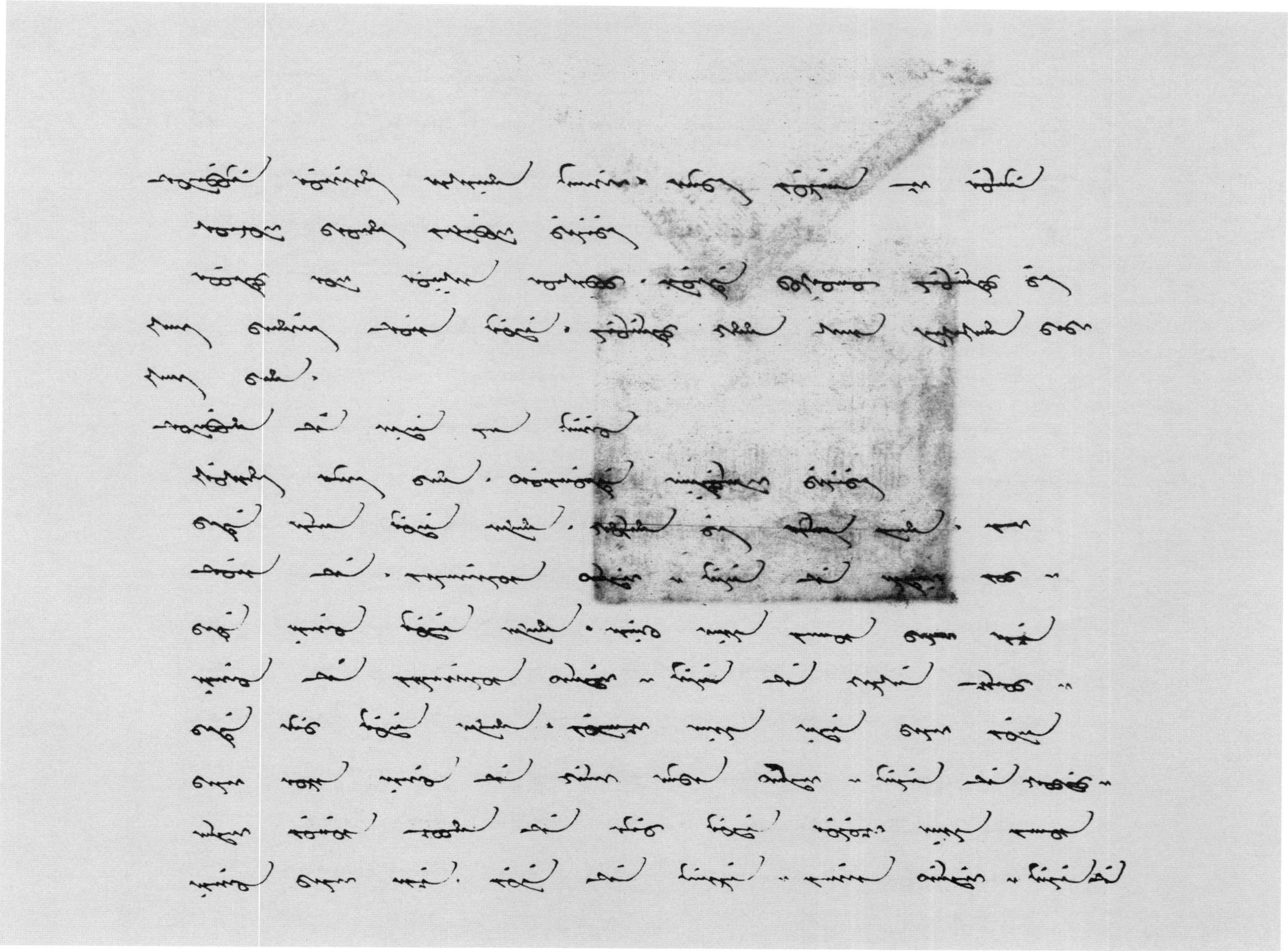

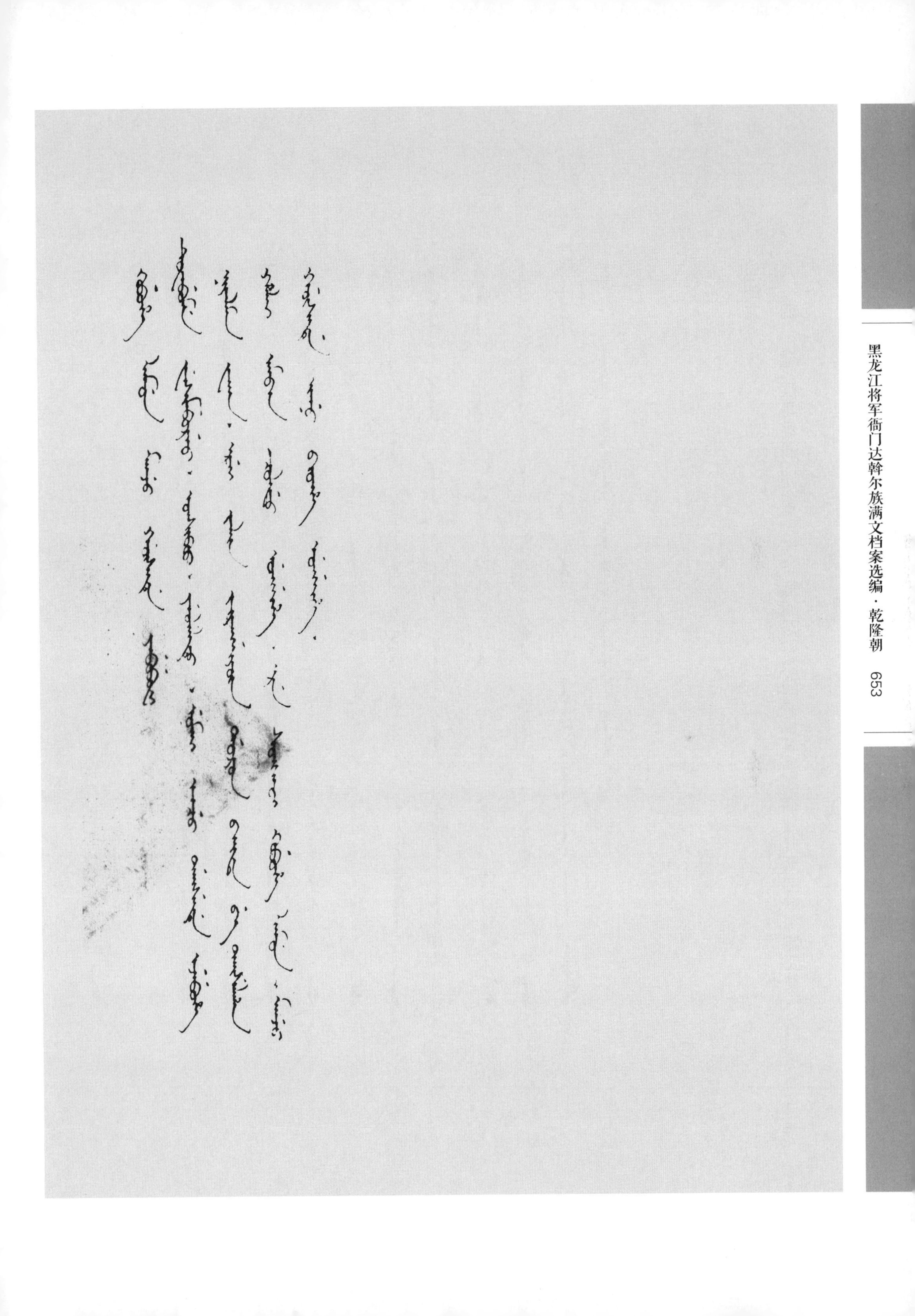

[illegible]

八一四 黑龙江将军衙门为黑龙江正蓝旗达斡尔骁骑校马齐图病故其所遗缺拟定正陪人员引见事咨兵部文

乾隆二十年三月初九日

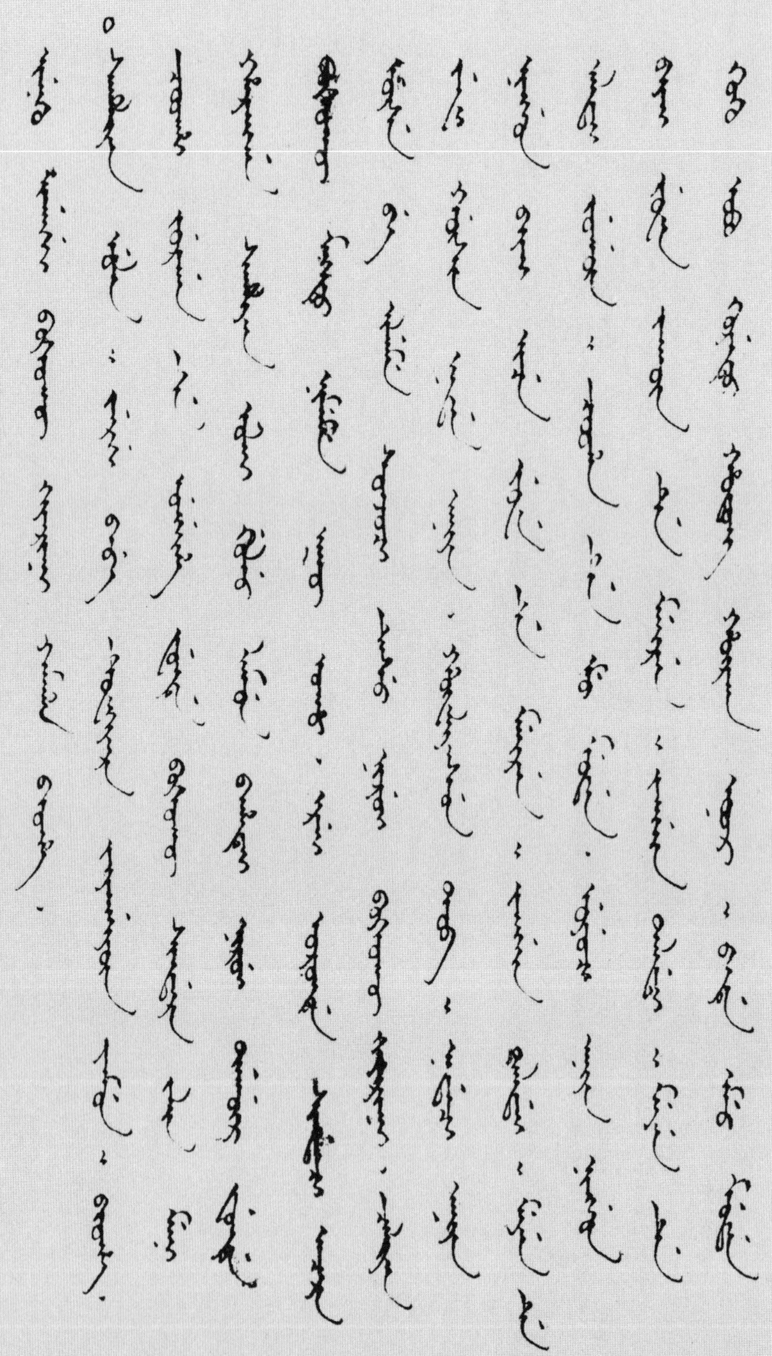

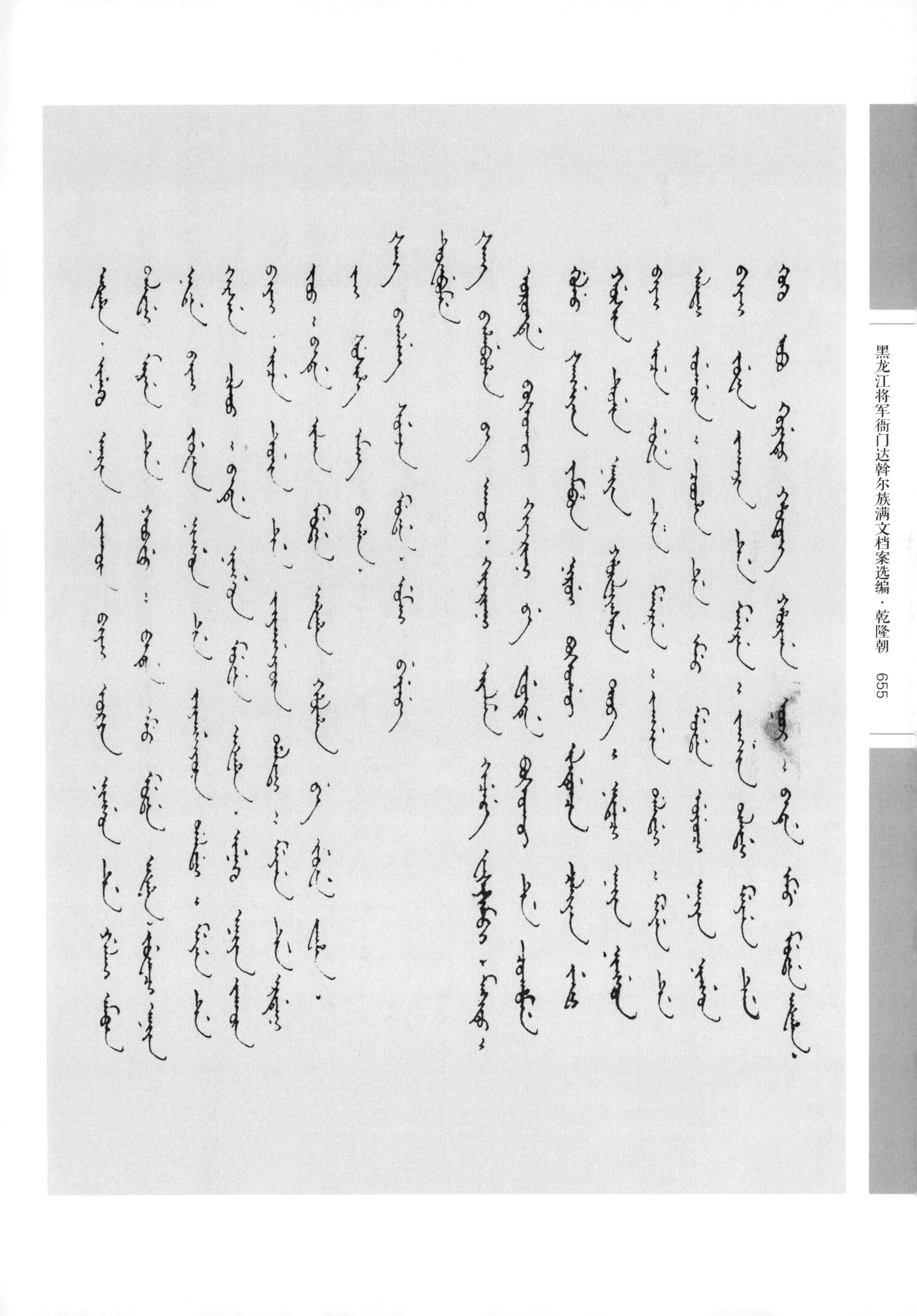

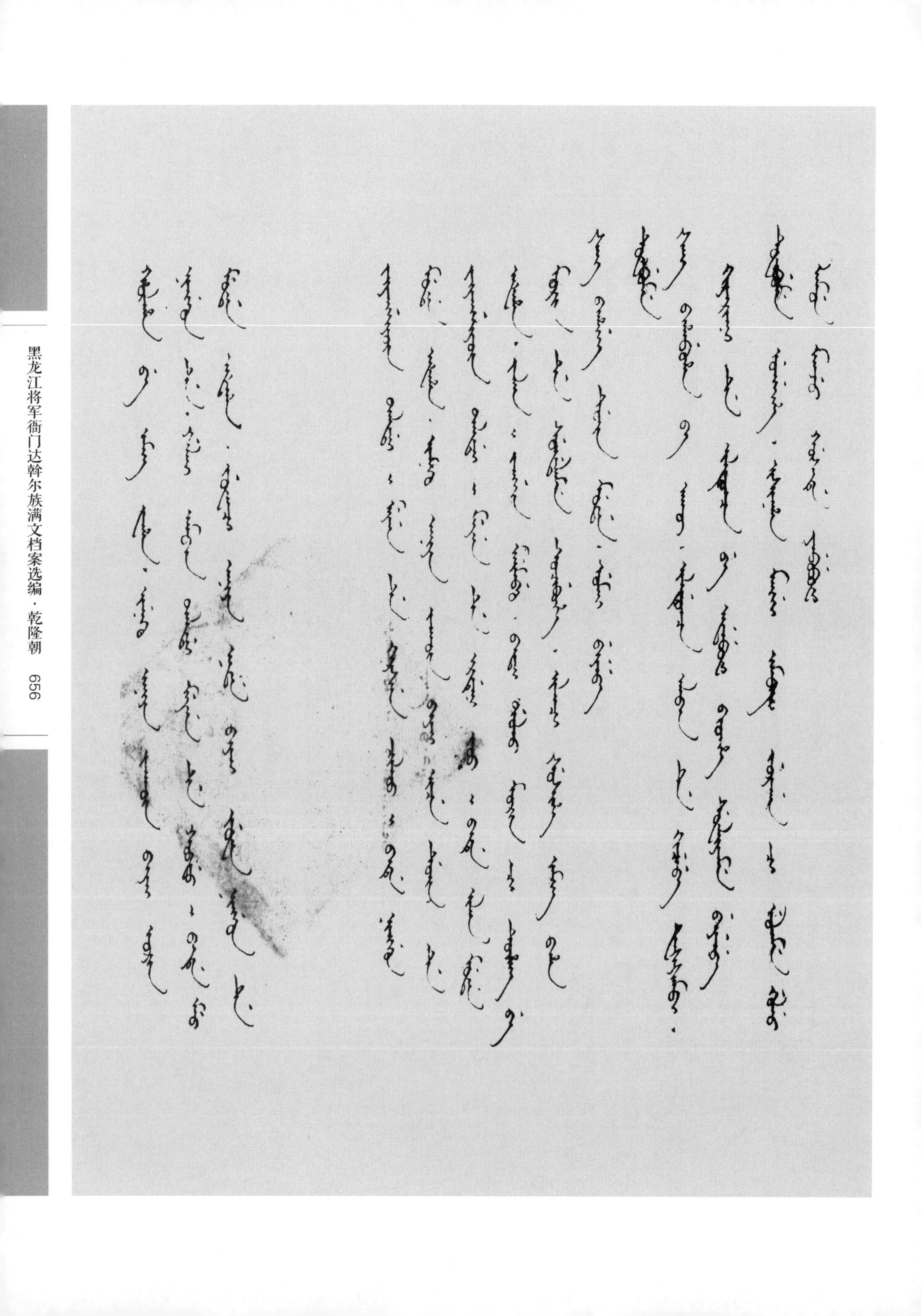

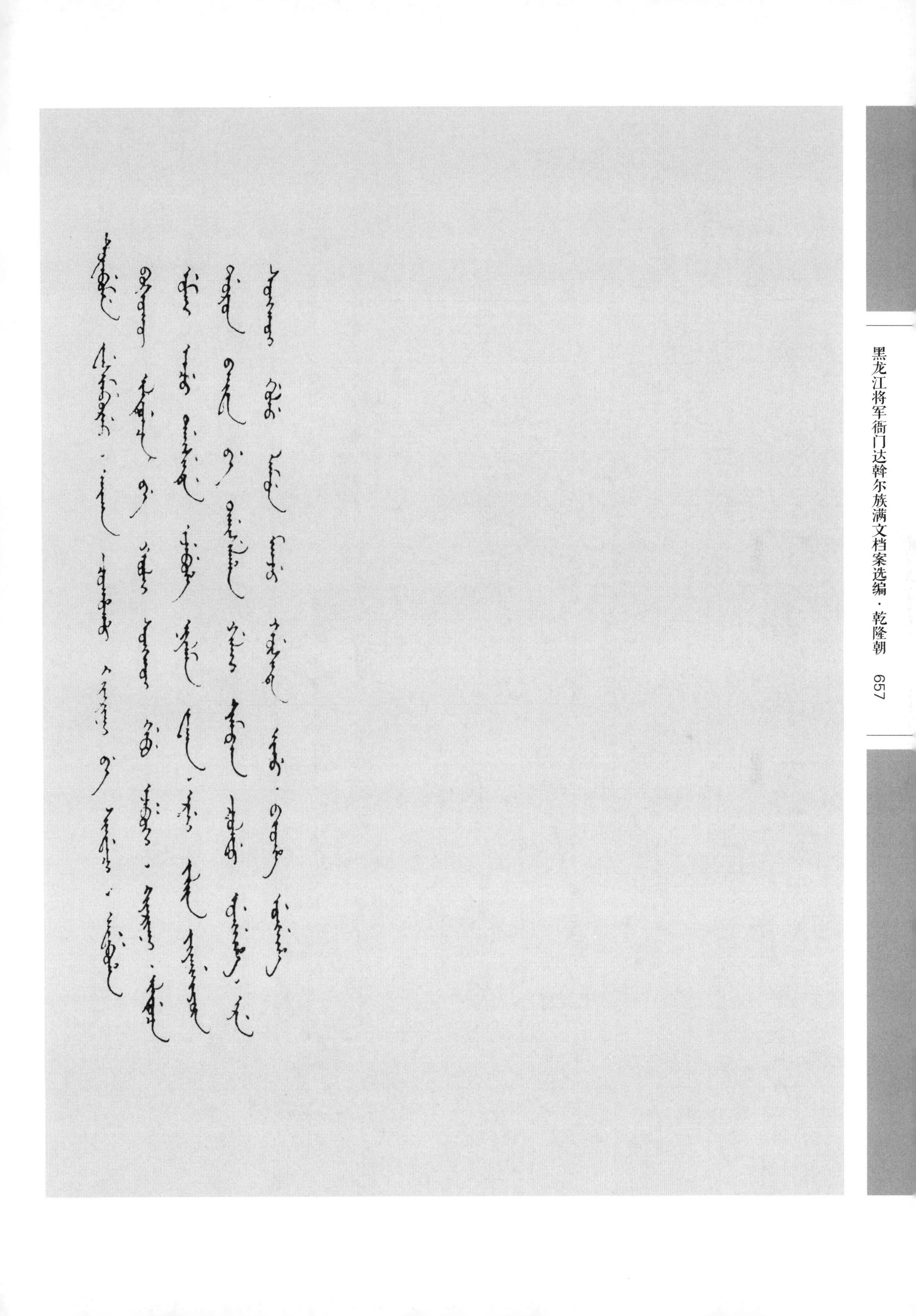

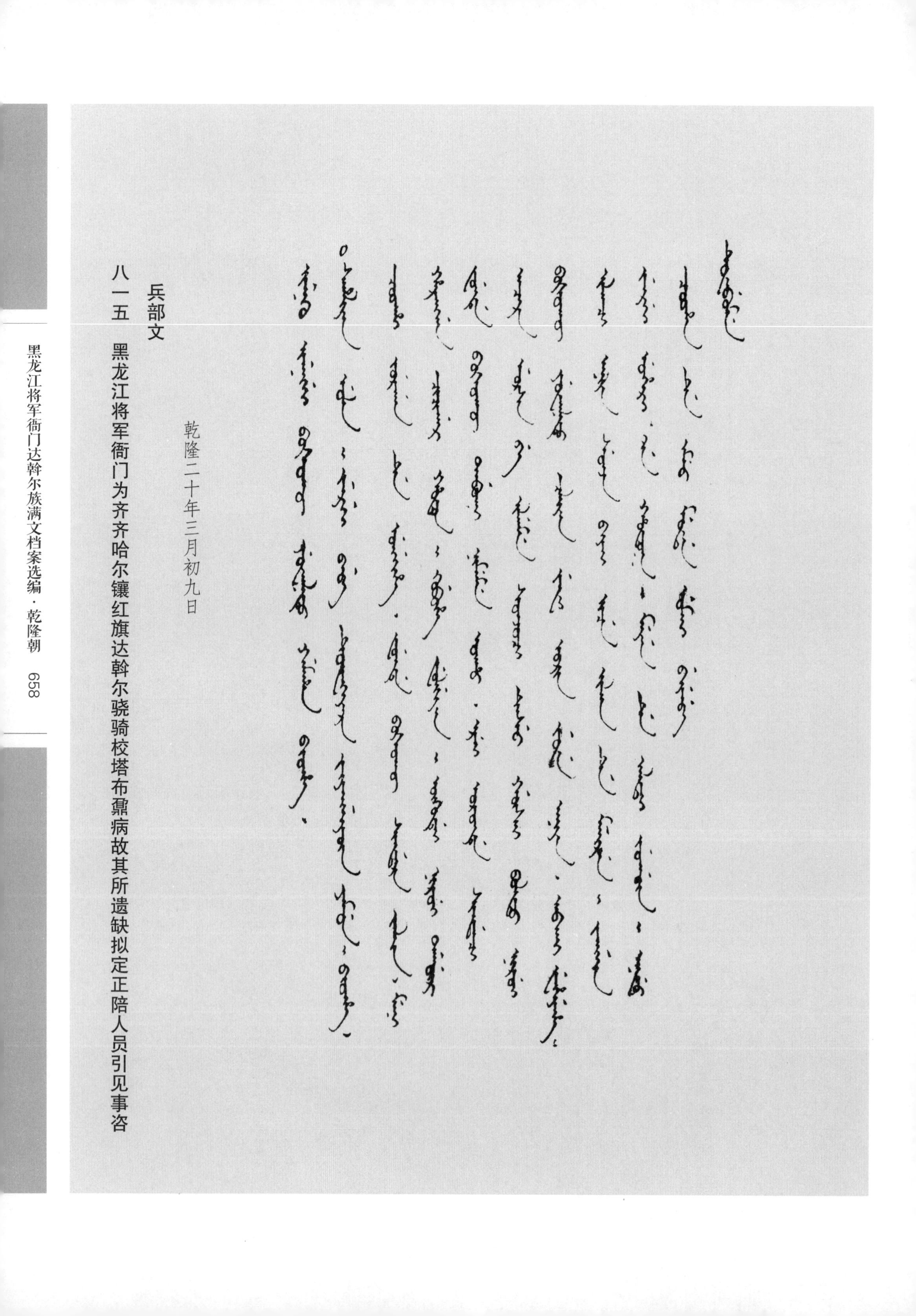

兵部文

八一五　黑龙江将军衙门为齐齐哈尔镶红旗达斡尔骁骑校塔布鼐病故其所遗缺拟定正陪人员引见事咨

乾隆二十年三月初九日

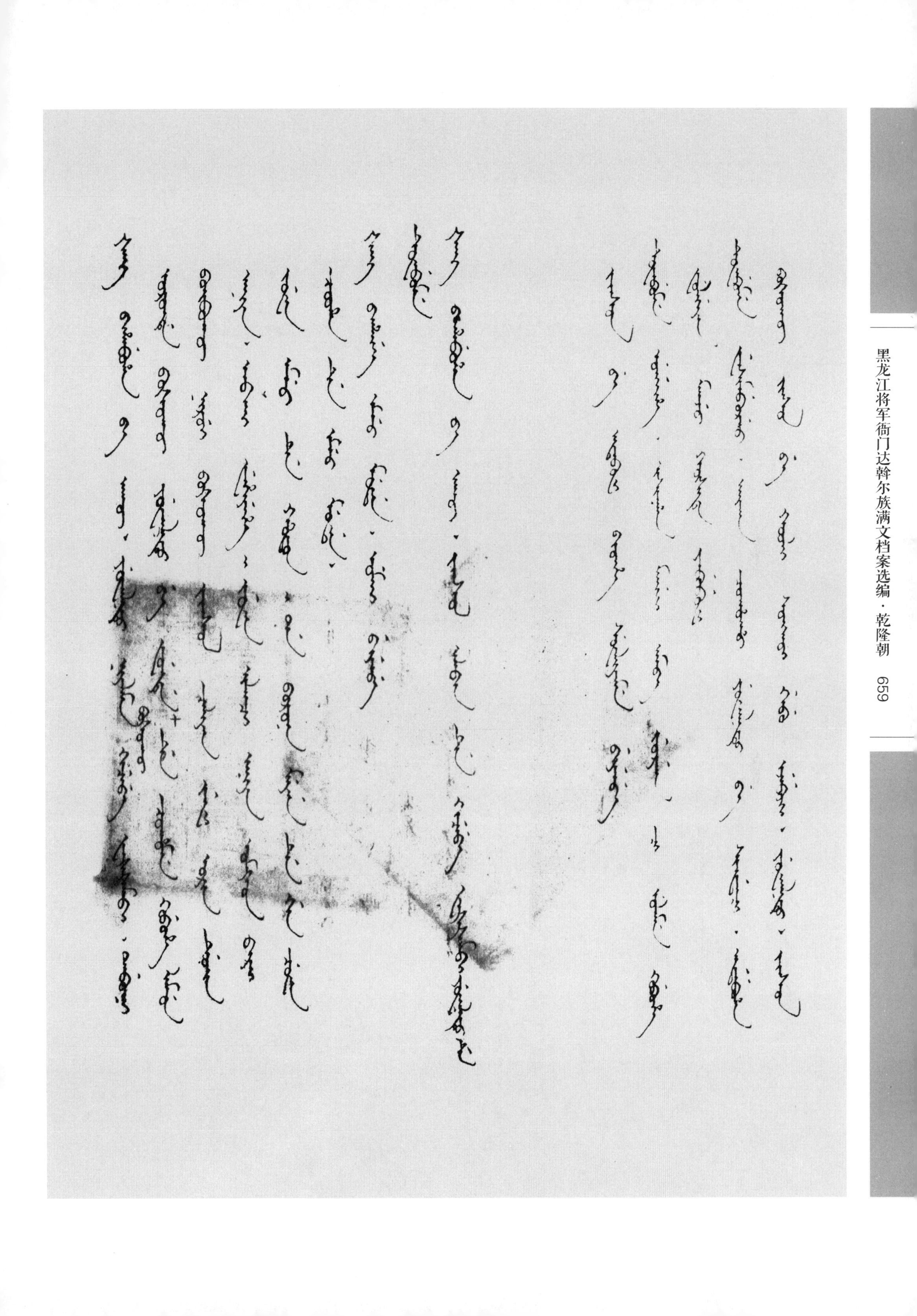

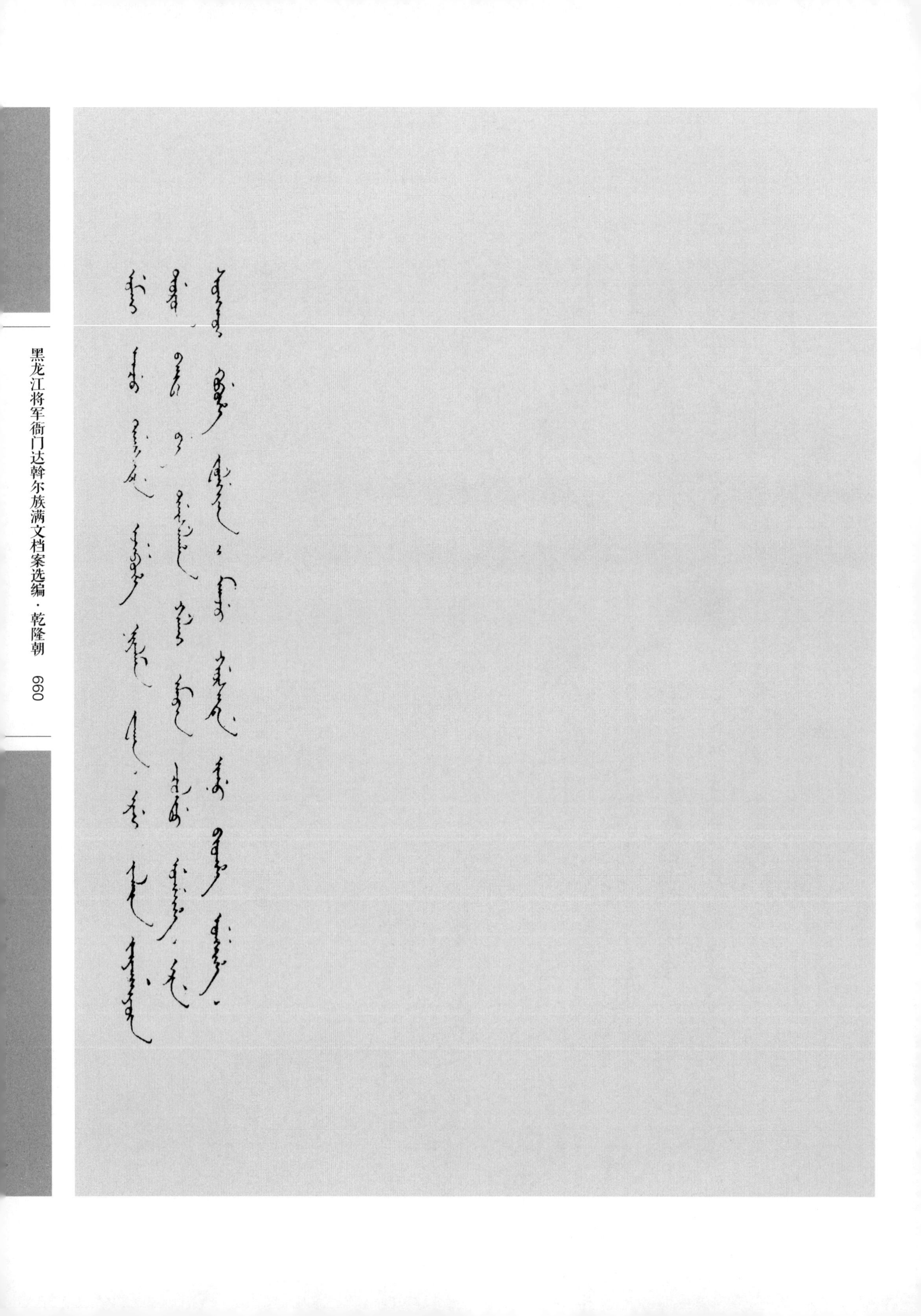

[illegible]

[illegible]

[illegible]

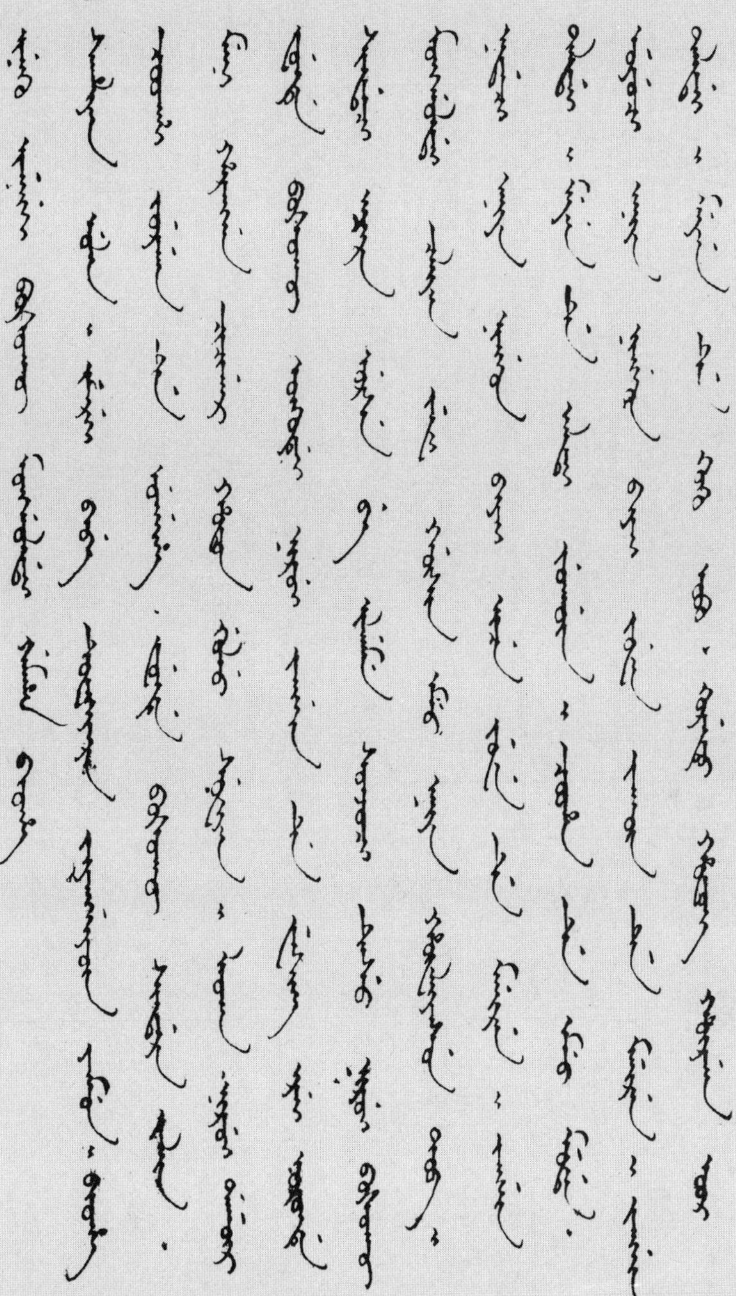

乾隆二十年三月初九日

八一六 黑龙江将军衙门为齐齐哈尔正黄旗达斡尔骁骑校乌库德依升迁出缺拟定正陪人员引见事咨兵部文

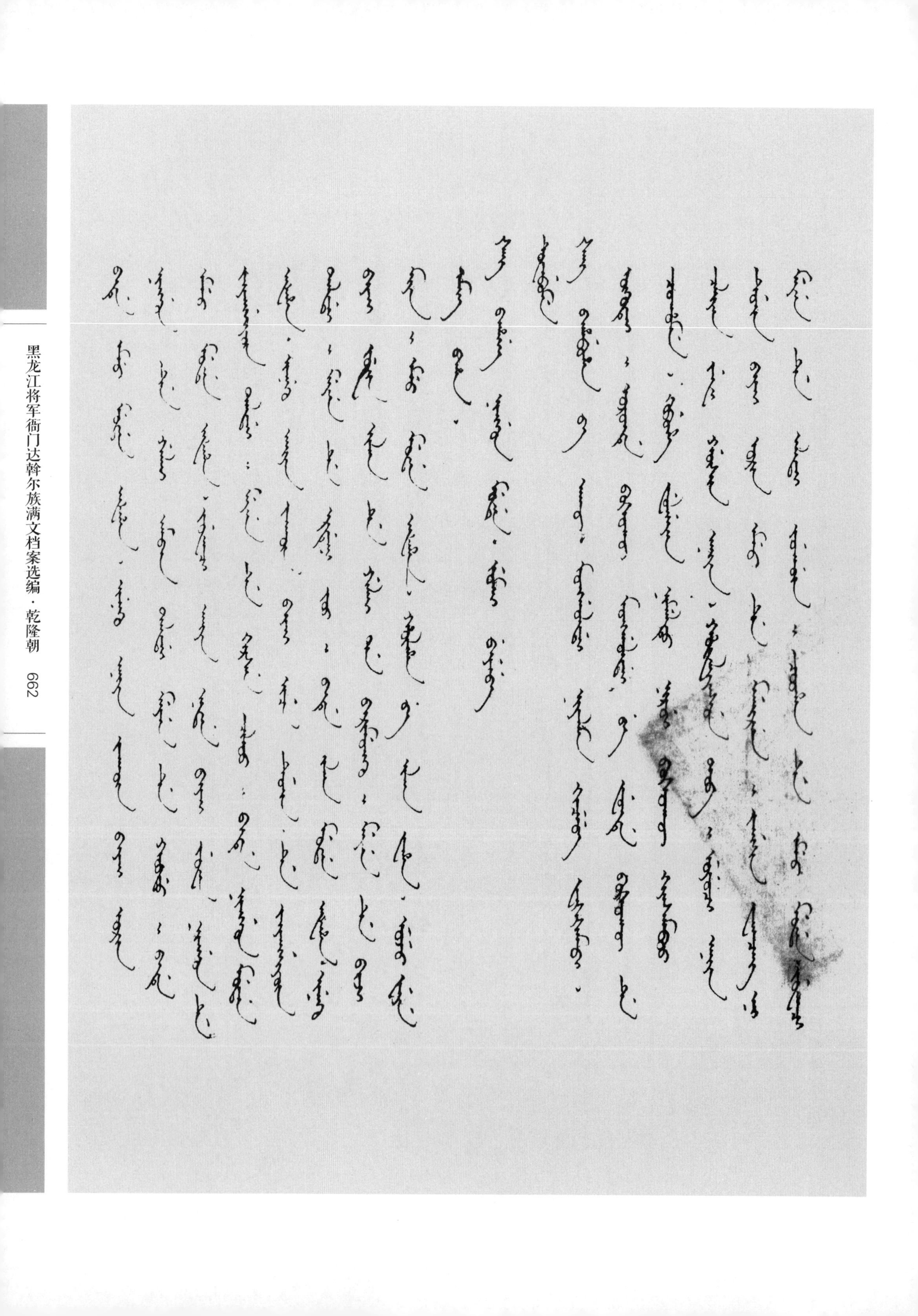

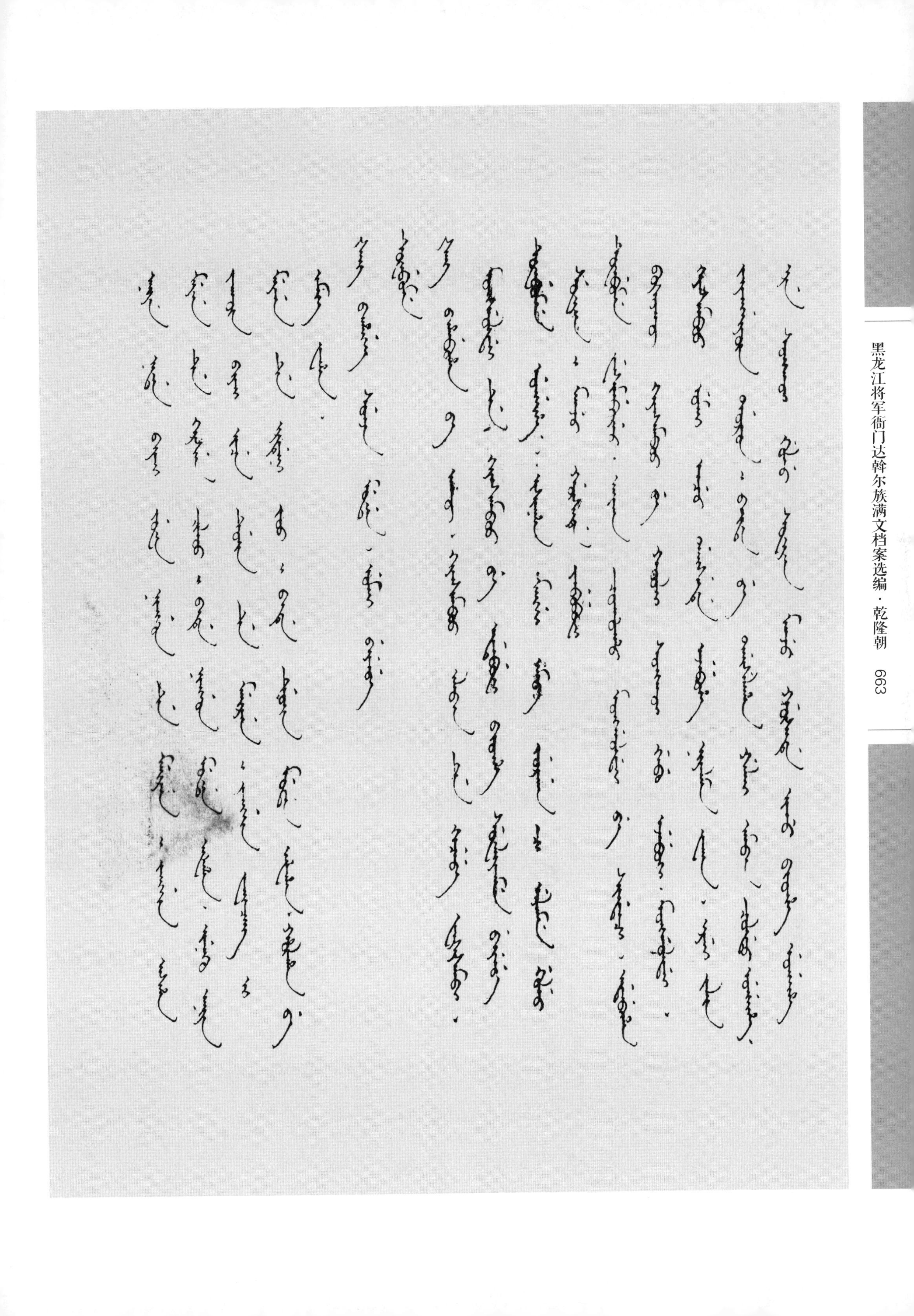

咨兵部文

八一七 黑龙江将军衙门为黑龙江镶白旗达斡尔骁骑校厄尔齐勒图病故其所遗缺拟定正陪人员引见事

乾隆二十年三月初九日

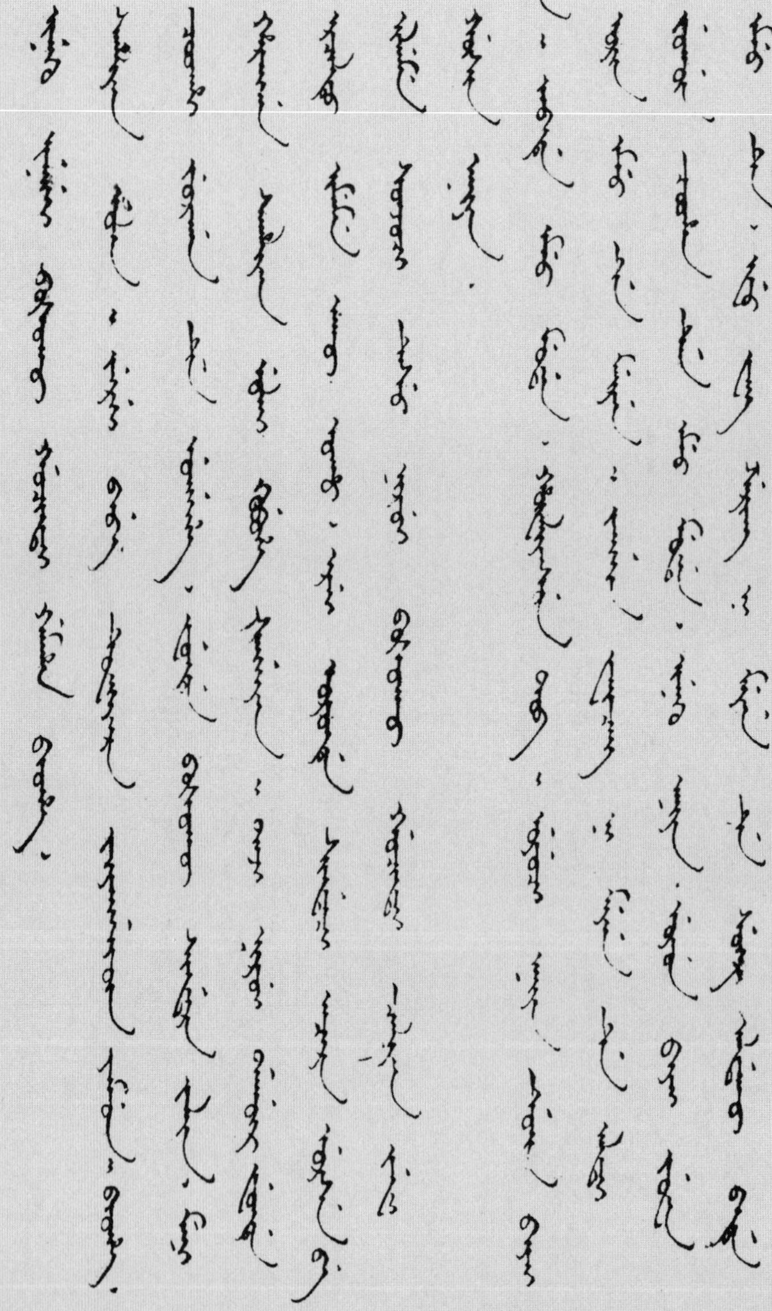

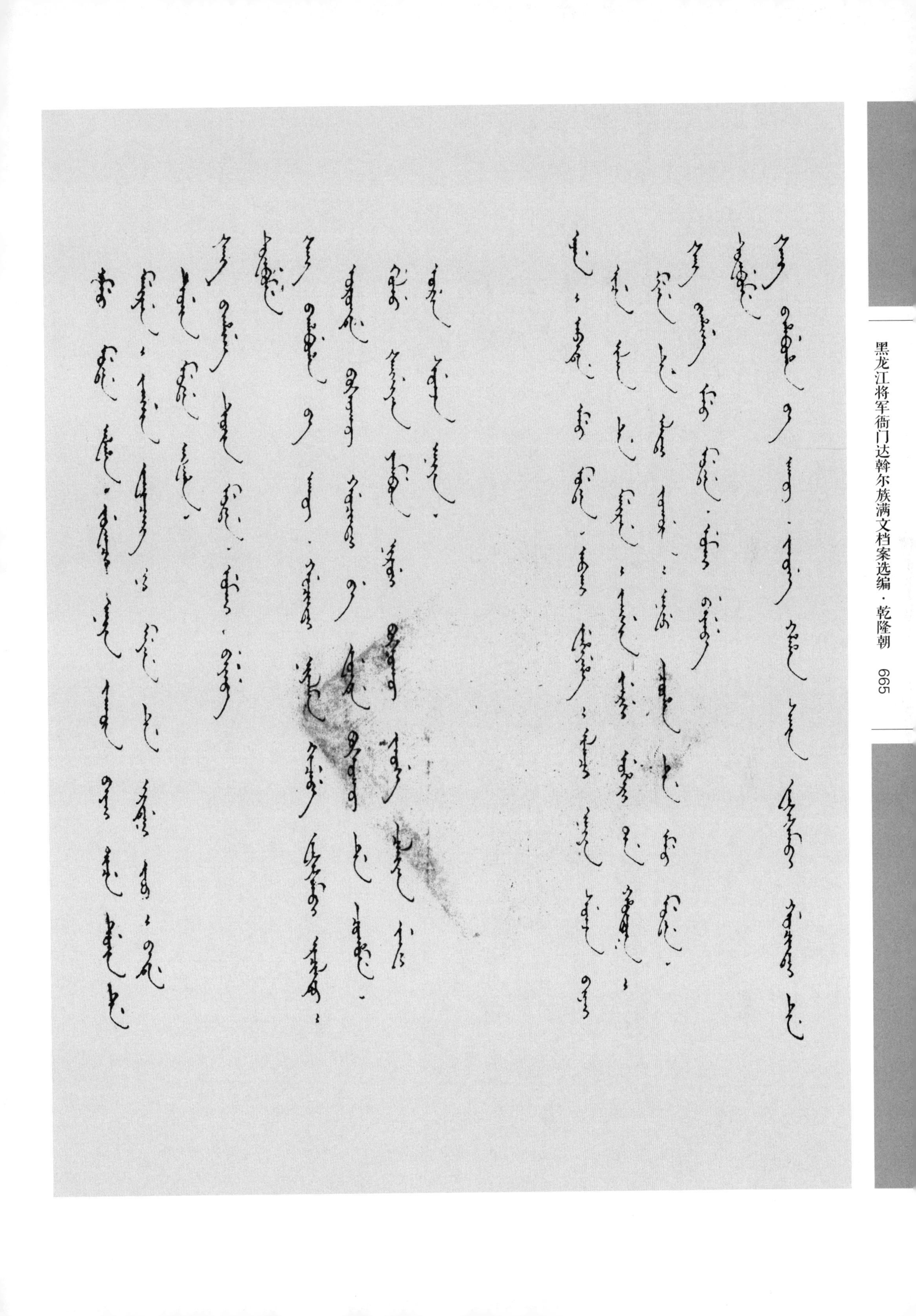

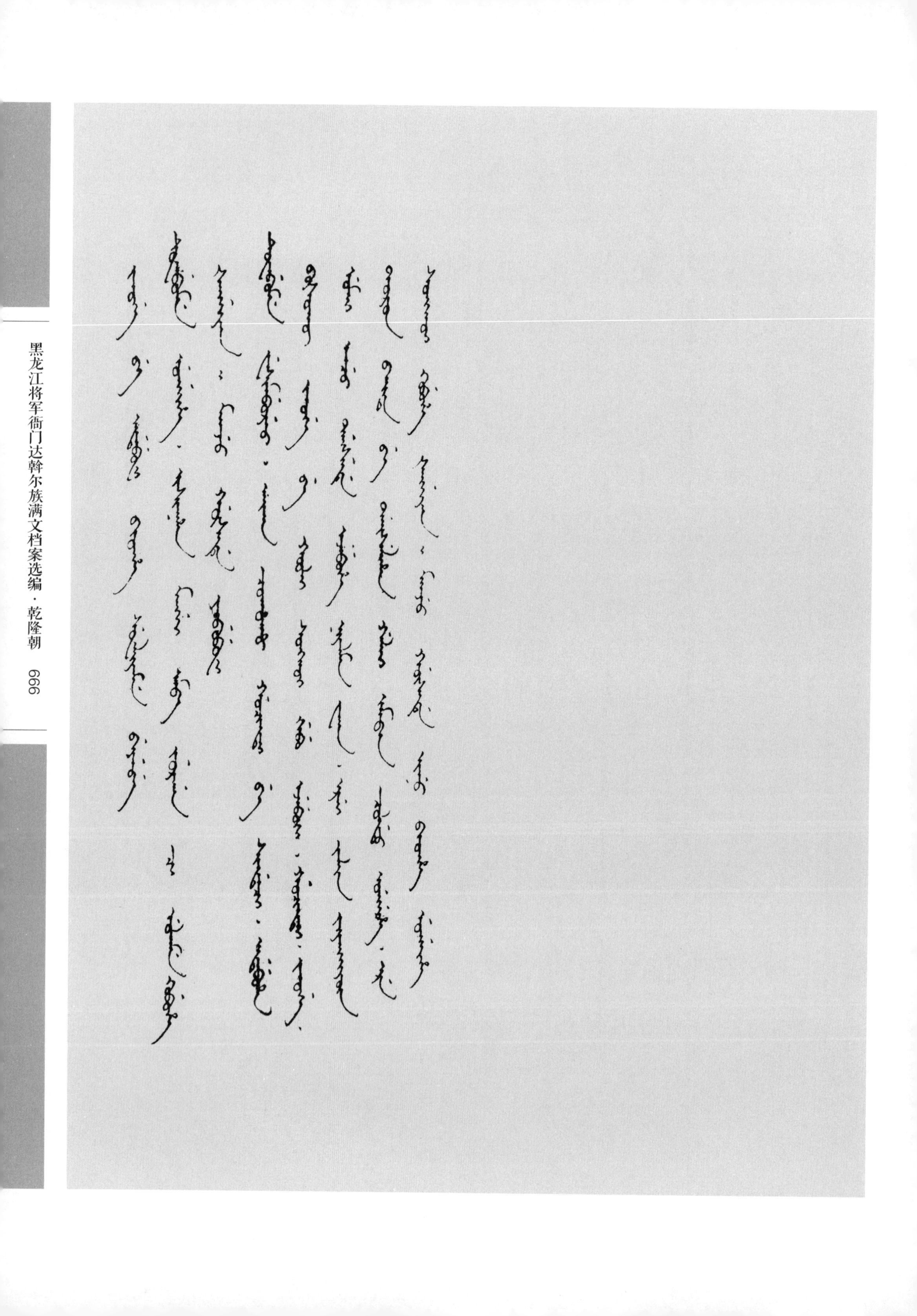

[illegible]

八一八 黑龙江将军衙门为齐齐哈尔镶黄旗达斡尔骁骑校科塔喇病故其所遗缺拟定正陪人员引见事咨

兵部文

乾隆二十年三月初九日

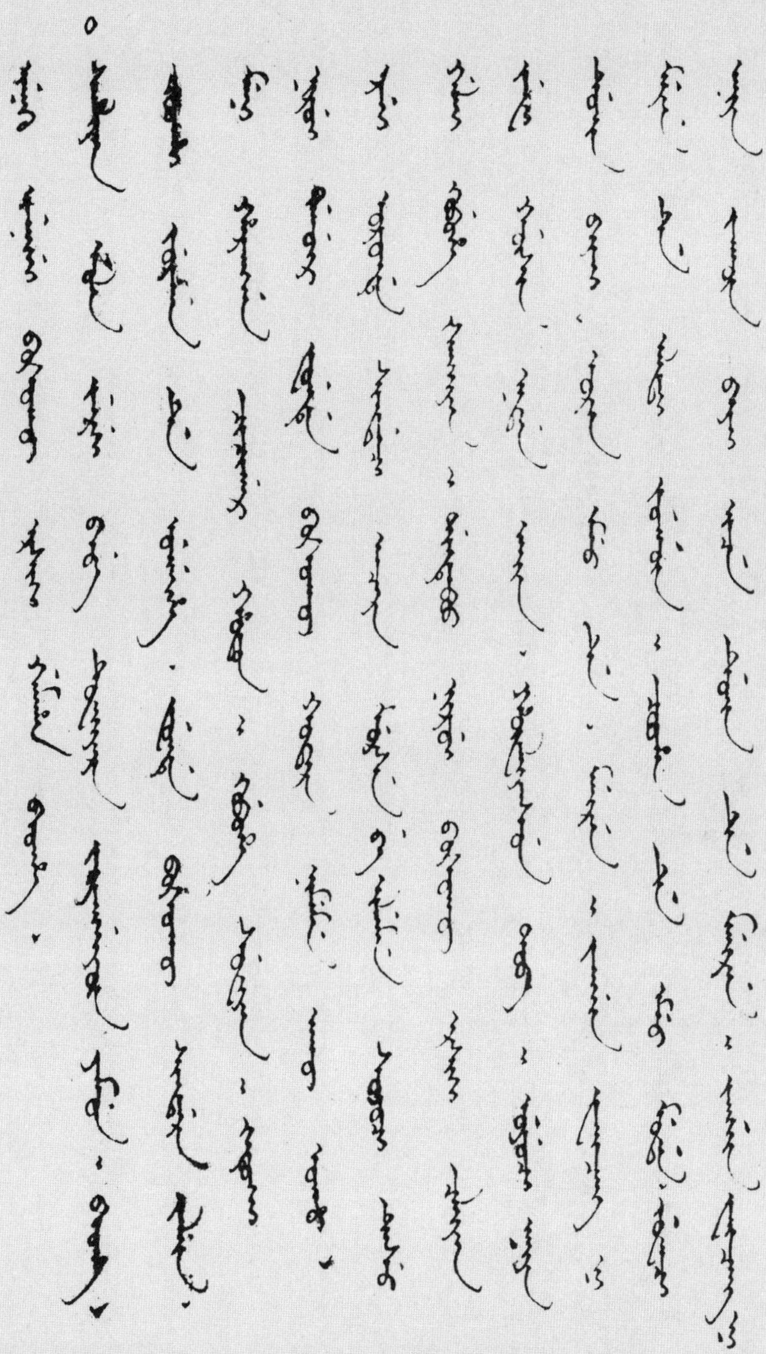

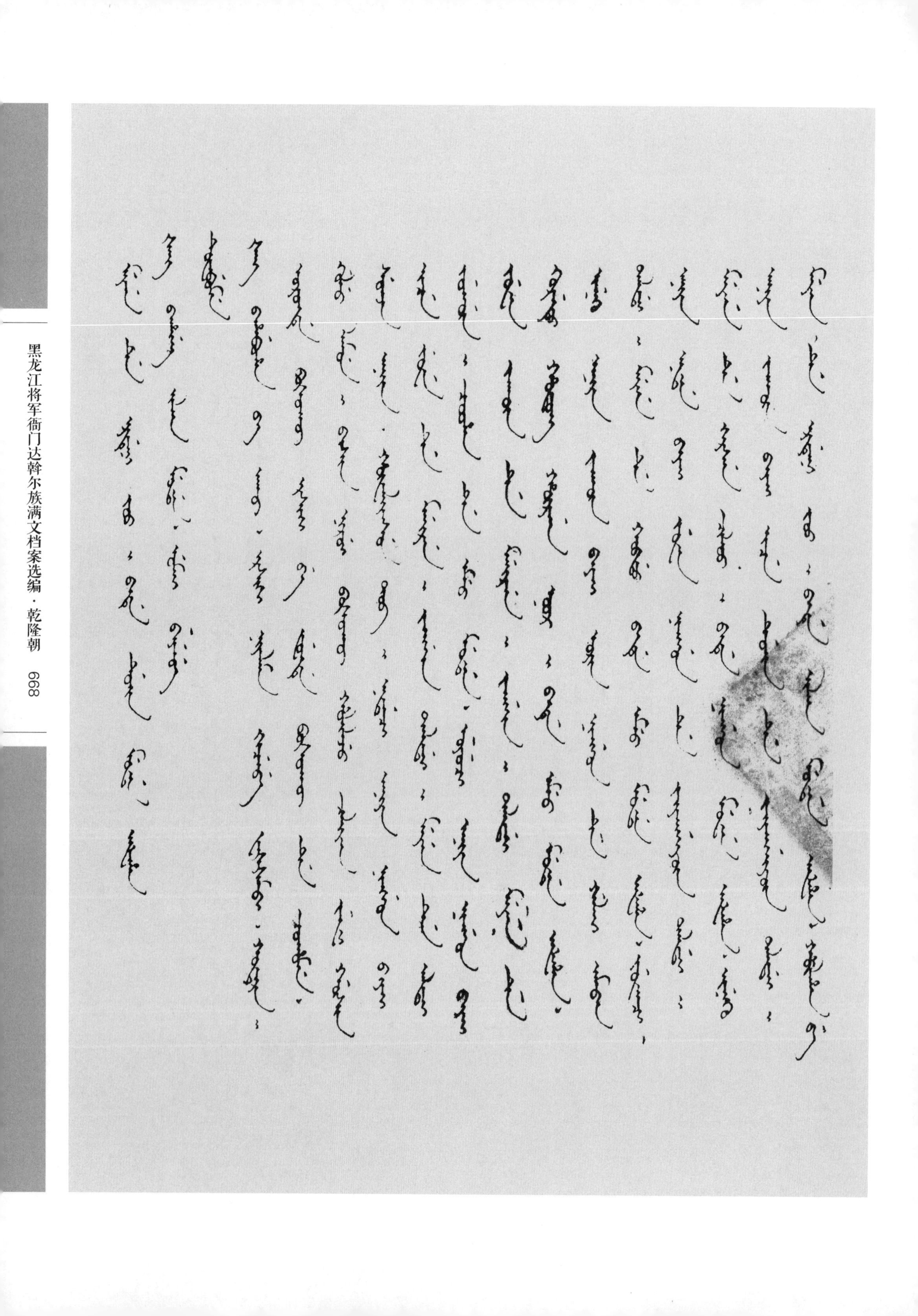

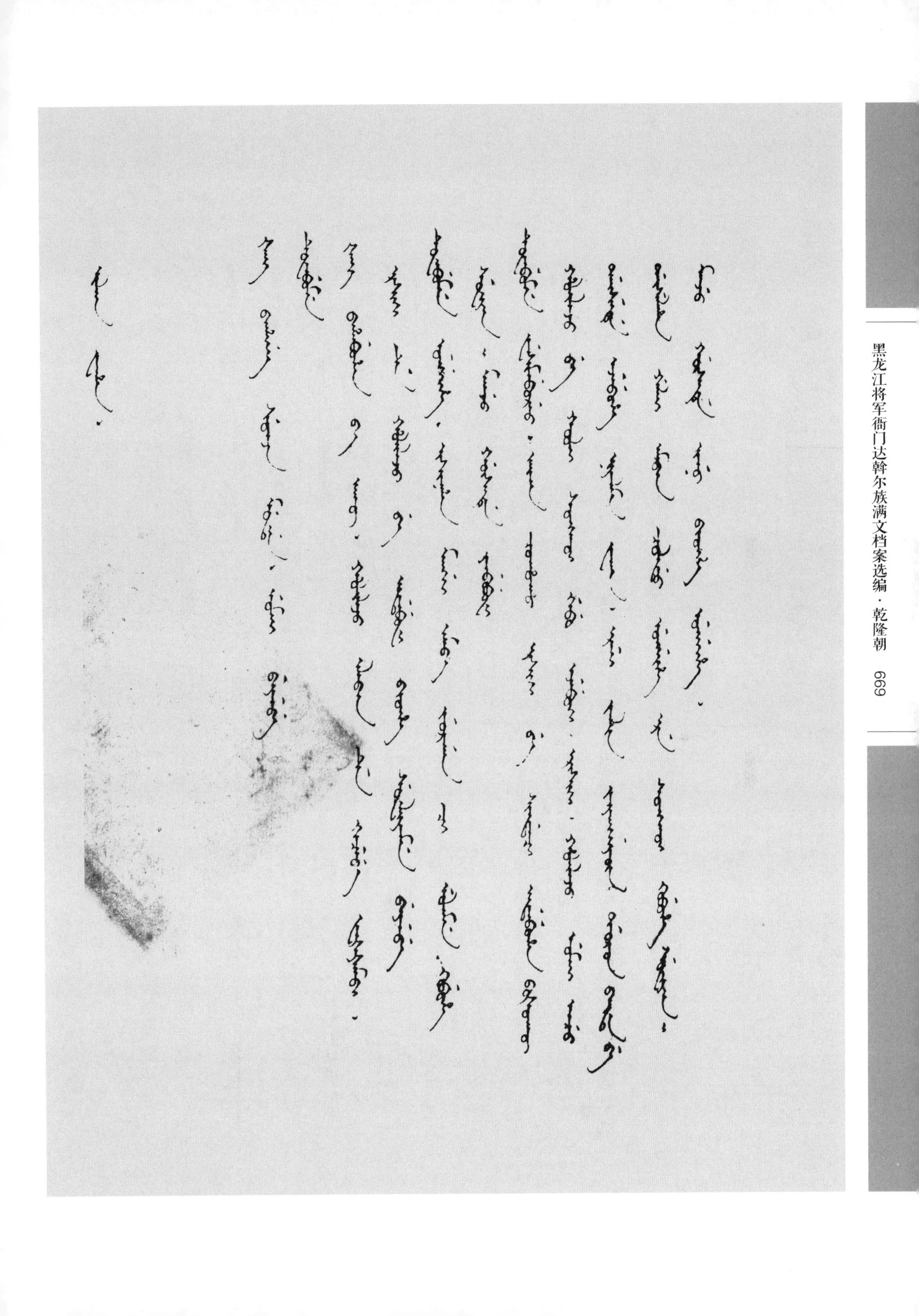

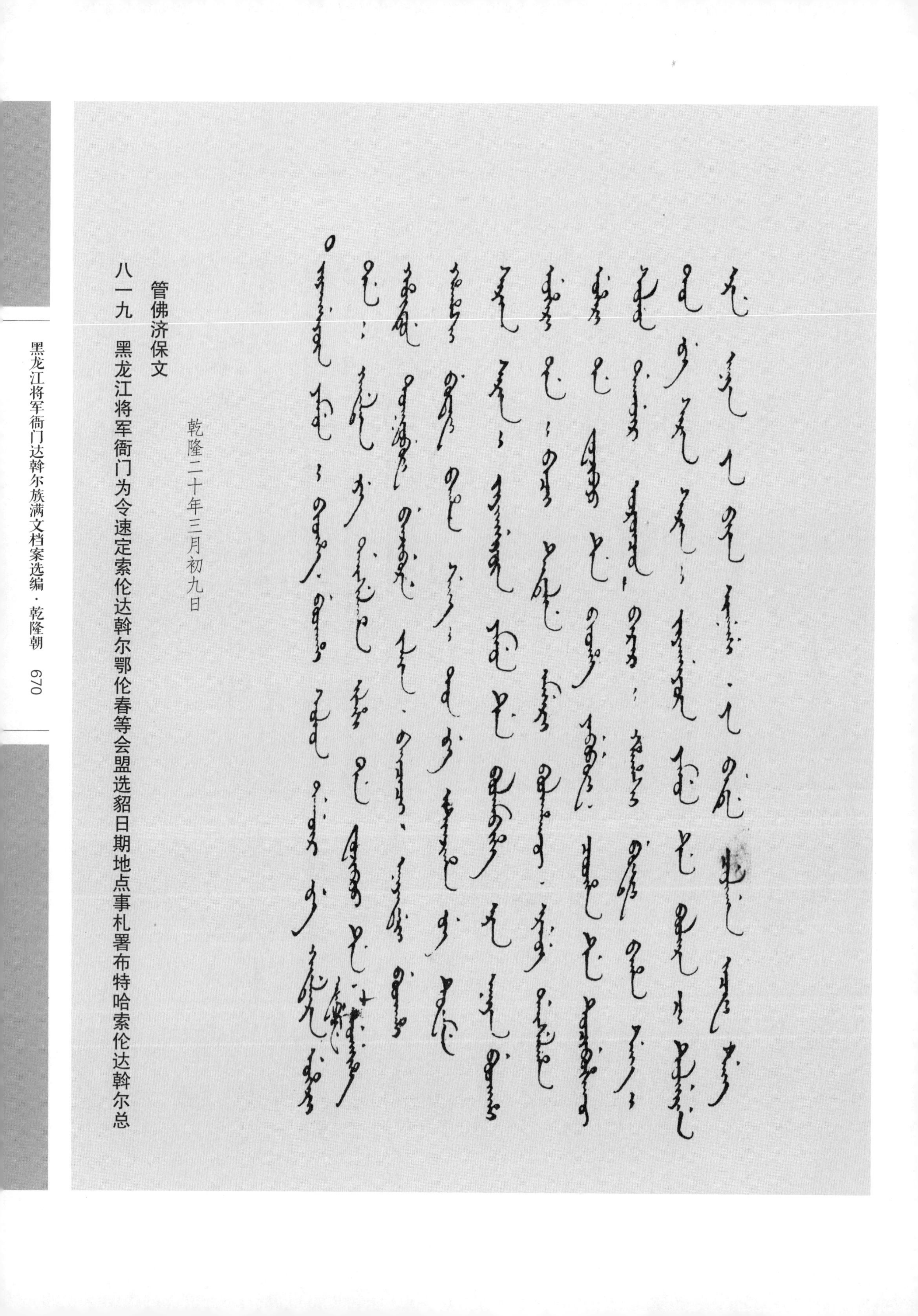

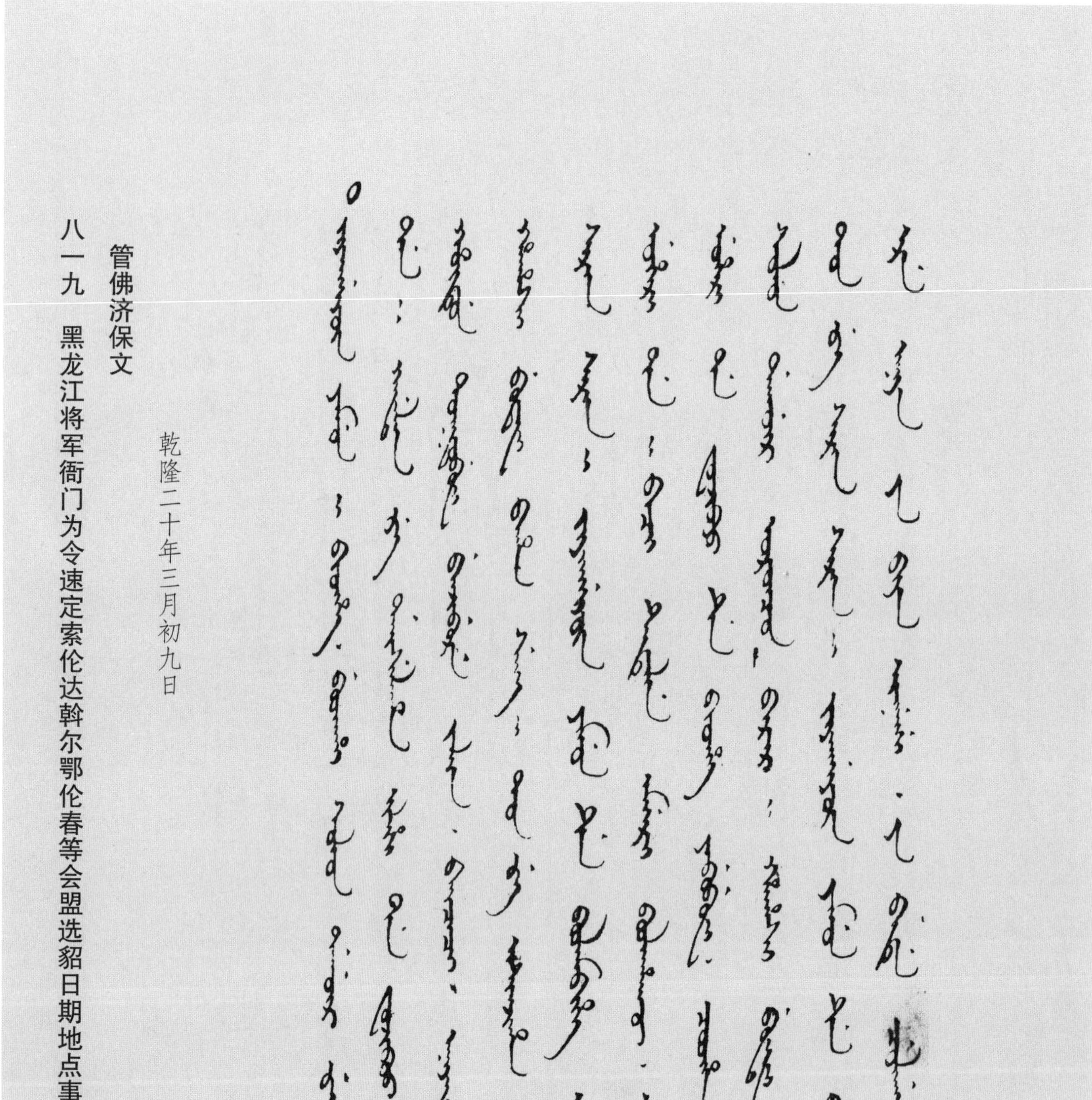

乾隆二十年三月初九日

八一九　黑龙江将军衙门为令速定索伦达斡尔鄂伦春等会盟选貂日期地点事札署布特哈索伦达斡尔总管佛济保文

[illegible]

[illegible]

八二〇 黑龙江将军衙门为令速行造送未出征布特哈索伦达斡尔等牲丁捕貂数目事札署布特哈索伦达斡尔总管佛济保文

乾隆二十年三月十六日

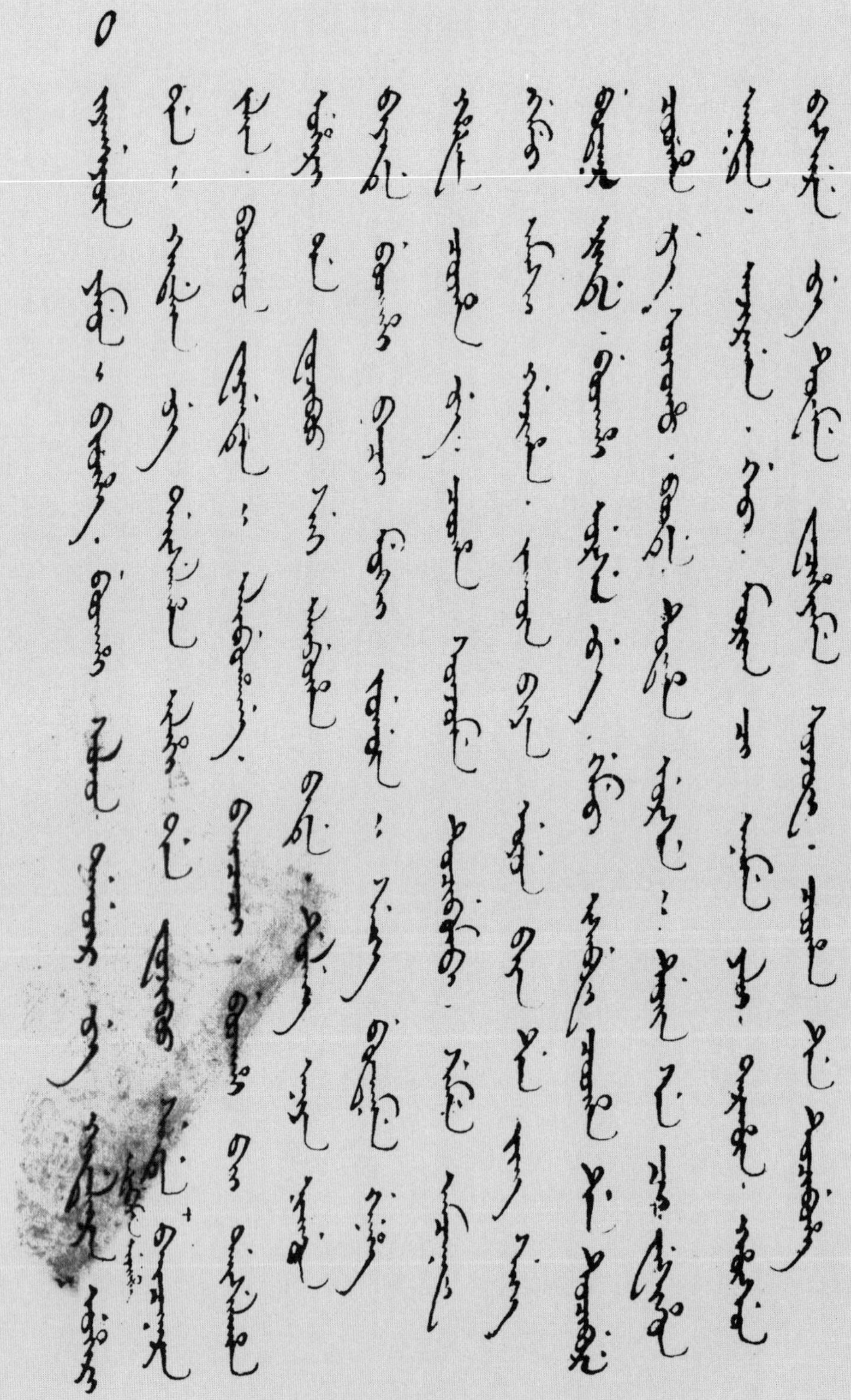

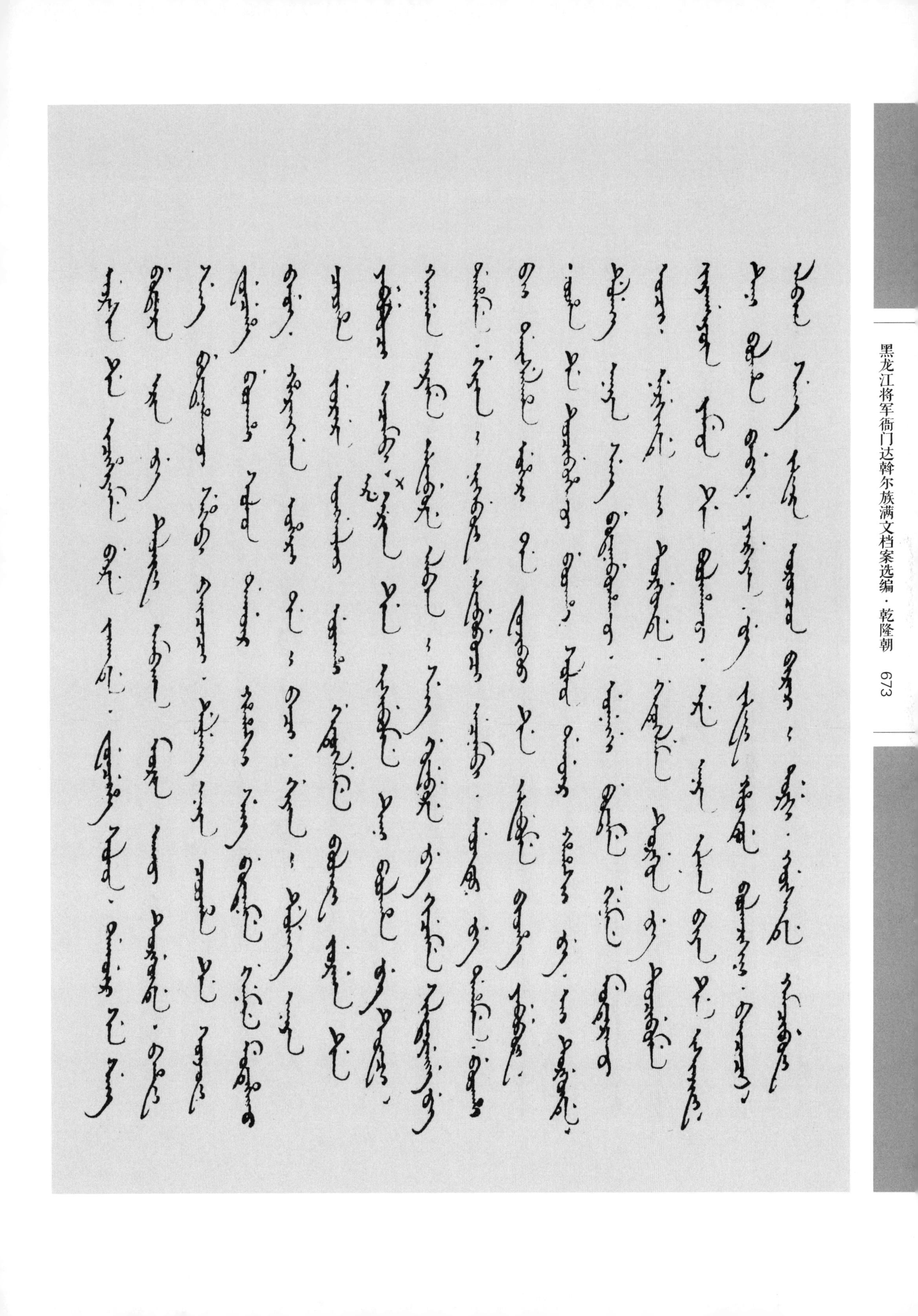

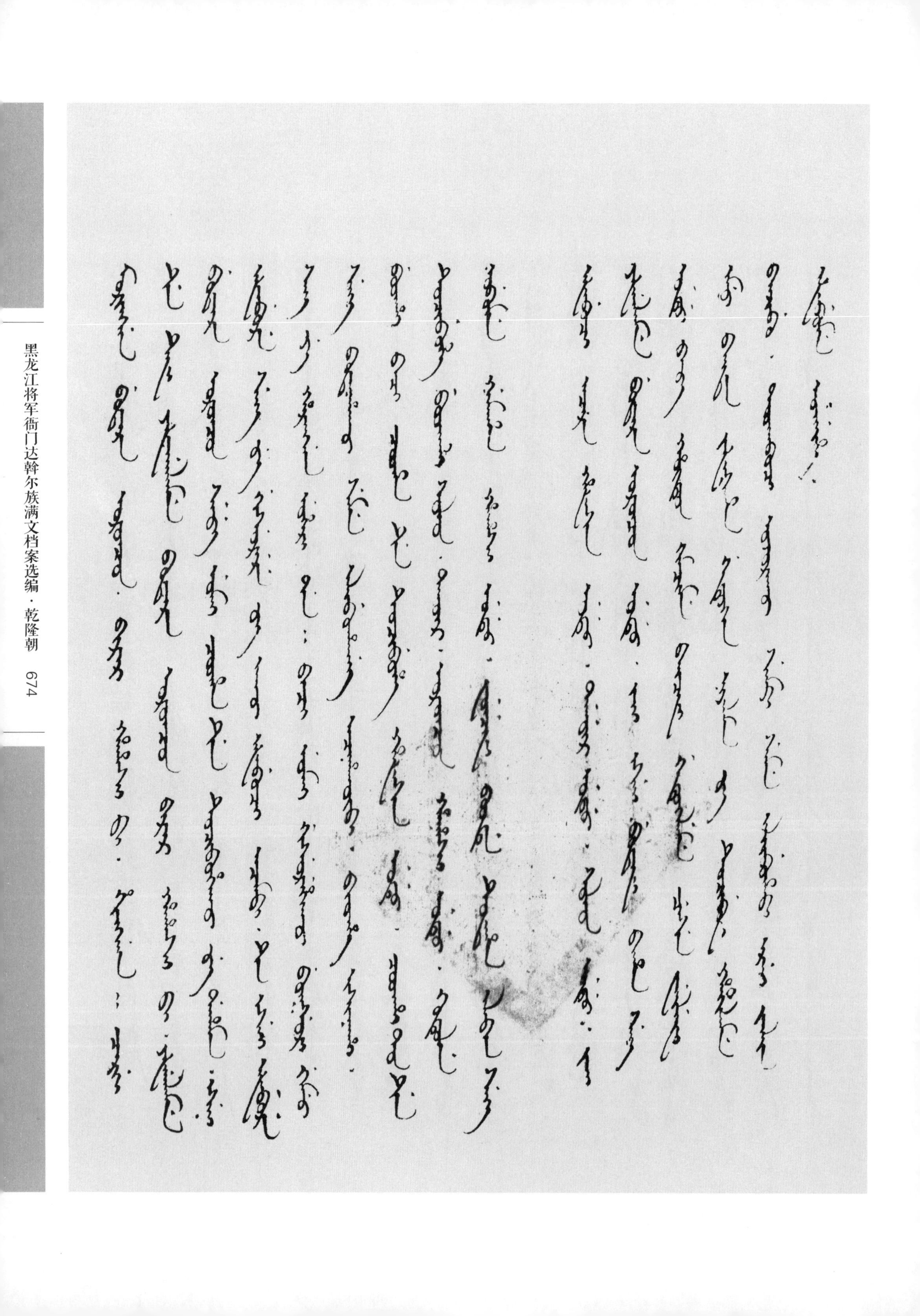

[illegible]

八二一　镶蓝满洲旗为墨尔根镶蓝旗达斡尔佐领吉奔出缺奉旨由其子披甲温锡保承袭事咨黑龙江将军衙门文

乾隆二十年六月初七日

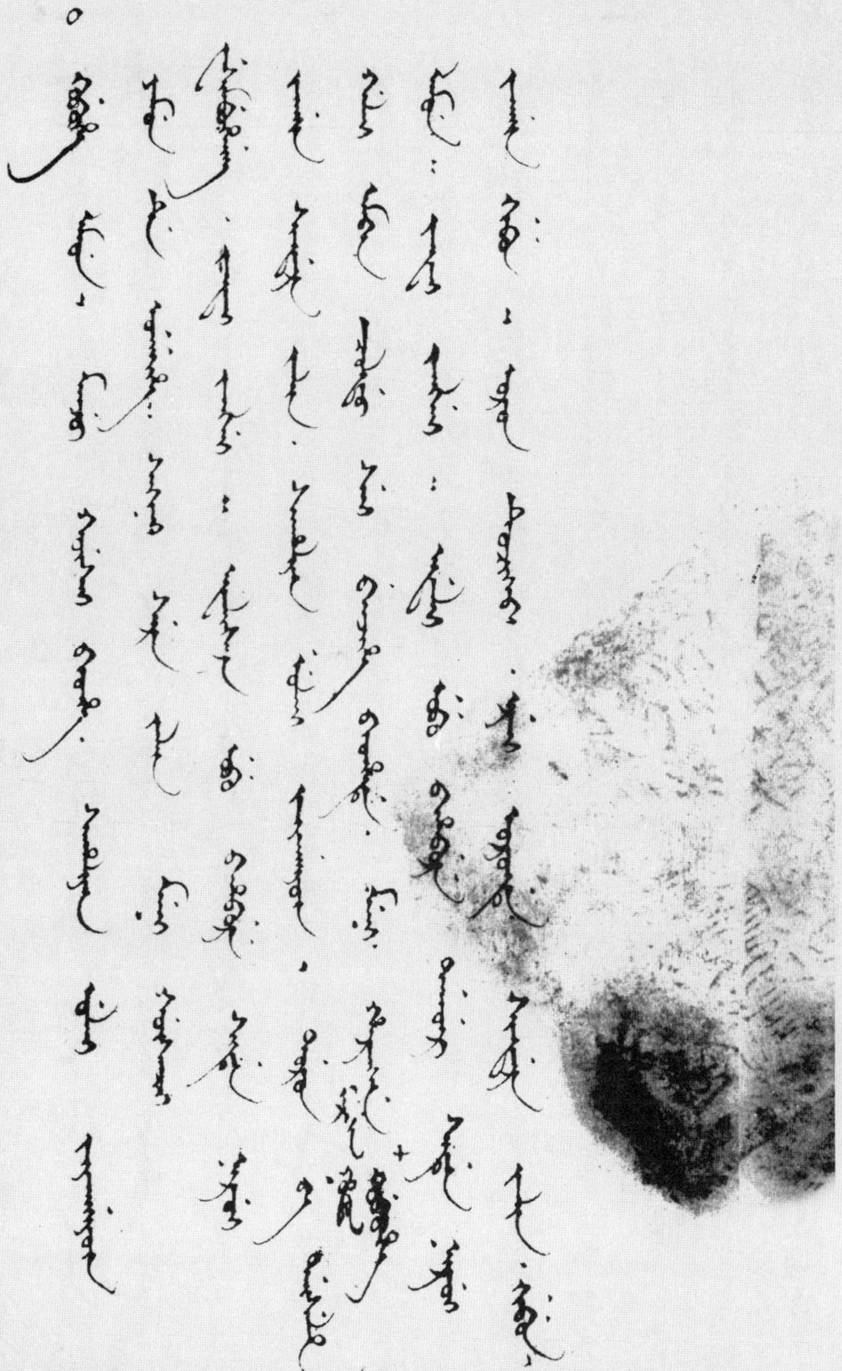

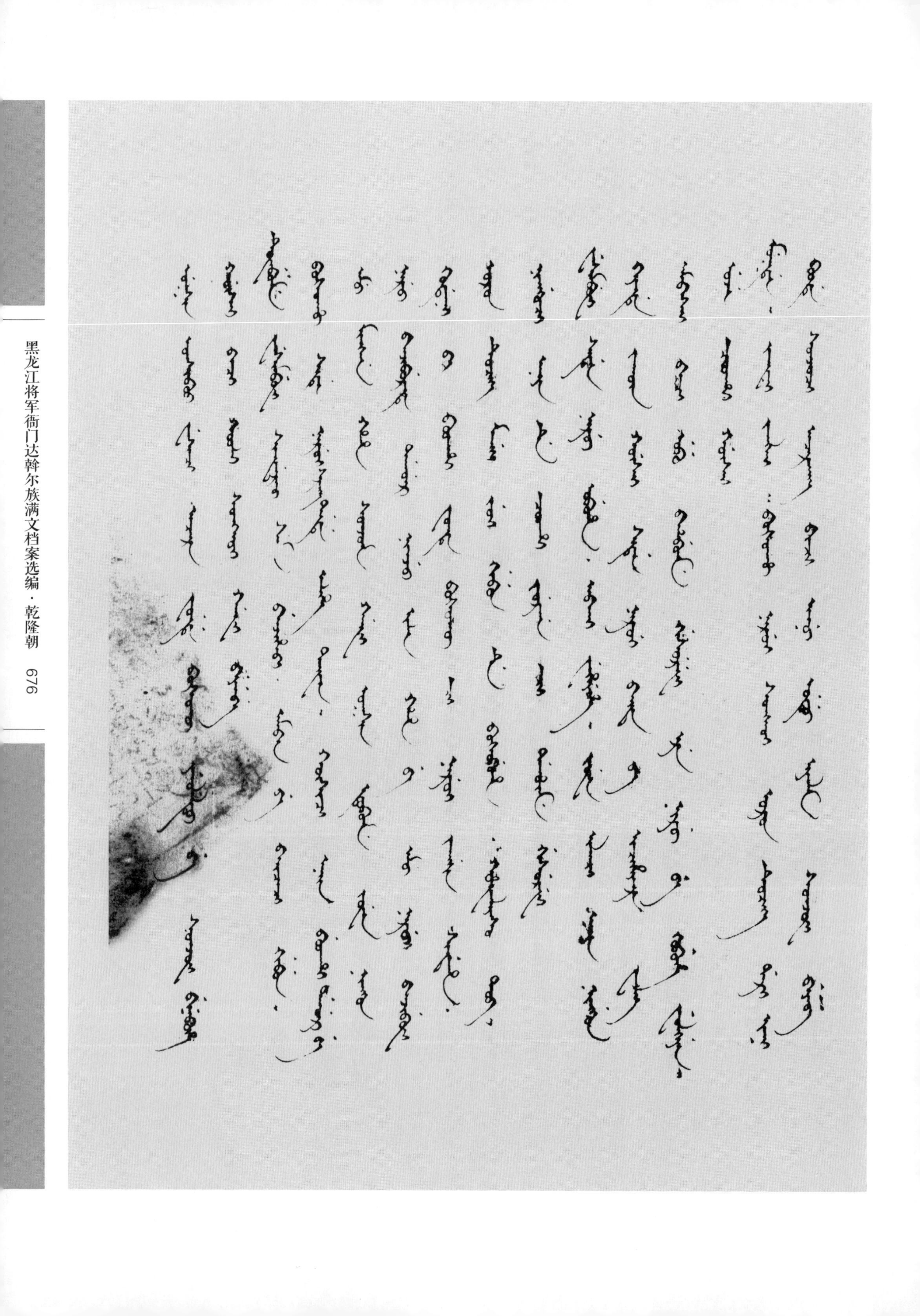

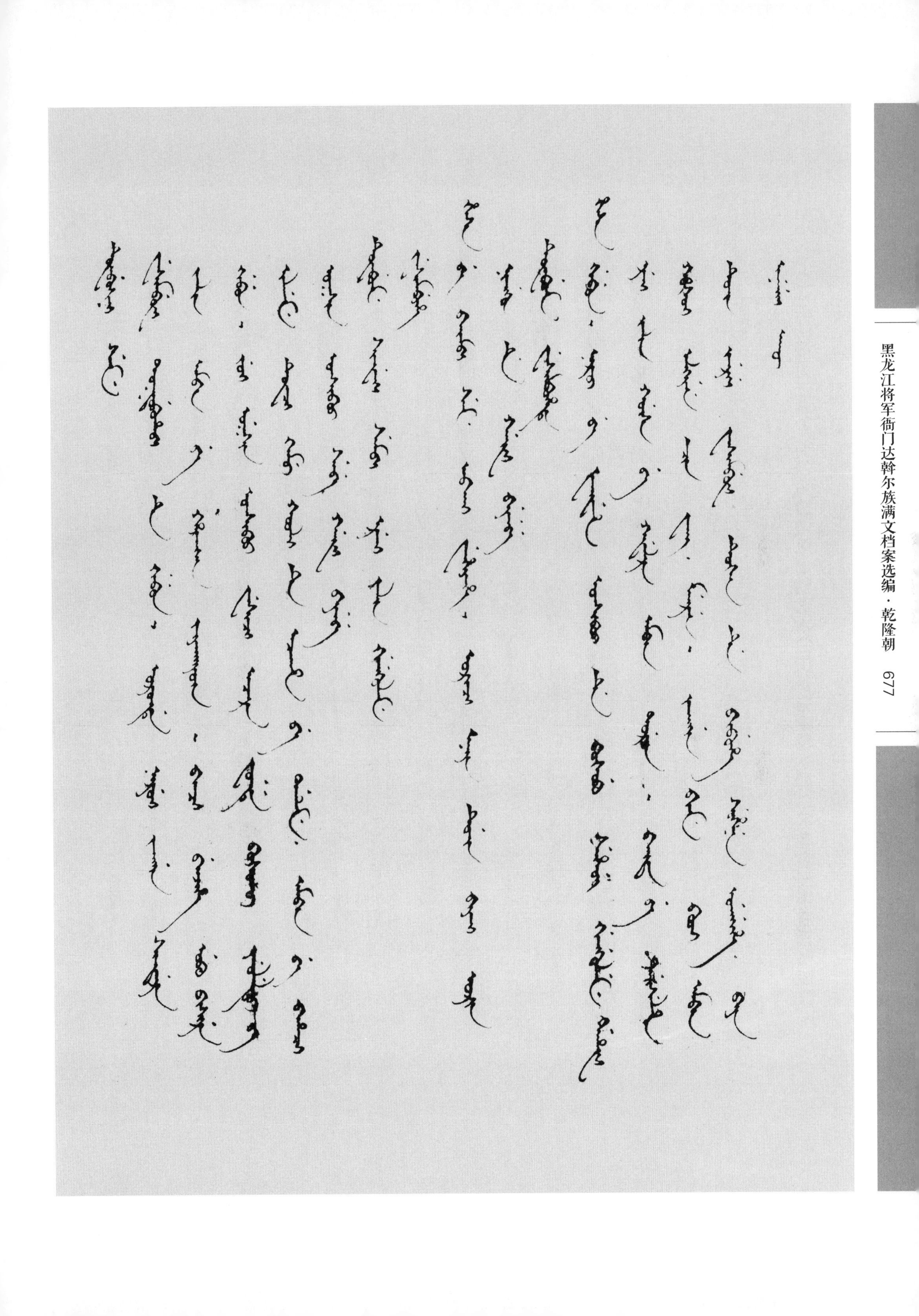

八二二 黑龙江将军衙门为造送派出随进木兰围善猎索伦达斡尔等花名册事咨理藩院文

乾隆二十年六月初九日

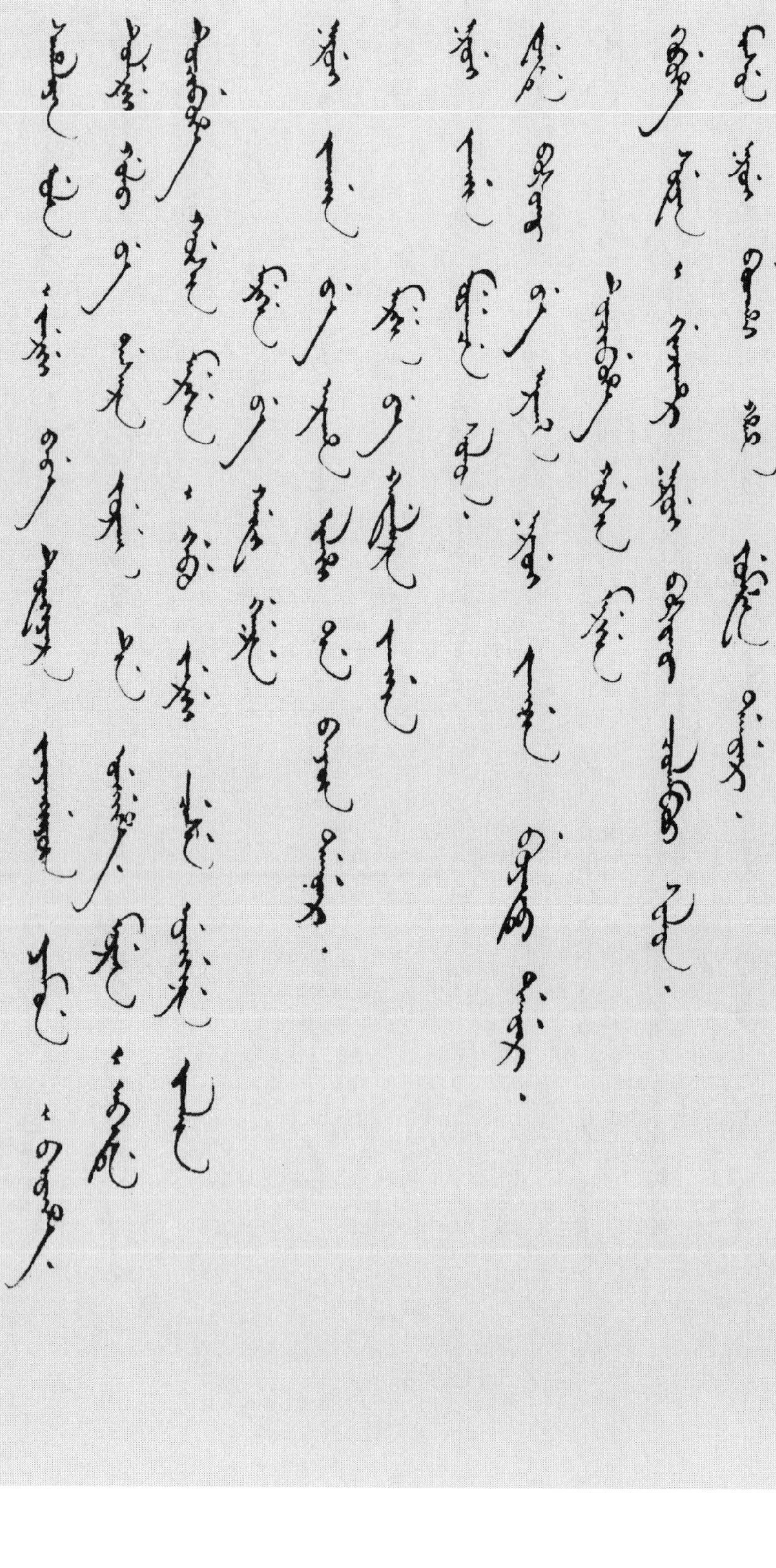

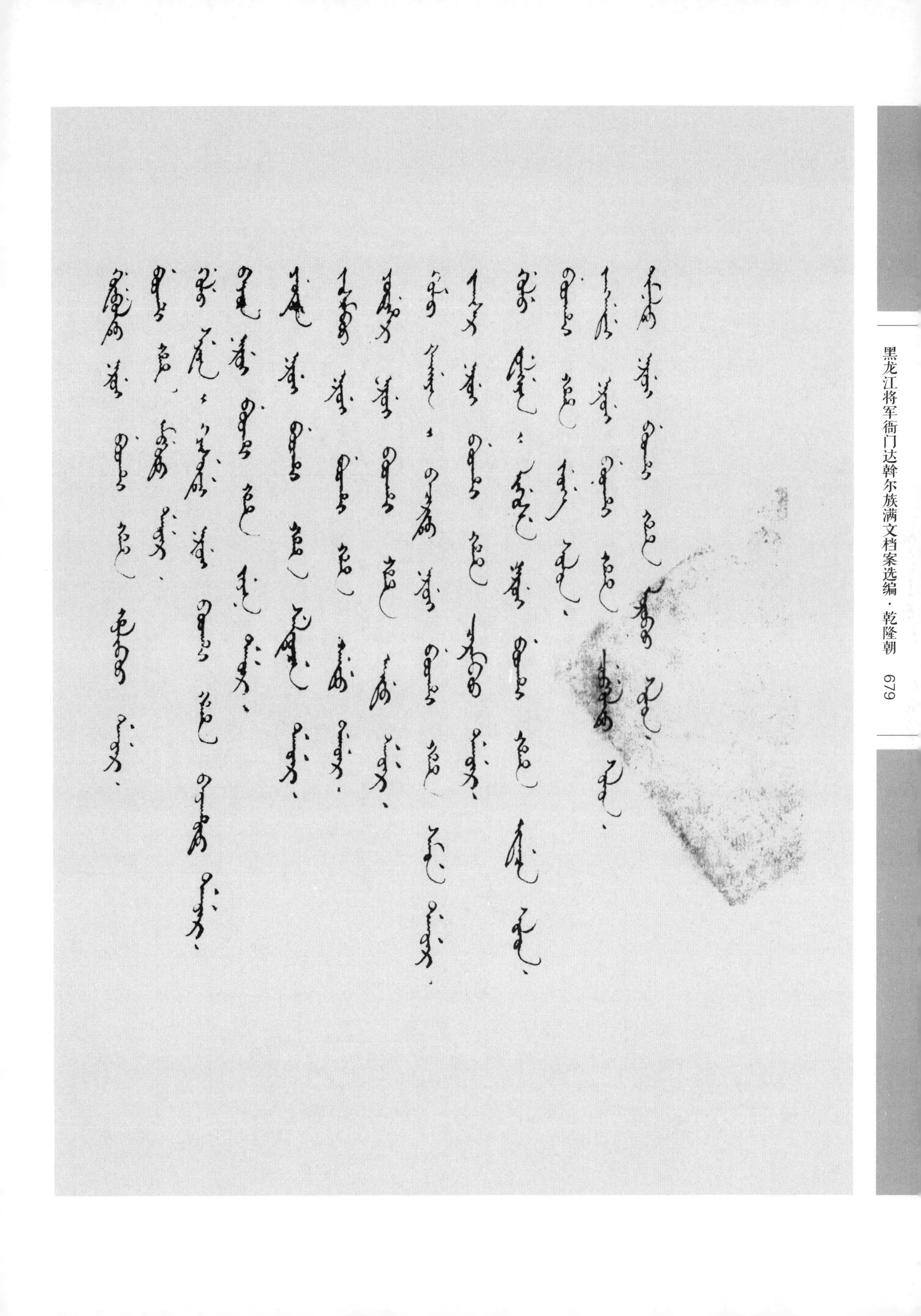

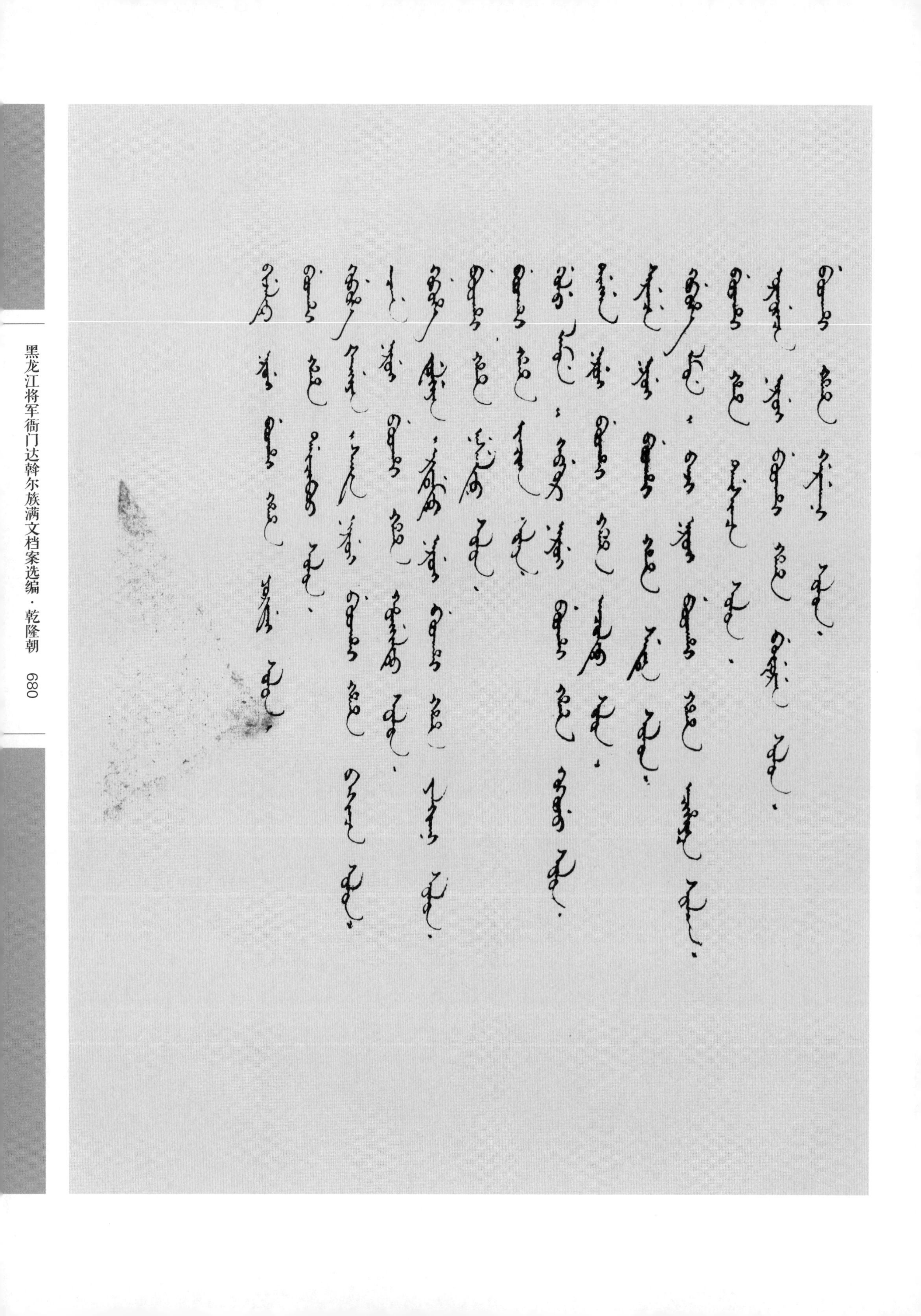

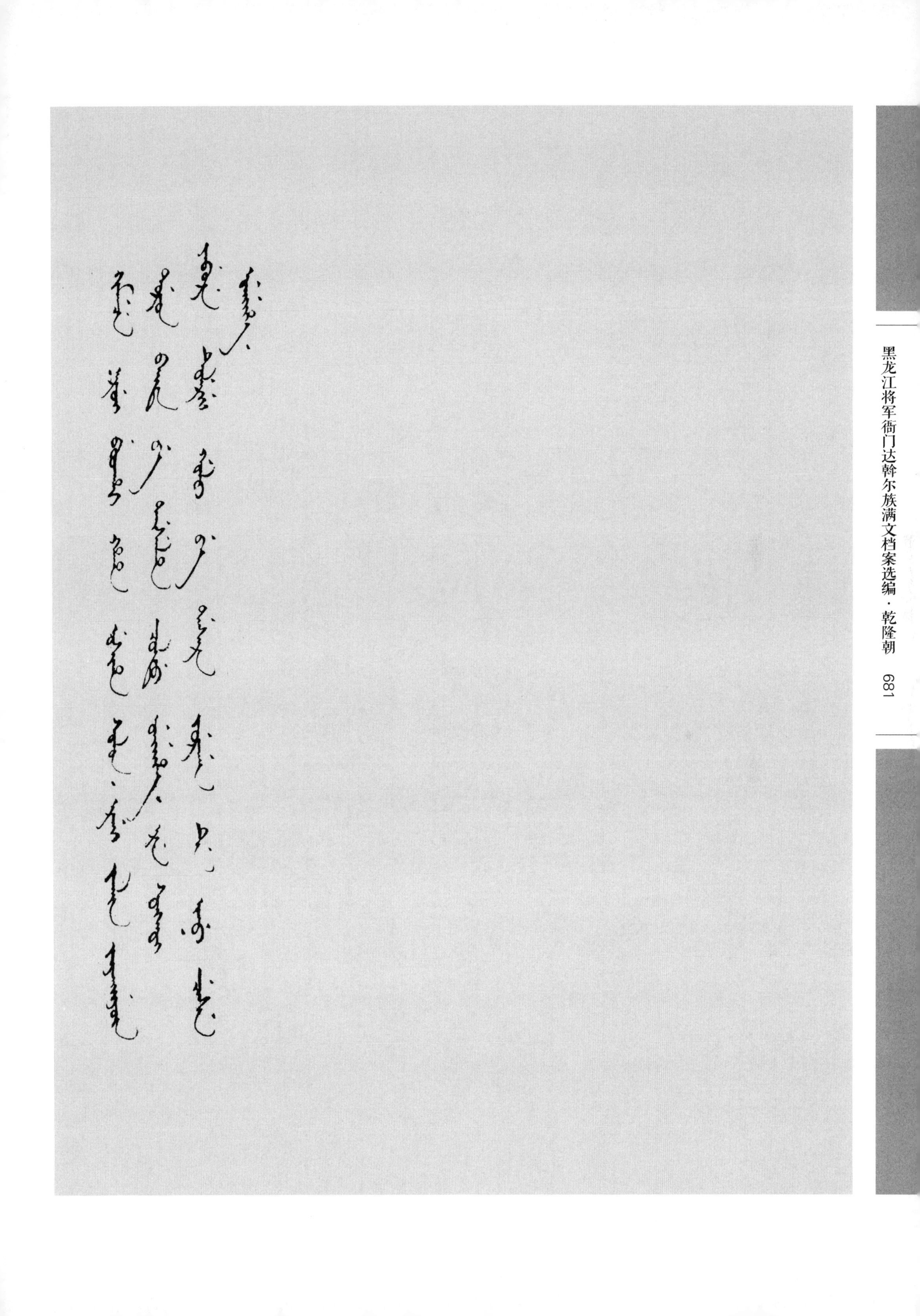

[illegible]

[illegible]

[illegible]

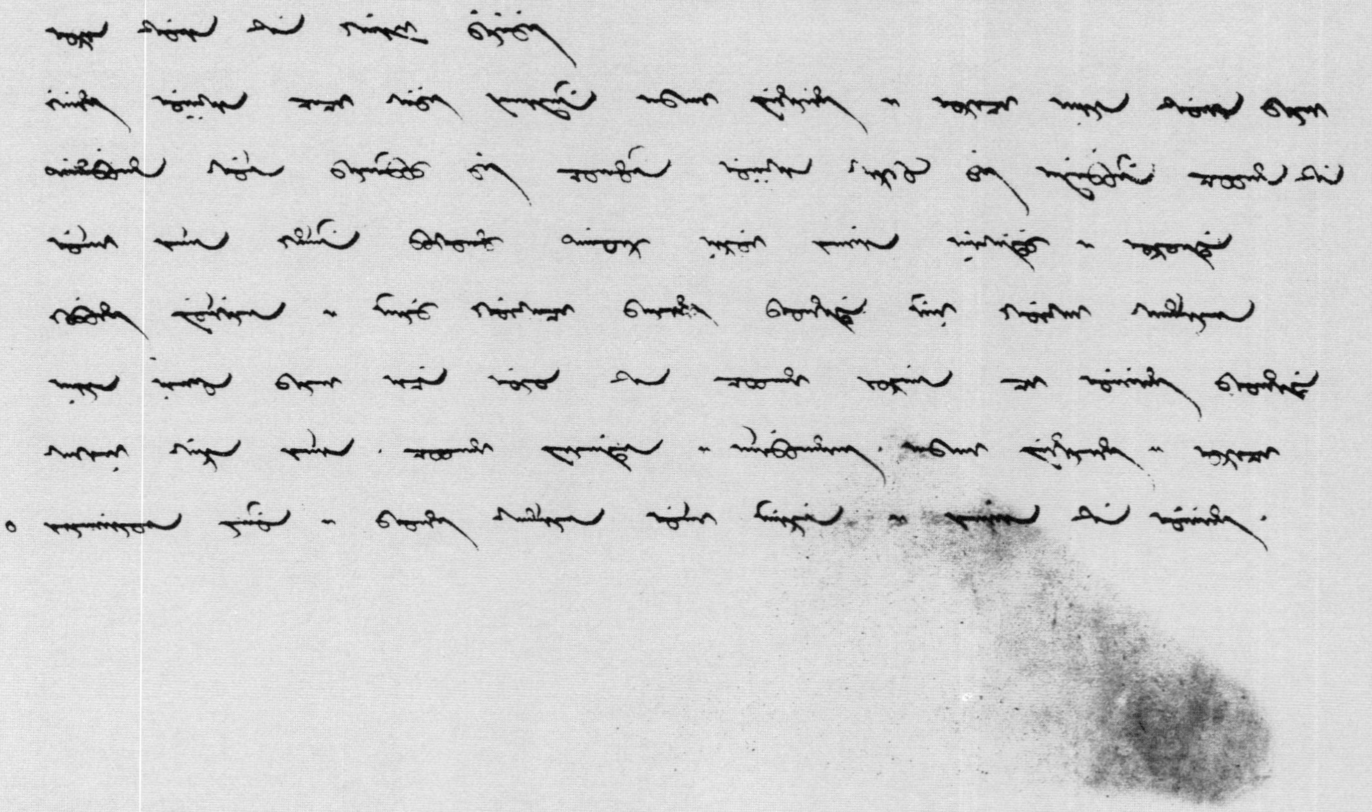

八二三　黑龙江将军衙门为黑龙江镶红旗达斡尔世管佐领内色图出缺奉旨由闲散巴彦保承袭事咨黑龙江副都统文

乾隆二十年六月十四日

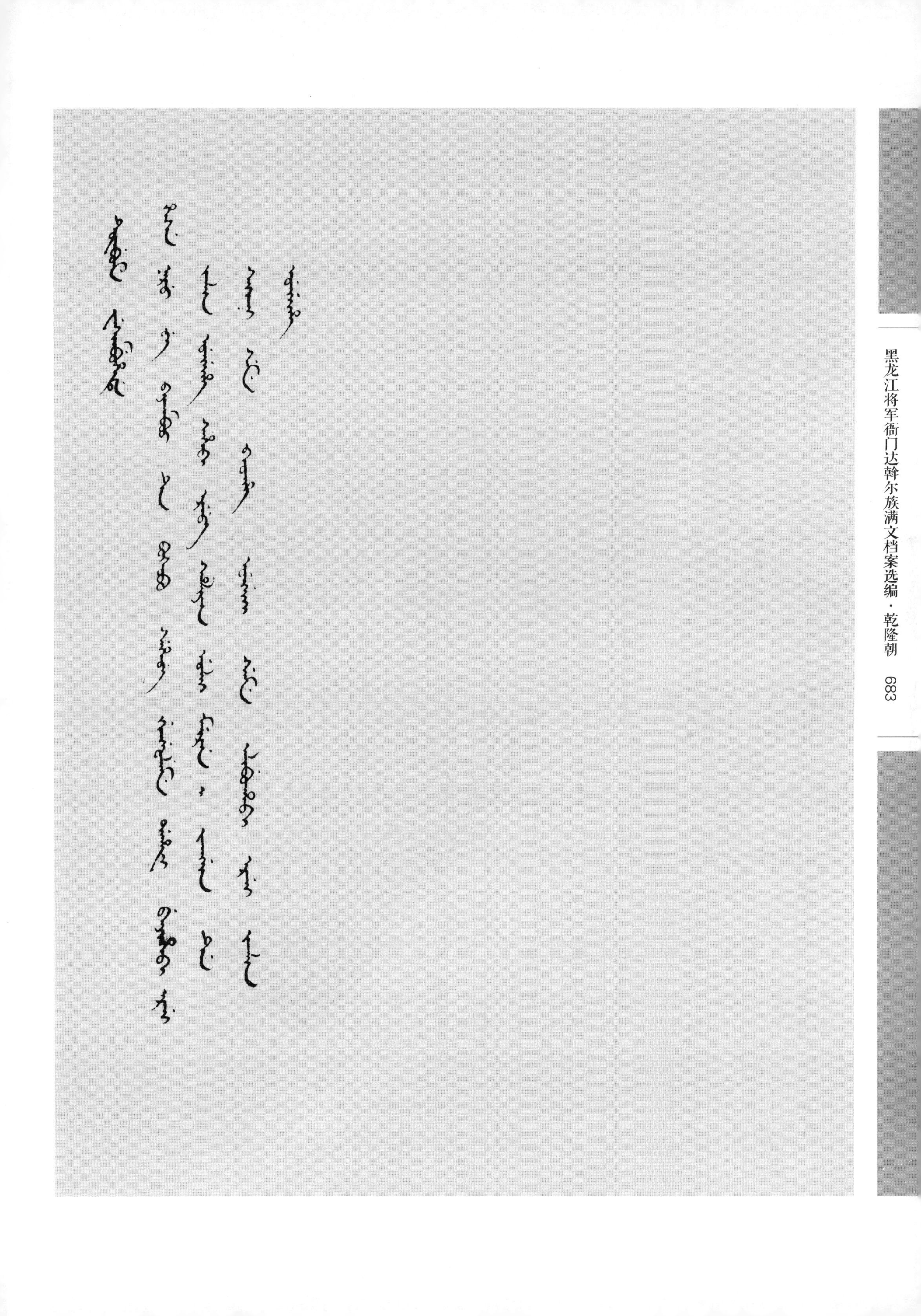

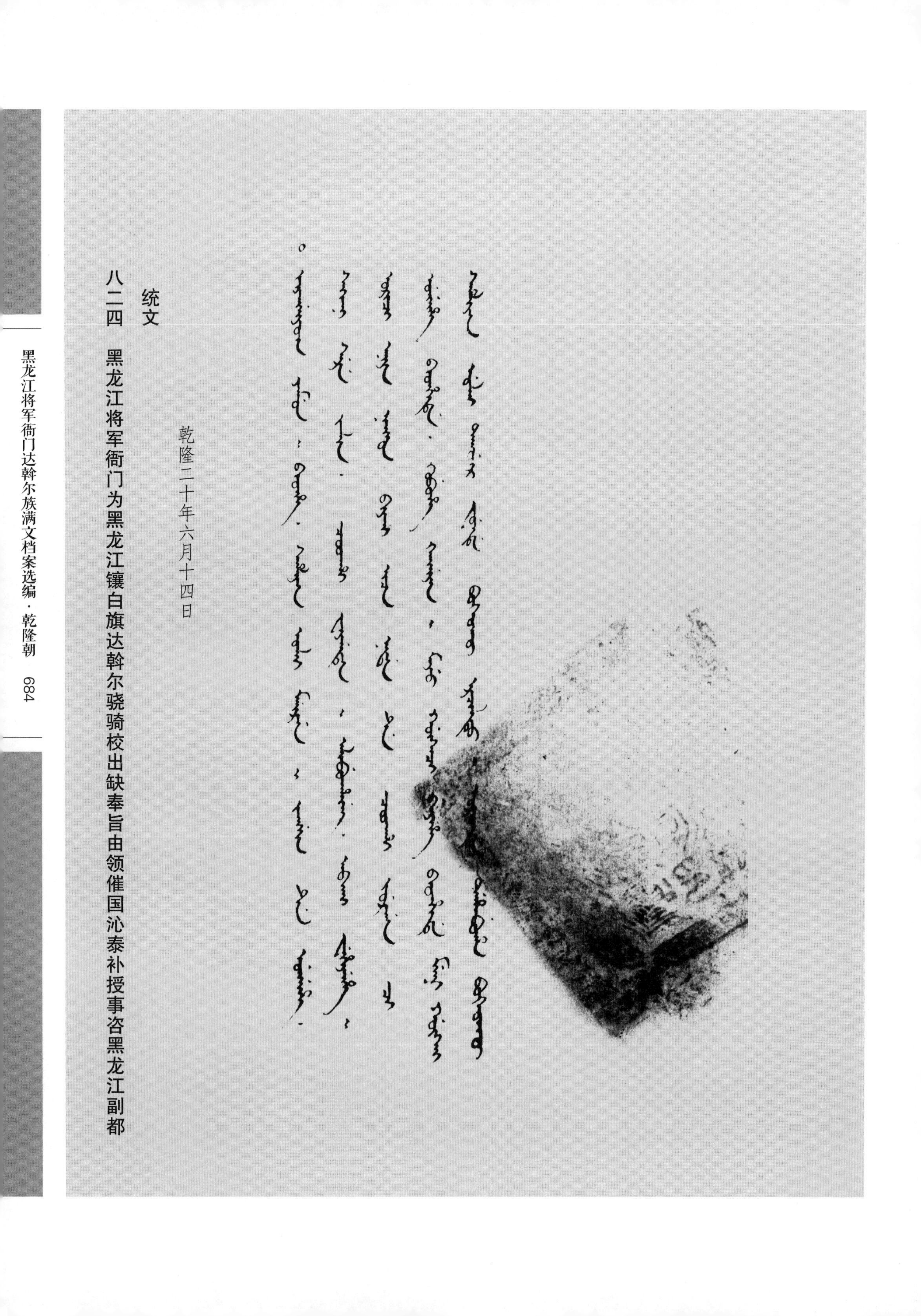

八二四　黑龙江将军衙门为黑龙江镶白旗达斡尔骁骑校出缺奉旨由领催国沁泰补授事咨黑龙江副都统文

乾隆二十年六月十四日

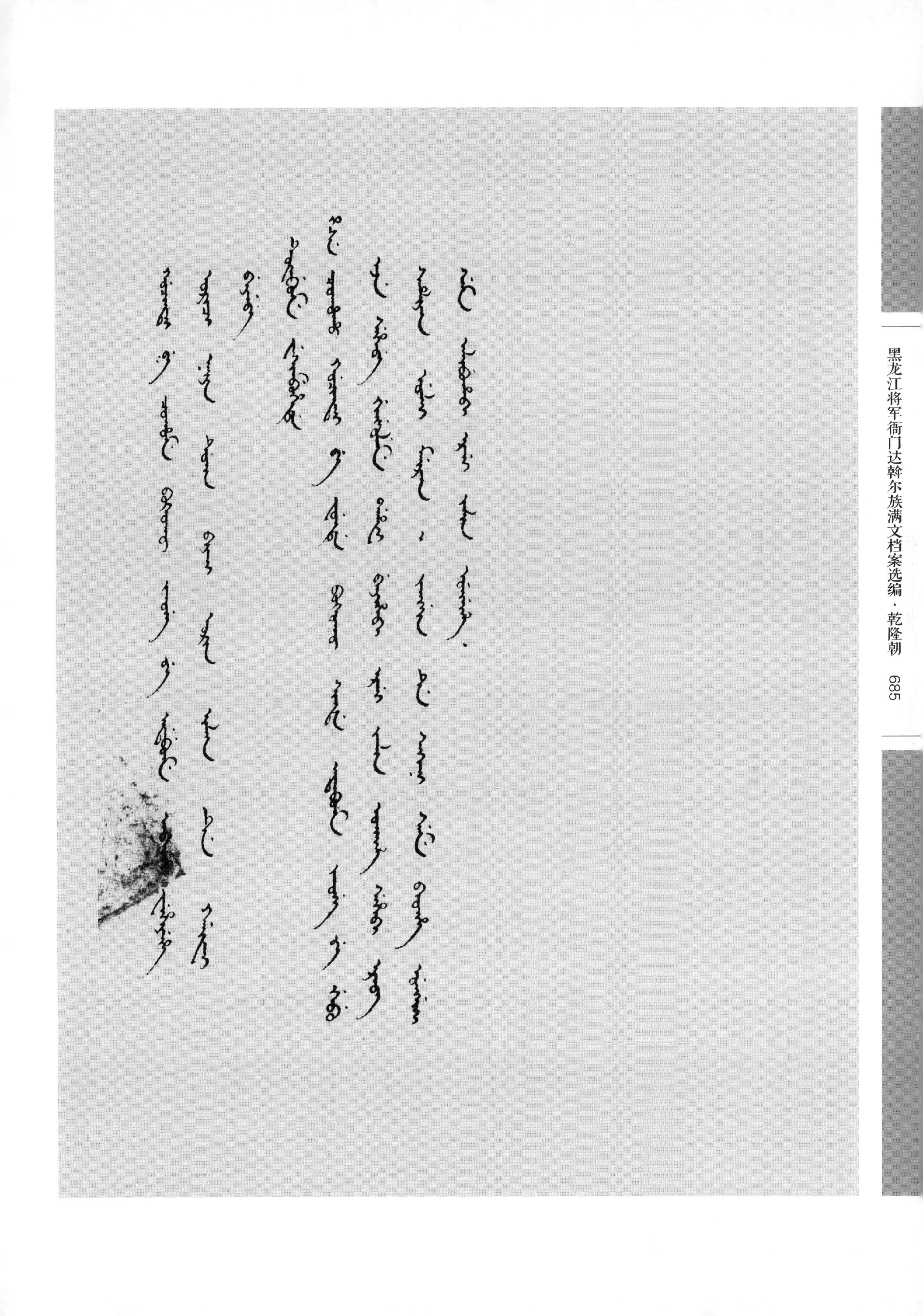

八二五 黑龙江将军衙门为造送布特哈索伦达斡尔等比丁册事札署布特哈索伦达斡尔总管佛济保等文

乾隆二十年七月十七日

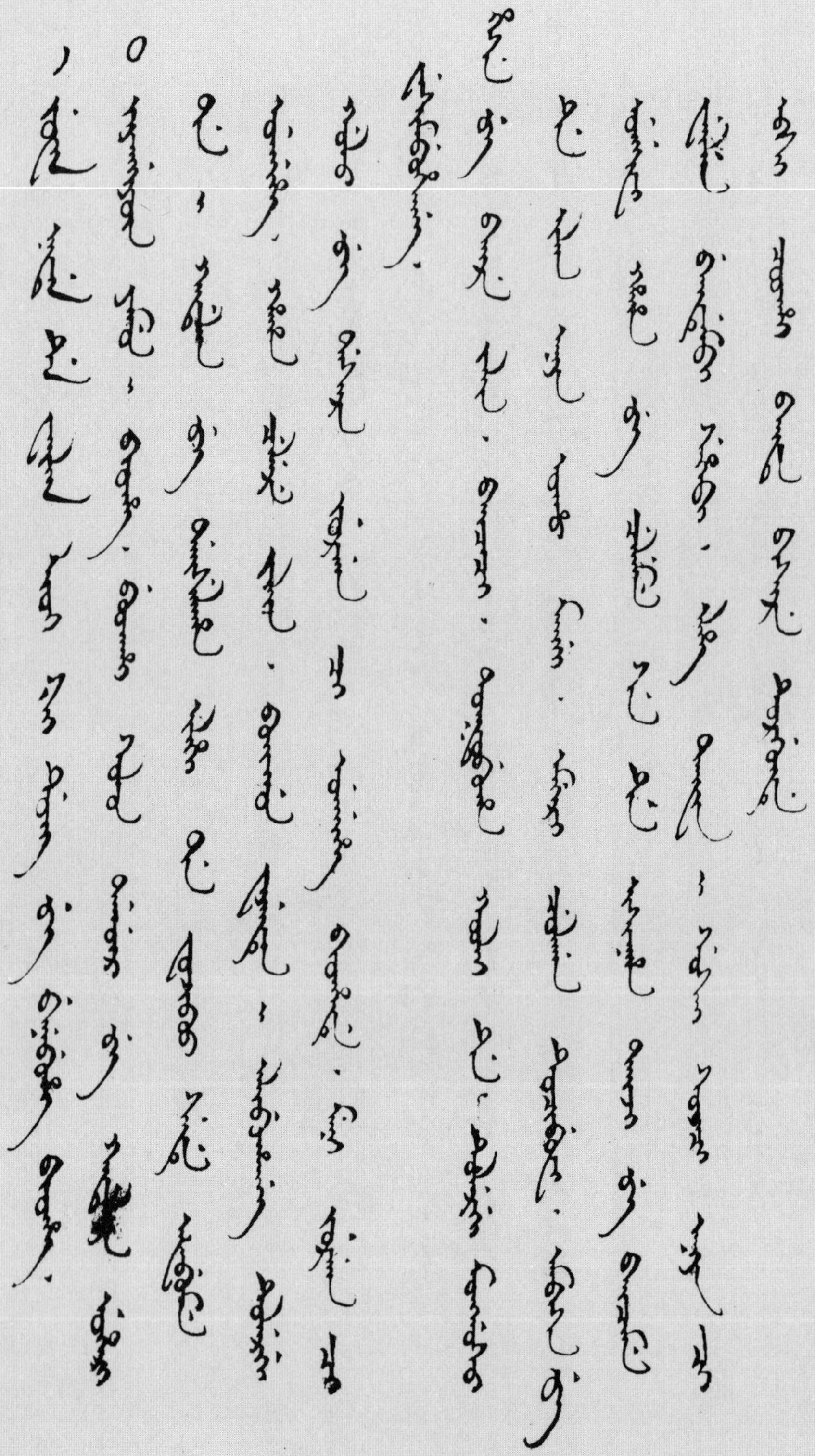

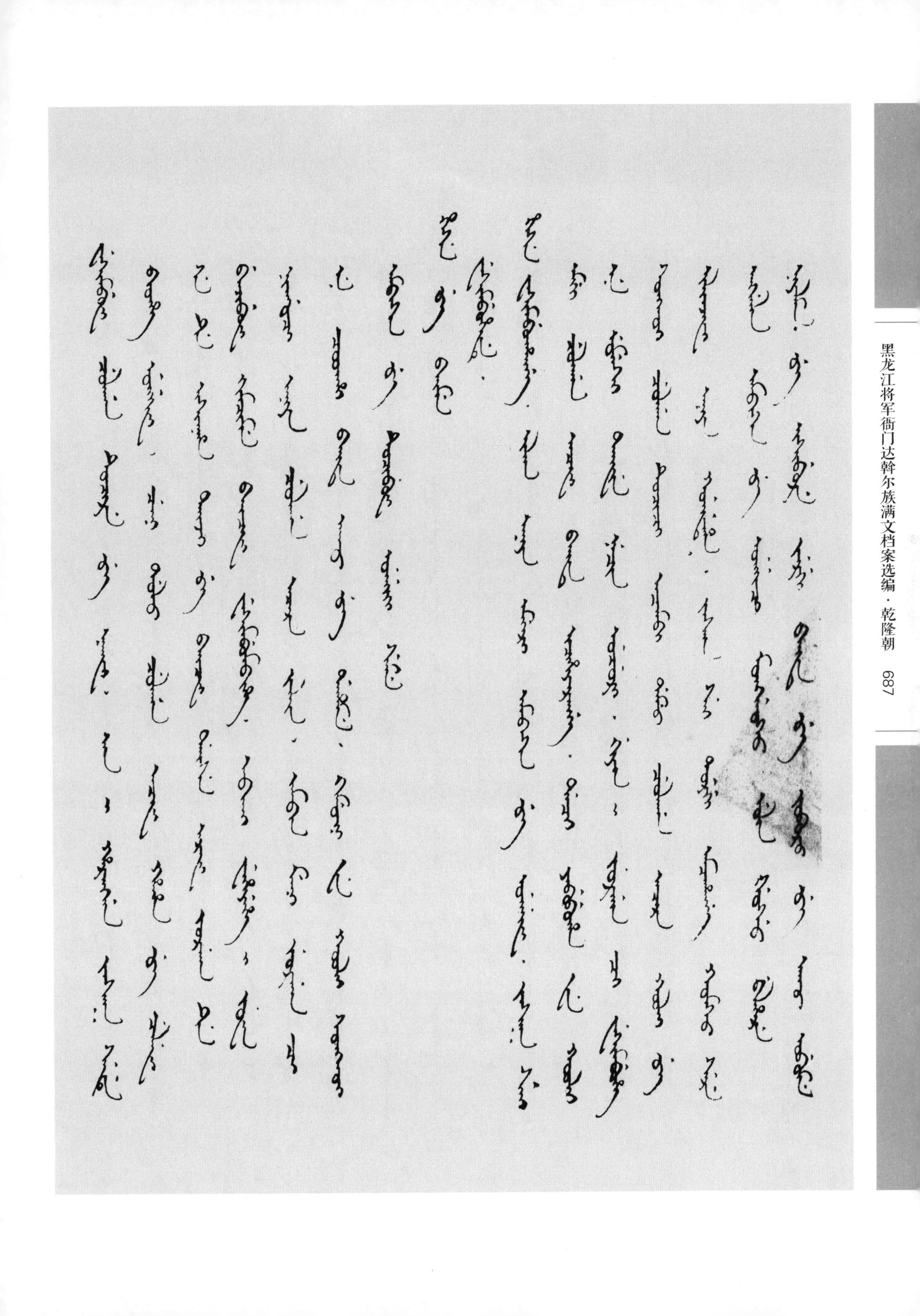

[illegible]

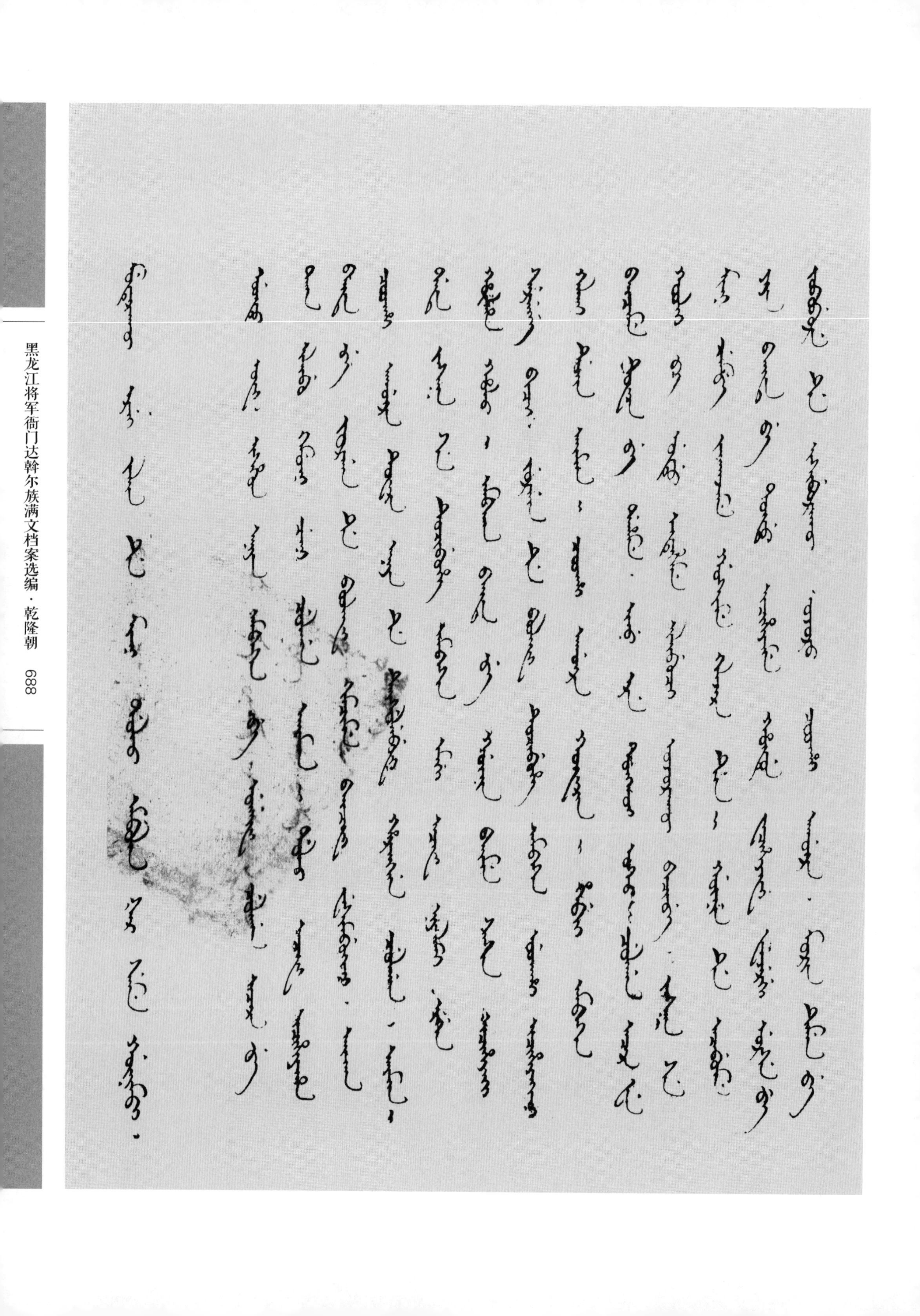

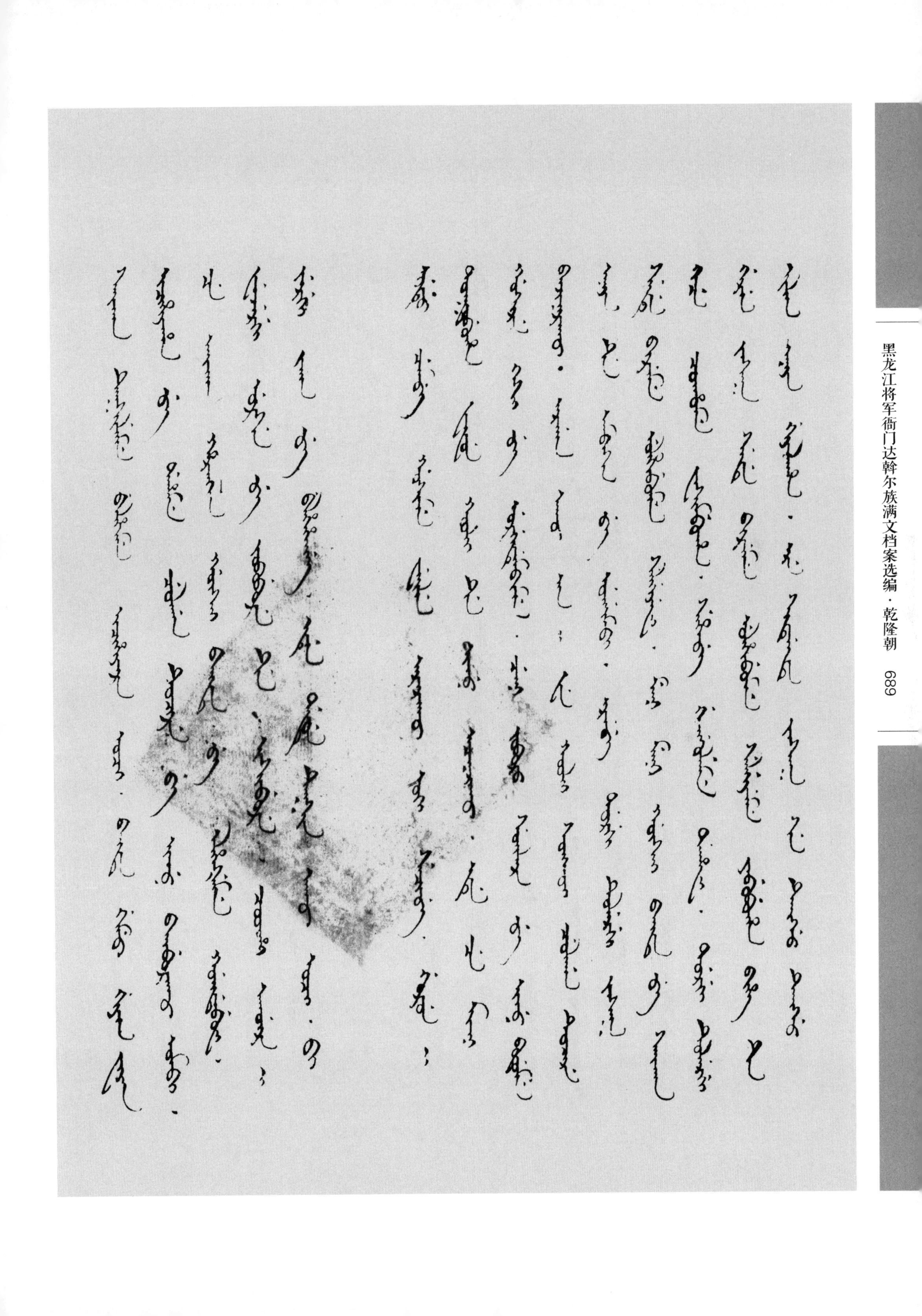

[illegible]

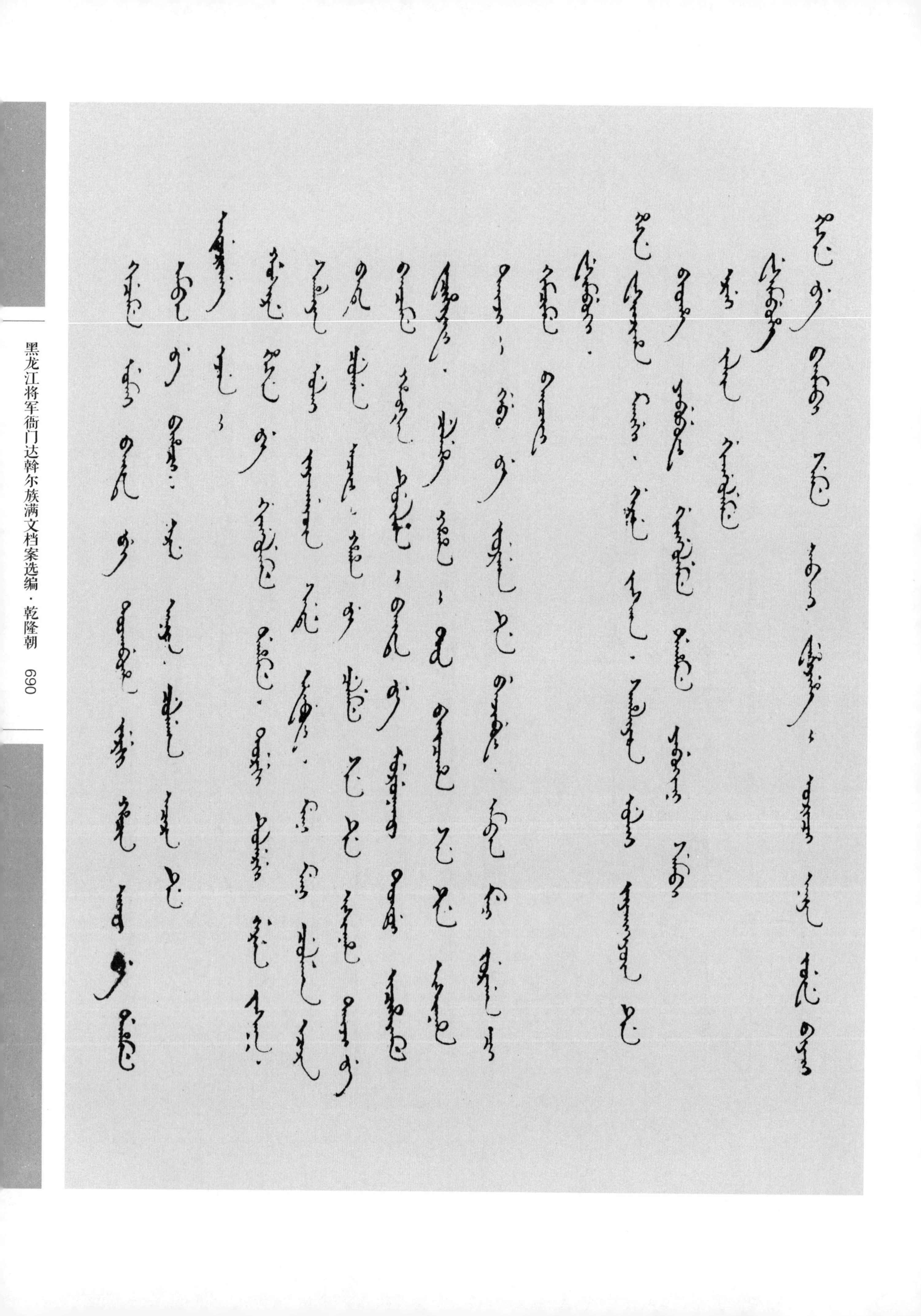

[illegible]

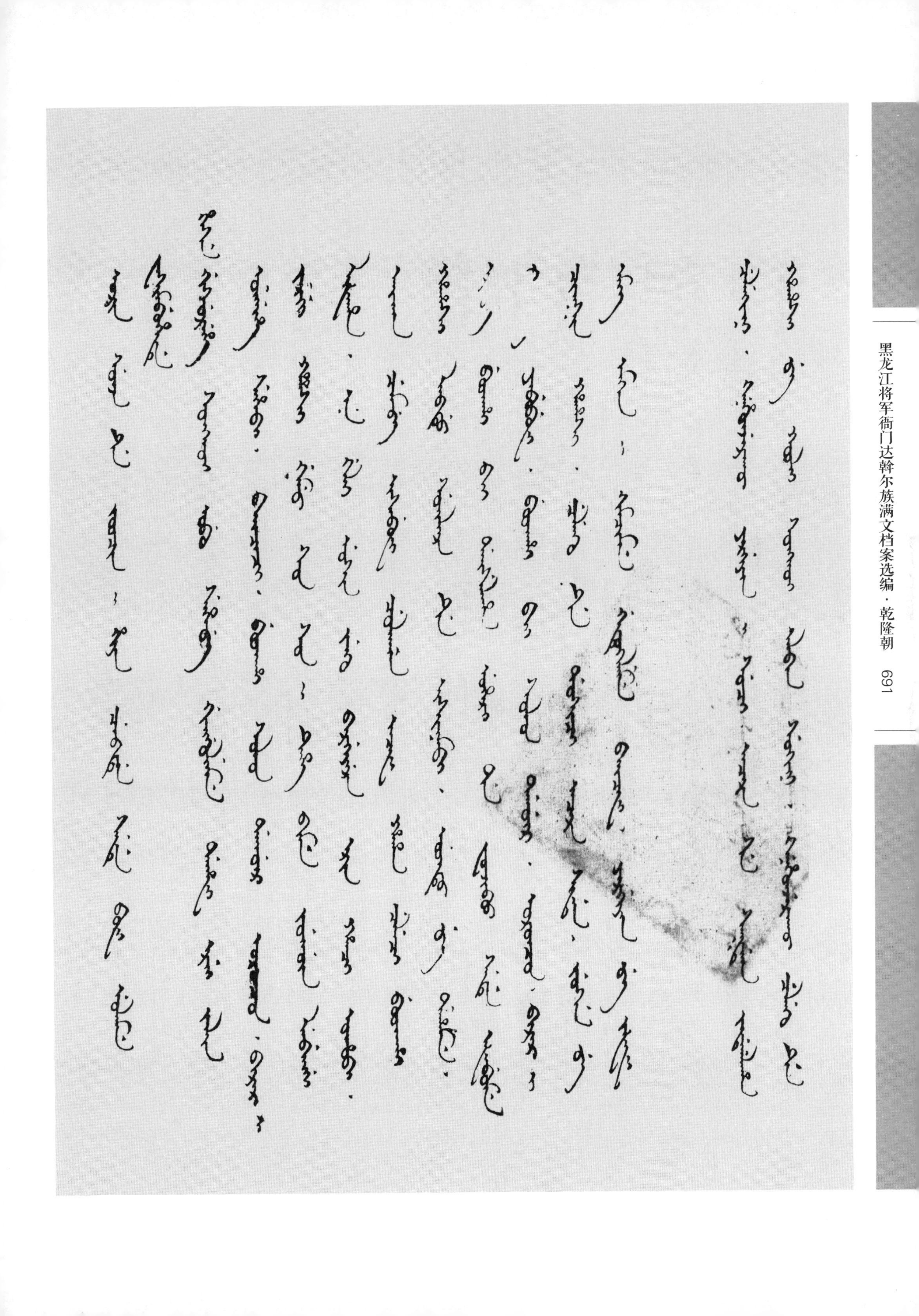

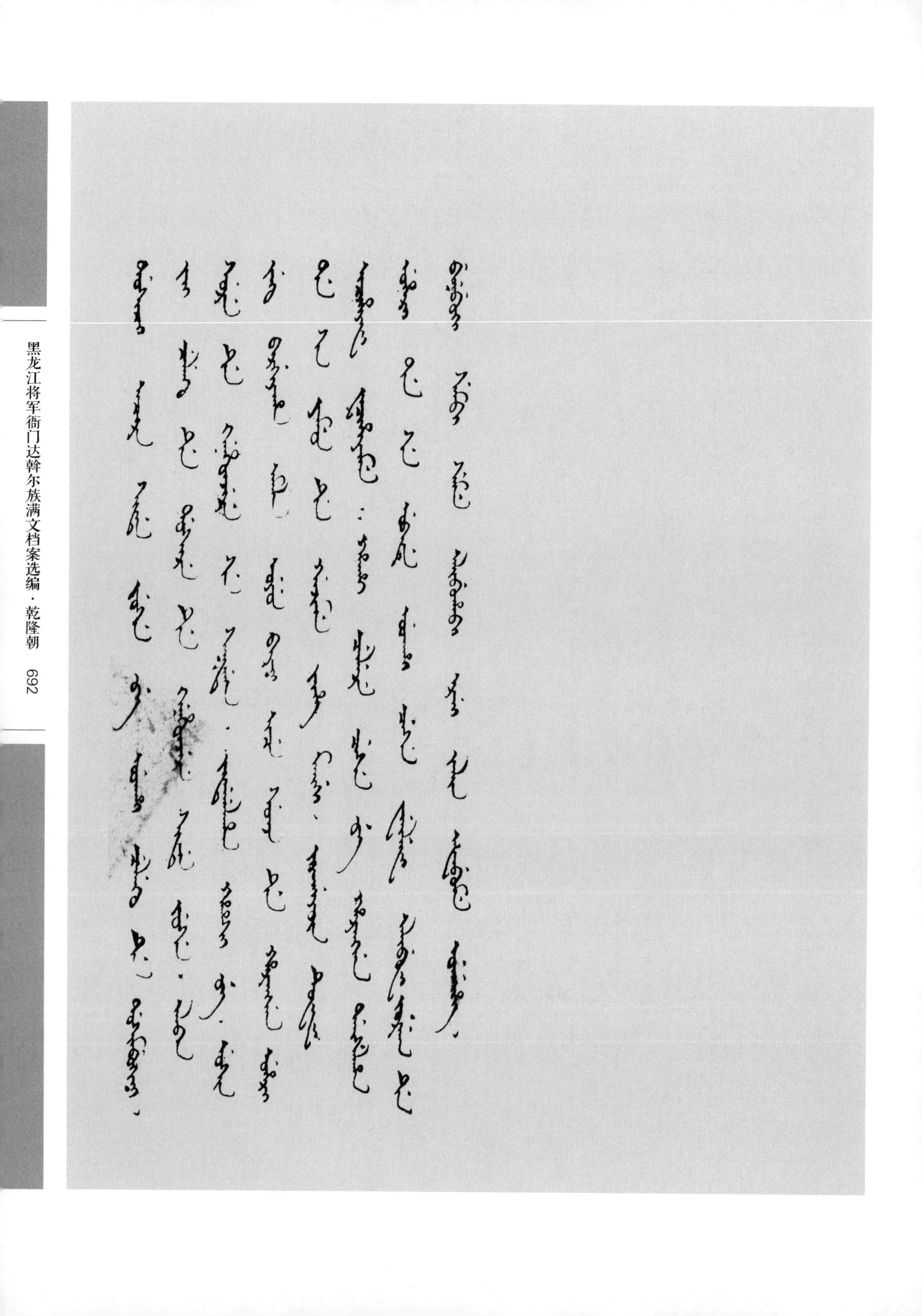

[illegible]

八二六　黑龙江将军衙门为布特哈索伦达斡尔等派兵出征本年貂贡明年一并交纳事札署布特哈索伦达斡尔总管佛济保等文

乾隆二十年七月十七日

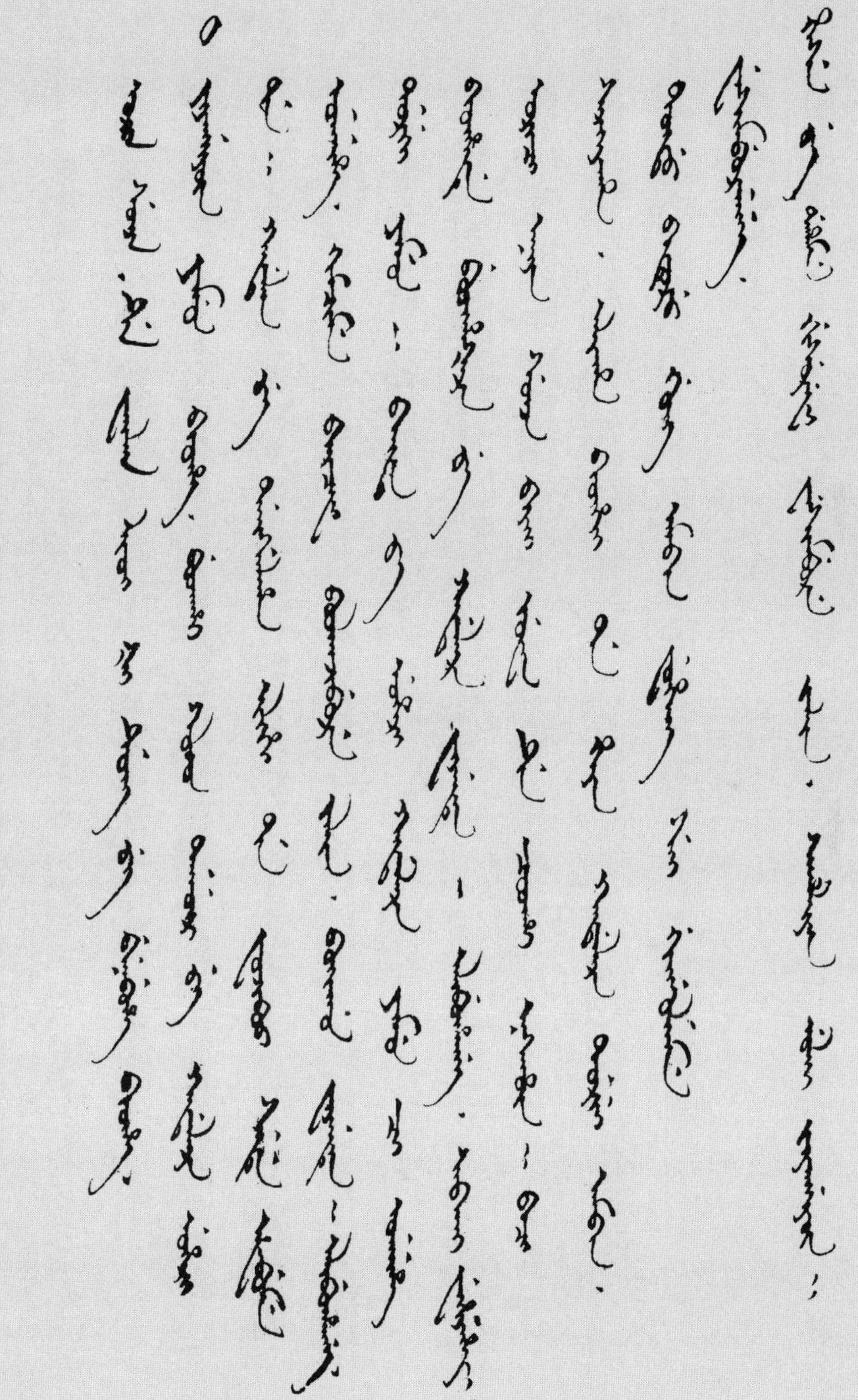

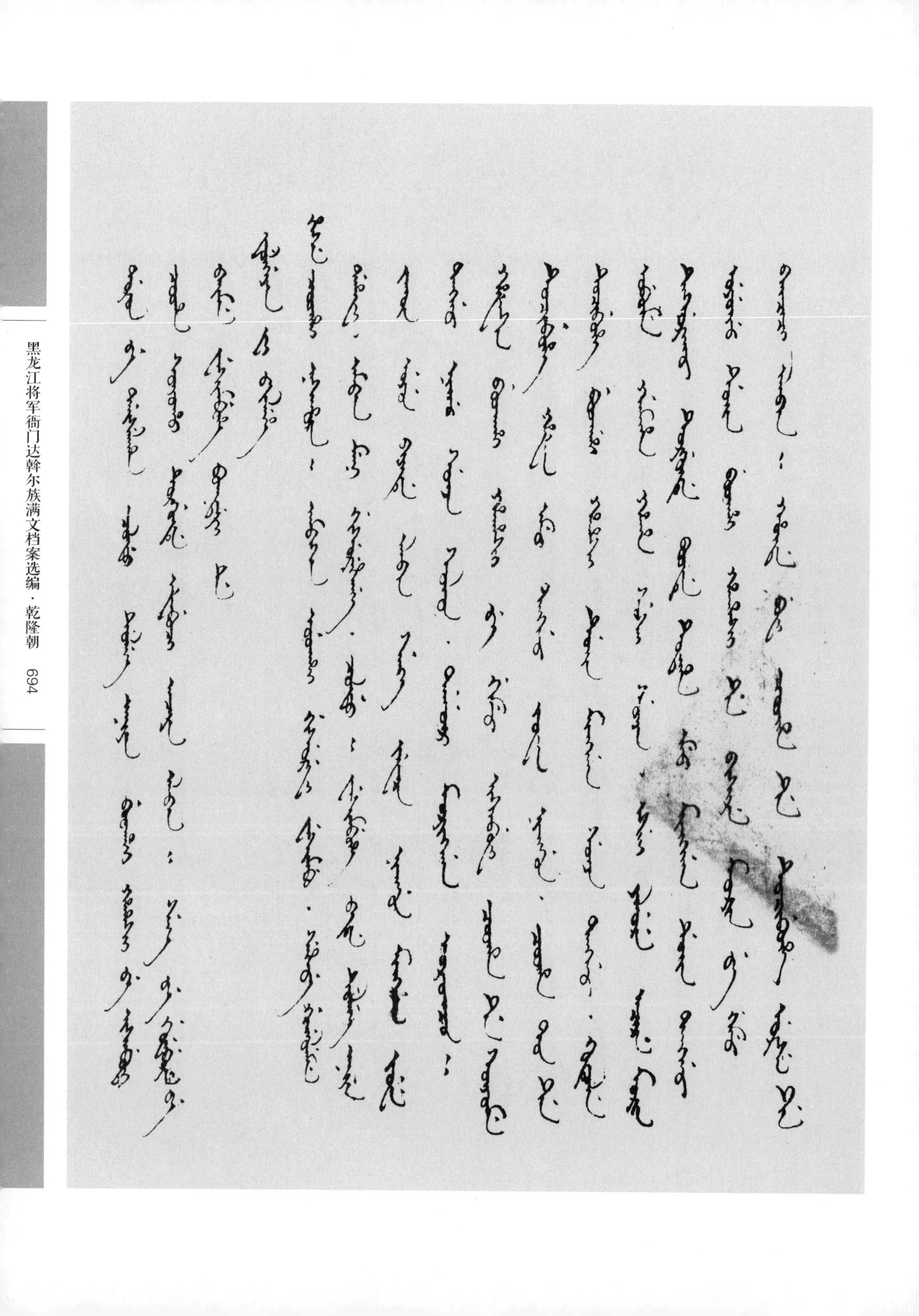

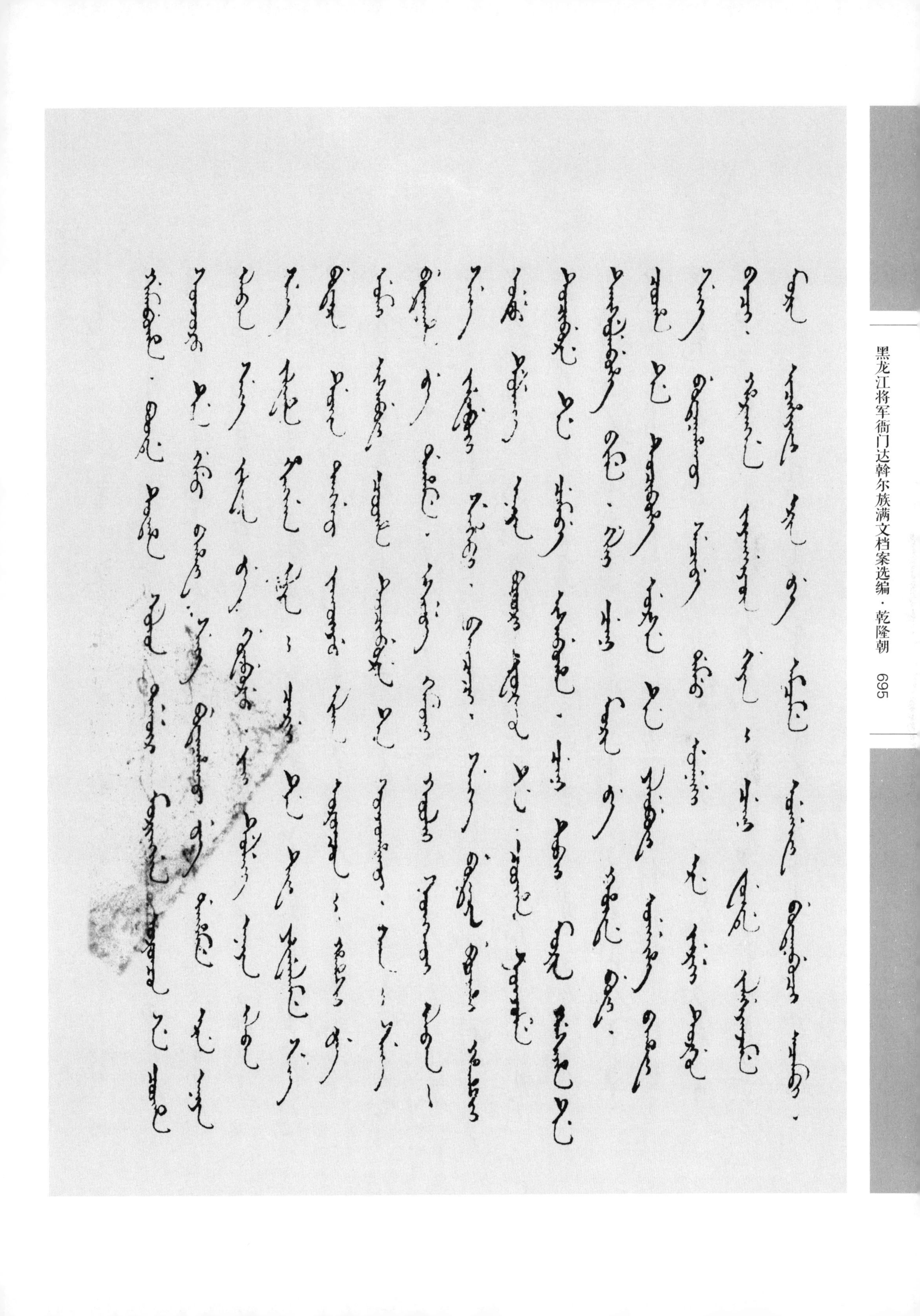

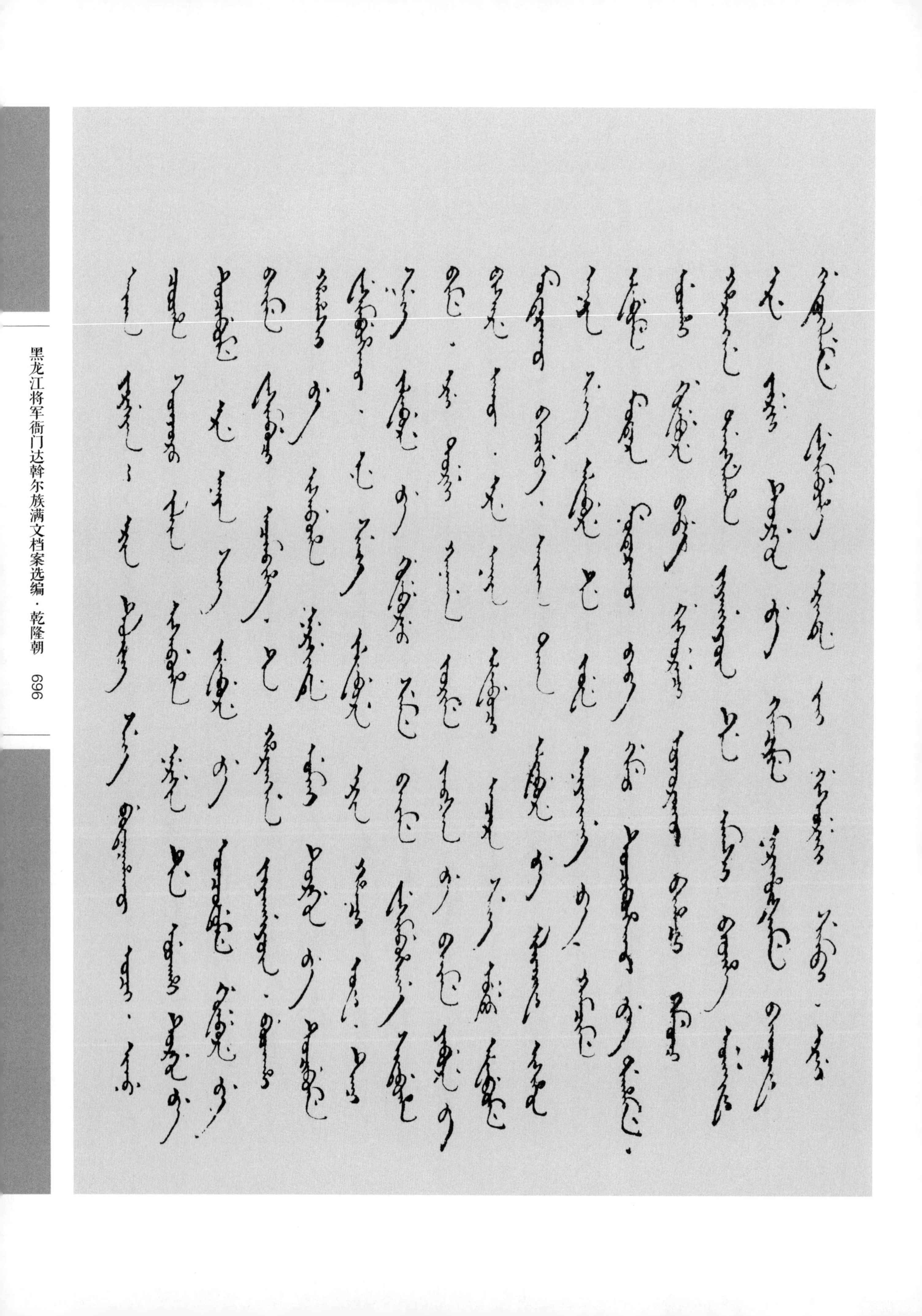

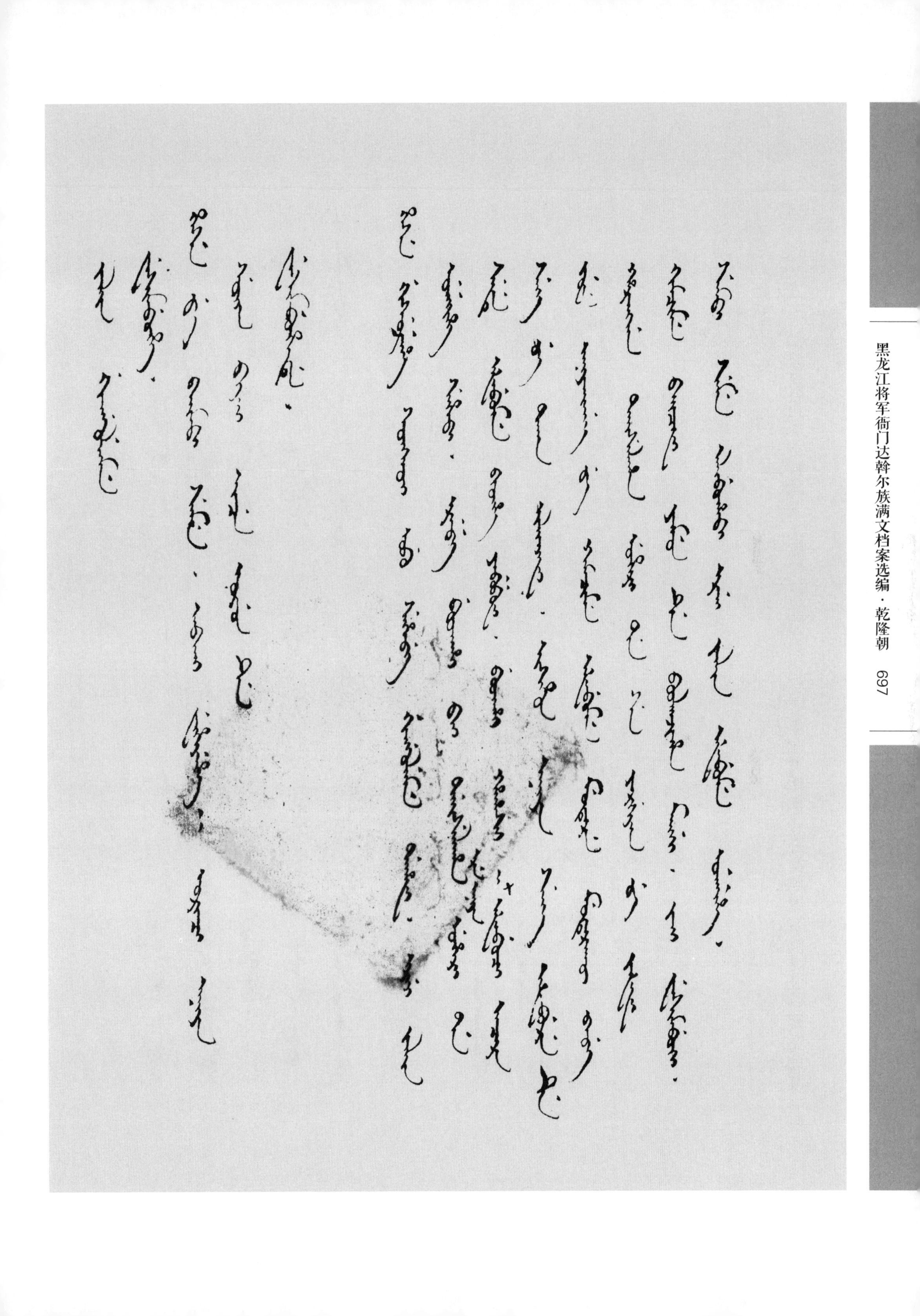

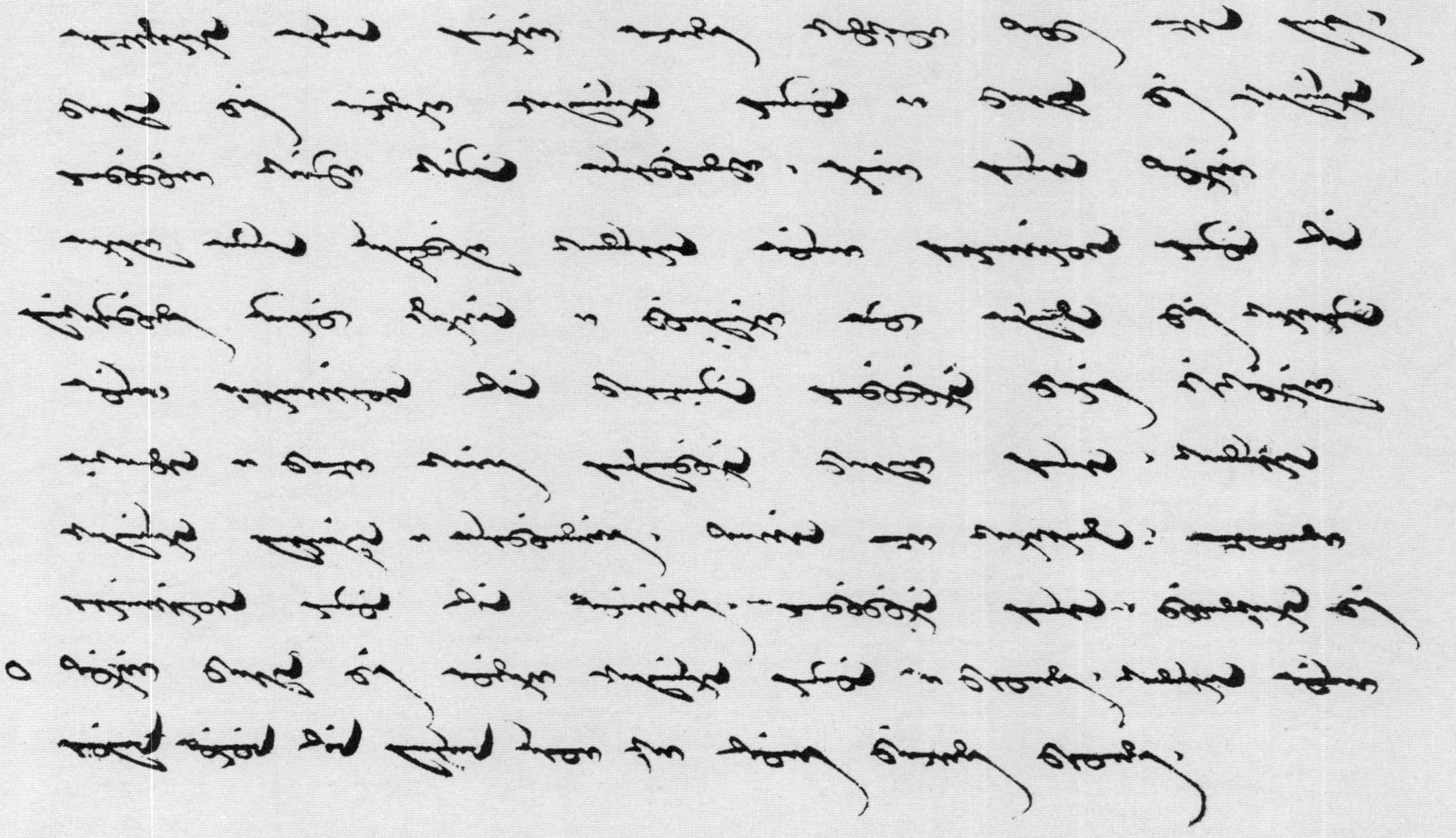

乾隆二十年七月十九日

八二七　内务府为准布特哈索伦达斡尔等派兵出征本年貂贡明年一并交纳事咨黑龙江将军衙门文（附抄折一件）

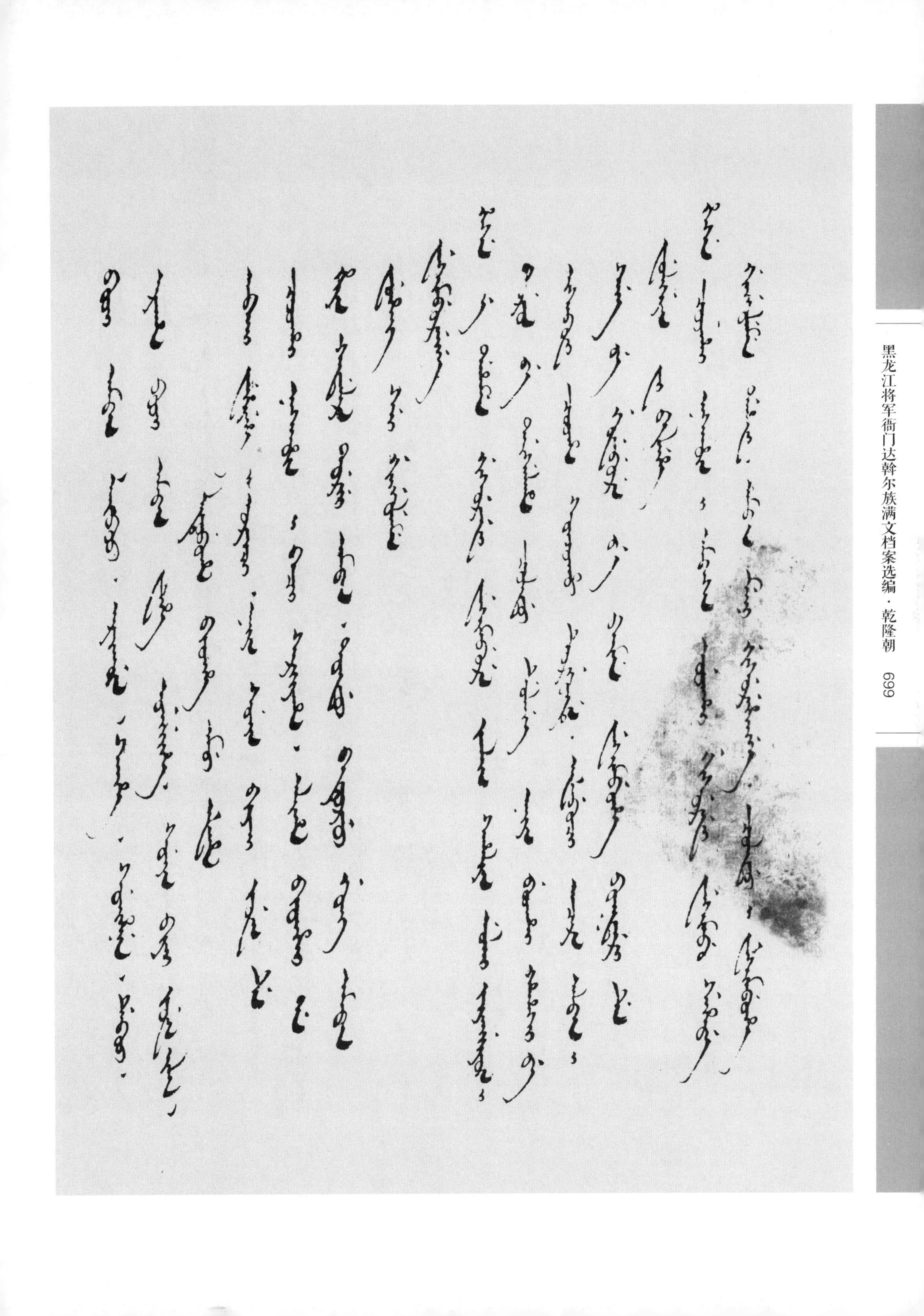

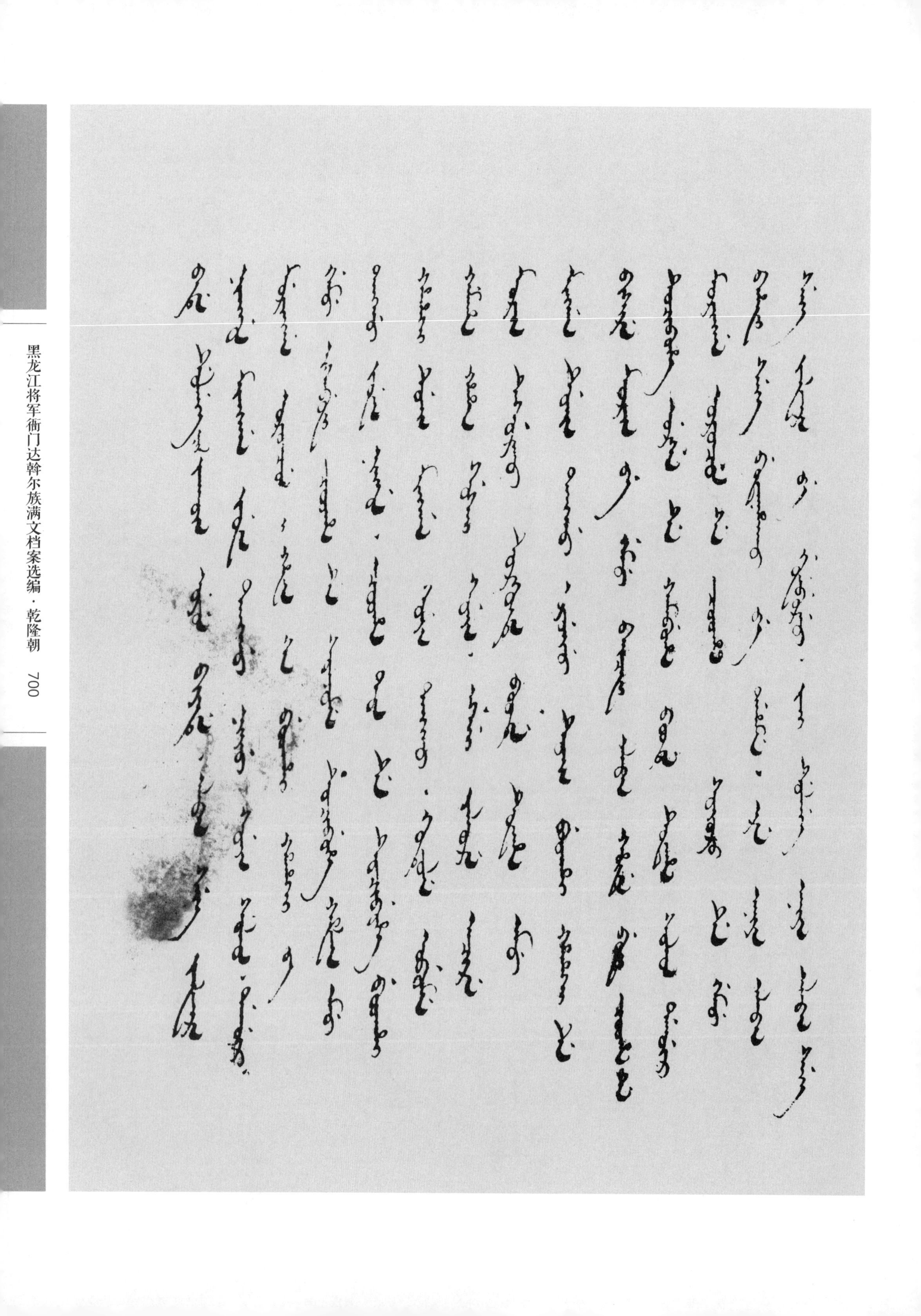

[illegible]

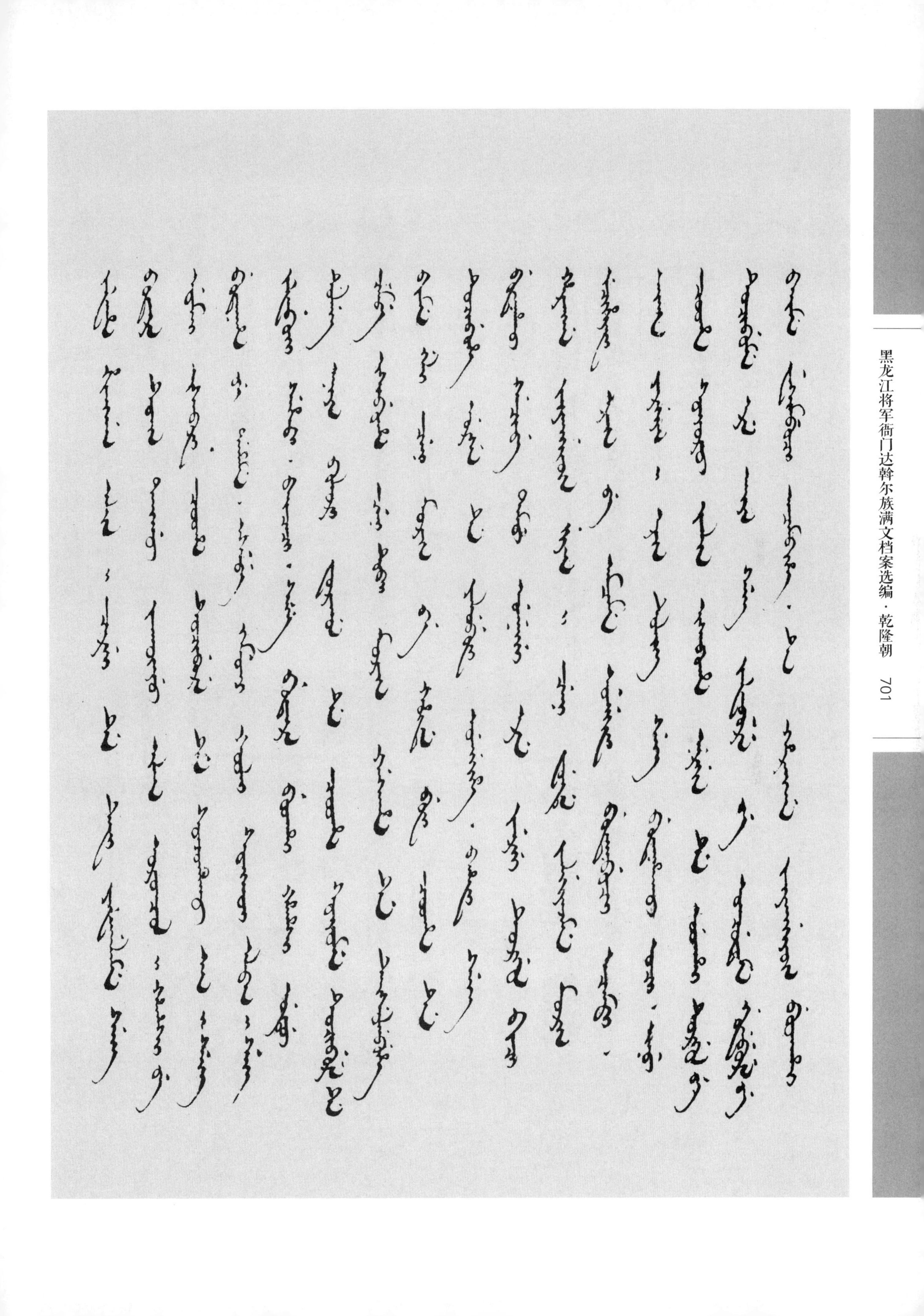

[illegible]

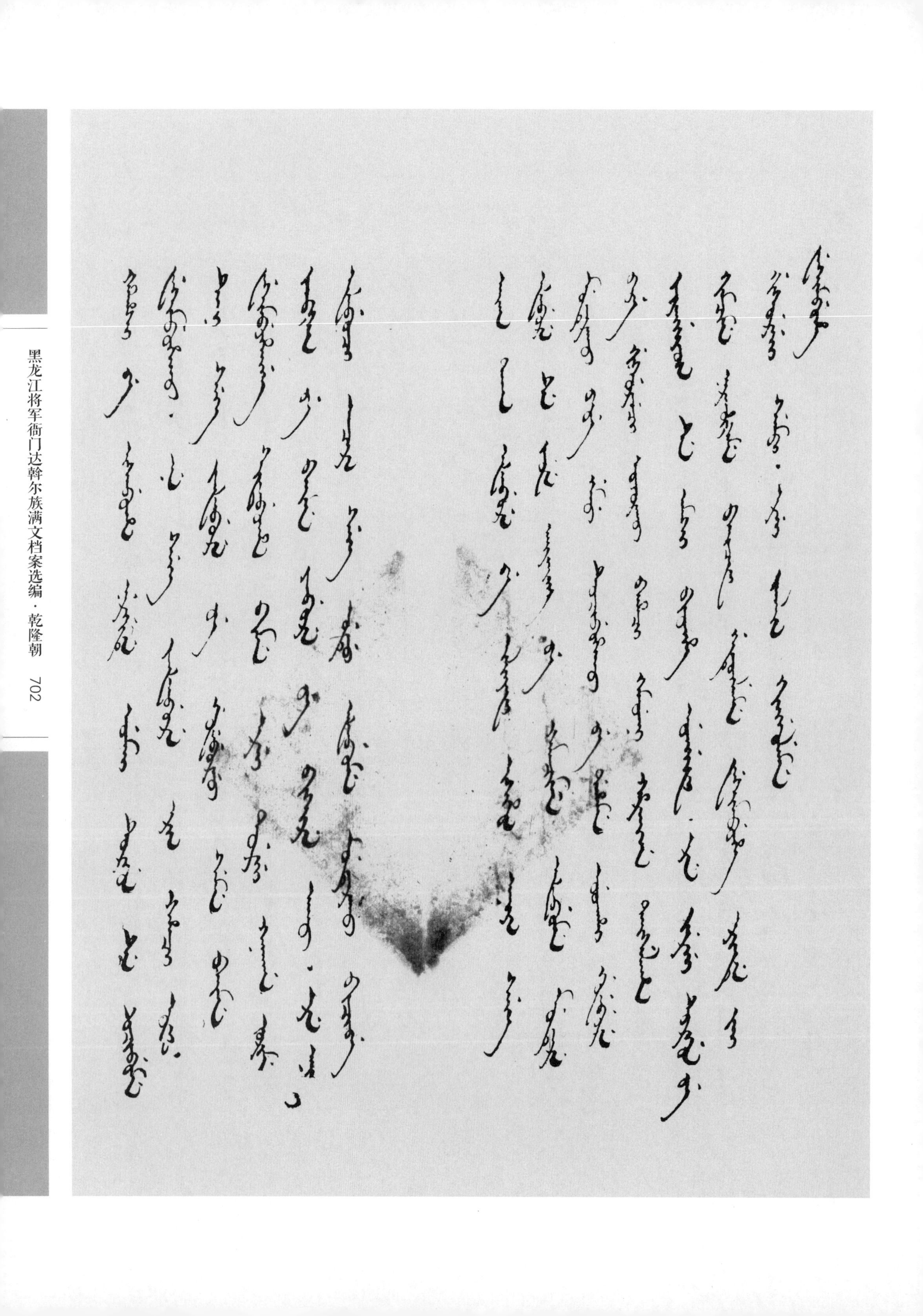

[illegible]

[illegible]

[illegible]

[illegible]

[illegible]

[illegible]

[illegible]

[illegible]

[illegible]

[illegible]

[illegible]

[illegible]

[illegible]

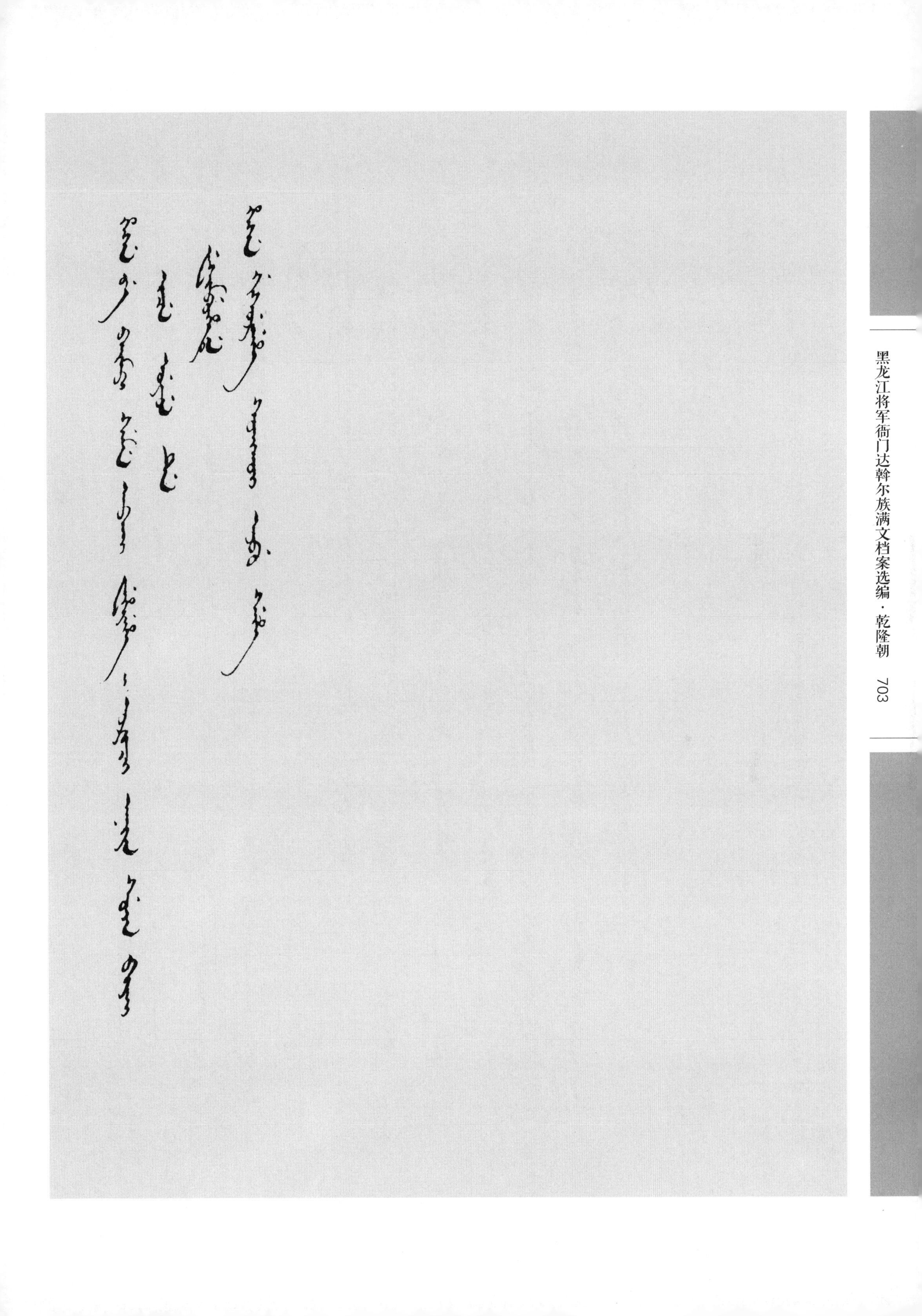

[illegible]

[illegible]

[illegible]

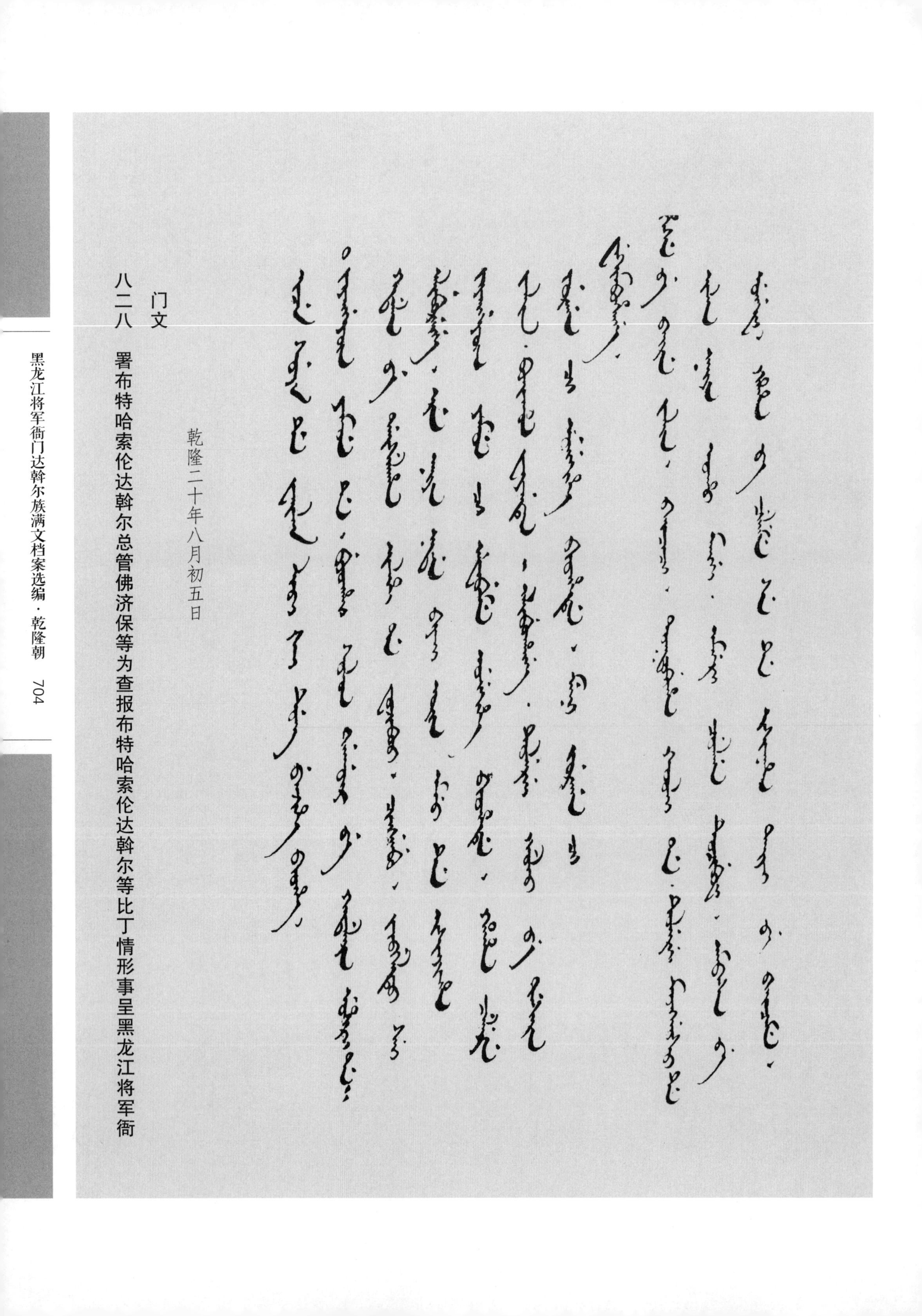

八二八 署布特哈索伦达斡尔总管佛济保等为查报布特哈索伦达斡尔等比丁情形事呈黑龙江将军衙门文

乾隆二十年八月初五日

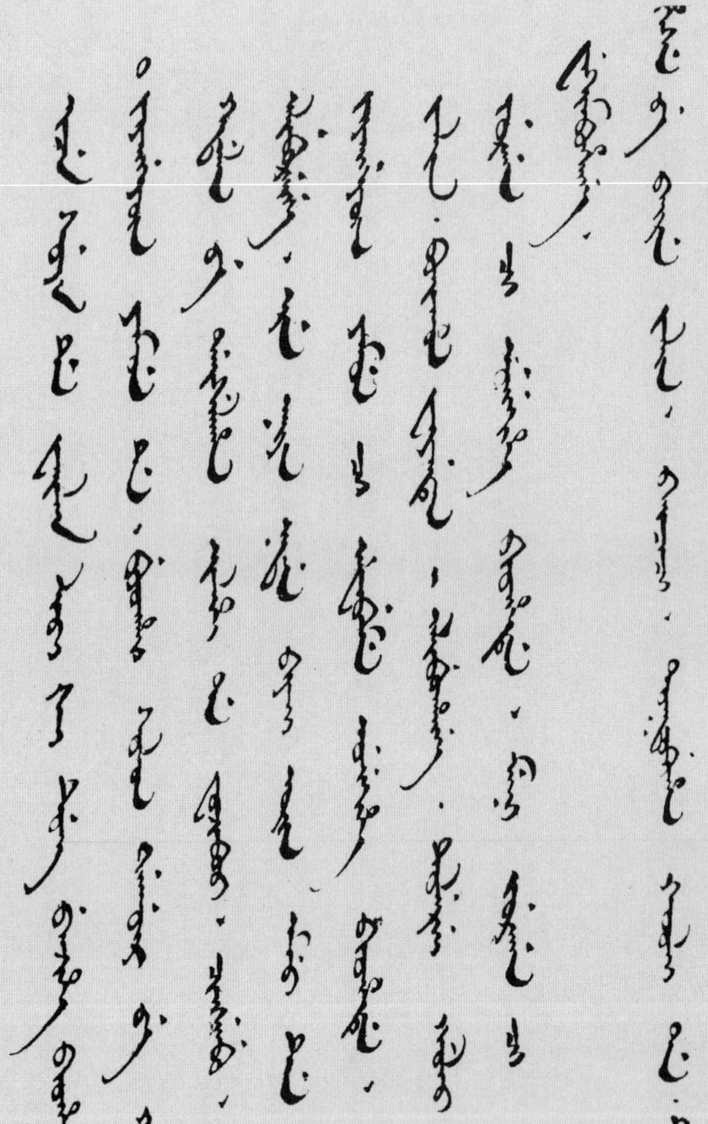

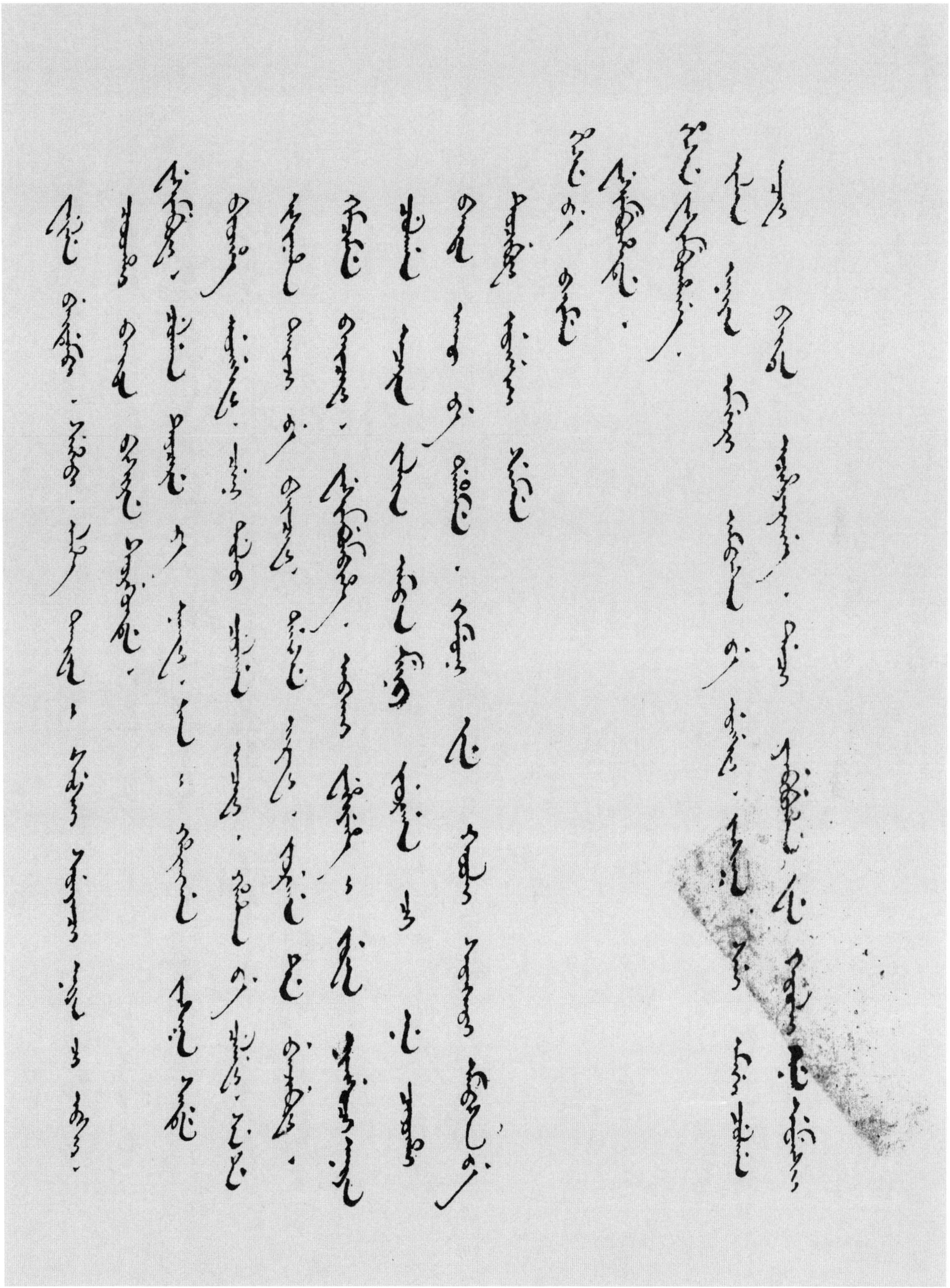

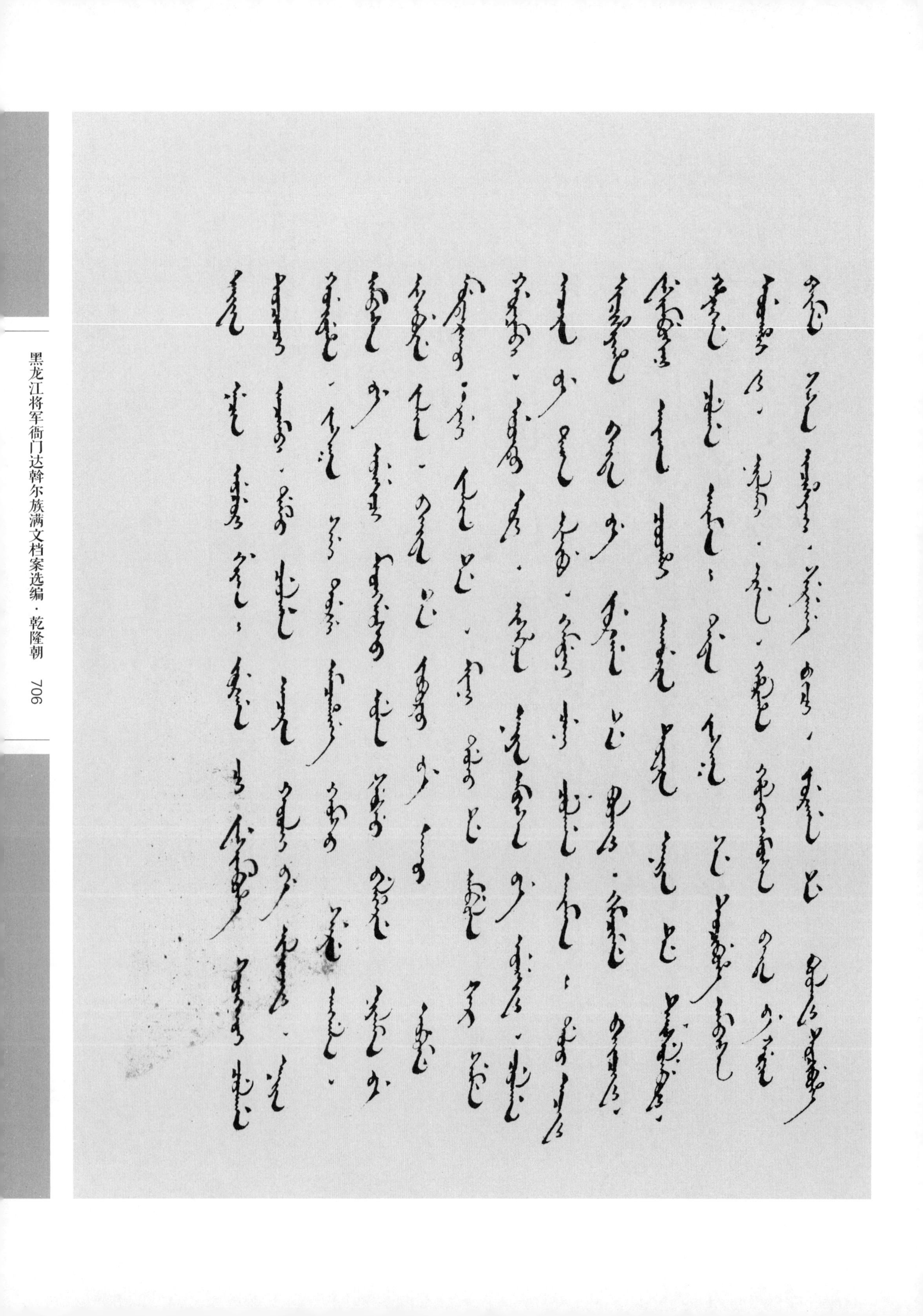

[illegible]

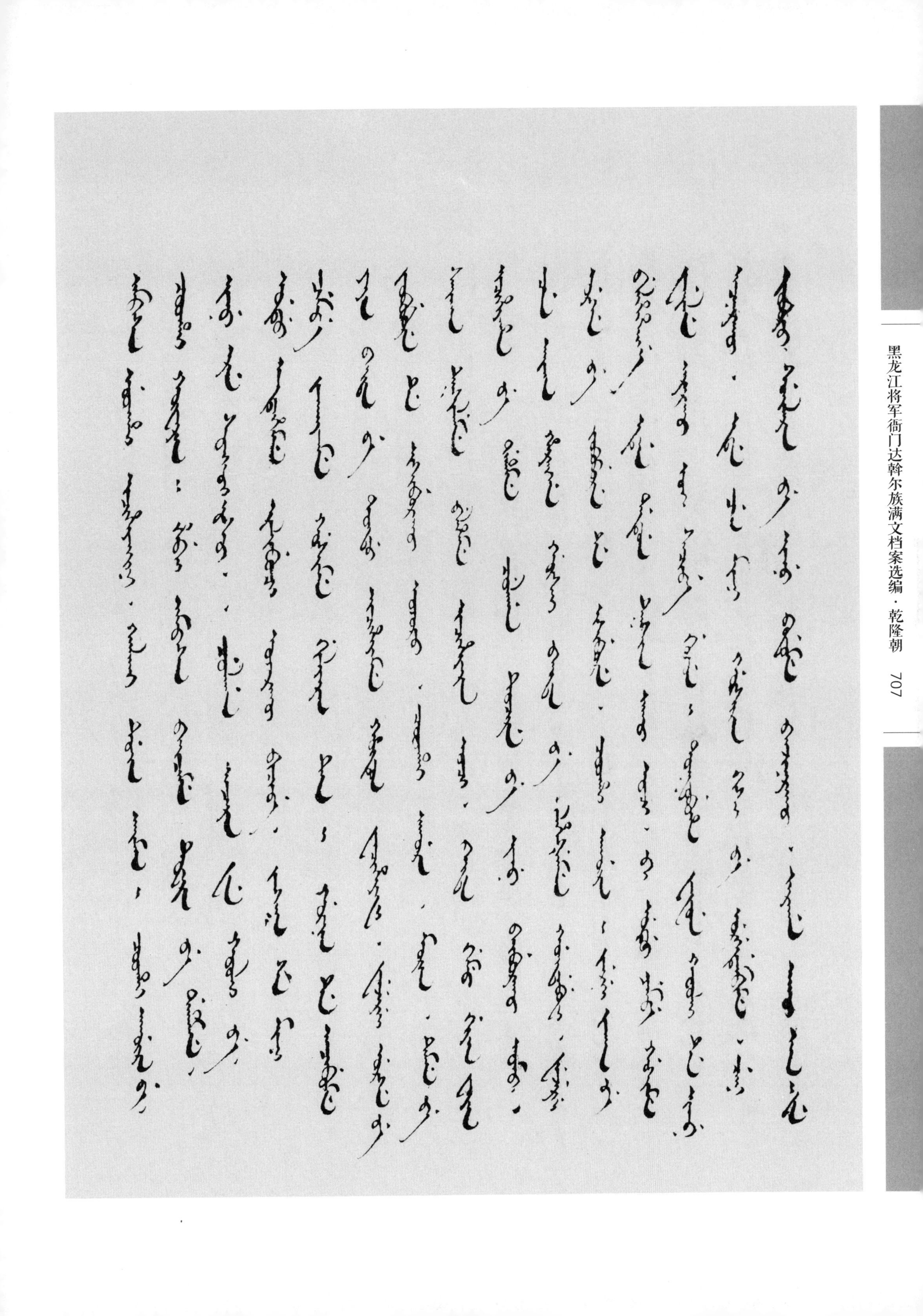

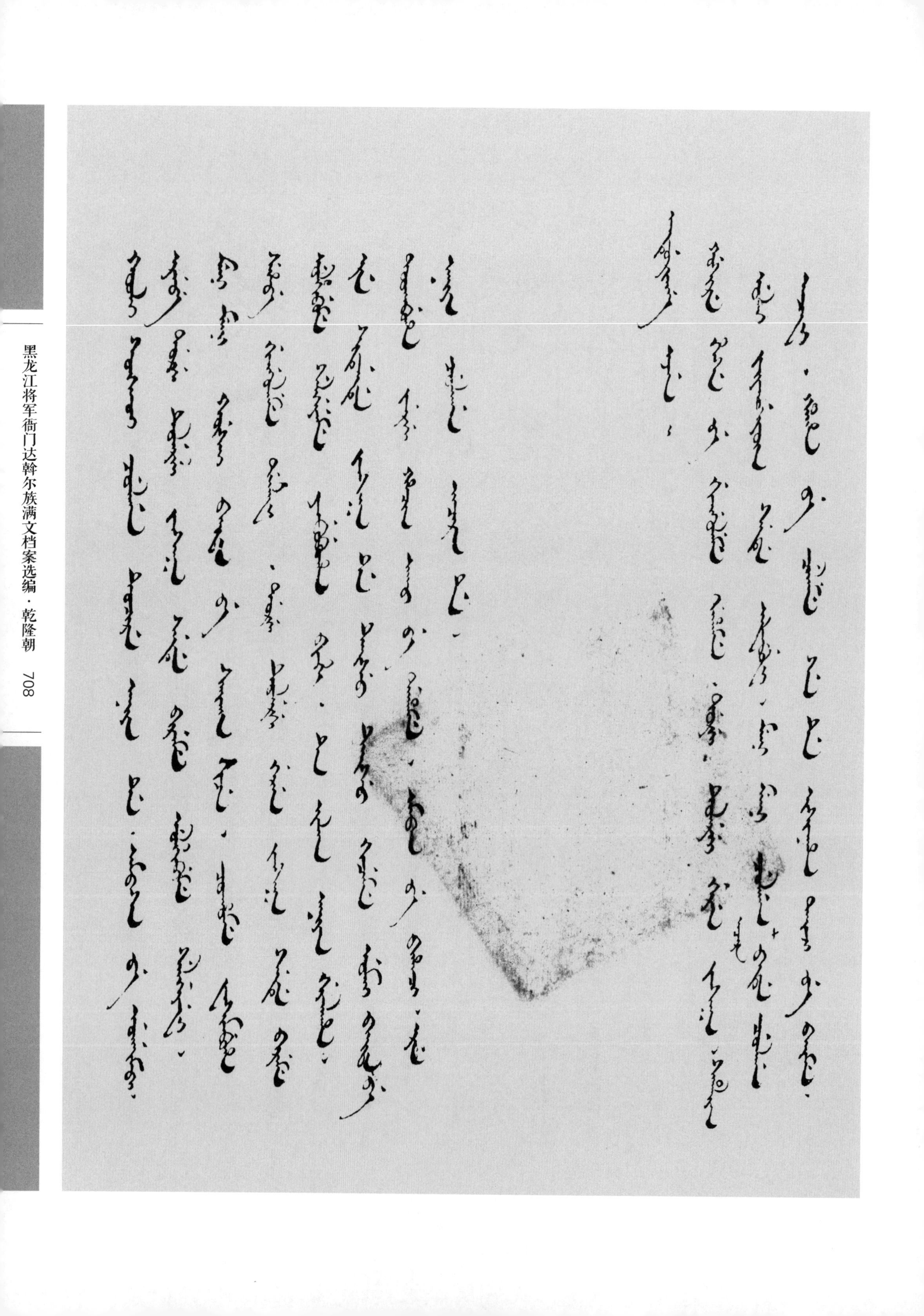

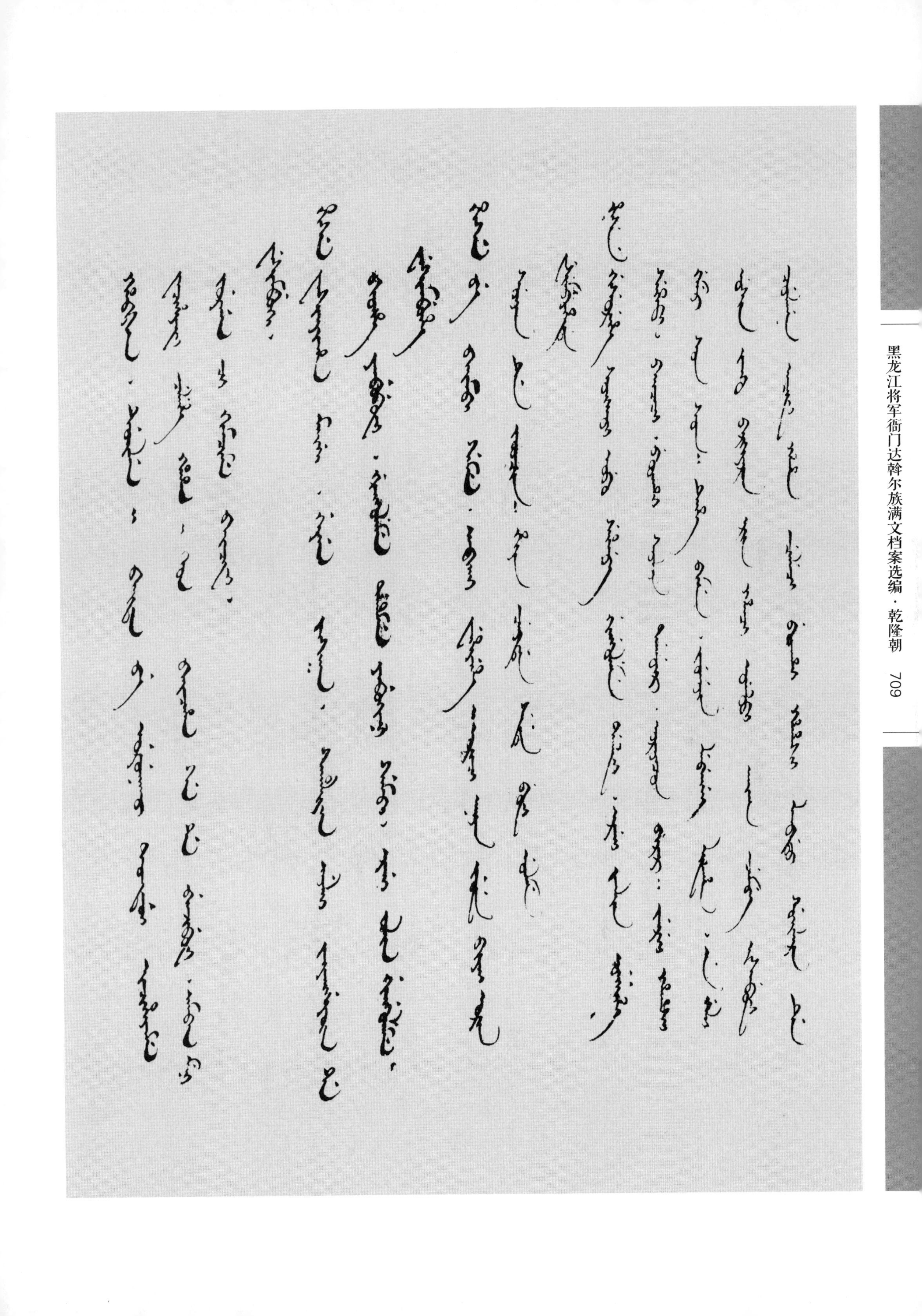

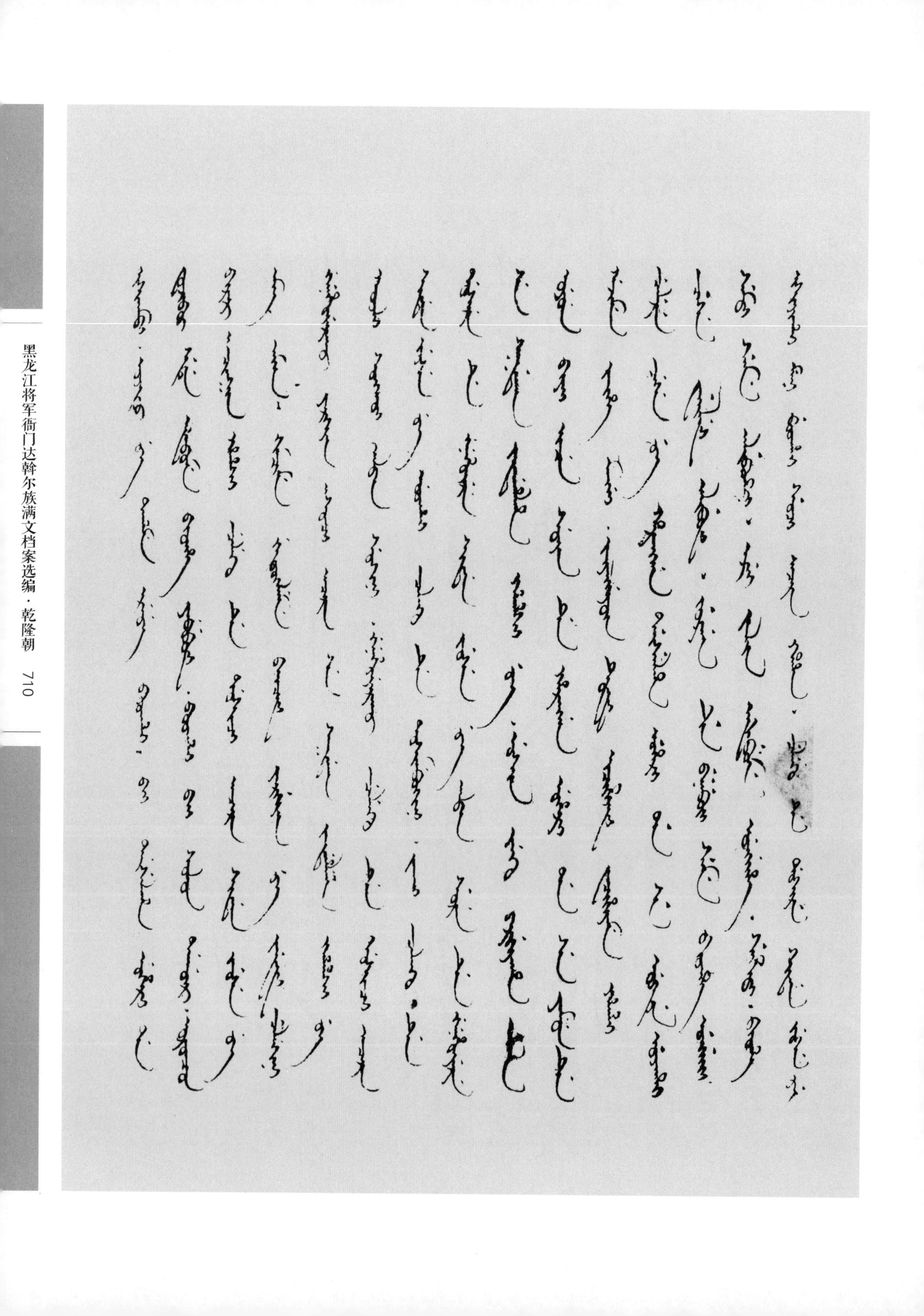

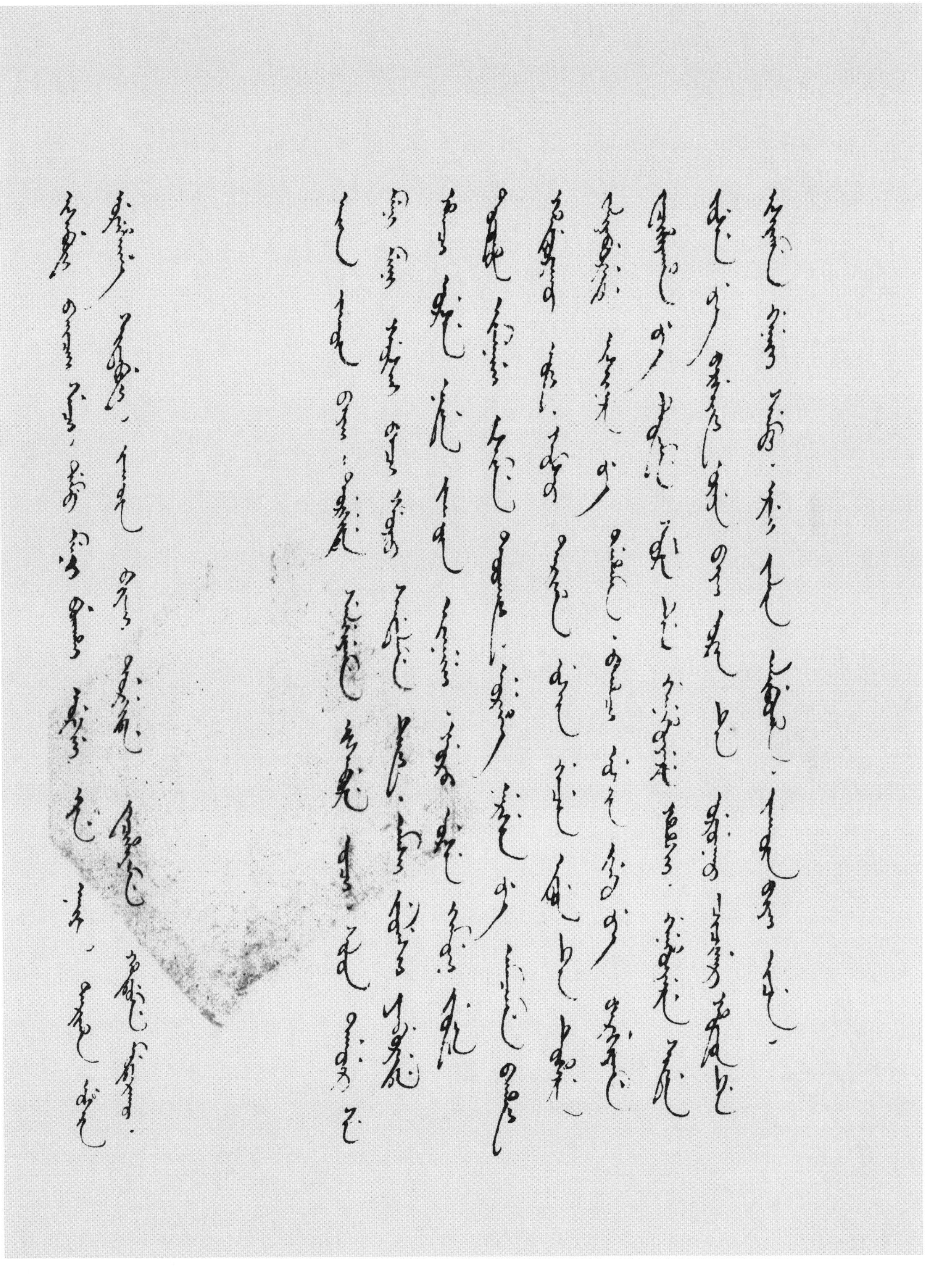